SÍMBOLOS COMUNS E NOTAÇÃO (CONTINUAÇÃO)

P_{pfd}	preço de ações preferenciais
P_{rep}	preço de ações com recompra de ações
P_t	preço de ações no final do ano t
$Pr(\cdot)$	probabilidade de
$P\%$	fração da empresa financiada com ações preferenciais
PV	valor presente
PV_n	valor presente na data n
r	taxa de juros, taxa de desconto ou custo de capital
r_E, r_D	custo de capital próprio e de terceiros
r_f	taxa de juros livre de risco
r_{FC}	taxa de juros livre de risco em moeda estrangeira
r_i	retorno exigido ou custo de capital do título i
r_L	custo de capital de uma perda segurada
r_n	taxa de juros ou taxa de desconto de um período de n anos
r_{pfd}	custo de capital de ações preferenciais
$\tilde{r}_t$	taxa de juros flutuante na data t
r_U	custo de capital não-alavancado
r_{wacc}	custo médio ponderado de capital
r_{FC}^*	custo de capital em moeda estrangeira
$r_\$^*$	custo de capital em dólar
$r_\$, r_\euro$	taxa de juros em dólar e em euro
$\bar{R}$	retorno médio
R_i	retorno do título i
R_P	retorno da carteira P
R_t	retorno realizado ou retorno total de um título da data t-1 a t
S	taxa de câmbio *spot*
$SD(R)$	desvio-padrão do retorno
T_c	alíquota de impostos corporativos
U	valor de mercado de ações não-alavancadas
V^L	valor da empresa com alavancagem
V_0^L	valor alavancado inicial
V_t	valor da empresa na data t
V^U	valor da empresa não-alavancada
$Var(R)$	variância do retorno R
w_i	fração da carteira investida no título i
y	rentabilidade até o vencimento
YTC	rentabilidade até o resgate de um título de dívida resgatável
YTM	rentabilidade até o vencimento de um título de dívida
YTM_n	rentabilidade até o vencimento de um título de dívida de cupom zero com n períodos até o vencimento
β_i	beta do título i em relação à carteira de mercado
β_L	beta de uma perda segurada

B512f   Berk, Jonathan.
           Fundamentos de finanças empresariais / Jonathan Berk, Peter DeMarzo, Jarrad Harford ; tradução: Christiane de Brito Andrei ; consultoria, supervisão e revisão técnica desta edição: Adriano Leal Bruni. – Porto Alegre : Bookman, 2010.
           760 p. ; 28 cm.

           ISBN 978-85-7780-693-5

           1. Finanças das empresas. I. DeMarzo, Peter. II. Harford, Jarrad. III. Título.

           CDU 658.15

Catalogação na publicação: Renata de Souza Borges CRB-10/1922

Jonathan
BERK
Stanford University

Peter
DEMARZO
Stanford University

Jarrad
HARFORD
University of Washington

FUNDAMENTOS DE
Finanças Empresariais

Tradução:
Christiane de Brito Andrei

Consultoria, supervisão e revisão técnica desta edição:
Adriano Leal Bruni
Doutor e mestre em Administração (FEA-USP)
Professor e pesquisador da Universidade Federal da Bahia

2010

Obra originalmente publicada sob o título
Fundamentals of Corporate Finance
ISBN 9780201741599

Copyright © 2009

Tradução autorizada da edição em língua inglesa publicada por Pearson Education, Inc., sob o selo Prentice Hall.

Capa: *Amarilis Barcelos (arte sobre capa original)*

Leitura final: *Théo Amon e Monica Stefani*

Editora Sênior: *Arysinha Jacques Affonso*

Editoração eletrônica: *Techbooks*

Reservados todos os direitos de publicação, em língua portuguesa, à
ARTMED® EDITORA S.A.
(BOOKMAN® COMPANHIA EDITORA é uma divisão da ARTMED® EDITORA S. A.)
Av. Jerônimo de Ornelas, 670 – Santana
90040-340 – Porto Alegre – RS
Fone: (51) 3027-7000   Fax: (51) 3027-7070

É proibida a duplicação ou reprodução deste volume, no todo ou em parte, sob quaisquer
formas ou por quaisquer meios (eletrônico, mecânico, gravação, fotocópia, distribuição na Web
e outros), sem permissão expressa da Editora.

Unidade São Paulo
Av. Embaixador Macedo Soares, 10.735 – Pavilhão 5 – Cond. Espace Center
Vila Anastácio – 05095-035 – São Paulo – SP
Fone: (11) 3665-1100   Fax: (11) 3667-1333

SAC 0800 703-3444

IMPRESSO NO BRASIL
PRINTED IN BRAZIL

Os Autores

Jonathan Berk, Peter DeMarzo e Jarrad Harford

Jonathan Berk é titular da cátedra A.P. Giannini de Finanças na Stanford Graduate School of Business e é pesquisador membro no National Bureau of Economic Research. Anteriormente a Stanford, lecionava na Haas School of Business na University of California, Berkeley, onde o curso introdutório de Finanças Empresariais estava entre suas atribuições. Antes de obter seu Ph.D. pela Yale University, trabalhou como associado na Goldman Sachs, onde seus estudos sobre finanças realmente começaram. Berk é editor associado do periódico *The Journal of Finance*. Suas pesquisas já receberam inúmeros prêmios, como o TIAA-CREF Paul A. Samuelson Award, o Smith Breeden Prize, Best Paper of the Year (Melhor Artigo do Ano) no periódico *The Review of Financial Studies*, e o FAME Research Prize. Seu artigo "A Critique of Size-Related Anomalies" foi recentemente selecionado como um dos melhores já publicados no *The Review of Financial Studies*. Em reconhecimento à sua influência sobre a prática de finanças, Jonathan Berk recebeu os prêmios Bernstein-Fabozzi/Jacobs Levy Award, Graham and Dodd Award of Excellence e Roger F. Murray Prize. Nascido em Joanesburgo, África do Sul, Berk é casado, tem duas filhas e é um ávido esquiador e ciclista.

Peter DeMarzo é titular da cátedra Mizuho Financial Group de Finanças na Stanford Graduate School of Business e é pesquisador membro do National Bureau of Economic Research. Obteve seu Ph.D. em Economia pela Stanford University. Atualmente, DeMarzo ministra o curso fundamental "turbo" de finanças para alunos do primeiro ano do MBA. Anteriormente a Stanford, lecionava na Haas School of Business e na Kellogg Graduate School of Management, além de ser National Fellow na Hoover Institution. DeMarzo recebeu prêmios de excelência no ensino na University of California em Berkeley. Foi editor associado dos periódicos *The Review of Financial Studies*, *Financial Management* e *B.E. Journals in Economic Analysis and Policy*, além de vice-presidente da Western Finance Association. DeMarzo já recebeu inúmeros prêmios por suas pesquisas, inclusive o Western Finance Association Corporate Finance Award e o Barclays Global Investors/Michael Brennan Best Paper Award do *The Review of Financial Studies*. Nascido em Whitestone, Nova York, DeMarzo é casado e tem três filhos. Ele e sua família adoram caminhadas, ciclismo e esqui.

Jarrad Harford é titular da cátedra Marion B. Ingersoll de Finanças na University of Washington. Anteriormente a Washington, Harford lecionou no Lundquist College of Business da University of Oregon. Ele obteve seu Ph.D. em Finanças com especialização em Organizações e Mercados pela University of Rochester. Há onze anos ministra o curso fundamental de finanças para alunos de graduação, além de uma disciplina eletiva sobre Fusões e Aquisições, e "Finance for Non-financial Executives" (Finanças para Executivos Não financeiros) no programa de formação de executivos. Já recebeu inúmeros prêmios por seu ensino, inclusive o Interfraternity Council Excellence in Teaching Award (2007 e 2008), o ISMBA Excellence in Teaching Award (2006), e o Wells Fargo Faculty Award for Undergraduate Teaching (2005). Foi também diretor acadêmico do UW Business School Undergraduate Honors Program. É editor associado do *The Journal of Financial Economics*, do *Journal of Financial and Quantitative Analysis* e do *Journal of Corporate Finance*. Nascido em State College, Pensilvânia, Harford é casado e tem dois filhos. Ele e sua família adoram viajar, caminhar e esquiar.

Para Rebecca, Natasha e Hannah, pelo amor e pelo apoio
—J.B.

Para Kaui, Pono, Koa e Kai, por todo o amor e pelas risadas
—P.D.

Para Katrina, Evan e Cole, pelo seu amor e pelo apoio
—J.H.

Prefácio

Quando dissemos a nossos amigos e colegas que tínhamos decidido escrever um livro-texto de finanças empresariais para MBA, a maioria teve a mesma reação: *por que agora?* Depois da bem-sucedida publicação de nosso livro para MBA, a pergunta passou a ser "*quando vocês vão escrever uma versão para a graduação?*" Nossa sincera expectativa é de que *Fundamentos de Finanças Empresariais* venha a moldar, por muitos anos ainda, a maneira como os alunos aprendem finanças empresariais.

Passamos dois anos escrevendo um livro que se mantivesse fiel à bem-sucedida filosofia do livro para o MBA e, ainda mais importante, que também fosse acessível a alunos de outros cursos de graduação que não finanças. Sabemos que inúmeros alunos de graduação veem finanças empresariais como um assunto desafiador. É tentador tornar o assunto mais acessível desenfatizando os princípios fundamentais e, em vez disso, se concentrando nos resultados. Juntos, em nossos mais de 40 anos de experiência de ensino, descobrimos que esta abordagem na verdade torna o assunto menos acessível. Os conceitos fundamentais de finanças são claros e intuitivos. O que torna o assunto desafiador é o fato de geralmente ser difícil para um iniciante distinguir entre essas ideias fundamentais e outras abordagens atraentes que, se empregadas na tomada de decisões financeiras, levarão a decisões incorretas. Portanto, nossa motivação maior é equipar os alunos com uma sólida base nos conceitos e ferramentas fundamentais de finanças necessários para tomar boas decisões. Tal base atenderá bem a esses alunos, seja este seu único curso de finanças ou a base de sua graduação.

A área de finanças passou por mudanças significativas nos últimos 30 anos. Contudo, grande parte das evidências empíricas em economia financeira acumuladas ao longo desse período de tempo sustenta a teoria existente e fortalece a importância de compreender e aplicar os princípios de finanças empresariais. O foco crescente sobre o assunto na mídia faz com que os alunos de graduação de hoje cheguem à sala de aula com um interesse maior pelo assunto. O desafio é utilizar este interesse e motivação naturais para ajudá-los a superar o medo que têm do assunto e comunicar esses princípios fundamentais já consagrados. Mais uma vez, pegamos aquilo que funcionou em sala de aula e o aplicamos ao livro: fornecendo exemplos que envolvem empresas conhecidas como a Starbucks e a Apple, fazendo uso consistente de dados do mundo real e demonstrando aplicações de conceitos fundamentais a finanças pessoais, nos esforçamos em manter envolvidos até mesmo os alunos cujo curso de graduação não é finanças.

Nosso compromisso em estabelecer um novo padrão para livros de finanças empresariais voltados para a graduação se estende além da página impressa. Vá até a página xix para se informar a respeito do MyFinanceLab, a inovação tecnológica com potencial para mudar a maneira como seus alunos aprendem.

Conceitos fundamentais

Fundamentos de Finanças Empresariais fornece uma cobertura completa dos temas fundamentais de finanças, apresentando-se como uma introdução abrangente — mas palatável — a este assunto.

Avaliação como princípio unificador

Em nossa experiência, os alunos aprendem melhor quando o material de um curso é apresentado como um todo unificado em vez de como uma série de ideias separadas. Como tal, este livro apresenta finanças empresariais como uma aplicação de um subconjunto de ideias simples e poderosas. A primeira delas é que a avaliação guia a tomada de decisões — a empresa deve aceitar projetos nos quais o valor dos benefícios excede o valor dos custos. A segunda delas é que em um mercado competitivo, são os preços de mercado (e não as preferências individuais) que determinam valores. A associação dessas duas ideias é o que chamamos de *Princípio da Avaliação*, e a partir dele estabelecemos todas as ideias-chave de finanças empresariais, inclusive a regra do NPV, a precificação de títulos, a relação entre risco e retorno, e os *tradeoffs* associados à estrutura de capital e às políticas de *payout*. Utilizamos o Princípio da Avaliação como uma bússola; ele mantém os responsáveis pela tomada de decisões no caminho certo. Introduzimos este conceito no Capítulo 3 juntamente com sua aplicação direta, o Valor Presente Líquido (NPV). A abertura de cada parte relaciona os tópicos nela contidos ao unificador Princípio da Avaliação.

Ênfase sobre a aplicação prática

Aplicar o Princípio da Avaliação fornece habilidades para fazer os tipos de comparações — entre opções de empréstimos, investimentos e projetos — que tornarão os alunos consumidores e gerentes financeiros bem-informados e confiantes. Quando os alunos veem como aplicar finanças a suas vidas pessoais e futuras carreiras, eles compreendem que finanças é mais do que conceitos abstratos de base matemática. Quem melhor do que um colega para reforçar esta mensagem? Cada capítulo abre com um perfil de um profissional recém-formado aplicando as ferramentas de finanças a seu trabalho.

Reforço das ferramentas básicas

Dominar as ferramentas para descontar fluxos de caixa é essencial para o sucesso dos alunos no curso introdutório. Como sempre, o domínio de um assunto vem com a prática e através da abordagem de tópicos complexos em unidades palatáveis. Com esta finalidade, nos focalizamos nos fundamentos do valor do dinheiro no tempo na Parte 2. O Capítulo 3 introduz brevemente o valor do dinheiro no tempo para investimentos de um único período como um componente crítico do Princípio da Avaliação. O Capítulo 4 foca, então, sobre o valor do dinheiro no tempo de fluxos de caixa que duram vários períodos. Finalmente, o Capítulo 5 demonstra como as taxas de juros são cotadas e determinadas. Em cada problema, apresentamos uma abordagem metódica aos fluxos de caixa seguindo esta estrutura:

- Introduzir linhas de tempo no Capítulo 4 e ressaltar a importância de contar com linhas de tempo para todos os problemas que envolvam fluxos de caixa.
- Incluir uma linha de tempo como o primeiro e decisivo passo em cada exemplo que envolva fluxos de caixa.
- Incorporar à apresentação seqüências de teclas de calculadoras financeiras e técnicas do Excel.

Foco sobre o orçamento de capital

A decisão de orçamento de capital é uma das mais importantes em finanças empresariais. É destacada no início do livro com a introdução da regra do NPV no Capítulo 3 para ponderar os custos e benefícios de uma decisão. Aprofundando esta abordagem da regra do NPV, o Capítulo 7 avalia esta e outras regras de decisão de investimento. No Capítulo 8, sobre orçamento de capital, examinamos a avaliação de projetos dentro de uma empresa e fornecemos uma apresentação clara e sistemática da diferença entre lucros e fluxo de caixa livre. Esta introdução ao orçamento de capital desde o início nos permite apresentar a ideia de custo de capital conceitualmente, o que então motiva a abordagem dos conceitos de risco e retorno. No Capítulo 12, calculamos o custo de capital geral da empresa com o método do WACC.

Novas ideias

Fundamentos de Finanças Empresariais cuidadosamente equilibra os últimos avanços em pesquisa e prática e uma cobertura completa de assuntos fundamentais de finanças. Algumas inovações que dão um diferencial a este livro:

- O Capítulo 9 sobre avaliação de ações avalia o capital próprio da empresa considerando seus dividendos e fluxos de caixa futuros, ou como seu valor se compara ao de empresas de capital aberto similares.
- O Capítulo 16 sobre política de *payout* examina o papel das informações assimétricas entre gerentes e investidores e como as decisões de *payout* podem sinalizar essas informações.
- O Capítulo 17 faz a distinção entre crescimento sustentável e crescimento com valor crescente da empresa procurando determinar se o "crescimento" irá aumentar ou diminuir o valor da empresa.

As ferramentas de que seus alunos precisam para alcançar o sucesso

As páginas xvi−xviii detalham os elementos que criamos para aumentar a capacidade dos alunos de dominar os conceitos fundamentais. Duas áreas se destacam.

Metodologia de solução de problemas

Problemas Solucionados (PS) são exemplos desenvolvidos junto de cada conceito importante. Finanças vai muito além de uma solução numérica: para serem bem-sucedidos, os alunos precisam compreender a intuição por trás dos números e interpretar a solução matemática. Com o intuito de estimular esta mentalidade, após o enunciado do problema, uma solução desenvolvida em três passos — Planejamento, Execução, Avaliação — auxilia os alunos a compreender e modelar o processo que devem seguir diante de problemas e casos. Também identificamos os principais erros que nossos alunos têm cometido ao longo dos anos em quadros de Erros Comuns em cada capítulo.

Abordagem aplicada à prática

Referências a empresas famosas como Apple e Starbucks tornam os capítulos mais interessante. Incluímos dois capítulos baseados em casos (13 e 14) que traçam o perfil da RealNetworks e da Hertz. As conclusões de cada capítulo oferecem conselhos sobre os principais pontos a serem guardados por gerentes financeiros. Entrevistas com profissionais notáveis como John Connors, ex-CFO da Microsoft, apóiam esta perspectiva prática. Na abertura de cada capítulo, levamos as entrevistas para além da sala de reuniões apresentando perfis de recém-formados que utilizam os conceitos em suas vidas profissionais. Uma abordagem aplicada pressupõe ferramentas utilizadas por profissionais. Quadros de Excel e apêndices de fim de capítulo ensinam os alunos técnicas do Excel, enquanto Tabelas de Planilhas específicas disponibilizadas online permitem aos alunos digitar seus próprios *inputs* e fórmulas.

Panorama do livro

Fundamentos de Finanças Empresariais oferece uma cobertura dos principais assuntos para cursos introdutórios de nível de graduação. Nosso foco é a tomada de decisões financeiras que dizem respeito a possíveis investimentos e também ao levantamento do capital necessário para financiar um investimento. Desenvolvemos o livro tendo em mente a necessária flexibilidade e considerando as limitações de tempo durante o semestre.

As partes 1 e 2 dão os fundamentos para nosso estudo de finanças empresariais. No Capítulo 1, introduzimos a empresa e as outras formas de organização empresarial. Examinamos, a seguir, o papel dos gerentes financeiros e de investidores externos na tomada de decisões da empresa. O Capítulo 2 analisa princípios básicos de contabilidade empresarial e as demonstrações contábeis dos quais depende o gerente financeiro.

A Parte 2 apresenta as ferramentas básicas que são marcos das finanças empresariais. O Capítulo 3 introduz o Princípio da Avaliação, que permeia todo o estudo de finanças e liga todas as ideias contidas neste livro. O Capítulo 4, sobre o valor do dinheiro no tempo, analisa sequências de fluxo de caixa que duram vários períodos. Explicamos como avaliar uma série de fluxos de caixa futuros e deduzir atalhos para calcular o valor presente de anuidades e perpetuidades. Focamos em como as taxas de juros são cotadas e determinadas no Capítulo 5, com ênfase em como utilizar as taxas de juros de mercado para determinar a taxa de descapitalização adequada para um conjunto de fluxos de caixa. No Capítulo 6, demonstramos uma aplicação de ferramentas de valor do dinheiro no tempo utilizando taxas de juros: avaliar os títulos de dívida emitidos por empresas e governos.

A Parte 3 trata da decisão mais importante dos gerentes financeiros: que investimentos a empresa deve fazer, direcionando o valor da empresa. O Capítulo 7 apresenta as regras de decisão de investimento que guiam a tomada de decisões do gerente financeiro. No Capítulo 8 sobre orçamento de capital, esquematizamos a estimação dos fluxos de caixa incrementais de um projeto, que depois passam a ser os *inputs* para a regra de decisão do VPL. As decisões de orçamento de capital determinam a criação de valor na empresa, então o Capítulo 9 se dedica à avaliação da participação proprietária na empresa — suas ações. Após avaliar o capital próprio de uma empresa com vários métodos, discutimos a eficiência de mercado e suas implicações para os gerentes financeiros.

A Parte 4 analisa o conceito crítico de risco e retorno. Explicamos como medir e comparar riscos entre diversas oportunidades de investimento para determinar o custo de capital de cada uma delas. O Capítulo 10 introduz a ideia-chave de que os investidores só exigem um prêmio de risco para riscos não diversificáveis. No Capítulo 11, quantificamos esta ideia, o que leva ao Modelo de Precificação de Ativos Financeiros (CAPM). No Capítulo 12, aplicamos o que aprendemos para estimar o custo médio ponderado de capital geral de uma empresa.

A Parte 5 mostra como a empresa levanta os fundos de que precisa para empreender seus investimentos. Explicamos os mecanismos do levantamento de capital próprio no Capítulo 13 e os mercados de dívida no Capítulo 14 (onde também continuamos o panorama institucional de mercados de títulos de dívida que começou no Capítulo 6). A Parte 6, sobre estrutura de capital, aprofunda esta base examinando o impacto das escolhas de financiamento sobre o valor da empresa. O Capítulo 15, sobre estrutura de capital, começa estabelecendo intuitivamente o resultado de Modigliani e Miller e então passa ao impacto de importantes imperfeições de mercado. A política de *payout* é o foco do Capítulo 16.

A Parte 7 se dedica aos detalhes da administração do lado financeiro de uma empresa tanto a longo prazo quanto no dia a dia. O Capítulo 17 desenvolve as ferramentas para prever os fluxos de caixa e necessidades de financiamento de longo prazo de uma empresa. No Capítulo 18, discutimos como as empresas gerenciam suas necessidades de capital de giro, enquanto que o Capítulo 19 explica como as empresas financiam suas necessidades monetárias de curto prazo.

A Parte 8 aborda tópicos especiais selecionados em finanças empresariais. O Capítulo 20 introduz opções; o Capítulo 21 trata, então, do uso de opções e outros métodos de gerenciamento de risco pela empresa. O Capítulo 22 examina as questões enfrentadas por uma empresa ao fazer um investimento estrangeiro, inclusive o risco de câmbio, e aborda a avaliação de projetos estrangeiros.

Um pacote completo de suporte ao instrutor e ao aluno*

MyFinanceLab

Sistema totalmente integrado de trabalhos de casa online, o **MyFinanceLab** oferece aos alunos a prática e o auxílio tutorial de que eles precisam para aprender finanças de maneira

---

* N. de R.: Alguns desses materiais estão disponíveis apenas em inglês ou devem ser adquiridos à parte. Para conhecer os recursos oferecidos pela Bookman Editora acesse a página do livro em www.bookman.com.br.

eficiente. Amplas oportunidades para prática e avaliação online no MyFinanceLab são totalmente integradas a cada capítulo e organizadas por seção dentro dos resumos dos capítulos. Para maiores detalhes, ver página xix.

Apresentações em PowerPoint

As **Apresentações em PowerPoint**, de autoria de David Cazier, da Brigham Young University, se encontram disponíveis em forma de aula e inclui desenhos e tabelas do livro, além de exemplos adicionais. Os materiais de PowerPoint, inclusive todos os arquivos de tabelas e figuras, exemplos, termos-chave e tabelas de planilha do livro também se encontram disponíveis separadamente para os professores incorporarem às suas apresentações de PowerPoint pessoais. Todos os PowerPoints são incluídos no CD-ROM de Recursos do Instrutor e também se encontram disponíveis para *download* na página da Bookman.

CD-ROM de recursos para o instrutor

O **CD-ROM de Recursos do Instrutor** oferece o conjunto completo de suplementos para o instrutor de **Fundamentos de Finanças Empresariais**, inclusive arquivos Microsoft® Word e Adobe® PDF do Manual do Instrutor, e do Banco de Testes; apresentações completas de PowerPoint®; soluções selecionadas em planilhas do Excel®; e o Banco de Testes Computadorizado no TestGen®.

Agradecimentos

Dado o escopo deste projeto, identificar todas as pessoas que possibilitaram seu acontecimento é uma tarefa difícil. Este livro foi o produto da experiência e do trabalho árduo de muitos colegas talentosos. Somos especialmente gratos àqueles que desenvolveram o conjunto de suplementos impressos que acompanham o livro: a Salil Sarkar, por trabalhar como editor do Banco de Testes; a Karan Bhanot e David Stuart pelas perguntas escritas para o Banco de Testes; a Mary Brown, pelo Manual do Instrutor; a David Cazier, pelas apresentações em PowerPoint das aulas expositivas; a Julie Dahlquist, pelo Guia de Estudos; a Timothy Sullivan, pelo Manual de Soluções; a James Linck, por trabalhar como consultor para os vídeos; e à equipe de desenvolvimento de conteúdo do MyFinanceLab, inclusive Patricia Bancroft, Carlos Bazan, Shannon Donovan e Michael P. Griffin. Também estamos muito agradecidos pelo trabalho de Marlene Bellamy de realizar as dinâmicas entrevistas com recém-formados que figuram na abertura de cada capítulo e pelas contribuições de Susan White para os casos que finalizam cada parte.

Criar um livro realmente livre de erros é um desafio que não poderíamos ter vencido sem nossa equipe especializada de verificadores. Anand Goel, Robert James e Timothy Sullivan sujeitaram o livro e as soluções dos problemas a seus rígidos padrões. Agradecemos à nossa equipe de Assistentes de Pesquisa, Nathan Walcott, Jared Stanfield, Miguel Palácios e Rob Schonlau, por seu exímio apoio durante todo o processo de escrita.

Na Prentice Hall, gostaríamos de agradecer especialmente a Donna Battista, por sua contínua liderança e visão de mercado; a Denise Clinton, pela profundidade de seu conhecimento e contínuo apoio durante todo o processo; a Rebecca Ferris-Caruso, por sua visão crítica e excepcional capacidade de conjugar os processos de escrita, revisão e edição sem perder o ritmo; a Dona Kenly, por seus incansáveis esforços com os grupos de foco; e a Meredith Gertz por gerenciar com habilidade a transformação de nossos arquivos em Word em um belo livro. Estamos realmente agradecidos pela indispensável ajuda oferecida por diversos profissionais, inclusive: Nancy Freihofer, Gillian Hall, Sara Holliday, Miguel Leonarte, Heather McNally, Kerri McQueen, Susan Schoenberg, Deborah Thompson e Bethany Tidd.

Agradecemos a nossos colegas por seu tempo e experiência investidos como revisores de manuscrito, examinadores de aulas-testes e participantes de grupos de foco. Listamos todos esses colaboradores abaixo, mas gostaríamos de destacar um grupo, nosso conselho editorial: Tom Berry, *DePaul University*; Elizabeth Booth, *Michigan State University*; Julie Dahlquist, the *University of*

Texas—San Antonio; Michaël Dewally, *Marquette University*; Robert M. Donchez, the *University of Colorado—Boulder*; Belinda Mucklow, the *University of Wisconsin—Madison*; Coleen Pantalone, *Northeastern University* e Susan White, the *University of Maryland*. A sólida orientação desses confiáveis consultores durante o crítico processo de escrita foi verdadeiramente inestimável. Nos esforçamos para incorporar todas as contribuições e estamos sinceramente gratos a cada comentário e sugestão. Este livro se beneficiou imensamente dessas contribuições.

Revisores

Pankaj Agrrawal, *University of Maine*
Daniel Ahern, *California State University—Chico*
Paul Asabere, *Temple University*
Ajeyo Banerjee, *University of Colorado—Denver*
Karan Bhanot, *University of Texas—San Antonio*
Eugene Bland, *Texas A&M University—Corpus Christi*
Matej Blasko, *University of Georgia*
Tom Berry, *DePaul University*
Elizabeth Booth, *Michigan State University*
Mary Brown, *University of Illinois—Chicago*
Bill Brunsen, *Eastern New Mexico University*
David G. Cazier, *Brigham Young University—Provo*
Leo Chan, *Delaware State University*
Cindy Chen, *California State University—Long Beach*
Haiyu Chen, *Youngstown State University*
Vicentiu Covrig, *California State University—Northridge*
Julie Dahlquist, *University of Texas—San Antonio*
Pieter de Jong, *University of Texas—Arlington*
Xiaohui Deng, *California State University—Fresno*
Michaël Dewally, *Marquette University*
Robert M. Donchez, *University of Colorado Boulder*
Dean Drenk, *Montana State University*
Robert Dubil, *University of Utah*
Hsing Fang, *California State University—Los Angeles*
David O. Fricke, *University of North Carolina—Pembroke*
Scott Fung, *California State University—East Bay*
Rakesh Gupta, *Central Queensland University*
Joseph D. Haley, *St. Cloud State University*
Thomas Hall, *Christopher Newport University*
Karen L. Hamilton, *Georgia Southern University*
Mahfuzul Haque, *Indiana State University*
Edward C. Howell, *Northwood University*
Ping Hsiao, *San Francisco State University*
Xiaoqing Hu, *University of Illinois at Chicago*
Pankaj Jain, *University of Memphis*
Robert James, *Babson College*
Susan Ji, *Baruch College, City University of New York*
Domingo Joaquin, *Illinois State University*
Fred R. Kaen, *University of New Hampshire*
Terrill Keasler, *Appalachian State University*
Howard Keen, *Temple University*
Brett A. King, *University of North Alabama*
Daniel Klein, *Bowling Green State University*
Rose Neng Lai, *University of Macau*
Keith Lam, *University of Macau*
Reinhold P. Lamb, *University of North Florida*
Douglas Lamdin, *University of Maryland—Baltimore County*
Mark J. Laplante, *University of Georgia*
Sie Ting Lau, *Nanyang Technological University*
Richard LeCompte, *Wichita State University.*
Adam Y.C. Lei, *Midwestern State University*
Qian Li, *Midwestern State University*
Hugh Marble III, *University of Vermont*
James Milanese, *University of North Carolina at Greensboro*
Sunil K. Mohanty, *University of St. Thomas*
Ted Moorman, *Northern Illinois University*
James Morris, *University of Colorado—Denver*
Belinda Mucklow, *University of Wisconsin—Madison*
Tom C. Nelson, *University of Colorado—Boulder*
Rick Nelson, *University of Minnesota*
Anthony C. Ng, *Hong Kong Polytechnic University*
Coleen Pantalone, *Northeastern University*
Daniel Park, *Azusa Pacific University*
Lynn Pi, *Hong Kong University of Science and Technology*
Annette Poulsen, *University of Georgia*
Eric Powers, *University of South Carolina*
Rose M. Prasad, *Central Michigan University*
Shoba Premkumar, *Iowa State University*
Mark K. Pyles, *College of Charleston*
A.A.B. Resing, *Hogeschool Van Amsterdam*
Greg Richey, *California State University, San Bernardino*
Andrew Samwick, *Dartmouth College*
Salil K. Sarkar, *University of Texas—Arlington*
Oliver Schnusenberg, *University of North Florida*
Kenneth Scislaw, *University of Alabama—Huntsville*
Roger Severns, *Minnesota State University—Mankato*
Timothy G. Sullivan, *Bentley College*
Janikan Supanvanij, *St. Cloud State University*
Oranee Tawatnuntachai, *Pennsylvania State University—Harrisburg*
Robert Terpstra, *University of Macau*
Thomas Thomson, *University of Texas—San Antonio*
Olaf J. Thorp, *Babson College*
Emery Trahan, *Northeastern University*
Joe Ueng, *University of St. Thomas*

Mo Vaziri, *California State University—San Bernardino*
Premal P. Vora, *Pennsylvania State University—Harrisburg*
Hefei Wang, *University of Illinois—Chicago*
Susan White, *University of Maryland*
Zhong-gou Zhou, *California State University—Northridge*
Kermit C. Zieg, Jr., *Florida Institute of Technology.*

Participantes dos grupos de foco

Anne-Marie Anderson, *Lehigh University*
Sung Bae, *Bowling Green State University*
H. Kent Baker, *American University*
Steven Beach, *Radford University*
Rafiqul Bhuyan, *California State University—San Bernardino*
Deanne Butchey, *Florida International University*
Leo Chan, *Delaware State University*
George Chang, *Grand Valley State University*
Haiwei Chen, *California State University—San Bernardino*
Haiyu Chen, *Youngstown State University*
Massimiliano De Santis, *Dartmouth College*
Jocelyn Evans, *College of Charleston*
Kathleen Fuller, *University of Mississippi*
Xavier Garza Gomez, *University of Houston—Victoria*
William Gentry, *Williams College*
Axel Grossmann, *Radford University*
Pankaj Jain, *University of Memphis*
Zhenhu Jin, *Valparaiso University*
Steve Johnson, *University of Northern Iowa*
Steven Jones, *Samford University*
Yong-Cheol Kim, *University of Wisconsin—Milwaukee*
Robert Kiss, *Eastern Michigan University*
Ann Marie Klingenhagen, *DePaul University*
Thomas J. Krissek, *Northeastern Illinois University*
Olivier Maisondieu Laforge, *University of Nebraska—Omaha*
Douglas Lamdin, *University of Maryland—Baltimore County*
D. Scott Lee, *Texas A&M University*
Stanley A. Martin, *University of Colorado—Boulder*
Jamshid Mehran, *Indiana University, South Bend*
Sunil Mohanty, *University of St. Thomas*
Karyn L. Neuhauser, *State University of New York—Plattsburgh*
Thomas O'Brien, *University of Connecticut*
Hyuna Park, *Minnesota State University—Mankato*
G. Michael Phillips, *California State University—Northridge*
Wendy Pirie, *Valparaiso University*
Antonio Rodriguez, *Texas A&M International University*
Camelia S. Rotaru, *St. Edward's University*
Salil Sarkar, *University of Texas at Arlington*
Mark Sunderman, *University of Wyoming*
Chu-Sheng Tai, *Texas Southern University*
Oranee Tawatnuntachai, *Pennsylvania State University—Harrisburg*
Benedict Udemgba, *Alcorn State University*
Rahul Verma, *University of Houston—Downtown*
Angelo P. Vignola, *Loyola University—Chicago*
Premal Vora, *Pennsylvania State University—Harrisburg*
Eric Wehrly, *Seattle University*
Yan A. Xie, *University of Michigan—Dearborn*
Fang Zhao, *Siena College*
Sophie Zong, *California State University—Stanislaus*

Examinadores de aulas-teste

Tom Berry, *DePaul University*
Eugene Bland, *Texas A&M University—Corpus Christi*
Charles Blaylock, *Murray State University*
Mary Brown, *University of Illinois—Chicago*
Bill Brunsen, *Eastern New Mexico University*
Sarah Bryant Bower, *Shippensburg University of Pennsylvania*
Alva Wright Butcher, *University of Puget Sound*
David G. Cazier, *Brigham Young University—Provo*
Asim G. Celik, *University of Nevada—Reno*
Michaël Dewally, *Marquette University*
Richard Gaddis, *Oklahoma Wesleyan University*
TeWhan Hahn, *Auburn University—Montgomery*
Matthew Hood, *University of Southern Mississippi*
Zhenhu Jin, *Valparaiso University*
Travis Jones, *Florida Gulf Coast University*
Francis E. Laatsch, *Bowling Green State University*
Diane Lander, *Saint Michael's College*
Vance Lesseig, *Texas State University*
Frances Maloy, *University of Washington*
Jamshid Mehran, *Indiana University—South Bend*
Belinda Mucklow, *University of Wisconsin—Madison*
Kuo-Chung Tseng, *California State University—Fresno*
Kermit C. Zieg, Jr., *Florida Institute of Technology*

Ligando Teoria e Prática

Material para o aluno focado na prática

O sucesso dos alunos é diretamente proporcional ao domínio de conceitos fundamentais e da identificação e solução dos problemas enfrentados pelos profissionais de hoje.

- O **Princípio da Avaliação** é apresentado como o fundamento da tomada de decisões financeiras: A ideia central é de que a empresa deve começar projetos ou realizar investimentos que aumentem seu valor. As ferramentas de finanças determinam o impacto de um projeto ou investimento sobre o valor da empresa comparando os custos e benefícios em termos equivalentes. O Princípio da Avaliação é introduzido no Capítulo 3, revisitado na abertura de cada parte e integrado ao longo do texto.

- **Problemas Solucionados (PS)** são exemplos que acompanham cada conceito importante utilizando uma metodologia consistente de solução de problemas que desdobra o processo de solução em três passos: Planejamento, Execução e Avaliação. Esta abordagem auxilia a compreensão, aumenta a capacidade do aluno de modelar o processo de solução ao tentar solucionar problemas e demonstra a importância de interpretar a solução matemática.

- **PS de Finanças Pessoais** Exemplos demonstram o uso da análise financeira no cotidiano por meio de cenários, como comprar um novo automóvel ou imóvel e economizar para a aposentadoria.

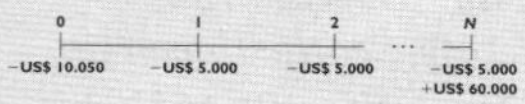

- **Erros comuns** Quadros alertam os alunos a respeito dos erros mais frequentemente cometidos pela má compreensão de conceitos e cálculos fundamentais, bem como dos erros cometidos na área.

- **Utilizando o Excel** Quadros descrevem as técnicas do Excel e incluem capturas de tela que servem de guia para os alunos utilizarem esta tecnologia.

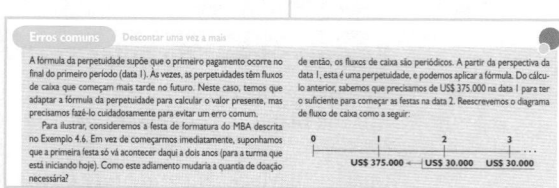

Aplicações que refletem a prática real

Fundamentos de Finanças Empresariais apresenta empresas e profissionais da área.

▶ **Entrevistas de Abertura de Capítulo** com profissionais recém-formados que agora trabalham na área de finanças sublinham a relevância desses conceitos para os alunos em seu primeiro contato com eles.

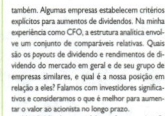

▶ **Entrevistas com Profissionais** consagrados são apresentadas em muitos capítulos.

▶ **Quadros de Interesse Geral** ressaltam materiais atuais retirados de publicações da área de finanças que esclarecem problemas de negócios e práticas de empresas reais.

Ensinando os Alunos a Pensar em Termos de Finanças

Com consistência na apresentação e um conjunto inovador de material de apoio à aprendizagem, *Fundamentos de Finanças Empresariais* atende ao mesmo tempo às necessidades de alunos de graduação em finanças e às de alunos de outros cursos da área de negócios. Este livro realmente mostra a cada aluno como pensar em termos de finanças.

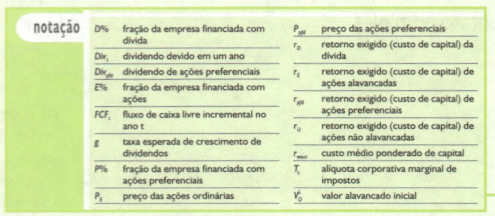

Apresentação simplificada da matemática

Uma das partes mais difíceis da aprendizagem de finanças é dominar o jargão, a matemática e as notações não padronizadas. *Fundamentos de Finanças Empresariais* utiliza sistematicamente:

- **Quadros de Notação.** Cada capítulo começa com um Quadro de Notação que define as variáveis e os acrônimos utilizados no capítulo e servem como uma 'legenda' para referência dos alunos.

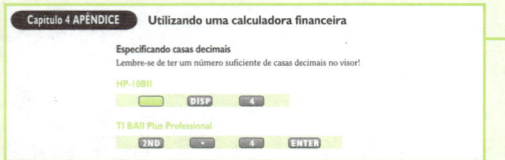

- **Equações Numeradas e Tituladas.** Na primeira vez em que uma equação completa é apresentada em forma de notação, ela aparece numerada. As equações fundamentais são tituladas e revisitadas no resumo e na guarda deste livro.

- **Instruções para o uso da Calculadora Financeira**, incluindo um quadro no Capítulo 4 sobre como encontrar valores futuros e presentes, e apêndices dos Capítulos 4, 6 e 14 com seqüências de teclas para as calculadoras HP-10BII e TI BAII Plus Professional, ressaltam esta ferramenta de solução de problemas.

- **Tabelas de Planilhas.** Tabelas selecionadas estão disponíveis em www.bookman.com.br como arquivos de Excel, permitindo que os alunos alterem as entradas e manipulem os cálculos envolvidos.

Praticar finanças para aprender finanças

Resolver problemas é a maneira comprovada de fixar e demonstrar seus conhecimentos em finanças.

- **Perguntas de Fixação de Conceitos** no final de cada seção permitem que os alunos testem sua compreensão e direcionem seus estudos para as áreas que eles mais precisem revisar.

- **Problemas de fim de capítulo escritos pessoalmente por Jonathan Berk, Peter DeMarzo e Jarrad Harford** oferecem aos instrutores a oportunidade de passar para seus alunos, como trabalho de casa e prática, um material de excelente qualidade, com problemas consistentes com o conteúdo do capítulo. Problemas e soluções, também desenvolvidos pelos autores, foram testados em sala de aula com o intuito de garantir sua qualidade.

Em inglês

Já que a prática com tarefas de casa é crucial para aprender finanças, *Fundamentos de Finanças Empresariais* vem acompanhado do MyFinanceLab, um sistema totalmente integrado de trabalhos de casa e tutorial. MyFinanceLab revoluciona os trabalhos de casa e a prática com um incomparável sistema de dicas e créditos parciais, escrito e desenvolvido por Jonathan Berk, Peter DeMarzo e Jarrad Harford.

Avaliação *online* utilizando os problemas de fim de capítulo

A integração total entre livro didático, materiais de avaliação e recursos *online* estabelece um novo padrão na educação em finanças empresariais no nível de graduação.

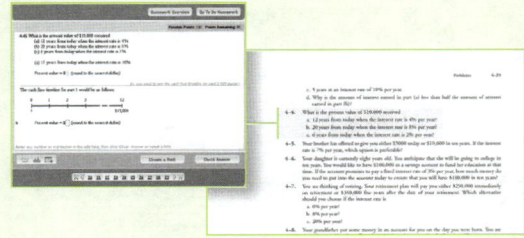

- Os problemas de fim de capítulo aparecem *online*. Os valores contidos nos problemas são gerados por algoritmos, oferecendo aos alunos muitas oportunidades de prática e domínio. Os problemas podem ser passados pelos professores e concluídos *online* pelos alunos.

- Ferramentas úteis de tutorial, juntamente com os mesmos materiais pedagógicos de suporte encontrados no texto, auxiliam os alunos em seu estudo. *Links* para o eText levam os alunos diretamente aos assuntos que mais precisam revisar.

Revolucionário sistema de dicas e créditos parciais

O MyFinanceLab fornece 'dicas' que guiam os alunos na solução de problemas difíceis. Em vez de avaliar um problema inteiro como certo ou errado, o sistema de créditos parciais recompensa os alunos por seus esforços.

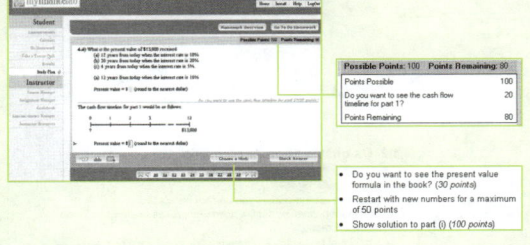

Recursos adicionais no MyFinanceLab

- **Videoclipes** traçam o perfil de empresas através de entrevistas e análises. Os vídeos se focalizam em tópicos fundamentais como orçamento de capital e apresentam empresas famosas.

- **Animações interativas** permitem que os alunos manipulem as entradas, abordem tópicos como títulos de dívida, avaliação de ações, NPV, IRR, modelagem de demonstrações contábeis, entre outros.

- **Notícias** e *video feeds* ao vivo do The Financial Times e da ABC News fornecem notícias atualizadas em tempo real.

Prática direcionada e "com a mão na massa"

Os alunos podem fazer Testes Simulados com o conteúdo de cada capítulo, e os resultados de seus testes gerarão um Plano de Estudos individualizado. Com o Plano de Estudos, os alunos aprendem a concentrar suas energias nos assuntos em que eles precisam ser bem-sucedidos em sala de aula, em exames e, em última análise, em suas futuras carreiras.

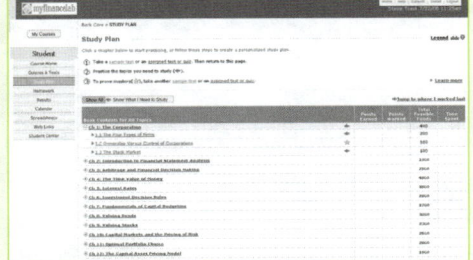

MyFinanceLab reúne recursos disponíveis apenas em língua inglesa, oferecidos em conjunto com a edição norte-americana desta obra, e que podem ser conhecidos no site www.myfinancelab.com

Apresentações em PPTs® e Planilhas do Excel® Totalmente em Português

No site da Bookman Editora (www.bookman.com.br) os professores e alunos cadastrados vão encontrar apresentações em PowerPoint® capazes de auxiliá-los no planejamento e no estudo da disciplina.

As apresentações oferecem um resumo das capítulos, reproduzindo os trechos mais importantes e as figuras e gráficos que merecem destaque na exposição em sala de aula.

PPTs® com descrição das aulas, tabelas e figuras

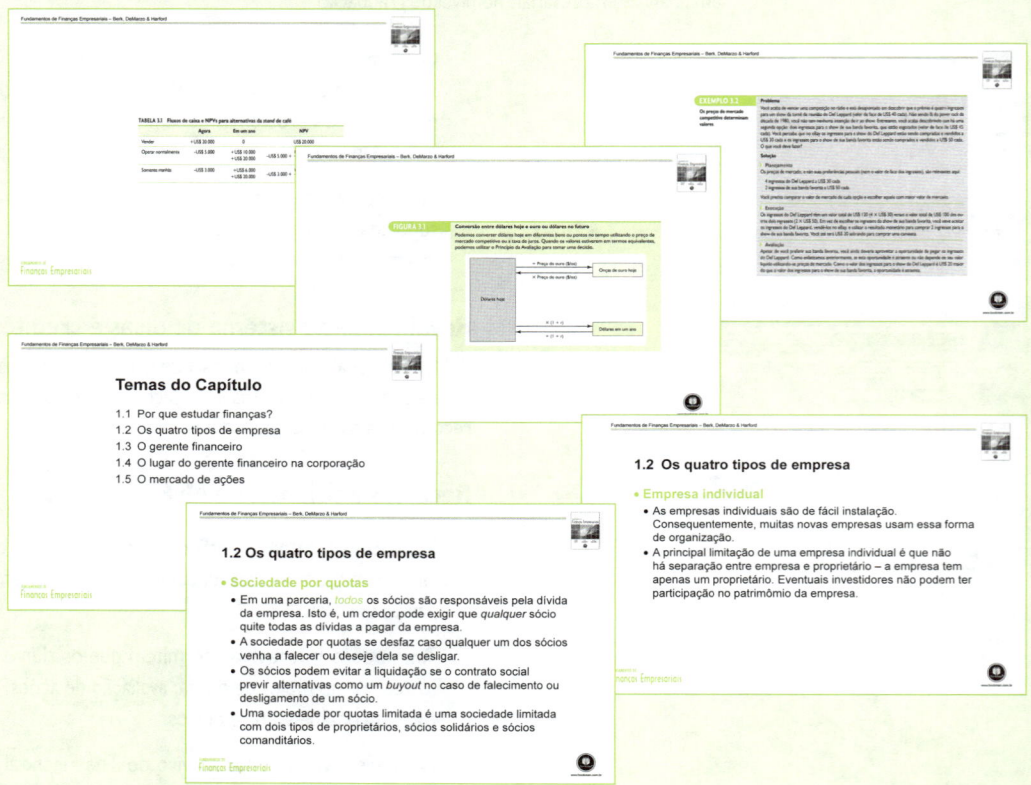

Planilhas de Excel® com exemplos e exercícios

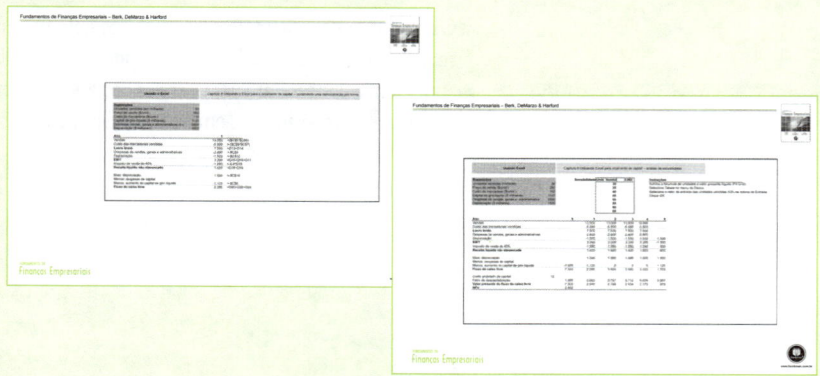

Sumário Resumido

PARTE 1 **Introdução** 35
- Capítulo 1 Finanças Empresariais e o Gerente Financeiro 36
- Capítulo 2 Introdução à Análise de Demonstrações Contábeis 56

PARTE 2 **Taxas de Juros e Avaliação de Fluxos de Caixa** 93
- Capítulo 3 O Princípio da Avaliação: o Fundamento da Tomada de Decisões Financeiras 94
- Capítulo 4 NPV e o Valor do Dinheiro no Tempo 115
- Capítulo 5 Taxas de Juros 158
- Capítulo 6 Títulos de Dívida 184

PARTE 3 **Avaliação e a Empresa** 225
- Capítulo 7 Regras de Decisão de Investimento 226
- Capítulo 8 Fundamentos do Orçamento de Capital 264
- Capítulo 9 Avaliação de Ações 303

PARTE 4 **Risco e Retorno** 349
- Capítulo 10 Risco e Retorno em Mercados de Capital 350
- Capítulo 11 Risco Sistemático e Prêmio de Risco de Ações 379
- Capítulo 12 Determinando o Custo de Capital 414

PARTE 5 **Financiamento de Longo Prazo** 441
- Capítulo 13 Levantando Capital Social 442
- Capítulo 14 Financiamento por Dívida 470

PARTE 6 **Estrutura de Capital e Política de *Payout*** 493
- Capítulo 15 Estrutura de Capital 494
- Capítulo 16 Política de *Payout* 533

PARTE 7 **Planejamento Financeiro e Previsões** 567
- Capítulo 17 Modelagem Financeira e Análise *Pro forma* 569
- Capítulo 18 Gerenciamento do Capital de Giro 598
- Capítulo 19 Planejamento Financeiro de Curto Prazo 625

PARTE 8 **Tópicos Especiais** 655
- Capítulo 20 Aplicações de Opções e Finanças Empresariais 656
- Capítulo 21 Gerenciamento de Risco 682
- Capítulo 22 Finanças Empresariais Internacionais 706

Sumário Detalhado

PARTE 1 — Introdução 35

1 Finanças Empresariais e o Gerente Financeiro 36

▸ Entrevista com Leslie Tillquist, PA Consulting Group 37

1.1 Por que estudar finanças? 38

1.2 Os quatro tipos de empresas 39
Empresas individuais 39
Sociedade por quotas 39
Sociedades de responsabilidade limitada 40
Corporações 40
Implicações tributárias para entes empresariais 42

▸ Tributação empresarial ao redor do mundo 44

1.3 O gerente financeiro 44
Tomada de decisões de investimento 44
Tomada de decisões de financiamento 44
Gerenciamento de necessidade de caixa de curto prazo 45
A meta do gerente financeiro 45

1.4 O lugar do gerente financeiro na corporação 45
A equipe de gerenciamento empresarial 46
Ética e incentivo nas corporações 47

▸ Ativismo e direito a voto dos acionistas 48

1.5 O mercado de ações 49
Os maiores mercados de ações 49
NYSE 49
NASDAQ 50

▸ NYSE, AMEX, DJIA, S&P 500: nadando em acrônimos 52

myfinancelab Resumo 52 ▸ Problemas 54

2 Introdução à Análise de Demonstrações Contábeis 56

▸ Entrevista com Hiral Tolia, CBIZ Valuation Group, LLC 57

2.1 A publicação das informações financeiras das empresas 58
Preparação de demonstrações contábeis 58
Tipos de demonstrações contábeis 59

▸ Padrões Internacionais de Relatórios Financeiros 59

2.2 O balanço patrimonial 59
Ativos 60
Passivos 61
O patrimônio líquido 61

2.3 Análise do balanço patrimonial 63
Índice market-to-book 63
Índice capital de terceiros/capital próprio 63
Valor de empresa 64
Outras informações do balanço patrimonial 65

2.4 A demonstração de resultados 66
Cálculos dos resultados 66

2.5 Análise da demonstração de resultados 68
Índices de rentabilidade 68
Eficiência dos ativos 69
Índices de capital de giro 69
EBITDA 70
Índices de alavancagem 70
Retornos sobre investimentos 70
A Análise DuPont 71
Índices de avaliação 73

▸ Erros comuns: Confusão nos índices 73

2.6 A demonstração dos fluxos de caixa   74

Atividades operacionais   76
Atividades de investimento   77
Atividades de financiamento   77

2.7 Outras informações das demonstrações contábeis   78

Relatório da administração   78
Demonstração da equivalência patrimonial   79
Notas explicativas das demonstrações contábeis   79

2.8 Relatórios financeiros na prática   79

Enron   79
WorldCom   80
A Lei Sarbanes-Oxley   80

▶ Entrevista com: Sue Frieden   81

As demonstrações contábeis: um útil ponto de partida   82

myfinancelab Resumo 83 ▶ Questões de revisão 85 ▶ Problemas 86 ▶ Caso simulado 91

PARTE 2 — Taxas de Juros e Avaliação de Fluxos de Caixa   93

3 O Princípio da Avaliação: o Fundamento da Tomada de Decisões Financeiras   94

▶ Entrevista com Matt Herriot, Oxford & Hill Home Products   95

3.1 Tomada de decisões gerenciais   96

▶ Suas decisões financeiras pessoais   97

3.2 Análise de custo-benefício   97

3.3 Princípio da Avaliação   98

▶ Quando os preços de mercados competitivos não estão disponíveis   100

3.4 O valor do dinheiro no tempo e as taxas de juros   101

O valor do dinheiro no tempo   101
A taxa de juros: uma taxa cambial ao longo do tempo   101

3.5 A Regra de Decisão do NPV   104

Valor presente líquido   104
A Regra de Decisão do NPV   105
NPV e necessidades de caixa   107

3.6 A Lei do Preço Único   108

Arbitragem   108
Lei do Preço Único   108

▶ Arbitragem   109
▶ Uma velha piada   109
▶ Custos de transações   110

myfinancelab Resumo 111 ▶ Questões de revisão 112 ▶ Problemas 112

4 NPV e o Valor do Dinheiro no Tempo   115

▶ Entrevista com Jonathan Jagolinzer, Ameriprise Financial Services   116

4.1 Diagramas de fluxo de caixa   117

Construindo um diagrama de fluxo de caixa   117
Identificando datas em um diagrama de fluxo de caixa   117
Distinguindo entradas e saídas   118
Representando vários períodos de tempo   118

4.2 Avaliando fluxos de caixa em diferentes pontos no tempo   119

Regra 1: Comparando e combinando valores   119

▶ Erros comuns: Somar fluxos de caixa de diferentes pontos no tempo   119

Regra 2: Capitalização   119
Regra 3: Descapitalização   120

▶ Regra dos 72   121

Aplicando as regras da avaliação de fluxos de caixa   123

▶ Usando uma calculadora financeira: encontrando valores presentes e futuros   124

4.3 Avaliando uma sequência de fluxos de caixa   126

4.4 O valor presente líquido de uma sequência de fluxos de caixa   128

4.5 Perpetuidades, anuidades e outros casos especiais   129

Perpetuidades   130

▶ Exemplos históricos de perpetuidades   131

▸ Erros comuns: Descontar uma vez a mais 132

   Anuidades 132

   Fluxos de caixa crescentes 136

4.6 Solução para encontrar outras variáveis além do valor presente e do valor futuro 138

Solução para encontrar fluxos de caixa 139

Taxa interna de retorno 141

Solução para encontrar o número de períodos 145

▸ Solução para encontrar N utilizando logaritmos 145

▸ **myfinancelab** Resumo 147 ▸ Questões de revisão 148 ▸ Problemas 148 ▸ Caso simulado 153

Capítulo 4 Apêndice: Utilizando uma calculadora financeira 155

5 Taxas de Juros 158

▸ Entrevista com Jason Moore, Bradford & Marzec, LLC 159

5.1 Cotações e ajustes da taxa de juros 160

A taxa efetiva anual 160

Ajustando a taxa de descapitalização para diferentes períodos de tempo 161

Taxas percentuais anuais 163

▸ Erros comus: Utilizar a EAR na fórmula de anuidade 163

5.2 Aplicação: taxas de descapitalização e empréstimos 165

Calculando pagamentos de empréstimos 165

Calculando o saldo pendente de um empréstimo 166

5.3 Os determinantes das taxas de juros 168

Taxas de inflação e taxa de juros real versus nominal 169

Política de investimento e taxas de juros 171

▸ Como a inflação é realmente calculada? 171

A curva de rentabilidade e taxas de descapitalização 171

▸ Erros comuns: Utilizar a fórmula de anuidade quando as taxas de descapitalização variam 174

A curva de rentabilidade e a economia 174

5.4 O custo de oportunidade de capital 177

Taxas de juros, taxas de descapitalização e o custo de capital 178

▸ **myfinancelab** Resumo 179 ▸ Questões de revisão 180 ▸ Problemas 181

6 Títulos de Dívida 184

▸ Entrevista com Patrick Brown, Citigroup Global Market 185

6.1 Terminologia dos títulos de dívida 186

6.2 Títulos de dívida de cupom zero 188

Fluxos de caixa de títulos de dívida de cupom zero 188

Rentabilidade até o vencimento de um título de dívida de cupom zero 188

Taxas de juros livres de risco 190

6.3 Títulos de dívida de cupom 191

Fluxos de caixa de títulos de dívida de cupom 192

Rentabilidade até o vencimento de um título de dívida de cupom 192

▸ O mercado de letras do Tesouro dos EUA 193

▸ Encontrando preços de títulos de dívida na web 195

Cotações de preços de títulos de cupom 196

6.4 Por que os preços dos títulos de dívida variam? 196

Variações nas taxas de juros e preços de títulos de dívida 196

O tempo e preços de títulos de dívida 199

Risco da taxa de juros e preços de títulos de dívida 200

Preços de títulos de dívida na prática 203

▸ Preços limpos e sujos para títulos de dívida de cupom 203

6.5 Títulos de dívida corporativos 205

Risco de crédito 205

Rentabilidades de títulos de dívida corporativos 206

Classificação de títulos de dívida 206

▸ Entrevista com: Lisa Black 208

Curvas de rentabilidade corporativa 209

▸ Classificações de títulos de dívida e a crise do **subprime** de 2007-2008 210

▸ **myfinancelab** Resumo 211 ▸ Questões de revisão 213 ▸ Problemas 213 ▸ Caso simulado 216

Capítulo 6 Apêndice A: Encontrando a rentabilidade até o vencimento de um título de dívida utilizando uma calculadora financeira 218

Capítulo 6 Apêndice B: A curva de rentabilidade e a Lei do Preço Único 219

Parte 2 Caso de Integração 223

PARTE 3 — Avaliação e a Empresa 225

7 Regras de Decisão de Investimento 226

▸ Entrevista com Katherine Pagelsdorf, Pearson Education 227

7.1 Utilizando a regra do NPV 228
Organizando os fluxos de caixa e calculando o NPV 228
Perfil do NPV 229
Medindo a sensibilidade com a IRR 229
Regras alternativas versus a regra do NPV 230

7.2 Regras de decisão alternativas 230
A regra do payback 231
A regra da taxa interna de retorno 232
▸ Erros comuns: IRR *versus* a regra da IRR 236
▸ Por que regras diferentes da regra do NPV persistem? 236
Taxa interna de retorno modificada 237

7.3 Selecionando projetos 239
Diferenças de escala 240
▸ Entrevista com: Dick Grannis 243
Cronologia dos fluxos de caixa 245

7.4 Avaliando projetos com diferentes vidas 246
Considerações importantes ao utilizar o Valor Uniforme Líquido 248

7.5 Selecionando projetos quando os recursos são limitados 249
Avaliando projetos com diferentes exigências de recursos 249

7.6 Resumo 252

myfinancelab Resumo 254 ▸ Questões de revisão 255 ▸ Problemas 255 ▸ Caso simulado 260

Capítulo 7 Apêndice: Utilizando o Excel para fazer um perfil do NPV 262

8 Fundamentos do Orçamento de Capital 264

▸ Entrevista com James King, Limitless LLC 265

8.1 O processo do orçamento de capital 266

8.2 Previsão de lucros incrementais 268
Despesas operacionais versus desembolsos de capital 268
Receita incremental e estimativas de custo 268
Impostos 269
Previsão de lucros incrementais 270

8.3 Determinando o fluxo de caixa livre incremental 272
Calculando o fluxo de caixa livre a partir dos lucros 273
Cálculo direto dos fluxos de caixa livres 277
Calculando o NPV 277

8.4 Outros efeitos sobre os fluxos de caixa livres incrementais 278
Custos de oportunidade 278
▸ Erros comuns: O custo de oportunidade de um ativo ocioso 279
Externalidades de projeto 279
Custos afundados 279
▸ Erros comuns: A falácia do custo afundado 280
Ajustando o fluxo de caixa livre 280
Decisões de substituição 283

8.5 Analisando o projeto 284
Análise de sensibilidade 284
Análise do ponto de equilíbrio 285
Análise de cenário 287

8.6 Opções reais no orçamento de capital 287
Opção de adiamento 288
Opção de expansão 288
Opção de abandono 288

myfinancelab Resumo 289 ▸ Questões de revisão 290 ▸ Problemas 291 ▸ Caso simulado 296

Capítulo 8 Apêndice A: Depreciação por MACRS 298

Capítulo 8 Apêndice B: Utilizando o Excel para o orçamento de capital 298

9 Avaliação de Ações 303

▸ Entrevista com Christopher Brigham, Loomis Sayles & Company 304

9.1 O básico sobre ações 305

9.2 O modelo de desconto de dividendos 307

Um investidor de um ano 307
Rentabilidades de dividendos, ganhos de capital e retornos totais 308
Um investidor de anos múltiplos 309
Equação do modelo de desconto de dividendos 310

9.3 Estimando dividendos no modelo de desconto de dividendos 310

Dividendos de crescimento constante 310
Dividendos versus investimento e crescimento 312
Mudanças nas taxas de crescimento 314

▸ Entrevista com: Marilyn Fedak 315

Limitações do modelo de desconto de dividendos 317

9.4 Modelos de avaliação de *payout* total e de fluxos de caixa livres 318

Recompra de ações e o modelo de payout total 318
O modelo do fluxo de caixa livre descontado 319

9.5 Avaliação baseada em empresas comparáveis 323

Múltiplos de avaliação 324
Limitações dos múltiplos 326
Comparação com métodos de fluxo de caixa descontado 327
Técnicas de avaliação de ações: a última palavra 327

9.6 Informação, concorrência e preços de ações 329

Informações nos preços de ações 329
Concorrência e mercados eficientes 330
Lições dos investidores e gerentes de empresa 332
A hipótese de mercados eficientes versus ausência de arbitragem 334

myfinancelab Resumo 334 ▸ Questões de revisão 337 ▸ Problemas 337 ▸ Caso simulado 342

Capítulo 9 Apêndice: Utilizando o Excel para construir um modelo de desconto de dividendos 344

3 Parte 3 Caso de Integração 346

PARTE 4 Risco e Retorno 349

10 Risco e Retorno em Mercados de Capital 350

▸ Entrevista com Jon Kirchoff, 3M 351

10.1 Introdução a risco e retorno 352

10.2 Riscos e retornos históricos de ações 356

Calculando retornos históricos 356
Retornos anuais médios 359
A variância e a volatilidade dos retornos 359

▸ Retornos com média aritmética *versus* retornos com composição anual 362

▸ Erros comuns 363

A distribuição normal 362

10.3 O *tradeoff* histórico entre risco e retorno 366

Os retornos de carteiras grandes 366
Os retornos de ações individuais 366

10.4 Risco comum *versus* risco independente 367

Seguros contra roubo e contra terremotos: um exemplo 368
Tipos de risco 368

10.5 Diversificação em carteiras de ações 370

Risco não sistemático versus risco sistemático 370
Risco diversificável e o prêmio de risco 371
A importância do risco sistemático 373

▸ Erros comuns: A falácia da diversificação de longo prazo 374

myfinancelab Resumo 375 ▸ Questões de revisão 376 ▸ Problemas 377

11 Risco Sistemático e Prêmio de Risco de Ações 379

▸ Entrevista com Alexander Morgan, Pantheon Ventures 380

11.1 O retorno esperado de uma carteira 381

Pesos de carteira 381
Retornos de carteira 381
Retorno esperado de uma carteira 383

11.2 A volatilidade de uma carteira 384

Diversificando riscos 384
Medindo a comovimentação das ações: correlação 385
Calculando a variância e o desvio-padrão de uma carteira 388
A volatilidade de uma carteira grande 390

11.3 Medindo o risco sistemático 392

O papel da carteira de mercado 392
Índices da bolsa de valores como carteira de mercado 393
▶ Fundos de índice 394
Risco de mercado e beta 394
▶ Erros comus: Confundir desvio-padrão e beta 396
Estimando o beta a partir de retornos históricos 397

11.4 Resumo retrospectivo: o modelo de precificação de ativos financeiros 398

A equação do CAPM que relaciona risco a retornos esperados 399
▶ Por que não estimar os retornos esperados diretamente? 401
A linha do mercado de títulos 402
O CAPM e carteiras 403
Resumo do modelo de precificação de ativos financeiros 404
▶ Prêmio Nobel: William Sharpe 405
Quadro geral 405

myfinancelab Resumo 406 ▶ Questões de revisão 407 ▶ Problemas 407

Capítulo 11 Apêndice: Modelos alternativos do risco sistemático 411

12 Determinando o Custo de Capital 414

▶ Entrevista com Priscilla Srbu, Grupo de Finanças Estratégicas da Qualcomm 415

12.1 Introdução ao custo médio ponderado de capital 416

A estrutura de capital da empresa 416
Custo de oportunidade e custo de capital geral 417
Médias ponderadas e o custo de capital geral 417
Cálculos do custo médio ponderado de capital 418

12.2 Os custos de capital de terceiros e de capital próprio da empresa 419

Custo do capital de terceiros 420
▶ Erros comus: Utilizando a taxa de cupom como o custo da dívida 421
Custo de capital de ações preferenciais 421
Custo de capital de ações ordinárias 422

12.3 Aprofundamento do custo médio ponderado de capital 424

Equação do WACC 424
O custo médio ponderado de capital na prática 425
Os métodos na prática 425

12.4 Utilizando o WACC para avaliar um projeto 427

Pressupostos fundamentais 428
Aplicação do método do WACC: estendendo a vida de uma mina da Alcoa 429
Resumo do método do WACC 429

12.5 Custos de capital baseados em projetos 430

Custo de capital de uma nova aquisição 431
Custos de capital divisionais 431

12.6 Quando levantar capital externo custa caro 432

myfinancelab Resumo 434 ▶ Questões de revisão 435 ▶ Problemas 436 ▶ Caso simulado 438

Parte 4 Caso de Integração 440

PARTE 5 Financiamento de Longo Prazo 441

13 Levantando Capital Social 442

▶ Entrevista com Sandra Pfeiler, Goldman Sachs 443

13.1 Financiamento por emissão de ações para empresas de capital fechado 444

Fontes de captação de fundos 444
Títulos e avaliação 447
Saída de um investimento em uma empresa de capital fechado 449

13.2 Abertura de capital de uma empresa: a oferta pública inicial 449

Vantagens e desvantagens de se tornar uma empresa de capital aberto 449

Ofertas primárias e secundárias em uma IPO   450
Outros tipos de IPO   455

▶ A IPO da Google   458

13.3 Os mistérios das IPOs   458

Subprecificação ou desconto inicial nas IPOs   458
Mercados "quentes" e "frios" de IPOs   460
O alto custo de emitir uma IPO   460
Subdesempenho de longo prazo de ações após uma IPO   461

13.4 Levantando capital adicional: a oferta pública subsequente de ações   462

O processo de uma SEO   462
Reação ao preço relacionada a uma SEO   464
Custos de uma SEO   465

myfinancelab Resumo 466 ▶ Questões de revisão 467 ▶ Problemas 467

14 Financiamento por Dívida   470

▶ Entrevista com Bryan Milner, Wells Fargo Foothill   471

14.1 Dívida das empresas   472

Dívida privada   472
Dívida pública   473

▶ Financiamento por dívida na Hertz: empréstimos bancários   473

▶ Financiamento por dívida na Hertz: colocações privadas   473

▶ Financiamento por dívida na Hertz: dívida pública   476

14.2 Cláusulas de títulos   477

Tipos de cláusulas   478
Vantagens das cláusulas   478
Aplicação: cláusulas da Hertz   479

14.3 Provisões para quitação   479

Provisões para resgate   479
Fundos de amortização de empréstimos (sinking funds)   482
Provisões de conversão   482

myfinancelab Resumo 485 ▶ Questões de revisão 486 ▶ Problemas 487

Capítulo 14 Apêndice: Utilizando uma calculadora financeira para calcular a rentabilidade até o resgate   488

Parte 5 Caso de Integração   489

PARTE 6 Estrutura de Capital e Política de Payout   493

15 Estrutura de Capital   494

▶ Entrevista com Christopher Cvijic, Morgan Stanley   495

15.1 Escolhas da estrutura de capital   496

Escolhas de estrutura de capital entre diferentes setores   496
Escolhas da estrutura de capital dentro de um mesmo setor   497

15.2 Estrutura de capital em um mercado de capitais perfeito   498

Aplicação: Financiando um novo negócio   499
Alavancagem e o valor da empresa   500
O efeito da alavancagem sobre o risco e retorno   501
Alavancagem feita em casa   502
Alavancagem e o custo de capital   504

▶ Erros comus: Falácias da estrutura de capital   506

MM e o mundo real   507

▶ Prêmio Nobel: Franco Modigliani e Merton Miller   507

15.3 Endividamento e impostos   507

A dedução da despesa com juros dos impostos e o valor da empresa   508
Valor da dedução tributária das despesas com juros   509
A dedução tributária das despesas com juros com dívida permanente   511
Alavancagem e o WACC com impostos   512
Endividamento e impostos: a palavra final   512

15.4 Os custos da falência e das dificuldades financeiras   513

▶ Falências significam um dinheirão para os especialistas   514

Custos diretos da falência   514
Custos indiretos das dificuldades financeiras   514

15.5 Estrutura de capital ótima: a teoria do tradeoff   515

Diferenças entre as empresas   516
Alavancagem ótima   516

15.6 Consequências adicionais da alavancagem: custos de agência e informação 517

Custos de agência 518

▸ Empresas aéreas tiram proveito das dificuldades financeiras 519

▸ Dificuldades financeiras e apostar na sorte jogando dados, literalmente 520

Endividamento e informação 520

15.7 Estrutura de capital: um resumo 522

myfinancelab Resumo 523 ▸ Questões de revisão 525 ▸ Problemas 526

Capítulo 15 Apêndice: A lei da falência 532

16 Política de *Payout* 533

▸ Entrevista com Bill Bascom, Intuit Inc. 534

16.1 Distribuições aos acionistas 535

Dividendos 535
Recompras de ações 537

16.2 Comparação entre dividendos e recompra de ações em um mercado de capitais perfeito 538

Política alternativa 1: pagar dividendo com excesso monetário 539

Política alternativa 2: recompra de ações (sem dividendos) 540

▸ Erros comuns: Recompras e a oferta de ações 541

Política alternativa 3: dividendo alto (emissão de ações) 541

Modigliani-Miller e a irrelevância da política de dividendos 542

▸ Erros comuns: A falácia do pássaro na mão 543

Política de dividendos com mercados de capitais perfeitos 543

16.3 A desvantagem tributária dos dividendos 544

Impostos sobre dividendos e ganhos de capital 544
Política de dividendos ótima com impostos 546
Diferenças tributárias entre investidores 547

16.4 *Payout versus* retenção de caixa 549

Retenção de caixa com mercados de capitais perfeitos 550

Retenção de caixa com mercados de capitais perfeitos 550

16.5 Sinalização com a política de *payout* 554

Uniformização de dividendos 554
Sinalização dos dividendos 555
Sinalização de recompra de ações 555

▸ Corte no dividendo da Royal & SunAlliance 556

▸ Entrevista com: John Connors 557

16.6 Bonificações em ações, desdobramentos de ações e cisões 558

Bonificações em ações e desdobramento de ações 558

▸ Ações A e B da Berkshire Hathaway 558

Cisões (spin-offs) 559

16.7 Conselhos para o gerente financeiro 559

myfinancelab Resumo 560 ▸ Questões de revisão 562 ▸ Problemas 562 ▸ Caso simulado 564

Parte 6 Caso de Integração 566

PARTE 7 Planejamento Financeiro e Previsões 567

17 Modelagem Financeira e Análise *Pro forma* 569

▸ Entrevista com David Hollon, Goldman Sachs 570

17.1 Metas do planejamento financeiro de longo prazo 571

Identificar ligações importantes 571
Analisar o impacto de planos de negócios potenciais 571
Planejar as necessidades futuras de fundos 572

17.2 Previsão das demonstrações contábeis: o método do percentual de vendas 572

Método do percentual de vendas 572
Demonstração de resultados pro forma 573
Balanço patrimonial pro forma 574

▸ Erros comuns: Confundir os lucros dos acionistas com os lucros retidos 576

The Plug: novos financiamentos líquidos 576

17.3 Prevendo uma expansão planejada 577

Expansão da KMS Design: necessidades de financiamento 578

Expansão da KMS Design: Demonstração de resultados pro forma 579

Previsão do balanço patrimonial 580

17.4 Avaliando a expansão planejada 582

Previsão de fluxos de caixa livres 582

▶ Erros comus: Confundir o capital de giro líquido total com o incremental 583

Expansão da KMS Design: efeito sobre o valor da empresa 584

Momento ótimo e a opção de adiar 586

17.5 Crescimento e valor da empresa 587

Taxa de crescimento sustentável e financiamento externo 588

myfinancelab Resumo 591 ▶ Questões de revisão 593 ▶ Problemas 593

Capítulo 17 Apêndice: O balanço patrimonial e demonstração dos fluxos de caixa 596

18 Gerenciamento do Capital de Giro 598

▶ Entrevista com Waleed Husain, Comcast 599

18.1 Panorama do capital de giro 600

O ciclo de caixa 600

Necessidades de capital de giro por setor 603

Valor da empresa e capital de giro 603

18.2 Crédito comercial 604

Termos do crédito comercial 605

Crédito comercial e fricções de mercado 605

▶ Erros comus: Utilizando a APR em vez da EAR para calcular o custo do crédito comercial 605

Gerenciando o float 607

18.3 Gerenciamento de contas a receber 608

Determinando a política de crédito 608

▶ Os 5 C's do crédito 608

Monitorando as contas a receber 610

18.4 Gerenciamento de contas a pagar 612

Determinando o prazo de pagamento pendente em dias 612

Extensão do prazo das contas a pagar 613

18.5 Gerenciamento de estoque 614

Benefícios da manutenção de estoque 614

Custos da manutenção de estoque 615

▶ O gerenciamento de estoque aumenta o resultado final na Gap 615

18.6 Gerenciamento de caixa 616

Motivações para a retenção de dinheiro 616

Investimentos alternativos 617

▶ Saldos de caixa 617

myfinancelab Resumo 619 ▶ Questões de revisão 620 ▶ Problemas 620 ▶ Caso simulado 623

19 Planejamento Financeiro de Curto Prazo 625

▶ Entrevista com Teresa Wendt, Lockheed Martin 626

19.1 Previsão da necessidade de financiamentos de curto prazo 627

Aplicação: Springfield Snowboards, Inc. 627

Sazonalidades 628

Choques de fluxos de caixa negativos 630

Choques de fluxos de caixa positivos 630

19.2 O princípio da correspondência 631

Capital de giro permanente 632

Capital de giro temporário 632

Capital de giro permanente versus temporário 632

Opções de políticas de financiamento 633

19.3 Financiamento de curto prazo com empréstimos bancários 634

Empréstimos com um único pagamento no final do período 634

Linha de crédito 636

Empréstimo-ponte 636

Estipulações e taxas comuns de empréstimos 636

19.4 Financiamento de curto prazo com notas comerciais 638

19.5 Financiamento de curto prazo com financiamento com garantias 640

Contas a receber como colateral 640

▸ Uma solução de financiamento do século XVII 641

Estoque como colateral 641

19.6 Resumo: criando um plano financeiro de curto prazo 643

myfinancelab Resumo 644 ▸ Questões de revisão 645 ▸ Problemas 646

Parte 7 Caso de Integração 649

PARTE 8 — Tópicos Especiais 655

20 Aplicações de Opções e Finanças Empresariais 656

▸ Entrevista com Dan Ross, Simon-Kucher & Partners 657

20.1 Introdução a opções 658

Contratos de opções 658
Cotações de opções de ações 660
Opções sobre outros tipos de títulos financeiros 661

▸ Opções são mais do que meras ações 662

20.2 Payoffs de opções na data de vencimento 662

Posição comprada em um contrato de opção 662
Posição vendida em um contrato de opção 664
Lucros por deter uma opção até a data da vencimento 665
Retornos obtidos por deter uma opção até a data de vencimento 667

20.3 Fatores que afetam os preços de opções 668

Preço de exercício e preço das ações 669
Preços de opções e data de exercício 669
Preços de opções e a taxa livre de risco 669
Preços de opções e volatilidade 670

20.4 A fórmula de Black-Scholes de precificação de opções 671

20.5 Paridade de opções de compra e venda (paridade put-call) 672

Seguro de carteira 673

20.6 Opções e finanças empresariais 676

myfinancelab Resumo 677 ▸ Questões de revisão 679 ▸ Problemas 679 ▸ Caso simulado 680

21 Gerenciamento de Risco 682

▸ Entrevista com Randy Newsom, Real Sports Interactive 683

21.1 Seguros 684

O papel dos seguros: um exemplo 685
Precificação dos seguros em um mercado perfeito 685
O valor dos seguros 687
Os custos dos seguros 689
A decisão do seguro 691

21.2 Risco de preços de commodities 691

Hedging com integração vertical e armazenagem 692
Hedging de contratos de longo prazo 692

▸ Estratégia de *hedging* leva à promoção na carreira 693

Hedging de contratos futuros 694

▸ Erros comus: Erros ao fazer *hedging* de riscos 697

Decidindo fazer hedging do risco do preço de commodities 697

▸ Diferentes estratégias de *hedging* 698

21.3 Risco da taxa de juros 698

Medição do risco da taxa de juros: duração 698
Hedging com base na duração 699
Hedging com base em swaps 699

▸ A crise das Savings and Loans 699

myfinancelab Resumo 702 ▸ Questões de revisão 703

22 Finanças Empresariais Internacionais 706

▸ Entrevista com Sean West, Eurasia Group 707

22.1 Câmbio internacional 708

O mercado de câmbio e capitais internacionais (mercado de divisas) 709
Taxas de câmbio 710

22.2 Risco de câmbio 712

Flutuações das taxas de câmbio 712
Hedging com contratos a termo 713

Estratégia cash-and-carry e a precificação a termos de moeda   715
Fazendo hedging do risco de câmbio com opções   718

22.3 Mercados de capitais internacionalmente integrados   720

▸ Erros comus: Esquecer de converter a taxa de câmbio   722

22.4 Avaliação de fluxos de caixa em moeda estrangeira   722

Aplicação: Ityesi, Inc.   722
A Lei do Preço Único como uma verificação de robustez   724

22.5 Avaliação e tributação internacional   726

Projeto estrangeiro único com repatriação imediata dos lucros   726
Múltiplos projetos estrangeiros e diferimento da repatriação dos lucros   726

22.6 Mercados de capitais internacionalmente segmentados   727

Acesso diferenciado a mercados   727
Distorções no nível macro   728
Implicações dos mercados de capitais internacionalmente segmentados   729

22.7 Orçamento de capital com risco de câmbio   731

Aplicação: Ityesi, Inc.   731
Conclusão   732

myfinancelab Resumo 733 ▸ Questões de revisão 735 ▸ Problemas 735 ▸ Caso simulado 739

Créditos   741

Índice   743

PARTE 1

Introdução

A ligação com o Princípio da Avaliação. O que são finanças empresariais? Independentemente de seu papel em uma empresa, é essencial compreender por que e como são tomadas as decisões financeiras. O foco deste livro é apresentar como se dá a otimização da tomada de decisões financeiras empresariais. Nesta parte do livro, determinamos a base de nosso estudo de finanças empresariais. Começamos, no Capítulo 1, apresentando a empresa e as suas diferentes formas de organização. Examinamos então o papel dos gerentes financeiros e de investidores externos na tomada de decisões da empresa. Para tomar decisões ótimas, os responsáveis pelas decisões precisam de informações. Consequentemente, no Capítulo 2, analisamos uma importante fonte de informações para a tomada de decisões empresariais — as declarações contábeis da empresa. Estes capítulos nos introduzirão ao papel e objetivo do gerente financeiro e a algumas das informações que o gerente financeiro utiliza ao aplicar o Princípio da Avaliação para tomar decisões ótimas. Em seguida, na próxima seção deste livro, começaremos a introduzir e aplicar o Princípio da Avaliação.

Capítulo 1
Finanças Empresariais e o Gerente Financeiro

Capítulo 2
Introdução à Análise de Demonstrações Contábeis

1 Finanças Empresariais e o Gerente Financeiro

OBJETIVOS DE APRENDIZAGEM

▶ Captar a importância das informações financeiras tanto em sua vida privada quanto em sua vida empresarial

▶ Compreender as características importantes dos quatro principais tipos de empresa e ver por que a forma corporativa dominou a atividade econômica

▶ Explicar o objetivo do gerente financeiro e o raciocínio por trás deste objetivo, bem como compreender os três principais tipos de decisões tomadas pelo gerente financeiro

▶ Saber como uma corporação é gerenciada e controlada, qual é o lugar do gerente financeiro, e algumas das questões éticas enfrentadas pelos gerentes financeiros

▶ Compreender a importância dos mercados financeiros, tais como os mercados de ações, para uma corporação e o papel do gerente financeiro de atuar como um elo com estes mercados

ENTREVISTA COM Leslie Tillquist, PA Consulting Group

Leslie Tillquist, que concluiu sua graduação em Administração de Empresas em Finanças e Marketing pela University of Colorado, na cidade de Boulder, em 2007, não tinha certeza do que desejava fazer após a formatura. "Eu gostava do foco do marketing sobre a compreensão das motivações e interações humanas, mas percebi que as finanças fornecem uma compreensão do mundo real e um conjunto de habilidades que proporcionam possibilidades de carreira incrivelmente diversas", explica. "É difícil tomar decisões confiáveis nos negócios ou em organizações sem fins lucrativos sem sustentá-las e defendê-las financeiramente. Compreender as técnicas financeiras permite que indivíduos das mais variadas carreiras persigam oportunidades e solucionem problemas em cenários empresariais."

Leslie começou a trabalhar no escritório de Denver da PA Consulting Group, Inc., uma empresa de consultoria internacional sediada em Londres e com escritórios em mais de 35 países: "Eu queria um ambiente dinâmico, focado em projetos, onde eu pudesse interagir com os responsáveis pela tomada de decisões em um setor que enfrenta rápidas mudanças e também ter a oportunidade de trabalhar no exterior", afirma. O seu diploma em finanças lhe possibilitou ter tal oportunidade no departamento de Global Energy Practice da PA Consulting. "Dentro de um período de sete meses, participei de projetos para bancos internacionais, governos e uma empresa da Fortune 500. Meu emprego me levou por todo os Estados Unidos, além de para a Inglaterra e para a África do Sul." Suas responsabilidades incluem realizar análises financeiras e pesquisa de energia que auxiliam as análises de negócios dos clientes e as recomendações estratégicas resultantes. Por exemplo, ela utiliza diferentes medidas para avaliar ativos, contratos e empresas, e cria as demonstrações contábeis da empresa utilizadas na aquisição de financiamento e na avaliação de oportunidades.

Leslie encoraja os estudantes a não se deixarem intimidar pelo rigor das disciplinas de finanças. "Elas lhe dão os fundamentos essenciais para a análise de negócios em qualquer área que lhe interessar, além de uma ética de trabalho para o aprendizado que virá mais adiante, na prática", afirma. "Apesar de durante as aulas às vezes ser difícil gostar delas, elas fornecem os instrumentos de que precisamos para solucionar problemas financeiros complexos — seja a sua carreira em finanças ou não." Ela acrescenta que hesitou bastante em estudar e trabalhar na área de finanças. "Eu não poderia estar mais grata pelas oportunidades que tive por ter persistido. O trabalho compensa enormemente quando consigo comunicar as ideias eloquentemente e de forma ponderada nas discussões de negócios."

Universidade do Colorado, 2007

"As aulas de finanças fornecem os instrumentos de que precisamos para resolver problemas financeiros complexos — seja a sua carreira em finanças ou não."

Este livro focaliza como as pessoas tomam decisões financeiras nas corporações. Apesar de seu nome, muito do que discutimos em finanças empresariais se aplica às decisões financeiras tomadas dentro de qualquer organização, inclusive entidades sem fins lucrativos, como instituições de caridade e universidades. Neste capítulo, introduzimos os quatro principais tipos de empresas. Enfatizamos as corporações, entretanto, porque elas representam 85% da receita de negócios norte-americana. Também enfatizamos o papel crítico dos gerentes financeiros dentro de qualquer empresa. Que produtos devem ser lançados, como pagar para desenvolver estes produtos, quanto do lucro será retido e como retornar lucros aos investidores — todas essas decisões e muitas outras caem no âmbito das finanças corporativas. O gerente financeiro toma essas decisões com o objetivo de maximizar o valor da empresa, que é determinado nos mercados financeiros. Neste capítulo e ao longo de todo o livro, motivaremos este objetivo, forneceremos a você os instrumentos necessários para tomar decisões de gerenciamento financeiro, e mostraremos como os mercados financeiros fornecem fundos a uma corporação e produzem preços de mercado que são dados chave para qualquer análise de investimento realizada por um gerente financeiro.

1.1 Por que estudar finanças?

Finanças e pensamento financeiro estão em todos os lugares em nossas vidas cotidianas. Considere a sua decisão de ir para a universidade. Você certamente pesou as alternativas, como iniciar de imediato um emprego em tempo integral, e então decidiu que a universidade lhe daria o melhor benefício líquido. Cada vez mais, as pessoas estão tomando conta de suas finanças pessoais com decisões como:

- Quando começar a poupar e quanto poupar para a aposentadoria.
- Se é mais vantajoso alugar ou financiar a compra de um carro.
- Se investir em certas ações é ou não um bom investimento.
- Como avaliar os termos de um empréstimo imobiliário.

Nossos planos de carreira têm se tornados menos previsíveis e mais dinâmicos. Nas gerações anteriores, era comum trabalhar para um empregador durante toda a sua carreira. Hoje em dia, isso seria muito incomum. Ao contrário, a maioria de nós troca de empregos, e possivelmente de carreiras, muitas vezes. Com cada nova oportunidade, temos que pesar todos os custos e benefícios, financeiros ou não.

Algumas decisões financeiras, como pagar ou não US$ 2,00 por seu cereal matinal, são simples, mas a maioria é mais complexa. Em sua carreira em negócios, você enfrentará perguntas como:

- Sua empresa deve lançar um novo produto?
- Que fornecedor sua empresa deve escolher?
- Sua empresa deve produzir parte de um produto ou terceirizar a produção?
- Sua empresa deve emitir novas ações ou, em vez disso, tomar dinheiro emprestado?
- Como você pode levantar fundos para a sua empresa *start-up*?

Neste livro, você aprenderá como todas essas decisões em sua vida pessoal e em uma empresa são amarradas por um conceito poderoso, o *Princípio da Avaliação*. O Princípio da Avaliação mostra como tornar os custos e benefícios de uma decisão comparáveis, de maneira que você poderá ponderá-los adequadamente. Aprender a utilizar o Princípio de Avaliação lhe dará a habilidade de fazer os tipos de comparações — entre opções de empréstimos, investimentos e projetos — que tornarão você um consumidor e gerente financeiro confiante e bem-informado. Finalmente, em cada capítulo você lerá a respeito de um ex-aluno — alguém que abriu um livro como este há não muito tempo — que falará sobre o seu trabalho e sobre o papel crítico que as finanças desempenham nele. Se você está planejando se formar em finanças ou simplesmente cursar uma única disciplina, você descobrirá que o conhecimento fundamental obtido neste livro será essencial em suas vidas pessoal e profissional.

1.2 Os quatro tipos de empresas

Começaremos nosso estudo de finanças empresariais examinando os tipos de empresas que os gerentes financeiros administram. Existem quatro principais tipos de empresas: empresas individuais, sociedades por quotas, sociedades de responsabilidade limitada e corporações. Explicaremos cada forma organizacional separadamente, mas nosso foco principal será sobre a mais importante delas — a corporação.

Empresas individuais

empresa individual Um negócio constituído e administrado por uma única pessoa.

Uma **empresa individual** (*sole proprietorship*, no original) é uma empresa constituída e administrada por uma única pessoa. As empresas individuais são geralmente muito pequenas e possuem poucos funcionários, ou mesmo nenhum. Apesar de elas não responderem por uma grande parte da receita de vendas na economia, são o tipo de empresa mais comum no mundo. Em 2007, estima-se que 71% das empresas dos Estados Unidos fossem empresas individuais, apesar de elas gerarem apenas 5% da receita.[1]

Consideraremos agora as características-chave de uma empresa individual.

1. As empresas individuais possuem a vantagem da facilidade de estabelecimento. Consequentemente, muitas novas empresas utilizam essa forma de organização.
2. A principal limitação de uma empresa individual é que não há separação entre a empresa e o proprietário — a empresa pode ter apenas um proprietário, que dirige os negócios. Se houver outros investidores, eles não podem ter participação no patrimônio da empresa.
3. O proprietário tem uma responsabilidade pessoal ilimitada por quaisquer dívidas da empresa. Isto é, se a empresa for inadimplente em qualquer pagamento de dívida, o credor pode exigir (e o fará) que o proprietário quite o empréstimo com seus ativos pessoais. Se o proprietário não puder pagar o empréstimo pelo qual ele é pessoalmente responsável, ele terá que declarar falência pessoal.
4. A vida de uma empresa individual é limitada à vida do proprietário. É também difícil transferir sua titularidade.

Para a maioria das empresas em crescimento, as desvantagens de uma empresa individual superam as vantagens. Assim que a empresa alcança o ponto em que pode contrair empréstimos sem que o proprietário tenha que concordar em ser pessoalmente responsável, os proprietários tipicamente convertem a empresa a algum outro tipo. A conversão também traz outros benefícios que consideraremos quando discutirmos os outros tipos de empresa a seguir.

Sociedade por quotas

sociedade por quotas Uma empresa constituída e administrada por mais de um proprietário.

Uma **sociedade por quotas** (*partnership*, no original) é uma empresa constituída e administrada por mais de um proprietário. Os elementos-chave incluem os seguintes:

1. *Todos* os sócios são responsáveis pela dívida da empresa. Isto é, um credor pode exigir que *qualquer* sócio quite todas as dívidas a pagar da empresa.
2. A sociedade por quotas se desfaz caso qualquer um dos sócios venha a falecer ou deseje dela se desligar.
3. Os sócios podem evitar a liquidação se o contrato social previr alternativas como um *buyout* no caso de falecimento ou desligamento de um sócio.

Algumas empresas antigas e estabelecidas permanecem como sociedade por quotas ou empresas individuais. Geralmente, são do tipo de empresa em que a reputação pessoal dos

---

[1] Esta informação, além de outras estatísticas sobre pequenas empresas, podem ser encontradas na página web www.bizstats.com/businesses.htm. Sua página de publicação de informações inclui uma descrição de sua metodologia.

proprietários é a base dos negócios. Por exemplo, empresas de advocacia, grupos de médicos e empresas de contabilidade geralmente são organizadas como sociedade por quotas. Para tais empreendimentos, a responsabilidade pessoal dos sócios aumenta a confiança dos clientes no fato de que os sócios continuarão a trabalhar para manter sua reputação.

Uma **sociedade por quotas limitada** (*limited partnership*, no original) é uma parceria com dois tipos de proprietários, sócios solidários e sócios comanditários. Neste caso, os sócios solidários têm os mesmos direitos e privilégios que os sócios em uma sociedade por quotas (ilimitada) — são pessoalmente responsáveis pelas obrigações sociais da empresa. Os sócios comanditários, porém, possuem uma **responsabilidade limitada** (*limited liability*, no original) — isto é, sua responsabilidade é limitada ao seu investimento. Seu patrimônio particular não pode ser desapropriado para quitar as dívidas da empresa. Além disso, o falecimento ou desligamento de um sócio comanditário não dissolve a sociedade por quotas, e seu envolvimento é transferível. Entretanto, um sócio comanditário não possui autoridade administrativa e não pode ser legalmente envolvido na tomada de decisões gerenciais da empresa.

sociedade por quotas limitada Uma parceria com dois tipos de proprietários: sócios solidários e sócios comanditários.

responsabilidade limitada Quando a responsabilidade de um investidor é limitada ao seu investimento.

Sociedades de responsabilidade limitada

Uma **sociedade de responsabilidade limitada** (**LLC**, ou *limited liability company*, no original) é uma sociedade por quotas limitada sem um sócio solidário. Isto é, todos os proprietários possuem responsabilidade limitada, mas, ao contrário dos sócios comanditários, eles também podem gerenciar e administrar a empresa. A LLC é um fenômeno relativamente novo nos EUA. O primeiro estado a aprovar um estatuto permitindo a criação de uma LLC foi Wyoming, em 1977: o último foi o Havaí, em 1997. Internacionalmente, as empresas com responsabilidade limitada são muito mais antigas e estabelecidas. A LLC tornou-se proeminente primeiramente na Alemanha há mais de 100 anos como uma *Gesellschaft mit beschränkter Haftung* (GmbH), e posteriormente em outros países europeus e latino-americanos. As LLCs são conhecidas na França por *Société à responsabilité limitée* (SAR), e por nomes similares na Itália (SRL) e Espanha (SL).

sociedade de responsabilidade limitada (LLC) Uma parceria limitada sem um sócio solidário.

Corporações

Uma **corporação** (sociedade anônima - S/A) é um "ser" artificial e legalmente definido (uma pessoa jurídica ou entidade legal), separado de seus proprietários. Como tal, possui muitos dos poderes legais que as pessoas possuem. Pode figurar em contratos, adquirir ativos, incorrer em obrigações e goza da proteção da Constituição norte-americana contra a desapropriação de seu patrimônio. Por ser uma entidade legal separada e distinta de seus proprietários, uma empresa é responsável somente por suas próprias obrigações. Consequentemente, os proprietários de uma corporação (ou seus funcionários, clientes etc.) não são responsáveis por nenhuma obrigação em que a corporação incorre. De forma semelhante, a corporação não é responsável por nenhuma obrigação pessoal de seus proprietários.

corporação Um ente artificial, legalmente definido, separado de seus proprietários.

Da mesma maneira que é difícil imaginar a vida empresarial moderna sem e-mails e telefones celulares, a corporação revolucionou a economia. No dia 2 de fevereiro de 1819, a Suprema Corte norte-americana estabeleceu o precedente legal de que o patrimônio de uma empresa, assim como o de uma pessoa, é privado e tem direito a proteção pela Constituição dos EUA. Como mostra a Figura 1.1, esta decisão levou a um crescimento drástico no número de corporações norte-americanas. Hoje em dia, a estrutura corporativa está em toda a parte, não apenas nos Estados Unidos (onde é responsável por 85% da receita empresarial), mas em todo o mundo.

Formação de uma corporação. As corporações devem ser formadas legalmente, o que significa que o estado na qual ela é "corporatizada" tem que dar o seu consentimento formal à empresa, registrando-a. Estabelecer uma corporação é consideravelmente mais dispendioso do que estabelecer uma empresa individual. O estado de Delaware possui um ambiente legal particularmente atraente para as empresas, então muitas delas escolhem se "corporatizar" por lá. Para efeitos de jurisdição, uma corporação é um cidadão do estado em que foi "corporatizado". A maioria das firmas contrata escritórios de advocacia para criar um registro corporativo que inclua um contrato social formal e um regimento interno. O registro especifica as regras iniciais que ditam como a empresa será administrada.

Capítulo 1 Finanças Empresariais e o Gerente Financeiro

FIGURA 1.1

Crescimento no número de corporações norte-americanas

A figura mostra o rápido crescimento das corporações durante o século XIX, particularmente após a Suprema Corte ter estabelecido proteção legal para a propriedade de uma corporação em 1819.

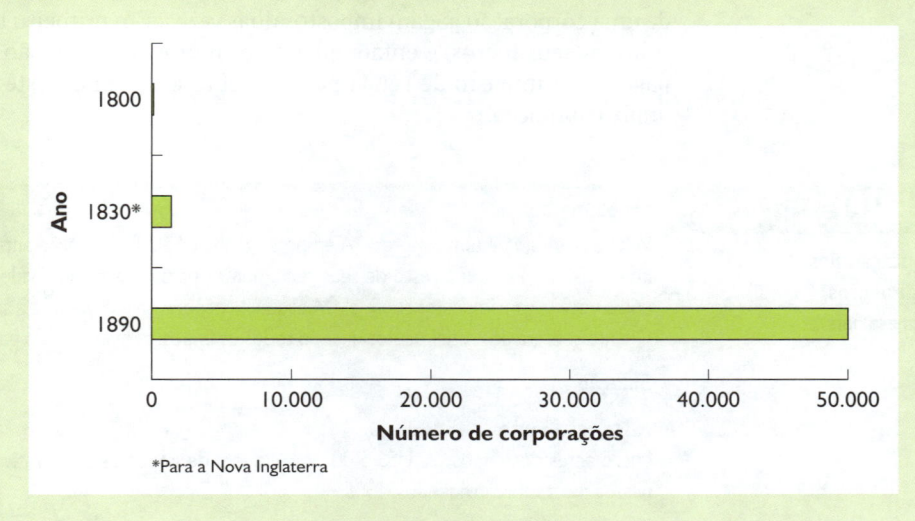

Ano	Número de corporações
1800	~0
1830*	pequeno
1890	~50.000

*Para a Nova Inglaterra

ações A participação no patrimônio total ou capital próprio de uma corporação dividida em quotas.

patrimônio líquido O conjunto de todas as quotas de ações de uma corporação.

acionistas (ou titulares de ações) Um proprietário de uma ação de um grupo de ações de uma corporação.

pagamentos de dividendos Pagamentos feitos a critério da empresa a seus acionistas.

Propriedade de uma corporação. Não há limite para o número de proprietários que uma corporação pode ter. Como a maioria das corporações possui muitos proprietários, cada um deles tem apenas uma fração da empresa. A participação no patrimônio total de uma corporação é dividida em quotas conhecidas por **ações** (ou *stocks*, no original). O conjunto de todas as parcelas de ações de uma empresa é conhecido como o **patrimônio líquido** ou capital próprio (ou *equity*, no original). Um proprietário de uma parcela de ações é conhecido como **acionista ou titular de ações** (ou *shareholder*, *stockholder* ou *equity holder*, no original). Os acionistas têm direito a receber pagamentos de dividendos, isto é, pagamentos feitos a critério da empresa a seus acionistas. Estes geralmente recebem uma quota de pagamentos de dividendos proporcional à quantidade de ações que possuem. Por exemplo, um acionista que possua 25% das ações terá direito a 25% do total de pagamento de dividendos.

Um elemento que distingue uma corporação das outras formas de negócios é o fato de não haver limitações quanto aos proprietários de suas ações. Isto é, um proprietário de uma empresa não precisa ter conhecimentos específicos ou qualificações. Esta característica permite a livre negociação das ações da empresa e é uma das vantagens mais importantes da S/A em relação à empresa individual, sociedade por quotas ou de responsabilidade limitada. As corporações podem levantar quantidades substanciais de capital por poderem vender quotas de propriedade para investidores externos anônimos.

A disponibilidade de recursos externos permitiu que as corporações dominassem a economia. Tomemos como exemplo uma das maiores empresas do mundo, a Microsoft Corporation. A Microsoft declarou uma receita anual de US$ 51,1 bilhões durante os 12 meses compreendidos entre julho de 2006 e junho de 2007. O valor total da empresa (a riqueza da empresa que os proprietários possuíam coletivamente) em outubro de 2007 era de US$ 291,0 bilhões. A empresa empregava 78.565 pessoas. Vendo o que isso quer dizer, os US$ 51,1 bilhões em produto interno bruto (PIB) em 2006 colocaria a Microsoft (à frente da Líbia e atrás da República da Eslováquia) como o 60º país mais rico do mundo (dentre mais de 200).[2] A Líbia possui quase 6 milhões de pessoas, aproximadamente 75 vezes a mais do que o número de funcionários da Microsoft. Na verdade, se o número de funcionários fosse considerado como a "população" da Microsoft, ela estaria colocada, pouco acima de Andorra, como o décimo terceiro país menos populoso da Terra!

---

[2] Banco de dados de Indicadores de Desenvolvimento Mundial, 15 de julho de 2005. Para tabelas de referência rápida sobre PIB, visite http:// www.worldbank.org/data/quickreference.html.

Implicações tributárias para entes empresariais

Uma importante diferença entre os tipos de formas organizacionais é a maneira como elas são tributadas. Por se tratar de uma entidade legal distinta, os lucros da corporação estão sujeitos a tributos distintos das obrigações tributárias de seus proprietários. Com efeito, os acionistas de uma corporação pagam impostos duas vezes. Em primeiro lugar, a corporação paga imposto sobre os seus lucros, e então, quando os lucros restantes são distribuídos aos acionistas, eles pagam seu imposto de renda pessoal sobre esta renda. Este sistema às vezes é chamado de dupla tributação.

EXEMPLO 1.1
Tributação dos rendimentos empresariais

Problema

Você é acionista de uma empresa. A empresa ganha US$ 5,00 por ação antes dos impostos. Após ter pagado seus impostos, ela distribui o resto de seus rendimentos para você como dividendos. O dividendo é renda para você, então você pagará impostos sobre ele. A alíquota corporativa é de 40%, e a sua alíquota sobre dividendos é de 15%. Quanto sobrará dos rendimentos quando todos os impostos tiverem sido pagos?

Solução

▶ **Planejamento**

Lucro antes dos impostos: US$ 5,00   Alíquota de impostos corporativos: 40%   Alíquota de impostos de pessoa física sobre dividendos: 15%

Primeiro precisamos calcular os lucros da corporação após os impostos subtraindo os impostos pagos dos lucros antes dos impostos, de US$ 5.00. Os impostos pagos serão de 40% (a alíquota de impostos corporativos) de US$ 5.00. Como todos os lucros após os impostos serão pagos a você como dividendo, você pagará impostos de 15% sobre esse valor. O valor restante é o que sobra após todos os impostos terem sido pagos.

▶ **Execução**

US$ 5,00 por ação × 0,40 × US$ 2,00 em impostos no nível corporativo, deixando US$ 5,00 − US$ 2,00 = US$ 3,00 em lucros após os impostos por ação para distribuir.

Você pagará US$ 3,00 × 0,15 = US$ 0,45 em impostos sobre esse dividendo, deixando-o com US$ 2,55 dos US$ 5,00 originais após todos os impostos.

▶ **Avaliação**

Como sócio, você fica com US$ 2,55 dos US$ 5,00 originais em lucro; os outros US$ 2,00 + US$ 0,45 = US$ 2,45 são pagos como impostos. Assim, sua alíquota de impostos efetiva total é 2,45/5 = 49%.

Corporações "S" Corporações que optam pelo subcapítulo S do regime tributário, sendo-lhes permitida pelo Código da Receita Federal norte-americana (IRS), isenção da dupla tributação.

Corporações "S". A estrutura empresarial é a única estrutura organizacional sujeita à dupla tributação. Mas a Receita Federal norte-americana permite isenção da dupla tributação para certas empresas. Estas são chamadas de **corporações "S"** por optarem pelo subcapítulo S do regime tributário. Sob este regimento, os ganhos (e perdas) da empresa não estão sujeitos a impostos, mas, em vez disso, são alocados diretamente aos acionistas com base em sua quota de propriedade. Os acionistas têm que incluir esses lucros como renda em seu imposto de renda individual (mesmo que não tenham recebido dinheiro). Entretanto, após os acionistas terem pago o imposto de renda sobre esses lucros, estarão quites com a Receita.

Corporações "C" Corporações que não têm restrições quanto a quem detém suas ações ou ao número de acionistas; portanto, não podem se qualificar ao tratamento do subcapítulo S e estão sujeitas à tributação direta.

Corporações "C". O governo impõe rígidas limitações sobre a opção pelo subcapítulo S do regime tributário. Em particular, os acionistas de tais empresas têm que ser cidadãos norte-americanos ou residentes nos EUA, e não pode haver mais de 100 deles. Como a maioria das empresas não possui restrições sobre quem pode ser proprietário de suas ações ou sobre o número máximo de acionistas, elas não se qualificam para o subcapítulo S do regimento. Assim, a maioria das empresas são **corporações "C"**, sujeitas ao pagamento de impostos.

EXEMPLO 1.2

Tributação dos rendimentos das corporações "S"

Problema
Refaça o Exemplo 1.1, supondo que a empresa desse exemplo tenha optado pelo subcapítulo S do regime tributário e que os impostos sobre rendimentos não provenientes de dividendos sejam de 30%.

Solução

▶ Planejamento

Lucros antes dos impostos: US$ 5,00 Alíquota de impostos corporativos: 0% Alíquota de impostos de pessoa física: 30%

Neste caso a empresa não paga impostos. Ela ganhou US$ 5,00 por ação. Em uma corporação "S", toda renda é tratada como renda de pessoa física para você, independentemente de a corporação decidir distribuir ou reter este valor. Consequentemente, você deverá pagar uma alíquota de 30% sobre esses rendimentos.

▶ Execução

Seu imposto de renda é de 0,30 × US$ 5,00 = US$ 1,50, deixando-lhe com US$ 5,00 − US$ 1,50 = US$ 3,50 em lucros após os impostos.

▶ Avaliação

O US$ 1,50 em impostos que você paga é substancialmente mais baixo do que os US$ 2,45 que você pagou no Exemplo 1.1. Consequentemente, você fica com US$ 3,50 por ação após todos os impostos, em vez de US$ 2,55. Entretanto, observe que em uma corporação "C" você só é tributado quando recebe a renda como dividendo, enquanto que em uma corporação "S" você paga impostos imediatamente sobre a renda, independentemente da decisão da empresa de distribuí-la como dividendo ou reinvesti-la na empresa.

Como já discutimos, há quatro principais tipos de empresas: empresas individuais, sociedades por quotas (geral e limitada), sociedades de responsabilidade limitada e corporações ("S" e"C"). Para ajudá-lo a visualizar as diferenças entre elas, a Tabela 1.1 compara e contrasta as principais características de cada tipo.

TABELA 1.1 Características dos diferentes tipos de empresas

	Número de proprietários	Responsabilidade pelas dívidas da empresa	Proprietários gerenciam a empresa	Mudança de propriedade dissolve a empresa	Tributação
Empresa individual	Um	Sim	Sim	Sim	Pessoal
Sociedade por quotas	Ilimitado	Sim; cada sócio é responsável por todo o montante	Sim	Sim	Pessoal
Sociedade por quotas limitada	Um sócio solidário (GP), sem limites para sócios comanditários (LP)	GP-Sim, LP-Não	GP-Sim, LP-Não	GP-Sim, LP-Não	Pessoal
Sociedades de responsabilidade limitada	Ilimitado	Não	Sim	Não*	Pessoal
Corporação "S"	No máximo 100	Não	Não (mas legalmente podem)	Não	Pessoal
Corporação "C"	Ilimitado	Não	Não (mas legalmente podem)	Não	Dupla

* Entretanto, a maioria das LLCs exige a aprovação dos outros sócios para que sua propriedade seja transferida.

> **Tributação empresarial ao redor do mundo**
>
> Na maioria dos países, há abatimentos fiscais sobre a dupla tributação. Trinta países formam a Organização para a Cooperação e Desenvolvimento Econômico (OECD), e destes apenas a Irlanda e a Suíça não oferecem nenhum abatimento fiscal sobre a dupla tributação. Os Estados Unidos oferecem um abatimento fiscal cobrando uma alíquota menor sobre a renda de dividendos do que sobre outras fontes de renda. A partir de 2007, a renda de dividendos passou a ser tributada com uma alíquota de 15%, o que, para a maioria dos investidores, é significativamente inferior à alíquota paga sobre sua renda pessoal. Alguns países, como a Austrália, a Finlândia, o México, a Nova Zelândia e a Noruega, oferecem um abatimento fiscal total ao efetivamente não cobrar impostos sobre dividendos.

Fixação de conceitos

1. O que é uma sociedade de responsabilidade limitada (LLC)? Qual a diferença entre a LLC e uma sociedade por quotas limitada?
2. Quais são as vantagens e desvantagens de se organizar uma empresa como uma corporação?

1.3 O gerente financeiro

A partir de março de 2007, a Apple, Inc. tinha mais de 864 *milhões* de ações detidas por 29.861 proprietários.[3] Como há muitos proprietários em uma corporação, cada um dos quais podendo negociar suas ações, geralmente não é possível que os proprietários tenham controle direto sobre a empresa. Cabe ao gerente financeiro tomar as decisões financeiras da empresa para os acionistas. Dentro da corporação, o gerente financeiro possui três principais tarefas:

1. Tomar decisões de investimento.
2. Tomar decisões de financiamento.
3. Gerenciar o fluxo de caixa das atividades operacionais.

Discutiremos cada uma delas separadamente, juntamente com a meta mais abrangente do gerente financeiro.

Tomada de decisões de investimento

A função mais importante de um gerente financeiro é a tomada de decisões de investimento da empresa. O gerente financeiro tem que ponderar os custos e benefícios de cada investimento ou projeto e decidir quais deles se qualificam como um bom uso do dinheiro que os acionistas investiram na empresa. Essas decisões de investimento fundamentalmente definem o que a empresa faz e se ela agregará valor ou não para seus proprietários. Por exemplo, pode parecer ser difícil de imaginar agora, mas houve uma época em que os gerentes financeiros da Apple estavam avaliando se deveriam ou não investir no desenvolvimento do primeiro iPod. Eles tinham que ponderar os substanciais custos de desenvolvimento e produção contra a incerteza de vendas futuras. Suas análises indicaram que aquele seria um bom investimento, e o resto já sabemos. Neste livro, desenvolveremos todas as ferramentas necessárias para tomar essas decisões de investimento.

Tomada de decisões de financiamento

Uma vez que o gerente financeiro tenha decidido quais investimentos fazer, ele também decidirá como pagar por eles. Grandes investimentos podem exigir que a corporação levante capital adicional. O gerente financeiro tem que decidir se deve levantar capital de proprietários novos

---
[3] Apple, Inc., Definitive Proxy Statement, April 26, 2007.

e de proprietários existentes vendendo mais ações (capital próprio) ou se deve, em vez disso, tomar dinheiro emprestado (capital de terceiros). Neste livro, discutiremos as características de cada fonte de capital e como decidir qual utilizar no contexto do mix geral de capital de terceiros e capital próprio da empresa.

Gerenciamento de necessidade de caixa de curto prazo

O gerente financeiro tem que assegurar que a empresa tenha dinheiro suficiente à mão para cumprir suas obrigações do dia a dia. Esta função, mas conhecida como gerenciamento do capital de giro,[4] pode parecer fácil, mas em uma empresa jovem ou em crescimento pode significar a diferença entre sucesso e fracasso. Mesmo empresas com ótimos produtos precisam de muito dinheiro para desenvolver e levar estes produtos ao mercado. Considere os custos para a Apple de lançar o iPhone, que incluem desenvolver a tecnologia e criar uma enorme campanha de marketing, ou os custos para a Boeing de produzir o 787 — bilhões de dólares foram gastos antes do primeiro 787 levantar vôo. Uma empresa tipicamente queima uma significativa quantidade de dinheiro antes das vendas de um produto gerarem lucro. O trabalho do gerente financeiro é garantir que o acesso a dinheiro não atrapalhe o sucesso da empresa.

A meta do gerente financeiro

Todas essas decisões do gerente financeiro são tomadas no contexto da meta abrangente do gerenciamento financeiro — maximizar a riqueza dos proprietários, os acionistas. Os acionistas investiram na corporação, colocando seu dinheiro em risco para se tornarem proprietários dela. Assim, o gerente financeiro é responsável por cuidar do dinheiro dos acionistas, tomando decisões que sejam do interesse deles. Muitas corporações têm milhares de proprietários (acionistas). Esses acionistas variam de grandes instituições a pequenos investidores de primeira viagem, de aposentados que vivem de seus investimentos a jovens funcionários que acabaram de começar a economizar para a aposentadoria. Cada proprietário provavelmente tem diferentes interesses e prioridades. De quem são os interesses e prioridades que determinam as metas da empresa? Você pode se surpreender ao descobrir que os interesses dos acionistas se alinham a muitos, se não à maioria das decisões importantes. Independentemente de sua posição financeira pessoal e da fase em que se encontram na vida, todos os acionistas concordam que se beneficiarão se o valor de seu investimento na corporação for maximizado. Por exemplo, suponha que a decisão envolva desenvolver ou não um novo produto que será um investimento lucrativo para a corporação. Todos os acionistas muito provavelmente concordarão que desenvolver este produto seja uma boa ideia. Retornando ao nosso exemplo do iPod, no final de 2007, as ações da Apple valiam 18 vezes o que valiam em outubro de 2001, quando o iPod foi originalmente introduzido no mercado. Todos os acionistas da Apple na época do desenvolvimento do primeiro iPod foram claramente beneficiados pelo produto, tenham eles vendido suas ações da Apple para pagar sua aposentadoria ou ainda estejam vendo suas ações valorizarem em sua conta poupança de aposentadoria.

Mesmo quando todos os proprietários de uma corporação concordam sobre as metas da corporação, essas metas ainda têm que ser implementadas. Na próxima seção, discutiremos o lugar do gerente financeiro na empresa e como os proprietários exercem controle sobre a empresa.

Fixação de conceitos

3. Quais são os principais tipos de decisões que um gerente financeiro tem que tomar?
4. Qual é a meta do gerente financeiro?

1.4 O lugar do gerente financeiro na corporação

Determinamos que os acionistas são proprietários da empresa, mas dependem dos gerentes financeiros para gerenciá-la ativamente. O *conselho de administração* e a equipe de gerenciamen-

---

[4] Capital de giro é o dinheiro em caixa, estoques, matérias-primas, empréstimos a fornecedores e pagamentos de clientes — o óleo que mantém as engrenagens da produção em movimento. Discutiremos o capital de giro mais detalhadamente no próximo capítulo e dedicaremos todo o Capítulo 18 ao gerenciamento do capital de giro.

to corporativo liderados pelo *principal executivo* possuem o controle direto da empresa. Nesta seção, explicaremos como as responsabilidades pela empresa são divididas entre essas duas entidades e descreveremos conflitos que surgem entre os acionistas e a equipe de gerenciamento.

A equipe de gerenciamento empresarial

conselho de administração Um grupo eleito pelos acionistas que possui a autoridade máxima na tomada de decisões na corporação.

Os acionistas de uma corporação exercem seu controle através da eleição de um **conselho de administração**, um grupo de pessoas que possui a autoridade máxima na tomada de decisões da corporação. Na maioria das empresas, uma quota de ações dá ao acionista o direito a um voto na eleição do conselho de administração, logo, os investidores que detêm mais ações exercem maior influência. Quando um ou dois acionistas possuem uma proporção muito grande das ações em circulação, eles podem eles mesmos fazer parte do conselho de administração, ou podem ter o direito de nomear determinado número de diretores.

Presidente, principal executivo ou CEO A pessoa encarregada de dirigir a corporação instituindo as regras e políticas determinadas pelo conselho de administração.

O conselho de administração estabelece as regras de como a empresa deve ser gerenciada (inclusive como seus altos gerentes são remunerados), determinam políticas e monitoram seu desempenho. O conselho de administração delega a maior parte das decisões que envolvem o gerenciamento diário da empresa à sua gerência executiva, que é liderada pelo **presidente** ou **principal executivo** (ou **CEO**, *chief executive officer*, no original). Este profissional é encarregado de gerenciar a empresa, instituindo as regras e políticas determinadas pelo conselho de administração. O tamanho do resto da equipe de gerenciamento varia de uma empresa para outra. A separação dos poderes nas empresas nem sempre é distinta. Na verdade, não é incomum um CEO ser também o diretor-presidente do conselho de administração. O gerente financeiro mais sênior é o vice-presidente de finanças, diretor financeiro ou principal executivo financeiro (CFO, ou *chief executive officer*, no original), e geralmente se reporta diretamente ao CEO. A Figura 1.2 apresenta parte de um típico quadro organizacional de uma empresa, ressaltando as posições que um gerente financeiro pode assumir.

FIGURA 1.2 As funções financeiras em uma empresa

O conselho administrativo, representando os acionistas, controla a empresa e contrata a equipe de alta gerência. Um gerente financeiro pode assumir qualquer das posições sombreadas em verde, inclusive o papel de Diretor Financeiro (CFO). O controlador cuida das funções contábil e tributária. O tesoureiro cuida das funções financeiras mais tradicionais, como o orçamento de capital (tomar decisões de investimento), gerenciamento de risco (gerenciar a exposição da empresa a movimentos nos mercados financeiros), e gerenciamento de crédito (gerenciar os termos e políticas de qualquer crédito que a empresa estenda a seus fornecedores e clientes).

```
Conselho de administração
        │
    Presidente
    ┌───┴────────────────┐
Diretor financeiro    Diretor de operações
    ├──────────┐
Controlador   Tesoureiro
    ├─ Contabilidade       ├─ Orçamento de capital
    └─ Departamento fiscal ├─ Gerenciamento de risco
                           └─ Gerenciamento de crédito
```

Ética e incentivo nas corporações

Uma corporação é gerenciada por uma equipe separada de seus proprietários. Como os proprietários de uma corporação podem garantir que a equipe de gerenciamento implementará suas metas?

Conflitos de agência. Muitas pessoas afirmam que, devido à separação entre propriedade e controle de uma empresa, os gerentes têm pouco incentivo para trabalhar a favor dos interesses dos acionistas quando isso significa trabalhar contra os seus próprios. Os economistas chamam este problema de **conflitos de agência** (ou *agency problems*, no original) — quando os gerentes, apesar de serem contratados como os agentes dos acionistas, colocam seus próprios interesses à frente dos interesses desses acionistas. Os gerentes enfrentam o dilema ético de assumir sua responsabilidade de colocar os interesses dos acionistas em primeiro lugar ou fazer aquilo que é de seu interesse pessoal. Este problema normalmente é solucionado minimizando-se o número de decisões tomadas pelos gerentes que exijam o confronto de seus próprios interesses com os dos acionistas. Por exemplo, os contratos de remuneração dos gerentes são projetados para garantir que a maioria das decisões de interesse dos acionistas também seja de interesse deles; os acionistas geralmente associam a remuneração dos altos gerentes aos lucros da empresa ou talvez ao preço de suas ações. Porém, há uma limitação para esta estratégia. Ao associar muito intimamente remuneração e desempenho, os acionistas podem exigir que os gerentes assumam mais riscos do que eles se sentem confortáveis em assumir, e, então, os gerentes podem não tomar as decisões que os acionistas desejam, ou pode ser difícil encontrar gerentes talentosos que estejam dispostos a aceitar o cargo. Por exemplo, empresas de biotecnologia assumem grandes riscos em medicamentos contra câncer, AIDS e outras doenças difundidas. O mercado para um medicamento bem-sucedido é enorme, mas o risco de fracasso é alto. Os investidores que colocam apenas parte de seu dinheiro no setor de biotecnologia podem estar confortáveis com este risco, mas um gerente que tem toda a sua remuneração atrelada ao sucesso de tal medicamento pode optar pelo desenvolvimento de um medicamento menos arriscado que tenha um mercado menor.

Outras possibilidades de conflitos de interesse ou considerações éticas surgem quando alguns envolvidos na empresa se beneficiam enquanto outros se prejudicam com uma decisão. Acionistas e gerentes estão envolvidos na empresa, mas outros envolvidos incluem seus funcionários regulares e as comunidades em que as empresas operam, por exemplo. Os gerentes podem decidir levar em consideração os interesses de outros envolvidos em suas decisões, como manter em operação uma fábrica que esteja gerando perdas por ela ser a principal provedora de empregos em uma pequena cidade, pagar salários acima da média do mercado aos operários em um país em desenvolvimento, ou operar com instalações que seguem um padrão ambiental mais alto do que a lei local determina.

Em alguns casos, essas ações que beneficiam outros envolvidos podem beneficiar também os acionistas da empresa criando uma força de trabalho mais dedicada, gerando publicidade positiva junto aos clientes, ou outros efeitos indiretos. Em outros casos, quando essas decisões beneficiam outros envolvidos às custas dos acionistas, elas representam uma forma de caridade empresarial. De fato, muitas, se não a maioria, das empresas fazem doações explícitas (em nome de seus acionistas) a causas locais e globais. Os acionistas geralmente aprovam tais ações, apesar de elas serem caras e, assim, reduzir sua riqueza. Apesar de ser trabalho do gerente tomar decisões que maximizem o valor do acionista, os acionistas — que são os proprietários da empresa — também querem que as ações da empresa sejam um reflexo de seus valores morais e éticos. Obviamente, os acionistas podem não ter preferências idênticas nesses assuntos, levando a possíveis fontes de conflitos.

O desempenho do CEO. Uma outra maneira através da qual os acionistas podem encorajar os gerentes a trabalhar a favor de seus interesses é puni-los se não o fizerem. Se os acionistas estiverem insatisfeitos com o desempenho de um CEO, eles podem, a princípio, pressionar o conselho para afastá-lo. Michael Eisner, CEO da Disney (que aparece na foto em uma época melhor de sua carreira), Carly Fiorina, da Hewlett Packard, e Robert Nardelli, da Home Depot, foram todos forçados a pedir demissão de seus conselhos. Apesar desses exemplos, os diretores e os altos executivos raramente são substituídos por causa de uma "rebelião" dos acionistas.

---

conflitos de agência Quando os gerentes, apesar de serem contratados como agentes dos acionistas, colocam seus próprios interesses à frente dos interesses desses acionistas.

Ativismo e direito a voto dos acionistas

Em reação ao baixo desempenho no mercado de ações e vários escândalos contábeis, o número de *iniciativas dos acionistas* (quando os acionistas exigem que determinada política ou decisão da empresa seja levada à votação direta de todos os titulares de ações) aumentou drasticamente nos últimos anos. Segundo o Centro de Pesquisas de Responsabilidade do Investidor (o Investor Responsibility Research Center), o número de iniciativas de acionistas aumentou de aproximadamente 800 durante o ano de 2002 para mais de 1.200 durante 2007. As iniciativas dos acionistas incluem uma variedade de tópicos, como seu direito a voto, provisões a favor e contra a aquisição de controle acionário, eleição de membros do conselho de administração e mudanças de horários ou locais de suas reuniões.

Uma das tendências mais recentes no ativismo dos acionistas é a de suprimir o apoio ao voto em indicados para o conselho de administração. Em março de 2004, acionistas suprimiram o apoio a Michael Eisner (o CEO da Disney) como diretor-presidente do conselho. Consequentemente, ele perdeu a presidência do conselho, mas manteve seu cargo de CEO. O fundo de pensão de funcionários públicos da Califórnia (Calpers), o maior fundo de aposentadoria do mundo, já suprimiu os votos de pelo menos um dos diretores em 90% das 2.700 empresas em que investe.

Fonte: Adaptado de John Goff, "Who's the Boss?" CFO Magazine, September 1, 2004, pp. 56–66. Dados de iniciativas dos acionistas atualizados com base no 2007 Postseason Report, Riskmetrics Group (ISS Proxy Services).

compra hostil Uma situação em que um indivíduo ou organização, às vezes chamado de especulador agressivo, compra uma grande fração das ações de uma corporação alvo e, ao fazê-lo, obtém votos suficientes para substituir o conselho de administração da empresa alvo e seu CEO.

Em vez disso, investidores insatisfeitos geralmente optam por vender suas ações. Obviamente, alguém deve estar disposto a comprar as ações dos acionistas insatisfeitos. Se um número suficiente de acionistas estiver insatisfeito, a única maneira de seduzir investidores a comprar (ou manter) as ações é oferecê-las a um preço menor. Da mesma forma, os investidores que virem uma corporação bem administrada terão interesse em comprar suas ações, o que estimula o aumento do preço das ações. Assim, o preço das ações da corporação é um barômetro para os administradores, fornecendo-lhes um contínuo *feedback* da opinião dos acionistas sobre seu desempenho.

Quando o desempenho das ações está baixo, o conselho de administração pode reagir substituindo o CEO. Em algumas empresas, porém, os altos executivos podem ficar entrincheirados porque os conselhos de administração não têm a independência ou a motivação para substituí-los. Geralmente, a relutância em demitir resulta do fato de o conselho ser formado por amigos íntimos do CEO, e assim lhes falta objetividade. Em empresas em que o CEO está entrincheirado e está fazendo um mau trabalho a expectativa de que o desempenho fraco continue fará com que o preço das ações seja baixo. Ações com preços baixos criam uma oportunidade de lucro. Em uma **compra hostil** (ou *hostile takeover*, no original), um indivíduo ou organização — às vezes chamado de especulador agressivo — pode comprar uma grande fração das ações e, ao fazê-lo, conseguir votos suficientes para substituir o conselho de administração e o CEO. Com uma equipe de gerenciamento nova e superior, as ações tornam-se um investimento muito mais atraente, o que provavelmente resultará em um aumento do preço das ações e em lucro para o especulador agressivo e para os outros acionistas. Apesar das palavras "hostil" e "agressivo" terem conotações negativas, os especuladores agressivos prestam um importante serviço aos acionistas. A mera ameaça de ter sua participação retirada como resultado de uma compra hostil geralmente é suficiente para punir maus gerentes e motivar os conselhos de diretoria a tomar decisões difíceis. Consequentemente, o fato das ações de uma corporação poderem ser negociadas na bolsa de valores cria um "mercado de controle corporativo" que encoraja os gerentes e os conselhos de diretoria a agir de acordo com os interesses dos acionistas.

Fixação de conceitos

5. Como os acionistas controlam uma empresa?
6. Que tipos de trabalho um gerente financeiro tem que desenvolver em uma empresa?
7. Que questões éticas um gerente financeiro pode ter que enfrentar?

1.5 O mercado de ações

Na Seção 1.3, determinamos a meta do gerente financeiro: maximizar a riqueza dos proprietários, os acionistas. O valor dos investimentos do proprietário na empresa é determinado pelo preço de uma ação da empresa. As empresas podem ser de capital aberto ou de capital fechado. Uma empresa de capital fechado possui um número limitado de proprietários, e não há mercado organizado para suas ações, dificultando a determinação do preço destas em qualquer ponto no tempo. Uma empresa de capital aberto possui muitos proprietários, e suas ações são negociadas em um mercado organizado, chamado de **mercado de ações** (ou **bolsa de valores**). Esses mercados fornecem *liquidez* às ações de uma empresa e determinam seu preço de mercado. Um investimento é chamado **líquido** se for possível convertê-lo facilmente em dinheiro vendendo-o imediatamente ao preço pelo qual se poderia comprá-lo naquele momento. Um investidor de uma empresa de capital aberto avalia a capacidade de transformar seu investimento em dinheiro fácil e rapidamente através da simples venda de suas ações em um desses mercados. Nesta seção, daremos um panorama do funcionamento dos principais mercados de ações. A análise e a negociação dos participantes desses mercados fornecem uma avaliação das decisões dos gerentes financeiros que não somente determinam o preço das ações, mas também dão *feedback* aos gerentes sobre suas decisões.

mercados de ações (também bolsas de valores) Mercados organizados em que ações de muitas corporações são negociadas.

líquido Descreve um investimento que pode facilmente ser convertido em dinheiro porque pode ser vendido imediatamente a um preço de mercado competitivo.

Os maiores mercados de ações

O mercado de ações mais conhecido dos EUA, e o maior do mundo, é a Bolsa de Valores de Nova York (NYSE ou New York Stock Exchange). Bilhões de dólares em ações são negociados todos os dias na NYSE. Outros mercados de ações norte-americanos incluem a American Stock Exchange (AMEX), NASDAQ (que é a abreviação de National Association of Security Dealers Automated Quotation), e bolsas regionais como a Midwest Stock Exchange. A maioria dos outros países possui pelo menos um mercado de ações. Fora dos Estados Unidos, os maiores mercados de ações são a Bolsa de Valores de Londres e a Bolsa de Valores de Tóquio. A Figura 1.3 classifica os maiores mercados de ações do mundo de acordo com seu volume de negociações.

Todos esses mercados são *mercados secundários*. O **mercado primário** (ou *primary market*, no original) refere-se a uma empresa que emite novas ações e as vende aos investidores. Após esta transação inicial entre a empresa e os investidores, as ações continuam a ser negociadas em um **mercado secundário** (ou *secondary market*, no original) entre os investidores sem o envolvimento da empresa. Por exemplo, se você deseja comprar 100 ações da Starbucks Coffee, você faz um pedido na NASDAQ, onde as ações da Starbucks são negociadas sob o símbolo SBUX. Você compraria suas ações de alguém que já detém ações da empresa, e não da empresa propriamente dita.

mercado primário Quando uma empresa emite novas ações e as vende aos investidores.

mercado secundário Mercados, como a NYSE ou a NASDAQ, onde ações de uma empresa são negociadas entre investidores, sem o envolvimento da empresa.

market makers ou criadores de mercado Indivíduos que trabalham no salão da bolsa de valores promovendo a ligação entre vendedores e compradores.

especialistas Indivíduos que trabalham no salão da NYSE promovendo a ligação entre vendedores e compradores; também chamados de *market makers* ou criadores de mercado.

preço de compra O preço pelo qual um *market maker* ou especialista está disposto a comprar um título.

preço de venda O preço pelo qual um *market maker* ou especialista está disposto a vender um título.

NYSE

A NYSE é um local físico situado na Wall Street 11, na cidade de Nova York. Na NYSE, os *market makers* ou **criadores de mercado** (conhecidos na NYSE como **especialistas**) promovem a ligação entre compradores e vendedores. Eles indicam dois preços para cada grupo de ações em que criam um mercado: o preço pelo qual estariam dispostos a comprar uma ação (o **preço de compra**) e o preço pelo qual estariam dispostos a vender a ação (o **preço de venda**). Se um cliente chega a eles querendo fechar negócio por esses preços, eles os honram (até um número limitado de ações) e fecham o negócio mesmo que não tenham outro cliente disposto a assumir o outro lado da negociação. Dessa maneira, garantem que o mercado seja líquido, pois os clientes podem sempre ter a certeza de poderem negociar pelos preços indicados. A bolsa possui regras que tentam garantir que os preços de compra e venda não se afastem demais um do outro e que grandes variações de preço se deem por meio de uma série de pequenas flutuações, em vez de em um grande salto.

FIGURA 1.3

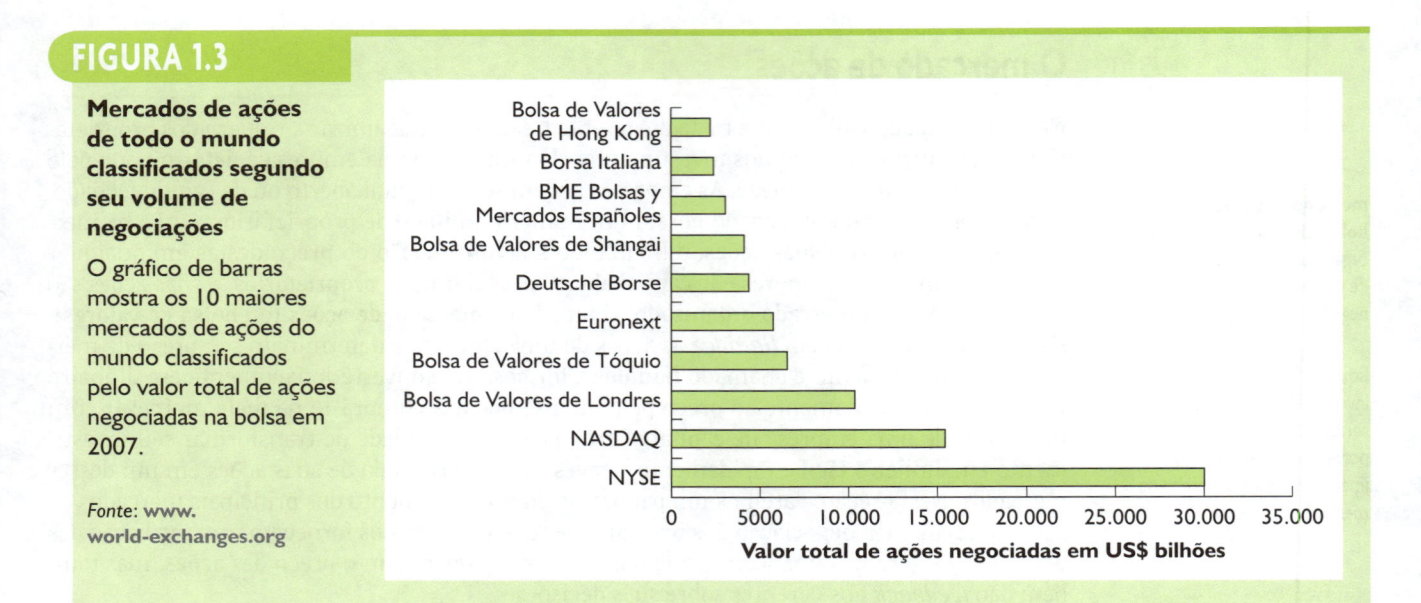

Mercados de ações de todo o mundo classificados segundo seu volume de negociações

O gráfico de barras mostra os 10 maiores mercados de ações do mundo classificados pelo valor total de ações negociadas na bolsa em 2007.

Fonte: www.world-exchanges.org

---

spread de compra e venda ou **bid-ask spread** O montante pelo qual o preço de venda excede o preço de compra.

custo de transação Na maioria dos mercados, uma despesa tal como uma comissão de corretor e o *spread* de compra e venda que os investidores têm que pagar a fim de negociar títulos.

Os preços de venda excedem os preços de compra. A diferença é chamada de **bid-ask spread** ou **spread de compra e venda**. Como os clientes sempre compram pelo preço de venda (o maior preço) e vendem pelo preço de compra (o menor preço), o *spread* de compra e venda é um **custo de transação** que os investidores têm que pagar para fechar um negócio. Como os especialistas de um mercado físico como a NYSE assumem o lado oposto ao de seus clientes nas negociações, este custo vira lucro para eles. É a compensação que eles exigem por oferecer um mercado líquido estando prontos para honrar qualquer preço cotado. Os investidores também pagam outras formas de custos de transações, como comissões.

NASDAQ

Na economia de hoje, guiada pela tecnologia, um mercado de ações não precisa ter uma localização física. As transações envolvendo ações podem ser feitas pelo telefone ou através de uma rede de computadores. Consequentemente, alguns mercados de ações são formados por um conjunto de corretoras ou *market makers* conectados via computador e telefone. O mais famoso exemplo de tal mercado é a NASDAQ. Uma importante diferença entre a NYSE e a Nasdaq é que na NYSE cada ação possui apenas um *market maker*. Na NASDAQ, os grupos de ações podem e têm múltiplos *market makers* que competem uns com os outros. Cada *market maker* deve indicar preços de compra e de venda na rede da NASDAQ, onde eles podem ser vistos por todos os participantes. O sistema da NASDAQ lista os melhores preços primeiro e cumpre transações de acordo com eles. Este processo garante aos investidores o melhor preço possível em determinado momento, estejam eles comprando ou vendendo.

Apesar de você provavelmente já ter visto reportagens sobre os mercados de ações nos noticiários, é improvável que você já tenha sido exposto à função financeira de uma empresa. Neste capítulo, demos uma ideia do que tratam as finanças empresariais, o que faz um gerente financeiro e a importância dos mercados de ações. Nos capítulos a seguir, você aprenderá como tomar decisões de gerenciamento financeiro e como utilizar as informações do mercado financeiro. Desenvolveremos as ferramentas da análise financeira juntamente com uma clara compreensão de quando aplicá-las e por que elas funcionam.

Capítulo 1 Finanças Empresariais e o Gerente Financeiro

FIGURA 1.4

O Dow Jones Industrial Average (DJIA)

Neste gráfico, publicado em um artigo no *Wall Street Journal* em fevereiro de 2008, você vê os 30 grupos de ações no DJIA, além das datas em que foram incluídos no índice. O artigo tratava de mudanças feitas no DJIA na tentativa de fazê-lo refletir com mais precisão a economia norte-americana. Adicionando o Bank of America e a Chevron, os editores do Dow Jones esperavam captar melhor a movimentação da economia em direção a serviços financeiros e a crescente importância do setor de energia. Para dar espaço, a Altria (antiga Phillip Morris) e a Honeywell, um membro de longa data, foram retiradas do índice. Consequentemente, a média passou a ser menos industrial e mais de serviços e tecnologia.

Empresa	Anos como membro do Dow (símbolo)	Capitalização de mercado (em bilhões)
Exxon Mobil	1928-presente (XOM)	$446,4
General Electric	1896-98; 1899-1901; 1907-presente (GE)	342,0
Microsoft	1999-presente (MSFT)	238,1
AT&T	1916-28; 1939-84; 1984-2004; 1999-presente[1] (T)	221,8
Procter & Gamble	1932-presente (PG)	202,9
Johnson & Johnson	1997-presente (JNJ)	177,5
SAI Altria Group	1985-2008 (MO)	153,4
Pfizer	2004-presente (PFE)	152,3
J.P. Morgan Chase	1991-presente (JPM)	148,3
IBM	1932-39; 1979-presente (IBM)	141,1
Citigroup	1997-presente (C)	134,2
Coca-Cola	1932-35; 1987-presente (KO)	126,1
Wal-Mart Stores	1997-presente (WMT)	122,5
Intel	1999-presente (INTC)	117,9
AIG	2004-presente (AIG)	112,9
Hewlett-Packard	1997-presente (HPQ)	108,0
Verizon Commun.	2004-presente (VZ)	105,6
Merck	1979-presente (MRK)	96,9
McDonald's	1985-presente (MCD)	67,0
United Technologies	1933-34; 1939-presente (UTX)	65,5
Walt Disney	1991-presente (DIS)	57,3
Boeing	1987-presente (BA)	54,9
3M	1976-presente (MMM)	51,9
Home Depot	1999-presente (HD)	47,0
American Express	1982-presente (AXP)	46,6
Caterpillar	1991-presente (CAT)	43,9
DuPont	1924-25; 1935-presente (DD)	40,9
SAI Honeywell Int'l.	1925-2008[2] (HON)	39,6
Alcoa	1959-presente (AA)	28,6
General Motors	1915-16; 1925-presente (GM)	12,7

Bank of America (BAC) US$190,0 bilhões **ENTRA**

Chevron (CVX) US$169 bilhões **ENTRA**

[1] 1916-28; 1939-84; "nova" AA AT&T em 1984-2004; antiga SBC de 1999-presente

[2] 1925-2008; entrou como Allied Chemical & Dye, posteriormente AlliedSignal

Nota: Capitalização de mercado "corrigida pela flutuação". Valores a partir de 8 de fevereiro

Fonte: Índices Dow Jones

NYSE, AMEX, DJIA, S&P 500: nadando em acrônimos

Com todos esses acrônimos por aí, é fácil se confundir. Você pode ter ouvido falar no "Dow Jones" ou "Dow Jones (Industrial) Average" e no "S&P 500" nos noticiários sobre as bolsas de valores. A NYSE, a AMEX e a NASDAQ são todas bolsas em que os preços das ações são determinados através de negociações. Entretanto, quando os comentaristas dizem que as ações estão em alta ou em baixa em geral, em determinado dia, eles geralmente se referem ao Dow Jones Industrial Average (DJIA) e ao Standard and Poor's 500 (S&P 500). O DJIA e o S&P 500 são simplesmente medidas do nível do preço agregado de conjuntos de grupos de ações pré-selecionados — 30 no caso do DJIA e 500 no caso do S&P 500. Esses grupos de ações foram selecionados pelo Dow Jones (a editora do *Wall Street Journal*) ou pelo Standard & Poor's como representativos do mercado em geral. O S&P 500 consiste em 500 das empresas norte-americanas de maior valor. Apesar de poucos em número, os 30 grupos de ações no DJIA incluem empresas como a Microsoft, a Wal-Mart, a Boeing, e a 3M, e são selecionados de modo a cobrir os importantes setores da economia norte-americana. A Figura 1.4 mostra a composição do DJIA em fevereiro de 2008. Tanto o DJIA quanto o S&P 500 incluem grupos de ações que são negociadas na NYSE e grupos de ações que são negociadas na NASDAQ, sendo, portanto, distintas das bolsas de valores propriamente ditas.

Más notícias na Wall Street hoje – a base do mercado caiu, os lados ruíram e o topo explodiu.

© www.cartoonbank.com, ID52363; *The New Yorker*, 22 de julho de 2002.

Fixação de conceitos

8. Que vantagem um mercado de ações traz para os investidores corporativos?
9. Qual é a importância de um mercado de ações para um gerente financeiro?

RESUMO DO CAPÍTULO

Pontos principais e equações	Termos	Oportunidades de prática online
1.1 Por que estudar finanças? ▸ Finanças e decisões financeiras permeiam o nosso cotidiano. ▸ Muitas decisões financeiras são simples, mas outras são complexas. Todas estão amarradas pelo Princípio da Avaliação — a base da tomada de decisões financeiras — que você aprenderá neste livro.		

1.2 Os quatro tipos de empresa

- Há quatro tipos de empresas nos Estados Unidos: empresas individuais, sociedades por quotas, empresas de responsabilidade limitada e corporações.
- As empresas com responsabilidade pessoal ilimitada incluem as empresas individuais e as sociedades por quotas.
- As empresas com responsabilidade limitada incluem as sociedades por quotas limitadas, as empresas de responsabilidade limitada e as corporações.
- Uma corporação é um ente artificial e legalmente definido (uma pessoa jurídica ou entidade legal) que possui muitos dos poderes legais que possui uma pessoa física. Pode figurar em contratos, adquirir ativos, incorrer em obrigações, e goza da proteção da Constituição norte-americana contra a desapropriação de seu patrimônio.
- Os acionistas de uma corporação "C" têm efetivamente que pagar impostos duas vezes. A corporação paga imposto uma vez, e então os investidores têm que pagar imposto individual sobre quaisquer fundos que sejam distribuídos. As corporações "S" são isentas do imposto sobre rendimentos corporativos.
- A posse de uma corporação é dividida em quotas de ações conhecidas coletivamente como patrimônio líquido ou capital próprio. Os investidores dessas ações são chamados quotistas, acionistas ou titulares de ações.

acionistas, p. 41
ações, p. 41
corporação, p. 40
corporações "C", p. 42
corporações "S", p. 42
sociedade por quotas limitada, p. 40
empresa individual, p. 39
pagamentos de dividendos, p. 41
patrimônio líquido, p. 41
acionistas, p. 41
responsabilidade limitada, p. 40
sociedade por quotas limitada, p. 40
sociedade por quotas, p. 39
titulares de ações, p. 41

MyFinanceLab – Study Plan 1.2

1.3 O gerente financeiro

- O gerente financeiro toma decisões de investimento, financiamento e gerenciamento de fluxos de caixa.
- A meta do gerente financeiro é maximizar a riqueza dos acionistas (maximizar o preço das ações).

MyFinanceLab – Study Plan 1.3

1.4 O lugar do gerente financeiro na corporação

- A propriedade e o controle de uma corporação são separados. Os acionistas exercem seu controle indiretamente através do conselho administrativo.

compra hostil, p. 48
conflitos de agência, p. 47
conselho administrativo, p. 46
presidente, principal executivo ou CEO, p. 46

MyFinanceLab – Study Plan 1.4

1.5 O mercado de ações

- As ações de empresas de capital aberto são negociadas nos mercados de ações ou bolsas de valores. As ações de empresas de capital fechado não são negociadas em um mercado de ações.

bolsa de valores, p. 49
criadores de mercado ou *market makers*, p. 49
custo de transação, p. 50
especialistas, p. 49
líquido, p. 49
mercado de ações, p. 49
mercado primário, p. 49
mercado secundário, p. 49
preço de compra, p. 49
preço de venda, p. 49
spread de compra e venda ou *bid-ask spread*, p. 50

MyFinanceLab – Study Plan 1.5

Problemas

Um realce em verde (■) indica problemas disponíveis no MyFinanceLab.

Os quatro tipos de empresas

1. Qual é a diferença mais importante entre uma corporação e *todas* as outras formas de organização?
2. O que a expressão *responsabilidade limitada* significa em um contexto corporativo?
3. Que formas organizacionais dão a seus proprietários responsabilidade limitada?
4. Quais são as principais vantagens e desvantagens de se organizar uma empresa como corporação?
5. Explique a diferença entre as corporações "S" e "C".
6. Você é acionista de uma corporação "C". A corporação ganha US$ 2 por ação antes dos impostos. Uma vez tendo pagado os impostos, ela distribui o resto de seus rendimentos a você como dividendo. A alíquota corporativa é de 40%, e a alíquota de imposto de renda (de dividendos e não dividendos) individual é de 30%. Quanto lhe sobra após todos os impostos serem pagos?
7. Repita o Problema 6 supondo que a corporação seja uma corporação "S".

O gerente financeiro

8. Qual é o tipo de decisão mais importante tomada pelo gerente financeiro?
9. Por que todos os acionistas concordam com a mesma meta para o gerente financeiro?

O lugar do gerente financeiro na corporação

10. Os gerentes corporativos trabalham para os proprietários de uma corporação. Consequentemente, eles devem tomar decisões que sejam do interesse dos proprietários, em vez de seu próprio. Que estratégias estão disponíveis aos acionistas para ajudar a assegurar que os gerentes estejam motivados a agir dessa maneira?
11. Pense na última vez em que você comeu em um restaurante caro em que você tenha pago a conta. Agora pense na última vez que você comeu em um restaurante similar, mas em que seus pais tenham pago a conta. Você pediu mais comida (ou comida mais cara) quando seus pais pagaram? Explique como isso está relacionado aos conflitos de agência nas empresas.
12. Suponha que você esteja considerando alugar um apartamento. Você, o locatário, pode ser visto como um agente, enquanto a empresa proprietária do apartamento pode ser vista como o principal. Que conflitos de agência entre agente e principal você prevê? Suponha agora que você trabalhe para a empresa proprietária do apartamento. Que elementos você colocaria no contrato de locação que incentivariam o locatário a cuidar bem do apartamento?
13. Você é o CEO de uma empresa e está considerando entrar em um acordo para que sua empresa compre uma outra empresa. Você acha que o preço pode estar alto demais, mas você será o CEO da nova empresa conjunta, muito maior do que a atual. Você sabe que quando a empresa aumenta, seu salário e prestígio também aumentam. Qual é a natureza do conflito de agência neste caso e como ele está relacionado a considerações éticas?

O mercado de ações

14. Qual é a diferença entre uma empresa de capital aberto e uma empresa de capital fechado?
15. Qual é a diferença entre um mercado primário e um mercado secundário?
16. Explique por que o *spread* de compra e venda é um custo de transação.

17. A cotação das ações do Yahoo! a seguir são do dia 16 de novembro de 2007 no Yahoo! Finance:

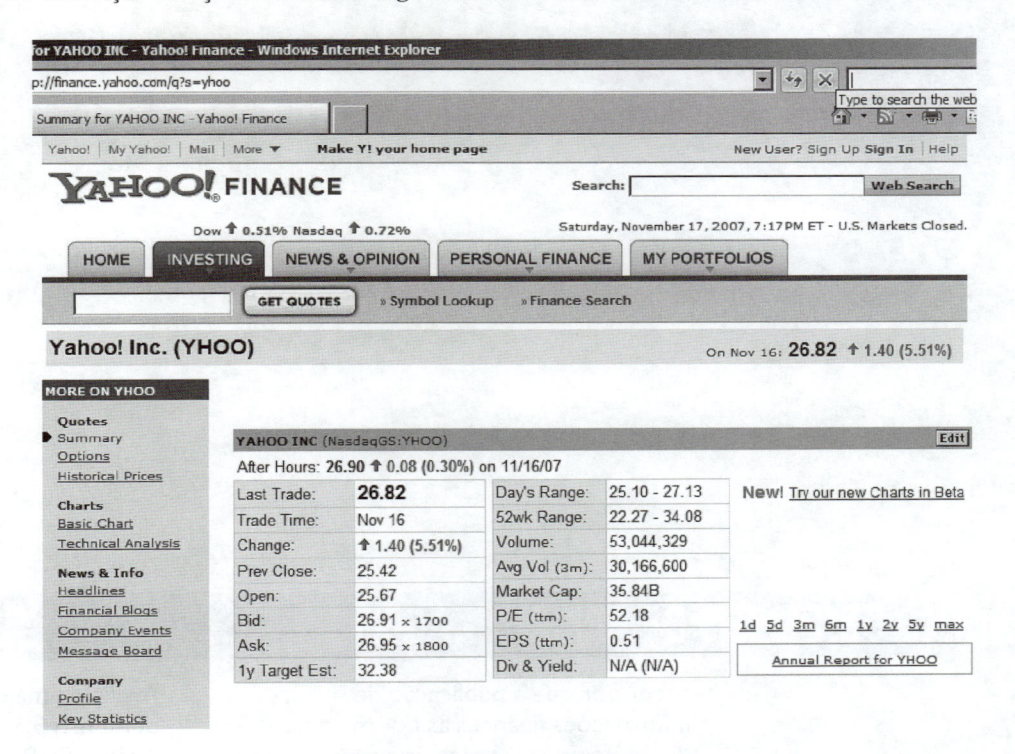

Se você quisesse comprar ações do Yahoo!, que preço você pagaria? Quanto você receberia se quisesse vender ações do Yahoo!?

2 Introdução à Análise de Demonstrações Contábeis

OBJETIVOS DE APRENDIZAGEM

- Saber por que a publicação de informações financeiras por meio de demonstrações contábeis é crucial para os investidores
- Compreender a função do balanço patrimonial
- Utilizar o balanço patrimonial para analisar uma empresa
- Compreender como a demonstração de resultados é utilizada
- Analisar uma empresa por meio da sua demonstração de resultados, utilizando a Análise DuPont
- Interpretar uma demonstração dos fluxos de caixa
- Saber o que são o relatório da administração e a demonstração da equivalência patrimonial
- Analisar o papel da manipulação contábil na falência da Enron e da WorldCom

ENTREVISTA COM Hiral Tolia, CBIZ Valuation Group, LLC

Como consultora sênior da CBIZ Valuation Group, LLC, em Dallas, Texas, Hiral Tolia trabalha com projetos de clientes que focalizam determinar o valor de uma empresa. Por exemplo, uma empresa de capital fechado que deseje emitir ações para seus funcionários pode contratar a CBIZ para determinar seu valor antes de determinar o preço de suas ações. Em fusões e aquisições, uma empresa pode precisar da CBIZ para avaliar certos ativos pertencentes à empresa adquirida, como é exigido para fins de relatórios financeiros.

Hiral, que se formou em Engenharia de Computação em 2003 pela University of Mumbai e concluiu seu MBA em 2006 pela University of Texas, Arlington, utiliza diariamente os conceitos que aprendeu em suas várias aulas de finanças. "Por termos clientes de diversas indústrias, precisamos de um conhecimento aprofundado de cada um de seus segmentos de mercado. Utilizo amplamente a análise de demonstrações contábeis para compreender o desempenho de uma empresa e como ela pode ser comparada a outras empresas do mesmo setor."

Analisar demonstrações contábeis permite que Hiral compreenda a posição financeira atual de uma empresa e seu desempenho ao longo do tempo. "Essas informações são úteis na tomada de decisões econômicas, como determinar os fluxos de caixa futuros de uma empresa, o efeito de tendências cíclicas no setor sobre operações ao longo de determinado período de tempo e no futuro, e se deve-se ou não investir nos títulos da empresa ou recomendá-los a outros investidores", explica. "Assim, é importante compreender as demonstrações contábeis, seja você o proprietário de uma empresa, um funcionário, um investidor ou um analista."

O primeiro passo na avaliação de uma empresa é avaliar o desempenho passado e determinar sua posição financeira atual utilizando informações contidas nas demonstrações contábeis publicamente disponíveis. "Utilizamos demonstrações de resultados para analisar receitas e despesas, e balanços patrimoniais e demonstrações dos fluxos de caixa para analisar necessidades de fluxo de caixa de curto prazo e determinar desembolsos de capital." Um dos métodos de avaliação da CBIZ envolve a análise de informações sobre precificação e desempenho para empresas de capital aberto em um setor similar ao da empresa em questão. "Análises de coeficiente ajudam a comparar a empresa em questão a participantes do mercado, de modo que possamos aplicar nossos modelos de avaliação e determinar um valor justo para a empresa."

University of Texas, Arlington, 2006

"Utilizo a análise de demonstrações contábeis para compreender o desempenho de uma empresa e como ela pode ser comparada a outras empresas do mesmo setor."

Como discutimos no Capítulo 1, qualquer pessoa com dinheiro é um potencial investidor que pode deter ações de uma empresa. Consequentemente, as empresas geralmente têm muitos proprietários, com investidores que variam de indivíduos titulares de apenas uma ação a grandes instituições financeiras com milhões de ações. Por exemplo, em 2007, a International Business Machines Corporation (IBM) possuía mais de 1,3 bilhão de ações circulando nas mãos de mais de 613.000 sócios. Apesar da estrutura da empresa facilitar enormemente o acesso da empresa a capital de investimento, significa também que a posse de ações é a única ligação que a maioria dos investidores possui com a empresa. Como, então, os investidores podem se informar o suficiente sobre uma empresa para saber se devem ou não investir nela? Uma maneira das empresas avaliarem seu desempenho e comunicarem esta informação aos investidores é através de suas *demonstrações contábeis*. As demonstrações contábeis também permitem que os gerentes financeiros avaliem o sucesso de sua empresa e a comparem às suas concorrentes.

As empresas emitem demonstrações contábeis regularmente para comunicar informações financeiras à comunidade de investidores. Uma descrição detalhada da preparação e da análise destas demonstrações é tão complicada que, para lhe fazer justiça, seria necessário um livro inteiro. Neste capítulo, analisaremos o assunto resumidamente, enfatizando apenas o material de que investidores e gerentes financeiros corporativos precisam para tomar as decisões financeiras corporativas que discutiremos neste livro.

Analisaremos os quatro principais tipos de demonstrações contábeis, apresentaremos exemplos dessas demonstrações em uma empresa e discutiremos onde um investidor ou gerente pode encontrar vários tipos de informações sobre a empresa. Discutiremos também alguns dos índices financeiros que os investidores e analistas utilizam para avaliar o desempenho e o valor de uma empresa. Fecharemos o capítulo analisando os escândalos dos relatórios financeiros da Enron e da WorldCom, que tiveram uma enorme exposição na mídia.

2.1 A publicação das informações financeiras das empresas

demonstrações contábeis Relatórios contábeis emitidos pela empresa, normalmente trimestral ou anualmente, com informações sobre o desempenho passado da empresa e um quadro dos ativos da empresa e do financiamento destes ativos.

relatório anual O resumo anual dos negócios enviado por empresas norte-americanas de capital aberto a seus acionistas, que acompanham ou incluem a demonstração contábil.

As **demonstrações contábeis** são relatórios contábeis emitidos periodicamente pela empresa (normalmente de frequência trimestral e anual) que contêm informações sobre seu desempenho passado e um quadro dos ativos da empresa e do financiamento destes ativos. Exige-se das empresas de capital aberto norte-americanas arquivar suas demonstrações contábeis junto à Comissão de Valores Mobiliários dos EUA (SEC, o órgão regulador do mercado de capitais norte-americano) trimestralmente, com o formulário 10-Q, e anualmente, com o formulário 10-K[1]. Elas também têm que enviar a seus acionistas um **relatório anual** contendo suas demonstrações contábeis. As empresas de capital fechado geralmente também preparam demonstrações contábeis, mas elas não têm que revelar estes relatórios ao público. As demonstrações contábeis são ferramentas importantes através das quais investidores, analistas financeiros e outras partes interessadas externas (como credores) obtêm informações sobre uma empresa. São úteis também para os gerentes da própria empresa como fonte de informações para as decisões financeiras corporativas. Nesta seção, examinaremos as diretrizes para a preparação das demonstrações contábeis e apresentaremos diferentes tipos de demonstrações contábeis.

Preparação de demonstrações contábeis

Princípios Contábeis Geralmente Aceitos (GAAP) Um conjunto de regras comuns e um formato padrão para empresas de capital aberto utilizarem ao prepararem seus relatórios financeiros.

Os relatórios sobre o desempenho de uma empresa devem ser compreensíveis e precisos. Nos Estados Unidos, o International Accounting Standards Board (IASB) estabelece **Princípios Contábeis Geralmente Aceitos (GAAP)** para oferecer um conjunto de regras comuns e um formato padrão para uso das empresas de capital aberto durante a preparação de seus relatórios. Esta padronização também facilita a comparação dos resultados financeiros de empresas diferentes.

---

[1] O Securities and Exchange Commission foi fundado pelo Congresso norte-americano em 1934 para regular os títulos (por exemplo, ações e títulos de dívida) emitidos ao público e os mercados financeiros (bolsas) nos quais esses títulos são negociados.

Padrões Internacionais de Relatórios Financeiros

Os Princípios Contábeis Geralmente Aceitos (GAAP) diferem de um país para outro. Consequentemente, as empresas enfrentam enormes complexidades contábeis ao operar internacionalmente. Os investidores também enfrentam dificuldades para interpretar as demonstrações contábeis de empresas estrangeiras, o que geralmente os desencoraja de investir no exterior. Porém, à medida que as empresas e os mercados de capitais vão se tornando mais globais, aumenta também o interesse na harmonização dos padrões contábeis entre os países.

O mais importante projeto de harmonização teve início em 1973, quando representantes de dez países (inclusive dos Estados Unidos) estabeleceram o International Accounting Standards Committee (Comitê de Padrões Contábeis Internacionais). Este esforço levou à criação do International Accounting Standards Board (IASB) (Conselho de Padrões Contábeis Internacionais) em 2001, sediado em Londres. O IASB foi responsável pela emissão de um conjunto de Padrões Internacionais de Relatórios Financeiros (International Financial Reports Standards) (IFRS).

O IFRS está se enraizando em todo o mundo. A União Européia (UE) aprovou um regulamento contábil em 2002 exigindo que todas as empresas de capital aberto da UE seguissem o IFRS em suas demonstrações contábeis consolidadas a partir de 2005. Muitos outros países adotaram o IFRS para todas as empresas listadas, inclusive a Austrália e vários países da América Latina e da África. Na verdade, todas as principais bolsas de valores do mundo aceitam o IFRS, exceto os Estados Unidos e o Japão, que mantêm seu GAAP local.

auditor Uma terceira parte neutra que as empresas são obrigadas a contratar para verificar suas demonstrações contábeis anuais com o intuito de garantir que estas tenham sido preparadas de acordo com os GAAP e dar evidências e suporte à confiabilidade das informações.

Os investidores também precisam de alguma garantia de que as demonstrações contábeis sejam preparadas com precisão. É necessário que as empresas contratem terceiros neutros, conhecidos como **auditores**, para checar as demonstrações contábeis anuais, assegurar que elas estejam sendo preparadas em conformidade com o GAAP e verificar se as informações são confiáveis.

Tipos de demonstrações contábeis

Toda empresa de capital aberto tem que produzir quatro tipos de demonstrações contábeis: o *balanço patrimonial*, as *demonstrações de resultados*, as *demonstrações de fluxos de caixa* e as *demonstrações de equivalência patrimonial*. Esses documentos fornecem aos investidores e credores uma visão panorâmica do desempenho financeiro da empresa. Nas seções a seguir, veremos mais detalhadamente o conteúdo dessas demonstrações contábeis.

Fixação de conceitos

1. Qual é o papel do auditor?
2. Quais são os quatro tipos de demonstrações contábeis que todas as empresas de capital aberto têm que produzir?

2.2 O balanço patrimonial

balanço patrimonial Uma lista dos ativos e passivos de uma empresa que fornece um quadro da posição financeira da empresa em determinado momento.

ativos O dinheiro, estoque, propriedades, instalações e equipamentos, e outros investimentos que uma empresa fez.

passivos As obrigações de uma empresa junto aos seus credores.

patrimônio líquido, patrimônio dos acionistas Uma medida contábil do valor líquido de uma empresa que representa a diferença entre seus ativos e os passivos.

O **balanço patrimonial** lista os *ativos* e *passivos* da empresa, oferecendo um quadro da posição financeira da empresa em determinado momento. A Tabela 2.1 exibe o balanço patrimonial de uma empresa fictícia, a Global Corporation. Observe que o balanço patrimonial divide-se em duas partes ("lados"), com os ativos no lado esquerdo e os passivos no lado direito:

1. Os **ativos** listam caixa, estoque, imóveis, instalações e equipamentos, e quaisquer outros investimentos que a empresa tenha feito.
2. Os **passivos** exibem as obrigações da empresa junto a seus credores.
3. Juntamente com os passivos, do lado direito do balanço patrimonial é exibido o *patrimônio líquido*. O **patrimônio líquido**, a diferença entre os ativos e os passivos da empresa, é uma medida contábil do patrimônio líquido da empresa.

Os ativos do lado esquerdo exibem como a empresa emprega seu capital (seus investimentos) e o lado direito resume as fontes de capital, ou como a empresa levanta o dinheiro de que precisa. Devido à forma como o patrimônio dos sócios é calculado, os lados esquerdo e direito têm que se equilibrar:

A igualdade do balanço patrimonial

$$\text{Ativos} = \text{Passivos} + \text{Patrimônio líquido} \qquad (2.1)$$

TABELA 2.1 Balanço patrimonial da Global Corporation em 2007 e 2006

GLOBAL CORPORATION
Balanço patrimonial
Exercício terminado em 31 de dezembro (em US$ milhões)

Ativos	2007	2006	Passivos e patrimônio líquido	2007	2006
Ativo circulante			Exigíveis a curto prazo		
Caixa	23,2	19,5	Contas a pagar	29,2	26,5
Contas a receber	18,5	13,2	Títulos a pagar/Dívidas de curto prazo	5,5	3,2
Estoques	15,3	14,3			
Total ativo circulante	57,0	48,0	Total passivo circulante	34,7	29,7
Ativos realizáveis a longo prazo			Exigíveis a longo prazo		
Propriedades, instalações e equipamentos líquidos	113,1	80,9	Dívidas de longo prazo	113,2	78,0
Total dos ativos realizáveis a longo prazo	113,1	80,9	Total de exigíveis a longo prazo	113,2	78,0
			Passivos totais	147,9	107,7
			Patrimônio líquido	22,2	21,2
Ativos totais	**170,1**	**128,9**	**Passivos totais e patrimônio líquido**	**170,1**	**128,9**

Na Tabela 2.1, os ativos totais de 2007 (US$ 170,1 milhões) são iguais aos passivos totais (US$ 147,9 milhões) mais o patrimônio líquido (US$ 22,2 milhões).

Agora veremos os ativos, passivos e o patrimônio líquido mais detalhadamente. Finalmente, avaliaremos a posição financeira da empresa analisando as informações contidas no balanço patrimonial.

Ativos

Na Tabela 2.1, os ativos da Global são divididos em ativos circulantes e o ativo realizável a longo prazo. Discutiremos cada um deles separadamente.

ativos circulantes Dinheiro ou ativos que poderiam ser convertidos em dinheiro dentro de um ano.

títulos negociáveis Investimentos de curto prazo e baixo risco que podem ser facilmente vendidos e convertidos em dinheiro.

contas a receber O montante devido a uma empresa pelos clientes que compraram bens ou serviços a crédito.

estoques As matérias-primas de uma empresa, além de seus bens acabados e não acabados.

ativos realizáveis a longo prazo Ativos que produzem benefícios tangíveis por mais de um ano.

Ativos circulantes. **Ativos circulantes** são dinheiro ou ativos que poderiam ser convertidos em dinheiro dentro de um ano. Esta categoria inclui:

1. Dinheiro e outros **títulos negociáveis**, que são investimentos de curto prazo e baixo risco que podem ser facilmente vendidos e convertidos em dinheiro (por exemplo, investimentos no mercado aberto, como dívidas públicas, que vencem no prazo de um ano);
2. **Contas a receber**, que são valores devidos à empresa por clientes que compraram bens ou serviços a prazo;
3. **Estoques**, que são compostos por matérias-primas, além de bens acabados e bens não acabados; e
4. Outros ativos em circulação, que é uma categoria abrangente que inclui itens como despesas antecipadas (como aluguel ou seguros que tenham sido pagos adiantados).

Ativos realizáveis a longo prazo. Ativos como propriedades ou maquinário que produzam benefícios tangíveis por mais de um ano são chamados de **ativos realizáveis a longo prazo**. Se a Global gastar US$ 2 milhões em novos equipamentos, estes US$ 2 milhões serão incluídos em propriedades, instalações e equipamentos no balanço patrimonial. Pelo fato de os equipamentos terem a tendência a se desgastar ou se tornar obsoletos com o tempo, a Global irá reduzir o valor registrado para os equipamentos a cada exercício, deduzindo um valor cha-

Capítulo 2 Introdução à Análise de Demonstrações Contábeis

depreciação Um gasto anual que uma empresa considera a partir do valor de seus ativos fixos (exceto terras) ao longo do tempo, de acordo com um esquema de depreciação que depende do tempo de vida do ativo.

valor contábil O custo de aquisição de um ativo menos sua depreciação acumulada.

mado de **depreciação** segundo um esquema de depreciação que depende da vida útil do ativo. A depreciação não é de fato uma despesa paga pela empresa; é uma maneira de reconhecer que imóveis e equipamentos sofrem desgastes e obsolescências e, assim, tornam-se menos valiosos com o passar do tempo. O **valor contábil** de um ativo é igual a seu custo de aquisição menos a depreciação acumulada. As propriedades, instalações e equipamentos líquidos exibem o valor contábil total desses ativos.

Outros ativos realizáveis a longo prazo podem incluir itens como imóveis não utilizados em operações empresariais, custos de *start-up* relativos a um novo negócio, marcas registradas e patentes, e imóveis reservados para venda. A soma de todos os ativos da empresa é o total do ativo no lado esquerdo inferior do balanço patrimonial na Tabela 2.1.

Passivos

Examinaremos agora os passivos exibidos do lado direito do balanço patrimonial, que são divididos entre *passivos circulantes* e *exigíveis a longo prazo*.

passivos circulantes Passivos que serão satisfeitos dentro de um ano.

contas a pagar O montante devido aos credores por produtos ou serviços comprados a crédito.

títulos a pagar, dívida de curto prazo Empréstimos que têm que ser pagos no exercício seguinte.

Passivos circulantes. Os passivos que serão quitados dentro de um ano são chamados de **passivos circulantes**. Eles incluem:

1. **Contas a pagar**, os valores devidos a fornecedores por produtos ou serviços comprados a crédito;
2. **Títulos a pagar** e **dívidas de curto prazo**, empréstimos que têm que ser pagos no próximo exercício. Qualquer pagamento de dívida de longo prazo que vá ocorrer no próximo exercício também será listado aqui como vencimentos no curto prazo de dívidas de longo prazo.
3. Encargos acumulados, como salário ou impostos devidos, mas que ainda não foram pagos, e receitas diferidas ou a apropriar, que são receitas que já foram recebidas por produtos que ainda não foram entregues.

capital de giro líquido A diferença entre os ativos circulantes e os passivos circulantes de uma empresa que representa o capital disponível no curto prazo para dirigir os negócios.

A diferença entre ativos circulantes e passivos circulantes é o **capital de giro líquido** da empresa, o capital disponível no curto prazo para dirigir a empresa.

$$\text{Capital de giro líquido} = \text{Ativos circulantes} - \text{Passivos circulantes} \quad (2.2)$$

Por exemplo, em 2007, o capital de giro líquido da Global totalizou US\$ 22,3 milhões (US\$ 57 milhões em ativos circulantes − US\$ 34,7 milhões em passivos circulantes). Empresas com um capital de giro líquido baixo (ou negativo) podem enfrentar uma falta de fundos. Nestes casos, os passivos devidos no curto prazo excedem o caixa e os pagamentos esperados de contas a receber.

Exigíveis a longo prazo. Os exigíveis a longo prazo são passivos que se estendem além do exercício presente. Quando uma empresa precisa levantar fundos para comprar um ativo ou fazer um investimento, ela pode tomar esses fundos emprestados por meio de um empréstimo de longo prazo. Este empréstimo aparece no balanço patrimonial como **dívida de longo prazo**, que é qualquer dívida ou obrigação com um vencimento de mais de um ano.

dívida de longo prazo Qualquer empréstimo ou obrigação de dívida com um vencimento de mais de um ano.

O patrimônio líquido

A soma dos passivos circulantes e dos exigíveis a longo prazo é igual ao total de passivo. A diferença entre os ativos e passivos da empresa é igual à situação patrimonial líquida, que também é chamada de **valor contábil do patrimônio dos sócios ou do patrimônio líquido**. Como afirmamos anteriormente, ele representa o patrimônio líquido da empresa a partir de uma perspectiva contábil.

valor contábil do patrimônio líquido A diferença entre o valor contábil dos ativos e dos passivos de uma empresa; também chamado de patrimônio dos sócios, representa o valor líquido de uma empresa a partir de uma perspectiva contábil.

Idealmente, o balanço patrimonial nos daria uma avaliação precisa do verdadeiro valor do patrimônio líquido da empresa. Infelizmente, é improvável que isso aconteça. Em primeiro lugar, muitos dos ativos listados no balanço patrimonial são avaliados com base em seu custo histórico em vez de seu verdadeiro valor atual. Por exemplo, um edifício comercial é listado no balanço patrimonial de acordo com seu custo histórico menos sua depreciação. Mas o verdadeiro valor do edifício comercial hoje pode ser muito diferente deste valor, e ele pode ser muito *mais* do que o valor que a empresa pagou por ele há anos. O mesmo é válido para outras propriedades, instalações e equipamentos, além de para o fundo de comércio: o valor verdadeiro atual de um ativo pode ser muito diferente de seu valor contábil, e até mesmo excedê-lo. Um segundo e talvez mais importante problema é o fato de que *muitos dos ativos valiosos da empresa não são incluídos no balanço patrimonial*. Considere, por exemplo, a experiência dos funcionários da empresa, a reputação da empresa no mercado, suas relações com os clientes e fornecedores e a qualidade de sua equipe de gerenciamento: são todos ativos que aumentam o valor da empresa, mas que não aparecem no balanço patrimonial.

Por esses motivos, o valor contábil do patrimônio líquido é uma avaliação imprecisa do verdadeiro valor do patrimônio líquido de uma empresa. Assim, não é de surpreender que ele geralmente seja substancialmente diferente do valor que os investidores estão dispostos a pagar pelas ações. O valor de mercado total das ações de uma empresa é igual ao preço de mercado por ação vezes o número de ações, chamado de **capitalização de mercado** da empresa. O valor de mercado de uma ação não depende do custo histórico dos ativos da empresa; ao contrário, depende do que os investidores esperam que esses ativos produzam no futuro.

capitalização de mercado O valor de mercado total das ações de uma empresa; é igual ao preço de mercado por ação vezes o número de ações.

EXEMPLO 2.1

Valor de mercado *versus* valor contábil

Problema

Se a Global possui 3,6 milhões de ações em circulação e essas ações estão sendo negociadas pelo preço de US$ 10 por ação, qual é sua capitalização de mercado? Como a capitalização de mercado se compara ao valor contábil do seu patrimônio líquido?

Solução

▶ **Planejamento**

A capitalização de mercado é igual ao preço por ação vezes o número de ações em circulação. Podemos encontrar o valor contábil do patrimônio líquido da Global na parte inferior direita de seu balanço patrimonial.

▶ **Execução**

A capitalização de mercado da Global é de (3,6 milhões de ações) × (US$ 10,00 / ação) = US$ 36 milhões. Esta capitalização de mercado é significativamente maior do que seu valor contábil de patrimônio líquido, que é igual a US$ 22,2 milhões.

▶ **Avaliação**

A Global deve ter fontes de valor que não aparecem no balanço patrimonial. Elas incluem oportunidades potenciais de crescimento, a qualidade da equipe de gerenciamento, relacionamentos com fornecedores e clientes, etc.

Finalmente, observamos que o valor contábil do patrimônio líquido pode ser negativo (passivos excedem ativos), e que um valor contábil de patrimônio líquido negativo não é necessariamente um indicativo de mau desempenho. Empresas bem-sucedidas muitas vezes são capazes de contrair empréstimos superiores ao valor contábil de seus ativos porque os credores reconhecem que o valor de mercado dos ativos é muito maior. Por exemplo, em junho de 2005, a Amazon.com tinha um total de passivos de US$ 2,6 bilhões e um valor contábil de patrimônio de — US$ 64 milhões. Ao mesmo tempo, o valor de mercado de seu patrimônio líquido era superior a US$ 15 bilhões. Claramente, os investidores reconheciam que os ativos da Amazon.com valiam muito mais do que seu valor contábil.

Fixação de conceitos

3. O que a depreciação representa?
4. O valor contábil dos ativos de uma empresa normalmente não é igual ao valor de mercado desses ativos. Quais são alguns dos motivos para esta diferença?

2.3 Análise do balanço patrimonial

valor de liquidação O valor de uma empresa após seus ativos terem sido vendidos e seus passivos, pagos.

O que podemos aprender com a análise do balanço patrimonial de uma empresa? Apesar do valor contábil de seu patrimônio líquido não ser uma boa estimativa de seu valor real, ele às vezes é utilizado como uma estimativa do **valor de liquidação** da empresa, o valor que sobraria se seus ativos fossem vendidos e seus passivos, pagos. Com o balanço patrimonial de uma empresa, também podemos descobrir muitas informações úteis que vão além do valor contábil de seu patrimônio líquido. Discutiremos agora a análise do balanço patrimonial de uma empresa para avaliar seu valor, sua alavancagem e suas necessidades monetárias no curto prazo.

Índice *market-to-book*

índice *market-to-book* (índice *price-to-book* [PB]) É o quociente entre a divisão da capitalização de mercado de uma empresa e o valor contábil do patrimônio dos sócios.

No Exemplo 2.1, comparamos o valor de mercado e o valor contábil do patrimônio líquido da Global. Uma maneira comum de fazer esta comparação é calcular o **índice *market-to-book*** (também chamado de **índice *price-to-book* [P/B]**), que é o quociente da divisão de sua capitalização de mercado pelo valor contábil do patrimônio líquido.

$$\text{Índice } market\text{-}to\text{-}book = \frac{\text{Valor de mercado do patrimônio líquido}}{\text{Valor contábil do patrimônio líquido}} \quad (2.3)$$

Este é um dos muitos índices financeiros utilizados para avaliar uma empresa. O índice *market-to-book* das empresas mais bem-sucedidas excede substancialmente 1, indicando que, ao serem colocados em uso, o valor dos ativos da empresa excede seu custo histórico (ou valor de liquidação). Variações deste índice refletem diferenças nas características fundamentais da empresa além do valor agregado pela gerência. Assim, este índice é uma maneira através da qual o preço das ações de uma empresa dá *feedback* aos seus gerentes sobre a avaliação de suas decisões sob a óptica do mercado.

ações de valores Empresas com baixos índices *market-to-book*.

ações de crescimento Empresas com altos índices *market-to-book*.

No início de 2006, a General Motors Corporation (GM) tinha um índice *market-to-book* de 0,5, um reflexo da avaliação dos investidores de que muitas das fábricas da GM e outros ativos não tinham chance de ser rentáveis e valiam menos do que seu valor contábil. A Figura 2.1 mostra que, ao mesmo tempo, o índice médio *market-to-book* do setor automobilístico era de aproximadamente 1,5, e para as grandes empresas norte-americanas, estava próximo de 4,0. Ao contrário, o Google (GOOG) tinha um índice *market-to-book* de mais de 15, e a média das empresas de tecnologia era de aproximadamente 6,0. Os analistas geralmente classificam as empresas com baixos índices *market-to-book* de **ações de valores** e aquelas com altos índices *market-to-book* de **ações de crescimento**.

Índice capital de terceiros/capital próprio

alavancagem Uma medida de até que ponto uma empresa depende de endividamento como fonte de financiamento.

índice capital de terceiros/capital próprio O quociente entre o montante total de dívidas de curto e longo prazo (incluindo vencimentos correntes) de uma empresa e o valor de seu capital próprio, que pode ser calculado baseado nos valores de mercado ou contábil.

Outra importante informação que podemos obter a partir do balanço patrimonial de uma empresa é a **alavancagem** da empresa, ou até que ponto ela depende do endividamento como fonte de financiamento. O **índice capital de terceiros/capital próprio** é um índice comum utilizado para avaliar a alavancagem de uma empresa, que calculamos dividindo o montante total de dívidas de curto e de longo prazo (incluindo vencimentos correntes) pelo patrimônio líquido total:

$$\text{Índice capital de terceiros/capital próprio} = \frac{\text{Dívida total}}{\text{Patrimônio líquido total}} \quad (2.4)$$

Podemos calcular este índice utilizando valores contábeis ou valores de mercado para o patrimônio líquido e a dívida. Na Tabela 2.1, observe que a dívida da Global em 2007 inclui títulos a pagar (US$ 5,5 milhões) e dívidas de longo prazo (US$ 113,2 milhões), somando US$ 118,7 milhões. Portanto, utilizando o valor contábil do patrimônio líquido, seu índice capital de terceiros/capital próprio *contábil* é igual a 118,7 / 22,2 = 5,3. Observe o grande aumento em relação a 2006, quando o índice capital de terceiros/capital próprio era de apenas (3,2 + 78) / 21,2 = 3,8.

FIGURA 2.1

Índices *market-to-book* em 2006

Esta figura apresenta índices *market-to-book* de diferentes empresas e tipos de empresas em 2006. As empresas que podem ser classificadas como ações de valores (baixos índices *market-to-book*) estão em cinza, e aquelas que podem ser classificadas como ações de crescimento (altos índices *market-to-book*) estão em verde.

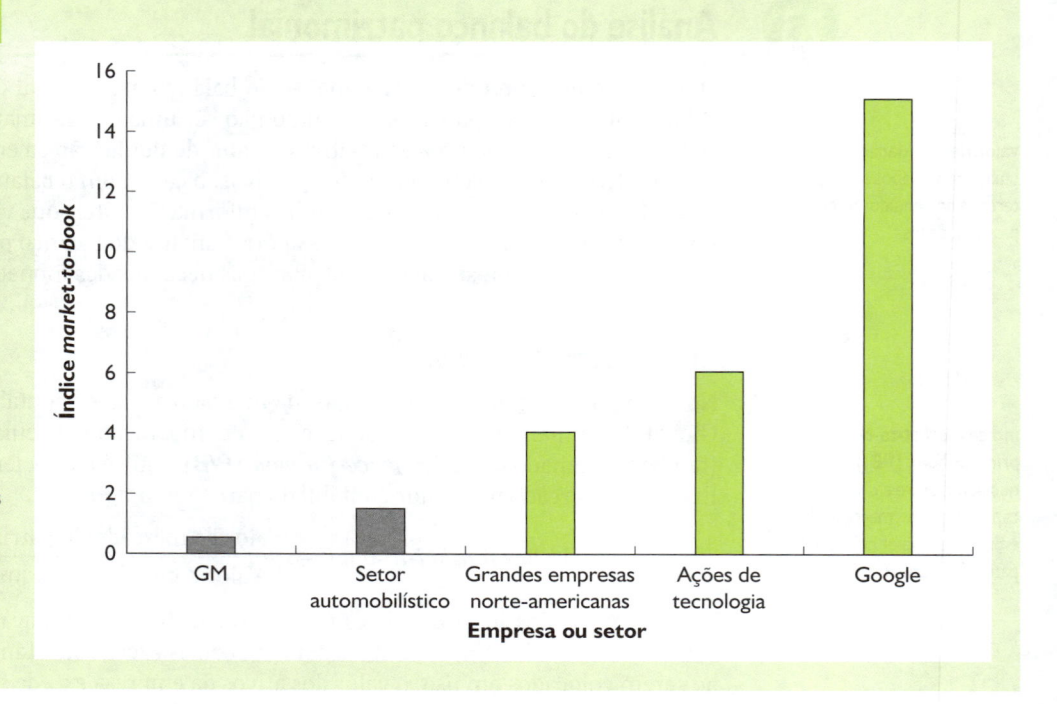

Devido à dificuldade de interpretação do valor contábil do patrimônio líquido, o índice capital de terceiros/capital próprio contábil não é especialmente útil. É mais informativo comparar a dívida da empresa com o valor de mercado de seu patrimônio líquido. O índice capital de terceiros/capital próprio da Global em 2007, utilizando o valor de mercado do patrimônio líquido (do Exemplo 2.1), é igual a 118,7 / 36 = 3,3, o que significa que sua dívida está um pouco maior do que o triplo do valor de mercado de seu patrimônio líquido.[2] Como veremos posteriormente neste livro, o índice capital de terceiros/capital próprio *de mercado* de uma empresa possui consequências importantes para o risco e retorno de suas ações.

Valor de empresa

A capitalização de mercado de uma empresa mede o valor de mercado de seu patrimônio líquido, ou o valor que sobra após a empresa ter pagado suas dívidas. Mas qual é o valor dos negócios propriamente ditos? O **valor de empresa** avalia o valor dos ativos dos negócios subjacentes, desimpedido da dívida e separado de qualquer caixa ou títulos negociáveis. Calculamos o valor de empresa como:

Valor de empresa = Valor de mercado do patrimônio líquido + Dívida − Caixa   (2.5)

Por exemplo, dada sua capitalização de mercado do Exemplo 2.1, o valor de empresa da Global em 2007 é de 36 + 118,7 − 23,2 = US$ 131,5 milhões. Podemos interpretar o valor de empresa como o custo de se assumir os negócios por meio de uma aquisição. Isto é, custaria 36 + 118,7 = US$ 154,7 milhões para se comprar todo o patrimônio líquido da Global e quitar todas as suas dívidas, mas como a adquiriríamos por US$ 23,2 milhões em dinheiro, o custo líquido seria de apenas 154,7 − 23,2 = US$ 131,5 milhões.

valor de empresa O valor de mercado total do patrimônio líquido de uma empresa, mais dívida, menos o valor de seu caixa e títulos negociáveis. Mede o valor dos negócios subjacentes da empresa.

---

[2] Neste cálculo, comparamos o valor de mercado do patrimônio líquido ao valor contábil da dívida. Na verdade, seria melhor utilizar o valor de mercado da dívida. Porém, como este geralmente não é muito diferente de seu valor contábil, esta distinção é muitas vezes ignorada na prática.

EXEMPLO 2.2

Calculando o valor de empresa

Problema

Em outubro de 2007, a H. J. Heinz Co. (HNZ) tinha ações a um preço de US$ 46,78, 319,1 milhões de ações em circulação, um índice *market-to-book* de 8,00, um índice capital de terceiros/capital próprio de 2,62 e um caixa de US$ 576 milhões. Qual era sua capitalização de mercado? Qual era seu valor de empresa?

Solução

▶ **Planejamento**

Preço das ações	US$ 46,78
Ações em circulação	319,1 milhões
Índice *market-to-book*	8,00
Caixa	US$ 576 milhões
Índice capital de terceiros/capital próprio (contábil)	2,62

Solucionaremos o problema utilizando a Equação 2.5: Valor de empresa = Capitalização de mercado + Dívida − Caixa. Podemos calcular a capitalização de mercado multiplicando o preço das ações pelo número de ações em circulação. Temos o valor em caixa. Não temos o valor da dívida diretamente, mas temos o índice capital de terceiros/capital próprio. Se soubéssemos o valor contábil do patrimônio líquido, poderíamos utilizar o índice para inferir o valor da dívida. Como podemos calcular o valor de mercado do patrimônio líquido (capitalização de mercado) e temos o índice *market-to-book*, podemos calcular o valor contábil do patrimônio líquido, e esta é a última informação de que precisaremos.

▶ **Execução**

A Heinz tinha uma capitalização de mercado de US$ 46,78 × 319,1 milhões de ações = US$ 14,93 bilhões. Como o índice *market-to-book* da Heinz = 8,00 = US$ 14,93 bilhões / valor contábil do patrimônio líquido, então valor contábil do patrimônio líquido = US$ 14,93 bilhões / 8,00 = US$ 1,87 bilhões. Dado que o valor contábil do patrimônio líquido é US$ 1,87 bilhões e o índice capital de terceiros/capital próprio é de 2,62, o valor total da dívida da Heinz era US$ 1,87 bilhões × 2,62 = US$ 4,90 bilhões.

▶ **Avaliação**

Assim, o valor de empresa da Heinz era de 14,93 + 4,90 − 0,576 = US$ 19,254 bilhões.

Outras informações do balanço patrimonial

índice de liquidez corrente O quociente entre os ativos circulantes e os passivos circulantes.

índice de liquidez seca O quociente entre os ativos circulantes, exceto estoque, e passivos circulantes.

Os credores sempre comparam o ativo circulante e o passivo circulante de uma empresa para avaliar se ela possui capital de giro suficiente para atender suas necessidades de curto prazo. Essa comparação às vezes é resumida no **índice de liquidez corrente** da empresa, a razão entre ativo circulante e passivo circulante, ou em seu **índice de liquidez seca (*acid-test ratio*)**, a razão entre o ativo circulante menos os estoques e o passivo circulante. Índices de liquidez corrente ou seca mais altos implicam menos risco da empresa experimentar uma falta de caixa em um futuro próximo.

$$\text{Índice de liquidez corrente} = \frac{\text{Ativos circulantes}}{\text{Passivos circulantes}} \tag{2.6}$$

$$\text{Índice de liquidez seca} = \frac{\text{Ativos circulantes} - \text{Estoque}}{\text{Passivos circulantes}} \tag{2.7}$$

Os analistas também utilizam as informações do balanço patrimonial para procurar tendências que possam fornecer informações relativas ao desempenho futuro da empresa. Por exemplo, um aumento incomum nos estoques poderia ser um indicador de que a empresa está tendo dificuldade em vender seus produtos.

A Tabela 2.2 resume os índices de balanço patrimonial e fornece os valores típicos desses índices em 2006 nas indústrias de manufatura, varejo e serviços, juntamente com o S&P 500. O índice *market-to-book* é um indicador de crescimento potencial e da capacidade dos gerentes de gerar valor a partir dos ativos da empresa acima de seu custo histórico. Os outros índices medem a saúde financeira da empresa avaliando sua alavancagem (capital de terceiros/capital próprio e multiplicador do capital próprio) ou liquidez (índices de liquidez corrente e seca).

Fixação de conceitos

5. O que significa um alto índice capital de terceiros/capital próprio?
6. O que é o valor de empresa?

2.4 A demonstração de resultados

demonstração de resultados Uma lista das receitas e despesas de uma empresa ao longo de um período de tempo.

lucro ou resultado líquido A última linha da demonstração de resultados de uma empresa que é a medida da renda da empresa ao longo de determinado período de tempo.

Quando queremos que alguém chegue logo ao que interessa, talvez lhe perguntemos qual é o "resultado final". Esta expressão vem da *demonstração de resultados*. A **demonstração de resultados** lista as receitas e despesas da empresa ao longo de determinado período. A última linha da demonstração de resultados mostra o **lucro líquido** da empresa, que é uma medida de sua rentabilidade durante o período. A demonstração de resultados às vezes é chamada de demonstração de lucros e perdas ou "P&L", e o lucro líquido também é chamado **resultado** da empresa. Nesta seção, examinaremos os componentes da demonstração de resultados detalhadamente e introduziremos índices que podem ser utilizados para analisar esses dados.

Cálculos dos resultados

Enquanto o balanço patrimonial exibe os ativos e passivos da empresa em determinado momento, a demonstração de resultados exibe o fluxo de receitas e despesas geradas por esses ativos e passivos entre duas datas. A Tabela 2.3 exibe a demonstração de resultados da Global em 2007 e 2006. Examinaremos cada categoria da demonstração.

lucro bruto A terceira linha de uma demonstração de resultados que representa a diferença entre a receita de vendas de uma empresa e seus custos.

Lucro bruto. As duas primeiras linhas da demonstração de resultados listam as receitas da venda de produtos e os custos incorridos para produzi-los e vendê-los. A terceira linha é o **lucro bruto**, a diferença entre as receitas de vendas e os custos.

Despesas operacionais. O grupo seguinte de itens chama-se despesas operacionais. São despesas decorrentes das atividades comuns necessárias para se dirigir a empresa e que não estão diretamente ligadas à produção dos produtos e serviços sendo vendidos. Elas incluem despe-

TABELA 2.2 Índices do balanço patrimonial

Índice	Fórmula	Manufatura	Varejo	Serviços	S&P 500
Índice *market-to-book*	$\dfrac{\text{Valor de mercado do patrimônio líquido}}{\text{Valor contábil do patrimônio líquido}}$	2,27	2,27	2,23	2,68
Índice capital de terceiros/capital próprio	$\dfrac{\text{Dívida total}}{\text{Valor contábil do patrimônio líquido}}$	11,3%	25,7%	0,6%	49,4%
Índice capital de terceiros/capital próprio a valores de de mercado	$\dfrac{\text{Dívida total}}{\text{Valor de mercado do patrimônio líquido}}$	8,4%	12,1%	4,6%	18,1%
Índice de liquidez corrente	$\dfrac{\text{Ativos circulantes}}{\text{Passivos circulantes}}$	2,31	1,51	1,52	1,47
Índice de liquidez seca	$\dfrac{\text{Ativos circulantes} - \text{Estoque}}{\text{Passivos circulantes}}$	1,59	0,73	1,43	1,14

Fonte: Standard and Poors' Compustat

TABELA 2.3 Demonstração de resultados da Global Corporation nos anos de 2007 e 2006

GLOBAL CORPORATION Demonstração de resultados Exercício terminado em 31 de dezembro (em US$ milhões)		
	2007	2006
Total de vendas	186,7	176,1
Custo das vendas	–153,4	–147,3
Lucro bruto	33,3	28,8
Despesas de vendas, gerais e administrativas	–13,5	–13
Pesquisa e desenvolvimento	–8,2	–7,6
Depreciação e amortização	–1,2	–1,1
Lucro operacional	10,4	7,1
Outras receitas	—	—
Lucro antes dos juros e dos impostos (EBIT)	10,4	7,1
Resultado de juros (despesa)	–7,7	–4,6
Resultado antes dos impostos	2,7	2,5
Impostos	–0,7	–0,6
Lucro líquido	2,0	1,9
Lucros por ação:	US$ 0,56	US$ 0,53
Lucros diluídos por ação:	US$ 0,53	US$ 0,50

lucro operacional O lucro bruto de uma empresa menos suas despesas operacionais.

sas administrativas e despesas gerais, salários, custos de marketing e despesas com pesquisa e desenvolvimento. O terceiro tipo de despesa operacional, depreciação e amortização (uma taxa que representa a mudança no valor de ativos adquiridos), não é de fato uma despesa de caixa, mas representa uma estimativa dos custos que surgem do desgaste ou da obsolescência dos ativos da empresa.[3] O lucro bruto menos despesas operacionais é chamado de **lucro operacional**.

Lucro antes dos juros e dos impostos. Incluímos agora outras fontes de receitas ou despesas que podem surgir das atividades que não são a parte central dos negócios de uma empresa. Os fluxos de caixa dos investimentos financeiros de uma empresa são um exemplo de outra fonte de receita que seria listada aqui. Após termos feito os ajustes relativos às outras fontes de receitas ou despesas, temos o lucro antes dos juros e dos impostos, ou **EBIT** (*earnings before interests and taxes*, no original) da empresa.

EBIT Os lucros de uma empresa antes de juros e impostos serem deduzidos.

Lucro antes dos impostos e lucro líquido. Do EBIT, deduzimos os juros pagos sobre dívidas em circulação para calcular o lucro antes dos impostos da Global, e então deduzimos os impostos corporativos para determinar o lucro líquido da empresa.

O lucro líquido representa os rendimentos totais dos sócios da empresa. Geralmente é declarado com base em cada ação como o **lucro por ação** (**EPS**). Calculamos o EPS dividindo o lucro líquido pelo número total de ações em circulação:

lucro por ação (EPS) A renda líquida de uma empresa dividida pelo número total de ações em circulação.

$$\text{EPS} = \frac{\text{Lucro líquido}}{\text{Ações em circulação}} = \frac{\text{US\$ 2,0 milhões}}{3,6 \text{ milhões de ações}} = \text{US\$ 0,56 por ação} \quad (2.8)$$

---

[3] Apenas certos tipos de amortização são dedutíveis como despesa pré-tributária (exemplo: amortização do custo de uma patente adquirida). A amortização do fundo de comércio não é uma despesa pré-tributária e geralmente é incluída como um item extraordinário após a dedução dos impostos.

opções de ações Direito de comprar certo número de ações até uma data específica, por um preço específico.

títulos de dívida conversíveis Títulos de dívida corporativos com uma provisão que oferece ao portador uma opção de converter cada título em sua posse em um número fixo de ações ordinárias.

diluição Um aumento no número total de ações que dividirá um montante fixo de lucros.

EPS diluído A publicação por uma empresa de seu potencial de diluição de opções por ela concedidas.

Apesar da Global possuir apenas 3,6 milhões de ações em circulação a partir do fim do exercício de 2007, o número de ações em circulação pode aumentar se ela tiver compromissos que a faça emitir mais ações. Considere estes dois exemplos:

1. Suponha que a Global remunere seus funcionários ou executivos com **opções de ações**, que dão ao titular o direito de comprar determinado número de ações até determinada data, por determinado preço. Se as opções forem "exercidas", a empresa emitirá novas ações e o número de ações em circulação aumentará.
2. O número de ações também pode aumentar se a empresa emitir **títulos conversíveis**, uma forma de dívida que pode ser convertida em ações ordinárias.

No caso das opções de ações serem títulos conversíveis, como haverá mais ações para dividir os mesmos rendimentos, este crescimento no número de ações é chamado de **diluição**. As empresas informam o potencial de diluição de ações que elas concederam incluindo no relatório o **EPS diluído**, que exibe os rendimentos por ação que a empresa teria se as opções de ações fossem exercidas. Por exemplo, se a Global conceder 200.000 opções de ações a seus principais executivos, seu EPS diluído será de US$ 2,0 milhões / 3,8 milhões de ações = US$ 0,53.

Fixação de conceitos

7. O que medem os lucros de uma empresa?
8. O que quer dizer diluição?

2.5 Análise da demonstração de resultados

A demonstração de resultados fornece informações muito úteis quanto à rentabilidade dos negócios de uma empresa e como eles estão ligados ao valor de suas ações. Discutiremos agora vários índices que geralmente são utilizados para avaliar o desempenho e o valor de uma empresa.

Índices de rentabilidade

Introduziremos três índices de rentabilidade: *margem bruta*, *margem operacional* e *margem de lucro líquido*.

margem bruta A razão entre o lucro bruto e as receitas (vendas), reflete a capacidade da empresa de vender um produto por mais do que a soma dos custos diretos de produzi-lo.

Margem bruta. A **margem bruta** de uma empresa é a razão entre o lucro bruto e as receitas (vendas):

$$\text{Margem bruta} = \frac{\text{Lucro bruto}}{\text{Total de vendas}} \qquad (2.9)$$

A margem bruta simplesmente reflete a capacidade da empresa de vender um produto por mais do que a soma dos custos diretos de produzi-lo. Todas as outras despesas da empresa envolvidas nos negócios (aquelas não diretamente relacionadas à produção das mercadorias vendidas) têm que ser cobertas por essa margem. Em 2007, o lucro bruto da Global foi de US$ 33,3 milhões e suas vendas foram de US$ 186,7 milhões, com uma margem bruta de 33,3/186,7 = 17,84%.

margem operacional O quociente entre a receita operacional e as receitas, a margem operacional revela quanto uma empresa ganhou com cada dólar em vendas antes dos juros e impostos serem deduzidos.

Margem operacional. Como o lucro operacional reflete todas as despesas envolvidas na operação dos negócios, um outro importante índice de rentabilidade é a **margem operacional**, a razão entre o lucro operacional e as receitas:

$$\text{Margem operacional} = \frac{\text{Lucro operacional}}{\text{Total de vendas}} \qquad (2.10)$$

A margem operacional revela quanto uma empresa lucra antes dos juros e dos impostos para cada dólar em vendas. A margem operacional da Global em 2007 foi de 10,4 / 186,7 = 5,57%, um aumento em relação à sua margem operacional de 2006 de 7,1 / 176,1 = 4,03%. Comparando-se as margens operacionais de diferentes empresas de uma indústria, podemos avaliar a eficiência relativa das operações das empresas. Por exemplo, em 2006, a American

Airlines (AMR) possuía uma margem operacional de 1,02% (isto é, ganhou 1 centavo para cada dólar em receitas). Por outro lado, sua concorrente Southwest Airlines (LUV) possuía uma margem operacional de 8,70%.

As diferenças nas margens operacionais também podem resultar de diferenças estratégicas. Por exemplo, em 2006, a Wal-Mart Stores possuía uma margem operacional de 5,5%, enquanto que a varejista de alta qualidade Nordstrom possuía uma margem operacional de 12,9%. Neste caso, a margem inferior da Wal-Mart não era resultado de sua ineficiência, mas parte de uma estratégia de oferecer preços mais baixos para vender produtos comuns em grandes volumes. De fato, as vendas da Wal-Mart eram mais de 40 vezes maiores do que as da Nordstrom.

margem de lucro líquido O quociente entre lucro líquido e receitas, mostra a fração de cada dólar em receitas que estará disponível para os sócios depois da empresa pagar suas despesas, além de juros e impostos.

Margem de lucro líquido. A **margem de lucro líquido** de uma empresa é a razão entre o lucro líquido e as receitas:

$$\text{Margem de lucro líquido} = \frac{\text{Lucro líquido}}{\text{Total de vendas}} \quad (2.11)$$

A margem de lucro líquido exibe a fração de cada dólar de receita que está disponível aos sócios após a empresa ter pago despesas, juros e impostos. A margem de lucro líquido da Global em 2007 foi de 2,0 / 186,7 = 1,07%. As diferenças nas margens de lucro líquido podem ocorrer devido a diferenças na eficiência, mas também podem ser resultantes de diferenças na alavancagem (a dependência da empresa de financiamento por endividamento), o que determina o valor dos pagamentos de juros.

Eficiência dos ativos

Um gerente financeiro pode utilizar conjuntamente as informações presentes na demonstração de resultados e no balanço patrimonial da empresa para medir o grau de eficiência com que sua empresa está utilizando seus ativos. Uma primeira e ampla medida de eficiência é o giro dos ativos, a razão entre as vendas e o total de ativos:

$$\text{Giro dos ativos} = \frac{\text{Vendas}}{\text{Total de ativos}} \quad (2.12)$$

Valores baixos do giro dos ativos indicam que a empresa não está gerando muita receita (vendas) por dólar de ativos. Em 2007, os US$ 170,1 milhões em ativos da Global geraram US$ 186,7 milhões em vendas, com um giro dos ativos de 1,1. Como o total de ativos inclui ativos, como caixa, que não estão diretamente envolvidos em gerar vendas, o gerente da Global também pode observar o giro dos ativos fixos, que é igual às vendas divididas pelos ativos fixos:

$$\text{Giro dos ativos fixos} = \frac{\text{Vendas}}{\text{Ativos fixos}} \quad (2.13)$$

Os ativos fixos da Global em 2007 foram de US$ 113,1 milhões em propriedades, instalações e equipamentos, gerando um giro dos ativos fixos de 1,7 (= US$ 186,7 / US$ 113,1). Valores baixos dos índices de giro dos ativos indicam que a empresa está gerando relativamente poucas vendas dada a quantidade de ativos que emprega.

Índices de capital de giro

Os gerentes da Global podem estar ainda interessados no grau de eficiência com que eles estão gerenciando seu capital de giro líquido. Podemos expressar as contas a receber da empresa em termos do número de dias em vendas que elas representam, chamado de **prazo de recebimento em dias**, **período médio de cobrança** ou **vendas pendentes em dias**:[4]

prazo de recebimento em dias (período médio de cobrança ou vendas pendentes em dias) Uma expressão das contas a receber de uma empresa em termos do número de dias em vendas que as contas a receber representam.

$$\text{Prazo de recebimento em dias} = \frac{\text{Contas a receber}}{\text{Vendas médias diárias}} \quad (2.14)$$

---

[4] O prazo de recebimento em dias também pode ser calculado com base na média de contas a receber no fim do exercício atual e do anterior.

Dadas as vendas médias diárias de US$ 186,7 milhões / 365 = US$ 0,51 milhão em 2007, o prazo de recebimento da Global, no valor de US$ 18,5 milhões, representa 18,5 / 0,51 = 36 dias de vendas. Em outras palavras, a Global leva, em média, pouco mais do que um mês para recolher o pagamento de seus clientes. Em 2004, o prazo de recebimento de suas contas a pagar representava apenas 27 dias de vendas. Apesar desse número de dias poder flutuar sazonalmente, um aumento significativo pode ser um motivo de preocupação (que talvez indique que a empresa não está fazendo um bom trabalho de recolhimento de contas a pagar junto aos seus clientes, ou que está tentando esquentar as vendas oferecendo crédito com prazos generosos). Existem índices similares para contas a pagar, bem como para estoques. Esses índices são chamados de **prazo de pagamento em dias** (contas a pagar divididas pelo custo médio diário das mercadorias vendidas) e **estoque em dias** (estoque dividido pelo custo médio diário das mercadorias vendidas).

Assim como podemos analisar o grau de eficiência com que estamos utilizando nossos ativos totais ou fixos para gerar vendas, também podemos calcular o grau de eficiência com que giramos nosso estoque em vendas. O **índice de giro dos estoques** é igual às vendas divididas ou pelo último custo do estoque, ou pelo estoque médio ao longo do ano:

$$\text{Giro do estoque} = \frac{\text{Vendas}}{\text{Estoque}} \tag{2.15}$$

Um nível normal para este índice, similar aos outros desta seção, pode variar substancialmente para diferentes indústrias, apesar de um nível mais alto (mais dólares de vendas por dólar de estoque) geralmente ser melhor.

EBITDA

Os analistas financeiros geralmente calculam o lucro da empresa antes de juros, impostos, depreciação e amortização, ou **EBITDA** (*earnings before interest, taxes, depreciation and amortization*, no original). Como a depreciação e a amortização não são desenbolsos de caixa para a empresa, o EBITDA reflete o caixa que uma empresa obteve através de suas operações. O EBITDA da Global em 2007 foi de 10,4 + 1,2 = US$ 11,6 milhões.

Índices de alavancagem

Os credores geralmente avaliam a alavancagem de uma empresa calculando um **índice de cobertura de juros**, também conhecido como *times interest earned* (*TIE*) *ratio*, que, como o nome sugere, é igual à medida dos lucros divididos pelos juros. Os gerentes financeiros observam esses índices cuidadosamente, pois eles avaliam o grau de facilidade com que a empresa será capaz de cobrir seus pagamentos de juros. Não há nenhuma medida aceita de lucros para esses índices; é comum considerar o lucro operacional, o EBIT ou o EBITDA como um múltiplo das despesas com juros da empresa. Quando este índice é alto, ele indica que a empresa está recebendo muito mais do que é necessário para cobrir seus pagamentos de juros devidos.

Retornos sobre investimentos

Analistas e gerentes financeiros geralmente avaliam o retorno sobre investimentos da empresa comparando sua receita a seu investimento utilizando índices como o **retorno sobre patrimônio líquido** (**ROE** ou *return on equity*, no original):[5]

$$\text{Retorno sobre patrimônio líquido} = \frac{\text{Lucro líquido}}{\text{Valor contábil do patrimônio líquido}} \tag{2.16}$$

O ROE da Global em 2007 foi de 2,0 / 22,2 = 9,0%. O ROE fornece uma medida do retorno que uma empresa obteve sobre seus investimentos passados. Um ROE alto pode indicar que

---

[5] Como o lucro líquido é medido ao longo do ano, o ROE também pode ser calculado com base no valor contábil do patrimônio líquido médio no final do exercício atual e do anterior.

Capítulo 2 Introdução à Análise de Demonstrações Contábeis

a empresa é capaz de encontrar oportunidades de investimento que sejam muito rentáveis. Obviamente, uma fraqueza desta medida é a dificuldade de interpretação do valor contábil do patrimônio líquido.

Uma outra medida comum é o **retorno sobre ativos** (**ROA**, ou *return on assets*, no original), que é o lucro líquido dividido pelo total de ativos. Uma empresa tem que auferir tanto um ROE quanto um ROA positivos para que possa crescer.

retorno sobre ativos (ROA) O quociente entre o lucro líquido e o valor contábil total dos ativos da empresa.

A Análise DuPont

O gerente financeiro da Global precisará saber que seu ROE é de 9%, mas esse gerente financeiro também teria que compreender os direcionadores do retorno sobre patrimônio líquido de sua empresa. Margens altas, uso eficiente dos ativos, ou mesmo simplesmente uma alta alavancagem poderiam todos levar a um retorno sobre patrimônio líquido mais alto. Ao mergulhar mais fundo nas fontes do retorno sobre patrimônio líquido, o gerente financeiro pode ter uma ideia clara do quadro financeiro da empresa. Uma ferramenta comum para fazê-lo é a **Análise DuPont**, que leva o nome da empresa que a popularizou e que expressa o retorno sobre patrimônio líquido como o produto da margem de lucros, giro dos ativos e uma medida de alavancagem.

Análise DuPont Expressa o retorno sobre o patrimônio líquido como o produto da margem de lucro, giro dos ativos e uma medida de alavancagem.

Para compreender a Análise DuPont, começamos com o ROE e o decompomos passo a passo nos direcionadores identificados na identidade. Primeiramente, simplesmente multiplicamos o ROE por (vendas/vendas), que é igual a 1, e então reordenamos os termos:

$$\text{ROE} = \left(\frac{\text{Lucro líquido}}{\text{Patrimônio líquido total}}\right)\left(\frac{\text{Vendas}}{\text{Vendas}}\right) = \left(\frac{\text{Lucro líquido}}{\text{Vendas}}\right)\left(\frac{\text{Vendas}}{\text{Patrimônio líquido total}}\right) \quad (2.17)$$

Esta expressão diz que o ROE pode ser pensado como o lucro líquido por dólar de vendas (margem de lucros) vezes a quantidade de vendas por dólar de patrimônio líquido. Por exemplo, o ROE da Global vem de sua margem de lucro de 1,1% multiplicada por suas vendas por dólar de patrimônio líquido de (186,7/22,2 = 8,41)/ 1,1% × 8,41 = 9%.[6] Apesar de esta ser uma maneira útil de esclarecer o ROE, podemos levar a decomposição adiante multiplicando a Equação 2.17 por ativos/ativos, que novamente é igual a 1, e reordenando os termos:

$$\text{ROE} = \left(\frac{\text{Lucro líquido}}{\text{Vendas}}\right)\left(\frac{\text{Vendas}}{\text{Patrimônio líquido total}}\right)\left(\frac{\text{Total de ativos}}{\text{Total de ativos}}\right)$$

$$= \left(\frac{\text{Lucro líquido}}{\text{Vendas}}\right)\left(\frac{\text{Vendas}}{\text{Total de ativos}}\right)\left(\frac{\text{Total de ativos}}{\text{Patrimônio líquido total}}\right) \quad (2.18)$$

Esta expressão final diz que o ROE é igual ao lucro líquido por dólar de vendas (margem de lucro) vezes as vendas por dólar de ativos (giro dos ativos) vezes ativos por dólar de patrimônio líquido (uma medida da alavancagem chamada de **multiplicador do capital próprio**). A Equação 2.18 é a Análise DuPont, que expressa o retorno sobre patrimônio líquido como o produto da margem de lucro, giro dos ativos e o multiplicador do capital próprio. Passando à Global, seu multiplicador do capital próprio é de 7,7 (= 170,1/22,2). Um geren-

multiplicador do capital próprio Uma medida de alavancagem igual ao total de ativos dividido pelo patrimônio líquido total.

---

[6] Os cálculos da Global não são exatamente iguais ao ROE que calculamos devido ao arredondamento nas demonstrações contábeis e em nossos cálculos.

te financeiro da Global que esteja procurando maneiras de aumentar o ROE poderia fazer uso da Análise DuPont para avaliar os direcionadores por trás de seu ROE atual. Com uma margem de lucro de 1,1%, um giro dos ativos de 1,1 e um multiplicador do capital próprio de 7,7, temos:

$$ROE = 9\% = (1,1\%)(1,1)(7,7)$$

Esta decomposição do ROE mostra que a alavancagem já é alta (confirmado pelo fato de que o índice capital de terceiros/capital próprio contábil mostra que a dívida da Global é mais do que cinco vezes o valor de seu patrimônio líquido). Entretanto, a Global está operando com margens de lucro de apenas 1% e com um giro dos ativos relativamente baixo. Assim, o gerente da Global poderia tentar diminuir os custos para aumentar a margem de lucro e utilizar os ativos existentes da empresa mais eficientemente.[7]

EXEMPLO 2.3
Análise DuPont

Problema
A tabela a seguir contém informações sobre a Wal-Mart (WMT) e a Nordstrom (JWN). Calcule seus respectivos ROEs e então determine em quanto a Wal-Mart teria que aumentar sua margem de lucro para alcançar o ROE da Nordstrom.

	Margem de lucro	Giro dos ativos	Multiplicador do capital próprio
Wal-Mart	3,6%	2,4	2,6
Nordstrom	7,7%	1,7	2,4

Solução

Planejamento e organização
A tabela contém todas as informações relevantes para utilizarmos a Análise DuPont para calcular o ROE. Podemos calcular o ROE de cada empresa multiplicando sua margem de lucro por seu giro dos ativos e por seu multiplicador do capital próprio. A fim de determinar em quanto a Wal-Mart precisaria aumentar sua margem para alcançar o ROE da Nordstrom, podemos igualar o ROE da Wal-Mart ao da Nordstrom, manter seu giro dos ativos e seu multiplicador do capital próprio fixos, e encontrar a margem de lucro.

Execução
Utilizando a Análise DuPont, temos:

$$ROE_{JWN} = 7,7\% \times 1,7 \times 2,4 = 31,4\%$$
$$ROE_{WMT} = 3,6\% \times 2,4 \times 2,6 = 22,5\%$$

Agora, utilizando o ROE da Nordstrom, mas o giro dos ativos e o multiplicador do capital próprio da Wal-Mart, podemos encontrar a margem que a Wal-Mart precisa alcançar para chegar ao ROE da Nordstrom:

$$31,4\% = \text{Margem} \times 2,4 \times 2,6$$
$$\text{Margem} = 31,4\% / 6,24 = 5,0\%$$

Avaliação
A Wal-Mart teria que aumentar sua margem de lucro de 3,6% para 5% a fim de alcançar o ROE da Nordstrom. Ela seria capaz de alcançar o ROE da Nordstrom mesmo com uma margem mais baixa do que a da Nordstrom (5,0% *versus* 7,7%) devido a seu giro mais alto e à sua alavancagem levemente mais alta.

---

[7] Mesmo a Análise DuPont fazendo parecer que é possível aumentar o ROE simplesmente aumentando a alavancagem, não é tão simples assim. Um aumento na alavancagem aumentará suas despesas com juros, diminuindo sua margem de lucro.

Índices de avaliação

Os analistas e investidores utilizam diversos índices para auferir o valor de mercado da empresa. O mais importante deles é o **índice preço-lucro** (**P/E** ou *price-earnings ratio*, no original).

$$\text{Índice P/E} = \frac{\text{Capitalização de mercado}}{\text{Lucro líquido}} = \frac{\text{Preço das ações}}{\text{Lucro por ação}} \tag{2.19}$$

índice preço-lucro (P/E) O quociente entre o valor de mercado do patrimônio líquido e os rendimentos da empresa, ou do preço de suas ações e seus lucros por ação.

Isto é, o índice P/E é a razão entre o valor do patrimônio líquido e os rendimentos da empresa, seja com base no total de ações, seja com base no valor por cada ação. Por exemplo, o índice P/E da Global em 2007 foi de 36 / 2,0 = 10 / 0,56 = 18. O índice P/E é uma medida simples que é utilizada para avaliar se uma ação está sendo super ou subvalorizada, com base na ideia de que o valor de uma ação deve ser proporcional ao nível de rentabilidade que ela pode gerar para seus sócios. Os índices P/E podem variar amplamente de uma indústria para outra e tendem a ser mais altos para indústrias com altas taxas de crescimento. Por exemplo, em 2007, a grande empresa norte-americana típica tinha um índice P/E de aproximadamente 18. Mas as empresas de biotecnologia, que possuem baixos rendimentos correntes, mas a promessa de altos rendimentos futuros se desenvolverem fármacos bem-sucedidos, tinham um índice P/E de 30. Uma maneira de captar a ideia de que um índice P/E mais alto pode ser justificado por uma taxa de crescimento mais alta é compará-lo à taxa de crescimento dos rendimentos esperados da empresa. Por exemplo, se a taxa de crescimento da Global fosse de 18%, então ela teria um **índice PEG** (*P/E to Growth*) igual a 1. Alguns investidores consideram índices PEG iguais ou menores do que 1 como indicativos de que as ações estão precificadas de maneira justa, mas questionariam se a empresa estaria potencialmente supervalorizada se o PEG for maior do que 1.

índice PEG O quociente entre o índice P/E de uma empresa e sua taxa de crescimento de rendimentos esperados.

O índice P/E considera o valor do patrimônio líquido da empresa e, portanto, depende de sua alavancagem. Lembre-se de que a quantidade de ativos controlada pelos sócios pode aumentar através do uso de alavancagem. Para avaliar o valor de mercado dos negócios subjacentes, é comum considerar índices de avaliação baseados no valor de empresa da empresa. Índices típicos incluem o quociente entre o valor de empresa e a receita, ou entre o valor de empresa e o lucro operacional ou EBITDA. Esses índices comparam o valor da empresa às suas vendas, lucros operacionais ou fluxos de caixa. Similares ao índice P/E, esses índices são utilizados para fazer comparações, dentro das diferentes indústrias, de como as empresas ao precificadas no mercado.

O índice P/E não é útil quando os resultados da empresa são negativos. Neste caso, é comum analisar o valor de empresa da empresa em relação às vendas. O risco em fazê-lo, porém, é que os resultados podem ser negativos devido ao fato de o modelo de negócios subjacente à empresa ser fundamentalmente falho, como ocorreu com muitas empresas da Internet no final da década de 1990.

Erros comuns — Confusão nos índices

Ao considerar os índices de avaliação (e outros), certifique-se de que os itens sendo comparados representem, ambos, valores relativos a toda a empresa ou que ambos representem valores relativos apenas aos sócios. Por exemplo, o preço das ações e a capitalização de mercado de uma empresa são valores associados a seu patrimônio líquido. Assim, faz sentido compará-los aos lucros por ação ou ao lucro líquido da empresa, que são valores para os sócios após o pagamento de juros aos titulares de dívidas. Temos que ter cuidado, porém, se compararmos a capitalização de mercado de uma empresa às suas receitas, seu lucro operacional ou a seu EBITDA, pois estes valores estão relacionados a toda a empresa, e os titulares, tanto de dívidas quanto de ações, têm direitos sobre eles. Assim, é melhor comparar receitas, lucro operacional ou EBITDA ao valor de empresa, que inclui tanto dívida quanto patrimônio líquido.

EXEMPLO 2.4
Calculando a rentabilidade e índices de avaliação

Problema

Considere os dados a seguir da Wal-Mart Stores e da Target Corporation (US$ bilhões) em 2006:

	Wal-Mart Stores (WMT)	Target Corporation (TGT)
Vendas	345	60
Lucro operacional	19	5
Lucro líquido	11	3
Capitalização de mercado	190	49
Caixa	7	1
Dívida	36	10

Compare a margem operacional, a margem de lucro líquido, o índice P/E e o quociente entre o valor de empresa e o lucro operacional e vendas da Wal-Mart e da Target.

Solução

▸ **Planejamento**

A tabela contém todos os dados não trabalhados, mas precisamos calcular os índices utilizando as entradas da tabela.
Margem operacional = Lucro operacional / Vendas
Margem de lucro líquido = Lucro líquido / Vendas
Índice P/E = Preço / Lucro
Valor de empresa por lucro operacional = Valor de empresa / Lucro operacional
Valor de empresa por vendas = Valor de empresa / Vendas

▸ **Execução**

A Wal-Mart tinha uma margem operacional de 19/345 = 5,5%, uma margem de lucro líquido de 11/345 = 3,2%, e um índice P/E de 190/11 = 17,3. Seu valor de empresa era de 190 + 36 − 7 = US$ 219 bilhões, o que possui um quociente de 219/19 = 11,5 por lucro operacional e 219/345 = 0,64 por vendas.

A Target tinha uma margem operacional of 5/60 = 8,3%, uma margem de lucro líquido de 3/60 = 5,0%, e um índice P/E de 49/3 = 16,3. Seu valor de empresa era de 49 + 10 − 1 = US$ 58 bilhões, o que possui um quociente de 58/5 = 11,6 por lucro operacional e 58/60 = 0,97 por vendas.

▸ **Avaliação**

Observe que apesar de sua grande diferença de tamanho, os índices P/E e de valor de empresa por lucro operacional da Target e da Wal-Mart foram muito similares. A rentabilidade da Target era um tanto maior do que a da Wal-Mart, porém, o que explica a diferença no quociente entre valor de empresa e vendas.

A Tabela 2.4 resume os índices da demonstração de resultados e fornece valores típicos para esses índices em 2006 nas indústrias de manufatura, varejo e serviços, juntamente com as 500 empresas do índice S&P 500.

Fixação de conceitos

9. Como um gerente financeiro pode utilizar a Análise DuPont para avaliar o ROE de uma empresa?
10. Como se utiliza o índice preço-lucro (P/E) para auferir o valor de mercado de uma empresa?

2.6 A demonstração dos fluxos de caixa

A demonstração de resultados fornece uma medida dos lucros da empresa em determinado período. Entretanto, ele não indica o valor de *caixa* que a empresa obteve. Há dois motivos pelos quais a demonstração de resultados não corresponde ao caixa obtido. Em primeiro

TABELA 2.4 Índices da demonstração de resultados

Índice	Fórmula	Manufatura	Varejo	Serviços	S&P 500
Índices de rentabilidade					
Margem bruta	Lucro bruto / Vendas	34,3%	30,8%	50,4%	38,4%
Margem operacional	Lucro operacional / Total de vendas	8,4%	7,4%	8,7%	19,7%
Margem de lucro líquido	Lucro líquido / Total de vendas	2,0%	2,3%	2,1%	8,7%
Índice de alavancagem					
Índice de cobertura de juros (TIE)	Lucro operacional / Despesas financeiras	4,78	7,16	3,58	12,13
Índices de retorno sobre investimentos					
Retorno sobre patrimônio líquido	Lucro líquido / Despesa com juros	7,9%	10,6%	7,9%	15,8%
Retorno sobre ativo fixo	Lucro líquido / Total de ativos	1,6%	4,3%	1,1%	5,4%
Índice de avaliação					
Índice preço-lucro	Preço das ações / Lucros por ação	10,0	15,2	9,3	18,0
Índices de eficiência e de capital de giro					
Prazo de recebimento em dias	Prazo de recebimento em dias / Vendas médias diárias	56,8	6,7	62,5	57,5
Giro dos ativos fixos	Vendas / Ativos fixos	5,6	6,3	11,8	5,2
Giro do ativo total	Vendas / Total de ativos	0,9	1,8	0,8	0,7
Giro de estoque	Vendas / Estoque	7,4	10,0	44,0	10,8

Fonte: Standard and Poors' Compustat

demonstração de fluxos de caixa Um demonstração contábil que mostra como uma empresa utilizou o dinheiro que ganhou durante determinado período.

lugar, há entradas que não correspondem ao caixa na demonstração de resultados, como depreciação e amortização. Em segundo lugar, certos usos de caixa, como a compra de um imóvel ou desembolsos com estoque, e fontes de caixa, como a cobrança de contas a receber, não entram na demonstração de resultados. A **demonstração de fluxos de caixa** de uma empresa utiliza as informações da demonstração de resultados e do balanço patrimonial para demonstrar quanto de dinheiro em caixa a empresa gerou e como esse dinheiro foi alocado durante certo período. É importante ter caixa porque ele é necessário para pagar contas e manter as operações da empresa, e porque é a fonte de qualquer retorno sobre investimentos para os investidores. Assim, na perspectiva de um investidor tentando avaliar uma empresa, a demonstração de fluxos de caixa fornece as informações mais importantes das quatro demonstrações contábeis.

A demonstração de fluxos de caixa divide-se em três seções: atividades operacionais, atividades de investimento e atividades de financiamento. A primeira seção, atividades operacionais, começa com o lucro líquido proveniente do demonstrativo de resultados. Depois, ela corrige este valor somando todas as entradas não correspondentes ao caixa relativas às atividades operacionais da empresa. A seção seguinte, atividades de investimento, lista o caixa utilizado em investimentos. A terceira seção, atividades de financiamento, exibe o fluxo de caixa entre a empresa e seus investidores. A demonstração de fluxos de caixa da Global é exibida na Tabela 2.5. Nesta seção, observaremos mais detalhadamente cada componente da demonstração de fluxos de caixa.

Atividades operacionais

A primeira seção da demonstração de fluxos de caixa da Global soma ao lucro líquido todos os itens não correspondentes ao caixa e relacionados às atividades operacionais. Por exemplo, a depreciação é deduzida ao calcularmos o lucro líquido, mas não é uma despesa de caixa real. Assim, somamo-la de volta ao lucro líquido ao determinarmos o valor em dinheiro que a empresa gerou. Da mesma forma, também somamos de volta quaisquer outras despesas não correspondentes a dinheiro (por exemplo, impostos diferidos). Então, corrigimos as alterações no capital de giro líquido que surgem das alterações nas contas a receber, contas a pagar ou estoque. Quando uma empresa vende um produto, ela registra a venda como receita apesar de talvez não receber o dinheiro desta venda imediatamente. Em vez disso, ela pode oferecer crédito ao cliente e deixá-lo pagar no futuro. A obrigação do cliente entra nas contas a receber da empresa. Utilizamos as seguintes diretrizes para ajustar alterações no capital de giro:

1. Contas a receber: Quando uma venda é registrada como parte da receita líquida mas o caixa ainda não foi recebido do cliente, temos que ajustar os fluxos de caixa *deduzindo*

TABELA 2.5 Demonstração dos fluxos de caixa da Global Corporation nos anos de 2007 e 2006

GLOBAL CORPORATION Demonstração de fluxos de caixa Exercício terminado em 31 de dezembro (em US$ milhões)		
	2007	2006
Atividades operacionais		
Lucro líquido	2,0	1,9
Depreciação e amortização	1,2	1,1
Efeito de caixa em alterações em		
Contas a receber	–5,3	–0,3
Contas a pagar	2,7	–0,5
Estoque	–1,0	–1,0
Caixa das atividades operacionais	**–0,4**	**1,2**
Atividades de investimento		
Desembolsos de capital	33,4	–4,0
Aquisições e outras atividades de investimento		
Caixa das atividades de investimento	**–33,4**	**–4,0**
Atividades de financiamento		
Dividendos pagos	–1,0	–1,0
Venda ou compra de ações	–	–
Aumento nos empréstimos de curto prazo	2,3	3,0
Aumento nos empréstimos de longo prazo	35,2	2,5
Caixa de atividades de financiamento	**36,5**	**4,5**
Alterações no caixa e equivalentes de caixa	**2,7**	**1,7**

os aumentos nas contas a receber. Este aumento representa empréstimos adicionais da empresa a seus clientes e reduz o dinheiro disponível em caixa para a empresa.

2. **Contas a pagar**: De maneira similar, *somamos* os aumentos nas contas a pagar. As contas a pagar representam os empréstimos contraídos pela empresa de seus fornecedores. Este empréstimo aumenta o dinheiro disponível em caixa para a empresa.
3. **Estoque**: Finalmente, *deduzimos* os aumentos nos estoques. Aumentos nos estoques não são registrados como despesa e não contribuem com o lucro líquido (o custo dos bens são incluídos no lucro líquido somente quando os bens são vendidos de fato). Entretanto, o custo de se aumentar os estoques é uma despesa de caixa para a empresa e tem que ser deduzida.

Podemos identificar as alterações nesses itens do capital de giro no balanço patrimonial. Por exemplo, da Tabela 2.1, temos que as contas a receber da Global aumentaram de US$ 13,2 milhões em 2006 para US$ 18,5 milhões em 2007. Deduzimos o aumento de US$ 18,5 − US$ 13,2 = US$ 5,3 milhões na demonstração de fluxos de caixa. Observe que, apesar da Global ter exibido um lucro líquido positivo na demonstração de resultados, ela na verdade teve um fluxo de caixa negativo de US$ 0,4 milhão em despesas operacionais, em grande parte devido ao aumento nas contas a receber.

Atividades de investimento

desembolsos de capital Compras de novas propriedades, instalações e equipamentos.

A seção seguinte da demonstração de fluxos de caixa exibe o dinheiro necessário para as atividades de investimento. A aquisição de novas propriedades, instalações e equipamentos é chamada de **desembolsos de capital**. Lembremos que os desembolsos de capital não aparecem imediatamente como despesas na demonstração de resultados. Em vez disso, a empresa deprecia esses ativos e deduz as despesas de depreciação ao longo do tempo. Para determinar o fluxo de caixa de uma empresa, já somamos de volta a depreciação, pois ela não é uma despesa de caixa de fato. Agora, subtraímos outros ativos adquiridos ou investimentos feitos pela empresa, como aquisições. Na Tabela 2.5, vemos que em 2007 a Global gastou US$ 33,4 milhões do caixa em atividades de investimento.

Atividades de financiamento

A última seção da demonstração de fluxos de caixa exibe os fluxos de caixa das atividades de financiamento. Dividendos pagos a acionistas são uma saída de caixa. A Global pagou US$ 1 milhão a seus acionistas como dividendos em 2007.

lucros retidos A diferença entre o lucro líquido de uma empresa e a quantia que ela gasta em dividendos.

A diferença entre o lucro líquido de uma empresa e o valor que ela gasta em dividendos é chamada pela empresa de **lucros retidos** daquele ano:

$$\text{Lucros retidos} = \text{Lucro líquido} - \text{Dividendos} \quad (2.20)$$

payout ratio O quociente entre os dividendos de uma empresa e seu lucro líquido.

A Global reteve US$ 2 milhões − US$ 1 milhão = US$ 1 milhão, ou 50% de seus rendimentos em 2007, o que significa um *payout ratio* igual a 50% em 2007. O **payout ratio** de uma empresa é o quociente entre seus dividendos e seu lucro líquido:

$$\text{Payout ratio} = \frac{\text{Dividendos}}{\text{Lucro líquido}} \quad (2.21)$$

Também listado como atividade de financiamento entra qualquer dinheiro que a empresa tenha recebido da venda de suas próprias ações, ou que tenha sido gasto comprando (recomprando) suas próprias ações. A Global não emitiu ou recomprou ações durante esse exercício.

Os últimos itens a serem incluídos nesta seção resultam de alterações nos empréstimos de curto prazo e de longo prazo da Global. A Global levantou dinheiro criando dívidas, então os aumentos nos empréstimos de curto e de longo prazo representam influxos de caixa. A última linha da demonstração de fluxos de caixa soma os fluxos de caixa dessas três atividades para calcular a alteração geral no balanço de caixa da empresa no exercício da demonstração. Neste caso, a Global teve influxos de caixa de US$ 2,7 milhões. Observando a demonstração na Tabela 2.5 como um todo, podemos determinar que a Global escolheu contrair empréstimos (principalmente na forma de financiamentos de longo prazo) para cobrir os custos de suas atividades de investimento e de suas atividades operacionais. Apesar do balanço de caixa da empresa ter aumentado, os fluxos de caixa operacionais negativos da Global e desembolsos relativamente altos em atividades de investimento podem dar aos investidores alguns motivos de preocupação. Se este padrão continuar, a Global terá que continuar a contrair empréstimos para permanecer em atividade.

EXEMPLO 2.5
O impacto da depreciação sobre o fluxo de caixa

Problema

Suponha que a Global possua uma despesa extra de US$ 1 milhão em depreciação em 2007. Se a alíquota sobre o lucro antes dos impostos for de 26%, qual será o impacto dessa despesa sobre seus resultados? Qual seria seu impacto sobre o caixa da empresa no fim do ano em exercício?

Solução

▶ **Planejamento**

A depreciação é uma despesa operacional, então o lucro operacional, o EBIT e o lucro antes dos impostos da Global seriam afetados. Com uma alíquota de impostos de 26%, os impostos a declarar da Global diminuiriam em 26 centavos para cada dólar de redução no lucro antes dos impostos. A fim de determinar como o caixa da Global seria afetado, temos que determinar o efeito da depreciação adicional sobre os fluxos de caixa. Lembre-se que a depreciação não é uma saída de caixa propriamente dita, apesar de ser tratada como uma despesa. O único efeito sobre o fluxo de caixa, portanto, é por meio da redução nos impostos.

▶ **Execução**

O lucro operacional, EBIT e lucro antes dos impostos da Global cairiam em US$ 1 milhão devido ao US$ 1 milhão em despesas operacionais adicionais que se devem à depreciação.

Esta diminuição de US$ 1 milhão no lucro antes dos impostos reduziria os impostos a declarar da Global em 26% * US$ 1 milhão = US$ 0,26 milhão. Portanto, o lucro líquido cairia em 1 − 0,26 = US$ 0,74 milhão.

Na demonstração dos fluxos de caixa, o lucro líquido cairia em US$ 0,74 milhão, mas teríamos que somar de volta a depreciação adicional de US$ 1 milhão, pois ela não é uma despesa em dinheiro. Assim, o caixa das atividades operacionais aumentaria em −0,74 + 1 = US$ 0,26 milhão. Portanto, o saldo de caixa da Global no final do exercício aumentaria em US$ 0,26 milhão, o montante em economia tributária resultante da dedução da depreciação adicional.

▶ **Avaliação**

O aumento do saldo de caixa é totalmente proveniente da redução nos impostos. Como a Global paga US$ 0,26 milhão a menos em impostos apesar de seus desembolsos de caixa não terem aumentado, ela possui US$ 0,26 milhão a mais em dinheiro no final do exercício.

Fixação de conceitos

11. Por que o lucro líquido de uma empresa não corresponde ao caixa obtido?
12. Quais são os componentes da demonstração dos fluxos de caixa?

2.7 Outras informações das demonstrações contábeis

Os elementos mais importantes das demonstrações contábeis de uma empresa são o balanço patrimonial, a demonstração de resultados e a demonstração de fluxos de caixa, que já discutimos. Várias outras informações contidas nas demonstrações contábeis merecem uma breve menção: a discussão e análise gerencial, a demonstração da equivalência patrimonial e as notas explicativas da demonstração contábil.

Relatório da administração

O **relatório da administração** (**MD&A**, ou *management discusion and analysis*, no original) é um prefácio às demonstrações contábeis no qual a gerência da empresa discute o último

relatório da administração (MD&A) Um prefácio às demonstrações contábeis em que a gerência de uma empresa discute o ano (ou trimestre) recente, apresentando um histórico sobre a empresa e quaisquer eventos significativos que possam ter ocorrido.

Capítulo 2 Introdução à Análise de Demonstrações Contábeis

ano (ou trimestre), fornecendo os antecedentes da empresa e quaisquer eventos significativos que tenham ocorrido. A gerência também pode discutir o ano seguinte e traçar metas e novos projetos.

A gerência também deve discutir quaisquer riscos importantes que a empresa enfrente ou gere e que possam afetar sua liquidez ou seus recursos. Possui também a incumbência de revelar quaisquer **transações fora do balanço patrimonial**, que são transações ou acordos que podem ter um impacto material sobre o desempenho futuro da empresa mas que não aparecem no balanço patrimonial. Por exemplo, se uma empresa tiver feito garantias de que irá recompensar um comprador por perdas relacionadas a um ativo dela comprado, essas garantias representam um potencial passivo futuro para a empresa que tem que ser revelado como parte do MD&A.

transações fora do balanço patrimonial transações ou acordos que podem ter um impacto material sobre o futuro da empresa, embora não apareçam no balanço patrimonial.

Demonstração da equivalência patrimonial

A **demonstração da equivalência patrimonial** divide o patrimônio líquido dos sócios calculado no balanço patrimonial em valor proveniente da emissão de novas ações *versus* lucros retidos. Como o valor contábil do patrimônio não é uma avaliação útil do valor para propósitos financeiros, as informações contidas na demonstração da equivalência patrimonial não são particularmente inspiradoras, então não dedicaremos nosso tempo à demonstração aqui.

demonstração da equivalência patrimonial Um demonstrativo contábil que divide o patrimônio líquido dos sócios calculado no balanço patrimonial em valor proveniente da emissão de novas ações *versus* lucros retidos.

Notas explicativas das demonstrações contábeis

Além das quatro demonstrações contábeis, as empresas fornecem extensas notas explicativas com maiores detalhes sobre as informações nelas contidas. Por exemplo, as notas explicativas documentam importantes pressupostos contábeis utilizadas na preparação dos demonstrativos. Geralmente fornecem informações específicas às subsidiárias de uma empresa ou suas diversas linhas de produtos. Mostram também os detalhes dos planos de remuneração por ações para os funcionários da empresa e os diferentes tipos de dívidas que possui em circulação. Detalhes de aquisições, cisões, *leasings*, impostos e atividades de gerenciamento de risco também são fornecidos. As informações contidas nas notas explicativas geralmente são muito importantes para que as demonstrações contábeis sejam integralmente interpretadas.

Fixação de conceitos

13. Onde aparecem as transações fora do balanço patrimonial nas demonstrações contábeis de uma empresa?
14. Que informações as notas explicativas das demonstrações contábeis fornecem?

2.8 Relatórios financeiros na prática

As várias demonstrações contábeis que examinamos são de enorme importância para os investidores, bem como para gerentes financeiros. Mesmo com salvaguardas como o GAAP e auditores, porém, abusos envolvendo relatórios financeiros de fato ocorrem. Agora analisaremos dois dos mais infames exemplos recentes e ofereceremos algumas conclusões para guiar os gerentes financeiros nas complexidades das demonstrações contábeis.

Enron

A Enron vivenciou o mais famoso dos escândalos contábeis do início da década de 2000. Tendo iniciado suas atividades como operadora de dutos de

"Estamos bem. Ninguém entende nossa demonstração contábil".

gás natural, evoluiu para uma empresa global que fornecia diversos produtos como gás, petróleo, eletricidade e até mesmo serviços de banda larga de Internet. Uma série de eventos se desenrolou, levando a Enron a entrar com o maior pedido de falência da história dos Estados Unidos em dezembro de 2001. No final de 2001, o valor de mercado de suas ações tinham sofrido uma queda de mais de US$ 60 bilhões.

É interessante que, no decorrer de 1990 e até o final de 2001, a Enron era promovida como uma das mais bem-sucedidas e lucrativas empresas da América do Norte. A revista *Fortune* a classificou como "Empresa Mais Inovadora da América do Norte" por seis anos consecutivos, de 1995 a 2000. Mas apesar de muitos aspectos de seus negócios serem bem-sucedidos, as investigações subsequentes sugerem que seus executivos estavam manipulando as demonstrações contábeis da empresa para enganar os investidores e artificialmente inflacionar o preço de suas ações e manter seu índice de solvência. Em 2000, por exemplo, 96% dos lucros declarados pela Enron eram resultado de manipulações contábeis.[8]

Apesar de as manipulações contábeis utilizadas pela Enron serem bastante sofisticadas, a essência da maioria das transações enganosas era surpreendentemente simples. A Enron vendia ativos a preços inflacionados para outras empresas (ou, em muitos casos, para entidades empresariais que seu próprio CFO, Andrew Fastow, havia criado), juntamente com a promessa de comprar esses ativos de volta a preços futuros ainda mais altos. Assim, a empresa estava efetivamente contraindo empréstimos, recebendo dinheiro hoje em troca da promessa de pagar mais dinheiro no futuro, mas registrava o influxo de caixa como receita e então escondia as promessas de compra dos ativos de volta de diversas maneiras.[9] Ao final, grande parte do crescimento de sua receita e lucros no fim da década de 1990 era resultante desse tipo de manipulação.

WorldCom

No dia 21 de julho de 2002, a WorldCom entrou com o maior pedido de falência de todos os tempos. Em seu ápice, a WorldCom tinha uma capitalização de mercado de US$ 120 bilhões. Novamente, uma série de manipulações contábeis iniciadas em 1998 escondiam os problemas financeiros da empresa do conhecimento de seus investidores.

No caso da WorldCom, a fraude foi reclassificar US$ 3,85 bilhões em despesas operacionais como investimento de longo prazo. O impacto imediato desta alteração foi impulsionar seus lucros declarados: as despesas operacionais eram deduzidas dos lucros imediatamente, enquanto que os investimentos de longo prazo eram depreciados lentamente com o tempo. Obviamente, esta manipulação não viria a aumentar seus fluxos de caixa, porque os investimentos de longo prazo têm que ser deduzidos na demonstração de fluxos de caixa no momento em que são feitos.

Alguns investidores estavam preocupados com os excessivos investimentos da WorldCom em comparação ao resto da indústria. Como um consultor de investimentos comentou: "As bandeiras vermelhas [foram] coisas como grandes desvios entre os lucros declarados e excesso de fluxo de caixa ... [e] excessivos desembolsos de capital por um longo período. Foi isso que nos tirou da WorldCom em 1999".[10]

A Lei Sarbanes-Oxley

A Enron e a WorldCom ressaltam a importância para os investidores de que as demonstrações contábeis das empresas em que eles escolhem investir sejam precisas e atualizadas. Em 2002, o Congresso aprovou a **Lei Sarbanes-Oxley (SOX)**. Apesar da SOX conter muitas provisões, a intenção geral da legislação era melhorar a precisão das informações fornecidas tanto ao con-

Lei Sarbanes-Oxley (SOX) Legislação aprovada pelo Congresso norte-americano em 2002, cuja intenção era melhorar a precisão das informações financeiras fornecidas tanto ao conselho de administração quanto aos sócios.

---

[8] John R. Kroger, "Enron, Fraud and Securities Reform: An Enron Prosecutor's Perspective", *University of Colorado Law Review* (December 2005): pp. 57-138.

[9] Em alguns casos, essas promessas eram chamadas de "exigíveis de gerenciamento de risco de preços" e escondidas junto a outras atividades comerciais; em outros casos, eram transações fora do balanço patrimonial que não eram totalmente reveladas.

[10] Robert Olstein, citado no *Wall Street Journal*, August 23, 2002.

ENTREVISTA COM
Sue Frieden

Sue Frieden é Sócia-Gerente Global de Qualidade e Gerenciamento de Risco da Ernst & Young. Membro do Conselho Executivo Global, é responsável por cada aspecto de qualidade e gerenciamento de risco — funcionários, serviços, procedimentos e clientes. Aqui, ela discute como as demonstrações contábeis são utilizadas, os desafios enfrentados ao definir um conjunto comum de regras contábeis em diversos países, o papel da auditoria nos mercados financeiros e a importância da ética na auditoria.

PERGUNTA: *As demonstrações contábeis de hoje oferecem ao público investidor o que ele precisa?*

RESPOSTA: Globalmente, estamos vendo um esforço no que diz respeito a fornecer informações mais objetivas aos investidores. Mas perguntas fundamentais, como o quanto os investidores compreendem as demonstrações contábeis e até onde eles as leem por completo, permanecem sem resposta. Pesquisas mostram que a maioria dos investidores não confia muito nas demonstrações contábeis. Precisamos determinar como as demonstrações contábeis e os modelos de relatórios podem ser aperfeiçoados. Para fazê-lo, precisamos de um diálogo que envolva investidores, reguladores, analistas, auditores, acionistas, acadêmicos e outros profissionais para garantir que as demonstrações contábeis e outros modelos de relatório sejam o mais relevantes possível.

PERGUNTA: *A Ernst & Young é uma organização global. Como os padrões contábeis dos EUA podem ser comparados aos padrões de outros países?*

RESPOSTA: Em janeiro de 2005, 100 países fora dos EUA iniciaram o processo de adotar novos padrões contábeis (Padrões Internacionais de Relatórios Financeiros ou IFRS) que se baseariam mais em princípios do que em regras. À medida que os mercados globais vão se tornando mais complexos, fica claro que todos precisamos seguir as mesmas regras, mas como um primeiro passo precisamos ter consistência de um país para o outro. Certamente existem desafios a serem vencidos na conciliação dos sistemas baseados em princípios com os sistemas baseados em regras, mas estamos otimistas de que esses desafios inevitavelmente serão resolvidos. Ao mesmo tempo, existem esforços em andamento no sentido de assegurar que os padrões de auditoria sejam globalmente consistentes. Em última análise, demonstrações contábeis preparadas sob padrões globais e auditadas sob padrões de auditoria globais consistentes serão de maior utilidade aos investidores.

PERGUNTA: *Que papel a empresa de auditoria desempenha em nossos mercados financeiros, e como isso tem mudado desde a falência da Arthur Anderson?*

RESPOSTA: Todos nós — a comunidade empresarial — passamos por um momento histórico importantíssimo. E certamente a profissão de contador também tem testemunhado mudanças sem precedentes nos últimos anos. A aprovação da Sarbanes-Oxley e outras mudanças estão ajudando a restaurar a confiança pública. As coisas certamente estão diferentes do que conhecíamos antes. Agora estamos nos envolvendo regularmente com uma maior variedade de interessados — empresas, conselhos, criadores de políticas, líderes de opinião, investidores e o mundo acadêmico. E tivemos a chance de parar e nos perguntar por que fazemos o que fazemos como profissionais de contabilidade, e qual é a importância do que fazemos. Em termos dos serviços que oferecemos, grande parte do que fazemos ajuda as empresas a se enquadrar nos regulamentos, se resguardar contra riscos indevidos e implementar transações sólidas. E parte do valor do que fazemos é fornecer a base para todos os interessados compreenderem se as empresas estão seguindo as regras — sejam as regras de contabilidade, as regras das demonstrações contábeis ou as regras tributárias. Ajudamos a criar confiança nos dados financeiros. O público pode não compreender exatamente o que os auditores fazem, ou como o fazemos, mas eles se importam com nossa existência, pois ela lhes dá a confiança de que tanto precisam e que tanto desejam.

PERGUNTA: *Como uma empresa de contabilidade global como a Ernst & Young garante que cada um de seus parceiros adote os padrões adequados?*

RESPOSTA: As pessoas geralmente me dizem, como líder global de qualidade e do gerenciamento de risco, como meu trabalho é difícil e o quanto recai sobre meus ombros. A verdade é que fazer a coisa certa — adotar e, muitas vezes, exceder os padrões esperados de nós como auditores públicos independentes — recai sobre os ombros de todos na organização. Todos os nossos mais de 107.000 funcionários em todo o mundo sabem que é sua responsabilidade fazer isso acontecer. Além disso, eles sabem que é de sua responsabilidade levantar questões quando têm preocupações. Talvez ainda mais importante seja o fato de que todo o nosso pessoal sabe que nenhum cliente é grande demais para ser deixado para trás se sentirmos que a gerência da empresa não está comprometida em fazer a coisa certa.

Perguntas para discussão

A Sra. Frieden descreve sua visão do papel das empresas de auditoria e afirma que pode não ser importante que o público compreenda totalmente o que as empresas de auditoria fazem.

1. Que papel você vê para as empresas de auditoria, e o quanto é importante que o público compreenda o que os auditores fazem?
2. Qual é a importância da ética na contabilidade e que tipo de situação difícil você acha que pode surgir entre auditores e gerentes e dentro das empresas de auditoria?

selho de administração quanto aos sócios. A SOX tentou alcançar esta meta de três maneiras: (1) reformulando os incentivos e a independência no processo de auditoria, (2) endurecedo as penalidades por fornecer informações falsas, e (3) forçando as empresas a validar seus processos de controle financeiro interno.

Muitos dos problemas na Enron, WorldCom e em outras empresas foram escondidos dos conselhos de administração e dos sócios até ser tarde demais. Devido a esses escândalos, muitas pessoas sentiram que as demonstrações contábeis dessas empresas, apesar de ainda permanecerem fiéis aos GAAP, não apresentavam um quadro preciso da saúde financeira da empresa.

As empresas de auditoria supostamente têm que garantir que as demonstrações contábeis reflitam com precisão o estado da empresa. Na realidade, a maioria dos auditores tem uma relação duradoura com seus clientes de auditoria; esta longa relação, juntamente com o desejo dos auditores de manter suas lucrativas taxas de auditoria, deixam os auditores menos dispostos a desafiar a gerência. Talvez ainda mais importante seja o fato de que a maioria das empresas de contabilidade tenha desenvolvido divisões de consultoria grandes e extremamente lucrativas. Obviamente, se uma equipe de auditoria se recusar a acomodar um pedido feito pela gerência de um cliente, será menos provável que este cliente escolha a divisão de consultoria daquela empresa para seu próximo contrato de consultoria. A SOX resolveu esta preocupação impondo limites severos sobre as taxas não relativas à auditoria propriamente dita (consultoria ou outros) que uma empresa de contabilidade pode receber da mesma empresa que audita. A lei também passou a exigir que os parceiros de auditoria mudassem a cada cinco anos para limitar a probabilidade de que as relações de auditoria se tornassem confortáveis demais no decorrer de longos períodos de tempo. Finalmente, a SOX convocou a SEC a forçar as empresas a ter comitês de auditoria dominados por diretores externos, e exigiu que pelo menos um diretor externo tivesse formação em finanças.

A SOX também endureceu as penas criminais por fornecer informações falsas aos sócios. Exigiu que tanto o CEO quanto o CFO passassem a atestar pessoalmente a precisão das demonstrações contábeis apresentadas aos sócios e que, para tal, assinassem um documento. As penas por fornecer demonstrações contábeis falsas ou enganosas foram aumentadas sob a SOX — multas de US$ 5 milhões e prisão de até 20 anos são permitidas. Além disso, os CEOs e CFOs têm que devolver bônus ou lucros provenientes da venda de ações ou do exercício de opções durante qualquer período coberto por demonstrações que, posteriormente, forem retificadas.

Finalmente, a Seção 404 da SOX exige que a gerência sênior e os conselhos de administração de empresas de capital aberto estejam suficientemente confortáveis com o processo através do qual os fundos são alocados e controlados e os resultados são monitorados em toda a empresa para que estejam dispostos a atestar sua efetividade e validade. A Seção 404 talvez tenha atraído mais atenção do que qualquer outra seção da SOX devido ao ônus potencialmente enorme que ela gera para cada empresa de validar todo o seu sistema de controle financeiro. Quando a SEC estimou o custo de implementar a Seção 404, sua equipe e seus economistas calcularam o custo total em US$ 1,24 bilhões. Estimativas recentes baseadas em pesquisas realizadas pelo Financial Executives International e pela American Electronics Association preveem que o custo real estaria em torno de US$ 20 e US$ 35 bilhões.[11] O ônus de cumprir esta provisão é maior, como uma fração de sua receita, para empresas menores. As pesquisas citadas anteriormente descobriram que empresas multibilionárias pagam menos de 0,05% de suas receitas para cumpri-la, enquanto que pequenas empresas com menos de US$ 20 milhões em receitas pagam mais de 3% de sua receita para fazê-lo.

As demonstrações contábeis: um útil ponto de partida

Neste capítulo, ressaltamos o papel das demonstrações contábeis em informar os analistas e investidores externos, além dos próprios gerentes financeiros, sobre o desempenho, posição e condição financeira da empresa. Entretanto, especialmente na perspectiva do gerente financeiro, as demonstrações contábeis são apenas um ponto de partida. Por exemplo, enfatizamos a

---

[11] American Electronics Association, "Sarbanes-Oxley Section 404: The 'Section' of Unintended Consequences and Its Impact on Small Business" (2005).

importância dos valores de mercado em detrimento dos valores contábeis. Também mostramos que apesar de ser possível aprender muito com as análises de índices, esses índices são apenas marcadores que indicam ao gerente financeiro áreas em que a empresa está tendo um bom desempenho ou onde ele precisa focalizar esforços em busca de melhorias. Nenhum índice sozinho conta toda a história. Entretanto, ao estudar todas as demonstrações contábeis e considerar índices que avaliam a rentabilidade, a alavancagem e a eficiência, você deverá ser capaz de desenvolver uma clara noção da saúde e do desempenho da empresa. Finalmente, utilizando os casos da Enron e da WorldCom, enfatizamos que a utilidade das demonstrações contábeis para os investidores dependem da ética daqueles que os constroem. No entanto, mesmo em casos de fraude, um leitor informado sobre as demonstrações contábeis poderia ter encontrado os sinais de aviso focalizando a demonstração dos fluxos de caixa e lendo cuidadosamente as notas explicativas das demonstrações contábeis.

Fixação de conceitos

15. Descreva as transações que a Enron utilizou para aumentar seus lucros declarados.
16. O que é a Lei Sarbanes-Oxley?

RESUMO DO CAPÍTULO

Pontos principais e equações	Termos	Oportunidades de prática online
2.1 A publicação de informações financeiras das empresas • As demonstrações contábeis são relatórios financeiros emitidos periodicamente por uma empresa para descrever seu desempenho passado. • Investidores, analistas financeiros, gerentes e outras partes interessadas, como credores, dependem das demonstrações contábeis para obter informações confiáveis sobre uma empresa. • Os principais tipo de demonstrações contábeis são o balanço patrimonial, demonstrações de resultados e demonstrações dos fluxos de caixa.	auditor, p. 59 balanço patrimonial, p. 58 demonstrações contábeis, p. 58 Princípios Contábeis Geralmente Aceitos (GAAP), p. 59 relatório anual, p. 58	MyFinanceLab – Study Plan 2.1
2.2 O balanço patrimonial • O balanço patrimonial mostra a posição financeira corrente (ativos, passivos e patrimônio dos sócios) da empresa em determinado momento. • Os dois lados do balanço patrimonial têm que ser iguais: Ativos = Passivos + Patrimônio dos sócios (2.1) • Patrimônio dos sócios é o valor contábil do patrimônio líquido da empresa. Ele difere do valor de mercado do patrimônio líquido da empresa, sua capitalização de mercado, devido à maneira como os ativos e passivos são registrados para fins contábeis.	ativos circulantes, p. 60 ativos realizáveis a longo prazo, p. 60 ativos, p. 59 capital de giro líquido, p. 61 contas a pagar, p. 61 contas a receber, p. 60 depreciação, p. 61 dívida de curto prazo, p. 61 dívida de longo prazo, p. 61 estoques, p. 60 contas a pagar, p. 61 passivos circulantes, p. 61 passivos, p. 59 patrimônio líquido, patrimônio dos acionistas, p. 59 valor contábil do patrimônio líquido, p. 61 valor contábil, p. 61	MyFinanceLab – Study Plan 2.2

2.3 Análise do balanço patrimonial

- O índice *market-to-book* de uma empresa bem-sucedida tipicamente excede 1.
- Um índice comum utilizado para avaliar a alavancagem de uma empresa é:

$$\text{Índice capital de terceiros/capital próprio} = \frac{\text{Dívida total}}{\text{Patrimônio líquido total}} \quad (2.4)$$

- Este índice é mais informativo quando calculado utilizando-se o valor de mercado do patrimônio líquido. Ele indica o grau de alavancagem da empresa.
- O valor de empresa de uma empresa é o valor total de suas operações de negócios subjacentes:

$$\text{Valor de empresa} = \text{Capitalização de mercado} + \text{Dívida} - \text{Caixa} \quad (2.5)$$

ações de crescimento, p. 63
ações de valores, p. 63
alavancagem, p. 63
capitalização de mercado, p. 62
índice capital de terceiros/capital próprio, p. 63
índice de liquidez corrente, p. 65
índice de liquidez seca, p. 65
índice *market-to-book* (índice *price-to-book* [P/B]), p. 63
valor de empresa, p. 64
valor de liquidação, p. 63

MyFinanceLab – Study Plan 2.3

2.4 A demonstração de resultados

- A demonstração de resultados lista as receitas e as despesas da empresa, e calcula o resultado final do lucro líquido, ou lucro.
- O lucro líquido geralmente aparece no relatório tendo como base uma ação, como o lucro por ação da empresa:

$$\text{Lucro por ação (EPS)} = \text{Lucro líquido / Ações em circulação} \quad (2.8)$$

- Calculamos o EPS diluído somando ao número de ações em circulação o possível aumento no número de ações decorrente do exercício de opções de ações que a empresa concedeu.

demonstração de resultados, p. 66
diluição, p. 68
EBIT, p. 67
EPS diluído, p. 68
lucro bruto, p. 66
lucro operacional, p. 67
lucro ou resultado líquido, p. 66
lucro por ação (EPS), p. 67
margem bruta, p. 68
opções de ações, p. 68
títulos de dívida conversíveis, p. 68

MyFinanceLab – Study Plan 2.4

2.5 Análise da demonstração de resultados

- Os índices de rentabilidade mostram o lucro operacional ou lucro líquido da empresa como uma fração das vendas e são uma indicação da eficiência de uma empresa e de sua estratégia de precificação.
- Os índices de eficiência dos ativos avaliam o grau de eficiência com que a empresa está utilizando seus ativos mostrando quantos dólares em receitas a empresa produz por cada dólar em ativos.
- Os índices de capital de giro expressam o capital de giro da empresa como um número de dias de vendas (para contas a receber) ou custo de vendas (para estoque ou contas a pagar).
- Os índices de cobertura de juros indicam o quociente entre a receita ou os fluxos de caixa da empresa e suas despesas com juros. São uma medida de força financeira.
- Os índices de retorno sobre investimentos, como o ROE ou o ROA, expressam o lucro líquido da empresa como um retorno sobre o valor contábil de seu patrimônio líquido ou seu total de ativos.
- Os índices de avaliação calculam a capitalização de mercado ou o valor de empresa da empresa em relação a seus lucros ou lucro operacional.
- O índice P/E calcula o valor de uma ação em relação ao EPS da empresa. Os índices P/E tendem a ser altos para empresas em rápido crescimento.

EBITDA, p. 70
estoque em dias, p. 70
Análise DuPont, p. 71
índice de cobertura de juros, p. 70
índice de giro dos estoques, p. 70
índice preço-lucro (P/E), p. 73
margem de lucro líquido, p. 69
margem operacional, p. 68
multiplicador do capital próprio, p. 71
período médio de cobrança, vendas pendentes em dias, p. 69
prazo de pagamento em dias, p. 70
prazo de recebimento em dias, p. 69
retorno sobre ativos (ROA), p. 71
retorno sobre patrimônio líquido (ROE), p. 70
índice de cobertura de juros *ou times interest earned* (TIE) *ratio*, p. 70

MyFinanceLab – Study Plan 2.5

▸ Ao comparar índices de avaliação, é importante se certificar de que tanto o numerador quanto o denominador sejam correspondentes em termos de incluírem dívida ou não.		
2.6 A demonstração dos fluxos de caixa ▸ A demonstração dos fluxos de caixa lista as fontes e os usos do caixa da empresa. Ele mostra os ajustes ao lucro líquido para despesas não relacionadas a dinheiro e variações no capital de giro líquido, além do dinheiro utilizado (ou fornecido) proveniente de atividades de investimento e de financiamento.	demonstração dos fluxos de caixa, p. 75 desembolsos de capital, p. 77 lucros retidos, p. 77 *payout ratio*, p. 77	MyFinanceLab – Study Plan 2.6
2.7 Outras informações das demonstrações contábeis ▸ A seção da demonstração contábil referente ao relatório da administração contém um panorama do desempenho da empresa feito pela gerência, além da publicação dos riscos enfrentados pela empresa, inclusive os de transações fora do balanço patrimonial. ▸ A demonstração da equivalência patrimonial divide o patrimônio líquido dos sócios calculado no balanço patrimonial em valor proveniente da emissão de novas ações *versus* lucros retidos. Não é particularmente útil para fins de avaliação financeira. ▸ As notas explicativas das demonstrações contábeis de uma empresa geralmente contêm importantes detalhes em relação aos números utilizados nas principais demonstrações.	demonstração da equivalência patrimonial, p. 79 relatório da administração (MD&A), p. 78 transações fora do balanço patrimonial, p. 79	MyFinanceLab – Study Plan 2.7
2.8 Relatórios financeiros na prática ▸ Recentes escândalos contábeis chamaram a atenção para a importância das demonstrações contábeis. Uma nova legislação aumentou as penas aplicáveis a fraudes e endureceu os procedimentos que as empresas têm que utilizar para garantir que as demonstrações sejam precisas.	Lei Sarbanes-Oxley (SOX), p. 80	MyFinanceLab – Study Plan 2.8

Questões de revisão

1. Por que as empresas publicam informações financeiras?
2. Quem lê as demonstrações contábeis? Liste pelo menos três diferentes categorias de pessoas. Para cada categoria, forneça um exemplo do tipo de informação em que elas possam estar interessadas e discuta por quê.
3. Que quatro demonstrações contábeis podem ser encontradas nos arquivos 10-K de uma empresa? Que verificações existem sobre a precisão destas demonstrações?
4. Qual é o propósito do balanço patrimonial?
5. Como você pode utilizar o balanço patrimonial para avaliar a saúde da empresa?
6. Qual é o propósito da demonstração de resultados?
7. Qual é a relação entre o balanço patrimonial e a demonstração de resultados?
8. O que é a Análise DuPont e como um gerente financeiro pode utilizá-la?
9. Qual a diferença entre demonstração dos fluxos de caixa e demonstração de resultados?
10. Uma empresa com lucro líquido positivo pode ficar sem caixa? Explique.
11. O que você pode descobrir com o relatório da administração ou com as notas explicativas das demonstrações contábeis?
12. Como uma fraude contábil contribuiu para a falência da Enron e da WorldCom?

Problemas

Um realce em verde (■) indica problemas disponíveis no MyFinanceLab. Um asterisco (*) indica problemas com um nível de dificuldade mais alto.

A publicação de informações financeiras das empresas

1. Encontre as demonstrações contábeis mais recentes da corporação Starbuck's (SBUX) utilizando as seguintes fontes:
   a. o *website* da empresa, www.starbucks.com (*Dica*: procure "investor relations", ou relações com os investidores).
   b. o *website* da SEC, www.sec.gov (*Dica*: procure arquivos de empresas no banco de dados EDGAR).
   c. o *website* do Yahoo finance, finance.yahoo.com.
   d. pelo menos uma outra fonte diferente (*Dica*: procure "SBUX 10K" em www.google.com).

O balanço patrimonial

2. Considere os seguintes eventos potenciais que poderiam ter ocorrido à Global no dia 30 de dezembro de 2007. Para cada um deles, indique que itens do balanço patrimonial da Global seriam afetados e em quanto. Indique também a alteração no valor contábil de patrimônio da empresa.
   a. A Global utilizou US$ 20 milhões de seu caixa disponível para pagar US$ 20 milhões de suas dívidas de longo prazo.
   b. Um incêndio no armazém de depósito da Global destruiu US$ 5 milhões em estoques sem seguro.
   c. A Global utilizou US$ 5 milhões em dinheiro e US$ 5 milhões em novas dívidas de longo prazo para comprar um edifício de US$ 10 milhões.
   d. Um grande cliente que deve US$ 3 milhões por produtos já recebidos declara falência, não deixando nenhuma possibilidade de que a Global algum dia receba o pagamento.
   e. Os engenheiros da Global descobrem um novo processo de fabricação que cortará o custo de seu produto carro-chefe em mais de 50%.
   f. Um concorrente-chave anuncia uma nova e radical política de precificação que irá oferecer preços drasticamente mais baixos do que os da Global.

3. Qual foi a mudança no valor contábil do patrimônio líquido da Global de 2006 para 2007 de acordo com a Tabela 2.1? Isso significa que o preço de mercado das ações da Global aumentou em 2007? Explique.

4. Encontre online o relatório anual 10-K da Peet's Coffee and Tea (PEET) protocolizado em março de 2007. Responda as perguntas abaixo com base em seu balanço patrimonial:
   a. Quanto a Peet's tinha em caixa no início de 2007?
   b. Qual era o total de ativos da Peet's?
   c. Qual era o total de passivos da Peet's? Qual era o valor da dívida da Peet's?
   d. Qual era o valor contábil do patrimônio líquido da Peet's?

Análise do balanço patrimonial

5. Em junho de 2007, a General Electric (GE) tinha um valor contábil do patrimônio líquido de US$ 117 bilhões, 10,3 bilhões de ações em circulação e um preço de mercado de US$ 38,00 por ação. A GE também tinha US$ 16 bilhões em caixa e uma dívida total de US$ 467 bilhões.
   a. Qual era a capitalização de mercado da GE? Qual era o índice *market-to-book* da GE?
   b. Qual era o índice capital de terceiros/capital próprio contábil da GE? Qual era o índice capital de terceiros/capital próprio de mercado da GE?
   c. Qual era o valor de empresa da GE?

6. Em julho de 2007, a Apple possuía um caixa de US$ 7,12 bilhões, ativos circulantes de US$ 18,75 bilhões e passivos circulantes de US$ 6,99 bilhões. Ela também possuía estoques de US$ 0,25 bilhão.
   a. Qual era o índice de liquidez corrente da Apple?
   b. Qual era o índice de liquidez seca da Apple?

7. Em julho de 2007, a Dell possuía um índice de liquidez seca de 1,25 e um índice de liquidez corrente de 1,30. O que você pode afirmar sobre a liquidez dos ativos da Apple em relação à da Dell?

8. Em novembro de 2007, as seguintes informações eram verdadeiras sobre a Abercrombie and Fitch (ANF) e The Gap (GPS), ambas varejistas do setor de vestuário. Os valores (exceto o preço por ação) estão expressos em milhões de dólares.

	Patrimônio líquido contábil	Preço por ação	Número de ações
ANF	1.458	75,01	86,67
GPS	5.194	20,09	798,22

   a. Qual é o índice *market-to-book* de cada empresa?
   b. Que conclusões você pode tirar da comparação dos dois índices?

A demonstração de resultados e análise da demonstração de resultados

9. Encontre online o relatório anual 10-K da Peet's Coffee and Tea (PEET) protocolizado em abril de 2007. Responda as perguntas abaixo com base em sua demonstração de resultados:
   a. Qual foi a receita da Peet's em 2006? Qual foi o crescimento percentual dessa receita em relação à de 2005?
   b. Qual foi a margem de lucro operacional e a margem de lucro líquido da Peet em 2006? Qual é a relação dessas margens com as de 2005?
   c. Qual foi o lucro diluído por ação da Peet's em 2006? Em que número de ações esse EPS se baseia?

*10. Suponha que em 2007 a Global tenha lançado uma campanha de marketing agressiva que impulsionou as vendas em 15%. Entretanto, sua margem operacional diminuiu de 5,57% para 4,50%. Suponha que eles não tenham nenhuma outra renda, que as despesas com juros permaneçam inalteradas e que os impostos representem a mesma porcentagem da renda antes dos impostos de 2006.
   a. Qual foi o EBIT da Global em 2007?
   b. Qual foi a renda da Global em 2007?
   c. Se o índice P/E e o número de ações em circulação da Global permanecessem inalterados, qual seria o preço de suas ações em 2007?

11. Suponha que a alíquota fiscal que incide sobre uma empresa seja de 35%.
   a. Que efeito uma despesa operacional de US$ 10 milhões teria sobre os rendimentos desse exercício? Que efeito tal despesa teria sobre os rendimentos do exercício seguinte?
   b. Que efeito uma despesa de capital de US$ 10 milhões teria sobre os rendimentos desse exercício, se o capital sofresse uma depreciação de US$ 2 milhões ao ano por 5 anos? Que efeito tal despesa teria sobre os rendimentos do exercício seguinte?

12. Você está analisando a alavancagem de duas empresas e percebe o seguinte (todos os valores em milhões de dólares):

	Dívida	Patrimônio líquido contábil	Patrimônio líquido de mercado	Lucros operacionais	Despesas com juros
Empresa A	500	300	400	100	50
Empresa B	80	35	40	8	7

   a. Qual é o índice capital de terceiros/capital próprio de mercado de cada empresa?
   b. Qual é o índice capital de terceiros/capital próprio contábil de cada empresa?
   c. Qual é o índice de cobertura de juros de cada empresa?
   d. Qual empresa terá mais dificuldade em cumprir suas obrigações societárias?

13. Em 2007, a Wal-Mart e a Target tiveram as seguintes informações (todos os valores se encontram em milhões de dólares):

	Vendas (Demonstração de resultados)	Contas a receber (Balanço patrimonial)	Estoque (Balanço patrimonial)
Wal-Mart	348.650	2.767	34.184
Target	59.490	6.397	6.645

a. Qual é o prazo de recebimento em dias de cada empresa?
b. Qual é o giro do estoque de cada empresa?
c. Qual empresa está gerenciando suas contas a receber e seu estoque mais eficientemente?

*14. A Quisco Systems possui 6,5 bilhões de ações em circulação e um preço de US$ 18 por ação. Ela está pensando em desenvolver *in house* um novo produto de rede a um custo de US$ 500 milhões. Como alternativa, ela pode realizar a aquisição de uma empresa que já possui a tecnologia por US$ 900 milhões (no preço corrente) em ações da Quisco. Suponha que, desconsiderando a despesa com a nova tecnologia, a Quisco tenha um EPS de US$ 0,80.
   a. Suponha que a Quisco desenvolva o produto *in house*. Que impacto o custo de desenvolvimento teria sobre seu EPS? Suponha que todos os custos sejam assumidos esse ano e sejam tratados como uma despesa com P&D, que a alíquota fiscal que incide sobre a Quisco seja de 35% e que o número de ações em circulação permaneça inalterado.
   b. Suponha que a Quisco não desenvolva o produto *in house*, mas, em vez disso, adquira a tecnologia. Que efeito a aquisição teria sobre seu EPS desse ano? (Observe que as despesas de aquisição não aparecem diretamente na demonstração de resultados. Suponha que a empresa adquirida não possua receitas ou despesas próprias, de modo que o único efeito sobre o EPS seja devido à mudança no número de ações em circulação.)
   c. Que método de aquisição da tecnologia teria o menor impacto sobre os resultados? Este método é o mais barato? Explique.

15. Em dezembro de 2006, a American Airlines (AMR) tinha uma capitalização de mercado de US$ 6,7 bilhões, uma dívida de US$ 13,4 bilhões e US$ 0,12 bilhão em caixa. A American Airlines tinha uma receita de US$ 22,6 bilhões. A British Airways (BAB) tinha uma capitalização de mercado de US$ 11,7 bilhões, uma dívida de US$ 6,9 bilhões e US$ 3,0 bilhões em caixa, e uma receita de US$ 14,3 bilhões.
   a. Compare a razão entre capitalização de mercado e receita (também chamado de índice preço-venda) para a American Airlines e a British Airways.
   b. Compare a razão entre valor de empresa e receita para a American Airlines e a British Airways.
   c. Qual dessas comparações é mais significativa? Explique.

*16. Encontre online o relatório anual 10-K da Peet's Coffee and Tea (PEET) protocolizado em abril de 2007.
   a. Calcule a margem de lucro líquido, o giro dos ativos totais e o multiplicador do capital próprio da Peet's.
   b. Verifique a Análise DuPont para o ROE da Peet.
   c. Se os gerentes da Peet's quisessem aumentar seu ROE em um ponto percentual, quão mais alto teria que ser seu giro dos ativos?

17. Repita a análise das partes a e b do problema anterior para a Starbucks Coffee (SBUX). Com base na Análise DuPont, o que explica a diferença entre os ROEs das duas empresas?

A demonstração dos fluxos de caixa

18. Encontre online o relatório anual 10-K da Peet's Coffee and Tea protocolizado em abril de 2007. Responda as perguntas abaixo de acordo com sua demonstração de fluxos de caixa:
   a. Que valor de caixa a Peet's gerou com suas atividades operacionais em 2006?
   b. Qual foi a despesa com depreciação da Peet's em 2006?
   c. Que valor de caixa foi investido em novas propriedades e equipamentos (subtraindo quaisquer vendas) em 2006?
   d. A Peet's levantou caixa através de atividades de financiamento ou gastou dinheiro no valor total líquido em atividades de financiamento?

19. Observe a demonstração de fluxos de caixa da H. J. Heinz (HNZ) (todos os valores em milhares de dólares):

Demonstração de fluxos de caixa:	1 ago 07	2 mai 07	31 jan 07	1 nov 06
Lucro líquido	205.294	181.031	219.038	191.575
Atividades operacionais, fluxos de caixa gerados por ou gastos em				
Depreciação	69.625	71.525	68.712	60.564
Correções no lucro líquido	–3.789	80.721	19.999	2.732
Mudanças nas contas a receber	–23.332	80.237	–11.739	–64.366
Mudanças nos passivos	–134.348	160.089	–187.589	176.491
Mudanças nos estoques	–73.282	98.856	15.325	–194.113
Mudanças nas atividades operacionais	–31.052	163	1.391	47.010
Total do fluxo de caixa das atividades operacionais	9.116	672.623	125.137	219.893
Atividades de investimento, fluxos de caixa gerados por ou gastos em				
Despesas de capital	–58.212	–94.046	–60.974	–50.615
Investimentos	–	–	–	–
Outros fluxos de caixa provenientes de atividades de investimento	–43.004	–5.307	–36.947	–64.733
Total do fluxo de caixa das atividades de investimento	**–101.216**	**–99.353**	**–97.921**	**–115.348**
Atividades de financiamento, fluxos de caixa fornecidos ou visados por:				
Dividendos pagos	–123.204	–113.440	–115.339	–116.084
Compra e venda de ações	–127.332	–196.370	–207.674	–95.575
Empréstimos líquidos	14.980	–73.157	324.790	113.396
Outros fluxos de caixa provenientes das atividades de financiamento	11.209	–1.535	–2.635	5.057
Total de fluxos de caixa das atividades de financiamento	–224.347	–384.502	–858	–93.206
Efeito de mudanças na taxa de câmbio	15.564	45.118	12.957	289
Alterações em caixa e equivalentes	–300.883	US$ 233.886	US$ 39.315	US$ 11.628

a. Quais foram os lucros cumulativos da Heinz ao longo desses quatro trimestres? Quais foram os fluxos de caixa cumulativos das atividades operacionais?
b. Que fração do caixa das atividades operacionais foi utilizado para investimento ao longo dos quatro trimestres?
c. Que fração do caixa das atividades operacionais foi utilizado para atividades de financiamento ao longo dos quatro trimestres?

20. Suponha que sua empresa receba um pedido no valor de US$ 5 milhões no último dia do ano. Você atende ao pedido com US$ 2 milhões em estoques. O cliente recebe os produtos no mesmo dia, paga US$ 1 milhão à vista em dinheiro; você também emite uma fatura para o cliente pagar o saldo restante de US$ 4 milhões daqui a 40 dias. Suponha que a alíquota de impostos que incide sobre sua empresa seja de 0% (isto é, ignore os impostos). Determine as consequências desta transação para cada um dos itens a seguir:
   a. Receitas
   b. Resultados
   c. Contas a receber
   d. Estoque
   e. Caixa

21. A Nokela Industries compra um conversor de ciclo de US$ 40 milhões. O conversor de ciclo será depreciado em US$ 10 milhões ao ano por quatro anos, a começar deste ano. Suponha que a alíquota fiscal que incide sobre a Nokela seja de 40%.
   a. Que impacto o custo da compra terá sobre os rendimentos de cada um dos 4 próximos anos?
   b. Que impacto o custo da compra terá sobre o fluxo de caixa da empresa nos 4 próximos anos?

Outras informações das demonstrações contábeis

22. As informações do balanço patrimonial da Clorox Co. (CLX) em 2004-2005 são exibidas aqui (todos os valores estão expressos em milhares de dólares):

Balanço patrimonial:	31 mar 05	31 dez 04	30 set 04	30 jun 04
Ativos				
Ativo circulante				
Caixa e equivalentes de caixa	293.000	300.000	255.000	232.000
Contas a receber líquido	401.000	362.000	385.000	460.000
Estoques	374.000	342.000	437.000	306.000
Outros ativos circulantes	60.000	43.000	53.000	45.000
Total de ativos circulantes	1.128.000	1.047.000	1.130.000	1.043.000
Investimentos de longo prazo	128.000	97.000	–	200.000
Propriedade, instalações e equipamentos	979.000	991.000	995.000	1.052.000
Fundo de comércio	744.000	748.000	736.000	742.000
Outros ativos	777.000	827.000	911.000	797.000
Total de ativos	3.756.000	3.710.000	3.772.000	3.834.000
Passivos				
Passivos circulantes				
Contas a pagar	876.000	1.467.000	922.000	980.000
Dívidas de curto prazo / atuais de longo prazo	410.000	2.000	173.000	288.000
Outros passivos circulantes	–	–	–	–
Total de passivos circulantes	1.286.000	1.469.000	1.095.000	1.268.000
Dívidas de longo prazo	2.381.000	2.124.000	474.000	475.000
Outros passivos	435.000	574.000	559.000	551.000
Total de passivos	4.102.000	4.167.000	2.128.000	2.294.000
Total do patrimônio do líquido	–346.000	–457.000	1.644.000	1.540.000
Total de passivos e patrimônio do líquido	US$ 3.756.000	US$ 3.710.000	US$ 3.772.000	US$ 3.834.000

a. Que mudança no valor contábil do patrimônio líquido da Clorox aconteceu no fim de 2004?

b. O índice *market-to-book* da Clorox é significativo? E seu índice capital de terceiros/capital próprio contábil, é significativo? Explique.

c. Encontre online as demonstrações contábeis da Clorox daquela época. Qual foi a causa da mudança no valor contábil do patrimônio líquido da Clorox no fim de 2004?

d. O valor contábil do patrimônio líquido da Clorox em 2005 significa que a empresa não seja lucrativa? Explique.

Relatórios financeiros na prática (manipulação contábil)

23. Encontre online o relatório anual 10-K da Peet's Coffee and Tea (PEET) protocolizado em março de 2007.
    a. Que empresa de auditoria autenticou essas demonstrações contábeis?
    b. Que executivos da Peet's autenticaram as demonstrações contábeis?

24. A WorldCom reclassificou US$ 3,85 bilhões em despesas operacionais como desembolsos de capital. Explique o efeito que esta reclassificação teria sobre seus fluxos de caixa. (*Dica*: considere os impostos.) As ações da WorldCom foram ilegais e com o claro objetivo de enganar os investidores. Mas se uma empresa pudesse legitimamente escolher como classificar uma despesa com propósitos tributários, que escolha seria realmente melhor para seus investidores?

Caso simulado

Esta é a sua segunda entrevista com uma prestigiosa empresa de corretagem para um emprego como analista de patrimônio. Você sobreviveu às entrevistas do turno da manhã com o gerente de departamento e o vice-presidente de patrimônio. Tudo correu tão bem que eles querem testar sua capacidade como analista. Você está sentado em uma sala com um computador e uma lista com os nomes de duas empresas — Ford (F) e Microsoft (MSFT). Você tem 90 minutos para concluir as tarefas abaixo:

1. Faça um *download* das demonstrações de resultados, balanços patrimoniais e demonstrações de fluxos de caixa para os quatro últimos anos fiscais do *website* da MarketWatch (www.marketwatch.com). Entre com o símbolo da bolsa de valores de cada empresa e então vá para "Financials". Exporte as demonstrações para o Microsoft ® Excel clicando com o botão direito do mouse enquanto o cursor se encontra sobre cada demonstrativo.

2. Encontre preços históricos das ações de cada empresa no *website* do Yahoo! Finance (http://finance.yahoo.com). Entre com seu símbolo da bolsa de valores, clique em "Historical Prices" (preços históricos) na coluna da esquerda e entre com o período adequado, cobrindo o último dia do mês correspondente à data de cada demonstração contábil. Utilize os preços de fechamento das ações (e não o fechamento ajustado). Para calcular a capitalização de mercado das empresas em cada data, multiplicamos o número de ações em circulação (ver "Basic Weighted Shares Outstanding" ou média ponderada de ações em circulação na demonstração de resultados que você baixou no passo 1).

3. Para cada um dos quatro anos de demonstração, calcule os seguintes índices para cada empresa:

Índices de avaliação

Índice preço-lucro (como EPS, utilize o EPS diluído total)
Índice *market-to-book*
Quociente entre valor de empresa e EBITDA
(Para dívidas, inclua as de curto e as de longo prazo; para caixa, inclua títulos negociáveis.)

Índices de rentabilidade

Margem operacional (utilize o lucro operacional após a depreciação)
Margem de lucro líquido
Retorno sobre patrimônio líquido

Índices de força financeira

Índice de liquidez corrente
Índice de capital de terceiros/capital próprio contábil
Índice de capital de terceiros/capital próprio a valores de mercado
Índice de cobertura de juros (EBIT ÷ despesas com juros)

4. Obtenha as médias do setor para cada empresa no webiste da Microsoft (http://moneycentral.msn.com/investidor/home.asp). Entre com o símbolo da bolsa de valores de cada empresa no alto da página e então clique sobre "Financial Results" (resultados financeiros) e então "Key Ratios" (índices-chave) na coluna da esquerda.
   a. Compare os índices de cada empresa aos índices disponíveis do setor do ano mais recente. (Ignore a coluna "Company" [empresa], já que seus cálculos serão diferentes.)
   b. Analise o desempenho de cada empresa em relação ao setor e comente sobre quaisquer tendências no desempenho individual de cada uma delas. Identifique os pontos positivos ou negativos que você encontrou em cada empresa.

5. Examine os índices *market-to-book* que você calculou para cada empresa. Qual das duas empresas, se possível, pode ser considerada uma "empresa de crescimento" e qual, se possível, pode ser considerada uma "empresa de valores"?

6. Compare os índices de avaliação entre as duas empresas. Como você interpreta a diferença entre eles?

7. Considere o valor de empresa de cada empresa para cada um dos quatro anos. Como os valores de cada empresa mudaram ao longo do período em questão?

Taxas de Juros e Avaliação de Fluxos de Caixa

PARTE 2

A ligação com o Princípio da Avaliação. Nesta parte do livro, introduzimos as ferramentas básicas para a tomada de decisões financeiras. O Capítulo 3 apresenta a ideia mais importante deste livro, o Princípio da Avaliação. O Princípio da Avaliação afirma que podemos utilizar preços de mercado para determinar o valor de uma oportunidade de investimento para a empresa. À medida que progredirmos com nosso estudo de Finanças Empresariais, demonstraremos que o Princípio da Avaliação é o princípio unificador subjacente a toda a disciplina de finanças e que liga todas as ideias contidas neste livro.

Para um gerente financeiro, avaliar decisões financeiras envolve calcular o valor presente líquido dos fluxos de caixa futuros de um projeto. Utilizamos a Lei do Preço Único do Princípio da Avaliação para deduzir um conceito central em economia financeira – o valor do dinheiro no tempo. No Capítulo 4, explicaremos como avaliar qualquer série de fluxos de caixa futuros e deduziremos alguns atalhos úteis para avaliar vários tipos de padrões de fluxos de caixa. O Capítulo 5 discutirá como as taxas de juros são cotadas no mercado e como lidar com taxas de juros com capitalização mais frequente do que uma vez por ano. Aplicaremos o Princípio da Avaliação para demonstrar que o retorno exigido de um investimento irá depender da taxa de retorno sobre investimento com vencimento e risco similares aos fluxos de caixa sendo avaliados. Esta observação leva ao importante conceito do custo de capital de uma decisão de investimento. No Capítulo 6, demonstraremos uma aplicação das ferramentas do valor do dinheiro no tempo utilizando taxas de juros: avaliar títulos de dívida emitidos por corporações e governos.

Capítulo 3
O Princípio da Avaliação: o Fundamento da Tomada de Decisões Financeiras

Capítulo 4
NPV e o Valor do Dinheiro no Tempo

Capítulo 5
Taxas de Juros

Capítulo 6
Títulos de Dívida

3 O Princípio da Avaliação: o Fundamento da Tomada de Decisões Financeiras

OBJETIVOS DE APRENDIZAGEM

- Identificar o papel dos gerentes financeiros na tomada de decisões
- Reconhecer o papel que os mercados competitivos desempenham na determinação do valor de um bem
- Compreender o Princípio da Avaliação e como ele pode ser utilizado para identificar decisões que aumentam o valor da empresa
- Avaliar o efeito das taxas de juros sobre o valor de fluxos de caixa futuros hoje
- Utilizar a Regra do Valor Presente Líquido para tomar decisões de investimento
- Compreender a Lei do Preço Único

notação

r	taxa de juros	PV	valor presente
NPV	valor presente líquido		

ENTREVISTA COM Matt Herriot, Oxford & Hill Home Products

O que bolas de naftalina e finanças têm em comum? Ambas são importantes para o empresário Matt Herriot, vice-presidente executivo da Oxford & Hill Home Products. Os produtos inovadores da empresa, como o Moth Avoid, protege roupas, artigos de cama e mesa, artigos de coleção e outros valiosos artigos de fibras naturais dos danos causados por traças, pela umidade e pelo mofo. "As disciplinas de finanças que tive na Terry School of Business, da University of Georgia, deram a base de que eu preciso para minhas responsabilidades, que incluem precificação e previsão de vendas. Elas também me ajudam a me comunicar com sócios e investidores utilizando a linguagem dos negócios."

Matt concluiu seu MBA em 2005 e imediatamente colocou sua experiência com finanças em prática na recém-criada Oxford & Hill. Com base em sua experiência em outras empresas de cuidados com vestimentas, ele viu uma oportunidade ainda inexplorada no mercado de prevenção de traças. Um grande obstáculo para as empresas que produzem produtos químicos é o processo regulatório da Environmental Protection Agency (EPA). "Ponderamos o alto custo de se registrar junto à EPA agora em relação a seus benefícios futuros — entrar em um grande mercado com significativas barreiras à entrada e um concorrente mais lento — e decidimos que a receita e o lucro potenciais faziam deste um bom investimento e a base para bons negócios." Ele trabalhou com possíveis investidores para encontrar as opções de financiamento adequadas para a empresa e com sua equipe de gerência para alocar recursos de maneira eficaz, de modo a aumentar o valor da empresa. Antes de entrar para a Oxford & Hill e antes de seus estudos formais em finanças, Matt tinha uma bem-sucedida carreira em gerenciamento de vendas. Entretanto, seu limitado conhecimento de finanças se apresentava como uma grande desvantagem. Quando a empresa de corretagem de vendas e importações que ele abriu ficou sem dinheiro para saldar sua dívida substancial, Matt fechou a empresa e trabalhou com gerenciamento de vendas para uma empresa de bens de consumo. "Não ter formação em negócios não me deixava avançar na carreira, então decidi fazer meu MBA enquanto trabalhava em tempo integral. Eu achava a parte analítica do curso fascinante, e conseguia aplicar o que estava aprendendo no mundo real." O custo da decisão de Matt de retornar aos estudos certamente foi superado pelos benefícios de sua experiência na Oxford & Hill.

Terry School of Business, University of Georgia, 2005

"Ponderamos o alto custo de se registrar junto à EPA agora em relação a seus benefícios futuros e decidimos que a receita e o lucro potenciais faziam deste um bom investimento e a base para bons negócios."

Em meados de 2007, a Microsoft decidiu entrar em uma "guerra de lances" com os concorrentes Google e Yahoo! por uma participação no Facebook, um *website* de rede social em rápida expansão. Como os gerentes da Microsoft decidiram que esta seria uma boa decisão?

Toda decisão tem consequências futuras que afetarão o valor da empresa. Estas consequências geralmente incluem tanto benefícios quanto custos. Por exemplo, depois de elevar sua oferta, a Microsoft finalmente teve êxito em comprar uma participação de 1,6% no Facebook, juntamente com o direito exclusivo de colocar anúncios no *website*, por US$ 240 milhões. Além do custo à vista de US$ 240 milhões pelo acordo, a Microsoft também incorrerá em custos contínuos associados a desenvolvimento de *software* para a plataforma, além de infraestrutura de redes e marketing internacional no esforço de atrair anunciantes. Os benefícios do acordo para a Microsoft incluem as receitas associadas às vendas decorrentes da propaganda, juntamente com a valorização potencial de sua participação de 1,6% no Facebook caso o *website* seja vendido ou passe a vender ações ao público. Esta decisão aumentará o valor da Microsoft se esses benefícios superarem os custos.

De maneira mais geral, uma decisão é boa para os investidores da empresa se aumentar o valor da empresa oferecendo benefícios cujo valor excede os custos. Mas comparar custos e benefícios é complicado, porque geralmente eles ocorrem em diferentes pontos no tempo, ou são em diferentes moedas, ou podem ter diferentes riscos a eles associados. Para se fazer uma comparação válida, temos que utilizar ferramentas de finanças para expressar todos os custos e benefícios em termos comuns. Neste capítulo, introduziremos o conceito central das finanças e tema unificador deste livro, o *Princípio da Avaliação*. O Princípio da Avaliação afirma que podemos utilizar os preços de mercado correntes para determinar o valor hoje de diferentes custos e benefícios associados a uma decisão. O Princípio da Avaliação nos permite aplicar o conceito de *valor presente líquido* (NPV) para comparar os custos e benefícios de um projeto em termos de uma unidade comum — a saber, dólares hoje. Poderemos então avaliar uma decisão respondendo a esta pergunta: *o valor em dinheiro hoje de seus benefícios excede o de seus custos*? Além disso, veremos que a diferença entre o valor em dinheiro dos benefícios e dos custos indica o valor líquido em que a decisão irá aumentar o valor da empresa e, portanto, a riqueza de seus investidores. O Princípio da Avaliação também leva ao importante conceito da *Lei do Preço Único*, que mostrará ser uma ferramenta-chave na compreensão do valor de ações, títulos de dívida e outros títulos que são negociados no mercado.

3.1 Tomada de decisões gerenciais

A função de um gerente financeiro é tomar decisões em nome dos investidores da empresa. Por exemplo, um gerente de uma empresa manufatureira tem que decidir quanto deve produzir. Ao aumentar a produção, mais unidades podem ser vendidas, mas o preço por unidade provavelmente será mais baixo. Faz sentido aumentar a produção? Uma gerente de uma outra empresa talvez espere um aumento na demanda por seus produtos. Ela deve elevar os preços ou aumentar a produção? Se a decisão for aumentar a produção e for necessária uma nova fábrica, é melhor alugar ou comprar a fábrica? Quando os gerentes devem dar um aumento salarial a seus funcionários? Estes são alguns exemplos dos tipos de escolhas que os gerentes têm que enfrentar todos os dias.

Nosso objetivo neste livro é explicar como tomar decisões que aumentam o valor da empresa para seus investidores. A ideia é simples e intuitiva: Em boas decisões, os benefícios excedem os custos. Obviamente, as oportunidades do mundo real normalmente são complexas e, portanto, os custos e benefícios são difíceis de serem quantificados. Quantificá-los geralmente envolverá o uso de habilidades de outras disciplinas de gerenciamento, como nos exemplos abaixo:

Marketing: para determinar o aumento nas receitas resultantes de uma campanha publicitária.
Economia: para determinar o aumento na demanda resultante da diminuição do preço de um produto.
Comportamento organizacional: para determinar o efeito de mudanças na estrutura de gerenciamento sobre a produtividade.
Estratégia: para determinar a resposta de um concorrente a um aumento de preço.
Operações: para determinar os custos de produção após a modernização das instalações de uma fábrica.

Suas decisões financeiras pessoais

Apesar do foco deste livro ser as decisões tomadas por um gerente financeiro no ambiente empresarial, você logo verá que os conceitos e habilidades que você aprenderá aqui também se aplicam a decisões pessoais. Como parte normal da vida, todos tomamos decisões que fazem um *tradeoff* entre benefícios e custos em diferentes momentos. Ir para a faculdade, comprar este livro, poupar para dar entrada na compra de um novo automóvel ou de uma nova casa, tomar um empréstimo para financiar a compra de um automóvel ou casa, comprar ações e decidir entre diferentes empregos são apenas alguns exemplos das decisões que você já enfrentou ou poderá enfrentar em um futuro não muito distante. Neste capítulo, desenvolveremos o *Princípio da Avaliação* como o fundamento de toda tomada de decisões financeiras — estejam elas inseridas em um contexto empresarial ou pessoal — e começaremos a mostrar como ele é um tema unificador aplicável a todos os conceitos financeiros que você aprenderá.

No restante deste livro, suporemos que podemos contar com especialistas dessas diferentes áreas para nos fornecer essas informações, de modo que os custos e benefícios associados à decisão já tenham sido identificados. Uma vez que esta tarefa tenha sido realizada, o gerente financeiro terá que comparar os custos e benefícios e determinar a melhor decisão a ser tomada para o valor da empresa.

Fixação de conceitos

1. O que define uma boa decisão?
2. Qual é o papel do gerente financeiro na tomada de decisões para a empresa?

3.2 Análise de custo-benefício

Como já vimos, o primeiro passo na tomada de decisões é identificar os custos e benefícios de uma decisão. O próximo passo é quantificar os custos e benefícios. Qualquer decisão em que o valor dos benefícios excede os custos aumentará o valor da empresa. Para avaliar os custos e benefícios de uma decisão, temos que avaliar as opções nos mesmos termos — dinheiro hoje. Vejamos um simples exemplo para tornar essa ideia mais concreta.

Suponhamos que um fabricante de joias tenha a oportunidade de trocar 200 onças* de prata por 10 onças de ouro hoje. Uma onça de ouro difere em valor de uma onça de prata. Consequentemente, é incorreto comparar 200 onças a 10 onças e concluir que a quantidade maior é melhor. Em vez disso, para compararmos os custos da prata e os benefícios do ouro, primeiramente temos que quantificá-los em termos equivalentes — dinheiro hoje.

Consideremos a prata. Qual é o seu valor em dinheiro hoje? Suponhamos que a prata possa ser comprada e vendida por um preço de mercado corrente de US$ 10 por onça. Então, as 200 onças de prata de que abrimos mão possuem um valor em dinheiro de:[1]

$$(200 \text{ onças de prata}) \times (\text{US\$ } 10 / \text{onça de prata}) = \text{US\$ } 2.000$$

Se o preço de mercado corrente de ouro for de US$ 500 por onça, então as 10 onças de ouro que recebemos possui um valor em dinheiro de

$$(10 \text{ onças de ouro}) \times (\text{US\$ } 500 / \text{onça de ouro}) = \text{US\$ } 5.000$$

Agora quantificamos a decisão. A oportunidade do joalheiro possui um benefício de US$ 5.000 e um custo de US$ 2.000. O benefício líquido da decisão é de US$ 5.000 − US$ 2.000 = US$ 3.000. O valor líquido da decisão é positivo, então, ao aceitar a troca, a empresa de joias ficará US$ 3.000 mais rica.

---

*N. de T.: Onça (*ounce*, no original, cuja abreviatura é "oz") é uma medida de peso inglesa que equivale a 28,349 g.

[1] Talvez você tenha que se preocupar com comissões ou outros custos de transação que incidem ao comprar ou vender prata, além do preço de mercado. Por enquanto, ignoraremos custos de transação, e discutiremos seu efeito posteriormente.

EXEMPLO 3.1
Comparando custos e benefícios

Problema

Suponha que você trabalhe como gerente de contas para uma empresa importadora de frutos do mar congelados. Um cliente está disposto a comprar 300 libras* de camarão congelado hoje por um preço total de US$ 1.500, incluindo a entrega. Você pode comprar camarão congelado no mercado do atacado por US$ 3 por libra hoje, e combinar uma entrega a um custo de US$ 100 hoje. Aceitar esta oportunidade aumenta o valor da empresa?

Solução

▶ **Planejamento**

Para determinar se esta oportunidade aumentará o valor da empresa, precisamos avaliar os benefícios e os custos utilizando preços de mercado. Temos preços de mercado para nossos custos:

Preço do camarão no atacado: US$ 3/libra   Custo da entrega: US$ 100

Temos um cliente oferecendo o seguinte preço de mercado por 300 libras de camarão entregue: US$ 1.500. Só falta compará-los.

▶ **Execução**

O benefício da transação é US$ 1.500 hoje. Os custos são (300 lbs) × US$ 3/lb. = US$ 900 hoje pelo camarão e US$ 100 hoje pela entrega, totalizando um custo total de US$ 1.000 hoje. Se você estiver certo desses custos e benefícios, a decisão certa é óbvia: você deve aproveitar esta oportunidade porque a empresa ganhará US$ 1.500 − US$ 1.000 = US$ 500.

▶ **Avaliação**

Assim, aproveitar esta oportunidade contribui em US$ 500 para o valor da empresa, na forma de dinheiro que pode ser pago imediatamente aos investidores da empresa.

*N. de T.: Libra (abrevia-se "lb.") é uma medida de peso que equivale a aproximadamente 0,45 Kg.

Fixação de conceitos

3. Como determinamos se uma decisão aumenta o valor da empresa?
4. Quando os custos e benefícios estão em diferentes unidades ou bens, como podemos compará-los?

3.3 Princípio da Avaliação

Nos exemplos anteriores, as decisões adequadas para as empresas eram claras porque os custos e benefícios eram fáceis de avaliar e comparar. Eles foram fáceis de avaliar porque pudemos utilizar preços de mercado correntes para convertê-los em valores equivalentes em dinheiro. Uma vez que possamos expressar custos e benefícios em termos de "dinheiro hoje", é um processo fácil compará-los e determinar se a decisão aumentará o valor da empresa.

Observe que em ambos os exemplos utilizamos preços de mercado para avaliar os valores das diferentes mercadorias envolvidas. E quanto aos outros usos possíveis dessas mercadorias pela empresa? Por exemplo, considere o fabricante de joias com a oportunidade de trocar prata por ouro. Ao avaliar a troca comercial, não nos preocupamos em saber se o joalheiro achava que o preço era justo ou se o joalheiro realmente teria um uso para a prata ou o ouro. Suponha, por exemplo, que o joalheiro ache que o preço corrente da prata esteja alto demais. Isso importa — ele avaliaria a prata em menos de US$ 2.000? A resposta é não — ele sempre poderá vender a prata pelo preço de mercado atual e receber US$ 2.000 imediatamente, então ele nunca colocaria um valor mais baixo na prata. Da mesma maneira, ele também não pagará mais de US$ 2.000 pela prata. Mesmo se ele realmente precisar de prata ou por algum motivo achar que o preço da prata está baixo demais, ele sempre poderá comprar 200 onças de prata por US$ 2.000, e portanto não pagaria mais do que este valor. Assim, independentemente de suas opiniões ou preferências, o valor da prata para o joalheiro é US$ 2.000.

mercado competitivo Um mercado em que as mercadorias podem ser compradas e vendidas pelo mesmo preço.

Observe que o joalheiro pode tanto vender quanto comprar a prata a seu valor de mercado corrente. Suas preferências pessoais pela prata e sua opinião sobre o preço justo são, portanto, irrelevantes na avaliação do valor desta oportunidade. Esta observação ressalta um importante princípio geral relacionado à troca comercial de bens em um **mercado competitivo**, um mercado no qual um bem pode ser comprado *e* vendido ao mesmo preço. Sempre que um bem é negociado em um mercado competitivo, este preço determina o valor do bem. Esta é uma das ideias mais centrais e mais poderosas em finanças. Ela estará por trás de quase todos os conceitos que desenvolveremos ao longo deste livro.

EXEMPLO 3.2

Os preços do mercado competitivo determinam valores

Problema

Você acaba de vencer uma competição no rádio e está desapontado em descobrir que o prêmio é quatro ingressos para um show da turnê de reunião do Def Leppard (valor de face de US$ 40 cada). Não sendo fã do *power rock* da década de 1980, você não tem nenhuma intenção de ir ao show. Entretanto, você acaba descobrindo que há uma segunda opção: dois ingressos para o show de sua banda favorita, que estão esgotados (valor de face de US$ 45 cada). Você percebe que no eBay os ingressos para o show do Def Leppard estão sendo comprados e vendidos a US$ 30 cada e os ingressos para o show de sua banda favorita estão sendo comprados e vendidos a US$ 50 cada. O que você deve fazer?

Solução

▶ **Planejamento**

Os preços de mercado, e não suas preferências pessoais (nem o valor de face dos ingressos), são relevantes aqui:

- 4 ingressos do Def Leppard a US$ 30 cada
- 2 ingressos de sua banda favorita a US$ 50 cada

Você precisa comparar o valor de mercado de cada opção e escolher aquele com maior valor de mercado.

▶ **Execução**

Os ingressos do Def Leppard têm um valor total de US$ 120 (4 × US$ 30) *versus* o valor total de US$ 100 dos outros dois ingressos (2 × US$ 50). Em vez de escolher os ingressos do show de sua banda favorita, você deve aceitar os ingressos do Def Leppard, vendê-los no eBay, e utilizar o resultado monetário para comprar 2 ingressos para o show de sua banda favorita. Você até terá US$ 20 sobrando para comprar uma camiseta.

▶ **Avaliação**

Apesar de você preferir sua banda favorita, você ainda deveria aproveitar a oportunidade de pegar os ingressos do Def Leppard. Como enfatizamos anteriormente, se esta oportunidade é atraente ou não depende de seu valor líquido utilizando-se preços de mercado. Como o valor dos ingressos para o show do Def Leppard é US$ 20 maior do que o valor dos ingressos para o show de sua banda favorita, a oportunidade é atraente.

Uma vez que tivermos utilizado preços de mercado para avaliar os custos e benefícios de uma decisão em termos de dinheiro hoje, é então uma questão simples determinar a melhor decisão para a empresa. A melhor decisão torna a empresa e seus investidores mais ricos porque o valor de seus benefícios excede o valor de seus custos. Chamamos essa ideia de Princípio da Avaliação:

O Princípio da Avaliação:

O valor de uma mercadoria ou ativo para a empresa ou seus investidores é determinado por seu preço de mercado competitivo. Os benefícios e custos de uma decisão devem ser avaliados utilizando-se esses preços de mercado. Quando o valor dos benefícios excede o valor dos custos, a decisão aumentará o valor de mercado da empresa.

O Princípio da Avaliação fornece a base para a tomada de decisões em todo este livro. No restante deste capítulo, primeiramente o aplicaremos a decisões cujos custos e benefícios ocorrem em diferentes pontos no tempo e desenvolveremos a principal ferramenta da avaliação de projetos, a *Regra do Valor Presente Líquido*. Consideraremos então suas consequências para os preços de ativos no mercado e desenvolveremos o conceito da *Lei do Preço Único*.

Quando os preços de mercados competitivos não estão disponíveis

Os preços de mercados competitivos nos permitem calcular o valor de uma decisão sem nos preocuparmos com os gostos e opiniões do responsável pela tomada de decisões. Quando não há preços competitivos disponíveis, não podemos mais fazer isso. Os preços em lojas de varejo, por exemplo, são unilaterais: pode-se comprar pelo preço anunciado, mas não se podem vender os bens para a loja pelo mesmo preço. Não podemos utilizar estes preços unilaterais para determinar o valor exato em dinheiro. Eles determinam o valor máximo do bem (já que ele sempre pode ser comprada por esse preço), mas um indivíduo pode avaliá-lo por muito menos dependendo de suas preferências.

Consideremos um exemplo. Há muito tempo é comum que os bancos tentem seduzir as pessoas a abrir contas oferecendo-lhes algo em troca gratuitamente (costumava ser uma torradeira). Em 2007, o Key Bank estava oferecendo a universitários um iPod nano gratuito se eles abrissem uma nova conta corrente e fizessem dois depósitos. Na época, o preço de um iPod nano no varejo era US$ 199. Como não há mercado competitivo no qual se possa negociar iPods, o valor do nano depende de se você já ia comprar um ou não.

Se você já planejasse comprar um nano de qualquer maneira, então o valor do nano para você seria de US$ 199, o preço que você pagaria por ele se não o ganhasse. Neste caso, o valor da oferta do banco é de US$ 199. Mas suponha que você não queira ou não precise de um nano. Se você fosse recebê-lo do banco e então vendê-lo, o valor de aceitar a oferta seria o preço que você conseguisse pelo nano. Por exemplo, se você conseguisse vender o nano a US$ 150 para um amigo, então a oferta do banco valeria US$ 150 para você. Assim, dependendo de seu desejo de possuir ou não um nano, a oferta do banco vale algo entre US$ 150 (se você não quiser um nano) e US$ 199 (se você certamente quiser um).

EXEMPLO 3.3

Aplicando o Princípio da Avaliação

Problema

Você é o gerente de operações de sua empresa. Devido a um contrato pré-existente, você tem a oportunidade de adquirir 200 barris de petróleo e 3.000 libras de cobre por um total de US$ 25.000. O preço de mercado corrente do petróleo é de US$ 90 por barril e o do cobre é de US$ 3,50 por libra. Você não tem certeza de que precisará de todo este petróleo e cobre, então está pensando se deve ou não aproveitar esta oportunidade. Qual é o seu valor? Sua decisão mudaria se você acreditasse que o valor do petróleo ou do cobre cairá vertiginosamente ao longo do próximo mês?

Solução

▶ **Planejamento**

Precisamos quantificar os custos e benefícios utilizando preços de mercado. Estamos comparando US$ 25.000 com:

200 barris de petróleo a US$ 90 por barril
3.000 libras de cobre a US$ 3,50 por libra

▶ **Execução**

Utilizando os preços do mercado competitivo, temos:

$$(200 \text{ barris}) \times (\text{US\$ } 90/\text{barril hoje}) = \text{US\$ } 18.000 \text{ hoje}$$
$$(3.000 \text{ libras de cobre}) \times (\text{US\$ } 3,50/\text{libra hoje}) = \text{US\$ } 10.500 \text{ hoje}$$

O valor da oportunidade é o valor do petróleo mais o valor do cobre menos o custo de oportunidade, ou US$ 18.000 + US$ 10.500 − US$ 25.000 = US$ 3.500 hoje. Como o valor é positivo, devemos aceitá-la. Este valor depende somente dos preços de mercado *correntes* do petróleo e do cobre. Se não precisarmos de todo o petróleo e cobre, podemos vender o excesso a preços de mercado correntes. Mesmo se achássemos que o valor do petróleo estivesse para cair vertiginosamente, o valor deste investimento não seria alterado. (Podemos sempre trocá-los por dólares imediatamente a preços de mercado correntes.)

▶ **Avaliação**

Como estamos realizando a transação hoje, apenas os preços correntes em um mercado competitivo são importantes. Nosso uso próprio ou nossa opinião em relação às possibilidades futuras do petróleo ou do cobre não alteram o valor da decisão hoje. Esta decisão é boa para a empresa, e aumentará seu valor em US$ 3.500.

Fixação de conceitos

5. Como devemos determinar o valor de um bem?
6. Se o petróleo bruto é negociável em um mercado competitivo, uma refinaria de petróleo que tem um uso para o petróleo o avaliaria de maneira diferente de um outro investidor?

3.4 O valor do dinheiro no tempo e as taxas de juros

Para a maioria das decisões financeiras, ao contrário dos exemplos apresentados até este momento, os custos e benefícios ocorrem em diferentes pontos no tempo. Por exemplo, projetos de investimento típicos incorrem em custos à vista e trazem benefícios no futuro. Nesta seção, mostraremos como lidar com esta diferença de tempo ao utilizar o Princípio da Avaliação para tomar uma decisão.

O valor do dinheiro no tempo

Considere uma oportunidade de investimento de uma empresa com os seguintes fluxos de caixa:

Custo: US$ 100.000 hoje
Benefício: US$ 105.000 em um ano

Já que ambos são expressos em termos de dólares, custo e benefício são diretamente comparáveis? Calcular o valor líquido do projeto como US$ 105.000 − US$ 100.000 = US$ 5.000 é incorreto porque ignora a *cronologia* dos custos e benefícios. Isto é, trata dinheiro hoje como equivalente a dinheiro em um ano. Em geral, um dólar hoje vale *mais* do que um dólar em um ano. Para compreender por quê, observe que se você possui 1 dólar hoje, pode investi-lo. Por exemplo, se você depositá-lo em uma conta bancária que paga 7% de juros, terá US$ 1,07 ao fim de um ano. Chamamos a diferença de valor entre dinheiro hoje e dinheiro no futuro de **valor do dinheiro no tempo**. Agora desenvolveremos as ferramentas necessárias para avaliar nossa oportunidade de investimento de US$ 100.000 corretamente.

valor do dinheiro no tempo A diferença em valor entre dinheiro hoje e dinheiro no futuro; também, a observação de que dois fluxos de caixa em dois pontos diferentes no tempo têm diferentes valores.

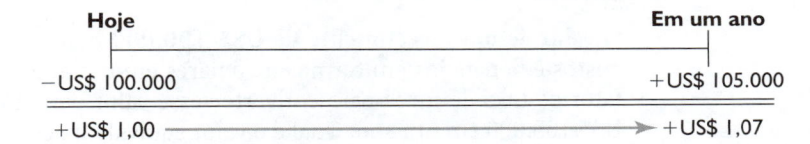

	Hoje	Em um ano
	−US$ 100.000	+US$ 105.000
	+US$ 1,00 →	+US$ 1,07

A taxa de juros: uma taxa cambial ao longo do tempo

Ao depositarmos dinheiro em uma conta poupança, podemos converter dinheiro hoje em dinheiro no futuro sem nenhum risco. Da mesma forma, ao contrairmos um empréstimo de um banco, podemos trocar dinheiro no futuro por dinheiro hoje. A taxa pela qual podemos trocar dinheiro hoje por dinheiro no futuro é determinada pela taxa de juros corrente. Da mesma maneira que uma taxa cambial nos permite converter dinheiro de uma moeda para outra, a taxa de juros nos permite converter dinheiro de um ponto no tempo para outro. Em essência, a taxa de juros é como uma taxa cambial ao longo do tempo. Ela nos diz o preço de mercado hoje de dinheiro no futuro.

Suponhamos que a taxa de juros anual seja de 7%. Ao investirmos US$ 1 hoje, podemos converter este US$ 1 em US$ 1,07 em um ano. Da mesma maneira, ao fazermos empréstimos a esta taxa, podemos trocar US$ 1,07 em um ano por US$ 1 hoje. Em termos mais gerais, definimos a **taxa de juros**, r, para um dado período como a taxa de juros pela qual se pode contrair ou conceder empréstimos naquele mesmo período. Em nosso exemplo, a taxa de juros é de 7% e podemos trocar 1 dólar hoje por $(1 + 0,07)$ dólares no futuro. Em geral, podemos trocar 1 dólar hoje por $(1 + r)$ dólares no futuro e vice-versa. Chamamos $(1 + r)$ de **fator da taxa de juros** para fluxos de caixa; ele define como convertemos fluxos de caixa ao longo do tempo, e possui unidades de "dólares em um ano / dólares hoje".

taxa de juros A taxa de juros pela qual pode-se tomar ou conceder empréstimos durante determinado período.

fator da taxa de juros Um mais a taxa de juros, é a taxa de troca entre dólares hoje e dólares no futuro. Possui unidades de "US$ em um ano/US$ hoje".

Assim como outros preços de mercado, a taxa de juros depende da oferta e da demanda. Particularmente, à taxa de juros, a oferta de poupança é igual à demanda de empréstimos. Mas independentemente de como ela é determinada, após conhecermos a taxa de juros, podemos aplicar o Princípio da Avaliação e utilizá-la para avaliar outras decisões em que custos e benefícios estejam separados no tempo.

Valor de um investimento de US$ 100.000 em um ano. Reavaliemos o investimento que consideramos anteriormente, considerando, desta vez, o valor do dinheiro no tempo. Se a taxa de juros é de 7%, então podemos expressar nossos custos como:

$$\text{Custo} = (\text{US\$ 100.000 hoje}) \times (\text{US\$ 1,07 em um ano/US\$ hoje})$$
$$= \text{US\$ 107.000 em um ano}$$

Pensemos neste valor como o custo da oportunidade de gastar US$ 100.000 hoje: a empresa abre mão dos US$ 107.000 que ela teria em um ano se tivesse deixado o dinheiro no banco.

Como alternativa, ao tomar US$ 100.000 emprestados do mesmo banco, a empresa deveria US$ 107.000 em um ano.

	Hoje	Em um ano
Investimento	−US$ 100.000	+US$ 105.000
Banco	−US$ 100.000	+US$ 107.000

Utilizamos um preço de mercado, a taxa de juros, para colocar custos e benefícios em termos de "dólares em um ano", então agora podemos utilizar o Princípio da Avaliação para compará-los e calcular o valor líquido do investimento subtraindo o custo do investimento do benefício em um ano:

$$\text{US\$ 105.000} - \text{US\$ 107.000} = -\text{US\$ 2.000 em um ano}$$

Em outras palavras, a empresa poderia ganhar US$ 2.000 a mais em um ano colocando os US$ 100.000 no banco em vez de fazer este investimento. Como o valor líquido é negativo, devemos rejeitar o investimento: se o fizéssemos, a empresa estaria US$ 2.000 mais pobre em um ano.

O valor de um investimento de US$ 100.000 hoje. O cálculo anterior expressou o valor de custos e benefícios em termos de dólares em um ano. Como alternativa, podemos utilizar o fator da taxa de juros para converter esse valor para dólares hoje. Considere o benefício de US$ 105.000 em um ano. Qual é o valor equivalente em termos de dólares hoje? Isto é, quanto precisaríamos ter no banco hoje para termos US$ 105.000 no banco em um ano? Encontramos este valor dividindo o benefício pelo fator da taxa de juros:

$$\text{Benefício} = (\text{US\$ 105.000 em um ano}) \div (\text{US\$ 1,07 em um ano/US\$ hoje})$$
$$= \text{US\$ 98.130,84 hoje}$$

Este também é o valor que o banco nos emprestaria hoje se prometêssemos pagar US$ 105.000 em um ano.[2] Assim, este é o valor de mercado competitivo pelo qual podemos "comprar" ou "vender" US$ 105.000 em um ano.

	Hoje	Em um ano
Valor do custo hoje	−US$ 100.000	+US$ 105.000
Valor do benefício hoje	+US$ 98.130,84 ←	105.000 / 1,07

Agora estamos prontos para calcular o valor líquido do investimento subtraindo o custo do benefício:

$$\text{US\$ 98.130,84} - \text{US\$ 100.000} = -\text{US\$ 1.869,16 hoje}$$

Mais uma vez, o resultado negativo indica que devemos recusar o investimento. Fazê-lo nos deixaria US$ 1.869,16 mais pobres hoje porque teríamos abdicado de US$ 100.000 por algo que vale somente US$ 98.130,84.

---

[2] Estamos supondo que o banco estaria disposto a conceder empréstimos pela mesma taxa de juros de 7%, o que seria o caso se não houvesse nenhum risco associado ao fluxos de caixa.

Valor presente *versus* valor futuro. Este cálculo demonstra que nossa decisão é a mesma quer expressemos o valor do investimento em termos de dólares em um ano, quer o expressemos em dólares hoje: devemos rejeitar o investimento. De fato, se passarmos de dólares hoje para dólares em um ano,

$$(-US\$\ 1.869{,}16\ \text{hoje}) \times (US\$\ 1{,}07\ \text{em um ano/US\$ hoje}) = -US\$\ 2.000\ \text{em um ano}$$

vemos que os dois resultados são equivalentes, mas expressos como valores em diferentes pontos no tempo. Quando expressamos o valor em termos de dólares hoje, chamamos de **valor presente** (**PV**, ou *present value*, no original) do investimento. Se o expressarmos em termos de dólares no futuro, chamamos de **valor futuro** do investimento.

valor presente (PV) O valor de um custo ou benefício calculado em termos de dinheiro hoje.

valor futuro O valor de um fluxo de caixa que é movimentado para um ponto no futuro.

Fatores e taxas de descapitalização*. No cálculo anterior, podemos interpretar

$$\frac{1}{1+r} = \frac{1}{1{,}07} = 0{,}93458$$

fator de descapitalização O valor hoje de um dólar recebido no futuro.

taxa de descapitalização A taxa utilizada para descontar uma sequência de fluxos de caixa para determinar o valor destes em um ponto no passado.

como o *preço* hoje de US$ 1 em um ano. Em outras palavras, por pouco menos de 93,5 centavos, você pode "comprar" US$ 1 a ser entregue em um ano. Observe que o valor é menor do que US$ 1 — dinheiro no futuro vale menos hoje, portanto, seu preço reflete uma descapitalização. Por fornecer o desconto como o qual podemos comprar o dinheiro no futuro, a quantia é chamada de **fator de descapitalização** de um ano. A taxa de juros também é chamada de **taxa de descapitalização** de um investimento.

EXEMPLO 3.4
Comparando receitas em diferentes pontos no tempo

Problema

O lançamento do PlayStation 3, da Sony, foi adiado até novembro de 2006, dando ao Xbox, da Microsoft, um ano inteiro no mercado sem concorrência. Imagine que seja novembro de 2005 e que você seja o gerente de marketing do PlayStation. Você estima que se o PlayStation 3 estivesse pronto para ser lançado imediatamente, você poderia vender o equivalente a US$ 2 bilhões em consoles em seu primeiro ano. Entretanto, se seu lançamento for adiado por um ano, você acredita que a vantagem da Microsoft reduzirá as vendas de seu primeiro ano em 20%. Se a taxa de juros é de 8%, qual é o custo de um adiamento das receitas do primeiro ano em termos de dólares de 2005?

Solução

▶ **Planejamento**

Receitas se lançado hoje: US$ 2 bilhões   Diminuição na receita se adiado: 20%   Taxa de juros: 8%

Precisamos calcular as receitas se o lançamento for adiado e compará-las às receitas que seriam recebidas se o produto fosse lançado hoje. Entretanto, para que seja feita uma comparação justa, precisamos converter as receitas futuras do PlayStation se o lançamento for adiado em um valor presente equivalente dessas receitas hoje.

▶ **Execução**

Se o lançamento for adiado para 2006, as receitas cairão em 20% de US$ 2 bilhões, ou US$ 400 milhões, para US$ 1,6 bilhão. Para comparar esse valor às receitas de US$ 2 bilhões se o produto fosse lançado em 2005, temos que convertê-lo utilizando a taxa de juros de 8%:

US$ 1,6 bilhão em 2006 ÷ (US$ 1,08 em 2006/US$ 1 em 2005) = US$ 1,481 bilhão em 2005

Portanto, o custo de um atraso de um ano é

US$ 2 bilhões − US$ 1,481 bilhão = US$ 0,519 bilhão (US$ 519 milhões).

▶ **Avaliação**

Adiar o projeto por um ano era equivalente a abdicar de US$ 519 milhões em dinheiro. Neste exemplo, focalizamos somente o efeito sobre as receitas do primeiro ano. Entretanto, adiar o lançamento atrasa todo o fluxo de receitas em um ano, então o custo total seria calculado da mesma maneira, somando o custo do adiamento para cada ano de receitas.

---

* N. de R. T.: É importante destacar que este livro usa a palavra desconto como sinônimo de descapitalização no regime dos juros compostos. Descontar implica em trazer fluxos de caixa futuros a valor presente, descapitalizados mediante o uso de uma taxa de juros capitalizada de forma composta.

FIGURA 3.1

Conversão entre dólares hoje e ouro ou dólares no futuro

Podemos converter dólares hoje em diferentes bens ou pontos no tempo utilizando o preço de mercado competitivo ou a taxa de juros. Quando os valores estiverem em termos equivalentes, podemos utilizar o Princípio da Avaliação para tomar uma decisão.

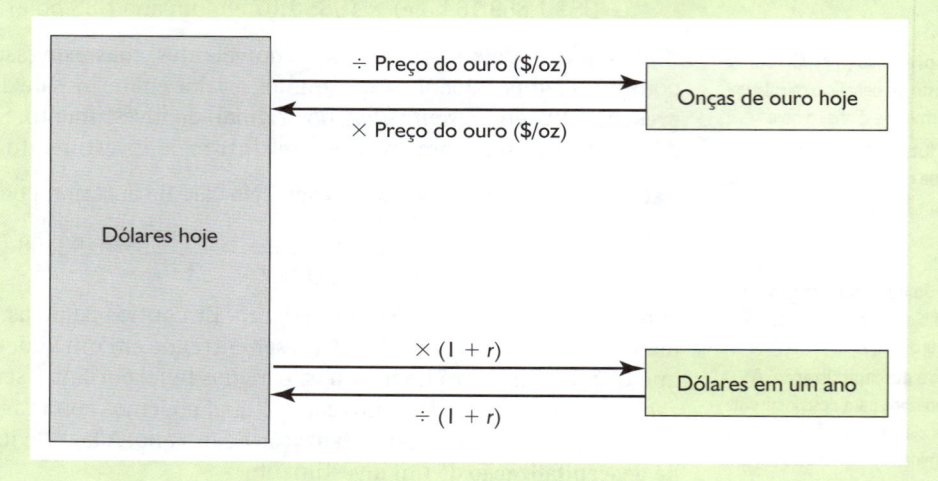

[Diagrama: Dólares hoje ↔ Onças de ouro hoje (÷ Preço do ouro ($/oz) / × Preço do ouro ($/oz)); Dólares hoje ↔ Dólares em um ano (× (1 + r) / ÷ (1 + r))]

Podemos utilizar a taxa de juros para determinar valores da mesma maneira que utilizamos preços do mercado competitivo. A Figura 3.1 ilustra como utilizamos preços do mercado competitivo e taxas de juros para converter dólares hoje em outros bens, ou em dólares no futuro. Quando tivermos quantificado todos os custos e benefícios de um investimento em termos de dólares hoje, poderemos utilizar o Princípio da Avaliação para determinar se o investimento aumentará ou não o valor da empresa.

Fixação de conceitos

7. Como podemos comparar custos em diferentes pontos no tempo?
8. O valor hoje de dinheiro a ser recebido em um ano é maior quando as taxas de juros são altas ou quando são baixas?

3.5 A Regra de Decisão do NPV

Na Seção 3.4, convertemos entre dinheiro hoje e dinheiro no futuro utilizando a taxa de juros. Enquanto convertermos custos e benefícios para o mesmo ponto no tempo, poderemos utilizar o Princípio da Avaliação para tomar uma decisão. Na prática, porém, a maioria das corporações prefere medir valores em termos de seu valor presente — isto é, em termos de dinheiro hoje. Nesta seção, aplicaremos o Princípio da Avaliação para deduzir o conceito de *valor presente líquido* ou *NPV*, que podemos utilizar para definir a "regra fundamental" da tomada de decisões financeiras, a *Regra do NPV*.

Valor presente líquido

Quando o valor de um custo ou benefício é calculado em termos de dinheiro hoje, o chamamos de valor presente (PV). Da mesma forma, definimos o **valor presente líquido** (**NPV**) de um projeto ou investimento como a diferença entre o valor presente de seus benefícios e o valor presente de seus custos:

Valor Presente Líquido
$$NPV = PV(\text{Benefícios}) - PV(\text{Custos}) \quad (3.1)$$

valor presente líquido (NPV) A diferença entre o valor presente dos benefícios de um investimento ou projeto e o valor presente de seus custos.

Consideremos um exemplo simples. Suponha que a sua empresa seja oferecida a seguinte oportunidade de investimento: em troca de US$ 500 hoje, você receberá US$ 550 em um ano. Se a taxa de juros é de 8% ao ano, então

$$PV \text{ (Benefício)} = (\text{US\$ 550 em um ano}) \div (\text{US\$ 1,08 em um ano / US\$ hoje})$$
$$= \text{US\$ 509,26 hoje}$$

Este PV é o valor que teríamos que colocar no banco hoje para gerar US$ 550 em um ano. Em outras palavras, *o valor presente é o valor que você precisa investir à taxa de juros corrente para recriar o fluxo de caixa*. Podemos pensar nisso como o custo em dinheiro hoje de gerarmos "nós mesmos" o fluxo de caixa.

Uma vez que os custos e benefícios estejam expressos em termos de valor presente, podemos calcular o NPV do investimento:

$$NPV = \text{US\$ 509,26} - \text{US\$ 500} = \text{US\$ 9,26 hoje}$$

Mas e se não possuirmos os US$ 500 para cobrir o custo inicial do projeto? O projeto ainda terá o mesmo valor? Porque se calcularmos o valor utilizando preços de mercados competitivos, ele não dependerá de nosso gosto ou da quantidade de dinheiro que possuímos no banco. Se não possuímos os US$ 500, suponhamos a contração de um empréstimo de US$ 509,26 de um banco com uma taxa de juros de 8%, e então façamos o investimento. Quais serão nossos fluxos de caixa neste caso?

Hoje: US$ 509,26 (empréstimo) − US$ 500 (investidos no projeto) = US$ 9,26

Em um ano: US$ 550 (do projeto) − US$ 509,26 × 1,08 (capitalização do empréstimo) = US$ 0

Esta transação nos deixa com exatamente US$ 9,26 a mais em nosso bolso hoje e nenhuma obrigação líquida no futuro. Então, investir no projeto é como ter US$ 9,26 a mais em dinheiro à vista. Assim, o NPV expressa o valor de uma decisão de investimento como um valor em dinheiro recebido hoje. *Contanto que o NPV seja positivo, a decisão aumentará o valor da empresa e será uma boa decisão independentemente de suas necessidades monetárias atuais ou preferências relativas a quando gastar o dinheiro.*

A Regra de Decisão do NPV

Como mostra o último exemplo, o Princípio da Avaliação implica que devemos empreender projetos com um NPV positivo. Isto é, bons projetos são aqueles para os quais o valor presente dos benefícios excede o valor presente dos custos. Consequentemente, o valor da empresa aumenta e os investidores ficam mais ricos. Os projetos com NPVs negativos têm custos que excedem seus benefícios. Aceitá-los é equivalente a perder dinheiro hoje.

Descrevemos esta lógica na **Regra de Decisão do NPV**:

Ao tomar uma decisão de investimento, escolha a alternativa com NPV mais alto. Escolher esta alternativa é equivalente a receber seu NPV em dinheiro hoje.

Regra de Decisão do NPV Ao escolher entre alternativas de investimento, escolha a alternativa com o NPV mais alto. Escolher esta alternativa equivale a receber seu NPV em dinheiro hoje.

Como o NPV é expresso em termos de dinheiro hoje, utilizar a Regra de Decisão do NPV é uma maneira simples de aplicar o Princípio da Avaliação. As decisões que aumentam a riqueza são melhores do que aquelas que a diminuem. Não precisamos saber nada sobre as preferências do investidor para chegarmos a essa conclusão: contanto que tenhamos descrito corretamente todos os fluxos de caixa de um projeto, ser mais ricos aumenta nossas opções e nos coloca em uma situação melhor, quaisquer que sejam nossas preferências.

Agora veremos algumas maneiras comuns de se aplicar a regra do NPV na prática.

Realizar ou recusar um projeto. Realizar ou recusar um projeto é uma decisão financeira comum. Como recusar um projeto geralmente significa que $NPV = 0$ (não realizar o projeto não traz novos custos ou benefícios), a Regra de Decisão do NPV implica que devemos

- Realizar os projetos com NPV positivo, pois realizá-los equivale a receber seu NPV em dinheiro hoje, e
- Recusar os projetos com NPV negativo; ao realizá-los estaríamos diminuindo a riqueza dos investidores, enquanto que recusá-los não nos traz custo algum ($NPV = 0$).

Se o NPV for exatamente zero, então você não sairá ganhando nem perdendo ao realizar o projeto em vez de rejeitá-lo, o que também possui um NPV igual a zero. Este não é, portanto, um projeto ruim por não reduzir o valor da empresa, já que o valor também não aumenta.

EXEMPLO 3.5
O NPV equivale a dinheiro hoje

Problema

Após economizar US$ 1.500 trabalhando como garçom, você está para comprar uma TV de plasma de 42 polegadas. Você percebe que a loja está oferecendo uma promoção de "um ano para pagar". Você pode levar a TV para casa hoje e não pagar nada até daqui a um ano, quando você deverá o preço de compra de US$ 1.500 à loja. Se sua conta poupança paga juros de 5% por ano, qual é o NPV desta oferta? Mostre que seu NPV representa dinheiro em seu bolso.

Solução

▸ **Planejamento**

Você está recebendo algo (a TV) que vale US$ 1.500 hoje, e em troca terá que pagar US$ 1.500 em um ano. Pense nisso como receber de volta os US$ 1.500 que você acha que teria que gastar hoje para comprar a TV. Tratamos isso como um fluxo de caixa positivo.

Fluxos de caixa:

Hoje	Em um ano
+US$ 1.500	−US$ 1.500

A taxa de desconto para calcular o valor presente do pagamento em um ano é sua taxa de juros de 5%. Você precisa comparar o valor presente do custo (US$ 1.500 em um ano) ao benefício hoje (uma TV de US$ 1.500).

▸ **Execução**

$$NPV = +1.500 - \frac{1.500}{(1,05)} = 1.500 - 1.428,57 = US\$\ 71,43$$

Você poderia pegar US$ 1.428,57 dos US$ 1.500 que você tinha poupado para a TV e depositá-los em sua conta poupança. Com juros, em um ano esse valor aumentaria para US$ 1.428,57 × (1,05) = US$ 1.500, suficiente para pagar a loja. Os US$ 71,43 extras são dinheiro no seu bolso para gastar como você quiser (ou poupar para comprar o sistema de alto-falantes para sua nova sala de mídia).

▸ **Avaliação**

Ao aceitar a oferta de pagamento adiado, temos fluxos de caixa líquidos extras de US$ 71,43 hoje. Se colocarmos US$ 1.428,57 no banco, será exatamente o suficiente para saldar nossa obrigação de US$ 1.500 no futuro. Portanto, esta oferta é equivalente a receber US$ 71,43 hoje, sem nenhuma obrigação líquida futura.

Escolher entre projetos. Os gerentes também utilizam a Regra de Decisão do NPV para escolher entre projetos. Suponha que você possua um *stand* de café em frente ao *campus* universitário e contrate alguém para operá-lo para você. Você irá se formar no próximo ano e começou a pensar em vendê-lo. Um investidor ofereceu comprar o negócio de você por US$ 20.000 quando você quiser. Sua taxa de juros é de 10% e você está considerando três alternativas:

1. Vender o negócio agora.
2. Operar normalmente por mais um ano e então vender o negócio (exige que você gaste US$ 5.000 em suprimentos e em mão de obra agora, mas lhe trará US$ 10.000 no final do ano).
3. Abrir somente pelas manhãs por mais um ano e então vender o negócio (exige que você gaste US$ 3.000 em suprimento e mão-de-obra agora, mas lhe trará US$ 6.000 no final do ano).

Os fluxos de caixa e NPV são dados na Tabela 3.1.

Capítulo 3 O Princípio da Avaliação: o Fundamento da Tomada de Decisões Financeiras

TABELA 3.1 Fluxos de caixa e NPVs para alternativas da *stand* de café

	Agora	Em um ano		NPV
Vender	+US$ 20.000	0		US$ 20.000
Operar normalmente	−US$ 5.000	+US$ 10.000 +US$ 20.000	$-US\$ 5.000 + \dfrac{US\$ 30.000}{1,10} =$	US$ 22.273
Somente manhãs	−US$ 3.000	+US$ 6.000 +US$ 20.000	$-US\$ 3.000 + \dfrac{US\$ 26.000}{1,10} =$	US$ 20.636

Dentre estas três alternativas, você escolheria aquela com o NPV mais alto: operar normalmente por um ano e então vender o negócio.

NPV e necessidades de caixa

Quando comparamos projetos com diferentes padrões de fluxos de caixa presentes e futuros, podemos ter preferências em relação a quando receber o dinheiro. Alguns podem precisar do dinheiro hoje; outros podem preferir economizar para o futuro. Em nosso exemplo do *stand* de café, operar normalmente por mais um ano e então vender o negócio possui o NPV mais alto. Entretanto, esta opção exige um desembolso inicial para suprimentos (em oposição a vender o *stand* de café e receber US$ 20.000 hoje). Suponha que você preferisse evitar o fluxo de caixa negativo hoje. Vender o negócio seria uma opção melhor neste caso?

Assim como para o joalheiro que estava considerando trocar prata por ouro na Seção 3.2, a resposta novamente é não. Contanto que você seja capaz de tomar e conceder empréstimos à taxa de juros, operar por mais um ano é uma opção superior, quaisquer que sejam nossas preferências em relação à cronologia dos fluxos de caixa. Para compreender por quê, suponha que você tome US$ 25.000 emprestados à taxa de 10% (em um ano, você deverá US$ 25.000 × (1,10) = US$ 27.500) e opere o *stand* normalmente por mais um ano. Seus fluxos de caixa totais são exibidos na Tabela 3.2. Compare esses fluxos de caixa com os da venda. A combinação de empréstimo e operar por um ano gera o mesmo fluxo de caixa inicial que vender. Observe, porém, que há um fluxo de caixa final mais alto (US$ 2.500 *versus* US$ 0). Assim, estaremos em melhor situação operando o *stand* por um ano e tomando US$ 25.000 emprestados hoje do que vendendo-o imediatamente.

Este exemplo ilustra o seguinte princípio geral:

Independentemente de nossas preferências por dinheiro hoje versus dinheiro no futuro, devemos sempre maximizar o NPV primeiro. Podemos então contrair ou conceder um empréstimo para variar os fluxos de caixa ao longo do tempo, e encontrar nosso padrão preferido de fluxos de caixa.

Fixação de conceitos

9. O que é a Regra de Decisão do NPV? Qual é a sua relação com o Princípio da Avaliação?
10. Por que a Regra de Decisão do NPV não depende das preferências do investidor?

TABELA 3.2 Fluxos de caixa decorrentes de combinar mais um ano de operação com empréstimo

	Fluxo de caixa hoje	Fluxo de caixa em um ano
Operar normalmente	−US$ 5.000	US$ 30.000
Tomar emprestado	US$ 25.000	−US$ 25.000 × (1,10) = −US$ 27.500
Total	US$ 20.000	US$ 2.500
Vender hoje	US$ 20.000	0

3.6 A Lei do Preço Único

Até agora, enfatizamos a importância de se utilizar preços de mercados competitivos para calcular o NPV. Mas sempre existe apenas *um* preço assim? E se os mesmos bens forem negociados por diferentes preços em diferentes mercados? Considere o ouro. O ouro é negociado em muitos mercados diferentes, sendo os maiores em Nova York e Londres. O ouro é negociado com facilidade em muitos mercados porque os investidores não negociam literalmente em barras de ouro (que são bastante pesadas!), mas sim direitos de propriedade de ouro que está armazenado com segurança em algum lugar. Para avaliar uma onça de ouro, poderíamos procurar o preço competitivo em qualquer um desses mercados. Mas suponhamos que o ouro esteja sendo negociado por US$ 850 por onça em Nova York e por US$ 900 por onça em Londres. Que preço devemos utilizar?

Na verdade, situações como esta, em que o mesmo ativo está sendo negociado com diferentes preços, não devem ocorrem em um mercado competitivo. Vejamos por quê. Lembre-se que estes são preços de mercados competitivos, pelos quais é possível comprar *e* vender. Assim, você pode fazer dinheiro nessa situação simplesmente comprando ouro por US$ 850 por onça em Nova York e vendendo-o imediatamente por US$ 900 por onça em Londres. Você obterá US$ 900 − US$ 850 = US$ 50 por onça para cada onça comprada e vendida. Ao negociarmos 1 milhão de onças por esses preços, obteríamos US$ 50 milhões sem nenhum risco ou investimento! Este é um caso em que aquele velho ditado, "Compre barato, venda caro", poderia ser seguido perfeitamente.

Obviamente, não seríamos os únicos a realizar essas transações. Todos que vissem esses preços iriam querer negociar o máximo de onças possível. Dentro de segundos, o mercado de Nova York seria inundado de ordens de compra e o mercado de Londres seria inundado de ordens de venda. Apesar de algumas onças (negociadas pelos felizardos que encontraram esta oportunidade primeiro) poderem até ser negociadas por esses preços, o preço do ouro em Nova York subiria rapidamente em resposta a todos os pedidos, e o preço em Londres cairia rapidamente. Os preços continuariam a mudar até se igualarem em algum ponto médio, como US$ 875 por onça. Este exemplo ilustra uma *oportunidade de arbitragem*, o foco desta seção.

Arbitragem

A prática de comprar e vender bens equivalentes em diferentes mercados para tirar proveito de uma diferença de preços chama-se **arbitragem**. De maneira mais geral, chamamos de **oportunidade de arbitragem** qualquer situação em que seja possível obter lucro sem assumir nenhum risco ou fazer nenhum investimento. Como uma oportunidade de arbitragem possui um NPV positivo, sempre que ela surge nos mercados financeiros o Princípio da Avaliação indica que os investidores correrão para tirar proveito dela. Aqueles investidores que identificarem a oportunidade primeiro e que puderem negociar rapidamente poderão explorá-la. Uma vez tendo feito suas negociações, os preços responderão, fazendo a oportunidade de arbitragem desaparecer.

Oportunidades de arbitragem são como notas de dinheiro caídas na rua; uma vez encontradas, desaparecem rapidamente. Assim, a situação normal nos mercados deve ser não existirem oportunidades de arbitragem.

Lei do Preço Único

Em um mercado competitivo, o preço do ouro em qualquer ponto no tempo será o mesmo em Londres e em Nova York. A mesma lógica se aplica de modo mais geral sempre que oportunidades de investimento equivalentes são negociadas em dois diferentes mercados competitivos. Se os preços diferirem nos dois mercados, os investidores lucrarão imediatamente comprando no mercado em que o preço está mais baixo e vendendo no mercado em que ele está mais alto. Ao fazê-lo, eles irão igualar os preços. Consequentemente, os preços não irão diferir (pelo menos não por muito tempo). Esta importante propriedade é a **Lei do Preço Único**:

---

arbitragem A prática de comprar e vender bens ou carteiras equivalentes para tirar proveito de uma diferença de preço.

oportunidade de arbitragem Qualquer situação em que é possível obter lucro sem correr nenhum risco ou fazer nenhum investimento.

Lei do Preço Único Em mercados competitivos, títulos ou carteiras com os mesmos fluxos de caixa têm que ter o mesmo preço.

Arbitragem

Preços de varejo ao redor do mundo

CIDADE	MOEDA	US$
Tóquio	9.800 ienes	US$80
Hong Kong	HK$ 4.695	83
NY		85
Frankfurt	€79	102
Roma	€79	102
Londres	£55	108
Bruxelas	€89	115
Paris	€89	115

iPod shuffle 1GB

Os preços, incluindo os impostos, são fornecidos pelos varejistas de cada cidade, dos quais se tira a média, e esta é convertida em dólares americanos.

O *Wall Street Journal* ocasionalmete publica artigos sobre "oportunidades de arbitragem" observando as diferenças de preço do mesmo item em diferentes países. Nesta edição de janeiro de 2007, o jornal compara os preços do iPod shuffle. O preço é listado na moeda local e convertido em dólares americanos. Se o transporte fosse gratuito, você compraria quantos iPod shuffles você pudesse conseguir em Tóquio e os revenderia em Paris e Bruxelas. Se você pudesse comprar e vender a preços de varejo, você teria um lucro de US$ 115 − US$ 80 = US$ 30 em cada shuffle!

Fonte: *Wall Street Journal*, Jan 31, 2007.

Uma velha piada

Há uma velha piada que muitos professores de finanças gostam de contar a seus alunos. É mais ou menos assim:

Um professor de finanças e um aluno estão andando em uma rua. O aluno vê uma nota de US$ 100 no chão e se abaixa para pegá-la. O professor de finanças imediatamente intervém e diz: "Não se dê ao trabalho; nada vem de graça. Se fosse uma nota de US$ 100 verdadeira aí no chão, alguém já a teria pegado!".

Esta piada brinca com o princípio da ausência de arbitragem em mercados competitivos. Mas quando os riscos cessam, o professor então pergunta se alguém já *realmente* achou uma nota de USUS$ 100 no chão. O silêncio que se segue é a verdadeira lição por trás da piada.

Esta piada resume o porquê de focar mercados onde não existem oportunidades de arbitragem. Notas de US$ 100 gratuitamente no chão, assim como oportunidades de arbitragem, são extremamente raras, por dois motivos: (1) por ser uma grande quantia de dinheiro, as pessoas são especialmente cuidadosas para não perder notas de US$ 100 e (2) no raro evento de alguém inadvertidamente deixar cair uma nota de US$ 100, a probabilidade de você encontrá-la antes de outra pessoa é extremamente pequena.

Se oportunidades de investimento equivalentes forem negociadas simultaneamente em diferentes mercados competitivos, elas terão que ser negociadas pelo mesmo preço em ambos os mercados.

A Lei do Preço Único mostrará ser uma ferramenta poderosa mais adiante neste livro, quando avaliarmos títulos como ações ou títulos de dívida. Mostraremos que qualquer título financeiro pode ser pensado como um direito a fluxos de caixa futuros. A Lei do Preço Único implica que se houver uma outra maneira de se recriar os fluxos de caixa futuros do título financeiro, então o preço do título financeiro e o custo de recriá-lo têm que ser iguais. Lembre-se de que anteriormente definimos o valor presente de um fluxo de caixa como o custo de recriá-lo em um mercado competitivo. Assim, temos a seguinte implicação da Lei do Preço Único para títulos financeiros:

O preço de um título deve ser igual ao valor presente dos fluxos de caixa futuros obtidos em decorrência da posse deste título.

EXEMPLO 3.6

Precificando um título utilizando a Lei do Preço Único

Problema

Você está considerando comprar um título, um "título de dívida", que paga US$ 1.000 livre de risco em um ano, e não possui outro fluxo de caixa. Se a taxa de juros é de 5%, qual deve ser seu preço?

Solução

▶ **Planejamento**

O título produz um único fluxo de caixa em um ano:

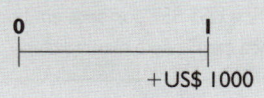

```
0                1
|_____|
                +US$ 1000
```

A Lei do Preço Único lhe diz que o valor de um título que paga US$ 1.000 em um ano é o valor presente deste fluxo de caixa de US$ 1.000, calculado como o fluxo de caixa descontado pela taxa de juros. A taxa de juros de 5% implica que US$ 1,05 em um ano vale US$ 1 hoje.

Execução
O valor presente do fluxo de caixa de US$ 1.000 é

$$\text{US\$ 1.000 em um ano} \div \frac{\text{US\$ 1,05 em um ano}}{\text{US\$ hoje}} = \text{US\$ 952,38 hoje}$$

Então o preço tem que ser US$ 952,38.

Avaliação
Como podemos receber US$ 1.000 em um ano por um "preço" de US$ 952,38 simplesmente investindo à taxa de juros (isto é, US$ 952,38 × 1,05 = US$ 1.000), a Lei do Preço Único lhe diz que o preço do título tem que ser igual a este preço "faça por si próprio", que é o valor presente de seu fluxo de caixa avaliado utilizando-se taxas de juros de mercado. Para compreender por que isso tem que ser verdade, considere o que aconteceria se o preço fosse diferente. Se o preço fosse US$ 950, você poderia tomar US$ 950 emprestados a uma taxa de juros de 5% e comprar o título de dívida. Em um ano, você poderia receber os US$ 1.000 do título de dívida e quitar seu empréstimo (US$ 950 × 1,05 = US$ 997,50), embolsando a diferença. Na verdade, você tentaria fazer a mesma coisa para o maior número de títulos de dívida possível. Mas todos os outros também iriam querer tirar proveito dessa arbitragem comprando o título, então seu preço subiria rapidamente. Da mesma maneira, se o preço fosse maior que US$ 952,38, todos venderiam o título de dívida, investiriam o resultado monetário a 5%, e em um ano teriam mais do que os US$ 1.000 necessários para pagar o comprador do título. A venda faria o preço do título de dívida cair até essa arbitragem não ser mais possível – quando chegasse a US$ 952,38. Esta poderosa aplicação da Lei do Preço Único mostra que o preço que você paga pelos fluxos de caixa de um título não pode ser diferente de seu valor presente.

custo de transações Na maioria dos mercados, uma despesa como uma comissão de corretor e o *spread* de compra e venda que os investidores têm que pagar a fim de negociar títulos.

Custos de transações

Em nossos exemplos até agora, ignoramos os custos envolvidos na compra e venda de bens ou títulos. Na maioria dos mercados, há custos adicionais em que você incorrerá ao negociar ativos, chamados de **custos de transações**. Como discutimos no Capítulo 1, quando negociamos títulos em mercados como a NYSE e a NASDAQ, temos que pagar dois tipos de custos de transações. Em primeiro lugar, temos que pagar uma comissão pelo negócio a nosso corretor. Em segundo lugar, como geralmente pagamos um preço um pouco mais alto ao comprar um título (o preço de venda), também pagaremos o *spread* de compra e venda. Por exemplo, uma quota de ações da Dell Inc. (símbolo DELL no painel de cotações) pode ser cotada da seguinte maneira:

Venda: US$ 40,50   Compra: US$ 40,70

Podemos interpretar essas cotações como se o preço competitivo da Dell fosse de US$ 40,60, mas existisse um custo de transação de 10 centavos por ação na compra ou venda.

Que consequências esses custos de transações têm sobre os preços na ausência de arbitragem e sobre a Lei do Preço Único? Anteriormente, afirmamos que o preço do ouro em Nova York e Londres tem que ser idêntico em mercados competitivos. Suponha, porém, que um total dos custos de transações de US$ 5 por onça sejam associados à compra de ouro em um mercado e sua venda em outro. Então, se o preço do ouro é US$ 850 por onça em Nova York e US$ 852 por onça em Londres, a estratégia "compre barato e venda caro" não é mais válida:

Custo: US$ 850 por onça (comprar ouro em Nova York) + US$ 5 (custos de transações)

Benefício: US$ 852 por onça (vender ouro em Londres)

NPV: US$ 852 − US$ 850 − US$ 5 = −US$ 3 por onça

De fato, não existe oportunidade de arbitragem neste caso até que os preços divirjam em mais de US$ 5, o valor dos custos de transações.

Em geral, precisamos modificar nossas conclusões anteriores sobre os preços na ausência de arbitragem anexando a frase "até os custos de transações". Neste exemplo, há apenas um preço competitivo para o ouro — até uma discrepância de US$ 5 no custo de transações.

Felizmente, na maioria dos mercados financeiros estes custos são baixos. Por exemplo, em 2007, os *spreads* de compra e venda típicos para grandes ações da NYSE eram de entre 2 e 5 centavos por ação. Como uma primeira aproximação, podemos ignorar esses *spreads* em nossa análise. Apenas em situações em que o NPV é pequeno (em relação aos custos de transações) uma discrepância fará alguma diferença. Neste caso, teremos que considerar cuidadosamente todos os custos de transações para decidir se o NPV é positivo ou negativo.

Em resumo, quando há custos de transações, a arbitragem mantém os preços de bens e títulos equivalentes próximos uns dos outros. Os preços podem se desviar, mas não em muito mais do que o custo de transações.

No resto do livro, exploraremos os detalhes da implementação da Lei do Preço Único para avaliar títulos. Especificamente, determinaremos os fluxos de caixa associados a ações, títulos de dívida e outros títulos, e aprenderemos como calcular o valor presente desses fluxos de caixa levando em consideração sua cronologia e seu risco.

Fixação de conceitos

11. Se a Lei do Preço Único fosse violada, como os investidores poderiam lucrar?
12. Que implicação a Lei do Preço Único tem para o preço de um título financeiro?

RESUMO DO CAPÍTULO

Pontos principais e equações	Termos	Oportunidades de prática online
3.1 Tomada de decisões gerenciais ▸ Para avaliar uma decisão, temos que avaliar os custos e benefícios incrementais associados a esta decisão. Uma boa decisão é aquela para a qual o valor dos benefícios excede o valor dos custos.		MyFinanceLab Study Plan 3.1
3.2 Análise de custo-benefício ▸ Para comparar custos e benefícios que ocorrem em diferentes pontos no tempo, temos que colocar todos os custos e benefícios em termos comuns. Tipicamente, convertemos os custos e benefícios em dinheiro hoje.		MyFinanceLab Study Plan 3.2
3.3 Princípio da Avaliação ▸ Um mercado competitivo é um mercado no qual um bem pode ser comprado e vendido pelo mesmo preço. Utilizamos preços de mercados competitivos para determinar o valor em dinheiro de um bem. ▸ O Princípio da Avaliação afirma que o valor de uma mercadoria ou um ativo para a empresa ou para seus investidores é determinado por seu preço no mercado competitivo. Os benefícios e custos de uma decisão devem ser avaliados utilizando-se esses preços de mercado. Quando o valor dos benefícios excede o valor dos custos, a decisão aumenta o valor de mercado da empresa.	mercado competitivo, p. 99 Princípio da Avaliação, p. 99	MyFinanceLab Study Plan 3.3
3.4 O valor do dinheiro no tempo e as taxas de juros ▸ O valor do dinheiro no tempo é a diferença em valor entre dinheiro hoje e dinheiro no futuro. ▸ A taxa pela qual podemos trocar dinheiro hoje por dinheiro no futuro realizando empréstimos ou investindo é a taxa de juros de mercado corrente. ▸ O valor presente (PV) de um fluxo de caixa é seu valor em termos de dinheiro hoje.	fator de descapitalização, p. 103 taxa de descapitalização, p. 103 valor futuro, p. 103 taxa de juros, p. 101 fator da taxa de juros, p. 101 valor presente (PV), p. 103 valor do dinheiro no tempo, p. 101	MyFinanceLab Study Plan 3.4

3.5 A Regra de Decisão do NPV ▸ O valor presente líquido (NPV) de um projeto é *PV*(Benefícios) − *PV*(Custos) ▸ Um bom projeto é um projeto com um valor presente líquido positivo. ▸ A Regra de Decisão do NPV diz que, ao escolher dentre um conjunto de alternativas, escolha aquela com NPV mais alto. O NPV de um projeto é equivalente ao valor do projeto em dinheiro hoje. ▸ Independentemente de nossas preferências por dinheiro hoje ou dinheiro no futuro, devemos sempre primeiro maximizar o NPV. Podemos então contrair ou conceder empréstimos para alterar os fluxos de caixa ao longo do tempo e encontrar nosso padrão preferido de fluxos de caixa.	Valor presente líquido (NPV), p. 104 Regra de Decisão do NPV, p. 105	MyFinanceLab Study Plan 3.5
3.6 A Lei do Preço Único ▸ Arbitragem é o processo de realizar negociações de modo a tirar proveito de bens equivalentes que tenham preços diferentes em diferentes mercados competitivos. ▸ A Lei do Preço Único afirma que se bens ou títulos equivalentes estiverem sendo negociados simultaneamente em diferentes mercados competitivos, eles serão negociados pelo mesmo preço em cada mercado. Esta lei equivale a dizer que não devem existir oportunidades de arbitragem. ▸ O preço de um título deve ser igual ao valor presente dos fluxos de caixa futuros esperados obtidos em decorrência da posse deste título.	arbitragem, p. 108 oportunidade de arbitragem, p. 108 Lei do Preço Único, p. 108 custos de transações, p. 110	MyFinanceLab Study Plan 3.6

Questões de revisão

1. O que torna uma decisão de investimento uma boa decisão?
2. Qual é a importância de nossas preferências pessoais ao avaliarmos uma decisão de investimento?
3. Por que os preços de mercado são úteis para um gerente financeiro?
4. Como o Princípio da Avaliação ajuda um gerente financeiro a tomar decisões?
5. Como podemos comparar diretamente valores em dólar recebidos em diferentes pontos no tempo?
6. Qual é a relação entre a regra do valor presente líquido e a análise de custo-benefício?
7. Se há mais de um projeto a ser empreendido, como o gerente financeiro deve escolher entre eles?
8. Qual é a relação entre arbitragem e a Lei do Preço Único?

Problemas

Um realce em verde (■) indica problemas disponíveis no MyFinanceLab. Um asterisco (*) indica problemas com um nível de dificuldade mais alto.

Análise de custo-benefício

1. A Honda Motor Company pretende oferecer um desconto de US$ 2.000 em sua minivan, baixando o preço do veículo de US$ 30.000 para US$ 28.000. O grupo de marketing estima que

este desconto irá aumentar as vendas no ano seguinte de 40.000 para 55.000 veículos. Suponha que a margem de lucro da Honda com o desconto seja de US$ 6.000 por veículo. Se a mudança nas vendas é a única consequência desta decisão, quais são seus custos e benefícios? É uma boa ideia?

2. Você é um negociante internacional de camarão. Um produtor de alimentos da República Tcheca oferece lhe pagar 2 milhões de korunas tchecas hoje em troca de um ano de fornecimento de camarão congelado. Seu fornecedor tailandês lhe suprirá o mesmo fornecimento por 3 milhões de bahts tailandeses hoje. Se as taxas de câmbio correntes no mercado competitivo são de 25,50 korunas por dólar e 41,25 bahts por dólar, qual o valor deste negócio?

3. Suponha que seu empregador lhe ofereça uma escolha entre um bônus de US$ 5.000 e 100 ações da empresa. Qualquer que seja sua escolha, você a receberá hoje. As ações da empresa estão sendo negociadas por US$ 63 cada.
   a. Suponha que se você receber o bônus em ações, você esteja livre para negociá-las. Que forma de bônus você deve escolher? Qual é seu valor?
   b. Suponha que se você receber o bônus em ações, você tenha que mantê-las por pelo menos um ano. O que se pode dizer em relação ao valor do bônus em ações agora? De que dependerá sua decisão?

Princípio da Avaliação

4. Bubba é um criador de camarão. Ironicamente, Bubba é alérgico a crustáceos, então não pode comer camarão. Todo dia ele tem um suprimento de uma tonelada de camarão. O preço de mercado de camarão é de US$ 10.000 por tonelada.
   a. Qual é o valor de uma tonelada de camarão para ele?
   b. Este valor mudaria se ele não fosse alérgico a camarão? Por quê?

5. Brett possui um pomar de amendoeiras, mas está enjoado de amêndoas e prefere comer nozes. O proprietário do pomar de nogueiras vizinho ofereceu trocar a colheita deste ano com Brett em uma troca justa. Suponha que ele produza 1.000 toneladas de amêndoas e seu vizinho produza 800 toneladas de nozes. Se o preço de mercado das amêndoas é US$ 100 por tonelada e o preço de mercado das nozes é US$ 1,10 por tonelada:
   a. Ele deve fazer a troca?
   b. Faz diferença se ele prefere amêndoas ou nozes? Por quê?

O valor do dinheiro no tempo e as taxas de juros

6. Você tem US$ 100 e um banco está oferecendo 5% de juros sobre depósitos. Se você depositar o dinheiro no banco, quanto você terá em um ano?

7. Você espera ter US$ 1.000 em um ano. Um banco está oferecendo empréstimos a 6% de juros por ano. Quanto você pode tomar emprestado hoje?

8. Um amigo pede que você lhe empreste US$ 55 e em retorno ele lhe pagará US$ 58 em um ano. Se seu banco está oferecendo uma taxa de juros de 6% sobre depósitos e empréstimos:
   a. Quanto você teria em um ano se você depositasse os US$ 55 em vez de emprestá-los?
   b. Quanto você poderia tomar emprestado hoje se você pagar ao banco US$ 58 em um ano?
   c. Você deve emprestar o dinheiro ao seu amigo ou depositá-lo no banco?

9. Suponha que a taxa de juros seja de 4%.
   a. Ter US$ 200 hoje é equivalente a ter que quantia em um ano?
   b. Ter US$ 200 em um ano é equivalente a ter que quantia hoje?
   c. O que você preferiria, US$ 200 hoje ou US$ 200 em um ano? Sua resposta depende de quando você precisa do dinheiro? Por quê?

A Regra de Decisão do NPV

10. À sua empresa de armazenagem foram oferecidos US$ 100.000 em um ano para armazenar alguns bens por um ano. Suponha que seus custos sejam de US$ 95.000, a pagar imediatamente, e a taxa de juros seja de 8%. Você deve aceitar o contrato?

11. Você dirige uma empresa de construção. Você acaba de fechar um contrato para construir um edifício de repartição pública. Construí-lo exigirá um investimento de US$ 10 milhões hoje e US$ 5 milhões em um ano. O governo lhe pagará US$ 20 milhões em um ano mediante a conclusão do edifício. Suponha que a taxa de juros seja de 10%.

a. Qual é o NPV desta oportunidade?
b. Como a sua empresa pode transformar este NPV em dinheiro hoje?

12. Sua empresa identificou três projetos de investimento potenciais. Os projetos e seus fluxos de caixa são exibidos abaixo:

Projeto	Fluxo de caixa hoje (US$)	Fluxo de caixa em um ano (US$)
A	−10,00	20,00
B	5,00	5,00
C	20,00	−10,00

Suponha que todos os fluxos de caixa sejam garantidos e que a taxa de juros seja de 10%.
a. Qual é o NPV de cada projeto?
b. Se a empresa puder escolher apenas um desses projetos, qual ela deve escolher?
c. Se a empresa puder escolher dois desses projetos, quais ela deve escolher?

13. Sua empresa fabricante de computadores tem que comprar 10.000 teclados de um fornecedor. Um fornecedor exige um pagamento de US$ 100.000 hoje, mais US$ 10 por teclado a serem pagos em um ano. Um outro fornecedor cobra US$ 21 por teclado, também a serem pagos em um ano. A taxa de juros é de 6%.
a. Qual é a diferença em suas ofertas em termos de dólares hoje? Que oferta sua empresa deve aceitar?
b. Suponha que sua empresa não queira gastar dinheiro hoje. Como ela pode aceitar a primeira oferta e não gastar US$ 100.000 de seu próprio capital hoje?

A Lei do Preço Único

14. Suponha que o Banco Um ofereça uma taxa de juros de 5,5% para poupança e empréstimos e o Banco Dois ofereça uma taxa de juros de 6% para poupança e empréstimos.
a. Que oportunidade de arbitragem está disponível?
b. Que banco sofreria um aumento repentino na demanda por empréstimos? Que banco sofreria um aumento repentino em depósitos?
c. O que você esperaria acontecer com as taxas de juros que os dois bancos estão oferecendo?

15. Se o custo de comprar um CD e copiar as faixas para seu iPod (inclusive seu tempo para fazer isso) é US$ 25, qual é o máximo que a Apple poderia cobrar no iTunes por um CD inteiro de 15 faixas?

16. Algumas empresas fazem *cross-list* de suas ações, o que significa que suas ações são negociadas em mais de uma bolsa de valores. Por exemplo, Research in Motion, a empresa criadora dos aparelhos de telefonia celular Blackberry, tem suas ações negociadas tanto na Bolsa de Valores de Toronto quanto na NASDAQ. Se seu preço em Toronto for de 100 dólares canadenses por ação e qualquer pessoa puder trocar dólares canadenses por dólares americanos à taxa de US$ 0,95 por CDN$ 1,00, qual tem que ser o preço das ações da RIM na NASDAQ?

* **17.** Utilize o conceito de arbitragem e o fato de que as taxas de juros são positivas para provar que a viagem no tempo nunca será possível.

4 NPV e o Valor do Dinheiro no Tempo

OBJETIVOS DE APRENDIZAGEM

- Construir um diagrama de fluxo de caixa como o primeiro passo na solução de problemas
- Calcular o valor de fluxos de caixa distantes no presente e de fluxos de caixa correntes no futuro
- Avaliar uma sequência de vários fluxos de caixa
- Compreender como calcular o valor presente líquido de qualquer conjunto de fluxos de caixa
- Aplicar atalhos para avaliar conjuntos especiais de fluxos de caixa regulares chamados de *perpetuidades* e *anuidades*
- Calcular o número de períodos, o fluxo de caixa ou a taxa de retorno de um empréstimo ou investimento

notação

C	fluxo de caixa	NPV	valor presente líquido
C_n	fluxo de caixa na data n	P	principal ou depósito inicial, ou valor presente equivalente
FV	valor futuro	PV	valor presente
FV_n	valor futuro na data n	PV_n	valor presente na data n
g	taxa de crescimento	r	taxa de juros
IRR	taxa interna de retorno		
N	data do último fluxo de caixa em uma sequência de fluxos de caixa		

ENTREVISTA COM Jonathan Jagolinzer, Ameriprise Financial Services

George Washington University, 2005

"O valor do dinheiro no tempo e outros conceitos financeiros são, portanto, ferramentas que você pode utilizar... para tomar decisões financeiras pessoais mais inteligentes hoje que trarão benefícios substanciais no futuro".

Jonathan Jagolinzer é consultor financeiro da Ameriprise Financial Services (antiga American Express Financial), uma empresa de planejamento financeiro, gerenciamento de ativos e seguros da Fortune 500. Da turma de formandos de 2005 da George Washington University em Washington, DC, Jon se formou em economia com especialização em finanças.

Jon, que trabalha no escritório de Virgínia da Ameriprise's Vienna, se vê como um *personal trainer* das finanças de seus clientes. "Com um trabalho muito próximo ao de um *personal trainer*, eu os ajudo a estabelecer metas, forneço orientações para que eles atinjam seus objetivos, e acompanho o progresso ao longo do tempo", diz. "Trabalhando juntos, desenvolvemos sólidas estratégias de planejamento financeiro para investimentos, financiamento da educação dos filhos, aposentadoria e planejamento imobiliário."

A especialidade de Jon é planejamento de aposentadoria, para a qual tirou a credencial de Consultor Certificado de Planejamento de Aposentadoria (CRPC ou *Chartered Retirement Planning Counselor*, no original). "Meu conhecimento sobre os conceitos de valor do dinheiro no tempo me permitem aconselhar meus clientes, muitos dos quais são jovens e estão apenas começando a acumular ativos pessoais. Alguns desejam gastar extravagantemente, comprar uma nova televisão agora, e dizem que cobrirão a diferença no futuro." Ele utiliza um exemplo simples para ilustrar como seus dólares podem crescer ao longo do tempo. "Pegue apenas US$ 25 todo mês – um dinheiro que você gastaria em cinema, roupas novas ou cafés sofisticados – e coloque-os em uma conta que renda 6% de juros por ano. Ao fim de 15 anos, seu investimento de US$ 4.500 terá crescido para US$ 7.270! Aqueles US$ 25 podem não parecer muito hoje, mas os benefícios de longo prazo são bastante significativos."

Jon também encoraja seus clientes a investir em fundos de aposentadoria com impostos diferidos. "Se você contribuir com US$ 100 por mês para um fundo de aposentadoria com imposto diferido que renda 10% por ano, ao fim de 20 anos você terá mais de US$ 75.000. Se essa quantia fosse para uma conta tributável e você estivesse na faixa de tributação de 28%, ela cresceria para menos de US$ 54.000 ao longo do mesmo período. O valor do dinheiro no tempo e outros conceitos financeiros são, portanto, ferramentas que você pode utilizar não somente no trabalho, mas também para tomar decisões financeiras pessoais mais inteligentes hoje que trarão benefícios substanciais no futuro."

Como discutido no Capítulo 3, para avaliar um projeto, um gerente financeiro tem que comparar seus custos e benefícios. Na maioria dos casos, os fluxos de caixa de investimentos financeiros envolvem mais do que um período futuro. Assim, o gerente financeiro enfrenta a tarefa de avaliar o *tradeoff* entre um custo à vista conhecido e uma série de benefícios futuros incertos. Como aprendemos, calcular o valor presente líquido faz exatamente isso, de modo que se o NPV de um investimento for positivo, devemos empreendê-lo.

Calcular o NPV exige ferramentas que avaliem fluxos de caixa com duração de vários períodos. Desenvolveremos essas ferramentas neste capítulo. A primeira ferramenta é um método visual para representar uma sequência de fluxos de caixa: o *diagrama de fluxo de caixa*. Após construir um diagrama de fluxo de caixa, estabeleceremos três importantes regras para movimentar fluxos de caixa para diferentes pontos no tempo. Utilizando estas regras, mostraremos como calcular os valores presentes e futuros dos custos e benefícios de uma sequência geral de fluxos de caixa, e como calcular o NPV. Apesar de estas técnicas poderem ser utilizadas para avaliar qualquer tipo de ativo, certos tipos de ativos têm fluxos de caixa que seguem um padrão regular. Desenvolveremos atalhos para *anuidades*, *perpetuidades* e outros casos especiais de ativos com fluxos de caixa com padrões regulares.

No Capítulo 5, aprenderemos como as taxas de juros são cotadas e determinadas. Quando tivermos compreendido como as taxas de juros são cotadas, será fácil estender as ferramentas deste capítulo para fluxos de caixa que ocorrem mais frequentemente do que uma vez por ano.

4.1 Diagramas de fluxo de caixa

sequência de fluxos de caixa Uma série de fluxos de caixa que dura vários períodos.

diagrama de fluxos de caixa Uma representação linear da cronologia de (possíveis) fluxos de caixa.

Começaremos nosso estudo de avaliação de fluxos de caixa com duração de vários períodos com seus vocabulários e ferramentas básicas. Uma série de fluxos de caixa com duração de vários períodos chama-se **sequência de fluxos de caixa**. Podemos representar uma sequência de fluxos de caixa em um **diagrama de fluxo de caixa**, uma representação linear da cronologia dos fluxos de caixa esperados. Os diagramas de fluxo de caixa são um importante primeiro passo na organização e na solução de um problema financeiro. Eles serão utilizados em todo este livro.

Construindo um diagrama de fluxo de caixa

Para ilustrar como construir um diagrama de fluxo de caixa, suponha que um amigo lhe deva dinheiro. Ele concordou em pagar o empréstimo em duas parcelas de US$ 10.000 no final de cada um dos dois próximos anos. Representamos esta informação em um diagrama de fluxo de caixa, como a seguir:

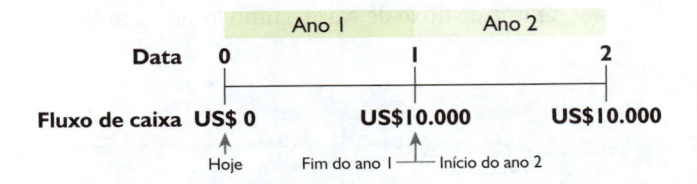

```
                    Ano 1           Ano 2
Data         0        1               2
             |--------|---------------|
Fluxo de caixa US$ 0  US$ 10.000    US$ 10.000
              Hoje  Fim do ano 1 — Início do ano 2
```

A data 0 representa o presente. A data 1 é um ano depois e representa o fim do primeiro ano. O fluxo de caixa de US$ 10.000 embaixo da data 1 é o pagamento que iremos receber no fim do primeiro ano. A data 2 é daqui a dois anos: representa o fim do segundo ano. O fluxo de caixa de US$ 10.000 sob a data 2 é o pagamento que iremos receber no fim do segundo ano.

Identificando datas em um diagrama de fluxo de caixa

Para acompanhar fluxos de caixa, interpretamos cada ponto sobre o diagrama como uma data específica. O espaço entre a data 0 e a data 1 representa, então, o período de tempo compreendido entre essas duas datas — neste caso, o primeiro ano do empréstimo. A data 0 é o início do primeiro ano, e a data 1 é o fim do primeiro ano. Da mesma maneira, a data 1 é o início do segundo ano, e a data 2 é o fim do segundo ano. Ao denotar o tempo desta maneira, data 1 significa *tanto* o fim do ano 1 *quanto* o início do ano 2, o que faz sentido, já que essas datas são efetivamente o mesmo ponto no tempo.[1]

Distinguindo entradas e saídas

Neste exemplo, ambos os fluxos de caixa são entradas. Em muitos casos, porém, uma decisão financeira envolve entradas e saídas. Para diferenciar entre os dois tipos de fluxos de caixa, atribuímos um sinal diferente a cada um deles: as entradas são fluxos de caixa positivos, enquanto que as saídas são fluxos de caixa negativos.

Para ilustrar, suponha que você ainda esteja se sentindo generoso e tenha concordado em emprestar US$ 10.000 a seu irmão hoje. Seu irmão concordou em pagar este empréstimo em duas parcelas de US$ 6.000 no final de cada um dos dois próximos anos.

O diagrama de fluxo de caixa é:

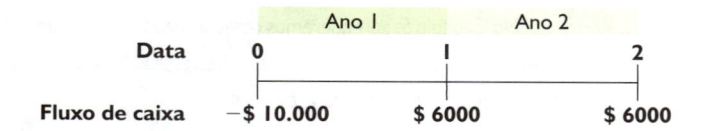

	Ano 1	Ano 2
Data	0	1	2
Fluxo de caixa	−$ 10.000	$ 6000	$ 6000

Observe que o primeiro fluxo de caixa na data 0 (hoje) é representado como −US$ 10.000 porque é uma saída. Os fluxos de caixa subsequentes de US$ 6.000 são positivos porque são entradas.

Representando vários períodos de tempo

Até então, utilizamos os diagramas de fluxo de caixa para exibir os fluxos de caixa que ocorrem no final de cada ano. Na verdade, os diagramas de fluxo de caixa podem representar fluxos de caixa que ocorrem no final de qualquer período de tempo. Por exemplo, se pagamos aluguel todo mês, poderíamos utilizar um diagrama de fluxo de caixa como o de nosso primeiro exemplo para representar dois pagamentos de aluguel, mas substituindo o rótulo de "ano" pelo de "mês".

Muitos dos diagramas de fluxo de caixa incluídos neste capítulo são muito simples. Consequentemente, podemos sentir que construí-los não vale o tempo ou o esforço necessários. À medida que progredirmos para problemas mais difíceis, veremos que os diagramas de fluxo de caixa identificam eventos em uma transação ou investimento que facilmente poderiam ser ignorados. Se deixarmos de reconhecer esses fluxos de caixa, tomaremos decisões financeiras falhas. Portanto, é recomendável que *todos* os problemas sejam abordados traçando-se o diagrama de fluxo de caixa, como faremos neste capítulo.

EXEMPLO 4.1

Construindo um diagrama de fluxos de caixa

Problema

Suponha que você tenha que pagar US$ 10.000 em estudos por ano nos quatro próximos anos. Os pagamentos de seus estudos devem ser feitos em parcelas iguais de US$ 5.000 a cada semestre. Qual é o diagrama de fluxo de caixa dos pagamentos de seus estudos?

Solução

Supondo que hoje seja o início do primeiro semestre, seu primeiro pagamento ocorre na data 0 (hoje). Os pagamentos restantes ocorrem em intervalos de um semestre. Utilizando um semestre como o intervalo do período, podemos construir um diagrama de fluxo de caixa como a seguir:

---

[1] Isto é, não existe diferença de tempo real entre um fluxo de caixa pago às 23:59 do dia 31 de dezembro e um pago às 00:01 do dia 1º de janeiro, apesar de ser possível haver algumas outras diferenças, como tributação, que não consideraremos agora.

Capítulo 4 NPV e o Valor do Dinheiro no Tempo

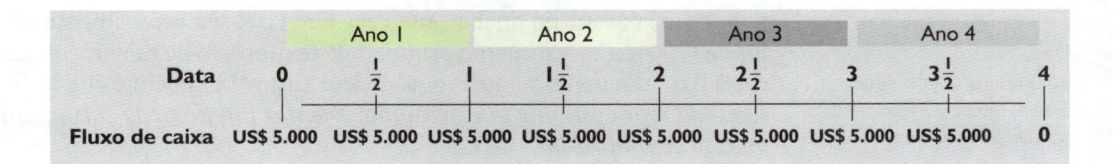

		Ano 1		Ano 2		Ano 3		Ano 4	
Data	0	$\frac{1}{2}$	1	$1\frac{1}{2}$	2	$2\frac{1}{2}$	3	$3\frac{1}{2}$	4
Fluxo de caixa	US$ 5.000	US$ 5.000	US$ 5.000	US$ 5.000	US$ 5.000	US$ 5.000	US$ 5.000	US$ 5.000	0

Fixação de conceitos

1. Quais são os elementos essenciais de um diagrama de fluxo de caixa?
2. Como você pode distinguir entradas e saídas em um diagrama de fluxo de caixa?

4.2 Avaliando fluxos de caixa em diferentes pontos no tempo

As decisões financeiras geralmente exigem comparar ou combinar fluxos de caixa que ocorrem em diferentes pontos no tempo. Nesta seção, introduziremos três importantes regras que são centrais nas tomadas de decisões financeiras e que nos permitem comparar ou combinar valores.

Regra 1: Comparando e combinando valores

Nossa primeira regra é que somente é possível comparar ou combinar valores no mesmo ponto no tempo. Esta regra reafirma uma conclusão introduzida no Capítulo 3: somente fluxos de caixa expressos nas mesmas unidades podem ser comparados ou combinados. Um dólar hoje e um dólar daqui a um ano não são equivalentes. Ter dinheiro agora vale mais do que ter dinheiro no futuro; se temos o dinheiro hoje, podemos ganhar juros sobre ele.

Para comparar ou combinar fluxos de caixa que ocorrem em diferentes pontos no tempo, primeiro é preciso convertê-los nas mesmas unidades ou *movimentá-los* para o mesmo ponto no tempo. As duas próximas regras mostram como movimentar os fluxos de caixa sobre o diagrama de fluxo de caixa.

Regra 2: Capitalização

Suponha que tenhamos US$ 1.000 hoje e desejemos determinar a quantia equivalente em um ano. Se a taxa de juros de mercado corrente é de 10%, podemos utilizar esta taxa como uma taxa cambial, ou seja, a taxa à qual trocamos dinheiro hoje por dinheiro em um ano, para movimentar o fluxo de caixa para um ponto no futuro. Isto é:

(US$ 1.000 hoje) × (US$ 1,10 em um ano / US$ hoje) = US$ 1.100 em um ano

Em geral, se a taxa de juros de mercado por ano é r, então multiplicamos pelo fator da taxa de juros, $(1 + r)$, para movimentar o fluxo de caixa do início para o fim do ano. Multiplicamos

---

Erros comuns — Somar fluxos de caixa de diferentes pontos no tempo

Quando você tiver compreendido o valor do dinheiro no tempo, nossa primeira regra parecerá fácil. Entretanto, é muito comum, especialmente para aqueles que nunca estudaram finanças, violar esta regra, simplesmente tratando todos os fluxos de caixa como comparáveis, independentemente de quando eles são recebidos. Um exemplo disso ocorre nos contratos esportivos. Em 2007, Alex Rodriguez e os New York Yankees estavam negociando o que foi repetidas vezes chamado de um contrato "de US$ 275 milhões". Os US$ 275 milhões vem da simples soma de todos os pagamentos que ele receberia ao longo dos dez anos do contrato e dez anos adicionais de pagamentos diferidos — tratando dólares recebidos daqui a 20 anos como os mesmos dólares recebidos hoje. O mesmo ocorreu quando David Beckham assinou um contrato de "US$ 250 milhões" com o time de futebol LA Galaxy.

valor futuro O valor de um fluxo de caixa que é movimentado para um ponto no futuro.

capitalização Cálculo do retorno sobre um investimento durante um longo horizonte multiplicando-se os fatores do retorno associados a cada período interveniente.

por $(1 + r)$ porque no final do ano você terá $(1 \times$ seu investimento original) mais juros no valor de $(r \times$ seu investimento original). Este processo de movimentar um valor ou um fluxo de caixa para um ponto no futuro (seu **valor futuro**) também é chamado de **capitalização**. *Nossa segunda regra estipula que, para movimentar um fluxo de caixa para um ponto no futuro, é preciso capitalizá-lo.*

Podemos aplicar esta regra repetidas vezes. Suponha que queiramos saber quanto os US$ 1.000 valerão em dois anos. Se a taxa de juros do ano 2 também é de 10%, então convertemos da mesma maneira:

(US$ 1.100 em um ano) $\times$ (US$ 1,10 em dois anos / US$ em um ano) = US$ 1.210 em dois anos

Representemos este cálculo em um diagrama de fluxo de caixa:

```
   0              1              2
   |              |              |
US$ 1.000  ──→  US$ 1.100  ──→  US$ 1.210
         × 1,10          × 1,10
```

Dada uma taxa de juros de 10%, todos os fluxos de caixa — US$ 1.000 na data 0, US$ 1.100 na data 1 e US$ 1.210 na data 2 — são equivalentes. Eles têm o mesmo valor, mas são expressos em diferentes unidades (diferentes pontos no tempo). Uma seta apontando para a direita indica que o valor está sendo movimentado para um ponto no futuro — isto é, sendo capitalizado.

No exemplo anterior, US$ 1.210 é o valor futuro de US$ 1.000 daqui a dois anos. Observe que o valor cresce à medida que movimentamos o fluxo de caixa para um ponto mais distante no futuro. No Capítulo 3, definimos o valor do dinheiro no tempo como a diferença em valor entre dinheiro hoje e dinheiro no futuro. Aqui, podemos dizer que US$ 1.210 em dois anos é a quantia equivalente a US$ 1.000 hoje. O motivo pelo qual o dinheiro é mais valioso para você hoje é que você tem oportunidades de investi-lo. Assim como neste exemplo, tendo dinheiro mais cedo, você pode investi-lo (aqui com um retorno de 10%) de modo que ele cresça para uma quantia maior no futuro. Observe também que a quantia equivalente cresce em US$ 100 no primeiro ano, mas em US$ 110 no segundo ano. No segundo ano, obtemos os juros sobre nossos US$ 1.000 originais, mais os juros sobre os US$ 100 de juros que recebemos no primeiro ano. Este efeito de obter juros sobre o principal original mais sobre os juros acumulados, obtendo "juros sobre juros", é chamado de **juros compostos**. A Figura 4.1 mostra como, ao longo do tempo, a quantia que você obtém dos juros sobre juros cresce, de modo que ela acabará excedendo a quantia de dinheiro que você obtém como juros sobre seu depósito original.

juros compostos O efeito de obter "juros sobre juros".

Como o valor futuro muda no terceiro ano? Continuando a utilizar a mesma abordagem, capitalizamos o fluxo de caixa uma terceira vez. Supondo que a taxa de juros do mercado competitivo seja fixa em 10%, temos:

US$ 1.000 $\times (1,10) \times (1,10) \times (1,10) =$ US$ 1.000 $\times (1,10)^3 =$ US$ 1.331

Em geral, para calcular o valor de um fluxo de caixa C, n períodos no futuro, temos que capitalizá-lo pelos n fatores intervenientes da taxa de juros. Se a taxa de juros r é constante, este cálculo resulta em:

Valor futuro de um fluxo de caixa

$$FV_n = C \times \underbrace{(1 + r) \times (1 + r) \times \cdots \times (1 + r)}_{n \text{ vezes}} = C \times (1 + r)^n \qquad (4.1)$$

Regra 3: Descapitalização

A terceira regra descreve como colocar um valor hoje em um fluxo de caixa que virá no futuro. Suponha que você quisesse calcular o valor hoje de US$ 1.000 que você prevê receber em um ano. Se a taxa de juros de mercado corrente é de 10%, você pode calcular este valor convertendo unidades como fizemos no Capítulo 3:

US$ 1.000 em um ano) $\div$ (US$ 1,10 em um ano / US$ hoje) = US$ 909,09 hoje

FIGURA 4.1

A composição dos juros ao longo do tempo

Este gráfico de barras mostra como o saldo da conta e a composição dos juros mudam com o tempo quando um investidor começa com um depósito original de US$ 1000, representado pela área verde, em uma conta que rende 10% de juros ao longo de um período de 20 anos. Observe que a área em verde-claro que representa os juros sobre juros cresce, e no ano 15 já se tornou maior do que os juros sobre o depósito original. No ano 20, os juros sobre juros obtidos pelo investidor somam US$ 3.727,50, enquanto que os juros obtidos sobre os US$ 1.000 originais somam US$ 2.000.

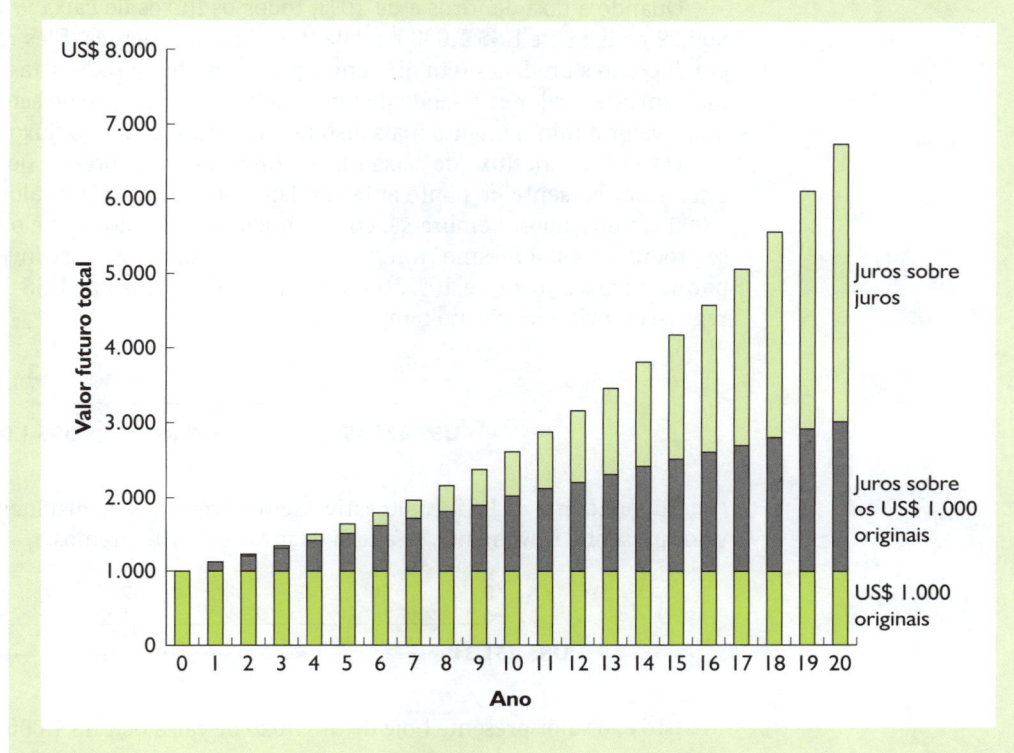

Regra dos 72

Uma outra maneira de pensar sobre o efeito da capitalização e da descapitalização é considerar quanto tempo nosso dinheiro levará para duplicar de valor, dadas diferentes taxas de juros. Suponhamos que queiramos saber quantos anos levará para que US$ 1 chegue a um valor futuro de US$ 2. Queremos o número de anos, N, para resolver

$$FV = US\$\ 1 \times (1 + r)^N = US\$\ 2$$

Se resolvermos esta fórmula para diferentes taxas de juros, encontraremos a seguinte aproximação:

Anos para duplicar de valor $\approx 72 \div$ (taxa de juros percentual)

Esta simples "regra dos 72" é bastante precisa (isto é, com erro de no máximo um ano em relação ao tempo exato que o dinheiro leva para duplicar de valor) para taxas de juros maiores do que 2%. Por exemplo, se a taxa de juros for 9%, o tempo necessário para duplicar um valor deve ser de aproximadamente $72 \div 9 = 8$ anos. De fato, $1,09^8 = 1,99$! Então, dada uma taxa de 9%, seu dinheiro aproximadamente duplicará a cada 8 anos.

descapitalização Encontrar o valor equivalente hoje de um fluxo de caixa futuro multiplicando-o por um fator de descapitalização, ou, equivalentemente, dividindo-o por 1 mais a taxa de descapitalização.

Isto é, para movimentar o fluxo de caixa para um ponto no passado, o dividimos pelo fator da taxa de juros, $(1 + r)$, onde r é a taxa de juros. Esse processo de encontrar o valor equivalente hoje de um fluxo de caixa futuro é conhecido como **descapitalização**. *Nossa terceira regra estipula que para movimentar um fluxo de caixa de volta a um ponto no passado, temos que descapitalizá-lo.*

Suponha que você espere receber os US$ 1.000 daqui a dois anos em vez de daqui a um ano. Se a taxa de juros para ambos os anos é de 10%, podemos preparar o seguinte diagrama de fluxo de caixa:

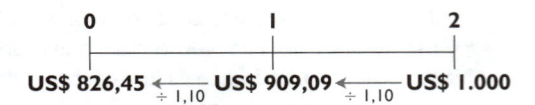

```
0               1               2
|---------------|---------------|
US$ 826,45 ← US$ 909,09 ← US$ 1.000
         ÷1,10          ÷1,10
```

Quando a taxa de juros é de 10%, todos os fluxos de caixa — US$ 826,45 na data 0, US$ 909,09 na data 1 e US$ 1.000 na data 2 — são equivalentes. Eles representam o mesmo valor em diferentes unidades (em diferentes pontos no tempo). As setas apontando para a esquerda indicam que o valor está sendo movimentado para o passado ou sendo descapitalizado. Observe que o valor diminui quanto mais distante no futuro estiver o fluxo de caixa original.

O valor de um fluxo de caixa futuro em um ponto anterior no diagrama de fluxo de caixa é seu valor presente no ponto anterior. Isto é, US$ 826,45 é o valor presente na data 0 de US$ 1.000 em dois anos. Lembre-se, como vimos no Capítulo 3, que o valor presente é o preço de se produzir "por si mesmo" um fluxo de caixa futuro. Assim, se investíssemos US$ 826,45 hoje por dois anos a juros de 10%, teríamos um valor futuro de US$ 1.000, utilizando a segunda regra da movimentação no tempo:

```
0               1               2
|---------------|---------------|
US$ 826,45 → US$ 909,09 → US$ 1.000
         ×1,10          ×1,10
```

Suponha que os US$ 1.000 estivessem a três anos de distância e quiséssemos calcular o valor presente. Novamente, se a taxa de juros é de 10%, temos:

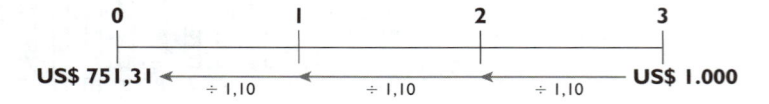

```
0           1           2           3
|-----------|-----------|-----------|
US$ 751,31 ← ÷1,10 ← ÷1,10 ← ÷1,10 ← US$ 1.000
```

Isto é, o valor presente hoje de um fluxo de caixa de US$ 1.000 em três anos é dado por:

US$ 1.000 ÷ (1,10) ÷ (1,10) ÷ (1,10) = US$ 1.000 ÷ $(1,10)^3$ = US$ 751,31

Em geral, para calcular o valor presente de um fluxo de caixa C que virá daqui a n períodos, temos que descontá-lo pelos n fatores de taxa de juros intervenientes. Se a taxa de juros r é constante, temos:

Valor presente de um fluxo de caixa

$$PV = C \div (1+r)^n = \frac{C}{(1+r)^n} \quad (4.2)$$

EXEMPLO 4.2

Finanças pessoais
Valor presente de um único fluxo de caixa futuro

Problema
Você está considerando investir em um *título de capitalização* que pagará US$ 15.000 em dez anos. Se a taxa de juros do mercado competitivo é fixa em 6% ao ano, quanto vale o título hoje?

Solução

▶ **Planejamento**
Primeiramente construa seu diagrama de fluxo de caixa. Os fluxos de caixa deste título são representados pelo seguinte diagrama de fluxo de caixa:

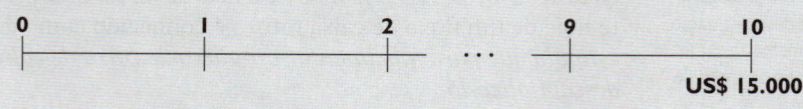

```
0       1       2      ...     9       10
|-------|-------|---------------|-------|
                                     US$ 15.000
```

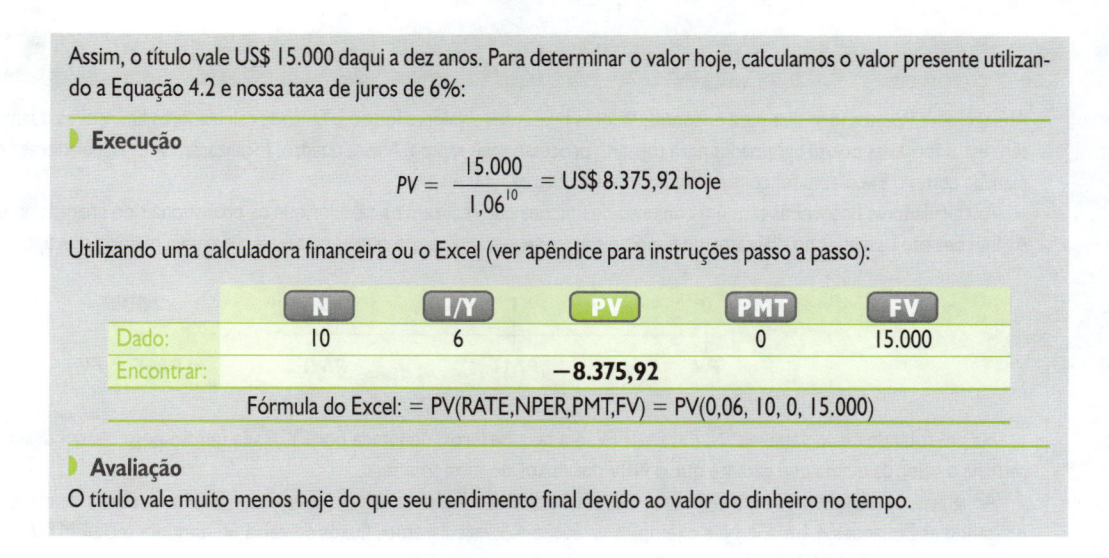

Assim, o título vale US$ 15.000 daqui a dez anos. Para determinar o valor hoje, calculamos o valor presente utilizando a Equação 4.2 e nossa taxa de juros de 6%:

▶ **Execução**

$$PV = \frac{15.000}{1,06^{10}} = US\$\ 8.375,92 \text{ hoje}$$

Utilizando uma calculadora financeira ou o Excel (ver apêndice para instruções passo a passo):

	N	I/Y	PV	PMT	FV
Dado:	10	6		0	15.000
Encontrar:			−8.375,92		

Fórmula do Excel: = PV(RATE,NPER,PMT,FV) = PV(0,06, 10, 0, 15.000)

▶ **Avaliação**
O título vale muito menos hoje do que seu rendimento final devido ao valor do dinheiro no tempo.

Aplicando as regras da avaliação de fluxos de caixa

As regras da avaliação de fluxos de caixa nos permitem comparar e combinar fluxos de caixa que ocorrem em diferentes pontos no tempo. Suponha que planejemos aplicar US$ 1.000 hoje e US$ 1.000 no final de cada um dos dois próximos anos. Se obtivermos uma taxa de juros fixa de 10% sobre nossa aplicação, quanto teremos daqui a três anos?

Novamente, começamos com um diagrama de fluxo de caixa:

```
0           1           2           3
|-----------|-----------|-----------|
US$ 1.000   US$ 1.000   US$ 1.000   ?
```

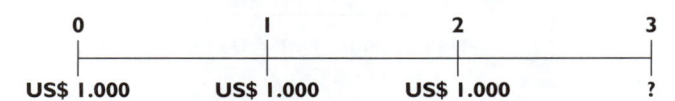

O diagrama de fluxo de caixa exibe os três depósitos que planejamos fazer. Precisamos calcular seu valor ao fim dos três anos.

Podemos utilizar as regras de avaliação de fluxo de caixa de diversas maneiras para solucionar este problema. Em primeiro lugar, podemos tomar o depósito na data 0 e movimentá-lo para o futuro, para a data 1. Como ele estará no mesmo período de tempo que o depósito da data 1, poderemos combinar as duas quantias para descobrir o total no banco na data 1:

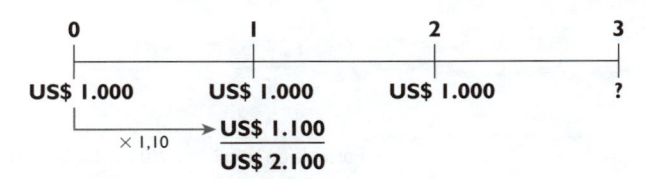

```
0           1           2           3
|-----------|-----------|-----------|
US$ 1.000   US$ 1.000   US$ 1.000   ?
    × 1,10→ US$ 1.100
            US$ 2.100
```

Utilizando as duas primeiras regras da movimentação no tempo, vemos que nossa aplicação total na data 1 será de US$ 2.100. Continuando esse raciocínio, podemos solucionar o problema como a seguir:

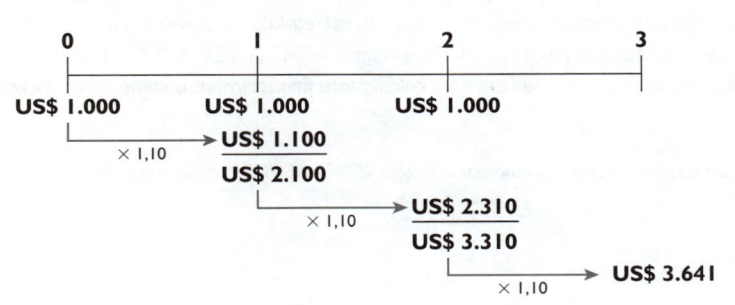

```
0           1           2           3
|-----------|-----------|-----------|
US$ 1.000   US$ 1.000   US$ 1.000
    × 1,10→ US$ 1.100
            US$ 2.100
                × 1,10→ US$ 2.310
                        US$ 3.310
                            × 1,10→ US$ 3.641
```

Usando uma calculadora financeira: encontrando valores presentes e futuros

Até agora, utilizamos fórmulas para encontrar valores presentes e valores futuros. Tanto as calculadoras financeiras quantos os programas de planilha têm essas fórmulas pré-programadas para tornar o processo mais rápido. Neste quadro, focalizaremos as calculadoras financeiras, mas programas e planilha como o Excel têm funções de atalho muito similares.

As calculadoras financeiras têm um conjunto de funções que realizam os cálculos que os profissionais de finanças utilizam com maior frequência. As funções são baseadas no diagrama de fluxo de caixa a seguir, que, entre outras coisas, serve para a maioria dos tipos de empréstimos:

```
0           1           2           NPER
|           |           |     ...   |
PV         PMT         PMT        PMT + FV
```

Há um total de cinco variáveis: N, PV, PMT, FV, e a taxa de juros, denotada por I/Y. Cada função pega quatro dessas variáveis como entradas e retorna o valor da quinta que garante que o NPV dos fluxos de caixa seja zero.

Ao igualar os pagamentos intermediários a 0, você poderia calcular os valores presente e futuro de fluxos de caixa únicos como fizemos acima utilizando as Equações 4.1 e 4.2. Nos exemplos na Seção 4.5, calcularemos fluxos de caixa utilizando a tecla PMT. A melhor maneira de aprender como utilizar uma calculadora financeira é praticando. Apresentamos um exemplo abaixo. Também mostraremos as teclas da calculadora para outros exemplos neste capítulo que podem ser solucionados com funções da calculadora financeira. Finalmente, o apêndice deste capítulo contém instruções passo a passo para utilizar as duas calculadoras financeiras mais populares.

Exemplo 1

Suponha que você esteja planejando investir US$ 20.000 em uma conta que paga 8% de juros. Quanto você terá na conta em 15 anos? Representamos este problema com o seguinte digrama de fluxo de caixa:

```
0                  1              2              NPER = 15
|                  |              |       ...    |
PV = −US$ 20.000  PMT = US$ 0   US$ 0          FV = ?
```

Para calcular a solução, digitamos as quatro variáveis que conhecemos, $N=15$, $I/Y=8$, $PV=-20.000$, $PMT=0$, e encontramos a que queremos determinar: FV. Especificamente, para as calculadoras HP-10BII ou TI-BAII Plus:

1. Digite 15 e pressione a tecla N.
2. Digite 8 e pressione a tecla I/Y (I/YR na calculadora da HP).
3. Digite −20.000 e pressione a tecla PV.
4. Digite 0 e pressione a tecla PMT.
5. Pressione a tecla FV (na calculadora da Texas Instruments, pressione "CPT" e então "FV").

	N	I/Y	PV	PMT	FV
Dado:	15	8	−20.000	0	
Encontrar:					63.443

Fórmula do Excel: = FV(0,08, 15, 0, −20.000)

A calculadora mostra um valor futuro de US$ 63.443.

Observe que digitamos PV como um número negativo (o valor que estamos colocando no banco), e FV é exibido como um número positivo (o valor que podemos tirar do banco). É importante utilizar sinais corretamente para indicar a direção em que o dinheiro está indo ao utilizar as funções da calculadora. Você verá mais exemplos sobre os sinais corretos de fluxos de caixa ao longo do capítulo.

O Excel possui as mesmas funções, mas ele as chama de "N", "NPER" e "I/Y", "RATE". *Além disso, é importante observar que você digita uma taxa de juros de 8% como "8" em uma calculadora financeira, mas como 0,08 no Excel.**

---

*N. de R. T.: No Excel em português é preciso usar as funções VP(PV) e VF(FV) empregando os parâmetros NPER(N) e TAXA(RATE).

A quantia total que teremos no banco ao fim de três anos é de US$ 3.641. Essa quantia é o valor futuro dos US$ 1.000 que aplicamos.

Uma outra abordagem ao problema é calcular o valor futuro no ano 3 de cada fluxo de caixa separadamente. Uma vez que as três quantias estejam expressas em termos de dólares em 3 anos, podemos combiná-las.

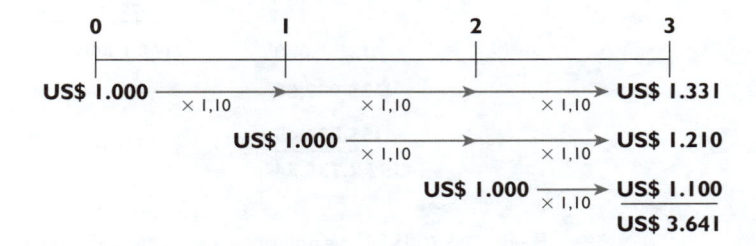

```
0              1              2              3
|──────────────|──────────────|──────────────|
US$ 1.000 ──×1,10──→ ──×1,10──→ ──×1,10──→ US$ 1.331
              US$ 1.000 ──×1,10──→ ──×1,10──→ US$ 1.210
                             US$ 1.000 ──×1,10──→ US$ 1.100
                                                  US$ 3.641
```

Ambos os cálculos fornecem o mesmo valor futuro de US$ 3.641. Se seguirmos as regras, chegaremos ao mesmo resultado. A ordem em que aplicamos as regras não importa. O cálculo que escolhemos depende de qual é mais conveniente para o problema em questão. A Tabela 4.1 resume as três regras da movimentação no tempo e as fórmulas a elas associadas.

TABELA 4.1   As três regras de avaliação de fluxo de caixa

Regra	Fórmula
1: Apenas os valores no mesmo ponto no tempo podem ser comparados ou combinados.	
2: Para movimentar um fluxo de caixa para um ponto no futuro, devemos capitalizá-lo.	Valor futuro de um fluxo de caixa $FV_n = C \times (1 + r)^n$
3: Para movimentar um fluxo de caixa para um ponto no passado, devemos descapitalizá-lo.	Valor presente de um fluxo de caixa $PV = C \div (1 + r)^n = \dfrac{C}{(1 + r)^n}$

EXEMPLO 4.3

Finanças pessoais
Calculando o valor futuro

Problema
Revisemos o plano de aplicações que consideramos anteriormente. Planejamos aplicar US$ 1.000 hoje e no final de cada um dos dois próximos anos. Com uma taxa de juros fixa de 10%, quanto teremos no banco daqui a três anos?

Solução

▶ **Planejamento**
Começaremos com o diagrama de fluxo de caixa deste plano de aposentadoria:

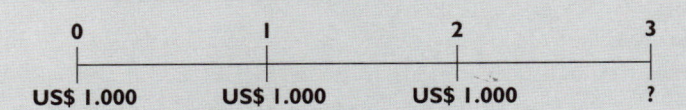

```
0              1              2              3
|──────────────|──────────────|──────────────|
US$ 1.000    US$ 1.000     US$ 1.000         ?
```

Vamos solucionar este problema de uma maneira diferente do que fizemos anteriormente, mas ainda seguindo as regras que determinamos. Primeiro, calculemos o valor presente dos fluxos de caixa. Depois, calcularemos seu valor daqui a três anos (seu valor futuro).

> **Execução**
> Há várias maneiras de se realizar esse cálculo. Aqui, trataremos cada fluxo de caixa separadamente e, então, combinaremos os valores presentes. 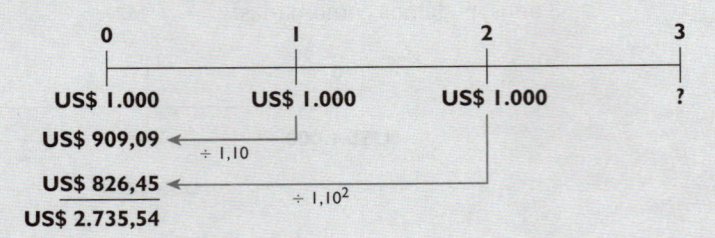
>
> ```
> 0              1              2              3
> |--------------|--------------|--------------|
> US$ 1.000    US$ 1.000     US$ 1.000        ?
> US$ 909,09 ←────÷1,10
> US$ 826,45 ←──────────────÷1,10²
> US$ 2.735,54
> ```
>
> Poupar US$ 2.735,54 hoje é equivalente a poupar US$ 1.000 por ano durante três anos. Agora calculemos o valor futuro no ano 3 desses US$ 2.735,54:
>
> ```
> 0              1              2              3
> |--------------|--------------|--------------|
> US$ 2.735,54                              US$ 3.641
>                      ×1,10³ ───────────→
> ```
>
> **Avaliação**
> Esta resposta de US$ 3.641 é exatamente o mesmo resultado que encontramos anteriormente. Contanto que apliquemos as três regras da avaliação de fluxos de caixa, sempre obteremos a resposta correta.

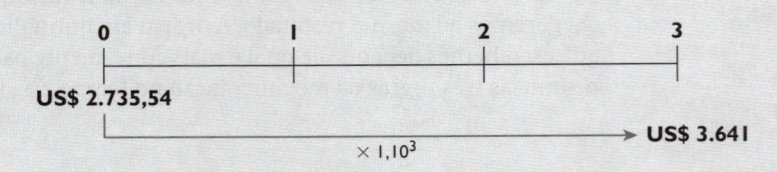

Fixação de conceitos

3. É possível comparar ou combinar fluxos de caixa em diferentes pontos no tempo?
4. O que é necessário saber para se calcular o valor presente ou futuro de um fluxo de caixa?

4.3 Avaliando uma sequência de fluxos de caixa

A maior parte das oportunidades de investimentos possui diversos fluxos de caixa que ocorrem em diferentes pontos no tempo. Na Seção 4.2, aplicamos as regras da movimentação no tempo para avaliar tais fluxos de caixa. Agora, formalizaremos esta abordagem deduzindo uma fórmula geral para avaliar uma sequência de fluxos de caixa.

Considere uma sequência de fluxos de caixa: C_0 na data 0, C_1 na data 1 e assim por diante, até C_N na data N. Representamos esta sequência de fluxos de caixa sobre o diagrama de fluxo de caixa a seguir:

```
0       1       2    ...    N
|       |       |           |
C₀      C₁      C₂          C_N
```

Utilizando as técnicas de movimentação no tempo, calculamos o valor presente desta sequência de fluxos de caixa em dois passos. Primeiro, calculamos o valor presente de cada fluxo de caixa individual. Depois, uma vez que os fluxos de caixa estejam expressos em unidades comuns de dólares hoje, poderemos combiná-los.

Para determinada taxa de juros r, representamos esse processo sobre o diagrama de fluxo de caixa a seguir:

Capítulo 4 NPV e o Valor do Dinheiro no Tempo

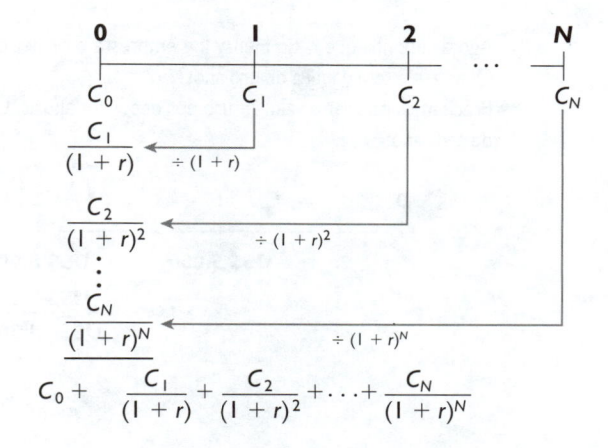

$$\begin{array}{c}\text{diagrama}\end{array}$$

Este diagrama de fluxo de caixa fornece a fórmula geral do valor presente de uma sequência de fluxos de caixa:

$$PV = C_0 + \frac{C_1}{(1+r)} + \frac{C_2}{(1+r)^2} + \cdots + \frac{C_N}{(1+r)^N} \qquad (4.3)$$

Isto é, o valor presente da sequência de fluxos de caixa é igual à soma dos valores presentes de cada fluxo de caixa. Lembre-se de como no Capítulo 3 definimos o valor presente como a quantia em dólar que teríamos que investir hoje para produzir um único fluxo de caixa no futuro. A mesma ideia vale neste contexto. O valor presente é a quantia que precisamos investir hoje para gerar a sequência de fluxos de caixa $C_0, C_1, C_2, \ldots C_N$. Isto é, receber estes fluxos de caixa é o equivalente a ter seu valor presente no banco hoje.

EXEMPLO 4.4

Finanças pessoais
Valor presente de uma sequência de fluxos de caixa

Problema

Você acaba de se formar na universidade e precisa de dinheiro para comprar um carro novo. Seu rico tio Henry lhe emprestará o dinheiro contanto que você concorde em pagá-lo de volta em quatro anos, e você oferece pagá-lo pela taxa de juros que ele receberia caso tivesse depositado seu dinheiro em uma conta poupança. Com base em sua renda e suas despesas diárias, você acha que conseguirá pagar-lhe US$ 5.000 em um ano e depois US$ 8.000 por ano pelos três anos seguintes. Se o tio Henry ganharia 6% ao ano com sua poupança, quanto você pode pegar emprestado com ele?

Solução

▸ **Planejamento**

Os fluxos de caixa que você pode prometer ao tio Henry são os seguintes:

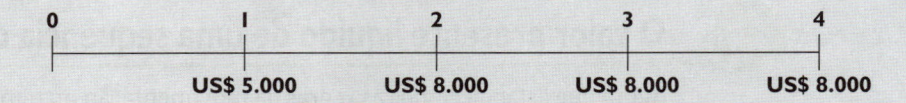

```
0          1           2           3           4
|          |           |           |           |
        US$ 5.000   US$ 8.000   US$ 8.000   US$ 8.000
```

Que quantia em dinheiro ele deveria estar disposto a lhe emprestar hoje em troca de sua promessa desses pagamentos? Ele deve estar disposto a lhe dar uma quantia equivalente a esses pagamentos em termos de valor presente. Esta é a quantia em dinheiro que seria necessária para produzir esses mesmos fluxos de caixa. (1) Solucionaremos o problema utilizando a Equação 4.3 e então (2) verificaremos nossa resposta calculando o valor futuro desta quantia.

▸ **Execução**

1. Podemos calcular o PV como a seguir:

$$PV = \frac{5.000}{1,06} + \frac{8.000}{1,06^2} + \frac{8.000}{1,06^3} + \frac{8.000}{1,06^4}$$

$$= 4.716,98 + 7.119,97 + 6.716,95 + 6.336,75$$

$$= US\$\ 24.890,65$$

Agora suponha que o tio Henry lhe empreste o dinheiro e então deposite seus pagamentos no banco todo ano. Quanto ele terá daqui a quatro anos?

Precisamos calcular o valor futuro dos depósitos anuais. Uma maneira de fazê-lo é calcular o saldo no banco ao fim de cada ano:

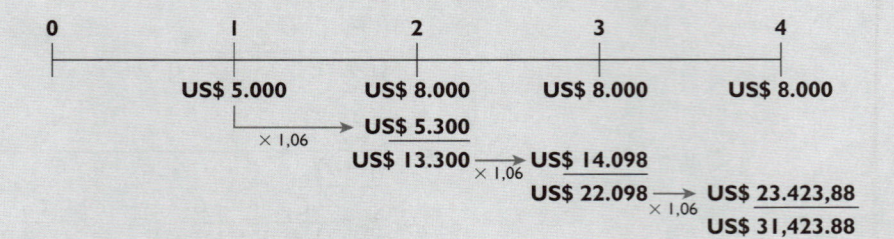

```
0              1              2              3              4
              US$ 5.000      US$ 8.000      US$ 8.000      US$ 8.000
         × 1,06
                             US$ 5.300
                             US$ 13.300 ──→ US$ 14.098
                                       × 1,06
                                            US$ 22.098 ──→ US$ 23.423,88
                                                      × 1,06
                                                           US$ 31.423,88
```

2. Para verificarmos nossa resposta, suponha que seu tio deixasse seus US$ 24.890,65 no banco hoje, obtendo 6% de juros. Em quatro anos ele teria:

$$FV = US\$\ 24.890,65 \times (1,06)^4 = US\$\ 31.423,87 \text{ em 4 anos}$$

Obtemos a mesma resposta das duas maneiras (com a diferença de um centavo, devido a arredondamento).

▸ **Avaliação**

Assim, o tio Henry deve estar disposto a lhe emprestar US$ 24.890,65 em troca de sua promessa de pagamento. Essa quantia é menor do que o total que você lhe pagará (US$ 5.000 + US$ 8.000 + US$ 8.000 = US$ 29.000) devido ao valor do dinheiro no tempo.

O Exemplo 4.4 ilustra que se você quiser calcular o valor futuro de uma sequência de fluxos de caixa, você pode fazê-lo diretamente (a primeira abordagem utilizada no Exemplo 4.4) ou primeiro calcular o valor presente e então movimentá-lo para o futuro (a segunda abordagem). Como obedecemos às regras da avaliação de fluxos de caixa em ambos os casos, obtivemos o mesmo resultado.

Fixação de conceitos

5. Como se calcula o valor presente de uma sequência de fluxos de caixa?

6. Como se calcula o valor futuro de uma sequência de fluxos de caixa?

4.4 O valor presente líquido de uma sequência de fluxos de caixa

Agora que estabelecemos as regras da movimentação no tempo e determinamos como calcular valores presentes e futuros, estamos prontos para tratar de nossa meta central: calcular o NPV de fluxos de caixa futuros para avaliar uma decisão de investimento. Lembre-se que no Capítulo 3 definimos o valor presente líquido (NPV) de uma decisão de investimento como a seguir:

$$NPV = PV \text{ (benefícios)} - PV \text{ (custos)}$$

Neste contexto, os benefícios são as entradas de dinheiro, e os custos são as saídas. Podemos representar qualquer decisão de investimento sobre um demonstrativo de fluxo de caixa como uma sequência de fluxos de caixa onde as saídas de dinheiro (investimentos) são fluxos de caixa negativos e as entradas são fluxos de caixa positivos. Assim, o NPV de uma oportunidade de investimento é também o *valor presente* da sequência de fluxos de caixa da oportunidade:

$$NPV = PV \text{ (benefícios)} - PV \text{ (custos)} = PV \text{ (benefícios} - \text{custos)}$$

EXEMPLO 4.5

Finanças pessoais
Valor presente líquido de uma oportunidade de investimento

Problema
Foi-lhe oferecida a seguinte oportunidade de investimento: se você investir US$ 1.000 hoje, receberá US$ 500 no fim de cada um dos três próximos anos. Se você pudesse, alternativamente, obter 10% ao ano sobre seu dinheiro, você deveria aproveitar a oportunidade de investimento?

Solução

▶ **Planejamento**

Como sempre, comece com um diagrama de fluxo de caixa. Denotamos o investimento à vista como um fluxo de caixa negativo (pois é dinheiro que precisamos gastar) e o dinheiro que recebemos como um fluxo de caixa positivo.

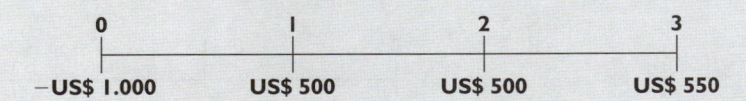

```
    0             1            2            3
    |-------------|------------|------------|
  -US$ 1.000   US$ 500     US$ 500      US$ 550
```

Para decidir se você deve aproveitar esta oportunidade, você precisará calcular o NPV calculando o valor presente da sequência.

▶ **Execução**

O NPV é:

$$NPV = -1.000 + \frac{500}{1,10} + \frac{500}{1,10^2} + \frac{550}{1,10^3} = US\$ \ 280,99$$

▶ **Avaliação**

Como o NPV é positivo, os benefícios excedem os custos e devemos realizar o investimento. De fato, o NPV nos diz que aproveitar esta oportunidade é como receber US$ 280,99 extras que podem ser gastos hoje. Para ilustrar, suponhamos contrair um empréstimo de US$ 1.000 para investir na oportunidade e de mais US$ 280,99 para gastar hoje. Quanto deveríamos sobre o empréstimo de US$ 1.280,99 em três anos? Com juros de 10%, a quantia devida seria:

$$FV = (US\$ \ 1.000 + US\$ \ 280,99) \times (1,10)^3 = US\$ \ 1.705 \text{ em 3 anos}$$

Ao mesmo tempo, a oportunidade de investimento gera fluxos de caixa. Se depositarmos estes fluxos de caixa em uma conta poupança, quanto teremos poupado daqui a três anos? O valor futuro da poupança é

$$FV = (US\$ \ 500 \times 1,10^2) + (US\$ \ 500 \times 1,10) + US\$ \ 550 = US\$ \ 1.705 \text{ em 3 anos}$$

Como podemos ver, podemos utilizar a poupança do banco para pagar o empréstimo. Aceitar a oportunidade, portanto, permite gastarmos US$ 280,99 hoje sem nenhum custo extra.

A princípio, atingimos a meta que estabelecemos no início do capítulo: como os gerentes financeiros devem avaliar um projeto. Desenvolvemos as ferramentas para avaliar os fluxos de caixa de um projeto. Mostramos como calcular o NPV de uma oportunidade de investimento que dura mais de um único período. Na prática, quando o número de fluxos de caixa excede quatro ou cinco (o que é muito provável), os cálculos podem se tornar tediosos. Felizmente, vários casos especiais não exigem que tratemos cada fluxo de caixa separadamente. Deduziremos esses atalhos na próxima seção.

Fixação de conceitos

7. Que benefício uma empresa recebe quando aceita um projeto com NPV positivo?
8. Como se calcula o valor presente líquido de uma sequência de fluxos de caixa?

4.5 Perpetuidades, anuidades e outros casos especiais

As fórmulas que desenvolvemos até agora nos permitem calcular o valor presente ou futuro de qualquer sequência de fluxos de caixa. Nesta seção, consideraremos dois tipos de ativos, as *per-*

petuidades e as *anuidades*, e aprenderemos atalhos para avaliá-los. Estes atalhos são possíveis porque os fluxos de caixa seguem um padrão regular.

Perpetuidades

Uma **perpetuidade** é uma sequência de fluxos de caixa iguais que ocorrem a intervalos regulares e que duram para sempre. Um exemplo é o título do governo britânico chamado **consol** (ou **título perpétuo**). Os títulos perpétuos prometem ao portador um fluxo de caixa fixo todo ano, para sempre.

Aqui temos um diagrama de fluxo de caixa de uma perpetuidade:

perpetuidade Uma sequência de fluxos de caixa iguais que ocorrem a intervalos regulares e duram para sempre.

título perpétuo ou "consol" Um título de dívida que promete a seu proprietário um fluxo de caixa livre todo ano, para sempre.

```
0        1        2        3
|        |        |        |   ...
         C        C        C
```

Observe, a partir do diagrama de fluxo de caixa, que o primeiro fluxo de caixa não ocorre imediatamente: *ele chega no final do primeiro período*. Esse fato às vezes é chamado de "pagamento em atraso" ou "postecipado" e é uma convenção padrão que adotamos em todo este livro.

Utilizando a fórmula do valor presente, o valor presente de uma perpetuidade com pagamento C e taxa de juros r é dado por

$$PV = \frac{C}{(1+r)} + \frac{C}{(1+r)^2} + \frac{C}{(1+r)^3} + \cdots$$

Observe que $Cn = C$ na fórmula do valor presente porque o fluxo de caixa de uma perpetuidade é constante. Além disso, como o primeiro fluxo de caixa ocorre após um período, $C_0 = 0$.

Encontrar o valor de uma perpetuidade considerando um fluxo de caixa de cada vez levaria uma eternidade — literalmente! Você pode estar se perguntando como, mesmo com um atalho, a soma de um número infinito de termos positivos pode ser finita. A resposta é que os fluxos de caixa no futuro são descontados para um número crescente de períodos, então sua contribuição à soma acaba tornando-se irrisória.

Para deduzirmos o atalho, calculamos o valor de uma perpetuidade criando nossa própria perpetuidade. O Princípio da Avaliação nos diz que o valor da perpetuidade deve ser igual ao custo em que incorremos para criar nossa perpetuidade idêntica. Para ilustrar, suponhamos que pudéssemos investir US$ 100 em uma conta poupança que pagasse 5% de juros ao ano para sempre. Ao final de um ano, teríamos US$ 105 no banco — nossos US$ 100 iniciais mais US$ 5 oriundos dos juros. Suponhamos que saquemos os US$ 5 em juros e reinvistamos os US$ 100 por um segundo ano. Novamente teríamos US$ 105 após um ano, e poderíamos resgatar US$ 5 e reinvestir US$ 100 por outro ano. Fazendo isso ano após ano, poderíamos resgatar US$ 5 todo ano em perpetuidade:

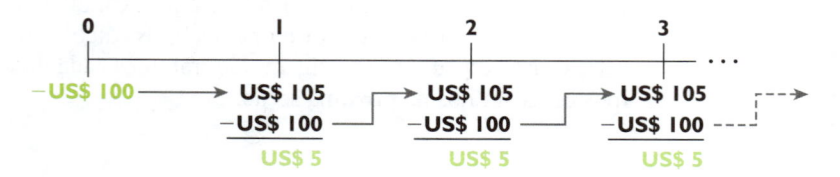

```
0           1           2           3
|           |           |           |   ...
-US$ 100 → US$ 105     US$ 105     US$ 105
           -US$ 100 →  -US$ 100 →  -US$ 100
           US$ 5       US$ 5       US$ 5
```

Ao investir US$ 100 no banco hoje, você pode, com efeito, criar uma perpetuidade que paga US$ 5 ao ano. Lembre-se que, no Capítulo 3, a Lei do Preço Único nos diz que fluxos de caixa equivalentes têm que ter o mesmo preço em todos os mercados. Como o banco irá nos "vender" (nos permitir criar) a perpetuidade por US$ 100, o valor presente dos US$ 5 ao ano em perpetuidade é este custo de US$ 100 de "fazer por si mesmo".

Agora, generalizemos esse argumento. Suponha que investimos uma quantia P em uma conta bancária com taxas de juros r. Todos os anos podemos resgatar os juros obtidos $C = r \times P$, deixando o principal, P, no banco. Uma vez que o custo que o nosso custo de criar uma perpetuidade é apenas investimento inicial do principal (P), o valor de receber C em perpetuidade é, portanto, o custo à vista P. Recalculando $P = C \times r$ para resolver P temos $P = C/r$.

Portanto:

Valor presente de uma perpetuidade

$$PV(C \text{ em perpetuidade}) = \frac{C}{r} \qquad (4.4)$$

Ao depositarmos a quantia $\frac{C}{r}$ hoje, poderemos resgatar os juros de $\frac{C}{r} \times r = C$ a cada período em perpetuidade.

Observemos a lógica de nosso argumento. Para determinarmos o valor presente de uma sequência de fluxos de caixa, calculamos o custo de se criar "por si mesmo" esses mesmos fluxos de caixa no banco. Esta é uma abordagem extremamente útil e poderosa — e é muito mais simples e rápida do que somar esses termos infinitos!

Exemplos históricos de perpetuidades

As empresas às vezes emitem títulos que elas chamam de perpetuidades, mas que na verdade não o são realmente. Por exemplo, segundo o *Dow Jones International News* (26 de fevereiro de 2004), em 2004 o Korea First Bank vendeu US$ 300 milhões em dívida na "forma de um chamado 'título perpétuo' que não possui data fixa de resgate". Apesar do título não ter data fixa de resgate, o Korea First Bank se reserva o direito de pagá-lo após 10 anos, em 2014. O Korea First Bank também tem o direito de estender o resgate do título por outros 30 anos após 2014. Assim, apesar de o título não possuir uma data fixa de resgate, ele acabará podendo ser resgatado — ou em 10, ou em 40 anos. O título não é realmente uma perpetuidade porque não paga juros para sempre.

Os títulos perpétuos foram uns dos primeiros tipos de títulos emitidos. As perpetuidades mais antigas que ainda fazem pagamentos de juros foram emitidas pelo *Hoogheemraadschap Lekdijk Bovendams*, um comitê de águas holandês responsável pela manutenção dos diques locais. O título mais antigo data de 1624. Dois professores de finanças da Universidade de Yale, William Goetzman e Geert Rouwenhorst, verificaram pessoalmente se esses títulos continuavam a pagar juros. Em nome de Yale, eles compraram um dos títulos no dia 1º de julho de 2003, e receberam 26 anos de juros atrasados. Em sua data de emissão em 1648, este título originalmente pagava juros em florins carolus. Nos 355 anos seguintes, a moeda de pagamento mudou para libras flamengas, florins holandeses e, mais recentemente, euros. Atualmente, o título paga juros de € 11,34 anualmente.

Apesar dos títulos holandeses serem as perpetuidades mais antigas que ainda existem, as primeiras perpetuidades datam de uma época muito anterior. Por exemplo, as *cencus agreements* e *rentes*, que eram formas de perpetuidades e anuidades, eram emitidas no século XII na Itália, França e Espanha. Foram inicialmente criadas para contornar as leis da usura da Igreja Católica: como não exigiam o pagamento de juros sobre o principal, aos olhos da Igreja não eram consideradas empréstimos.

EXEMPLO 4.6

Finanças pessoais
Doação de uma perpetuidade

Problema

Você deseja favorecer uma festa de formatura de MBA anual em sua *alma mater*. Você deseja, ainda, que o evento seja memorável, então doa uma verba destinada à festa de US$ 30.000 ao ano para sempre. Se a universidade obtém 8% ao ano sobre seus investimentos, e se a primeira festa será daqui a um ano, quanto você precisa doar para favorecer a festa?

Solução

▶ **Planejamento**
O diagrama de fluxos de caixa que você deseja prover é:

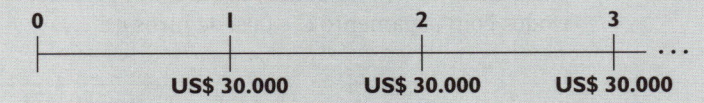

```
0          1            2            3
|──────────|────────────|────────────|──── ...
       US$ 30.000   US$ 30.000   US$ 30.000
```

Esta é uma perpetuidade padrão de US$ 30.000 ao ano. Os recursos que você teria que dar à universidade em perpetuidade é o valor presente desta sequência de fluxos de caixa.

▶ **Execução**
Utilize a fórmula para uma perpetuidade:

$$PV = C/r = US\$\ 30.000 / 0{,}08 = US\$\ 375.000 \text{ hoje}$$

▶ **Avaliação**
Se você doar US$ 375.000 hoje, e se a universidade investi-los a 8% ao ano para sempre, então os MBAs terão US$ 30.000 todo ano para sua festa de formatura.

Erros comuns — Descontar uma vez a mais

A fórmula da perpetuidade supõe que o primeiro pagamento ocorre no final do primeiro período (data 1). Às vezes, as perpetuidades têm fluxos de caixa que começam mais tarde no futuro. Neste caso, temos que adaptar a fórmula da perpetuidade para calcular o valor presente, mas precisamos fazê-lo cuidadosamente para evitar um erro comum.

Para ilustrar, consideremos a festa de formatura do MBA descrita no Exemplo 4.6. Em vez de começarmos imediatamente, suponhamos que a primeira festa só vá acontecer daqui a dois anos (para a turma que está iniciando hoje). Como este adiamento mudaria a quantia de doação necessária?

Agora temos o seguinte diagrama de fluxo de caixa:

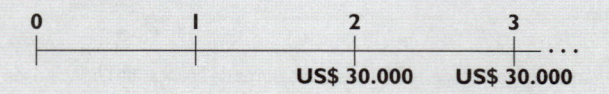

```
0        1        2           3
|--------|--------|-----------|---- ...
                  US$ 30.000  US$ 30.000
```

Precisamos determinar o valor presente desses fluxos de caixa, já que ele nos diz a quantia em dinheiro no banco necessária hoje para financiar as festas futuras. Não podemos aplicar a fórmula da perpetuidade diretamente, porém, pois esses fluxos de caixa não são *exatamente* uma perpetuidade como a definimos. Especificamente, está "faltando" o fluxo de caixa do primeiro período. Mas considere a situação na data 1 — neste ponto, a primeira festa está a um período de distância e, a partir de então, os fluxos de caixa são periódicos. A partir da perspectiva da data 1, esta é uma perpetuidade, e podemos aplicar a fórmula. Do cálculo anterior, sabemos que precisamos de US$ 375.000 na data 1 para ter o suficiente para começar as festas na data 2. Reescrevemos o diagrama de fluxo de caixa como a seguir:

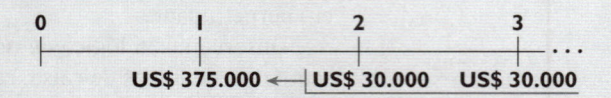

```
0        1              2           3
|--------|--------------|-----------|---- ...
         US$ 375.000 ← US$ 30.000   US$ 30.000
```

Nossa meta pode agora ser reafirmada de maneira mais simples: quanto precisamos investir hoje para termos US$ 375.000 em um ano? Este é um simples cálculo de valor presente:

$$PV = US\$\ 375.000 / 1,08 = US\$\ 347.222 \text{ hoje}$$

Um erro comum é descontar os US$ 375.000 duas vezes porque a primeira festa só ocorrerá dois períodos depois. *Lembremos que a fórmula do valor presente para a perpetuidade já desconta os fluxos de caixa de um período anterior ao primeiro fluxo de caixa.* Temos que ter em mente que esse erro comum pode ser cometido com perpetuidades, anuidades e todos os outros casos especiais discutidos nesta seção. Todas essas fórmulas descontam os fluxos de caixa de um período anterior ao primeiro fluxo de caixa.

Anuidades

anuidade Uma sequência de fluxos de caixa que chegam a intervalos regulares ao longo de um período de tempo especificado.

Uma **anuidade** é uma sequência de N fluxos de caixa iguais pagos em intervalos regulares. A diferença entre uma anuidade e uma perpetuidade é que uma anuidade termina após determinado número de pagamentos. A maioria dos financiamentos de automóveis, hipotecas e alguns títulos é uma anuidade. Representamos os fluxos de caixa de uma anuidade em um diagrama de fluxo de caixa do tempo como a seguir.

```
0        1        2              N
|--------|--------|----- ... -----|
         C        C               C
```

Observemos que, assim como na perpetuidade, adotamos a convenção de que o primeiro pagamento ocorre na data 1, daqui a um período. O valor presente de uma anuidade de N períodos com pagamento C e taxa de juros r é

$$PV = \frac{C}{(1+r)} + \frac{C}{(1+r)^2} + \frac{C}{(1+r)^3} + \cdots + \frac{C}{(1+r)^N}$$

Valor presente de uma anuidade. Para encontrarmos uma fórmula mais simples, utilizamos a mesma abordagem que seguimos com a perpetuidade: encontrar uma maneira de criar sua própria anuidade. Para ilustrar, suponhamos que invistamos US$ 100 em uma conta poupança que paga 5% de juros. Ao final de um ano, teremos US$ 105 no banco — seus US$ 100 originais mais US$ 5 em juros. Utilizando a mesma estratégia que utilizamos com as perpetuidades, suponhamos que saquemos os US$ 5 e reinvistamos os US$ 100 por um segundo ano. Novamente, teremos US$ 105 após um ano. Você pode repetir o processo, sacando US$ 5 e reinvestindo US$ 100 todos os anos. Para as perpetuidades, deixamos o principal no banco para sempre.

Alternativamente, você pode decidir, depois de 20 anos, fechar a conta e resgatar o principal. Neste caso, os fluxos de caixa serão os seguintes:

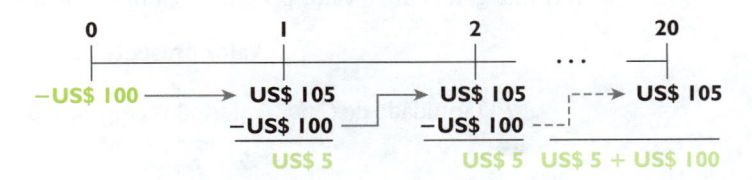

```
0           1              2                   20
|-----------|--------------|----- ... ---------|
-US$ 100 → US$ 105      US$ 105              US$ 105
          -US$ 100     -US$ 100    ----
           US$ 5         US$ 5    US$ 5 + US$ 100
```

Com nosso investimento inicial de US$ 100, criamos uma anuidade de 20 anos de US$ 5 ao ano e, além disso, receberemos US$ 100 a mais ao fim dos 20 anos. Novamente, a Lei do Preço Único do Princípio da Avaliação nos diz que, como foi necessário um investimento inicial de US$ 100 para criar os fluxos de caixa sobre o diagrama de fluxo de caixa, o valor presente desses fluxos de caixa é US$ 100, ou

US$ 100 = PV(anuidade de 20 anos de US$ 5 por ano) + PV(US$ 100 em 20 anos)

Então, se investirmos US$ 100 agora, poderemos receber US$ 5 por ano por 20 anos além de US$ 100 no vigésimo ano, representado no diagrama de fluxo de caixa a seguir:

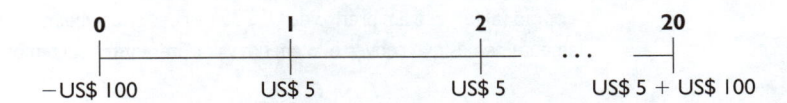

```
0           1              2                   20
|-----------|--------------|----- ... ---------|
-US$ 100   US$ 5          US$ 5         US$ 5 + US$ 100
```

Reordenando a equação acima, podemos mostrar que o custo de uma anuidade de 20 anos de US$ 5 por ano é US$ 100 menos o valor presente de US$ 100 em 20 anos.

PV(anuidade de 20 anos de US$ 5 por ano) = US$ 100 − PV(US$ 100 em 20 anos)

$$= US\$\ 100 - \frac{US\$\ 100}{(1,05)^{20}} = US\$\ 100 - US\$\ 37{,}69 = US\$\ 62{,}31$$

```
0           1              2                   20
|-----------|--------------|----- ... ---------|
-US$ 100   US$ 5          US$ 5         US$ 5 + US$ 100
```
Removendo os US$ 100 em 20 anos e seu valor presente, ficamos com os seguintes fluxos de caixa:

```
-US$ 62,31  US$ 5         US$ 5    ...    US$ 5
```

Então, o valor presente de US$ 5 por 20 anos é US$ 62,31. Intuitivamente, o valor da anuidade é o investimento inicial na conta poupança menos o valor presente do principal que será deixado na conta após 20 anos.

Os US$ 5 que recebemos todo ano é os juros sobre os US$ 100 e podem ser escritos como US$ 100(0,05) = US$ 5. Reordenando, temos US$ 100 = US$ 5 / 0,05. Se substituirmos US$ 5 / 0,05 em nossa fórmula acima, podemos representar o PV da anuidade em função de seu fluxo de caixa (US$ 5), da taxa de desconto (5%) e do número de anos (20):

$$PV\text{(anuidade de 20 anos de US\$ 5 por ano)} = \frac{US\$\ 5}{0{,}05} - \frac{\frac{US\$\ 5}{0{,}05}}{(1{,}05)^{20}} = \frac{\overset{C}{US\$\ 5}}{0{,}05}\left(1 - \frac{1}{(1{,}05)^{\overset{N}{20}}}\right)$$

$$= US\$\ 5 \times \frac{1}{0{,}05}\left(1 - \frac{1}{(1{,}05)^{20}}\right)$$

(r)

Esse método é muito útil porque geralmente queremos saber o PV da anuidade dado seu fluxo de caixa, taxa de descapitalização e número de anos. Podemos escrever isso como uma fórmula geral para o valor presente de uma anuidade de C por N períodos:

Valor presente de uma anuidade

$$PV(\text{anuidade de } C \text{ por } N \text{ períodos com taxa de juros } r) = C \times \frac{1}{r}\left(1 - \frac{1}{(1+r)^N}\right) \quad (4.5)$$

EXEMPLO 4.7

Finanças pessoais
Valor presente de uma anuidade de prêmio de loteria

Problema

Você é o sortudo ganhador de US$ 30 milhões pagos pela loteria estadual. Você pode receber o dinheiro de seu prêmio como (a) 30 pagamentos de US$ 1 milhão por ano (começando hoje), ou (b) US$ 15 milhões pagos hoje. Se a taxa de juros é de 8%, que opção você deve escolher?

Solução

▶ **Planejamento**

A opção (a) fornece um prêmio de US$ 30 milhões em dinheiro, mas pago ao longo do tempo. Para avaliá-lo corretamente, temos que convertê-lo em um valor presente. Aqui temos o diagrama de fluxo de caixa:

```
        0           1           2          29
        |-----------|-----------|---...----|
    US$ 1 milhão US$ 1 milhão US$ 1 milhão  US$ 1 milhão
```

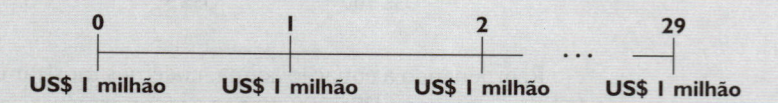

Como o primeiro pagamento começa hoje, o último pagamento ocorrerá daqui a 29 anos (para um total de 30 pagamentos).[2] O US$ 1 milhão na data 0 já está declarado em termos de valor presente, mas precisamos calcular o valor presente dos pagamentos restantes. Felizmente, este caso parece uma anuidade de 29 anos de US$ 1 milhão ao ano, então podemos utilizar a fórmula da anuidade.

▶ **Execução**

Utilizamos a fórmula da anuidade:

$$PV(\text{anuidade de 29 anos de US\$ 1 milhão}) = \text{US\$ 1 milhão} \times \frac{1}{0{,}08}\left(1 - \frac{1}{1{,}08^{29}}\right)$$

$$= \text{US\$ 1 milhão} \times 11{,}16$$

$$= \text{US\$ 11{,}16 milhões hoje}$$

Assim, o valor presente total dos fluxos de caixa é de US$ 1 milhão + US$ 11,16 milhões = US$ 12,16 milhões. Em forma de diagrama de fluxo de caixa:

```
          0            1            2           29
          |------------|------------|---...-----|
      US$ 1 milhão US$ 1 milhão US$ 1 milhão  US$ 1 milhão
      US$ 11,16 milhões ◀
      US$ 12,16 milhões
```

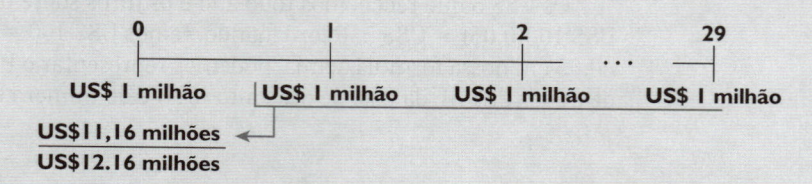

A opção (b), US$ 15 milhões à vista, vale mais — apesar da quantia total em dinheiro pago ser a metade do valor pago na opção (a).

---

[2] Uma anuidade cujo primeiro pagamento ocorre imediatamente às vezes é chamada de *anuidade antecipada*. Neste livro, sempre utilizaremos o termo "anuidade" para nos referirmos a uma anuidade postecipada.

As calculadoras financeiras ou o Excel lidam com anuidades facilmente — simplesmente digite o fluxo de caixa da anuidade como o *PMT*:

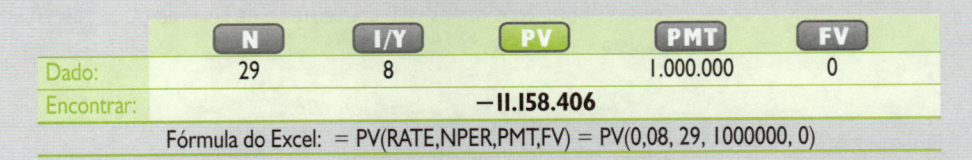

	N	I/Y	PV	PMT	FV
Dado:	29	8		1.000.000	0
Encontrar:			−11.158.406		

Fórmula do Excel: = PV(RATE,NPER,PMT,FV) = PV(0,08, 29, 1000000, 0)

Tanto a calculadora financeira quanto o Excel lhe darão o PV dos 29 pagamentos (US$ 11,16 milhões) ao qual você deve somar o primeiro pagamento de US$ 1 milhão, exatamente como fizemos acima.

Avaliação

O motivo desta diferença é o valor do dinheiro no tempo. Se você tem os US$ 15 milhões hoje, você pode utilizar US$ 1 milhão imediatamente e investir os US$ 14 milhões restantes a uma taxa de juros de 8%. Esta estratégia lhe dará US$ 14 milhões × 8% = US$ 1,12 milhões por ano em perpetuidade! Como alternativa, você pode gastar US$ 15 milhões − US$ 11,16 milhões = US$ 3,84 milhões hoje e investir os US$ 11,16 milhões restantes, o que ainda lhe permitiria resgatar US$ 1 milhão por ano pelos próximos 29 anos antes de sua conta ser esvaziada.

Valor futuro de uma anuidade. Agora que deduzimos uma fórmula simples para o valor presente de uma anuidade, é fácil encontrar uma fórmula simples também para o valor futuro. Se queremos saber o valor N anos no futuro, movimentamos o valor presente N períodos para a frente no diagrama de fluxo de caixa.

$$PV = \frac{C}{r}\left(1 - \frac{1}{(1+r)^N}\right)$$

$$\longrightarrow FV = \frac{C}{r}\left(1 - \frac{1}{(1+r)^N}\right) \times (1+r)^N$$

Como mostra o diagrama de fluxo de caixa, capitalizamos o valor presente para N períodos à taxa de juros r:

Valor futuro de uma anuidade

$$FV(\text{anuidade}) = PV \times (1+r)^N$$

$$= \frac{C}{r}\left(1 - \frac{1}{(1+r)^N}\right) \times (1+r)^N$$

$$= C \times \frac{1}{r}((1+r)^N - 1) \tag{4.6}$$

Essa fórmula é útil se quisermos saber como uma conta poupança crescerá ao longo do tempo se o investidor depositar a mesma quantia a cada período.

EXEMPLO 4.8

Finanças pessoais
Anuidade de plano de aposentadoria

Problema

Ellen tem 35 anos e decidiu que está na hora de planejar seriamente sua aposentadoria. No final de cada ano, até seus 65 anos, ela aplicará US$ 10.000 em um plano de aposentadoria. Se o plano gera 10% ao ano, quanto Ellen terá economizado aos 65 anos?

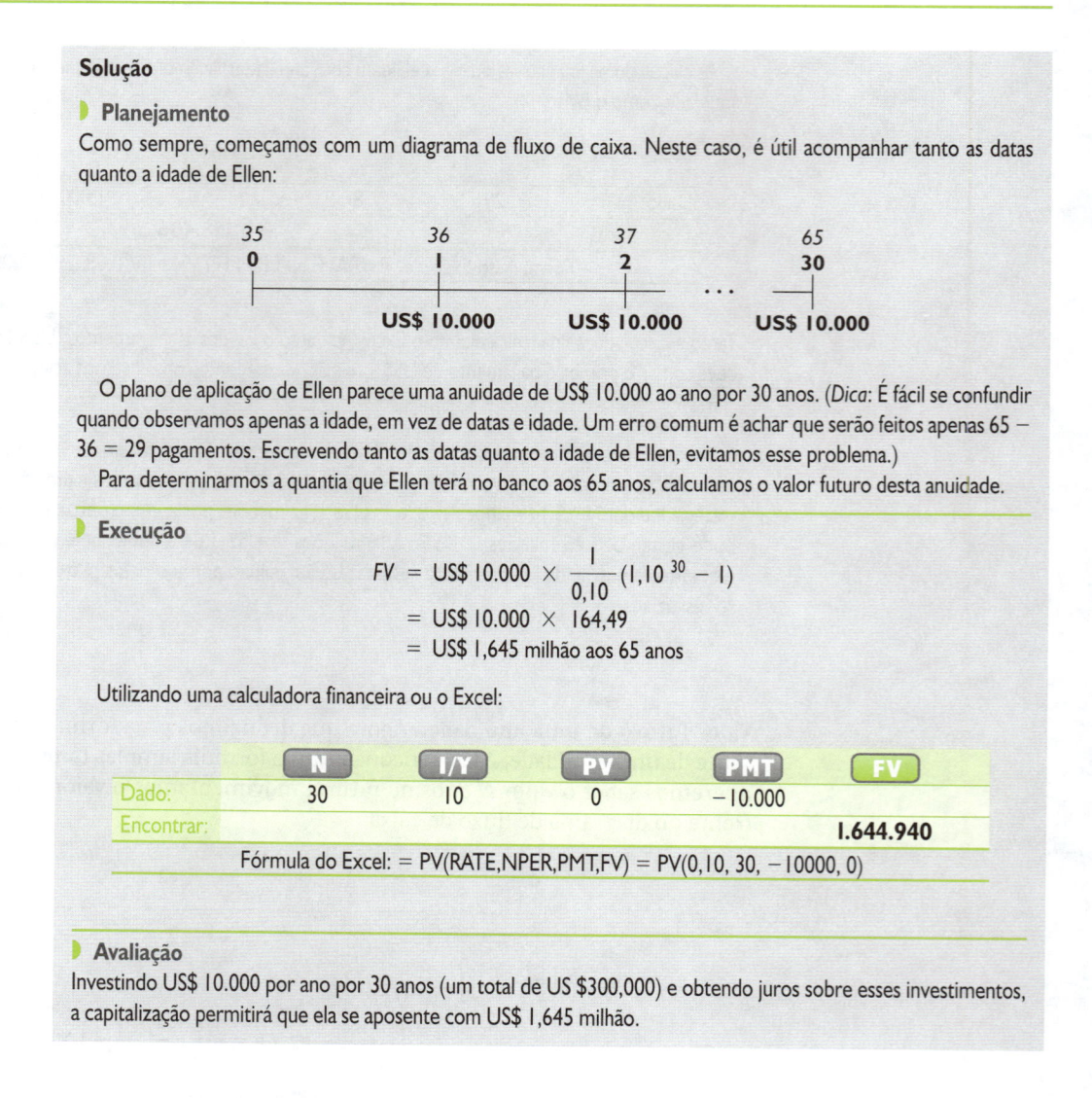

Solução

Planejamento

Como sempre, começamos com um diagrama de fluxo de caixa. Neste caso, é útil acompanhar tanto as datas quanto a idade de Ellen:

```
      35         36           37              65
      0          1            2       ...     30
                 |            |               |
              US$ 10.000   US$ 10.000      US$ 10.000
```

O plano de aplicação de Ellen parece uma anuidade de US$ 10.000 ao ano por 30 anos. (*Dica*: É fácil se confundir quando observamos apenas a idade, em vez de datas e idade. Um erro comum é achar que serão feitos apenas 65 − 36 = 29 pagamentos. Escrevendo tanto as datas quanto a idade de Ellen, evitamos esse problema.)

Para determinarmos a quantia que Ellen terá no banco aos 65 anos, calculamos o valor futuro desta anuidade.

Execução

$$FV = US\$\ 10.000 \times \frac{1}{0,10}(1,10^{30} - 1)$$
$$= US\$\ 10.000 \times 164,49$$
$$= US\$\ 1,645 \text{ milhão aos 65 anos}$$

Utilizando uma calculadora financeira ou o Excel:

	N	I/Y	PV	PMT	FV
Dado:	30	10	0	−10.000	
Encontrar:					1.644.940

Fórmula do Excel: = PV(RATE,NPER,PMT,FV) = PV(0,10, 30, −10000, 0)

Avaliação

Investindo US$ 10.000 por ano por 30 anos (um total de US$ 300.000) e obtendo juros sobre esses investimentos, a capitalização permitirá que ela se aposente com US$ 1,645 milhão.

Fluxos de caixa crescentes

Até agora, consideramos apenas sequências de fluxos de caixa de valor fixo a cada período. Se, ao contrário, espera-se que os fluxos de caixa cresçam a uma taxa constante em cada período, também podemos deduzir uma fórmula simples para o valor presente de uma sequência futura.

perpetuidade crescente Uma sequência de fluxos de caixa que ocorre a intervalos regulares e cresce a uma taxa constante para sempre.

Perpetuidade crescente. Uma **perpetuidade crescente** é uma sequência de fluxos de caixa que ocorrem a intervalos regulares e crescem a uma taxa constante para sempre. Por exemplo, uma perpetuidade crescente com um primeiro pagamento de US$ 100 que cresce a uma taxa de 3% possui o seguinte diagrama de fluxo de caixa:

```
0        1              2                 3                  4
         |              |                 |                  |         ...
       US$ 100    US$ 100 × 1,03    US$ 103 × 1,03     US$ 106,09 × 1,03
                 = US$ 103         = US$ 106,09        = US$ 109,27
```

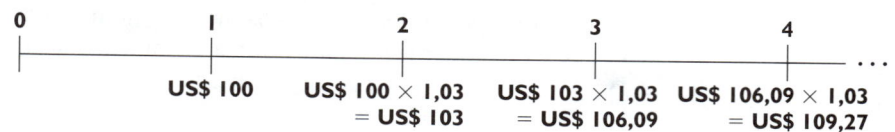

Para deduzirmos a fórmula do valor presente de uma perpetuidade crescente, seguimos a mesma lógica utilizada para uma perpetuidade regular: calcular a quantia que teríamos que depositar hoje para criar a perpetuidade por nós mesmos. No caso de uma perpetuidade regular, criamos um pagamento constante para sempre sacando os juros obtidos a cada ano e reinvestindo o principal. Para aumentar a quantia que podemos retirar a cada ano, o principal que reinvestimos a cada ano tem que crescer. Portanto, sacamos menos do que o valor total dos juros obtidos a cada período, utilizando os juros restantes para aumentar nosso principal.

Consideremos um caso específico. Suponhamos que queiramos criar uma perpetuidade crescente a 2%, e então invistamos US$ 100 em uma conta poupança que paga 5% de juros. Ao final de um ano, teremos US$ 105 no banco — os US$ 100 originais mais US$ 5 em juros. Se resgatarmos apenas US$ 3, teremos US$ 102 para reinvestir — 2% a mais do que a quantia que tínhamos inicialmente. Esta quantia crescerá, então, para US$ 102 × 1,05 = US$ 107,10 no ano seguinte, e poderemos resgatar US$ 3 × 1,02 = US$ 3,06, o que nos deixará com um principal de US$ 107,10 − US$ 3,06 = US$ 104,04. Observe que US$ 102 × 1,02 = US$ 104,04. Isto é, tanto a quantia que sacamos quanto o principal que reinvestimos cresce em 2% a cada ano. Em um diagrama, esses fluxos de caixa ficam da seguinte maneira:

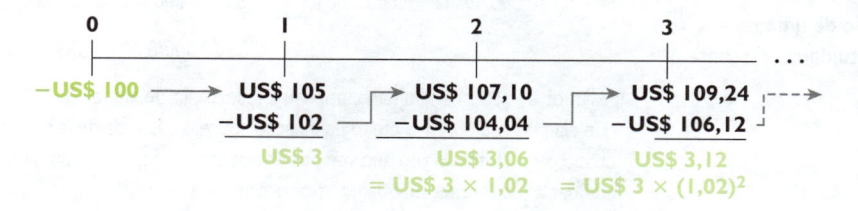

```
0           1              2               3
|           |              |               |
-US$ 100 → US$ 105   → US$ 107,10   → US$ 109,24  ⋯
           -US$ 102    -US$ 104,04     -US$ 106,12
           US$ 3        US$ 3,06        US$ 3,12
                      = US$ 3 × 1,02  = US$ 3 × (1,02)²
```

Seguindo esta estratégia, teremos criado uma perpetuidade crescente que começa em US$ 3 e cresce 2% ao ano. Essa perpetuidade crescente tem que ter um valor presente igual ao custo de US$ 100.

Podemos generalizar este argumento. Se quisermos aumentar a quantia que sacamos do banco a cada ano em g, então o principal no banco terá que crescer segundo o mesmo fator g. Isto é, em vez de reinvestir P no segundo ano, devemos reinvestir $P(1+g) = P + gP$. Com o intuito de aumentar nosso principal em gP, podemos resgatar apenas $rP - gP = P(r-g)$. Demonstramos isso para o primeiro ano de nosso exemplo:

Quantia inicial depositada	US$ 100	P
Juros obtidos	(0,05)(US$ 100)	rP
Quantia necessária para aumentar o principal	(0,02)(US$ 100)	gP
Quantia sacada	(0,05)(US$ 100) − (0,02)(US$ 100)	$rP - gP$
	= US$ 100(0,05 − 0,02)	$= P(r - g)$

Denotando nosso saque por C, temos $C = P(r - g)$. Solucionando esta equação para encontrar P, a quantia inicial depositada na conta corrente, temos o valor presente de uma perpetuidade crescente com fluxo de caixa inicial igual a C.[3]

Valor presente de uma perpetuidade crescente

$$PV \text{ (perpetuidade crescente)} = \frac{C}{r - g} \qquad (4.7)$$

Para compreendermos a fórmula de uma perpetuidade crescente intuitivamente, comecemos com a fórmula de perpetuidade. No caso anterior, tínhamos que colocar dinheiro sufi-

---

[3] Suponha que $g \geq r$. Os fluxos de caixa crescem ainda mais rapidamente do que eles são descapitalizados; cada termo da soma fica maior, em vez de menor. Nesse caso, a soma é infinita! O que significa um valor presente infinito? Lembre-se que o valor presente é o custo de criar os fluxos de caixa "por si mesmo". Um valor presente infinito significa que, independentemente da quantia de dinheiro com que você começa, é *impossível* você conseguir reproduzir esses fluxos de caixa por si mesmo. Perpetuidades crescentes deste tipo não podem existir na prática porque ninguém estaria disposto a oferecer uma por um preço infinito. Também é improvável que uma promessa para pagar uma quantidade que crescesse mais rapidamente do que a taxa de juros fosse mantida (ou que qualquer comprador informado acreditasse nela). As únicas perpetuidades crescentes viáveis são aquelas cuja taxa de crescimento é menor do que a taxa de juros, então pressupomos que $g < r$ para uma perpetuidade crescente.

ciente no banco para garantir que os juros obtidos equivalessem aos fluxos de caixa da perpetuidade regular. No caso de uma perpetuidade crescente, precisamos colocar mais do que essa quantia no banco, pois temos que financiar o crescimento nos fluxos de caixa. Quanto a mais? Se o banco paga juros a uma taxa de 5%, então tudo o que resta para ser sacado se quisermos garantir que o principal cresça em 2% ao ano é a diferença 5% − 2% = 3%. Então, em vez de o valor presente da perpetuidade ser o primeiro fluxo de caixa dividido pela taxa de juros, agora é o primeiro fluxo de caixa dividido pela *diferença* entre a taxa de juros e a taxa de crescimento.

EXEMPLO 4.9

Finanças pessoais
Doação de uma perpetuidade crescente

Problema

No exemplo 4.6, você planejou doar dinheiro à sua *alma mater* para financiar uma festa de formatura de MBA anual de US$ 30.000. Dada uma taxa de juros de 8% ao ano, a doação necessária era o valor presente de:

$$PV = US\$\ 30.000/0{,}08 = US\$\ 375.000 \text{ hoje}$$

Antes de aceitar o dinheiro, porém, a associação de alunos de MBA pediu que você aumentasse a doação para que ela pudesse cobrir o efeito da inflação sobre o custo da festa em anos futuros. Apesar de US$ 30.000 ser adequado para a festa do ano que vem, os alunos estimam que o custo da festa aumente 4% ao ano daí em diante. Para atender à sua solicitação, quanto você precisa doar agora?

Solução

▸ **Planejamento**

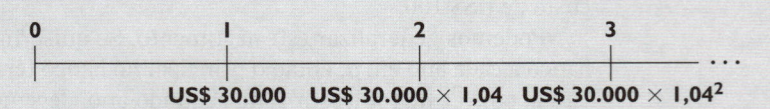

```
0           1              2                    3
|           |              |                    |         ...
        US$ 30.000   US$ 30.000 × 1,04   US$ 30.000 × 1,04²
```

O custo da festa no ano que vem será de US$ 30.000, e então aumentará 4% ao ano para sempre. A partir do diagrama de fluxo de caixa, reconhecemos a forma de uma perpetuidade crescente e podemos avaliá-la dessa maneira.

▸ **Execução**

Para financiar o custo crescente, você precisa fornecer o valor presente hoje de:

$$PV = US\$\ 30.000/(0{,}08 - 0{,}04) = US\$\ 750.000 \text{ hoje}$$

▸ **Avaliação**

Você precisa dobrar o valor de seu presente!

Fixação de conceitos

9. O que se pode intuir por trás do fato de que uma sequência infinita de fluxos de caixa possui um valor presente finito?

10. Como se calcula o valor presente de uma
    a. Perpetuidade?
    b. Anuidade?
    c. Perpetuidade crescente?

4.6 Solução para encontrar outras variáveis além do valor presente e do valor futuro

Até agora, calculamos o valor presente ou o valor futuro de uma sequência de fluxos de caixa. Às vezes, porém, sabemos o valor presente ou o valor futuro, mas não conhecemos uma das variáveis que até agora recebemos como entrada. Por exemplo, quando você toma um empréstimo, você pode saber a quantia que você gostaria de tomar emprestada, mas pode não saber o valor dos pagamentos que serão necessários para quitá-lo. Ou, se você faz um depósito em uma conta bancária, você pode querer calcular quanto tempo levará para seu saldo chegar a certo nível. Em tais situações, utilizamos os valores presente e/ou futuro como entradas, e solucionamos a equação para encontrar a variável em que estamos interessados. Examinaremos vários casos especiais nesta seção.

Solução para encontrar fluxos de caixa

Consideremos um exemplo em que conhecemos o valor presente de um investimento, mas não conhecemos os fluxos de caixa. O melhor exemplo é um empréstimo — sabemos quanto queremos pegar emprestado (o valor presente) e conhecemos a taxa de juros, mas não sabemos quanto teremos que pagar a cada ano. Suponha que você esteja abrindo um negócio que exija um investimento inicial de US$ 100.000. O gerente de seu banco concordou em lhe emprestar este dinheiro. Os termos do empréstimo declaram que você fará pagamentos anuais fixos pelos próximos dez anos e pagará uma taxa de juros de 8%, sendo o vencimento do primeiro pagamento daqui a um ano. Qual é o seu pagamento anual?

Da perspectiva do banco, o diagrama de fluxo de caixa é assim:

```
      0           1           2           10
      |           |           |    ...    |
  -US$ 100.000    C           C           C
```

O banco lhe dará US$ 100.000 hoje em troca de dez pagamentos fixos ao longo da próxima década. Você precisa determinar o valor de cada pagamento C que o banco exigirá. Para que o banco esteja disposto a lhe emprestar US$ 100.000, os fluxos de caixa do empréstimo têm que ter um valor presente de US$ 100.000 ao ser avaliado pelos juros do banco de 8%. Isto é:

100.000 = PV (anuidade de 10 anos de C por ano, avaliada pela taxa de juros)

Utilizando a fórmula do valor presente de uma anuidade,

$$US\$\ 100.000 = C \times \frac{1}{0{,}08}\left(1 - \frac{1}{1{,}08^{10}}\right) = C \times 6{,}71$$

Solucionando esta equação para encontrar C, temos:

$$C = \frac{US\$\ 100.00}{6{,}71} = US\$\ 14.903$$

Você terá que fazer dez pagamentos anuais de US$ 14.903 em troca de US$ 100.000 hoje. Podemos também resolver este problema com uma calculadora financeira ou com o Excel:

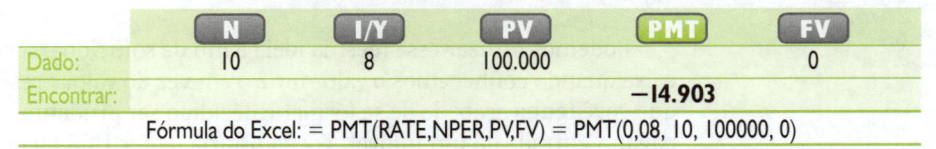

	N	I/Y	PV	PMT	FV
Dado:	10	8	100.000		0
Encontrar:				−14.903	
Fórmula do Excel: = PMT(RATE,NPER,PV,FV) = PMT(0,08, 10, 100000, 0)					

Em geral, ao solucionar o valor de um pagamento de um empréstimo, pense na quantia emprestada (o principal do empréstimo) como o valor presente dos pagamentos. Se os pagamentos do empréstimo são uma anuidade, podemos encontrar o pagamento do empréstimo invertendo a fórmula de anuidade.

Escrevendo este procedimento formalmente, começando com o diagrama de fluxo de caixa (a partir da perspectiva do banco) para um empréstimo com principal P, que exige N pagamentos periódicos C com taxa de juros r, temos:

Pagamento do empréstimo

$$C = \frac{P}{\frac{1}{r}\left(1 - \frac{1}{(1+r)^N}\right)} \tag{4.8}$$

EXEMPLO 4.10

Calculando o pagamento de um empréstimo

Problema

Sua empresa planeja comprar um armazém por US$ 100.000. O banco lhe oferece um empréstimo de 30 anos com pagamentos anuais fixos e uma taxa de juros de 8% ao ano. O banco exige que sua empresa pague 20% do preço de compra à vista, de modo que você possa pegar somente US$ 80.000 emprestados. Qual é o pagamento de empréstimo anual?

Solução

▶ Planejamento

Começamos com o diagrama de fluxo de caixa (a partir da perspectiva do banco):

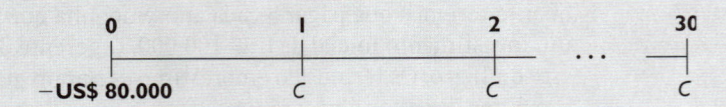

```
    0           1           2          30
    |_____|_____|___ ... ___|
 -US$ 80.000    C           C           C
```

Utilizando a Equação 4.8, podemos encontrar o pagamento do empréstimo, C, dados $N = 30$, $r = 8\%$ (0,08) e $P = $ US$ 80.000.

▶ Execução

A Equação 4.8 fornece o seguinte pagamento (fluxo de caixa):

$$C = \frac{P}{\frac{1}{r}\left(1 - \frac{1}{(1+r)^N}\right)} = \frac{80.000}{\frac{1}{0,08}\left(1 - \frac{1}{(1,08)^{30}}\right)}$$

$$= US\$\ 7.106{,}19$$

Utilizando uma calculadora financeira ou o Excel:

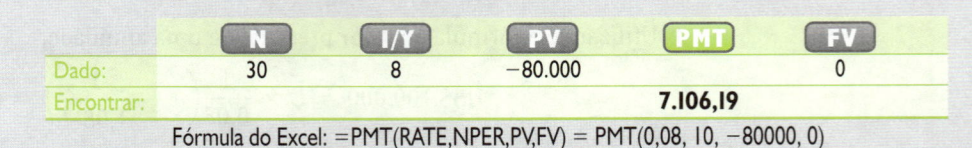

	N	I/Y	PV	PMT	FV
Dado:	30	8	−80.000		0
Encontrar:				7.106,19	
Fórmula do Excel: =PMT(RATE,NPER,PV,FV) = PMT(0,08, 10, −80000, 0)					

▶ Avaliação

Sua empresa precisará pagar US$ 7.106,19 por ano para pagar o empréstimo. O banco está disposto a aceitar esses pagamentos porque o PV de 30 pagamentos anuais de US$ 7.106,19 a uma taxa de juros de 8% por ano é exatamente igual aos US$ 80.000 que ele está lhe dando hoje.

Podemos utilizar essa mesma ideia a fim de solucionar a equação para encontrar fluxos de caixa quando conhecemos o valor futuro em vez do valor presente. Para exemplificar, suponha que você tenha acabado de se formar e decidido ser prudente e começar a poupar este ano para pagar a entrada de um imóvel. Você gostaria de ter US$ 60.000 poupados daqui a 10 anos. Se você puder obter 7% ao ano sobre suas aplicações, quanto você precisa aplicar por ano para alcançar seu objetivo?

O diagrama de fluxo de caixa para este exemplo é:

```
    0           1           2                10
    |_____|_____|_____ ... _____|
              -US$ C      -US$ C          -US$ C
                                          +US$ 60.000
```

Isto é, você planeja aplicar uma quantia C por ano, e então resgatar US$ 60.000 do banco daqui a 10 anos. Portanto, precisamos encontrar o pagamento de anuidade que possui um valor futuro de US$ 60.000 em 10 anos. Utilizando a fórmula de valor futuro de uma anuidade a partir da Equação 4.6,

$$60.000 = FV(\text{anuidade}) = C \times \frac{1}{0,07}(1,07^{10} - 1) = C \times 13,816$$

Portanto, $C = \frac{60.000}{13,816} =$ US$ 4.343. Então, você precisa poupar US$ 4.343 ao ano. Se você o fizer, então, a uma taxa de juros de 7%, suas economias crescerão para US$ 60.000 quando você estiver pronto para comprar seu imóvel.

Agora vamos solucionar este problema com uma calculadora financeira ou com o Excel:

	N	I/Y	PV	PMT	FV
Dado:	10	7	0		60.000
Encontrar:				−4.343	
Fórmula do Excel:	= PMT(RATE,NPER,PV,FV) = PMT(0,07, 10, 0, 60.000)				

Novamente, descobrimos que você tem que poupar US$ 4.343 por 10 anos para acumular US$ 60.000.

Taxa interna de retorno

taxa interna de retorno (IRR) A taxa de juros que iguala a zero o valor presente líquido dos fluxos de caixa.

Em algumas situações, conhecemos o valor presente e os fluxos de caixa de uma oportunidade de investimento, mas não conhecemos a taxa de juros. Esta taxa de juros chama-se **taxa interna de retorno** (**IRR** ou *internal rate of return*, no original), definida como a taxa de juros que iguala o valor presente dos fluxos de caixa a zero.

Por exemplo, suponha que você tenha uma oportunidade de investimento que exige um investimento de US$ 1.000 hoje e paga US$ 2.000 em seis anos. Isso apareceria em um diagrama de fluxo de caixa assim:

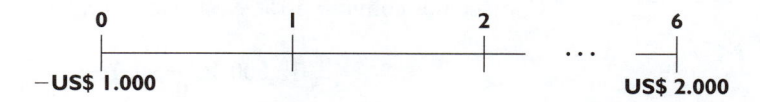

```
        0           1           2    ...    6
        |-----------|-----------|-----------|
     −US$ 1.000                          US$ 2.000
```

Uma forma de analisar este investimento é fazer a pergunta: que taxa de juros, r, você precisaria obter para que o NPV deste investimento fosse zero?

$$NPV = -1.000 + \frac{2.000}{(1+r)^6} = 0$$

Reordenando este cálculo, temos:

$$1.000 \times (1+r)^6 = 2.000$$

Isto é, r é a taxa de juros que você precisa obter sobre seus US$ 1.000 para chegar a um valor futuro de US$ 2.000 em seis anos. Podemos encontrar r, como a seguir:

$$1 + r = \left(\frac{2.000}{1.000}\right)^{\frac{1}{6}} = 1,1225$$

ou $r = 12,25\%$. Esta taxa é a IRR desta oportunidade de investimento. Fazer este investimento é como obter 12,25% ao ano sobre nosso dinheiro por seis anos.

Quando há apenas dois fluxos de caixa, como no exemplo anterior, é fácil calcular a IRR. Considere o caso geral em que investimos uma quantia P hoje e recebemos FV em N anos:

$$P \times (1 + \text{IRR})^N = FV$$
$$1 + \text{IRR} = (FV/P)^{1/N}$$

Isto é, pegamos o total do retorno sobre o investimento durante N anos, FV/P, e o convertemos a uma taxa equivalente a um ano elevando-o à potência $1/N$.

Agora consideremos um exemplo mais sofisticado. Suponhamos que nossa empresa precise comprar uma nova empilhadeira. O vendedor nos oferece duas opções: (1) um preço para a empilhadeira caso ela seja paga em dinheiro e (2) pagamentos anuais caso contraiamos um empréstimo com o vendedor. Para avaliar o empréstimo que o vendedor está nos oferecendo, é preciso comparar a taxa sobre o empréstimo com a taxa que seu banco lhe ofereceria. Dado o pagamento de empréstimo oferecido pelo vendedor, como se calcula a taxa de juros cobrada por ele?

Neste caso, precisamos calcular a IRR do empréstimo do vendedor. Suponha que o preço em dinheiro da empilhadeira seja de US$ 40.000, e que o vendedor ofereça um financiamento sem sinal e quatro pagamentos anuais de US$ 15.000. Este empréstimo possui o seguinte diagrama de fluxo de caixa:

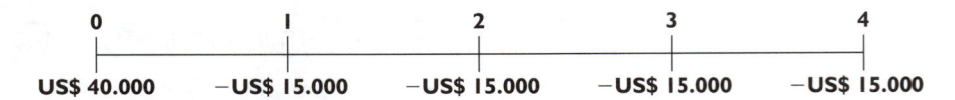

```
   0          1           2           3           4
   |          |           |           |           |
US$ 40.000  -US$ 15.000 -US$ 15.000 -US$ 15.000 -US$ 15.000
```

Pelo diagrama de fluxo de caixa fica claro que o empréstimo é uma anuidade de quatro anos com um pagamento de US$ 15.000 ao ano e um valor presente de US$ 40.000. Para igualar o NPV dos fluxos de caixa a zero, é necessário que o valor presente dos pagamentos seja igual ao preço de compra:

$$40.000 = 15.000 \times \frac{1}{r}\left(1 - \frac{1}{(1+r)^4}\right)$$

O valor r que soluciona esta equação, a IRR, é a taxa de juros cobrada sobre o empréstimo. Infelizmente, neste caso não há uma maneira simples de solucionar a equação para encontrar a taxa de juros r. A única maneira de resolver esta equação é estimarmos valores para r até encontrarmos o correto.

Comecemos com $r = 10\%$. Neste caso, o valor da anuidade é:

$$15.000 \times \frac{1}{0,10}\left(1 - \frac{1}{(1,10)^4}\right) = 47.548$$

O valor presente dos pagamentos é alto demais. Para diminuí-lo, temos que utilizar uma taxa de juros mais alta. Tentaremos 20% dessa vez:

$$15.000 \times \frac{1}{0,20}\left(1 - \frac{1}{(1,20)^4}\right) = 38.831$$

Agora o valor presente dos pagamentos está baixo demais, então temos que escolher uma taxa entre 10% e 20%. Continuamos a utilizar estimativas até encontrarmos a taxa correta. Tentemos 18,45%:

$$15.000 \times \frac{1}{0,1845}\left(1 - \frac{1}{(1,1845)^4}\right) = 40.000$$

A taxa de juros cobrada pelo vendedor é de 18,45%.

Uma solução mais fácil do que tentar estimar a IRR e calcular valores manualmente é utilizar uma planilha ou calculadora para automatizar o processo de estimação. Quando os fluxos de caixa são uma anuidade, como neste exemplo, podemos utilizar uma calculadora financeira ou o Excel para calcular a IRR. Ambos resolvem (com uma pequena variação na notação) a equação a seguir:

$$NPV = PV + PMT \times \frac{1}{I/Y}\left(1 - \frac{1}{(1+I/Y)^N}\right) + \frac{FV}{(1+I/Y)^N} = 0$$

---

[4] Com cinco ou mais períodos e fluxos de caixa gerais, *não existe* uma fórmula que dê a solução para r; tentativa e erro (à mão ou por computador) é a *única* maneira de calcular a IRR.

Capítulo 4 NPV e o Valor do Dinheiro no Tempo | 143

UTILIZANDO O EXCEL
Calculando o NPV (ou VPL) e a IRR (ou TIR)

Aqui discutiremos como utilizar o Microsoft ® Excel para encontrar o NPV e a IRR. Também identificaremos algumas armadilhas a serem evitadas ao utilizar o Excel.

Função NPV (ou VPL): deixar de fora a Data 0

O NPV (ou VPL) do Excel possui o formato NPV (rate, value1, value2,...) [ou taxa, valor1, valor2,...] onde "rate" [ou "taxa"] é a taxa de juros por período utilizada para descontar os fluxos de caixa, e "value1", "value2" [ou "valor 1", "valor2"] etc, são os fluxos de caixa (ou amplitude de fluxos de caixa). A função NPV calcula o valor presente dos fluxos de caixa *supondo que o primeiro fluxo de caixa ocorre na data 1*. Portanto, se o primeiro fluxo de caixa de um projeto ocorre na data 0, não podemos utilizar apenas a função NPV para calcular o NPV. Podemos utilizar a função NPV para calcular o valor dos fluxos de caixa a partir da data 1, e então temos que somar o fluxo de caixa da data 0 a este resultado para calcular o NPV. A tela abaixo mostra a diferença. O primeiro cálculo do NPV (contornado em verde-claro) está correto: utilizamos a função NPV para todos os fluxos de caixa que ocorrem da data 1 em diante e então somamos o primeiro fluxo de caixa que ocorre na data 0, já que ele já está em valor presente. O segundo (contornado em cinza) está incorreto: utilizamos a função NPV para todos os fluxos de caixa, mas a função supõe que o primeiro fluxo de caixa ocorra no período 1 em vez de imediatamente.

Função NPV (ou VPL): ignorar as células em branco

Outra armadilha que a função NPV apresenta é que os fluxos de caixa deixados em branco são tratados de maneira diferente dos fluxos de caixa que são iguais a zero. Se um fluxo de caixa é deixado em branco, *tanto o fluxo de caixa quanto o período são ignorados*. Por exemplo, o segundo conjunto de fluxos de caixa abaixo é equivalente ao primeiro — simplesmente deixamos de fora o fluxo de caixa da data 2 e supusemos que o fluxo de caixa seja igual a 10 na data 1 e 110 na data 2, o que claramente não é o que se pretendia e produz uma resposta incorreta (contornada em verde).

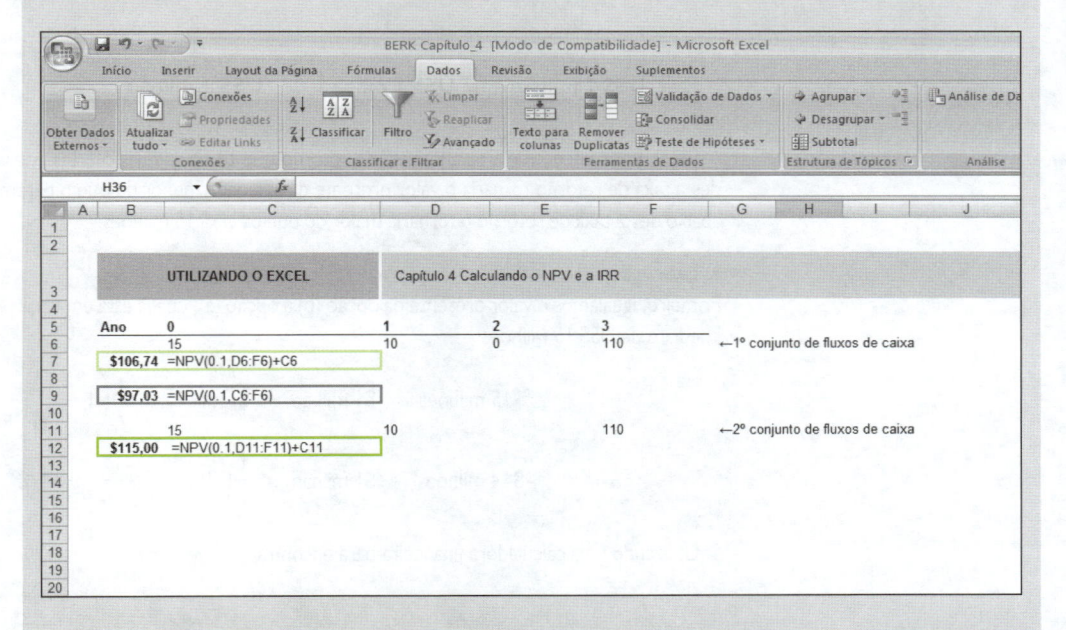

Ano	0	1	2	3	
	15	10	0	110	←1º conjunto de fluxos de caixa
$106,74	=NPV(0.1,D6:F6)+C6				
$97,03	=NPV(0.1,C6:F6)				
	15	10		110	←2º conjunto de fluxos de caixa
$115,00	=NPV(0.1,D11:F11)+C11				

Devido a essas idiossincrasias, evitamos utilizar a função NPV (ou VPL) do Excel, e achamos mais confiável calcular o valor presente de cada fluxo de caixa separadamente no Excel, para depois somá-los para determinar o NPV.

Função IRR (ou TIR)

A função IRR (ou TIR) do Excel possui o formato IRR(values, guess) [ou TIR(valores, estimativa)], onde "values" [ou "valores"] é a amplitude que contém os fluxos de caixa e "guess" [ou "estimativa"] é uma estimativa inicial opcional onde o Excel inicia sua busca por uma IRR. Há duas observações a serem feitas sobre a função IRR:

1. Os valores dados à função IRR devem incluir todos os fluxos de caixa do projeto, inclusive o da data 0. Neste sentido, as funções IRR e NPV do Excel são inconsistentes.
2. Assim como a função NPV, a função IRR ignora o período associado a qualquer célula deixada em branco.

Esta equação garante que o NPV do investimento na anuidade seja igual a zero. Quando a variável desconhecida é a taxa de juros, ela encontrará a taxa de juros que iguala o NPV a zero — isto é, a IRR. Neste caso, você poderia utilizar uma calculadora financeira ou o Excel, como a seguir:

	N	I/Y	PV	PMT	FV
Dado:	4		40.000	−15.000	0
Encontrar:		18,45			

Fórmula do Excel: = RATE(NPER,PMT,PV,FV) = RATE(4, −15.000, 40000, 0)

Tanto a calculadora financeira quanto o Excel calculam corretamente uma IRR de 18,45%.

EXEMPLO 4.11

Finanças pessoais
Calculando a taxa interna de retorno com uma calculadora financeira

Problema
Voltemos ao prêmio da loteria do Exemplo 4.7. Que taxa interna de retorno você precisa obter investindo por si mesmo para preferir o *payout* de US$ 15 milhões?

Solução

▸ **Planejamento**
Lembre-se de que a loteria lhe oferece o seguinte acordo: receber ou (a) um pagamento integral de US$ 15 milhões imediatamente, ou (b) 30 pagamentos de US$ 1 milhão por ano começando imediatamente. Esta segunda opção é uma anuidade de 29 pagamentos de US$ 1 milhão mais um pagamento inicial de US$ 1 milhão.

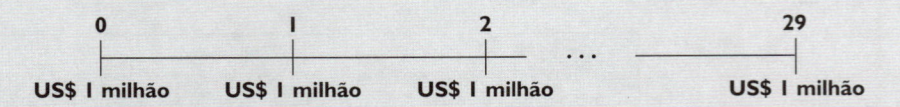

```
      0              1              2             ...      29
      |              |              |                      |
   US$ 1 milhão   US$ 1 milhão   US$ 1 milhão         US$ 1 milhão
```

Precisamos encontrar a taxa interna de retorno que torna as duas ofertas equivalentes. Qualquer coisa acima desta taxa de retorno tornaria o valor presente da anuidade menor do que o pagamento integral, e qualquer coisa abaixo desta taxa de retorno o tornaria maior do que os US$ 15 milhões.

▸ **Execução**
Primeiro, igualamos o valor presente da opção (b) à opção (a), que já está em valor presente por ser um pagamento imediato de US$ 15 milhões:

$$\$15 \text{ milhões} = \$1 \text{ milhão} + \$1 \text{ milhão} \times \frac{1}{r}\left(1 - \frac{1}{(1+r)^{29}}\right)$$

$$\$14 \text{ milhões} = \$1 \text{ milhão} \times \frac{1}{r}\left(1 - \frac{1}{(1+r)^{29}}\right)$$

Utilizando uma calculadora financeira para encontrar *r*:

	N	I/Y	PV	PMT	FV
Dado:	29		−14.000.000	1.000.000	0
Encontrar:		5,72			

Fórmula do Excel: =RATE(NPER,PMT,PV,FV)=RATE(29,1000000,−14000000,0)

A IRR que iguala as duas opções é 5,72%.

▸ **Avaliação**
5,72% é a taxa de retorno que torna abrir mão do pagamento de US$ 15 milhões e receber as 30 parcelas de US$ 1 milhão exatamente uma ação de NPV zero. Se você pudesse ganhar mais de 5,72% investindo por si mesmo, você receberia os US$ 15 milhões, investiria-os e geraria 30 parcelas de mais de US$ 1 milhão cada. Se você não pudesse ganhar pelo menos 5,72% sobre seus investimentos, você não seria capaz de igualar as parcelas de US$ 1 milhão por si mesmo e estaria em melhor situação aceitando o plano parcelado.

Solução para encontrar o número de períodos

Além de encontrar fluxos de caixa ou a taxa de juros, podemos encontrar o período de tempo que uma soma em dinheiro levará para alcançar determinado valor. Neste caso, a taxa de juros, o valor presente e o valor futuro são todos conhecidos. Precisamos calcular quanto tempo levará para o valor presente chegar ao valor futuro.

Suponhamos que tenhamos investido US$ 10.000 em uma conta que paga 10% de juros, e que queiramos saber quanto tempo levará para a quantia chegar a US$ 20.000.

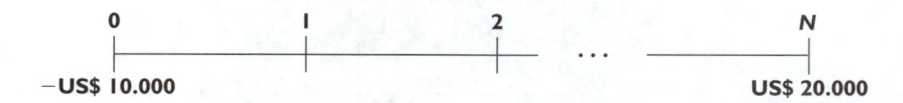

```
0           1           2       ...      N
|-----------|-----------|----------------|
-US$ 10.000                           US$ 20.000
```

Queremos determinar N.

Em termos de nossas fórmulas, precisamos encontrar N de modo que o valor futuro de nosso investimento seja igual a US$ 20.000:

$$FV = US\$\ 10.000 \times 1{,}10^N = US\$\ 20.000 \quad (4.9)$$

Uma abordagem é utilizar tentativa e erro para encontrar N, como com a IRR. Por exemplo, com $N = 7$ anos, $FV = US\$\ 19.487$, então levará mais do que 7 anos. Com $N = 8$ anos, $FV = US\$\ 21.436$, então levará entre 7 e 8 anos.

Alternativamente, este problema pode ser solucionado em uma calculadora financeira ou no Excel. Neste caso, queremos encontrar N:

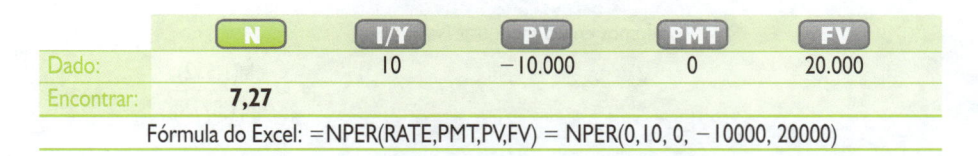

	N	I/Y	PV	PMT	FV
Dado:		10	−10.000	0	20.000
Encontrar:	7,27				

Fórmula do Excel: =NPER(RATE,PMT,PV,FV) = NPER(0,10, 0, −10000, 20000)

Levará aproximadamente 7,3 anos para que nossa poupança chegue a US$ 20.000.

Solução para encontrar N utilizando logaritmos

O problema de encontrar o número de períodos também pode ser solucionado matematicamente. Dividindo ambos os lados da Equação 4.9 por US$ 10.000, temos:

$$1{,}10^N = 20.000 / 10.000 = 2$$

Para encontrar um expoente, tiramos o logaritmo de ambos os lados, e utilizamos o fato de que $\ln(x^y) = y \ln(x)$:

$$N \ln(1{,}10) = \ln(2)$$
$$N = \ln(2)/\ln(1{,}10) = 0{,}6931/0{,}0953 \approx 7{,}3 \text{ anos}$$

EXEMPLO 4.12

Finanças pessoais
Solução para encontrar o número de períodos em um plano de aplicações

Problema

Voltemos à sua poupança para fazer o pagamento do sinal da compra de uma casa. Imagine que já tenha passado algum tempo que você já possua US$ 10.050 aplicados, e que agora possa aplicar outros US$ 5.000 por ano ao fim de cada ano. Além disso, as taxas de juros aumentaram, de modo que agora você obtém 7,25% por ano sobre suas aplicações. Quanto tempo levará para você chegar à sua meta de US$ 60.000?

Solução

▶ **Planejamento**
O diagrama de fluxo de caixa deste problema é:

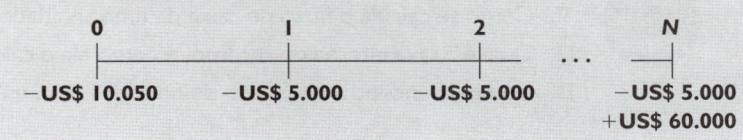

```
0            1            2       ...      N
|------------|------------|----------------|
-US$ 10.050  -US$ 5.000   -US$ 5.000    -US$ 5.000
                                        +US$ 60.000
```

Precisamos encontrar N de modo que o valor futuro de suas aplicações atuais mais o valor futuro de suas aplicações adicionais planejadas (que são uma anuidade) seja igual ao valor que desejamos. Dois fatores contribuem para o valor futuro: a importância total inicial de US$ 10.050 que continuará a render juros, e as contribuições da anuidade de US$ 5.000 por ano que gerarão juros quando forem feitas. Assim, precisamos encontrar o valor futuro da importância total mais o valor futuro da anuidade.

> **Execução**

Podemos solucionar este problema utilizando uma calculadora financeira ou o Excel:

	N	I/Y	PV	PMT	FV
Dado:		7,25	−10.050	−5.000	60.000
Encontrar:	7,00				

Fórmula do Excel: =NPER(RATE,PMT,PV,FV) = NPER(0,0725, −5000, −10050, 60000)

Também existe uma solução matemática. Podemos calcular o valor futuro do fluxo de caixa inicial utilizando a Equação 4.1, e o valor futuro da anuidade utilizando a Equação 4.6:

$$10.050 \times 1,0725^N + 5.000 \times \frac{1}{0,0725}(1,0725^N - 1) = 60.000$$

Reordenando a equação para encontrar N,

$$1,0725^N = \frac{60.000 \times 0,0725 + 5.000}{10.050 \times 0,0725 + 5.000} = 1,632$$

podemos então encontrar N:

$$N = \frac{\ln(1,632)}{\ln(1,0725)} = 7 \text{ anos}$$

> **Avaliação**

Você levará sete anos para economizar o valor da entrada.

Começamos este capítulo com a meta de desenvolver as ferramentas de que um gerente financeiro precisa para ser capaz de aplicar o Princípio da Avaliação calculando o valor presente líquido de uma decisão. Começando a partir do conceito fundamental de valor do dinheiro no tempo — um dólar hoje vale mais do que um dólar amanhã — aprendemos como calcular o valor equivalente de fluxos de caixa futuros hoje e fluxos de caixa de hoje no futuro. Depois, aprendemos alguns atalhos para lidar com conjuntos comuns de fluxos de caixa regulares, como aqueles encontrados em perpetuidades e empréstimos. Como já vimos, a taxa de descapitalização é um *input* crítico para qualquer de nossos cálculos de valor presente ou valor futuro. Em todo este capítulo, trabalhamos com uma taxa de descapitalização conhecida.

O que determina essas taxas de descapitalização? O Princípio da Avaliação nos mostra que temos que confiar em informações de mercado para avaliar o valor dos fluxos de caixa ao longo do tempo. No próximo capítulo, aprenderemos os direcionadores das taxas de juros de mercado, além de como elas são cotadas. Compreender as convenções da cotação das taxas de juros também nos permitirá estender as ferramentas que desenvolvemos neste capítulo a situações em que a taxa de juros é composta mais frequentemente do que uma vez por ano.

Fixação de conceitos

11. Como se calcula o fluxo de caixa de uma anuidade?
12. Qual é a taxa interna de retorno, e como ela é calculada?
13. Como se encontra o número de períodos para quitar uma anuidade?

RESUMO DO CAPÍTULO

Pontos principais e equações	Termos	Oportunidades de prática online
4.1 Diagramas de fluxo de caixa • Diagramas de fluxo de caixa são um importante primeiro passo na organização dos fluxos de caixa de um problema financeiro.	diagrama de fluxo de caixa, p. 117 sequência fluxos de caixa, p. 117	MyFinanceLab Study Plan 4.1

4.2 Avaliando fluxos de caixa em diferentes pontos no tempo
• Existem três regras de movimentação no tempo:
  a. Apenas fluxos de caixa que ocorrem no mesmo ponto no tempo podem ser comparados ou combinados.
  b. Para calcular o valor futuro de um fluxo de caixa, é necessário capitalizá-lo.
  c. Para calcular o valor presente de um fluxo de caixa, é necessário descapitalizá-lo.
• O valor futuro de um fluxo de caixa C hoje daqui a n anos:
$$C \times (1 + r)^n \quad (4.1)$$
• O valor presente hoje de um fluxo de caixa C recebido daqui a n anos é:
$$C \div (1 + r)^n \quad (4.2)$$
	capitalização, p. 120
	descapitalização, p. 121
	juros compostos, p. 120
	valor futuro, p. 120
		MyFinanceLab Study Plan 4.2

4.3 Avaliando uma sequência de fluxos de caixa • O valor presente de uma sequência de fluxos de caixa é: $$PV = C_0 + \frac{C_1}{(1+r)} + \frac{C_2}{(1+r)^2} + \cdots + \frac{C_N}{(1+r)^N} \quad (4.3)$$		MyFinanceLab Study Plan 4.3
4.4 O valor presente líquido de uma sequência de fluxos de caixa • O NPV de uma oportunidade de investimento é PV (benefícios − custos).		MyFinanceLab Study Plan 4.4
4.5 Perpetuidades, anuidades e outros casos especiais • Uma perpetuidade é um fluxo de caixa constante C pago a cada período, para sempre. O valor presente de uma perpetuidade é: $$PV\ (C\text{ em perpetuidade crescente}) = \frac{C}{r} \quad (4.4)$$ • Uma anuidade é um fluxo de caixa constante C pago por N períodos. O valor presente de uma anuidade é: $$C \times \frac{1}{r}\left(1 - \frac{1}{(1+r)^N}\right) \quad (4.5)$$ • O valor futuro de uma anuidade ao final da anuidade é: $$C \times \frac{1}{r}\left((1+r)^N - 1\right) \quad (4.6)$$ • Em uma perpetuidade ou anuidade crescente, os fluxos de caixa crescem a uma taxa constante g a cada período. O valor presente de uma perpetuidade crescente é: $$\frac{C}{r-g} \quad (4.7)$$	anuidade, p. 132 título perpétuo ou *cousol*, p. 130 perpetuidade crescente, p. 136 perpetuidade, p. 130	MyFinanceLab Study Plan 4.5 Interactive Annuity Calculator (Calculadora Interativa de Anuidades)

4.6 Solução para encontrar outras variáveis além do valor presente e do valor futuro

- As fórmulas de anuidade e perpetuidade podem ser utilizadas para encontrar os pagamentos da anuidade quando ou o valor presente ou o valor futuro é conhecido.
- O pagamento periódico em um empréstimo de N períodos com principal P e taxa de juros r é:

$$C = \frac{P}{\frac{1}{r}\left(1 - \frac{1}{(1+r)^N}\right)} \quad (4.8)$$

- A taxa interna de retorno (IRR) de uma oportunidade de investimento é a taxa de juros que iguala o NPV da oportunidade de investimento a zero.
- As fórmulas de anuidade podem ser utilizadas para encontrarmos o número de períodos que levaríamos para poupar determinada quantia de dinheiro.

taxa interna de retorno (IRR), p. 141

MyFinanceLab Study Plan 4.6
Utilizando o Excel: Calculando o NPV e a IRR

Questões de revisão

1. Por que um fluxo de caixa no futuro vale menos do que o mesmo valor hoje?
2. O que são juros compostos?
3. Qual a ideia por trás do crescimento geométrico dos juros?
4. O que é uma taxa de descapitalização?
5. Qual é a ideia por trás do fato de que o valor presente de uma sequência de fluxos de caixa é simplesmente a soma dos valores presentes de cada fluxo de caixa individual?
6. O que deve ser verdadeiro a respeito da sequência de fluxos de caixa para que possamos ser capazes de utilizas as fórmulas de atalho?
7. Qual é a diferença entre uma anuidade e uma perpetuidade?
8. O que é uma taxa interna de retorno?

Problemas

Todos os problemas neste capítulo estão disponíveis no MyFinanceLab. Um asterisco (*) indica problemas com um nível de dificuldade mais alto.

Diagramas de fluxo de caixa

1. Você acaba de contrair um empréstimo de cinco anos em um banco para comprar um anel de noivado. O anel custa US$ 5.000. Você planeja dar um sinal de US$ 1.000 e tomar US$ 4.000 emprestados. Você terá que fazer pagamentos anuais de US$ 1.000 ao final de cada ano. Construa o diagrama de fluxo de caixa do empréstimo a partir da sua perspectiva. Como o diagrama de fluxo de caixa iria diferir se você o construísse a partir da perspectiva do banco?

2. Você possui um empréstimo pendente há um ano para pagar seu automóvel. Você faz pagamentos mensais de US$ 300. Você acaba de realizar um pagamento. Ainda faltam 4 anos para o término do empréstimo (isto é, o prazo original era de 5 anos). Construa o diagrama de fluxo de caixa a partir de sua perspectiva. Como o diagrama de fluxo de caixa iria diferir se você o construísse a partir da perspectiva do banco?

Avaliando fluxos de caixa em diferentes pontos no tempo

3. Calcule o valor futuro de US$ 2.000 em
    a. 5 anos com uma taxa de juros de 5% ao ano.

b. 10 anos com uma taxa de juros de 5% ao ano.
c. 5 anos com uma taxa de juros de 10% ao ano.
d. Por que o montante de juros obtidos na parte (a) é menos do que a metade do montante de juros obtidos na parte (b)?

4. Qual é o valor presente de US$ 10.000 recebidos
   a. daqui a 12 anos, quando a taxa de juros é de 4% ao ano?
   b. daqui a 20 anos, quando a taxa de juros é de 8% ao ano?
   c. daqui a 6 anos, quando a taxa de juros é de 2% ao ano?

5. Seu irmão ofereceu lhe dar US$ 5.000 hoje ou US$ 10.000 daqui a dez anos. Se a taxa de juros é de 7% ao ano, qual opção é preferível?

6. Sua prima está com 12 anos. Ela entrará na universidade daqui a seis anos. Seus tios gostariam de ter US$ 100.000 aplicados para financiar seus estudos nesse momento. Se a conta promete pagar uma taxa de juros fixa de 4% ao ano, quanto eles precisam depositar na conta hoje para garantir que tenham US$ 100.000 daqui a dez anos?

7. Sua mãe está pensando em se aposentar. O plano de aposentadoria dela pagará ou US$ 250.000 imediatamente após sua aposentadoria, ou US$ 350.000 cinco anos depois da data em que ela se aposentar. Qual alternativa ela deveria escolher se a taxa de juros for de
   a. 0% ao ano?
   b. 8% ao ano?
   c. 20% ao ano?

8. Seu avô depositou um dinheiro em uma conta para você no dia em que você nasceu. Agora você tem 18 anos e pode retirar o dinheiro pela primeira vez. A conta atualmente tem US$ 3.996 e paga uma taxa de juros de 8%.
   a. Quanto você teria na conta se deixasse o dinheiro lá até seu 25º aniversário?
   b. E se você deixasse o dinheiro na conta até seu 65º aniversário?
   c. Que valor seu avô depositou originalmente na conta?

Avaliando uma sequência de fluxos de caixa

9. Você acaba de receber um *windfall** de um investimento que você fez nos negócios de uma amiga. Ela lhe pagará US$ 10.000 ao final deste ano, US$ 20.000 ao final do ano seguinte e US$ 30.000 ao final do terceiro ano. A taxa de juros é de 3,5% ao ano.
   a. Qual é o valor presente de seu *windfall*?
   b. Qual é o valor futuro de seu *windfall* daqui a três anos (na data do último pagamento)?

10. Você possui um empréstimo pendente. Ele exige que se façam três pagamentos de US$ 1.000 cada, ao final dos três próximos anos. Seu banco ofereceu lhe permitir não realizar os dois próximos pagamentos e, em vez disso, fazer um único pagamento no final do prazo do empréstimo, daqui a três anos. Se a taxa de juros sobre o empréstimo é de 5%, qual é o valor do pagamento final que o banco exigirá de modo que para ele seja indiferente qual das duas formas de pagamento você escolherá?

11. Você está pensando se vale a pena fazer um curso universitário. Você acha que o custo total da faculdade por quatro anos, incluindo os salários que você teria que deixar de receber, seja de US$ 40.000 por ano. Entretanto, você acha que se você tirar um diploma universitário, o valor presente dos salários que você terá pelo resto da vida a partir de sua formatura será US$ 300.000 a mais do que se você não o tirar. Se sua taxa de descapitalização é de 9%, qual é o NPV de fazer um curso universitário?

O valor presente líquido de uma sequência de fluxos de caixa

12. Você recebeu a oferta de uma oportunidade única de investimento. Se você investir US$ 10.000 hoje, você receberá US$ 500 daqui a um ano, US$ 1.500 daqui a dois anos e US$ 10.000 daqui a dez anos.
    a. Qual é o NPV da oportunidade se a taxa de juros for de 6% ao ano? Você deveria aceitá-la?
    b. Qual é o NPV da oportunidade se a taxa de juros for de 2% ao ano? Você deveria aceitá-la agora?

---

* N. de T.: *Windfall* significa uma sorte inesperada, isto é, ganhos excepcionais com algum investimento.

13. Marian Plunket tem seu próprio negócio e está considerando um investimento. Se empreendê-lo, ele pagará US$ 4.000 ao fim de cada ano pelos três próximos anos. A oportunidade exige um investimento inicial de US$ 1.000 mais um investimento adicional no final do segundo ano no valor de US$ 5.000. Qual é o NPV desta oportunidade se a taxa de juros é de 2% ao ano? Marian deve aceitá-la?

Perpetuidades, anuidades e outros casos especiais

14. Seu colega que estuda engenharia mecânica inventou uma máquina de fazer dinheiro. A principal desvantagem da máquina é ser lenta. Ela leva um ano pra produzir US$ 100. Entretanto, uma vez construída, a máquina dura para sempre e não exige nenhuma manutenção. A máquina pode ser construída imediatamente, mas sua construção custará US$ 1.000. Seu colega quer saber se deve investir o dinheiro para construí-la. Se a taxa de juros é de 9,5% ao ano, o que seu colega deve fazer?

15. Qual seria sua resposta para o Problema 14 se a máquina levasse um ano para ser construída?

16. O governo britânico possui um *cousol* em circulação que paga £100 ao ano para sempre. Suponha que a taxa de juros corrente seja de 4% ao ano.
  a. Qual é o valor do título imediatamente após ser realizado um pagamento?
  b. Qual é o valor do título imediatamente antes de ser realizado um pagamento?

17. Qual é o valor presente de US$ 1.000 pagos ao final de cada ano nos próximos 100 anos se a taxa de juros for de 7% ao ano?

*18. Ao comprar seu automóvel, você fez um empréstimo de pagamentos anuais por 5 anos com uma taxa de juros de 6% ao ano. O pagamento anual do empréstimo é de US$ 5.000. Você acaba de fazer um pagamento e decidiu quitar o empréstimo pagando o saldo pendente. Que valor você deve pagar se
  a. você já tem o automóvel há 1 ano (e, portanto, ainda há 4 anos de empréstimo a pagar)?
  b. você já tem o automóvel há 4 anos (e, portanto, ainda há 1 ano de empréstimo a pagar)?

19. Sua avó tem depositado US$ 1.000 em uma conta poupança todo dia de seu aniversário, desde o seu primeiro (isto é, quando você completou 1 ano). A conta paga uma taxa de juros de 3%. Quanto haverá na conta no seu 18º aniversário imediatamente após sua avó ter feito o depósito deste aniversário?

20. Suponha que seus pais quisessem ter US$ 160.000 guardados para sua faculdade em seu 18º aniversário e eles tenham começado a poupar em seu primeiro aniversário. Se eles pouparam a mesma quantia todo ano em seu aniversário e obtiveram 8% de juros por ano sobre seus investimentos,
  a. quanto eles têm que ter poupado para alcançar sua meta?
  b. se eles acham que você levará cinco anos em vez de quatro para se formar e decidem ter US$ 200.000 poupados como precaução, quanto a mais eles teriam que ter poupado por ano para alcançar sua nova meta?

21. Um parente rico lhe deixou de herança uma perpetuidade crescente. O primeiro pagamento ocorrerá em um ano e será de US$ 1.000. A cada ano, então, você receberá um pagamento no aniversário do último pagamento que será 8% maior do que o pagamento anterior. Este padrão de pagamentos continuará para sempre. Se a taxa de juros é de 12% ao ano,
  a. qual é o valor da herança hoje?
  b. qual é o valor da herança imediatamente após o primeiro pagamento ser feito?

*22. Você está pensando em construir uma nova máquina que lhe faz economizar US$ 1.000 no primeiro ano. A máquina então começa a se desgastar de modo que as economias diminuem a uma taxa de 2% ao ano para sempre. Qual é o valor presente das economias se a taxa de juros é de 5% ao ano?

23. Você trabalha para uma empresa farmacêutica que desenvolveu uma nova droga. A patente sobre a droga durará 17 anos. Espera-se que os lucros com a droga sejam de US$ 2 milhões em seu primeiro ano e que essa quantia cresça a uma taxa de 5% ao ano pelos próximos 17 anos. Uma vez expirada a patente, outras empresas farmacêuticas poderão produzir a mesma droga e a concorrência provavelmente levará os lucros a zero. Qual é o valor presente da nova droga se a taxa de juros é de 10% ao ano?

24. Uma tia rica lhe prometeu US$ 5.000 daqui a um ano. Além disso, a cada ano posterior, ela lhe prometeu um pagamento (no aniversário do último pagamento) 5% maior do que o último.

Ela continuará mostrando essa generosidade por 20 anos, fazendo um total de 20 pagamentos. Se a taxa de juros é de 5%, quanto vale sua promessa hoje?

25. Você está dirigindo uma empresa de Internet bem-sucedida. Analistas preveem que seus lucros crescerão a 30% ao ano pelos cinco próximos anos. Após esse período, como a concorrência aumenta, espera-se que o crescimento dos lucros diminua para 2% ao ano e continue neste nível para sempre. Sua empresa acaba de anunciar lucros de US$ 1 milhão. Qual é o valor presente de todos os lucros futuros se a taxa de juros é de 8%? (Suponha que todos os fluxos de caixa ocorram no final do ano.)

26. Quando Alex Rodriguez passou a jogar pelo Texas Rangers, ele recebeu muita atenção por seu contrato de "US$ 252 milhões" (o total dos pagamentos prometidos foi US$ 252 milhões). Suponha o seguinte:

Rodriguez ganha US$ 16 milhões no primeiro ano, US$ 17 milhões nos anos 2 a 4, US$ 19 milhões nos anos 5 e 6, US$ 23 milhões no ano 7, e US$ 27 milhões nos anos 8 a 10. Ele também receberia um bônus de assinatura do contrato dividido igualmente ao longo dos cinco primeiros anos (US$ 2 milhões por ano). Seus pagamentos diferidos começarão em 2011. O pagamento diferido soma um total de US$ 33 milhões e são de US$ 5 milhões, depois US$ 4 milhões, e depois 8 parcelas de US$ 3 milhões (que terminariam em 2020). Entretanto, os *payouts* reais serão diferentes. Todos os pagamentos diferidos renderão 3% ao ano até serem pagos. Por exemplo, os US$ 5 milhões são diferidos de 2001 até 2011, ou 10 anos, o que significa que na verdade valerão US$ 6,7196 milhões quando forem pagos. Suponha que o pagamento de US$ 4 milhões diferido até 2012 seja diferido de 2002 (cada pagamento é diferido 10 anos).

O contrato é de 10 anos, mas cada ano possui um componente diferido, então esses fluxos de caixa serão pagos ao longo de um total de 20 anos. Os pagamentos contratuais, o bônus de assinatura e os componentes diferidos são dados abaixo. Observe que, pelo contrato, os componentes diferidos não são pagos no ano em que são obtidos, mas, ao contrário, são pagos (com juros) 10 anos mais tarde.

2001	2002	2003	2004	2005	2006	2007	2008	2009	2010
US$ 16M	US$ 17M	US$ 17M	US$ 17M	US$ 19M	US$ 19M	US$ 23M	US$ 27M	US$ 27M	US$ 27M
US$ 2M	US$ 2M	US$ 2M	US$ 2M	US$ 2M					
Diferido									
US$ 5M	US$ 4M	US$ 3M	US$ 3M	US$ 3M	US$ 3M	US$ 3M	US$ 3M	US$ 3M	US$ 3M

Suponha que uma taxa de descapitalização adequada para o A-Rod aplicar aos pagamentos do contrato seja de 7% ao ano.
 a. Calcule os pagamentos prometidos reais sob esse contrato, inclusive os pagamentos diferidos com juros.
 b. Trace o diagrama de fluxo de caixa de todos os pagamentos.
 c. Calcule o valor presente do contrato.
 d. Compare o valor presente do contrato ao valor cotado de US$ 252 milhões. O que explica a diferença?

27. Você está tentando decidir quanto poupar para sua aposentadoria. Suponha que você planeje poupar US$ 5000 por ano com o primeiro investimento feito daqui a 1 ano. Você acha que pode obter 10% por ano sobre seus investimentos e planeja se aposentar aos 43 anos, imediatamente após fazer seu último investimento de US$ 5.000.
 a. Quanto você terá em sua conta de aposentadoria no dia em que você se aposentar?
 b. Se, em vez de investir US$ 5.000 por ano, você quisesse fazer um investimento único hoje para sua aposentadoria, quanto essa quantia deveria ser?
 c. Se você espera viver por 20 anos em aposentadoria, quanto você pode retirar por ano em aposentadoria (começando um ano após você se aposentar) de modo que você só esvazie suas economias com o vigésimo saque (suponha que suas economias vão continuar a render 10% na aposentadoria)?
 d. Se, ao contrário, você decidir resgatar US$ 300.000 por ano em aposentadoria (novamente com o primeiro saque um ano depois de você se aposentar), quantos anos levará para você exaurir suas economias?

e. Supondo que o máximo que você possa economizar seja US$ 5.000 por ano, mas que você queira se aposentar com US$ 1 milhão em sua conta de investimento, que nível de retorno você precisa obter sobre seus investimentos?

Solução para encontrar outras variáveis além do valor presente e do valor futuro

28. Você decidiu comprar uma perpetuidade. O título faz um pagamento no final de cada ano para sempre e possui uma taxa de juros de 5%. Se você inicialmente colocar US$ 1.000 no título, qual será o pagamento a cada ano?

29. Você está pensando em comprar uma casa. A casa custa US$ 350.000. Você possui US$ 50.000 em dinheiro que podem ser utilizados como sinal para a compra da casa, mas você precisa pegar emprestado o resto do valor da compra. O banco está oferecendo uma hipoteca de 30 anos que exige pagamentos anuais e possui uma taxa de juros de 7% ao ano. Qual será seu pagamento anual se você fizer essa hipoteca?

* 30. Você está pensando em comprar uma obra de arte que custa US$ 50.000. O *marchand* está propondo o seguinte negócio: ele lhe emprestará o dinheiro, e você pagará o empréstimo fazendo o mesmo pagamento a cada dois anos pelos 20 próximos anos (isto é, um total de 10 pagamentos). Se a taxa de juros é de 4%, quanto você terá que pagar a cada dois anos?

* 31. Você gostaria de comprar a casa e fazer a hipoteca descrita no Problema 29. Você só pode pagar US$ 23.500 ao ano. O banco concorda em lhe permitir pagar esta quantia a cada ano, e ainda pegar US$ 300.000 emprestados. Ao final da hipoteca (em 30 anos), você terá que fazer um pagamento balão: isto é, você terá que quitar o saldo pendente da hipoteca. De quanto será este pagamento balão?

32. Você está economizando para sua aposentadoria. Para viver confortavelmente, você decide que terá que economizar US$ 2 milhões até os seus 65 anos. Hoje é seu 30º aniversário e você decide, a começar de hoje e continuando a cada aniversário até o seu 65º aniversário (inclusive), que você depositará a mesma quantia em uma conta poupança. Se a taxa de juros é de 5%, quanto você tem que economizar a cada ano para garantir que você tenha US$ 2 milhões na conta em seu 65º aniversário?

* 33. Você percebe que o plano do Problema 32 apresenta uma falha. Como sua renda aumentará ao longo de sua vida, seria mais realista economizar menos agora e mais posteriormente. Em vez de economizar a mesma quantia por ano, você decide deixar a quantia que você economiza crescer a 7% ao ano. Com este plano, quanto você terá que depositar na conta hoje? (Lembre-se de que você está planejando fazer a primeira contribuição para a conta hoje.)

34. Você tem uma oportunidade de investimento que exige um investimento inicial de US$ 5.000 hoje e pagará US$ 6.000 em um ano. Qual é a IRR desta oportunidade?

35. Você está procurando um carro para comprar e lê o seguinte anúncio no jornal: "Tenha um novo Spitfire! Sem sinal. Quatro pagamentos anuais de apenas US$ 10.000". Você anda pesquisando e sabe que é possível comprar um Spitfire em dinheiro por US$ 32.500. Qual é a taxa de juros que o revendedor está anunciando (qual é a IRR do empréstimo do anúncio)? Suponha que você tenha que fazer os pagamentos anuais ao final de cada ano.

36. Um banco local colocou o seguinte anúncio no jornal: "Por apenas US$ 1.000 lhe pagaremos US$ 100 para sempre!". Os pormenores em letras miúdas diziam que, para um depósito de US$ 1.000, o banco pagaria US$ 100 por ano em perpetuidade, a partir do ano seguinte ao que o depósito for feito. Que taxa de juros o banco está anunciando (qual é a IRR deste investimento)?

* 37. A Tillamook County Creamery Association fabrica o queijo cheddar Tillamook. Ela põe este queijo no mercado em quatro variedades: 2 meses, 9 meses, 15 meses e 2 anos de maturação. Na seção de laticínios, 2 libras de cada variedade são vendidas pelos seguintes preços: US$ 7,95, US$ 9,49, US$ 10,95 e US$ 11,95, respectivamente. Considere a decisão da fabricante do queijo sobre se deve continuar a maturar determinado pedaço de queijo de 2 lb. Aos 2 meses, ela pode vender o queijo imediatamente ou deixá-lo maturar mais. Se vender agora, a fabricante receberá US$ 7,95 imediatamente. Se maturar o queijo, ela terá que abrir mão dos US$ 7,95 hoje para receber uma quantia mais alta no futuro. Qual é a IRR (expressa em percentual mensal) do investimento de se abrir mão de US$ 79,50 hoje por deixar armazenados 20 lb de queijo que hoje tem 2 meses de maturação e então vender

10 lb deste queijo quando ele tiver 9 meses, 6 lb quando tiver 15 meses, e as 4 lb restantes quando ele tiver 2 anos de maturação?

*38. Sua avó comprou uma anuidade da Rock Solid Life Insurance Company por US$ 200.000 quando se aposentou. Em troca dos US$ 200.000, a *Rock Solid* irá fazer pagamentos vitalícios de US$ 25.000 ao ano. A taxa de juros é de 5%. Quanto ela tem que viver após o dia de sua aposentadoria para sair na vantagem (isto é, obter mais em valor do que ela contribuiu)?

*39. Você está pensando em fazer um investimento em uma nova fábrica. A fábrica gerará receitas de US$ 1 milhão por ano pelo tempo que você fizer sua manutenção. Espera-se que o custo de manutenção comece em US$ 50.000 por ano e aumente 5% ao ano daí em diante. Suponha que todas as receitas e custos de manutenção ocorram no final do ano. Você pretende administrar a fábrica enquanto ela continuar a gerar um fluxo de caixa positivo (enquanto o caixa gerado pela fábrica exceder seus custos de manutenção). A fábrica pode ser construída e entrar em operação imediatamente. Se a fábrica custa US$ 10 milhões para ser construída e a taxa de juros é de 6% ao ano, você deve investir nela?

*40. Você acaba de fazer 22 anos, acaba de se formar e aceitou seu primeiro emprego. Agora você tem que decidir quanto colocar em seu plano de aposentadoria. O plano funciona da seguinte maneira: cada dólar rende 7% ao ano. Não podem ser feitos resgates até você se aposentar no seu 65º aniversário. Após este ponto, você pode efetuar resgates como lhe convier. Você decide planejar viver até os 100 e trabalhar até seus 65 anos. Você estima que para viver confortavelmente, você precisará de US$ 100.000 ao ano, começando a partir do final do primeiro ano de aposentadoria e terminando no seu centésimo aniversário. Você contribuirá com a mesma quantia para o plano ao final de cada ano que você trabalhar. De quanto precisa ser cada contribuição anual para financiar sua aposentadoria?

*41. O Problema 39 não é muito realista porque a maioria dos planos de aposentadoria não permite que se especifique uma quantia fixa de contribuição anual. Em vez disso, deve-se especificar uma porcentagem fixa de seu salário com a qual você deseja contribuir. Suponha que seu salário inicial seja de US$ 45.000 anuais e que ele cresça 3% ao ano até você se aposentar. Supondo que todo o resto permaneça igual ao Problema 39, com que porcentagem de sua renda você precisa contribuir com o plano ao ano para financiar a mesma renda de aposentadoria?

Caso simulado

Suponha que hoje seja o dia 1º de agosto de 2007. Natasha Kingery tem 30 anos e possui um diploma de bacharelado em ciências da computação. Atualmente, trabalha como representante de serviços de campo Nível 2 para uma empresa de telefonia localizada em Seattle, Washington, e ganha US$ 38.000 por ano, para os quais ela prevê um crescimento de 3% ao ano. Natasha espera se aposentar aos 65 anos e recém começou a pensar no futuro.

Natasha possui US$ 75.000 que herdou recentemente de sua tia. Ela investiu esse dinheiro em Títulos do Tesouro de 10 anos. Ela está pensando se deveria continuar sua instrução e utilizar a herança para financiar seus estudos.

Ela investigou algumas opções e está pedindo sua ajuda como estagiário de planejamento financeiro para determinar as consequências financeiras associadas a cada opção. Natasha já foi aceita por ambos esses programas e poderia começar qualquer um deles logo.

Uma alternativa que Natasha está considerando é obter uma certificação em desenvolvimento de redes. Esta certificação a promoveria automaticamente a representante de serviços de campo Nível 3 em sua empresa. A base salarial para um representante Nível 3 é de US$ 10.000 a mais do que ela ganha atualmente, e ela prevê que esse salário diferencial cresça a uma taxa de 3% ao ano enquanto ela estiver trabalhando. O programa de certificação exige a conclusão de 20 cursos online e uma pontuação de 80% ou mais em um exame ao final do curso. Ela descobriu que o tempo médio necessário para concluir o programa é de um ano. O custo total do programa é de US$ 5.000, a serem pagos na matrícula. Como ela fará todo o trabalho para certificação em seu tempo livre, ela não espera perder nenhuma renda durante a certificação.

Uma outra opção é voltar para a faculdade e tirar um diploma de MBA. Com um diploma de MBA, Natasha espera ser promovida para um cargo gerencial em sua própria empresa. O cargo gerencial paga US$ 20.000 ao ano a mais do que seu cargo atual. Ela espera que este salário diferencial também cresça a uma taxa de 3% enquanto ela continuar trabalhando. O programa noturno, que levará três anos para ser concluído, custa US$ 25.000 ao ano, a serem pagos no início de cada um dos três anos na faculdade. Como ela assistirá aulas à noite, Natasha não espera perder nenhuma renda enquanto faz o curso, caso escolha cursar o MBA.

1. Determine a taxa de juros que ela está obtendo atualmente sobre sua herança indo ao Yahoo!Finance (http://finance.yahoo.com) e clicando sobre o *link* "10-Yr Bond" no "Market Summary" (Resumo do Mercado). Vá então a "Historical Prices" (Preços Históricos) e entre com a data adequada: "Aug 1, 2007", para obter os rendimentos ou a taxa de juros que ela está obtendo. Utilize esta taxa de juros como a taxa de descapitalização para o restante deste problema.

2. Crie um diagrama de fluxo de caixa no Excel para sua situação atual, incluindo as opções do programa de certificação ou do diploma de MBA, utilizando as seguintes suposições:
   a. Os salários do ano são pagos apenas uma vez, no final do ano.
   b. O aumento salarial se torna efetivo imediatamente após a graduação do programa de MBA ou da certificação. Isto é, como os aumentos tornam-se efetivos imediatamente, mas os salários são pagos no final do ano, o primeiro aumento salarial será pago exatamente um ano após a graduação ou certificação.

3. Calcule o valor presente do diferencial salarial para concluir o programa de certificação. Subtraia o custo do programa para obter o NPV do programa de certificação.

4. Calcule o valor presente do diferencial salarial para concluir o MBA. Calcule o valor presente do custo do programa de MBA. Com base em seus cálculos, determine o NPV de se realizar o MBA.

5. Com base em suas respostas para as Questões 3 e 4, que conselho você daria a Natasha? E se os dois programas fossem mutuamente exclusivos? Se Natasha realizar um dos programas, não há nenhum benefício adicional em realizar o outro. Seu conselho mudaria?

Capítulo 4 APÊNDICE — Utilizando uma calculadora financeira

Especificando casas decimais

Lembre-se de ter um número suficiente de casas decimais no visor!

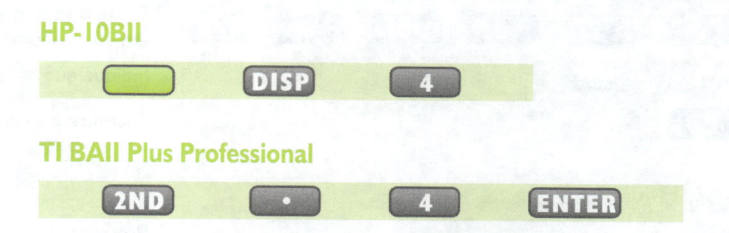

HP-10BII

[ ] [DISP] [4]

TI BAII Plus Professional

[2ND] [.] [4] [ENTER]

Alternando entre o início e o fim de um período

Lembre-se sempre de que sua calculadora esteja no modo *end-of-period* (fim de período)

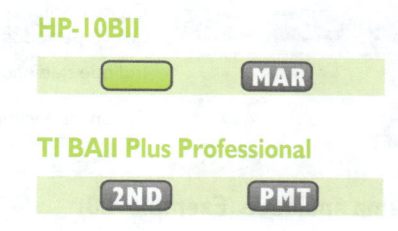

HP-10BII

[ ] [MAR]

TI BAII Plus Professional

[2ND] [PMT]

Determinar o número de períodos por ano

Você evitará muita confusão posteriormente se sempre determinar o seu número de períodos por ano "P/Y" como igual a 1:

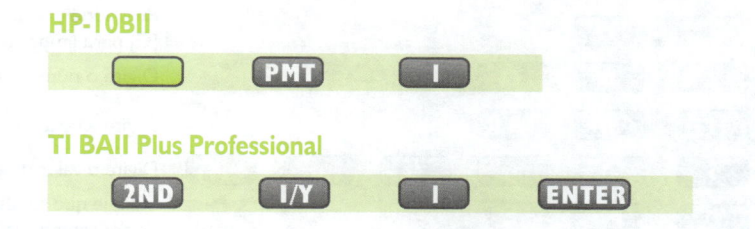

HP-10BII

[ ] [PMT] [1]

TI BAII Plus Professional

[2ND] [I/Y] [1] [ENTER]

Teclas gerais de TVM (valor do dinheiro no tempo)

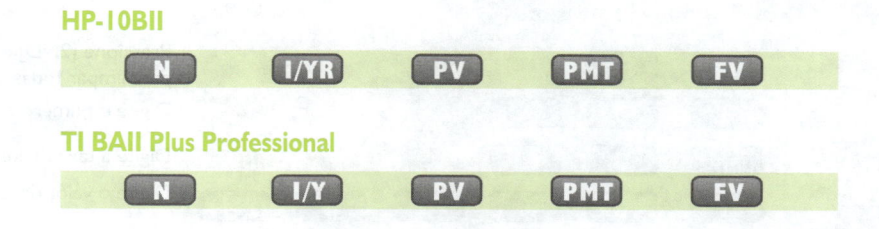

HP-10BII

[N] [I/YR] [PV] [PMT] [FV]

TI BAII Plus Professional

[N] [I/Y] [PV] [PMT] [FV]

Encontrando o valor presente de um único fluxo de caixa futuro (Exemplo 4.2)

Você está considerando investir em um título de capitalização que pagará US$ 15.000 em dez anos. Se a taxa de juros do mercado competitivo estiver fixa em 6% ao ano, quanto valerá o título hoje? [Resposta: 8.375,92]

HP-10BII

[Tecla Verde] [C]		Pressione [Tecla Verde] e em seguida a tecla [C] para limpar todas as entradas anteriores.
1 0 N		Digite o número de períodos.
6 I/YR		Digite a taxa de juros anual de mercado.
1 5 0 0 0 FV		Digite o valor que você receberá em 10 períodos.
0 PMT		Indique que não há pagamentos.
PV		Encontre o valor presente.

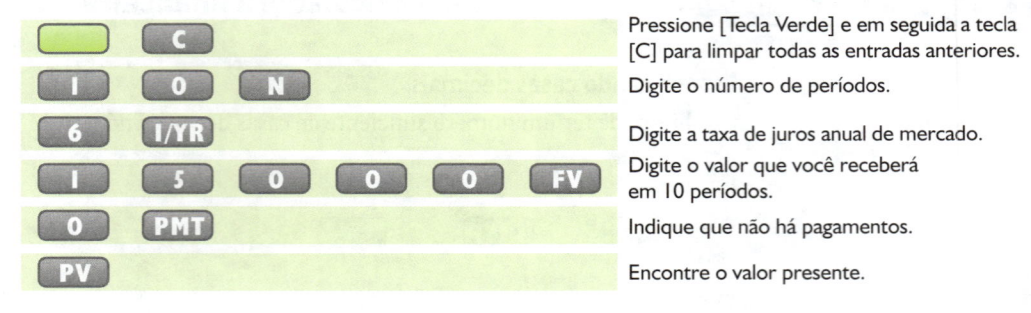

TI-BAII Plus Professional

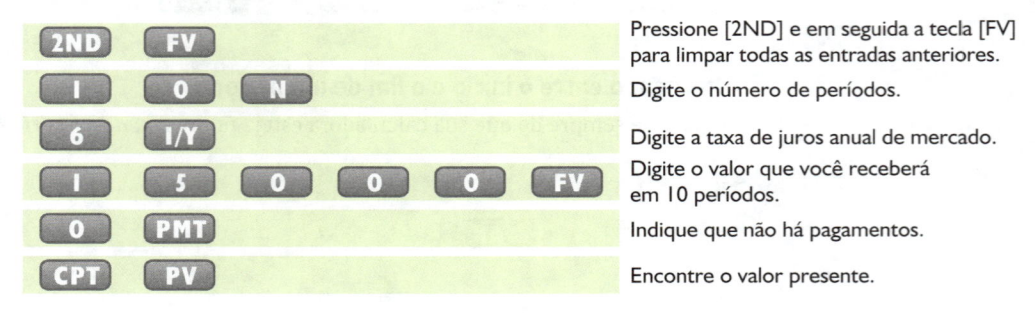

2ND FV		Pressione [2ND] e em seguida a tecla [FV] para limpar todas as entradas anteriores.
1 0 N		Digite o número de períodos.
6 I/Y		Digite a taxa de juros anual de mercado.
1 5 0 0 0 FV		Digite o valor que você receberá em 10 períodos.
0 PMT		Indique que não há pagamentos.
CPT PV		Encontre o valor presente.

Encontrando o valor futuro de uma anuidade (Exemplo 4.8)

Ellen tem 35 anos e decidiu que está na hora de planejar seriamente sua aposentadoria. No final de cada ano até ela completar 65 anos, ela poupará US$ 10.000 em uma conta de aposentadoria. Se a conta render 10% por ano, quanto Ellen terá poupado aos 65 anos? [Resposta: 1.644.940]

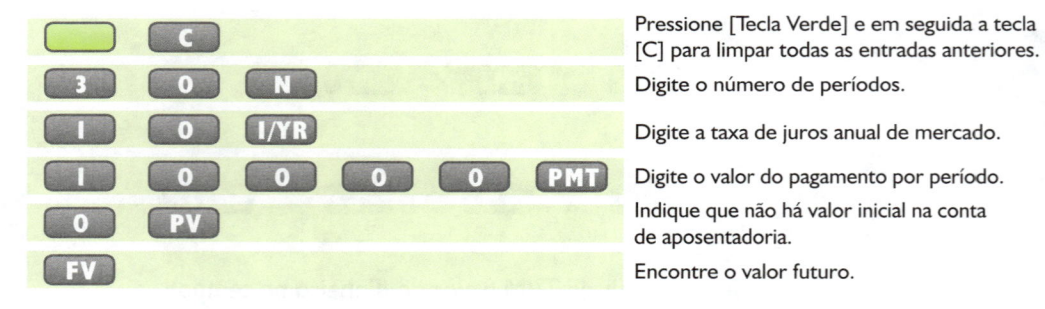

HP-10BII

[Tecla Verde] [C]		Pressione [Tecla Verde] e em seguida a tecla [C] para limpar todas as entradas anteriores.
3 0 N		Digite o número de períodos.
1 0 I/YR		Digite a taxa de juros anual de mercado.
1 0 0 0 0 PMT		Digite o valor do pagamento por período.
0 PV		Indique que não há valor inicial na conta de aposentadoria.
FV		Encontre o valor futuro.

TI-BAII Plus Professional

2ND FV		Pressione [2ND] e em seguida a tecla [FV] para limpar todas as entradas anteriores.
3 0 N		Digite o número de períodos.
1 0 I/Y		Digite a taxa de juros anual de mercado.
1 0 0 0 0 PMT		Digite o valor do pagamento por período.
0 PV		Indique que não há valor inicial na conta de aposentadoria.
CPT FV		Encontre o valor futuro.

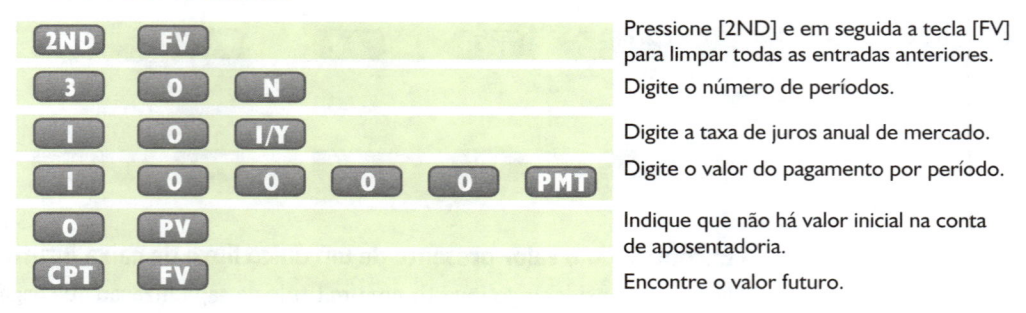

Encontrando a taxa interna de retorno

Se você tem uma saída de caixa inicial de US$ 2.000 e uma entrada de caixa por ano nos quatro anos seguintes no valor de US$ 1.000, US$ 400, US$ 400 e US$ 800, qual é a taxa interna de retorno do projeto por ano? [Resposta: 12,12%]

HP-10BII

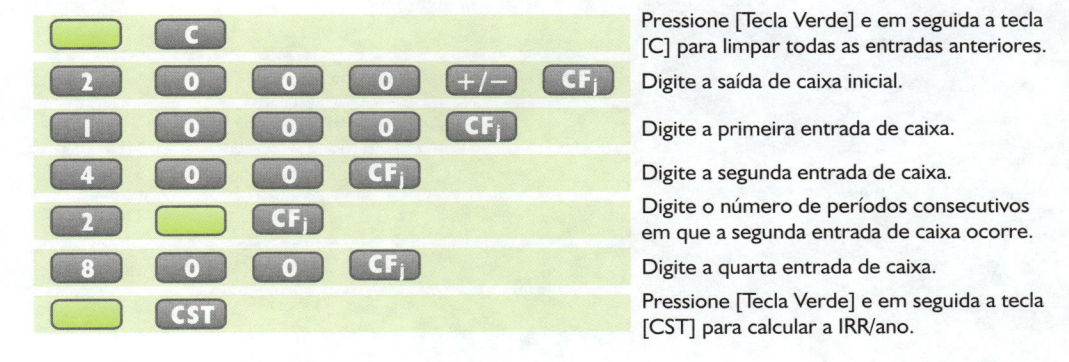

Teclas	Descrição
[Tecla Verde] [C]	Pressione [Tecla Verde] e em seguida a tecla [C] para limpar todas as entradas anteriores.
2 0 0 0 +/− CFj	Digite a saída de caixa inicial.
1 0 0 0 CFj	Digite a primeira entrada de caixa.
4 0 0 CFj	Digite a segunda entrada de caixa.
2 [Tecla Verde] CFj	Digite o número de períodos consecutivos em que a segunda entrada de caixa ocorre.
8 0 0 CFj	Digite a quarta entrada de caixa.
[Tecla Verde] CST	Pressione [Tecla Verde] e em seguida a tecla [CST] para calcular a IRR/ano.

TI-BAII Plus Professional

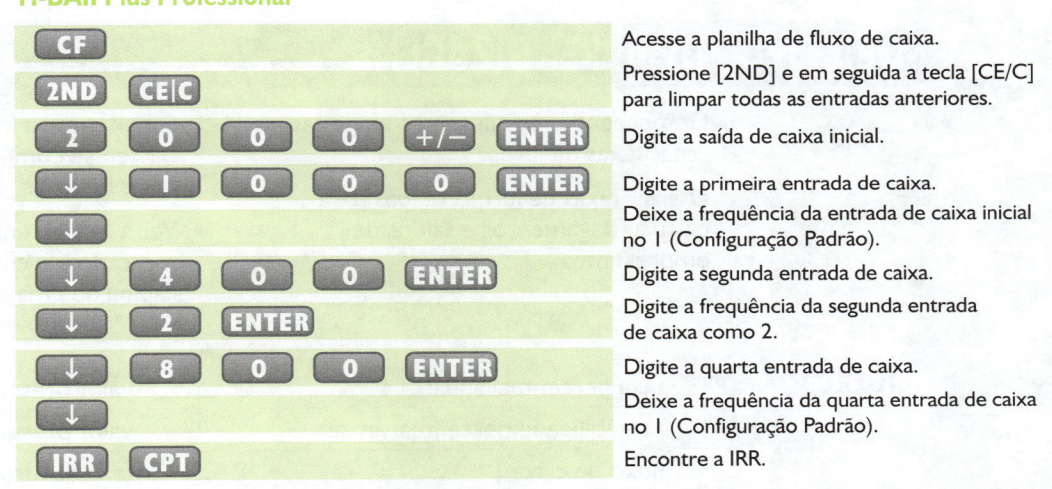

Teclas	Descrição
CF	Acesse a planilha de fluxo de caixa.
2ND CE|C	Pressione [2ND] e em seguida a tecla [CE/C] para limpar todas as entradas anteriores.
2 0 0 0 +/− ENTER	Digite a saída de caixa inicial.
↓ 1 0 0 0 ENTER	Digite a primeira entrada de caixa.
↓	Deixe a frequência da entrada de caixa inicial no 1 (Configuração Padrão).
↓ 4 0 0 ENTER	Digite a segunda entrada de caixa.
↓ 2 ENTER	Digite a frequência da segunda entrada de caixa como 2.
↓ 8 0 0 ENTER	Digite a quarta entrada de caixa.
↓	Deixe a frequência da quarta entrada de caixa no 1 (Configuração Padrão).
IRR CPT	Encontre a IRR.

5 Taxas de Juros

OBJETIVOS DE APRENDIZAGEM

- Compreender as diferentes maneiras de cotar taxas de juros
- Utilizar taxas de juros cotadas para calcular pagamentos e saldos de empréstimos
- Saber como a inflação, as expectativas e o risco se combinam para determinar as taxas de juros
- Ver a ligação entre as taxas de juros no mercado e o custo de oportunidade de capital de uma empresa

notação

APR	taxa percentual anual
APY	rentabilidade percentual anual
C	fluxo de caixa
C_n	fluxo de caixa que chega no período n
EAR	taxa efetiva anual
FV	valor futuro
n	número de períodos
NPV	valor presente líquido
PV	valor presente
r	taxa de juros ou taxa de descapitalização
r_n	taxa de juros ou taxa de descapitalização de um período de n anos

ENTREVISTA COM Jason Moore, Bradford & Marzec, LLC

Jason Moore se formou em Finanças Empresariais em 2004 pela California State University, Long Beach. Como analista de títulos de renda fixa na Bradford & Marzec, LLC, uma administradora de títulos de renda fixa institucional sediada em Los Angeles com mais de US$ 4 bilhões em ativos, Jason acompanha de perto a movimentação da taxa de juros. "Faço pesquisa de crédito empresarial para indústrias de base como a metalúrgica, mineração, química e produtos florestais, acompanhando as notícias e tendências da indústria e das empresas", explica Jason. Ele então formula uma opinião e comunica recomendações de compra e venda aos gerentes de carteira.

Uma das tendências que ele acompanha é a inflação, que afeta o poder aquisitivo de determinada quantia de dinheiro. Quando os preços aumentam devido à inflação, o valor de determinada quantidade de uma moeda cai. A inflação, portanto, influencia a taxa de juros que um credor cobra de um mutuário. "A taxa de juros cobrada geralmente é fixada por um longo período de tempo", diz Jason. "Qualquer modificação inesperada na inflação ao longo desse período de tempo afeta o poder aquisitivo de pagamentos futuros fixos, então toda taxa de juros inclui uma expectativa de inflação. Se a inflação aumentar, o poder aquisitivo desses pagamentos futuros fixos diminui, e vice-versa." Isso significa que as expectativas de inflação dos investidores influenciam o retorno que eles esperam receber ao conceder empréstimos. Se eles acham que a inflação irá subir, eles determinarão uma taxa de juros mais alta.

Além disso, as expectativas de taxa de juros dos investidores devem estar refletidas no período de tempo que um investidor está disposto a emprestar fundos. "Se os investidores acreditam que as taxas de juros irão subir, eles devem escolher um investimento de curto prazo, em vez de comprometer seu dinheiro pela taxa de juros corrente mais baixa", diz ele. "Se os investidores acreditam que a taxa de juros irá cair, eles devem escolher um investimento de mais longo prazo, fixando a taxa de juros corrente mais alta."

Quando a atividade econômica esfria e o clima financeiro é incerto, como ocorreu em 2008, os investidores procuram oportunidades de investimento de risco mais baixo. "Os credores avaliam os mutuários mais detalhadamente", diz Jason. "Como um consumidor constantemente em busca de um empréstimo para despesas com instrução, um carro ou uma casa, seu risco percebido de inadimplência — não ser capaz de pagar o empréstimo — é mais importante agora do que há alguns anos."

California State University, Long Beach, 2004

"Como um consumidor constantemente em busca de um empréstimo para despesas com educação, um carro ou uma casa, seu risco percebido de inadimplência — não ser capaz de pagar o empréstimo — é mais importante hoje do que há alguns anos."

No Capítulo 4, exploramos a mecânica do cálculo de valores presentes e valores futuros, dada uma taxa de juros de mercado. Lembre que uma taxa de juros nos permite converter dinheiro em um ponto no tempo para outro. Mas como determinamos esta taxa de juros? Neste capítulo, consideraremos os fatores que afetam as taxas de juros e discutiremos como determinar a taxa de descapitalização adequada para determinado conjunto de fluxos de caixa. Começaremos vendo o modo como os juros são pagos e como as taxas de juros são cotadas, e mostraremos como calcular os juros efetivamente pagos em um ano, dadas diferentes convenções de cotação. Consideraremos alguns dos principais determinantes das taxas de juros — a saber, a inflação e as políticas governamentais. Como as taxas de juros tendem a mudar com o tempo, os investidores exigem diferentes taxas de juros para diferentes horizontes de investimento com base em suas expectativas e no risco envolvido em horizontes de investimento mais longos.

5.1 Cotações e ajustes da taxa de juros

Se você passar um tempo procurando em um jornal, você encontrará literalmente dezenas de taxas de juros discutidas e anunciadas, desde taxas da poupança a taxas de empréstimos para financiamento de automóvel, ou até mesmo as taxas de juros que estão sendo pagas sobre a dívida do governo. As taxas de juros são claramente centrais no funcionamento de qualquer sistema financeiro. Para compreender as taxas de juros, é importante pensar nelas como um preço — o preço de utilizar dinheiro. Quando você pega dinheiro emprestado para comprar um carro, você está utilizando o dinheiro do banco agora para conseguir o carro e devolvendo o dinheiro ao longo do tempo. A taxa de juros sobre seu empréstimo é o preço que você paga para ser capaz de converter seus pagamentos de empréstimo futuros em um carro hoje. Da mesma maneira, quando você deposita dinheiro em uma conta poupança, você está deixando o banco utilizar seu dinheiro até você sacá-lo mais tarde. Os juros que o banco lhe paga sobre seu depósito é o preço que ele paga para ter o uso do seu dinheiro (para coisas como conceder empréstimos para financiamentos de carros).

Assim como qualquer outro preço, as taxas de juros são determinadas por forças de mercado, em particular a oferta e demanda de fundos. Quando a oferta (poupança) é alta e a demanda (empréstimos) é baixa, as taxas de juros são baixas, sendo todos os outros fatores constantes. Além disso, como discutiremos mais adiante neste capítulo, as taxas de juros também são influenciadas pela inflação e o risco esperados.

Para sermos capazes de estudar e utilizar as taxas de juros, temos que compreender como elas são cotadas. Na prática, juros são pagos e as taxas de juros são cotadas de maneiras diferentes. Por exemplo, em meados de 2006, o ING Direct, um banco da Internet, estava oferecendo contas poupança com uma taxa de juros de 5,25% paga no final de um ano, enquanto que o banco New Century Bank estava oferecendo uma taxa de juros de 5,12%, mas com os juros pagos diariamente. As taxas de juros também podem diferir dependendo do horizonte de investimento. Em janeiro de 2004, os investidores ganhavam apenas aproximadamente 1% sobre investimentos livres de risco de um ano, mas conseguiam ganhar mais de 5% sobre investimento livres de risco de 15 anos. As taxas de juros também podem variar devido ao risco. Por exemplo, o governo norte-americano consegue contrair empréstimos a uma taxa de juros muito mais baixa do que a General Motors.

Como as taxas de juros podem ser cotadas para diferentes intervalos de tempo, como mensal, semianual ou anual, geralmente é necessário ajustar a taxa de juros ao período que corresponde ao de nossos fluxos de caixa. Exploraremos esta mecânica das taxas de juros nesta seção.

A taxa efetiva anual

taxa efetiva anual (EAR) ou rentabilidade percentual anual (APY) O montante total de juros que serão obtidos ao final de um ano.

As taxas de juros geralmente são declaradas como uma **taxa efetiva anual** (**EAR**, ou *effective annual rate*, no original) ou uma **rentabilidade percentual anual** (**APY**, ou *annual percentage yield*, no original), que indica o valor total dos juros que serão obtidos ao final de um ano.[1] Este

---
[1] A taxa efetiva anual também é chamada de rentabilidade efetiva anual (EAY, *effective annual yield*).

método de cotação da taxa de juros é o que utilizamos neste livro até agora, e no Capítulo 4 utilizamos a EAR como a taxa de descapitalização r em nossos cálculos de valor do dinheiro no tempo. Por exemplo, com uma EAR de 5%, um investimento de US$ 100 cresce para

$$\text{US\$ } 100 \times (1 + r) = \text{US\$ } 100 \times (1{,}05) = \text{US\$ } 105$$

em um ano. Após dois anos, ele crescerá para

$$\text{US\$ } 100 \times (1 + r)^2 = \text{US\$ } 100 \times (1{,}05)^2 = \text{US\$ } 110{,}25$$

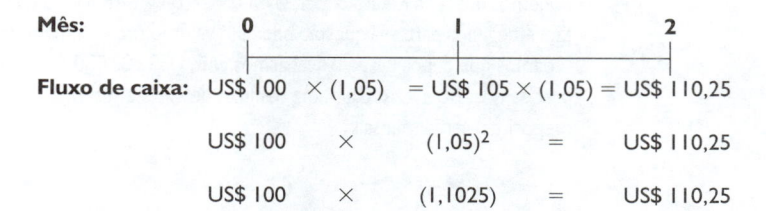

Mês:	0		1		2
Fluxo de caixa:	US$ 100	× (1,05)	= US$ 105	× (1,05)	= US$ 110,25
	US$ 100	×	(1,05)²	=	US$ 110,25
	US$ 100	×	(1,1025)	=	US$ 110,25

Ajustando a taxa de descapitalização para diferentes períodos de tempo

O exemplo anterior mostra que obter uma taxa efetiva anual de 5% por dois anos equivale a obter 10,25% em juros totais durante todo o período:

$$\text{US\$ } 100 \times (1{,}05)^2 = \text{US\$ } 100 \times (1{,}1025) = \text{US\$ } 110{,}25$$

Em geral, ao elevarmos o fator da taxa de juros $(1 + r)$ à potência adequada, podemos calcular uma taxa de juros equivalente por um período de tempo mais longo.

Podemos utilizar o mesmo método para encontrar a taxa de juros equivalente para períodos mais curtos do que um ano. Neste caso, elevamos o fator da taxa de juros $(1 + r)$ à potência fracionária adequada. Por exemplo, obter 5% de juros em um ano é o equivalente a receber

$$(1 + r)^{0{,}5} = (1{,}05)^{0{,}5} = \text{US\$ } 1{,}0247$$

para cada US$ 1 investido por seis meses (0,5 ano). Isto é, uma taxa efetiva anual de 5% equivale a uma taxa de juros de aproximadamente 2,47% obtidas a cada seis meses. Podemos verificar este resultado calculando os juros que obteríamos em um ano investindo por dois períodos de seis meses com essa taxa:

$$(1 + r)^2 = (1{,}0247)^{0{,}5} = \text{US\$ } 1{,}05$$

Mês:	0		$\frac{1}{2}$		1
Fluxo de caixa:	US$ 1	× (1,0247)	= US$ 1,0247	× (1,0247)	= US$ 1,05
	US$ 1	×	(1.0247)²	=	US$ 1,05
	US$ 1	×	(1,05)	=	US$ 1,05

Em geral, podemos converter uma taxa de descapitalização r para um período em uma taxa de descapitalização equivalente para n períodos utilizando a seguinte fórmula:

$$\text{Taxa de descapitalização equivalente para } n \text{ períodos} = (1 + r)^n - 1 \quad (5.1)$$

Nesta fórmula, n pode ser maior que 1 (para calcular uma taxa para mais de um período) ou menor que 1 (para calcular uma taxa para uma fração de período).

Ao calcularmos valores presentes ou futuros, é conveniente ajustar a taxa de descapitalização para que esta corresponda ao período de tempo dos fluxos de caixa.

Este ajuste é necessário para aplicar as fórmulas de perpetuidade ou de anuidade a fluxos de caixa não anuais, como no exemplo a seguir.

EXEMPLO 5.1

Finanças pessoais
Avaliando fluxos de caixa mensais

Problema

Suponha que sua conta poupança pague juros mensalmente com uma taxa efetiva anual de 6%. Que quantia de juros você obterá a cada mês? Se você não possui nenhum dinheiro no banco hoje, quanto você terá que aplicar no final de cada mês para acumular US$ 100.000 em 10 anos?

Solução

Planejamento

Podemos utilizar a Equação (5.1) para converter a EAR a uma taxa mensal, respondendo a primeira parte da questão. A segunda parte da questão pede um valor futuro de uma anuidade. Ela pergunta que valor de anuidade mensal teríamos que depositar para acabarmos com US$ 100.000 em 10 anos. Entretanto, para solucionar este problema, precisamos escrever o diagrama de fluxo de caixa em termos de períodos mensais porque nossos fluxos de caixa (depósitos) serão mensais:

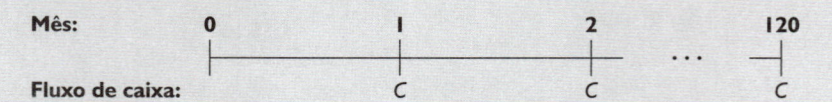

Mês:	0	1	2	...	120
Fluxo de caixa:		C	C		C

Isto é, podemos ver o plano de poupança como uma anuidade com $10 \times 12 = 120$ pagamentos mensais. Temos o valor futuro da anuidade (US$ 100.000), o período de tempo (120 pagamentos) e teremos a taxa de juros mensal que deduzimos na primeira parte da questão. Podemos, então, utilizar o valor futuro de uma fórmula de anuidade (Equação 4.6) para encontrar o depósito mensal.

Execução

A partir da Equação (5.1), uma EAR de 6% equivale a receber $(1,06)^{1/12} - 1 = 0,4868\%$ ao mês. O expoente desta equação é 1/12 porque o período é 1/12 de um ano (um mês).

Para determinar a quantia a ser aplicada na poupança por mês para alcançar a meta de US$ 100.000 em 120 meses, temos que determinar a quantia C do pagamento mensal que terá um valor futuro de US$ 100.000 em 120 meses, dada uma taxa de juros de 0,4868% ao mês. Agora que temos todos os *inputs* em termos de meses (pagamento mensal, taxa de juros mensal e número total de meses), utilizamos o valor futuro de uma fórmula de anuidade do Capítulo 4 para solucionar este problema:

$$FV \text{ (anuidade)} = C \times \frac{1}{r}[(1+r)^n - 1]$$

Solucionamos para encontrar o pagamento C utilizando a taxa de juros mensal equivalente $r = 0,4868\%$ e $n = 120$ meses:

$$C = \frac{FV \text{ (anuidade)}}{\frac{1}{r}[(1+r)^n - 1]} = \frac{US\$ 100.000}{\frac{1}{0,004868}[(1,004868)^{120} - 1]} = US\$ 615,47 \text{ por mês}$$

Também podemos calcular este resultado utilizando uma calculadora financeira:

	N	I/Y	PV	PMT	FV
Dado:	120	0,4868	0		100.000
Encontrar:				−615,47	

Fórmula do Excel: = PMT(RATE,NPER,PV,FV) = PMT(0,004868, 120, 0, 100.000)

Avaliação

Assim, se pouparmos US$ 615,47 por mês e obtivermos juros mensalmente a uma taxa efetiva anual de 6%, teremos US$ 100.000 em 10 anos. Observe que a cronologia da fórmula de anuidade tem que ser consistente para todos os *inputs*. Neste caso, tínhamos um depósito mensal, então tivemos que converter nossa taxa de juros a uma taxa de juros mensal e usar o número total de meses (120) em vez de anos.

taxa percentual anual (APR) Indica o montante de juros obtidos em um ano sem o efeito da capitalização.

juros simples Juros obtidos sem o efeito da capitalização.

Taxas percentuais anuais

A maneira mais comum de cotar uma taxa de juros é em termos de uma **taxa percentual anual (APR)**, que indica o valor de **juros simples** obtidos em um ano, isto é, o montante de juros obtidos *sem* o efeito da capitalização. Por não incluir o efeito da capitalização, a cotação da APR é tipicamente menor do que a quantia real de juros que será obtida. Para calcular a quantia real que será obtida em um ano, a APR deve primeiramente ser convertida em uma taxa efetiva anual.

Por exemplo, suponha que o Granite Bank anuncie contas poupança com uma taxa de juros de "6% de APR com composição mensal". Ao cotar uma taxa desta maneira, o Granite Bank que dizer, na verdade, que você ganhará 6%/12 = 0,5% todo mês. Então, uma APR com composição mensal é, na verdade, uma maneira de se cotar uma taxa de juros *mensal*, em vez de anual. Neste caso, a taxa real sendo cotada é 0,5% *por mês,* e, por convenção, o banco declara que ela é uma APR multiplicando esse valor por 12 meses. Como os juros são compostos todo mês, na verdade você terá

$$US\$\ 1 \times (1{,}005)^{12} = US\$\ 1{,}061678$$

no final de um ano, com uma taxa efetiva anual de 6,1678%. Os 6,1678% que você obtém sobre seu depósito são mais altos do que a APR cotada de 6% para a capitalização: em meses posteriores, você obterá juros sobre os juros pagos nos meses anteriores. Em resumo, uma taxa efetiva de 0,5% *por mês* pode ser declarada de uma das seguintes maneiras:

- APR de 6%, composta mensalmente
- EAR de 6,1678%, que é a taxa efetiva obtida *por ano*

É importante lembrar que, como a APR não reflete a quantia verdadeira que você obterá ao longo do ano, *a APR propriamente dita não pode ser utilizada como uma taxa de descapitalização.* Em vez disso, a APR é uma maneira de cotar os juros efetivos obtidos a cada período de capitalização:

$$\text{Taxa de juros por período de capitalização} = \frac{APR}{m} \qquad (5.2)$$

(m = número de períodos de capitalização por ano)

Uma vez tendo calculado os juros obtidos por período de capitalização a partir da Equação (5.2), podemos calcular a taxa de juros equivalente para qualquer outro intervalo de tempo utilizando a Equação (5.1). Assim, a taxa de juros anual efetiva que corresponde a uma APR é dada pela seguinte fórmula de conversão:

Convertendo uma APR em uma EAR

$$1 + EAR = \left(1 + \frac{APR}{m}\right)^m \qquad (5.3)$$

(m = número de períodos de capitalização por ano)

Erros comus — Utilizar a EAR na fórmula de anuidade

A essa altura, muitos alunos podem cometer o erro de tentar utilizar a EAR na fórmula de anuidade. A taxa de juros na fórmula de anuidade tem que corresponder à frequência dos fluxos de caixa. É por isso que no Exemplo 5.1 primeiro convertemos a EAR em uma taxa mensal e então utilizamos a fórmula de anuidade para calcular os pagamentos de empréstimo mensais. O erro comum neste caso seria utilizar a EAR na fórmula de anuidade para obter os fluxos de caixa anuais, e então dividir por 12 para obter os pagamentos mensais.

Este processo produz uma resposta errada. Para compreender por quê, considere a cronologia do primeiro depósito no Exemplo 5.1. Com uma taxa mensal e pagamentos mensais, a fórmula de anuidade pressupõe que o primeiro pagamento será feito daqui a um mês. Ela pressupõe que você fará mais 11 depósitos mensais antes do fim do primeiro ano. Cada um desses depósitos começará a render juros assim que você o fizer. Ao contrário, se você utilizar uma EAR e calcular um fluxo de caixa anual, a fórmula pressupõe que você fará seu primeiro depósito daqui a um ano, então você abdica de um ano inteiro de juros antes de começar a ganhar qualquer coisa. Assim, você pode ver que a abordagem da EAR ignora o fato de você estar fazendo depósitos antes e mais frequentemente do que anualmente, de forma que você está somando ao seu principal que gera juros mais frequentemente do que uma vez por ano.

A Tabela 5.1 mostra as taxas anuais efetivas que correspondem a uma APR de 6% com diferentes intervalos de capitalização. A EAR aumenta com a frequência das capitalização devido à possibilidade de se obter juros sobre juros mais cedo. Os investimentos podem ser compostos com uma frequência ainda maior do que diária. Em princípio, o intervalo de capitalização pode ser a cada hora ou mesmo a cada segundo. Por uma questão prática, capitalizações com uma frequência maior do que diária possuem um impacto insignificante sobre a taxa anual efetiva e raramente são observadas.

Ao trabalhar com APRs, temos primeiro que converter a APR em uma taxa de descapitalização por intervalo de capitalização utilizando a Equação (5.2), ou em uma EAR utilizando a Equação (5.3), antes de avaliar o valor presente ou futuro de um conjunto de fluxos de caixa.

TABELA 5.1 Taxas efetivas anuais de uma APR de 6% com diferentes períodos de capitalização

Intervalo de capitalização	Taxa efetiva anual
Anual	$\left(1 + \frac{0,06}{1}\right)^1 - 1 = 6\%$
Semianual	$\left(1 + \frac{0,06}{2}\right)^2 - 1 = 6,09\%$
Mensal	$\left(1 + \frac{0,06}{12}\right)^{12} - 1 = 6,1678\%$
Diária	$\left(1 + \frac{0,06}{365}\right)^{365} - 1 = 6,1831\%$

EXEMPLO 5.2

Convertendo a APR em uma taxa de descapitalização

Problema

Sua empresa está comprando um novo sistema telefônico que durará por quatro anos. Você pode comprar o sistema por um custo à vista de US$ 150.000 ou fazer um *leasing* junto ao fabricante por US$ 4.000 pagos ao fim de cada mês. O preço do *leasing* é oferecido para um contrato de 48 meses sem rescisão precoce – você não pode quebrar o contrato antes da hora. Sua empresa pode contrair empréstimos com uma taxa APR de 6% de composição semianual. Você deve comprar o sistema à vista ou pagar US$ 4.000 por mês?

Solução

▶ Planejamento

O custo de se fazer um *leasing* do sistema é uma anuidade de 48 meses de US$ 4.000 por mês:

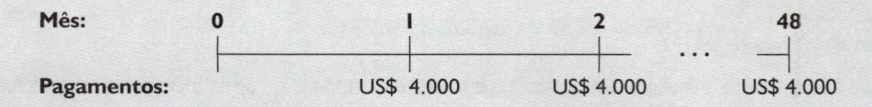

Mês:	0	1	2	...	48
Pagamentos:		US$ 4.000	US$ 4.000		US$ 4.000

Podemos calcular o valor presente dos fluxos de caixa do *leasing* utilizando a fórmula da anuidade, mas primeiro temos que calcular a taxa de descapitalização que corresponde a um período de um mês. Para fazê-lo, convertemos o custo do empréstimo de APR de 6% com composição semianual em uma taxa de descapitalização mensal utilizando a Equação (5.2). Uma vez encontrando a taxa mensal, podemos utilizar o valor presente da fórmula de anuidade (Equação 4.5) para calcular o valor presente dos pagamentos mensais e compará-lo ao custo de comprar o sistema.

▶ Execução

Como mostra a Equação (5.2), a APR de 6% com capitalização mensal significa, na verdade, 6%/12 = 0,5% todo mês. O 12 vem do fato de que há 12 períodos de capitalização mensal por ano. Agora que temos a taxa efetiva correspondente à APR declarada, podemos utilizar esta taxa de descapitalização na fórmula de anuidade (Equação 4.5) para calcular o valor presente dos pagamentos mensais:

$$PV = 4.000 \times \frac{1}{0,005}\left(1 - \frac{1}{1,005^{48}}\right) = US\$\ 170.321,27$$

Utilizando uma calculadora financeira ou o Excel:

	N	I/Y	PV	PMT	FV
Dado:	48	0,5		−4000	0
Encontrar:			170.321,27		
Fórmula do Excel:		= PV(RATE,NPER,PMT,FV) = PV(0,005, 48, −4000, 0)			

▶ Avaliação
Assim, pagar US$ 4.000 por mês por 48 meses equivale a pagar um valor presente de US$ 170.321,27 hoje. Este custo é US$ 170.321,27 − US$ 150.000 = US$ 20.321,27 maior do que o custo de comprar o sistema, então é melhor pagar US$ 150.000 pelo sistema em vez de fazer um *leasing*. Uma maneira de interpretar este resultado é a seguinte: a uma APR de 5% com capitalização semianual, ao prometer pagar US$ 4.000 por mês sua empresa pode pegar emprestados US$ 170.321 hoje. Com este empréstimo, é possível comprar o sistema de telefonia e ter US$ 20.321 extras para utilizar com outros propósitos.

Fixação de conceitos
1. Qual é a diferença entre a cotação de uma EAR e de uma APR?
2. Por que a APR não pode ser utilizada como taxa de descapitalização?

5.2 Aplicação: taxas de desconto e empréstimos

Agora que explicamos como calcular a taxa de descapitalização a partir de uma cotação de taxa de juros, aplicaremos o conceito para solucionar dois problemas financeiros comuns: calcular o pagamento de um empréstimo e calcular o saldo restante de um empréstimo.

Calculando pagamentos de empréstimos

sistema de amortização Um empréstimo sobre os quais o mutuário faz pagamentos mensais que incluem juros sobre o empréstimo mais alguma parte do saldo do empréstimo.

Muitos empréstimos, como hipotecas e financiamentos de automóveis, possuem pagamentos mensais e são cotados em termos de uma APR com capitalização mensal. Esses tipos de empréstimos são chamados de **sistemas de amortização**, o que significa que a cada mês se paga juros sobre o empréstimo mais uma parte do saldo pendente. Cada pagamento mensal é igual, e o empréstimo é quitado mediante o pagamento final. Prazos típicos de um financiamento de automóvel podem ser "APR de 6,75% por 60 meses". Quando o intervalo de capitalização da APR não é declarado explicitamente, ele é igual ao intervalo entre os pagamentos, ou um mês, neste caso. Assim, essa cotação significa que o empréstimo será pago com 60 pagamentos mensais iguais, calculados utilizando-se uma APR de 6,75% com capitalização mensal. Às vezes ajuda pensar no empréstimo a partir da perspectiva do banco: o banco lhe dá US$ 30.000 em dinheiro hoje para usar na compra do carro. Em troca, você dará ao banco 60 pagamentos iguais por mês por 60 meses, a começar do mês seguinte. Para que o banco esteja disposto a aceitar esta troca, deve ser verdade que o valor presente do que você dará ao banco, descontado pela taxa de juros do empréstimo, é igual ao montante em dinheiro que o banco está lhe dando agora. Considere o diagrama de fluxo de caixa de um financiamento de automóvel de US$ 30.000 com esses prazos:

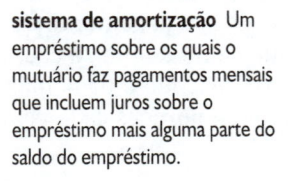

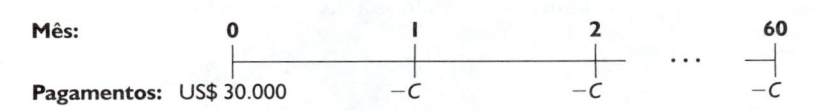

Mês:	0	1	2		60
Pagamentos:	US$ 30.000	−C	−C	...	−C

O pagamento, C, é determinado de modo que o valor presente dos fluxos de caixa, avaliados utilizando-se a taxa de juros do empréstimo, seja igual à quantia do principal original de US$ 30.000. Neste caso, a APR de 6,75% com composição mensal corresponde a uma taxa de descapitalização mensal de 6,75% / 12 = 0,5625%. É importante que a taxa de descapitalização corresponda à frequência dos fluxos de caixa — aqui temos uma taxa de descapitalização mensal e um pagamento de empréstimo mensal, então podemos prosseguir. Como os pagamentos de empréstimo são uma anuidade, podemos utilizar a Equação (4.8) para encontrar C:

$$C = \frac{P}{\frac{1}{r}\left(1 - \frac{1}{(1+r)^N}\right)} = \frac{30.000}{\frac{1}{0,005625}\left(1 - \frac{1}{(1+0,005625)^{60}}\right)} = US\$\ 590,50$$

Como alternativa, podemos encontrar o pagamento C utilizando uma calculadora financeira ou uma planilha:

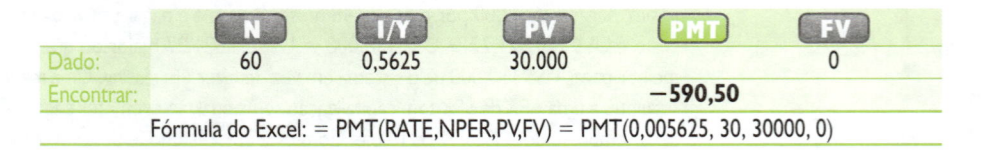

	N	I/Y	PV	PMT	FV
Dado:	60	0,5625	30.000		0
Encontrar:				−590,50	
Fórmula do Excel:	= PMT(RATE,NPER,PV,FV) = PMT(0,005625, 30, 30000, 0)				

Seu pagamento de empréstimo todo mês inclui juros e repagamento de parte do principal, reduzindo o montante que você ainda deve. Como o saldo do empréstimo (montante ainda devido) diminui a cada mês, os juros que se acumulam sobre este saldo são decrescentes. Consequentemente, apesar de seu pagamento permanecer o mesmo ao longo de toda a vida de 60 meses do empréstimo, a parte deste pagamento necessária para cobrir juros a cada mês é constantemente decrescente, e a parte restante deixada para reduzir o principal ainda mais está constantemente aumentando. Ilustramos este efeito no painel (a) da Figura 5.1, onde mostramos a proporção de cada pagamento de empréstimo mensal que cobre os juros (verde) e a parte restante deixada para reduzir o principal (cinza). Como você pode ver, US$ 168,75 de seu primeiro pagamento de US$ 590,50 são necessários apenas para cobrir juros acumulados ao longo do primeiro mês (US$ 30.000 × 0,005625 = US$ 168.75). Entretanto, este montante diminui constantemente, de modo que no final do empréstimo quase todo o seu pagamento estará indo para cobrir o principal.

O Painel (b) da Figura 5.1 mostra o efeito de seus pagamentos sobre o saldo do empréstimo. Quando você faz seu primeiro pagamento de US$ 590,50, US$ 168,75 cobrem os juros sobre o empréstimo, deixando US$ 421,75 para reduzir o principal para US$ 30.000 − US$ 421,75 = US$ 29.578,25. No mês seguinte, você deve juros apenas sobre o saldo do empréstimo de US$ 29.578,25, que é US$ 166,38, deixando mais de seu pagamento de US$ 590,50 para reduzir o principal ainda mais. Este efeito continua de modo que, a cada mês, mais de seu pagamento está disponível para reduzir o principal, fazendo o principal diminuir rapidamente no final do empréstimo, já que você está tirando porções cada vez maiores do saldo.

Calculando o saldo pendente de um empréstimo

Como a Figura 5.1 mostra, o saldo pendente de um sistema de amortização é diferente a cada mês. A quantia que você deve em qualquer ponto no tempo pode ser calculada como o valor presente de suas obrigações futuras sobre o empréstimo. Então, o saldo pendente, também chamado de quantia principal pendente, é igual ao valor presente dos pagamentos de empréstimo futuros restantes, novamente avaliados utilizando-se a taxa de juros do empréstimo. Calculamos o saldo pendente do empréstimo determinando o valor presente dos pagamentos restantes utilizando sua taxa como a taxa de descapitalização.

FIGURA 5.1

Sistema de amortização

O painel (a) mostra como as partes referentes aos juros (verde) e ao principal (cinza) do pagamento mensal sobre o empréstimo de financiamento de automóvel de US$ 30.000 mudam ao longo da vida do empréstimo. O painel (b) ilustra o efeito sobre o saldo pendente (principal) do empréstimo. Observe que à medida que o saldo diminui, o montante do pagamento necessário para cobrir os juros sobre este saldo também diminui, permitindo que mais do pagamento seja utilizado para reduzir o principal.

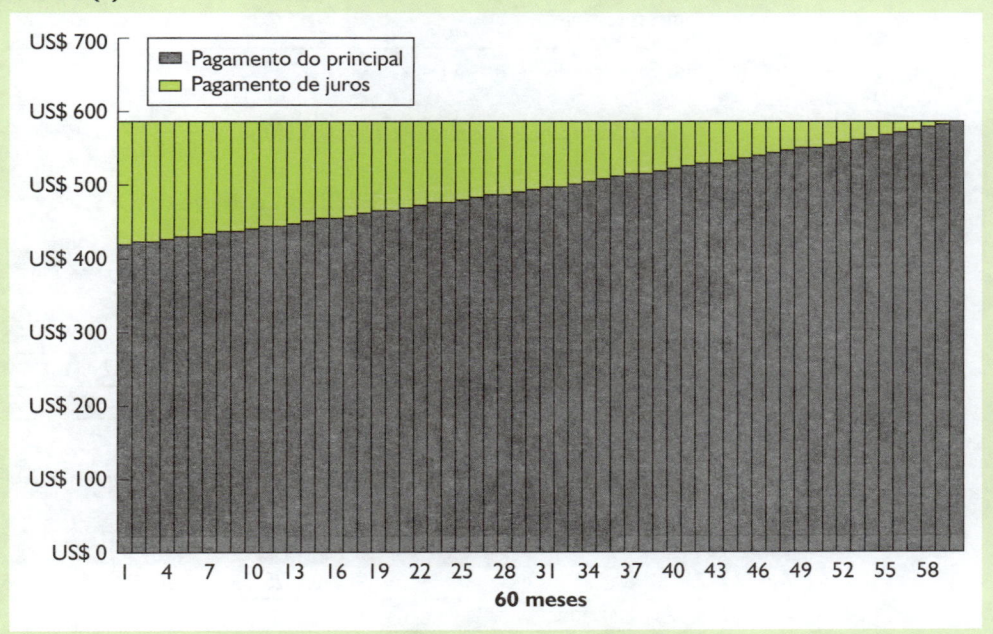

Painel (a)

[Gráfico de barras empilhadas mostrando Pagamento do principal (cinza) e Pagamento de juros (verde) ao longo de 60 meses, com valores no eixo y de US$ 0 a US$ 700.]

Painel (b)

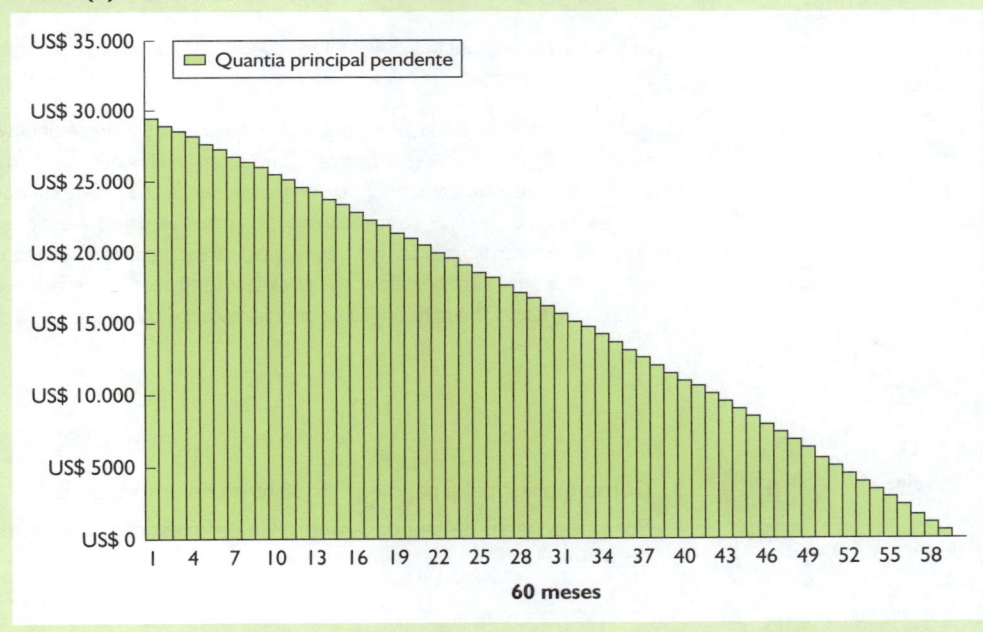

[Gráfico de barras mostrando a Quantia principal pendente ao longo de 60 meses, decrescendo de aproximadamente US$ 30.000 a US$ 0.]

EXEMPLO 5.3

Finanças pessoais
Calculando o saldo pendente de um empréstimo

Problema

Digamos que você já esteja pagando o empréstimo de financiamento de seu carro no valor de US$ 30.000, da seção anterior, há três anos, e que você decida vender o carro. Quando você vender o carro, você precisará pagar qualquer que seja o saldo pendente de seu empréstimo. Após 36 meses de pagamentos, quanto você ainda deve a seu empréstimo?

Solução

▶ **Planejamento**

Já determinamos que os pagamentos mensais sobre o empréstimo são de US$ 590,50. O saldo pendente sobre o empréstimo é o valor presente dos dois anos restantes, ou 24 meses, de pagamentos. Assim, podemos simplesmente utilizar a fórmula da anuidade com a taxa mensal de 0,5625%, um pagamento mensal de US$ 590,50, e 24 meses restantes.

▶ Execução

$$\text{Saldo com 24 meses restantes} = US\$\,590{,}50 \times \frac{1}{0{,}005625}\left(1 - \frac{1}{1{,}005625^{24}}\right) = US\$\,13.222{,}32$$

Assim, após 3 anos, você deve US$ 13.222,32 do empréstimo.
Utilizando uma calculadora financeira ou o Excel:

	N	I/Y	PV	PMT	FV
Dado:	24	0,5625		−590,50	0
Encontrar:			13.222,32		

Fórmula do Excel: = PV(RATE,NPER,PMT,FV) = PV(0,005625, 24, −590,50, 0)

Você também poderia calcular isso como o FV da quantia do empréstimo original após deduzir os pagamentos:

	N	I/Y	PV	PMT	FV
Dado:	36	0,5625	30.000	−590,50	
Encontrar:					13.222,41

Fórmula do Excel: = FV(RATE,NPER,PMT,PV) = FV(0,005625, 36, −590,50, 30000)

A diferença de nove centavos deve-se a arredondamento do valor do pagamento.

▶ Avaliação
Em qualquer ponto no tempo, inclusive quando você recém toma um empréstimo, você pode calcular o saldo do empréstimo como o valor presente de seus pagamentos restantes. Lembre que quando o banco lhe deu os US$ 30.000 inicialmente, ele estava disposto a aceitar 60 pagamentos mensais de US$ 590,50 em troca somente porque o valor presente desses pagamentos era equivalente ao dinheiro que ele estava lhe dando. A qualquer momento que você quiser terminar o empréstimo, o banco lhe cobrará uma quantia igual ao valor presente do que ele receberia se você continuasse a fazer seus pagamentos como planejado. Como a segunda abordagem mostra, a quantia que você deve também pode ser pensada como o valor futuro da quantia original emprestada após deduzirem-se os pagamentos feitos ao longo do caminho.

Fixação de conceitos

3. Como o principal é pago em um sistema de amortização?
4. Por que a parte de seu pagamento de empréstimo que cobre os juros muda com o passar do tempo?

5.3 Os determinantes das taxas de juros

Agora que compreendemos como as taxas de juros são cotadas e utilizadas em empréstimos, passamos para uma questão mais ampla: como são determinadas as taxas de juros? Fundamentalmente, as taxas de juros são determinadas por forças de mercado baseadas na oferta e demanda relativa de fundos. Esta oferta e demanda é, por sua vez, determinada pela disposição dos indivíduos, bancos e empresas de conceder e contrair empréstimos e poupar. Mudanças nas taxas de juros afetam as decisões do consumidor, como quanto você pode tomar emprestado para comprar um carro ou uma casa. Como elas mudam o valor presente de fluxos de caixa futuros, mudanças nas taxas de juros também têm um grande impacto sobre as decisões de orçamento de capital dentro da empresa. Nesta seção, veremos alguns dos fatores que podem influenciar as taxas de juros, como a inflação, a atividade econômica corrente e expectativas de crescimento futuro.

Taxas de inflação e taxa de juros real *versus* nominal

A inflação mede como o poder aquisitivo de determinado montante de moeda diminui devido a aumentos nos preços. Quantas vezes você já ouviu a expressão: "Um dólar não compra mais o que comprava"? Todos já testemunhamos os constantes aumentos dos preços — por exemplo, o café que você toma de manhã provavelmente custa um pouco mais hoje do que há cinco anos. A inflação afeta como avaliamos as taxas de juros que estão sendo cotadas por bancos e outras instituições financeiras. Essas taxas de juros, e as que utilizamos para descontar fluxos de caixa neste livro, são **taxas de juros nominais**, que indicam a taxa segundo a qual seu dinheiro irá crescer se for investido por certo período. É claro que se os preços na economia também estiverem aumentando devido à inflação, a taxa de juros nominal não representa o aumento efetivo no poder aquisitivo que resultará do investimento.

taxas de juros nominais Taxas de juros cotadas por bancos e outras instituições financeiras que indicam a taxa pela qual o dinheiro irá crescer se investido por certo período de tempo.

Grand Avenue by Steve Breen, October 20, 2003.

Por exemplo, digamos que uma xícara de café custe US$ 1 este ano. Se você tem US$ 100, você poderia comprar 100 cafés. Em vez disso, se você colocar os US$ 100 em uma conta bancária que rende 5,06% por ano, você terá US$ 105,06 no final do ano. Mas você estará realmente em uma situação melhor? Isso depende de quanto os preços tiverem subido ao longo do mesmo ano. Se a inflação tiver sido de 3% ao longo do ano, então essa xícara de café custaria 3% a mais, ou US$ 1,03 no final do ano. Assim, você poderia pegar seus US$ 105,06 e comprar US$ 105,06/US$ 1,03 = 102 cafés, então você só estaria em uma situação 2% melhor.

Esses 2% são sua **taxa de juros real**: a taxa de crescimento de seu poder aquisitivo, após ajustar pela inflação. Assim como no exemplo, podemos calcular a taxa de crescimento do poder aquisitivo como a seguir:

taxa de juros real A taxa de crescimento do poder aquisitivo após correção pela inflação.

$$\text{Crescimento no poder aquisitivo} = 1 + \text{taxa real} = \frac{1 + \text{taxa nominal}}{1 + \text{taxa de inflação}}$$

$$= \frac{\text{Crescimento do dinheiro}}{\text{Crescimento dos preços}} \quad (5.4)$$

Podemos reordenar a Equação (5.4) para encontrar a seguinte fórmula para a taxa de juros real, juntamente com uma aproximação conveniente da taxa de juros real quando as taxas de inflação são baixas:

Taxa de juros real

$$\text{taxa real} = \frac{\text{taxa nominal} - \text{taxa de inflação}}{1 + \text{taxa de inflação}} \approx \text{taxa nominal} - \text{taxa de inflação} \quad (5.5)$$

Isto é, a taxa de juros real é aproximadamente igual à taxa de juros nominal menos a taxa de inflação.[2]

---

[2] A taxa de juros real não deve ser utilizada como taxa de descapitalização para fluxos de caixa futuros. Ela só pode ser utilizada como taxa de descapitalização se os fluxos de caixa não são os fluxos de caixa esperados que serão pagos, mas sim os fluxos de caixa equivalentes antes de serem ajustados pela inflação (neste caso, dizemos que os fluxos de caixa estão em termos reais). Entretanto, essa abordagem é suscetível a erros, então, neste livro, sempre faremos previsões de fluxos de caixa incluindo quaisquer crescimentos devido à inflação e descapitalizações utilizando taxas de juros nominais.

EXEMPLO 5.4
Calculando a taxa de juros real

Problema

No ano 2000, as taxas de títulos públicos norte-americanos de curto prazo eram de aproximadamente 5,8% e a taxa de inflação era de aproximadamente 3,4%. Em 2003, as taxas de juros eram de aproximadamente 1% e a inflação era de aproximadamente 1,9%. Qual era a taxa de juros real em 2000 e em 2003?

Solução

▶ **Planejamento**

As taxas dos títulos nos dizem as taxas nominais. Dadas as taxas nominais e a inflação de cada ano, podemos utilizar a Equação (5.5) para calcular a taxa de juros real.

▶ **Execução**

A Equação (5.5) diz:

$$\text{taxa real} = \frac{\text{taxa nominal} - \text{taxa de inflação}}{1 + \text{taxa de inflação}}$$

Assim, a taxa de juros real em 2000 era de (5,8% − 3,4%) / (1,034) = 2,32% (que é aproximadamente igual à diferença entre a taxa nominal e a inflação: 5,8% − 3,4% = 2,4%). Em 2003, a taxa de juros real era de (1% − 1,9%) / (1,019) = −0,88%.

▶ **Avaliação**

Observe que a taxa de juros real era negativa em 2003, indicando que as taxas de juros eram insuficientes para acompanhar a inflação. Consequentemente, os investidores nos títulos públicos norte-americanos podiam comprar menos no final do ano do que no início do ano.

A Figura 5.2 exibe o histórico das taxas de juros nominais e taxas de inflação nos Estados Unidos desde 1955. Observe que a taxa de juros nominal tende a acompanhar a inflação. Intuitivamente, a disposição dos indivíduos de poupar dependerá do crescimento do poder aquisitivo que eles podem esperar (dado pela taxa de juros real). Assim, quando a taxa de inflação é alta, é necessária uma taxa de juros nominal mais alta para induzir os indivíduos a poupar. Isso ficou evidente no final da década de 1970 e no início da década de 1980, quando a inflação chegou a dois dígitos nos Estados Unidos e as taxas nominais aumentaram em resposta a isso.

FIGURA 5.2

Taxas de juros e taxas de inflação nos EUA, 1955–2007

O gráfico mostra taxas de juros nominais (em cinza) e taxas de inflação (em verde) nos EUA do período de 1955–2007. Observe que as taxas de juros tendem a ser altas quando a inflação é alta. As taxas de juros são médias de taxas de *Treasury bills* de três meses, e as taxas de inflação baseiam-se em aumentos anuais no índice de preços ao consumidor do U.S. Bureau of Labor Statistics.

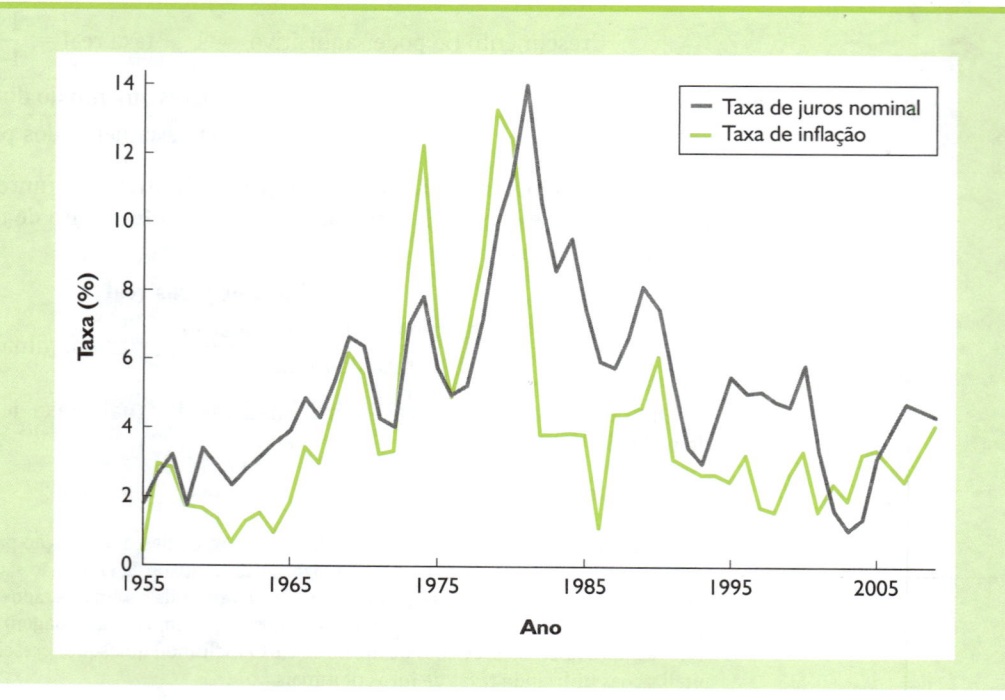

Política de investimento e taxas de juros

As taxas de juros afetam não somente a propensão dos indivíduos a poupar, mas também o incentivo das empresas a levantar capital e investir. Considere uma oportunidade de investimento livre de risco que exige um investimento à vista de US$ 10 milhões e gera um fluxo de caixa de US$ 3 milhões por ano durante quatro anos. Se a taxa de juros livre de risco é de 5%, este investimento possui um NPV de

$$NPV = -10 + \frac{3}{1,05} + \frac{3}{1,05^2} + \frac{3}{1,05^3} + \frac{3}{1,05^4} = \text{US\$ } 0{,}638 \text{ milhão}$$

Se a taxa de juros for de 9%, o NPV cai para

$$NPV = -10 + \frac{3}{1,09} + \frac{3}{1,09^2} + \frac{3}{1,09^3} + \frac{3}{1,09^4} = -\text{US\$ } 0{,}281 \text{ milhão}$$

e o investimento não é mais lucrativo. O motivo, obviamente, é que estamos descontando os fluxos de caixa positivos a uma taxa mais alta, o que reduz seu valor presente. Porém, o custo de US$ 10 milhões ocorre hoje, então seu valor presente é independente de sua taxa de descapitalização.

De maneira mais geral, quando os custos de um investimento precedem os benefícios, um aumento na taxa de juros irá diminuir o NPV do investimento. Se tudo mais permanecer igual, taxas de juros mais altas tenderão, portanto, a diminuir o conjunto de investimentos de NPV positivo disponível às empresas. O Federal Reserve e os bancos centrais de outros países tentam utilizar essa relação entre as taxas de juros e os incentivos a investimentos ao tentar guiar a economia. Eles geralmente diminuem as taxas de juros na tentativa de estimular os investimentos se a economia estiver esfriando e podem elevar as taxas de juros para reduzir os investimentos se a economia estiver "superaquecendo" e a inflação estiver subindo.

A curva de rentabilidade e taxas de descapitalização

As taxas de juros que os bancos oferecem sobre os investimentos ou cobram sobre os empréstimos dependem do horizonte, ou *prazo*, do investimento ou empréstimo. Por exemplo,

---

Como a inflação é realmente calculada?

A inflação é calculada como a taxa de variação no Índice de Preços ao Consumidor (IPC). O IPC mede quanto custa a cada mês comprar um conjunto padrão de bens que o consumidor típico compraria. O quanto esses dados de preços podem ser controversos?

Para levantar as informações de preço, os coletores de dados visitam lojas e levantam 80.000 cotações de preços no varejo e 5.000 cotações de aluguel de casas. Os dados são enviados diariamente para Washington, DC, onde analistas no Bureau of Labor Statistics procuram determinar se parte de uma variação nos preços capta uma variação na qualidade ou na inflação. Como este ajuste pode ser subjetivo, eis a fonte de controvérsia no cálculo do IPC. O *Wall Street Journal*, falando dessa controvérsia, publicou os seguintes exemplos:

- Um televisor de 57 polegadas cujo preço caiu de US$ 2.238,99 para US$ 1.909,97. Revisando seu *checklist*, o coletor de dados de campo descobriu que a versão antiga tinha um sintonizador de alta definição embutido. A nova versão, não. O analista estimou que o sintonizador fosse avaliado em US$ 513,69. Isso transformava o que parecia ser uma queda de 14,7% no preço em um aumento de 10,7%.

- Um televisor de 27 polegadas cujo preço parecia permanecer o mesmo, mas um analista determinou que o preço tinha caído. O modelo mais recente tinha tela plana, algo que os consumidores valorizam mais do que a tela curva do modelo antigo. A TV mais nova também tinha um som estéreo de dez watts, em comparação ao som estéreo de apenas 6 watts do modelo mais antigo.

Os críticos discutem que este ajuste de qualidade na maioria das vezes acaba fazendo um aumento de preço parecer menor ou mesmo transformando-o em uma queda no preço. Assim, eles concluem que o governo subestima a verdadeira taxa de inflação. Defensores discutem que esses ajustes são necessários porque pagar mais por um produto melhor não é equivalente a pagar mais pelo mesmo produto. Este debate é importante porque muitos contratos sindicais, por exemplo, atrelam os salários à inflação, e os investidores precisam de bom dados sobre a inflação para determinar que taxa de juros exigir.

WSJ Fonte: Aeppel, T., New and Improved: An Inflation Debate Brews Over Intangibles at the Mall—Critics Say U.S. Plays Down CPI Through Adjustments For Quality, Not Just Price—Value of a TV's Flat Screen, 9 May 2005, A1

estrutura a termo A relação entre o prazo de investimento e a taxa de juros.

curva de rentabilidade Um gráfico de rentabilidades de títulos de dívida em função da data de vencimento dos títulos.

taxa de juros livre de risco A taxa de juros à qual um empréstimo pode ser tomado ou concedido livre de risco durante determinado período.

suponha que você esteja disposto a colocar seu dinheiro em um CD (certificado de depósito)[3] que vence em dois anos (o que significa que você não pode pegar o dinheiro de volta antes disso sem pagar uma multa). O banco lhe oferecerá uma taxa de juros mais alta por este CD do que se você colocasse seu dinheiro em uma conta poupança de extrato, na qual você pode sacar seus fundos em qualquer momento. A relação entre o prazo do investimento e a taxa de juros chama-se **estrutura a termo** das taxas de juros. Podemos representar esta relação em um gráfico chamado **curva de rentabilidade**. A Figura 5.3 mostra a estrutura a termo e a curva de rentabilidade correspondente de taxas de juros livres de risco norte-americanas que estavam disponíveis aos investidores em janeiro de 2004, 2005 e 2006. Em cada caso, observe que a taxa de juros depende do horizonte, e que a diferença entre as taxas de juros de curto prazo e longo prazo foi especialmente pronunciada em 2004. As taxas representadas no gráfico são taxas de juros de títulos do Tesouro norte-americano, que são considerados livres de qualquer risco de inadimplência (o governo norte-americano não será inadimplente em seus empréstimos). Assim, cada uma dessas taxas é uma **taxa de juros livre de risco**, que é a taxa de juros à qual pode-se pegar dinheiro emprestado ou emprestar dinheiro sem risco ao longo de determinado período.

Podemos utilizar a estrutura a termo para calcular o valor presente e o valor futuro de um fluxo de caixa livre de risco para diferentes horizontes de investimento. Por exemplo, US$ 100

FIGURA 5.3

Estrutura a termo de taxas de juros livres de risco norte-americanas, janeiro de 2004, 2005 e 2006

A figura mostra a taxa de juros disponível para investimentos em títulos livres de risco do Tesouro norte-americano. Em cada caso, as taxas de juros diferem dependendo do horizonte. Por exemplo, em 2004, a taxa de juros sobre um empréstimo de 10 anos (4,72%) era mais de 4 vezes a taxa sobre um empréstimo de 1 ano (1,15%). (Dados dos títulos do Tesouro norte-americano).

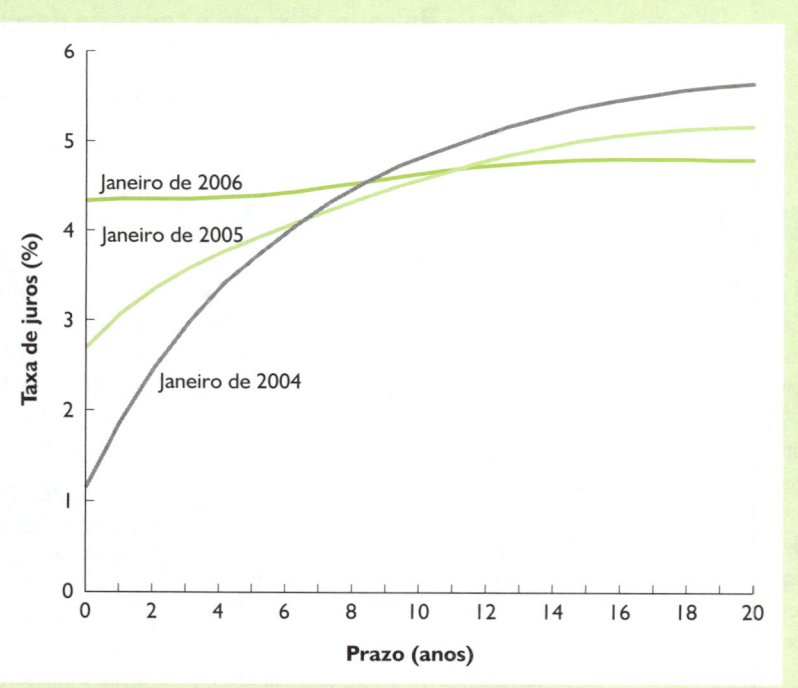

Prazo (anos)	Jan. 2004	Jan. 2005	Jan. 2006
1	1,15%	2,69%	4,32%
2	1,87%	3,06%	4,34%
3	2,48%	3,34%	4,34%
4	2,98%	3,57%	4,34%
5	3,40%	3,76%	4,36%
6	3,75%	3,93%	4,38%
7	4,05%	4,08%	4,42%
8	4,31%	4,22%	4,48%
9	4,53%	4,36%	4,53%
10	4,72%	4,49%	4,59%
11	4,88%	4,61%	4,65%
12	5,02%	4,73%	4,70%
13	5,15%	4,83%	4,73%
14	5,25%	4,91%	4,76%
15	5,35%	4,99%	4,78%
16	5,43%	5,05%	4,79%
17	5,49%	5,09%	4,79%
18	5,55%	5,12%	4,79%
19	5,59%	5,14%	4,78%
20	5,62%	5,15%	4,78%

---

[3] Um certificado de depósito é um instrumento de dívida de curto ou médio prazo oferecido pelos bancos. Você deposita dinheiro no banco por determinado período de tempo e normalmente recebe uma taxa de juros fixa. A taxa é mais alta do que seria sobre uma conta poupança porque você não pode resgatar seu dinheiro sem antes pagar uma multa.

investidos por um ano com a taxa de juros de um ano em janeiro de 2004 cresceriam para um valor futuro de

$$US\$\ 100 \times 1,0115 = US\$\ 101,15$$

ao final de um ano, e US$ 100 investidos por dez anos com a taxa de juros de dez anos em janeiro de 2004 cresceriam para[4]

$$US\$\ 100 \times (1,0472)^{10} = US\$\ 158,60$$

Podemos aplicar a mesma lógica ao calcular o valor presente dos fluxos de caixa com diferentes vencimentos. Um fluxo de caixa livre de risco recebido em dois anos deve ser descontado pela taxa de juros de dois anos, e um fluxo de caixa recebido em dez anos deve ser descontado pela taxa de juros de dez anos. Em geral, um fluxo de caixa livre de risco de C_n recebido em n anos possui um valor presente de

$$PV = \frac{C_n}{(1 + r_n)^n} \quad (5.6)$$

onde r é a taxa de juros livre de risco por um prazo de n anos. Em outras palavras, ao calcularmos um valor presente, temos que utilizar um prazo de fluxo de caixa e um prazo de taxa de descapitalização correspondentes.

Combinando a Equação (5.6) para fluxos de caixa em diferentes anos, temos a fórmula geral do valor presente de uma sequência de fluxos de caixa:

Valor presente de uma sequência de fluxos de caixa utilizando uma estrutura a termo de taxas de descapitalização

$$PV = \frac{C_1}{1 + r_1} + \frac{C_2}{(1 + r_2)^2} + \cdots + \frac{C_N}{(1 + r_N)^N} \quad (5.7)$$

Observe a diferença entre a Equação (5.7) e a Equação (4.3). Aqui, utilizamos uma taxa de desconto diferente para cada fluxo de caixa, com base na taxa da curva de rentabilidade com o mesmo prazo. Quando a curva de rentabilidade é relativamente plana, como em janeiro de 2006, esta distinção de usar taxas diferentes para cada fluxo de caixa é relativamente menor e geralmente é ignorada realizando-se descontos utilizando uma única taxa de juros "média" r. Mas quando as taxas de juros de curto prazo e de longo prazo variam muito, como em 2004, deve-se utilizar a Equação (5.7).

Atenção: Todos os atalhos para se calcular valores presentes (fórmulas de anuidade e perpetuidade e calculadoras financeiras) baseiam-se no desconto de todos os fluxos de caixa *pela mesma taxa*. Eles *não podem* ser utilizados em situações em que os fluxos de caixa precisam ser descapitalizados por taxas diferentes.

EXEMPLO 5.5

Utilizando a estrutura a termo para calcular valores presentes

Problema

Calcule o valor presente de uma anuidade livre de risco de cinco anos de US$ 1.000 por ano, dada a curva de rentabilidade para janeiro de 2005 na Figura 5.3.

Solução

▶ Planejamento

O diagrama de fluxo de caixa da anuidade é:

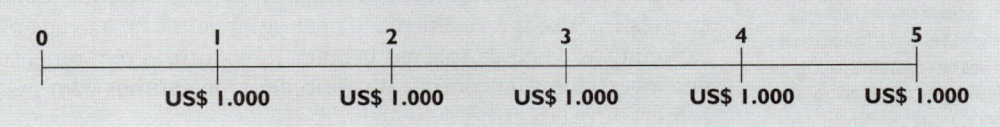

```
0        1           2           3           4           5
|        |           |           |           |           |
      US$ 1.000   US$ 1.000   US$ 1.000   US$ 1.000   US$ 1.000
```

---

[4] Poderíamos também investir por dez anos com a taxa de juros de um ano por dez anos seguidos. Entretanto, como não sabemos como serão as taxas de juros futuras, nosso resultado não seria livre de risco.

Podemos utilizar a tabela ao lado da curva de rentabilidade para identificar a taxa de juros correspondente a cada período de tempo: 1, 2, 3, 4 e 5 anos. Com os fluxos de caixas e aquelas taxas de juros, podemos calcular o PV.

> **Execução**

A partir da Figura 5.3, vemos que as taxas de juros são: 2,69%, 3,06%, 3,34%, 3,57% e 3,76%, para os prazos de 1, 2, 3, 4 e 5 anos, respectivamente.

Para calcular o valor presente, descontamos cada fluxo de caixa pela taxa de juros correspondente:

$$PV = \frac{1.000}{1,0269} + \frac{1.000}{1,0306^2} + \frac{1.000}{1,0334^3} + \frac{1.000}{1,0357^4} + \frac{1.000}{1,0376^5} = US\$\ 4.522$$

> **Avaliação**

A curva de rentabilidade nos diz a taxa de juros de mercado por ano para cada vencimento diferente. Para calcular corretamente o PV de fluxos de caixa de cinco vencimentos diferentes, precisamos utilizar as cinco taxas de juros diferentes correspondentes a esses vencimentos. Observe que não podemos utilizar a fórmula de anuidade aqui porque as taxas de descapitalização diferem para cada fluxo de caixa.

Erros comuns — Utilizar a fórmula de anuidade quando as taxas de desconto variam

> Ao calcularmos o valor presente de uma anuidade, um erro comum é utilizar a fórmula de anuidade com uma única taxa de juros apesar das taxas de juros variarem com o horizonte de investimento. Por exemplo, *não podemos* calcular o valor presente da anuidade de cinco anos no Exemplo 5.5 utilizando a taxa de juros de cinco anos de janeiro de 2005:

$$PV \neq US\$\ 1.000 \times \frac{1}{0,0376}\left(1 - \frac{1}{1,0376^5}\right) = US\$\ 4.482$$

Se quisermos encontrar a taxa de juros única que podemos utilizar para avaliar a anuidade, temos primeiro que calcular o valor presente da anuidade utilizando a Equação (5.7) e então solucioná-la para encontrar sua IRR. Para a anuidade no Exemplo 5.5, utilizamos uma calculadora financeira abaixo para encontrar sua IRR de 3,45%. A IRR da anuidade sempre se encontra entre as taxas de descapitalização mais alta e mais baixa utilizadas para calcular seu valor presente, como no caso deste exemplo.

	N	I/Y	PV	PMT	FV
Dado:	5		−4522	1000	0
Encontrar:		3,45			

Fórmula do Excel: = RATE(NPER,PMT,PV,FV) = RATE(5, 1000, −4522, 0)

A curva de rentabilidade e a economia

Como ilustra a Figura 5.4, a curva de rentabilidade muda com o tempo. Às vezes, taxas de curto prazo estão próximas de taxas de longo prazo, e em outros momentos elas podem ser muito diferentes. O que explica a mudança na forma da curva de rentabilidade?

Determinação da taxa de juros. A Reserva Federal determina taxas de juros de muito curto prazo através de sua influência sobre a **taxa de fundos federais**, que é a taxa pela qual os bancos podem pegar emprestadas reservas de um dia para o outro. Todas as outras taxas de juros sobre a curva de rentabilidade são determinadas no mercado e são ajustadas até que a oferta de empréstimos se iguale à demanda por empréstimos para cada prazo. Como logo veremos, as expectativas de mudanças nas taxas de juros futuras têm um grande efeito sobre a disposição dos investidores de contrair ou conceder empréstimos com prazos mais longos e, portanto, sobre a forma da curva de rentabilidade.

Suponha que as taxas de juros de curto prazo sejam iguais às taxas de juros de longo prazo. Quando se espera que as taxas de juros aumentem no futuro, os investidores não se sentem dispostos a fazer investimentos de longo prazo. Em vez disso, eles ganhariam mais investindo no curto prazo e então reinvestindo quando as taxas de juros subissem. Assim, quando se espe-

taxa de fundos federais A taxa de empréstimo *overnight* cobrada pelos bancos com reservas em excesso em um banco da Reserva Federal (chamados de fundos federais) para bancos que precisem de fundos adicionais para atender a exigências de reserva.

FIGURA 5.4

Formas de curvas de rentabilidade

A figura mostra três diferentes formas de curvas de rentabilidade. A linha cinza representa uma curva de rentabilidade "normal". Na maior parte do tempo a curva de rentabilidade tem essa forma – moderadamente crescente. A linha verde representa uma curva de rentabilidade íngreme – observe a diferença maior do que o normal entre taxas de curto prazo (2%) e taxas de longo prazo (7%), fazendo a curva de rentabilidade parecer mais íngreme do que o normal. Este exemplo de uma curva de rentabilidade é de outubro de 1991. Finalmente, a linha verde-clara representa uma curva de rentabilidade invertida, assim chamada porque possui inclinação decrescente em vez de crescente. Isso acontece quando as taxas de curto prazo são mais altas do que as taxas de longo prazo, como aconteceu em janeiro de 1981. Discutiremos por que a forma da curva de rentabilidade muda ao longo do tempo no resto desta seção.

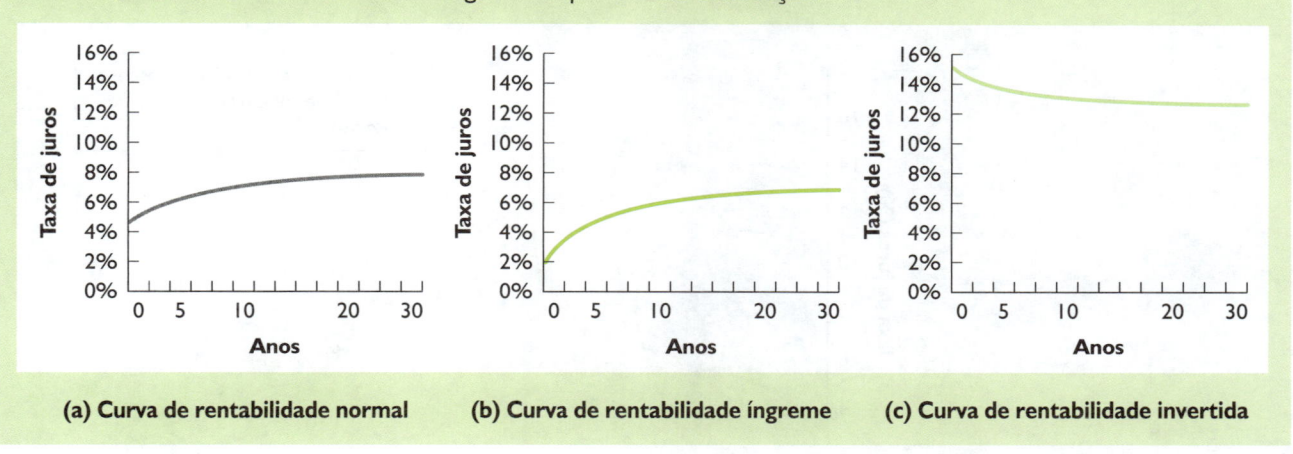

(a) Curva de rentabilidade normal (b) Curva de rentabilidade íngreme (c) Curva de rentabilidade invertida

ra que as taxas de juros aumentem, as taxas de juros de longo prazo tendem a ser mais altas do que as taxas de juros de curto prazo para atrair investidores.

Da mesma maneira, quando se espera que as taxas de juros diminuam no futuro, os mutuários não se sentem dispostos a contrair empréstimos com taxas de longo prazo que sejam iguais a taxas de curto prazo. Eles ganhariam mais contraindo um empréstimo de curto prazo e então contraindo um novo empréstimo após as taxas diminuírem. Então, quando se espera que as taxas diminuam, as taxas de longo prazo tendem a ser menores do que as de curto prazo para atrair mutuários.

Forma da curva de rentabilidade. Estes argumentos implicam que a forma da curva de rentabilidade será fortemente influenciada pelas expectativas sobre as taxas de juros. Uma curva de rentabilidade fortemente crescente (*íngreme*), com taxas de longo prazo muito mais altas que as taxas de curto prazo, geralmente indica que se espera que as taxas de juros subam no futuro. Uma curva de rentabilidade decrescente (*invertida*), com taxas de longo prazo menores do que as de curto prazo, geralmente indica uma expectativa de declínio nas taxas de juros futuras. Como as taxas de juros tendem a cair em resposta a uma retração da economia, uma curva de rentabilidade invertida geralmente é interpretada como uma previsão negativa para o crescimento econômico. De fato, como ilustra a Figura 5.5, cada uma das seis últimas recessões nos Estados Unidos foi precedida por um período em que a curva de rentabilidade era invertida. Ao contrário, a curva de rentabilidade tende a se tornar íngreme à medida que a economia vai saindo de uma recessão e se espera que as taxas de juros subam.

A forma normal da curva de rentabilidade é moderadamente crescente. Isso aconteceria se os investidores quase sempre acreditassem que as taxas de juros fossem subir no futuro. Mas isso é improvável, então têm que haver outras forças em operação para fazer as taxas de juros de longo prazo normalmente serem mais altas do que as taxas de curto prazo. O motivo mais frequentemente citado é que os empréstimos de longo prazo são mais arriscados do que os empréstimos de curto prazo. Se você fizer um empréstimo de 30 anos hoje e fixar a taxa de juros, o valor presente dos pagamentos que você receber sobre o empréstimo é muito sensível

FIGURA 5.5

Taxas de juros de curto prazo *versus* de longo prazo e recessões norte-americanas

Estão representadas no gráfico taxas de juros de títulos do Tesouro norte-americano de um ano e dez anos, com a diferença entre elas sendo representada pelo sombreado verde-claro se a forma da curva é crescente (a taxa de um ano está abaixo da taxa de dez anos) e pelo sombreado verde se a curva de rendimento é invertida (a taxa de um ano excede a de dez anos). As barras cinzas mostram as datas de recessões norte-americanas determinadas pelo National Bureau of Economic Research. Observe que as curvas de rentabilidade invertidas tendem a preceder recessões, como determinado pelo National Bureau of Economic Research. Em recessões, as taxas de juros tendem a cair, com as taxas de curto prazo caindo ainda mais. Consequentemente, a curva de rentabilidade tende a ser fortemente inclinada ao sair de uma recessão.

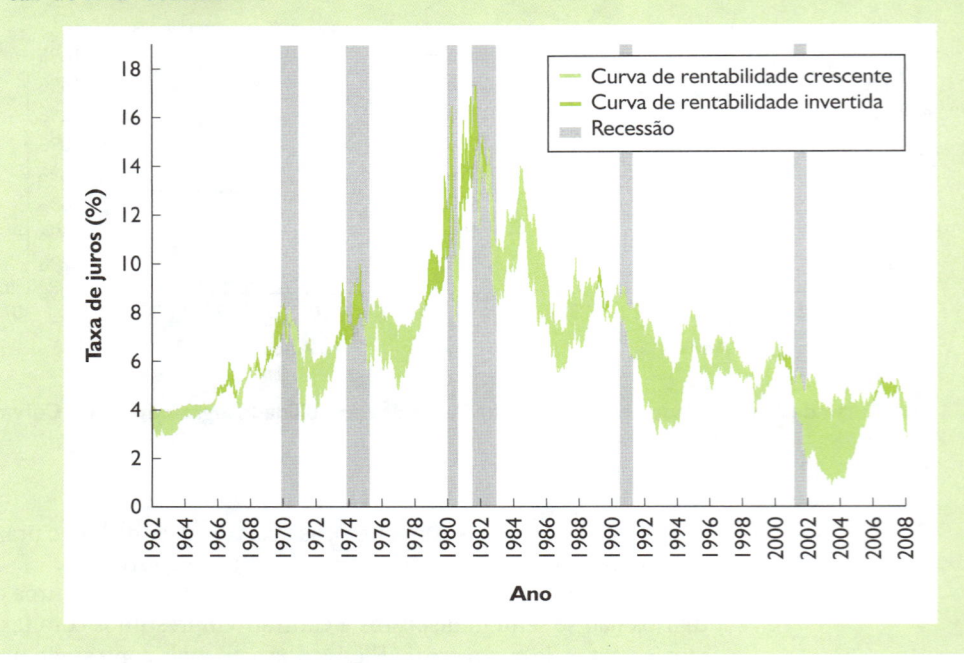

mesmo a pequenas variações nas taxas de juros de mercado. Esta sensibilidade se deve ao efeito da capitalização de uma variação nas taxas de juros ao longo de um período de 30 anos. Para ver este efeito, considere o exemplo a seguir.

EXEMPLO 5.6

Empréstimos de longo prazo *versus* empréstimos de curto prazo

Problema

Você trabalha para um banco que acaba de conceder dois empréstimos. Em um, você emprestou US$ 909,09 hoje em troca de US$ 1.000 em um ano. No outro, você emprestou US$ 909,09 hoje em troca de US$ 15.863,08 em 30 anos. A diferença entre a quantia emprestada e a quantia paga baseia-se em uma taxa de juros de 10% por ano. Imagine que imediatamente após você conceder os empréstimos, sejam anunciadas notícias sobre crescimento econômico que aumentam as expectativas de inflação, de modo que a taxa de juros de mercado para empréstimos como estes suba para 11%. Empréstimos formam uma grande parte dos ativos de um banco, então naturalmente você está preocupado com o valor desses empréstimos. Qual é o efeito da variação da taxa de juros sobre o valor para o banco do pagamento prometido desses empréstimos?

Solução

▶ **Planejamento**

Cada um desses empréstimos possui apenas um fluxo de caixa de pagamento no final do empréstimo. Eles diferem apenas na cronologia do pagamento:

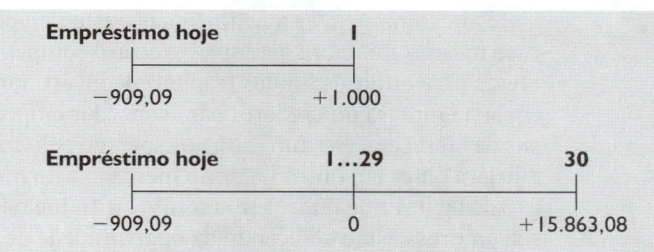

```
Empréstimo hoje          I
    |————————————————————|
  −909,09              +1.000

Empréstimo hoje        1...29        30
    |————————————————————|————————————|
  −909,09                0         +15.863,08
```

O efeito sobre o valor do pagamento futuro ao banco hoje é apenas o PV do pagamento de empréstimo, calculado pela nova taxa de juros de mercado.

▶ Execução

Para o empréstimo de um ano:

$$PV = \frac{US\$\ 1.000}{(1,11)^1} = US\$\ 900,90$$

Para o empréstimo de 30 anos:

$$PV = \frac{US\$\ 15.863,08}{(1,11)^{30}} = US\$\ 692,94$$

▶ Avaliação

O valor do empréstimo de um ano diminuiu em US$ 909,09 − US$ 900,90 = US$ 8,19, ou 0,9%, mas o valor do empréstimo de 30 anos diminuiu em US$ 909,09 − US$ 692,94 = US$ 216,15, ou quase 24%! A pequena variação na taxa de juros de mercado, capitalizada ao longo de um período maior, resultou em uma variação muito maior no valor presente do pagamento do empréstimo. Você pode ver por que os investidores e bancos veem empréstimos de mais longo prazo como mais arriscados do que empréstimos de curto prazo.

Além de especificar as taxas de descapitalização de fluxos de caixa livres de risco que ocorrem em diferentes horizontes, também é um dos principais indicadores potenciais de crescimento econômico futuro. Devido a essas qualidades, a curva de rentabilidade dá informações extremamente importantes para um gerente empresarial.

Fixação de conceitos

5. Qual é a diferença entre uma taxa de juros nominal e uma taxa de juros real?
6. Qual a relação entre as taxas de juros e o nível de investimento feito pelas empresas?

5.4 O custo de oportunidade de capital

custo de oportunidade de capital ou custo de capital O melhor retorno esperado disponível oferecido no mercado sobre um investimento de risco e prazo comparáveis ao fluxo de caixa sendo capitalizado; o retorno do qual um investidor abre mão em um investimento alternativo de risco e prazo equivalentes quando o investidor empreende um novo investimento.

Como vimos neste capítulo, as taxas de juros que observamos no mercado variam com base em convenções de cotação, no prazo do investimento e no risco. O retorno real que fica para um investidor também dependerá de como os juros são tributados. Neste capítulo, desenvolvemos as ferramentas para explicar essas diferenças e desenvolvemos algumas ideias sobre como as taxas de juros são determinadas. Estes conhecimentos dão a base para nosso estudo de títulos de dívida no próximo capítulo.

No Capítulo 3, dissemos que o Princípio de Avaliação nos diz como utilizar a "taxa de juros de mercado" para calcular valores presentes e avaliar uma oportunidade de investimento. Mas com tantas taxas de juros para escolher, o termo "taxa de juros de mercado" é inerentemente ambíguo. Portanto, à medida que avançarmos neste livro, basearemos a taxa de descapitalização utilizada para avaliar fluxos de caixa no **custo de oportunidade de capital** (ou, mais simplesmente, o **custo de capital**), que é *o melhor retorno esperado disponível oferecido no mercado sobre um investimento de risco e prazo comparáveis para o fluxo de caixa sendo descontado*.

Para compreender a definição de custo de oportunidade de capital, é útil você pensar em você mesmo como um gerente financeiro competindo com gerentes financeiros de outras empresas para atrair os fundos (capital) de investidores. A fim de atrair investidores para investir em sua empresa ou credores para conceder empréstimos à sua empresa, você tem que ser capaz de oferecer a eles um retorno esperado pelo menos tão bom quanto aquele que eles conseguiriam obter em outro lugar no mercado pelo mesmo risco e período de investimento. Agora é mais fácil ver de onde vem o termo custo (de oportunidade) de capital — os investidores em sua empresa estão abdicando da oportunidade de investir seus fundos em outro lugar. Esse é um custo de oportunidade para eles e, para superá-lo, você deve oferecer-lhes um retorno igual ou melhor do que seu custo de oportunidade de capital. Mesmo se você já tiver os fundos internamente na empresa para investir, a lógica ainda se aplica. Você poderia ou devolver os fundos a seus acionistas, para eles investirem em outro lugar, ou reinvesti-los em um novo projeto; no entanto, você só deve reinvesti-los se fazê-lo oferecer um retorno melhor do que as outras oportunidades dos acionistas.

Taxas de juros, taxas de desconto e o custo de capital

A esta altura, você já deve ter percebido que estamos utilizando três termos para nos referirmos a taxas de retorno. Apesar de muitas pessoas utilizarem esses três termos indiferentemente, eles são distintos. Ao longo deste livro, utilizaremos "taxa de juros" para falar de uma taxa cotada no mercado. Uma "taxa de descapitalização" é a taxa adequada para descapitalizar determinado fluxo de caixa, correspondendo à frequência do fluxo de caixa. Finalmente, utilizamos "custo de capital" para indicar a taxa de retorno sobre um investimento de risco similar.

O custo de oportunidade de capital é o retorno de que o investidor abre mão quando empreende um novo investimento. Para um projeto livre de risco, ele tipicamente corresponderá à taxa de juros sobre títulos do Tesouro norte-americano com um prazo similar. Mas o custo de capital é um conceito muito mais geral que também pode ser aplicado a investimentos arriscados.

EXEMPLO 5.7

O custo de oportunidade de capital

Problema
Suponha que um amigo lhe peça US$ 100 emprestados hoje e em troca lhe pagará US$ 110 daqui a um ano. Procurando outras opções no mercado para investir os US$ 100, você encontra sua melhor opção alternativa que você vê como tão arriscada quanto emprestar a seu amigo. Essa opção possui um retorno esperado de 8%. O que você deve fazer?

Solução

Planejamento
Sua decisão depende de qual é o custo de oportunidade de emprestar seu dinheiro a seu amigo. Se você lhe emprestar os US$ 100, então você não poderá investi-los na alternativa com um retorno esperado de 8%. Assim, ao conceder o empréstimo, você está abdicando da oportunidade de investir por um retorno esperado de 8%. Você pode tomar sua decisão utilizando seu custo de oportunidade de capital de 8% para avaliar os US$ 110 em um ano.

Execução
O valor dos US$ 110 em um ano é seu valor presente, descontado a 8%:

$$PV = \frac{US\$\ 110}{(1,08)^1} = US\$\ 101,85$$

O empréstimo de US$ 100 vale US$ 101,85 para você hoje, então você concede o empréstimo.

Avaliação
O Princípio da Avaliação nos diz que podemos determinar o valor de um investimento utilizando preços de mercado para avaliar os benefícios menos os custos. Como este exemplo mostra, os preços de mercado determinam quais são nossas melhores oportunidades alternativas, de modo que possamos decidir se um investimento vale seu custo.

O Capítulo 3 introduziu o Princípio da Avaliação como um tema unificador em finanças. Neste capítulo e no anterior, desenvolvemos as ferramentas fundamentais de que um gerente financeiro precisa para avaliar fluxos de caixa em diferentes pontos no tempo. Nesta última seção, reiteramos a importância de utilizar informações de mercado para determinar o custo de oportunidade de capital, que é sua taxa de descapitalização em cálculos de avaliação. No próximo capítulo, estudaremos títulos de dívida e como eles são precificados, o que nos fornece uma aplicação imediata do conhecimento que construímos até agora.

Fixação de conceitos

7. O que é o custo de oportunidade de capital?
8. Você pode ignorar o custo de capital se você já tem os fundos em sua própria empresa?

RESUMO DO CAPÍTULO

Pontos principais e equações	Termos	Oportunidades de prática online
5.1 Cotações e ajustes da taxas de juros • Assim como qualquer outro preço, as taxas de juros são determinadas por forças de mercado, em particular a oferta e demanda de fundos. • A taxa efetiva anual (EAR) indica a quantia real de juros obtidos em um ano. A EAR pode ser utilizada como taxa de desconto para fluxos de caixa anuais. • Dado o r de uma EAR, a taxa de desconto equivalente para um intervalo de tempo de n anos, onde n pode ser mais que um ano ou menor ou igual a um ano (uma fração), é: Taxa de descapitalização equivalente para n períodos $$= (1 + r)^n - 1 \qquad (5.1)$$ • Uma taxa percentual anual (APR) é uma maneira comum de cotar taxas de juros. A taxa de juros efetiva por período é a APR / número de períodos de capitalização por ano. APRs não podem ser utilizadas como taxas de descapitalização. • Precisamos conhecer o intervalo de uma APR para determinar a EAR: $$1 + EAR = \left(1 + \frac{APR}{m}\right)^m$$ m = número de períodos de capitalização por ano $\qquad (5.3)$ • Para determinada APR, a EAR aumenta com a frequência de capitalização.	juros simples, p. 163 taxa efetiva anual (EAR), p. 160 taxa percentual anual (APR) p. 160	MyFinanceLab Study Plan 5.1
5.2 Aplicação: taxas de descapitalização e empréstimos • As taxas de empréstimos são tipicamente declaradas como APRs. O saldo pendente de um empréstimo é igual ao valor presente dos fluxos de caixa do empréstimo, quando avaliado utilizando-se a taxa de juros efetiva por intervalo de pagamento baseado na taxa do empréstimo. • Em cada pagamento de empréstimo sobre um sistema de amortização, você paga juros sobre o empréstimo mais uma parte do saldo do empréstimo.	sistema de amortização, p. 165	MyFinanceLab Study Plan 5.2

5.3 Os determinantes das taxas de juros

▸ Taxas de juros cotadas são taxas de juros nominais que indicam a taxa de crescimento do dinheiro investido. A taxa de juros real indica a taxa de crescimento do poder aquisitivo de alguém após ajustar pela inflação.

▸ Dada uma taxa de juros nominal e uma taxa de inflação, a taxa de juros real é:

$$\text{taxa real} = \frac{\text{taxa nominal} - \text{taxa de inflação}}{1 + \text{taxa de inflação}} \quad (5.5)$$

$$\approx \text{taxa real} - \text{taxa de inflação}$$

▸ As taxas de juros nominais tendem a ser altas quando a inflação é alta, e baixas quando a inflação é baixa.

▸ Taxas de juros mais altas tendem a reduzir o NPV de projetos de investimento típicos. A Reserva Federal dos EUA eleva as taxas de juros para moderar o investimento e combater a inflação, e diminui as taxas de juros para estimular o investimento e o crescimento econômico.

▸ As taxas de juros mudam com o horizonte de investimento segundo a estrutura a termo das taxas de juros. O gráfico que representa as taxas de juros em função do horizonte chama-se curva de rentabilidade.

▸ O gráfico que representa as taxas de juros em função do horizonte é chamado de curva de rentabilidade.

▸ Fluxos de caixa devem ser descontados utilizando-se a taxa de desconto adequada para seu horizonte. Assim, o PV de uma sequência de fluxos de caixa é:

$$PV = \frac{C_1}{1 + r_1} + \frac{C_2}{(1 + r_2)^2} + \cdots + \frac{C_N}{(1 + r_N)^N} \quad (5.7)$$

▸ As fórmulas de anuidade e perpetuidade não podem ser aplicadas quando as taxas de descapitalização variam com o horizonte.

▸ A forma da curva de rentabilidade tende a variar com as expectativas do investidor em relação ao crescimento econômico e às taxas de juros. Ela tende a ser invertida antes de recessões e a ser fortemente íngreme ao sair de uma recessão. Como os investidores veem os empréstimos de longo prazo como de maior risco, eles tendem a ter taxas de juros mais elevadas do que os empréstimo de curto prazo.

curva de rentabilidade, p. 172
estrutura a termo, p. 172
p. 172
taxa de fundos federais, p. 174
taxa de juros real, p. 169
taxa de juros livre de riscos p. 172
taxas de juros nominais, p. 169

MyFinanceLab Study Plan 5.3

5.4 O custo de oportunidade de capital

▸ O custo de oportunidade de capital de um investidor (ou, mais simplesmente, o custo de capital) é o melhor retorno esperado disponível oferecido no mercado sobre um investimento de risco e prazo comparáveis ao fluxo de caixa sendo descapitalizando.

custo de oportunidade de capital, p. 177

MyFinanceLab Study Plan 5.4

Questões de revisão

1. Explique como uma taxa de juros é apenas um preço.
2. Por que a EAR de uma APR de 6%, com capitalização semestral, é maior do que 6%?
3. Por que é tão importante corresponder a frequência das taxas de juros à frequência dos fluxos de caixa?
4. Por que os pagamentos de uma hipoteca de 15 anos é igual a duas vezes os pagamentos de uma hipoteca de 30 anos com a mesma taxa?

5. Que erro você comete quando desconta fluxos de caixa reais com taxas de descapitalização nominais?
6. Como variações nas expectativas de inflação afetam as taxas de juros?
7. A taxa de juros nominal disponível a um investidor pode ser negativa? (*Dica:* Considere a taxa de juros obtida economizando-se dinheiro "embaixo do colchão.") A taxa de juros real pode ser negativa?
8. No início da década de 1980, a inflação tinha dois dígitos e a curva de rentabilidade tinha uma inclinação fortemente decrescente. O que a curva de rentabilidade diz sobre as expectativas dos investidores sobre as futuras taxas de inflação?
9. O que significa quando falamos de um "custo de oportunidade" de capital?

Problemas

Todos os problemas neste capítulo estão disponíveis no MyFinanceLab. Um asterisco (*) indica problemas com um nível de dificuldade mais alto.

Cotações e ajustes das taxas de juros

1. Seu banco está lhe oferecendo uma conta que pagará um total de 20% de juros por um depósito de dois anos. Determine a taxa de descapitalização equivalente para um período de
   a. seis meses.
   b. um ano.
   c. um mês.

2. O que você prefere: uma conta bancária que paga 5% ao ano (EAR) por três anos ou
   a. uma conta que paga 2,5 % a cada seis meses por três anos?
   b. uma conta que paga 7,5 % a cada 18 meses por três anos?
   c. uma conta que paga 0,5 % a ao mês por três anos?

3. Ofereceram-lhe um emprego com uma estrutura incomum de bônus. Contanto que você permaneça na empresa, você receberá US$ 70.000 extras a cada sete anos, a começar daqui a sete anos. Qual é o valor presente deste incentivo se você planeja trabalhar para a empresa um total de 42 anos e a taxa de juros é de 6% (EAR)?

4. Você encontrou três opções de investimento para um depósito de um ano: APR de 10% com capitalização mensal, APR de 10% com capitalização anual e uma APR de 9% com capitalização diária. Calcule a EAR de cada opção de investimento. (Suponha que haja 365 dias no ano.)

5. Sua conta bancária paga juros com uma EAR de 5%. Qual é a cotação da APR para esta conta com base em composição semestral? Qual é a APR com capitalização mensal?

6. Suponha que a taxa de juros seja de APR de 8% com capitalização mensal. Qual é o valor presente de uma anuidade que paga US$ 100 a cada seis meses por cinco anos?

7. Você passou para a faculdade. Esta faculdade garante que os o valor dos seus estudos não aumentará pelos quatro anos que você frequentá-la. O primeiro pagamento semestral no valor de US$ 10.000 vence daqui a seis meses. Então, o mesmo pagamento terá vencimento a cada seis meses até você ter feito um total de oito pagamentos. A faculdade oferece uma conta bancária que lhe permite sacar dinheiro a cada seis meses e possui uma APR fixa de 4% (semestral) com a garantia de que esta taxa permanecerá a mesma pelos quatro próximos anos. Quanto você tem que depositar hoje se você não pretende fazer nenhum outro depósito e gostaria de realizar todos os pagamentos dos seus estudos a partir desta conta, deixando-a vazia quando o último pagamento for realizado?

Aplicação: taxas de descapitalização e empréstimos

8. Você realiza pagamentos mensais do financiamento de seu carro. Ele possui uma APR cotada em 5% (capitalização mensal). Que porcentagem do principal pendente você paga em juros por mês?

9. Suponha que a Capital One esteja anunciando um financiamento de uma motocicleta de 60 meses com uma APR de 5,99%. Se você precisa pegar US$ 8.000 emprestados para comprar a Harley Davidson dos seus sonhos, qual será seu pagamento mensal?

10. Suponha que o Oppenheimer Bank esteja oferecendo uma hipoteca de 30 anos com uma EAR de 6,80%. Se você planeja pegar US$ 150.000 emprestados, qual será seu pagamento mensal?

11. Você está comprando uma casa e a empresa de hipoteca oferece lhe deixar pagar um "ponto" (1% do valor total do empréstimo) para reduzir sua APR de 6,5% para 6,25% sobre sua hipoteca de 30 anos de US$ 400.000 com pagamentos mensais. Se você planeja ficar na casa por pelo menos cinco anos, você deveria fazê-lo?

12. Você decidiu refinanciar sua hipoteca. Você planeja pegar emprestado qualquer que seja o valor pendente em sua hipoteca atual. O pagamento mensal atual é de US$ 2.356 e você fez todos os pagamentos em dia. O prazo original de sua hipoteca era de 30 anos, e a hipoteca tem exatamente 4 anos e 8 meses. Você acaba de realizar seu pagamento mensal. A taxa de juros da hipoteca é de 6,375% (APR). Quanto você deve à hipoteca hoje?

13. Você acaba de vender sua casa por US$ 1.000.000 em dinheiro. Sua hipoteca era originalmente de 30 meses com pagamentos mensais e um saldo inicial de US$ 800.000. A hipoteca atualmente tem exatamente 18 anos e meio, e você acaba de realizar um pagamento. Se a taxa de juros sobre a hipoteca é de 5,25% (APR), quanto em dinheiro você obterá com a venda uma vez tendo quitado a hipoteca?

14. Você acaba de comprar um carro e de fazer um empréstimo de US$ 50.000. O empréstimo possui um prazo de 5 anos com pagamentos mensais e uma APR de 6%.
    a. Quanto você pagará em juros, e quanto você pagará em principal, durante o primeiro mês, o segundo mês e o primeiro ano? (*Dica*: Calcule o saldo do empréstimo após um mês, dois meses e um ano.)
    b. Quanto você pagará em juros, e quanto você pagará em principal, durante o quarto ano (isto é, entre o 3º e o 4º ano a partir de agora)?

*15. Você está com um dinheiro extra este mês e está considerando utilizá-lo em seu financiamento de automóvel. Sua taxa de juros é de 7%, seus pagamentos de empréstimo são de US$ 600 por mês e você ainda tem 36 meses para pagar. Se você pagar US$ 1.000 adicionais juntamente com seu próximo pagamento regular de US$ 600 (que vence em um mês), em quanto isso reduzirá o tempo que ainda resta para você terminar de pagar seu empréstimo?

*16. Você possui um empréstimo para estudantes com pagamentos exigidos de US$ 500 por mês pelos próximos quatro anos. A taxa de juros sobre o empréstimo é APR de 9% (mensalmente). Você está considerando fazer um pagamento extra de US$ 100 hoje (isto é, você pagará US$ 100 extras que não lhe são exigidos). Se lhe for exigido continuar fazendo pagamentos de US$ 500 por mês até o empréstimo ser quitado, qual será o valor de seu último pagamento? Que taxa efetiva de retorno (expressa como uma APR com composição mensal) você obtêm sobre os US$ 100?

*17. Considere novamente a situação do Problema 16. Agora que você percebe que seu melhor investimento é pagar seu empréstimo adiantado, você decide adiantar o máximo que você puder por mês. Analisando seu orçamento, você pode pagar US$ 250 a mais por mês além de seus pagamentos mensais exigidos de US$ 500, ou um total de US$ 750 por mês. Quanto tempo levará para o empréstimo ser quitado?

*18. Se você decidir fazer a hipoteca do Problema 10, o banco Oppenheimer Bank lhe oferecerá o seguinte negócio: em vez de fazer o pagamento mensal que você calculou naquele problema, você pode fazer metade do pagamento a cada duas semanas (de modo a serem feitos 52/2 = 26 pagamentos por ano). Quanto tempo levará para a hipoteca ser quitada se a EAR permanecer igual em 6,80%?

*19. Seu amigo lhe conta ter um truque muito simples para cortar um terço do tempo que leva para quitar sua hipoteca: utilizar seu bônus de Natal para fazer um pagamento extra no dia 1º de janeiro de cada ano (isto é, fazer seu pagamento mensal que vence neste dia em dobro). Se você pedir sua hipoteca no dia 1º de julho, de modo que o primeiro pagamento mensal vença em 1º de agosto, e você fizer um pagamento extra todo dia 1º de janeiro, quanto tempo levará para a hipoteca ser quitada? Suponha que ela tenha um prazo original de 30 anos e uma APR de 12%.

20. A hipoteca de sua casa tem 5 anos. Ela exige pagamentos mensais de US$ 1.402, tinha um prazo original de 30 anos e tinha uma taxa de juros de 10% (APR). Nos 5 anos decorridos, as

taxas de juros caíram, e portanto você resolveu fazer um refinanciamento — isto é, você irá transferir o saldo pendente para uma nova hipoteca. A nova hipoteca possui um prazo de 30 anos, exige pagamentos mensais e possui uma taxa de juros de 6 5/8% (APR).
   a. Que pagamentos mensais serão exigidos com o novo financiamento?
   b. Se você ainda quiser quitar a hipoteca em 25 anos, que valor você deve pagar mensalmente após o refinanciamento?
   c. Suponha que você esteja disposto a continuar fazendo pagamentos mensais de US$ 1.402. Quanto tempo você levará para quitar a hipoteca após o refinanciamento?
   d. Suponha que você esteja disposto a continuar fazendo pagamentos mensais de US$ 1.402 e queira quitar a hipoteca em 25 anos. Que valor adicional você terá que pegar emprestado hoje como parte do refinanciamento?

21. Você possui uma dívida no cartão de crédito de US$ 25.000 com uma APR (de composição mensal) de 15%. Cada mês você faz apenas o pagamento mínimo. Você tem que pagar apenas os juros pendentes. Você recebeu uma oferta pelo correio de um cartão de crédito idêntico, exceto pela APR de 12%. Após considerar suas alternativas, você decide trocar de cartão, transferir o saldo pendente da dívida do cartão velho para o novo e também pegar mais dinheiro emprestado. Quanto você pode pegar emprestado hoje do novo cartão sem mudar o pagamento mínimo que você terá que fazer?

22. Sua empresa pegou um empréstimo de US$ 500.000 com uma APR de 9% (capitalizada mensalmente) para a compra de uma propriedade comercial. Como é comum com imóveis comerciais, o empréstimo é um empréstimo de 5 anos baseado em uma amortização de 15 anos. Isso significa que seus pagamentos de empréstimo serão calculados como se você tivesse 15 anos para quitar o empréstimo, mas na verdade você tem que fazê-lo em 5 anos. Para fazê-lo, você fará 59 pagamentos iguais baseados no programa de amortização de 15 anos e então fará um 60º pagamento final para pagar o saldo restante.
   a. Quais serão seus pagamentos mensais?
   b. Qual será seu pagamento final?

Os determinantes das taxas de juros

23. Em 1975, as taxas de juros eram de 7,85% e a taxa de inflação era de 12,3% nos Estados Unidos. Qual era a taxa de juros real em 1975? Como o poder aquisitivo de suas economias mudaram ao longo do ano?

24. Se a taxa de inflação é de 5%, que taxa de juros nominal é necessária para que você obtenha uma taxa de juros real de 3% sobre seu investimento?

25. Considere um projeto que exige um investimento inicial de US$ 100.000 e que produzirá um único fluxo de caixa de US$ 150.000 em cinco anos.
   a. Qual é o NPV deste projeto se a taxa de juros de cinco anos for de 5% (EAR)?
   b. Qual é o NPV deste projeto se a taxa de juros de cinco anos for de 10% (EAR)?
   c. Qual é a maior taxa de juros de cinco anos tal que este projeto ainda seja lucrativo?

26. Qual é a forma da curva de rentabilidade dada a estrutura a termo a seguir? Que expectativas é provável que os investidores tenham sobre as taxas de juros futuras?

Prazo	1 ano	2 anos	3 anos	5 anos	7 anos	10 anos	20 anos
Taxa (EAR, %)	1,99	2,41	2,74	3,32	3,76	4,13	4,93

6 Títulos de Dívida

OBJETIVOS DE APRENDIZAGEM

- Compreender a terminologia dos títulos de dívida
- Calcular o preço e a rentabilidade até o vencimento de títulos de dívida de cupom zero
- Calcular o preço e a rentabilidade até o vencimento de um título de dívida
- Analisar por que os preços de títulos de dívida mudam ao longo do tempo
- Saber como o risco de crédito afeta o retorno esperado por deter um título de dívida corporativo

notação

CPN	pagamento de cupom de um título de dívida	r_n	taxa de juros ou taxa de descapitalização de um fluxo de caixa que chega no período n
FV	valor de face de um título de dívida	y	rentabilidade
n	número de períodos	YTM	rentabilidade até o vencimento
P	preço inicial de um título de dívida	YTM_n	rentabilidade até o vencimento de um título de dívida de cupom zero com n períodos até o vencimento
PV	valor presente		

ENTREVISTA COM Patrick Brown, Citigroup Global Market

"A extraordinária quantia de dinheiro no mercado de crédito norte-americano — aproximadamente US$ 47 trilhões! — cria grandes oportunidades de carreira para aqueles que compreendem a dinâmica dos mercados de renda fixa de hoje em dia", diz Patrick Brown, Vice-Presidente de Investimentos do escritório de Milwaukee da Citi's Smith Barney. Tendo se formado em 2004 pela Marquette University em finanças e tecnologia da informação, Patrick também é Analista Financeiro Certificado (CFA).

Suas disciplinas de finanças deram a ele as ferramentas necessárias para analisar uma variedade de produtos de renda fixa, inclusive títulos de dívida corporativos, letras do Tesouro e outros tipos mais complexos de instrumentos de dívida, além de para trabalhar com clientes institucionais. "Utilizo conceitos fundamentais, como o valor do dinheiro no tempo e técnicas de avaliação de títulos de dívida, todos os dias. Compreender esses fundamentos me permite passar rapidamente para as técnicas de análise e avançar na minha carreira."

O mercado de títulos de dívida testemunhou uma volatilidade sem precedentes em 2008. "Os mercados de renda fixa de hoje são extremamente voláteis e complicados", diz Patrick. "Os profissionais de finanças devem compreender como analisar esses títulos e os riscos e recompensas que eles oferecem. É essencial que se faça uma sólida análise fundamental para compreender os retornos. Certos investimentos de renda fixa tendem a ter um bom desempenho quando outras classes de ativos, como ações, têm retornos mais baixos, o que os torna extremamente importantes para os investidores no contexto de uma carteira diversificada."

Patrick tipicamente focaliza títulos nos principais índices agregados de renda fixa, como o Lehman Aggregate Bond Index e o Citi Broad Investment Grade Index. "Esses índices são o equivalente de renda fixa do S&P 500", ele diz. "Apresentamos nossas melhores ideias aos clientes institucionais adequados, com base em seus parâmetros de risco e necessidades específicas."

Atividades extracurriculares como estágios e clubes de investimento ajudaram Patrick a se preparar para sua carreira. "Estágios dão vida à teoria dos livros didáticos e tornam a escolha de um direcionamento para a carreira mais eficiente", ele diz. Ele aconselha os alunos a se desafiarem a realmente compreender o material, não simplesmente memorizá-lo. "Não deixe de dar a devida atenção às informações que você está aprendendo em suas aulas. Essas valiosas informações acabarão se tornando peças-chave para uma carreira bem-sucedida."

Marquette University, 2004

"Não deixe de dar a devida atenção às informações que você está aprendendo em suas aulas. Essas valiosas informações acabarão se tornando peças-chave para uma carreira bem-sucedida."

Neste capítulo, introduziremos os títulos de dívida e aplicaremos nossas ferramentas de avaliação de fluxos de caixa a eles. Títulos de dívida são simplesmente empréstimos. Quando um investidor compra um título de dívida de um emissor, o investidor está emprestando dinheiro ao emissor do título de dívida. Quem são os emissores de títulos de dívida? Os governos federal e local emitem títulos de dívida para financiar projetos de longo prazo, e muitas empresas emitem títulos de dívida como parte de seu financiamento de dívidas.

Compreender os títulos de dívida e sua precificação é útil por vários motivos. Em primeiro lugar, os preços dos títulos de dívida pública sem risco podem ser utilizados para determinar as taxas de juros livres de risco que produzem a curva de rentabilidade discutida no Capítulo 5. Como vimos nesse capítulo, a curva de rentabilidade dá informações importantes para a avaliação de fluxos de caixa livres de risco e de expectativas de inflação e crescimento econômico. Em segundo lugar, as empresas geralmente emitem títulos de dívida para financiar seus próprios investimentos, e os retornos que os investidores recebem sobre esses títulos é um dos fatores determinantes do custo de capital da empresa. Finalmente, os títulos de dívida dão uma oportunidade de começar nosso estudo de como se determinam os preços de títulos em um mercado competitivo. Os mercados de títulos são enormes e têm muita liquidez; existem mais de $ 45 trilhões de títulos pendentes[1]. As ideias que desenvolveremos neste capítulo serão úteis quando passarmos ao tópico de avaliação de ações, no Capítulo 9.

Precificar títulos de dívida nos dá uma oportunidade de aplicar o que aprendemos nos três últimos capítulos sobre avaliação de fluxos de caixa utilizando preços de mercado competitivos. Como explicamos no Capítulo 3, o Princípio da Avaliação implica que o preço de um título em um mercado competitivo deve ser o valor presente dos fluxos de caixa que um investidor receberá por possuí-lo. Assim, começaremos o capítulo avaliando os fluxos de caixa prometidos para diferentes tipos de títulos de dívida. Se um título de dívida não apresenta risco, de modo que os fluxos de caixa prometidos serão pagos com certeza, podemos utilizar a Lei do Preço Único para estabelecer uma relação direta entre o retorno de um título de dívida e seu preço. Discutiremos como e por que os preços de títulos de dívida mudam com o tempo. Quando tivermos uma sólida compreensão da precificação de títulos de dívida na ausência de risco, adicionaremos o risco de inadimplência, situação em que os fluxos de caixa não são conhecidos com certeza. O risco de inadimplência e suas implicações são importantes considerações para um gerente financeiro que esteja considerando emitir títulos de dívida corporativos. (No Capítulo 14, discutiremos os detalhes do financiamento de dívida e abordaremos alguns elementos adicionais dos títulos de dívida.)

certificado de título de dívida Declara os termos de um título de dívida, além dos montantes e datas de todos os pagamentos a serem feitos.

6.1 Terminologia dos títulos de dívida

Lembremos, do Capítulo 3, que um título de dívida é um valor mobiliário vendido por governos e corporações para levantar dinheiro dos investidores hoje em troca de pagamentos futuros. Os prazos do título de dívida são descritos como parte do **certificado do título de dívida**, que indica as quantias e datas de todos os pagamentos a serem feitos. A Figura 6.1 exibe o certificado de um título de dívida. Os pagamentos de um título de dívida são feitos até uma data final de liquidação, chamada de **data de vencimento** do título de dívida. O tempo restante até a data de liquidação é conhecido como o **prazo** do título de dívida.

data de vencimento A data final de quitação de um título de dívida.

prazo O tempo restante até a data de quitação final de um título de dívida.

valor de face O montante nocional de um título de dívida utilizado para calcular seus pagamentos de juros. O valor de face do título de dívida é geralmente devido no vencimento do título. Também chamado de valor ao par ou montante principal.

cupons Os pagamentos de juros prometidos de um título de dívida, pagos periodicamente até sua data de vencimento.

Os títulos de dívida tipicamente fazem dois tipos de pagamentos a seus portadores. O principal ou **valor de face** (também conhecido como **valor ao par**) de um título de dívida é a quantia teórica que utilizamos para calcular os pagamentos de juros. Normalmente, o valor de face é restituído no vencimento. Ele geralmente é denominado em incrementos padrão, como US$ 1.000. Um título de dívida com valor de face de US$ 1.000, por exemplo, geralmente é chamado de "título de dívida de US$ 1.000".

Além do valor de face, alguns títulos de dívida também prometem pagamentos adicionais chamados de **cupons**. O certificado do título de dívida tipicamente especifica que os cupons serão pagos periodicamente (por exemplo, semestralmente) até sua data de vencimento. Como você pode ver na Figura 6.1, historicamente, na data do pagamento o portador do título de dívida destacaria o cupom seguinte e o apresentaria para receber o pagamento.

---

[1] Dívida pendente do mercado norte-americano de títulos de dívida (Outstanding U.S. Bond Market Debt), Bond Market Association. November 2006.

Capítulo 6 Títulos de Dívida 187

FIGURA 6.1 Um título de dívida ao portador e seus cupons não destacados emitidos pela Elmira and Williamsport Railroad Company por US$ 500

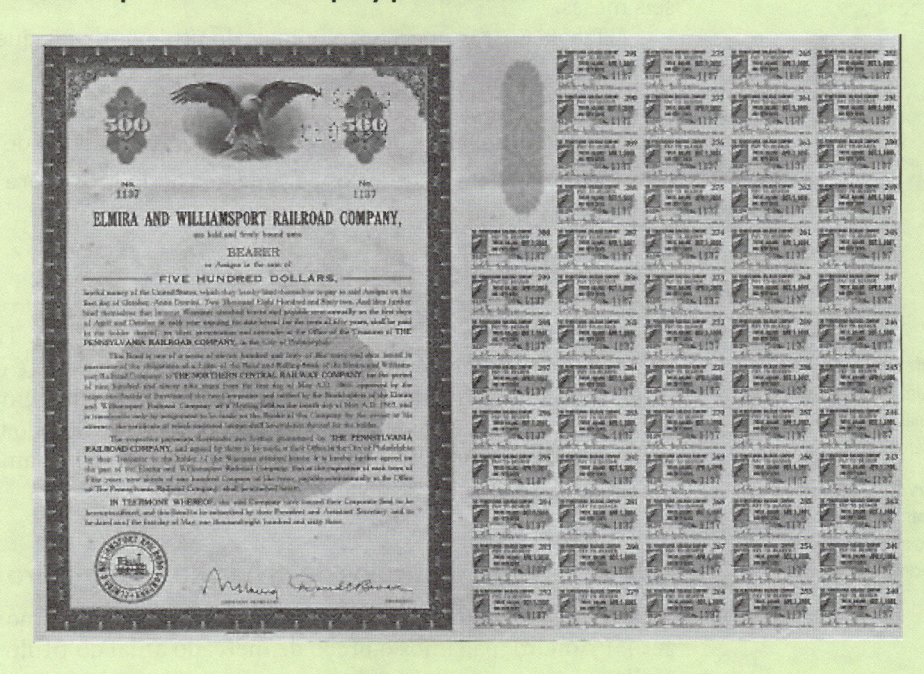

Fonte: Courtesy Heritage Auctions, Inc. © 1999–2006.

TABELA 6.1 Resumo da terminologia de títulos de dívida

Data de vencimento	Data do pagamento final do título de dívida. Os pagamentos continuam até esta data.
Prazo	O tempo restante até a data de quitação.
Cupons	Os pagamentos de juros prometidos de um título de dívida. Normalmente são pagos semestralmente, mas a frequência é especificada no certificado do título de dívida. A quantia a ser paga é igual a: $$\frac{\text{Taxa de cupom} \times \text{Valor de face}}{\text{Número de pagamentos de cupom por ano}}$$
Principal ou Valor de face	O valor nocional utilizado para calcular os pagamentos de juros. Normalmente é pago na data de vencimento.

Segue-se que os pagamentos de juros sobre o título de dívida são chamados de pagamentos de cupom. Hoje, a maioria dos títulos de dívida é registrada eletronicamente, mas o termo permanece em uso.

O valor de cada pagamento de cupom é determinado pela **taxa de cupom** do título de dívida. Esta taxa de cupom é determinada pelo emissor e declarada no certificado do título de dívida. Por convenção, a taxa de cupom é expressa como uma APR, então o valor de cada pagamento de cupom, *CPN*, é:

taxa de cupom Determina o montante de cada pagamento de cupom de um título. A taxa de cupom, expressa como uma APR, é determinada pelo emissor e declarada no certificado do título.

$$\text{Pagamento de cupom}$$
$$CPN = \frac{\text{Taxa de cupom} \times \text{Valor de face}}{\text{Número de pagamentos de cupom por ano}} \quad (6.1)$$

Por exemplo, um "título de dívida de US$ 1.000 com uma taxa de cupom de 10% e pagamentos semestrais" realizará pagamentos de cupom de US$ 1.000 × 10%/2 = US$ 50 a cada seis meses.

A Tabela 6.1 resume a terminologia do título de dívida que apresentamos até agora.

Fixação de conceitos

1. Que tipos de fluxos de caixa o comprador de um título de dívida recebe?
2. Como são determinados os pagamentos periódicos sobre um título de dívida?

6.2 Títulos de dívida de cupom zero

Nem todos os títulos de dívida têm pagamentos de cupom. Títulos de dívida sem cupons são chamados de **títulos de dívida de cupom zero**. Como este é o tipo mais simples de título de dívida, eles serão analisados primeiro. O único pagamento em dinheiro que um investidor em um título de dívida de cupom zero recebe é o valor de face do título de dívida na data de vencimento. Os *Treasury bills*, que são letras do governo norte-americano com um vencimento de até um ano, são títulos de dívida de cupom zero.

título de dívida de cupom zero Um título de dívida que faz apenas um pagamento no vencimento.

Treasury bills Títulos de dívida de cupom zero, emitidos pelo governo norte-americano, com um vencimento de até um ano.

Fluxos de caixa de títulos de dívida de cupom zero

Só teremos dois fluxos de caixa se comprarmos e detivermos um título de dívida de cupom zero. Primeiro, pagamos o preço de mercado atual do título de dívida no momento em que realizarmos a compra. Depois, no vencimento, recebemos o valor de face do título de dívida. Por exemplo, suponha que um título de dívida de cupom zero livre de risco de um ano com um valor de face de US$ 100.000 tenha um preço inicial de US$ 96.618,36. Se você comprasse este título de dívida e o detivesse até o vencimento, você teria os seguintes fluxos de caixa:

```
         0                  1
         |──────────────────|
    −US$ 96.618,36      US$ 100.000
```

Observe que, apesar do título não pagar "juros" diretamente, como investidor você é compensado pelo valor de seu dinheiro comprando-o a um deságio sobre seu valor de face. Lembre, do Capítulo 3, que o valor presente de um fluxo de caixa futuro é menor do que o fluxo de caixa propriamente dito. Consequentemente, antes de sua data de vencimento, o preço de um título de dívida de cupom zero é sempre menor do que seu valor de face. Isto é, títulos de dívida de cupom zero sempre são negociados a um **deságio** (um preço menor do que o valor de face), então eles são chamados de **títulos de dívida de deságio puro**.

deságio Um preço pelo qual títulos de dívida são negociados que é menor do que seu valor de face.

títulos de dívida de deságio puro Títulos de dívida de cupom zero.

Rentabilidade até o vencimento de um título de dívida de cupom zero

Agora que compreendemos os fluxos de caixa associados a um título de dívida de cupom zero, podemos calcular a IRR de comprar um título de dívida e detê-lo até o vencimento. Lembre que a IRR de uma oportunidade de investimento é a taxa de descapitalização com a qual seu NPV é igual a zero. Então, a IRR de um investimento em títulos de dívida de cupom zero é a taxa de retorno que os investidores obterão sobre seu dinheiro se comprarem o título por seu preço corrente e o detiverem até o vencimento. A IRR de um investimento em um título de dívida recebe um nome especial, a **rentabilidade até o vencimento** (**YTM**, ou *yield to maturity*, no original) ou apenas *rentabilidade*:

rentabilidade até o vencimento (YTM) A IRR de um investimento em um título de dívida que é mantido até a data de seu vencimento, ou a taxa de deságio que iguala o valor presente dos pagamentos prometidos do título de dívida ao seu preço de mercado atual.

A rentabilidade até o vencimento de um título de dívida é a taxa de deságio que iguala o valor presente dos pagamentos prometidos pelo título a seu preço de mercado atual.

Intuitivamente, a rentabilidade até o vencimento de um título de dívida de cupom zero é o retorno obtido por um investidor por mantê-lo até o vencimento e receber o pagamento prometido do valor de face.

Determinemos a rentabilidade até o vencimento do título de dívida de cupom zero de um ano discutido anteriormente. Segundo a definição, sua rentabilidade soluciona a seguinte equação:

$$96.618,36 = \frac{100.000}{1 + YTM_1}$$

Neste caso:

$$1 + YTM_1 = \frac{100.000}{96.618,36} = 1,035$$

Isto é, a rentabilidade até o vencimento deste título de dívida é de 3,5%. Como o título é livre de risco, investir nele e detê-lo até o vencimento é como obter 3,5% de juros sobre seu investimento inicial:

$$US\$\ 96.618,36 \times 1,035 = US\$\ 100.000$$

Podemos utilizar um método similar para encontrar a rentabilidade até o vencimento de um título de dívida de cupom zero:

Rentabilidade até o vencimento de um título de dívida de cupom zero de *n* anos

$$1 + YTM_n = \left(\frac{Valor\ de\ face}{Preço}\right)^{1/n} \tag{6.2}$$

A rentabilidade até o vencimento (YTM_n) na Equação 6.2 é a taxa de retorno por período que se obtém por manter o título de dívida de hoje até o vencimento na data n.

EXEMPLO 6.1
Rentabilidades em diferentes vencimentos

Problema

Suponha que os títulos de dívida de cupom zero estejam sendo negociados pelos preços exibidos abaixo por cada valor de face de US$ 100. Determine a rentabilidade até o vencimento correspondente para cada um deles.

Vencimento	1 ano	2 anos	3 anos	4 anos
Preço	US$ 96,62	US$ 92,45	US$ 87,63	US$ 83,06

Solução

▶ **Planejamento**

Podemos utilizar a Equação 6.2 para encontrar a YTM dos títulos de dívida. A tabela fornece os preços e número de anos até o vencimento, e o valor de face é US$ 100 por título de dívida.

▶ **Execução**

Utilizando a Equação 6.2, temos

$$YTM_1 = (100/96,62)^{1/1} - 1 = 3,50\%$$

$$YTM_2 = (100/92,45)^{1/2} - 1 = 4,00\%$$

$$YTM_3 = (100/87,63)^{1/3} - 1 = 4,50\%$$

$$YTM_4 = (100/83,06)^{1/4} - 1 = 4,75\%$$

▶ **Avaliação**

Encontrar a YTM de um título de dívida de cupom zero é o mesmo processo que seguimos para encontrar a taxa interna de retorno no Capítulo 4. De fato, a YTM é a taxa interna de retorno da compra do título de dívida.

Taxas de juros livres de risco

Acima, calculamos a rentabilidade até o vencimento de um título de dívida livre de risco de um ano como 3,5%. Mas lembre que a Lei do Preço Único do Princípio da Avaliação implica que todo investimento livre de risco de um ano tem que obter este mesmo retorno de 3,5%. Isto é, 3,5% tem que ser *a* taxa de juros livre de risco do mercado competitivo.

De maneira mais geral, no último capítulo discutimos a taxa de juros em um mercado competitivo r_n disponível de hoje até a data n para fluxos de caixa livres de risco. Lembre que utilizamos esta taxa de juros como o custo de capital para um fluxo de caixa livre de risco que ocorre na data n. Um título de dívida de cupom zero livre de inadimplência que vence na data n dá um retorno livre de risco ao longo do mesmo período. Então, a Lei do Preço Único garante que a taxa de juros livre de risco seja igual à rentabilidade até o vencimento de tal título de dívida. Consequentemente, com frequência chamaremos a rentabilidade até o vencimento do título de dívida livre de risco de cupom zero com vencimento adequado de *a* taxa de juros livre de risco. Alguns profissionais da área de finanças também utilizam o termo **taxas de juros** *spot* para se referir a essas rentabilidades livres de risco de cupom zero porque estas taxas são oferecidas "imediatamente" ("*on the spot*", no original) naquele ponto no tempo.

No Capítulo 5, introduzimos a curva de rentabilidade, que representa a taxa de juros livre de risco em diferentes vencimentos. Essas taxas de juros livres de risco correspondem à rentabilidade de títulos de dívida livre de risco de cupom zero. Assim, a curva de rentabilidade introduzida no Capítulo 5 também é chamada de **curva de rentabilidade de cupom zero**. A Figura 6.2 ilustra a curva de rentabilidade consistente com os preços do título de dívida de cupom zero no Exemplo 6.1.

No exemplo anterior, utilizamos o preço do título de dívida para calcular sua rentabilidade até o vencimento. Mas, pela definição de rentabilidade até o vencimento, também podemos utilizar a rentabilidade de um título de dívida para calcular seu preço. No caso de um título de dívida de cupom zero, o preço é simplesmente igual ao valor presente do valor de face do título de dívida, descontado pela sua rentabilidade até o vencimento.

taxas de juros *spot* Rentabilidades de cupom zero livres de inadimplência.

curva de rentabilidade de cupom zero Um gráfico da rentabilidade de títulos de cupom zero livres de risco (STRIPS) em função da data de vencimento do título de dívida.

EXEMPLO 6.2

Calculando o preço de um título de dívida de cupom zero

Problema

Dada a curva de rentabilidade exibida na Figura 6.2, qual é o preço de um título de dívida de cupom zero livre de risco de cinco anos com um valor de face de US$ 100?

Solução

▶ **Planejamento**

Podemos calcular o preço do título de dívida como o valor presente de seu valor de face, onde a taxa de desconto é a rentabilidade até o vencimento do título de dívida. A partir da curva de rentabilidade, a rentabilidade até o vencimento de títulos de dívida de cupom zero livres de risco de cinco anos é 5,0%.

▶ **Execução**

$$P = 100/(1,05)^5 = 78,35$$

▶ **Avaliação**

Podemos calcular o preço de um título de dívida de cupom zero simplesmente calculando o valor presente do valor de face utilizando a rentabilidade até o vencimento do título de dívida. Observe que o preço do título de dívida de cupom zero de cinco anos é ainda mais baixo do que o preço dos outros títulos de dívida de cupom zero no Exemplo 6.1, porque o valor de face é o mesmo, mas temos que esperar mais tempo para recebê-lo.

FIGURA 6.2

Curva de rentabilidade consistente com os preços do título de dívida no Exemplo 6.1

Lembre, do Capítulo 5, que uma curva de rentabilidade simplesmente traça o gráfico da rentabilidade até o vencimento de investimentos com diferentes vencimentos. Nesta figura, mostramos a curva de rentabilidade que seria produzida colocando no gráfico as rentabilidades até o vencimento determinadas pelos preços do título de dívida no Exemplo 6.1. Observe que, assim como nesta figura, os vencimentos mais longos geralmente têm rentabilidades mais altas.

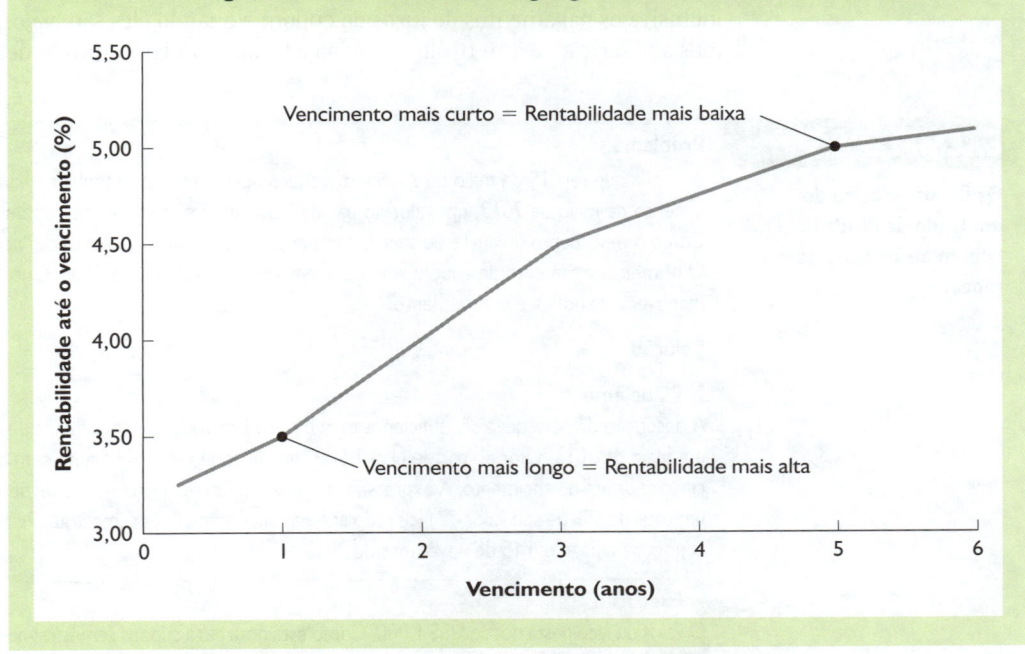

Fixação de conceitos

3. Por que você iria querer saber a rentabilidade até o vencimento de um título de dívida?
4. Qual é a relação entre o preço de um título de dívida e sua rentabilidade até o vencimento?

6.3 Títulos de dívida de cupom

títulos de dívida de cupom Títulos de dívida que fazem pagamentos de juros de cupom regulares até o vencimento, quando o valor de face também é pago.

Treasury notes Um tipo de título de cupom do Tesouro norte-americano negociado atualmente em mercados financeiros, com vencimentos originais de um a dez anos.

letras do Tesouro Um tipo de título de cupom do Tesouro norte-americano negociado atualmente em mercados financeiros, com vencimentos originais de mais de dez anos.

De maneira similar aos títulos de dívida de cupom zero, os **títulos de dívida de cupom** pagam aos investidores seu valor de face no vencimento. Além disso, esses títulos de dívida fazem pagamentos de juros de cupom regulares. Como indica a Tabela 6.2, dois tipos de títulos de cupom do Tesouro norte-americano são negociados atualmente nos mercados financeiros: as *Treasury notes*, que têm vencimentos originais de um a dez anos, e as **letras do Tesouro**, que têm vencimentos originais de mais de dez anos. O vencimento original é o prazo do título de dívida no momento em que ele foi originalmente emitido.

TABELA 6.2 Títulos existentes do Tesouro norte-americano

Título do Tesouro	Tipo	Vencimento original
Bills	Deságio	4, 13 e 26 semanas
Notes	Cupom	2, 3, 5 e 10 anos
Títulos de dívida	Cupom	20 e 30 anos

Fluxos de caixa de títulos de dívida de cupom

Apesar do retorno de um investidor sobre um título de dívida de cupom zero ser proveniente de comprá-lo a um descapitalização sobre seu valor principal, o retorno sobre um título de dívida de cupom vem de duas fontes: (1) qualquer diferença entre o preço de compra e o valor principal, e (2) seus pagamentos de cupom periódicos. Antes de podermos calcular a rentabilidade até o vencimento de um título de dívida de cupom, precisamos conhecer todos os seus fluxos de caixa, inclusive os pagamentos de juros de cupom e quando eles são pagos. No exemplo a seguir, pegamos a descrição de um título de dívida e traduzimo-la nos fluxos de caixa do título de dívida.

EXEMPLO 6.3

Os fluxos de caixa de um título de dívida de cupom ou *Treasury note* (nota)

Problema

Suponha que seja 15 de maio de 2008 e o Tesouro norte-americano tenha acabado de emitir títulos com um vencimento de maio de 2013, um valor ao par de US$ 1.000 e uma taxa de cupom de 5% com cupons semestrais. Como o vencimento original é de apenas cinco anos, estes seriam chamados de "*notas*" em vez de "*títulos de dívida*". O primeiro pagamento de cupom será pago em 15 de novembro de 2008. Que fluxos de caixa você receberá se mantiver esta nota até o vencimento?

Solução

▶ **Planejamento**

A descrição da nota deve ser suficiente para determinar todos os seus fluxos de caixa. A expressão "vencimento em maio de 2013, valor ao par de US$ 1.000" nos diz que esta é uma nota com um valor de face de US$ 1.000 e cinco anos até o vencimento. A expressão "taxa de cupom de 5% com cupons semestrais" nos diz que a nota paga um total de 5% de seu valor de face todo ano em duas prestações semestrais. Finalmente, sabemos que o primeiro cupom será pago em 15 de novembro de 2008.

▶ **Execução**

O valor de face desta nota é US$ 1.000. Como esta nota paga cupons semestralmente, a partir da Equação 6.1, você receberá um pagamento de cupom a cada seis meses no valor de CPN = US$ 1.000 × 5%/2 = US$ 25. Aqui, o diagrama de fluxo de caixa está baseado em um período de seis meses e há um total de dez fluxos de caixa:

Maio 2008	Nov. 2008	Maio 2009	Nov. 2009	...	Maio 2013
	US$ 25	US$ 25	US$ 25		US$ 25 + US$ 1.000

Observe que o último pagamento ocorre daqui a cinco anos (dez períodos de 6 meses) e é composto tanto de um pagamento de cupom de US$ 25 quanto do pagamento do valor de face de US$ 1.000.

▶ **Avaliação**

Como uma nota é simplesmente um pacote de fluxos de caixa, precisamos conhecer esses fluxos de caixa para avaliar a nota. É por isso que a descrição da nota contém todas as informações de que precisaríamos para construir seu diagrama de fluxo de caixa.

Rentabilidade até o vencimento de um título de dívida de cupom

Uma vez tendo determinado os fluxos de caixa do título de dívida de cupom, dado seu preço de mercado, podemos determinar sua rentabilidade até o vencimento. Lembre que a rentabilidade até o vencimento de um título de dívida é a IRR de investir no título de dívida e mantê-lo até o vencimento. Este investimento possui os fluxos de caixa exibidos no diagrama de fluxo de caixa abaixo:

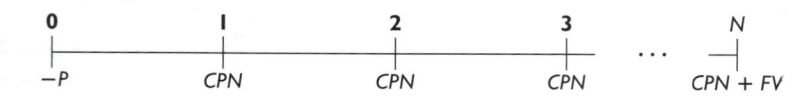

0	1	2	3	...	N
−P	CPN	CPN	CPN		CPN + FV

O mercado de letras do Tesouro dos EUA

Na maioria dos anos, o governo federal dos EUA gasta mais do que recebe por meio de impostos e outras fontes de receita. Para financiar este déficit, o Departamento do Tesouro norte-americano emite instrumentos de dívida, amplamente conhecidos como "*Treasuries*" ou letras do Tesouro. O mercado de letras do Tesouro é enorme e extremamente líquido. Em 2007, o número total de dívida pública pendente era de quase US$ 8,85 trilhões. As letras do Tesouro são mantidas por investidores institucionais como empresas de seguros, fundos de pensão e fundos mútuos de títulos de dívida, investidores individuais, e até mesmo outras agências governamentais (como o Federal Reserve), como exibido no gráfico de setores abaixo. As cifras estão em *bilhões* de dólares (4.577 bilhões é 4,577 trilhões).

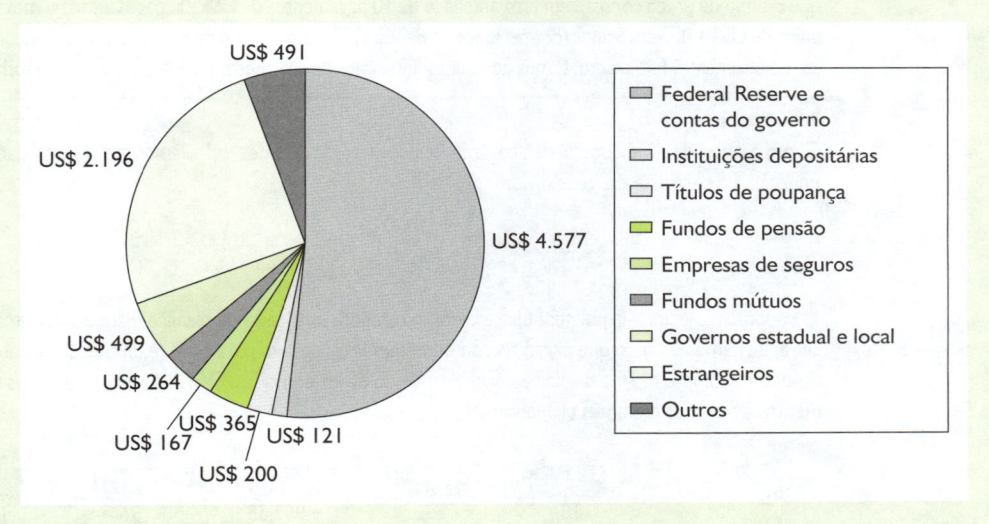

Gráfico de setores com valores: US$ 491; US$ 2.196; US$ 4.577; US$ 499; US$ 264; US$ 167; US$ 365; US$ 200; US$ 121.

Legenda:
- Federal Reserve e contas do governo
- Instituições depositárias
- Títulos de poupança
- Fundos de pensão
- Empresas de seguros
- Fundos mútuos
- Governos estadual e local
- Estrangeiros
- Outros

Fonte: Treasury Bulletin Ownership of Federal Securities, November 2007.

A rentabilidade até o vencimento do título de dívida é a *única* taxa de descapitalização que iguala o valor presente dos fluxos de caixa restantes do título de dívida a seu preço corrente. Para títulos de dívida de cupom zero, havia apenas dois fluxos de caixa. Mas os títulos de dívida de cupom possuem muitos fluxos de caixa, o que complica o cálculo da rentabilidade até o vencimento. A partir do diagrama de fluxo de caixa, vemos que os pagamentos de cupom representam uma anuidade, então a rentabilidade até o vencimento é a taxa de juros y que soluciona a seguinte equação:

Rentabilidade até o vencimento de um título de dívida de cupom

$$P = \underbrace{CPN \times \overbrace{\frac{1}{y}\left(1 - \frac{1}{(1+y)^N}\right)}^{\text{Fator da anuidade utilizando a YTM }(y)}}_{\text{Valor presente de todos os pagamentos de cupom periódicos}} + \underbrace{\frac{FV}{(1+y)^N}}_{\substack{\text{Valor presente do} \\ \text{pagamento do valor de} \\ \text{face utilizando a YTM }(y)}} \qquad (6.3)$$

Infelizmente, ao contrário do caso dos títulos de dívida de cupom zero, não existe uma fórmula simples para encontrar a rentabilidade até o vencimento diretamente. Em vez disso, precisamos utilizar tentativa e erro ou a planilha de anuidade (usando a função IRR [ou TIR] do Excel) que introduzimos no Capítulo 4.

Quando calculamos a rentabilidade até o vencimento de um título de dívida solucionando a Equação 6.3, a rentabilidade que calculamos será uma taxa *por intervalo de cupom*. Entretanto, essa rentabilidade é normalmente declarada como uma taxa anual, por isso a multiplicamos pelo número de cupons por ano, convertendo-a, assim, em uma APR com o mesmo intervalo de capitalização que a taxa do cupom.

EXEMPLO 6.4

Calculando a rentabilidade até o vencimento de um título de dívida de cupom

Problema

Considere o título de dívida de US$ 1.000 de cinco anos com uma taxa de cupom de 5% e cupons semestrais descrito no Exemplo 6.3. Se este título está sendo negociado hoje pelo preço de US$ 957,35, qual é sua rentabilidade até o vencimento?

Solução

▶ **Planejamento**

Encontramos os fluxos de caixa do título de dívida no Exemplo 6.3. A partir do diagrama de fluxo de caixa, podemos ver que o título de dívida consiste em uma anuidade de 10 pagamentos de US$ 25, pagos a cada 6 meses, e um pagamento único de US$ 1.000 em 5 anos (dez períodos de 6 meses). Podemos utilizar a Equação 6.3 para encontrar a rentabilidade até o vencimento. Entretanto, temos que utilizar intervalos de seis meses consistentemente em toda a equação.

▶ **Execução**

Como o título de dívida possui dez pagamentos de cupom restantes, calculamos sua rentabilidade y solucionando a Equação 6.3 para este título de dívida:

$$957,35 = 25 \times \frac{1}{y}\left(1 - \frac{1}{(1+y)^{10}}\right) + \frac{1.000}{(1+y)^{10}}$$

Podemos solucioná-la por tentativa e erro, calculadora financeira ou planilha. Para utilizar uma calculadora financeira, digitamos o preço que pagamos como um número negativo para o PV (é uma saída de caixa), os pagamentos de cupom como o PMT, e o valor ao par do título de dívida como seu FV. Finalmente, digitamos o número de pagamentos de cupons restantes (10) como N.

	N	I/Y	PV	PMT	FV
Dado:	10		−957,35	25	1000
Encontrar:		3,00			

Fórmula do Excel: =RATE(NPER,PMT,PV,FV) = RATE(10, 25, −957,35, 1000)

Portanto, $y = 3\%$. Como o título de dívida paga cupons semestralmente, esta rentabilidade é de um período de seis meses. Nós a convertemos em uma APR multiplicando pelo número de pagamentos de cupom por ano. Assim, o título de dívida possui uma rentabilidade até o vencimento igual a uma APR de 6% com capitalização semestral.

▶ **Avaliação**

Como mostra a equação, a rentabilidade até o vencimento é a taxa de descapitalização que iguala o valor presente dos fluxos de caixa do título de dívida a seu preço.

Também podemos utilizar a Equação 6.3 para calcular o preço de um título de dívida baseado em sua rentabilidade até o vencimento. Simplesmente descontamos os fluxos de caixa utilizando a rentabilidade, como no Exemplo 6.5.

EXEMPLO 6.5

Calculando o preço de um título de dívida a partir de sua rentabilidade até o vencimento

Problema

Considere novamente o título de dívida de US$ 1.000 de cinco anos com uma taxa de cupom de 5% e cupons semestrais do Exemplo 6.4. Suponha que as taxas de juros caiam e a rentabilidade até o vencimento do título de dívida diminua para 4,50% (expressa como uma APR com capitalização semestral). Por que preço o título de dívida está sendo negociado agora?

Solução

▶ **Planejamento**

Dada a rentabilidade, podemos calcular o preço utilizando a Equação 6.3. Primeiramente, observe que uma APR de 4,50% é equivalente a uma taxa semestral de 2,25%. Além disso, lembre que os fluxos de caixa deste título de dívida são uma anuidade de 10 pagamentos de US$ 25, pagos a cada 6 meses, e um fluxo de caixa único de US$ 1.000 (o valor de face), pago em 5 anos (dez períodos de 6 meses).

Execução

Utilizando a Equação 6.3 e a rentabilidade de 6 meses de 2,25%, o preço do título de dívida tem que ser:

$$P = 25 \times \frac{1}{0,0225}\left(1 - \frac{1}{1,0225^{10}}\right) + \frac{1.000}{1,0225^{10}} = US\$\ 1.022,17$$

Também podemos utilizar uma calculadora financeira:

	N	I/Y	PV	PMT	FV
Dado:	10	2,25		25	1000
Encontrar:			−1022,17		

Fórmula do Excel: =PV(RATE,NPER,PMT,FV)=PV(0,0225, 10, 25, 1000)

Avaliação

O preço do título de dívida subiu para US$ 1.022,17, diminuindo o retorno sobre investir nele de 3% para 2,25% por período de 6 meses. As taxas de juros caíram, então o retorno mais baixo alinha a rentabilidade do título de dívida às taxas competitivas mais baixas oferecidas por risco e vencimento similares em outros lugares no mercado.

Encontrando preços de títulos de dívida na web

Ao contrário da NYSE, onde muitas ações são negociadas, não existe um local físico específico onde os títulos de dívida são negociados. Em vez disso, eles são negociados eletronicamente. Recentemente, a Financial Industry Regulatory Authority (FINRA) fez um esforço para disponibilizar melhor os preços de títulos de dívida. Seu *website*, http://www.finra.org/marketdata, permite que qualquer pessoa faça uma busca das negociações e cotações mais recentes de títulos de dívida. Mostramos aqui uma tela do *website* exibindo as informações de preço para um dos títulos de dívida da Anheuser Busch (BUD).

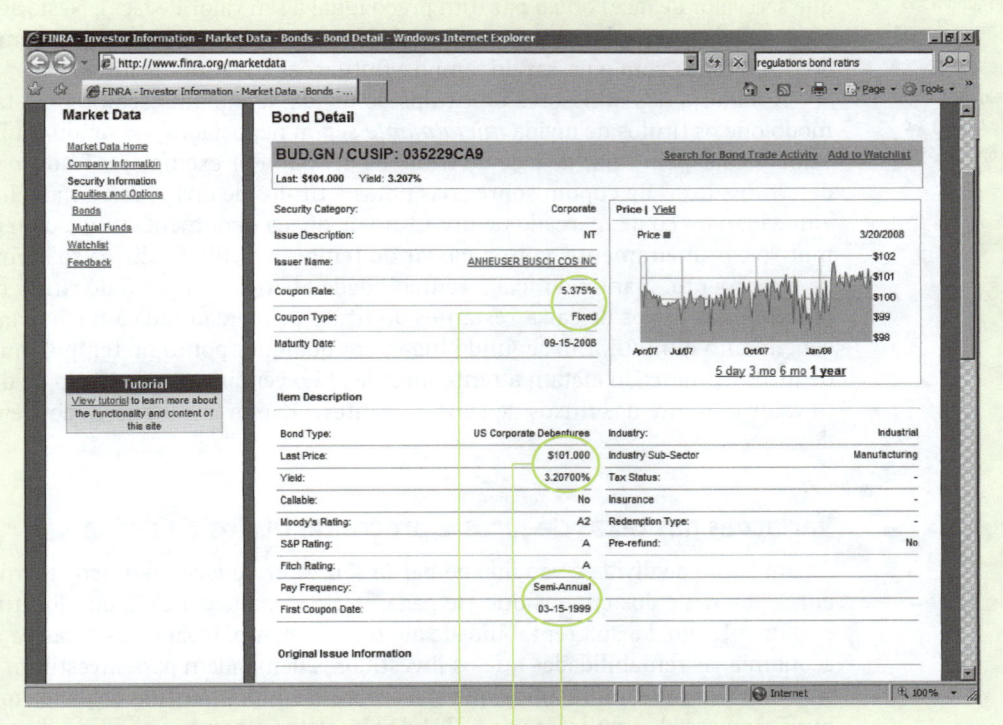

O título de dívida paga cupons fixos de 5,375%

A última negociação foi a US$ 101,000 por valor de face de US$ 100, o que implica uma rentabilidade até o vencimento de 3,207%

Os cupons são pagos semestralmente em março e setembro

Fonte: http://www.finra.org/marketdata, March 20, 2008.

Cotações de preços de títulos de cupom

Como podemos converter qualquer preço em uma rentabilidade, e vice-versa, preços e rentabilidades geralmente são utilizados intercambiavelmente. Por exemplo, o título de dívida do Exemplo 6.5 poderia ser cotado como tendo uma rentabilidade de 4,50% ou um preço de US$ 1.022,17 por valor de face de US$ 1.000. De fato, os negociantes de títulos de dívida geralmente cotam rentabilidades de títulos de dívida em vez de seus preços. Uma vantagem de cotar a rentabilidade até o vencimento em vez do preço é que a rentabilidade é independente do valor de face do título de dívida. Quando os preços são cotados no mercado de títulos de dívida, eles são convencionalmente cotados por valor de face de US$ 100. Assim, o título de dívida no Exemplo 6.5 seria cotado como tendo um preço de US$ 102,217 (por valor de face de US$ 100), o que implicaria um preço efetivo de US$ 1.022,17 dado o valor de face de US$ 1.000 do título de dívida.

Fixação de conceitos

5. Que fluxos de caixa uma empresa paga aos investidores que mantêm seus títulos de dívida de cupom?
6. De que precisamos para avaliar um título de dívida de cupom?

6.4 Por que os preços dos títulos de dívida variam?

Como mencionamos anteriormente, os títulos de dívida de cupom zero sempre são negociados a um deságio — isto é, antes de seu vencimento, seu preço é menor do que seu valor de face. Os títulos de dívida de cupom podem ser negociados com deságio, com **ágio** (um preço maior do que seu valor de face) ou **ao par** (um preço igual a seu valor de face). Nesta seção, identificaremos quando um título de dívida é negociado a um deságio ou a um ágio, além de como o preço do título muda com o passar do tempo e flutuações nas taxas de juros.

A maioria dos emissores de títulos de dívida de cupom escolhe uma taxa de cupom de modo que os títulos de dívida *inicialmente* sejam negociados ao par, ou muito próximo deste valor (isto é, pelo valor de face do título de dívida). Por exemplo, o Tesouro norte-americano determina taxas de cupom sobre suas notas e títulos de dívida dessa maneira. Após a data de emissão, o preço de mercado de um título de dívida geralmente muda com o tempo por dois motivos: primeiramente, com o passar do tempo, o título de dívida se aproxima de sua data de vencimento. Mantendo fixa a rentabilidade até o vencimento do título de dívida, o valor presente dos fluxos de caixa restantes do título de dívida muda à medida que o tempo até o vencimento diminui. Em segundo lugar, em qualquer ponto no tempo, mudanças nas taxas de juros de mercado afetam a rentabilidade até o vencimento do título de dívida e seu preço (o valor presente dos fluxos de caixa restantes). Exploraremos esses dois efeitos no restante desta seção.

ágio Um preço pelo qual títulos de dívida de cupom são negociados que é maior do que seu valor de face.

par Um preço pelo qual títulos de dívida de cupom são negociados que é igual ao seu valor de face.

Variações nas taxas de juros e preços de títulos de dívida

Se um título de dívida é vendido ao par (a seu valor de face), o único retorno que os investidores obterão é dos cupons que ele paga. Portanto, a taxa de cupom do título de dívida será exatamente igual à sua rentabilidade até o vencimento. Quando as taxas de juros flutuam na economia, as rentabilidades que os investidores demandam para investirem em títulos de dívida também mudam. Imagine que sua empresa emita um título de dívida quando as taxas de juros de mercado implicam uma YTM de 8%, determinando que a taxa de cupom seja de 8%. Suponha, então, que as taxas de juros subam, de modo que novos títulos de dívida tenham uma YTM de 9%. Esses novos títulos de dívida teriam uma taxa de cupom de 9% e seriam vendidos por US$ 1.000. Então, por US$ 1.000, o investidor obteria US$ 90 por ano até o vencimento do título de dívida. Seu título de dívida existente foi emitido quando as taxas eram mais baixas, de modo que seu cupom é 8% fixos, então ele oferece US$ 80 por ano até o vencimento. Como seus fluxos de caixa são mais baixos, o título de dívida de 8% tem que ter um preço mais baixo do que o título de dívida de 9%.² Assim, o preço do título de dívida de 8% cairá até ser indiferente para o investidor comprar o de 8% ou o de 9%. A Figura 6.3 ilustra a relação entre o preço do título de dívida e sua rentabilidade até o vencimento.

Em nosso exemplo, o preço do título de dívida de 8% cairá para abaixo do valor de face (US$ 1.000), assim, estará sendo negociado com deságio (também chamado de negociação *abaixo do par*). Se o título de dívida é negociado com deságio, um investidor que comprar o título de dívida obterá um retorno *tanto* por receber os cupons *quanto* por receber um valor de face que excede o preço pago pelo título. Consequentemente, se um título de dívida é negociado com deságio, sua rentabilidade até o vencimento excede sua taxa de cupom.

Um título de dívida que paga um cupom também pode ser negociado com ágio sobre seu valor de face (negociação *acima do par*). Imagine o que teria acontecido se as taxas de juros tivessem caído para 7% em vez de terem subido para 9%. Então, o portador do título de dívida existente de 8% não se desfaria dele por US$ 1.000. Em vez disso, seu preço teria subido até a rentabilidade até o vencimento de comprá-lo a esse preço ser 7%. Neste caso, o retorno do investidor proveniente dos cupons é diminuído ao receber um valor de face menor do que o pago pelo título. *Assim, um título de dívida é negociado com ágio sempre que sua rentabilidade até o vencimento for menor do que sua taxa de cupom.*³

FIGURA 6.3 O preço de um título de dívida *versus* sua rentabilidade até o vencimento

A um preço de US$ 1.000, o título de dívida de cupom semestral de 8% oferece uma YTM de 8%. Para que o título de dívida de cupom de 8% ofereça uma rentabilidade até o vencimento competitiva, seu preço terá que cair até sua rentabilidade até o vencimento subir para a rentabilidade de 9% sendo oferecida por títulos de dívida similares à exceção desta rentabilidade. No exemplo descrito aqui, para um título de dívida com cinco anos até o vencimento, seu preço terá que cair para US$ 960,44 antes de ser indiferente aos investidores comprá-lo ou comprar o título de dívida de cupom de 9% cujo preço é US$ 1.000.

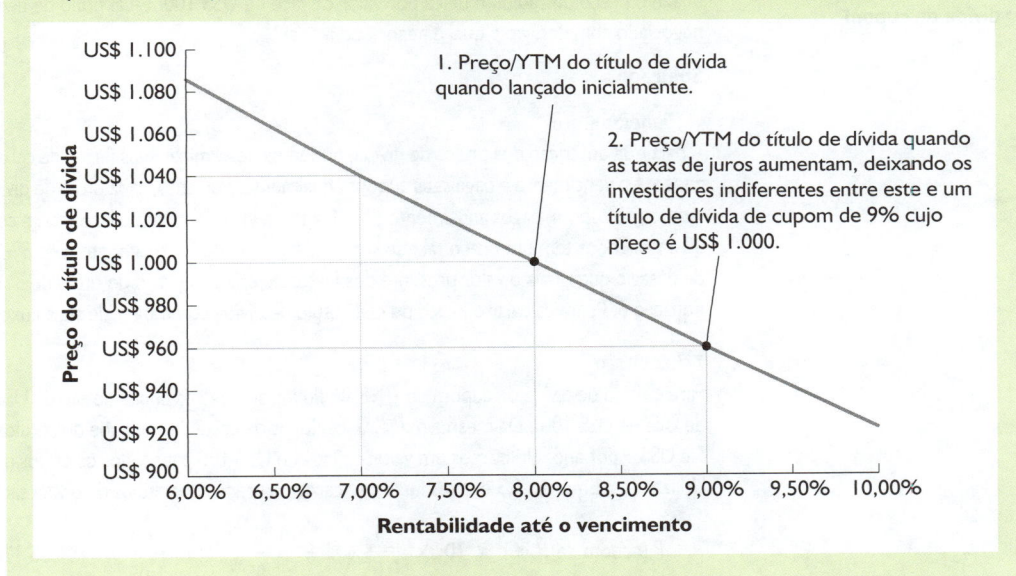

1. Preço/YTM do título de dívida quando lançado inicialmente.

2. Preço/YTM do título de dívida quando as taxas de juros aumentam, deixando os investidores indiferentes entre este e um título de dívida de cupom de 9% cujo preço é US$ 1.000.

---

²Caso contrário, se o título de dívida de 8% tivesse o mesmo preço ou mais alto, haveria uma oportunidade de arbitragem: poderia-se vender o título de dívida de 8% e comprar o de 9%, recebendo dinheiro hoje e cupons mais altos no futuro.

³Os termos "deságio" e "ágio" são simplesmente descritivos e não pretendem implicar que você deva tentar comprar títulos de dívida com deságio e evitar comprá-los com ágio. Em um mercado competitivo, a Lei do Preço Único garante que todos os títulos de dívida similares são precificados de modo a obter o mesmo retorno. É por isso que comprar um título de dívida é uma proposição com NPV igual a zero: o preço é exatamente igual ao valor presente dos fluxos de caixa do título de dívida, de modo que você obtém um retorno justo, mas não um retorno excepcionalmente bom (ou ruim).

TABELA 6.3 Preços de títulos de dívida imediatamente após o pagamento de um cupom

Quando o preço do título de dívida é...	maior do que o valor de face	igual ao valor de face	menor do que o valor de face
Dizemos que o título de dívida é negociado...	"acima do par" ou "com ágio"	"ao par"	"abaixo do par" ou "com deságio"
Isso ocorre quando...	Taxa de cupom > Rentabilidade até o vencimento	Taxa de cupom = Rentabilidade até o vencimento	Taxa de cupom < Rentabilidade até o vencimento

Este exemplo ilustra um fenômeno geral. Uma rentabilidade até o vencimento mais alta significa que os investidores exigem um retorno mais alto para investir. Eles aplicam uma taxa de descapitalização mais alta sobre os fluxos de caixa restantes de um título de dívida, reduzindo seu valor presente e, portanto, o preço do título de dívida. O inverso é válido quando as taxas de juros caem. Os investidores exigem uma rentabilidade até o vencimento mais baixa, reduzindo a taxa de descapitalização aplicada aos fluxos de caixa do título de dívida e elevando o preço. Portanto, *quando as taxas de juros e as rentabilidades de um título de dívida sobem, os preços do título de dívida caem, e vice-versa, de modo que as taxas de juros e os preços de títulos de dívida sempre se movimentem na direção oposta.*

A Tabela 6.3 resume a relação entre as taxas de juros e os preços dos títulos de dívida.

EXEMPLO 6.6
Determinando o deságio ou ágio de um título de dívida de cupom

Problema

Considere três títulos de dívida de 30 anos com pagamentos de cupom anuais. Um título de dívida possui uma taxa de cupom de 10%, outro, de 5% e o terceiro, de 3%. Se a rentabilidade até o vencimento de cada título é de 5%, qual é o preço de cada um deles por valor de face de US$ 100? Qual título de dívida é negociado com ágio, qual é negociado com deságio e qual é negociado ao par?

Solução

▶ **Planejamento**

A partir da descrição dos títulos de dívida, podemos determinar seus fluxos de caixa. Cada título de dívida possui 30 anos até o vencimento e paga seus cupons anualmente. Portanto, cada título de dívida possui uma anuidade de pagamentos de cupom, pagos anualmente por 30 anos, e então o valor de face é pago como uma quantia única depois de 30 anos. Todos têm um preço tal que sua rentabilidade até o vencimento é de 5%, o que significa que 5% é a taxa de deságio que iguala o valor presente dos fluxos de caixa ao preço do título de dívida. Portanto, podemos utilizar a Equação 6.3 para calcular o preço de cada título de dívida como o PV de seus fluxos de caixa, descontados a 5%.

▶ **Execução**

Para o título de dívida de cupom de 10%, os fluxos de caixa da anuidade são de US$ 10 por ano (10% de cada valor de face de US$ 100). Da mesma maneira, os fluxos de caixa da anuidade dos títulos de dívida de 5% e 3% são US$ 5 e US$ 3 por ano. Utilizamos um valor de face de US$ 100 para todos os títulos de dívida.

Utilizando a Equação 6.3 e esses fluxos de caixa, os preços dos títulos de dívida são:

$$P \text{(cupom de 10\%)} = 10 \times \frac{1}{0,05}\left(1 - \frac{1}{1,05^{30}}\right) + \frac{100}{1,05^{30}} = \text{US\$ } 176,86 \text{ (negociado com ágio)}$$

$$P \text{(cupom de 5\%)} = 5 \times \frac{1}{0,05}\left(1 - \frac{1}{1,05^{30}}\right) + \frac{100}{1,05^{30}} = \text{US\$ } 100 \text{ (negociado ao par)}$$

$$P \text{(cupom de 3\%)} = 3 \times \frac{1}{0,05}\left(1 - \frac{1}{1,05^{30}}\right) + \frac{100}{1,05^{30}} = \text{US\$ } 69,26 \text{ (negociado com deságio)}$$

> **Avaliação**
> Os preços revelam que quando a taxa de cupom do título de dívida é maior do que sua rentabilidade até o vencimento, ele é negociado com ágio. Quando a taxa de cupom é igual à sua rentabilidade até o vencimento, ele é negociado ao par. Quando sua taxa de cupom é menor do que sua rentabilidade até o vencimento, ele é negociado com deságio.

O tempo e preços de títulos de dívida

Consideremos o efeito do tempo sobre o preço de um título de dívida. Quando o próximo pagamento de um título de dívida se aproxima, seu preço aumenta para refletir o valor presente crescente deste fluxo de caixa. Pegue um título de dívida que paga cupons semestrais de US$ 50 e imagine acompanhar o preço do título de dívida que começa no dia seguinte à realização do último pagamento de cupom. O preço aumentaria lentamente ao longo dos seis meses seguintes com o próximo pagamento de cupom de US$ 50 cada vez mais próximo. Seu pico seria logo antes do pagamento ser realizado, quando comprar o título de dívida ainda lhe dá o direito de receber o pagamento de US$ 50 imediatamente. Se você comprar o título de dívida logo após o pagamento de cupom ser realizado, você não terá o direito de receber o cupom de US$ 50. O preço que você está disposto a pagar pelo título de dívida será, portanto, US$ 50 a menos do que logo antes do cupom ser pago. Este padrão — o preço aumentar lentamente à medida que o pagamento de cupom vai se aproximando e depois cair abruptamente após o pagamento ser realizado — continua pelo resto da vida do título de dívida. A Figura 6.4 ilustra este fenômeno.

EXEMPLO 6.7

O efeito do tempo sobre o preço de um título de dívida

Problema

Suponha que você compre um título de dívida de cupom zero de 30 anos com uma rentabilidade até o vencimento de 5%. Para um valor de face de US$ 100, o título de dívida será inicialmente negociado por:

$$P(30 \text{ anos até o vencimento}) = \frac{100}{1,05^{30}} = US\$ \ 23,14$$

Se a rentabilidade até o vencimento do título de dívida permanecer a 5%, qual será seu preço cinco anos mais tarde? Se você comprasse o título de dívida a US$ 23,14 e o vendesse cinco anos depois, qual seria a IRR de seu investimento?

Solução

> **Planejamento**
> Se o título de dívida fosse originalmente um título de dívida de 30 anos e 5 anos já tivessem se passado, então ele ainda teria 25 anos restantes até o vencimento. Se a rentabilidade até o vencimento não mudar, então você pode calcular o preço do título de dívida com 25 anos restantes exatamente da mesma maneira que fizemos para 30 anos, mas utilizando 25 anos de desconto em vez de 30.
>
> Uma vez que você tenha o preço em cinco anos, você poderá calcular a IRR de seu investimento exatamente como fizemos no Capítulo 4. O FV é o preço em cinco anos, o PV é o preço inicial (US$ 23,14) e o número de anos é 5.

> **Execução**

$$P(25 \text{ anos até o vencimento}) = \frac{100}{1,05^{25}} = US\$ \ 29,53$$

Se você comprasse o título de dívida por US$ 23,14 e então o vendesse cinco anos depois por US$ 29,53, a IRR de seu investimento seria

$$\left(\frac{29,53}{23,14}\right)^{1/5} - 1 = 5,0\%$$

Isto é, seu retorno é o mesmo que a rentabilidade até o vencimento do título de dívida.

> **Avaliação**
>
> Observe que o preço do título de dívida é mais alto, logo, o desconto de seu valor de face é menor quando falta menos tempo até o vencimento. O desconto diminui porque a rentabilidade não mudou, mas falta menos tempo até o valor de face ser recebido. Este exemplo ilustra uma propriedade mais geral dos títulos de dívida. *Se a rentabilidade até o vencimento de um título de dívida não mudar, então a IRR de um investimento no título de dívida é igual à rentabilidade até o vencimento mesmo se você vender o título de dívida cedo.*

FIGURA 6.4

O efeito do tempo sobre os preços de títulos de dívida

O gráfico ilustra os efeitos da passagem do tempo sobre os preços dos títulos de dívida quando a rentabilidade permanece constante. O preço de um título de dívida de cupom zero aumenta suavemente. Os preços dos títulos de dívida de cupom são indicados pelas linhas em ziguezague. Observe que os preços sobem entre os pagamentos de cupom, mas caem na data do cupom, refletindo a quantia do pagamento. Para cada título de dívida de cupom, a linha cinza exibe a tendência do preço do título de dívida logo após cada cupom ser pago.

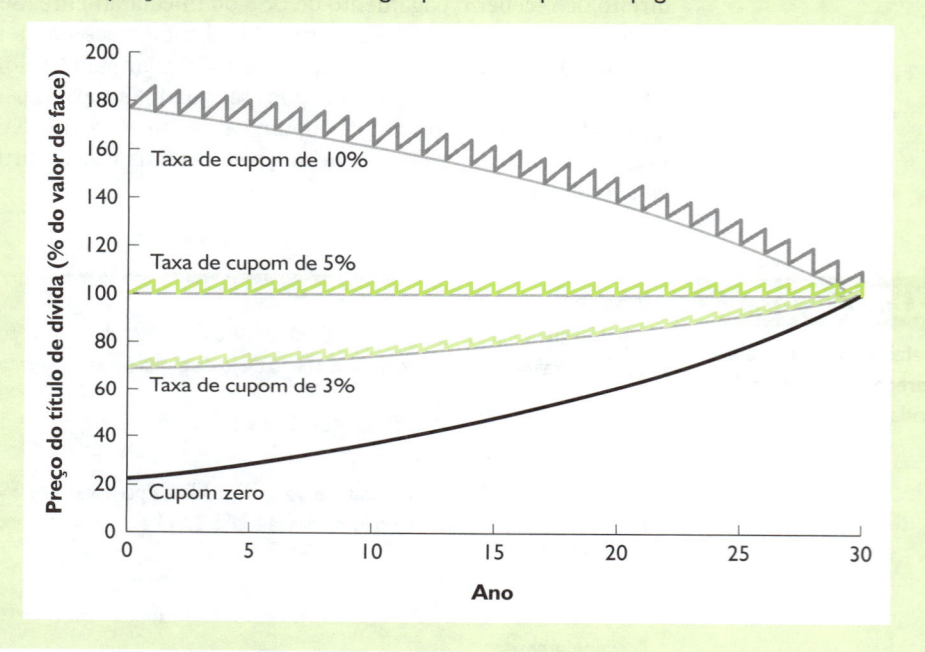

Risco da taxa de juros e preços de títulos de dívida

Apesar do efeito do tempo sobre os preços dos títulos de dívida ser previsível, mudanças imprevisíveis nas taxas de juros também afetam seus preços. Além disso, títulos de dívida com características diferentes respondem de maneiras diferentes a mudanças nas taxas de juros — alguns títulos de dívida reagem mais fortemente do que outros. Mostramos no Capítulo 5 que os investidores veem empréstimos de longo prazo como mais arriscados do que empréstimos de curto prazo. Como os títulos de dívida são apenas empréstimos, o mesmo é válido em relação a títulos de dívida de curto prazo *versus* de longo prazo.

EXEMPLO 6.8

A sensibilidade dos títulos de dívida à taxa de juros

Problema

Considere um título de dívida de cupom zero de 10 anos e um título de dívida de cupom de 30 anos, ambos com cupons anuais de 10%. Em que porcentagem o preço de cada título varia se sua rentabilidade até o vencimento aumentar de 5% para 6%?

Solução

▎ **Planejamento**

Precisamos calcular o preço de cada título para cada rentabilidade até o vencimento e então calcular a variação percentual nos preços. Para ambos os títulos de dívida, os fluxos de caixa são US$ 10 por ano para US$ 100 em valor de face e então o valor de face de US$ 100 pagos no vencimento. A única diferença é o vencimento: 10 anos e 30 anos. Com esses fluxos de caixa, podemos utilizar a Equação 6.3 para calcular os preços.

▎ **Execução**

Rentabilidade até o vencimento	Título de dívida de cupom anual de 10%, 10 anos	Título de dívida de cupom anual de 10%, 30 anos
5%	$10 \times \dfrac{1}{0{,}05}\left(1 - \dfrac{1}{1{,}05^{10}}\right) + \dfrac{100}{1{,}05^{10}} = \text{US\$ }138{,}61$	$10 \times \dfrac{1}{0{,}05}\left(1 - \dfrac{1}{1{,}05^{30}}\right) + \dfrac{100}{1{,}05^{30}} = \text{US\$ }176{,}86$
6%	$10 \times \dfrac{1}{0{,}06}\left(1 - \dfrac{1}{1{,}06^{10}}\right) + \dfrac{100}{1{,}06^{10}} = \text{US\$ }129{,}44$	$10 \times \dfrac{1}{0{,}06}\left(1 - \dfrac{1}{1{,}06^{30}}\right) + \dfrac{100}{1{,}06^{30}} = \text{US\$ }155{,}06$

O preço do título de dívida de 10 anos varia em $(129{,}44 - 138{,}61)/138{,}61 = -6{,}6\%$ se sua rentabilidade até o vencimento aumentar de 5% para 6%. Para o título de dívida de 30 anos, a variação do preço é $(155{,}06 - 176{,}86)/176{,}86 = -12{,}3\%$.

▎ **Avaliação**

O título de dívida de 30 anos é quase duas vezes mais sensível a uma variação na rentabilidade do que o título de dívida de 10 anos. Na verdade, se traçarmos o gráfico dos preços e rentabilidades dos dois títulos de dívida, poderemos ver que a linha do título de dívida de 30 anos, exibida em cinza, possui um ângulo de inclinação em toda a sua extensão maior do que o da linha verde do título de dívida de 10 anos, refletindo sua maior sensibilidade a variações nas taxas de juros.

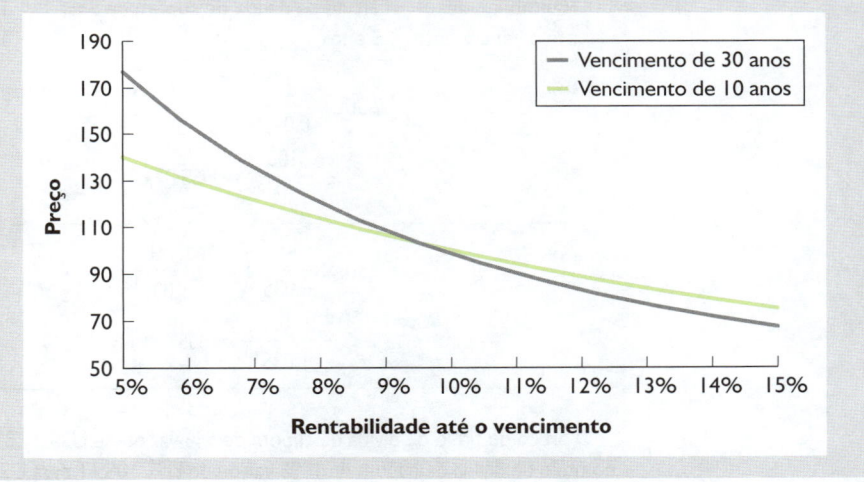

TABELA 6.4 Preços de títulos de dívida e taxas de juros

Característica do título de dívida	Efeito sobre o risco da taxa de juros
Prazo maior até o vencimento	Aumenta
Pagamentos de cupom mais altos	Diminui

O exemplo ilustra como os títulos de dívida de diferentes vencimentos têm diferentes sensibilidades a variações nas taxas de juros. Entretanto, mesmo títulos de dívida com o mesmo vencimento diferem em sensibilidade às taxas de juros se suas taxas de cupom forem diferentes. Títulos de dívida com taxas de cupom mais altas — por pagarem fluxos de caixa mais altos à vista — são menos sensíveis a variações nas taxas de juros do que outros títulos de dívida idênticos, mas com taxas de cupom mais baixas. A Tabela 6.4 resume esta conclusão.

EXEMPLO 6.9

Cupons e sensibilidade às taxas de juros

Problema

Considere dois títulos de dívida, cada um dos quais pagando cupons semestrais e tendo cinco anos até o vencimento. Um tem uma taxa de cupom de 5% e o outro tem uma taxa de cupom de 10%, mas ambos atualmente têm uma rentabilidade até o vencimento de 8%. Em quanto variará o preço de cada título de dívida se sua rentabilidade até o vencimento diminuir de 8% para 7%?

Solução

Planejamento

Assim como no Exemplo 6.8, precisamos calcular o preço de cada título de dívida com rentabilidades até o vencimento de 8% e 7% e então calcular a variação percentual no preço. Cada título de dívida tem pagamentos de cupom semestrais pendentes juntamente com o pagamento do valor ao par no vencimento. Os fluxos de caixa por valor de face de US$ 100 para o primeiro título de dívida são de US$ 2,50 a cada 6 meses e então US$ 100 no vencimento. Os fluxos de caixa por valor de face de US$ 100 para o segundo título de dívida são US$ 5 a cada 6 meses e então US$ 100 no vencimento. Como os fluxos de caixa são semestrais, a rentabilidade até o vencimento é cotada como uma APR de composição semestral, então convertemos as rentabilidades para que elas correspondam à frequência dos fluxos de caixa dividindo por 2. Com taxas semestrais de 4% e 3,5%, podemos utilizar a Equação 6.3 para calcular os preços.

Execução

Rentabilidade até o vencimento	Título de dívida de cupom de 5%, 5 anos	Título de dívida de cupom de 10%, 5 anos
8%	$2{,}50 \times \dfrac{1}{0{,}04}\left(1 - \dfrac{1}{1{,}04^{10}}\right) + \dfrac{100}{1{,}04^{10}} = US\$\ 87{,}83$	$5 \times \dfrac{1}{0{,}04}\left(1 - \dfrac{1}{1{,}04^{10}}\right) + \dfrac{100}{1{,}04^{10}} = US\$\ 108{,}11$
7%	$2{,}50 \times \dfrac{1}{0{,}035}\left(1 - \dfrac{1}{1{,}035^{10}}\right) + \dfrac{100}{1{,}035^{10}} = US\$\ 91{,}68$	$5 \times \dfrac{1}{0{,}035}\left(1 - \dfrac{1}{1{,}035^{10}}\right) + \dfrac{100}{1{,}035^{10}} = US\$\ 112{,}47$

O preço do título de dívida de cupom de 5% variou de US$ 87,83 para US$ 91,68, ou 4,4%, mas o preço do título de dívida de cupom de 10% variou de US$ 108,11 para US$ 112,47, ou 4,0%. Você pode calcular a variação de preço muito rapidamente com uma calculadora financeira. Veja o título de dívida de cupom de 5%, por exemplo:

	N	I/Y	PV	PMT	FV
Dado:	10	4		2,50	100
Encontrar:			−87,83		

Fórmula do Excel: PV(RATE,NPER,PMT,FV)* = PV(0,04, 10, 2,5, 100)

---

*N. de R. T.: No Excel em português VP(TAXA,NPER,PGTO,VF).

Capítulo 6 Títulos de Dívida 203

> Com todas as informações básicas do título de dívida digitadas, você pode simplesmente alterar o I/Y digitando 3,5 e pressionando I/Y e então encontrando PV novamente. Então, com apenas algumas teclas, você terá o novo preço de US$ 91,68.
>
> ▶ **Avaliação**
> O título de dívida com os pagamentos de cupom menores é mais sensível às variações nas taxas de juros. Como seus cupons são menores do que seu valor ao par, uma fração maior de seus fluxos de caixa será recebida posteriormente. Como aprendemos no Exemplo 6.8, fluxos de caixa futuros são mais afetados por variações nas taxas de juros, então, em comparação ao título de dívida de cupom de 10%, o efeito da variação dos juros é maior para os fluxos de caixa do título de dívida de 5%.

Preços de títulos de dívida na prática

Na verdade, os preços de títulos de dívida estão sujeitos aos efeitos tanto da passagem do tempo quanto de mudanças nas taxas de juros. Os preços de títulos de dívida convergem para o valor de face do título de dívida devido ao efeito do tempo, mas se movimentam simultaneamente para cima e para baixo devido a variações imprevisíveis nas rentabilidades dos títulos de dívida. A Figura 6.5 ilustra este comportamento demonstrando como o preço do título de dívida de cupom zero de 30 anos pode mudar ao longo de sua vida. Observe que o preço do título de dívida tende a convergir para o valor de face à medida que o título de dívida vai se aproximando da data de vencimento, mas também se movimenta para mais alto quando sua rentabilidade cai e para mais baixo quando sua rentabilidade aumenta.

preço sujo (preço de fatura) O preço real em dinheiro de um título de dívida.

preço limpo O preço em dinheiro de um título de dívida menos uma correção de juros acumulados, o montante do próximo pagamento de cupom que já se acumulou.

Como o preço flutuante na Figura 6.5 demonstra, antes do vencimento, o título de dívida é exposto ao risco da taxa de juros. Se um investidor decide vender um título e sua rentabilidade até o vencimento tiver diminuído, o investidor receberá um preço alto e um retorno alto. Se a rentabilidade até o vencimento tiver aumentado, o preço do título de dívida será baixo no momento da venda e o investidor obterá um retorno baixo.

Preços limpos e sujos para títulos de dívida de cupom

Como ilustra a Figura 6.4, os preços dos títulos de dívida de cupom flutuam ao redor da data de cada pagamento seguindo um padrão de "onda dente de serra": seu valor sobe à medida que o próximo pagamento de cupom se aproxima e então cai após ele ser pago. Esta flutuação ocorre mesmo se não houver mudança na rentabilidade até o vencimento.

Os negociantes de títulos de dívida se preocupam mais com mudanças em seus preços que surgem devido a mudanças na rentabilidade até o vencimento, em vez de com esses padrões previsíveis em torno dos pagamentos de cupom. Consequentemente, eles geralmente não cotam o preço de um título de dívida em termos de seu preço à vista real, o que também é chamado de **preço sujo** ou **preço de fatura** do título. Em vez disso, os títulos de dívida geralmente são cotados em termos de um **preço limpo**, que é seu preço à vista menos um ajuste de juros acumulados, a quantia do próximo pagamento de cupom que já se acumulou:

$$\text{Preço limpo} = \text{Preço à vista (sujo)} - \text{Juros acumulados}$$

$$\text{Juros acumulados} = \text{Quantia do cupom} \times \left(\frac{\text{dias desde o último pagamento de cupom}}{\text{dias no período corrente do cupom}}\right)$$

Observe que, imediatamente antes de um pagamento de cupom ser realizado, os juros acumulados serão iguais à quantia total do cupom, enquanto que imediatamente após o pagamento de cupom ser realizado os juros acumulados serão zero. Assim, os juros acumulados sobem e descem em um padrão de onda de dente de serra à medida que cada pagamento de cupom vai passando.

Se subtrairmos os juros acumulados do preço à vista do título de dívida e calcularmos o preço limpo, o padrão de onda de dente de serra é eliminado.

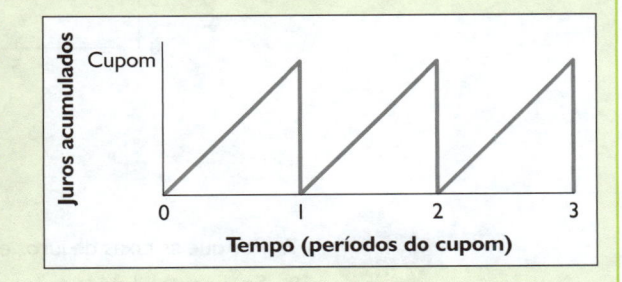

FIGURA 6.5

Flutuações da rentabilidade até o vencimento e do preço de um título de dívida ao longo do tempo

Os gráficos ilustram variações no preço e na rentabilidade de um título de dívida de cupom zero de 30 anos ao longo de sua vida. O painel (a) ilustra as variações na rentabilidade até o vencimento (YTM) do título de dívida ao longo de sua vida. No painel (b), o preço real do título de dívida é exibido em cinza. Como a YTM não permanece constante ao longo da vida do título de dívida, o preço do título de dívida flutua à medida que vai convergindo para o valor de face ao longo do tempo. O gráfico também exibe o preço se a YTM permanecesse fixa a 4%, 5% ou 6%. O painel (a) mostra que a YTM do título de dívida permaneceu na maior parte do tempo entre 4% e 6%. As linhas pontilhadas no painel (b) mostram o preço do título de dívida se sua YTM tivesse permanecido constante a esses níveis. Observe que, em todos os casos, o preço do título de dívida tem que finalmente convergir a US$ 100 em sua data de vencimento.

Painel (a) A rentabilidade até o vencimento do título de dívida ao longo do tempo

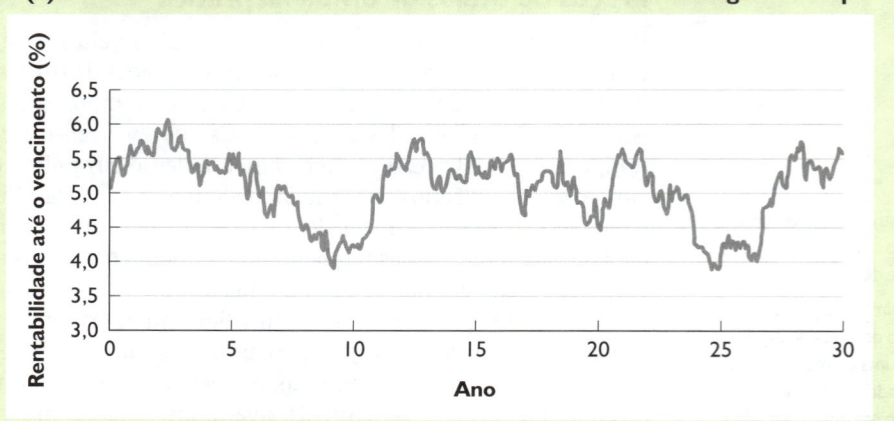

Painel (b) O preço do título de dívida ao longo do tempo (Preço – US$ 100 na data de vencimento)

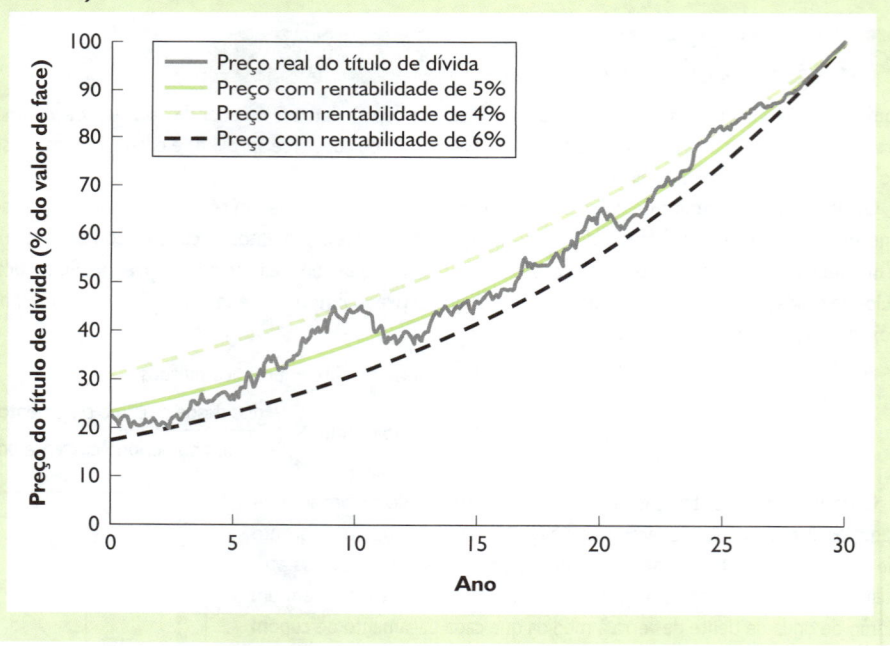

Fixação de conceitos

7. Por que as taxas de juros e os preços dos títulos de dívida se movimentam em direções opostas?

8. Se a rentabilidade até o vencimento de um título de dívida não mudar, como seu preço à vista variará entre os pagamentos de cupom?

6.5 Títulos de dívida corporativos

título de dívida corporativos Títulos de dívida emitidos por uma empresa.

Nas seções anteriores, desenvolvemos os fundamentos da precificação de títulos de dívida no contexto de letras do Tesouro norte-americano, que não têm risco de inadimplência. Nesta seção, nosso foco será sobre **títulos de dívida corporativos**, que são títulos de dívida emitidos por empresas. Examinaremos o papel do risco de inadimplência no preço e na rentabilidade até o vencimento de títulos de dívida corporativos. Como veremos, as empresas com maior risco de inadimplência precisam pagar cupons mais altos para atrair compradores para seus títulos de dívida.

Risco de crédito

A Tabela 6.5 lista as taxas de juros pagas por diversos diferentes mutuários no final de 2007 para um título de dívida de cinco anos. Por que essas taxas de juros variam tão amplamente? A taxa de juros mais baixa é a taxa de 3,70% paga sobre *Treasury notes* norte-americanos. As letras do Tesouro norte-americano são consideradas livres de risco porque praticamente não há chances de que o governo deixe de pagar os juros e seja inadimplente nesses títulos de dívida. Assim, como observamos na Seção 6.1, quando falamos de "taxa de juros livre de risco", estamos falando da taxa das letras do Tesouro norte-americano.

risco de crédito O risco de inadimplência por parte do emissor de qualquer título de dívida que não seja livre de risco; é uma indicação de que os fluxos de caixa do título de dívida não são conhecidos ao certo.

Os títulos de dívida restantes são todos os títulos de dívida corporativos. Nos títulos de dívida corporativos, o emissor do título de dívida pode ser inadimplente — isto é, ele pode não pagar a quantia integral prometida no prospecto do título de dívida. Por exemplo, uma empresa com dificuldades financeiras pode não ser capaz de pagar o empréstimo integralmente. Este risco de inadimplência, que é conhecido como o **risco de crédito** do título de dívida, significa que os fluxos de caixa do título de dívida não são conhecidos com certeza. Para compensar pelo risco de que a empresa possa ser inadimplente, os investidores exigem uma taxa de juros mais alta do que a taxa de juros sobre as letras do Tesouro norte-americano. A diferença entre a taxa de juros do empréstimo e a taxa do Tesouro dependerá da avaliação dos investidores da probabilidade de que a empresa venha a ser inadimplente. Por exemplo, os investidores atribuem uma probabilidade de inadimplência mais alta à Goodyear Tire do que à Abbott Labs, forçando a Goodyear a pagar um *spread* de crédito maior, o que é refletido em uma taxa de juros mais alta.

TABELA 6.5 Taxas de juros sobre títulos de dívida de cinco anos de vários mutuários, novembro de 2007

Mutuário	Taxa de juros	Spread de crédito
Governo dos EUA (*Treasury notes*)	3,70%	
Abbott Laboratories	4,81%	1,11%
Time Warner	5,18%	1,48%
Kraft Foods Inc.	5,41%	1,71%
RadioShack Corp.	6,68%	2,98%
General Motors Acceptance Corp.	7,15%	3,45%
Goodyear Tire and Rubber Co.	7,70%	4,00%

Rentabilidades de títulos de dívida corporativos

Como o risco de crédito de inadimplência afeta os preços e rentabilidades dos títulos de dívida? Os fluxos de caixa prometidos pelo título de dívida são o máximo que seus portadores podem esperar receber. Devido ao risco de crédito, os fluxos de caixa que um comprador de um título de dívida corporativo realmente *espera* receber podem ser menores do que esse valor. Por exemplo, tanto a Ford quanto a GM travaram uma luta financeira em 2006 e 2007, aumentando substancialmente as chances de serem inadimplentes em seus títulos de dívida. Ao perceberem isso, os investidores nos títulos de dívida da GM incorporaram uma probabilidade mais alta de que os pagamentos dos títulos de dívida não fossem feitos como prometido, e os preços dos títulos de dívida caíram. Como a rentabilidade até o vencimento dos títulos de dívida da GM é calculada comparando-se o preço dos fluxos de caixa *prometidos*, a rentabilidade até o vencimento *aumenta* à medida que a probabilidade de ser pago conforme prometido diminui. Este exemplo ressalta os seguintes fatos gerais:

1. Os investidores pagam menos por títulos de dívida com risco de crédito do que pagariam por um título de dívida idêntico, mas livre de inadimplência.
2. Como a rentabilidade até o vencimento do título de dívida é calculada utilizando-se os fluxos de caixa prometidos em vez dos *esperados*, a rentabilidade dos títulos de dívida com risco de crédito é maior do que a de outros títulos de dívida idênticos, mas livres de inadimplência.

Esses dois pontos nos levam a uma importante conclusão: *a rentabilidade até o vencimento de um título de dívida que pode ser inadimplente não é igual ao retorno esperado de se investir no título de dívida.* Os fluxos de caixa prometidos utilizados para determinar a rentabilidade até o vencimento são sempre maiores do que os fluxos de caixa esperados que os investidores utilizam para calcular o retorno esperado. Consequentemente, a rentabilidade até o vencimento será sempre maior do que o retorno esperado de se investir no título de dívida. *Além disso, uma rentabilidade até o vencimento mais alta não necessariamente implica que o retorno esperado de um título de dívida seja mais alto.*

Classificação de títulos de dívida

A probabilidade de inadimplência é claramente importante para o preço que você está disposto a pagar por um título de dívida corporativo. Como você avalia a probabilidade de inadimplência de uma empresa? Várias empresas classificam a solvência dos títulos de dívida e disponibilizam essas informações aos investidores. Ao consultar essas classificações, os investidores podem avaliar a solvência de determinada emissão de títulos de dívida. As classificações, portanto, encorajam a participação difundida de investidores e mercados relativamente líquidos. As duas agências mais conhecidas de classificação de títulos de dívida são a Standard & Poor's e a Moody's. A Tabela 6.6 lista as categorias de classificação utilizadas por cada agência. Os títulos de dívida com maior classificação (Aaa ou AAA) são avaliados como sendo os de menor probabilidade de inadimplência.

Os títulos de dívida das quatro primeiras categorias geralmente são chamados de **títulos de dívida com grau de investimento** devido a seu baixo risco de inadimplência. Os títulos de dívida das cinco últimas categorias geralmente são chamados de **títulos de dívida especulativos**, títulos podres (*junk bonds*) ou títulos de alta rentabilidade, porque sua probabilidade de inadimplência é alta. A clas-

títulos de dívida com grau de investimento Títulos de dívida nas quatro primeiras categorias de solvência com um baixo risco de inadimplência.

títulos de dívida especulativos (títulos podres, *junk bonds* ou títulos de dívida de alta rentabilidade) Títulos de dívida em uma das cinco últimas categorias de solvência (abaixo do grau de investimento) que têm um alto risco de inadimplência.

sificação depende do risco de falência, além da possibilidade do portador reivindicar os ativos da empresa no caso de tal falência. Assim, títulos de dívida com uma baixa prioridade de reivindicações na falência terão uma classificação mais baixa do que títulos de dívida da mesma empresa que tenham uma alta prioridade na falência ou que sejam garantidos por um ativo específico, como um edifício ou uma fábrica.

TABELA 6.6 Classificação de títulos de dívida e o número de empresas de capital aberto norte-americanas com essas classificações no final de 2006

Moody's	Standard & Poor's	Número de empresas de capital aberto	Descrição (Moody's)
Dívidas com grau de investimento			
Aaa	AAA	7	Avaliados como de melhor qualidade. Possuem o menor grau de risco de investimento e geralmente são chamados de "gild-edged" (folheados a ouro).
Aa	AA	31	Avaliados como de alta qualidade em todos os padrões. Juntamente com o grupo Aaa, constituem o que é conhecido de maneira geral como títulos de dívida de alto grau.
A	A	213	Possuem muitos atributos de investimento favoráveis e são considerados como obrigações de grau médio-superior. Os fatores que dão segurança ao principal e aos juros são considerados adequados no presente, mas podem não permanecer assim.
Baa	BBB	405	São considerados como obrigações de grau médio (isto é, não são nem extremamente bem protegidos, nem mal protegidos).
Títulos de especulação			
Ba	BB	363	Possuem elementos especulativos; seu futuro não pode ser considerado como muito garantido.
B	B	264	Geralmente carecem de características de investimento desejáveis. A garantia dos pagamentos de juros e do principal e a manutenção de outros termos do contrato por qualquer período longo podem ser pequenas.
Caa	CCC	22	Não têm muito prestígio. Tais títulos de dívida podem estar em inadimplência ou pode haver elementos de perigo no que diz respeito ao principal ou aos juros.
Ca	CC	1	Possuem um alto grau de especulação. Tais títulos de dívida geralmente estão em inadimplência ou possuem outras deficiências marcadas.
C	C, D	5	Classe mais baixa de títulos de dívida que podem ser considerados como de muito baixo potencial de algum dia alcançar qualquer prestígio real de investimento.

Fonte: www.moodys.com e S&P Compustat.

ENTREVISTA COM
Lisa Black

Lisa Black é Diretora Administrativa da Teachers Insurance and Annuity Association, uma grande empresa de serviços financeiros. Analista Financeira certificada, Lisa supervisiona uma variedade de fundos de renda fixa, que incluem mercado à vista, títulos intermediários, dívidas de mercados emergentes de alta rentabilidade e fundos de títulos de dívida indexados pela inflação.

PERGUNTA: *Quando muitas pessoas pensam nos mercados financeiros, elas imaginam os mercados de ações. Qual é o tamanho e o grau de atividade dos mercados de títulos de dívida em comparação aos mercados de ações?*

RESPOSTA: O volume em dólar dos títulos de dívida negociados diariamente é aproximadamente dez vezes maior do que o do mercado de ações. Por exemplo, uma única emissão de US$ 15 bilhões de *Treasury bonds* de 10 anos é vendida em um dia. O montante total somente de dívida denominada em dólares é de quase US$ 10 trilhões.

PERGUNTA: *Como operam os mercados de títulos de dívida?*

RESPOSTA: As empresas e governos recorrem aos mercados de títulos de dívida quando precisam pegar dinheiro emprestado para financiar novos projetos de construção, cobrir déficits orçamentários e outros motivos similares. Por outro lado, há instituições como a TIAA-CREF e fundações com fundos para investir. Os bancos de investimento da Wall Street servem como intermediários entre levantadores de recursos e investidores, associando mutuários a credores em termos de necessidades relativas a vencimentos e apetite para risco. Como fornecemos anuidades para professores universitários, por exemplo, investimos dinheiro por períodos mais longos do que uma empresa de seguros que precisa de fundos para pagar indenizações solicitadas. No mundo institucional, como os fundos de títulos de dívida que administramos, tipicamente negociamos blocos de títulos que variam de US$ 5 milhões a US$ 50 milhões de uma vez.

PERGUNTA: *O que impulsiona as mudanças nos valores dos Treasury bonds?*

RESPOSTA: A resposta é simplesmente que quando as taxas de juros aumentam, os preços dos títulos de dívida caem. O segredo é ir mais fundo nessa realidade para ver *por que* as taxas de juros aumentam e diminuem. Um grande fator é a expectativa dos investidores em relação à inflação e ao crescimento econômico. Agora (julho de 2006) a taxa do Fed Funds (*overnight*) é de 5,25%. Um *Treasury bond* de 10 anos está rendendo aproximadamente 5%, mais ou menos 0,25% abaixo da taxa *overnight*. Esta curva de rentabilidade de inclinação descendente está dizendo que a inflação está em xeque e não irá erodir o valor desta rentabilidade de 5%. Caso contrário, os investidores exigiriam um retorno esperado maior para emprestar por 10 anos.

As expectativas de crescimento econômico futuro têm uma importante influência sobre as taxas de juros — as taxas de juros geralmente sobem quando a expectativa é de que o crescimento irá acelerar, porque a inflação não ficará muito atrás. Em 2000, quando a ocorreu o "estouro da bolha" e se temia que a economia entrasse em recessão, as taxas de juros caíram porque, com a expectativa de um crescimento mais lento, a perspectiva de inflação iria melhorar.

PERGUNTA: *Existem outros fatores que afetam os títulos de dívida corporativos?*

RESPOSTA: Os títulos de dívida corporativos possuem retornos assimétricos — você espera receber de volta o principal e juros ao longo da vida do título, mas a desvantagem é que se a empresa pedir falência, você pode receber apenas 30 ou 50 por cento por dólar investido. Portanto, um outro fator que afeta os valores dos títulos de dívida corporativos são as expectativas em relação à probabilidade de inadimplência. Quando a economia está muito bem, uma empresa financeiramente forte precisa oferecer apenas um pequeno *spread* de rentabilidade acima das letras do Tesouro. Por exemplo, a IBM pode precisar oferecer apenas 0,35% a mais do que as letras do Tesouro de 10 anos para atrair compradores para seus títulos de dívida.

Por outro lado, se um emissor possui problemas de crédito, o *spread* da rentabilidade de seus títulos de dívida sobre os do Tesouro terá que ser mais amplo. O *spread* da rentabilidade da GM foi drasticamente ampliado desde que a empresa anunciou suas altas perdas. Ela não pode mais emitir títulos de dívida a 2,5% acima da taxa das letras do Tesouro de 10 anos; agora as rentabilidades sobre os títulos de dívida da GM são aproximadamente 5% mais altos do que sobre as letras do Tesouro. Os investidores exigem rentabilidades mais altas para compensá-los pelo mais alto risco de que a GM possa ser inadimplente.

Perguntas para discussão

1. Alguns gerentes financeiros acham que um balanço patrimonial forte (baixa alavancagem, bastante dinheiro em caixa, etc.) lhes dá uma vantagem competitiva no mercado. Avalie esta estratégia no contexto da discussão levantada por Black sobre títulos de dívida corporativos.
2. De que maneiras você pode, como gerente financeiro, fazer uso das informações contidas na curva de rentabilidade?

FIGURA 6.6

Curvas de rentabilidade corporativa para várias classificações, março de 2008

Esta figura mostra a curva de rentabilidade de letras do Tesouro norte-americano e curvas de rentabilidade de títulos corporativos com classificações AAA (em verde), BBB (em verde-claro) e B (em preto). Observe como a rentabilidade até o vencimento é mais alta para os títulos de dívida corporativos, que têm uma probabilidade mais alta de inadimplência do que as letras do Tesouro norte-americano.

Fonte: Reuters.

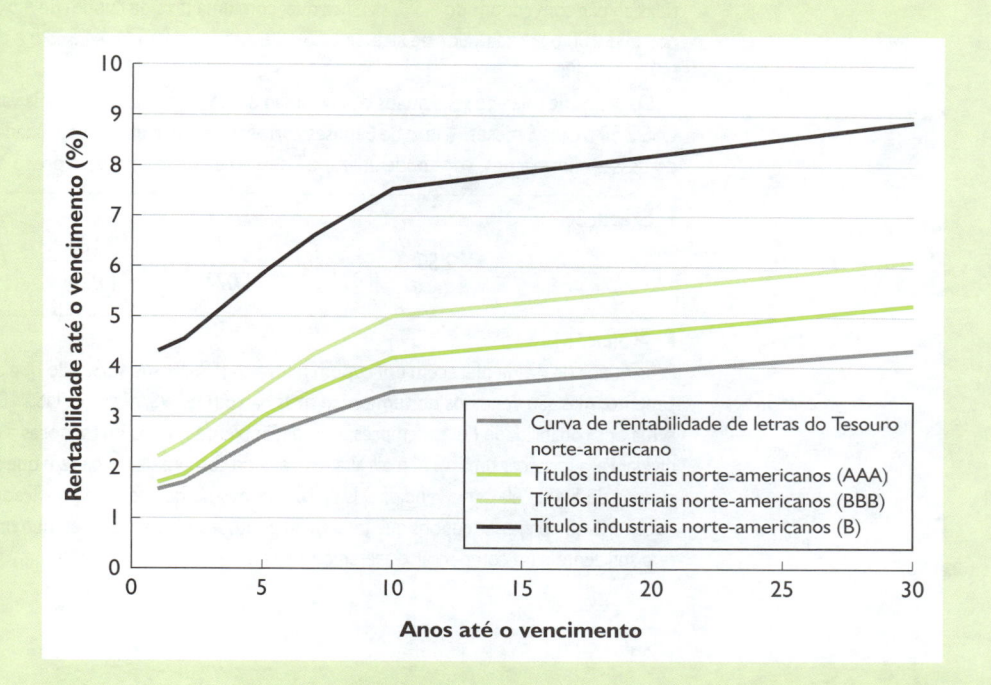

Curvas de rentabilidade corporativa

Assim como podemos construir uma curva de rentabilidade a partir de letras do Tesouro livres de risco, podemos traçar uma curva de rentabilidade similar para títulos de dívida corporativos. A Figura 6.6 mostra as rentabilidades médias dos títulos de dívida corporativos de cupom norte-americanos com três diferentes classificações da Standard & Poor's: duas curvas para títulos de dívida com grau de investimento (AAA e BBB) e uma para títulos de dívida especulativos (B). A Figura 6.6 também inclui a curva de rentabilidade de letras do Tesouro (que pagam cupom) norte-americano. Chamamos a diferença entre as rentabilidades dos títulos de dívida corporativos e as rentabilidades das letras do Tesouro de **spread de inadimplência** ou **spread de crédito**. Esta diferença pode ser vista na Figura 6.6 como a distância entre a linha cinza inferior para as letras do Tesouro e cada uma das linhas verde, verde-clara e preta à medida que a probabilidade de inadimplência aumenta. Os *spreads* de crédito flutuam com a variação da perspectiva de probabilidade de inadimplência. Observe que o *spread* de crédito é alto para títulos de dívida com classificações baixas e, portanto, maior probabilidade de inadimplência.

spread de inadimplência (spread de crédito) A diferença entre a taxa de juros livre de risco sobre notas do Tesouro norte-americano e as taxas de juros sobre todos os outros empréstimos. A magnitude do *spread* de crédito depende da avaliação, por parte dos investidores, da probabilidade de que determinada empresa venha a ser inadimplente.

EXEMPLO 6.10

Spreads de crédito e preços de títulos de dívida

Problema

Sua empresa possui uma classificação de crédito de A. Você percebe que o *spread* de crédito de dívidas com vencimento em 10 anos é 90 pontos-base (0,90%). A dívida de dez anos de sua empresa possui uma taxa de cupom de 5%. Você vê que novos *Treasury notes* de dez anos estão sendo emitidos ao par com uma taxa de cupom de 4,5%. Qual deve ser o preço dos títulos de dívida de dez anos em circulação?

Solução

▸ **Planejamento**

Se o *spread* de crédito é 90 pontos-base, então a rentabilidade até o vencimento (YTM) de sua dívida deve ser a YTM de letras do Tesouro similares mais 0,9%. O fato de que novas letras do Tesouro de 10 anos estão sendo emitidas ao par com cupons de 4,5% significa que, com uma taxa de cupom de 4,5%, essas notas estão sendo vendidas por US$ 100 por cada valor de face de US$ 100. Assim, sua YTM é 4,5% e a YTM de sua dívida deve ser 4,5% + 0,9% = 5,4%.

Os fluxos de caixa de seus títulos de dívida são de US$ 5 por ano para cada valor de face de US$ 100, pagos como US$ 2,50 a cada 6 meses. A taxa de 6 meses correspondente a uma rentabilidade de 5,4% é 5,4%/2 = 2,7%. Armado dessas informações, você pode utilizar a Equação 6.3 para calcular o preço de seus títulos de dívida.

▶ **Execução**

$$2,50 \times \frac{1}{0,027}\left(1 - \frac{1}{1,027^{10}}\right) + \frac{100}{1,027^{10}} = US\$\ 98,27$$

▶ **Avaliação**

Seus títulos de dívida oferecem um cupom mais alto (5% *versus* 4,5%) do que as letras do Tesouro de mesmo vencimento, mas são vendidos por um preço mais baixo (US$ 98,27 *versus* US$ 100). O motivo é o *spread* de crédito. A maior probabilidade de sua empresa ser inadimplente leva os investidores a exigir uma YTM mais alta sobre sua dívida. Para fornecer uma YTM mais alta, o preço de compra da dívida tem que ser mais baixo. Se sua dívida pagasse cupons de 5,4%, ela seria vendida a US$ 100, o mesmo que as letras do Tesouro. Mas para conseguir esse preço você teria que oferecer cupons que fossem 90 pontos-base mais altos do que os das letras do Tesouro — exatamente o suficiente para compensar o *spread* de crédito.

Classificações de títulos de dívida e a crise do *subprime* de 2007-2008

Ao longo dos 30 últimos anos, as classificações de títulos de dívida têm assumido um papel cada vez mais importante como um meio de medir e regular o risco financeiro — ao ponto da quantia de dinheiro que os bancos são obrigados a manter na reserva se basear parcialmente nas classificações dos títulos de dívida em que eles investem. Como as empresas de classificação de crédito como a Moody's, a Standard & Poor's e a Fitch auferem seus lucros? Isto é, quem paga a essas empresas para que elas emitam classificações?

Desde a década de 1970, é o emissor do título de dívida que paga pela classificação. Uma empresa tenta ter seus títulos de dívida classificados a fim de certificar sua qualidade e torná-los mais atraentes para os investidores, e então pagam e cooperam com as agências de classificação. Ao mesmo tempo, para que suas classificações sejam valiosas, as agências de classificação de crédito têm que manter sua reputação de imparcialidade. Consequentemente, elas atribuem uma classificação de crédito justa, apesar do fato de que as empresas que lhes pagam prefeririam receber a classificação mais alta possível.

Entretanto, durante o *boom* habitacional que terminou em 2007, as agências de classificação de crédito foram intensamente pressionadas a emitir classificações AAA (a mais alta) para tipos especiais de títulos de dívida garantidos por pagamentos de hipotecas. Os emissores naturalmente queriam classificações altas para que conseguissem vender os títulos de dívida por preços altos. Mas parece que muitos compradores dos títulos de dívida também queriam que eles tivessem classificações altas. Especificamente, muitos bancos queriam deter esses títulos, e a classificação AAA limitaria a quantidade de capital que os bancos teriam que reter para se proteger contra o risco. No final, muitos desses títulos garantidos por hipoteca acabaram recebendo classificações AAA, mesmo aqueles que eram garantidos pelos empréstimos para compra de casa própria mais arriscados, conhecidos como hipotecas *subprime*.

O declínio no mercado habitacional nos EUA que começou em 2007 rapidamente tornou aparente que essas classificações eram suspeitas. Quando os proprietários de imóveis começaram a bater recordes de inadimplência em seus pagamentos de hipoteca, esses títulos de dívida também foram inadimplentes. Assim, eles não eram nem de perto tão seguros quanto suas classificações AAA indicavam.

O pior era que os problemas com esses títulos de dívida criaram um círculo vicioso que afetou toda a economia. Como as agências de classificação de crédito reduziram as classificações dos títulos de dívida, os bancos sofreram perdas em suas carteiras de título de dívida (os preços dos títulos de dívida caíram quando suas classificações caíram e suas rentabilidades aumentaram). À medida que mais e mais portadores desses títulos de dívida vendiam os títulos, seus preços caíam ainda mais. Essas perdas reduziram o capital dos bancos, enquanto, ao mesmo tempo, as classificações mais baixas dos títulos de dívida significavam que os bancos tinham que reter mais capital. Esta falta de capital fez muitos bancos terem que restringir consideravelmente a quantidade de fundos disponibilizada para a concessão de empréstimos. O resultado final foi um sistema financeiro enfraquecido e uma severa falta de disponibilidade de crédito, geralmente chamada de "contração de crédito" (*credit crunch*). A crise dificultou que muitas empresas contraíssem empréstimos ou emitissem novas dívidas a taxas razoáveis, o que, em alguns casos, fez as empresas adiarem ou desistirem de novos investimentos.

Como indicamos no início deste capítulo, o mercado de títulos de dívida, apesar de menos conhecido do que as bolsas de valores, é grande e importante. Como a dívida é uma parte substancial do financiamento da maioria das empresas, um gerente financeiro precisa compreender os títulos de dívida e como os investidores precificam os títulos de dívida da empresa. Neste capítulo, introduzimos os principais tipos de títulos de dívida, como os títulos de dívida remuneram os investidores, e como eles são precificados. No Capítulo 14, discutiremos os mercados de títulos de dívida ainda mais, incluído o processo pelo qual passa uma empresa para emitir dívida.

Fixação de conceitos

9. O que é um título podre (*junk bond*)?
10. Como a rentabilidade até o vencimento de um título de dívida varia com o risco de inadimplência do mesmo?

RESUMO DO CAPÍTULO

Pontos principais e equações	Termos	Oportunidades de prática online
6.1 Terminologia dos títulos de dívida ▸ Títulos de dívida fazem pagamentos de cupom e de principal ou de valor de face aos investidores. Por convenção, a taxa de cupom de um título é expressa como uma APR, de modo que a quantia do pagamento de cada cupom, CPN, é: $$CPN = \frac{\text{Taxa de cupom} \times \text{Valor de face}}{\text{Número de pagamentos de cupons por ano}} \quad (6.1)$$	certificado de título de dívida, p. 186 cupons, p. 186 data de vencimento, p. 186 prazo, p. 186 taxa de cupom, p. 187 valor de face, p. 186	MyFinanceLab Study Plan 6.1
6.2 Títulos de dívida de cupom zero ▸ Títulos de dívida de cupom zero não fazem pagamentos de cupom, então os investidores recebem apenas seu valor de face. ▸ A taxa interna de retorno de um título de dívida é chamada de sua rentabilidade até o vencimento (ou rentabilidade). A rentabilidade até o vencimento de um título de dívida é a taxa de desconto que iguala o valor presente dos pagamentos prometidos do título a seu preço de mercado corrente. ▸ A rentabilidade até o vencimento de um título de dívida de cupom zero é dada por: $$1 + YTM_n = \left(\frac{\text{Valor de face}}{\text{Preço}}\right)^{1/n} \quad (6.2)$$ ▸ A taxa de juros livre de risco de um investimento até a data *n* é igual à rentabilidade até o vencimento de um cupom zero livre de risco que vence na data *n*. Um gráfico dessas taxas *versus* vencimento chama-se curva de rentabilidade de cupom zero.	curva de rentabilidade de cupom zero, p. 190 deságio, p. 188 rentabilidade até o vencimento (YTM), p. 188 taxas de juros *spot*, p. 190 título de dívida de cupom zero, p. 188 títulos de dívida de descapitalização puro, p. 188 *Treasury bills*, p. 188	MyFinanceLab Study Plan 6.2

6.3 Títulos de dívida de cupom

- A rentabilidade até o vencimento de um título de dívida de cupom é a taxa de desconto, y, que iguala o valor presente dos fluxos de caixa futuros do título a seu preço:

$$P = CPN \times \frac{1}{y}\left(1 - \frac{1}{(1+y)^N}\right) + \frac{FV}{(1+y)^N} \quad (6.3)$$

letras do Tesouro, p. 191
títulos de dívida de cupom, p. 191
Treasury notes, p. 191

MyFinanceLab Study Plan 6.3

6.4 Por que os preços dos títulos de dívida variam?

- Um título de dívida é negociado com ágio se sua taxa de cupom exceder sua rentabilidade até o vencimento. É negociado com deságio se sua taxa de cupom for menor do que sua rentabilidade até o vencimento. Se sua taxa de cupom for igual à sua rentabilidade até o vencimento, ele é negociado ao par.
- À medida que um título de dívida se aproxima de seu vencimento, seu preço se aproxima de seu valor de face.
- Os preços de títulos de dívida mudam com as taxas de juros. Quando as taxas de juros sobem, seus preços caem, e vice-versa.
- Títulos de dívida de cupom zero de longo prazo são mais sensíveis a mudanças nas taxas de juros do que títulos de dívida de cupom zero de curto prazo.
- Títulos de dívida com baixas taxas de cupom são mais sensíveis a mudanças nas taxas de juros do que títulos de dívida similares, mas com altas taxas de cupom.

ágio, p. 196
par, p. 196
preço de fatura, p. 203
preço limpo, p. 203
preço sujo, p. 203

MyFinanceLab Study Plan 6.4
Análise Interativa de Sensibilidade da Taxa de Juros (Interactive Interest Rate Sensitivity Analysis)

6.5 Títulos de dívida corporativos

- Quando um emissor de títulos de dívida não realiza um pagamento de título integralmente, o emissor é inadimplente.
- O risco de que possa ocorrer inadimplência é chamado de risco de inadimplência ou risco de crédito. As letras do Tesouro do EUA são livres de risco de inadimplência.
- O retorno esperado de um título de dívida corporativo, que é o custo de capital da dívida da empresa, é igual à taxa de juros livre de risco mais um ágio de risco. O retorno esperado é menor do que a rentabilidade até o vencimento do título porque este rendimento é calculado utilizando-se os fluxos de caixa prometidos, e não os fluxos de caixa esperados.
- A classificação de títulos de dívida resume a solvência dos títulos para os investidores.
- A diferença entre as rentabilidades sobre as letras do Tesouro dos EUA e as rentabilidades sobre títulos de dívida corporativos é chamada de *spread* de crédito ou *spread* de inadimplência. O *spread* de crédito compensa os investidores pela diferença entre fluxos de caixa prometidos e esperados e pelo risco de inadimplência.

junk bonds ou títulos podres, p. 206
risco de crédito, p. 205
spread de inadimplência (de crédito), p. 209
títulos de dívida corporativos, p. 205
títulos de dívida de alta rentabilidade, p. 206
títulos de dívida de grau de investimento, p. 206
títulos de dívida especulativos, p. 206

MyFinanceLab Study Plan 6.5

Questões de revisão

1. De que maneira um título de dívida se compara a um empréstimo?
2. Como um investidor recebe um retorno por comprar um título de dívida?
3. Qual é a relação entre a rentabilidade até o vencimento e o conceito da taxa interna de retorno?
4. A rentabilidade até o vencimento de um título de dívida determina seu preço ou é o preço que determina a rentabilidade até o vencimento?
5. Explique por que a rentabilidade de um título de dívida que é negociado com deságio excede a taxa de cupom do título de dívida.
6. Explique a relação entre as taxas de juros e os preços de títulos de dívida.
7. Por que títulos de dívida de mais longo prazo são mais sensíveis a mudanças nas taxas de juros do que títulos de dívida de mais curto prazo?
8. Explique por que o retorno esperado de um título de dívida corporativo não é igual à sua rentabilidade até o vencimento.

Problemas

Todos os problemas neste capítulo estão disponíveis no MyFinanceLab. Um asterisco (*) indica problemas com um nível de dificuldade mais alto.

Terminologia dos títulos de dívida

1. Considere um título de dívida de 10 anos com valor de face de US$ 1.000 e uma taxa de cupom de 5,5%, com pagamentos semestrais.
   a. Qual é o pagamento de cupom deste título?
   b. Represente os fluxos de caixa do título em um diagrama de fluxo de caixa.

2. Suponha que um título de dívida fará pagamentos a cada seis meses, como mostra o diagrama de fluxo de caixa abaixo (utilizando períodos de seis meses):

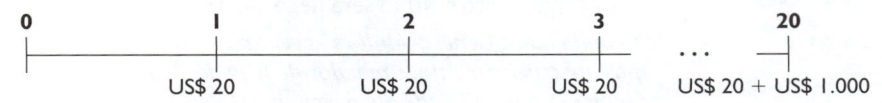

   ```
   0        1          2          3           20
   |--------|----------|----------|---...----|
          US$ 20     US$ 20     US$ 20    US$ 20 + US$ 1.000
   ```

   a. Qual é o vencimento do título (em anos)?
   b. Qual é sua taxa de cupom (em porcentagem)?
   c. Qual é seu valor de face?

Títulos de dívida de cupom zero

3. A tabela abaixo lista os preços de vários títulos de dívida de cupom zero livres de inadimplência (expressos como uma porcentagem do valor de face):

Vencimento (anos)	1	2	3	4	5
Preço (por valor de face de US$ 100)	US$ 95,51	US$ 91,05	US$ 86,38	US$ 81,65	US$ 76,51

   a. Calcule a rentabilidade até o vencimento de cada título.
   b. Trace a curva de rentabilidade de cupom zero (para os cinco primeiros anos).
   c. A curva de rentabilidade possui inclinação ascendente, descendente ou plana?

Utilize as informações a seguir para os problemas 4–6. A curva de rentabilidade de cupom zero corrente para títulos de dívida livres de risco é a seguinte:

Vencimento (anos)	1	2	3	4	5
YTM	5,00%	5,50%	5,75%	5,95%	6,05%

4. Qual é o preço por valor de face de US$ 100 de um título de dívida de cupom zero de dois anos livre de risco?

5. Qual é o preço por valor de face de US$ 100 de um título de dívida de cupom zero de quatro anos livre de risco?

6. Qual é a taxa de juros livre de risco para um vencimento de cinco anos?

Títulos de dívida de cupom

7. A rentabilidade até o vencimento de um título de dívida de US$ 1.000 com uma taxa de cupom de 7%, cupons semestrais e dois anos até o vencimento é uma APR de 7,6%, de composição semestral. Qual tem que ser seu preço?

8. Suponha que um título de dívida de US$ 1.000 de dez anos com uma taxa de cupom de 8% e cupons semestrais esteja sendo negociado pelo preço de US$ 1.034,74.
   a. Qual é a rentabilidade até o vencimento do título de dívida (expressa como uma APR com composição semestral)?
   b. Se a rentabilidade até o vencimento do título de dívida mudar para uma APR de 9%, qual será o preço do título de dívida?

9. Suponha que um título de dívida de US$ 1.000 de cinco anos com cupons anuais tenha um preço de US$ 900 e uma rentabilidade até o vencimento de 6%. Qual é a taxa de cupom do título de dívida?

Por que os preços dos títulos de dívida variam?

10. Os preços de vários títulos de dívida com valor de face de US$ 1.000 estão listados na seguinte tabela:

Título	A	B	C	D
Preço	US$ 972,50	US$ 1.040,75	US$ 1.150,00	US$ 1.000,00

Para cada título, diga se ele é negociado com deságio, ao par ou com ágio.

11. Suponha que um título de dívida de US$ 1.000 de sete anos com uma taxa de cupom de 8% e cupons semestrais esteja sendo negociado com uma rentabilidade até o vencimento de 6,75%.
    a. Este título está sendo negociado com deságio, ao par ou com ágio? Explique.
    b. Se a rentabilidade até o vencimento subir para 7,00% (APR com composição semestral), a que preço o título será negociado?

Suponha que a General Motors Acceptance Corporation tenha emitido um título de dívida com dez anos até o vencimento, um valor de face de US$ 1.000 e uma taxa de cupom de 7% (pagamentos anuais). A rentabilidade até o vencimento sobre este título de dívida quando ele foi emitido era de 6%. Utilize esta informação para os problemas 12–14.

12. Qual era o preço deste título de dívida quando ele foi emitido?

13. Supondo que a rentabilidade até o vencimento permaneça constante, qual é o preço do título de dívida imediatamente antes de ele realizar seu primeiro pagamento de cupom?

14. Supondo que a rentabilidade até o vencimento permaneça constante, qual é o preço do título de dívida imediatamente após ele realizar seu primeiro pagamento de cupom?

15. Suponha que você compre um título de dívida de dez anos com cupons anuais de 6%. Você detém o título de dívida por quatro anos, e vende-o imediatamente após receber o quarto cupom. Se a rentabilidade até o vencimento do título de dívida fosse de 5% quando você o comprou e vendeu:
    a. Que fluxos de caixa você pagará e receberá de seu investimento no título de dívida por valor de face de US$ 100?
    b. Qual é a taxa interna de retorno de seu investimento?

Considere os títulos de dívida a seguir para as questões 16 e 17:

Título de dívida	Taxa de cupom (pagamentos anuais)	Vencimento (anos)
A	0%	15
B	0%	10
C	4%	15
D	8%	10

16. Qual será a variação percentual no preço de cada título de dívida se sua rentabilidade até o vencimento cair de 6% para 5%?

17. Qual dos títulos de dívida A–D é mais sensível a uma queda de 1% nas taxas de juros de 6% para 5%, e por quê? Qual título de dívida é menos sensível? Dê uma explicação intuitiva para sua resposta.

18. Suponha que você compre um título de dívida de cupom zero de 30 anos com uma rentabilidade até o vencimento de 6%. Você detém o título de dívida por cinco anos antes de vendê-lo.
    a. Se a rentabilidade até o vencimento do título de dívida é de 6% quando você o vende, qual é a taxa interna de retorno de seu investimento?
    b. Se a rentabilidade até o vencimento do título de dívida é de 7% quando você o vende, qual é a taxa interna de retorno de seu investimento?
    c. Se a rentabilidade até o vencimento do título de dívida é de 5% quando você o vende, qual é a taxa interna de retorno de seu investimento?
    d. Mesmo se um título de dívida não tiver nenhuma chance de inadimplência, seu investimento será livre de risco se você planeja vendê-lo antes do vencimento? Explique.

Títulos de dívida corporativos

19. A tabela a seguir resume as rentabilidades até o vencimento de vários títulos de cupom zero de um ano:

Título	Rentabilidade (%)
Letras do Tesouro	3,1
AAA corporativos	3,2
BBB corporativos	4,2
B corporativos	4,9

    a. Qual é o preço (expresso como uma porcentagem do valor de face) de um título de dívida corporativo de cupom zero de um ano com uma classificação AAA?
    b. Qual é o *spread* de crédito de títulos de dívida corporativos de classificação AAA?
    c. Qual é o *spread* de crédito de títulos de dívida corporativos de classificação B?
    d. Como o *spread* de crédito varia com a classificação do título de dívida? Por quê?

20. A Andrew Industries está pensando em emitir um título de dívida de 30 anos com uma taxa de cupom de 7% (pagamentos de cupom anuais) e um valor de face de US$ 1.000. A Andrew acredita que pode conseguir uma classificação A da Standard & Poor's. Entretanto, devido a recentes dificuldades financeiras na empresa, a Standard & Poor's avisa que pode rebaixar a classificação dos títulos de dívida da Andrew Industries para BBB. As rentabilidades sobre títulos de dívida de longo prazo com classificação A atualmente são de 6,5%, e as rentabilidades sobre títulos de dívida com classificação BBB são de 6,9%.
    a. Qual será o preço do título de dívida se a Andrew mantiver a classificação A para a emissão do título de dívida?
    b. Qual será o preço do título de dívida se sua classificação for rebaixada?

21. A HMK Enterprises gostaria de levantar US$ 10 milhões para investir em desembolsos de capital. A empresa planeja emitir títulos de dívida de cinco anos com um valor de face de US$ 1.000 e uma taxa de cupom de 6,5% (pagamentos anuais). A tabela a seguir resume a rentabilidade até o vencimento de títulos de dívida corporativos de cinco anos (de pagamento anual) de várias classificações:

Classificação	AAA	AA	A	BBB	BB
YTM	6,20%	6,30%	6,50%	6,90%	7,50%

    a. Supondo que os títulos de dívida sejam classificados como AA, qual será o preço dos títulos de dívida?
    b. Quanto do valor principal total desses títulos de dívida a HMK tem que emitir para levantar US$ 10 milhões hoje, supondo que os títulos de dívida tenham classificação AA? (Como

a HMK não pode emitir uma fração de um título de dívida, suponha que todas as frações sejam arredondadas para o próximo número inteiro.)

c. Qual deve ser a classificação dos títulos de dívida para que eles sejam vendidos ao par?

d. Suponha que quando os títulos de dívida sejam emitidos, o preço de cada título de dívida seja US$ 959,54. Qual é a classificação provável dos títulos de dívida? Eles são títulos de dívida de especulação?

22. Um título de dívida corporativo com classificação BBB possui uma rentabilidade até o vencimento de 8,2%. Uma letra do Tesouro norte-americano possui uma rentabilidade até o vencimento de 6,5%. Essas rentabilidades são cotadas como APRs com composição semestral. Ambos os títulos de dívida pagam cupons semestrais a uma taxa de 7% e têm cinco anos até o vencimento.

a. Qual é o preço (expresso como uma porcentagem do valor de face) da letra do Tesouro?

b. Qual é o preço (expresso como uma porcentagem do valor de face) do título de dívida corporativo com classificação BBB?

c. Qual é o *spread* de crédito sobre os títulos de dívida BBB?

Caso simulado

Você é estagiário na Sirius Satellite Radio, em sua divisão de finanças empresariais. A empresa está planejando emitir US$ 50 milhões de títulos de dívida de cupom anual de 12% com um vencimento de 10 anos. A empresa prevê um aumento no seu *rating* de títulos de dívida. Seu chefe quer que você determine o ganho sobre os recursos do novo título se ele for classificado acima da atual classificação de títulos de dívida da empresa. Para preparar estas informações, você terá que determinar a classificação atual da Sirius e a curva de rentabilidade para sua classificação particular. Estranhamente, ninguém na Sirius parece ter essas informações; aparentemente eles ainda estão ocupados tentando entender quem decidiu que seria uma boa ideia contratar Howard Stern.

1. Comece descobrindo a curva de rentabilidade atual das letras do Tesouro dos EUA. No site do Tesouro (www.treas.gov), faça uma busca utilizando o termo "yield curve" [curva de rentabilidade] e selecione "US Treasury – Daily Treasury Yield Curve" [Tesouro dos EUA – Curvas de rendimento diárias do Tesouro]. *Cuidado*: É provável que haja dois *links* com o mesmo nome. Observe a descrição abaixo do *link* e selecione a que NÃO diz "Real Yield…" [rentabilidade real]. Você quer as taxas nominais. O *link* correto provavelmente será o primeiro *link* da página. Faça um *download* desta tabela para o Excel clicando com o botão direito do mouse quando o cursor estiver sobre a tabela e selecionando "Export to Microsoft Excel" [Exportar para o Microsoft Excel].

2. Encontre os *spreads* de rentabilidade atuais para as várias classificações de títulos de dívida. Infelizmente, os *spreads* atuais só estão disponíveis mediante o pagamento de uma taxa, então você utilizará os antigos. Vá ao BondsOnline (www.bondsonline.com) e clique sobre "Today's Market" [mercado hoje]. Depois, clique sobre "Corporate Bond Spreads" [*spreads* de títulos de dívida corporativos]. Faça o *download* desta tabela para o Excel e copie e cole-a para o mesmo arquivo em que se encontram as rentabilidades das letras do Tesouro.

3. Encontre a classificação atual de títulos de dívida da Sirius. Vá ao site da Standard & Poor's (www.standardandpoors.com). Selecione "Find a Rating" [encontre uma classificação] da lista que se encontra no lado esquerdo da página, e então selecione "Credit Ratings Search" [busca de classificações de crédito]. Neste momento você terá que se registrar (é grátis) ou entrar com um username e senha fornecidos por seu instrutor. Depois, você poderá fazer uma busca por Organization Name [nome da organização] — digite Sirius e selecione Sirius Satellite Radio. Utilize a classificação de crédito da organização, e não as classificações específicas de cada emissão.

4. Volte ao Excel e crie um diagrama de fluxo de caixa com os fluxos de caixa e as taxas de desconto de que você precisará para avaliar a emissão dos novos títulos de dívida.

a. Para criar as taxas *spot* necessárias para a emissão da Sirius, adicione o *spread* adequado à rentabilidade de letras do Tesouro com mesmo vencimento.

b. A curva de rentabilidade e taxas de *spread* que você encontrou não cobrem todos os anos que você precisará para os novos títulos de dívida. Especificamente, você não possui os rendimentos ou *spreads* para vencimentos de quatro, seis, oito e nove anos. Encontre-os através de interpolação linear. Por exemplo, a taxa *spot* e o *spread* de quatro anos serão a média das taxas de três e de cinco anos. A taxa e o *spread* de seis anos serão a média das taxas de cinco e de sete anos. Para os anos oito e nove, você terá que dividir a diferença entre os anos sete e dez pelos dois anos.

c. Para calcular as taxas *spot* para a classificação atual da Sirius, adicione o *spread* da rentabilidade à taxa das letras do Tesouro para cada vencimento. Porém, observe que o *spread* está expresso em pontos-base, que são 1/100 de um ponto percentual.

d. Calcule os fluxos de caixa que seriam pagos aos portadores de títulos de dívida a cada ano e adicione-os ao diagrama de fluxo de caixa.

5. Utilize as taxas *spot* para calcular o valor presente de cada fluxo de caixa pago aos portadores de títulos de dívida.

6. Calcule o preço do título de dívida na emissão e sua rentabilidade até o vencimento inicial.

7. Repita os passos 4-6 com base na suposição de que a Sirius poderia elevar sua classificação de títulos de dívida em um nível. Calcule a nova rentabilidade com base na classificação superior e o novo preço do título de dívida resultante.

8. Calcule os recursos monetários adicionais que poderiam ser levantados com a emissão se a classificação melhorasse.

Capítulo 6 APÊNDICE A — Encontrando a rentabilidade até o vencimento de um título de dívida utilizando uma calculadora financeira

Você está procurando comprar um título de dívida de 3 anos de US$ 1.000 ao par de cupom anual de 10%. Os pagamentos começam daqui a um ano em novembro de 2008. O preço do título de dívida é US$ 1.074,51 por cada US$ 1.000 de valor ao par. Qual é a rentabilidade até o vencimento do título de dívida? [Resposta: 7,15%]

HP-10BII

Teclas	Descrição
[Tecla Verde] [C]	Pressione [Tecla Verde] e então a tecla [C] para limpar todas as entradas anteriores.
3 N	Digite o número de períodos.
1 0 0 PMT	Digite o valor do pagamento por período.
1 0 0 0 FV	Digite o valor ao par do título de dívida que você receberá no ano 3.
1 0 7 4 . 5 1 +/− PV	Digite o valor presente ou o preço do título de dívida que você encontrou antes.
I/YR	Encontre a rentabilidade até o vencimento.

TI-BAII Plus Professional

Teclas	Descrição
2ND FV	Pressione [2ND] e então a tecla [FV] para limpar todas as entradas anteriores.
3 N	Digite o número de períodos.
1 0 0 PMT	Digite o valor do pagamento por período.
1 0 0 0 FV	Digite o valor ao par do título de dívida que você receberá no ano 3.
1 0 7 4 . 5 1 +/− PV	Digite o valor presente ou o preço do título de dívida que você encontrou antes.
CPT I/Y	Encontre a rentabilidade até o vencimento.

Capítulo 6 APÊNDICE B — A curva de rentabilidade e a Lei do Preço Único

Até agora focalizamos a relação entre o preço de um título de dívida individual e sua rentabilidade até o vencimento. Nesta seção, exploraremos a relação entre os preços e as rentabilidades de diferentes títulos de dívida. Utilizando a Lei do Preço Único, mostramos que dadas as taxas de juros *spot*, que são as rentabilidades de títulos de dívida de cupom zero livres de inadimplência, podemos determinar o preço e a rentabilidade de qualquer outro título de dívida livre de inadimplência. Consequentemente, a curva de rentabilidade fornece informações suficientes para avaliar todos esses títulos de dívida.

Avaliando um título de dívida de cupom com preços de títulos de cupom zero

Começamos com a observação de que é possível replicar os fluxos de caixa de um título de dívida de cupom utilizando títulos de dívida de cupom zero. Portanto, podemos utilizar a Lei do Preço Único do Princípio de Avaliação para calcular o preço de um título de dívida de cupom a partir de preços de títulos de dívida de cupom zero. Por exemplo, podemos replicar um título de dívida de três anos de US$ 1.000 que paga cupons anuais de 10% utilizando três títulos de dívida de cupom zero como a seguir:

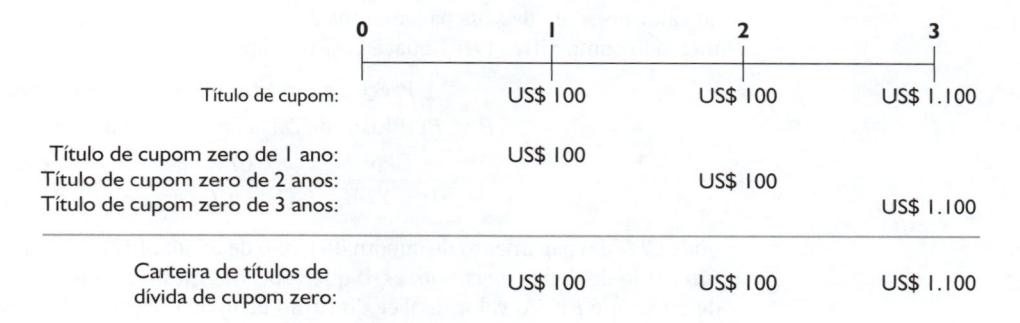

	0	1	2	3
Título de cupom:		US$ 100	US$ 100	US$ 1.100
Título de cupom zero de 1 ano:		US$ 100		
Título de cupom zero de 2 anos:			US$ 100	
Título de cupom zero de 3 anos:				US$ 1.100
Carteira de títulos de dívida de cupom zero:		US$ 100	US$ 100	US$ 1.100

Associamos cada pagamento de cupom a um título de dívida de cupom zero com um valor de face igual ao pagamento de cupom e um prazo igual ao tempo restante até a data do cupom. Da mesma maneira, associamos o pagamento final do título de dívida (cupom final mais retorno do valor de face) em três anos a um título de dívida de cupom zero de três anos com um valor de face correspondente de US$ 1.100. Como os fluxos de caixa do título de dívida de cupom são idênticos aos fluxos de caixa da carteira de títulos de dívida de cupom zero, a Lei do Preço Único afirma que o preço da carteira de títulos de dívida de cupom zero tem que ser o mesmo que do título de dívida de cupom.

Para ilustrar, suponha que as rentabilidades e preços correntes do título de dívida de cupom zero sejam exibidos na Tabela 6.7 (eles são iguais aos do Exemplo 6.1).

Podemos calcular o custo da carteira de títulos de dívida de cupom zero que replica o título de dívida de cupom de três anos como a seguir:

Título de dívida de cupom zero	Valor de face exigido	Custo
1 ano	100	96,62
2 anos	100	92,46
3 anos	1.100	11 × 87,63 = 963,93
	Custo total:	US$ 1.153,00

Pela Lei do Preço Único, o título de dívida de cupom de três anos tem que ser negociado por um preço de US$ 1.153. Se o preço do título de dívida de cupom fosse maior, você poderia obter um lucro de arbitragem vendendo o título de dívida de cupom e comprando a carteira de títulos de dívida

TABELA 6.7 Rentabilidades e preços (por valor de face de US$ 100) de títulos de dívida de cupom zero

Vencimento	1 ano	2 anos	3 anos	4 anos
YTM	3,50%	4,00%	4,50%	4,75%
Preço	US$ 96,62	US$ 92,46	US$ 87,63	US$ 83,06

de cupom zero. Se o preço do título de dívida de cupom fosse menor, você poderia obter um lucro de arbitragem comprando o título de dívida de cupom e vendendo os títulos de dívida de cupom zero.

Avaliando um título de dívida de cupom utilizando rentabilidades de títulos de cupom zero

Até agora, utilizamos os *preços* de títulos de dívida de cupom zero para deduzir o preço de um título de dívida de cupom. Como alternativa, podemos utilizar as *rentabilidades* do título de dívida de cupom zero. Lembre que a rentabilidade até o vencimento de um título de dívida de cupom zero é a taxa de juros do mercado competitivo de um investimento livre de risco com um prazo igual ao do título de dívida de cupom zero. Como os fluxos de caixa do título de dívida são seus pagamentos de cupom e repagamento do valor de face, o preço de um título de dívida de cupom tem que ser igual ao valor presente de seus pagamentos de cupom e valor de face descontado pelas taxas de juros do mercado competitivo (ver Equação 5.7 no Capítulo 5):

Preço de um título de dívida de cupom

$$P = PV(\text{Fluxos de caixa do título de dívida})$$
$$= \frac{CPN}{1 + YTM_1} + \frac{CPN}{(1 + YTM_2)^2} + \cdots + \frac{CPN + FV}{(1 + YTM_n)^n} \quad (6.4)$$

onde *CPN* é o pagamento de cupom do título de dívida, YTM_n é a rentabilidade até o vencimento de um título de dívida *de cupom zero* que vence no mesmo momento em que o *n*-ésimo pagamento de cupom, e *FV* é o valor de face do título de dívida. Para o título de dívida de US$ 1.000 de três anos com cupons anuais de 10% considerado anteriormente, podemos utilizar a Equação 6.4 para calcular seu preço utilizando as rentabilidades de cupom zero da Tabela 6.7:

$$P = \frac{100}{1{,}035} + \frac{100}{1{,}04^2} + \frac{100 + 1000}{1{,}045^3} = \text{US\$ } 1.153$$

Esse preço é idêntico ao preço que calculamos anteriormente replicando o título de dívida. Assim, podemos determinar o preço na ausência de arbitragem de um título de dívida de cupom descontando seus fluxos de caixa utilizando rentabilidades de cupom zero. Em outras palavras, as informações contidas na curva de rentabilidade de cupom zero são suficientes para precificar todos os outros títulos de dívida livres de risco.

Rentabilidades de títulos de dívida de cupom

Dadas as rentabilidades de títulos de dívida de cupom zero, podemos utilizar a Equação 6.4 para precificar um título de dívida de cupom. Na Seção 6.1, vimos como calcular a rentabilidade até o vencimento de um título de dívida de cupom a partir de seu preço. Associando esses resultados, podemos determinar a relação entre as rentabilidades de títulos de dívida de cupom zero e títulos de dívida que pagam cupom. Considere novamente o título de dívida de US$ 1.000 de três anos com cupons anuais de 10%. Dadas as rentabilidades de cupom zero da Tabela 6.7, calculamos um preço para este título de dívida de US$ 1.153. A partir da Equação 6.3, a rentabilidade até o vencimento deste título de dívida é a taxa *y* que satisfaz:

$$P = 1.153 = \frac{100}{(1 + y)} + \frac{100}{(1 + y)^2} + \frac{100 + 1.000}{(1 + y)^3}$$

Podemos encontrar a rentabilidade utilizando uma calculadora financeira:

Capítulo 6 Títulos de Dívida

	N	**I/Y**	**PV**	**PMT**	**FV**
Dado:	3		−1153	100	1000
Encontrar:		**4,44**			

Fórmula do Excel: = RATE(NPER,PMT,PV,FV) = RATE(3, 100, −1153, 1000)*

Portanto, a rentabilidade até o vencimento do título de dívida é 4,44%. Podemos verificar este resultado diretamente como a seguir:

$$P = \frac{100}{1{,}0444} + \frac{100}{1{,}0444^2} + \frac{100 + 1.000}{1{,}0444^3} = US\$ \ 1.153$$

Como o título de cupom fornece fluxos de caixa em diferentes pontos no tempo, a rentabilidade até o vencimento de um título de cupom é uma média ponderada das rentabilidades de títulos de dívida de cupom zero de vencimentos iguais e mais curtos. Os pesos dependem (de uma maneira complexa) da magnitude dos fluxos de caixa em cada período. Neste exemplo, as rentabilidades dos títulos de dívida de cupom zero foram 3,5%, 4,0% e 4,5%. Para este título de dívida de cupom, a maior parte do valor no cálculo do valor presente vem do valor presente do terceiro fluxo de caixa porque ele inclui o principal, então a rentabilidade é mais próxima da rentabilidade de cupom zero de três anos de 4,5%.

EXEMPLO 6.11

Rentabilidades sobre títulos de dívida com o mesmo vencimento

Problema

Dadas as seguintes rentabilidades de cupom zero, compare a rentabilidade até o vencimento de um título de dívida de cupom zero de três anos; um título de dívida de cupom de três anos com cupons anuais de 4%; e um título de dívida de cupom de três anos com cupons anuais de 10%. Todos esses títulos de dívida são livres de inadimplência.

Solução

▸ **Planejamento**

Vencimento	1 ano	2 anos	3 anos	4 anos
YTM de cupom zero	3,50%	4,00%	4,50%	4,75%

A partir das informações fornecidas, a rentabilidade até o vencimento do título de dívida de cupom zero de três anos é 4,50%. Além disso, como as rentabilidades correspondem àquelas da Tabela 6.7, já calculamos a rentabilidade até o vencimento para o título de dívida de cupom de 10% como 4,44%. Para calcular a rentabilidade do título de dívida de cupom de 4%, primeiro precisamos calcular seu preço, o que podemos fazer utilizando a Equação 6.4. Como os cupons são de 4%, pagos anualmente, eles são US$ 40 por ano por 3 anos. O valor de face de US$ 1.000 será pago neste momento. Uma vez tendo o preço, podemos utilizar a Equação 6.3 para calcular a rentabilidade até o vencimento.

▸ **Execução**

Utilizando a Equação 6.4, temos:

$$P = \frac{40}{1{,}035} + \frac{40}{1{,}04^2} + \frac{40 + 1.000}{1{,}045^3} = US\$ \ 986{,}98$$

O preço do título de dívida com um cupom de 4% é US$ 986,98. A partir da Equação 6.4:

$$US\$986{,}98 = \frac{40}{(1+y)} + \frac{40}{(1+y)^2} + \frac{40 + 1.000}{(1+y)^3}$$

---

* N. de T.: Em português, a função *taxa* poderia ser usada.

Podemos calcular a rentabilidade até o vencimento utilizando uma calculadora financeira ou planilha:

	N	I/Y	PV	PMT	FV
Dado:	3		−986,98	40	1000
Encontrar:		4,47			

Fórmula do Excel: = RATE(NPER,PMT,PV,FV) = RATE(3, 40, −986,98, 1000)*

Em resumo, para os títulos de dívida de três anos considerados:

Taxa de cupom	0%	4%	10%
YTM	4,50%	4,47%	4,44%

Avaliação

Observe que apesar dos títulos de dívida terem todos o mesmo vencimento, eles têm diferentes rentabilidades. Na verdade, mantendo constante o vencimento, a rentabilidade diminui à medida que a taxa de cupom aumenta. Discutiremos o porquê abaixo.

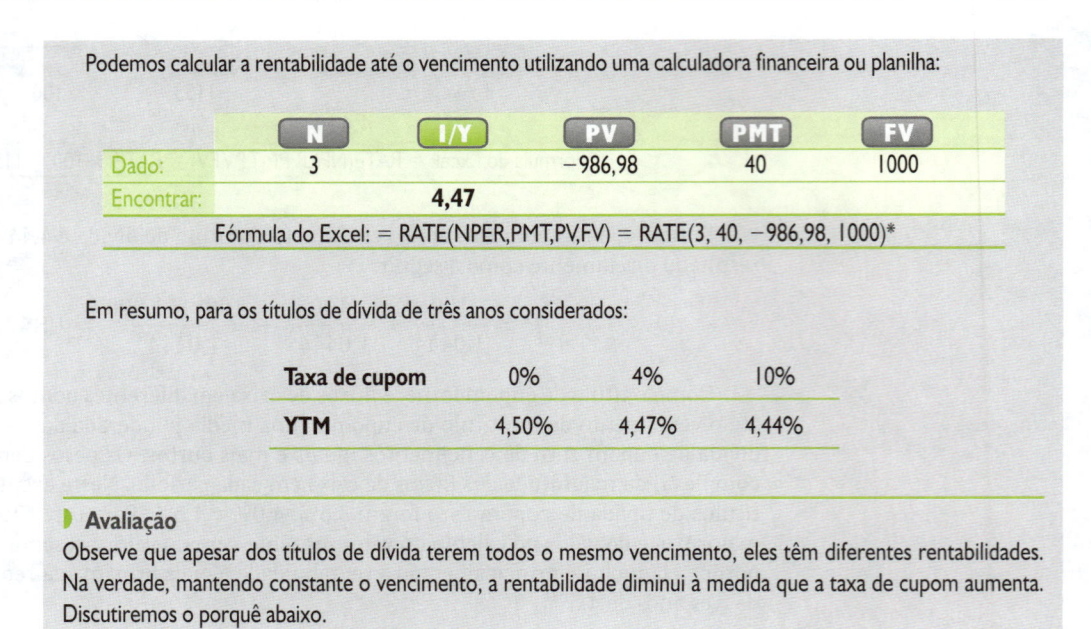

O Exemplo 6.11 mostra que títulos de dívida de cupom com o mesmo vencimento podem ter diferentes rentabilidades dependendo de suas taxas de cupom. A rentabilidade até o vencimento de um título de dívida de cupom é uma média ponderada das rentabilidades sobre os títulos de dívida de cupom zero. À medida que o cupom aumenta, fluxos de caixa anteriores vão se tornando relativamente mais importantes que fluxos de caixa posteriores no cálculo do valor presente. A forma da curva de rentabilidade nos informa sobre tendências na rentabilidade até o vencimento:

1. Se a curva de rentabilidade tiver inclinação ascendente (como nas rentabilidades do Exemplo 6.11), a rentabilidade até o vencimento resultante diminuirá com a taxa de cupom do título de dívida.
2. Quando a curva de rentabilidade de cupom zero tiver inclinação descendente, a rentabilidade até o vencimento aumentará com a taxa de cupom.
3. Com uma curva de rentabilidade plana, todos os títulos de dívida de cupom zero e os que pagam cupom terão a mesma rentabilidade, independentemente de seus vencimentos e taxas de cupom.

Curvas de rentabilidade de letras do Tesouro

Como mostramos nesta seção, podemos utilizar a curva de rentabilidade de cupom zero para determinar o preço e a rentabilidade até o vencimento de outros títulos de dívida livres de risco. O gráfico das rentabilidades de títulos de dívida de cupom com diferentes vencimentos é chamado de curva de rentabilidade de títulos que pagam cupom. Quando os negociantes de títulos de dívida norte-americanos falam em "a curva de rentabilidade", eles estão falando na curva de rentabilidade de letras do Tesouro que pagam cupom. Como mostramos no Exemplo 6.11, dois títulos de dívida que pagam cupom e têm o mesmo vencimento podem ter rentabilidades diferentes. Por convenção, os profissionais de finanças sempre traçam o gráfico da rentabilidade dos títulos de dívida emitidos mais recentemente, chamados de títulos de dívida "*on-the-run*". Utilizando métodos similares àqueles empregados nesta seção, podemos aplicar a Lei do Preço Único para determinar as rentabilidades dos títulos de dívida de cupom zero utilizando a curva de rentabilidade de títulos de pagam cupom. Assim, qualquer dos tipos de curva de rentabilidade fornece informações suficientes para avaliar todos os outros títulos de dívida livres de risco.

---

* N. de T.: Em português, a função *taxa* poderia ser usada.

PARTE 2 — Caso de Integração

Este caso é elaborado a partir do material dos Capítulos 3-6.

Adam Rust olhou para seu mecânico e suspirou. O mecânico tinha acabado de pronunciar uma sentença de morte para seu velho carro. O carro havia lhe servido bem — a um custo de US$ 500 ele tinha durado os quatro anos de faculdade com uma manutenção mínima. Agora, ele precisava desesperadamente de um carro novo. Adam tinha acabado de se formar e tinha um emprego com um bom salário. Ele quer comprar seu primeiro carro zero. O revendedor parece muito otimista sobre sua capacidade de arcar com os pagamentos do carro, outra coisa que ele estaria fazendo pela primeira vez.

O carro que Adam está considerando comprar custa US$ 35.000. O revendedor lhe deu três opções de pagamento:

1. *Financiamento com taxas a 0%.* Dar uma entrada de US$ 4.000 com suas economias e financiar o restante com um empréstimo com uma APR de 0% por 48 meses. Adam tem mais do que o suficiente para dar a entrada, graças a generosos presentes de formatura.
2. *Desconto sem entrada.* Receber um desconto de US$ 4.000, que ele utilizaria para a entrada (e deixaria suas economias intactas), e financiar o resto com um empréstimo padrão de 48 meses, com uma APR de 8%. Ele gosta desta opção, já que ele poderia pensar em muitos outros usos para os US$ 4.000.
3. *Pagar à vista.* Aceitar o desconto de US$ 4.000 e pagar o restante à vista. Apesar de Adam não ter US$ 35.000, ele quer avaliar esta opção. Seus pais sempre pagavam à vista quando compravam um carro para a família, e Adam ficou pensando se esta não seria uma boa ideia.

A colega de graduação de Adam, Jenna Hawthorne, teve sorte. Seus pais lhe deram um carro de presente de formatura. Tudo bem, era um pequeno Hyundai, e definitivamente não era o carro de seus sonhos, mas era útil, e Jenna não teria que se preocupar com a compra de um carro novo. Na verdade, Jenna está tentando decidir o quanto de seu novo salário ela poderia poupar. Adam sabe que, com uma pesada prestação de carro, poupar para a aposentadoria estaria muito atrás em sua lista de prioridades. Jenna acredita que poderia poupar US$ 3.000 de seu salário anual de US$ 45.000. Ela está considerando colocar suas economias em um fundo de ações. Ela acaba de fazer 22 anos e tem um longo caminho até a aposentadoria aos 65 anos, e considera este nível de risco razoável. O fundo que ela está avaliando tem obtido uma média de 9% ao longo dos 15 últimos anos, e pode-se esperar que ele continue a obter rendimentos nesta ordem de grandeza, em média. Apesar de ela não ter nenhuma poupança para a aposentadoria neste momento, há cinco anos os avós de Jenna lhe deram uma nova letra do Tesouro de 30 anos com um valor de face de US$ 10.000.

Jenna quer saber qual será sua renda na aposentadoria se ela (1) vender sua letra do Tesouro a seu valor de mercado corrente e investir o resultado no fundo de ações e (2) poupar US$ 3.000 a mais ao fim de cada ano no fundo de ações de agora até ela completar 65 anos. Quando se aposentar, Jenna quer que suas economias durem por 25 anos, até ela ter 90 anos. Tanto Adam quanto Jenna precisam determinar suas melhores opções.

Questões sobre o caso

1. Quais são os fluxos de caixa associados a cada uma das três opções de financiamento do carro de Adam?

2. Suponha que, de modo similar a seus pais, Adam tenha dinheiro suficiente no banco e que ele possa facilmente pagar pelo carro à vista sem ter que entrar em dívida agora ou no futuro próximo. Se seu dinheiro obtém juros a uma APR de 5,4% (baseado em composição mensal) no banco, qual seria sua melhor opção de compra do carro?

3. Na verdade, Adam não tem dinheiro suficiente para cobrir todas as suas dívidas, inclusive seus empréstimos (substanciais) de estudante. Os empréstimos têm uma APR de 10%, e qualquer dinheiro gasto no carro não poderia ser utilizado para quitá-los. Qual é a melhor opção para Adam agora? (Dica: Observe que ter US$ 1 extra hoje economiza aproximadamente US$ 1,10 no próximo ano, pois Adam poderia pagar os empréstimos de estudante. Então, 10% é o valor do dinheiro no tempo de Adam, neste caso.)

4. Suponha agora que Adam tenha muita dívida no cartão de crédito, com uma APR de 18%, e que ele duvide que venha a quitar estas dívidas completamente antes de quitar o carro. Qual é a melhor opção de Adam agora?

5. Suponha que a letra do Tesouro de Jenna tenha uma taxa de juros de cupom de 6,5%, pagos semestralmente, enquanto que letras do Tesouro correntes com a mesma data de vencimento tenham uma rentabilidade até o vencimento de 5,4435% (expressa como uma APR com composição semestral). Se ela acaba de receber o décimo cupom do título de dívida, por quanto Jenna pode vender sua letra do Tesouro?

6. Suponha que Jenna venda a letra do Tesouro, reinvista o resultado e então poupe, como planejado. Se, de fato, Jenna obtiver um retorno anual de 9% sobre suas economias, quanto ela poderia resgatar por ano em sua aposentadoria? (Suponha que ela comece a resgatar o dinheiro da conta em quantias iguais no final de cada ano, uma vez que sua aposentadoria tenha começado.)

7. Jenna espera que seu salário aumente regularmente. Apesar de não haver garantias, ela acredita que um aumento de 4% por ano seja razoável. Ela planeja poupar US$ 3.000 no primeiro ano, e então aumentar o valor que ela economiza em 4% por ano à medida que seu salário for aumentando. Infelizmente, os preços também aumentarão devido à inflação. Suponha que Jenna assuma que vá haver uma inflação de 3% por ano. Na aposentadoria, ela terá que aumentar seus resgates todo ano para acompanhar a inflação. Neste caso, quanto ela pode resgatar no final do primeiro mês de sua aposentadoria? A que valor isso corresponde em dólares hoje? (Dica: Construa uma planilha em que você possa acompanhar o valor em sua conta de aposentadoria todo mês.)

8. Jenna deve vender sua letra do Tesouro e investir o resultado no fundo de ações? Dê pelo menos um motivo a favor e um contra este plano.

PARTE 3

Avaliação e a Empresa

A ligação com o Princípio da Avaliação. Uma das decisões mais importantes de um gerente financeiro é a escolha dos investimentos que a empresa deve fazer. Essas decisões determinam o valor na empresa. Introduzimos a regra do NPV no Capítulo 3 como uma aplicação do Princípio da Avaliação. Agora, no Capítulo 7, estabelecemos a utilidade da Regra de Decisão do NPV para a tomada de decisões de investimento. Também discutimos regras alternativas e suas desvantagens. O processo de alocação do capital da empresa a investimentos é conhecido como orçamento de capital. No Capítulo 8, descrevemos como estimar os fluxos de caixa incrementais de um projeto, que então passam a ser as entradas da Regra de Decisão do NPV. O Capítulo 8 também fornece uma demonstração prática do poder das ferramentas de descapitalização foram introduzidas nos Capítulos 4 e 5. O orçamento de capital determina o valor na empresa, então no Capítulo 9, "Avaliação de ações", passamos para a avaliação da participação proprietária na empresa — suas ações. Mostramos como o Princípio da Avaliação leva a vários métodos alternativos para avaliar o patrimônio líquido de uma empresa considerando seus dividendos futuros, fluxos de caixa livres, ou como seu valor pode ser comparado ao de empresas similares de capital aberto.

Capítulo 7
Regras de Decisão de Investimento

Capítulo 8
Fundamentos do Orçamento de Capital

Capítulo 9
Avaliação de Ações

7 Regras de Decisão de Investimento

OBJETIVOS DE APRENDIZAGEM

- Utilizar a regra do NPV para tomar decisões de investimento
- Compreender regras de decisão alternativas e suas desvantagens
- Escolher entre alternativas mutuamente exclusivas
- Ordenar projetos quando os recursos de uma empresa são limitados de modo que ela não pode empreender todos os projetos com NPV positivo

notação

C_n	fluxo de caixa que chega na data n
I	investimento inicial ou capital inicial comprometido com o projeto
IRR	taxa interna de retorno
MIRR	taxa interna de retorno modificada
NPV	valor presente líquido
PV	valor presente
r	taxa de descapitalização

ENTREVISTA COM Katherine Pagelsdorf, Pearson Education

Como analista financeira sênior na editora de livros universitários Pearson Education, Katherine Pagelsdorf lida com uma ampla variedade de responsabilidades financeiras. Formada pela University of Wisconsin, Madison, em 2003, Katherine utiliza os conhecimentos que adquiriu como estudante de finanças, investimentos e transações bancárias para preparar orçamentos, planos de crescimento de quinquenais para financiamento de unidades empresariais e análise de vendas e de informes financeiros. Novos projetos de livros-texto bem-sucedidos são o sustento da empresa; um aspecto de seu trabalho é avaliar propostas de investimentos em livros-texto como este que você está lendo agora.

É provável que você tenha avaliado opções para comprar um livro-texto novo, usado ou uma versão online. Da mesma maneira, Katherine utiliza regras de decisão para avaliar a lucratividade de versões impressas e multimídia de livros-texto. "O NPV é útil tanto para decisões financeiras pessoais quanto empresariais. Qualquer investimento é feito com o objetivo de se gerar lucro. Descontar o lucro esperado de um ponto no futuro até o presente nos mostra o valor deste investimento hoje, fornecendo uma maneira de comparar dois projetos ou investimentos. Aquele com maior NPV é a melhor escolha."

Katherine colabora com editores contratando possíveis autores para projetos. Sua experiência na área de finanças complementa a avaliação dos editores e seu conhecimento do mercado. "Utilizamos cálculos do valor presente líquido (NPV) para determinar se o resultado esperado de um projeto o torna um bom investimento hoje", diz Katherine. Ela também trabalha com a alta administração para classificar projetos em ordem de importância quando a empresa possui recursos limitados. Em tais casos, não é possível empreender todos os projetos de NPV positivo.

Além do NPV, as empresas também utilizam técnicas alternativas para avaliar o quanto um projeto é desejável. Quando era estudante, Katherine aprendeu uma variedade de maneiras de abordar uma situação financeira. "Meu domínio dessas diferentes técnicas me permite decidir por mim mesma que abordagem oferece o quadro mais preciso do projeto e apresentar os resultados aos colegas de maneira convincente." Essas regras de investimento alternativas podem concordar ou discordar da regra do NPV. "É importante utilizar essas medidas conjuntamente", diz Katherine. "Se vários projetos oferecem igual lucratividade, então escolheremos o projeto mais alinhado com a estratégia de nossa organização."

University of Wisconsin, Madison, 2003

"O NPV é útil tanto para decisões financeiras pessoais quanto empresariais".

Em 2000, a Toshiba e a Sony começaram a experimentar com uma nova tecnologia de DVD, que levou a Sony a decidir desenvolver e produzir tocadores de DVD Blu-ray de Alta Definição e a Toshiba a decidir desenvolver e produzir o tocador e formato HD-DVD. Assim começava uma guerra de formato de oito anos que só acabou em fevereiro de 2008, quando a Toshiba decidiu parar de produzir os tocadores de HD-DVD e abandonar o formato. Como os gerentes da Toshiba e da Sony chegaram à decisão de investir em novos formatos de DVD? Como os gerentes da Toshiba concluíram que a melhor solução seria parar de produzir o HD-DVD? Neste capítulo, focalizaremos as ferramentas de tomada de decisões que os gerentes utilizam para avaliar decisões de investimento. Exemplos dessas decisões incluem novos produtos, compras de equipamentos ou campanhas de marketing. Anteriormente, no Capítulo 3, introduzimos a regra do NPV. Apesar de a regra de investimento do NPV maximizar o valor da empresa, algumas empresas, no entanto, utilizam outras técnicas para avaliar investimentos e decidir que projetos devem empreender. Neste capítulo, explicaremos algumas técnicas frequentemente utilizadas – a saber, a regra do *payback* e a regra da taxa interna de retorno. Em cada caso, definimos a regra de decisão e comparamos decisões baseadas nessa regra a decisões baseadas na regra do NPV. Também ilustramos as circunstâncias em que cada uma das regras alternativas provavelmente levará a más decisões de investimento. Depois de estabelecer essas regras no contexto de um único projeto individual, ampliaremos nossa perspectiva para incluir múltiplas oportunidades a fim de selecionar a melhor delas. Concluímos vendo seleção de projetos quando a empresa enfrenta limites de capital ou o tempo dos gerentes.

7.1 Utilizando a regra do NPV

Começaremos nossa discussão sobre regras de decisão de investimento considerando a decisão de "pegar ou largar" um único projeto individual. Ao empreender este projeto, a empresa não restringe sua possibilidade de empreender outros projetos. Iniciaremos nossa análise com a familiar regra do NPV do Capítulo 3: *Ao tomar uma decisão de investimento, escolha a alternativa com o NPV mais alto. Escolher esta alternativa é equivalente a receber seu NPV em dinheiro hoje.* A regra do NPV é uma aplicação direta do Princípio de Avaliação e, como tal, sempre levará à decisão correta. No caso de um projeto individual, as alternativas que estamos considerando são aceitar ou rejeitar um projeto. A regra do NPV implica, então, que devemos comparar o NPV do projeto a zero (o NPV de rejeitar o projeto e não fazer nada). Assim, devemos aceitar o projeto se o NPV for positivo.

Organizando os fluxos de caixa e calculando o NPV

Os pesquisadores da Fredrick Feed and Farm (FFF) fizeram uma descoberta inovadora. Eles acreditam poder produzir um novo fertilizante não poluente a um custo substancial, que geraria economias em relação à linha de fertilizantes existente da empresa. O fertilizante exigirá uma nova fábrica que pode ser construída imediatamente a um custo de US$ 81,6 milhões. Os gerentes financeiros estimam que os benefícios do novo fertilizante sejam de US$ 28 milhões por ano, começando no final do primeiro ano e durando para sempre, como mostra o diagrama de fluxo de caixa a seguir:

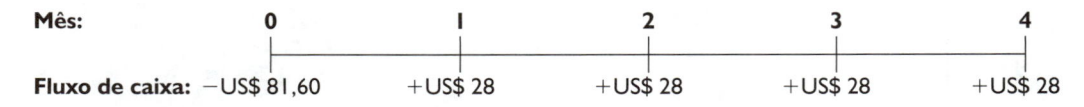

Mês:	0	1	2	3	4
Fluxo de caixa:	−US$ 81,60	+US$ 28	+US$ 28	+US$ 28	+US$ 28

Assim, os fluxos de caixa são uma saída imediata de US$ 81,6 milhões seguida pela entrada de uma anuidade de US$ 28 milhões por ano por quatro anos. Portanto, dada a taxa de desconto r, o NPV deste projeto é:

$$NPV = -81{,}6 + \frac{28}{1+r} + \frac{28}{(1+r)^2} + \frac{28}{(1+r)^3} + \frac{28}{(1+r)^4} \qquad (7.1)$$

Também podemos utilizar a fórmula de anuidade do Capítulo 4 para escrever o NPV como:

$$NPV = -81{,}6 + \frac{28}{r}\left(1 - \frac{1}{(1+r)^4}\right) \qquad (7.2)$$

Para aplicar a regra do NPV, precisamos conhecer o custo de capital. Os gerentes financeiros responsáveis por este projeto estimam um custo de capital de 10% por ano. Se substituirmos r na Equação 7.1 ou 7.2 pelo custo de capital do projeto de 10%, obteremos um NPV de US$ 7,2 milhões, que é positivo. Lembre que um valor presente líquido nos diz o valor presente dos benefícios (fluxos de caixa positivos) menos os custos (fluxos de caixa negativos) do projeto. Ao colocar tudo em valores presentes, ele coloca todos os custos e benefícios em pé de igualdade para comparação. Neste caso, os benefícios superam os custos em US$ 7,2 milhões em valor presente. A regra de investimento do NPV indica que, ao fazer o investimento, a Fredrick aumentará o valor da empresa hoje em US$ 7,2 milhões, então a Fredrick deve empreender este projeto.

Perfil do NPV

perfil do NPV Um gráfico do NPV de um projeto sobre uma faixa de taxas de descapitalização.

O NPV do projeto depende de seu custo de capital adequado. Geralmente, pode haver alguma incerteza em relação ao custo de capital do projeto. Neste caso, é útil calcular um **perfil do NPV** (*NPV profile*, no original), que traça o gráfico do NPV do projeto em uma faixa de taxas de descapitalização. A maneira mais fácil de se preparar o perfil do NPV é utilizando uma planilha como o Excel. Simplesmente repetimos nosso cálculo do NPV acima utilizando uma faixa de taxas de descapitalização diferentes em vez de apenas 10%. A Figura 7.1 apresenta o perfil do NPV do projeto da Frederick traçando o gráfico do NPV em função da taxa de descapitalização, r.[1]

Observe que o NPV é positivo somente para taxas de descapitalização menores do que 14% (a área verde-clara sombreada no gráfico). Consultando o gráfico e acompanhando a tabela de dados, vemos que em 14% o NPV é zero. Lembre do Capítulo 4 que a taxa interna de retorno (IRR) de um investimento é a taxa de descapitalização que iguala o valor presente líquido dos fluxos de caixa a zero. Assim, ao construir o perfil do NPV, determinamos que o projeto da Fredrick possui uma IRR de 14%. Como mostramos no Capítulo 4, também podemos calcular a IRR sem traçar o gráfico do NPV utilizando uma calculadora financeira ou a função IRR de uma planilha (ver o apêndice do Capítulo 4 para instruções detalhadas para o uso da calculadora).

Medindo a sensibilidade com a IRR

Em nosso exemplo da Fredrick, os gerentes da empresa forneceram o custo de capital. Se você não tem certeza da estimativa de seu custo de capital, é importante determinar o quanto sua análise é sensível a erros nesta estimativa. A IRR pode fornecer essa informação. Para a Fredrick, se a estimativa do custo de capital for maior do que a IRR de 14%, o NPV será negativo (ver a área verde sombreada na Figura 7.1). Portanto, contanto que nossa estimativa do custo de capital de 10% esteja dentro de 4% do verdadeiro custo de capital, nossa decisão de aceitar o projeto estará correta. Em geral, o que a diferença entre o custo de capital e a IRR nos diz é o quanto de erro de estimativa pode haver na estimativa do custo de capital sem alterar a decisão original.

---

[1] No Apêndice deste capítulo, mostramos como criar um perfil do NPV no Excel.

FIGURA 7.1 NPV do novo projeto da Fredrick

O gráfico no painel (b) mostra o NPV como uma função da taxa de descapitalização baseada nos dados do painel (a). O NPV é positivo, representado pela área sombreada de verde-clara, apenas para taxas de descapitalização que sejam menores do que 14%, a taxa interna de retorno (IRR). Dado o custo de capital de 10%, o projeto possui um NPV positivo de US$ 7,2 milhões. A área verde sombreada indica taxas de descapitalização acima da IRR de 14% com NPVs negativos.

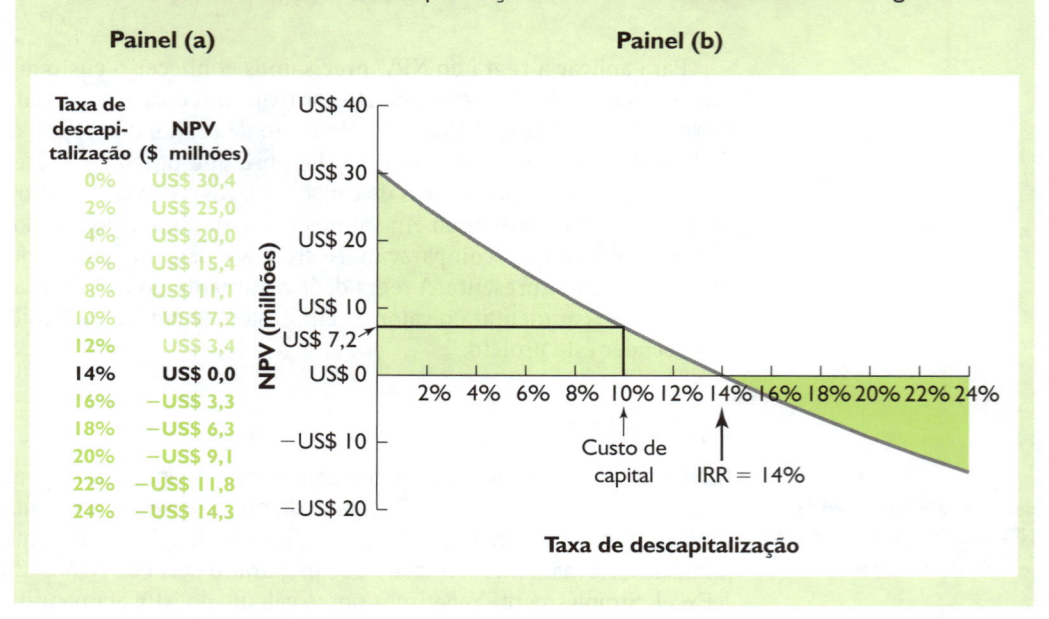

Painel (a)

Taxa de descapitalização	NPV ($ milhões)
0%	US$ 30,4
2%	US$ 25,0
4%	US$ 20,0
6%	US$ 15,4
8%	US$ 11,1
10%	US$ 7,2
12%	US$ 3,4
14%	US$ 0,0
16%	−US$ 3,3
18%	−US$ 6,3
20%	−US$ 9,1
22%	−US$ 11,8
24%	−US$ 14,3

Painel (b)

Regras alternativas *versus* a regra do NPV

A regra do NPV indica que a Fredrick deve empreender o investimento em tecnologia de fertilizantes. Enquanto estivermos avaliando regras alternativas para seleção de projetos nas próximas seções, tenha em mente que às vezes outras regras de investimento podem dar a mesma resposta que a regra do NPV, mas outras vezes elas podem discordar. Quando as regras entrarem em conflito, sempre baseie sua decisão na regra do NPV, que é a regra de decisão mais precisa e confiável.

Fixação de conceitos

1. Explique a regra do NPV para projetos individuais.
2. Como você pode interpretar a diferença entre o custo de capital e a IRR?

7.2 Regras de decisão alternativas

Apesar da regra do NPV ser a mais precisa e mais confiável, na prática uma enorme variedade de regras ainda é aplicada, geralmente em conjunto com a regra do NPV. Em um estudo realizado em 2001, John Graham e Campbell Harvey[2] descobriram que 74,9% das empresas que eles pesquisaram utilizavam a regra do NPV para tomar decisões de investimento. Esse resultado é substancialmente diferente do que foi encontrado em um estudo similar realizado

---

[2] John Graham e Campbell Harvey, "The Theory and Practice of Corporate Finance: Evidence from the Field," *Journal of Financial Economics* 60 (2001): 187−243.

em 1977 por L. J. Gitman e J. R. Forrester,[3] que descobriram que apenas 9,8% das empresas utilizavam a regra do NPV. Os alunos de administração dos últimos anos têm ouvido seus professores de finanças! Mesmo assim, o estudo de Graham e Harvey indica que um quarto das corporações norte-americanas ainda não utiliza a regra do NPV. Não fica claro exatamente por que na prática são utilizadas outras técnicas de orçamento de capital. A Figura 7.2 resume as três principais regras de decisão encontradas na pesquisa. Como é possível encontrar essas técnicas no mundo empresarial, você deve saber o que elas são, como utilizá-las e como compará-las à regra do NPV. Nesta seção, examinaremos regras de decisão alternativas para projetos individuais dentro da empresa. Aqui, focalizaremos a *regra do payback* e a *regra da IRR*.

A regra do *payback*

regra do *payback* Somente projetos que geram o retorno do seu investimento inicial dentro do período de *payback* são empreendidos.

período de *payback* O período de tempo que leva para que os fluxos de caixa de um projeto recuperem o investimento inicial. O tempo que leva para recuperar o investimento inicial.

A regra de investimento mais simples é a **regra do *payback*** (ou *payback investment rule*, no original), que afirma que você só deve aceitar um projeto se seus fluxos de caixa recuperarem seu investimento inicial dentro de um período predeterminado. A regra se baseia na noção de que uma oportunidade que recupera seu investimento inicial rapidamente é uma boa ideia. Para aplicar a regra do *payback*, você deve:

1. Calcular o tempo necessário para se recuperar o investimento inicial, chamado de **período de *payback*** (*payback period*, no original).
2. Aceitar o projeto se o período de *payback* for menor do que um período de tempo predeterminado — normalmente alguns anos.
3. Rejeitar o projeto se o período de *payback* for maior do que o período de tempo predeterminado.

Por exemplo, uma empresa pode querer adotar qualquer projeto com um período de *payback* de menos de dois anos.

FIGURA 7.2 | **As regras de decisão mais populares utilizadas pelos CFOs**

O gráfico de barras mostra as regras de decisão mais populares utilizadas pelos CFOs na pesquisa dos professores Graham e Harvey, de 2001. Muitos CFOs utilizavam mais de um método, mas nenhum outro método foi mencionado por mais da metade dos CFOs.

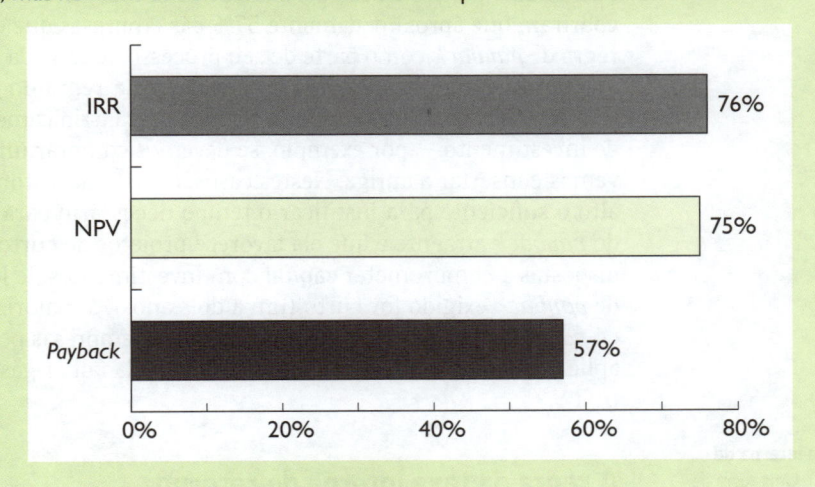

- IRR: 76%
- NPV: 75%
- Payback: 57%

[3] L. J. Gitman e J. R. Forrester, Jr., "A Survey of Capital Budgeting Techniques Used by Major U.S. Firms," *Financial Management* 6 (1977): 66–71.

> **EXEMPLO 7.1**
>
> **Utilizando a regra do *payback***
>
> **Problema**
>
> Suponha que a Fredrick exija que todos os projetos tenham um período de *payback* de dois anos ou menos. A empresa empreenderia o projeto do fertilizante segundo esta regra?
>
> **Solução**
>
> ▎ **Planejamento**
>
> A fim de implementar a regra do *payback*, precisamos saber se a soma das entradas do projeto excederá o investimento inicial antes do final de dois anos. O projeto possui entradas de US$ 28 milhões por ano e um investimento inicial de US$ 81,6 milhões.
>
> ▎ **Execução**
>
> A soma dos fluxos de caixa do ano 1 para o ano 2 é US$ 28 × 2 = US$ 56 milhões, o que não cobre o investimento inicial de US$ 81,6 milhões. Na verdade, só depois do ano 3 é que os fluxos de caixa excederão o investimento inicial (US$ 28 × 3 = US$ 84 milhões). Como o período de *payback* deste projeto excede dois anos, a Fredrick rejeitará o projeto.
>
> ▎ **Avaliação**
>
> Apesar de simples de calcular, a regra do *payback* exige que utilizemos um período de corte arbitrário ao somar os fluxos de caixa. Além disso, observe também que a regra do *payback* não desconta fluxos de caixa futuros. Em vez disso, ela simplesmente soma os fluxos de caixa e os compara a uma saída de caixa no presente. Neste caso, a Fredrick rejeitaria um projeto que aumentaria o valor da empresa.

Como consequência da análise da regra do *payback* no Exemplo 7.1, a Fredrick rejeita o projeto. Entretanto, como vimos anteriormente, com um custo de capital de 10%, o NPV seria de US$ 7,2 milhões. Seguir a regra do *payback* seria um erro porque a Frederick deixaria de investir em um projeto que vale US$ 7,2 milhões.

A regra do *payback* não é tão confiável quanto a regra do NPV porque (1) ignora o valor do dinheiro no tempo, (2) ignora fluxos de caixa posteriores ao período de *payback*, e (3) não possui um critério de decisão fundamentado em economia (qual é o número adequado de anos a ser exigido como período de *payback*?). Algumas empresas resolveram o primeiro ponto fraco passando a calcular o período de *payback* utilizando fluxos de caixa descontados (chamado de *payback* descontado). Entretanto, isso não soluciona o problema fundamental porque os outros dois pontos fracos permanecem. Apesar desses pontos fracos, Graham e Harvey descobriram que aproximadamente 57% das empresas que eles pesquisaram relataram utilizar a regra de *payback* como parte de seu processo de tomada de decisão.

Por que algumas empresas consideram a regra do *payback*? A resposta provavelmente está relacionada à sua simplicidade. Esta regra é tipicamente utilizada para pequenas decisões de investimento — por exemplo, se devemos comprar uma nova máquina copiadora ou se devemos consertar a antiga. Nestes casos, o custo de se tomar uma decisão errada pode não ser alto o suficiente para justificar o tempo necessário para calcular o NPV. O que torna a regra do *payback* atraente é que ela favorece projetos de curto prazo. Algumas empresas não estão dispostas a comprometer capital com investimentos de longo prazo. Além disso, se o período de *payback* exigido for curto (um a dois anos), a maioria dos projetos que satisfazem a regra do *payback* terá um NPV positivo. Então, as empresas podem poupar esforços primeiramente aplicando a regra do *payback*, e só quando ela falhar gastar o tempo necessário para calcular o NPV.

A regra da taxa interna de retorno

Assim como a regra do *payback*, a **regra da taxa interna de retorno (IRR**, ou *internal rate of return investment rule*, no original) baseia-se no conceito de que se o retorno sobre uma oportunidade de investimento sendo considerada for maior do que o retorno sobre outras alternativas no mercado com risco e vencimento (isto é, o custo de capital do projeto) equiva-

---

regra da taxa interna de retorno (IRR) Uma regra de decisão que aceita qualquer oportunidade de investimento em que a IRR exceda o custo de capital da oportunidade, e a rejeita, caso contrário.

lentes, deve-se empreender a oportunidade de investimento. Enunciamos a regra formalmente a seguir:

Regra da IRR: *Aceitar qualquer oportunidade de investimento em que a IRR exceder o custo de oportunidade de capital. Rejeitar qualquer oportunidade cuja IRR seja menor do que o custo de oportunidade de capital.*

A regra de investimento da IRR dará a resposta correta (isto é, a mesma resposta que a regra do NPV) em muitas situações — mas não em todas. Por exemplo, ela dá a resposta correta para a oportunidade do fertilizante da Fredrick. A partir da Figura 7.1, sempre que o custo de capital se encontra abaixo da IRR (14%), o projeto possui um NPV positivo e deve ser empreendido. A Tabela 7.1 resume nossa análise do novo projeto da Fredrick. As regras do NPV e da IRR estão de acordo, mas utilizar a regra do *payback* com um período de *payback* de dois anos ou menos faria a Fredrick rejeitar o projeto.

Em geral, a regra da IRR funciona para um projeto individual se todos os seus fluxos de caixa negativos precederem seus fluxos de caixa positivos. Mas, em outros casos, a regra da IRR pode discordar da regra do NPV e, assim, ser incorreta. Examinemos várias situações em que a IRR falha.

Investimentos adiados. A estrela do basquete Evan Cole está se formando em finanças e se preparando para o *draft* da NBA. Várias empresas já o abordaram com contratos publicitários. Duas empresas concorrentes de bebidas esportivas estão tentando assinar com ele. A QuenchIt oferece a Evan um pagamento à vista de US$ 1 milhão para ele endossar sua bebida esportiva com exclusividade por três anos. A PowerUp oferece US$ 500.000 por ano, a serem pagos no final de cada um dos três próximos anos, para ele endossar seu produto com exclusividade. Que oferta é melhor? Uma maneira direta de comparar os dois contratos é perceber que assinar com a QuenchIt faz Evan ter que abrir mão do contrato com a PowerUp, ou US$ 500.000 por ano. Considerando o risco de suas fontes de renda alternativas e de suas oportunidades de investimento disponíveis, Evan estima que seu custo de oportunidade capital seja 10%. O diagrama de fluxo de caixa da oportunidade de investimento de Evan é:

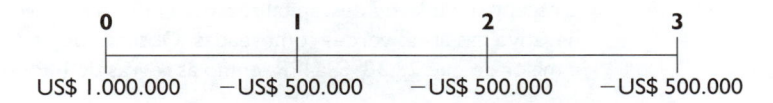

```
      0              1              2              3
      |──────────────|──────────────|──────────────|
 US$ 1.000.000  −US$ 500.000   −US$ 500.000   −US$ 500.000
```

O NPV da oportunidade de investimento de Evan é:

$$NPV = 1.000.000 - \frac{500.000}{1+r} - \frac{500.000}{(1+r)^2} - \frac{500.000}{(1+r)^3}$$

Igualando o NPV a zero e encontrando *r*, encontramos a IRR. Podemos utilizar uma calculadora financeira ou uma planilha para encontrar a IRR:

	N	I/Y	PV	PMT	FV
Dados:	3		1.000.000	−500.000	0
Encontrar:		23,38			
Fórmula do Excel:	= RATE(NPER,PMT,PV,FV) = RATE(3, −500000, 1000000, 0)				

TABELA 7.1 Resumo das regras de decisão do **NPV, IRR** e *payback* do novo projeto da Fredrick

NPV a 10%	US$ 7,2 milhões	Aceitar (US$ 7,2 milhões > 0)
Período de *payback*	3 anos	Rejeitar (3 anos > período de *payback* exigido de 2 anos)
IRR	14%	Aceitar (14% > custo de capital de 10%)

A IRR de 23,38% é maior do que o custo de oportunidade de capital de 10%. De acordo com a regra da IRR, Evan deveria assinar o contrato. Mas o que diz a regra do NPV?

$$NPV = 1.000.000 - \frac{500.000}{1,1} - \frac{500.000}{1,1^2} - \frac{500.000}{1,1^3} = -US\$\,243.426$$

A uma taxa de descapitalização de 10%, o NPV é negativo, então assinar o contrato reduziria a riqueza de Evan. Ele não deve assinar o contrato de patrocínio com a QuenchIt, mas sim com a PowerUp.

Para resolver este conflito, podemos preparar um perfil do NPV para o contrato da QuenchIt. A Figura 7.3 traça o gráfico do NPV da oportunidade de investimento para uma faixa de taxas de descapitalização. Ela mostra que, independentemente de qual é o custo de capital, a regra da IRR e a regra do NPV darão recomendações exatamente opostas. Isto é, o NPV é positivo somente quando o custo de oportunidade de capital for *maior do que* 23,38% (a IRR). Evan deve aceitar o investimento somente quando o custo de oportunidade de capital for maior do que a IRR, o oposto do que a regra da IRR recomenda.

A Figura 7.3 também ilustra o problema com o uso da regra da IRR neste caso. Para a maioria das oportunidades de investimento, ocorrem despesas inicialmente e recebe-se dinheiro posteriormente. Neste caso, Evan recebe dinheiro *à vista* da QuenchIt, mas os fluxos de caixa da PowerUp, dos quais ele tem que abrir mão, ocorrem posteriormente. É como se Evan tivesse tomado dinheiro emprestado, e quando você toma dinheiro emprestado você prefere a taxa mais *baixa* possível. A regra ótima de Evan é tomar dinheiro emprestado contanto que a taxa à qual ele faz este empréstimo seja *menor* do que o custo de capital.

Apesar da regra da IRR não dar a resposta correta neste caso, a IRR propriamente dita ainda dá informações úteis *em conjunto* com a regra do NPV. Como mencionamos anteriormente,

FIGURA 7.3

NPV do contrato de US$ 1 milhão de Cole com a QuenchIt

Quando os benefícios de um investimento ocorrem antes dos custos, o NPV é uma função crescente da taxa de descapitalização. O NPV é positivo nas áreas verdes clara sombreadas e negativo nas áreas verdes sombreadas. Observe que o NPV é positivo quando o custo de capital é maior do que 23,38%, a IRR, então as regras do NPV e da IRR estão em conflito.

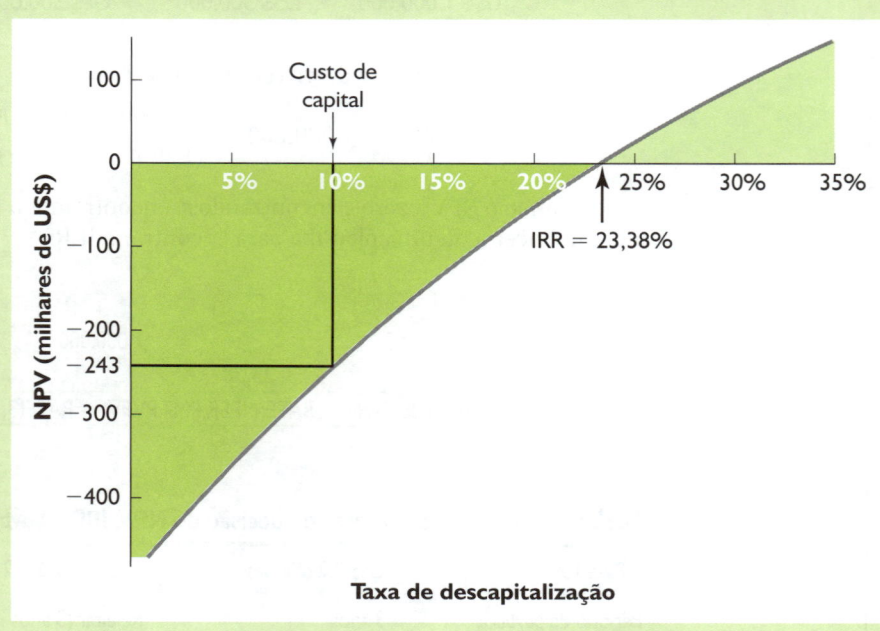

a IRR oferece informações sobre o quanto a decisão de investimento é sensível à incerteza na estimativa do custo de capital. Nesse caso, a diferença entre o custo de capital e a IRR é grande — 10% *versus* 23,38%. Evan teria que ter subestimado o custo de capital em 13,38% para tornar o NPV positivo.

Múltiplas IRRs. Evan informou à QuenchIt que ela precisaria melhorar o contrato para que ele o aceitasse. Em resposta, a empresa concordou em fazer um pagamento adicional de US$ 600.000 em 10 anos como remuneração diferida pelo aumento de longo prazo nas vendas que mesmo um endosso de curto prazo feita por Evan causaria. Ele deve aceitar ou rejeitar a nova oferta? Começamos com o novo diagrama de fluxo de caixa:

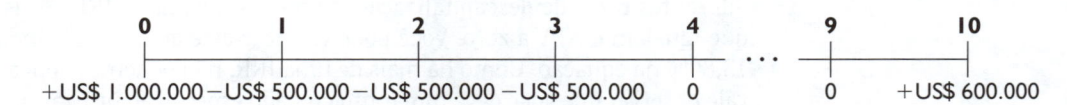

```
     0            1            2            3            4    ...    9         10
     |            |            |            |            |           |          |
+US$ 1.000.000 -US$ 500.000 -US$ 500.000 -US$ 500.000    0           0    +US$ 600.000
```

O NPV da nova oportunidade de investimento de Evan é:

$$NPV = 1.000.000 - \frac{500.000}{1+r} - \frac{500.000}{(1+r)^2} - \frac{500.000}{(1+r)^3} + \frac{600.000}{(1+r)^{10}}$$

Podemos encontrar a IRR desta oportunidade de investimento criando um perfil do NPV e observando onde ele cruza o zero. A Figura 7.4 traça o gráfico do NPV da oportunidade para

---

FIGURA 7.4

NPV do contrato da bebida esportiva de Evan com pagamentos diferidos adicionais

O gráfico no painel (b) mostra o NPV do contrato de Evan com o pagamento diferido adicional baseado nos dados do painel (a). Neste caso, há duas IRRs, invalidando a regra da IRR. Se o custo de oportunidade de capital for ou menor que 5,79%, ou maior que 13,80%, Evan deve aceitar o contrato porque o NPV será positivo, como indicado pelas áreas verde-claras sombreadas. Em qualquer ponto entre as duas IRRs, o NPV é negativo (ver a área verdes sombreada).

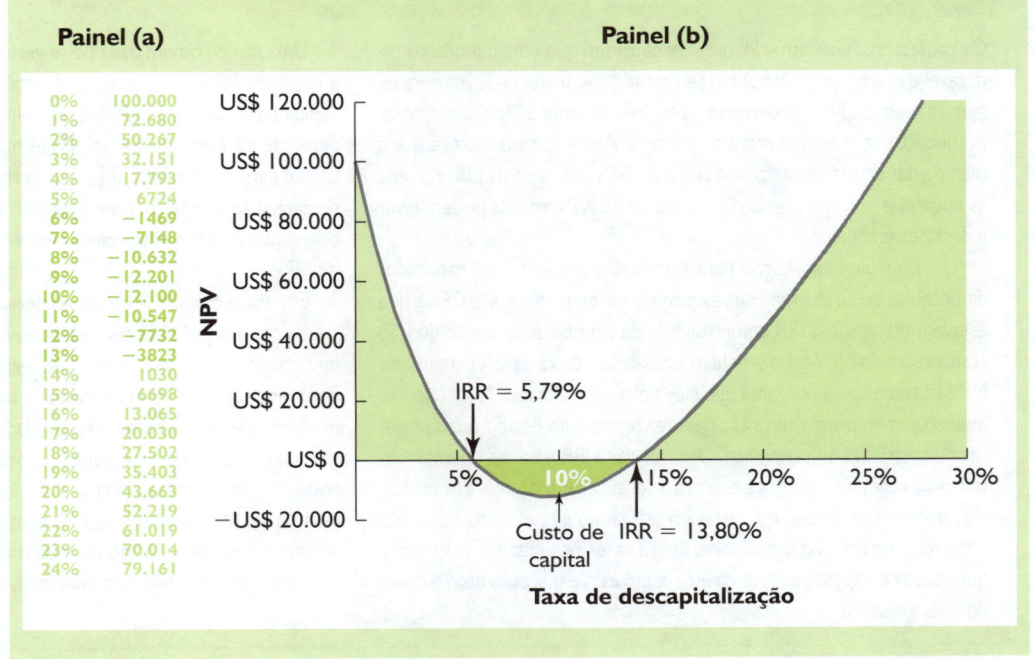

Painel (a)

Taxa	NPV
0%	100.000
1%	72.680
2%	50.267
3%	32.151
4%	17.793
5%	6724
6%	−1469
7%	−7148
8%	−10.632
9%	−12.201
10%	−12.100
11%	−10.547
12%	−7732
13%	−3823
14%	1030
15%	6698
16%	13.065
17%	20.030
18%	27.502
19%	35.403
20%	43.663
21%	52.219
22%	61.019
23%	70.014
24%	79.161

Painel (b)

Gráfico do NPV em função da Taxa de descapitalização, mostrando IRR = 5,79% e IRR = 13,80%, com o Custo de capital em 10%.

> **Erros comuns** — **IRR *versus* a regra da IRR**
>
> Em toda esta subseção, estabelecemos a distinção entre a IRR propriamente dita e a regra da IRR. Apesar de termos indicado as deficiências da utilização da regra da IRR para tomar decisões de investimento, a IRR propriamente dita continua sendo uma ferramenta muito útil. A IRR mede o retorno médio do investimento e indica a sensibilidade do NPV a erros de estimação no custo de capital. Assim, conhecer a IRR pode ser muito útil, mas depender dela para tomar decisões de investimento pode ser prejudicial.

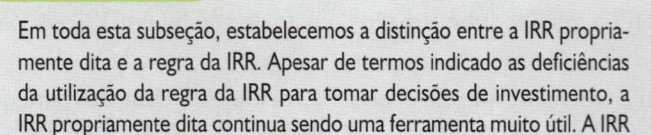

diferentes taxas de descapitalização. Neste caso, há *duas* IRRs — isto é, há dois valores de r que igualam o NPV a zero. Você pode verificar este fato substituindo r pelas IRRs de 5,79% e 13,80% na equação. Como há mais de uma IRR, não podemos aplicar a regra da IRR. Também vale observar que você deve tomar um cuidado especial ao utilizar uma planilha ou calculadora financeira para determinar a IRR. Lembre que ambas encontram a IRR através de tentativa e erro. Em casos em que há mais de uma IRR, a planilha ou calculadora simplesmente apresentará a primeira que encontrar, deixando de mencionar que poderia haver outras! Assim, sempre vale a pena criar o perfil do NPV.

Para nos orientarmos, voltemos à regra do NPV. Se o custo de capital for *ou* menor do que 5,79%, *ou* maior do que 13,80%, Evan deve empreender a oportunidade. Mas dado seu custo de capital de 10%, ele ainda deve recusá-la. Observemos que apesar da regra da IRR falhar neste caso, as duas IRRs ainda são úteis como limites para a estimativa do custo de capital. Se a estimativa do custo de capital estiver errada, e for realmente menor do que 5,79% ou maior do que 13,80%, a decisão de não empreender o projeto mudará porque ele terá um NPV positivo.

Não há macetes para a regra da IRR quando há múltiplas IRRs. Apesar do NPV ser negativo entre as IRRs neste exemplo, o contrário também é possível (ver Figura 7.5). Neste caso, o projeto teria um NPV positivo para taxas de descapitalização entre as IRRs em vez

> **Por que regras diferentes da regra do NPV persistem?**
>
> Os professores Graham e Harvey descobriram que uma minoria considerável das empresas (25%) em seu estudo não utilizava de maneira alguma a regra do NPV. Além disso, aproximadamente 50% das empresas pesquisadas utilizavam a regra do *payback*. Além do mais, parece que a maioria das empresas utilizava a regra do NPV e a regra da IRR. Por que as empresas utilizam regras diferentes da do NPV se elas podem levar a decisões errôneas?
>
> Uma possível explicação para este fenômeno é que os resultados da pesquisa de Graham e Harvey podem ser enganosos. Os CFOs que estavam utilizando a IRR como medida de sensibilidade em conjunto com a regra do NPV talvez tenham assinalado a caixa da IRR e a caixa do NPV na pesquisa. A pergunta que lhes tinha sido feita foi: "Com que frequência sua empresa utiliza as seguintes técnicas ao decidir quais projetos ou aquisições empreender?". Ao calcular a IRR e utilizá-la juntamente com a regra do NPV para estimar a sensibilidade de seus resultados, eles podem ter sentido que estavam utilizando *ambas* as técnicas. No entanto, uma minoria significativa de gerentes pesquisados respondeu que utilizavam apenas a regra da IRR, então essa explicação não dá conta de toda a história.
>
> Uma razão comum dada pelos gerentes para utilizar exclusivamente a regra da IRR é que não é preciso saber o custo de oportunidade de capital para calcular a IRR. Superficialmente, isso é verdade: a IRR não depende do custo de capital. Pode não ser preciso saber o custo de capital para se *calcular* a IRR, mas certamente é preciso saber o custo de capital ao se *aplicar* a regra da IRR. Consequentemente, o custo de oportunidade é tão importante para a regra da IRR quanto para a regra do NPV.
>
> Em nossa opinião, algumas empresas utilizam a regra da IRR exclusivamente porque a IRR reúne a atratividade da oportunidade de investimento em um único número, sem exigir que se façam cálculos para se fazer uma suposição sobre o custo de capital. Porém, se um CFO quiser um breve resumo de uma oportunidade de investimento, mas não quiser que seu funcionário faça uma suposição sobre o custo de capital, ele pode solicitar também um gráfico do NPV em função da taxa de descapitalização. Nem esta solicitação, nem a solicitação da IRR exigem que se conheça o custo de capital, mas o gráfico do NPV possui a distinta vantagem de ser muito mais informativo e confiável.

FIGURA 7.5

Perfil do NPV de um projeto com múltiplas IRRs

O gráfico mostra o perfil do NPV do projeto com múltiplas IRRs com fluxos de caixa de −US$ 1.000, US$ 2.500 e −US$ 1.540 nos anos 0, 1 e 2, respectivamente. Como o perfil do NPV mostra, o projeto possui duas IRRs: 10% e 40%.

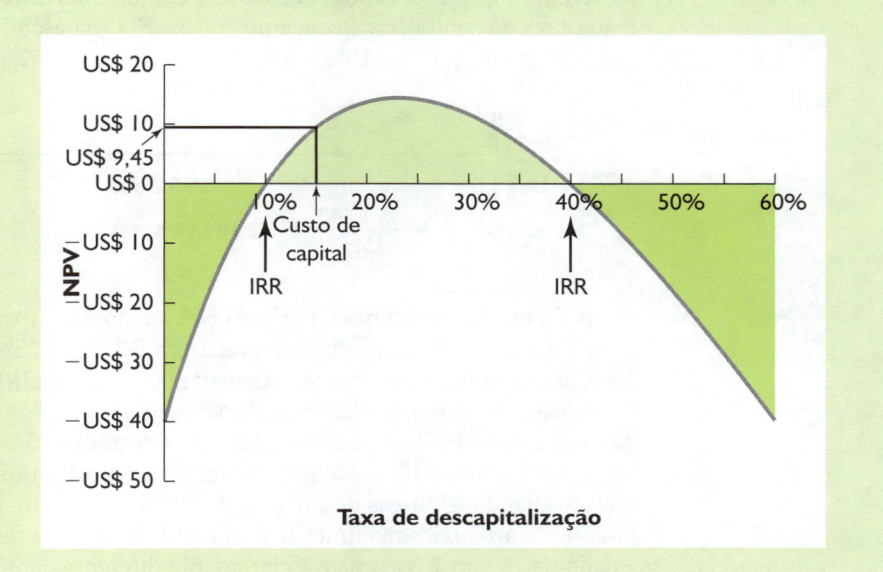

de para taxas de desconto menores ou maiores do que as IRRs. Além disso, há situações em que existem mais de duas IRRs.[4] Em tais situações, nossa única escolha é confiar na regra do NPV.

Taxa interna de retorno modificada

O fato de que pode haver múltiplas IRRs para os fluxos de caixa de um projeto é uma clara desvantagem para a IRR. Para superar isso, foram propostas várias maneiras de se modificar os fluxos de caixa antes de calcular a IRR. Todas essas modificações têm o elemento comum de agruparem os fluxos de caixa de modo que haja apenas um fluxo de caixa negativo. Com apenas um fluxo de caixa negativo, há apenas uma mudança de sinal para os fluxos de caixa como um todo e, portanto, apenas uma IRR. Esta nova IRR, calculada como a taxa de descapitalização que iguala a zero o NPV dos fluxos de caixa modificados do projeto, chama-se **taxa interna de retorno modificada (MIRR**, ou *modified internal rate of return*, no original).

taxa interna de retorno modificada (MIRR) A taxa de descapitalização que iguala a zero o NPV de fluxos de caixa modificados de um projeto. Os fluxos de caixa são modificados de modo que haja apenas um fluxo de caixa negativo (e uma mudança de sinal) para garantir que só exista uma IRR.

Técnica da MIRR. Esclareçamos isso com exemplo. Você está considerando um projeto que tem os três fluxos de caixa a seguir:

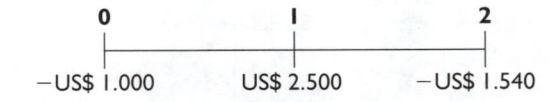

```
    0            1            2
    |------------|------------|
 −US$ 1.000   US$ 2.500   −US$ 1.540
```

O perfil do NPV deste projeto, exibido na Figura 7.5, identifica as duas IRRs deste projeto como 10% e 40%.

Suponha que sua taxa de descapitalização para este projeto seja de 15%. Como mostra a Figura 7.5, o NPV do projeto a 15% é US$ 9,45. Poderíamos modificar os fluxos de caixa do projeto para eliminar o problema de múltiplas IRRs. Ao descontar todos os fluxos de caixa negativos para o presente e capitalizar todos os fluxos de caixa positivos para o final do proje-

---

[4] Em geral, pode haver tantas IRRs quantas forem as vezes em que os fluxos de caixa do projeto mudam de sinal ao longo do tempo.

to, teremos apenas dois fluxos de caixa, gerando uma única IRR. Que taxa de descapitalização e que taxa de capitalização devemos utilizar? Uma escolha natural é nosso custo de capital para este projeto, que é 15%.

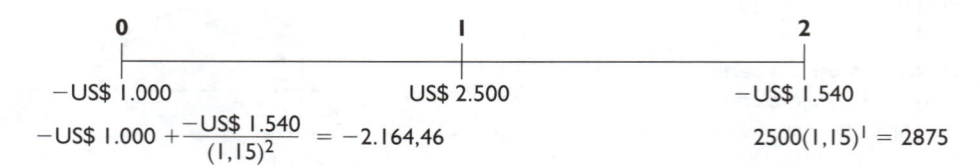

```
        0                            1                            2
        |----------------------------|----------------------------|
    −US$ 1.000                   US$ 2.500                   −US$ 1.540
−US$ 1.000 + (−US$ 1.540)/(1,15)² = −2.164,46           2500(1,15)¹ = 2875
```

$$-US\$\,1.000 + \frac{-US\$\,1.540}{(1,15)^2} = -2.164,46 \qquad 2500(1,15)^1 = 2875$$

A Figura 7.6 apresenta o perfil do NPV de nossos fluxos de caixa modificados. Como a Figura 7.6 mostra, agora há apenas uma única IRR, a 15,25%. Como nosso custo de capital é de 15%, aceitaríamos o projeto corretamente pela regra da IRR. Observe também que a vantagem de utilizar 15% como nossas taxas de descapitalização e de capitalização ao modificar os fluxos de caixa é que o NPV dos fluxos de caixa modificados a 15% é o mesmo que o NPV dos fluxos de caixa verdadeiros a 15%. A Figura 7.6 também mostra uma questão importante: não estamos mais avaliando os fluxos de caixa verdadeiros do projeto. Em vez disso, modificamo-los para forçá-los a produzir uma única IRR. O perfil do NPV dos fluxos de caixa verdadeiros do projeto é dado na Figura 7.5 acima e é claramente diferente daquele produzido pelos fluxos de caixa modificados na Figura 7.6.

Não existe uma maneira certa de modificar os fluxos de caixa do projeto para produzir uma MIRR. Duas outras abordagens que resolvem o problema de múltiplas IRRs:

1. Descapitalizar todos os fluxos de caixa negativos para o tempo 0 e não mexer nos fluxos de caixa positivos.
2. Não mexer no fluxo de caixa inicial e capitalizar todos os fluxos de caixa restantes para o período final do projeto. Nesta abordagem, você estará implicitamente reinvestindo todos os fluxos de caixa do projeto à sua taxa de capitalização até o projeto estar completo.

Novamente, em cada caso, se você utilizar o custo de capital do projeto como sua taxa de descapitalização e capitalização, você não alterará o NPV do projeto para aquela taxa de

---

FIGURA 7.6 — **Perfil do NPV de fluxos de caixa modificados do projeto de múltiplas IRRs da Figura 7.5**

O gráfico apresenta o perfil do NPV do projeto dos fluxos de caixa modificados de −2.164,46 no ano 0 e 2.875 no ano 2. Os fluxos de caixa modificados têm somente uma IRR: 15,25%. Dado o custo de capital de 15%, a regra da IRR confirma que devemos aceitar o projeto.

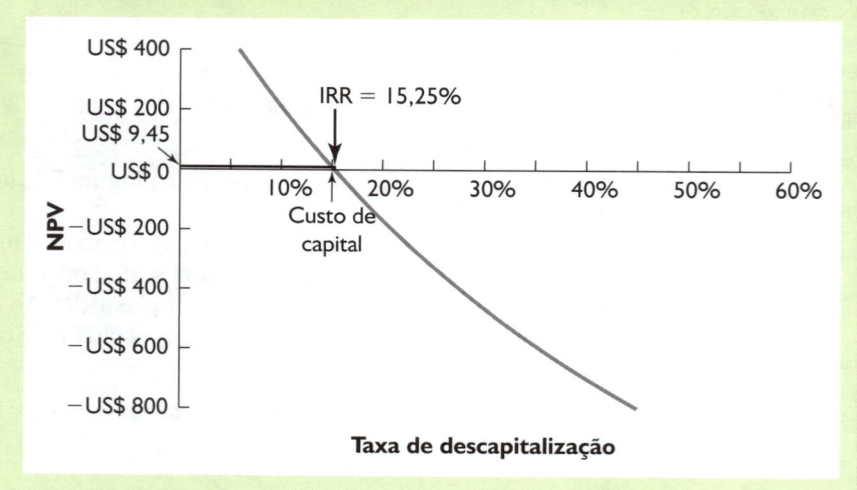

descapitalização. Além disso, uma decisão para aceitar ou rejeitar o projeto, baseada na IRR modificada será a mesma que a decisão baseada na regra de decisão do NPV.

MIRR: um comentário final. Existe um debate considerável sobre se a MIRR é realmente melhor do que a IRR. A maior parte dos argumentos baseia-se em se é ou não aconselhável modificar os fluxos de caixa do projeto. A IRR é realmente uma taxa interna de retorno baseada somente nos fluxos de caixa reais do projeto. Entretanto, a IRR supõe implicitamente que todos os fluxos de caixa gerados pelo projeto são reinvestidos pela IRR do projeto em vez de pelo custo de capital da empresa até o projeto terminar. Para um projeto com uma IRR alta, esta pode ser uma suposição irrealista. Além disso, pode haver mais de uma IRR, o que complica seu uso. A MIRR evita esses problemas, mas é baseada em um conjunto de fluxos de caixa modificados por meio do uso de taxas de descapitalização e capitalização escolhidas. Assim, ela não é realmente uma taxa interna de retorno e não mais se baseia somente nos fluxos de caixa reais do projeto. Finalmente, a MIRR ainda não soluciona alguns dos outros problemas associados ao uso da IRR ao se escolher entre projetos.

Fixação de conceitos

3. Como você aplica a regra do *payback*?
4. Sob que condições a regra da IRR levará à mesma decisão que a regra do NPV?

7.3 Selecionando projetos

Até agora, consideramos apenas decisões em que a escolha é ou aceitar, ou rejeitar um único projeto individual. Às vezes, porém, uma empresa tem que escolher apenas um projeto dentre vários projetos possíveis. Por exemplo, um gerente pode estar avaliando *designs* de embalagem alternativos para um novo produto. O gerente tem que escolher apenas um dos *designs*. Quando escolher qualquer projeto exclui a possibilidade de aceitar outros projetos, estamos lidando com **projetos mutuamente excludentes**.

projetos mutuamente excludentes Projetos que concorrem um com o outro; ao aceitar um, você exclui os outros.

Quando projetos, como os *designs* de embalagem, são mutuamente excludentes, não é suficiente determinar quais projetos têm NPVs positivos. Com projetos mutuamente excludentes, a meta do gerente é ordenar os projetos e escolher apenas o melhor deles. Nessa situação, a regra do NPV dá uma resposta fácil: *Escolha o projeto com o NPV mais alto*.

EXEMPLO 7.2
NPV e projetos mutuamente excludentes

Problema

Você é dono de um pequeno terreno comercial próximo a uma universidade. Você está considerando o que fazer com ele. Você foi abordado recentemente com uma oferta de compra de US$ 220.000. Você mesmo também está considerando três usos alternativos: um bar, uma cafeteria e uma loja de roupas. Você supõe que operaria sua escolha indefinidamente, deixando o negócio para seus filhos um dia. Você levantou as seguintes informações sobre os possíveis usos. O que você deveria fazer?

	Investimento inicial	Fluxo de caixa no primeiro ano	Taxa de crescimento	Custo de capital
Bar	US$ 400.000	US$ 60.000	3,5%	12%
Cafeteria	US$ 200.000	US$ 40.000	3%	10%
Loja de roupas	US$ 500.000	US$ 75.000	3%	13%

Solução

Planejamento

Como você só pode empreender um projeto (você só tem um terreno), esses são projetos mutuamente excludentes. A fim de decidir qual projeto é o mais valioso, você precisa classificá-los segundo seu NPV. Cada um desses projetos (exceto vender o terreno) possui fluxos de caixa que podem ser avaliados como uma perpetuidade crescente, então, como vimos no Capítulo 4, o valor presente das entradas é $CF_1/(r-g)$. O NPV de cada investimento será:

$$\frac{CF_1}{(r-g)} - \text{Investimento inicial}$$

Execução

Os NPVs são:

$$\text{Bar: } \frac{US\$ 60.000}{0,12 - 0,035} - US\$ 400.000 = US\$ 305.882$$

$$\text{Cafeteria: } \frac{US\$ 40.000}{0,10 - 0,03} - US\$ 200.000 = US\$ 371.429$$

$$\text{Loja de roupas: } \frac{US\$ 75.000}{0,13 - 0,03} - US\$ 500.00 = US\$ 250.000$$

Então, a classificação é

Alternativa	NPV
Cafeteria	US$ 371.429
Bar	US$ 305.882
Loja de roupas	US$ 250.000
Vender o terreno	US$ 220.000

e você deveria escolher a cafeteria.

Avaliação

Todas as alternativas têm NPVs positivos, mas você só pode aceitar um deles, então você deve escolher aquele que cria mais valor. Apesar da cafeteria ter os fluxos de caixa mais baixos, seu custo inicial mais baixo, juntamente com seu custo de capital também mais baixo (é menos arriscada), torna esta a melhor escolha.

Como a IRR é uma medida do retorno esperado de investir no projeto, você pode ficar tentado a estender a regra de investimento da IRR ao caso de projetos mutuamente excludentes escolhendo o projeto com a IRR mais alta. Infelizmente, escolher um projeto em detrimento do outro simplesmente porque ele possui uma IRR maior pode levar a erros. Surgem problemas quando os investimentos mutuamente excludentes têm diferenças em escala (exigem investimentos iniciais diferentes) e quando eles têm diferentes padrões de fluxo de caixa. Discutiremos cada uma dessas situações separadamente.

Diferenças de escala

Você preferiria um retorno de 200% sobre US$ 1 ou um retorno de 10% sobre US$ 1 milhão? O primeiro retorno certamente impressiona e lhe dá um enorme direito de se vangloriar, mas no final das contas você só ganha US$ 2. A segunda oportunidade pode soar mais mundana, mas você ganha US$ 100.000. Esta comparação ilustra uma importante desvantagem da IRR:

por se tratar de um retorno, não se pode saber quanto valor realmente foi criado sem se saber a base para o retorno — uma IRR de 10% pode ter implicações muito diferentes no valor de um investimento inicial de US$ 1 milhão *versus* um investimento inicial de US$ 100 milhões.

Se um projeto possui um NPV positivo, então, se pudermos dobrar seu tamanho, seu NPV também dobrará. Pelo Princípio da Avaliação, dobrar os fluxos de caixa de uma oportunidade de investimento tem que fazer ela valer o dobro. Entretanto, a regra da IRR não possui esta propriedade — ela não é afetada pela escala da oportunidade de investimento porque a IRR mede o retorno médio do investimento. Logo, a regra da IRR não pode ser utilizada para comparar projetos de diferentes escalas. Ilustremos este conceito no contexto de um exemplo.

Escala idêntica. Comecemos considerando dois projetos mutuamente excludentes com a mesma escala. Javier está avaliando duas oportunidades de investimento. Se ele abrisse um negócio com sua namorada, ele precisaria investir US$ 10.000 e o negócio geraria fluxos de caixa incrementais de US$ 6.000 por ano por três anos. Como alternativa, ele poderia abrir um cybercafé com dois computadores. A ideia dos computadores custaria um total de US$ 10.000 e geraria US$ 5.000 por três anos. O custo de oportunidade de capital de ambas as oportunidades é de 12%, e ambas exigirão todo o seu tempo, então Javier tem que escolher entre elas. Qual ele deveria escolher?

Consideremos o NPV e a IRR de cada projeto. O diagrama de fluxo de caixa do investimento com a namorada de Javier é:

```
    0           1           2           3
    |-----------|-----------|-----------|
  -10.000     +6.000      +6.000      +6.000
```

O NPV da oportunidade de investimento quando $r = 12\%$ é:

$$NPV = -10.000 + \frac{6.000}{1,12} + \frac{6.000}{1,12^2} + \frac{6.000}{1,12^3} = US\$\ 4.411$$

Podemos determinar a IRR deste investimento utilizando uma calculadora financeira ou uma planilha:

	N	I/Y	PV	PMT	FV
Dados:	3		−10.000	6.000	0
Encontrar:		36,3			
Fórmula do Excel: =RATE(NPER,PMT,PV,FV) = RATE(3, 6000, −10000, 0)					

Assim, a IRR do investimento de Javier na sociedade com sua namorada é de 36,3%. O diagrama de fluxo de caixa de seu no cybercafé é:

```
    0           1           2           3
    |-----------|-----------|-----------|
  -10.000     +5.000      +5.000      +5.000
```

O NPV da oportunidade de investimento é:

$$NPV = -10.000 + \frac{5.000}{1,12} + \frac{5.000}{1,12^2} + \frac{5.000}{1,12^3} = US\$\ 2.009$$

O NPV de US$ 2.009 do cybercafé é mais baixo do que o NPV de US$ 4.411 da sociedade com sua namorada, então Javier deve se juntar à sua namorada. Por sorte, parece que Javier não precisa escolher entre seu bolso e seu relacionamento!

Também poderíamos comparar IRRs. Para o cybercafé, encontraríamos uma IRR de 23,4%. O cybercafé possui uma IRR mais baixa do que o investimento na sociedade com a namorada de Javier. Como a Figura 7.7 mostra, neste caso o projeto com a IRR mais alta também possui o NPV mais alto.

FIGURA 7.7

NPV das oportunidades de investimento de Javier com o cybercafé com dois computadores

O NPV da sociedade com sua namorada é sempre maior que o NPV do cybercafé com dois computadores. O mesmo é válido para a IRR; a IRR da sociedade com sua namorada é 36,3%, enquanto que a IRR do cybercafé é 23,4%.

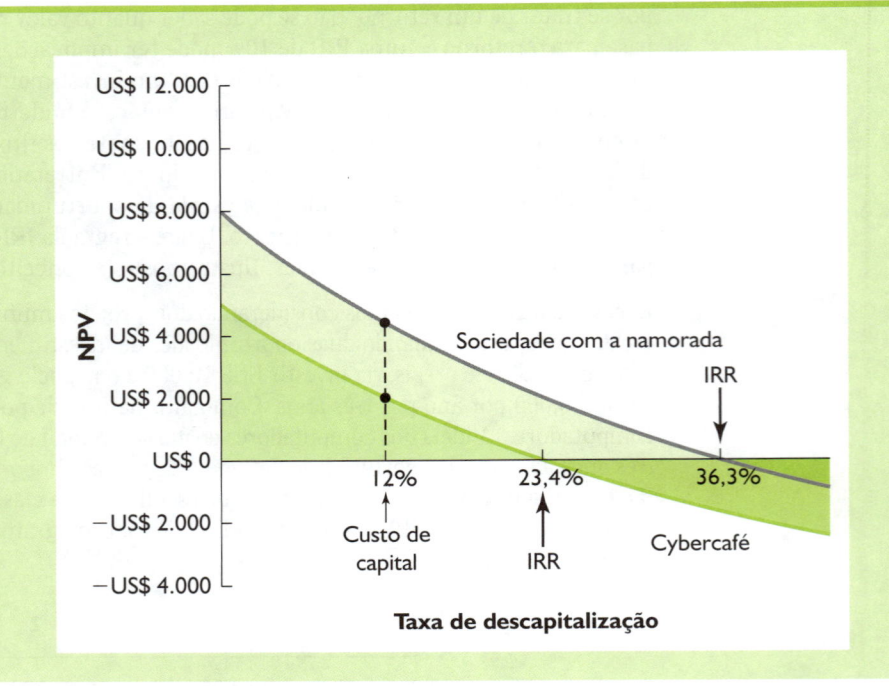

Mudança de escala. O que acontece se mudarmos a escala de um dos projetos? O professor de finanças de Javier ressalta que, dada a disponibilidade de espaço na loja, ele poderia com facilidade instalar cinco vezes mais computadores no cybercafé. Seu custo de instalação seria de US$ 50.000 e seus fluxos de caixa anuais seriam de US$ 25.000. O que Javier deveria fazer agora?

Observe que a IRR não é afetada pela escala. Como estamos multiplicando todos os custos por um fator igual a cinco, um cybercafé com dez máquinas possui exatamente a mesma IRR que um cybercafé com apenas duas máquinas, então a sociedade com sua namorada ainda possui uma IRR mais alta do que o cybercafé:

	N	I/Y	PV	PMT	FV
Dados:	3		−50.000	25.000	0
Encontrar:		36.3			
Fórmula do Excel: = RATE(NPER,PMT,PV,FV) = RATE(3, 25000, −50000, 0)					

Entretanto, o NPV do cybercafé aumenta de acordo com a escala: fica cinco vezes maior:

$$NPV = -50.000 + \frac{25.000}{1,12} + \frac{25.000}{1,12^2} + \frac{25.000}{1,12^3} = US\$\ 10.046$$

Agora Javier deve investir no cybercafé com dez computadores. Como mostra a Figura 7.8, o NPV do cybercafé com dez computadores excede o NPV de entrar em sociedade com a namorada sempre que o custo de capital for menor do que 20%. Neste caso, apesar da IRR de entrar na sociedade com a namorada exceder a IRR do cybercafé, escolher a oportunidade de investimento com a IRR mais alta não resulta em aceitar a oportunidade com NPV mais alto.

Retorno percentual *versus* impacto do dólar sobre o valor. Esse resultado pode parecer contraintuitivo e você pode imaginar a dificuldade que Javier teria para explicar para sua namorada por que ele estava escolhendo um retorno mais baixo em vez de entrar em sociedade

ENTREVISTA COM
Dick Grannis

Dick Grannis é Vice-Presidente Sênior e Tesoureiro da QUALCOMM Incorporated, uma líder mundial em tecnologia digital wireless de comunicações e semicondutores, sediada em San Diego, Califórnia, EUA. Entrou para a empresa em 1991 e fiscaliza a carteira de investimentos da empresa, que vale US$ 10 bilhões. Ele trabalha principalmente em transações com bancos de investimento, estrutura de capital e finanças internacionais. Aqui, ele fala sobre avaliação de projetos na Qualcomm e as taxas de desconto que a Qualcomm utiliza para os fluxos de caixa incrementais previstos de um projeto.

PERGUNTA: *A QUALCOMM possui uma grande variedade de produtos em diferentes linhas de negócios. Como funciona seu processo de orçamento de capital para novos produtos?*

RESPOSTA: A QUALCOMM avalia novos projetos (como novos produtos, equipamentos, tecnologias, pesquisa e desenvolvimento, aquisições e investimentos estratégicos) utilizando medidas financeiras tradicionais como os modelos DCF*, níveis de IRR, o tempo necessário para alcançar fluxos de caixa cumulativos positivos e o impacto do investimento no curto prazo em nosso lucro líquido declarado. Para investimentos estratégicos, consideramos o possível valor de melhorias financeiras, competitivas, tecnológicas e/ou de valor de mercado para nossos negócios essenciais – mesmo se esses benefícios não puderem ser quantificados. De maneira geral, tomamos decisões de orçamento de capital com base em diversas análises objetivas e na avaliação de nosso próprio negócio.

Não nos envolvemos em orçamento e análise de capital se o projeto representa uma exigência imediata e necessária para a operação de nossos negócios. Um exemplo é novos *software* ou equipamentos de produção para iniciar um projeto que já tenha sido aprovado.

Também ficamos atentos aos custos de oportunidade de alocar nossos recursos internos de engenharia em um projeto ou em outro. Vemos isso como um exercício constantemente desafiador, mas compensador, pois temos muitas oportunidades atraentes, mas recursos limitados para viabilizá-las.

PERGUNTA: *Com que frequência a QUALCOMM avalia suas taxas de retorno mínimo, e que fatores são considerados ao determiná-las? Como vocês alocam capital entre as áreas e regiões e avaliam o risco de investimentos estrangeiros?*

RESPOSTA: A QUALCOMM encoraja seus planejadores financeiros a utilizar taxas de retorno mínimo (ou de desconto) que variem de acordo com o risco de determinado projeto. Esperamos uma taxa de retorno proporcional ao risco do projeto. Nossa equipe financeira considera uma grande variedade de taxas de desconto e escolhe uma que seja adequada ao perfil de risco esperado do projeto e ao horizonte de tempo. Elas podem variar de 6% ou 8% para investimentos relativamente seguros no mercado doméstico até 50% ou mais para investimentos de patrimônio em mercados estrangeiros que possam ser ilíquidos e difíceis de prever. Reavaliamos nossas taxas de retorno mínimo pelo menos uma vez por ano.

Analisamos fatores essenciais como: (1) risco de adoção de mercado (se os clientes irão ou não comprar o novo produto ou serviço pelo preço e no volume que esperamos), (2) risco de desenvolvimento de tecnologia (se podemos ou não desenvolver e patentear o novo produto ou serviço como esperamos), (3) risco de execução (se podemos ou não lançar o novo produto ou serviço de maneira eficaz em termos de preço e na hora certa) e (4) risco de ativo dedicado (a quantidade de recursos que terão que ser consumidos para concluir o trabalho).

PERGUNTA: *Como os projetos são classificados e como se determinam as taxas de retorno mínimo de novos projetos? O que aconteceria se a QUALCOMM simplesmente avaliasse todos os novos projetos com a mesma taxa mínima?*

RESPOSTA: Classificamos os projetos principalmente por nível de risco, mas também os classificamos pelo horizonte do tempo esperado. Consideramos projetos de curto e longo prazo para equilibrar nossas necessidades e alcançar nossos objetivos. Por exemplo, projetos e oportunidades imediatas podem exigir maior atenção, mas também mantemos o foco nos projetos de longo prazo porque eles geralmente criam um maior valor de longo prazo para os acionistas.

Se tivéssemos que avaliar todos os novos projetos com a mesma taxa de retorno mínimo, nossos planejadores, como padrão, escolheriam consistentemente investir nos projetos de mais alto risco, pois estes projetos pareceriam ter os maiores retornos esperados em modelos de DCF ou em análises de IRR. Esta abordagem provavelmente não funcionaria muito bem por muito tempo.

Pergunta para discussão

Grannis menciona que a Qualcomm não se envolve em análises se o projeto representa uma exigência de um projeto que já tenha sido aprovado.

1. Tais possíveis exigências de um projeto deveriam entrar em algum lugar do processo de decisão de investimento? Em caso afirmativo, onde?

---

*N. de T.: Modelo DCF (modelo de "*discounted cash flows*", no original) ou modelo dos fluxos de caixa descontados.

FIGURA 7.8

NPV das oportunidades de investimento de Javier com o cybercafé com dez computadores

Assim como na Figura 7.7, a IRR de entrar em sociedade com a namorada é 36,3%, enquanto que a IRR do cybercafé é 23,4%. Mas neste caso, o NPV da sociedade com a namorada é maior do que o NPV do cybercafé com dez computadores somente para taxas de desconto acima de 20%.

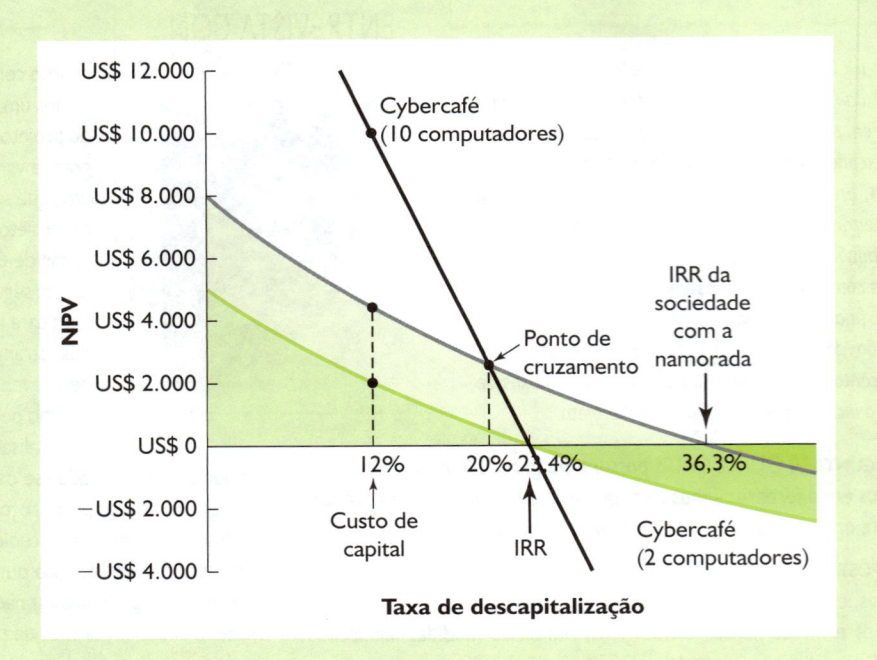

com ela. Por que alguém rejeitaria uma oportunidade de investimento com um retorno (IRR) de 36,3% em favor de outra com um retorno de apenas 23,4%? A resposta é que esta última oportunidade, o cybercafé, gera mais dinheiro. Recordemos a comparação feita no início desta seção: um retorno de 200% sobre US$ 1 ou um retorno de 10% sobre US$ 1 milhão? Concordamos que ordenar os retornos não era o mesmo que ordenar o valor criado. A IRR é uma medida do retorno médio, o que pode ser uma informação valiosa. Quando se está comparando projetos mutuamente excludentes de diferente escala, porém, é preciso conhecer o impacto do dólar sobre o valor — o NPV.

EXEMPLO 7.3

Calculando o ponto de cruzamento

Problema

Encontre o ponto de cruzamento para Javier a partir da Figura 7.8.

Solução

▶ **Planejamento**

O ponto de cruzamento é a taxa de descapitalização que iguala o NPV das duas alternativas. Podemos encontrar a taxa de descapitalização igualando as equações do NPV de cada projeto e encontrando a taxa de descapitalização. Em geral, sempre podemos calcular o efeito de escolher o cybercafé em vez de entrar em sociedade com a namorada como a diferença entre os NPVs. No ponto de cruzamento, a diferença é igual a 0.

▶ **Execução**

Igualando a diferença a zero:

$$NPV = -50.000 + \frac{25.000}{1+r} + \frac{25.000}{(1+r)^2} + \frac{25.000}{(1+r)^3}$$

$$- \left(-10.000 + \frac{6.000}{(1+r)} + \frac{6.000}{(1+r)^2} + \frac{6.000}{(1+r)^3} \right) = 0$$

$$-40.000 + \frac{19.000}{(1+r)} + \frac{19.000}{(1+r)^2} + \frac{19.000}{(1+r)^3} = 0$$

Como você pode ver, encontrar o ponto de cruzamento é igual a encontrar a IRR, então precisaremos utilizar uma calculadora financeira ou uma planilha:

	N	I/Y	PV	PMT	FV
Dados:	3		−40.000	19.000	0
Encontrar:		20,04			

Fórmula do Excel: =RATE(NPER,PMT,PV,FV) = RATE(3, 19000, −40000, 0)

E descobrimos que o ponto de cruzamento ocorre no ponto em que a taxa de descapitalização é 20% (20,04% para sermos exatos).

Avaliação

Assim como o NPV de um projeto nos diz o impacto sobre o valor de aceitá-lo, a diferença entre os NPVs das duas alternativas nos diz o impacto *incremental* de escolher um projeto no lugar de outro. O ponto de cruzamento é a taxa de descapitalização para a qual seríamos indiferentes entre os dois projetos porque o valor incremental de escolher um em detrimento do outro seria igual a zero.

Cronologia dos fluxos de caixa

Mesmo quando os projetos têm a mesma escala, a IRR pode levá-lo a classificá-los incorretamente devido a diferenças na cronologia dos fluxos de caixa. O motivo disso é que a IRR é expressa como um retorno, mas o valor em dólar de auferir determinado retorno — e, portanto, o NPV — depende de quanto tempo o retorno levará para ser recebido. Considere um projeto com uma IRR alta e com fluxos de caixa pagos rapidamente. Ele pode ter um NPV mais baixo do que um projeto com uma IRR mais baixa e cujos fluxos de caixa são pagos ao longo de um período maior. Essa sensibilidade à cronologia é um outro motivo pelo qual você não pode utilizar a IRR para escolher entre investimentos mutuamente excludentes. Para vermos isso no contexto de um exemplo, retornemos ao cybercafé de Javier.

Javier acredita que, após abrir o cybercafé, ele talvez seja capaz de vender sua participação no negócio no final do primeiro ano por US$ 40.000 (ele continuará a controlar e gerenciar o negócio depois de vendê-lo). Assim, contando seu lucro do primeiro ano de US$ 25.000, ele obteria um total de US$ 65.000 depois de um ano. Neste caso, o diagrama de fluxo de caixa é:

```
       0              1
       |──────────────|
   −US$ 50.000    +US$ 65.000
```

A Figura 7.9 traça o perfil do NPV do café com e sem vendê-lo depois de um ano. Se ele o vender, o perfil do NPV cruza o eixo χ em 30%, que é sua IRR. Se ele não vender o café, sua IRR ainda será 23,4%. Portanto, se Javier escolher a alternativa com IRR mais alta, ele venderá o café. Entretanto, como a altura de cada linha indica o NPV daquela decisão, podemos ver que seu NPV, dado um custo de capital de 12%, é mais alto se ele decidir não vender. (Na verdade, o NPV é mais alto contanto que o custo de capital seja menor do que 16,3%.) A ideia por trás disso é a seguinte: apesar da IRR da venda de 30% ser alta, este retorno só é obtido no primeiro ano. Apesar da IRR de não vender de 23,4% não ser tão alta, ela ainda é atraente em relação ao custo de capital, e é obtida ao longo de um período maior. Novamente, apenas comparando o NPV podemos determinar qual opção é realmente mais valiosa.

A palavra final sobre a IRR. Como esses exemplos deixam claro, escolher a oportunidade de investimento com maior IRR pode levar a um erro. Em geral, é perigoso utilizar a IRR em casos em que você esteja escolhendo entre projetos, ou a qualquer momento em que sua decisão de aceitar ou rejeitar um projeto afetaria sua decisão sobre outro projeto. Em tal situação, sempre confie no NPV.

FIGURA 7.9 NPV com e sem a venda

A IRR da venda após um ano (30%) é maior que a IRR sem a venda (23,4%). Entretanto, o NPV de vender após um ano excede o NPV sem a venda apenas para taxas de descapitalização que excedem 16,3% (olhe a área sombreada cinza *versus* a área verde). Assim, dado um custo de capital de 12%, é melhor não vender o cybercafé após um ano, apesar da maior IRR.

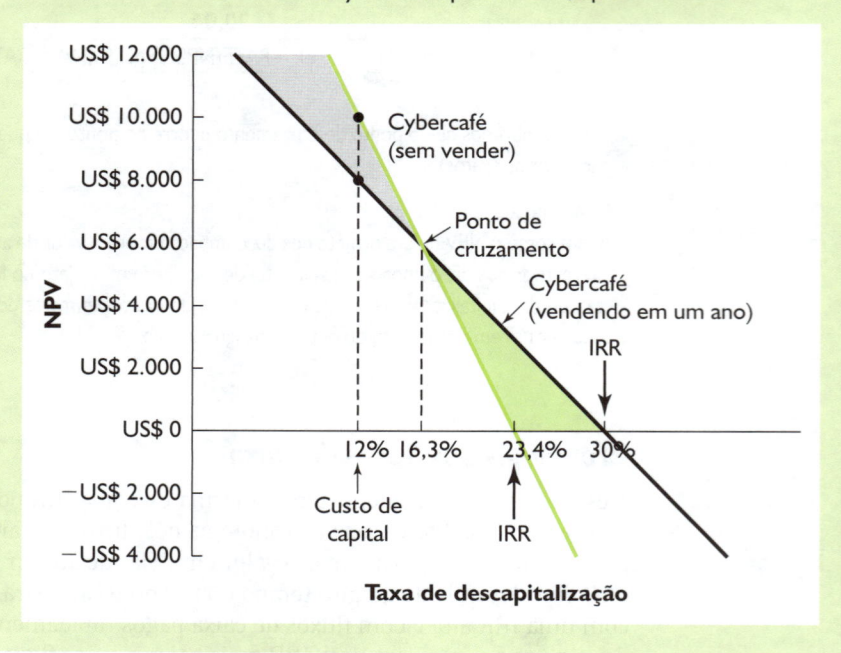

Fixação de conceitos

5. Qual é a maneira mais confiável de escolher entre projetos mutuamente excludentes?
6. Para projetos mutuamente excludentes, explique por que escolher um projeto em detrimento de outro por ele ter uma IRR maior pode levar a erros.

7.4 Avaliando projetos com diferentes vidas

Frequentemente, uma empresa precisa escolher entre duas soluções para o mesmo problema. Surge uma complicação quando essas soluções duram períodos de tempo diferentes. Por exemplo, uma empresa poderia estar considerando dois provedores para seus servidores de redes internos. Cada provedor oferece o mesmo nível de serviço, mas utilizam equipamentos diferentes. O provedor A oferece um servidor mais caro com custos operacionais anuais mais baixos e com garantia de três anos. O provedor B oferece um servidor mais barato com custos operacionais anuais mais altos e com garantia de apenas dois anos. Os custos são exibidos na Tabela 7.2 juntamente com o valor presente dos custos de cada opção, descontados pelo custo de capital de 10% deste projeto.

Observe que todos os fluxos de caixa são negativos, assim como o valor presente. Esta é uma escolha de servidor interno, onde o projeto tem que ser aceito e os benefícios são difusos (a empresa não poderia funcionar de maneira eficiente sem uma rede interna). Assim, estamos tentando minimizar o custo de fornecer este serviço para a empresa. A Tabela 7.2 mostra que a opção A é mais cara com base no valor presente (−US$ 12.490 *versus* −US$ 10.470). Entretanto, a comparação não é tão simples: a opção A dura três anos, enquanto

Capítulo 7 Regras de Decisão de Investimento

TABELA 7.2 Fluxos de caixa (milhares de US$) das opções do servidor de redes

Ano	PV a 10%	0	1	2	3
A	−12,49	−10	−1	−1	−1
B	−10,47	−7	−2	−2	

a opção B dura apenas dois. A decisão se resume a se vale ou não a pena pagar US$ 2.000 a mais pela opção A para ter o ano extra. Um método que é utilizado para avaliar alternativas como esta, que têm diferentes vidas, é calcular o Valor Uniforme Líquido de cada projeto, que é o nível de fluxo de caixa anual com o mesmo valor presente que os fluxos de caixa do projeto. A ideia é que podemos pensar no custo de cada solução como o custo anual constante que nos dá o mesmo valor presente dos fluxos de caixa volumosos de comprar e operar o servidor.

Valor Uniforme Líquido
O fluxo de caixa uniforme anual que possui o mesmo valor presente que os fluxos de caixa de um projeto. Utilizado para avaliar projetos alternativos com diferentes vidas.

Quando você tem um fluxo de caixa uniforme a um intervalo constante, você está lidando com uma anuidade, e essa é exatamente a maneira como se deve abordar este problema. Conhecemos o valor presente (−US$ 12,49), o número de anos (3) e a taxa de descapitalização (10%). Precisamos encontrar o fluxo de caixa de uma anuidade equivalente. Lembre do Capítulo 4 que a fórmula (Equação 4.8) para encontrar o fluxo de caixa em uma anuidade é:

$$\text{Fluxo de caixa} = \frac{\text{Valor presente}}{\frac{1}{r}\left(1 - \frac{1}{(1+r)^N}\right)} = \frac{-12,49}{\frac{1}{0,10}\left(1 - \frac{1}{(1,10)^3}\right)} = -5,02$$

Então, comprar e operar o servidor A é equivalente a gastar US$ 5.020 por ano para ter um servidor de redes. Podemos repetir o cálculo para o servidor B, mas para uma anuidade de dois anos, porque o servidor B possui apenas uma vida de dois anos (a mudança no expoente está realçada):

$$\text{Fluxo de caixa} = \frac{\text{Valor presente}}{\frac{1}{r}\left(1 - \frac{1}{(1+r)^N}\right)} = \frac{-10,47}{\frac{1}{0,10}\left(1 - \frac{1}{(1,10)^{\boxed{2}}}\right)} = -6,03$$

Portanto, podemos reinterpretar o custo de cada alternativa como exibido na Tabela 7.3:

TABELA 7.3 Fluxos de caixa (milhares de US$) das opções de servidor de redes, expressos como anuidades equivalentes anuais

Ano	PV a 10%	0	1	2	3
A	−12,49	0	−5,02	−5,02	−5,02
B	−10,47	0	−6,03	−6,03	

Agora estamos prontos para escolher entre os dois servidores. O servidor A é equivalente a gastar US$ 5.020 por ano, e o servidor B é equivalente a gastar US$ 6.030 por ano para ter um servidor de redes. Visto desta forma, o servidor A parece ser a solução menos cara.

EXEMPLO 7.4

Calculando um Valor Uniforme Líquido

Problema

Você está prestes a assinar o contrato do servidor A baseado na Tabela 7.2, quando um terceiro provedor aborda você com uma outra opção que dura quatro anos. Os fluxos de caixa do servidor C são dados abaixo. Você deve escolher a nova opção ou ficar com o servidor A?

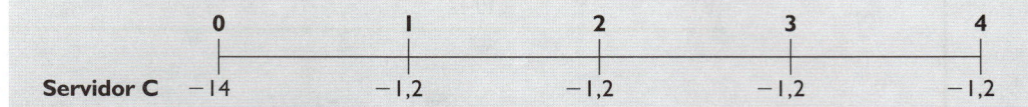

```
              0        1        2        3        4
Servidor C   -14     -1,2     -1,2     -1,2     -1,2
```

Solução

▸ **Planejamento**

A fim de comparar esta nova opção ao servidor A, precisamos colocar o servidor C em pé de igualdade calculando seu custo anual. Podemos fazer isso:

1. Calculando seu NPV pela taxa de desconto de 10% que utilizamos acima.
2. Calculando o valor uniforme de quatro anos com o mesmo valor presente.

▸ **Execução**

$$PV = -14 - 1{,}2 \left[\frac{1}{0{,}10} - \frac{1}{0{,}10(1{,}10)^4} \right] = -17{,}80$$

$$\text{Fluxo de caixa} = \frac{PV}{\left[\dfrac{1}{0{,}10} - \dfrac{1}{0{,}10(1{,}10)^4} \right]} = \frac{-17{,}80}{\left[\dfrac{1}{0{,}10} - \dfrac{1}{0{,}10(1{,}10)^4} \right]} = -5{,}62$$

O custo anual do servidor C de 5,62 é maior do que o custo anual do servidor A (5,02), então ainda devemos escolher o servidor A.

▸ **Avaliação**

Neste caso, o custo adicional associado à compra e à manutenção do servidor C não vale o ano extra que obtemos por escolhê-lo. Ao colocar todos esses custos em uma anuidade equivalente, a ferramenta Valor Uniforme Líquido nos permite ver isso.

Considerações importantes ao utilizar o Valor Uniforme Líquido

Apesar do servidor A parecer ser a alternativa de menor custo, existem diversos fatores a serem considerados antes de tomarmos nossa decisão.

Vida exigida. Calculamos o custo equivalente anual do servidor A supondo que o utilizaríamos por três anos. Mas suponha que seja provável que não venhamos a precisar do servidor no terceiro ano. Então estaríamos pagando por algo que não utilizaríamos. Neste caso, pode ser mais barato comprar o servidor B, que fornece cobertura pelos anos em que precisaremos dele a um custo total mais baixo.[5]

Custo de substituição. Quando comparamos os servidores A e B com base em seu custo equivalente anual, estamos supondo que o custo dos servidores não mudará com o passar do tempo. Mas suponha que acreditemos que uma mudança drástica em tecnologia venha a reduzir o custo dos servidores no terceiro ano a um custo anual de US$ 2.000 por ano. Então o servidor B oferece a vantagem de podermos fazer *upgrade* para a nova tecnologia mais

---

[5] Nesta situação, também devemos considerar qualquer valor residual que o servidor A possa ter se o vendermos após dois anos.

cedo. O custo de três anos de serviço de qualquer dos servidores neste caso pode ser representado como a seguir:

Ano	PV a 10%	0	1	2	3
A	−12,49	0	−5,02	−5,02	−5,02
B	−11,97	0	−6,03	−6,03	−2,00

Portanto, quando se espera que o custo ou desempenho mude significativamente com o tempo, pode ser mais barato comprar o servidor B apesar de seu custo equivalente anual mais alto por ele oferecer a opção de trocar mais cedo para a nova tecnologia.

Fixação de conceitos

7. Explique por que escolher a opção com o NPV mais alto não é sempre correto quando as opções têm vidas diferentes.
8. Que questões você deve ter em mente ao escolher entre projetos com vidas diferentes?

7.5 Selecionando projetos quando os recursos são limitados

Nas seções anteriores, comparamos projetos que tinham necessidades de recursos *idênticas*. Por exemplo, no caso de Javier, supusemos que tanto o cybercafé quanto a sociedade com sua namorada exigiriam 100% do tempo dele. Nesta seção, desenvolveremos uma abordagem para situações em que as escolhas têm diferentes exigências de recursos.

Avaliando projetos com diferentes exigências de recursos

Em algumas situações, diferentes oportunidades de investimento exigem diferentes quantidades de determinado recurso. Se houver uma oferta fixa do recurso de modo que você não possa empreender todas as oportunidades possíveis, simplesmente escolher a oportunidade com maior NPV pode não levar à melhor decisão.

Normalmente supomos que você será capaz de financiar todos os possíveis projetos de NPV positivo que você tiver. Na realidade, os gerentes trabalham dentro da restrição de um orçamento que restringe o volume de capital que eles podem investir em determinado período. Tal restrição forçaria um gerente a escolher entre projetos com NPV positivo para maximizar o NPV total ficando, ao mesmo tempo, dentro de seu orçamento. Por exemplo, suponha que você esteja considerando os três projetos na Tabela 7.4, e que você tenha um orçamento de US$ 200 milhões. A Tabela 7.4 mostra o NPV de cada projeto e o investimento inicial que cada projeto exige. O projeto A possui o NPV mais alto, mas utiliza todo o orçamento. Os projetos B e C podem *ambos* ser empreendidos (juntos eles utilizam o orçamento inteiro), e seu NPV combinado excede o NPV do projeto A; assim, você deve iniciar ambos. Conjuntamente, seu NPV é de US$ 145 milhões em comparação a apenas US$ 100 milhões para o projeto A sozinho.

TABELA 7.4 Possíveis projetos para um orçamento de US$ 200 milhões

Projeto	NPV (US$ milhões)	Investimento inicial (US$ milhões)	NPV/Investimento inicial
A	100	200	0,500
B	75	120	0,625
C	70	80	0,875

Índice de lucratividade. Observe que na última coluna da Tabela 7.4 incluímos a razão entre o NPV do projeto e seu investimento inicial. Podemos interpretar isso como: para cada dólar investido no projeto A, geraremos 50 centavos em valor (além do investimento em dólar).[6] Ambos os projetos B e C geram NPVs mais altos por dólar investido do que o projeto A, consistente com o fato de que, dado o nosso orçamento de US$ 200 milhões, os dois juntos criaram um NPV mais alto do que o do projeto A sozinho.

Neste exemplo simples, é fácil identificar a combinação ótima de projetos para empreender. Em situações reais repletas de projetos e recursos, encontrar a combinação ótima pode ser difícil. Os profissionais frequentemente utilizam o **índice de lucratividade** (*profitability index*, no original) para ajudar a identificar a combinação ótima de projetos a serem empreendidos em tais situações:

índice de lucratividade Mede o NPV por unidade de recurso consumido.

Índice de lucratividade

$$\text{Índice de lucratividade} = \frac{\text{Valor criado}}{\text{Recurso consumido}} = \frac{\text{NPV}}{\text{Recurso consumido}} \quad (7.3)$$

O índice de lucratividade mede o "valor de seu dólar" — isto é, o valor criado em termos de NPV por unidade de recurso consumido. Após calcular o índice de lucratividade, podemos classificar os projetos com base nele. Começando com o projeto de maior índice, vamos descendo pela classificação, empreendendo todos os projetos até que o recurso seja consumido. Na Tabela 7.4, o coeficiente da última coluna é o índice de lucratividade. Observe como a regra do índice de lucratividade selecionaria corretamente os projetos B e C.

EXEMPLO 7.5

Índice de lucratividade com uma restrição em recursos humanos

Problema

Sua divisão na NetIt, uma grande empresa de redes, redigiu uma proposta de projeto para desenvolver um novo roteador de redes residenciais. O NPV esperado do projeto é de US$ 17,7 milhões, e o projeto exigirá 50 engenheiros de *software*. A NetIt possui um total de 190 engenheiros disponíveis e não pode contratar engenheiros qualificados adicionais a curto prazo. Portanto, o projeto do roteador precisa concorrer com os outros projetos a seguir por esses engenheiros:

Projeto	NPV (US$ milhões)	Número de engenheiros
Roteador	17,7	50
Projeto A	22,7	47
Projeto B	8,1	44
Projeto C	14,0	40
Projeto D	11,5	61
Projeto E	20,6	58
Projeto F	12,9	32
Total	107,5	332

Como a NetIt deve priorizar esses projetos?

---

[6] Às vezes, os profissionais somam 1 a este coeficiente, de modo que a interpretação seria que cada dólar investido retornasse US$ 1,50. Deixar de fora o 1 adicional permite que o coeficiente seja aplicado a recursos outros que não orçamentos financeiros, como mostramos no Exemplo 7.5.

Solução

Planejamento

A meta é maximizar o NPV total que podemos criar com 190 engenheiros (no máximo). Podemos utilizar a Equação 7.3 para determinar o índice de lucratividade de cada projeto. Neste caso, como os engenheiros são nosso recurso limitado, utilizaremos o Número de engenheiros no denominador. Quando tivermos o índice de lucratividade de cada projeto, poderemos ordená-los com base no índice.

Execução

Projeto	NPV (US$ milhões)	Número de engenheiros (EHC)	Índice de lucratividade (NPV por EHC)	EHC cumulativo exigido
Projeto A	22,7	47	0,483	47
Projeto F	12,9	32	0,403	79 (47 + 32)
Projeto E	20,6	58	0,355	137 (79 + 58)
Roteador	17,7	50	0,354	187 (137 + 50)
Projeto C	14,0	40	0,350	
Projeto D	11,5	61	0,189	
Projeto B	8,1	44	0,184	

Agora atribuímos o recurso aos projetos em ordem decrescente segundo o índice de lucratividade. A última coluna mostra o emprego cumulativo do recurso à medida que cada projeto é empreendido até o recurso ser esgotado. Para maximizar o NPV dentro da restrição de 190 funcionários, a NetIt deve escolher os quatro primeiros projetos da lista.

Avaliação

Ao ordenar projetos em termos de seu NPV por engenheiro, encontramos o máximo de valor que podemos criar, dados nossos 190 engenheiros. Não há nenhuma outra combinação de projetos que criará mais valor sem utilizar mais engenheiros do que temos. Esta ordenação também nos mostra exatamente quanto nos custa a restrição na engenharia — a restrição deste recurso força a NetIt a abdicar de outros três valiosos projetos (C, D e B) com um NPV total de US$ 33,6 milhões.

Deficiências do índice de lucratividade. Apesar do índice de lucratividade ser simples de calcular e utilizar, em algumas situações ele não dá uma resposta precisa. Por exemplo, suponha, no Exemplo 7.5, que a NetIt tenha um outro pequeno projeto com um NPV de apenas US$ 100.000 que exige 3 engenheiros. O índice de lucratividade neste caso é de 0,1/3 = 0,03, então este projeto apareceria no fim da lista. Entretanto, observe que 3 dos 190 funcionários não estão sendo utilizados depois dos quatro primeiros projetos terem sido selecionados. Consequentemente, faria sentido empreender este projeto apesar de ele ser classificado em último porque ele utilizaria exatamente toda a nossa restrição.

Em geral, como o índice de lucratividade já inclui o custo de capital (ao calcular o NPV), seria melhor se a empresa pudesse levantar financiamentos adicionais para aliviar a restrição. Se a restrição é de alguma outra coisa (como engenheiros ou capacidade física), pode não haver nenhuma maneira de aliviar a restrição com rapidez suficiente para evitar ter que escolher entre projetos. Não obstante, como todos os projetos sendo ordenados são projetos de NPV positivo que aumentam o valor da empresa, ainda é melhor se concentrar em aliviar a restrição.

Um problema mais sério ocorre quando há múltiplas restrições de recursos. Neste caso, o índice de lucratividade pode falhar completamente. A única maneira garantida de encontrar a melhor combinação de projetos é procurar por todas elas. Apesar de este processo poder parecer gastar tempo demais, técnicas de programação linear e programação em números inteiros foram desenvolvidas especificamente para enfrentar este tipo de problema.[7] Utilizando estas técnicas em um computador, a solução geralmente pode ser obtida quase instantaneamente.

Fixação de conceitos

9. Explique por que escolher o projeto com o NPV mais alto pode não ser ótimo quando você avalia projetos com diferentes exigências de recursos.
10. O que o índice de lucratividade lhe informa?

7.6 Resumo

Na Tabela 7.5, resumimos as regras de decisão descritas neste capítulo. Como gerente financeiro, você provavelmente encontrará muitos tipos diferentes de regras de decisão de investimento em sua carreira. Na verdade, na entrevista deste capítulo, o Tesoureiro da QUALCOMM menciona cinco diferentes regras de decisão utilizadas por sua empresa ao avaliar investimentos. Demonstramos que apesar de regras de decisão alternativas poderem às vezes (ou mesmo frequentemente) concordar com a Regra de Decisão do NPV, somente a Regra de Decisão do NPV está sempre correta. Isso porque o NPV dá uma medida do valor em dólar do impacto do projeto sobre a riqueza dos acionistas. Assim, é a única regra que está diretamente ligada à sua meta de maximizar a riqueza dos acionistas. Calcular a IRR pode ser um útil complemento ao NPV porque conhecer a IRR permite que você afira o quanto sua decisão é sensível a erros em sua taxa de descapitalização. Da mesma forma, algumas medidas de decisão são muito mais simples de calcular, como o período de *payback*. Entretanto, você nunca deve confiar em uma regra alternativa para tomar decisões de investimento.

Se você for empregado por uma empresa que utiliza a regra da IRR (ou outra regra) exclusivamente, nosso conselho é sempre calcular o NPV. Se as duas regras concordarem, você pode se sentir confortável para divulgar a recomendação da regra da IRR. Se elas não concordarem, você deve investigar por que a regra da IRR falhou utilizando os conceitos abordados neste capítulo. Uma vez tendo identificado o problema, você pode alertar seus superiores sobre ele e talvez convencê-los a adotar a regra do NPV.

---

[7] Especificamente, há técnicas chamadas de programação linear e programação com números inteiros que podem ser utilizadas para encontrar a combinação com o NPV mais alto quando há múltiplas restrições que têm que ser satisfeitas. Esses métodos estão disponíveis, por exemplo, em muitos programas de planilhas.

TABELA 7.5 Resumo das regras de decisão

NPV

Definição	▸ A diferença entre o valor presente dos benefícios de um investimento e o valor presente de seus custos
Regra	▸ Aceitar qualquer oportunidade de investimento em que o NPV é positivo; rejeitar qualquer oportunidade em que ele é negativo
Vantagens	▸ Corresponde diretamente ao impacto do projeto sobre o valor da empresa ▸ Aplicação direta do Princípio da Avaliação
Desvantagens	▸ Depende de uma estimativa precisa da taxa de desconto ▸ Pode ser demorada para calcular

IRR

Definição	▸ A taxa de juros que iguala o valor presente líquido dos fluxos de caixa a zero; o retorno médio do investimento
Regra	▸ Aceitar qualquer oportunidade de investimento em que a IRR exceder o custo de oportunidade de capital; rejeitar qualquer oportunidade cuja IRR for menor do que o custo de oportunidade de capital
Vantagens	▸ Relacionada à regra do NPV e normalmente gera a mesma decisão (correta)
Desvantagens	▸ Difícil de calcular ▸ Múltiplas IRRs levam à ambiguidade ▸ Não pode ser utilizada para escolher entre projetos ▸ Pode estar incorreta se o projeto tiver passivos futuros

Período de *payback*

Definição	▸ O tempo que leva para recuperar o investimento inicial
Regra	▸ Se o período de *payback* for menor do que um período de tempo predeterminado — normalmente alguns anos — aceitar o projeto; caso contrário, rejeitá-lo
Vantagens	▸ Simples de calcular ▸ Favorece a liquidez
Desvantagens	▸ Não há orientações sobre onde deve ser estabelecido o corte para o período de *payback* ▸ Ignora fluxos de caixa posteriores ao corte do *payback* ▸ Frequentemente incorreta

Índice de lucratividade

Definição	▸ NPV/Recursos consumidos
Regra	▸ Ordena projetos segundo seu índice de lucratividade com base no recurso com restrição e vai descendo pela lista aceitando projetos que criam valor até o recurso ser exaurido
Vantagens	▸ Utiliza o NPV para medir o benefício ▸ Permite que os projetos sejam ordenados de acordo com o valor criado por unidade de recurso consumido
Desvantagens	▸ Falha quando há mais de uma restrição ▸ Exige cuidadosa atenção para garantir que o recurso com restrição seja completamente utilizado

RESUMO DO CAPÍTULO

Pontos principais e equações	Termos	Oportunidades de prática online
7.1 Utilizando a regra do NPV • Se seu objetivo é maximizar a riqueza, a regra do NPV sempre dá a resposta correta. • A diferença entre o custo de capital e a IRR é o valor máximo de erro de estimação que pode existir na estimativa do custo de capital sem alterar a decisão original.	perfil do NPV, p. 229	MyFinanceLab Study Plan 7.1 Utilizando o Excel: fazendo um perfil do NPV
7.2 Regras de decisão alternativas • Regra de investimento do *payback*: calcule quanto tempo leva para recuperar o investimento inicial (período de *payback*). Se o período de *payback* for menor do que um período de tempo predeterminado, aceite o projeto. Caso contrário, rejeite-o. • Regra de investimento da IRR: aceite qualquer oportunidade de investimento cuja IRR excede o custo de oportunidade de capital. Rejeite qualquer oportunidade cuja IRR seja menor do que o custo de oportunidade de capital. • A regra da IRR pode dar a resposta errada se os fluxos de caixa tiverem um pagamento à vista (investimento negativo). Quando há múltiplas IRRs ou quando não existe IRR, a regra da IRR não pode ser utilizada. • Os fluxos de caixa de um projeto podem ser modificados para eliminar o problema de múltiplas IRRs. A IRR Modificada é calculada com base nesses fluxos de caixa modificados.	período de *payback*, p. 231 regra da taxa interna de retorno (IRR), p. 232 regra do *payback*, p. 231 taxa interna de retorno modificada (MIRR), p. 237	MyFinanceLab Study Plan 7.2 Interactive IRR Analysis (Análise Interativa da IRR)
7.3 Selecionando projetos • Ao escolher entre oportunidades de investimento mutuamente excludentes, escolha aquela com maior NPV. Não utilize a IRR para escolher entre oportunidades de investimento mutuamente excludentes.	projetos mutuamente excludentes, p. 239	MyFinanceLab Study Plan 7.3
7.4 Avaliando projetos com diferentes vidas • Ao escolher entre projetos com diferentes vidas, você precisa de uma base de comparação padronizada. Primeiro calcule uma anuidade com um valor presente equivalente ao NPV de cada projeto. Depois os projetos podem ser comparados com base em seu custo ou valor criado *por ano*.	Valor Uniforme Líquido, p. 247	MyFinanceLab Study Plan 7.4

7.5 Selecionando projetos quando os recursos são limitados

▶ Ao escolher entre projetos que concorrem pelo mesmo recurso, geralmente obtém-se o melhor resultado classificando os projetos em ordem decrescente segundo seus índices de lucratividade e escolhendo o conjunto de projetos com os maiores índices que ainda podem ser empreendidos, dada a limitação do recurso.

$$\text{Índice de lucratividade} = \frac{\text{Valor criado}}{\text{Recurso consumido}} = \frac{\text{NPV}}{\text{Recurso consumido}} \quad (7.3)$$

índice de lucratividade, p. 250

MyFinanceLab Study Plan 7.5

Questões de revisão

1. Como a regra do NPV está relacionada à meta de maximizar a riqueza dos acionistas?
2. Qual é a ideia por trás da regra do *payback*? Quais são algumas de suas desvantagens?
3. Qual é a ideia por trás da regra da IRR? Quais são algumas de suas desvantagens?
4. Sob que condições a regra da IRR e a regra do NPV darão a mesma decisão de aceitar/rejeitar?
5. Quando é possível ter múltiplas IRRs?
6. Como a MIRR soluciona o problema de múltiplas IRRs?
7. Por que é geralmente uma má ideia utilizar a IRR para escolher entre projetos mutuamente excludentes?
8. Quando você deve utilizar um valor uniforme líquido?
9. Qual é a ideia por trás do índice de lucratividade?

Problemas

Todos os problemas neste capítulo estão disponíveis no MyFinanceLab. Um asterisco (*) indica problemas com um nível de dificuldade mais alto.

Utilizando a regra do NPV

1. Ofereceram um contrato à sua fábrica para produzir uma peça de uma nova impressora. O contrato duraria por três anos, e os fluxos de caixa do contrato seriam de US$ 5 milhões por ano. Seus custos de instalação à vista para estar pronto para produzir a peça seriam de US$ 8 milhões. Sua taxa de descapitalização para este contrato é 8%.
   a. O que a regra do NPV diz que você deve fazer?
   b. Se você aceitar o contrato, qual será a mudança no valor de sua empresa?

2. Você está considerando abrir uma nova fábrica. A fábrica custará US$ 100 milhões à vista e levará um ano para ser construída. Após isso, espera-se que ela produza lucros de US$ 30 milhões no fim de cada ano de produção. Espera-se que os fluxos de caixa durem para sempre. Calcule o NPV desta oportunidade de investimento se seu custo de capital é 8%. Você deve realizar o investimento? Calcule a IRR e utilize-a para determinar o desvio máximo aceitável na estimativa do custo de capital para manter a decisão inalterada.

3. Relata-se que Bill Clinton teria recebido US$ 10 milhões para escrever seu livro *My Way*. O livro levou três anos para ser escrito. No tempo em que passou escrevendo, Clinton poderia ter sido pago para dar palestras. Dada sua popularidade, suponha que ele pudesse ganhar US$ 8 milhões por ano (pagos no final de cada ano) com palestras, em vez de com o livro. Suponha que seu custo de capital seja de 10% ao ano.
    a. Qual é o NPV de concordar em escrever o livro (ignorando qualquer pagamento de *royalty*)?
    b. Suponha que, uma vez que o livro esteja pronto, a expectativa seja de gerar *royalties* de US$ 5 milhões no primeiro ano (pagos no final do ano) e que se espere que esses *royalties* diminuam a uma taxa de 30% ao ano em perpetuidade. Qual é o NPV do livro com os pagamentos de *royalties*?

4. A FastTrack Bikes, Inc., está pensando em desenvolver uma nova bicicleta urbana. O desenvolvimento levará seis anos e o custo será de US$ 200.000 por ano. Uma vez em produção, espera-se que a bicicleta gere US$ 300.000 por ano por 10 anos.
    a. Calcule o NPV desta oportunidade de investimento. A empresa deve fazer o investimento?
    b. Calcule a IRR e utilize-a para determinar o desvio máximo aceitável na estimativa do custo de capital para manter a decisão inalterada.
    c. Quanto deve durar o desenvolvimento para alterar a decisão?

    Suponha que o custo de capital seja de 14%.
    d. Calcule o NPV desta oportunidade de investimento. A empresa deve fazer o investimento?
    e. O quanto esta estimativa do custo de capital tem que se desviar para alterar a decisão?
    f. Quanto tempo o desenvolvimento deve durar para alterar a decisão?

5. A OpenSeas, Inc. está avaliando a compra de um novo navio de cruzeiros. O navio custaria US$ 500 milhões, mas operaria por 20 anos. A OpenSeas espera que os fluxos de caixa anuais da operação do navio sejam de US$ 70 milhões, e seu custo de capital é de 12%.
    a. Prepare o perfil do NPV da compra.
    b. Identifique a IRR no gráfico.
    c. A OpenSeas deve ir adiante com a compra?
    d. O quanto a estimativa de custo de capital da OpenSeas deve se desviar para que sua decisão de compra mude?

Regras de decisão alternativas

6. Você é um corretor imobiliário e está pensando em colocar uma placa anunciando seus serviços em um ponto de ônibus local. A placa custará US$ 5.000 e ficará no local escolhido por um ano. Você espera que ela gere uma receita extra de US$ 500 por mês. Qual é o período de *payback*?

7. A regra da IRR concorda com a regra do NPV no Problema 1?

8. Quantas IRRs há na parte (a) do Problema 3? A regra da IRR dá a resposta correta neste caso?

9. Quantas IRRs há na parte (b) do Problema 3? A regra da IRR funciona neste caso?

10. À professora Wendy Smith foi oferecido o seguinte acordo: uma empresa de advocacia gostaria de contratá-la por um pagamento à vista de US$ 50.000. Em troca disso, a empresa teria acesso a 8 horas de seu tempo por mês pelo próximo ano. O preço de Smith é de US$ 550 por hora e seu custo de oportunidade de capital é de 15%. O que a regra da IRR sugere em relação a esta oportunidade? E quanto à regra do NPV?

11. A Innovation Company está pensando em colocar no mercado um novo *software*. O custo à vista para desenvolver e colocar o produto no mercado é de US$ 5 milhões. Espera-se que o produto gere lucros de US$ 1 milhão por ano por dez anos. A empresa terá que fornecer suporte ao produto cuja expectativa de custo é de US$ 100.000 por ano em perpetuidade. Suponha que todos os lucros e despesas ocorram no final do ano.
    a. Qual é o NPV deste investimento se o custo de capital é de 6%? A empresa deve empreender o projeto? Repita a análise para taxas de descapitalização de 2% e 11%.
    b. Qual é a IRR desta oportunidade de investimento?
    c. O que a regra da IRR indica em relação a este investimento?

12. Você é dono de uma empresa de mineração de carvão e está considerando abrir uma nova mina. A mina propriamente dita custará US$ 120 milhões para ser aberta. Se esse dinheiro for gasto imediatamente, a mina gerará US$ 20 milhões pelos próximos dez anos. Depois disso, o carvão se esgotará e o local terá que ser limpo e mantido segundo padrões ambientais. Espera-se que a limpeza e manutenção custem US$ 2 milhões por ano em perpetuidade. O que a regra da IRR diz quanto a aceitar ou não esta oportunidade? Se o custo de capital é de 8%, o que diz a regra do NPV?

13. Sua empresa está considerando um projeto que custará US$ 4,55 milhões à vista, gerará fluxos de caixa de US$ 3.500.000 por ano por três anos, e então terá um custo de limpeza e encerramento das atividades de US$ 6.000.000 no quarto ano.
    a. Quantas IRRs tem esse projeto?
    b. Calcule uma IRR modificada para esse projeto descontando as saídas e mantendo as entradas inalteradas. Suponha uma taxa de descapitalização e capitalização de 10%.
    c. Utilizando a MIRR e um custo de capital de 10%, você aceitaria o projeto?

14. Acaba de lhe ser oferecido um contrato no valor de US$ 1 milhão anual por cinco anos. Entretanto, para aceitar o contrato, você precisará comprar equipamentos novos. Sua taxa de descapitalização para este projeto é de 12%. Você ainda está negociando o preço de compra dos equipamentos. Qual é o máximo que você pode pagar pelos equipamentos e ainda ter um NPV positivo?

* 15. Você está se aprontando para iniciar um novo projeto que incorrerá em custos de limpeza e encerramento das atividades quando for concluído. O projeto custa US$ 5,4 milhões à vista e espera-se que ele gere US$ 1,1 milhão ao ano por dez anos, e então tenha custos de encerramento no ano 11. Utilize a abordagem da MIRR para encontrar os custos de encerramento máximos com que você poderia arcar e ainda atender ao seu custo de capital de 15% neste projeto.

* 16. Você está considerando investir em uma mina de ouro na África do Sul. O ouro na África do Sul encontra-se enterrado em grandes profundidades, então a mina exige um investimento inicial de US$ 250 milhões. Uma vez tendo realizado esse investimento, espera-se que a mina produza receitas de US$ 30 milhões por ano pelos próximos 20 anos. A operação da mina terá um custo de US$ 10 milhões por ano. Após 20 anos, o ouro terá se esgotado. A mina deve ser estabilizada continuamente, o que terá um custo de US$ 5 milhões por ano em perpetuidade. Calcule a IRR deste investimento. (*Dica:* Faça o gráfico do NPV em função da taxa de descapitalização.)

17. Você está considerando fazer um filme. Espera-se que o filme custe US$ 10 milhões à vista e leve um ano para ser filmado. Depois disso, espera-se que ele gere US$ 5 milhões no ano em

que for lançado e US$ 2 milhões pelos 4 anos subsequentes. Qual é o período de *payback* deste investimento? Se você exigir um período de *payback* de dois anos, você fará o filme? O filme possui um NPV positivo se o custo de capital é de 10%?

Selecionando projetos

18. Você está escolhendo entre dois projetos, mas só pode aceitar um. Os fluxos de caixa dos projetos são dados na tabela a seguir:

	0	1	2	3	4
A	−US$ 50	25	20	20	15
B	−US$ 100	20	40	50	60

a. Quais são as IRRs dos dois projetos?
b. Se sua taxa de descapitalização é de 5%, quais são os NPVs dos dois projetos?
c. Por que a IRR e o NPV ordenam os dois projetos de maneiras diferentes?

19. Você está decidindo entre duas oportunidades de investimento mutuamente excludentes. Ambas exigem o mesmo investimento inicial de US$ 10 milhões. O investimento A irá gerar US$ 2 milhões por ano (a começar pelo final do primeiro ano) em perpetuidade. O investimento B irá gerar US$ 1,5 milhão no final do primeiro ano, e a partir de então suas receitas crescerão a 2% ao ano para cada ano seguinte.
a. Qual investimento possui a maior IRR?
b. Qual investimento possui o maior NPV quando o custo de capital é de 7%?
c. Neste caso, quando escolher a maior IRR dá a resposta correta em relação a qual investimento é a melhor oportunidade?

20. Você está considerando os dois projetos a seguir e só pode aceitar um deles. Seu custo de capital é 11%.

	0	1	2	3	4
A	−100	25	30	40	50
B	−100	50	40	30	20

a. Qual é o NPV de cada projeto a seu custo de capital?
b. Qual é a IRR de cada projeto?
c. A que custo de capital você seria indiferente entre os dois projetos?
d. O que você deve fazer?

21. Você precisa de determinada peça para seu processo de produção. Uma empresa de leasing de equipamentos ofereceu fazer um leasing dos equipamentos de que você precisa por US$ 10.000 por ano se você assinar um contrato de cinco anos. A empresa também faria a manutenção dos equipamentos para você como parte do contrato. Como alternativa, você poderia comprar e fazer a manutenção dos equipamentos você mesmo. Os fluxos de caixa (em milhares) decorrentes estão listados abaixo (os equipamentos têm uma vida econômica de cinco anos). Se sua taxa de descapitalização é de 7%, o que você deve fazer?

0	1	2	3	4	5
−40	−2	−2	−2	−2	−2

Avaliando projetos com diferentes vidas

22. A Gateway Tours está escolhendo entre dois modelos de ônibus. Um é mais caro para comprar e fazer a manutenção, mas dura muito mais tempo do que o outro. Sua taxa de descapitalização é de 11%. A empresa planeja continuar com um dos dois modelos no futuro próximo; qual ela deve escolher? Com base nos custos de cada modelo exibidos abaixo, qual ela deve escolher?

Modelo	0	1	2	3	4	5...	7
"Old Reliable"	−200	−4	−4	−4	−4	−4...	−4
"Short and Sweet"	−100	−2	−2	−2	−2		

23. A empresa Hassle-Free Web está em licitação para fornecer serviços de *hosting* de páginas web para o Hotel Lisbon. O Hotel Lisbon paga a seu provedor atual US$ 10.000 por ano para fazer o *hosting* de sua página web e lidar com transações nela, etc. A Hassle-Free acha que precisará comprar equipamentos no valor de US$ 15.000 à vista e então gastar US$ 2.000 por ano em monitoramento, atualizações e largura de banda para fornecer o serviço por três anos. Se o custo de capital da Hassle-Free for de 10%, ela pode fazer uma proposta de menos de US$ 10.000 por ano para fornecer o serviço e ainda aumentar seu valor ao fazê-lo?

Selecionando projetos quando os recursos são limitados

24. A Fabulous Fabricators precisa decidir como alocar espaço em suas instalações de produção este ano. Ela está considerando os seguintes contratos:

	NPV	Uso das instalações
A	US$ 2 milhões	100%
B	US$ 1 milhão	60%
C	US$ 1,5 milhão	40%

   a. Quais são os índices de lucratividade dos projetos?
   b. O que a Fabulous Fabricators deve fazer?

25. A Kartman Corporation está avaliando quatro investimentos em imóveis. A gerência planeja comprar as propriedades hoje e vendê-las daqui a três anos. A taxa de descapitalização anual desses investimentos é de 15%. A tabela abaixo resume o custo inicial e o preço de venda daqui a três anos para cada propriedade:

	Custo hoje	Preço de venda no ano 3
Parkside Acres	US$ 500.000	US$ 900.000
Real Property Estates	800.000	1.400.000
Lost Lake Properties	650.000	1.050.000
Overlook	150.000	350.000

A Kartman possui um orçamento de capital total de US$ 800.000 para investir em propriedades. Quais propriedades devem ser escolhidas?

26. A Orchid Biotech Company está avaliando vários projetos de desenvolvimento de medicamentos experimentais. Apesar dos fluxos de caixa serem difíceis de prever, a empresa fez as seguintes estimativas das exigências de capital inicial e NPVs para os projetos. Dada a grande variedade de pessoal, a empresa também estimou o número de cientistas pesquisadores necessários para cada projeto de desenvolvimento (todos os valores de custo são dados em milhões de dólares).

Número do projeto	Capital inicial	Número de cientistas pesquisadores	NPV
I	US$ 10	2	US$ 10,1
II	15	3	19,0
III	15	4	22,0
IV	20	3	25,0
V	30	10	60,2

a. Suponha que a Orchid tenha um orçamento de investimento total de US$ 60 milhões. Como ela deve priorizar esses projetos?
b. Suponha que a Orchid tenha atualmente 12 cientistas pesquisadores e não preveja ser capaz de contratar mais nenhum em um futuro próximo. Como a Orchid deve priorizar esses projetos?

Caso simulado

No dia 6 de outubro de 2004, a Rádio Sirius Satellite anunciou que tinha feito um acordo com Howard Stern para transmitir seu programa de rádio exclusivamente em seu sistema. Como resultado deste pronunciamento, o preço das ações da Sirius subiu drasticamente. Você atualmente trabalha como analista do mercado de ações para uma grande empresa, e a Rádio XM, também uma empresa de rádio por satélite, é uma das empresas que você acompanha. Sua chefe quer estar preparada se a XM seguir a Sirius na tentativa de fechar contrato com uma grande personalidade. Portanto, ela quer que você estime os fluxos de caixa líquidos que o mercado tinha previsto em decorrência do contrato de Stern. Ela lhe aconselha tratar o valor previsto pelo mercado como o NPV do contrato, e então trabalhar retroativamente a partir do NPV para determinar os fluxos de caixa anuais necessários para gerar esse valor. Houvera rumores sobre o acordo potencial algum tempo antes do pronunciamento. Consequentemente, o preço das ações da Sirius subiu por vários dias antes dele. Assim, sua chefe lhe aconselha que a melhor maneira de captar todo o valor é tomar a mudança no preço das ações de 28 de setembro de 2004 a 7 de outubro de 2004. Você balança a cabeça concordando, tentando aparentar ter compreendido como proceder. Você é relativamente novo no emprego e o termo NPV lhe é um tanto familiar.

1. Para determinar a mudança no preço das ações neste período, vá ao Yahoo! Finance (http://finance.yahoo.com) e entre com o símbolo das ações da Sirius (SIRI). Então, clique em "Historical Prices" (preços históricos) e entre com as datas adequadas. Utilize os preços de fechamento ajustados (ver coluna "Adj Close*") para as duas datas.

2. Para determinar a mudança no valor, multiplique a mudança no preço das ações pelo número de ações em circulação. O número de ações em circulação nessas datas pode ser encontrado indo-se a finance.google.com e digitando-se "SIRI" na janela "Search Finance" (janela de busca). A seguir, selecione o *link* "Income Statement" (demonstração de resultados) do lado esquerdo da tela, e então selecione "Annual Data" (dados anuais) no canto direito superior da tela. Pode-se encontrar a "Diluted Weighted Average Shares" (média ponderada diluída das ações em circulação) na declaração de 12/31/2004 (31 de dezembro de 2004) nesta página.

Como a mudança no valor representa o NPV "esperado" do projeto, você terá que encontrar os fluxos de caixa líquidos anuais que forneceriam este NPV. Para esta análise, você precisará estimar o custo de capital do projeto. Mostraremos como calcular o custo de capital em capítulos subsequentes; por enquanto, utilize o *website* de custo de capital da New York University (NYU) (http:pages.stern.nyu.edu/~adamodar/New_Home_Page/datafile/wacc.htm). Localize o custo de capital na coluna mais à direita da indústria de "Entertainment Tech" (tecnologia de entretenimento).

3. Utilize o custo de capital do *website* da NYU e o NPV que você calculou para calcular o fluxo de caixa constante anual que fornece este NPV. Calcule fluxos de caixa para horizontes de 5, 10 e 15 anos.

4. Sua chefe mencionou que acredita que o contrato de Howard Stern pela Sirius foi muito bom para a XM porque indicou que a indústria tinha um valioso potencial de crescimento. Para ver se ela parece estar correta, encontre a reação percentual no preço das ações da XM (XMSR) neste mesmo período.

Capítulo 7 APÊNDICE — Utilizando o Excel para fazer um perfil do NPV

Construir um perfil do NPV de um projeto é uma maneira muito útil de realmente *ver* a(s) IRR(s) do projeto e como o NPV do projeto muda com a taxa de descapitalização. Veja o projeto de fertilizantes da Fredrick da Seção 7.1. Na tela do Excel abaixo, os fluxos de caixa desse projeto estão em preto nas células E6 a I6. A célula C9 mostra o NPV, tomando o conteúdo da célula C5 como a taxa de descapitalização. A fórmula para fazê-lo é exibida logo à esquerda da célula B3. Observe que, a fim de tornar o NPV uma função dinâmica de qualquer taxa de descapitalização que seja digitada na célula C5, você digita "C5" em vez de "10%" onde a fórmula recebe esta taxa de descapitalização. Para referência, também calculamos a IRR na célula C7, e a fórmula para fazê-lo é dada logo à esquerda de C7.

Com os fluxos de caixa determinados e o NPV digitado na célula B5 como uma função dinâmica da taxa de descapitalização, estamos prontos para utilizar a função "Tabela de Dados" do Excel para calcular o NPV para uma variedade de diferentes taxas de descapitalização. Uma tabela de dados nos mostra como o resultado de uma fórmula (como o NPV) muda quando mudamos uma das células na planilha (como a taxa de descapitalização). Para fazer isso:

1. Digite a faixa das taxas de descapitalização em uma coluna, como exibido abaixo (células B10 a B36). O modo como essas taxas são colocadas é importante. Elas têm que começar na célula abaixo e à esquerda da célula com o NPV. (A célula B10 se encontra imediatamente abaixo e à esquerda da célula C9.)
2. Realce a área que contém sua faixa de taxas de descapitalização e a célula do NPV, como exibido na tela abaixo (células B9 a C34).

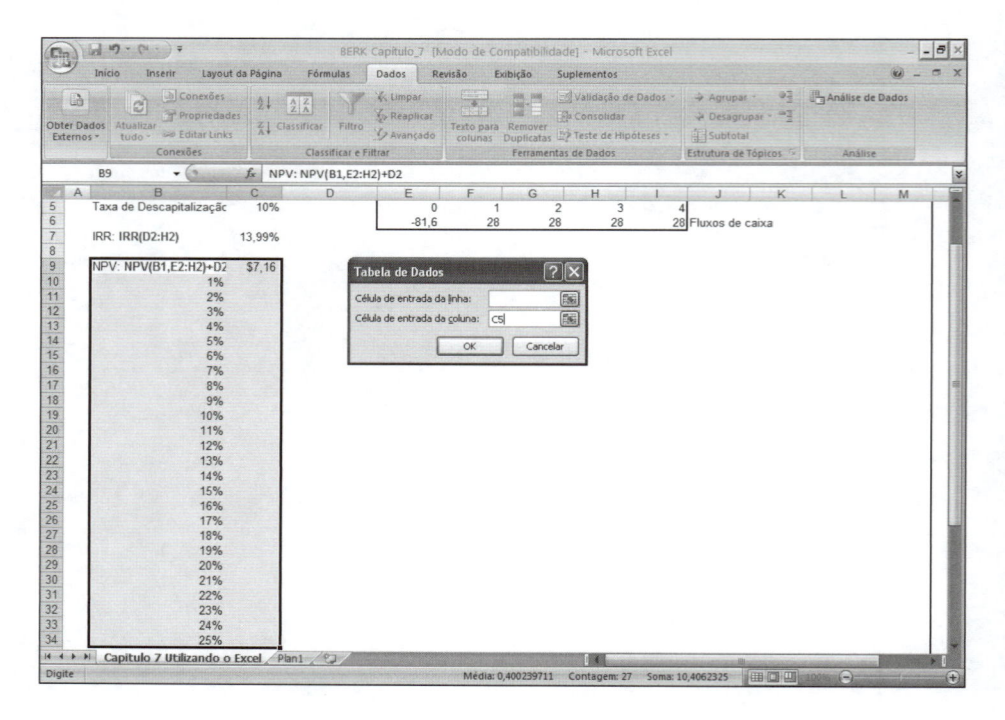

3. Do menu "Dados", selecione Teste de Hipóteses > Tabela de Dados.
4. Como nossas taxas de descapitalização estão em uma coluna, estamos utilizando uma "Célula de entrada da coluna" em vez de uma "Célula de entrada da linha". Na caixa de célula de entrada da coluna, digite C5 ou clique sobre a célula C5. Ao fazer isso, você estará pedindo ao Excel para recalcular o NPV substituindo a célula C5, que contém a taxa de descapitalização, pelos números que preenchem a coluna.
5. Clique em OK.

Após clicar OK, as células ao lado da faixa de taxas de descapitalização serão preenchidas com os NPVs correspondentes a cada uma das taxas de descapitalização, como mostra a tela abaixo. Para criar um perfil do NPV traçando o gráfico desses NPVs em função das taxas de descapitalização:

1. Realce a taxa de descapitalização e os NPVs: células B10 a C34.
2. Clique sobre o ícone "Gráficos" do menu "Inserir".
3. Escolha XY (Dispersão) como seu tipo de gráfico e clique no subtipo de gráfico exibido na parte inferior da tela abaixo.
4. Clique em OK para exibir o gráfico.

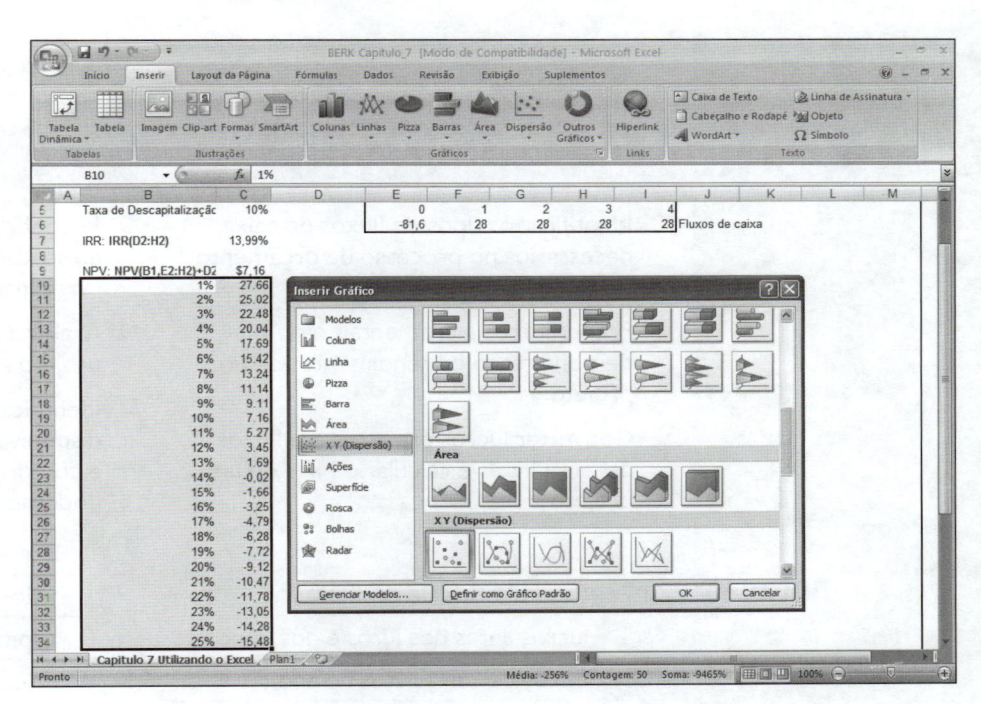

8 Fundamentos do Orçamento de Capital

OBJETIVOS DE APRENDIZAGEM

- Identificar os tipos de fluxos de caixa necessários no processo de orçamento de capital
- Prever lucros incrementais na demonstração de rendimentos de um projeto
- Converter lucros previstos em fluxos de caixa livres e calcular o NPV de um projeto
- Reconhecer perigos comuns que surgem ao se identificarem os fluxos de caixa livres incrementais de um projeto
- Avaliar a sensibilidade do NPV de um projeto a variações em seus pressupostos
- Identificar as opções mais comuns disponíveis aos gerentes em projetos e compreender por que essas opções podem ser valiosas

notação

$CapEx$	desembolsos de capital	NPV	valor presente líquido
$EBIT$	lucros antes dos juros e dos impostos	NWC_t	capital de giro líquido no ano t
FCF_t	fluxos de caixa livres no ano t	PV	valor presente
IRR	taxa interna de retorno	r	custo de capital projetado

ENTREVISTA COM James King, Limitless LLC

James King é analista financeiro da Limitless LLC, sediada em Dubai. Ele se formou em administração com ênfase em economia imobiliária em 2006 pela University of Western Sydney, em New South Wales, Austrália.

A Limitless LLC, uma unidade empresarial da Dubai World, é uma construtora imobiliária global integrada que realiza construções civis diferenciadas e sustentáveis em três áreas de especialização específicas: planejamento de grandes comunidades urbanas; empreendimento de desenvolvimentos urbanos na orla; e implementação de projetos de grande escala. Refletindo sobre seu próprio estudo, James comentou que "em minhas disciplinas de finanças, aprendia a teoria antes de aplicá-la. Por exemplo, eu estudava a teoria da análise de fluxos de caixa descontados, além da técnica matemática por trás dela. Eu utilizo essas habilidades no meu cotidiano, e esta mesma teoria financeira é o que direciona as decisões de investimento da empresa". Sua função na Limitless é preparar estudos de exequibilidade de projetos potenciais em todo o mundo para avaliar sua viabilidade financeira.

A Limitless utiliza ferramentas financeiras tradicionais, como o lucro líquido e a margem de lucro pro forma, para avaliar a viabilidade financeira de projetos individuais. Entretanto, James observa que devido ao extenso horizonte temporal da construção civil e retorno demorado sobre desembolsos de capital, a empresa depende fortemente de indicadores de desempenho que levem em conta o valor do dinheiro no tempo. Estes incluem a taxa interna de retorno (IRR) e o valor presente líquido (NPV). "A taxa que um projeto tem que alcançar se baseia em um custo de capital próprio, ou o retorno sobre os fundos em que a Limitless investe. Temos uma taxa predeterminada para cada mercado, que então ajustamos com base no tipo de projeto e em outros fatores."

Apesar de cada empresa para a qual você trabalha poder escolher diferentes métodos de orçamento de capital, é importante que você conheça e compreenda todos eles. James aconselha: "Tire proveito de cada oportunidade que o estudo propicia. A base de habilidades que você adquire estudando lhe proporcionará uma variedade maior de oportunidades de emprego e lhe dará uma vantagem no ambiente ultracompetitivo do mercado de trabalho internacional".

University of Western Sydney, New South Wales, 2006

"Tire proveito de cada oportunidade que o estudo propicia".

Uma importante responsabilidade dos gerentes financeiros das empresas é determinar que projetos ou investimentos a empresa deve empreender. O orçamento de capital, o foco deste capítulo, é o processo de analisar oportunidades de investimento e decidir quais delas aceitar. Ao fazê-lo, estamos alocando os fundos da empresa a vários projetos — estamos orçando seu capital. O Capítulo 7 abordou os vários métodos de avaliação de projetos e provou que a regra do NPV é o método mais confiável e preciso de fazê-lo. Em retrospecto, isso pode não ser surpreendente, já que é a única regra diretamente ligada ao Princípio de Avaliação. Para implementar a regra do NPV, temos que calcular o NPV de nossos projetos e aceitar apenas aqueles para os quais o NPV é positivo. Falamos no último capítulo sobre a Sony e a Toshiba, que utilizavam, cada uma separadamente, regras de decisão de investimento para buscar padrões competitivos de DVD de alta definição (e, finalmente para a Toshiba, decidir abandonar o HD-DVD). A fim de implementar as regras de decisão de investimento, os gerentes financeiros da Toshiba, por exemplo, tinham primeiro que prever os fluxos de caixa incrementais associados aos investimentos e só então prever os fluxos de caixa incrementais associados à decisão de parar de investir no HD-DVD. O processo de previsão desses fluxos de caixa, entradas cruciais no processo de decisões de investimento, é nosso foco neste capítulo.

Começaremos estimando os fluxos de caixa esperados do projeto prevendo as receitas e custos do projeto. Utilizando esses fluxos de caixa, podemos calcular o NPV do projeto — sua contribuição ao valor aos acionistas. Então, como as previsões de fluxos de caixa quase sempre contêm incerteza, demonstramos como calcular a sensibilidade do NPV à incerteza contida nas previsões. Finalmente, examinamos a relação entre a flexibilidade de um projeto e seu NPV.

8.1 O processo do orçamento de capital

orçamento de investimento
Lista todos os projetos que uma empresa planeja empreender durante o período seguinte.

orçamento de capital O processo de analisar oportunidades de investimento e decidir quais aceitar.

O primeiro passo na análise de várias oportunidades de investimento é compilar uma lista de possíveis projetos. Um **orçamento de investimento** lista os projetos e investimentos que uma empresa planeja empreender durante anos futuros. Para criar esta lista, as empresas analisam projetos alternativos e decidem quais aceitar através de um processo chamado **orçamento de capital**. Este processo começa com previsões de cada uma das consequências futuras do projeto para a empresa. Algumas dessas consequências afetam as receitas da empresa; outras afetam seus custos. Nossa meta final é determinar o efeito da decisão de aceitar ou rejeitar um projeto sobre os fluxos de caixa da empresa e avaliar o NPV desses fluxos de caixa para avaliar as consequências da decisão para o valor da empresa. A Figura 8.1 representa os tipos de fluxos de caixa encontrados em um projeto típico. Examinaremos cada um deles à medida que formos prosseguindo em nossa discussão sobre de capital.

É claro que prever esses fluxos de caixa é muitas vezes uma tarefa desafiadora. Geralmente precisamos confiar em diferentes especialistas dentro da empresa para obter estimativas para muitos deles. Por exemplo, o departamento de marketing pode fornecer previsões de vendas, o gerente de operações pode fornecer informações sobre os custos de produção, e os engenheiros da empresa podem estimar as despesas à vista relacionadas à pesquisa e desenvolvimento necessária para lançar o projeto. Uma outra importante fonte vem da análise de projetos passados da empresa, ou os de outras empresas do mesmo setor. Em particular, os profissionais sempre baseiam suas avaliações das receitas e custos de um projeto utilizando informações sobre receitas e custos que podem ser descobertas a partir das demonstrações contábeis históricas da empresa ou de suas concorrentes.

lucros incrementais O montante pelo qual se espera que os lucros de uma empresa mudem em decorrência de uma decisão de investimento.

Quando tivermos estas estimativas, como as organizaremos? Um ponto de partida comum é primeiramente considerar as consequências do projeto dos lucros da empresa. Assim, *começaremos* nossa análise na Seção 8.2 determinando os **lucros incrementais** de um projeto — isto é, o valor da variação que se espera nos lucros da empresa em decorrência da decisão de investimento. A previsão de lucros incrementais nos diz como a decisão afetará os lucros divulgados da empresa a partir de uma perspectiva contábil. Entretanto, como

FIGURA 8.1

Fluxos de caixa de um projeto típico

O diagrama mostra alguns fluxos de caixa típicos em análise de projetos e sua cronologia.

Start-up	Em andamento	Encerramento
Compra de equipamentos	Receitas incrementais	Venda de equipamentos (menos impostos)
Custos iniciais de desenvolvimento	Custos incrementais	Custos de encerramento das atividades
	Impostos	
Aumento no capital de giro líquido (aumento nos estoques, matérias-primas, etc.)	Mudança no capital de giro líquido (mudança nos estoques, matérias-primas, contas a receber e a pagar)	Diminuição no capital de giro líquido (diminuição nos estoques, matérias-primas, etc.)

enfatizamos no Capítulo 2, *os lucros não são fluxos de caixa reais*. Precisamos estimar os fluxos de caixa do projeto para determinar seu NPV e decidir se ele é um bom projeto para a empresa. Portanto, na Seção 8.3, demonstraremos como utilizar os lucros incrementais para prever os fluxos de caixa reais do projeto. Compreender como calcular as consequências de um investimento sobre os fluxos de caixa com base nas consequências sobre seus lucros é importante por diversos motivos. Primeiramente, por uma questão prática, os gerentes financeiros sempre começam prevendo os lucros. Em segundo lugar, se estivermos analisando dados históricos, informações contábeis muitas vezes são as únicas informações que estão prontamente disponíveis.

Dilbert, May 05, 1994, United Features Syndicate.

Fixação de conceitos

1. O que é o orçamento de capital, e qual é a sua meta?
2. Por que calcular o efeito de um projeto sobre os lucros da empresa é insuficiente para o orçamento de capital?

8.2 Previsão de lucros incrementais

Começaremos nossa discussão sobre lucros incrementais com um exemplo simples que examinaremos ao longo desta seção. Suponha que você esteja considerando se deve atualizar sua fábrica e aumentar sua capacidade comprando um novo equipamento. O equipamento custa US$ 1 milhão, mais US$ 20.000 para transportá-lo e instalá-lo. Você também gastaria US$ 50.000 em custos de engenharia para reprojetar a fábrica para que ela acomode a capacidade aumentada. Quais são as consequências iniciais desta decisão sobre os lucros?

Despesas operacionais *versus* desembolsos de capital

A maioria dos projetos exige alguma forma de investimento à vista — podemos precisar realizar uma pesquisa de marketing, desenvolver um protótipo ou lançar uma campanha publicitária. Esses tipos de custos contam como despesas operacionais no ano em que são incorridas. Entretanto, muitos projetos também incluem investimentos em instalações, propriedades e/ou equipamentos, chamados de desembolsos de capital. Lembre, do Capítulo 2, que apesar dos investimentos em instalações, propriedades e/ou equipamentos serem um desembolso de caixa, eles não são listados diretamente como despesas ao se calcularem os *lucros*. Em vez disso, a empresa deduz uma fração do custo desses itens todos os anos como depreciação. Os gerentes financeiros utilizam vários métodos diferentes para calcular a depreciação. O método mais simples é a **depreciação em linha reta** (*straight-line depreciation*, no original), na qual o custo dos ativos é dividido uniformemente ao longo de toda sua vida depreciável (discutiremos um outro método comum na Seção 8.4).

depreciação em linha reta Um método de depreciação em que o custo de um ativo é dividido igualmente ao longo de sua vida.

Em nosso exemplo, os custos à vista associados à decisão de aumentar a capacidade têm duas consequências distintas para os lucros da empresa. Em primeiro lugar, os US$ 50.000 gastos em reprojetar a fábrica são uma despesa operacional declarada no ano 0. Para o US$ 1.020.000 gasto para comprar, transportar e instalar a máquina, os princípios contábeis, além das regras tributárias, exigem que você deprecie o US$ 1.020.000 ao longo da vida depreciável do equipamento. Supondo que o equipamento tenha uma vida depreciável de cinco anos e que utilizemos o método de depreciação em linha reta, teremos uma despesa de US$ 1.020.000/5 = US$ 204.000 ao ano por cinco anos. (A motivação para este tratamento contábil é associar o custo de aquisição da máquina à cronologia das receitas que ela irá gerar.)

	Ano	0	1	2	3	4	5
2	Despesas operacionais (reprojeto da fábrica)	−US$ 50.000					
3	Depreciação (novo equipamento)		−US$ 204.000	−US$ 204.000	−US$ 204.000	−US$ 204.000	−US$ 204.000

Como o diagrama de fluxo de caixa mostra, a saída de caixa à vista de US$ 1.020.000 para comprar e instalar a máquina não é reconhecida como uma despesa no ano 0. Em vez disso, ela aparece como despesas de depreciação nos anos 1 a 5. Lembre que essas *despesas de depreciação não correspondem a saídas de caixa reais*. Este tratamento contábil e tributário de desembolsos de capital é um dos motivos-chave pelos quais os lucros não são uma representação precisa dos fluxos de caixa. Voltaremos a este assunto na Seção 8.3.

Receita incremental e estimativas de custo

Nosso próximo passo é estimar as receitas e os custos contínuos do projeto. Prever receitas e custos futuros é uma tarefa desafiadora. Os profissionais mais bem-sucedidos coletam o máximo de informações possível antes de enfrentar esta tarefa — falam com membros das equipes de marketing e vendas, além de economistas da empresa, para desenvolver uma estimativa das vendas, e falarão com as equipes de engenharia e produção para que elas refinem suas estimativas de custos.

Há vários fatores a serem considerados ao estimar as receitas e custos de um projeto, inclusive os seguintes:

1. Um novo produto tipicamente possui vendas mais baixas inicialmente, quando os clientes começam gradativamente a conhecer o produto. As vendas então aceleram, alcançam um platô e finalmente caem à medida que o produto se aproxima da obsolescência ou passa a enfrentar maior concorrência.
2. O preço de venda médio de um produto e seu custo de produção geralmente variam com o tempo. Preços e custos tendem a aumentar com o nível geral de inflação na economia. Os preços de produtos de tecnologia, no entanto, geralmente caem com o tempo à medida que surgem tecnologias novas e superiores e os custos de produção diminuem.
3. Na maioria dos setores, a concorrência tende a reduzir as margens de lucro com o passar do tempo.

Nosso foco aqui é sobre como passar dessas previsões para os lucros incrementais e então aos fluxos de caixa; o Capítulo 17 discute métodos de previsão mais detalhadamente.

Todas as nossas estimativas de receita e custo devem ser *incrementais,* o que significa que só consideramos as vendas e custos adicionais gerados pelo projeto. Por exemplo, se estivermos avaliando a compra de uma máquina de produção mais rápida, estaremos preocupados somente com quantas unidades adicionais do produto seremos capazes de vender (e a que preço) e quaisquer custos adicionais criados pela nova máquina. Não prevemos as vendas e custos totais porque estes incluem nossa produção utilizando a máquina antiga. *Lembre-se de que estamos avaliando como o projeto mudará os fluxos de caixa da empresa. É por isso que focalizamos as receitas e custos incrementais.*

Voltemos ao nosso exemplo da fábrica. Suponha que depois de termos comprado e instalado a máquina e reprojetado a fábrica, nossa capacidade adicional nos permita gerar receitas incrementais de US$ 500.000 por ano por cinco anos. Essas receitas incrementais serão associadas a US$ 150.000 por ano em custos incrementais. Neste caso, nossas estimativas de receita, custo e depreciação do projeto são como aquelas exibidas a seguir (em milhares de dólares):

1	Ano	0	1	2	3	4	5
2	Receitas incrementais		500	500	500	500	500
3	Custos incrementais	−50	−150	−150	−150	−150	−150
4	Depreciação		−204	−204	−204	−204	−204

Agora que temos estas estimativas, estamos prontos para calcular as consequências de nosso projeto para os lucros da empresa. Como vimos no Capítulo 2, tanto as despesas com depreciação quanto os custos reais de produção (por exemplo, custo de mercadorias vendidas) têm que ser subtraídos das receitas, de modo que:

$$\text{Lucros antes dos juros e dos impostos (EBIT)} = \text{Receita incremental} - \text{Custos incrementais} - \text{Depreciação} \quad (8.1)$$

Impostos

A despesa final que devemos considerar são os impostos corporativos. A alíquota de impostos adequada a ser utilizada é a **alíquota marginal corporativa de impostos** da empresa, que é a alíquota de impostos que a empresa pagará sobre cada dólar *incremental* de renda antes dos impostos. A despesa com juros da receita incremental é calculada como:

alíquota marginal corporativa de impostos A alíquota de impostos que uma empresa irá pagar sobre um dólar incremental de renda antes dos impostos.

$$\text{Imposto de renda} = \text{EBIT} \times \text{Alíquota marginal corporativa da empresa} \quad (8.2)$$

Previsão de lucros incrementais

Agora estamos prontos para juntar as peças da previsão de lucros incrementais. Suponha que nossa empresa seja tributada a uma alíquota corporativa de impostos de 40%. Então os lucros incrementais (ou lucro líquido) são os seguintes (em milhares de dólares):[1]

	Ano	0	1	2	3	4	5
1							
2	Receitas incrementais		500	500	500	500	500
3	Custos incrementais	−50	−150	−150	−150	−150	−150
4	Depreciação		−204	−204	−204	−204	−204
5	EBIT	−50	146	146	146	146	146
6	Alíquota de impostos a 40%	20	−58,4	−58,4	−58,4	−58,4	−58,4
7	Lucros incrementais	−30	87,6	87,6	87,6	87,6	87,6

Também podemos combinar as Equações 8.1 e 8.2 para calcular os lucros incrementais diretamente. Por exemplo, nos anos 1 a 5, temos:

$$\text{Lucros incrementais} = (\text{Receitas incrementais} - \text{Custo incremental} - \text{Depreciação}) \times (1 \times \text{Alíquota de impostos}) \qquad (8.3)$$

$$\text{Lucros incrementais} = (500.000 - 150.000 - 204.000) \times (1 - 0,4) = 87.600$$

EXEMPLO 8.1
Lucros incrementais

Problema

Suponha que a Linksys esteja considerando o desenvolvimento de um aplicativo de redes sem fio para usuários domésticos, chamado HomeNet, que fornecerá tanto o *hardware* quanto o *software* necessários para controlar toda uma casa a partir de qualquer conexão de Internet. Além de conectar PCs e impressoras, a HomeNet controlará novos aparelhos de som que tocam formatos baixados da Internet, gravadores de vídeo digitais, aquecedores e aparelhos de ar-condicionado, os principais eletrodomésticos, sistemas de telefonia e segurança, equipamentos de escritório, e assim por diante. O principal concorrente da HomeNet é um produto que está sendo desenvolvido pela Brandt-Quigley Corporation.

Com base em extensas pesquisas de mercado, a previsão de vendas da HomeNet é de 50.000 unidades por ano. Dado o ritmo dos avanços tecnológicos, a Linksys espera que o produto tenha uma vida de quatro anos e um preço de atacado esperado de US$ 260 (o preço que a Linksys receberá das lojas). A produção propriamente dita será terceirizada a um custo (inclusive embalagem) de US$ 110 por unidade.

Para verificar a compatibilidade de novos eletrodomésticos que podem ser conectados à Internet, à medida que eles vão se tornando disponíveis, com o sistema da HomeNet, a Linksys também tem que estabelecer um novo laboratório para fins de testes. Ela alugará o espaço do laboratório, mas precisará comprar US$ 7,5 milhões em novos equipamentos. Os equipamentos serão depreciados utilizando-se o método da linha reta ao longo de uma vida de cinco anos.

O laboratório estará em funcionamento ao final de um ano. Nesse momento, a HomeNet estará pronta para transportar seus produtos. A Linksys espera gastar US$ 2,8 milhões por ano em custos de aluguel de espaço de laboratório, além de marketing e suporte para este produto. Preveja os lucros incrementais do projeto da HomeNet.

---

[1] Apesar das receitas e custos ocorrerem ao longo do ano, a convenção padrão que adotamos aqui é listar receitas e custos no ano em que eles ocorrem. Assim, os fluxos de caixa que ocorrem no final de um ano serão listados em uma coluna diferente daqueles que ocorrem no início do ano seguinte, apesar de eles poderem ocorrer com apenas algumas semanas de distância um do outro. Quando uma precisão maior é necessária, os fluxos de caixa geralmente são estimados trimestral ou mensalmente.

Capítulo 8 Fundamentos do Orçamento de Capital

Solução

▶ **Planejamento**

Precisamos de 4 itens para calcular os lucros incrementais: (1) receitas incrementais, (2) custos incrementais, (3) depreciação e (4) a alíquota marginal de impostos:

Receitas incrementais são Unidades adicionais vendidas × Preço = 50.000 × US$ 260 = US$ 13.000.000
Custos incrementais são Unidades adicionais vendidas × custos de produção
= 50.000 × US$ 110 = US$ 5.500.000
Despesas de venda, gerais e administrativas = US$ 2.800.000 de aluguel, marketing e suporte
Depreciação é: Base depreciável / Vida depreciável = US$ 7.500.000 / 5 = US$ 1.500.000
Alíquota marginal de impostos: 40%

Observe que apesar do projeto durar por quatro anos, os equipamentos têm uma vida de cinco anos, então temos que incluir a despesa final da depreciação no quinto ano.

▶ **Execução (em US$ mil)**

1	Ano	0	1	2	3	4	5
2	Receitas		13.000	13.000	13.000	13.000	—
3	Custo de mercadorias vendidas		−5.500	−5.500	−5.500	−5.500	—
4	**Lucro bruto**		7.500	7.500	7.500	7.500	—
5	Despesas de vendas, gerais e administrativas		−2.800	−2.800	−2.800	−2.800	—
6	Depreciação		−1.500	−1.500	−1.500	−1.500	−1.500
7	**EBIT**		3.200	3.200	3.200	3.200	−1.500
8	Alíquota de impostos a 40%		−1.280	−1.280	−1.280	−1.280	600
9	**Lucros incrementais**		1.920	1.920	1.920	1.920	−900

▶ **Avaliação**

Estes lucros incrementais são um passo intermediário no modo de calcular os fluxos de caixa incrementais que formariam a base de qualquer análise do projeto da HomeNet. O custo dos equipamentos não afeta os lucros no ano em que são comprados, mas fazem-no por meio da despesa de depreciação nos cinco anos seguintes. Observe que a vida depreciável, que se baseia em regras contábeis, não tem que ser igual à vida econômica do ativo — o período ao longo do qual ele terá valor. Aqui, a empresa utilizará os equipamentos por quatro anos, mas os depreciará ao longo de cinco anos.

Demonstração *pro forma*. A tabela que calcula os lucros incrementais que produzimos para a atualização de nossa fábrica, e novamente no Exemplo 8.1, geralmente é chamada de demonstração ***pro forma***, pois não se baseia em dados reais, mas, em vez disso, representa as finanças da empresa sob determinado conjunto de suposições hipotéticas. No exemplo da HomeNet, as previsões de receitas e custos da empresa eram suposições que permitiam à Linksys prever lucros incrementais em uma demonstração *pro forma*.

pro forma Descreve uma demonstração que não é baseada em dados reais, mas, em vez disso, representa as finanças de uma empresa sob determinado conjunto de suposições hipotéticas.

Impostos e EBIT negativo. Observe que no ano 0 de nosso projeto de ampliação da fábrica e no ano 5 do exemplo da HomeNet o EBIT é negativo. Por que os impostos são relevantes neste caso? Considere o exemplo da HomeNet. A HomeNet reduzirá a renda tributável da Linksys no ano 5 em US$ 1,5 milhão. Contanto que a Linksys obtenha uma renda tributável em outro lugar no ano 5 que possa compensar as perdas da HomeNet, a Linksys deverá US$ 1,5 milhão × 40% = US$ 600.000 *menos* em impostos no ano 5 do que se não estivesse empreendendo o projeto. Como as economias tributárias vêm das despesas com depreciação de equipamentos do projeto da HomeNet, a empresa deve creditar esta economia tributária ao projeto da HomeNet.

> **EXEMPLO 8.2**
>
> **Ônus tributário de projetos em empresas lucrativas**
>
> **Problema**
>
> A Kellogg Company planeja lançar uma nova linha de pães com alto teor de fibras e zero de gordura trans. As grandes despesas de propaganda associadas ao lançamento do novo produto gerarão perdas operacionais de US$ 15 milhões no próximo ano do produto. A Kellogg espera obter um lucro antes dos impostos de US$ 460 milhões de outras operações além de pães no próximo ano. Se a Kellogg pagar uma alíquota de impostos de 40% sobre sua renda antes dos impostos, o que ela deverá em impostos no próximo ano sem o novo produto? O que ela deverá com o novo produto?
>
> **Solução**
>
> ▶ **Planejamento**
>
> Precisamos do lucro antes dos impostos da Kellogg com e sem o ônus relativo ao novo produto e sua alíquota de impostos de 40%. Podemos então calcular o imposto sem este ônus e compará-lo ao imposto com este ônus.
>
> ▶ **Execução**
>
> Sem o novo produto, a Kellogg deverá US$ 460 milhões x 40% = US$ 184 milhões em impostos corporativos no próximo ano. Com o novo produto, o lucro da Kellogg antes dos impostos no próximo ano será de apenas US$ 460 milhões − US$ 15 milhões = US$ 445 milhões, e deverá US$ 445 x 40% = US$ 178 milhões em impostos.
>
> ▶ **Avaliação**
>
> Assim, lançar o novo produto reduz os impostos da Kellogg no próximo ano em US$ 184 milhões − US$ 178 milhões = US$ 6 milhões. Como o ônus sobre o novo produto reduz a renda tributável da Kellogg dólar por dólar, é como se o novo produto tivesse obrigações tributárias de US$ 6 milhões *negativos*.

E quanto às despesas com juros? No Capítulo 2, vimos que para calcular o lucro líquido de uma empresa temos primeiro que deduzir as despesas com juros do EBIT. Ao avaliar uma decisão de orçamento de capital, porém, geralmente *não incluímos as despesas com juros*. Quaisquer despesas incrementais com juros estarão relacionadas à decisão da empresa em relação a como financiar o projeto, o que é uma decisão separada. Aqui, queremos avaliar as contribuições sobre os lucros do projeto individualmente, separado da decisão de financiamento. Em última análise, os gerentes também podem analisar as consequências adicionais sobre os lucros associadas a diferentes métodos de financiamento do projeto.

Assim, avaliaremos um projeto *como se* a empresa não fosse utilizar nenhuma dívida para financiá-la (seja este ou não realmente o caso), e adiaremos a consideração de escolhas alternativas de financiamento até a Parte V deste livro. Como calculamos o lucro líquido supondo nenhuma dívida (nenhuma alavancagem), chamamos o lucro líquido que calculamos utilizando a Equação 8.3, assim como no cálculo *pro forma* do Exemplo 8.1, de **lucro líquido não alavancado** (*unlevered net income*, do original) do projeto, para indicar que ele não inclui nenhuma despesa com juros associada a dívidas.

lucro líquido não alavancado
Lucro líquido que não inclui despesas com juros associadas a dívidas.

Fixação de conceitos

3. De que maneira as despesas operacionais e os desembolsos de capital são tratados de maneira diferente ao calcular os lucros incrementais?

4. Por que focalizamos somente receitas e custos incrementais, em vez de as receitas e custos totais da empresa?

8.3 Determinando o fluxo de caixa livre incremental

Como discutido no Capítulo 2, os lucros são uma medida contábil do desempenho da empresa. Eles não representam entradas reais: a empresa não pode utilizar seus lucros para comprar bens, pagar os funcionários, financiar novos investimentos ou pagar dividendos aos acionistas. Para fazer essas coisas, a empresa precisa de dinheiro em caixa. Assim, para avaliar uma deci-

fluxo de caixa livre O efeito incremental de um projeto sobre o dinheiro disponível de uma empresa.

são de orçamento de capital, temos que determinar suas consequências para o caixa disponível da empresa. O efeito incremental de um projeto sobre o caixa disponível da empresa é o **fluxo de caixa livre** incremental.

Calculando o fluxo de caixa livre a partir dos lucros

Como discutido no Capítulo 2, existem importantes diferenças entre lucros e fluxos de caixa. Lucros incluem encargos que não sejam movimentados em dinheiro, como a depreciação, mas não incluem o custo de capital ao investimento. Para determinar o fluxo de caixa livre de um projeto a partir de seus lucros incrementais, temos que fazer ajustes para incluir essas diferenças.

Desembolsos de capital e depreciação. Como observamos, depreciação não é uma despesa de caixa paga pela empresa. Em vez disso, é um método utilizado com fins contábeis e tributários para alocar o custo original da compra do ativo ao longo de sua vida. Como a depreciação não é um fluxo de caixa, não a incluímos na previsão de fluxos de caixa. Entretanto, isso não significa que possamos ignorar a depreciação. A despesa de depreciação reduz nossos lucros tributáveis e, ao fazê-lo, reduz nossos impostos. Impostos são fluxos de caixa, então, como a depreciação afeta nossos fluxos de caixa, ela ainda é importante. Nossa abordagem para lidar com a depreciação é somá-la de volta aos lucros incrementais para reconhecer o fato de que ainda temos o fluxo de caixa associado a ela.

Por exemplo, um projeto possui um lucro bruto incremental (receitas menos custos) de US$ 1 milhão e uma despesa de depreciação de US$ 200.000. Se a alíquota de impostos da empresa é de 40%, então os lucros incrementais serão de (US$ 1.000.000 − US$ 200.000) x (1 − 0,40) = US$ 480.000. Entretanto, a empresa ainda terá US$ 680.000 porque a despesa de US$ 200.000 com depreciação não é uma saída de caixa real. A Tabela 8.1 mostra o cálculo para obtermos o fluxo de caixa livre incremental neste caso. Caixas verdes envolvem todos os fluxos de caixa reais na coluna nomeada "Correto". Uma boa maneira de verificar se o fluxo de caixa livre incremental está correto é somar os fluxos de caixa reais. Neste caso, a empresa gerou US$ 1.000.000 em lucro bruto (um fluxo de caixa positivo), pagou US$ 320.000 em impostos (um fluxo de caixa negativo), e ficou com US$ 1.000.000 − US$ 320.000 = US$ 680.000, que é a quantia exibida como fluxo de caixa livre incremental. Na última coluna, nomeada "Incorreto", mostramos o que aconteceria se você simplesmente ignorasse totalmente a depreciação. Como o EBIT seria alto demais, os impostos também seriam altos demais e, consequentemente, o fluxo de caixa livre incremental seria baixo demais. (Observe que a diferença de US$ 80.000 entre os dois casos se deve integralmente à diferença nos pagamentos dos impostos.)

TABELA 8.1 Subtraindo a depreciação e somando-a de volta

	Correto	Incorreto
Lucro bruto incremental	US$ 1.000.000	US$ 1.000.000
Depreciação	−US$ 200.000	
EBIT	US$ 800.000	US$ 1.000.000
Imposto a 40%	−US$ 320.000	−US$ 400.000
Lucros incrementais	US$ 480.000	US$ 600.000
Somando a depreciação de volta	US$ 200.000	
Fluxo de caixa livre incremental	US$ 680.000	US$ 600.000

EXEMPLO 8.3

Fluxos de caixa livres incrementais

Problema

Voltemos ao exemplo da HomeNet. No Exemplo 8.1, calculamos os lucros incrementais da HomeNet, mas precisamos dos fluxos de caixa livres incrementais para decidir se a Linksys deveria continuar com o projeto.

Solução

▶ **Planejamento**

A diferença entre os lucros incrementais e os fluxos de caixa livres incrementais no exemplo da HomeNet serão induzidos pelos equipamentos comprados para o laboratório. Precisamos reconhecer a saída de caixa de US$ 7,5 milhões associada à compra no ano 0 e somar de volta as despesas com depreciação de US$ 1,5 milhão do ano 1 a 5, já que elas não são realmente saídas de caixa.

▶ **Execução (em US$ mil)**

	Ano	0	1	2	3	4	5
1	Ano	0	1	2	3	4	5
2	Receitas		13.000	13.000	13.000	13.000	–
3	Custo de mercadorias vendidas		–5.500	–5.500	–5.500	–5.500	–
4	**Lucro bruto**		7.500	7.500	7.500	7.500	–
5	Despesas de vendas, gerais e administrativas		–2.800	–2.800	–2.800	–2.800	–
6	Depreciação		–1.500	–1.500	–1.500	–1.500	–1.500
7	**EBIT**		3.200	3.200	3.200	3.200	–1.500
8	Alíquota de impostos a 40%		–1.280	–1.280	–1.280	–1.280	600
9	**Lucros incrementais**		1.920	1.920	1.920	1.920	–900
10	Somando de volta a depreciação		1.500	1.500	1.500	1.500	1.500
11	Compra de equipamentos	–7.500					
12	**Fluxos de caixa livres incrementais**	**–7.500**	**3.420**	**3.420**	**3.420**	**3.420**	**600**

▶ **Avaliação**

Ao reconhecermos a saída de caixa referente à compra dos equipamentos no ano 0, registramos que US$ 7,5 milhões saíram da empresa naquele momento. Ao somarmos de volta as despesas com depreciação de US$ 1,5 milhão nos anos 1–5, ajustamos os lucros incrementais para refletir que a despesa de depreciação não é uma saída de caixa.

Capital de giro líquido (NWC) Uma outra maneira através da qual os lucros incrementais e os fluxos de caixa livres incrementais podem diferir é se houver mudanças no capital de giro líquido (*Net Working Capital*, no original). Definimos capital de giro líquido no Capítulo 2 como a diferença entre ativo circulante e passivo circulante. Os principais componentes do capital de giro líquido são dinheiro, estoque, contas a receber e contas a pagar:

Capital de giro líquido = Ativo circulante − Passivo circulante

$$= \text{Dinheiro} + \text{Estoque} + \text{Contas a receber} - \text{Contas a pagar} \quad (8.4)$$

A maioria dos projetos exige que a empresa invista no capital de giro. As empresas podem precisar manter um saldo mínimo[2] a fim de atender a dispêndios inesperados e estoques de matérias-primas e de produtos acabados para acomodar incertezas da produção e flutuações de demanda. Além disso, os clientes podem não pagar imediatamente pelos bens que compram. Apesar das vendas contarem imediatamente como parte dos rendimentos, a empresa não recebe nenhum dinheiro até que os clientes realmente paguem. Neste ínterim, a empresa inclui a quantia que os clientes devem em suas contas a receber. Assim, elas medem o crédito total que a empresa estendeu aos seus clientes. Da mesma maneira, as contas a pagar medem o crédito que a empresa recebeu de seus fornecedores. A diferença entre contas a receber e contas a

---

[2] O dinheiro incluído no capital de giro líquido é dinheiro que *não* é investido para obter uma taxa de retorno de mercado. Ele inclui dinheiro mantido na conta corrente da empresa, em um cofre, em caixas registradoras (para lojas de varejo) e em outros lugares.

crédito comercial A diferença entre contas a receber e contas a pagar que é o montante líquido do capital consumido de uma empresa resultante dessas transações de crédito; o crédito que uma empresa estende a seus clientes.

pagar é a quantia líquida do capital da empresa que é consumido como consequência dessas transações de crédito, conhecido como **crédito comercial**.

O capital de giro líquido é importante porque reflete um investimento de curto prazo que imobiliza um fluxo de caixa que poderia ser utilizado para outro fim. Por exemplo, quando uma empresa mantém muito estoque não vendido ou tem muitas contas a receber, o fluxo de caixa é imobilizado na forma de estoque ou na forma de crédito estendido aos clientes. É custoso para a empresa imobilizar este fluxo de caixa porque ela adia o momento em que o fluxo de caixa estará disponível para reinvestimento ou distribuição aos acionistas. Como sabemos que o dinheiro tem valor no tempo, não podemos ignorar este adiamento em nossas previsões do projeto. Assim, quando ocorrem aumentos no capital de giro líquido, refletindo investimentos adicionais no capital de giro, tais aumentos representam uma redução no fluxo de caixa daquele ano.

É importante observar que somente mudanças no capital de giro líquido afetam os fluxos de caixa. Por exemplo, considere um projeto de três anos que faz a empresa aumentar o estoque inicial em US$ 20.000 e manter este nível de estoque nos anos 1 e 2, antes de diminuí-lo à medida que o projeto vai chegando ao fim e o último produto é vendido. Muitas vezes é necessário que o aumento inicial em estoque ocorra antes da primeira venda, de modo que o nível mais alto de estoque seria alcançado no final do ano 0. O nível de capital de giro líquido a cada ano, a variação associada no capital de giro líquido e as implicações para os fluxos de caixa seriam:

	Ano	0	1	2	3
1	Ano	0	1	2	3
2	Nível de NWC incremental	20.000	20.000	20.000	0
3	*Variação* do NWC incremental	+20.000	0	0	−20.000
4	**Fluxo de caixa da variação do NWC**	**−20.000**	**0**	**0**	**+20.000**

Observe que o efeito sobre o fluxo de caixa de uma variação no capital de giro líquido é sempre igual em valor, mas com sinal oposto, à variação no capital de giro líquido. Por exemplo, um aumento no estoque representa um investimento ou saída de caixa, enquanto que uma redução neste estoque libera este investimento de capital e representa uma entrada de caixa. Assim, no orçamento de capital, subtraímos as variações no capital de giro líquido para chegarmos aos fluxos de caixa. Observe também que, como o nível de capital de giro líquido incremental não variou nos anos 1 e 2, não houve nenhum efeito novo sobre o fluxo de caixa. Intuitivamente, como a empresa está utilizando todo o estoque e reabastecendo-o, o novo investimento líquido no estoque é zero, então não é necessária nenhuma saída de caixa. Finalmente, observe que, ao longo da vida do projeto, o capital de giro líquido incremental retorna a zero, de modo que a soma das variações (no ano 0 e no ano 3) é igual a zero. Os princípios contábeis garantem isso exigindo a recuperação do capital de giro ao longo da vida do projeto.

De maneira mais geral, definimos a variação no capital de giro líquido no ano *t* como:

$$\text{Variação no NWC no ano } t = NWC_t - NWC_{t-1} \qquad (8.5)$$

Quando um projeto causa uma variação no NWC, esta variação tem que ser subtraída dos lucros incrementais para obtermos os fluxos de caixa livres incrementais.

EXEMPLO 8.4

Incorporando variações no capital de giro líquido

Problema

Suponha que a HomeNet não terá caixa incremental nem outra exigência de estoque (os produtos serão entregues diretamente do fabricante aos clientes). Entretanto, espera-se que as contas a receber relacionadas à HomeNet representem 15% das vendas anuais, e que as contas a pagar representem 15% do custo anual de mercadorias vendidas (COGS, ou *Cost of Goods Sold*, no original). Quinze por cento de US$ 13 milhões em vendas é US$ 1,95 milhão, e 15% de US$ 5,5 milhões em COGS é US$ 825.000. As exigências de capital de giro líquido da HomeNet são exibidas na tabela a seguir:

1	Ano	0	1	2	3	4	5
2	**Previsão do capital de giro líquido (US$ mil)**						
3	Exigências de capital	0	0	0	0	0	0
4	Estoque	0	0	0	0	0	0
5	Contas a receber (15% das vendas)	0	1.950	1.950	1.950	1.950	0
6	Contas a pagar (15% do COGS)	0	−825	−825	−825	−825	0
7	**Capital de giro líquido**	0	1.125	1.125	1.125	1.125	0

Como esta exigência afeta o fluxo de caixa livre de um projeto?

Solução

▶ **Planejamento**

Qualquer aumento no capital de giro líquido representa um investimento que reduz o caixa disponível para a empresa e, portanto, reduz o fluxo de caixa livre. Podemos utilizar nossa previsão das exigências de capital de giro líquido da HomeNet para completar nossa estimativa do fluxo de caixa livre da HomeNet. No ano 1, o capital de giro líquido aumenta em US$ 1,125 milhão. Este aumento representa um custo para a empresa. Esta redução no fluxo de caixa livre corresponde ao fato de que US$ 1,950 milhão das vendas da empresa no ano 1 e US$ 0,825 milhão de seus custos ainda não foram pagos.

Nos anos 2–4, o capital de giro líquido não varia, então não são necessárias contribuições extras. No ano 5, quando o projeto é encerrado, o capital de giro líquido cai em US$ 1,125 milhão quando os pagamentos dos últimos clientes são recebidos e as últimas contas são pagas. Somamos este US$ 1,125 milhão ao fluxo de caixa livre no ano 5.

▶ **Execução (em US$ mil)**

1	Ano	0	1	2	3	4	5
2	Capital de giro líquido	0	1.125	1.125	1.125	1.125	0
3	*Variação* do NWC		+1.125	0	0	0	−1.125
4	Efeito sobre o fluxo de caixa		−1.125	0	0	0	+1.125

Os fluxos de caixa livres incrementais seriam, então:

1	Ano	0	1	2	3	4	5
2	Receitas		13.000	13.000	13.000	13.000	0
3	Custo de mercadorias vendidas		−5.500	−5.500	−5.500	−5.500	0
4	**Lucro bruto**		7.500	7.500	7.500	7.500	0
5	Despesas de vendas, gerais e administrativas		−2.800	−2.800	−2.800	−2.800	0
6	Depreciação		−1.500	−1.500	−1.500	−1.500	−1.500
7	**EBIT**		3.200	3.200	3.200	3.200	−1.500
8	Alíquota de impostos a 40%		−1.280	−1.280	−1.280	−1.280	600
9	**Lucros incrementais**		1.920	1.920	1.920	1.920	−900
10	Somando de volta a depreciação		1.500	1.500	1.500	1.500	1.500
11	Compra de equipamentos	−7.500					
12	Subtraindo as variações no NWC		−1.125	0	0	0	1.125
13	**Fluxos de caixa livres incrementais**	−7.500	2.295	3.420	3.420	3.420	1.725

▶ **Avaliação**

Os fluxos de caixa livres diferem do lucro líquido não alavancado por refletir os efeitos sobre o fluxo de caixa de despesas de capital com equipamentos, depreciação e variações no capital de giro líquido. Observe que nos dois primeiros anos o fluxo de caixa livre é menor do que o lucro líquido não alavancado, refletindo o investimento à vista em equipamentos e no capital de giro líquido exigido pelo projeto. Em anos posteriores, o fluxo de caixa livre excede o lucro líquido não alavancado porque a depreciação não é um desembolso de caixa. No último ano, a empresa acaba recuperando o investimento no capital de giro líquido, aumentando ainda mais o fluxo de caixa livre.

Cálculo direto dos fluxos de caixa livres

Como observamos no início deste capítulo, como os profissionais normalmente começam o processo de orçamento de capital fazendo primeiramente uma previsão dos rendimentos, escolhemos fazer o mesmo. Entretanto, poderíamos ter feito um cálculo direto do fluxo de caixa livre da HomeNet utilizando a seguinte fórmula:

Fluxo de caixa livre

$$\text{Fluxo de caixa livre} = \overbrace{(\text{Receitas} - \text{Custos} - \text{Depreciação}) \times (1 - \text{alíquota de impostos})}^{\text{Lucro líquido não alavancado}} \quad (8.6)$$
$$+ \text{Depreciação} - \text{CapEx} - \text{Variação no } NWC$$

Observe que primeiro deduzimos a depreciação ao calcular os lucros incrementais do projeto, e então a somamos novamente (pois é uma despesa não de caixa) ao calcular o fluxo de caixa livre. Assim, o único efeito da depreciação é reduzir a renda tributável da empresa. De fato, podemos reescrever a Equação 8.6 como:

$$\text{Fluxo de caixa livre} = (\text{Receitas} - \text{Custos}) \times (1 - \tau_c)$$
$$- \text{CapEx} - \Delta NWC_t + \tau_c \times \text{Depreciação} \quad (8.7)$$

benefício fiscal da depreciação As economias tributárias que resultam da capacidade de deduzir a depreciação.

O último termo da Equação 8.7, $\tau_c \times$ Depreciação, chama-se **benefício fiscal da depreciação**, que é o que se economiza em impostos como resultado da possibilidade de deduzir a depreciação. Consequentemente, as despesas com depreciação possuem um impacto *positivo* sobre o fluxo de caixa livre. Voltando ao nosso exemplo na Tabela 8.1, se a empresa ignorasse depreciação, seus impostos seriam de US$ 400.000 em vez de US$ 320.000, ficando com um fluxo de caixa incremental de US$ 600.000 em vez de US$ 680.000. Observe que a diferença de US$ 80.000 é exatamente igual à alíquota de impostos (40%) multiplicada pelas despesas com depreciação (US$ 200.000). Cada dólar em despesas de depreciação economiza 40 centavos em impostos para a empresa, então as despesas em depreciação se traduzem em uma economia tributária de US$ 80.000.

As empresas geralmente relatam diferentes despesas de depreciação para fins contábeis e tributários. Como somente as consequências tributárias da depreciação são relevantes para o fluxo de caixa livre, em nossa previsão devemos utilizar a despesa de depreciação que a empresa irá utilizar para fins tributários. Para fins tributários, muitas empresas utilizam um sistema chamado de *Sistema de Recuperação de Custo Acelerado Modificado*, que discutiremos na próxima seção.

Calculando o NPV

O objetivo de prever os fluxos de caixa livres incrementais é ter os *inputs* necessários para calcular o NPV do projeto. Para calcular o NPV de um projeto, temos que descontar seu fluxo de caixa livre do custo de capital adequado. Como discutido no Capítulo 5, o custo de capital de um projeto é o retorno esperado que os investidores poderiam obter em seu melhor investimento alternativo com risco e vencimento similares. Desenvolveremos as técnicas necessárias para estimar o custo de capital na Parte IV deste livro, quando discutiremos risco e retorno. Por enquanto, consideraremos o custo de capital como dado.

Calculamos o valor presente de cada fluxo de caixa livre no futuro descontando-o pelo custo de capital do projeto. Como explicado no Capítulo 4, utilizando r para representar o custo de capital, o valor presente dos fluxos de caixa livres no ano t (ou FCF_t) é:

$$PV(FCF_t) = \frac{FCF_t}{(1+r)^t} = FCF_t \times \underbrace{\frac{1}{(1+r)^t}}_{\text{fator de desconto do ano } t} \quad (8.8)$$

EXEMPLO 8.5

Calculando o NPV do projeto

Problema

Suponha que os gerentes da Linksys acreditem que o projeto da HomeNet tenha riscos similares ao de seus projetos existentes, para os quais possui um custo de capital de 12%. Calcule o NPV do projeto da HomeNet.

Solução

▸ **Planejamento**

A partir do Exemplo 8.4, os fluxos de caixa livres incrementais do projeto da HomeNet são (em US$ mil):

1	Ano	0	1	2	3	4	5
2	Fluxos de caixa livres incrementais	−7.500	2.295	3.420	3.420	3.420	1.725

Para calcular o NPV, somamos os valores presentes de todos os fluxos de caixa, observando que a saída de caixa do ano 0 já é um valor presente.

▸ **Execução**

Utilizando a Equação 8.8,

$$NPV = -7500 + \frac{2295}{(1.12)^1} + \frac{3420}{(1.12)^2} + \frac{3420}{(1.12)^3} + \frac{3420}{(1.12)^4} + \frac{1725}{(1.12)^5} = 2862$$

▸ **Avaliação**

Com base em nossas estimativas, o NPV da HomeNet é US$ 2.862 milhões. Apesar do custo à vista da HomeNet ser de US$ 7,5 milhões, o valor presente do fluxo de caixa livre adicional que a Linksys receberá do projeto é US$ 10.362 milhões. Assim, aceitar o projeto da HomeNet é equivalente à Linksys ter US$ 2.862 milhões extras no banco hoje.

Fixação de conceitos

5. Se a despesa de depreciação não é um fluxo de caixa, por que temos que subtraí-la e somá-la de volta? Por que simplesmente não a ignoramos?
6. Por que um aumento no capital de giro líquido representa uma saída de caixa?

8.4 Outros efeitos sobre os fluxos de caixa livres incrementais

Ao calcular os lucros incrementais de uma decisão de investimento, devemos incluir *todas* as mudanças entre os rendimentos de uma empresa com o projeto *versus* sem ele. Estas incluem oportunidades abdicadas devido ao projeto e os efeitos do projeto sobre outras partes da empresa. Nesta seção, discutiremos outros efeitos, alguns dos perigos e erros comuns a serem evitados, e finalmente as complicações que podem surgir ao prever fluxos de caixa livre incrementais.

Custos de oportunidade

Muitos projetos utilizam um recurso que a empresa já possui. Como a empresa não precisa gastar dinheiro para adquirir este recurso para um novo projeto, é tentador supor que o recurso esteja disponível gratuitamente. Entretanto, em muitos casos, o recurso poderia gerar valor para a empresa em uma outra oportunidade ou projeto. O **custo de oportunidade** de utilizar um recurso é o valor que ele poderia ter gerado em sua melhor alternativa de uso.[3] Como este valor se perde quando o recurso é utilizado por um outro projeto, devemos incluir o custo de oportunidade como um custo incremental do projeto. Por exemplo, sua empresa pode estar

custo de oportunidade O valor que um recurso poderia ter gerado em seu melhor uso alternativo.

---

[3] No Capítulo 5, definimos o custo de oportunidade de capital como a taxa que se poderia obter sobre um investimento alternativo com risco equivalente. Similarmente, definimos o custo de oportunidade de se utilizar um ativo existente em um projeto como o fluxo de caixa gerado pela outra melhor alternativa de uso que o ativo poderia ter.

> **Erros comuns** — O custo de oportunidade de um ativo ocioso
>
> Um erro comum é concluir que se um ativo se encontra atualmente ocioso, seu custo de oportunidade será zero. Por exemplo, a empresa pode ter um armazém que atualmente se encontra vazio ou uma máquina que não está sendo utilizada. Muitas vezes, o ativo pode ter se tornado ocioso na expectativa do empreendimento do novo projeto, e, caso contrário, teria sido colocado em uso pela empresa. Mesmo que a empresa não tenha nenhum uso alternativo para o ativo, a empresa poderia escolher vendê-lo ou alugá-lo. O valor obtido com seu uso alternativo, sua venda, ou aluguel representa um custo de oportunidade que tem que ser incluído como parte dos fluxos de caixa incrementais.

considerando construir uma loja de varejo em terrenos que ela possui. Apesar de já possuir o terreno, ele não é gratuito para o projeto da loja. Se a empresa não colocasse sua loja no terreno, a empresa poderia vender o terreno, por exemplo. Este preço de mercado que é abdicado pelo terreno é um custo de oportunidade do projeto da loja de varejo.

Externalidades de projeto

externalidades de projeto Efeitos indiretos de um projeto que podem aumentar ou diminuir os lucros de outras atividades de negócios de uma empresa.

canibalização Quando as vendas do novo produto de uma empresa substituem as vendas de um de seus produtos existentes.

Externalidades de projeto são efeitos indiretos do projeto que podem aumentar ou diminuir os lucros de outras atividades da empresa. Por exemplo, alguns compradores do iPhone da Apple teriam comprado o iPod nano se o iPhone não existisse. Quando as vendas de um novo produto deslocam as vendas de um produto existente, a situação geralmente é chamada de **canibalização**. As vendas perdidas do projeto existente são um custo incremental para a empresa por seguir adiante com o novo produto.

Custos afundados

custo afundado Qualquer custo irrecuperável pelo qual a empresa já é responsável.

Um **custo afundado** é qualquer custo irrecuperável pelo qual a empresa já é responsável. Os custos afundados foram ou serão pagos independentemente da decisão de se prosseguir ou não com o projeto. Portanto, eles não são incrementais com respeito à decisão atual e não devem ser incluídos em sua análise. Você pode contratar uma empresa de pesquisas para fazer uma análise de mercado para determinar se há demanda por um novo produto que você está considerando, e a análise pode mostrar que não há demanda suficiente, e então você decidir não prosseguir com o projeto. Isso significa que você não tem que pagar a conta da empresa de pesquisas? É claro que você ainda tem que pagar a conta, enfatizando que o custo estava afundado e incorrido, fosse você prosseguir com o projeto ou não.

Uma boa regra a ser lembrada é que *se nossa decisão não afeta um fluxo de caixa, então o fluxo de caixa não deve afetar nossa decisão*. A seguir, veremos alguns exemplos comuns de custos afundados que podem ser encontrados.

despesas gerais As despesas associadas às atividades que não são diretamente atribuíveis a uma única atividade de negócios, mas que, em vez disso, afetam muitas áreas diferentes de uma corporação.

Despesas gerais fixas. As **despesas gerais** são associadas a atividades que não são diretamente atribuíveis a uma única atividade empresarial, mas que, em vez disso, afetam muitas áreas diferentes da corporação. Exemplos incluem o custo de manter a sede da empresa e o salário do CEO. Essas despesas geralmente são alocadas às diferentes atividades empresariais para fins contábeis. No caso em que essas despesas gerais são fixas e incorrerão de qualquer maneira, elas não são incrementais ao projeto e não devem ser incluídas. Devemos incluir como despesas incrementais apenas as despesas gerais *adicionais* que surgem devido à decisão de se empreender o projeto.

Pesquisas passadas e desembolsos com desenvolvimento. Uma empresa farmacêutica pode gastar dezenas de milhões de dólares desenvolvendo um novo medicamento, mas se ele não produzir efeito nos testes (ou ainda pior, se tiver apenas efeitos negativos), ela deve continuar? A empresa não pode pegar de volta seus custos de desenvolvimento, e o valor desses custos não deve ter nenhuma influência sobre a decisão de continuar ou não desenvolvendo um medicamento que não funciona. Quando uma empresa já dedicou recursos significativos para desen-

> **Erros comus** — **A falácia do custo afundado**
>
> Ser influenciado por custos afundados é um erro tão comum que possui um nome especial: *falácia do custo afundado*. O problema mais comum é que as pessoas "gastam dinheiro à toa". Isto é, às vezes as pessoas continuam a investir em um projeto que possui um NPV negativo porque já investiram uma grande quantia no projeto e sentem que, se não continuarem, estarão perdendo o que já foi investido. A falácia do custo afundado também pode ser chamada de "efeito Concorde", um termo que se refere à decisão dos governos britânico e francês em continuar financiando o desenvolvimento conjunto da aeronave Concorde mesmo depois de estar claro que as vendas do avião seriam muito menores do que o necessário para justificar a continuação de seu desenvolvimento. O projeto era visto pelo governo britânico como um desastre comercial e financeiro. No entanto, as implicações políticas de interromper o projeto – e, dessa maneira, admitir publicamente que as despesas passadas não resultariam em nada – acabou evitando que um ou outro governo abandonasse o projeto.

volver um novo produto, pode haver uma tendência a continuar investindo no produto mesmo que as condições de mercado tenham mudado e que a viabilidade do produto seja improvável. A justificativa que às vezes é dada é que se o produto for abandonado, o dinheiro que já foi investido será "desperdiçado". Em outros casos, toma-se a decisão de abandonar um projeto porque ele não pode possivelmente ter êxito suficiente para recuperar o investimento que já foi feito. Na verdade, nenhum dos argumentos está correto: qualquer dinheiro que já tenha sido empregado é um custo afundado e, portanto, é irrelevante. A decisão de continuar ou abandonar deve se basear apenas nos custos e benefícios incrementais do produto que será lançado.

Ajustando o fluxo de caixa livre

Aqui descreveremos algumas complicações que podem surgir ao estimarmos o fluxo de caixa livre de um projeto.

Cronologia dos fluxos de caixa. Para maior simplicidade, tratamos os fluxos de caixa de nossos exemplos como se eles ocorressem a intervalos anuais. Na realidade, os fluxos de caixa estarão espalhados por todo o ano. Apesar de ser comum prevê-lo anualmente, podemos prever o fluxo de caixa livre trimestral, mensal ou mesmo continuamente quando é necessário maior precisão. Na prática, as empresas geralmente escolhem intervalos mais curtos para projetos mais arriscados, de modo que elas possam prever os fluxos de caixa mensalmente para projetos com risco considerável. Por exemplo, os fluxos de caixa de uma nova fábrica na Europa podem ser previstos trimestralmente ou anualmente, mas se esta mesma fábrica fosse localizada em um país politicamente instável, as previsões provavelmente seriam mensais.

Depreciação acelerada. Como a depreciação contribui positivamente para o fluxo de caixa da empresa através do benefício fiscal da depreciação incentivada, é do interesse da empresa utilizar o método mais acelerado possível de depreciação que seja permitido para fins tributários. Ao fazê-lo, a empresa irá acelerar suas economias tributárias e aumentar seu valor presente. Nos Estados Unidos, o método de depreciação mais acelerado permitido pelo IRS é a depreciação por MACRS (Sistema de Recuperação de Custo Acelerado Modificado, ou *Modified Accelerated Cost Recovery System*, no original). Com a **depreciação por MACRS**, a empresa primeiramente classifica os ativos de acordo com seu período de recuperação. Com base neste período de recuperação, as tabelas de depreciação por MACRS atribuem uma fração do preço de compra que a empresa pode recuperar a cada ano. No apêndice encontram-se tabelas MACRS e períodos de recuperação para ativos comuns.

depreciação por MACRS O sistema de recuperação de custo mais acelerado permitido pelo IRS. Com base no período de recuperação, as tabelas de depreciação por MACRS determinam uma fração do preço de compra que a empresa pode depreciar a cada ano.

EXEMPLO 8.6
Calculando a depreciação acelerada

Problema

Que dedução de depreciação seria permitida para os equipamentos de laboratório de US$ 7,5 milhões da HomeNet utilizando-se o método MACRS, supondo que os equipamentos de laboratório têm um período de recuperação de cinco anos? (Ver apêndice para maiores informações sobre planos de depreciação por MACRS.)

Solução

Planejamento

A Tabela 8.4 no Apêndice A deste capítulo fornece a porcentagem do custo que pode ser depreciada a cada ano. No MACRS, pegamos a porcentagem da tabela para cada ano e a multiplicamos pelo preço original de compra do equipamento para calcular a depreciação daquele ano.

Execução

Com base na tabela, a despesa de depreciação aceitável para o equipamento de laboratório é exibida abaixo (em milhares de dólares):

	Ano	0	1	2	3	4	5
2	Depreciação por MACRS						
3	Custo dos equipamentos de laboratório	−7.500					
4	Taxa de depreciação por MACRS	20,00%	32,00%	19,20%	11,52%	11,52%	5,76%
5	Despesas de depreciação	−1.500	−2.400	−1.440	−864	−864	−432

Avaliação

Em comparação à depreciação em linha reta, o método do MACRS permite deduções de depreciação maiores mais cedo na vida do ativo, o que aumenta o valor presente do benefício fiscal da depreciação incentivada e, assim, elevará o NPV do projeto. No caso da HomeNet, calcular o NPV utilizando a depreciação por MACRS leva a um NPV de US$ 3,179 milhões.

Liquidação ou valor residual. Os ativos que não são mais necessários geralmente possuem um valor de revenda, ou algum valor residual se as peças forem vendidas como sucata. Alguns ativos podem ter um valor de liquidação negativo. Por exemplo, pode custar dinheiro remover e descartar o equipamento usado.

No cálculo de um fluxo de caixa ativo, incluímos o valor de liquidação de qualquer ativo que não seja mais necessário e que possa ser descartado. Quando um ativo é liquidado, qualquer ganho de capital é tributado como renda. Calculamos o ganho de capital como a diferença entre o preço de venda e o valor contábil do ativo:

$$\text{Ganho de capital} = \text{Preço de venda} - \text{Valor contábil} \tag{8.9}$$

O valor contábil é igual ao custo original do ativo menos a quantia que já foi depreciada para fins tributários:

$$\text{Valor contábil} = \text{Preço de compra} - \text{Depreciação acumulada} \tag{8.10}$$

Temos que ajustar o fluxo de caixa livre para incluir o fluxo de caixa após os impostos que resultaria da venda de um ativo:

$$\text{Fluxo de caixa após os impostos da venda de um ativo} =$$
$$\text{Preço de venda} - (\text{Alíquota de impostos} \times \text{Ganho de capital}) \tag{8.11}$$

EXEMPLO 8.7

Calculando os fluxos de caixa da venda de um ativo após os impostos

Problema

Como gerente de produção, você está supervisionando o encerramento da linha de produção de um produto descontinuado. Parte dos equipamentos pode ser vendida por um preço total de US$ 50.000. Os equipamentos foram originalmente comprados há quatro anos por US$ 500.000 e estão sendo depreciados segundo o plano MACRS de cinco anos. Se sua alíquota marginal de impostos é de 35%, qual é o fluxo de caixa após os impostos que você pode esperar da venda dos equipamentos?

Solução

▸ **Planejamento**

A fim de calcular o fluxo de caixa após os impostos, você precisará calcular os ganhos de capital, o que, como a Equação 8.9 mostra, exige que você saiba o valor contábil dos equipamentos. O valor contábil é dado na Equação 8.10 como o preço original de compra dos equipamentos menos a depreciação acumulada. Assim, você precisa seguir esses passos:

1. Utilize o plano de depreciação por MACRS para determinar a depreciação acumulada.
2. Determine o valor contábil como o preço de compra menos a depreciação acumulada.
3. Determine o ganho de capital como o preço de venda menos o valor contábil.
4. Calcule os impostos devidos sobre o ganho de capital e subtraia-o do preço de venda, seguindo a Equação 8.11.

▸ **Execução**

Do apêndice do capítulo, vemos que as cinco primeiras taxas do plano de depreciação por MACRS (inclusive o ano 0) são:

Ano	0	1	2	3	4
Taxa de depreciação	20,00%	32,00%	19,20%	11,52%	11,52%
Valor da depreciação	100.000	160.000	96.000	57.600	57.600

Assim, a depreciação acumulada é 100.000 + 160.000 + 96.000 + 57.600 + 57.600 = 471.200, de forma que o valor contábil restante é US$ 500.000 − US$ 471.200 = 28.800. (Observe que também poderíamos ter calculado isso somando as taxas dos anos restantes no plano de depreciação por MACRS [ano 5 é 5,76%, então 0,0576 × 500.000 = 28.800].)

O ganho de capital é então US$ 50.000 − US$ 28.800 = US$ 21.200 e o imposto devido é 0,35 × US$ 21.200 = US$ 7.420.

Seu fluxo de caixa após os impostos é então encontrado como o preço de venda menos os impostos devidos: US$ 50.000 − US$ 7.420 = US$ 42.580.

▸ **Avaliação**

Como você só é tributado sobre a porção que representa o ganho de capital do preço de venda, descobrir o fluxo de caixa após os impostos não é tão simples quanto subtrair a alíquota de impostos multiplicada pelo preço de venda. Em vez disso, você tem que determinar a porção do preço de venda que representa um ganho e calcular o imposto a partir dela. O mesmo procedimento é válido para a venda de equipamentos com uma perda em relação ao valor contábil — a perda cria uma dedução da renda tributável em outra parte da empresa.

---

prejuízo fiscal a compensar e compensação retroativa de prejuízos fiscais Dois elementos da legislação fiscal norte-americana que permitem que as empresas peguem as perdas durante um ano corrente e as contrabalancem com ganhos em anos próximos. Desde 1997, as empresas podem fazer "compensação retroativa" das perdas até dois anos antes e "compensação futura" das perdas até 20 anos depois.

Prejuízos fiscais a compensar. Uma empresa geralmente identifica sua alíquota fiscal marginal determinando a faixa de tributação em que cai com base em seu nível geral de lucro antes dos impostos. Dois outros elementos da legislação fiscal, chamados de **prejuízos fiscais a compensar** e **compensação retroativa de prejuízos fiscais**, permitem que as empresas contrabalancem as perdas durante um ano corrente com os ganhos de anos vizinhos. Desde 1997, as empresas podem fazer "compensação retroativa" de perdas por dois anos e podem "adiar a compensação" de perdas por 20 anos. Esta regra fiscal significa que a empresa pode contrabalançar as perdas durante um ano com os lucros dos dois últimos anos, ou deixar que as perdas sejam contrabalançadas com lucros durante os 20 próximos anos. Quando uma empresa faz compensação retroativa de prejuízos fiscais, ela recebe uma restituição por impostos passados no ano corrente. Caso contrário, a empresa tem que adiar a compensação das perdas e utilizá--las para contrabalançar lucros tributáveis futuros. Quando uma empresa tem prejuízos fiscais a compensar muito acima de seus lucros correntes antes dos impostos, então o lucro adicional que ela obtém hoje simplesmente aumentará os impostos que ela deverá após exaurir seus adiamentos de compensação.

Decisões de substituição

Geralmente o gerente financeiro tem que decidir se deve substituir um equipamento existente. O novo equipamento pode permitir o aumento da produção, resultando em receitas incrementais, ou pode simplesmente ser mais eficiente, diminuindo os custos. Os efeitos incrementais típicos associados a tal decisão são o valor residual da antiga máquina, a compra da nova máquina, economias de custo e aumentos na receita e efeitos de depreciação.

EXEMPLO 8.8

Substituindo uma máquina existente

Problema

Você está tentando decidir se deve ou não substituir uma máquina em sua linha de produção. A máquina nova custará US$ 1 milhão, mas será mais eficiente do que a máquina antiga, reduzindo os custos em US$ 500.000 por ano. Sua máquina antiga está totalmente depreciada, mas você poderia vendê-la por US$ 50.000. Você depreciaria a máquina nova ao longo de uma vida de cinco anos utilizando MACRS. A máquina nova não mudará suas exigências de capital de giro. Sua alíquota de impostos é de 35%.

Solução

▶ **Planejamento**

Receitas incrementais: 0

Custos incrementais: −500.000 (uma redução nos custos aparecerá como um número positivo na linha dos custos de nossa análise)

Plano de depreciação (do apêndice):

1	Ano	0	1	2	3	4	5
2	Taxa de depreciação	20,00%	32,00%	19,20%	11,52%	11,52%	5,76%
3	Valor da depreciação	200.000	320.000	192.000	115.200	115.200	57.600

Ganho de capital sobre o valor residual = US$ 50.000 − US$ 0 = US$ 50.000
Fluxo de caixa do valor residual: +50.000 − (50.000)(0,35) = 32.500

▶ **Execução**

1	Ano	0	1	2	3	4	5
2	Receitas incrementais						
3	Custo incremental de mercadorias vendidas		500	500	500	500	500
4	**Lucro bruto incremental**		500	500	500	500	500
5	Depreciação	−200	−320	−192	−115,2	−115,2	−57,6
6	**EBIT**	−200	180	308	384,8	384,8	442,4
7	Alíquota de impostos a 35%	70	−63	−107,8	−134,68	−134,68	−154,84
8	**Lucros incrementais**	−130	117	200,2	250,12	250,12	287,56
9	Somando de volta a depreciação	200	320	192	115,2	115,2	57,6
10	Compra de equipamentos	−1.000					
11	Fluxo de caixa do valor residual	32,5					
12	**Fluxos de caixa livres incrementais**	−897,5	437	392,2	365,32	365,32	345,16

▶ **Avaliação**

Apesar da decisão não ter impacto sobre as receitas, ela ainda é importante para os fluxos de caixa porque reduz os custos. Além disso, tanto vender a máquina antiga quanto comprar a máquina nova envolvem fluxos de caixa com implicações tributárias.

Fixação de conceitos

7. Devemos incluir custos afundados nos fluxos de caixa de um projeto? Por que ou por que não?

8. Explique por que é vantajoso para uma empresa utilizar o plano de depreciação mais acelerado possível para fins tributários.

8.5 Analisando o projeto

Ao avaliar um projeto de orçamento de capital, os gerentes financeiros devem tomar a decisão que maximiza o NPV. Como já discutimos, para calcular o NPV de um projeto, é preciso estimar os fluxos de caixa incrementais e determinar uma taxa de desconto. Dados esses *inputs*, o cálculo do NPV é relativamente fácil. A parte mais difícil do orçamento de capital é decidir como estimar os fluxos de caixa e o custo de capital. Essas estimativas geralmente estão sujeitas a uma incerteza significativa. Nesta seção, veremos métodos que avaliam a importância dessa incerteza e identificam os determinantes de valor do projeto.

Análise de sensibilidade

análise de sensibilidade Uma importante ferramenta de orçamento de capital que determina como o NPV varia se apenas um parâmetro for alterado.

Uma ferramenta importante do orçamento de capital é a análise de sensibilidade. A **análise de sensibilidade** decompõe o cálculo do NPV em suas suposições e mostra como o NPV varia com a mudança das suposições por trás dele. Dessa maneira, a análise de sensibilidade nos permite explorar os efeitos de erros em nossas estimativas do NPV do projeto. Ao realizar uma análise de sensibilidade, descobrimos quais suposições são as mais importantes; podemos então investir mais recursos e esforços para refiná-las. Tal análise também revela quais aspectos do projeto são mais críticos quando estamos realmente o gerenciando.

Na verdade, já realizamos um tipo de análise de sensibilidade no Capítulo 7 quando construímos um perfil do NPV. Ao traçar o gráfico do NPV de um projeto em função da taxa de desconto, estamos avaliando a sensibilidade de nosso cálculo de NPV à incerteza em relação ao custo de capital correto a ser utilizado como taxa de desconto. Na prática, os gerentes financeiros exploram a sensibilidade de seu cálculo de NPV a muito mais fatores do que apenas a taxa de desconto.

Para ilustrar, consideremos as suposições por trás do cálculo do NPV da HomeNet no Exemplo 8.5. É provável que haja uma incerteza significativa em torno de cada suposição de receita e custo. Além das suposições fundamentais sobre unidades vendidas, preço de venda, custo de bens vendidos, capital de giro líquido e custo de capital, os gerentes da Linksys também identificariam os melhores e os piores cenários possíveis para cada um. Por exemplo, suponha que eles identificassem as suposições do melhor e do pior cenário listadas na Tabela 8.2. Observe que esses são os melhores e os piores cenários para cada parâmetro, em vez de representar um único pior cenário e um único melhor cenário.

Para determinar a importância desta incerteza, recalculamos o NPV do projeto da HomeNet utilizando as suposições de cada parâmetro no pior e no melhor cenário. Por exemplo, se o número de unidades vendidas é de apenas 35.000 por ano, o NPV do projeto cai para –US$ 1,24 milhão. Repetimos este cálculo para cada parâmetro. O resultado é exibido na Figura 8.2, que revela que as suposições de parâmetros com o maior efeito sobre o NPV são o número de unidades vendidas e o preço de venda por unidade. Consequentemente, essas suposições merecem maior escrutínio durante o processo de estimação. Além disso, como os determinantes mais importantes do valor do projeto, esses fatores merecem uma grande atenção ao se gerenciar o projeto depois de ele ser iniciado.

TABELA 8.2 Suposições do melhor e do pior cenário para cada parâmetro no projeto da HomeNet

Parâmetro	Suposição inicial	Pior caso	Melhor caso
Unidades vendidas (milhares)	50	35	65
Preço de venda (US$/unidade)	260	240	280
Custo das mercadorias (US$/unidade)	110	120	100
NWC (US$ milhares)	1125	1525	725
Custo de capital	12%	15%	10%

FIGURA 8.2

NPV da HomeNet sob as suposições de parâmetros no melhor e no pior cenário

As barras mostram a variação do NPV indo das suposições para cada parâmetro do melhor cenário às do pior cenário. Por exemplo, o NPV do projeto varia de –US$ 1,24 milhão se somente 35.000 unidades forem vendidas a US$ 6,96 milhões se 65.000 unidades forem vendidas. Sob as suposições iniciais, o NPV da HomeNet é de US$ 2,862 milhões.

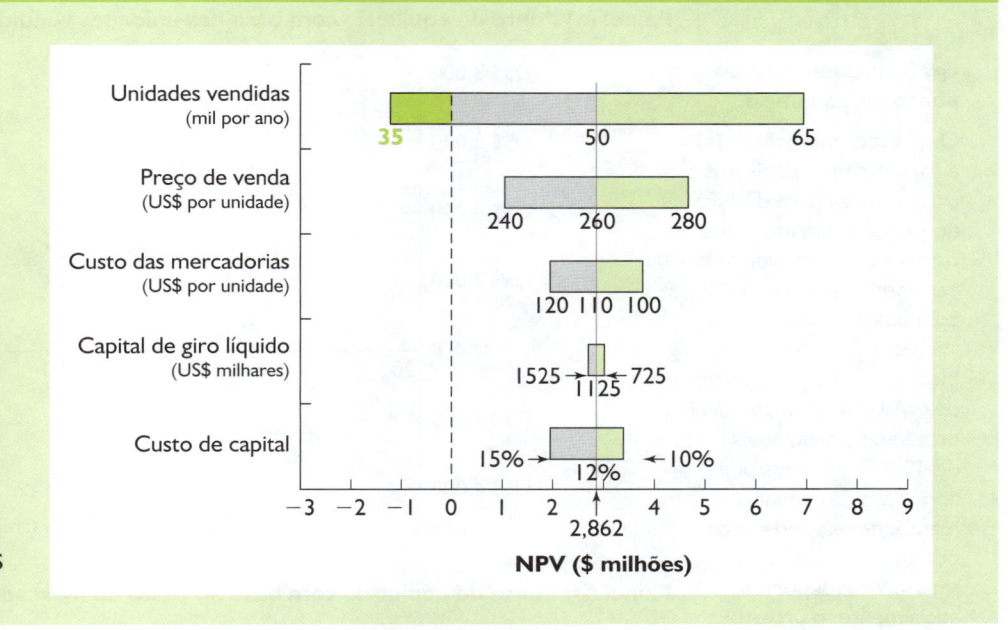

Análise do ponto de equilíbrio

ponto de equilíbrio O nível para o qual um investimento possui NPV igual a zero.

análise do ponto de equilíbrio Um cálculo do valor de cada parâmetro para o qual o NPV de um projeto é igual a zero.

Uma extensão natural da análise de sensibilidade é perguntar em que nível de cada parâmetro o projeto chegaria apenas ao **ponto de equilíbrio**, que é o nível para o qual o investimento tem um NPV igual a zero. Um exemplo que já consideramos é o cálculo da taxa interna de retorno (IRR). Lembremos, do Capítulo 7, que a diferença entre a IRR e o custo de capital de um projeto nos diz que grandeza de erro no custo de capital seria necessária para mudar a decisão de investimento. Traçando o perfil do NPV ou utilizando a função IRR (ou TIR) do Excel, veríamos que os fluxos de caixa incrementais da HomeNet dados no Exemplo 8.5 implicam uma IRR de 26,6%. Logo, o custo de capital real pode ser tão alto quanto 26,6% e o projeto ainda terá NPV positivo.

Podemos determinar a incerteza de outros parâmetros também. Em uma **análise do ponto de equilíbrio**, para cada parâmetro, calculamos o valor para o qual o NPV do projeto é igual a zero. Isso seria tedioso de se fazer à mão, então na prática o cálculo é sempre feito com uma planilha. Assim como para o perfil do NPV para a taxa de descapitalização, podemos colocar o NPV em função de cada uma das suposições críticas. Em cada caso, mantemos todos os outros parâmetros fixos em seus valores base e variamos apenas o parâmetro em questão. A Figura 8.3 faz isso para a HomeNet.

ponto de equilíbrio do EBIT O nível de vendas de determinado parâmetro para o qual o EBIT de um projeto é zero.

Ponto de equilíbrio contábil. Examinamos os níveis de ponto de equilíbrio em termos do NPV do projeto, que é a perspectiva mais útil para a tomada de decisões. Porém, às vezes são considerados outros conceitos contábeis de ponto de equilíbrio. Por exemplo, poderíamos calcular o **ponto de equilíbrio do EBIT** para vendas, que é o nível de vendas para o qual o EBIT do projeto é zero.

Lembre, da Equação 8.1, que o EBIT do projeto é Receitas – Custos – Depreciação. Custos incluem o custo de mercadorias vendidas e despesas de vendas, gerais e administrativas (SG&A). Receitas é igual a Unidades vendidas × Preço de venda, e o custo de mercadorias vendidas é igual a Unidades vendidas × Custo por unidade, então temos EBIT = (Unidades vendidas × Preço de venda) – (Unidades vendidas × Custo por unidade) – SG&A – Depreciação. Igualando isso a zero e encontrando Unidades vendidas:

$$\text{Unidades vendidas} \times (\text{Preço de venda} - \text{Custo por unidade}) - \text{SG\&A} - \text{Depreciação} = 0$$

$$\text{Unidades vendidas} = \frac{\text{SG\&A} + \text{Depreciação}}{\text{Preço de venda} - \text{Custo por unidade}} = \frac{2.800.000 + 1.500.000}{260 - 110} = 28.667$$

FIGURA 8.3

Gráficos da análise do ponto de equilíbrio

Os gráficos nos painéis (a) e (b) relacionam dois dos parâmetros-chave do NPV do projeto para identificar os pontos de equilíbrio do parâmetro. Por exemplo, com base nas suposições iniciais, o projeto da HomeNet chega ao ponto de equilíbrio com um nível de vendas pouco abaixo de 40.000 unidades por ano. Da mesma maneira, mantendo as vendas e os outros parâmetros em seus valores supostos inicialmente, o projeto chegará ao ponto de equilíbrio a um custo de mercadorias vendidas de pouco mais de US$ 141 por unidade.

Painel (a) Ponto de equilíbrio com base nas unidades vendidas

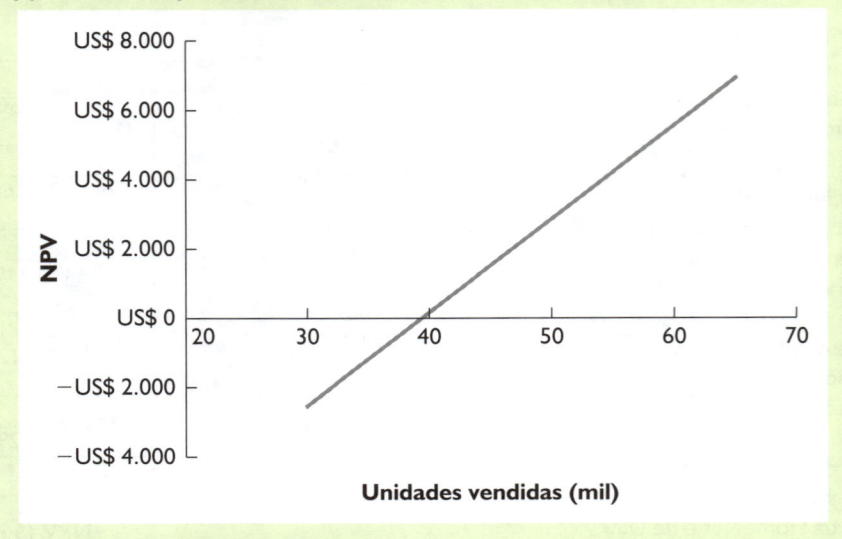

Painel (b) Ponto de equilíbrio com base no custo de mercadorias vendidas

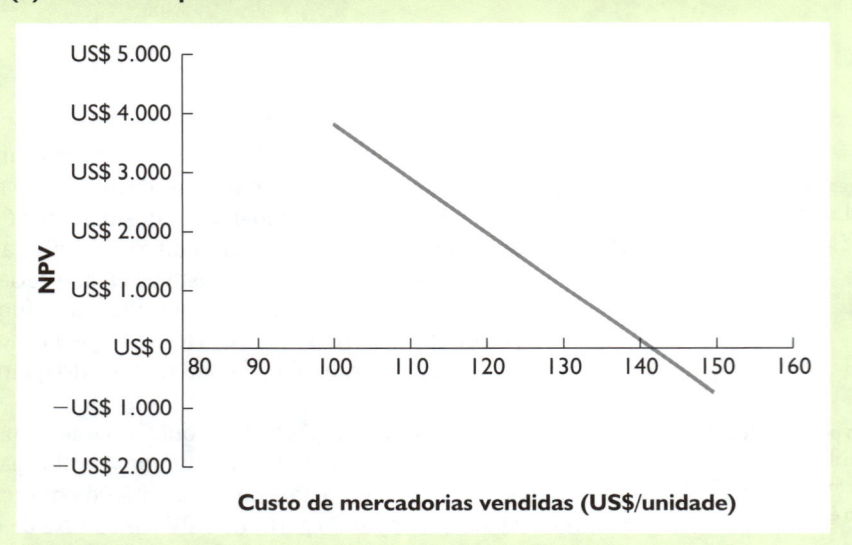

Entretanto, esse valor do ponto de equilíbrio do EBIT é enganoso. Apesar do nível de vendas do ponto de equilíbrio do EBIT da HomeNet ser de apenas 28.667 unidades por ano, dado o grande investimento à vista necessário na HomeNet, seu NPV se encontra em −US$ 2,97 milhões nesse nível de vendas.

TABELA 8.3 Análise de cenário de estratégias de precificação alternativas

Estratégia	Preço de venda (US$/unidade)	Número esperado de unidades vendidas (milhares)	NPV (US$ milhares)
Estratégia atual	260	50	2862
Redução no preço	245	55	2725
Aumento no preço	275	45	2725

Análise de cenário

análise de cenário Uma importante ferramenta de orçamento de capital que determina como o NPV varia quando múltiplos parâmetros são alterados simultaneamente.

Na análise feita até agora, consideramos as consequências de variar apenas um parâmetro de cada vez. Na realidade, certos fatores podem afetar mais de um parâmetro. A **análise de cenário** considera o efeito da mudança de múltiplos parâmetros do projeto sobre o NPV. Por exemplo, diminuir o preço da HomeNet pode aumentar o número de unidades vendidas. Podemos utilizar a análise de cenário para avaliar estratégias de precificação alternativas para o produto da HomeNet na Tabela 8.3. Neste caso, a estratégia atual é ótima. A Figura 8.4 mostra as combinações de preço e volume que levariam ao mesmo NPV de US$ 2,862 milhões para a HomeNet que a estratégia atual. Apenas estratégias com combinações de preço e volume acima da linha levarão a um NPV maior.

Fixação de conceitos

9. O que é análise de sensibilidade?
10. Como a análise de cenário difere de uma análise de sensibilidade?

8.6 Opções reais no orçamento de capital

Nossa abordagem do orçamento de capital até agora focalizou a decisão de investimento inicial sem explicitamente considerar decisões futuras que podem precisar ser tomadas ao longo da vida de um projeto. Em vez disso, supusemos que nossa previsão dos fluxos de caixa futuros esperados de um projeto já incorporava o efeito de decisões futuras que seriam feitas. Na verdade, a maioria dos projetos contém *opções reais*. Uma **opção real** é o direito, mas não a obrigação, de tomar determinada decisão empresarial. Como você não é obrigado a agir, você só o fará se sua decisão aumentar o NPV do projeto. Em particular, como as opções reais permitem que o responsável pela tomada de decisões escolha a alternativa mais atraente após novas informações terem sido descobertas, a presença de opções reais agrega valor a uma oportunidade

opção real O direito de tomar determinada decisão de negócios, como um investimento de capital.

FIGURA 8.4 | Combinações de preço e volume para a HomeNet com NPV equivalente

O gráfico mostra combinações alternativas de preços por unidade e volume anual que levam a um NPV de US$ 2,862 milhões. Estratégias de precificação com combinações acima desta linha levarão a um NPV maior e são melhores. Por exemplo, se os gerentes da Linksys acharem que serão capazes de vender 48.000 unidades a um preço de US$ 275, esta estratégia levaria a um NPV mais alto (US$ 3,627 milhões)

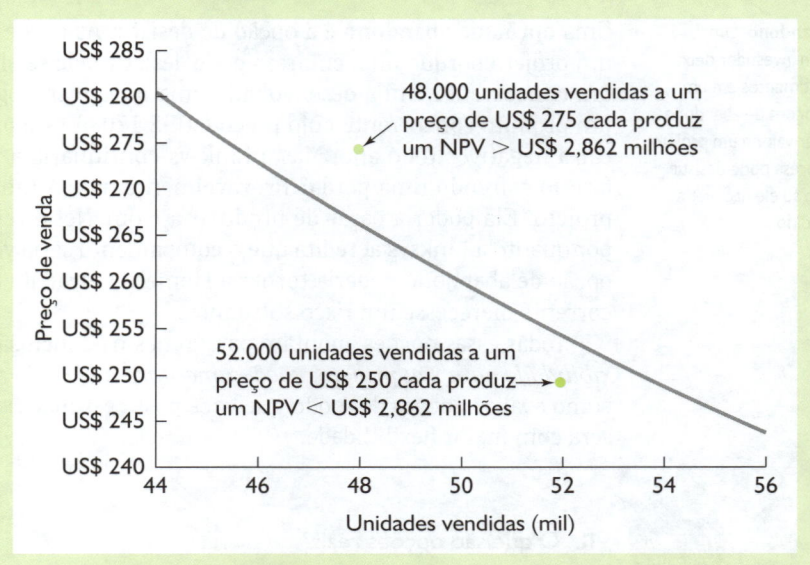

de investimento. As ferramentas para estimar o valor real criado pelas opções reais estão além do escopo deste capítulo e serão abordadas mais adiante neste livro. Entretanto, introduzimos o conceito aqui somente para dar uma ideia das opções reais que você pode encontrar e estabelecer o conceito de que a flexibilidade (mais opções) é valiosa. Vejamos algumas das opções reais mais comuns no contexto do projeto da HomeNet da Linksys.

Opção de adiamento

opção de adiamento de compromisso A opção que está quase sempre presente de postergar determinado investimento.

A **opção de adiamento de um compromisso** (a opção de postergar o investimento) está quase sempre presente. A Linksys poderia esperar para se comprometer com o projeto da HomeNet. Isso poderia ser valioso se a Linksys esperasse que os preços dos componentes fossem diminuir substancialmente, e as novas tecnologias que tornariam os componentes existentes obsoletos fossem ser lançadas logo ou que houvesse aumentos nas vendas de eletrodomésticos conectáveis à Internet (aumentando a demanda por HomeNet). Além disso, a Linksys pode simplesmente querer mais tempo para juntar informações sobre o mercado potencial da HomeNet. Assim como com qualquer outra decisão de orçamento de capital, a Linksys só escolheria adiar se fazê-lo aumentasse o NPV do projeto mais do que o custo de capital ao longo do período de adiamento.

Opção de expansão

opção de expansão A opção de começar com uma produção limitada e expandir somente se o produto for bem-sucedido.

Na seção sobre análise de sensibilidade, vimos mudanças em nossas suposições sobre as unidades vendidas. Toda a análise foi realizada, porém, sob a suposição de que a Linksys se comprometeria integralmente e lançaria o produto HomeNet em todo o mundo. Não consideramos a **opção de expansão**, que é a opção de começar com uma produção limitada e expandir somente se o produto for bem-sucedido. A Linksys poderia, em vez disso, testar o produto no mercado em edição limitada antes de se comprometer integralmente com ele. Fazê-lo criaria uma opção para expandir no mundo todo somente se a HomeNet fosse bem-sucedida na edição limitada. É possível que, reduzindo seu compromisso à vista e decidindo expandir somente se o produto for bem-sucedido, a Linksys aumente o NPV do produto HomeNet. Entretanto, particularmente neste caso, há grandes custos de desenvolvimento que seriam pagos se a Linksys vender uma unidade ou um milhão de unidades, então limitar o mercado inicial não reduz substancialmente o comprometimento financeiro. Assim, no caso da HomeNet, é improvável que a Linksys escolhesse uma edição limitada com uma opção de expansão.

Opção de abandono

opção de abandono Uma opção para um investidor deixar de fazer investimentos em um projeto. As opções de abandono podem agregar valor a um projeto porque a empresa pode desistir de um projeto se ele não vier a ser bem-sucedido.

Uma **opção de abandono** é a opção de desistir. As opções de abandono podem agregar valor a um projeto porque uma empresa pode desistir dele se ele não for bem-sucedido. Imagine que um concorrente tenha desenvolvido uma nova tecnologia que permitiu que ela introduzisse um produto concorrente cujo preço é US$ 170. A este preço, a HomeNet produziria fluxos de caixa negativos todo ano. Mas a Linksys continuaria a vender a HomeNet se ela tivesse que fazê-lo sofrendo uma perda? Provavelmente não. A Linksys tem uma opção de abandonar o projeto. Ela poderia parar de produzir a HomeNet e vender o equipamento. Dependendo de por quanto a Linksys acredita que o equipamento seria vendido se ela abandonasse o projeto, a opção de abandono poderia tornar a HomeNet atraente mesmo se houvesse um produto concorrente oferecesse um risco substancial.

Todas essas opções apontam para a mesma conclusão: *se você consegue trazer maior flexibilidade para seu projeto, você aumentará o NPV do projeto.* No Capítulo 20, discutiremos como avaliar opções de modo que você possa estimar exatamente quão mais valioso o projeto será com maior flexibilidade.

Fixação de conceitos

11. O que são opções reais?
12. Por que as opções reais aumentam o NPV do projeto?

RESUMO DO CAPÍTULO

Pontos principais e equações	Termos	Oportunidades de prática online
8.1 O processo de orçamento de capital ▸ Orçamento de capital é o processo de analisar oportunidades de investimento e de decidir quais aceitar. Um orçamento de investimento é uma lista de todos os projetos que uma empresa planeja empreender durante o período seguinte. ▸ Utilizamos a regra do NPV para avaliar decisões de orçamento de capital, tomando decisões que maximizem o NPV. Ao decidir aceitar ou rejeitar um projeto, aceitamos projetos com um NPV positivo.	lucros incrementais, p. 266 orçamento de capital, p. 266 orçamento de investimento, p. 266	MyFinanceLab Study Plan 8.1
8.2 Previsão de lucros incrementais ▸ Os lucros incrementais de um projeto compreendem a quantia em que se espera que o projeto afete os lucros da empresa. ▸ Os lucros incrementais devem incluir todas as receitas e custos incrementais associados ao projeto. Lucros incrementais = (Receitas incrementais − Custo incremental − Depreciação) × (1 − Alíquota de impostos) (8.3) ▸ Juros e outras despesas relativas a financiamentos são excluídos para determinar o lucro líquido não alavancado do projeto.	alíquota marginal corporativa de impostos, p. 269 depreciação em linha reta, p. 268 lucro líquido não alavancado, p. 272 *pro forma*, p. 271	MyFinanceLab Study Plan 8.2
8.3 Determinando o fluxo de caixa livre incremental ▸ Calculamos o fluxo de caixa livre dos lucros incrementais eliminando todas as despesas não de caixa e incluindo todo o investimento de capital. ▸ A depreciação não é uma despesa de caixa, portanto é somada de volta. ▸ Desembolsos de capital reais são deduzidos. ▸ Aumentos no capital de giro líquido são deduzidos. O capital de giro líquido é definido como Dinheiro + Estoques + Contas a receber − Contas a pagar (7.3) ▸ O cálculo básico do fluxo de caixa livre é Fluxo de caixa livre = $\overbrace{\text{(Receitas − Custos − Depreciação)} \times \text{(1 − alíquota de impostos)}}^{\text{Lucro líquido não alavancado}}$ + Depreciação − CapEx − Variação no NWC (8.6)	benefício fiscal da depreciação, p. 277 crédito comercial, p. 275 fluxo de caixa livre, p. 273	MyFinanceLab Study Plan 8.3

8.4 Outros efeitos sobre os fluxos de caixa livres incrementais

- Um custo de oportunidade é o custo de utilizar um ativo já existente.
- Externalidades de projeto são fluxos de caixa que ocorrem quando um projeto afeta outras áreas dos negócios da empresa.
- Um custo afundado é um custo irrecuperável que já foi incorrido.
- As despesas de depreciação afetam o fluxo de caixa livre somente através do benefício fiscal da depreciação. A empresa deve utilizar o plano de depreciação mais acelerado possível.
- A taxa de desconto de um projeto é seu custo de capital: o retorno esperado de títulos com risco e horizonte comparáveis.
- Quando você vende um ativo, a porção do resultado monetário acima de seu valor contábil é tributada:

$$\text{Fluxo de caixa após os impostos da venda de um ativo} = \text{Preço de venda} - (\text{Alíquota de impostos} \times \text{Ganho de capital}) \quad (8.11)$$

canibalização, p. 279
custo afundado, p. 279
custo de oportunidade, p. 278
depreciação por MACRS, p. 280
despesas gerais, p. 279
externalidades de projeto, p. 279
prejuízo fiscal a compensar e compensação retroativa de prejuízos fiscais, p. 282

MyFinanceLab Study Plan 8.4
Planilha do Exemplo da HomeNet

8.5 Analisando o projeto

- A análise de sensibilidade decompõe o cálculo do NPV em suas suposições, mostrando como ele varia em função da mudança das suposições por trás dele.
- A análise do ponto de equilíbrio calcula o nível de um parâmetro que faz o NPV de um projeto ser igual a zero.
- A análise de cenário considera o efeito da mudança simultânea de múltiplos parâmetros.

análise de cenário, p. 287
análise de sensibilidade, p. 284
análise do ponto de equilíbrio, p. 285
ponto de equilíbrio do EBIT, p. 285
ponto de equilíbrio, p. 285

MyFinanceLab Study Plan 8.5
Análise de sensibilidade interativa (Interactive Sensitivity Analysis), Utilizando o Excel: Realizando uma análise de sensibilidade

8.6 Opções reais no orçamento de capital

- Opções reais são opções de tomar determinada decisão empresarial, geralmente depois de se levantar mais informações. A presença de opções reais em um projeto aumenta o NPV do projeto.

opção de abandono, p. 288
opção de adiamento de compromisso, p. 288
opção de expansão, p. 288
opção real, p. 287

MyFinanceLab Study Plan 8.6

Questões de revisão

1. O que são lucros incrementais *pro forma*?
2. Qual é a diferença entre lucros incrementais *pro forma* e fluxo de caixa livre *pro forma*?
3. Qual é o papel do capital de giro líquido em projetos?
4. Com o capital de giro líquido afeta os fluxos de caixa de um projeto?
5. Por que é importante ajustar as vendas e custos de um projeto para incluir externalidades?
6. A depreciação acelerada geralmente aumenta ou diminui o NPV em relação à depreciação em linha reta?
7. Como a análise de sensibilidade é realizada e qual é seu propósito?

Problemas

Todos os problemas neste capítulo estão disponíveis no MyFinanceLab. Um asterisco (*) indica problemas com um nível de dificuldade mais alto.

O processo de orçamento de capital

1. A Daily Enterprises está comprando uma máquina de US$ 10 milhões. Custará US$ 50.000 para transportar e instalar a máquina. A máquina possui uma vida depreciável de cinco anos e não terá valor residual. Se a Daily utilizar a depreciação em linha reta, quais serão as despesas de depreciação associadas a esta máquina?

2. A máquina no Problema 1 gerará receitas incrementais de US$ 4 milhões por ano juntamente com custos incrementais de US$ 1,2 milhão por ano. Se a alíquota marginal corporativa de impostos da Daily é de 35%, quais são os lucros incrementais associados à nova máquina?

3. Você está fazendo um *upgrade*, passando a utilizar equipamentos melhores para o único produto de sua empresa. Os novos equipamentos permitirão que você produza uma quantidade maior de seu produto no mesmo período de tempo. Assim, você prevê que no ano que vem o total de vendas aumentará 20% sobre o valor atual de 100.000 unidades. Se seu preço de venda é de US$ 20 por unidade, quais são os lucros incrementais no próximo ano decorrentes deste *upgrade*?

4. Pisa Pizza, uma empresa que vende pizza congelada, está considerando introduzir uma versão mais saudável de sua pizza, com baixo colesterol e livre de gorduras trans. A empresa espera que as vendas da nova pizza sejam de US$ 20 milhões por ano. Apesar de muitas dessas vendas serem para novos clientes, a Pisa Pizza estima que 40% sejam provenientes de clientes que passarão a comprar a pizza mais saudável em vez de comprar a versão original.
   a. Suponha que os clientes gastem a mesma quantia em uma versão ou em outra. Que nível de vendas incrementais é associado à introdução da nova pizza?
   b. Suponha que 50% dos clientes que passarão a consumir a nova pizza mais saudável, em vez de sua versão original, fossem passar a consumir uma outra marca se a Pisa Pizza não introduzisse o novo produto. Que nível de vendas incrementais é associado à introdução da nova pizza neste caso?

5. A Kokomochi está considerando o lançamento de uma campanha publicitária para seu último produto de sobremesa, o Mini Mochi Munch. A Kokomochi planeja gastar US$ 5 milhões em propagandas na TV, rádio e mídia impressa este ano para a campanha. Espera-se que os anúncios impulsionem as vendas do Mini Mochi Munch em US$ 9 milhões este ano e em US$ 7 milhões no ano que vem. Além disso, a empresa acredita que seja provável que os novos consumidores que experimentarem o Mini Mochi Munch também experimentem outros de seus produtos. Consequentemente, espera-se que as vendas de outros produtos aumente em US$ 2 milhões por ano.

    A margem de lucro bruto da Kokomochi para o Mini Mochi Munch é de 35%, e sua margem de lucro bruto para todos os seus outros produtos é, em média, de 25%. A alíquota marginal corporativa de impostos da empresa é de 35% tanto neste quanto no próximo ano. Quais são os lucros incrementais associados à campanha publicitária?

6. A Hyperion, Inc. atualmente vende sua impressora colorida de alta velocidade, a Hyper 500, por US$ 350. A empresa planeja diminuir o custo para US$ 300 no próximo ano. Seu custo de mercadorias vendidas para a Hyper 500 é de US$ 200 por unidade, e espera-se que as vendas desse ano sejam de 20.000 unidades.
   a. Suponha que se a Hyperion diminuir o preço para US$ 300 imediatamente, ela possa aumentar suas vendas desse ano em 25%, passando a vender 25.000 unidades. Qual seria o impacto incremental no EBIT desse ano de tal diminuição de preço?
   b. Suponha que para cada impressora vendida a Hyperion espere vendas extras de US$ 75 por ano em cartuchos de tinta pelos três próximos anos, e que a Hyperion tenha um lucro bruto marginal de 70% sobre cartuchos de tinta. Qual é o impacto incremental sobre o EBIT nos três próximos anos de uma diminuição de preço neste ano?

Determinando o fluxo de caixa livre incremental

7. Você está prevendo os fluxos de caixa livres incrementais da Daily Enterprises. Com base nas informações dos Problemas 1 e 2, quais são os fluxos de caixa livre incrementais associados à nova máquina?

8. A Castle View Games gostaria de investir em uma divisão de desenvolvimento de *software* para videogames. Para avaliar esta decisão, a empresa primeiro tenta projetar as necessidades de capital de giro dessa operação. Seu principal executivo financeiro desenvolveu as seguintes estimativas (em milhões de dólares):

Ano	1	2	3	4	5
Dinheiro	6	12	15	15	15
Contas a receber	21	22	24	24	24
Estoques	5	7	10	12	13
Contas a pagar	18	22	24	25	30

Supondo que a Castle View atualmente não tenha nenhum capital de giro investido nessa divisão, calcule os fluxos de caixa associados às mudanças no capital de giro pelos cinco primeiros anos deste investimento.

9. No exemplo da HomeNet deste capítulo, suas contas a receber representam 15% das vendas e suas contas a pagar representam 15% do COGS. Preveja o investimento necessário em capital de giro líquido para a HomeNet, supondo que as vendas e o custo de mercadorias vendidas (COGS) sejam:

Ano	0	1	2	3	4
Vendas		23.500	26.438	23.794	8.566
COGS		9.500	10.688	9.619	3.483

10. A Elmdale Enterprises está decidindo se deve expandir suas instalações de produção. Apesar de fluxos de caixa de longo prazo serem difíceis de estimar, a gerência projetou os seguintes valores para os dois primeiros anos (em milhões de dólares):

Ano	1	2
Receita	125	160
Despesas operacionais (exceto depreciação)	40	60
Depreciação	25	36
Aumento no capital de giro	2	8
Desembolsos de capital	30	40
Alíquota marginal corporativa de impostos	35%	35%

a. Quais são os lucros incrementais deste projeto nos anos 1 e 2?
b. Quais são os fluxos de caixa livre deste projeto nos dois primeiros anos?

11. A Cellular Access, Inc., é uma empresa provedora de serviços de telefonia celular que declarou um lucro líquido de US$ 250 milhões no último ano fiscal. A empresa tinha despesas de depreciação de US$ 100 milhões, desembolsos de capital de US$ 200 milhões e nenhuma despesa com juros. O capital de giro aumentou em US$ 10 milhões. Calcule o fluxo de caixa livre para a empresa no último ano fiscal.

12. Lembre do exemplo da HomeNet deste capítulo. Suponha que o laboratório da HomeNet vá ser localizado em um espaço de armazém que a empresa poderia ter alugado por US$ 200.000 por ano durante os anos 1–4. Como este custo de oportunidade afeta os lucros incrementais da HomeNet?

*13. Há um ano, sua empresa comprou uma máquina utilizada em fabricação por US$ 110.000. Você descobriu que existe uma nova máquina que oferece muitas vantagens; você pode comprá-la por US$ 150.000 hoje. Ela será depreciada em linha reta ao longo de dez anos e não possui nenhum valor residual. Você espera que a nova máquina produza uma margem bruta (receitas menos despesas operacionais, exceto depreciação) de US$ 40.000 por ano pelos próximos dez anos. Espera-se que a máquina atual produza uma margem bruta de US$ 20.000 por ano. A máquina atual está sendo depreciada em linha reta ao longo de uma vida útil de 11 anos e não possui valor residual, então a despesa de depreciação da máquina atual é de US$ 10.000 por ano. O valor de mercado hoje da máquina atual é de US$ 50.000. A alíquota fiscal de sua empresa é de 45% e o custo de oportunidade de capital deste tipo de equipamento é de 10%. Sua empresa deve substituir sua antiga máquina?

14. A Beryl's Iced Tea atualmente aluga uma máquina de engarrafamento por US$ 50.000 por ano, incluindo todas as despesas de manutenção. A empresa está considerando comprar uma máquina em vez de continuar alugando e está comparando duas opções:
    a. Comprar a máquina que está alugando atualmente por US$ 150.000. Esta máquina exigirá US$ 20.000 por ano em despesas de manutenção.
    b. Comprar uma máquina nova mais avançada por US$ 250.000. Esta máquina exigirá US$ 15.000 por ano em despesas de manutenção e irá diminuir os custos do engarrafamento em US$ 10.000 por ano. Além disso, será necessário um gasto à vista de US$ 35.000 para treinar novos operadores para a máquina.

    Suponha que a taxa de descapitalização adequada seja de 8% ao ano e a máquina seja comprada hoje. Os custos de manutenção e de engarrafamento são pagos no final de cada ano, assim como o aluguel da máquina. Suponha também que as máquinas sejam depreciadas através do método de linha reta ao longo de sete anos e que elas tenham uma vida de dez anos com um valor residual desprezível. A alíquota marginal corporativa de impostos é de 35%. A Beryl's Iced Tea deve continuar a alugar, comprar sua máquina atual ou comprar a máquina avançada?

Outros efeitos sobre os fluxos de caixa livres incrementais

15. A Jones Company acaba de completar o terceiro ano de um período de recuperação de cinco anos de MACRS para um equipamento que ela comprou originalmente por US$ 300.000.
    a. Qual é o valor contábil do equipamento?
    b. Se a Jones vender o equipamento hoje por US$ 180.000 e sua alíquota de impostos é de 35%, qual é o fluxo de caixa após os impostos decorrente de sua venda?

16. Logo antes de vender o equipamento do Problema 15, a Jones recebe um novo pedido. A empresa pode aceitar o novo pedido se mantiver o antigo equipamento. Há um custo relacionado a aceitar o pedido e, se houver, qual é esse custo? Explique.

17. A Home Builder Supply, uma varejista do setor de materiais de construção e decoração, atualmente opera sete estabelecimentos de varejo na Geórgia e na Carolina do Sul. A gerência está pensando em construir uma oitava loja de varejo do lado oposto da cidade de seu estabelecimento de varejo mais bem-sucedido. A empresa já possui o terreno desta loja, que atualmente possui um armazém abandonado nele localizado. No último mês, o departamento de marketing gastou US$ 10.000 em pesquisas de mercado para determinar a extensão da demanda do cliente pela nova loja. Agora a Home Builder Supply tem que decidir se deve ou não construir e abrir a nova loja. Quais dos itens a seguir devem ser incluídos como parte dos lucros incrementais da loja de varejo proposta?
    a. O preço de compra original do terreno onde a loja será localizada.
    b. O custo de demolir o armazém abandonado e limpar o terreno.
    c. A perda de vendas no estabelecimento de varejo existente, se os clientes que anteriormente cruzavam a cidade para fazer compras no estabelecimento existente se tornarem clientes da nova loja.
    d. Os US$ 10.000 em pesquisa de mercado gastos para avaliar a demanda do cliente.
    e. Os custos de construção da nova loja.
    f. O valor do terreno, se vendido.
    g. Despesas com juros sobre a dívida contraída para pagar os custos de construção.

18. Se a Daily Enterprises utiliza o MACRS em vez da depreciação em linha reta, como os fluxos de caixa livres incrementais do Problema 7 mudariam?

19. A Markov Manufacturing recentemente gastou US$ 15 milhões para comprar equipamentos usados para a fabricação de unidades de disco. A empresa espera que este equipamento tenha

uma vida útil de cinco anos, e sua alíquota marginal corporativa de impostos é de 35%. A empresa planeja utilizar depreciação em linha reta.

a. Qual é a despesa anual de depreciação associada a estes equipamentos?
b. Qual é o benefício fiscal da depreciação incentivada anual?
c. Em vez de depreciação em linha reta, suponha que a Markov vá utilizar o método de depreciação por MACRS para a propriedade de cinco anos. Calcule o benefício fiscal da depreciação incentivada de cada ano para estes equipamentos com este plano de depreciação acelerado.
d. Se a Markov puder escolher entre planos de depreciação em linha reta e depreciação por MACRS, e se a expectativa é de que sua alíquota marginal corporativa de impostos permaneça constante, qual ela deve escolher? Por quê?
e. Como sua resposta da parte (d) mudaria se a Markov previsse que sua alíquota marginal corporativa de impostos fosse aumentar substancialmente durante os cinco próximos anos?

20. Você é gerente da Percolated Fiber, que está considerando expandir suas operações de fabricação de fibras sintéticas. Seu chefe vem a seu escritório, joga o relatório de um consultor sobre sua mesa e reclama: "Devemos a esses consultores US$ 1 milhão por este relatório, e não tenho certeza de que a análise deles faça sentido. Antes de gastarmos os US$ 25 milhões em novos equipamentos necessários para este projeto, examine-o e me dê sua opinião". Você abre o relatório e encontra as seguintes estimativas (em milhões de dólares):

	Ano	1	2	...	9	10
2	Receita de vendas	30.000	30.000		30.000	30.000
3	Custo das mercadorias vendidas	18.000	18.000		18.000	18.000
4	**Lucro bruto**	12.000	12.000		12.000	12.000
5	Despesas gerais, com vendas e administrativas	2.000	2.000		2.000	2.000
6	Depreciação	2.500	2.500		2.500	2.500
7	**Receita operacional líquida**	7.500	7.500		7.500	7.500
8	Imposto de renda	2.625	2.625		2.625	2.625
9	**Lucro líquido**	**4.875**	**4.875**		**4.875**	**4.875**

Todas as estimativas do relatório parecem corretas. Você percebe que os consultores utilizaram depreciação em linha reta para os novos equipamentos que serão comprados hoje (ano 0), que é o que o departamento de contabilidade recomendou. Eles também calcularam a depreciação supondo que não haja valor residual para o equipamento, que é a suposição da empresa neste caso. O relatório conclui que, como o projeto aumentará os lucros em US$ 4.875 milhões por ano por dez anos, ele vale US$ 48,75 milhões. Você pensa na feliz época em que você ainda cursava finanças e percebe que há mais trabalho a ser feito!

Em primeiro lugar, você percebe que os consultores não levaram em consideração o fato de que o projeto exigirá US$ 10 milhões em capital de giro à vista (ano 0), que será integralmente recuperado no ano 10. Depois, você vê que eles atribuíram US$ 2 milhões para despesas de vendas, gerais e administrativas, mas você sabe que US$ 1 milhão desta quantia é de despesas gerais fixas e será incorrido mesmo que o projeto não seja aceito. Finalmente, você sabe que não é o correto focalizar os lucros contábeis!

a. Dadas as informações disponíveis, quais são os fluxos de caixa livre nos anos 0 a 10 que devem ser utilizados para avaliar o projeto proposto?
b. Se o custo de capital deste projeto for de 14%, qual é a sua estimativa do valor do novo projeto?

Analisando o projeto

21. A Bauer Industries é uma fabricante de automóveis. A gerência está atualmente avaliando uma proposta para construir uma fábrica que produzirá caminhões leves. A Bauer planeja utilizar um custo de capital de 12% para avaliar este projeto. Com base em pesquisas extensas, ela preparou as seguintes projeções incrementais de fluxos de caixa livre (em milhões de dólares):

1	Ano	0	1-9	10
2	Receitas		100,0	100,0
3	Despesas de fabricação (exceto depreciação)		−35,0	−35,0
4	Despesas com marketing		−10,0	−10,0
5	Depreciação		−15,0	−15,0
6	**EBIT**		40,0	40,0
7	Impostos (35%)		−14,0	−14,0
8	**Lucro líquido não alavancado**		26,0	26,0
9	Depreciação		+15,0	+15,0
10	Acréscimos ao capital de giro		−5,0	−5,0
11	Desembolsos de capital	−150,0		
12	Valor de continuação			+12,0
13	**Fluxo de caixa livre**	**−150,0**	**36,0**	**48,0**

a. Para este cenário base, qual é o NPV da fábrica de caminhões leves?

b. Com base no *input* fornecido pelo departamento de marketing, a Bauer está incerta quanto à previsão de sua receita. Em particular, a gerência gostaria de examinar a sensibilidade do NPV da suposta receita. Qual é o NPV deste projeto se as receitas são 10% mais altas do que a previsão? Qual é o NPV se as receitas são 10% mais baixas do que a previsão?

c. Em vez de supor que os fluxos de caixa deste projeto são constantes, a gerência gostaria de explorar a sensibilidade de sua análise a um possível crescimento nas receitas e nas despesas operacionais. Especificamente, a gerência gostaria de supor que as receitas, as despesas de fabricação e as despesas de marketing sejam como as dadas na tabela para o ano 1 e cresçam em 2% ao ano começando no ano 2. A gerência também planeja supor que os desembolsos de capital inicial (e, portanto, a depreciação), os acréscimos ao capital de giro e o valor de continuação permanecerão como inicialmente especificados na tabela. Qual é o NPV deste projeto considerando essas suposições alternativas? Como o NPV muda se as receitas e despesas operacionais crescerem em 5% por ano em vez de 2%?

d. Para examinar a sensibilidade deste projeto à taxa de descapitalização, a gerência gostaria de calcular o NPV para diferentes taxas de descapitalização. Crie um gráfico, com a taxa de descapitalização no eixo x e o NPV no eixo y, para taxas de descapitalização variando entre 5% e 30%. Para que intervalos de taxa de descapitalização o projeto possui um NPV positivo?

22. A Billingham Packaging está considerando expandir sua capacidade de produção comprando uma nova máquina, a XC-750. O custo da XC-750 é de US$ 2,75 milhões. Infelizmente, a instalação dessa máquina levará vários meses e interromperá parcialmente a produção. A empresa acaba de concluir um estudo de exequibilidade de US$ 50.000 para analisar a decisão de comprar a XC-750, que resultou nas seguintes estimativas:

- *Marketing*: Uma vez que a XC-750 esteja em operação no ano que vem, espera-se que a capacidade extra gere US$ 10 milhões por ano em vendas adicionais, o que continuará pelos dez anos de vida da máquina.
- *Operações*: A interrupção causada pela instalação irá diminuir as vendas em US$ 5 milhões este ano. Assim como com os produtos já existentes da Billingham, espera-se que o custo de mercadoria dos produtos produzidos pela XC-750 seja de 70% de seu preço de venda. A intensificação da produção também exigirá gastos de US$ 1 milhão para que haja maiores estoques à disposição durante a vida do projeto, incluindo o ano 0.
- *Recursos Humanos*: A expansão exigirá um aumento no número do pessoal de vendas e de administração a um custo de US$ 2 milhões por ano.
- *Contabilidade*: A XC-750 será depreciada pelo método de linha reta ao longo dos dez anos de vida da máquina. A empresa espera que as contas a receber provenientes das novas vendas sejam de 15% da receita e as contas a pagar sejam de 10% do custo das mercadorias vendidas. A alíquota marginal corporativa de impostos da Billingham é de 35%.

a. Determine os lucros incrementais provenientes da compra da XC-750.
b. Determine o fluxo de caixa livre proveniente da compra da XC-750.
c. Se o custo de capital adequado da expansão é de 10%, calcule o NPV da compra.

d. Apesar das novas vendas esperadas devido à expansão serem de US$ 10 milhões por ano, as estimativas variam de US$ 8 milhões a US$ 12 milhões. Qual é o NPV no pior caso? E no melhor caso?
e. Qual é o ponto de equilíbrio das novas vendas? Qual é o ponto de equilíbrio do custo das mercadorias vendidas?
f. A Billingham poderia, alternativamente, comprar a XC-900, que oferece uma capacidade ainda maior. O custo da XC-900 é de US$ 4 milhões. A capacidade extra não seria útil nos dois primeiros anos de operação, mas permitiria vendas adicionais nos anos 3-10. Que nível de vendas adicionais (acima dos US$ 10 milhões esperados com a compra da XC-750) por ano nesses anos justificaria a compra da máquina maior?

Opções reais no orçamento de capital

23. Por que é que opções reais têm que ter um valor positivo?
24. Que tipo de opção real a máquina XC-900 oferece à Billingham no Problema 22?
25. Se a Billingham sabe que pode vender a XC-750 para uma outra empresa por US$ 2 milhões em dois anos, que tipo de opção real isso forneceria?

Caso simulado

Você acaba de ser contratado pela Dell Computers para trabalhar em sua divisão de orçamento de capital. Sua primeira tarefa é determinar os fluxos de caixa líquidos e o NPV de um novo tipo proposto de computador portátil de tamanho similar a um Blackberry, aparelho popular entre muitos alunos de MBA, que possui a potência operacional de um sistema de desktop de alta qualidade.

O desenvolvimento do novo sistema exigirá um investimento inicial igual a 10% das propriedades, instalações e equipamentos líquidos (PPE) do ano fiscal terminado em 1º de fevereiro de 2008. O projeto então exigirá um investimento adicional igual a 10% do investimento inicial após o primeiro ano do projeto, um aumento de 5% após o segundo ano, e um aumento de 1% após o terceiro, quarto e quinto anos. Espera-se que o produto tenha uma vida de cinco anos. Espera-se que as receitas do primeiro ano provenientes da venda do novo produto sejam de 3% da receita total do ano fiscal da Dell terminado em 1º de fevereiro de 2008. Espera-se que as receitas do novo produto cresçam a 15% no segundo ano, então 10% no terceiro e 5% anualmente nos dois anos finais da vida esperada do projeto. Seu trabalho é determinar o resto dos fluxos de caixa associados a este projeto. Seu chefe indicou que os custos operacionais e as exigências de capital de giro líquido são similares aos do resto da empresa e que a depreciação é em linha reta no que concerne ao orçamento de capital. Bem-vindo ao "mundo real". Como seu chefe não lhe ajudou muito, aqui estão algumas dicas para guiar sua análise:

1. Obtenha as declarações financeiras da Dell. (Se você "realmente" trabalhasse para a Dell você já teria esses dados, mas pelo menos você não seria demitido por sua análise estar imprecisa.) Faça o *download* das demonstrações de resultados anuais, balanços patrimoniais e demonstrações de fluxos de caixa para os quatro últimos anos fiscais no MarketWatch (www.marketwatch.com). Entre com o símbolo da Dell e então vá a "Financials" [dados financeiros]. Exporte as demonstrações para o Excel clicando com o botão direito do mouse enquanto o cursor estiver dentro de cada demonstração.

2. Agora você está pronto para determinar o fluxo de caixa livre. Calcule o fluxo de caixa livre de cada ano utilizando a Equação 8.6 deste capítulo:

$$\text{Fluxo de caixa livre} = \overbrace{(\text{Receitas} - \text{Custos} - \text{Depreciação}) \times (1 - \text{alíquota de impostos})}^{\text{Lucro líquido não alavancado}} \quad (8.14)$$
$$+ \text{Depreciação} - \text{CapEx} - \text{Variação no } NWC$$

Construa o diagrama de fluxo de caixa e o cálculo do fluxo de caixa livre em colunas separadas e contíguas para cada ano de vida do projeto. Certifique-se de marcar saídas com sinal negativo e influxos com sinal positivo.

a. Suponha que a lucratividade do projeto seja similar à dos projetos existentes da Dell em 2007 e estime (Receitas − Custos) de cada ano utilizando a margem EBITDA/Lucro das vendas de 2007.

b. Determine a depreciação anual supondo que a Dell deprecie esses ativos pelo método da linha reta ao longo de uma vida de 10 anos.
c. Determine a alíquota fiscal da Dell utilizando a alíquota de impostos de 2007.
d. Calcule o capital de giro líquido necessário a cada ano supondo que o nível de NWC seja uma porcentagem constante das vendas do projeto. Utilize o NWC/Vendas de 2007 da Dell para estimar a porcentagem necessária. (Utilize apenas contas a receber, contas a pagar e estoques para medir o capital de giro. Outros componentes do ativo e passivo circulantes são mais difíceis de interpretar e não necessariamente refletem o NWC necessário do projeto – por exemplo, a retenção de dinheiro da Dell).
e. Para determinar o fluxo de caixa livre, calcule o investimento de capital *adicional* e a *mudança* no capital de giro líquido a cada ano.

3. Determine a IRR e o NPV do projeto a um custo de capital de 12% utilizando as funções do Excel. Para o cálculo do NPV, inclua os fluxos de caixa de 1 a 5 na função do NPV e então subtraia o investimento inicial (isto é, $NPV(\text{rate}, CF_1:CF_5) + CF_0$). Para a IRR, inclua os fluxos de caixa de zero a cinco no intervalo dos fluxos de caixa.

Capítulo 8 APÊNDICE A — Depreciação por MACRS

A legislação fiscal dos EUA permite a depreciação acelerada da maioria dos ativos. O método de depreciação utilizado para qualquer ativo em particular é determinado pelas regras tributárias em efeito na época em que o ativo é colocado em serviço. (O Congresso norte-americano mudou as regras de depreciação muitas vezes ao longo dos anos, então muitas empresas que possuem propriedades mantidas por muito tempo podem utilizar diversos métodos de depreciação simultaneamente.)

Para a maioria das propriedades empresariais colocadas em serviço após 1986, o IRS permite que as empresas depreciem o ativo utilizando o MACRS (Sistema de Recuperação de Custo Acelerado Modificado, ou *Modified Accelerated Cost Recovery System*, no original). Neste método, pode-se classificar cada ativo empresarial em uma classe de recuperação que determina o período de tempo ao longo do qual se pode amortizar seu custo. Os itens mais utilizados são classificados como a seguir:

- *Propriedade de 3 anos*: tratores, cavalos de corrida com mais de 2 anos e cavalos com mais de 12 anos.
- *Propriedades de 5 anos*: automóveis, ônibus, caminhões, computadores e equipamentos periféricos, maquinário de escritório e qualquer propriedade utilizada em pesquisas e experimentação. Também inclui gado para procriação e gado leiteiro.
- *Propriedades de 7 anos*: móveis e utensílios de escritório e qualquer propriedade que não tenha sido designada como pertencente a alguma outra classe.
- *Propriedades de 10 anos*: equipamentos de transporte de água, estruturas agrícolas ou de horticultura de uso específico, e árvores ou videiras que produzam frutas ou oleaginosas.
- *Propriedades de 15 anos*: melhorias depreciáveis em terrenos, como cercas, estradas e pontes.
- *Propriedades de 20 anos*: construções de fazenda que não sejam estruturas agrícolas ou de horticultura.
- *Propriedades de 27,5 anos*: Propriedades residenciais de aluguel.
- *Propriedades de 39 anos*: Bens imobiliários não residenciais, incluindo home offices. (Observe que o valor dos terrenos pode não ser depreciado.)

De maneira geral, imóveis residenciais e não residenciais são depreciados por meio do método de depreciação por linha reta, mas outras classes podem ser depreciadas mais rapidamente nos primeiros anos. A Tabela 8.4 mostra as taxas de depreciação padrão de ativos nas outras classes de recuperação; refinamentos desta tabela podem ser aplicáveis dependendo do mês em que o ativo foi colocado em serviço (consultar diretrizes do IRS). A tabela indica a porcentagem do custo do ativo que pode ser depreciado a cada ano, sendo que o ano 1 indica o ano em que o ativo foi inicialmente colocado em uso. Geralmente, o ano 1 é o ano de aquisição, e a tabela contém a convenção de "meio ano", permitindo meio ano de depreciação no ano de aquisição propriamente dito. É por isso que a porcentagem de depreciação do primeiro ano é menor do que a do segundo ano.

Capítulo 8 APÊNDICE B — Utilizando o Excel para o orçamento de capital

Neste apêndice, ilustraremos como construir uma demonstração *pro forma* e realizar uma análise de sensibilidade no Excel.

Construindo uma demonstração *pro forma*

A chave para um orçamento de capital livre de frustrações é basear sua análise em uma planilha que contenha um modelo flexível dos fluxos de caixa livres *pro forma* do projeto.

Liste as suposições

Comece criando uma caixa na planilha com todas as suas suposições, exibidas aqui sombreada em cinza:

TABELA 8.4 Tabela de depreciação por MACRS mostrando a porcentagem do custo do ativo que pode ser depreciada a cada ano com base em seu período de recuperação

Ano	Taxa de depreciação por período de recuperação					
	3 anos	5 anos	7 anos	10 anos	15 anos	20 anos
1	33,33	20,00	14,29	10,00	5,00	3,750
2	44,45	32,00	24,49	18,00	9,50	7,219
3	14,81	19,20	17,49	14,40	8,55	6,677
4	7,41	11,52	12,49	11,52	7,70	6,177
5		11,52	8,93	9,22	6,93	5,713
6		5,76	8,92	7,37	6,23	5,285
7			8,93	6,55	5,90	4,888
8			4,46	6,55	5,90	4,522
9				6,56	5,91	4,462
10				6,55	5,90	4,461
11				3,28	5,91	4,462
12					5,90	4,461
13					5,91	4,462
14					5,90	4,461
15					5,91	4,462
16					2,95	4,461
17						4,462
18						4,461
19						4,462
20						4,461
21						2,231

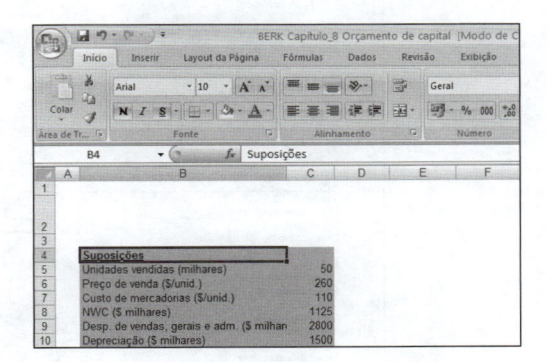

Apesar deste passo inicialmente levar um pouco mais de tempo, ele apresenta duas vantagens. Primeiramente, você é forçado a apresentar todas as suas principais suposições de maneira clara, de modo que você possa ver os direcionadores de sua análise. Em segundo lugar, separá-las dessa maneira facilita que você mude suas suposições mais tarde e veja rapidamente o impacto sobre os fluxos de caixa livres incrementais.

Baseie as fórmulas das células em suposições

Uma vez que você tenha listado todas as suas suposições, estará na hora de construir a demonstração *pro forma* fazendo uma referência dinâmica às células que contêm suas suposições. Aqui, mostraremos como construir os fluxos de caixa *pro forma* do primeiro ano. Por exemplo, em vez de digitar US$ 13.000 na linha de Vendas do Ano 1 (Sales in Year 1), você digitará a fórmula exibida na tela do Excel abaixo.

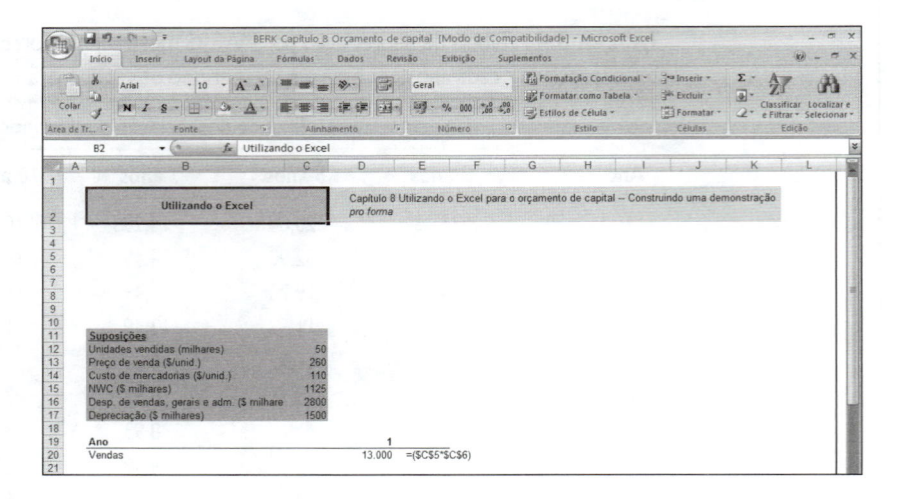

Esta fórmula é simplesmente a versão de referência a células de nosso cálculo no Exemplo 8.1: Unidades vendidas × Preço por unidade = 50 × US$ 260 = US$ 13.000. Como você pode ver na tela do Excel, fizemos uma referência à nossa caixa de suposições para cada uma dessas entradas (unidades vendidas e preço por unidade). Mais tarde, se quisermos mudar a suposição para preço por unidade, poderemos mudá-la em nossa caixa "Suposições" e isso automaticamente mudará o cálculo das "Vendas no ano 1".

Para completar a demonstração *pro forma* para o ano 1, continuamos descendo a coluna. Cada vez que precisarmos nos valer de um valor suposto, consultamos nossa caixa "Suposições". Para cálculos como o Lucro Bruto, simplesmente consultamos as células da coluna: somando as Vendas e o Custo de Mercadorias Vendidas negativo.

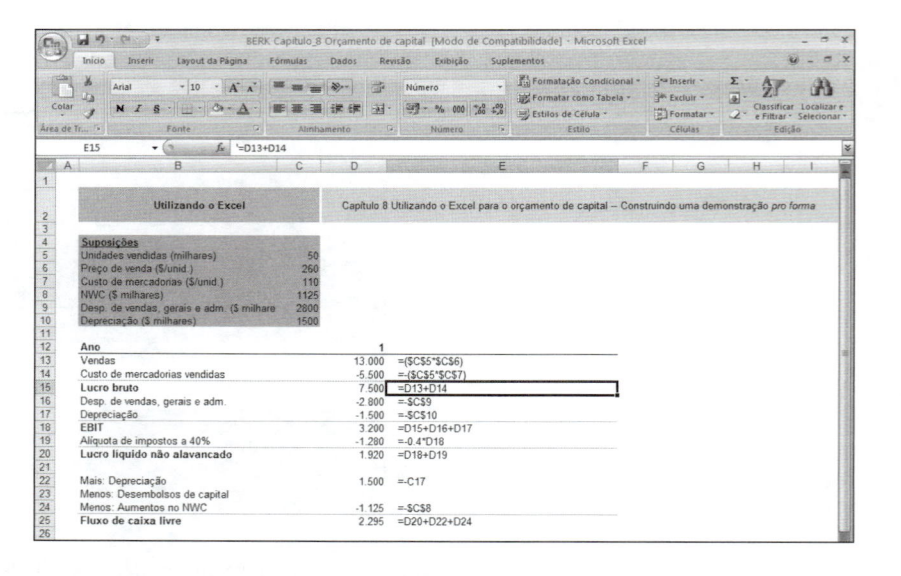

Como você pode imaginar, construir uma demonstração *pro forma* como esta facilita enormemente sua análise dos efeitos das mudanças em nossas suposições. Na próxima seção, mostraremos como utilizar uma planilha similar à que acabamos de construir para realizar uma análise de sensibilidade.

Realizando uma análise de sensibilidade

Em vez de recalcular o NPV da HomeNet para cada número possível de unidades vendidas, podemos utilizar a ferramenta de tabela de dados "Tabela de Dados" do Excel. No Capítulo 7, utilizamos a ferramenta "Tabela de Dados" para construir um perfil do NPV. Lembre que uma tabela de dados nos mostra como o resultado de uma fórmula (como o NPV da HomeNet) muda quando mudamos uma das células da planilha (como o número de unidades vendidas). No quadro anterior sobre como utilizar o Excel, mostramos como construir uma demonstração *pro forma* da HomeNet, o que facilitaria mudar nossas suposições mais tarde. Isso é exatamente o que fazemos em análise de sensibilidade: mudamos nossas suposições e observamos a alteração do NPV. Esta tela do Excel mostra uma demonstração *pro forma* completa dos fluxos de caixa livres incrementais do projeto da HomeNet. Mostra também o cálculo do NPV e uma tabela de dados (contornada em verde) para nossa suposição sobre Unidades Vendidas:

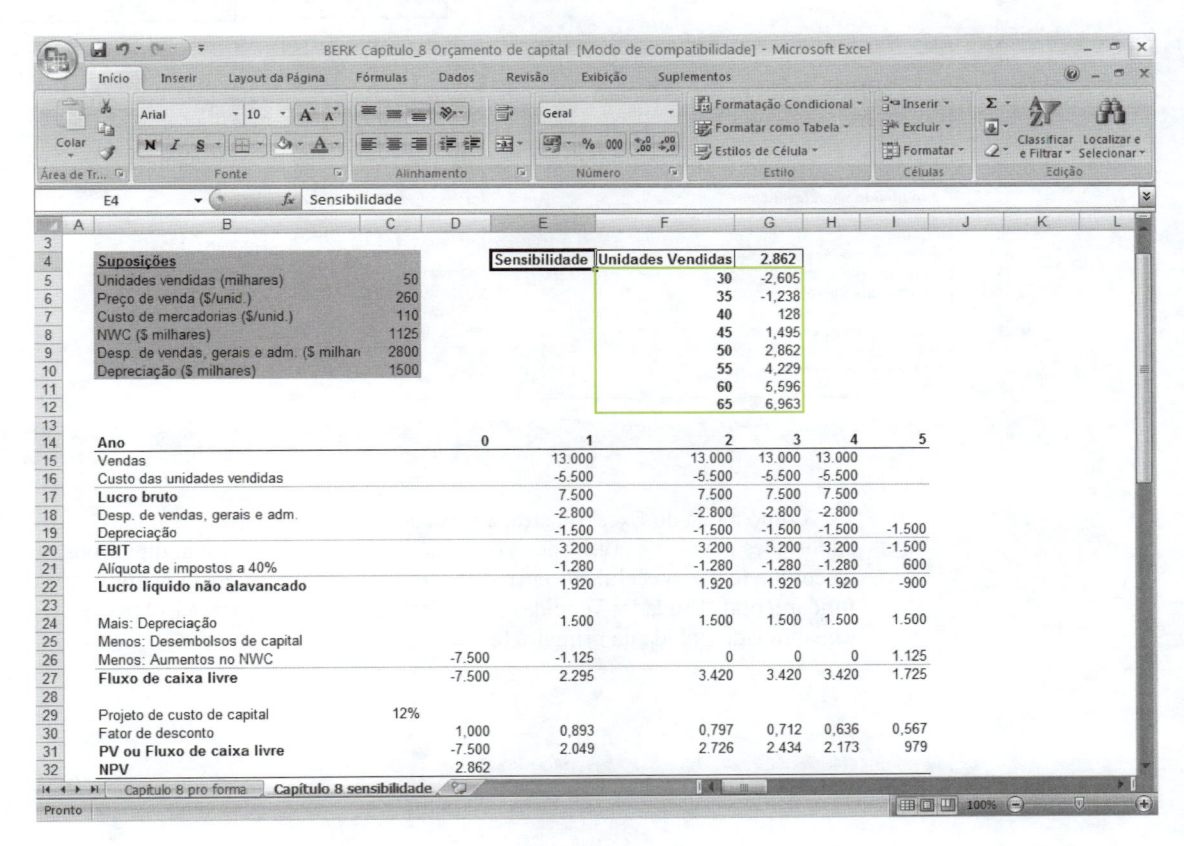

	B	C	D	E	F	G
4	**Suposições**			Sensibilidade	Unidades Vendidas	2.862
5	Unidades vendidas (milhares)	50			30	-2.605
6	Preço de venda ($/unid.)	260			35	-1.238
7	Custo de mercadorias ($/unid.)	110			40	128
8	NWC ($ milhares)	1125			45	1.495
9	Desp. de vendas, gerais e adm. ($ milhares)	2800			50	2.862
10	Depreciação ($ milhares)	1500			55	4.229
11					60	5.596
12					65	6.963

	Ano	0	1	2	3	4	5
15	Vendas		13.000	13.000	13.000	13.000	
16	Custo das unidades vendidas		-5.500	-5.500	-5.500	-5.500	
17	**Lucro bruto**		7.500	7.500	7.500	7.500	
18	Desp. de vendas, gerais e adm.		-2.800	-2.800	-2.800	-2.800	
19	Depreciação		-1.500	-1.500	-1.500	-1.500	-1.500
20	**EBIT**		3.200	3.200	3.200	3.200	-1.500
21	Alíquota de impostos a 40%		-1.280	-1.280	-1.280	-1.280	600
22	**Lucro líquido não alavancado**		1.920	1.920	1.920	1.920	-900
24	Mais: Depreciação		1.500	1.500	1.500	1.500	1.500
25	Menos: Desembolsos de capital						
26	Menos: Aumentos no NWC	-7.500	-1.125	0	0	0	1.125
27	**Fluxo de caixa livre**	-7.500	2.295	3.420	3.420	3.420	1.725
29	Projeto de custo de capital	12%					
30	Fator de desconto	1,000	0,893	0,797	0,712	0,636	0,567
31	**PV ou Fluxo de caixa livre**	-7.500	2.049	2.726	2.434	2.173	979
32	**NPV**	2.862					

Para definir a tabela de dados, primeiro criamos uma célula que simplesmente repete o NPV. Neste caso, a célula G4 é igualada à célula D32 para criar uma nova coluna para o NPV. Depois, criamos a coluna que conterá as diferentes suposições de "Unidades Vendidas". Esta coluna tem que estar diretamente à esquerda da célula do NPV (G4). Finalmente, realçamos as colunas "Unidades Vendidas" e "NPV", e selecionamos Dados > Teste de Hipóteses > Tabela de Dados.

Parte III Avaliação e a Empresa

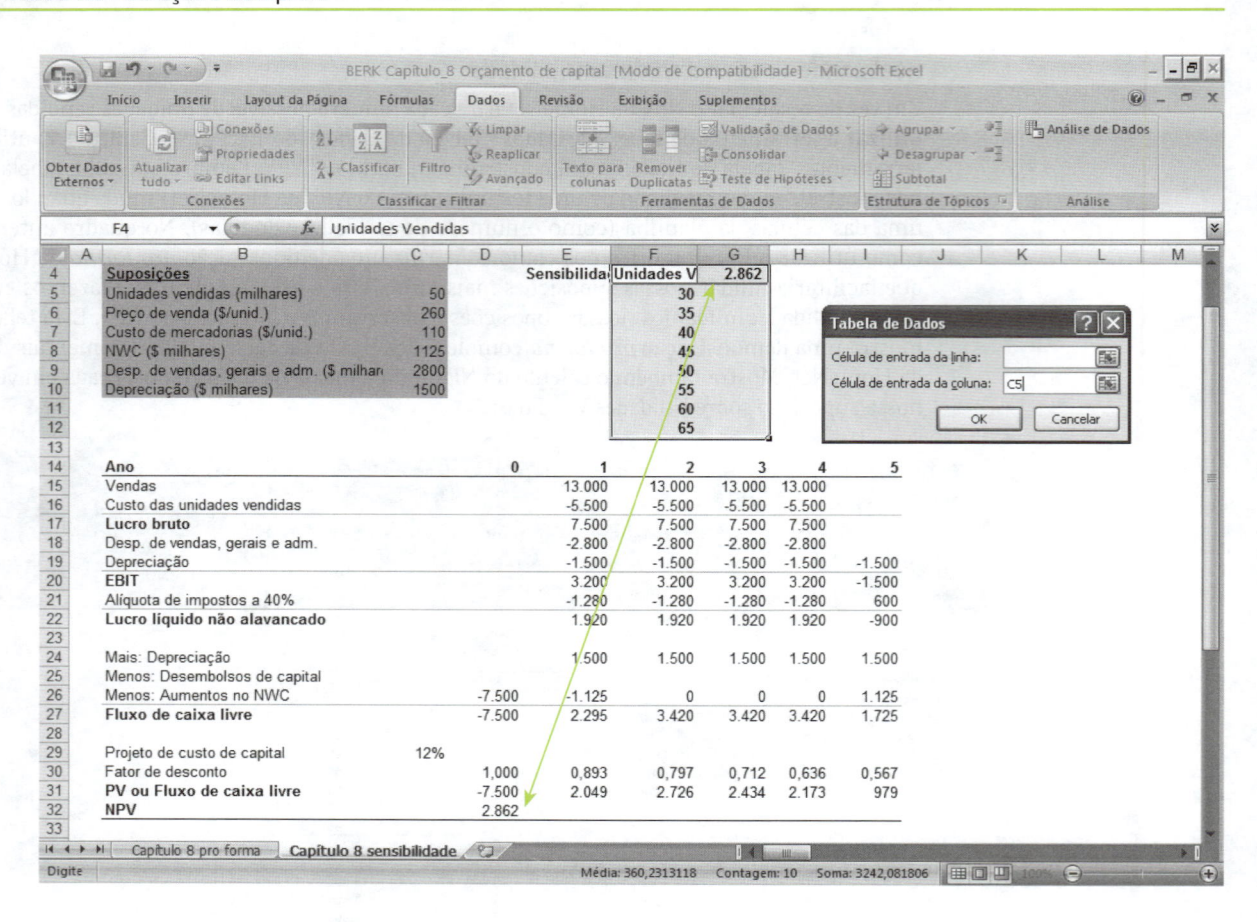

Como a tela do Excel mostra, a caixa de diálogo de "Tabela de Dados" aparecerá. Como nossas suposições acerca de "Unidades Vendidas" estão em uma coluna, digitamos, na célula de entrada da coluna (e não na célula de entrada da linha), a célula em nossa planilha que contém a suposição fundamental "Unidades Vendidas" (C5). Isto feito, pressionamos Enter e o Excel criará a tabela de sensibilidade exibida na primeira tela.

9 Avaliação de Ações

OBJETIVOS DE APRENDIZAGEM

- Ler uma cotação de ações
- Avaliar ações como o valor presente de seus dividendos futuros esperados
- Compreender o *tradeoff* entre dividendos e crescimento na avaliação de ações
- Avaliar ações como o valor presente ou do *payout* total da empresa ou de seus fluxos de caixa livres
- Avaliar ações aplicando múltiplos de avaliação comuns baseados nos valores de empresas comparáveis
- Comparar e contrastar diferentes abordagens para a avaliação de ações
- Compreender como a concorrência em mercados eficientes incorpora informações aos preços de ações

notação

P_t	preço das ações no final do ano t	EBIT	lucros antes de juros e impostos
r_E	custo de capital próprio	FCF_t	fluxo de caixa livre na data t
N	data terminal ou horizonte de projeção	V_t	valor da empresa na data t
		τc	alíquota corporativa
g	taxa esperada de crescimento de dividendos	r_{wacc}	custo médio ponderado de capital
Div_t	dividendos pagos no ano t	g_{FCF}	taxa de crescimento esperada do fluxo de caixa livre
EPS_t	rendimentos por ação na data t	EBITDA	lucros antes de juros, impostos, depreciação e amortização
PV	valor presente		

ENTREVISTA COM Christopher Brigham, Loomis Sayles & Company

Michigan State University, 2003

"Para determinar o valor de uma empresa analisamos os seus fundamentos e aplicamos modelos de avaliação de ações".

Formado em 2003 pela Michigan State University em finanças, Christopher Brigham é pesquisador da Loomis, Sayles & Company. A empresa de investimento sediada em Boston administra mais de US$ 130 bilhões em ações e ativos de renda fixa para investidores institucionais e fundos mútuos.

Na Loomis Sayles, analistas de ações e gerentes de carteira trabalham em equipe para construir uma carteira de "melhores ideias". "Eu cubro o setor de serviços financeiros, como bancos, corretoras e seguradoras", diz Chris. "Para determinar a avaliação de uma empresa – o que ela vale – analisamos os fundamentos da empresa e aplicamos modelos de avaliação de ações. Utilizando essas informações, trabalhamos juntos para determinar de que empresas devemos comprar ações, de que empresas devemos evitar comprar e quando vender as ações que atualmente detemos".

Loomis Sayles mistura vários métodos para avaliar ações ordinárias. "Cada empresa e cada setor é diferente, então não temos regras rígidas para avaliar ações", explica Chris. Além dos modelos de avaliação intrínsecos como o modelo de desconto de dividendos, a Loomis Sayles utiliza parâmetros de avaliação relativos e históricos, como os índices preço/lucro e preço/valor contábil, e levamos em consideração tendências mais amplas da economia ou do setor. "Devido ao grande número de variáveis, projetar lucros ou crescimento futuro é sempre o principal desafio ao aplicar modelos de lucros e de fluxos de caixa livres descontados".

Às vezes nossa avaliação revela um preço muito diferente para as ações do que o preço corrente de mercado. "Quando isso acontece, examinamos todas as variáveis que o modelo pode estar deixando de fora, mas que o mercado pode estar incluindo no preço. Por exemplo, tendências do setor e qualidade de gerenciamento são difíceis de quantificar, então diferentes analistas podem criar suposições e valores muito diferentes para as mesmas ações".

Chris acompanha de perto as notícias de empresas e do setor, lê relatórios e demonstrações contábeis de empresas e avalia tendências do setor e da economia. Ele também monitora métricas relativas de avaliação e desenvolve modelos detalhados e atualizados de lucros. "Meu curso de finanças me trouxe a experiência de que eu precisava para este trabalho", diz Chris. "A prática educacional mais importante foi analisar demonstrações contábeis e modelar e prever lucros e fluxos de caixa".

Capítulo 9 Avaliação de Ações 305

Em 16 de janeiro de 2006, a fabricante de calçados e vestuário Kenneth Cole Productions, Inc., anunciou que seu presidente há 15 anos, Paul Blum, havia renunciado para ir em busca de "outras oportunidades". O preço das ações da empresa já havia caído mais de 16% durante os dois anos anteriores, e a empresa passava por uma grande reestruturação de marca. No dia seguinte, o preço das ações da Kenneth Cole caíram mais de 6% na Bolsa de Valores de Nova York para US$ 26,75, com mais de 300.000 ações vendidas – mais que o dobro de seu volume médio diário.

Como um investidor pode decidir quando comprar ou vender ações como as da Kenneth Cole por este preço? Por que as ações valeriam repentinamente 6% menos após a veiculação da notícia? Que medidas os gerentes da Kenneth Cole podem tomar para aumentar o preço das ações?

Para responder a essas perguntas, recorremos ao Princípio da Avaliação. Como foi demonstrado no Capítulo 3, o Princípio da Avaliação implica que o preço de um título deve ser igual ao valor presente dos fluxos de caixa esperados que um investidor receberá pela sua posse. Neste capítulo, aplicaremos esta ideia a ações. Assim, para avaliar ações, precisamos conhecer os fluxos de caixa esperados por um investidor e o custo de capital adequado com o qual descontar estes fluxos de caixa. Ambos valores podem ser difíceis de estimar, e muitos dos detalhes necessários para fazê-lo serão estudados no restante deste livro. Neste capítulo, começaremos nosso estudo de avaliação de ações identificando os fluxos de caixa relevantes e as principais ferramentas que os profissionais da área utilizam para avaliá-las.

Nossa análise começa considerando os dividendos e os ganhos de capital recebidos pelos investidores que detêm as ações por diferentes períodos. A partir daí, desenvolveremos o modelo de desconto de dividendos para a avaliação de ações. Depois, aplicaremos as ferramentas do Capítulo 7 para avaliar ações com base nos fluxos de caixa livres gerados pela empresa. Desenvolvidos esses métodos de avaliação de ações com base em fluxos de caixa descontados, os relacionaremos à prática, então, utilizando múltiplos de avaliação baseados em empresas comparáveis. Concluiremos o capítulo discutindo o papel da concorrência nas informações contidas nos preços das ações e suas implicações para os investidores e gerentes corporativos.

9.1 O básico sobre ações

Como discutido no Capítulo 1, a propriedade de uma empresa é dividida em ações. A Figura 9.1 mostra uma cotação de ações com informações básicas sobre a Kenneth Cole Productions extraídas do Google Finance.[1] A página web observa que essa é uma empresa de capital aberto (suas ações são de domínio público e transacionadas em um mercado) e que suas ações são negociadas na NYSE (New York Stock Exchange) sob o símbolo *ticker* KCP. Um **símbolo ticker** é uma abreviatura única atribuída a uma empresa de capital aberto utilizado quando sua comercialização aparece no *ticker* (um visor eletrônico em tempo real que mostra a atividade da bolsa de valores). Os símbolos *ticker* das ações na NYSE consistem em três ou menos caracteres, enquanto que os símbolos *ticker* das ações na NASDAQ geralmente têm quatro ou mais caracteres.

símbolo ticker Abreviatura única atribuída a uma empresa de capital aberto.

ações ordinárias Ações de participação proprietária em uma empresa, que confere direitos a quaisquer dividendos ordinários além do direito de votar na eleição dos diretores, sobre fusões, ou outros eventos importantes.

As informações exibidas são das ações ordinárias da Kenneth Cole Productions em 10 de abril de 2007. **Ações ordinárias** são uma participação na propriedade empresa, o que concede a seu portador direitos a quaisquer dividendos ordinários além do direito de votar na eleição de diretores, sobre fusões ou outros eventos importantes. Como um direito de propriedade, as ações ordinárias garantem o direito de dividir os lucros da empresa pelo pagamento de dividendos. Dividendos são pagamentos periódicos, normalmente na forma de dinheiro em espécie, feitos aos acionistas como um retorno parcial sobre seu investimento na empresa. O conselho de administração decide quando e quanto será pago em cada dividendo. Os acionistas recebem dividendos proporcionalmente ao número de ações que detêm.

A Figura 9.1 inclui um gráfico que mostra o preço das ações ordinárias da KCP entre janeiro e outubro de 2006. Durante o período de tempo abrangido pelo gráfico, a empresa pagou dois dividendos a seus acionistas ordinários — um em maio de 2006 e outro em agosto

---

[1] Há muitos lugares na Internet onde podem ser obtidas informações sobre ações gratuitamente, como o Yahoo! Finance, MSN Money, *website* do *Wall Street Journal* (wsj.com), e os *sites* das bolsas de valores nyse.com e nasdaq.com.

FIGURA 9.1

Cotação do preço das ações da Kenneth Cole Productions (KCP)

Esta tela do Google Finance mostra as informações básicas sobre o preço das ações e traça um gráfico com o histórico de preços das ações ordinárias da Kenneth Cole Productions. O gráfico de preços históricos engloba o período de janeiro a outubro de 2006. O preço de US$ 27,30 é de 10 de abril de 2007.

Fonte: http://finance.google.com/finance?q=kcp&hl=en

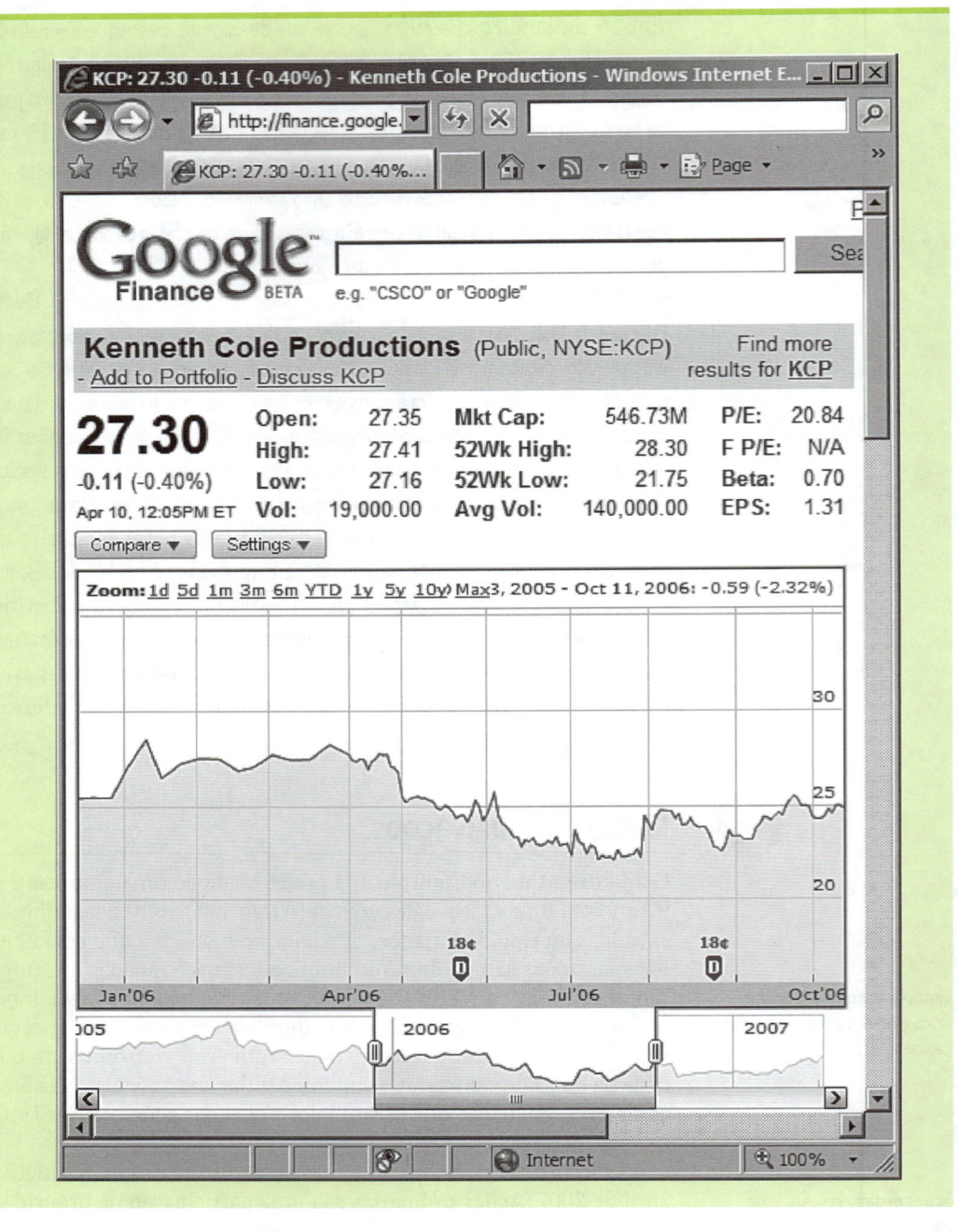

---

de 2006. Os dividendos são marcados por um "D" e o valor do dividendo. Neste caso, ambos os dividendos foram de 18 centavos por ação. Assim, se você tivesse 1.000 ações da KCP, você teria recebido US$ 0,18 × 1.000 = US$ 180 em cada uma das datas de pagamento de dividendos. O gráfico também mostra claramente a queda no preço das ações da KCP em janeiro de 2006, como discutido na introdução deste capítulo.

Finalmente, a página web exibe algumas informações básicas sobre o desempenho das ações da KCP. Observe o preço da última negociação das ações da KCP no mercado (US$ 27,30), o preço no qual as ações começaram quando o mercado abriu naquele dia (US$ 27,35), o preço máximo e mínimo alcançados até então durante as negociações naquele dia (US$ 27,41 e US$ 27,16), e o volume de negociações do dia (19.000 ações). O valor total de todo o patrimônio líquido da KCP é sua capitalização de mercado, igual ao preço por ação multiplicado pelo número de ações em circulação, neste caso US$ 546,73 milhões. Nas últimas 52 semanas, a KCP alcançou um preço máximo de US$ 28,30 e um preço mínimo de US$ 21,75 e teve um volume diário de ações negociadas de 140.000 ações. Além disso, observe algumas informações básicas sobre a empresa: o índice preço-lucro (P/E) e lucros por ação (EPS), ambos dos quais discutimos no Capítulo 2, e o índice P/E baseado em uma estimativa de lucros futuros (P/E futuro), que não está disponível para a KCP. A página web também observa que o beta da KCP é de 0,7; beta é uma medida de risco que discutiremos no Capítulo 11.

O preço atual da KCP é US$ 27,30, mas o preço das ações variou ao longo do tempo. Em capítulos anteriores, já aprendemos como os gerentes financeiros tomam decisões que afetam o valor de sua empresa. Neste capítulo, exploraremos as diferentes maneiras pelas quais os investidores obtêm informações sobre uma empresa, inclusive informações sobre fluxos de caixa, a partir de decisões tomadas pelos gerentes financeiros, para então chegar a um valor para as ações.

Fixação de conceitos

1. O que são ações?
2. O que são dividendos?

9.2 O modelo de desconto de dividendos

O Princípio da Avaliação implica que para avaliar papéis, temos que determinar os fluxos de caixa esperados pelo investidor que possuí-los. Assim, começaremos nossa análise de avaliação de ações considerando os fluxos de caixa de um investidor com um horizonte de investimento de um ano. Neste caso, mostraremos como o preço das ações e o retorno do investidor estão relacionados. Consideraremos, então, a perspectiva dos investidores com horizontes de investimento de longo prazo. Finalmente, chegaremos ao nosso objetivo de estabelecer o primeiro método de avaliação de ações: o *modelo de desconto de dividendos*.

Um investidor de um ano

Há duas fontes potenciais de fluxos de caixa quando possuímos ações:

1. A empresa pode realizar pagamentos a seus acionistas na forma de um dividendo.
2. O investidor pode gerar dinheiro decidindo vender as ações em alguma data futura.

A quantia total recebida em dividendos e com a venda das ações dependerá do horizonte de investimento do investidor. Comecemos considerando a perspectiva de um investidor de um ano.

Quando um investidor compra ações, ele paga o preço corrente de mercado, P_0. Enquanto deter as ações, ele terá direito a quaisquer dividendos pagos por elas. Div_1 representa o total de dividendos pagos por ação durante o ano. No final do ano, o investidor venderá suas ações pelo novo preço de mercado, P_1. Supondo, para maior simplicidade, que todos os dividendos sejam pagos no final do ano, temos o seguinte diagrama de fluxo de caixa para este investimento:

```
    0              1
    |──────────────|
   −P₀         Div₁ + P₁
```

É claro que os pagamentos futuros de dividendos e o preço futuro das ações no diagrama de fluxo de caixa acima não são totalmente conhecidos. Em vez disso, esses valores são baseados nas expectativas do investidor no momento em que as ações são compradas. Dadas essas expectativas, o investidor estará disposto a pagar um preço hoje até o ponto em que esta transação tenha um NPV igual a zero — isto é, até o ponto em que o preço corrente seja igual ao valor presente do dividendo futuro esperado e do preço de venda.

Como esses fluxos de caixa são arriscados, não podemos descontá-los utilizando a taxa de juros sem risco, mas em vez disso, temos que descontá-los com base no **custo de capital próprio**,

custo de capital próprio A taxa de retorno esperada disponível no mercado sobre outros investimentos com risco equivalente ao risco das ações da empresa.

r_E, das ações, que é o retorno esperado de outros investimentos disponíveis no mercado com risco equivalente ao das ações da empresa. Fazê-lo leva à seguinte equação para o preço das ações:

$$P_0 = \frac{Div_1 + P_1}{1 + r_E} \qquad (9.1)$$

Se o preço atual das ações for menor do que esta quantia, o investimento terá um NPV positivo. Portanto, é de se esperar que os investidores corram para comprá-las, fazendo o preço das ações subir. Se o preço das ações excedesse esta quantia, vendê-las teria um NPV positivo e o preço das ações cairia rapidamente.

Rentabilidades de dividendos, ganhos de capital e retornos totais

Uma parte crítica da Equação 9.1 para determinar o preço das ações é o custo de capital próprio da empresa, r_E. No início desta seção, ressaltamos que o retorno de um investidor por deter ações vem de dividendos e do dinheiro gerados pela venda das ações. Podemos reescrever a Equação 9.1 de modo que ela mostre esses dois componentes do retorno. Se multiplicarmos por $(1 + r_E)$, dividirmos por P_0, e subtrairmos 1 de ambos os lados, teremos

Retorno total

$$r_E = \frac{Div_1 + P_1}{P_0} - 1 = \underbrace{\frac{Div_1}{P_0}}_{\text{Rentabilidade do dividendo}} + \underbrace{\frac{P_1 - P_0}{P_0}}_{\text{Taxa de ganho de capital}} \qquad (9.2)$$

rentabilidade do dividendo O dividendo anual esperado de ações dividido por seu preço corrente; o retorno percentual que um investidor espera obter do dividendo pago pelas ações.

ganho de capital O montante pelo qual o preço de venda de um ativo excede seu preço de compra inicial.

taxa de ganho de capital Uma expressão do ganho de capital como uma porcentagem do preço inicial do ativo.

retorno total A soma da rentabilidade de um grupo de ações e sua taxa de ganhos de capital.

O primeiro termo do lado direito da Equação 9.2 é a **rentabilidade do dividendo**, que é o dividendo anual esperado das ações dividido por seu preço atual. A rentabilidade do dividendo é o retorno percentual que o investidor espera obter com o dividendo pago pelas ações. O segundo termo do lado direito da Equação 9.2 reflete o **ganho de capital** que o investidor obterá sobre as ações, que é a diferença entre o preço de venda esperado e o preço de compra original das ações, $P_1 - P_0$. Dividimos o ganho de capital pelo preço atual das ações para expressar o ganho de capital como um retorno percentual, chamado de **taxa de ganho de capital**.

A soma da rentabilidade do dividendo e a taxa de ganho de capital é chamada de **retorno total** das ações. O retorno total é o retorno esperado que o investidor obterá por um investimento de um ano nas ações. A Equação 9.2 declara que o retorno total das ações deve ser igual ao custo de capital próprio. Em outras palavras, *o retorno total esperado das ações deve ser igual ao retorno esperado de outros investimentos disponíveis no mercado com risco equivalente*.

Este resultado é exatamente o que esperaríamos: a empresa tem que pagar a seus acionistas um retorno proporcional ao retorno que eles poderiam obter com outros investimentos com mesmo risco. Se as ações oferecessem um retorno mais alto do que outros títulos com o mesmo risco, os investidores venderiam esses outros investimentos e comprariam as ações. Esta atividade faria com que o preço atual das ações subisse, diminuindo sua rentabilidade do dividendo e sua taxa de ganho de capital até que a Equação 9.2 passasse a ser válida. Se as ações oferecessem um retorno esperado mais baixo, os investidores venderiam as ações e fariam seu preço cair até que a Equação 9.2 fosse novamente satisfeita.

EXEMPLO 9.1
Preços e retornos de ações

Problema

Suponha que você espere que a Longs Drug Stores pague dividendos de US$ 0,56 por ação no próximo ano e que as ações sejam negociadas por US$ 45,50 cada no final do ano. Se os investimentos com risco equivalente ao das ações da Longs possuem um retorno esperado de 6,80%, qual é o máximo que você pagaria por elas hoje? Que rentabilidade de dividendo e taxa de ganho de capital você esperaria por este preço?

Solução

▶ **Planejamento**

Podemos utilizar a Equação 9.1 para encontrar o preço inicial que pagaríamos agora (P_0) dadas as nossas expectativas em relação aos dividendos ($Div_1 = 0,56$) e preço futuro ($P_1 = $ US$ 45,50) e o retorno que esperamos ter para investir ($r_E = 6,8\%$). Podemos, então, utilizar a Equação 9.2 para calcular a rentabilidade do dividendo e o ganho de capital.

▶ **Execução**
Utilizando a Equação 9.1, temos

$$P_0 = \frac{Div_1 + P_1}{1 + r_E} = \frac{0,56 + 45,50}{1,0680} = US\$ \ 43,13$$

Voltando à Equação 9.2, vemos que a este preço, a rentabilidade do dividendo da Longs é $Div_1/P_0 = 0,56/43,13 = 1,30\%$. O ganho de capital esperado é US$ 45,50 − US$ 43,13 = US$ 2,37 por ação, com uma taxa de ganho de capital de $2,37/43,13 = 5,50\%$.

▶ **Avaliação**
Ao preço de US$ 43,13, o retorno total esperado da Longs é $1,30\% + 5,50\% = 6,80\%$, que é igual ao seu custo de capital próprio (o retorno pago por investimentos com risco equivalente ao da Longs). Este valor é o máximo que estaríamos dispostos a pagar pelas ações da Longs. Se pagássemos mais, nosso retorno esperado seria menor do que 6,8% e preferiríamos investir em outro lugar.

Um investidor de anos múltiplos

Agora estendemos a ideia que desenvolvemos para o retorno do investidor de um ano para um investidor de anos múltiplos. A Equação 9.1 depende do preço esperado das ações em um ano, P_1. Mas suponha que tenhamos planejado deter as ações por dois anos. Então receberíamos dividendos tanto no ano 1 e 2 antes de vender as ações, como vemos no diagrama de fluxo de caixa a seguir:

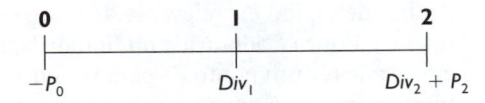

```
   0              1              2
   |              |              |
  −P₀           Div₁         Div₂ + P₂
```

Igualar o preço das ações ao valor presente dos fluxos de caixa futuros neste caso implica em[2]

$$P_0 = \frac{Div_1}{1 + r_E} + \frac{Div_2 + P_2}{(1 + r_E)^2} \tag{9.3}$$

As Equações 9.1 e 9.3 são diferentes: como um investidor de dois anos, estamos interessados no dividendo e no preço das ações no ano 2, mas esses termos não aparecem na Equação 9.1. Essa diferença implica que um investidor de dois anos irá avaliar as ações de maneira diferente de um investidor de um ano?

A resposta desta pergunta é não. Um investidor de um ano não está interessado no dividendo e no preço das ações no ano 2 diretamente. O investidor estará interessado neles indiretamente, porém, pois eles afetarão o preço pelo qual ele poderá vender as ações no final do ano 1. Por exemplo, suponha que o investidor venda as ações para outro investidor de um ano com as mesmas expectativas. O novo investidor esperará receber o dividendo e o preço das ações no final do ano 2, então ele estará disposto a pagar

$$P_1 = \frac{Div_2 + P_2}{1 + r_E}$$

---

[2] Ao utilizar o mesmo custo de capital próprio para ambos os períodos, estamos supondo que o custo de capital próprio não depende do termo dos fluxos de caixa; isto é, r_E não é diferente no ano 2 (ou qualquer outro ano). Caso contrário, precisaríamos ajustar para incluir a estrutura a termo do custo de capital próprio (como fizemos com a curva de rentabilidade dos fluxos de caixa livres de risco no Capítulo 5). Esse passo complicaria a análise, mas não mudaria seus resultados.

pelas ações. Substituindo esta expressão por P_1 na Equação 9.1, obteremos o mesmo resultado que na Equação 9.3:

$$P_0 = \frac{Div_1 + P_1}{1 + r_E} = \frac{Div_1}{1 + r_E} + \frac{1}{1 + r_E} \overbrace{\left(\frac{Div_2 + P_2}{1 + r_E}\right)}^{P_1}$$

$$= \frac{Div_1}{1 + r_E} + \frac{Div_2 + P_2}{(1 + r_E)^2}$$

Assim, a fórmula do preço das ações para um investidor de dois anos é a mesma que a de uma sequência de dois investidores de um ano.

Equação do modelo de desconto de dividendos

Podemos continuar este processo por qualquer número de anos substituindo o valor que o próximo portador das ações estaria disposto a pagar pelo preço final das ações. Fazer isso leva ao **modelo geral de desconto de dividendos** para o preço das ações, onde o horizonte N é arbitrário:

Modelo de desconto de dividendos

$$P_0 = \frac{Div_1}{1 + r_E} + \frac{Div_2}{(1 + r_E)^2} + \cdots + \frac{Div_N}{(1 + r_E)^N} + \frac{P_N}{(1 + r_E)^N} \tag{9.4}$$

modelo de desconto de dividendos Modelo que avalia as ações de uma empresa de acordo com o valor presente dos dividendos futuros que a empresa irá pagar.

A Equação 9.4 se aplica a um único investidor de N anos, que receberá dividendos por N anos e então venderá as ações, ou a uma série de investidores que deterão as ações por períodos mais curtos e então as revenderão. Observe que a Equação 9.4 vale para *qualquer* horizonte N. Consequentemente, todos os investidores (com as mesmas expectativas) atribuirão o mesmo valor às ações, independentemente de seus horizontes de investimento. Por quanto tempo eles pretendem deter as ações e se eles receberão ou não seu retorno na forma de dividendos ou de ganhos de capital é irrelevante. No caso especial em que a empresa paga dividendos ocasionalmente e nunca é adquirida ou liquidada, é possível deter as ações para sempre. Neste cenário, em vez de ter um ponto de parada onde vendemos as ações, reescrevemos a Equação 9.4 para mostrar que os dividendos continuam no futuro:

$$P_0 = \frac{Div_1}{1 + r_E} + \frac{Div_2}{(1 + r_E)^2} + \frac{Div_3}{(1 + r_E)^3} + \cdots \tag{9.5}$$

Isto é, *o preço das ações é igual ao valor presente de todos os dividendos futuros esperados que ela pagará.*

Fixação de conceitos

3. Como se calcula o retorno total de ações?
4. Que taxa de descapitalização você utiliza para descontar fluxos de caixa futuros de ações?

9.3 Estimando dividendos no modelo de desconto de dividendos

A Equação 9.5 expressa o valor das ações em termos dos dividendos futuros esperados que a empresa pagará. É claro que estimar estes dividendos — principalmente em um futuro distante — é difícil. Uma abordagem comum é supor que no longo prazo, os dividendos crescerão a uma taxa constante. Nesta seção, consideraremos as implicações desta suposição para os preços de ações e exploraremos o *tradeoff* entre dividendos e crescimento.

Dividendos de crescimento constante

A previsão mais simples para os dividendos futuros de uma empresa declara que eles crescerão a uma taxa constante, g, para sempre. Este caso gera o seguinte diagrama de fluxo de caixa para os fluxos de caixa de um investidor que compra as ações hoje e as detém:

```
0           1              2                3
|-----------|--------------|----------------|------  ...
-P₀        Div₁       Div₁(1 + g)      Div₁(1 + g)²
```

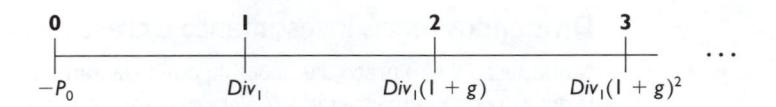

Como os dividendos esperados são uma perpetuidade crescente constante, podemos utilizar a Equação 4.9 para calcular seu valor presente. Obtemos, então, a seguinte fórmula para o preço das ações:[3]

Modelo de desconto de dividendos com crescimento constante

modelo de desconto de dividendos com crescimento constante Modelo para avaliar ações vendo seus dividendos como uma perpetuidade de crescimento constante.

$$P_0 = \frac{Div_1}{r_E - g} \qquad (9.6)$$

Segundo o **modelo de dividendos de crescimento constante**, o valor da empresa depende do nível atual de dividendos, dividido pelo custo de capital próprio ajustado pela taxa de crescimento.

EXEMPLO 9.2

Avaliando uma empresa com dividendos de crescimento constante

Problema
A Consolidated Edison, Inc. (Con Edison) é uma empresa de utilidade pública regulamentada que atende a área da cidade de Nova York. Suponha que a Con Edison planeje pagar US$ 2,30 por ação em dividendos no próximo ano. Se seu custo de capital próprio é de 7% e se a expectativa é de que os dividendos cresçam 2% ao ano no futuro, estime o valor das ações da Con Edison.

Solução

▶ **Planejamento**
Como as expectativas são de que os dividendos cresçam perpetuamente a uma taxa de 2% ao ano, podemos utilizar a Equação 9.6 para avaliar a Con Edison. Espera-se que o próximo dividendo (Div_1) seja de US$ 2,30, a taxa de crescimento (g) seja de 2% e o custo de capital próprio (r_E) seja de 7%.

▶ **Execução**

$$P_0 = \frac{Div_1}{r_E - g} = \frac{US\$\,2,30}{0,07 - 0,02} = US\$\,46,00$$

▶ **Avaliação**
Você estaria disposto a pagar 20 vezes o valor do dividendo deste ano de US$ 2,30 para possuir ações da Con Edison porque você está comprando um direito ao dividendo deste ano e a uma série de dividendos futuros com crescimento infinito.

Para outra interpretação da Equação 9.6, observe que podemos reordená-la como a seguir:

$$r_E = \frac{Div_1}{P_0} + g \qquad (9.7)$$

Comparando a Equação 9.7 com a Equação 9.2, vemos que g é igual à taxa de ganho de capital esperada. Em outras palavras, com um crescimento de dividendos esperados constante, a taxa de crescimento esperada do preço das ações é igual à taxa de crescimento dos dividendos.

---

[3] Como discutido no Capítulo 4, esta fórmula exige que $g < r_E$. Caso contrário, o valor presente da perpetuidade crescente é infinito. A implicação aqui é que é impossível que os dividendos de ações cresçam a uma taxa $g > r_E$ para sempre. Se a taxa de crescimento exceder r_E, esse excesso tem que ser temporário, e o modelo do crescimento constante não pode ser aplicado em tal caso.

Dividendos *versus* investimento e crescimento

Na Equação 9.6, o preço das ações da empresa aumenta com o nível atual de dividendos, Div_1, e a taxa de crescimento esperado, g. Para maximizar o preço de suas ações, uma empresa teria que aumentar ambos os valores. Porém, geralmente a empresa enfrenta um *tradeoff*: aumentar o crescimento exige investimento, e o dinheiro investido não pode ser utilizado para pagar dividendos. Utilizamos o modelo de dividendos de crescimento constante para compreender melhor este *tradeoff*.

Um modelo simples de crescimento. O que determina a taxa de crescimento dos dividendos de uma empresa? Se definirmos a **taxa de pagamento de dividendos** de uma empresa como a fração de seus rendimentos que paga como dividendos a cada ano, então podemos escrever os dividendos por ação na data t para uma empresa como:

$$Div_t = \underbrace{\frac{\text{Lucros}_t}{\text{Ações em circulação}_t}}_{EPS_t} \times \text{Taxa de pagamento de dividendos}_t \quad (9.8)$$

> **taxa de pagamento de dividendos** A fração dos rendimentos de uma empresa que ela paga como dividendos a cada ano.

Isto é, os dividendos a cada ano são os lucros por ação (EPS) da empresa multiplicados por sua taxa de pagamento de dividendos. Assim, a empresa pode elevar seus dividendos de três maneiras:

1. Ao aumentar seus lucros (lucro líquido).
2. Ao aumentar sua taxa de pagamento de dividendos.
3. Ao diminuir suas ações em circulação.

Suponhamos por enquanto que a empresa não emita novas ações (ou compre de volta suas ações existentes) de modo que o número de ações em circulação seja fixo. Podemos então explorar o *tradeoff* entre as opções 1 e 2.

Uma empresa pode fazer duas coisas com seus lucros: pagá-los a seus investidores ou retê-los e reinvesti-los. Ao investir dinheiro hoje, uma empresa pode aumentar seus dividendos futuros. Para simplificar, suponhamos que se nenhum investimento for feito, a empresa não crescerá, então o nível atual de lucros gerados pela empresa permanecerá constante. Se todos os aumentos nos lucros futuros resultarem exclusivamente de novos investimentos feitos com lucros retidos, então

$$\text{Mudança nos lucros} = \text{Novos investimentos} \times \text{Retorno sobre novos investimentos} \quad (9.9)$$

> **taxa de retenção** A fração dos lucros correntes de uma empresa que ela retém.

O valor dos novos investimentos é igual aos lucros multiplicados pela **taxa de retenção** da empresa, a fração de lucros correntes que a empresa retém:

$$\text{Novos investimentos} = \text{Lucros} \times \text{Taxa de retenção} \quad (9.10)$$

Substituindo a Equação 9.10 em 9.9 e dividindo pelos lucros, temos uma expressão para a taxa de crescimento dos lucros:

$$\text{Taxa de crescimento dos lucros} = \frac{\text{Variação nos lucros}}{\text{Lucros}}$$
$$= \text{Taxa de retenção} \times \text{Retorno sobre novos investimentos} \quad (9.11)$$

Se a empresa decidir manter sua taxa de pagamento de dividendos constante, então o crescimento nos dividendos será igual ao crescimento nos lucros:

$$g = \text{Taxa de retenção} \times \text{Retorno sobre novos investimentos} \quad (9.12)$$

Crescimento rentável. A Equação 9.12 mostra que uma empresa pode aumentar sua taxa de crescimento retendo uma parte maior de seus lucros. Entretanto, se a empresa retiver mais lucros, ela poderá usar menos desses lucros como pagamento de dividendos, o que, de acordo com a Equação 9.8, significa que a empresa terá que reduzir seus dividendos. Se uma empresa deseja aumentar o preço de suas ações, ela deve reduzir os dividendos e investir mais ou ela deve reduzir os investimentos e aumentar seus dividendos? Não é de surpreender que a resposta dependa da rentabilidade dos investimentos da empresa. Consideremos um exemplo.

EXEMPLO 9.3

Reduzindo dividendos para um crescimento rentável

Problema

A Crane Sporting Goods espera ter lucros por ação de US$ 6 no próximo ano. Em vez de reinvestir esses lucros e crescer, a empresa planeja pagar todos os seus lucros como dividendos. Com essas expectativas de crescimento zero, o preço atual das ações da Crane é de US$ 60.

Suponha que a Crane pudesse reduzir o pagamento de dividendos para 75% em um futuro próximo e utilizasse os lucros retidos para abrir novas lojas. Espera-se que o retorno sobre seu investimento nessas lojas seja de 12%. Supondo que o risco dos novos investimentos é o mesmo que seus investimentos existentes, então o de seu custo de capital próprio permanece inalterado. Que efeito essa nova política teria sobre o preço das ações da Crane?

Solução

▶ Planejamento

Para descobrir qual é o efeito desta política sobre o preço das ações da Crane, precisamos saber várias coisas. Primeiro, precisamos calcular seu custo de capital próprio. Depois, temos que determinar o dividendo e a taxa de crescimento da Crane sob a nova política.

Como sabemos que a Crane atualmente possui uma taxa de crescimento de 0 ($g = 0$), um dividendo de US$ 6 e um preço de US$ 60, podemos utilizar a Equação 9.7 para estimar r_E. Depois, o novo dividendo simplesmente será 75% do antigo dividendo de US$ 6. Finalmente, dada uma taxa de retenção de 25% e um retorno sobre novo investimento de 12%, podemos utilizar a Equação 9.12 para calcular a nova taxa de crescimento (g). Finalmente, de posse do novo dividendo, do custo de capital próprio da Crane e de sua nova taxa de crescimento, podemos utilizar a Equação 9.6 para calcular o preço das ações da Crane se ela instituir a nova política.

▶ Execução

Utilizando a Equação 9.7 para estimar r_E, temos

$$r_E = \frac{Div_1}{P_0} + g = 10\% + 0\% = 10\%$$

Em outras palavras, para justificar o preço das ações da Crane sob sua política atual, o retorno esperado das outras ações no mercado com risco equivalente tem que ser de 10%.

Em seguida, consideramos as consequências da nova política. Se a Crane reduzir o pagamento de dividendos para 75%, então, a partir da Equação 9.8, seus dividendos este ano cairão para $Div_1 = EPS_1 \times 75\% =$ US$ 6 $\times$ 75% = US$ 4,50. Ao mesmo tempo, como a empresa agora reterá 25% de seus lucros para investir em novas lojas, a partir da Equação 9.12, sua taxa de crescimento aumentará para

$$g = \text{Taxa de renteção} \times \text{Retorno sobre novo investimento} = 25\% \times 12\% = 3\%$$

Supondo que a Crane possa continuar a crescer a esta taxa, calculamos o preço de suas ações sob a nova política utilizando o modelo de dividendos de crescimento constante da Equação 9.6:

$$P_0 = \frac{Div_1}{r_E - g} = \frac{US\$ 4{,}50}{0{,}10 - 0{,}03} = US\$ 64{,}29$$

▶ Avaliação

Assim, o preço das ações da Crane deve subir de US$ 60 para US$ 64,29 se ela reduzir seus dividendos para aumentar o investimento e o crescimento, o que implica que o investimento possui um NPV positivo. Ao utilizar seus lucros para investir em projetos que oferecem uma taxa de retorno (12%) maior do que seu custo de capital próprio (10%), a Crane criou valor para seus acionistas.

No Exemplo 9.3, reduzir o dividendo da empresa em favor do crescimento elevou o preço das ações da empresa. Mas isso nem sempre acontece, como demonstra o exemplo 9.4.

EXEMPLO 9.4

Crescimento não rentável

Problema

Suponha que a Crane Sporting Goods decida reduzir o pagamento de dividendos para 75% a fim de investir em novas lojas, como no Exemplo 9.3. Mas agora suponha que o retorno sobre esses novos investimentos seja de 8%, em vez de 12%. Dados os lucros esperados por ação desse ano, de US$ 6, e seu custo de capital próprio, de 10%

(novamente supomos que o risco dos novos investimentos é o mesmo que seus investimentos existentes), o que acontecerá com o preço atual das ações da Crane neste caso?

Solução

▸ **Planejamento**

Seguiremos os passos do Exemplo 9.3, exceto que, nesse caso, suporemos um retorno sobre novos investimentos de 8% ao calcular a nova taxa de crescimento (g), em vez de 12%.

▸ **Execução**

Assim como no Exemplo 9.3, o dividendo da Crane cairá para US$ 6 × 75% = US$ 4,50. Sua taxa de crescimento sob esta nova política, dado o retorno mais baixo sobre o novo investimento, agora será g = 25% × 8% = 2%. O novo preço das ações será, portanto

$$P_0 = \frac{Div_1}{r_E - g} = \frac{US\$\,4,50}{0,10 - 0,02} = US\$\,56,25$$

▸ **Avaliação**

Apesar de a Crane crescer sob a nova política, os novos investimentos possuem um NPV negativo. O preço das ações da empresa cairá se ela reduzir seus dividendos para fazer novos investimentos com um retorno de apenas 8%. Ao reinvestir seus lucros a uma taxa (8%) que é menor do que seu custo de capital próprio (10%), a Crane reduziu o valor ao acionista.

Comparando o Exemplo 9.3 com o Exemplo 9.4, vemos que o efeito de reduzir os dividendos da empresa para que ela cresça depende muito do retorno sobre o novo investimento. No Exemplo 9.3, o retorno sobre o novo investimento de 12% excede o custo de capital próprio da empresa, que é igual a 10%, de modo que o novo investimento possui um NPV positivo. No Exemplo 9.4, porém, o retorno sobre o novo investimento é de apenas 8%, então o novo investimento possui um NPV negativo — apesar de ele levar a um crescimento nos lucros. Assim, *reduzir os dividendos da empresa para aumentar o investimento elevará o preço das ações se e somente se o novo investimento possuir um NPV positivo*.

Mudanças nas taxas de crescimento

Empresas jovens e bem-sucedidas geralmente têm lucros e taxas de crescimento iniciais muito altas. Durante este período de grande crescimento, não é incomum que essas empresas retenham 100% de seus lucros para explorar oportunidades de investimento rentáveis. À medida que amadurecem, seu crescimento é reduzido a taxas mais típicas de empresas estabelecidas. Neste momento, seus lucros excedem suas necessidades de investimento e elas começam a pagar dividendos.

Não podemos utilizar o modelo de dividendos de crescimento constante para avaliar as ações desse tipo de empresa, por dois motivos:

1. Essas empresas geralmente *não* pagam dividendos quando são jovens.
2. Sua taxa de crescimento continua a mudar com o tempo até elas amadurecerem.

Entretanto, podemos utilizar a forma geral do modelo de descontos de dividendos para avaliar este tipo de empresa ao aplicar o modelo de dividendos de crescimento constante a fim de calcular o futuro preço das ações P_N uma vez que a empresa tenha amadurecido e sua taxa de crescimento esperada tenha se estabilizado:

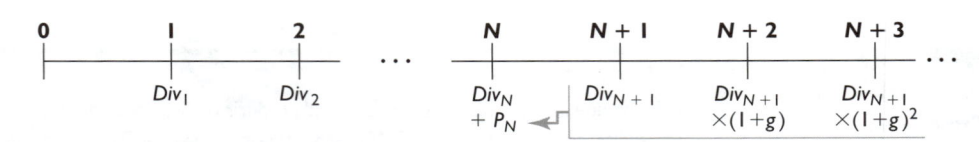

```
0        1         2      ...    N         N+1          N+2              N+3
|--------|---------|-------------|----------|------------|----------------|------ ...
        Div_1    Div_2          Div_N      Div_{N+1}    Div_{N+1}        Div_{N+1}
                                + P_N                   ×(1+g)           ×(1+g)^2
```

ENTREVISTA COM
Marilyn Fedak

Marilyn G. Fedak dirige a área de Ações de Valor Global na AllianceBernstein, uma empresa de capital aberto de gestão de ativos globais com aproximadamente US$ 618 bilhões em ativos. Aqui ela diz como a Alliance Bernstein identifica ações que podem estar subavaliadas pelo mercado.

PERGUNTA: *Que métodos de avaliação você utiliza para identificar oportunidades de compra?*

RESPOSTA: Desde o início da década de 1980, estamos utilizando o modelo de desconto de dividendos para as ações norte-americanas de alta capitalização. Em seu nível mais básico, o modelo de desconto de dividendos é uma maneira de avaliar quanto precisamos pagar hoje pelos lucros futuros de uma empresa. Se todos os fatores permanecerem inalterados, procuramos comprar o máximo de poder de lucro pelo preço mais baixo possível.

É uma metodologia muito confiável, *se você possui as previsões corretas* para os lucros futuros das empresas. O segredo do sucesso na utilização do modelo de desconto de dividendos é realizar pesquisas fundamentais — uma grande equipe de analistas utiliza um processo consistente para a modelagem dos lucros. Pedimos a nossos analistas que nos forneçam previsões de 5 anos para as empresas que eles acompanham.

Para ações que não sejam norte-americanas ou ações de baixa capitalização, utilizamos modelos de retorno quantitativo que se baseiam nas características atuais das empresas em vez de em previsões. Os universos dessas classes de ativos são grandes demais para povoá-los com previsões de qualidade, mesmo com nossa equipe de pesquisa de 50 ou mais profissionais. Os modelos quantitativos englobam uma grande variedade de medidas avaliativas, como os índices P/E e *price-to-book* e uma seleção de fatores de sucesso — por exemplo, ROE e momentum do preço. Classificamos as empresas em universos adequados a cada uma delas e nos concentramos nas ações com melhor classificação. Então, o grupo de políticas de investimento se encontra com os analistas que acompanham esses papéis para determinar se a ferramenta quantitativa está refletindo corretamente o futuro financeiro provável de cada empresa.

PERGUNTA: *Existe alguma desvantagem no modelo de desconto de dividendos?*

RESPOSTA: Duas coisas tornam o modelo de desconto de dividendos difícil de ser utilizado na prática. Em primeiro lugar, é necessário um enorme departamento de pesquisas para gerar boas previsões para um grande universo de ações — só no universo das ações de alta capitalização isso significa mais de 650 empresas. Como esta é uma metodologia de avaliação relativa, é preciso ter tanta confiança na previsão das ações classificadas em 450º lugar como na das que são classificadas em 15º. Em segundo lugar, é muito difícil basear-se nos resultados do modelo de desconto de dividendos. No auge da bolha em 2000, por exemplo, esses modelos indicaram que as ações de tecnologia estavam extremamente supervalorizadas. Isso foi difícil para a maioria dos gerentes de carteira, porque a pressão para suprimir o modelo — dizer que ele não estava funcionando direito — era enorme. Essa situação foi extrema, mas um modelo de desconto de dividendos quase sempre nos coloca em uma posição contestatária — uma posição difícil de manter constantemente.

PERGUNTA: *Por que vocês focalizaram em ações de valor?*

RESPOSTA: Não atribuímos rótulos às empresas. Nosso modelo de avaliação é tal que compraremos qualquer empresa que estiver sendo vendida barato em relação à nossa visão de seus lucros de longo prazo. Hoje, por exemplo, temos a Microsoft, a GE, a Time Warner — empresas que eram consideradas ações de crescimento *premier* há apenas alguns anos. Utilizando essa consistente metodologia, e investindo fortemente em pesquisas, fomos capazes de produzir bons resultados de investimento para nossos clientes em longos períodos de tempo. E acreditamos que este processo continuará a ter sucesso no futuro porque depende de características duradouras do comportamento humano (como aversão à perda) e dos fluxos de capital em um sistema econômico livre.

Perguntas para discussão

1. Por que o modelo de desconto de dividendos tem dificuldade em alcançar as avaliações atribuídas a ações na Internet?
2. Você acha que isso representa uma falha no modelo ou o problema está na aplicação do modelo?

Especificamente, se a expectativa é de que a empresa cresça a uma taxa de longo prazo g após o ano $N + 1$, então, a partir do modelo de dividendos de crescimento constante temos que:

$$P_N = \frac{Div_{N+1}}{r_E - g} \tag{9.13}$$

Podemos, então, utilizar esta estimativa de P_N como um fluxo de caixa final no modelo de desconto de dividendos. Intuitivamente, avaliamos as ações como o valor presente dos dividendos que receberemos mais o valor presente do preço pelo qual esperamos vender as ações no futuro. Por exemplo, considere uma empresa com dividendos esperados de US$ 2,00, US$ 2,50 e US$ 3,00 em cada um dos três próximos anos. Após este ponto, espera-se que seus dividendos cresçam a uma taxa constante de 5%. Se seu custo de capital próprio é de 12%, podemos combinar a Equação 9.4 com a Equação 9.13 para obtermos

$$P_0 = \frac{US\$\,2{,}00}{1{,}12} + \frac{US\$\,2{,}50}{(1{,}12)^2} + \frac{US\$\,3{,}00}{(1{,}12)^3} + \frac{1}{(1{,}12)^3}\left(\frac{US\$\,3{,}00(1{,}05)}{0{,}12 - 0{,}05}\right)$$

$$P_0 = \frac{US\$\,2{,}00}{1{,}12} + \frac{US\$\,2{,}50}{(1{,}12)^2} + \frac{US\$\,3{,}00}{(1{,}12)^3} + \frac{US\$\,45{,}00}{(1{,}12)^3} = US\$\,37{,}94$$

EXEMPLO 9.5

Avaliando uma empresa com duas taxas de crescimento diferentes

Problema

A Small Fry, Inc., acaba de inventar uma batata com aparência e gosto de uma batata frita palito. Dada a fenomenal resposta do mercado a este produto, a Small Fry está reinvestindo todos os seus lucros para expandir as operações. Os lucros eram de US$ 2 por ação no ano passado e a expectativa é de que eles cresçam a uma taxa de 20% ao ano até o fim do ano 4. Neste ponto, é provável que outras empresas lancem produtos concorrentes. Os analistas projetam que no final do ano 4, a Small Fry reduza os investimentos e comece a pagar 60% de seus lucros como dividendos e que seu crescimento irá se desacelerar para uma taxa de longo prazo de 4%. Se o custo de capital próprio da Small Fry é de 8%, qual é o valor das ações hoje?

Solução

▶ **Planejamento**

Podemos utilizar as taxas projetadas de crescimento dos lucros e de pagamento de dividendos da Small Fry para prever lucros e dividendos futuros. Após o ano 4, os dividendos da Small Fry crescerão a uma taxa constante de 4%, então podemos utilizar o modelo de desconto de dividendos com crescimento constante (Equação 9.13) para avaliar todos os dividendos após este ponto. Finalmente, podemos juntar tudo com o modelo de desconto de dividendos (9.4).

▶ **Execução**

A planilha a seguir projeta os lucros e dividendos da Small Fry:

1	Ano	0	1	2	3	4	5	6
2	Rendimentos							
3	Taxa de crescimento do EPS (versus ano anterior)		20%	20%	20%	20%	4%	4%
4	EPS	US$ 2,00	US$ 2,40	US$ 2,88	US$ 3,46	US$ 4,15	US$ 4,31	US$ 4,49
5	Dividendos							
6	Taxa de pagamento de dividendos		0%	0%	0%	60%	60%	60%
7	Div		US$ —	US$ —	US$ —	US$ 2,49	US$ 2,59	US$ 2,69

Começando de US$ 2,00 no ano 0, o EPS cresce em 20% ao ano até o ano 4, após o qual o crescimento diminui para 4%. A taxa de pagamento de dividendos da Small Fry é zero até o ano 4, quando a concorrência reduz suas oportunidades de investimento e sua taxa de pagamento de dividendos sobe para 60%. Multiplicando o EPS pelo índice de pagamento de dividendos, projetamos os dividendos futuros da empresa na linha 4.

Do ano 4 em diante, os dividendos da Small Fry crescerão à taxa esperada de longo prazo de 4% ao ano. Assim, podemos utilizar o modelo de dividendos de crescimento constante para projetar o preço das ações da Small Fry no final do ano 3. Dado seu custo de capital próprio de 8%,

$$P_3 = \frac{Div_4}{r_E - g} = \frac{US\$\,2{,}49}{0{,}08 - 0{,}04} = US\$\,62{,}25$$

Aplicamos, então, o modelo de desconto de dividendos (Equação 9.4) com este valor terminal:

$$P_0 = \frac{Div_1}{1 + r_E} + \frac{Div_2}{(1 + r_E)^2} + \frac{Div_3}{(1 + r_E)^3} + \frac{P_3}{(1 + r_E)^3} = \frac{US\$\,62{,}25}{(1{,}08)^3} = US\$\,49{,}42$$

▶ **Avaliação**

O modelo de desconto de dividendos é suficientemente flexível para lidar com qualquer padrão previsto de dividendos. Aqui os dividendos foram zero por vários anos e então se estabilizaram em uma taxa de crescimento constante, permitindo-nos utilizar o modelo de desconto de dividendos com crescimento constante como atalho.

Limitações do modelo de desconto de dividendos

O modelo de desconto de dividendos avalia as ações com base em uma previsão dos dividendos futuros pagos aos acionistas. Mas ao contrário de uma letra do Tesouro dos EUA, cujos fluxos de caixa são conhecidos com certeza absoluta, um enorme grau de incerteza é associado a qualquer previsão dos dividendos futuros de uma empresa.

Voltemos ao exemplo da Kenneth Cole Productions (KCP), mencionado na introdução deste capítulo. No início de 2006, a KCP pagou dividendos anuais de US$ 0,72. Com um custo de capital próprio de 11% e dividendos com crescimento esperado de 8%, o modelo de dividendos de crescimento constante implica um preço das ações da KCP de

$$P_0 = \frac{Div_1}{r_E - g} = \frac{US\$\ 0{,}72}{0{,}11 - 0{,}08} = US\$\ 24$$

que é razoavelmente próximo ao preço de US$ 26,75 que as ações tinham na época. Com uma taxa de crescimento de dividendos de 10%, porém, esta estimativa subiria para US$ 72 por ação; com uma taxa de crescimento de dividendos de 5%, a estimativa cai para US$ 12 por ação. Como vemos na Figura 9.2, mesmo pequenas variações na suposta taxa de crescimento de dividendos podem levar a grandes variações no preço estimado das ações.

Além disso, é difícil saber que estimativa da taxa de crescimento de dividendos é mais razoável. A KCP mais do que dobrou seu dividendo entre 2003 e 2005, mas seus lucros permaneceram relativamente estáveis nos últimos anos. Consequentemente, esta taxa de aumento não é sustentável. A partir da Equação 9.8, prever dividendos exige prever os lucros da empresa, a taxa de pagamento de dividendos e o número de ações no futuro. Os lucros futuros, porém, dependerão de despesas com juros (que, por sua vez, dependem de quanto a empresa toma emprestado), e o número de ações e a taxa de pagamento de dividendos da empresa dependerão de se a KCP utiliza ou não parte de seus lucros para recomprar ações. Como as decisões de empréstimo e recompra de ações estão nas mãos da gerência, elas podem ser mais difíceis de prever de maneira

FIGURA 9.2 — Preços das ações da KCP para diferentes taxas de crescimento esperado

Os preços das ações são baseados no modelo de dividendos de crescimento constante, um dividendo de US$ 0,72 no próximo ano, e um custo de capital próprio de 11%. A taxa de crescimento esperado do dividendo varia de 0% a 10%. Observe como uma pequena variação na taxa de crescimento esperado produz uma grande variação no preço das ações.

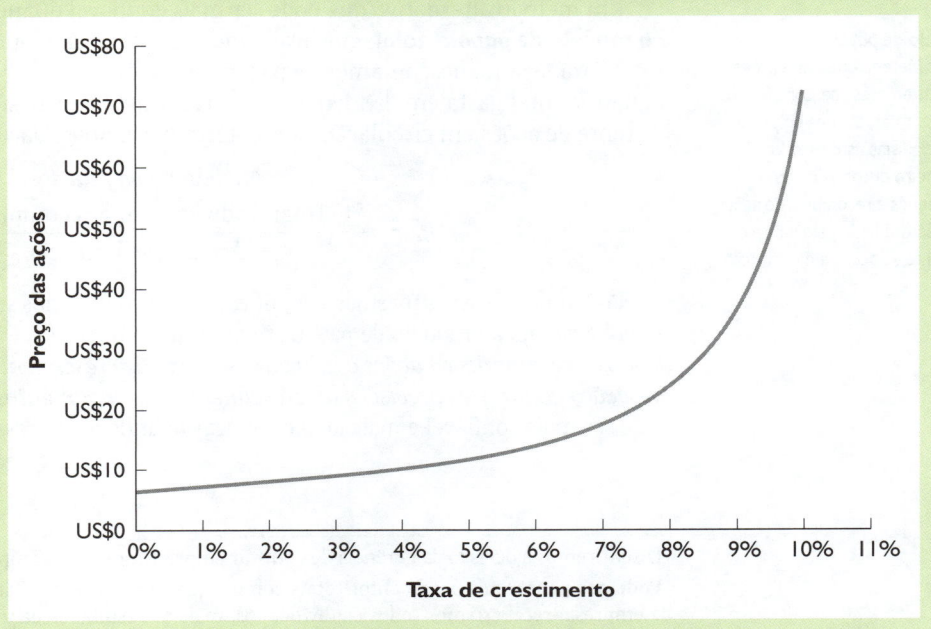

confiável do que outros aspectos mais fundamentais dos fluxos de caixa da empresa.[4] Veremos dois métodos alternativos que evitam parte dessas dificuldades na próxima seção.

Fixação de conceitos

5. Quais são as três maneiras que uma empresa pode aumentar o valor de seus dividendos futuros por ação?
6. Sob que circunstâncias uma empresa pode aumentar o preço de suas ações cortando seu dividendo e investindo mais?

9.4 Modelos de avaliação de *payout* total e de fluxos de caixa livres

Nesta seção, descreveremos duas abordagens alternativas para avaliar as ações de uma empresa que evitam algumas das dificuldades do modelo de desconto de dividendos. Em primeiro lugar, consideraremos o *modelo de payout total*, que nos permite ignorar a escolha da empresa entre dividendos e recompras de ações. Então, consideraremos o modelo do fluxo de caixa livre descontado, que focaliza os fluxos de caixa para todos os investidores da empresa, tanto para os titulares de dívidas quanto para os acionistas. Este modelo evita as dificuldades associadas à estimativa do impacto das decisões de empréstimos da empresa sobre os lucros.

Recompra de ações e o modelo de *payout* total

Em nossa discussão do modelo de desconto de dividendos, supomos que qualquer dinheiro pago pela empresa aos acionistas assume a forma de um dividendo. Porém, nos últimos anos, várias empresas substituíram os pagamentos de dividendos por recompra de ações. Em uma **recompra de ações**, uma empresa utiliza o excesso monetário para comprar de volta suas próprias ações. As recompras de ações têm duas consequências para o modelo de desconto de dividendos. Em primeiro lugar, quanto mais dinheiro a empresa utilizar para recomprar ações, menos ela terá disponível para pagar dividendos. Em segundo lugar, ao recomprar ações, a empresa diminui seu número de ações, o que aumenta seus lucros e dividendos por ação.

No modelo de desconto de dividendos, avaliamos uma ação a partir da perspectiva de um único acionista, descontando os dividendos que o acionista irá receber:

$$P_0 = PV(\text{Dividendos futuros por ação}) \tag{9.14}$$

Um método alternativo que pode ser mais confiável quando uma empresa recompra ações é o **modelo de *payout* total**, que avalia *todas* as ações da empresa, em vez de uma ação individual. Para fazê-lo, descontamos os pagamentos totais que a empresa faz aos acionistas, que é a quantia total gasta em dividendos *e* em recompra de ações.[5] Então, dividimos pelo número corrente de ações em circulação para determinar o preço da ação:

Modelo de *payout* total

$$P_0 = \frac{PV(\text{Total de dividendos e recompras futuras})}{\text{Ações em circulação}_0} \tag{9.15}$$

Podemos aplicar as mesmas simplificações que obtivemos supondo um crescimento constante na Seção 9.2 ao modelo de payout total. A única diferença é que *descontamos o total de dividendos e recompras de ações e utilizamos a taxa de crescimento dos lucros (em vez de os lucros por ação) ao fazer as previsões do crescimento dos pagamentos totais da empresa*. Este método pode ser mais confiável e mais fácil de aplicar quando a empresa utiliza recompra de ações.

recompra de ações Situação em que uma empresa utilize dinheiro para comprar de volta suas próprias ações.

modelo de *payout* total Método que avalia ações de uma empresa descontando os *payouts* totais de uma empresa aos acionistas (isto é, todo o dinheiro distribuído como dividendos e recompras de ações) e então dividindo pelo número corrente de ações em circulação.

---

[4] Discutiremos a decisão da gerência de contrair empréstimos ou recomprar ações na Parte VI deste livro.
[5] Podemos pensar nos pagamentos totais como a quantia que receberíamos se possuíssemos 100% das ações da empresa: receberíamos todos os dividendos, mais os resultados da venda das ações de volta à empresa na recompra de ações.

EXEMPLO 9.6

Avaliação com recompra de ações

Problema

A Titan Industries possui 217 milhões de ações em circulação e espera lucros no final deste ano de US$ 860 milhões. A Titan planeja pagar 50% de seus lucros no total, pagando 30% como dividendo e utilizando 20% para recomprar ações. Se a expectativa é de que os lucros da Titan cresçam 7,5% ao ano e de que essas taxas de pagamento permaneçam constantes, determine o preço das ações da Titan supondo um custo de capital próprio de 10%.

Solução

Planejamento

Com base no custo de capital próprio de 10% e uma taxa de crescimento dos lucros esperados de 7,5%, podemos calcular o valor presente dos *payouts* futuros da Titan como uma perpetuidade de crescimento constante. O único *input* que está faltando aqui é os *payouts* totais da Titan este ano, que podemos calcular como 50% de seus lucros. O valor presente de todos os *payouts* futuros da Titan é o valor de todo o seu patrimônio líquido. Para obter o preço de uma ação, dividimos o valor total pelo número de ações em circulação (217 milhões).

Execução

A Titan terá um total de pagamentos este ano de 50% × US$ 860 milhões = US$ 430 milhões. Utilizando a fórmula de perpetuidade com crescimento constante, temos:

$$PV(\text{Total de dividendos e recompras futuras}) = \frac{US\$ \ 430 \ \text{milhões}}{0,10 - 0,075} = US\$ \ 17,2 \ \text{bilhões}$$

Este valor presente representa o valor total do patrimônio da Titan (isto é, sua capitalização de mercado). Para calcular o preço das ações, dividimos pelo número corrente de ações em circulação:

$$P_0 = \frac{US\$ \ 17,2 \ \text{bilhões}}{217 \ \text{milhões de ações}} = US\$ \ 79,26 \ \text{por ação}$$

Avaliação

Utilizando o modelo de *payout* total, não precisaríamos saber como a empresa dividiu os pagamentos entre dividendos e recompras de ações. Para comparar este método com o modelo de desconto de dividendos, observe que a Titan pagará um dividendo de 30% × US$ 860 milhões / (217 milhões de ações) = US$ 1,19 por ação, o que gera um rendimento de dividendos de 1,19/79,26 = 1,50%. A partir da Equação 9.7, a taxa de crescimento esperada do EPS, dividendo e preço das ações da Titan é $g = r_E - Div_1/P_0 = 8,50\%$. Esta taxa de crescimento excede a taxa de crescimento dos lucros de 7,50%, porque o número de ações irá diminuir com o tempo devido às recompras de ações.[6]

O modelo do fluxo de caixa livre descontado

No modelo de *payout* total, primeiro avaliamos o patrimônio da empresa, em vez de apenas uma ação. O **modelo de fluxo de caixa livre descontado** vai além e começa determinando o valor total da empresa para todos os investidores — incluindo *tanto* os acionistas *quanto* os titulares de dívidas. Isto é, começamos estimando o valor da empresa, que definimos no Capítulo 2 como:[7]

Valor da empresa = Valor de mercado do patrimônio líquido + Dívida − Dinheiro em caixa (9.16)

modelo do fluxo de caixa livre descontado Método para estimar o valor da empresa de uma companhia descontando seus fluxos de caixa livres futuros.

O valor da empresa é o valor dos negócios subjacentes da companhia, livre de dívidas e separado de qualquer dinheiro em caixa ou papéis negociáveis. Podemos interpretar o valor da empresa como o custo líquido de adquirir o patrimônio da companhia, pegando seu dinheiro em caixa, quitando todas as dívidas e, assim, possuindo o negócio não alavancado. A vantagem

---

[6] Podemos verificar que uma taxa de crescimento de EPS de 8,5% é consistente com a taxa de crescimento dos lucros de 7,5% e com os planos de recompra de ações da Titan que seguem. Dado um preço esperado por ação de US$ 79,26 × 1,085 = US$ 86,00 no ano que vem, a Titan irá recomprar 20% × US$ 860 milhões ÷ (US$ 86,00 por ação) = 2 milhões de ações no ano que vem. Com a diminuição no número de ações de 217 milhões para 215 milhões, o EPS cresce por um fator de 1,075 × (217/215) = 1,085 ou 8,5%.

[7] Para sermos precisos, por dinheiro queremos dizer o dinheiro da empresa além de suas necessidades de capital de giro, que é a quantia que a empresa possui investida a uma taxa de juros de mercado competitiva.

do modelo de fluxo de caixa livre descontado é que ele permite avaliar uma empresa sem explicitamente prever seus dividendos, recompras de ações ou seu uso de financiamentos.

Avaliando a empresa. Como podemos estimar o valor de uma empresa? Para estimar o valor do patrimônio da empresa, calculamos o valor presente dos pagamentos totais da empresa aos acionistas. Da mesma forma, para estimar o valor de uma empresa, calculamos o valor presente do *fluxo de caixa livre* (FCF) que a empresa possui disponível para pagar todos os investidores, tanto os titulares de dívidas quanto os acionistas. Vimos como calcular o fluxo de caixa livre de um projeto no Capítulo 7; agora realizamos o mesmo cálculo para toda a empresa:

$$\text{Fluxo de caixa livre} = EBIT \times (1 - \text{impostos}) + \text{Depreciação} \quad (9.17)$$
$$- \text{Desembolsos de capital} - \text{Aumentos no capital de giro}$$

O fluxo de caixa livre mede o dinheiro em caixa gerado pela empresa antes de quaisquer pagamentos de dívida ou de acionistas serem considerados.

Assim, da mesma forma que determinamos o valor de um projeto calculando o NPV de seu fluxo de caixa livre, estimamos o valor corrente de uma empresa, V_0, calculando o valor presente do fluxo de caixa livre da empresa:

Modelo do fluxo de caixa livre descontado
$$V_0 = PV(\text{Fluxo de caixa livre futuro da empresa}) \quad (9.18)$$

Dado o valor da empresa, podemos estimar o preço das ações utilizando a Equação 9.17 para encontrar o valor do patrimônio e então dividi-lo pelo número total de ações em circulação:

$$P_0 = \frac{V_0 + \text{Dinheiro}_0 - \text{Dívida}_0}{\text{Ações em circulação}_0} \quad (9.19)$$

Existe uma diferença intuitiva entre o modelo do fluxo de caixa livre descontado e o modelo de desconto de dividendos. No modelo de desconto de dividendos, o dinheiro em caixa e a dívida da empresa são incluídos indiretamente pelo efeito da receita de operações que rendem juros e das despesas sobre os lucros. No modelo do fluxo de caixa livre descontado, ignoramos a receita de operações que rendem juros e as despesas pois o fluxo de caixa livre baseia-se no EBIT, mas depois ajustamos dinheiro em caixa e dívida diretamente (na Equação 9.19).

Implementando o modelo. Uma importante diferença entre o modelo do fluxo de caixa livre descontado e os modelos considerados anteriormente é a taxa de descapitalização. Em cálculos anteriores, utilizamos o custo de capital próprio da empresa, r_E, porque estávamos descontando os fluxos de caixa para os acionistas. Aqui estamos descontando o fluxo de caixa livre que será pago para os titulares de dívidas e para os acionistas. Assim, devemos utilizar o **custo médio ponderado de capital (WACC)**, denotado por r_{wacc}; é o custo de capital que reflete o risco geral do negócio, que é o risco combinado do patrimônio e da dívida da empresa. Por enquanto, interpretaremos r_{wacc} como o retorno esperado que a empresa tem que pagar aos investidores para compensá-los pelo risco de manter coesos a dívida e o patrimônio da empresa. Se a empresa não possui dívida, então $r_{wacc} = r_E$. Desenvolveremos métodos para calcular o WACC explicitamente nas Partes IV e V deste livro.[8]

Dado o custo médio ponderado de capital da empresa, implementamos o modelo do fluxo de caixa livre descontado da mesma maneira que fizemos com o modelo de desconto de dividendos. Isto é, prevemos o fluxo de caixa livre da empresa até determinado horizonte, junto com um valor terminal (de continuação) da empresa:

$$V_0 = \frac{FCF_1}{1 + r_{wacc}} + \frac{FCF_2}{(1 + r_{wacc})^2} + \cdots + \frac{FCF_N}{(1 + r_{wacc})^N} + \frac{V_N}{(1 + r_{wacc})^N} \quad (9.20)$$

custo médio ponderado de capital (WACC) O custo de capital que reflete o risco geral do negócio, que é o risco combinado do patrimônio e da dívida da empresa.

---

[8] Também podemos interpretar o custo médio ponderado de capital como o custo médio de capital associado a todos os projetos da empresa. Nesse sentido, o WACC reflete o risco médio dos investimentos da empresa.

Frequentemente, estimamos o valor terminal supondo uma taxa constante de crescimento de longo prazo, g_{FCF} para fluxos de caixa livres posteriores ao ano N, de modo que

$$V_N = \frac{FCF_{N+1}}{r_{wacc} - g_{FCF}} = \left(\frac{1 + g_{FCF}}{r_{wacc} - g_{FCF}}\right) \times FCF_N \quad (9.21)$$

A taxa de crescimento de longo prazo, g_{FCF}, geralmente baseia-se na taxa esperada de crescimento de longo prazo das receitas da empresa.

EXEMPLO 9.7

Avaliando as ações da Kenneth Cole Productions utilizando fluxo de caixa livre

Problema

A Kenneth Cole Productions (KCP) teve vendas de US$ 518 milhões em 2005. Suponha que você espere que suas vendas cresçam a uma taxa de 9% em 2006, mas que esta taxa de crescimento desacelere em 1% ao ano até chegar a uma taxa de crescimento de longo prazo da indústria de vestuário de 4% em 2011. Com base na lucratividade passada e nas necessidades de investimento da KCP, você espera que o EBIT seja de 9% das vendas, que a necessidade de aumentos no capital de giro líquido seja de 10% de qualquer aumento nas vendas e que os desembolsos de capital sejam iguais às despesas de depreciação. Se a KCP possui US$ 100 milhões em dinheiro em caixa, US$ 3 milhões em dívidas, 21 milhões de ações em circulação, uma alíquota fiscal de 37% e um custo médio ponderado de capital de 11%, qual é a sua estimativa do valor das ações da KCP no início de 2006?

Solução

▶ **Planejamento**

Podemos estimar o fluxo de caixa livre futuro da KCP construindo uma demonstração *pro forma* como fizemos para a HomeNet, no Capítulo 8. A única diferença é que a demonstração *pro forma* é para toda a empresa, em vez de para apenas um projeto. Além disso, precisamos calcular um valor terminal (ou de continuação) para a KCP no final de nossas projeções explícitas. Como esperamos que o fluxo de caixa livre da KCP cresça a uma taxa constante após 2011, podemos utilizar a Equação 9.21 para calcular um valor terminal da empresa. O valor presente dos fluxos de caixa livres durante os anos 2006–2011 e o valor terminal será o valor da empresa total da KCP. Utilizando este valor, podemos subtrair a dívida, somar o caixa, e dividir pelo número de ações em circulação para calcular o preço por ação (Equação 9.19).

▶ **Execução**

A planilha a seguir apresenta uma demonstração *pro forma* para a KCP com base nas informações que temos:

	Ano	2005	2006	2007	2008	2009	2010	2011
2	**Previsão do FCF (US$ milhões)**							
3	Vendas	518,0	564,6	609,8	652,5	691,6	726,2	755,3
4	*Crescimento versus ano anterior*		9,0%	8,0%	7,0%	6,0%	5,0%	4,0%
5	**EBIT** (9% das vendas)		50,8	54,9	58,7	62,2	65,4	68,0
6	Menos: Imposto de renda (37%)		(18,8)	(20,3)	(21,7)	(23,0)	(24,2)	(25,1)
7	Mais: Depreciação		—	—	—	—	—	—
8	Menos: Desembolsos de capital		—	—	—	—	—	—
9	Menos: Aumento em NWC (10% ΔVendas)		(4,7)	(4,5)	(4,3)	(3,9)	(3,5)	(2,9)
10	**Fluxo de caixa livre**		27,4	30,1	32,7	35,3	37,7	39,9

Como a expectativa é de que os desembolsos de capital sejam igual a zero, as linhas 7 e 8 da planilha neutralizam uma à outra. Podemos igualar ambas a zero em vez de prevê-las explicitamente.

Dada a nossa suposição de um crescimento constante de 4% nos fluxos de caixa livres depois de 2011 e um custo médio ponderado de capital de 11%, podemos utilizar a Equação 9.21 para calcular um valor terminal da empresa:

$$V_{2011} = \left(\frac{1 + g_{FCF}}{r_{wacc} - g_{FCF}}\right) \times FCF_{2011} = \left(\frac{1,04}{0,11 - 0,04}\right) \times 39,9 = \text{US\$ 592,8 milhões}$$

A partir da Equação 9.20, o valor da empresa atual da KCP é o valor presente de seus fluxos de caixa livres mais o valor terminal da empresa:

$$V_0 = \frac{27,4}{1,11} + \frac{30,1}{1,11^2} + \frac{32,7}{1,11^3} + \frac{35,3}{1,11^4} + \frac{37,7}{1,11^5} + \frac{39,9}{1,11^6} + \frac{592,8}{1,11^6} = \text{US\$ 456,9 milhões}$$

Agora podemos estimar o valor de uma ação da KCP utilizando a Equação 9.19:

$$P_0 = \frac{456,9 + 100 - 3}{21} = US\$\ 26,38$$

> **Avaliação**
> O Princípio da Avaliação nos diz que o valor presente de todos os fluxos de caixa futuros gerados pela KCP mais o valor do dinheiro retido pela empresa hoje têm que ser iguais ao valor total hoje de todas as pretensões, tanto a dívidas quanto a ações, a esses fluxos de caixa e dinheiro. Utilizando este princípio, calculamos o valor total de todas as pretensões da KCP e então subtraímos a parte correspondente à dívida do valor do patrimônio (ações).

Ligação com o orçamento de capital. Existe uma importante ligação entre o modelo do fluxo de caixa livre descontado e a regra do NPV do orçamento de capital que desenvolvemos no Capítulo 7. Como o fluxo de caixa livre da empresa é igual à soma dos fluxos de caixa livres de seus investimentos correntes e futuros, podemos interpretar o valor da empresa como o NPV total que a empresa obterá por continuar seus projetos existentes e iniciar novos projetos. Logo, o NPV de qualquer projeto individual representa sua contribuição para o valor da empresa. Para maximizar o preço das ações da empresa, devemos aceitar projetos que tenham um NPV positivo.

Lembremos também do Capítulo 7 que eram necessárias muitas previsões para estimar os fluxos de caixa livres de um projeto. O mesmo é válido para a empresa: temos que prever as vendas futuras, despesas operacionais, impostos, exigências de capital e outros fatores. Por um lado, estimar o fluxo de caixa livre dessa maneira nos dá a flexibilidade de incorporar muitos detalhes específicos sobre as possibilidades futuras da empresa. Por outro lado, cada suposição inevitavelmente traz consigo alguma incerteza. Portanto, é importante realizar uma análise de sensibilidade, como descrito no Capítulo 7, para traduzir essa incerteza em uma faixa de valores potenciais para as ações.

EXEMPLO 9.8
Análise de sensibilidade para avaliação de ações

Problema
No Exemplo 9.7, supomos que o EBIT da KCP é de 9% das vendas. Se a KCP pode reduzir suas despesas operacionais e elevar seu EBIT para 10%, qual seria a nova estimativa para o valor das ações?

Solução

> **Planejamento**
> Neste cenário, o EBIT aumentará em 1% das vendas em comparação ao Exemplo 9.7. A partir daí, podemos utilizar a alíquota de impostos (37%) para calcular o efeito sobre o fluxo de caixa livre para cada ano. Tendo os novos fluxos de caixa livres, repetimos a abordagem do Exemplo 9.7 para chegar a um novo preço das ações.

> **Execução**
> No ano 1, o EBIT será 1% $\times$ US\$ 564,6 milhões = US\$ 5,6 milhões mais alto. Após os impostos, esse aumento elevará o FCF no ano 1 em $(1 - 0,37) \times$ US\$ 5,6 milhões = US\$ 3,5 milhões, para US\$ 30,9 milhões. Fazendo o mesmo cálculo para cada ano, teremos as seguintes estimativas revisadas para o FCF:
>
> | Ano | 2006 | 2007 | 2008 | 2009 | 2010 | 2011 |
> |---|---|---|---|---|---|---|
> | FCF | 30,9 | 33,9 | 36,8 | 39,7 | 42,3 | 44,7 |
>
> Agora podemos reestimar o preço das ações como fizemos no exemplo anterior. O valor terminal é $V_{2011} = [1,04 / (0,11 - 0,04)] \times 44,7 = \$664,1$ milhões, então
>
> $$V_0 = \frac{30,9}{1,11} + \frac{33,9}{1,11^2} + \frac{36,8}{1,11^3} + \frac{39,7}{1,11^4} + \frac{42,3}{1,11^5} + \frac{44,7}{1,11^6} + \frac{664,1}{1,11^6} = US\$\ 512,5 \text{ milhões}$$
>
> A nova estimativa para o valor das ações é $P_0 = (512,5 + 100 - 3) / 21 = US\$\ 29,02$ por ação, uma diferença de aproximadamente 10% em relação ao resultado encontrado no Exemplo 9.7.

> **Avaliação**
> O preço das ações da KCP é bastante sensível a mudanças nas suposições sobre sua lucratividade. Uma variação permanente de 1% em suas margens afeta o preço das ações em 10%.

A Figura 9.3 apresenta os diferentes métodos de avaliação que discutimos até agora. O valor das ações é determinado pelo valor presente de seus dividendos futuros. Podemos estimar a capitalização total de mercado do patrimônio da empresa a partir do valor presente do total de pagamentos da empresa, que inclui dividendos e recompras de ações. Finalmente, o valor presente do fluxo de caixa livre da empresa, que é o dinheiro que a empresa possui disponível em caixa para fazer pagamentos a titulares de dívidas ou a acionistas, determina o valor da empresa.

FIGURA 9.3 — Uma comparação dos modelos do fluxo de caixa descontado de avaliação de ações

Calculando o valor presente dos dividendos, total de pagamentos ou fluxos de caixa livres da empresa, podemos estimar o valor das ações, o valor total do patrimônio da empresa ou o valor da empresa.

O valor presente de...	Determina o...
Pagamentos de dividendos	Preço das ações
Total de pagamentos (todos os dividendos e recompras)	Valor do patrimônio
Fluxo de caixa livre (dinheiro disponível para pagar todos os titulares de papéis)	Valor da empresa

Fixação de conceitos

7. Como a taxa de crescimento utilizada no modelo de *payout* total difere da taxa de crescimento utilizada no modelo de desconto de dividendos?
8. Por que ignoramos pagamentos de juros sobre a dívida da empresa no modelo de fluxo de caixa livre descontado?

9.5 Avaliação baseada em empresas comparáveis

Até agora, avaliamos uma empresa ou suas ações considerando os fluxos de caixa futuros esperados que ela irá fornecer a seu proprietário. O Princípio da Avaliação nos diz que seu valor é o valor presente de seus fluxos de caixa futuros, pois o valor presente é a quantia que precisaríamos investir em outro lugar no mercado para reproduzir os fluxos de caixa com o mesmo risco.

Outra aplicação da Lei do Preço Único é o método de comparáveis. No **método de comparáveis** (ou "comps"), em vez de avaliar os fluxos de caixa de uma empresa diretamente, estimamos o valor da empresa com base no valor de outras empresas ou investimentos comparáveis que esperamos que gerem fluxos de caixa muito similares no futuro. Por exemplo, considere o caso de uma nova empresa que é *idêntica* a uma empresa de capital aberto existente. Se essas

método de comparáveis Estimativa do valor de uma empresa baseada no valor de outras empresas comparáveis ou de outros investimentos que espera-se que gerem fluxos de caixa muito similares no futuro.

empresas irão gerar fluxos de caixa idênticos, a Lei do Preço Único implica que podemos utilizar o valor da empresa existente para determinar o valor da nova empresa.

É claro que não existem empresas idênticas. Mesmo duas empresas no mesmo setor que vendam os mesmos tipos de produtos, apesar de similares em muitos aspectos, provavelmente diferem em tamanho ou escala. Por exemplo, a Gateway e a Dell vendem computadores pessoais diretamente aos consumidores utilizando a Internet. Em 2006, a Gateway teve vendas de apenas US$ 4 bilhões, enquanto que a Dell tinha vendas de aproximadamente US$ 56 bilhões. Nesta seção, consideraremos maneiras de ajustar diferenças de escala para utilizar comparáveis a fim de avaliar empresas com negócios similares, e então discutiremos os pontos fortes e fracos desta abordagem.

Múltiplos de avaliação

múltiplo de avaliação Índice entre o valor de uma empresa e alguma medida da escala ou fluxo de caixa da empresa.

Podemos ajustar as diferenças em escala entre empresas expressando seu valor em termos de um **múltiplo de avaliação**, que é um índice do valor em relação a alguma medida da escala da empresa. Como analogia, consideremos a avaliação de um edifício comercial. Uma medida natural a ser considerada seria o preço por metro quadrado de outros edifícios vendidos recentemente na mesma área. Multiplicando o tamanho do edifício comercial em questão pelo preço médio por metro quadrado nos daria uma estimativa razoável do valor do edifício. Podemos aplicar a mesma ideia a ações, substituindo o preço por metro quadrado por alguma medida mais adequada da escala da empresa.

O índice preço-lucro. O múltiplo de avaliação mais comum é o índice preço-lucro (P/E), que introduzimos no Capítulo 2. O índice preço-lucro é tão comum que quase sempre faz parte das estatísticas fundamentais calculadas a respeito de ações (como mostra a Figura 9.1, a tela do Google Finance para a KCP). O índice P/E de uma empresa é igual ao preço das ações dividido por seus lucros por ação. A ideia por trás do uso deste índice é que quando compramos uma ação, estamos, em certo sentido, adquirindo os direitos aos lucros futuros da empresa e que as diferenças em escala dos lucros das empresas têm grandes chances de persistirem. Portanto, temos que estar dispostos a pagar proporcionalmente mais por ações com lucros correntes mais altos. Assim, podemos estimar o valor de uma ação de uma empresa multiplicando os lucros correntes por ação pelo índice P/E médio de empresas comparáveis.

resultados passados Os resultados de uma empresa nos 12 últimos meses.

resultados futuros Os lucros esperados de uma empresa nos 12 meses seguintes.

P/E passado O cálculo do P/E de uma empresa utilizando seus resultados passados.

P/E futuro O índice preço-lucro (P/E) de uma empresa calculado utilizando resultados futuros.

Podemos calcular o índice P/E de uma empresa utilizando ou os **resultados passados** (lucros durante os 12 meses anteriores) ou **resultados futuros** (lucros esperados nos 12 meses seguintes), com o índice resultante sendo chamado de **P/E passado** ou **P/E futuro**, respectivamente. Para os propósitos da avaliação, o P/E futuro geralmente é preferido, já que estamos mais preocupados com os lucros futuros. Podemos interpretar o P/E futuro em termos do modelo de desconto de dividendos ou do modelo de *payout* total que introduzimos anteriormente. Por exemplo, no caso dos dividendos de crescimento constante, dividindo a Equação 9.6 por EPS_1, chegamos a

$$\text{P/E futuro} = \frac{P_0}{EPS_1} = \frac{Div_1/EPS_1}{r_E - g} = \frac{\text{Taxa de pagamento de dividendos}}{r_E - g} \quad (9.22)$$

A Equação 9.22 implica que se dois grupos de ações têm o mesmo pagamento de dividendo e taxa de crescimento de EPS, além de risco equivalente (e, portanto, o mesmo custo de capital próprio), então elas devem ter o mesmo P/E. Além disso, empresas e indústrias com altas taxas de crescimento e que geram dinheiro além de sua necessidade de investimento de modo que possam manter altas taxas de pagamento de dividendo, devem ter múltiplos P/E altos.

Por exemplo, relembre do Exemplo 9.3 e do Exemplo 9.4, nos quais calculamos o preço das ações da Crane Sporting Goods supondo que os lucros cresceriam a taxas de 3% por ano e 2% por ano, respectivamente. Os preços que calculamos eram de US$ 64,29 para o Exemplo 9.3 e US$ 56,25 para o Exemplo 9.4. Em cada caso, a Crane começou com lucros de US$ 4,50, então os índices P/E correspondentes eram 14,3 para o cenário de crescimento mais alto e 12,5 para o cenário de crescimento mais baixo. A Figura 9.4 mostra a relação entre o crescimento dos lucros esperados e os índices P/E.

FIGURA 9.4 Relacionando o índice preço-lucro ao crescimento futuro esperado no modelo de desconto de dividendos

O gráfico mostra o crescimento esperado nos lucros sob os cenários descritos no Exemplo 9.3 e no Exemplo 9.4. Os preços das ações que calculamos nesses exemplos eram baseados nos lucros correntes e no crescimento futuro esperado. Dividindo esses preços pelos lucros correntes de US$ 4,50, obtemos índices P/E de 14,3 (crescimento alto, 3%) e 12,5 (crescimento baixo, 2%). O gráfico mostra como o crescimento esperado mais alto se traduz em um índice P/E mais alto.

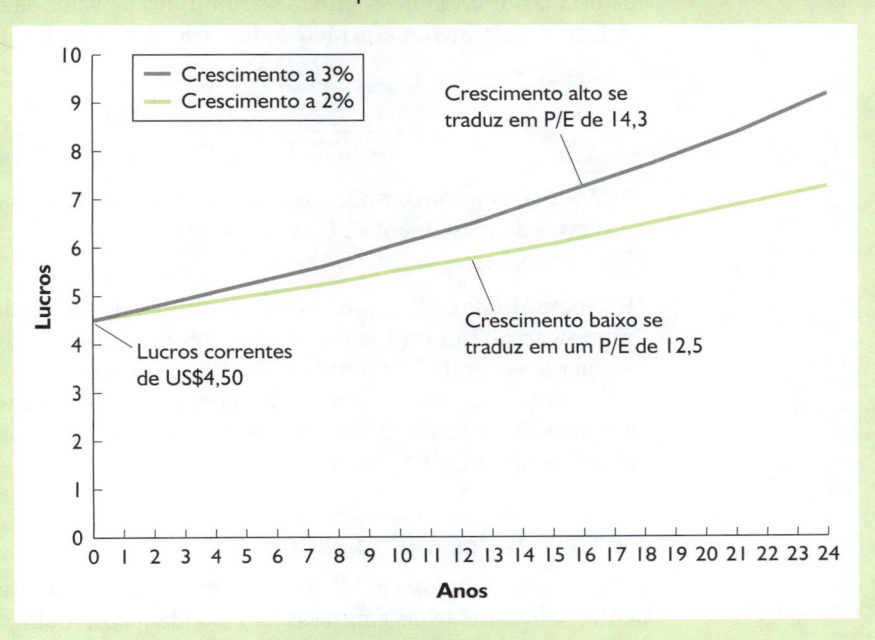

EXEMPLO 9.9
Avaliação utilizando o índice preço-lucro

Problema
Suponha que o fabricante de móveis Herman Miller, Inc., tenha lucros por ação de US$ 1,38. Se o P/E médio de ações de empresas comparáveis de móveis é de 21,3, estime um valor para a Herman Miller utilizando o P/E como múltiplo de avaliação. Quais são as suposições por trás desta estimativa?

Solução

▶ **Planejamento**
Estimamos o preço das ações da Herman Miller multiplicando seu EPS pelo P/E de empresas comparáveis:

$$\text{EPS} \times \text{P/E} = \text{Lucros por ação} \times (\text{Preço por ação} \div \text{Lucros por ação}) = \text{Preço por ação}$$

▶ **Execução**
$P_0 = \text{US\$ } 1{,}38 \times 21{,}3 = \text{US\$ } 29{,}39$. Esta estimativa supõe que a Herman Miller terá risco futuro, taxas de pagamento de dividendos e taxas de crescimento similares às de empresas comparáveis no setor.

▶ **Avaliação**
Apesar de os múltiplos de avaliação serem simples de utilizar, eles dependem de suposições muito fortes sobre a similaridade das empresas comparáveis à empresa que está sendo avaliada. É importante considerar se essas suposições são razoáveis — e, assim, devem ser válidas — em cada caso.

Múltiplos de valor da empresa. Também é uma prática comum utilizar múltiplos de avaliação baseados no valor da empresa. Como discutimos na Seção 9.3, por representar o valor total dos negócios subjacentes da empresa em vez de apenas o valor do patrimônio, utilizar o valor da empresa é vantajoso se quisermos comparar empresas com diferentes graus de alavancagem.

Como o valor da empresa representa todo o valor da empresa antes de ela pagar suas dívidas, para formar um múltiplo adequado, dividimo-lo por uma medida dos lucros ou fluxos de caixa antes de serem feitos os pagamentos de juros. Múltiplos comuns considerados são valor da empresa por EBIT, EBITDA (lucros antes de juros, impostos, depreciação e amortização) e fluxo de caixa livre. Entretanto, como os desembolsos de capital podem variar substancialmente de um período para outro (p. ex.: a empresa pode precisar ampliar a capacidade e construir uma nova fábrica em um ano, mas depois não precisar expandir mais por muitos anos), a maioria dos profissionais utiliza os múltiplos de valor da empresa por EBITDA. Da Equação 9.21, se o crescimento esperado do fluxo de caixa livre é constante, então

$$\frac{V_0}{EBITDA_1} = \frac{\frac{FCF_1}{r_{wacc} - g_{FCF}}}{EDITDA_1} = \frac{FCF_1/EBITDA_1}{r_{wacc} - g_{FCF}} \qquad (9.23)$$

Assim como com o múltiplo P/E, este múltiplo de avaliação é mais alto para empresas com altas taxas de crescimento e baixa exigência de capital (de modo que o fluxo de caixa livre seja alto em proporção ao EBITDA).

Outros múltiplos. É possível utilizar muitos outros múltiplos de avaliação. Ver o valor da empresa como um múltiplo das vendas é útil se for razoável supor que as empresas manterão margens similares no futuro. Para empresas com ativos tangíveis substanciais, às vezes utiliza-se o índice de preço por valor contábil do patrimônio por ação como múltiplo. Alguns múltiplos são específicos de um setor. No setor de TV a cabo, por exemplo, é natural considerar valor da empresa por assinante.

Limitações dos múltiplos

Se as comparáveis fossem idênticas, os múltiplos das empresas seriam exatamente correspondentes. Obviamente, as empresas não são idênticas. Assim, a utilidade de um múltiplo de avaliação dependerá da natureza das diferenças entre as empresas e da sensibilidade dos múltiplos a essas diferenças.

TABELA 9.1 Preços de ações e múltiplos do setor de calçados, janeiro de 2006

Nome	Capitalização de mercado (US$ milhões)	Valor da empresa (US$ milhões)	P/E	Preço/ Valor contábil	Valor da empresa/ Vendas	Valor da empresa/ EBITDA
Nike	21.830	20.518	16,64	3,59	1,43	8,75
Puma AG	5.088	4.593	14,99	5,02	2,19	9,02
Reebok International	3.514	3.451	14,91	2,41	0,90	8,58
Wolverine World Wide	1.257	1.253	17,42	2,71	1,20	9,53
Brown Shoe Co.	800	1.019	22,62	1,91	0,47	9,09
Skechers U.S.A.	683	614	17,63	2,02	0,62	6,88
Stride Rite Corp.	497	524	20,72	1,87	0,89	9,28
Deckers Outdoor Corp.	373	367	13,32	2,29	1,48	7,44
Weyco Group	230	226	11,97	1,75	1,06	6,66
Rocky Shoes & Boots	106	232	8,66	1,12	0,92	7,55
R.G. Barry Corp.	68	92	9,2	8,11	0,87	10,75
LaCrosse Footwear	62	75	12,09	1,28	0,76	8,30
Média			15,01	2,84	1,06	8,49
Máximo			+51%	+186%	+106%	+27%
Mínimo			–42%	–61%	–56%	–22%

A Tabela 9.1 lista vários múltiplos de avaliação de empresas no setor de calçados, a partir de janeiro de 2006. Também é exibida a média de cada múltiplo, junto com a variação em torno da média (em termos percentuais). As linhas inferiores que mostram a variação deixam claro que o setor de calçados possui muita dispersão para todos os múltiplos (por exemplo, a BWS possui um índice P/E de 22,62, enquanto a RCKY, um P/E de apenas 8,66). Apesar de o múltiplo do valor da empresa por EBITDA exibir a menor variação, mesmo com ele não podemos esperar obter uma estimativa precisa do valor da empresa.

As diferenças entre esses múltiplos provavelmente refletem diferenças nas taxas esperadas de crescimento futuro, risco (e, portanto, custos de capital) e, no caso da Puma, diferenças em convenções contábeis entre os Estados Unidos e a Alemanha. Os investidores no mercado compreendem que essas diferenças existem, então as ações são precificadas de maneira adequada. Mas ao avaliar uma empresa utilizando múltiplos, não existe um guia claro sobre como ajustar essas diferenças senão reduzindo o conjunto de comparáveis utilizadas.

Outra limitação das comparáveis é que elas fornecem apenas informações com respeito à empresa *relativas* às outras empresas no conjunto de comparação. Utilizar múltiplos não nos ajuda a determinar se uma indústria inteira é supervalorizada, por exemplo. Esta questão tornou-se especialmente importante durante o *boom* da Internet durante o final da década de 1990. Como muitas dessas empresas não tinham fluxos de caixa ou lucros positivos, foram criados novos múltiplos para avaliá-las (ex.: preço por "visualizações de página"). Apesar de esses múltiplos poderem justificar o valor dessas empresas em relação umas às outras, era muito mais difícil justificar os preços das ações de muitas delas utilizando uma estimativa realista dos fluxos de caixa e da abordagem do fluxo de caixa livre descontado.

Comparação com métodos de fluxo de caixa descontado

Utilizar um múltiplo de avaliação com base em comparáveis é mais bem compreendido como um "atalho" para os métodos de avaliação do fluxo de caixa descontado. Em vez de estimar separadamente o custo de capital de uma empresa e seus lucros ou fluxos de caixa livres futuros, dependemos da avaliação de mercado do valor de outras empresas com possibilidades futuras semelhantes. Além de sua simplicidade, a abordagem dos múltiplos tem a vantagem de se basear em preços reais de empresas reais, em vez de em previsões não realistas dos fluxos de caixa futuros.

Uma desvantagem da abordagem das comparáveis é que ela não leva em consideração as importantes diferenças entre as empresas. O fato de uma empresa ter uma equipe de gerência excepcional, ter desenvolvido um processo de fabricação eficiente ou simplesmente ter registrado a patente de uma nova tecnologia é ignorado quando aplicamos um múltiplo de avaliação. Os métodos dos fluxos de caixa descontados nos permitem incorporar informações específicas sobre o custo de capital ou o crescimento futuro da empresa. Assim, como o verdadeiro determinante de valor de qualquer empresa é sua capacidade de gerar fluxos de caixa para seus investidores, os métodos de fluxos de caixa descontados têm o potencial de ser mais precisos do que o uso de um múltiplo de avaliação.

Técnicas de avaliação de ações: a última palavra

No fim das contas, nenhuma técnica individual fornece uma resposta final ao problema do verdadeiro valor das ações. De fato, todas as abordagens exigem suposições ou previsões que são incertas demais para fornecer uma avaliação definitiva do valor da empresa. A maioria dos profissionais utiliza, na vida real, uma combinação dessas abordagens e ganha confiança se os resultados forem consistentes entre uma variedade de métodos.

A Figura 9.5 compara as faixas de valores da Kenneth Cole Productions utilizando os diferentes métodos de avaliação que discutimos neste capítulo. O preço de US$ 26,75 das ações da Kenneth Cole em janeiro de 2006 está dentro da faixa estimada por todos esses métodos. Logo, com base somente nesta evidência, não concluiríamos que as ações estão obviamente sub ou supervalorizadas.

Agora retornaremos às questões levantadas no início do capítulo. Em primeiro lugar, como um investidor decidiria se deve comprar ou vender as ações? Ele avaliaria as ações utili-

FIGURA 9.5 Faixas de avaliação para as ações da KCP utilizando diversos métodos de avaliação

As avaliações a partir de múltiplos baseiam-se nos valores mínimo, máximo e médio das empresas comparáveis da Tabela 9.1 (ver Problemas 17 e 18). O modelo dos dividendos de crescimento constante baseia-se em um custo de capital próprio de 11% e taxas de crescimento de dividendos de 5%, 8% e 10%, como discutido no final da Seção 9.2. O modelo do fluxo de caixa livre descontado baseia-se no Exemplo 9.7 com a faixa de parâmetros do Problema 16. (Os pontos médios baseiam-se em múltiplos médios ou suposições de casos básicos. As regiões verdes e cinzas mostram a variação entre o múltiplo mínimo/pior situação e o múltiplo máximo/melhor situação. O preço real das ações da KCP, US$ 26,75, é indicado pela linha cinza-clara).

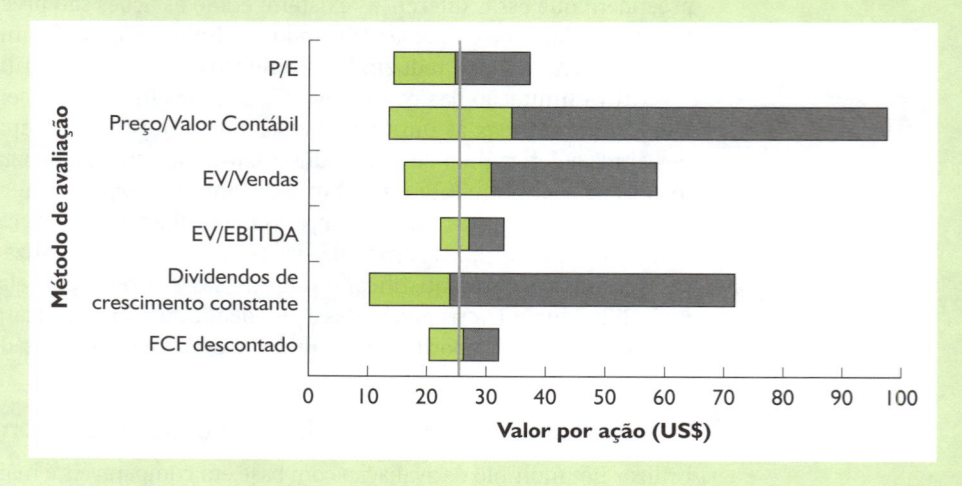

zando suas próprias expectativas e tantos métodos de avaliação descritos neste capítulo quanto fosse possível. A Figura 9.5 mostra o resultado de tal exercício com base em um conjunto de expectativas razoáveis para as ações da KCP. Se suas expectativas fossem substancialmente diferentes, ela poderia concluir que as ações estavam super- ou sub-precificadas a US$ 26,75. Com base nesta conclusão, ela compraria ou venderia as ações, e o tempo revelaria se suas expectativas eram melhores do que os mercados.

Em segundo lugar, como as ações da KCP de repente valeriam 6% menos? As informações de que o presidente há muito no poder estava renunciando fez os investidores diminuírem suas previsões de fluxos de caixa futuros o suficiente para que o valor de uma pretensão a esses fluxos de caixa fosse 6% menor. À medida que os investidores digerissem a notícia e atualizassem suas expectativas, eles teriam determinado que o preço de fechamento do dia anterior estava alto demais com base nas novas informações. A pressão para vender empurraria o preço das ações para baixo até as compras e vendas entrarem em equilíbrio.

Em terceiro lugar, o que os gerentes da KCP deveriam fazer para elevar o preço das ações? A única maneira de elevar o preço das ações é tomar decisões que aumentem o valor da empresa. Como mostrado nos Capítulos 7 e 8, por meio da análise do orçamento de capital, os gerentes podem identificar projetos que tenham um NPV positivo. O valor presente dos fluxos de caixa livres futuros incrementais de tais projetos é maior do que o valor presente dos custos. Como vimos neste capítulo, o valor das ações da KCP é o valor presente de seus fluxos de caixa livres. Ao elevar esse valor presente mediante projetos com NPV positivo, os gerentes da KCP podem aumentar o preço das ações.

Fixação de conceitos

1. Quais são alguns múltiplos de avaliação comuns?
2. Que suposições implícitas são feitas ao avaliar uma empresa utilizando múltiplos com base em empresas comparáveis?

9.6 Informação, concorrência e preços de ações

Como mostra a Figura 9.6, os modelos descritos neste capítulo associam os fluxos de caixa futuros esperados de uma empresa a seu custo de capital (determinado por seu risco) e ao valor de suas ações. Mas que conclusões devemos tirar se o preço de mercado real de uma ação não for consistente com nossa estimativa de seu valor? É mais provável que a ação esteja com o preço errado ou que estejamos equivocados sobre seu risco e fluxos de caixa futuros? Fecharemos este capítulo com uma consideração a respeito desta questão e suas implicações para os gerentes de empresas.

Informações nos preços de ações

Considere a seguinte situação. Você é o novo analista júnior designado para pesquisar as ações da Kenneth Cole Productions e avaliar seu valor. Você analisa os demonstrativos financeiros recentes da empresa, observa as tendências da indústria e prevê os lucros, dividendos e fluxos de caixa futuros da empresa. Você cuidadosamente estima o valor das ações a US$ 30 por ação. Em seu caminho para apresentar sua análise a seu chefe, você encontra uma colega um pouco mais experiente no elevador. Por acaso sua colega também está pesquisando as mesmas ações. Porém, segundo a análise dela, o valor das ações é apenas US$ 20 por ação. O que você faria?

Apesar de você poder supor que sua colega está errada, a maioria de nós nesta situação reconsideraria nossa própria análise. O fato de que outra pessoa que estudou cuidadosamente as ações chegou a uma conclusão muito diferente é uma forte evidência de que talvez estejamos errados. Diante destas informações de nossa colega, provavelmente ajustaríamos para menos o valor de nossas ações. É claro que nossa colega talvez também revise sua opinião com base em nossa avaliação. Após compartilhar nossas análises, provavelmente acabaríamos chegando a uma estimativa consensual entre US$ 20 e US$ 30 por ação.

Este tipo de encontro acontece milhões de vezes todos os dias no mercado de ações. Quando um comprador procura comprar uma ação, a disposição de outras partes a vender a mesma ação sugere que as ações foram avaliadas de maneira diferente. Esta informação deveria levar vendedores e compradores a revisar suas avaliações. Em última análise, os investidores negociam até chegarem a um consenso em relação ao valor das ações. Dessa maneira, os mercados de ações agregam as informações e visões de muitos investidores.

Assim, se nosso modelo de avaliação sugerir que certas ações valem US$ 30 por ação quando essa mesma ação está sendo negociada por US$ 20 por ação no mercado, tal discrepância é equivalente a saber que milhares de investidores — muitos deles profissionais que têm acesso às melhores informações — discordam de nossa avaliação. Este conhecimento deve nos fazer reconsiderar nossa análise original. Seria necessário um motivo muito convincente para confiar em nossas próprias estimativas diante de opiniões tão contrárias.

FIGURA 9.6

A tríade da avaliação

Os modelos de avaliação determinam a relação entre os fluxos de caixa futuros da empresa, seu custo de capital e o valor de suas ações. Os fluxos de caixa esperados das ações e o custo de capital podem ser utilizados para avaliar seu preço de mercado (valor das ações). Inversamente, é possível usar o preço de mercado para avaliar os fluxos de caixa futuros ou o custo de capital da empresa.

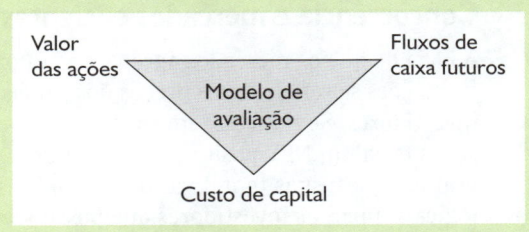

```
      Valor                      Fluxos de
      das ações                  caixa futuros
            \                  /
             \   Modelo de   /
              \  avaliação  /
               \           /
                \         /
                 \       /
                  \     /
                   \   /
                    \ /
              Custo de capital
```

Que conclusão podemos tirar dessa discussão? Lembremos da Figura 9.6, em que um modelo de avaliação estabelece uma relação entre os fluxos de caixa futuros de uma empresa, seu custo de capital e o preço de suas ações. Em outras palavras, dadas informações precisas sobre duas dessas variáveis, um modelo de avaliação nos permite fazer inferências sobre a terceira. Assim, a maneira como utilizamos um modelo de avaliação dependerá da qualidade de nossas informações: o modelo nos dirá o máximo sobre a variável para a qual nossas informações anteriores são menos confiáveis.

Para uma empresa de capital aberto, seu preço de mercado já deve fornecer informações bastante precisas, obtidas por diversos investidores, com respeito ao valor real de suas ações. Na maioria das situações, um modelo de avaliação é aplicado da melhor maneira para nos dizer algo sobre o valor dos fluxos de caixa futuros da empresa ou seu custo de capital, com base no preço atual de suas ações. Somente no caso relativamente raro em que temos informações superiores que os outros investidores desconhecem em relação aos fluxos de caixa ou custo de capital da empresa é que faria sentido tentar reavaliar o preço das ações.

EXEMPLO 9.10
Utilizando as informações contidas nos preços de mercado

Problema
Suponha que a Tecnor Industries vá pagar um dividendo este ano de US$ 5 por ação. Seu custo de capital próprio é de 10% e você espera que seus dividendos cresçam a uma taxa de aproximadamente 4% ao ano, apesar de você estar um pouco incerto da taxa de crescimento exata. Se as ações da Tecnor estão atualmente sendo negociadas por US$ 76,92 por ação, como você reavaliaria suas crenças sobre a taxa de crescimento de dividendos da empresa?

Solução

▶ Planejamento
Se aplicarmos o modelo de dividendos de crescimento constante com base em uma taxa de crescimento de 4%, podemos estimar um preço para as ações utilizando a Equação 9.6. Se o preço de mercado for maior do que nossa estimativa, então o mercado esperará que os dividendos cresçam a uma taxa mais alta do que 4%. Ao contrário, se o preço de mercado for menor do que nossa estimativa, o mercado esperará que o crescimento dos dividendos seja mais baixo do que 4%. Podemos utilizar a Equação 9.7 para encontrar a taxa de crescimento em vez do preço, o que nos permitem estimar a taxa de crescimento esperada pelo mercado.

▶ Execução
Utilizando a Equação 9.6, Div_1 de US$ 5, custo de capital próprio (r_E) de 10% e taxa de crescimento de dividendo de 4%, temos $P_0 = 5 / (0,10 - 0,04) =$ US$ 83,33 por ação. O preço de mercado de US$ 76,92, no entanto, implica que a maioria dos investidores espera que os dividendos cresçam a uma taxa um pouco mais baixa.

Na verdade, se continuarmos a supor uma taxa de crescimento constante, poderemos encontrar a taxa de crescimento que é consistente com o preço de mercado corrente utilizando a Equação 9.7:

$$g = r_E - Div_1/P_0 = 10\% - 5/76,92 = 3,5\%$$

Esta taxa de crescimento de 3,5% é mais baixa do que nossa taxa de crescimento esperada de 4%.

▶ Avaliação
Dado o preço de mercado de US$ 76,92 para as ações, devemos baixar nossas expectativas em relação à taxa de crescimento de dividendos a menos que tenhamos motivos muito fortes para confiar em nossa própria estimativa.

Concorrência e mercados eficientes

A ideia de que os mercados agregam as informações de muitos investidores, e de que essas informações se refletem nos preços dos papéis, é uma consequência natural da concorrência dos investidores. Se houvesse informações disponíveis que indicassem que comprar determinadas ações teria um NPV positivo, os investidores que tivessem essas informações decidiriam comprar as ações; suas tentativas de comprá-las, então, elevariam o preço dessas ações. Por uma lógica similar, os investidores que possuíssem informações de que vender determinadas ações teria um NPV positivo, as venderiam e o preço dessas ações cairia.

A ideia de que a concorrência entre os investidores funciona no sentido de eliminar *todas* as oportunidades de negócios com um NPV positivo é chamada de **hipótese de mercados eficientes**. Ela implica que os papéis são negociados a um preço justo, baseado em seus fluxos de caixa futuros, dadas todas as informações disponíveis aos investidores.

A lógica subjacente à hipótese de mercados eficientes é a presença de concorrência. E se fossem disponibilizadas novas informações que afetassem o valor da empresa? O grau de concorrência e, portanto, a precisão da hipótese de mercados eficientes, dependerá do número de investidores que possuem tais informações. Consideremos dois casos importantes.

Informações públicas de fácil interpretação. As informações disponíveis a todos os investidores incluem reportagens, demonstrações contábeis, comunicados de imprensa ou outras fontes públicas de dados. Se o impacto dessas informações sobre os fluxos de caixa futuros da empresa puder ser prontamente apurado, então todos os investidores conseguirão determinar seu efeito sobre o valor da empresa.

Nesta situação, esperamos que a concorrência entre os investidores seja feroz e que o preço das ações reaja quase que instantaneamente a tais informações. Alguns poucos investidores de sorte conseguem negociar uma pequena quantidade de ações antes que o preço seja completamente ajustado. A maioria dos investidores, porém, encontraria preços que já estariam refletindo as novas informações antes que eles pudessem negociar. Em outras palavras, a hipótese de mercados eficientes é válida no que diz respeito a este tipo de informação.[9]

> **hipótese de mercados eficientes** A ideia de que a concorrência entre investidores funciona no sentido de eliminar todas as oportunidades de negociação com NPV positivo. Implica que os títulos serão precificados justamente, com base em seus fluxos de caixa futuros, dadas todas as informações disponíveis aos investidores.

EXEMPLO 9.11
Reações do preço de ações a informações públicas

Problema
A Myox Labs anuncia que devido à possibilidade de efeitos colaterais, está retirando do mercado um de seus principais medicamentos. Consequentemente, seu fluxo de caixa futuro esperado diminuirá em US$ 85 milhões por ano pelos dez próximos anos. A Myox possui 50 milhões de ações em circulação, nenhuma dívida e um custo de capital próprio de 8%. Se esta notícia fosse uma total surpresa para os investidores, o que aconteceria com o preço das ações da Myox logo após seu pronunciamento?

Solução

▶ **Planejamento**
Neste caso, podemos utilizar o método do fluxo de caixa livre descontado. Sem dívida, $r_{wacc} = r_E = 8\%$. O efeito sobre o valor da empresa da Myox será a perda de uma anuidade de dez anos de US$ 85 milhões. Podemos calcular o efeito hoje como o valor presente dessa anuidade.

▶ **Execução**
Utilizando a fórmula de anuidade, a diminuição no fluxo de caixa livre esperado irá reduzir o valor da empresa da Myox em

$$\text{US\$ 85 milhões} \times \frac{1}{0{,}08}\left(1 - \frac{1}{1{,}08^{10}}\right) = \text{US\$ 570 milhões}$$

Assim, o preço das ações cairia em US$ 570/50 = US$ 11,40 por ação.

▶ **Avaliação**
Como essa notícia é pública e seu efeito sobre o fluxo de caixa livre esperado da empresa é claro, seria de se esperar que o preço das ações caísse em US$ 11,40 por ação quase que instantaneamente.

---

[9] Este tipo de eficiência de mercado geralmente é chamada de eficiência de mercado na "forma semiforte", para distingui-la da eficiência de mercado na "forma forte", onde *todas* as informações (mesmo as informações privilegiadas) já se encontram refletidas no preço das ações. O termo eficiência de mercado na "forma fraca" significa que apenas a história de preços passados já se encontra refletida no preço das ações.

Informações privilegiadas ou de difícil interpretação. Algumas informações não são disponibilizadas publicamente. Por exemplo, um analista pode empregar tempo e esforço coletando informações dos funcionários, concorrentes, fornecedores ou clientes de uma empresa que sejam relevantes para seus fluxos de caixa futuros. Estas informações não serão disponibilizadas a outros investidores que não tenham dedicado um esforço similar para coletá-las.

Mesmo quando as informações são disponibilizadas publicamente, pode ser difícil interpretá-las. As pessoas não especializadas na área podem achar difícil avaliar relatórios de pesquisa sobre novas tecnologias, por exemplo, sendo necessário um alto grau de esforço e experiência legal e contábil para compreender todas as consequências de uma transação de negócios extremamente complicada. Certos especialistas de consultoria têm uma ideia mais clara sobre o gosto dos consumidores e a probabilidade de aceitação de um produto. Nesses casos, apesar de as informações fundamentais serem públicas, a *interpretação* de como essas informações afetarão os fluxos de caixa futuros da empresa é, em si, uma informação privilegiada.

Como exemplo, imagine que a Phenyx Pharmaceuticals acaba de anunciar o desenvolvimento de um novo medicamento para o qual a empresa está buscando aprovação pela U. S. Food and Drug Administration (FDA). Se o medicamento for aprovado e subsequentemente lançado no mercado norte-americano, os lucros futuros do novo medicamento aumentará o valor de mercado da Phenyx em US$ 750 milhões, ou US$ 15 por ação dadas as suas 50 milhões de ações em circulação. Suponha que o desenvolvimento deste novo medicamento seja uma surpresa para os investidores e que a probabilidade média de aprovação pelo FDA de 10% como muitos investidores provavelmente sabem que as chances de aprovação pelo FDA são de 10%, a concorrência levaria a um salto imediato no preço das ações da Phenyx de 10% $\times$ US$ 15 = US$ 1,50 por ação. Com o passar do tempo, os analistas e especialistas da área provavelmente farão suas próprias avaliações da provável eficácia do medicamento. Se eles concluírem que o medicamento parece mais promissor do que a média, eles começarão a negociar com base em suas informações privilegiadas e comprarão as ações, fazendo, assim, o preço da empresa aumentar com o tempo. Se os especialistas concluírem que o medicamento parece menos promissor do que a média, eles começarão a vender as ações e o preço da empresa vai cair com o tempo. É claro que, no momento do pronunciamento, os investidores desinformados não saberão que caminho as ações irão tomar. Exemplos de possíveis trajetos são exibidos na Figura 9.7.

Quando informações privilegiadas são relegadas às mãos de um número relativamente pequeno de investidores, eles podem tirar proveito negociando em cima delas.[10] Neste caso, a hipótese de mercados eficientes não será válida no sentido estrito. Entretanto, à medida que esses negociantes informados começarem a negociar, eles tenderão a movimentar os preços, então, com o tempo, os preços também começarão a refletir suas informações.

Se as oportunidades de tirar proveito de ter esse tipo de informação forem muitas, outros indivíduos tentarão obter o conhecimento especializado e dedicarão os recursos necessários para adquiri-la. À medida que mais indivíduos vão se tornando mais bem informados, a concorrência para explorar estas informações aumenta. Assim, no longo prazo, devemos esperar que o grau de "ineficiência" no mercado seja limitado apenas pelos custos de obtenção dessas informações.

Lições dos investidores e gerentes de empresa

O efeito da concorrência baseada em informações sobre o preço das ações possui importantes consequências para os investidores e para os gerentes de empresa.

Consequências para os investidores. Assim como em outros mercados, os investidores devem ser capazes de identificar oportunidades de negócios com NPV positivo em mercados de papéis a menos que exista alguma barreira ou restrição à livre concorrência. A vantagem competitiva

---

[10] Mesmo com informações privilegiadas, os investidores informados podem achar difícil tirar proveito delas, pois eles têm que encontrar outros que estejam dispostos a negociar com eles; isto é, o mercado das ações em questão tem que ser suficientemente *líquido*. Um mercado líquido exige que outros investidores tenham motivos alternativos para negociar (ex.: vender ações para comprar uma casa) e então estejam dispostos a negociar mesmo ao enfrentar o risco de que outros investidores estejam mais bem informados.

FIGURA 9.7 Possíveis trajetos do preço das ações da Phenyx Pharmaceuticals

O preço das ações da Phenyx salta com o pronunciamento com base na probabilidade média de aprovação pelo FDA. O preço das ações então aumenta (trajeto verde-escuro) ou diminui (trajeto verde-claro) quando os negociantes informados começarem a negociar com base em suas avaliações mais precisas sobre a probabilidade de aprovação do medicamento e sua entrada no mercado norte-americano. No momento do pronunciamento, os investidores desinformados não saberão que caminho as ações irão tomar.

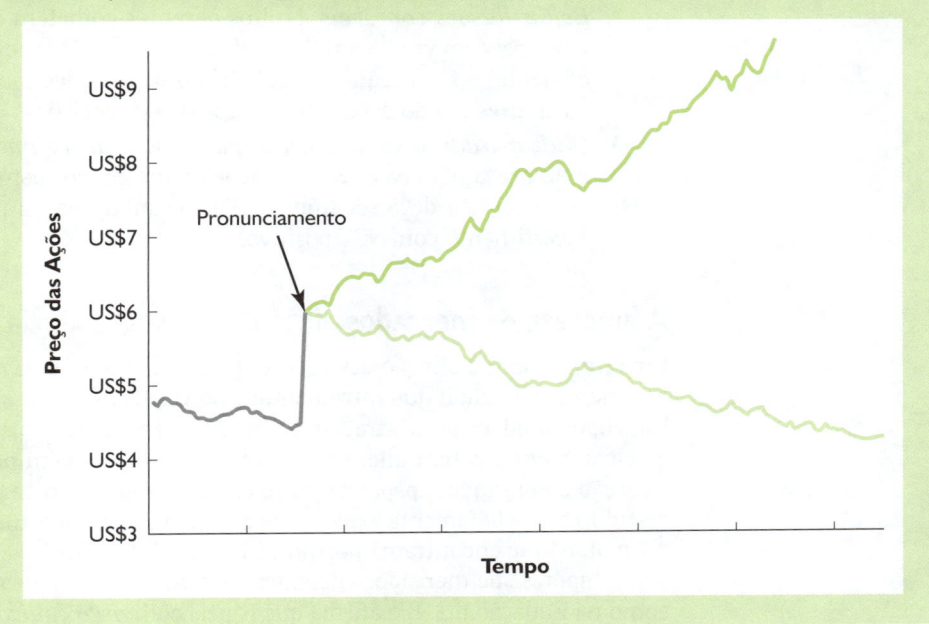

de um investidor assume várias formas. Por exemplo, o investidor pode ter o conhecimento especializado ou acesso a informações conhecidas apenas por poucas pessoas. Alternativamente, é possível que o investidor tenha custos de negociação mais baixos do que outros participantes do mercado e, então, consiga explorar oportunidades que outros não achariam lucrativas. Em todos os casos, porém, a fonte da oportunidade de negócios com NPV positivo precisa ser algo difícil de reproduzir; caso contrário, quaisquer ganhos seriam "dissolvidos" pela concorrência.

Apesar de ser decepcionante o fato de oportunidades de negócios com NPV positivo não surgirem com facilidade, também há um lado bom. Se as ações tiverem um preço justo segundo nossos modelos de avaliação, então os investidores que compram ações podem receber fluxos de caixa futuros que os compensarão de maneira justa pelo risco de seu investimento. Assim, nesses casos o investidor comum pode investir com confiança, mesmo se não estiver totalmente informado.

Implicações para os gerentes de empresa. Se as ações tiverem uma avaliação justa segundo os modelos que descrevemos, então o valor da empresa será determinado pelos fluxos de caixa que ela pode pagar a seus investidores. Este resultado possui várias implicações importantes para os gerentes de empresa:

- *Focalizar sobre o NPV e os fluxos de caixa livres*. Um gerente que esteja procurando incrementar o preço das ações de sua empresa deve fazer investimentos que aumentem o valor presente de seu fluxo de caixa livre. Assim, os métodos de orçamento de capital descritos no Capítulo 7 são totalmente consistentes com o objetivo de maximizar o preço das ações da empresa.
- *Evitar ilusões contábeis*. Muitos gerentes cometem o erro de focalizar-se em lucros contábeis em vez de em fluxos de caixa livres. De acordo com a hipótese de mercados eficientes, as consequências contábeis de uma decisão não afetam diretamente o valor da empresa e não devem guiar a tomada de decisões.
- *Utilizar transações financeiras para apoiar investimentos*. Com mercados eficientes, a empresa pode vender suas ações a um preço justo a novos investidores. Assim, a empresa não deve ser impedida de levantar capital para financiar oportunidades de investimento com NPV positivo.

A hipótese de mercados eficientes *versus* ausência de arbitragem

Uma importante distinção deve ser feita entre a hipótese de mercados eficientes e a noção de um mercado normal que introduzimos no Capítulo 3, que se baseia na ideia de arbitragem. Uma oportunidade de arbitragem é uma situação em que dois papéis (ou carteiras) com fluxos de caixa *idênticos* têm diferentes preços. Como ninguém pode obter um lucro certo nesta situação comprando o papel de preço baixo e vendendo o de preço alto, esperamos que os investidores imediatamente explorem e eliminem essas oportunidades. Assim, em um mercado normal, não se encontram oportunidades de arbitragem.

A hipótese de mercados eficientes é expressa da melhor maneira em termos de retornos, como na Equação 9.2. Ela afirma que papéis com *risco equivalente* devem ter o mesmo *retorno esperado*. A hipótese de mercados eficientes é, portanto, incompleta sem uma definição de "risco equivalente". Além disso, diferentes investidores percebem riscos e retornos de maneira diferente (com base em suas informações e preferências). Não há motivos para esperar que a hipótese de mercados eficientes seja perfeitamente válida; ela é mais bem compreendida como uma aproximação idealizada para mercados altamente competitivos.

A questão de risco equivalente será abordada na Parte IV deste livro. Nos próximos capítulos, compreenderemos o *tradeoff* histórico entre risco e retorno, aprenderemos como medir o risco relevante de um título e desenvolveremos uma maneira de estimar o retorno esperado de um título dado seu risco.

Fixação de conceitos

11. Declare a hipótese de mercados eficientes.
12. Quais são as implicações da hipótese de mercados eficientes para os gerentes de empresa?

RESUMO DO CAPÍTULO

Pontos principais e equações	Termos	Oportunidades de prática online
9.1 Introdução a Ações - A participação proprietária em uma empresa é dividida em ações. Essas ações representam direitos a compartilhar os lucros da empresa por meio de futuros pagamentos de dividendos.	ações ordinárias, p. 305 símbolo *ticker*, p. 305	MyFinanceLab Study Plan 9.1

9.2 O modelo de desconto de dividendos

- O princípio da avaliação diz que o valor de uma ação é igual ao valor presente dos dividendos e o preço de venda futuro que o investidor receberá. Como esses fluxos de caixa são arriscados, eles têm que ser descontados no custo de capital próprio, que é o retorno esperado de outros papéis disponíveis no mercado com um risco equivalente ao patrimônio da empresa.
- O retorno total de uma ação é igual ao rendimento do dividendo mais a taxa de ganho de capital. O retorno total esperado de uma ação deve ser igual ao seu custo de capital próprio:

$$r_E = \frac{Div_1 + P_1}{P_0} - 1 = \underbrace{\frac{Div_1}{P_0}}_{\text{Rentabilidade do dividendo}} + \underbrace{\frac{P_1 - P_0}{P_0}}_{\text{Taxa de ganho de capital}} \quad (9.2)$$

- Quando os investidores têm as mesmas crenças, o modelo de desconto de dividendos diz que, para qualquer horizonte N, o preço das ações satisfaz a seguinte equação:

$$P_0 = \frac{Div_1}{1 + r_E} + \frac{Div_2}{(1 + r_E)^2} + \cdots + \frac{Div_N}{(1 + r_E)^N} + \frac{P_N}{(1 + r_E)^N} \quad (9.4)$$

- Se as ações eventualmente pagarem dividendos e nunca forem adquiridas, o modelo de desconto de dividendos implica que o preço das ações é igual ao valor presente de todos os dividendos futuros.

custo de capital próprio, p. 307
ganho de capital, p. 308
modelo de desconto de dividendos, p. 310
rentabilidade do dividendo, p. 308
retorno total, p. 308
taxa de ganho de capital, p. 308

MyFinanceLab Study Plan 9.2
Utilizando o Excel: Construindo um modelo de desconto de dividendos

9.3 Estimando dividendos no modelo de desconto de dividendos

- O modelo dos dividendos de crescimento constante supõe que os dividendos cresçam a uma taxa constante esperada g. Neste caso, g é também a taxa esperada de ganho de capital, e

$$P_0 = \frac{Div_1}{r_E - g} \quad (9.6)$$

- Os dividendos futuros dependem dos lucros, do número de ações em circulação e da taxa de pagamento de dividendos:

$$Div_t = \underbrace{\frac{Lucros_t}{Ações\ em\ circulação_t}}_{EPS_t} \times \text{Taxa de pagamento de dividendos}_t \quad (9.8)$$

- Se a taxa de pagamento de dividendos e o número de ações em circulação forem constantes, e se os lucros mudam apenas como resultado de um novo investimento proveniente de lucros retidos, então a taxa de crescimento dos lucros, dividendos e preço das ações da empresa são calculados como a seguir:

$$g = \text{Taxa de retenção} \times \text{Retorno sobre o novo investimento} \quad (9.12)$$

- Reduzir o dividendo da empresa para aumentar seus investimentos eleva o preço das ações se, e somente se, os novos investimentos tiverem um NPV positivo.
- Se a empresa possui uma taxa de crescimento de longo prazo de g após o período $N + 1$, então podemos aplicar o modelo de desconto e utilizar a fórmula dos dividendos de crescimento constante para estimar o valor terminal P_N das ações.
- O modelo de desconto de dividendos é sensível à taxa de crescimento de dividendos, que é difícil de estimar com precisão.

modelo de desconto de dividendos com crescimento constante, p. 311
taxa de pagamento de dividendos, p. 312
taxa de retenção, p. 312

MyFinanceLab Study Plan 9.3

9.4 Modelos de avaliação de *payout* total e de fluxos de caixa livres

- Se a empresa empreender recompras de ações, é mais confiável utilizar o modelo de *payout* total para avaliá-la. Neste modelo, o valor do patrimônio é igual ao valor presente do total de dividendos e recompras futuras. Para determinar o preço das ações da empresa, dividimos o valor do patrimônio pelo número inicial de ações em circulação:

$$P_0 = \frac{PV(\text{Total de dividendos e recompras futuras})}{\text{Ações em circulação}_0} \quad (9.15)$$

- A taxa de crescimento do pagamento total da empresa é governada pela taxa de crescimento dos lucros, e não pelos lucros por ação.
- Quando uma empresa possui alavancagem, é mais confiável utilizar o modelo do fluxo de caixa livre descontado. Neste modelo, o valor da empresa é igual ao valor presente de seu fluxo de caixa livre futuro:

$$V_0 = PV(\text{Fluxo de caixa livre futuro da empresa}) \quad (9.18)$$

- Descontamos os fluxos de caixa utilizando o custo médio ponderado de capital, que é o retorno esperado que a empresa tem que pagar aos investidores para compensá-los pelo risco de manter coesos sua dívida e seu patrimônio.
- Podemos estimar um valor da empresa terminal supondo que o fluxo de caixa livre cresça a uma taxa constante (geralmente igual à taxa de crescimento de longo prazo das receitas da empresa).
- Determinamos o preço das ações subtraindo a dívida e então somando o dinheiro em caixa ao valor da empresa, e então dividindo pelo número inicial de ações em circulação da empresa:

$$P_0 = \frac{V_0 + \text{Dinheiro}_0 - \text{Dívida}_0}{\text{Ações em circulação}_0} \quad (9.19)$$

custo médio ponderado de capital (WACC), p. 320
modelo de *payout* total, p. 318
modelo do fluxo de caixa livre descontado, p. 319
recompra de ações, p. 318

MyFinanceLab Study Plan 9.4
Avaliação interativa de fluxo de caixa descontado

9.5 Avaliação baseada em empresas comparáveis

- Também podemos avaliar ações utilizando múltiplos de avaliação com base em empresas comparáveis. Os múltiplos mais utilizados incluem o índice P/E e o índice do valor da empresa por EBITDA. Utilizar múltiplos supõe que empresas comparáveis têm o mesmo risco e crescimento futuro que a empresa em avaliação.
- Nenhum modelo de avaliação fornece um valor definitivo para as ações. É melhor utilizar vários métodos para identificar uma faixa razoável para o valor.

método de comparáveis, p. 323
múltiplo de avaliação, p. 324
P/E futuro, p. 324
P/E passado, p. 324
resultados futuros, p. 324
resultados passados, p. 324

MyFinanceLab Study Plan 9.5

9.6 Informação, concorrência e preços de ações

- Os preços de ações agregam as informações de muitos investidores. Portanto, se nossa avaliação difere do preço de mercado das ações, é mais provável que isso seja uma indicação de que nossas suposições sobre os fluxos de caixa da empresa estejam erradas.
- A concorrência entre os investidores tende a eliminar oportunidades de negociação com NPV positivo. A concorrência será mais forte quando as informações forem públicas e de fácil interpretação. Negociantes com acesso a informações privilegiadas podem tirar proveito de suas informações, que são refletidas apenas gradualmente nos preços.
- A hipótese de mercados eficientes diz que a concorrência elimina todos os negócios com NPV positivo, o que equivale a afirmar que papéis com mesmo risco têm os mesmos retornos esperados.

hipótese de mercados eficientes, p. 331

MyFinanceLab Study Plan 9.6

> Em um mercado eficiente, os investidores não encontram oportunidades de negócios com NPV positivo sem alguma fonte de vantagem competitiva. Ao contrário, o investidor normal obtém um retorno justo sobre seu investimento.

> Em um mercado eficiente, para elevar o preço das ações, os gerentes corporativos devem se focalizar em maximizar o valor presente do fluxo de caixa livre proveniente dos investimentos da empresa, em vez de em consequências contábeis ou em políticas financeiras.

Questões de revisão

1. Que direitos trazem as ações?
2. Quais são os dois componentes que formam o retorno total para um investidor em ações?
3. O que o modelo de desconto de dividendos diz sobre a avaliação de ações?
4. Qual é a relação entre o NPV de reinvestir fluxos de caixa e a variação no preço das ações?
5. Como o modelo de desconto de dividendos pode ser utilizado com taxas de crescimento variáveis em dividendos futuros?
6. O que são recompras de ações, e como elas podem ser incorporadas na avaliação de um grupo de ações?
7. Qual é a ideia por trás dos múltiplos de avaliação, e quais são as limitações desta técnica?
8. O que é um mercado eficiente?
9. Como as interações em um mercado fazem com que as informações sejam incorporadas aos preços das ações?
10. Por que a eficiência de mercado leva um gerente a focalizar sobre o NPV e o fluxo de caixa livre?

Problemas

Todos os problemas neste capítulo estão disponíveis no MyFinanceLab. Um asterisco (*) indica problemas com um nível de dificuldade mais alto.

O modelo de desconto de dividendos

1. Suponha que a Evco, Inc., tenha um preço corrente de ações de US$ 50 e que vá pagar um dividendo de US$ 2 em um ano; seu custo de capital próprio é 15%. A que preço você deve esperar que as ações da Evco sejam vendidas imediatamente após a empresa pagar o dividendo em um ano para justificar seu preço corrente?

2. A Anle Corporation tem um preço corrente de ações de US$ 20 e espera-se que a empresa vá pagar um dividendo de US$ 1 em um ano. O preço esperado de suas ações logo depois de pagar este dividendo é de US$ 22.
   a. Qual é o custo de capital próprio da Anle?
   b. Quanto do custo de capital próprio da Anle espera-se ser satisfeito pela rentabilidade do dividendo e quanto pelo ganho de capital?

3. Suponha que a Acap Corporation vá pagar um dividendo de US$ 2,80 por ação no final deste ano e US$ 3,00 por ação no próximo ano. Você espera que o preço das ações da Acap seja de US$ 52,00 daqui a dois anos. Se o custo de capital próprio da Acap é de 10%:
   a. Que preço você estaria disposto a pagar por uma ação da Acap hoje, se planejasse detê-la por dois anos?

b. Suponha, agora, que você esteja planejando detê-la por um ano. Por que preço você esperaria vendê-la daqui a um ano?

c. Dada a sua resposta na parte (b), que preço você estaria disposto a pagar por uma ação da Acap hoje, se você planejasse deter as ações por um ano? Como essa resposta pode ser comparada à sua resposta na parte (a)?

4. A Krell Industries possui um preço de US$ 22,00 por ação hoje. Se a expectativa é de que a Krell vá pagar um dividendo de US$ 0,88 este ano, e que o preço de suas ações aumente para US$ 23,54 no final do ano, qual é seu rendimento dos dividendos e seu custo de capital próprio?

Estimando dividendos no modelo de desconto de dividendos

5. A NoGrowth Corporation atualmente paga um dividendo de US$ 0,50 por trimestre, e continuará a pagar este dividendo para sempre. Qual é o preço por ação se seu custo de capital próprio é de 15%?

6. A Summit Systems irá pagar um dividendo de US$ 1,50 este ano. Se você espera que o dividendo da Summit cresça 6% ao ano, qual é seu preço por ação se seu custo de capital próprio é de 11%?

7. A Dorpac Corporation possui um rendimento de dividendo de 1,5%. Seu custo de capital próprio é de 8% e espera-se que seus dividendos cresçam a uma taxa constante.
   a. Qual é o crescimento esperado dos dividendos da Dorpac?
   b. Qual é a taxa de crescimento esperado do preço das ações da Dorpac?

8. A Laurel Enterprises espera lucros de US$ 4 por ação no próximo ano e tem uma taxa de retenção de 70%, que ela planeja manter constante. Seu custo de capital próprio é de 10%, o que também é seu retorno esperado sobre novos investimentos. Se a expectativa é de que seus lucros cresçam para sempre a uma taxa de 4% por ano, que preço corrente você estima que as ações da empresa terá?

*9. A DFB, Inc., espera lucros este ano de US$ 5 por ação, e planeja pagar US$ 3 em dividendo aos acionistas. A DFB irá reter US$ 2 por ação de seus lucros para reinvestir em novos projetos com um retorno esperado de 15% ao ano. Suponha que a DFB irá manter no futuro a mesma taxa de pagamento de dividendos, taxa de retenção e retorno sobre novos investimentos e que não vá mudar seu número de ações em circulação.
   a. Que taxa de crescimento dos lucros você preveria para a DFB?
   b. Se o custo de capital próprio da DFB é de 12%, que preço você estimaria para suas ações?
   c. Suponha agora que a DFB pagasse um dividendo de US$ 4 por ação este ano e retivesse apenas US$ 1 por ação em lucros. Se a DFB mantiver essa alta taxa de pagamento de dividendos no futuro, que preço você estimaria para suas ações? A DFB deve elevar seus dividendos?

10. A Cooperton Mining acaba de anunciar que reduzirá seus dividendos de US$ 4 para US$ 2,50 por ação e que irá utilizar fundos extras para expandir. Antes do pronunciamento, esperava-se que os dividendos da Cooperton crescessem a uma taxa de 3% e o preço de suas ações era de US$ 50. Que preço você esperaria para as ações da empresa após o pronunciamento? (Suponha que o risco da Cooperton não tenha sido alterado pela nova expansão). A expansão é um investimento com NPV positivo?

11. A Gillette Corporation irá pagar um dividendo anual de US$ 0,65 daqui a um ano. Os analistas esperam que este dividendo cresça a 12% ao ano até o quinto ano. A partir de então, o crescimento se estabilizará a 2% ao ano. Segundo o modelo de desconto de dividendos, qual é o valor de uma ação da Gillette se o custo de capital próprio da empresa é de 8%?

12. A Colgate-Palmolive Company acaba de pagar um dividendo anual de US$ 0,96. Os analistas estão prevendo uma taxa de crescimento de 11% ao ano em lucros pelos próximos cinco anos. A partir de então, espera-se que os lucros da Colgate cresçam à média atual da indústria de 5,2% ao ano. Se o custo de capital próprio da Colgate é de 8,5% e sua taxa de pagamento de dividendos permanece constante, a que preço o modelo de desconto de dividendos prevê que as ações da Colgate devem ser vendidas?

*13. A Halliford Corporation espera ter lucros no próximo ano de US$ 3 por ação. A Halliford planeja reter todos os seus lucros pelos próximos dois anos. Nos dois anos subsequentes, a empresa reterá 50% de seus lucros. A partir de então, ela reterá 20% de seus lucros. Todo ano, os lucros retidos serão reinvestidos em novos projetos com um retorno esperado de 25% ao ano. Qualquer lucro que não seja retido será pago como dividendos. Suponha que o número de ações permaneça constante e todo o crescimento nos lucros seja proveniente dos investimentos dos lucros retidos. Se o custo de capital próprio da Halliford é de 10%, que preço você estimaria para suas ações?

Modelos de avaliação de *payout* total e de fluxos de caixa livres

14. Suponha que a Cisco Systems não tenha pago dividendos, mas tenha gasto US$ 5 bilhões em recompras de ações no último ano. Se o custo de capital próprio da Cisco é de 12% e se a expectativa é de que a quantia gasta com recompras cresça em 8% ao ano, estime a capitalização de mercado da Cisco. Se ela possui 6 bilhões de ações em circulação, a que preço de ações isso corresponde?

*15. A Maynard Steel planeja pagar um dividendo de US$ 3 este ano. A empresa possui uma taxa esperada de crescimento dos lucros de 4% ao ano e um custo de capital próprio de 10%.
    a. Supondo que a taxa de pagamento de dividendos e que a taxa de crescimento esperado permaneçam constantes, e que a Maynard não emita nem recompre ações, estime o preço das ações da empresa.
    b. Suponha que a Maynard decida pagar um dividendo de US$ 1 este ano e utilize os US$ 2 restantes por ação para recomprar ações. Se a taxa de pagamento total da Maynard permanece constante, estime o preço das ações da empresa.
    c. Se a Maynard manter o dividendo e a taxa de pagamento total dados na parte (b), a que taxa espera-se que os dividendos e lucros por ação da empresa cresçam?

16. Espera-se que a Heavy Metal Corporation gere os seguintes fluxos de caixa livres pelos próximos cinco anos:

Ano	1	2	3	4	5
FCF (US$ milhões)	53	68	78	75	82

Depois de então, espera-se que os fluxos de caixa livres cresçam à média da indústria de 4% ao ano. Utilizando o modelo do fluxo de caixa livre descontado e o custo médio ponderado de capital de 14%:
    a. Estime o valor da empresa da Heavy Metal.
    b. Se a Heavy Metal não tiver excesso monetário, e tiver uma dívida de US$ 300 milhões e 40 milhões de ações em circulação, estime o preço de suas ações.

17. A Sora Industries possui 60 milhões de ações em circulação, US$ 120 milhões em dívidas, US$ 40 milhões em caixa e o seguinte fluxo de caixa livre projetado pelos próximos quatro anos:

1	Ano	0	1	2	3	4
2	**Lucros e previsão de FCF (US$ milhões)**					
3	Vendas	433,0	468,0	516,0	547,0	574,3
4	*Crescimento versus ano anterior*		8,1%	10,3%	6,0%	5,0%
5	Custo de mercadorias vendidas		−313,3	−345,7	−366,5	−384,8
6	**Lucro bruto**		154,4	170,3	180,5	189,5
7	Despesas de venda, gerais e administrativas		−93,6	−103,2	−109,4	−114,9
8	Depreciação		−7,0	−7,5	−9,0	−9,5
9	**EBIT**		53,8	59,6	62,1	65,2
10	Menos: Imposto de renda a 40%		−21,5	−23,8	−24,8	−26,1
11	Mais: Depreciação		7,0	7,5	9,0	9,5
12	Menos: Desembolsos de capital		−7,7	−10,0	−9,9	−10,4
13	Menos: Aumento no NWC		−6,3	−8,6	−5,6	−4,9
14	**Fluxo de caixa livre**		25,3	24,6	30,8	33,3

a. Suponha que se espere que a receita e o fluxo de caixa livre da Sora cresçam a uma taxa de 5% depois do ano 4. Se o custo médio ponderado de capital da Sora é de 10%, qual é o valor das ações da empresa com base nessas informações?
b. Supõe-se que o custo de mercadorias vendidas da Sora seja de 67% das vendas. Se seu custo de mercadorias vendidas é na verdade de 70% das vendas, como a estimativa do valor das ações da empresa mudaria?

c. Voltemos à suposição da parte (a). Suponha que a Sora possa manter seu custo de mercadorias vendidas a 67% das vendas. Suponha agora que a empresa reduza suas despesas de venda, gerais e administrativas de 20% das vendas para 16% das vendas. Que preço você estimaria para as ações da empresa agora? (Suponha que nenhuma outra despesa além de impostos seja afetada).

*d. As necessidades de capital de giro líquido (NWC) da Sora foram estimadas em 18% das vendas (que é seu nível atual no ano 0). Se a Sora pode reduzir essa exigência para 12% das vendas a partir do ano 1, mas se todas as outras suposições permanecem como na parte (a), que preço você estima para as ações da empresa? (*Dica*: esta mudança terá o maior impacto sobre o fluxo de caixa livre da empresa no ano 1).

18. Considere a avaliação da Kenneth Cole Productions no Exemplo 9.7.
    a. Suponha que você acredite que a taxa inicial de crescimento de receita da KCP esteja entre 7% e 11%. Que faixa de preço das ações da KCP é consistente com essas previsões?
    b. Suponha que você acredite que a margem inicial de receita de EBIT da KCP esteja entre 8% e 10%. Que faixa de preço das ações da KCP é consistente com essas previsões?
    c. Suponha que você acredite que o custo médio ponderado de capital da KCP esteja entre 10,5% e 12%. Que faixa de preço das ações da KCP é consistente com essas previsões?
    d. Que faixa de preço das ações da empresa será consistente se você variar as estimativas como nas partes (a), (b) e (c) simultaneamente?

Avaliação baseada em empresas comparáveis

19. Você percebe que a Dell Computers tem um preço de ações de US$ 27,85 e um EPS de US$ 1,26. Sua concorrente, a Hewlett-Packard, tem um EPS de US$ 2,47. Qual é uma estimativa do valor das ações da Hewlett-Packard?

20. Suponha que em janeiro de 2006, a Kenneth Cole Productions tenha um EPS de US$ 1,65 e um valor contábil do patrimônio de US$ 12,05 por ação.
    a. Utilizando o múltiplo P/E médio da Tabela 9.1, estime o preço das ações da KCP.
    b. Que faixa de preços você estimaria para as ações da empresa com base nos múltiplos P/E máximo e mínimo da Tabela 9.1?
    c. Utilizando o múltiplo do valor preço/valor contábil da Tabela 9.1, estime o preço das ações da KCP.
    d. Que faixa de preços você estimaria para as ações da empresa com base nos múltiplos de valor preço/valor contábil máximo e mínimo da Tabela 9.1?

21. Suponha que em janeiro de 2006, a Kenneth Cole Productions tenha vendas de $518 milhões, EBITDA de $55,6 milhões, excesso monetário de $100 milhões, $3 milhões em dívidas e 21 milhões de ações em circulação.
    a. Utilizando o múltiplo médio de valor da empresa por vendas da Tabela 9.1, estime o preço das ações da KCP.
    b. Que faixa de preços você estimaria para as ações da empresa com base nos múltiplos máximo e mínimo de valor da empresa por vendas da Tabela 9.1?
    c. Utilizando o múltiplo médio de valor da empresa por EBITDA da Tabela 9.1, estime o preço das ações da KCP.
    d. Que faixa de preços você estimaria para as ações da empresa com base nos múltiplos máximo e mínimo de valor da empresa por EBITDA da Tabela 9.1?

22. Além de calçados, a Kenneth Cole Productions projeta e vende bolsas, vestuário e outros acessórios. Você decide, portanto, considerar comparáveis à KCP fora da indústria de calçados.
    a. Suponha que a Fossil, Inc., tenha um múltiplo de valor da empresa por EBITDA de 9,73 e um múltiplo de P/E de 18,4. Que preço você estimaria para as ações da empresa utilizando cada um desses múltiplos, com base nos dados da KCP dos Problemas 19 e 21?
    b. Suponha que a Tommy Hilfiger Corporation tenha um múltiplo de valor da empresa por EBITDA de 7,19 e um múltiplo de P/E de 17,2. Que preço você estimaria para as ações da empresa utilizando cada um desses múltiplos, com base nos dados da KCP dos Problemas 19 e 21?

*23. Suponha que a Rocky Shoes and Boots tenha lucros por ação de US$ 2.30 e EBITDA de US$ 30,7 milhões. A empresa também possui 5,4 milhões de ações em circulação e uma dívida de US$ 125 milhões (menos dinheiro em caixa). Você acredita que a Deckers Outdoor Corporation seja comparável à Rocky Shoes and Boots em termos de seu negócio subjacente, mas a

Deckers não possui dívidas. Se a Deckers possui um P/E de 13,3 e um múltiplo de valor da empresa por EBITDA de 7,4, estime o valor das ações da Rocky Shoes and Boots utilizando ambos os múltiplos. Que estimativa provavelmente será mais precisa?

24. Considere os dados a seguir para a indústria de automóveis em meados de 2007 (EV = valor da empresa, BV = valor contábil, NS = não significativo porque o divisor é negativo). Discuta a viabilidade de utilizar múltiplos para avaliar uma empresa de automóveis.

Nome da empresa	Cap. de mercado (US$ milhões)	EV	EV/Vendas	EV/EBITDA	EV/EBIT	P/E	P/BV
Honda Motor Co. Ltd.	62.539,5	92.258,5	1,0	8,9	11,5	12,0	1,6
DaimlerChrysler AG	108.692,8	205.823,76	1,2	9,9	31,8	14,0	2,2
Nissan Motor Co. Ltd.	45.072,2	83.307,2	1,2	6,4	11,7	11,1	1,4
Volkswagen AG	101.611,8	129.151,4	0,9	6,9	17,0	20,6	2,5
General Motors Corp.	22.629,2	191.232,4	1,0	9,0	15,7	NS	NS
PSA Peugeot Citroen	19.979,7	53.947,8	0,3	144,1	184,7	109,2	1,0
Ford Motor Co.	18.392,4	156.428,4	1,0	18,2	NS	NS	NS
Mitsubishi Motors Corp.	8.730,4	9.970,4	0,4	10,7	52,5	117,3	3,5
Daihatsu Motor Co. Ltd.	4.355,93	5.440,0	0,1	5,0	11,7	14,8	1,6

Fonte: Relatórios financeiros da empresa, Reuters, Marketwatch (da Dow Jones), Yahoo Finance.

Informação, concorrência e preços de ações

25. Você lê no jornal que a Summit Systems (do Problema 6) revisou suas perspectivas de crescimento e agora espera que seus dividendos cresçam a uma taxa de 3% por ano para sempre.
    a. Qual é o novo valor das ações da Summit Systems com base nessa informação?
    b. Se você tentasse vender suas ações da Summit Systems após ler essas notícias, que preço você provavelmente obteria? Por quê?

26. Em meados de 2006, a Coca-Cola Company tinha um preço de US$ 43 por ação. Seu dividendo foi de US$ 1,24 e você espera que a empresa eleve seu dividendo em aproximadamente 7% ao ano em perpetuidade.
    a. Se o custo de capital próprio da Coca-Cola é de 8%, que preço você esperaria para suas ações com base em sua estimativa da taxa de crescimento de dividendos?
    b. Dado o preço das ações da Coca-Cola, o que você concluiria sobre sua avaliação do futuro crescimento de dividendos da empresa?

27. A Roybus, Inc., uma fabricante de memória Flash, acaba de relatar que sua principal fábrica em Taiwan foi destruída por um incêndio. Apesar de a fábrica estar totalmente segurada, a perda da produção irá reduzir o fluxo de caixa livre da Roybus em US$ 180 milhões no final deste ano e em US$ 60 milhões no final do próximo ano.
    a. Se a Roybus possui 35 milhões de ações em circulação e um custo médio ponderado de capital de 13%, que mudança no preço das ações da Roybus você esperaria após esse pronunciamento? (Considere que o valor da dívida da Roybus não é afetado pelo ocorrido.)
    b. Você esperaria vender ações da Roybus após ouvir esse pronunciamento e obter lucro? Explique.

*28. A Apnex, Inc., uma empresa de biotecnologia, está para anunciar os resultados de seus experimentos clínicos de um possível medicamento contra o câncer. Se os experimentos tiverem o êxito, cada ação da Apnex valerá US$ 70. Se os experimentos não forem bem-sucedidos, as ações da Apnex valerão US$ 18 por ação. Suponha que na manhã anterior ao pronunciamento, a Apnex esteja negociando ações a US$ 55 cada.
    a. Com base no preço atual das ações, que tipo de expectativas os investidores parecem ter sobre o sucesso dos experimentos?
    b. Suponha que o gerente de *hedge fund* Paul Kliner tenha contratado vários cientistas eminentes para analisar os dados públicos sobre o medicamento e fazer uma avaliação de sua promessa. É provável que o fundo de Kliner lucre negociando as ações nas horas que antecedem o pronunciamento?
    c. O que limitaria a capacidade do fundo de lucrar em cima dessas informações?

Caso simulado

Como novo analista de uma grande empresa de corretagem, você está ansioso para demonstrar as habilidades que aprendeu em seu MBA e provar que você vale seu atraente salário. Sua primeira tarefa é analisar as ações da General Electric Corporation. Seu chefe recomenda determinar os preços com base no modelo de desconto de dividendos e nos métodos de avaliação do fluxo de caixa livre descontado. A GE tem um custo de capital próprio de 10,5% e um custo médio ponderado de capital após os impostos de 7,5%. O retorno esperado sobre novos investimentos é de 12%. Você está um pouco preocupado com a recomendação de seu chefe porque seu professor de finanças havia lhe dito que esses dois métodos podem resultar em estimativas amplamente diferentes quando aplicados a dados reais. Você está realmente torcendo para que os dois métodos forneçam preços similares. Boa sorte!

1. Vá ao Yahoo!Finance (http://finance.yahoo.com) e digite o símbolo *ticker* da General Electric (GE). Na primeira página da GE, colete as seguintes informações e digite-as em uma planilha:
    a. O preço atual das ações ("last trade" [última transação]) no alto da página.
    b. A quantia atual em dividendo ("Div & Yield" [dividendos e rendimentos]), que é a célula em baixo e à direita da mesma tabela do preço das ações.
2. Depois, clique em "Key Statistics" [Principais Estatísticas] na lista do lado esquerdo da página. Na página "Key Statistics", colete as seguintes informações e digite-as na mesma planilha:
    a. O número de ações em circulação.
    b. A taxa de *payout*.
3. Clique em "Analyst Estimates" [Estimativa dos analistas], no lado esquerdo da página. Na página "Analyst Estimates", encontre a taxa de crescimento esperado pelos próximos cinco anos e digite-a em sua planilha. Ela estará bem próximo da parte inferior da página.
4. Depois, clique em "Income Statement" [Demonstração de resultados] próximo ao fim do menu do lado esquerdo. Coloque o cursor no meio das demonstrações e clique com o botão direito do mouse. Selecione "Export to Microsoft Excel" [Exportar para o Microsoft Excel]. Copie e cole todos os três anos de demonstrações contábeis em uma nova planilha em seu arquivo existente do Excel. Repita este processo para "balance sheet" [folha de balanço] e "cash flow" [Fluxo de caixa] da General Electric. Guarde todas as demonstrações na mesma planilha do Excel.
5. Para determinar o valor das ações com base no modelo de desconto de dividendos:
    a. Crie um diagrama de fluxo de caixa no Excel para cinco anos.
    b. Utilize o dividendo obtido no Yahoo!Finance como o dividendo atual para prever os próximos cinco dividendos anuais com base na taxa de crescimento de cinco anos.
    c. Determine a taxa de crescimento de longo prazo com base na política de *payout* da GE que é 1 menos a taxa de retenção) utilizando a Equação 9.12.
    d. Utilize a taxa de crescimento de longo prazo para determinar o preço das ações no ano cinco utilizando a Equação 9.13.
    e. Determine o preço atual das ações utilizando a abordagem do Exemplo 9.5.
6. Para determinar o valor das ações com base no modelo do fluxo de caixa livre descontado:
    a. Faça a previsão dos fluxos de caixa livres utilizando os dados históricos das demonstrações contábeis baixadas do Yahoo! para calcular a média de três anos dos seguintes índices:
        i. EBIT/Vendas
        ii. Alíquota de impostos (Despesa com imposto de renda / Lucro antes dos impostos)
        iii. Propriedades, instalações e equipamentos / Vendas
        iv. Depreciação / Propriedades, instalações e equipamentos
        v. Capital de giro líquido / Vendas
    b. Crie um diagrama de fluxo de caixa para os próximos sete anos.
    c. Faça uma previsão das vendas futuras com base na receita total do ano mais recente crescendo à taxa de crescimento de cinco anos dada pelo Yahoo! pelos cinco primeiros anos e à taxa de crescimento de longo prazo para os anos 6 e 7.
    d. Utilize os índices médios calculados na parte (a) para fazer uma previsão do EBIT, propriedades, instalações e equipamentos, depreciação e capital de giro líquido pelos próximos sete anos.

e. Faça uma previsão para o fluxo de caixa livre pelos próximos sete anos utilizando a Equação 9.17.
f. Determine o valor da empresa no horizonte para o ano 5 utilizando a Equação 9.21.
g. Determine o valor da empresa como o valor presente dos fluxos de caixa livres.
h. Determine o preço das ações utilizando a Equação 9.19.

7. Compare os preços das ações resultantes dos dois métodos com o preço real. Que recomendações você pode fazer em relação a se os clientes devem comprar ou vender as ações da General Electric com base em suas estimativas de preço?

8. Explique para seu chefe por que as estimativas dos dois métodos de avaliação diferem. Aborde especificamente as suposições implícitas nos próprios modelos além daquelas que você fez ao preparar sua análise. Por que essas estimativas diferem do preço real das ações da GE?

Capítulo 9 APÊNDICE

Utilizando o Excel para construir um modelo de desconto de dividendos

Neste apêndice, mostramos como construir um modelo flexível no Excel que calcula o preço corrente e o preço esperado ano a ano de ações, com base no modelo de desconto de dividendos. O modelo que construiremos permitirá que você varie a taxa de crescimento esperado em lucros e a taxa de pagamento de dividendos ano a ano até o sexto ano. Ele também dá a flexibilidade de ver como as mudanças em sua suposição a respeito do custo de capital próprio alteram os preços das ações que você calculou. Os valores numéricos na planilha são baseados no Exemplo 9.5.

Cálculo de lucros futuros

Para deixar a planilha o mais flexível possível, digitamos os lucros do ano passado e as taxas de crescimento esperado e a deixamos calcular os lucros futuros. Dessa maneira, temos que alterar somente os lucros passados ou qualquer taxa de crescimento futura quando nossas suposições mudarem; a planilha atualizará automaticamente os lucros esperados futuros. Na tela de Excel a seguir, digitamos os números em cinza; as fórmulas em preto dão instruções ao Excel de como calcular o conteúdo das células. Por exemplo, a célula F4 é o EPS esperado do próximo ano e é calculado utilizando o EPS do ano passado (US$ 2, que se encontra na célula E4) e a taxa esperada de crescimento (20%, ou 0,2, que se encontra na célula F3). Continuamos até o ano 6 da mesma maneira — os lucros de cada ano são calculados como os lucros do ano anterior multiplicado por 1 mais a taxa de crescimento.

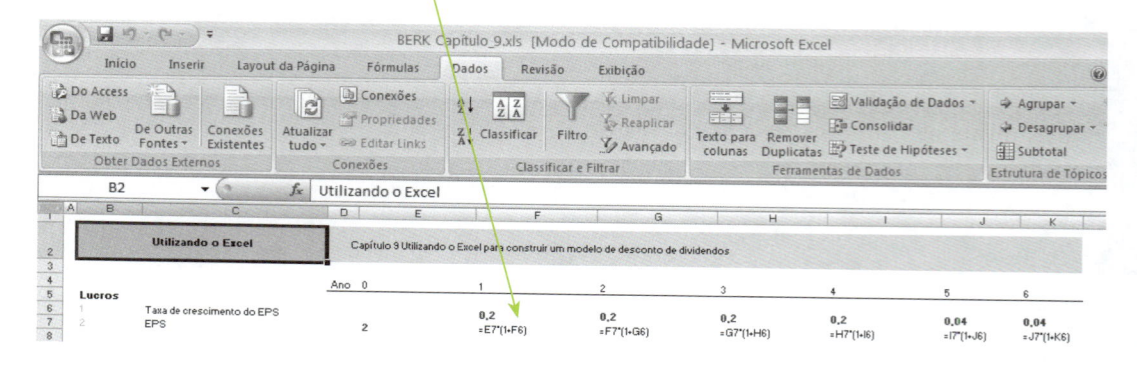

Cálculo de dividendos esperados

Depois, traduzimos esses valores projetados de EPS em dividendos para aplicar o modelo de desconto de dividendos. Fazemos isso adicionando uma linha que determina a taxa de pagamento de dividendo de cada ano. Aqui, supomos que a empresa não pagará dividendos nos anos 1–3, e então pagará 60% de seus lucros daí em diante. Finalmente, calculamos os dividendos esperados como o EPS na linha 4 multiplicado pela taxa de pagamento de dividendo na linha 6.

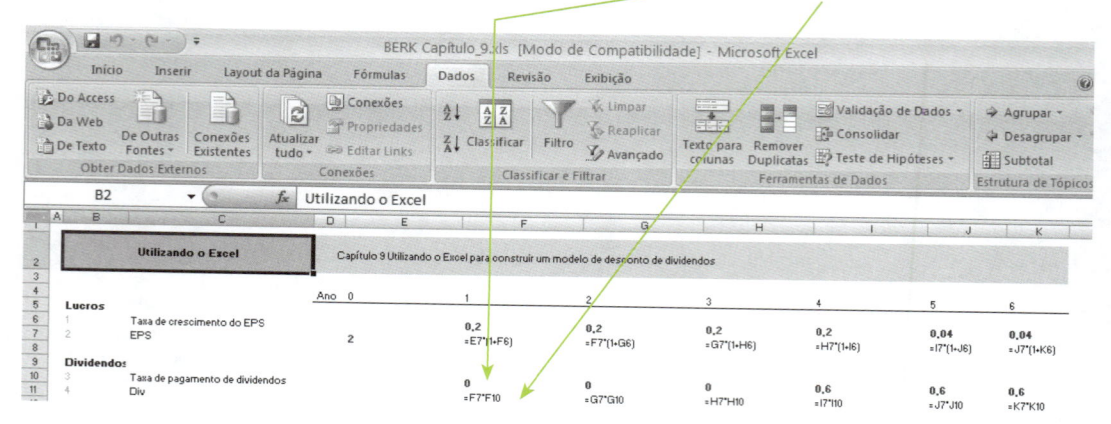

Após concluirmos este passo, os valores digitados e calculados serão os seguintes:

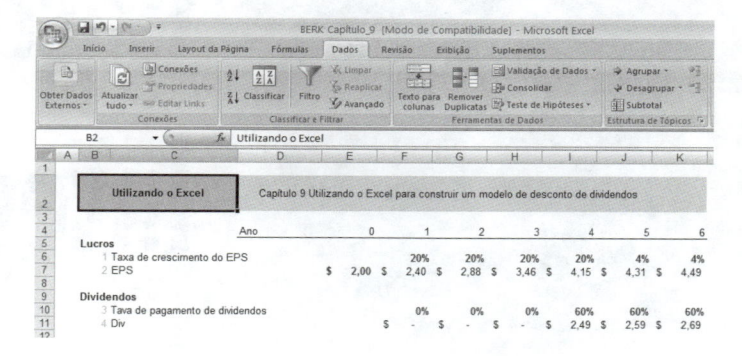

Determinação do preço

Agora estamos prontos para o passo final, que é calcular o preço das ações. Para fazê-lo, precisamos de um custo de capital próprio, que digitamos na célula F9. Também precisamos fazer uma suposição sobre os dividendos do ano 6 em diante. Decidimos aplicar o modelo de crescimento constante, de modo que o valor das ações no ano 5 seja igual ao dividendo no ano 6 dividido pelo custo de capital próprio menos a taxa de crescimento de dividendos, que neste caso é igual à taxa de crescimento do EPS. Uma vez de posse do preço do ano 5, podemos calcular o preço do ano 4 como o valor descontado do dividendo de um ano no ano 5 (célula J7) mais o preço das ações no ano 5 (célula J10). Como uma taxa de descapitalização, utilizamos o custo de capital próprio (célula F9). Continuaremos dessa maneira até chegarmos ao preço do ano 0 (preço corrente).

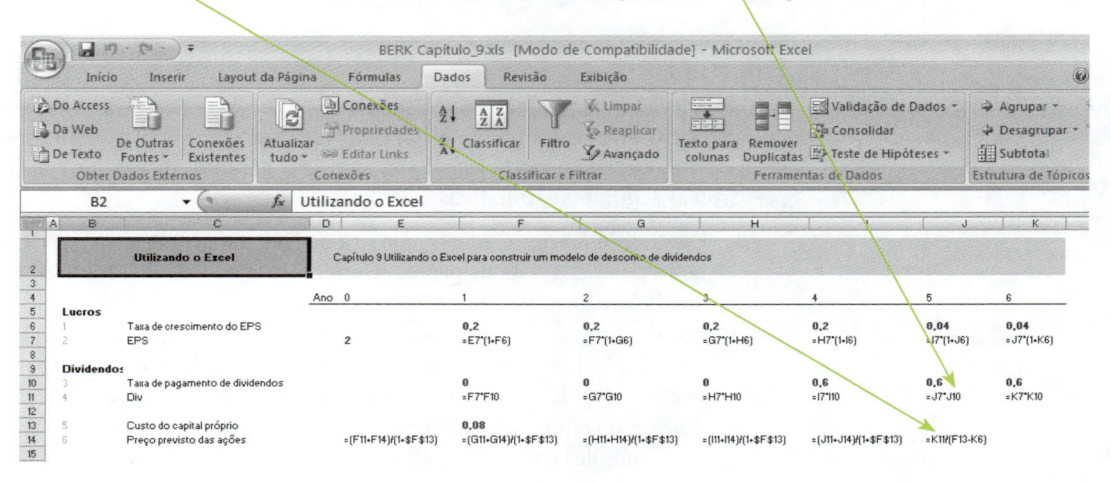

A planilha final será semelhante à tela de Excel a seguir. Como a construímos tendo em mente sua flexibilidade, podemos mudar qualquer dos valores em cinza e imediatamente ver o efeito sobre os preços correntes e futuros das ações.

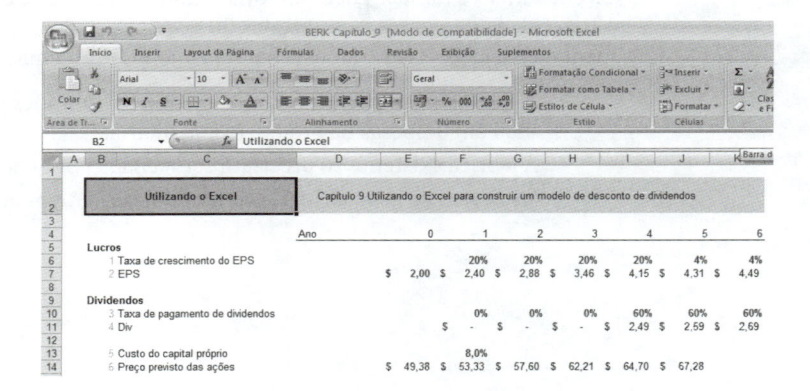

PARTE 3 — Caso de Integração

Este caso utiliza material dos Capítulos 7-9.

A Nanovo, Inc., é uma fabricante de microbaterias de baixo custo para uso em uma ampla variedade de aparelhos eletrônicos compactos, como brinquedos, transmissores sem fio e sensores. O uso desses aparelhos tem crescido uniformemente, levando a uma demanda cada vez maior pelos produtos da Nanovo. A Nanovo respondeu a este aumento na demanda expandindo sua capacidade de produção, mais do que dobrando o tamanho da empresa ao longo da última década. Apesar deste crescimento, a Nanovo não tem capacidade suficiente para atender à demanda corrente por suas baterias de baixa voltagem e vida ultralonga. Pediram que você avaliasse duas propostas de expansão de uma das fábricas da Nanovo, e fizesse uma recomendação.

Proposta 1

A fábrica atual possui uma capacidade de 25.000 caixas por mês. A primeira proposta é de uma grande expansão que dobraria a capacidade atual da fábrica para 50.000 caixas por mês. Depois de falar com os engenheiros de projeto da empresa, gerentes de vendas e operadores da fábrica, você preparou as seguintes estimativas:

- Expandir a fábrica exigirá a compra de US$ 3,6 milhões em novos equipamentos, e acarretará despesas à vista de projeto e engenharia de US$ 3,9 milhões. Esses custos serão pagos imediatamente quando a expansão começar.
- Instalar os novos equipamentos e reprojetar a fábrica para acomodar a capacidade mais alta exigirá o fechamento da fábrica por nove meses. Durante esta época, a produção da fábrica cessará. Depois da expansão, a fábrica operará em sua capacidade dobrada.
- Colocar o volume adicional no mercado e vendê-lo gerará US$ 1 milhão por ano em custos adicionais de vendas, marketing e administrativos. Esses custos começarão no primeiro ano (mesmo enquanto a fábrica estiver em construção e fechada).

Proposta 2

Os engenheiros também fizeram uma segunda proposta para uma expansão menor que aumentará a capacidade da empresa em apenas 50%, para 37.500 caixas por mês. Apesar de a capacidade ser menor, essa expansão seria mais barata e menos problemática:

- A expansão menor exigirá apenas US$ 2,4 milhões em novos equipamentos, e US$ 1,5 milhão em despesas de projeto e engenharia.
- A fábrica existente só precisará ser fechada por quatro meses.
- Os custos de vendas, marketing e administrativos aumentarão US$ 500.000.

A Nanovo acredita que com ou sem expansão, a tecnologia utilizada na fábrica ficará obsoleta após seis anos e não terá valor residual, e a fábrica propriamente dita precisará passar por uma reparação completa nesse momento. Você também tem as seguintes informações gerais:

- Com ou sem as expansões propostas, a Nanovo será capaz de vender tudo o que puder produzir a um preço médio no atacado de US$ 80 por caixa. A expectativa é que este preço não vá mudar nos próximos seis anos.
- A Nanovo tem uma margem de lucro bruta de 55% sobre essas baterias.
- O capital de giro líquido médio da Nanovo no final de cada ano será igual a 15% de sua receita anual.
- A Nanovo paga uma alíquota de impostos corporativos de 40%.
- Enquanto todos os custos de projeto e engenharia são imediatamente dedutíveis como despesas operacionais, todas as despesas de capital serão depreciadas em linha reta para fins tributários ao longo dos seis anos subsequentes.

A gerência acredita que o risco de expansão é semelhante ao risco dos projetos existentes da Nanovo, e como a Nanovo é totalmente financiada por ações, o risco da expansão também é similar ao risco das ações da Nanovo. Você possui as seguintes informações adicionais sobre as ações:

- A Nanovo não possui dívidas e tem 2 milhões de ações em circulação. O preço corrente das ações é de US$ 75 por ação.
- Os analistas estão esperando que a Nanovo pague um dividendo de US$ 3 no final deste ano, e que ela aumente seu dividendo a uma taxa média de 8% por ano no futuro.

Com base nessas informações, você recebeu a tarefa de preparar recomendações para a expansão da Nanovo (o uso do Excel é opcional, mas recomendado).

Questões sobre o caso

1. Determine o fluxo de caixa livre incremental anual associado a cada plano de expansão em relação ao *status quo* (sem expansão).
2. Calcule a IRR e o período de *payback* de cada plano de expansão. Qual plano possui a IRR mais alta? Qual deles possui o período de *payback* mais curto?
3. Estime o custo de capital próprio da Nanovo. Utilize-o para determinar o NPV associado a cada plano de expansão. Qual plano tem o NPV mais alto?
4. A Nanovo deve expandir a fábrica? Em caso afirmativo, qual plano a Nanovo deveria adotar? Explique.
5. Suponha que a Nanovo decida fazer a expansão maior. Se os investidores não estiverem esperando esta expansão, e se eles concordarem com as previsões anteriores, como o preço das ações mudará quando a expansão for anunciada?
6. Suponha que a Nanovo anuncie a expansão maior e o preço das ações reaja segundo a descrição da Pergunta 5. A Nanovo, então, emite novas ações a este preço para cobrir o fluxo de caixa livre à vista necessário para dar início à expansão, e daí em diante paga como dividendos a quantia total que ela esperava pagar antes da expansão, mais o fluxo de caixa livre adicional associado à expansão. Que dividendo por ações a Nanovo pagará ao longo dos próximos oito anos? Qual é o preço justo hoje para as ações da Nanovo dados esses dividendos?

PARTE 4

Risco e Retorno

A ligação com o Princípio da Avaliação. A fim de aplicar o Princípio da Avaliação, temos que ser capazes de descontar os custos e benefícios futuros de uma decisão. Para fazê-lo, precisamos de uma taxa de descapitalização que reflita o risco, ou a incerteza, em torno desses custos e benefícios futuros. Nosso objetivo nesta parte do livro é explicar como medir e comparar riscos entre diferentes oportunidades de investimento e utilizar este conhecimento a fim de determinar uma taxa de descapitalização, ou custo de capital, para cada oportunidade de investimento. O Capítulo 10 introduz a ideia principal de que os investidores só exigem um prêmio para riscos que eles não conseguem remover sozinhos sem custos, por meio da diversificação de suas carteiras. Logo, somente riscos não diversificáveis importam ao comparar oportunidades de investimento. No Capítulo 11, quantificaremos esta ideia, levando ao Modelo de Precificação de Ativos Financeiros (CAPM ou *Capital Asset Pricing Model*), o modelo central da economia financeira que quantifica o que é um risco equivalente e, ao fazê-lo, cria a relação entre risco e retorno. No Capítulo 12, aplicamos o que aprendemos para estimar o custo de capital geral de uma empresa.

Capítulo 10
Risco e Retorno em Mercados de Capital

Capítulo 11
Risco Sistemático e Prêmio de Risco de Ações

Capítulo 12
Determinando o Custo de Capital

10 Risco e Retorno em Mercados de Capital

OBJETIVOS DE APRENDIZAGEM

- Identificar que tipos de títulos historicamente têm os retornos mais altos e quais têm sido os mais voláteis
- Calcular o retorno médio e a volatilidade dos retornos a partir de um conjunto de preços de ativos históricos
- Compreender o *tradeoff* entre risco e retorno para carteiras grandes *versus* ações individuais
- Descrever a diferença entre risco comum e risco independente
- Explicar como carteiras diversificadas removem o risco independente, deixando o risco comum como o único risco que exige um prêmio de risco

notação

Div_t	dividendo pago na data t	$\bar{R}$	retorno médio
P_t	preço na data t	$SD(R)$	desvio-padrão do retorno R
R_t	retorno realizado ou total de um título a partir da data $t-1$ até t	$Var(R)$	variância do retorno R

ENTREVISTA COM Jon Kirchoff, 3M

Depois de se formar pela University of Minnesota em 2004, Jon Kirchoff entrou para a 3M Company como analista de investimentos de seu fundo de pensão de aproximadamente US$ 11 bilhões. Sua graduação em finanças e a especialização em contabilidade o prepararam para suas responsabilidades diversas, que incluem analisar e gerenciar investimentos, medir o desempenho dos investimentos e atuar no conselho de um fundo fiduciário de funcionários da 3M que supervisiona as atividades de investimento do fundo. "Aprender a pesquisar, analisar e trabalhar minuciosamente na solução de problemas empresariais propiciou-me um sólido treinamento para ser um investidor informado e inteligente", diz ele. "Apesar de certamente haver um elemento quantitativo envolvido na compreensão de retornos sobre investimentos e atribuição de desempenho, minha formação também me ajudou a apreciar a arte do processo de investimento".

Jon considera o conceito de risco e retorno um dos princípios fundamentais das finanças. "Risco e retorno envolve fazer *trade-offs* e compreender o que esses *trade-offs* significam. Um investimento em ações de mercados emergentes possui um perfil de risco e retorno diferente de títulos de dívida do governo norte-americano. Um não é necessariamente melhor do que o outro, mas um investidor deve quantificar e compreender os *trade-offs* de risco e retorno antes de comprar qualquer um dos dois".

Risco e retorno são críticos para a construção de uma carteira de pensão da 3M. "Temos uma boa ideia dos retornos médios de longo prazo que temos que alcançar a fim de cumprir nossos pagamentos de benefícios mensais aos participantes dos planos de pensão. Nossa meta é alcançar ou exceder nosso alvo, ao mesmo tempo minimizando o risco. Diversificar a carteira com investimentos, classes de ativos e setores nos fornece um retorno geral melhor por unidade de risco. Utilizamos as relações históricas de risco e retorno entre classes de ativos para modelar carteiras eficientes". Esses princípios também se aplicam a decisões financeiras pessoais. "O antigo adágio de não colocar todos os ovos numa única cesta é tão válido para um investidor individual quanto para uma empresa multibiliardária".

Os mercados financeiros estão constantemente mudando e inovando, e Jon enfatiza a importância de acompanhar os acontecimentos do mercado. "Todo mundo, independentemente de sua ocupação ou de seus interesses, devia entender de investimentos porque a responsabilidade do planejamento da aposentadoria está se deslocando cada vez mais para o indivíduo. Poupe regularmente, comece cedo e diversifique seus investimentos para minimizar o risco, e deixe o mercado se encarregar do resto".

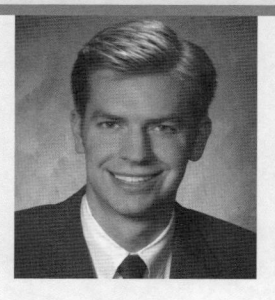

University of Minnesota, 2004

"O antigo adágio de não colocar todos os ovos numa única cesta é tão válido para um investidor individual quanto para uma empresa multibiliardária".

Ao longo do período de seis anos entre 2001 e 2006, os investidores na Anheuser-Busch Companies, Inc. obtiveram um retorno de 3,7% por ano. Nesse período houve uma variação considerável, com o retorno anual sofrendo variações de −2% em 2004 a mais de 17% em 2006. Ao longo do mesmo período, os investidores na Yahoo! Inc. Obtiveram um retorno médio de 27,2%. Entretanto, esses investidores perderam 41% em 2001, e ganharam 175% em 2003. Finalmente, os investidores em Treasury bills norte-americanos de três meses obtiveram um retorno de 2,6% durante o período, com uma alta de 5% em 2006 e uma baixa de 1,0% em 2003. Assim, esses três investimentos ofereceram aos investidores retornos muito diferentes em termos de seu nível e sua variabilidade média. Apesar de as ações do Yahoo pagarem o retorno mais alto na média, seus retornos também eram os mais voláteis.

Neste capítulo, explicamos a relação entre risco e retorno. Nos três últimos capítulos, definimos que o valor nos projetos e, por conseguinte, na empresa, é determinado pelo valor presente dos fluxos de caixa livres. Até agora, focalizamos em como prever e descontar esses fluxos de caixa. Neste e nos dois próximos capítulos, voltaremos nossa atenção à taxa de descapitalização. Como enfatizamos, a taxa de descapitalização deve ser nosso custo de capital, e nosso custo de capital é determinado pelo risco do projeto. Mas como exatamente medimos o risco e como determinado nível de risco implica em um custo de capital específico?

Veremos como deter muito ativos afeta nossa exposição ao risco. No próximo capítulo, a partir deste conceito fundamental, desenvolveremos uma teoria que explica como determinar o custo de capital para qualquer oportunidade de investimento. Finalmente, no Capítulo 12, aplicaremos o que aprendemos sobre a relação entre risco e retorno ao custo de capital de uma empresa como um todo.

Começaremos nossa investigação da relação entre risco e retorno observando dados históricos de títulos negociados em bolsas de valores. Veremos, por exemplo, que apesar de as ações serem investimentos mais arriscados do que títulos de dívida, elas também obtêm retornos anuais médios mais altos. Interpretamos o fato de o retorno médio sobre as ações serem mais altos do que sobre títulos de dívida como uma compensação para os investidores pelo risco maior que eles estão assumindo. Mas também descobriremos que nem todo risco precisa ser compensado. Ao deter uma carteira de muitos investimentos diferentes, os investidores podem eliminar riscos que são específicos a títulos individuais. Somente riscos que não podem ser eliminados detendo-se uma carteira grande determinam o prêmio de risco que será exigido pelos investidores.

10.1 Introdução a risco e retorno

Se seus bisavós tivessem investido meros US$ 100 em uma carteira de pequenas empresas em 1925, sua família hoje poderia valer US$ 10 milhões! Como veremos, no entanto, tal decisão teria trazido consigo um risco considerável e somente com uma visão retrospectiva é que sabemos que ela teria sido uma decisão lucrativa.

Começaremos a estudar risco e retorno ilustrando como o prêmio de risco afeta as decisões dos investidores e os retornos que eles obtêm. Suponha que seus bisavós tivessem de fato investido US$ 100 em seu nome no final de 1925. Eles instruíram seu corretor a reinvestir quaisquer dividendos ou juros obtidos na conta até o começo de 2005. Como esses US$ 100 teriam crescido se tivessem sido colocados em um dos investimentos a seguir?

1. Standard & Poor's 500 (S&P 500): uma carteira, construída pela Standard & Poor's, compreendendo 90 grupos de ações norte-americanas até 1957 e 500 grupos de ações daí em diante. As empresas representadas são líderes em seus respectivos setores e estão entre as maiores empresas negociadas no mercado dos EUA, em termos de capitalização de mercado (preço das ações vezes o número de ações nas mãos dos acionistas).
2. Ações de baixa capitalização: uma carteira de ações de empresas norte-americanas cujos valores de mercado estão entre os 10% mais baixos de todas as ações negociadas na NYSE. (À medida que os valores de mercado mudam, esta carteira é atualizada de modo que sempre consista nos 10% mais baixos das ações).
3. Carteira mundial: uma carteira de ações internacionais de todos os principais mercados de ações do mundo na América do Norte, Europa e Ásia.

4. Títulos de dívida corporativos: uma carteira de títulos de dívida corporativos de longo prazo norte-americanos com classificação AAA. Esses títulos de dívida têm vencimento de aproximadamente 20 anos.
5. *Treasury bills*: um investimento em letras do Tesouro dos EUA de três meses (reinvestido no vencimento das *bills*).

A Figura 10.1 mostra o resultado, até o final de 2006, de investir US$ 100 no final de 1925 em cada uma dessas carteiras de investimento. Os resultados são surpreendentes – se seus bisavós tivessem investido US$ 100 na carteira de ações de baixa capitalização, o investimento valeria mais de US$ 10 milhões no início de 2007! Em contrapartida, se eles tivessem investido em *Treasury bills*, o investimento valeria apenas US$ 2.107.

Para efeito de comparação, considere como os preços mudaram durante o mesmo período utilizando o índice de preços ao consumidor (IPC). Durante o período entre 1925-2006 nos Estados Unidos, as ações de baixa capitalização tiveram o maior retorno de longo prazo, seguidas pelas ações de alta capitalização no S&P 500, pelas ações internacionais na carteira mundial, pelos títulos de dívida corporativos e, finalmente, pelos *Treasury bills*. Todos os investimentos cresceram mais rápido do que a inflação (como mede o IPC).

Um segundo padrão também se torna evidente a partir da Figura 10.1. Apesar de a carteira de ações de baixa capitalização ter tido o melhor desempenho no longo prazo, seu valor também passou pelas maiores flutuações. Por exemplo, os investidores em ações de baixa capitalização tiveram a maior perda durante a era da Depressão da década de 1930. Para ilustrar, suponha que em 1925 seus bisavós tivessem colocado os US$ 100 em uma carteira de ações de baixa capitalização destinada à aposentadoria deles próprios 15 anos depois, em 1940. Eles teriam apenas US$ 175 com os quais se aposentar, em comparação a US$ 217 que teriam sido obtidos com o investimento em títulos corporativos. Além disso, durante o período de 15 anos, eles teriam visto o valor de seu investimento cair até US$ 33. Por outro lado, se eles tivessem investido em *Treasury bills*, eles não teriam sofrido perdas durante o período da Depressão, mas, em vez disso, teriam obtido ganhos estáveis – embora modestos – todos os anos. De fato, classificando os investimentos pelo tamanho de seus acréscimos e decréscimos de valor, obteríamos a mesma classificação de antes: ações de baixa capitalização teriam os retornos mais variáveis, seguidas pelo S&P 500, pela carteira mundial, pelos títulos de dívida corporativos e, finalmente, pelas *Treasury bills*.

FIGURA 10.1

Valor de US$ 100 Investidos no Final de 1925 em Ações norte-americanas de Alta Capitalização (S&P 500), Ações de Baixa Capitalização, Ações Mundiais, Títulos Corporativos e *Treasury Bills*

Observe que os investimentos com o melhor desempenho no longo prazo também sofreram as maiores flutuações de ano para ano. A variação no índice de preços ao consumidor (IPC) é exibida como um ponto de referência.

Fonte: Global Financial Data.

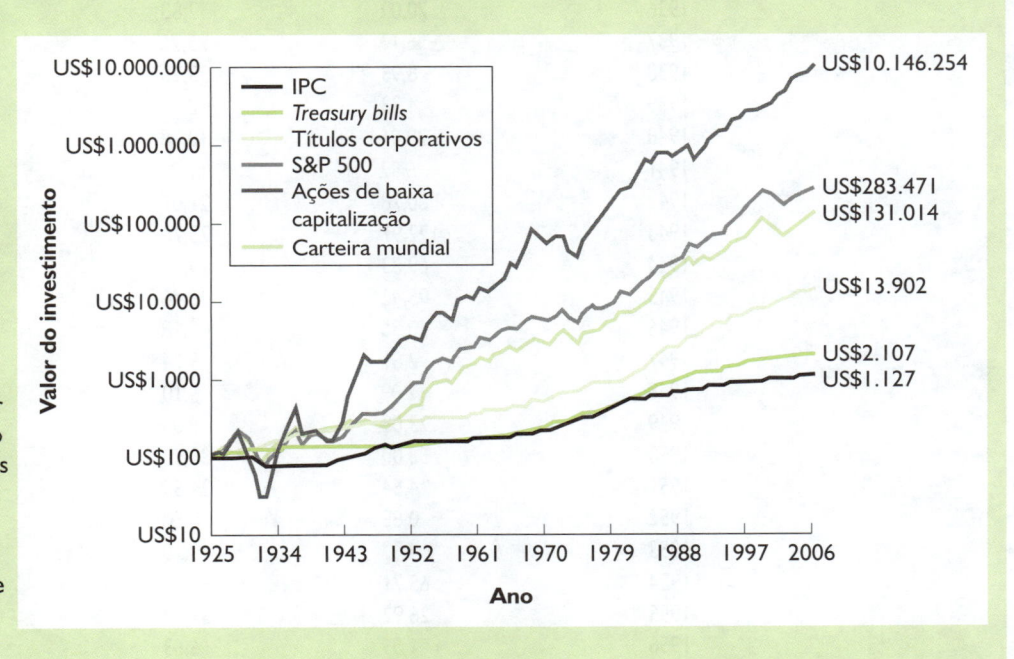

Os investidores são avessos a flutuações no valor de seus investimentos, de modo que investimentos mais arriscados têm retornos esperados mais altos. Mas o que é ainda mais importante, quando os tempos estão ruins, os investidores não gostam de ter seus problemas aumentados sofrendo perdas em seus investimentos. Na verdade, mesmo se seus bisavós tivessem realmente colocado US$ 100 em uma carteira de ações de baixa capitalização em 1925, é improvável que você visse a cor desse dinheiro. É mais provável que, nas profundezas da Grande Depressão seus bisavós fossem recorrer a seu investimento para complementar sua renda. A Tabela 10.1 apresenta os retornos que correspondem a vários dos investimentos na Figura 10.1. Os retornos negativos (perdas) estão representados em cinza-escuro. Observe a sequência de retornos grandes e negativos de 1929–1932 de ações de baixa capitalização. Infelizmente, a carteira de ações de baixa capitalização de seus bisavós não os teria ajudado muito durante a Grande Depressão – em 1932 seu investimento original de US$ 100 valeria apenas US$ 33. Com o benefício de 80 anos de visão retrospectiva, a carteira de ações de baixa capitalização parece um ótimo investimento, mas em 1932 ela teria parecido um grande erro. Talvez este seja o motivo pelo qual seus bisavós não tenham investido dinheiro para você em ações de baixa capitalização. O prazer de saber que um dia um bisneto seu talvez possa vir a ser um

TABELA 10.1 Percentuais (%) de retornos realizados de ações de baixa capitalização, S&P 500, títulos corporativos e *Treasury Bills*, fim do ano de 1925–2006

Ano	Ações de baixa capitalização	S&P 500	Títulos corporativos	Treasury bills
1926	1,09	11,14	6,29	3,30
1927	31,37	37,13	6,55	3,15
1928	65,36	43,31	3,38	4,05
1929	−43,08	−8,91	4,32	4,47
1930	−44,70	−25,26	6,34	2,27
1931	−54,68	−43,86	−2,38	1,15
1932	−0,47	−8,85	12,20	0,88
1933	216,14	52,88	5,25	0,52
1934	57,20	−2,34	9,73	0,27
1935	69,11	47,22	6,86	0,17
1936	70,02	32,80	6,22	0,17
1937	−56,13	−35,26	2,55	0,27
1938	8,93	33,20	4,36	0,06
1939	4,33	−0,91	4,25	0,04
1940	−28,06	−10,08	4,51	0,04
1941	−6,52	−11,77	1,79	0,14
1942	80,78	21,07	3,12	0,34
1943	122,97	25,76	3,36	0,38
1944	69,83	19,69	3,10	0,38
1945	95,42	36,46	3,51	0,38
1946	−18,35	−8,18	2,56	0,38
1947	2,81	5,24	0,45	0,62
1948	−2,09	5,10	3,71	1,06
1949	23,08	18,06	4,33	1,12
1950	58,00	30,58	1,89	1,22
1951	4,54	24,55	−0,21	1,56
1952	0,88	18,50	3,43	1,75
1953	−4,23	−1,10	2,06	1,87
1954	65,71	52,40	4,66	0,93
1955	26,92	31,43	1,08	1,80
1956	−1,59	6,63	−1,79	2,66
1957	−13,26		4,47	3,28

TABELA 10.1 Percentuais (%) de retornos realizados de ações de baixa capitalização, S&P 500, títulos corporativos e *Treasury Bills*, fim do ano de 1925–2006 *(Continuação)*

Ano	Ações de baixa capitalização	S&P 500	Títulos corporativos	Treasury bills
1958	78,32	43.34	0,85	1,71
1959	15,39	11.90	0,16	3,48
1960	−6.80	0.48	6.72	2.81
1961	28.33	26.81	3.68	2.40
1962	−8.15	−8.78	6.20	2.82
1963	16.67	22.69	3.17	3.23
1964	28.08	16.36	3.99	3.62
1965	49.69	12.36	2.08	4.06
1966	−13.31	−10.10	−0.25	4.94
1967	93.38	23.94	−1.16	4.39
1968	62.51	11.00	22.46	5.49
1969	−27.13	−8.47	−2.46	6.90
1970	−8.33	3.94	11.18	6.50
1971	20.34	14.30	9.68	4.36
1972	3.51	18.99	8.32	4.23
1973	−32.08	−14.69	2.99	7.29
1974	−22.97	−26.47	0.23	7.99
1975	74.99	37.23	11.04	5.87
1976	56.98	23.93	14.56	5.07
1977	20.53	−7.16	5.51	5.45
1978	20.17	6.57	1.83	7.64
1979	44.84	18.61	−1.56	10.56
1980	22.94	32.50	−4.98	12.10
1981	17.53	−4.92	8.98	14.60
1982	39.49	21.55	34.90	10.94
1983	51.86	22.56	7.32	8.99
1984	−7.69	6.27	17.10	9.90
1985	37.24	31.73	29.49	7.71
1986	4.53	18.67	20.91	6.09
1987	−9.64	5.25	−1.58	5.88
1988	21.46	16.61	13.79	6.94
1989	9.93	31.69	15.31	8.44
1990	−33.08	−3.10	8.61	7.69
1991	38.23	30.46	15.87	5.43
1992	27.63	7.62	10.64	3.48
1993	29.12	10.08	14.66	3.03
1994	−0.14	1.32	−2.43	4.39
1995	32.13	37.58	21.99	5.61
1996	17.43	22.96	4.24	5.14
1997	18.95	33.36	10.85	5.19
1998	−4.36	28.58	10.91	4.86
1999	18.92	21.04	−3.04	4.80
2000	2.64	−9.10	11.69	5.98
2001	21.71	−11.89	11.46	3.33
2002	13.86	−22.10	11.18	1.61
2003	51.57	28.68	9.23	1.03
2004	17.28	10.88	6.51	1.43
2005	7.15	4.91	7.76	3.30
2006	19.82	15.80	4.14	4.97

Fonte: Global Financial Data.

milionário não compensa a dor de um investimento falido exatamente no momento em que o dinheiro é necessário para outras coisas.

Definimos o princípio geral de que os investidores não gostam de risco e, portanto, exigem um prêmio de risco para assumi-lo. Nossa meta neste capítulo é compreender melhor que, como os investidores podem eliminar parte do risco detendo carteiras grandes de ações, nem todo risco tem direito a um prêmio de risco. Para mostrar isso, temos primeiramente que desenvolver ferramentas que nos permitam medir risco e retorno.

Fixação de conceitos

1. Historicamente, que tipos de investimentos tiveram os retornos médios mais altos e quais foram os mais voláteis de um ano para o outro? Existe uma relação?
2. Por que os investidores exigem um retorno mais alto ao investir em títulos mais arriscados?

10.2 Riscos e retornos históricos de ações

Nesta seção, explicaremos como calcular retornos médios e uma medida de risco, ou volatilidade, utilizando dados históricos do mercado de ações. A distribuição de retornos passados é útil quando procuramos estimar a distribuição dos retornos que os investidores podem esperar no futuro. Começaremos primeiramente explicando como calcular retornos históricos.

Calculando retornos históricos

Começaremos com os *retornos realizados* de um investimento individual e uma carteira. O **retorno realizado** é o retorno total que ocorre ao longo de determinado período de tempo.

retorno realizado Retorno que realmente ocorre ao longo de determinado período de tempo.

Retorno realizado de um investimento individual. Suponha que você tenha investido US$ 10 em um grupo de ações no mês passado. Hoje, elas pagaram um dividendo de US$ 0,50 e então você as vendeu por US$ 11. Qual foi seu retorno? Seu retorno veio de duas fontes: o dividendo e a variação no preço. Você obteve US$ 0,50 sobre seu investimento de US$ 10 por meio do dividendo, o que gera um retorno de US$ 0,50/US$ 10 = 5%, e você obteve US$ 1 do aumento no preço, o que gera um retorno de US$ 1/US$ 11 ou 10%. Seu retorno total foi de 15%:

$$\text{Retorno} = \frac{\text{US\$ }0{,}50}{\text{US\$ }10} + \frac{(\text{US\$ }11 - \text{US\$ }10)}{\text{US\$ }10} = 5\% + 10\% = 15\%$$

Em geral, suponha que você compre ações na data t pelo preço P_t. Se as ações pagarem um dividendo Div_{t+1} na data $t + 1$ e você vendê-las nesse momento pelo preço P_{t+1}, então o diagrama de fluxos de caixa das ações será assim:

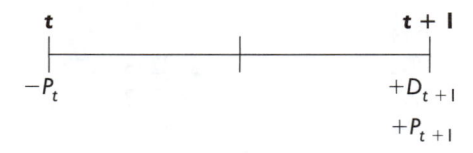

```
         t                         t + 1
         |-------------------------|
        -P_t                      +D_{t+1}
                                  +P_{t+1}
```

O retorno realizado de seu investimento nas ações de t a $t + 1$ é:

$$R_{t+1} = \frac{Div_{t+1} + P_{t+1} - P_t}{P_t} = \frac{Div_{t+1}}{P_t} + \frac{P_{t+1} - P_t}{P_t}$$

$$= \textit{Rentabilidade do dividendo} + \textit{Rentabilidade do ganho de capital} \quad (10.1)$$

Seu retorno realizado para o período de t a $t + 1$ é o total da rentabilidade do dividendo e do ganho de capital (como uma porcentagem do preço inicial); como discutido no Capítulo 9, ele também é chamado de retorno total. Para cada dólar investido na data t, você terá $1 + R_{t+1}$ na data $t + 1$. Podemos calcular o retorno total de qualquer título da mesma maneira, substituindo os pagamentos de dividendo por qualquer fluxo de caixa pago pelo título (por exemplo, com um título de dívida, os pagamentos de cupom substituiriam os dividendos).

EXEMPLO 10.1
Retorno realizado

Problema

A Microsoft pagou um dividendo especial único de US$ 3,08 em 15 de novembro de 2004. Suponha que você tenha comprado ações da Microsoft por US$ 28,08 em 1° de novembro de 2004 e as tenha vendido por US$ 27,39 imediatamente após o dividendo ter sido pago. Qual foi o seu retorno realizado por deter as ações?

Solução

▶ Planejamento

Podemos utilizar a Equação 10.1 para calcular o retorno realizado. Precisamos do preço de compra (US$ 28,08), o preço de venda (US$ 27,39), e o dividendo (US$ 3,08) e estaremos prontos para continuar.

▶ Execução

Utilizando a Equação 10.1, o retorno de 1° de novembro de 2004 até 15 de novembro de 2004 é igual a:

$$R_{t+1} = \frac{Div_{t+1} + P_{t+1} - P_t}{P_t} = \frac{3,08 + (27,39 - 28,08)}{28,08} = 0,0851 \text{ ou } 8,51\%$$

Estes 8,51% podem ser decompostos em rentabilidade do dividendo e rentabilidade do ganho de capital:

$$\text{Rentabilidade do dividendo} = \frac{Div_{t+1}}{P_t} = \frac{3,08}{28,08} = 0,1097 \text{ ou } 10,97\%$$

$$\text{Rentabilidade do ganho de capital} = \frac{P_{t+1} - P_t}{P_t} = \frac{(27,39 - 28,08)}{28,08} = -0,0246 \text{ ou } -2,46\%$$

▶ Avaliação

Esses retornos incluem tanto o ganho de capital (ou, neste caso, uma perda de capital) e o retorno gerado pelo recebimento dos dividendos. Tanto dividendos quanto ganhos de capital contribuem com o retorno realizado total – ignorar um ou outro geraria uma impressão muito enganosa a respeito do desempenho da Microsoft.

Se você detiver as ações além da data do primeiro dividendo, para calcular seu retorno, temos que especificar como você investe qualquer dividendo recebido neste ínterim. Para focalizarmos nos retornos de um único título, suporemos que *todos os dividendos sejam imediatamente reinvestidos e utilizados para comprar ações adicionais do mesmo grupo de ações ou título*. Neste caso, podemos utilizar a Equação 10.1 para calcular o retorno das ações entre os pagamentos de dividendos e então compor os retornos de cada intervalo entre dividendos a fim de calcular o retorno ao longo de um horizonte mais longo. Se um grupo de ações paga dividendos no final de cada trimestre, com retornos realizados $R1,..., R4$ a cada trimestre, então mostraremos os quatro retornos trimestrais sobre essas ações como:

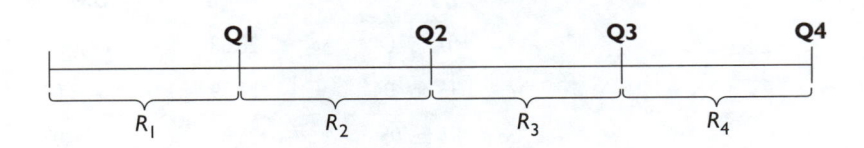

Seu retorno realizado anual, R_{anual}, é:

$$1 + R_{anual} = (1 + R_1)(1 + R_2)(1 + R_3)(1 + R_4) \quad (10.2)$$

EXEMPLO 10.2
Composição dos retornos realizados

Problema
Suponha que você tenha comprado ações da Microsoft (MSFT) em 1º de novembro de 2004 e as tenha mantido por um ano, vendendo-as em 31 de outubro de 2005. Qual foi seu retorno realizado?

Solução

▶ Planejamento

Precisamos analisar os fluxos de caixa decorrentes do fato de determos ações da MSFT para cada trimestre. A fim de obter os fluxos de caixa, temos que procurar os dados relativos ao preço das ações da MSFT no início e no final de ambos os anos, além de quaisquer datas de dividendos (ver Capítulo 9 e o *website* deste livro para encontrar fontes online de dados sobre preços de ações e dividendos). A partir dos dados, podemos construir a seguinte tabela para preencher o diagrama de fluxo de caixa (esses dados e dados adicionais estão disponíveis no *website* do livro):

Data	Preço	Dividendo
01 nov 04	28,08	
15 nov 04	27,39	3,08
15 fev 05	25,93	0,08
16 mai 05	25,49	0,08
15 ago 05	27,13	0,08
31 out 05	25,70	

Depois, calcule o retorno entre cada conjunto de dados utilizando a Equação 10.1. Então determine cada retorno anual de maneira similar à Equação 10.2 compondo os retornos para todos os períodos naquele ano.

▶ Execução

No Exemplo 10.1, já calculamos o retorno realizado de 1º nov de 2004 a 15 nov de 2004 como 8,51%. Continuamos como nesse exemplo, utilizando a Equação 10.1 para cada período até termos uma série de retornos realizados. Por exemplo, de 15 nov de 2004 a 11 fev de 2005, o retorno realizado é:

$$R_{t+1} = \frac{Div_{t+1} + P_{t+1} - P_t}{P_t} = \frac{0,08 + (25,93 - 27,39)}{27,39} = -0,0504 \text{ ou } -5,04\%$$

Determinamos, então, o retorno de um ano fazendo a composição.

Observe que, para utilizar o método na Equação 10.2, devemos ter um investimento para compor (assim como no Capítulo 4, quando a composição envolvia os juros); então, somamos 1 como se estivéssemos calculando o resultado de investir US$ 1. O primeiro retorno é 8,51%, o que nos dá 1 + 0,0851 ou 1,0851. O mesmo ocorre quando o retorno é negativo: o segundo retorno é −5,04%, o que nos dá 1 + (−0,0504) ou 0,9496. Para calcular nosso último retorno composto, simplesmente subtraímos o US$ 1 inicial, deixando apenas o retorno:

$$1 + R_{anual} = (1 + R_1)(1 + R_2)(1 + R_3)(1 + R_4)(1 + R_5)$$
$$1 + R_{anual} = (1,0851)(0,9496)(0,9861)(1,0675)(0,9473) = 1,0276$$
$$R_{anual} = 1,0275 - 1 = 0,0275 \text{ ou } 2,75\%$$

A tabela abaixo a seguir o retorno realizado em cada período.

Data	Preço	Dividendo	Retorno
01 nov 04	28,08		
15 nov 04	27,39	3,08	8,51%
15 fev 05	25,93	0,08	−5,04%
16 mai 05	25,49	0,08	−1,39%
15 ago 05	27,13	0,08	6,75%
31 out 05	25,70		−5,27%

> **Avaliação**
>
> Ao repetirmos esses passos, calculamos com sucesso os retornos realizados anuais para um investidor que detém ações da MSFT ao longo desse período de um ano. A partir desse exercício, podemos ver que os retornos são arriscados. As ações da MSFT flutuaram ao longo do ano e acabaram levemente em alta (2,75%) no final.

É improvável que qualquer pessoa que estivesse investindo na Microsoft em 1º de novembro de 2004 esperasse receber exatamente o retorno realizado que calculamos no Exemplo 10.2. Em qualquer ano só observamos um retorno realizado real de todos os retornos possíveis que poderiam ter sido realizados. Entretanto, podemos observar os retornos realizados ao longo de muitos anos. Ao contar o número de vezes que o retorno realizado cai em determinada faixa, podemos começar a traçar o gráfico de distribuição de retornos possíveis. Ilustremos este processo com os dados da Tabela 10.1.

Na Figura 10.2, traçamos o gráfico de retornos anuais de cada investimento norte-americano da Tabela 10.1 em um histograma. Neste histograma, a altura de cada barra representa o número de anos que os retornos anuais estavam em cada faixa indicada no eixo x. Observe como os retornos das ações são mais variáveis em comparação aos *Treasury bills*.

Retornos anuais médios

retorno anual médio Média artimética dos retornos realizados de um investimento em cada ano.

Da distribuição de retornos possíveis de cada título representada na Figura 10.2, queremos saber o retorno mais provável, representado pela média. O **retorno anual médio** de um investimento durante um período histórico é simplesmente a média dos retornos realizados em cada ano. Isto é, se Rt é o retorno realizado de um título em cada ano t, então o retorno anual médio dos anos 1 a T é:

Retorno anual médio de um título

$$\overline{R} = \frac{1}{T}(R_1 + R_2 + \ldots + R_T) \tag{10.3}$$

Se supusermos que a distribuição de retornos possíveis permanece a mesma ao longo do tempo, o retorno médio fornece uma estimativa do retorno que devemos esperar em um determinado ano – o retorno esperado. Esta ideia não é exclusiva dos retornos. Por exemplo, um gerente da Starbucks não tem como saber exatamente quantos clientes entrarão na loja hoje, mas olhando para o número médio de clientes que entram na loja historicamente, o gerente pode formar uma expectativa para utilizar na formação de sua equipe e de seu estoque.

Utilizando os retornos realizados do S&P 500 da Tabela 10.1, o retorno médio do S&P 500 para os anos de 2002–2006 é:

$$\frac{1}{5}(-22{,}10\% + 28{,}68\% + 10{,}88\% + 4{,}91\% + 15{,}80\%) = 7{,}63\%$$

O retorno médio da *Treasury bill* durante o mesmo período foi de 2,47%. Portanto, os investidores obtiveram 5,17% (7,63% – 2,47%) a mais em média detendo a S&P 500 do que investindo em *Treasury bills* durante este período. Esta média é calculada ao longo de apenas cinco anos de dados. Naturalmente, nossa estimativa da média real da distribuição será mais precisa quanto mais dados forem utilizados. Exibimos os retornos médios de diferentes investimentos de 1926–2006 na Figura 10.3.

A variância e a volatilidade dos retornos

Observando a Figura 10.2, podemos ver que a variabilidade dos retornos é muito diferente para cada investimento. A distribuição dos retornos de ações de baixa capitalização tem uma dispersão maior – se você tivesse investido nessas ações, você teria perdido mais de 50% em alguns anos e ganho mais de 100% em alguns anos! As ações de alta capitalização no S&P

FIGURA 10.2

A distribuição de retornos anuais de ações de alta capitalização (S&P 500), ações de baixa capitalização, títulos corporativos e *Treasury Bills* norte-americanas, 1926–2006

A altura de cada barra representa o número de anos que os retornos anuais permaneceram em cada faixa. Por exemplo, a barra no gráfico das *T-bills* indica que em mais de 50% dos anos, o retorno anual sobre *Treasury bills* de três meses foi entre 0 e 5%. Observe a maior variabilidade dos retornos sobre ações (especialmente ações de baixa capitalização) em comparação aos retornos de títulos corporativos ou *Treasury bills*.

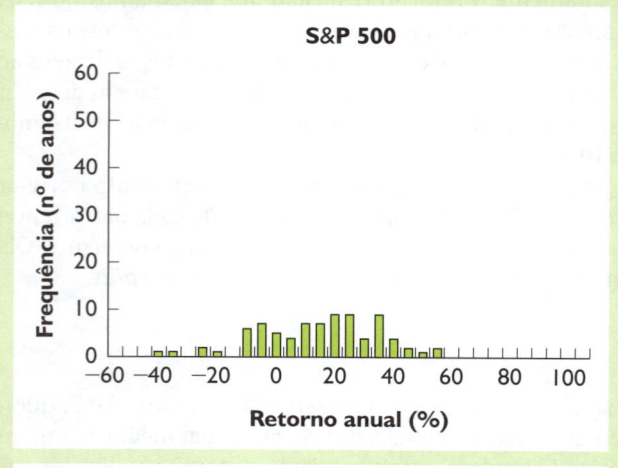

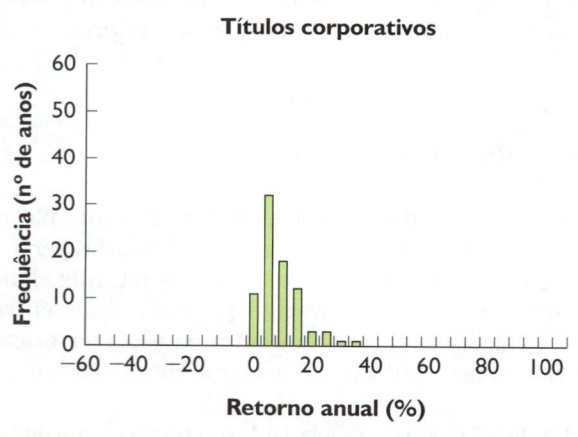

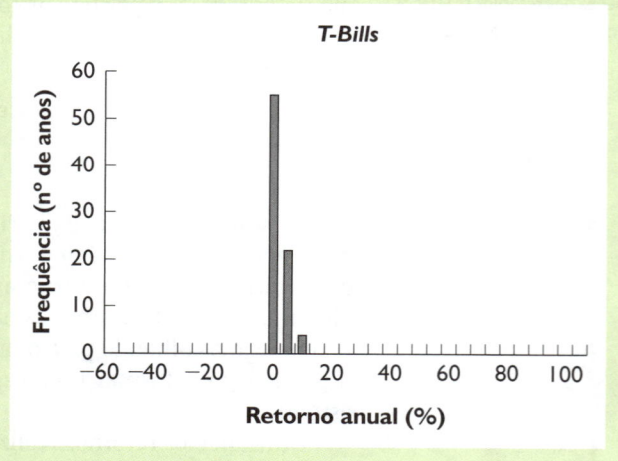

desvio-padrão Método comum utilizado para medir o risco de uma distribuição de probabilidade, é a raiz quadrada da variância.

variância Método para medir a variabilidade dos retornos, é o valor esperado do desvio ao quadrado dos retornos em relação à média.

500 têm retornos que variam menos do que os das ações de baixa capitalização, mas muito mais do que títulos corporativos ou *Treasury bills*. Apesar de podermos ver essas diferenças de variabilidade no gráfico, precisamos de uma maneira de quantificá-las formalmente. Para determinar a variabilidade dos retornos, calculamos o *desvio-padrão* da distribuição dos retornos realizados. O **desvio-padrão** é a raiz quadrada da *variância* da distribuição dos retornos realizados. A **variância** mede a variabilidade nos retornos pegando as diferenças dos retornos em relação ao retorno médio e elevando essas diferenças ao quadrado. Temos que elevar ao quadrado a diferença de cada retorno em relação à média porque, por definição, a soma das diferenças de valores em relação a uma média tem que ser igual a zero. Como elevamos os retornos ao quadrado, a variância é em unidades de "%²" ou por cento ao quadrado. Isso não é muito útil para nós, então tiramos a raiz quadrada para obter o desvio-padrão em unidades de %.

FIGURA 10.3

Retornos anuais médios sobre ações de baixa capitalização, ações de alta capitalização (S&P 500), títulos corporativos e *Treasury Bills*, 1926–2006

Cada barra representa o retorno médio de um investimento.

Investimento	Retorno anual médio (%)
Ações de baixa capitalização	21,76
S&P 500	12,24
Títulos corporativos	6,50
Treasury Bills	4,15

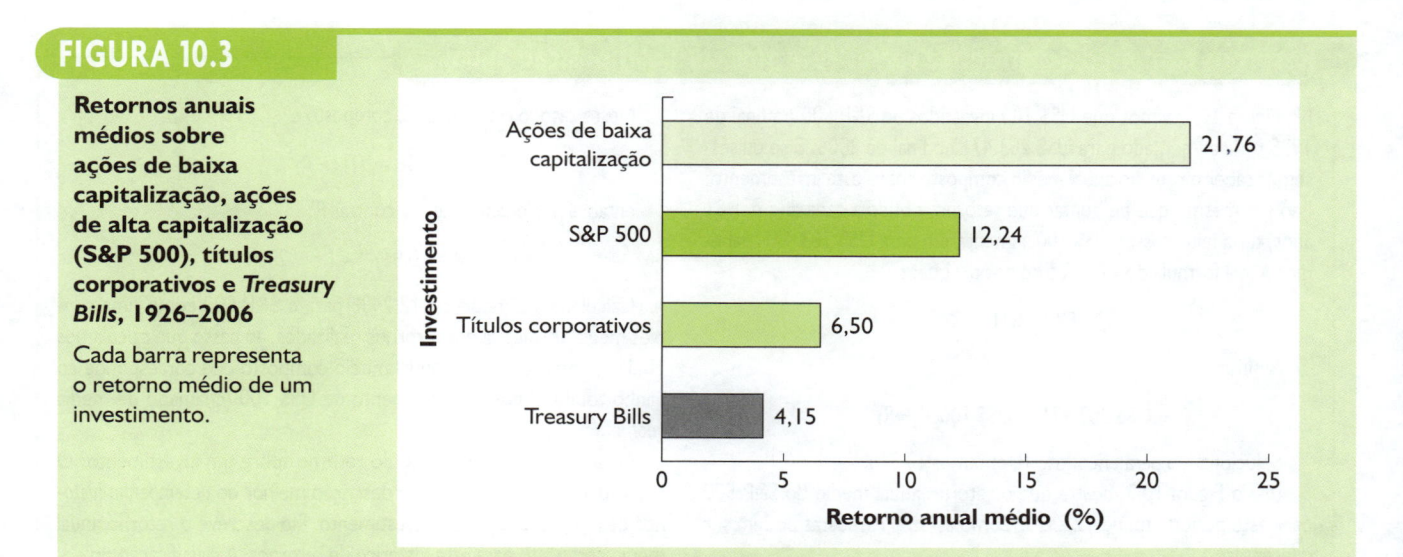

Apesar de isso soar um pouco abstrato, o desvio-padrão simplesmente indica a tendência de os retornos históricos serem diferentes de sua média e o quão distantes de sua média eles tendem a ser. O desvio-padrão, portanto, capta nossa ideia de risco: com que frequência erraremos o alvo e o quão distantes estaremos? Formalmente, calculamos a variância com a seguinte equação:[1]

Estimativa da variância utilizando retornos realizados

$$Var(R) = \frac{1}{T-1}\left((R_1 - \overline{R})^2 + (R_2 - \overline{R})^2 + \ldots + (R_T - \overline{R})^2\right) \quad (10.4)$$

O desvio-padrão, que chamaremos de volatilidade, é a raiz quadrada da variância:[2]

$$SD(R) = \sqrt{Var(R)} \quad (10.5)$$

Começamos nossa revisão das estatísticas com a meta de quantificar a diferença na variabilidade das distribuições que observamos na Figura 10.2. Agora podemos fazê-lo calculando o desvio-padrão dos retornos sobre investimentos norte-americanos na Tabela 10.1. Esses resultados são mostrados na Figura 10.4.

Comparando os desvios-padrão na Figura 10.4 vemos que, como esperado, as pequenas empresas tiveram os retornos históricos mais variáveis, seguidas pelas grandes empresas. Os retornos dos títulos corporativos e *Treasury bills* são muito menos variáveis do que as ações, sendo os *Treasury bills* a categoria de investimento menos volátil.

---

[1] Você pode ficar pensando por que dividimos por $T-1$ em vez de por T aqui. É porque não estamos calculando desvios do retorno esperado real; em vez disso, estamos calculando desvios do retorno médio estimado, $\overline{R}$. Como o retorno médio é deduzido dos mesmos dados, perdemos um grau de liberdade (em essência, eliminamos um dos pontos observados), de modo que ao calcular a variância realmente tenhamos apenas $T-1$ pontos observados extras nos quais baseá-la.

[2] Se os retornos utilizados na Equação 10.4 não forem retornos anuais, a convenção é converter a variância em termos anuais multiplicando o número de retornos por ano. Por exemplo, ao utilizar retornos mensais, multiplicamos a variância por 12 e, de forma equivalente, o desvio-padrão por $\sqrt{12}$.

Retornos com média aritmética *versus* retornos com composição anual

Na Figura 10.1, vimos que US$ 100 investidos no S&P 500 no final de 1925 teria aumentado para US$ 283.471 no final de 2006. E se quiséssemos saber o retorno anual médio composto sobre este investimento? Isso é o mesmo que perguntar que retorno, obtido a cada ano por 81 anos, teria feito nossos US$ 100 aumentarem para US$ 283.471. Sabemos que a fórmula do valor futuro nos diz que:

$$FV = PV(1 + R)^n$$

Assim:

$$US\$\ 283,471 = US\$\ 100(1 + R)^{81}$$

Solucionando para encontrar R, obtemos 10,31%.

Mas a Figura 10.3 mostra que o retorno anual médio do S&P 500 para este período foi de 12,24%. Como as duas respostas podem ser diferentes?

A diferença se deve ao fato de que os retornos são voláteis. Para ver o efeito da volatilidade, suponha que um investimento tenha retornos anuais de +20% em um ano e –20% no outro. O retorno anual médio é:

$$\frac{20\% + (-20\%)}{2} = 0\%$$

Mas o valor de US$ 1 investido depois de dois anos é:

$$US\$\ 1 \times (1 + 0,20) \times (1 - 0,20) = US\$\ 0,96$$

Isso nos diz que um investidor teria perdido dinheiro. Por quê? Porque o ganho de 20% acontece sobre um investimento de US$ 1, gerando um total de 20 centavos, enquanto que a perda de 20% acontece sobre um investimento maior, de US$ 1,20. A perda é de 20% de US$ 1,20, ou 24 centavos.

```
                           US$1,20
   +20%(US$1) = +US$0,20          -20%(US$1,20) = -US$0,24
   _ _ _ _ _ US$1,00 _ _ _ _ _ _ _ _ _ _ _ _ _ _ _ _ _ _ _
                                            US$0,96
```

Neste caso, o retorno anual composto é

$$0,96 = 1(1 + R)^2$$

então, solucionando para encontrar R:

$$R = (0,96)^{1/2} - 1 = -2\%$$

Calculamos a média de 12,24% para o S&P 500 como uma simples média aritmética dos retornos realizados, ao passo que calculamos 10,31% como o retorno anual médio composto que corresponde ao ganho total em nosso investimento de US$ 100 (chamado de média *geométrica*).

Qual é a melhor descrição do retorno sobre um investimento? O retorno anual composto é uma descrição melhor do *desempenho histórico* de longo prazo de um investimento. Ele descreve o retorno anual médio composto para este histórico de retornos. A classificação do desempenho de longo prazo de diferentes investimentos coincide com a classificação de seus retornos anuais compostos. Assim, o retorno anual composto é o retorno utilizado com mais frequência para fins de comparação. Por exemplo, os fundos mútuos geralmente divulgam seus retornos anuais compostos ao longo dos cinco ou dez últimos anos.

Por outro lado, o retorno calculado com a média aritmética deve ser utilizado ao tentar estimar o retorno *esperado* de um investimento ao longo de um horizonte *futuro* baseado em seu desempenho passado. Se consideramos os retornos anuais passados como realizações independentes de retornos reais do mesmo conjunto de retornos possíveis, então saberemos de estatísticas que a média aritmética fornece a melhor estimativa da média real. Se o investimento mencionado anteriormente tiver as mesmas chances de ter retornos anuais de +20% e –20% no futuro, então o *payoff* de um investimento de US$ 1 após dois anos será:

25% do tempo: US$ 1 × (1,20) × (1,20) = US$ 1,44
50% do tempo: US$ 1 × (1,20) x (0,80) =
   = (0,80) × (1,20) = US$ 0,96
25% do tempo: US$ 1 × (0,80) × (0,80) = US$ 0,64

O *payoff* esperado é 25% (1,44) + 50%(0,96) + 25%(0,64) = US$ 1, que é consistente com o retorno médio aritmético de 0%.

---

distribuição normal Distribuição de probabilidade simétrica que é caracterizada por sua média e seu desvio-padrão. De todos os resultados possíveis, 95% ficam dentro de dois desvios-padrão para cima e para baixo da média.

A distribuição normal

Os desvios-padrão que calculamos na Figura 10.4 servem para mais do que classificar os investimentos do mais para o menos arriscado. O desvio-padrão também desempenha um importante papel na descrição de uma **distribuição normal**, exibida na Figura 10.5, que é uma distribuição de probabilidade simétrica caracterizada por sua média e seu desvio-padrão. O que é mais importante é que aproximadamente dois terços de todos os resultados possíveis ficam dentro de um desvio-padrão para cima ou para baixo da média, e aproximadamente 95% de todos os resultados possíveis ficam dentro de dois desvios-padrão para cima e para baixo da média. A Figura 10.5 mostra esses resultados para ações de pequenas empresas.

EXEMPLO 10.3
Calculando a volatilidade histórica

Problema

Utilizando os dados da Tabela 10.1, qual é o desvio-padrão dos retornos do S&P 500 nos anos 2002-2006?

Solução

▶ Planejamento

Com os cinco retornos, calcule o retorno médio utilizando a Equação 10.3, porque ela é um *input* na equação da variância. Em seguida, calcule a variância utilizando a Equação 10.4 e então tire sua raiz quadrada para determinar o desvio-padrão.

2002	2003	2004	2005	2006
−22,10%	28,68%	10,88%	4,91%	15,80%

▶ Execução

Na seção anterior já calculamos o retorno anual médio do S&P 500 durante este período como 7,63%, então temos todos os *inputs* necessários para o cálculo da variância:

Aplicando a Equação 10.4, temos:

$$Var(R) = \frac{1}{T-1}\left((R_1 - \overline{R})^2 + (R_2 - \overline{R})^2 + \ldots + (R_T - \overline{R})^2\right)$$

$$= \frac{1}{5-1}\left[(-0,2210 - 0,0763)^2 + (0,2868 - 0,0763)^2 + (0,1088 - 0,0763)^2 + (0,0491 - 0,0763)^2 + (0,1580 - 0,0763)^2\right]$$

$$= 0,0353$$

Como alternativa, podemos decompor o cálculo desta equação da seguinte maneira:

	2002	2003	2004	2005	2006
Retorno	−0,2210	0,2868	0,1088	0,0491	0,1580
Média	0,0763	0,0763	0,0763	0,0763	0,0763
Diferença	−0,2973	0,2105	0,0325	−0,0272	0,0817
Ao quadrado	0,0884	0,0443	0,0011	0,0007	0,0067

Somando as diferenças ao quadrado na última linha, obtemos 0,1412. Finalmente, dividindo por (5 − 1 = 4), chegamos a 0,1412/4 = 0,0353. O desvio-padrão é, portanto:

$$SD(R) = \sqrt{Var(R)} = \sqrt{0,0353} = 0,1879, \text{ ou } 18,79\%$$

▶ Avaliação

Nossa melhor estimativa do retorno esperado do S&P 500 é seu retorno médio, 7,63%, mas ele é arriscado, com um desvio-padrão de 18,79%.

Erros comuns

O Exemplo 10.3 realça dois erros geralmente cometidos no cálculo de desvios-padrão.

1. Lembre-se de dividir por UM A MENOS do que o número de retornos que você tem (T − 1, e NÃO T).

2. Não se esqueça de tirar a raiz quadrada da variância para obter o desvio-padrão. Você não termina depois de calcular a variância – você ainda tem mais um passo a dar.

UTILIZANDO O EXCEL

Calculando o desvio-padrão de retornos históricos

1. Digite ou importe os retornos históricos no Excel.
2. Depois, realce a célula na qual você deseja produzir o desvio-padrão e selecione "Inserir Função" depois de abrir o menu "Fórmulas".
3. Selecione a função "DESVPAD", realce os retornos para os quais você deseja calcular a média, e clique em OK.

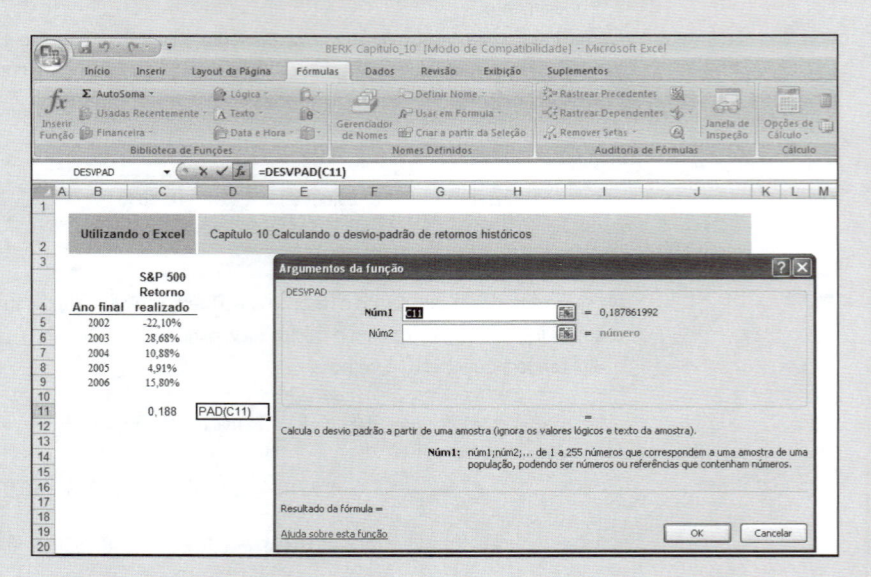

4. Certifique-se de utilizar a função "DESVPAD" e NÃO a função "DESVPADP". "DESVPAD" calcula o desvio-padrão da amostra como nas Equações 10.4 e 10.5, dividindo por $T-1$. "DESVPADP" supõe que você conheça com certeza a verdadeira média e calcule o desvio-padrão dividindo por T. Veja a nota de rodapé 1 para uma discussão desta importante distinção.

FIGURA 10.4

Volatilidade (Desvio-padrão) de ações de baixa capitalização, ações de alta capitalização (S&P 500), títulos corporativos e *Treasury Bills* norte-americanos, 1926–2006

Cada barra representa o desvio-padrão dos retornos do investimento.

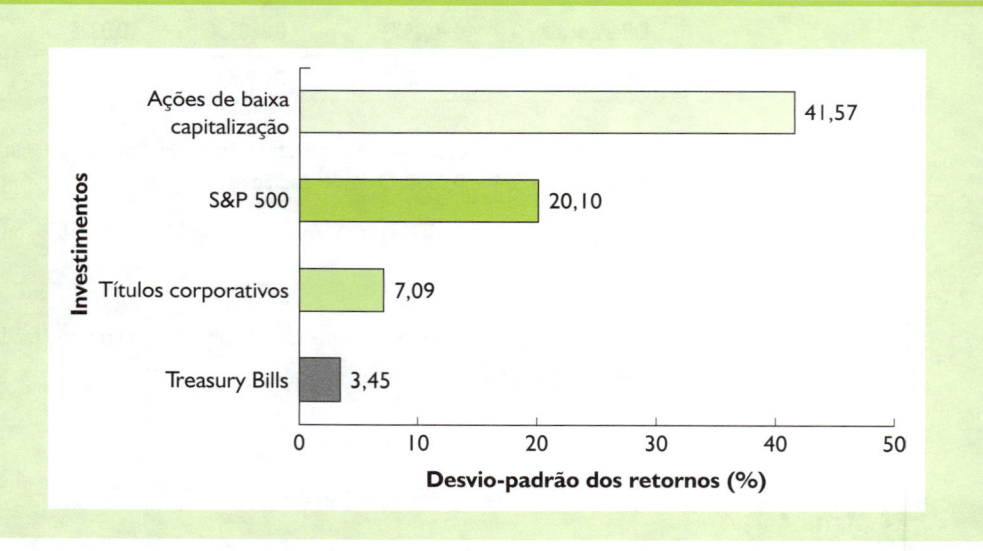

Investimento	Desvio-padrão dos retornos (%)
Ações de baixa capitalização	41,57
S&P 500	20,10
Títulos corporativos	7,09
Treasury Bills	3,45

intervalo de confiança de 95%
Faixa de valores que provavelmente inclui um parâmetro desconhecido. Se amostras independentes forem tomadas repetidamente da mesma população, o parâmetro real se encontrará fora do intervalo de confiança de 95% em 5% das vezes.

Como podemos ter aproximadamente 95% de confiança de que o retorno do próximo ano se encontrará dentro de dois desvios-padrão da média, dizemos que o **intervalo de confiança de 95%** vai de [média $-2 \times$ desvio-padrão] a [média $+2 \times$ desvio-padrão]:

$$\text{Média} \pm (2 \times \text{desvio-padrão})$$
$$\overline{R} \pm (2 \times SD(R)) \tag{10.6}$$

Capítulo 10 Risco e Retorno em Mercados de Capital | 365

FIGURA 10.5

Distribuição normal

A altura da linha reflete a probabilidade de cada retorno ocorrer. Utilizando os dados da Figura 10.3 e da Figura 10.4, se os retornos de pequenas empresas seguirem uma distribuição normal, então dois terços de todos os resultados possíveis devem permanecer dentro de um desvio-padrão do retorno médio de 21,76% (dado na Figura 10.3) e 95% devem permanecer dentro de dois desvios-padrão. A Figura 10.4 mostra o desvio-padrão como 41,57%, então isso coloca 95% dos resultados possíveis entre −61,38% e +104,90% (a área sombreada da distribuição).

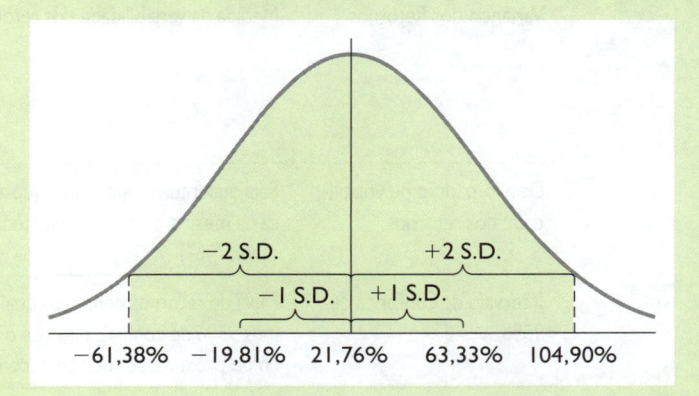

[Gráfico de distribuição normal com marcações:
−61,38% −19,81% 21,76% 63,33% 104,90%
−2 S.D. −1 S.D. +1 S.D. +2 S.D.]

EXEMPLO 10.4
Intervalos de confiança

Problema
No Exemplo 10.3 encontramos 7,63% como o retorno médio para o S&P 500 de 2002–2006, com um desvio-padrão de 18,79%. Qual é o intervalo de confiança de 95% para o retorno de 2007?

Solução

▶ Planejamento
Podemos utilizar a Equação 10.6 para calcular o intervalo de confiança.

▶ Execução
Utilizando a Equação 10.6, temos:

$$\text{Média} \pm 2 \times \text{desvio-padrão} = 7,63\% - 2 \times 18,79\% \text{ a } 7,63\% + 2 \times 18,79$$
$$= -29,95\% \text{ a } 45,21\%.$$

▶ Avaliação
Apesar de o retorno médio de 2002–2006 ter sido 7,63%, o S&P 500 era volátil, então se quisermos ter 95% de confiança do retorno de 2007, o melhor que podemos dizer é que ele ficará entre −29,95 e +45,21%.

A Tabela 10.2 resume os conceitos e equações centrais que desenvolvemos nesta seção. Calcular as médias e volatilidades históricas indica como foi o desempenho dos investimentos no passado e como poderá ser no futuro. Obviamente, utilizar o passado para prever o futuro traz grandes incertezas. Na próxima seção, discutiremos esta incerteza.

Fixação de conceitos

3. Com que propósito utilizamos a média e o desvio-padrão dos retornos históricos de ações?
4. Como o desvio-padrão de retornos históricos afeta nossa confiança em prever o retorno do próximo período?

TABELA 10.2 Resumo das ferramentas para trabalhar com retornos históricos

Conceito	Definição	Fórmula
Retornos realizados	Retorno total obtido ao longo de determinado período de tempo	$R_{t+1} = \dfrac{Div_{t+1} + P_{t+1} - P_t}{P_t}$
Retorno anual médio	Média dos retornos realizados em cada ano	$\bar{R} = \dfrac{1}{T}(R_1 + R_2 + \ldots + R_T)$
Variância dos Retornos	Medida da variabilidade dos retornos	$Var(R) = \dfrac{1}{T-1}\big((R_1 - \bar{R})^2 + (R_2 - \bar{R})^2 + \ldots + (R_T - \bar{R})^2\big)$
Desvio-padrão ou volatilidade dos retornos	Raiz quadrada da variância (que a coloca na mesma unidade que a média – a saber, "%")	$SD(R) = \sqrt{Var(R)}$
Intervalo de confiança de 95%	Faixa de retornos dentro da qual temos 95% de confiança de que o retorno do próximo período se encontrará	$\bar{R} \pm 2 \times SD(R)$

10.3 O *tradeoff* histórico entre risco e retorno

Você escolheria intencionalmente aceitar mais riscos sem recompensas adicionais? Em outras palavras, você estaria disposto a buscar investimentos mais arriscados se eles não tivessem o potencial de gerar retornos mais altos? A resposta para ambas essas questões é, muito provavelmente, "não". Nesta seção, examinaremos o *tradeoff* histórico entre o risco (medido pela volatilidade do preço) e a recompensa (medido pelos retornos) para ver se historicamente os investidores se comportaram como você se comportaria.

Os retornos de carteiras grandes

Nas Figuras 10.3 e 10.4, mostramos os retornos médios históricos e as volatilidades de vários tipos de investimento. Na Figura 10.6, traçamos o gráfico do retorno médio *versus* a volatilidade de cada tipo de investimento a partir dessas tabelas. Também incluímos a carteira Mundial da Figura 10.1. Observe que os investimentos com volatilidade mais alta, medidos aqui com desvio-padrão, compensaram os investidores com retornos médios mais altos. A Figura 10.6 é consistente com nossa visão de que os investidores são avessos ao risco. Os investimentos mais arriscados têm que oferecer aos investidores retornos médios mais altos para compensá-los pelo risco que eles estão assumindo.

Os retornos de ações individuais

A Figura 10.6 sugere o seguinte modelo de prêmio de risco: investimentos com volatilidade mais alta devem ter um prêmio de risco mais alto e, portanto, retornos mais altos. De fato, ao observar a Figura 10.6, é tentador traçar uma linha através das carteiras e concluir que todos os investimentos devem estar sobre esta linha ou próximos dela – isto é, o retorno esperado deve crescer proporcionalmente à volatilidade. Esta conclusão parece verdadeira para as carteiras grandes que observamos até agora. Isso está correto? É aplicável a ações individuais?

Na verdade, a resposta a ambas as perguntas é não. Não há relação clara entre a volatilidade e os retornos para ações individuais. Apesar de ser necessário mais trabalho a fim de estabelecer a relação entre risco e retorno para ações individuais, as afirmações a seguir são verdadeiras:

FIGURA 10.6

O *tradeoff* histórico entre risco e retorno em carteiras grandes, 1926-2006

Esta figura traça o gráfico dos dados na Figura 10.3 e na Figura 10.4; foi incluída uma carteira mundial de ações de grandes empresas da América do Norte, Europa e Ásia. Observe a relação geral crescente entre a volatilidade histórica (desvio-padrão) e o retorno médio dessas carteiras grandes.

Fonte: Global Financial Data e cálculos do autor.

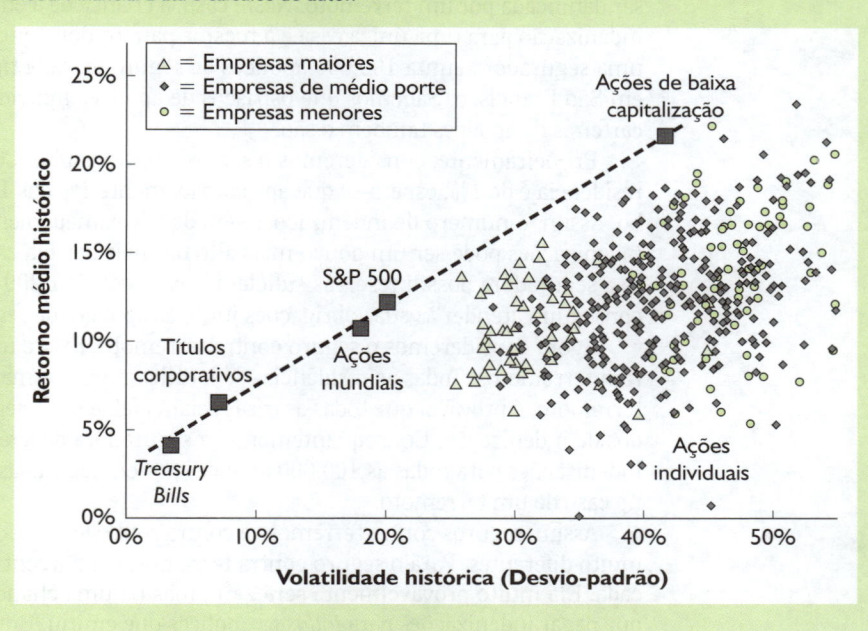

1. Existe uma relação entre tamanho e risco – em média, ações de mais alta capitalização têm uma volatilidade mais baixa do que a de ações de baixa capitalização.
2. Mesmo as ações de mais alta capitalização são, em geral, mais voláteis do que uma carteira de ações de alta capitalização, como o S&P 500.
3. Todos os grupos de ações individuais têm retornos menores e/ou um risco maior do que as carteiras na Figura 10.6. Todos os grupos de ações individuais na Figura 10.6 se encontram abaixo da linha.

Assim, enquanto a volatilidade (desvio-padrão) parece ser uma medida razoável do risco ao avaliar uma carteira grande, a volatilidade de um título individual não explica o tamanho de seu retorno médio. O que isso significa para nós? Por que os investidores não exigem um retorno mais alto de ações com uma volatilidade mais alta? E como é que o S&P 500, uma carteira de 500 grupos de ações de alta capitalização, é bem menos arriscado do que quase todos os 500 grupos de ações individualmente? Para responder essas perguntas, precisamos pensar com mais cuidado em como medir o risco de um investidor.

Fixação de conceitos

5. Qual é a relação entre risco e retorno para carteiras grandes? Qual é a diferença em relação aos grupos de ações individuais?
6. São as carteiras ou as ações que formam as carteiras que tendem a ter a menor volatilidade?

10.4 Risco comum *versus* risco independente

Nesta seção, explicaremos por que o risco de um título individual difere do risco de uma carteira composta por títulos similares. Começaremos com um exemplo do setor de seguros para compreender o desempenho da carteira de produtos de seguro para a empresa que as está oferecendo.

Seguros contra roubo e contra terremotos: um exemplo

Considere dois tipos de seguro residencial que uma empresa de seguros pode oferecer: seguro contra roubo e seguro contra terremotos. Suponhamos, para fins de ilustração, que o risco de cada um desses dois perigos seja similar para determinada casa na área de São Francisco – a cada ano há uma chance de 1% de a casa ser roubada e também uma chance de 1% de que a casa venha a ser danificada por um terremoto. Neste caso, a chance de a empresa de seguros ter que pagar uma indenização para uma única casa é a mesma para os dois tipos de apólice de seguro. Suponha que uma seguradora emita 100.000 apólices de seguro de cada tipo para proprietários de residências em São Francisco. Sabemos que os riscos de apólices individuais são similares, mas os riscos de carteiras de apólices também o são?

Primeiramente, consideremos o seguro contra roubo. Como a chance de roubo de qualquer residência é de 1%, espera-se que aproximadamente 1% das 100.000 residências sofra algum roubo. Assim, o número de indenizações será de aproximadamente 1.000 por ano. O número real de indenizações pode ser um pouco mais alto ou mais baixo a cada ano, mas não muito. Neste caso, se a seguradora possui reservas suficientes para cobrir 1.200 indenizações, ela quase certamente conseguirá atender às suas obrigações junto às apólices de seguro contra roubo.

Agora consideremos o seguro contra terremoto. Existe uma chance de 99% de que não ocorram terremotos. Todas as residências se localizam na mesma cidade, então, na ocorrência de um terremoto, é provável que todas as casas sejam afetadas e a seguradora pode esperar 100.000 pedidos de indenização. Consequentemente, a seguradora deverá ter reservas suficientes para cobrir indenizações para todas as 100.000 apólices por ela seguradas a fim de atender às suas obrigações no caso de um terremoto.

Assim, seguros contra terremoto e contra roubo levam a carteiras com características de risco muito diferentes. Para o seguro contra terremotos, a porcentagem de indenizações é muito arriscada. Ela muito provavelmente será zero, mas há uma chance de 1% de que a seguradora tenha que pagar indenizações para *todas* as apólices que emitiu. Então, o risco da carteira de apólices de seguro contra terremotos não é diferente do risco de uma apólice qualquer. Por outro lado, vimos que para o seguro contra roubo, o número de indenizações em determinado ano é bastante previsível. Entra ano, sai ano, ele será muito próximo de 1% do número total de apólices emitidas, ou 1.000 indenizações. A carteira de apólices de seguro contra roubo quase não possui risco! Isto é, os *payouts* da empresa de seguros são bastante estáveis e previsíveis ao longo do tempo.

Tipos de risco

Por que as carteiras de apólices de seguros são tão diferentes se as apólices individuais são tão similares? Intuitivamente, a principal diferença entre elas é que um terremoto afeta todas as casas simultaneamente, então o risco possui uma correlação perfeita entre as residências. Chamamos os riscos com correlação perfeita de **risco comum**. Em contrapartida, supomos que roubos em diferentes residências não estejam relacionados uns aos outros – uma casa ser roubada não tem efeito sobre a chance de outra casa ser roubada. O **risco independente**, como o risco de roubo, não possui correlação entre as casas. Quando os riscos são independentes, alguns proprietários individuais não têm sorte, outros têm, mas em geral o número de indenizações é similar. O fato de os riscos em uma carteira grande compensarem uns aos outros se nivelando pela média é chamado de **diversificação**.[3] A Tabela 10.3 resume nossa discussão sobre risco comum e independente.

O princípio da diversificação é utilizado rotineiramente na indústria de seguros. Além do seguro contra roubo, muitas outras formas de seguro (de vida, saúde, automóvel) contam com o fato de que o número de pedidos de indenização é relativamente previsível em uma grande carteira de ações. Mesmo no caso de seguros contra terremotos, as seguradoras podem alcançar alguma diversificação vendendo apólices em diferentes regiões geográficas ou associando diferentes tipos de apólices. A diversificação é utilizada para reduzir o risco em muitos outros cenários. Por exemplo, muitos sistemas são projetados com redundância para reduzir

risco comum Risco com correlação perfeita.

risco independente Riscos que não têm relação um com o outro. Se os riscos são independentes, então, conhecer o resultado de um não fornece informação sobre o outro.

diversificação Nivelamento pela média de riscos independentes em uma grande carteira.

---

[3] Harry Markowitz foi o primeiro a formalizar os benefícios da diversificação. Ver Markowitz, H.M., "Portfólio Selection". *Journal of Finance* 7(1) (1952): 77–91.

Capítulo 10 Risco e Retorno em Mercados de Capital

TABELA 10.3 Resumo dos tipos de risco

Tipo de Risco	Definição	Exemplo	Risco diversificado em carteira grande?
Risco comum	Resultados estão correlacionados	Risco de terremotos	Não
Risco independente	Resultados que não têm ligação entre si	Risco de roubo	Sim

o risco de contratempos: as empresas geralmente introduzem a redundância a partes críticas do processo de fabricação, a NASA coloca mais de uma antena em seus satélites espaciais, os automóveis contêm estepes, e assim por diante.

Em muitas situações, os riscos se encontram em algum lugar entre os riscos comuns e os riscos independentes. Por exemplo, você provavelmente se inscreveu no processo de admissão de mais de uma faculdade. Suas chances de ser aceito (ou rejeitado) em qualquer uma das faculdades não estão perfeitamente relacionadas entre as faculdades porque elas têm diferentes critérios de admissão e estão procurando diferentes tipos de alunos. Entretanto, seu risco de ser rejeitado não é completamente independente; todas as faculdades analisam suas notas no ensino médio e pontuação nos exames SAT/ACT, então suas decisões estão relacionadas.*

EXEMPLO 10.5
Diversificação

Problema

Você está participando de um jogo de apostas muito simples com seu amigo: uma aposta de US$ 1 baseada no lançamento de uma moeda. Isto é, cada um de vocês aposta US$ 1 e lança uma moeda: se sair cara, você ganha o US$ 1 do seu amigo; se sair coroa, você perde e seu amigo fica com seu dólar. Como seu risco seria diferente se você jogasse esse jogo 100 vezes seguidas *versus* apostar US$ 100 (em vez de US$ 1) em um único lançamento da moeda?

Solução

▸ Planejamento

O risco de perder em um lançamento da moeda é independente do risco de perder no próximo: cada vez você tem uma chance de 50% de perder, e um lançamento de moeda não afeta outro lançamento. Podemos calcular o resultado esperado de qualquer lançamento como a média ponderada multiplicando seus possíveis ganhos (+US$ 1) por 50% e suas possíveis perdas (−US$ 1) por 50%. Podemos, então, calcular a probabilidade de perder todos os US$ 100 em qualquer cenário.

▸ Execução

Se você jogar o jogo 100 vezes, você provavelmente perderá 50% das vezes e vencerá 50% das vezes, então seu resultado esperado é 50 × (+US$ 1) + 50 × (−US$ 1) = US$ 0. Você provavelmente alcançará um equilíbrio. Mas mesmo se você não ganhar exatamente a metade das vezes, a probabilidade de você perder todos os 100 lançamentos de moedas (e, assim, perder US$ 100) é extremamente pequena (na verdade, é $0{,}50^{100}$, que é muito menos do que até mesmo 0,0001%). Se isso acontecer, você deve analisar a moeda minuciosamente! Se, ao contrário, você fizer uma única aposta no resultado de uma moeda, você terá 50% de chance de ganhar US$ 100 e 50% de chance de perder US$ 100, então seu resultado esperado será o mesmo: o equilíbrio. Entretanto, há uma chance de 50% de você perder US$ 100, então seu risco é muito maior do que seria para 100 apostas de um dólar.

▸ Avaliação

Em cada caso, você coloca US$ 100 em risco, mas ao distribuir esse risco entre 100 apostas diferentes, você eliminou grande parte de seu risco com a diversificação, em comparação a fazer uma única aposta de US$ 100.

---

* N. de T.: Este parágrafo descreve o processo de seleção nas faculdades e universidades nos EUA, que conta com uma análise do currículo do ensino médio e de provas nacionais padronizadas feitas no final do ensino médio por todos os alunos que supostamente avaliam se o aluno está ou não apto a entrar para a faculdade: o SAT Reasoning Test (antigamente chamado de Scholastic Aptitude Test e Scholastic Assessment Test) e o ACT, que leva o nome da empresa sem fins lucrativos que organiza o exame.

7. Qual é a diferença entre risco comum e risco independente?
8. Como a diversificação ajuda o risco independente?

10.5 Diversificação em carteiras de ações

Como indica o exemplo dos seguros, o risco de uma carteira de contratos de seguros depende de se os riscos individuais nela contidos são comuns ou independentes. Os riscos independentes são diversificados em uma grande carteira, enquanto os riscos comuns não o são. Nosso objetivo é entender a relação entre risco e retorno nos mercados de capital; assim, consideremos as implicações desta distinção para o risco de carteiras de ações.

Risco não sistemático *versus* risco sistemático

Ao longo de determinado período, o risco de deter ações é que os dividendos mais o preço final das ações seja maior ou menor do que o esperado, o que torna o retorno realizado arriscado. O que faz os dividendos ou o preço das ações e, portanto, os retornos, serem maiores ou menores do que o que esperamos? Normalmente, os preços e dividendos de ações flutuam devido a dois tipos de notícias:

1. *Notícia específica à empresa ou ao setor* é qualquer notícia boa ou ruim sobre uma empresa (ou setor) propriamente dita. Por exemplo, uma empresa pode anunciar que teve êxito em aumentar sua fração de mercado em seu setor. Ou o setor de construção residencial pode ser prejudicado por uma retração no mercado imobiliário.
2. *Notícia relativa a todo o mercado* é qualquer notícia sobre a economia como um todo e que, portanto, afeta todos os grupos de ações. Por exemplo, o Federal Reserve, o banco central dos EUA, pode anunciar que baixará as taxas de juros para aquecer a economia.

As flutuações do retorno de ações que ocorrem devido a notícias específicas às empresas são riscos independentes. Assim como no caso dos roubos de residências, esses riscos não estão relacionados entre os grupos de ações. Este tipo de risco também é chamado de **risco não sistemático** ou **idiossincrático**.

As flutuações do retorno de ações que ocorrem devido a notícias relativas a todo o mercado representam riscos comuns. Assim como no caso dos terremotos, todos os grupos de ações são afetados simultaneamente pelas notícias. Este tipo de risco também é chamado de **risco sistemático**.

Quando associamos muitos grupos de ações em uma grande carteira, os riscos específicos às empresas de cada grupo de ações compensarão uns aos outros e serão diversificados. Boas notícias afetarão alguns grupos de ações e más notícias afetarão outros, mas a quantidade de boas ou más notícias em geral será relativamente constante. O risco sistemático, porém, afetará todas as empresas – e, portanto, toda a carteira – e não será eliminado pela diversificação.

Consideremos um exemplo hipotético. Suponhamos que empresas do tipo S sejam afetadas *apenas* pela força da economia, um risco sistemático que possui uma chance de 50-50 de ser forte ou fraco. Se a economia estiver forte, as ações do tipo S terão um retorno de 40%; se a economia estiver fraca, seu retorno será de –20%. Como essas empresas enfrentam um risco sistemático (a força da economia), manter uma grande carteira de empresas do tipo S não diversificará o risco. Quando a economia estiver forte, a carteira terá o mesmo retorno de 40% que cada empresa do tipo S; quando a economia estiver fraca, a carteira também terá um retorno de –20%.

Agora consideremos empresas do tipo I, que são afetadas apenas por riscos idiossincráticos, específicos às empresas. Seus retornos têm as mesmas chances de serem 35% ou –25%, com base em fatores específicos ao mercado local de cada empresa. Como esses riscos são específicos à empresa, se mantivermos uma carteira com as ações de muitas empresas do tipo I, o risco será diversificado. Aproximadamente metade das empresas terá retornos de 35% e metade terá retornos de –25%. O retorno da carteira será o retorno médio de 50% (0,35) + 50% (–0,25) = 0,05 ou 5%, independentemente de a economia estar forte ou fraca.

---

risco não sistemático Flutuações do retorno de ações devido a notícias específicas à empresa e que são riscos independentes, não relacionados entre os grupos de ações.

risco sistemático Flutuações do retorno de um grupo de ações que ocorrem devido a notícias que afetam todo o mercado e que representam risco comum.

A Figura 10.7 ilustra como a volatilidade, medida como desvio-padrão, diminui com o tamanho da carteira de empresas do tipo S e I. As empresas de tipo S têm somente risco sistemático. Assim como com o seguro contra terremotos, a volatilidade da carteira não muda com o aumento do número de empresas. As empresas do tipo I possuem somente risco idiossincrático. Assim como no caso do seguro contra roubo, o risco é diversificado à medida que o número de empresas aumenta, e a volatilidade diminui. Como fica evidente com a Figura 10.8, com um grande número de empresas, o risco é essencialmente eliminado.

É claro que empresas reais não são similares às empresas do tipo S ou I. As empresas são afetadas tanto por riscos sistemáticos que afetam todo o mercado quanto por riscos não sistemáticos. A Figura 10.7 também mostra como a volatilidade varia de acordo com o número de ações em uma carteira de empresas típicas. *Quando as empresas enfrentam ambos os tipos de risco, somente o risco não sistemático será eliminado pela diversificação ao associarmos muitas empresas em uma carteira. A volatilidade, portanto, diminuirá até que permaneça somente o risco sistemático, que afeta todas as empresas*.

Este exemplo explica um dos mistérios da Seção 10.3. Lá, vimos que o S&P 500 tinha uma volatilidade muito menor do que qualquer dos grupos de ações individuais. Agora podemos compreender por quê – cada um dos grupos de ações individuais contém risco não sistemático, que é eliminado quando os associamos em uma grande carteira. Assim, a carteira pode ter uma volatilidade menor do que cada um dos grupos de ações nela contidos. A Figura 10.8 ilustra este fato. A linha pontilhada mostra os extremos da faixa de retornos de uma carteira da Nike e da Starbucks. Os retornos de cada um dos dois grupos de ações na carteira cruzam pelo menos um desses extremos. Assim, a volatilidade da carteira é menor do que a volatilidade de ambos os grupos de ações contidos na carteira.

Risco diversificável e o prêmio de risco

E se você detivesse apenas um ou dois grupos de ações – você não estaria exposto ao risco não sistemático e exigiria um prêmio por ele? Se o mercado lhe compensasse com um prêmio de risco adicional por escolher assumir um risco diversificável, então outros investidores pode-

FIGURA 10.7

Volatilidade de carteiras do tipo S e I

Como as empresas do tipo S possuem apenas risco sistemático, a volatilidade da carteira não muda. As empresas do tipo I possuem apenas risco idiossincrático, que é diversificado e eliminado com o aumento do número de empresas na carteira. Ações típicas carregam um misto de ambos os tipos de risco, de modo que o risco da carteira diminui à medida que o risco idiossincrático vai se diversificando, mas o risco sistemático ainda permanece.

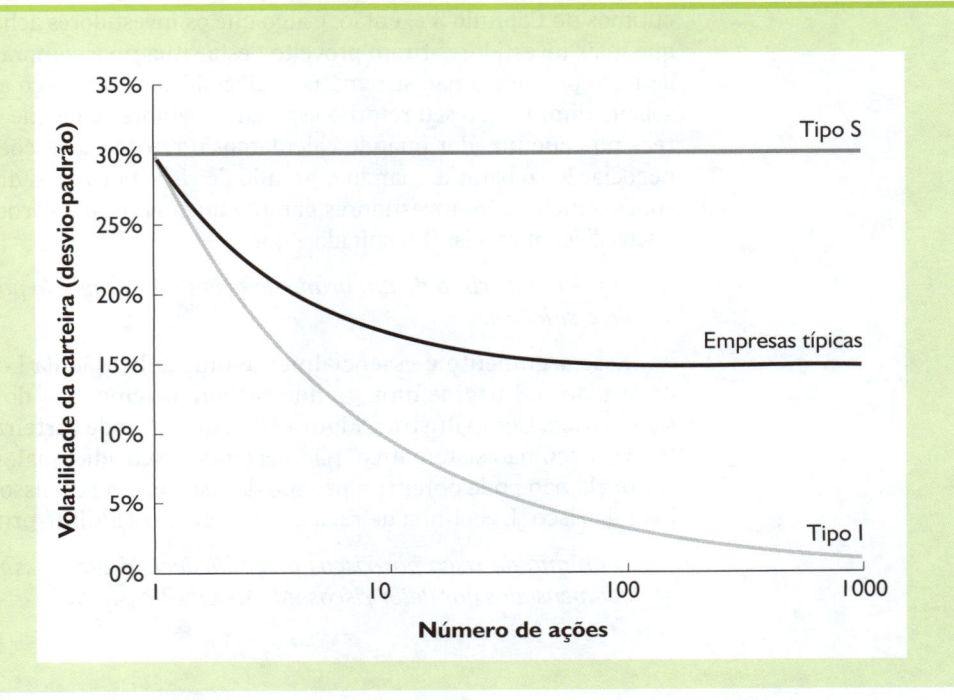

FIGURA 10.8 O efeito da diversificação sobre a volatilidade de carteiras

Apesar de tanto a Nike quanto a Starbucks serem, cada uma, muito voláteis, parte de suas movimentações compensam uma à outra. Se elas estiverem em uma carteira juntas, como representado pelas barras cinzas, a movimentação total da carteira será atenuada em relação à movimentação de qualquer um dos grupos de ações individuais. As linhas pontilhadas mostram o retorno mais alto e o mais baixo da carteira – observe que o pior retorno da carteira é melhor do que o pior retorno de cada grupo de ações individualmente.

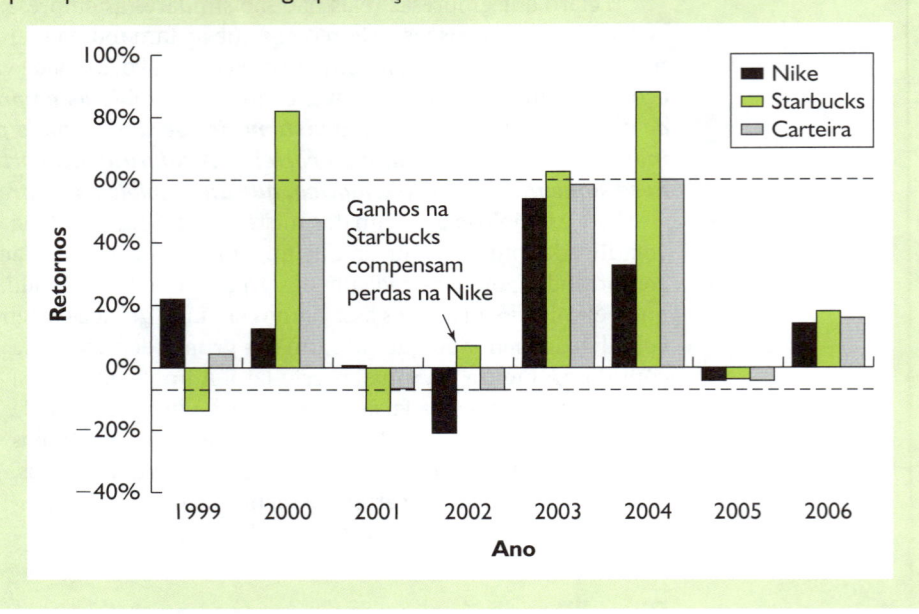

riam comprar os mesmos grupos de ações, obter o prêmio adicional colocando-as em uma carteira de modo que eles pudessem diversificar e eliminar o risco não sistemático. Ao fazê-lo, os investidores poderiam obter um prêmio adicional sem correr riscos adicionais!

Esta oportunidade de obter algo por nada é uma oportunidade de arbitragem, como discutimos no Capítulo 3 e, então, é algo que os investidores achariam muito atraente. À medida que mais investidores tiram proveito desta situação e compram ações que pagam um prêmio de risco por riscos não sistemáticos diversificáveis, o preço atual das ações dessas empresas sobem, diminuindo seu retorno esperado – lembre-se de que o preço atual das ações, P_t, aparece no denominador quando calculamos o retorno das ações, como na Equação 10.1. Esta negociação só pararia quando o prêmio de risco por riscos diversificáveis caísse para zero. A concorrência entre investidores garante que nenhum retorno adicional possa ser obtido por riscos diversificáveis. O resultado é que

> *O prêmio de risco de um grupo de ações não é afetado por seu risco não sistemático diversificável.*

Esse argumento é essencialmente uma aplicação da Lei do Preço Único do Princípio da Avaliação. Imagine uma grande carteira de empresas do tipo I, que não possuem risco sistemático. Como ilustra a Figura 10.7, uma grande carteira de empresas do tipo I elimina todo o risco não sistemático, não deixando risco adicional. Como essa carteira não possui risco, ela não pode obter um prêmio de risco e, em vez disso, tem que obter a taxa de juros livre de risco. Essa linha de raciocínio sugere o seguinte princípio:

> *O prêmio de risco por riscos diversificáveis é zero. Assim, os investidores não são compensados por deter riscos não sistemáticos.*

A importância do risco sistemático

Como os investidores podem eliminar o risco não sistemático "de graça" diversificando suas carteiras, eles não exigirão (nem merecem) uma recompensa ou prêmio de risco por assumi-lo. Por outro lado, a diversificação não reduz o risco sistemático: mesmo ao reter uma grande carteira, um investidor estará exposto a riscos que afetam toda a economia e, portanto, todos os títulos. Podemos reduzir o risco sistemático de uma carteira vendendo ações e investindo em títulos de dívida livres de risco, mas ao custo de abdicar de um retorno esperado mais alto sobre as ações. Como o risco não sistemático pode ser eliminado de graça por meio da diversificação, enquanto o risco sistemático só é eliminado sacrificando os retornos esperados, é o risco sistemático de um título que determina o prêmio de risco que os investidores exigem para detê-lo. Este fato, resumido na Tabela 10.5, leva ao segundo princípio fundamental:

O prêmio de risco de um título é determinado por seu risco sistemático e não depende de seu risco diversificável.

Este princípio implica que a volatilidade de um grupo de ações, que é uma medida do risco total (isto é, risco sistemático + risco não sistemático), não é útil para determinar o prêmio de risco que os investidores obterão. Por exemplo, considere novamente as empresas do tipo S e I. Como mostramos na Figura 10.7, a volatilidade (desvio-padrão) de uma única empresa do tipo S ou I é 30%. Entretanto, como a Tabela 10.4 mostra, apesar de eles terem a mesma volatilidade, as empresas do tipo S têm um retorno esperado de 10%, e as empresas do tipo I de 5%.

A diferença nos retornos esperados se deve à diferença no tipo de risco que cada empresa assume. As empresas do tipo I só possuem risco não sistemático, o que não exige um prêmio de risco, e então o retorno esperado de 5% das empresas do tipo I é igual à taxa de juros livre de risco.

As empresas do tipo S só possuem risco sistemático. Como os investidores exigem uma compensação por este risco, o retorno esperado de 10% para as empresas do tipo S fornece aos investidores um prêmio de risco 5% acima da taxa de juros livre de risco. A Tabela 10.5 resume os principais pontos em relação ao risco sistemático e não sistemático.

Agora temos uma explicação para o segundo mistério da Seção 10.3. Apesar de a volatilidade ou desvio-padrão ser uma medida razoável de risco para uma grande carteira, ela não é adequada para um título individual.

Assim, não há relação entre volatilidade e retornos médios para títulos individuais.

Consequentemente, para estimar o retorno esperado de um título, precisamos encontrar uma medida do risco sistemático de um título.

Começamos este capítulo mostrando na Figura 10.1 que o investimento de seus bisavós em ações de baixa capitalização teria perdido muito dinheiro na Grande Depressão, potencialmente deixando-os em maus lençóis. Assim, os investidores avessos a riscos exigem um prêmio

TABELA 10.4 O retorno esperado de empresas do tipo S e I, supondo que a taxa de juros livre de risco seja de 5%

	Empresa S	Empresa I
Volatilidade (desvio-padrão)	30%	30%
Taxa de juros livre de risco	5%	5%
Prêmio de risco	5%	0%
Retorno esperado	10%	5%

TABELA 10.5 Risco sistemático *versus* risco não sistemático

	Diversificável?	Exige um prêmio de risco?
Risco sistemático	Não	Sim
Risco não sistemático	Sim	Não

para investir em títulos que têm um desempenho ruim em tempos difíceis. Esta ideia coincide com a noção de risco sistemático que definimos neste capítulo. O risco que afeta toda a economia, o risco de recessões e *booms*, é um risco sistemático que não pode ser diversificado. Portanto, um ativo que se movimenta com a economia contém um risco sistemático e, então, exige um prêmio de risco. No próximo capítulo, discutiremos como medir o risco sistemático de um investimento e então utilizaremos esta medida para calcular seu retorno esperado. Poderemos, então, aplicar esse retorno esperado pelos investidores como nosso custo de capital.

Fixação de conceitos

9. Por que o risco de uma carteira é geralmente menor do que o risco médio das ações contidas na carteira?
10. É o risco sistemático ou não sistemático que é precificado? Por quê?

Erros comus — A falácia da diversificação de longo prazo

Vimos que os investidores podem diminuir seu risco consideravelmente dividindo os dólares investidos entre muitos investimentos diferentes, eliminando o risco diversificável de suas carteiras. Às vezes discute-se que a mesma lógica se aplica ao passar do tempo: ao investirmos durante muitos anos, também podemos diversificar o risco que enfrentamos durante qualquer ano. Assim, jovens investidores deveriam escolher carteiras arriscadas porque eles têm mais tempo para compensar suas perdas. Isso está certo? No longo prazo, o risco ainda importa?

É verdade que se os retornos a cada ano são independentes, a volatilidade do retorno anual médio diminui com o número de anos em que investimos. Mas, como investidores de longo prazo, não nos importamos com a volatilidade de nosso retorno *médio*; em vez disso, o que importa é a volatilidade de nosso retorno *cumulativo* ao longo do período. Esta volatilidade cresce com o horizonte de investimento, como mostra o próximo exemplo.

Em 1925, as ações de alta capitalização norte-americanas aumentaram em valor em aproximadamente 30%. Assim, um investimento de US$ 77 no início de 1925 teria crescido para US$ 77 × 1,30 = US$ 100 no final do ano. Vemos, a partir da Figura 10.1, que se esses US$ 100 fossem investidos no S&P 500 de 1926 em diante, eles teriam crescido para aproximadamente US$ 283.000 no início de 2007. Mas suponhamos que greves nos setores de mineração e transportes tenham feito as ações caírem em 35% em 1925. Então os US$ 77 iniciais estariam valendo apenas US$ 77 × (1 − 35%) = US$ 50 no início de 1926. Se os retornos daí em diante não mudassem, o investimento estaria valendo a metade em 2007, ou US$ 141.500.

Assim, se os retornos futuros não são afetados pelo retorno de hoje, então um aumento ou uma diminuição no valor de nossa carteira hoje se traduzirá no mesmo aumento ou diminuição percentual no valor de nossa carteira no futuro, então não há diversificação com o passar do tempo. A única maneira que a extensão do horizonte de tempo pode reduzir o risco é se um retorno abaixo da média este ano implicar que os retornos têm maiores chances de estarem acima da média no futuro (e vice-versa). Se isso fosse verdade, baixos retornos passados podem ser utilizados para prever altos retornos futuros na bolsa de valores.

Para horizontes curtos de apenas alguns anos, não há evidência desta previsibilidade na bolsa de valores. Para horizontes mais longos, há alguma evidência disso historicamente, mas não está claro o quanto essa evidência é confiável (não há décadas suficientes de dados precisos disponíveis sobre as bolsas de valores) ou se o padrão irá continuar. Mesmo que haja uma reversão de longo prazo nos retornos de ações, uma estratégia de diversificação de "compra-e-manutenção" ainda não é ótima: se os retornos passados podem ser utilizados para prever retornos futuros, deve-se investir mais em ações quando se prevê que os retornos serão altos e menos quando se prevê que eles serão baixos. Esta estratégia é muito diferente da diversificação que alcançamos ao manter muitos grupos de ações, onde não podemos prever que grupos de ações terão choques bons ou ruins específicos às empresas.

RESUMO DO CAPÍTULO

Pontos principais e equações	Termos	Oportunidades de prática online
10.1 Introdução a risco e retorno ▸ Apesar de, em retrospecto, alguns investimentos terem retornos muito altos, eles também têm a volatilidade mais alta ao longo do tempo.		MyFinanceLab Study Plan 10.1
10.2 Riscos e retornos históricos de ações ▸ O retorno realizado de investir em um grupo de ações do tempo t a $t+1$ é: $$R_{t+1} = \frac{Div_{t+1} + P_{t+1} - P_t}{P_t} = \frac{Div_{t+1}}{P_t} + \frac{P_{t+1} - P_t}{P_t}$$ $= $ Rentabilidade do dividendo $+$ Rentabilidade do ganho de capital (10.1) ▸ Podemos calcular o retorno anual médio e a variância dos retornos realizados: $$\overline{R} = \frac{1}{T}(R_1 + R_2 + \ldots + R_T) \quad (10.3)$$ $$Var(R) = \frac{1}{T-1}\left((R_1 - \overline{R})^2 + (R_2 - \overline{R})^2 + \ldots + (R_T - \overline{R})^2\right) \quad (10.4)$$ ▸ A raiz quadrada da variância estimada é o desvio-padrão, uma estimativa da volatilidade dos retornos. ▸ Com base em dados históricos, ações de baixa capitalização têm volatilidade mais alta e retornos médios mais altos do que ações de alta capitalização, que têm volatilidade mais alta e retornos médios mais altos do que títulos de dívida. ▸ Aproximadamente 95% dos resultados possíveis se encontram dentro de dois desvios-padrão para cima ou para baixo do resultado médio.	desvio-padrão, p. 360 distribuição normal, p. 362 intervalo de confiança de 95%, p. 364 retorno anual médio, p. 359 retorno realizado, p. 356 variância, p. 360	MyFinanceLab Study Plan 10.2 Utilizando o Excel: Desvio-padrão de retornos históricos
10.3 O *tradeoff* histórico entre risco e retorno ▸ Não há relação clara entre a volatilidade (desvio-padrão) e o retorno de grupos de ações individuais. ▸ Ações de mais alta capitalização tendem a ter uma volatilidade mais baixa em geral, mas mesmo as ações de mais alta capitalização são tipicamente mais arriscadas do que uma carteira de ações de alta capitalização. ▸ Todos os grupos de ações parecem ter risco mais alto e retornos mais baixos do que seria previsto com base na extrapolação de dados de grandes carteiras.		MyFinanceLab Study Plan 10.3
10.4 Risco comum *versus* risco independente ▸ Risco comum é o risco cujos investimentos são perfeitamente correlacionados. ▸ Riscos independentes são aqueles cujos investimentos não são correlacionados ▸ A diversificação é o nivelamento pela média de riscos em uma grande carteira.	diversificação, p. 368 risco comum, p. 368 risco independente, p. 368	MyFinanceLab Study Plan 10.4

10.5 Diversificação em carteiras de ações

- O risco total de um título representa o risco não sistemático e o risco sistemático.
- A variação no retorno de um grupo de ações devido a notícias específicas de uma empresa ou setor é chamada de risco não sistemático.
- O risco sistemático é um risco devido a notícias que afetam todo o mercado e todos os grupos de ações simultaneamente.
- A diversificação elimina o risco não sistemático, mas não o risco sistemático.
- Como os investidores podem eliminar o risco não sistemático, eles não exigem um prêmio de risco por ele.
- Como os investidores não conseguem eliminar o risco sistemático, eles têm que ser compensados por ele. Então, o prêmio de risco de um grupo de ações depende do valor de seu risco sistemático em vez de seu risco total.

risco não sistemático, p. 370
risco sistemático, p. 370

MyFinanceLab Study Plan 10.5
Análise Interativa de Risco e Diversificação de Carteira

Questões de revisão

1. O que a relação histórica entre volatilidade e retorno nos diz sobre a atitude dos investidores em relação ao risco?
2. Quais são os componentes do retorno realizado de um grupo de ações?
3. Qual é a ideia por trás do uso do retorno anual médio como uma medida do retorno esperado?
4. Qual é a relação entre o desvio-padrão e o conceito geral de risco?
5. Como a relação entre o retorno médio e a volatilidade histórica de grupos de ações individuais difere da relação entre o retorno médio e a volatilidade histórica de carteiras grandes e bem diversificadas?
6. Considere dois bancos locais. O Banco A possui 100 empréstimos em aberto, cada um de US$ 1 milhão de dólares, que ele espera que sejam pagos hoje. Cada empréstimo possui uma probabilidade de inadimplência de 5%, caso em que o banco nada recebe. A chance de inadimplência é independente entre os empréstimos. O Banco B possui apenas um empréstimo de US$ 100 milhões em aberto que ele também espera que seja pago hoje. Ele também tem uma probabilidade de 5% de não ser pago. Explique a diferença entre o tipo de risco que cada banco enfrenta. Supondo que você seja avesso ao risco, de que banco você preferiria ser proprietário?
7. O que significa diversificação e como ela se relaciona com risco comum *versus* risco independente?
8. Qual dos riscos a seguir relativos a um grupo de ações provavelmente são riscos não sistemáticos diversificáveis e quais provavelmente são riscos sistemáticos? Que riscos afetarão o prêmio de risco que os investidores exigem?
   a. O risco de que o fundador e CEO se aposente.
   b. O risco de que os preços do petróleo subam, aumentando os custos de produção.
   c. O risco de que o design de um produto tenha defeitos e o produto tenha que sofrer "recall".
   d. O risco de que a economia esfrie, reduzindo a demanda pelos produtos da empresa.
   e. O risco de que seus melhores funcionários sejam contratados por outras empresas.
   f. O risco de que o novo produto que você espera que sua divisão de P&D produza não se materialize.
9. Qual é a diferença entre risco sistemático e não sistemático?

10. Existem três empresas trabalhando em uma nova abordagem a *software* de rastreamento de clientes. Você trabalha para uma empresa de *software* que acha que esta poderia ser uma boa adição à sua linha de produtos de *software*. Se você investir em uma delas *versus* em todas elas:
    a. É provável que seu risco sistemático seja muito diferente?
    b. É provável que seu risco não sistemático seja muito diferente?

11. Se você selecionar aleatoriamente 10 grupos de ações para uma carteira e 20 outros grupos de ações para uma carteira diferente, que carteira provavelmente teria o menor desvio-padrão? Por quê?

12. Por que o prêmio de risco de um grupo de ações depende de seu risco diversificável?

13. Sua esposa ou esposo trabalha para a Southwest Airlines e você trabalha em uma mercearia. É provável que a sua empresa ou a de sua esposa ou esposo seja mais exposta ao risco sistemático?

Problemas

Todos os problemas neste capítulo estão disponíveis no MyFinanceLab.

Riscos e retornos históricos de ações

1. Você comprou um grupo de ações há um ano por US$ 50 por ação e as vendeu hoje a US$ 55 por ação. Elas pagaram um dividendo de US$ 1 por ação hoje.
   a. Qual foi seu retorno realizado?
   b. Quanto do retorno veio da rentabilidade do dividendo e quanto veio do ganho de capital?

2. Repita o Problema 1 supondo, agora, que as ações tenham caído US$ 5, para US$ 45.
   a. Seu ganho de capital é diferente? Por que ou por que não?
   b. Sua rentabilidade do dividendo é diferente? Por que ou por que não?

3. Você acaba de comprar uma ação por US$ 20. Espera-se que a empresa pague um dividendo de US$ 0,50 por ação daqui a exatamente um ano. Se você quiser obter um retorno de 10% sobre seu investimento, que preço é necessário se você espera vender as ações imediatamente após ela ter pago o dividendo?

4. Faça o *download* da planilha do *website* deste livro que contém os dados da Figura 10.1.
   a. Calcule o retorno médio de cada um dos ativos de 1929 a 1940 (a Grande Depressão).
   b. Calcule a variância e o desvio-padrão de cada um dos ativos de 1929 a 1940.
   c. Qual ativo foi o mais arriscado durante a Grande Depressão? Como isso se encaixa com sua intuição a esse respeito?

5. Considere se a Grande Depressão tivesse acontecido de 1989 a 2000 e os retornos de 1989 a 2000 tivessem ocorrido de 1929 a 1940. Tomando os retornos das ações de baixa capitalização:
   a. Como o retorno médio aritmético no período de 1926–2006 mudou, se é que mudou?
   b. Como o retorno médio geométrico no período de 1926–2006 mudou, se é que mudou?
   c. Como o valor total para o qual os US$ 100 teriam crescido mudaria, se é que mudaria?

6. Utilizando os dados do Problema 4, repita sua análise ao longo da década de 1990.
   a. Qual ativo foi o mais arriscado?
   b. Compare os desvios-padrão dos ativos na década de 1990 a seus desvios-padrão na Grande Depressão. Qual teve a maior diferença entre os dois períodos?
   c. Se você só tivesse informações sobre a década de 1990, o que você concluiria sobre o risco relativo de investir em ações de baixa capitalização?

7. E se a década de 1990 tivesse sido "normal"? Faça o *download* da planilha do *website* deste livro que contém os dados da Figura 10.1.
   a. Calcule o retorno médio aritmético sobre o S&P 500 de 1926 a 1989.
   b. Substitua os retornos anuais de 1990 a 2006 com o retorno médio de (a).
      Para quanto os US$ 100 investidos no final de 1925 tinham crescido no final de 2006?
   c. Faça o mesmo para ações de baixa capitalização.

8. Utilizando os dados na tabela a seguir, calcule o retorno do investimento em ações da Boeing de 2 de janeiro de 2003 a 2 de janeiro de 2004.

Dados históricos de ações e dividendos da Boeing

Data	Preço	Dividendo
2/1/03	33,88	
5/2/03	30,67	0,17
14/5/03	29,49	0,17
13/08/03	32,38	0,17
12/11/03	39,07	0,17
2/1/04	41,99	

9. Qual foi a rentabilidade de seu dividendo por investir na Boeing no Problema 7? Qual foi seu ganho de capital?

10. Faça o *download* da planilha do *website* deste livro que contém os preços mensais e dividendos (pagos no final do mês) históricos da Apple, Inc. (Símbolo *ticker*: AAPL) de agosto de 2001 a agosto de 2006.
    a. Calcule o retorno médio aritmético sobre este período e expresse sua resposta em porcentagem mensal.
    b. Calcule o retorno médio geométrico mensal ao longo deste período.
    c. Calcule o desvio-padrão mensal ao longo deste período.

11. Explique a diferença entre o retorno médio aritmético que você calculou no Problema 10a e o retorno médio geométrico que você calculou no Problema 10b. Ambos os valores são úteis? Em caso afirmativo, explique por quê.

12. Os quatro últimos anos de retornos de um grupo de ações são:

1	2	3	4
−4%	+28%	+12%	+4%

   a. Qual é o retorno anual médio?
   b. Qual é a variância dos retornos das ações?
   c. Qual é o desvio-padrão dos retornos das ações?

13. Calcule os intervalos de confiança de 95% dos quatro investimentos incluídos na Figura 10.3 e na Figura 10.4.

14. Você está escolhendo dentre os quatro investimentos do Problema 13 e você quer ter 95% de certeza de que você não perderá mais de 8% sobre seu investimento. Que investimentos você deve escolher?

11 Risco Sistemático e Prêmio de Risco de Ações

OBJETIVOS DE APRENDIZAGEM

- Calcular o retorno e a volatilidade (desvio-padrão) de uma carteira
- Compreender a relação entre risco sistemático e a carteira de mercado
- Medir o risco sistemático
- Utilizar o Modelo de Precificação de Ativos Financeiros (CAPM) para calcular o custo de capital próprio de um grupo de ações

notação

β_i	beta do título i relacionado à carteira de mercado	r_f	taxa de juros livre de risco
$Corr(R_i, R_j)$	correlação entre os retornos do título i e do título j	r_i	retorno exigido do título i; custo de capital de investir em títulos negociáveis i
$E[R_i]$	retorno esperado do título i	R_i	retorno do título i
$E[RMk_t]$	retorno esperado da carteira de mercado	R_P	retorno da carteira P
Mv_i	valor de mercado total (capitalização de mercado) do título i	$SD(Ri)$	desvio-padrão (volatilidade) do retorno do título i
N_i	número de ações em circulação do título i	$Var(Ri)$	variância do retorno do título i
P_i	preço por ação do título i	w_i	fração da carteira investida no título i (seu peso relativo na carteira)

ENTREVISTA COM Alexander Morgan, Pantheon Ventures

Boston University, 2005

"Estudar a construção de carteiras me forneceu uma ampla base de conhecimento que permite o melhor desenvolvimento da minha atividade".

Alexander "Xan" Morgan é associado de investimentos da Pantheon Ventures, uma empresa global de *private equity* com mais de US$ 23 bilhões em ativos gerenciados. Formado em 2005 pela Boston University em finanças, com área de concentração em empreendedorismo, Xan trabalha no escritório de São Francisco de sua empresa, onde ele analisa investimentos em fundos de *private equity* norte-americanos. Xan atribui à sua formação em finanças e à experiência de aplicar conceitos a estudos de caso o fato de ele estar preparado para esse cargo. "Não importa o quanto os conceitos dos estudos de caso pareciam simples, agora acho que eles estão entremeados em meu trabalho cotidiano", diz ele. "Estudar a construção de carteiras me forneceu uma ampla base de conhecimento que permite o melhor desenvolvimento da minha atividade. Se estou analisando o desempenho de um único investimento ou focalizando no crescimento potencial de determinado setor, tenho sempre que considerar se o fundo se enquadrará em nossa carteira atual".

A diversificação é crítica para a construção de carteiras e mitigar o risco. "Se você não diversificar sua carteira adequadamente, você se torna muito mais suscetível a ciclos gerais de mercado/setor", Xan explica. "Em 2000-2001, por exemplo, os investidores com carteiras não diversificadas com investimentos em sua maioria relacionados à Internet viram o valor de suas carteiras cair bruscamente quando todo o setor quebrou".

Xan considera os diferentes tipos de riscos associados ao avaliar investimentos. "Não se pode eliminar o risco sistemático por meio da diversificação", diz ele. "Durante a recente crise das hipotecas *subprime* e a retração econômica resultante, mesmo os fundos bem diversificados foram afetados negativamente até certo ponto pelo choque sistemático". Ao contrário do risco sistemático, o risco não sistemático – específico a um único título – pode ser parcialmente mitigado pela diversificação de carteira. "Se um investimento em uma carteira contendo 50 investimentos tiver um subdesempenho, ele provavelmente não afetará seu desempenho significativamente. Uma carteira bem diversificada pode absorver a perda por meio da estabilidade de outros investimentos".

Investir em uma carteira bem diversificada do "índice de mercado" é uma maneira de minimizar o risco não sistemático e reduzir o risco sistemático específico a setores. "Se você investir em uma grande variedade de setores, o mau desempenho de um investimento (risco não sistemático) não terá um grande impacto sobre sua carteira. Além disso, se todo um setor enfrentar uma recessão (risco do tipo mais sistemático), os investimentos em outros setores poderão ainda assim ter um desempenho bom o suficiente para compensar suas perdas".

No Capítulo 10, começamos nossa exploração do *tradeoff* entre risco e retorno. Descobrimos que, para grandes carteiras, enquanto os investidores devem esperar obter retornos mais altos em troca de riscos mais altos, o mesmo não é válido para ações individuais. As ações têm riscos não sistemáticos diversificáveis e riscos sistemáticos não diversificáveis; apenas o risco sistemático é recompensado com retornos esperados mais altos. Sem recompensa por assumir riscos não sistemáticos, os investidores racionais devem decidir diversificar.

Coloque-se no papel de um gerente financeiro de uma empresa como a Apple. Uma parte de seu trabalho seria calcular o custo de capital próprio da Apple de modo que seus gerentes saibam que retorno seus investidores exigiram. Lembre-se de que, no Capítulo 5, definimos o custo de capital como o melhor retorno esperado disponível oferecido no mercado sobre um investimento de risco e prazo comparáveis. Como apenas o risco sistemático contribui com os retornos esperados, temos que medir o risco sistemático da Apple e associá-lo a um retorno esperado da Apple. Para fazê-lo, precisamos pensar nas ações da Apple da maneira que os investidores pensariam – como parte de uma carteira. Consequentemente, começaremos do ponto onde paramos no último capítulo: com carteiras. Depois de aprender como calcular o risco e o retorno esperado de uma carteira, focalizaremos na maior carteira de todas: a carteira de *todos* os títulos arriscados. Esta carteira não possui mais risco diversificável e pode ser utilizada como base para medir o risco sistemático. A partir daí, desenvolveremos um modelo simples e poderoso que relaciona o risco sistemático de um investimento a seu retorno esperado. Em outras palavras, o modelo diz que o retorno que devemos esperar sobre qualquer investimento é igual à taxa de retorno livre de risco mais um prêmio de risco proporcional à quantidade de risco sistemático no investimento.

11.1 O retorno esperado de uma carteira

No último capítulo, aprendemos o importante papel que as carteiras desempenham na redução de riscos não sistemáticos. Como gerentes financeiros, temos que estar atentos ao fato de que os investidores detêm ações de nossa empresa como parte de uma carteira maior. Assim, é importante compreender como as carteiras funcionam e as implicações para o retorno que nossos investidores esperam sobre as ações de nossa empresa e os projetos que empreendemos nesta empresa.

Pesos de carteira

Começaremos calculando o retorno e o retorno esperado de uma carteira. Por exemplo, considere uma carteira com 200 ações da Apple no valor de US$ 200 por ação (totalizando US$ 40.000), e 1.000 ações da Coca-Cola no valor de US$ 60 por ação (totalizando US$ 60.000). O valor total da carteira é US$ 100.000, então a Apple representa 40% da carteira, e a Coca-Cola, 60%. De maneira mais geral, podemos descrever uma carteira por seus **pesos de carteira**, que são as frações do investimento total na carteira mantida em cada investimento individual na carteira:

pesos de carteira Fração do investimento total em uma carteira mantida em cada investimento individual na carteira.

$$w_i = \frac{\text{Valor do investimento } i}{\text{Valor total da carteira}} \tag{11.1}$$

Esses pesos de carteira somam 100% (isto é, $w_1 + w_2 + ... + w_N = 100\%$), de modo que eles representam a maneira como dividimos nosso dinheiro entre os diferentes investimentos individuais na carteira. Podemos confirmar os pesos de carteira de nossa carteira da Apple e da Coca-Cola:

$$w_{Apple} = \frac{200 \times \$200}{100.000} = 40\% \quad \text{e} \quad w_{Coca\text{-}Cola} = \frac{1000 \times \$60}{100.000} = 60\%$$

Retornos de carteira

Uma vez conhecendo os pesos de carteira, você pode calcular o retorno sobre a carteira. Por exemplo, vejamos a carteira da Apple e da Coca-Cola. Se a Apple gera um retorno de 10%, e a Coca-Cola, de 15%, então os 40% da carteira geram 10% e 60% da carteira geram 15%, então a carteira como um todo gera: $(0,40)(10\%) + (0,60)(15\%) = 13\%$.

retorno de uma carteira Média ponderada dos retornos sobre os investimentos em uma carteira, onde os pesos correspondem a pesos de carteira.

O *retorno de uma carteira* é a média ponderada dos retornos sobre os investimentos na carteira, onde os pesos correspondem a pesos de carteira.

Formalmente, suponha que $w_1, \ldots, w_n$ sejam os pesos de carteira dos n investimentos em uma carteira e que esses investimentos tenham retornos $R_1, \ldots, R_n$, então a fórmula do retorno da carteira é:

$$R_P = w_1 R_1 + w_2 R_2 + \ldots + w_n R_n \tag{11.2}$$

EXEMPLO 11.1

Calculando retornos de carteiras

Problema

Suponha que você invista US$ 100.000 comprando 200 ações da Apple a US$ 200 por ação (US$ 40.000) e 1.000 ações da Coca-Cola a US$ 60 por ação (US$ 60.000). Se o preço das ações da Apple subir para US$ 240 por ação e o preço das ações da Coca-Cola cair para US$ 57 por ação e nenhuma paga dividendos, qual será o novo valor da carteira e qual será o retorno obtido? Mostre que a Equação 11.2 é válida calculando os retornos individuais das ações e multiplicando-os por seus pesos na carteira. Se você não comprar ou vender ações após a mudança de preço, quais serão os novos pesos de carteira?

Solução

▶ Planejamento

Sua carteira: 200 ações da Apple: US$ 200 → US$ 240 (ganho de capital de US$ 40)
1.000 ações da Coca-Cola: US$ 60 → US$ 57 (perda de capital US$ 3)

A. Para calcular o retorno sobre sua carteira, calcule seu valor utilizando os novos preços e compare-os ao investimento original de US$ 100.000.

B. Para confirmar que a Equação 11.2 é válida, calcule o retorno sobre cada grupo de ações individualmente utilizando a Equação 10.1 do Capítulo 10, multiplique esses retornos por seus pesos originais na carteira, e compare sua resposta ao retorno que você acabou de calcular para a carteira como um todo.

▶ Execução

O novo valor de suas ações da Apple é 200 × US$ 240 = US$ 48.000 e o novo valor de suas ações da Coca-Cola é 1.000 × US$ 57 = US$ 57.000. Então, o novo valor de sua carteira é US$ 48.000 + US$ 57.000 = US$ 105.000, gerando um ganho de US$ 5.000 ou um retorno de 5% sobre seu investimento inicial de US$ 100.000.

Como nenhum dos grupos de ações paga dividendos, calculamos seus retornos simplesmente como o ganho ou perda de capital dividido pelo preço de compra. O retorno sobre as ações da Apple foi de US$ 40/US$ 200 = 20%, e o retorno sobre as ações da Coca-Cola foi de −US$ 3/US$ 60 = −5%.

Os pesos de carteira iniciais foram de US$ 40.000/US$ 100.000 = 40% para a Apple e US$ 60.000/US$ 100.000 = 60% para a Coca-Cola, então também podemos calcular o retorno da carteira a partir da Equação 11.2 como:

$$R_P = w_{Apple} R_{Apple} + w_{Coca} R_{Coca} = 0{,}40(20\%) + 0{,}60(-5\%) = 5\%$$

Depois da mudança no preço, os novos pesos de carteira são iguais ao valor de seu investimento em cada grupo de ações dividido pelo novo valor da carteira:

$$w_{Apple} = \frac{200 \times US\$\ 240}{105.000} = 45{,}71\% \quad \text{e} \quad w_{Coca\text{-}Cola} = \frac{1000 \times US\$\ 57}{105.000} = 54{,}29\%$$

Para verificar seu trabalho, certifique-se sempre de que os pesos de sua carteira somem 100%!

▶ Avaliação

A perda de US$ 3.000 sobre seu investimento na Coca-Cola foi compensada pelo ganho de US$ 8.000 em seu investimento na Apple, gerando um ganho total de US$ 5.000 ou 5%. Obtém-se o mesmo resultado ao dar um peso de 40% ao retorno de 20% da Apple e um peso de 60% à perda de −5% da Coca-Cola – um retorno líquido total de 5%.

Depois de um ano, o peso de carteira da Apple aumentou e o peso da Coca-Cola diminuiu. Observe que sem negociar, os pesos de carteira aumentarão para os grupos de ações na carteira cujos retornos estiverem acima do retorno geral da carteira. Os gráficos a seguir mostram os pesos iniciais e finais da Apple (exibidos em cinza) e da Coca-Cola (exibidos em verde).

Retorno esperado de uma carteira

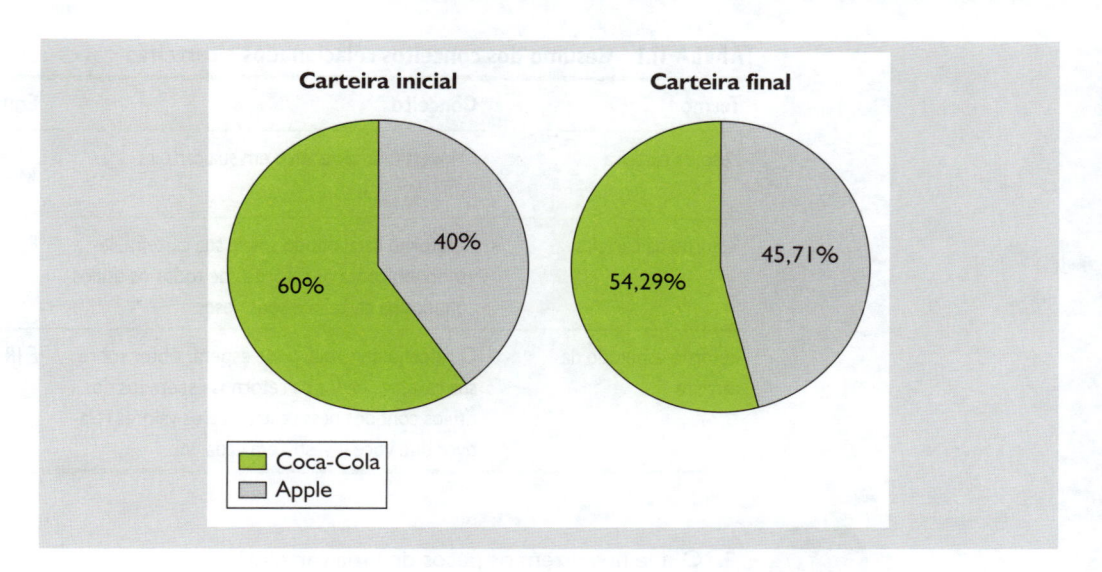

retorno esperado de uma carteira Média ponderada dos retornos esperados dos investimentos em uma carteira, onde os pesos correspondem aos pesos de carteira.

Como mostramos no Capítulo 10, você pode ver o retorno médio histórico de um título como seu retorno esperado. Com esses retornos esperados, é possível calcular o **retorno esperado de uma carteira**, que é simplesmente a média ponderada dos retornos esperados de cada um dos investimentos que a compõem, utilizando os pesos de carteira:

$$E[R_P] = w_1 E[R_1] + w_2 E[R_2] + \dots + w_n E[R_n] \tag{11.3}$$

Começamos afirmando que você pode descrever uma carteira por seus pesos. Esses pesos são utilizados no cálculo tanto do retorno de uma carteira quanto de seu retorno esperado. A Tabela 11.1 resume esses conceitos.

EXEMPLO 11.2
Retorno esperado de uma carteira

Problema

Suponha que você invista US$ 10.000 nas ações da Ford (F) e US$ 30.000 nas ações da Tyco International (TYC). Você espera um retorno de 10% para a Ford e de 16% para a Tyco. Qual é o retorno esperado para sua carteira?

Solução

▶ Planejamento

Você possui US$ 40.000 investidos no total:

US$ 10.000/US$ 40.000 = 25% na Ford: $E[R_F] = 10\%$

US$ 30.000/US$ 40.000 = 75% na Tyco: $E[R_{TYC}] = 16\%$

Utilizando a Equação 11.3, calcule o retorno esperado sobre toda a sua carteira multiplicando os retornos esperados das ações contidas em sua carteira por seus pesos de carteira.

▶ Execução

O retorno esperado sobre sua carteira é:

$$E[R_P] = w_F E[R_F] + w_{TYC} E[R_{TYC}]$$

$$E[R_P] = 0{,}25 \times 10\% + 0{,}75 \times 16\% = 14{,}5\%$$

▶ Avaliação

A importância de cada grupo de ações para o retorno esperado da carteira geral é determinada pela quantidade relativa de dinheiro nele investido. A maior parte (75%) do seu dinheiro está investida na Tyco, então o retorno esperado geral da carteira é muito mais próximo do retorno esperado da Tyco do que do da Ford.

TABELA 11.1 Resumo dos conceitos relacionados a carteiras

Termo	Conceito	Equação
Peso de carteira	O investimento relativo em sua carteira	$w_i = \dfrac{\text{Valor do investimento } i}{\text{Valor total da carteira}}$
Retorno da carteira	O retorno total obtido sobre sua carteira, levando em conta os retornos de todos os títulos contidos na carteira e seus pesos	$R_P = w_1 R_1 + w_2 R_2 + \ldots + w_n R_n$
Retorno esperado da carteira	O retorno que você pode esperar obter sobre sua carteira, dados os retornos esperados dos títulos contidos nessa carteira e os valores relativos que você investiu em cada um	$E[R_P] = w_1 E[R_1] + w_2 E[R_2]$ $+ \ldots + w_n E[R_n]$

Fixação de conceitos

1. O que nos dizem os pesos de uma carteira?
2. Como o retorno esperado de uma carteira está relacionado aos retornos esperados dos grupos de ações contidos na carteira?

11.2 A volatilidade de uma carteira

Os investidores de uma empresa como a Apple se importam não somente com o retorno, mas também com o risco de suas carteiras. Para compreendermos como os investidores da Apple pensam em relação ao risco, temos que entender como se calcula o risco de uma carteira. Como explicamos no Capítulo 10, quando combinamos ações em uma carteira, parte de seu risco é eliminada por meio da diversificação. A quantidade de risco que permanecerá depende do grau com que as ações são expostas a riscos comuns. A **volatilidade de uma carteira** é o risco total, medido como o desvio-padrão, da carteira. Nesta seção, descreveremos as ferramentas que podemos utilizar para quantificar o grau de risco comum que dois grupos de ações compartilham e determinar a volatilidade de uma carteira.

volatilidade de uma carteira Risco total, medido como o desvio-padrão, de uma carteira.

Diversificando riscos

Comecemos com um simples exemplo de como o risco muda quando combinamos ações em uma carteira. A Tabela 11.2 mostra os retornos de três ações hipotéticas, junto com seus retornos médios e volatilidades. Apesar de os três grupos de ações terem a mesma volatilidade e retorno médio, o padrão de seus retornos difere. Quando as ações da companhia aérea tiveram um bom desempenho, as ações da empresa de petróleo tenderam a ter um mau desempenho (ver 1998-1999), e quando a linha aérea teve um mau desempenho, as ações do petróleo tenderam a ter um bom desempenho (2001-2002).

A Tabela 11.2 também mostra os retornos de duas carteiras das ações. A primeira carteira consiste em investimentos idênticos nas duas companhias aéreas, North Air e West Air. A segunda carteira inclui investimentos idênticos na West Air e na Tex Oil. As duas linhas de baixo exibem o retorno médio e a volatilidade de cada grupo de ações e carteira de ações. Observe que o retorno médio de 10% de ambas as carteiras é igual ao retorno médio de 10% das ações, o que é consistente com a Equação 11.3. Entretanto, como a Figura 11.1 ilustra, suas volatilidades (desvios-padrão) – 12,1% para a carteira 1 e 5,1% para a carteira 2 – são muito diferentes da volatilidade de 13,4% das ações individuais e uma da outra.

Este exemplo demonstra duas coisas importantes que aprendemos no último capítulo. *Em primeiro lugar, ao combinarmos ações em uma carteira, reduzimos o risco por meio da diversificação.* Como os preços das ações não se movimentam da mesma forma, parte do risco é neutralizada em uma carteira. Consequentemente, ambas as carteiras têm um risco menor do que o das ações individualmente.

Capítulo 11 Risco Sistemático e Prêmio de Risco de Ações

TABELA 11.2 Retornos de três grupos de ações e carteiras de pares de grupos de ações

	Retornos das ações			Retornos da carteira	
				(1)	(2)
Ano	North Air	West Air	Tex Oil	Metade N.A. e metade W.A.	Metade W.A. e metade T.O.
1998	21%	9%	−2%	15,0%	3,5%
1999	30%	21%	−5%	25,5%	8,0%
2000	7%	7%	9%	7,0%	8,0%
2001	−5%	−2%	21%	−3,5%	9,5%
2002	−2%	−5%	30%	−3,5%	12,5%
2003	9%	30%	7%	19,5%	18,5%
Retorno médio	10,0%	10,0%	10,0%	10,0%	10,0%
Volatilidade	13,4%	13,4%	13,4%	12,1%	5,1%

Em segundo lugar, a quantidade de risco que é eliminada em uma carteira depende do grau com que as ações enfrentam riscos comuns e o quanto seus preços se movimentam juntos. Como as ações das duas companhias aéreas tendem a ter um bom ou mau desempenho ao mesmo tempo, sua carteira de ações possui uma volatilidade que é apenas um pouco mais baixa do que a de ações individuais. As ações da companhia aérea e do petróleo, ao contrário, não se movimentam juntas; na verdade, elas tendem a se movimentar em direções opostas. Consequentemente, parte do risco é neutralizada, tornando essa carteira muito menos arriscada.

Medindo a comovimentação das ações: correlação

A Figura 11.1 enfatiza o fato de que, para encontrar o risco de uma carteira, precisamos conhecer mais do que apenas o risco das ações que a compõem: precisamos conhecer o quanto os retornos das ações se movimentam juntos. A *correlação* de ações mede isto, variando de −1 a +1.[1]

correlação Medida de o quanto os retornos compartilham riscos comuns. É calculado como a covariância dos retornos divididos pelo desvio-padrão de cada retorno.

Como mostra a Figura 11.2, a **correlação** é um barômetro que mostra o quanto os retornos compartilham riscos comuns. Quanto mais próxima de +1 for a correlação, maior será a tendência de os retornos se movimentarem juntos em decorrência de riscos comuns. Quando a correlação é igual a zero, os retornos são *não correlacionados*, isto é, eles não têm tendência de se movimentarem juntos ou em direções opostas um ao outro. Riscos independentes são não correlacionados. Finalmente, quanto mais próxima de −1 for a correlação, maior será a tendência de os retornos se movimentarem em direções opostas.

Quando os retornos de ações terão uma alta correlação? Os retornos de ações tendem a se movimentar juntos quando são afetados de maneira similar por eventos econômicos. Assim, ações de empresas do mesmo setor tendem a ter retornos com correlação mais alta do que ações de empresas de diferentes setores. Essa tendência é ilustrada na Tabela 11.3, que mostra a volatilidade (desvio-padrão) de retornos de grupos de ações individuais e a correlação entre eles para vários grupos de ações ordinárias. Os valores realçados em verde-claro ao longo da diagonal mostram a correlação de um grupo de ações consigo próprio – que tem que ser 1 (um grupo de ações é perfeitamente correlacionado consigo próprio). A tabela pode ser lida ao longo das linhas ou descendo as colunas. Cada correlação é repetida duas vezes. Por exemplo, ao ler a linha da Microsoft, a correlação entre a Microsoft e a Dell (realçado em verde) é 0,63,

---

[1] A correlação é uma covariância "padronizada" definida como:

$$Corr(R_i, R_j) = \frac{Cov(R_i, R_j)}{SD(R_i)SD(R_j)}$$

FIGURA 11.1

Volatilidade das carteiras da companhia aérea e da empresa de petróleo

As figuras exibem o gráfico dos retornos de carteira da Tabela 11.2. No painel (a), vemos que as ações das companhias aéreas se movimentam sincronicamente, de modo que uma carteira formada por dois grupos de ações de companhias aéreas não alcança muita diversificação. No painel (b), como as ações da companhias aérea e da empresa de petróleo geralmente se movimentam em direções opostas, uma carteira formada por ações da West Air e da Tex Oil alcança maior diversificação e uma menor volatilidade da carteira.

Painel (a): carteira dividida igualmente entre a North Air e a West Air

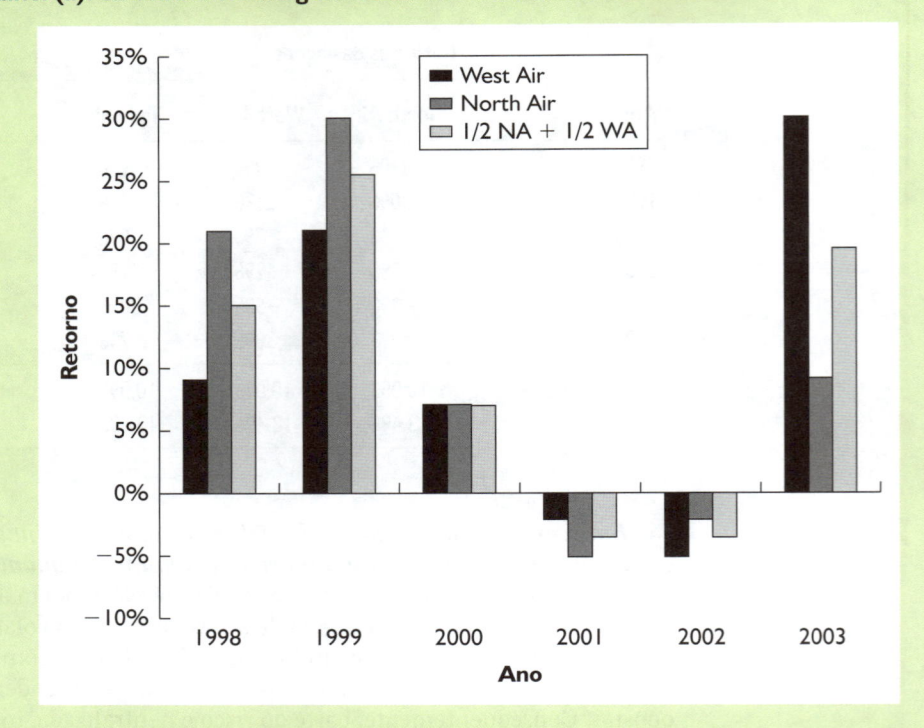

Painel (b): carteira dividida igualmente entre a West Air e a Texas Oil

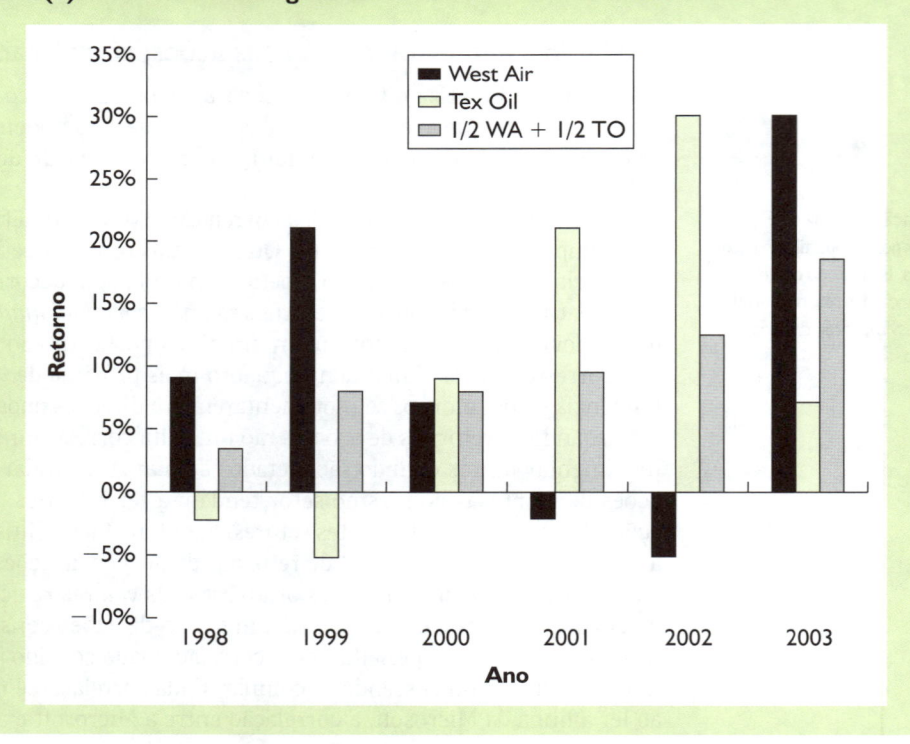

FIGURA 11.2

Correlação

A correlação mede como os retornos se movimentam em relação um ao outro; é sempre entre +1 (retornos sempre se movimentam juntos) e −1 (retornos sempre se movimentam em direções opostas). Os riscos independentes não têm tendência a se movimentar juntos e, portanto, possuem correlação zero. As correlações da Apple com a Starbucks e com a Dell são indicadas no contínuo. Observe que a Apple está mais correlacionada com outra vendedora de computadores e menos correlacionada com uma empresa que vende café. Veja a Tabela 11.3 para mais exemplos de correlações.

Fonte: Cálculos do autor baseados em dados do *website* moneycentral.msn.com.

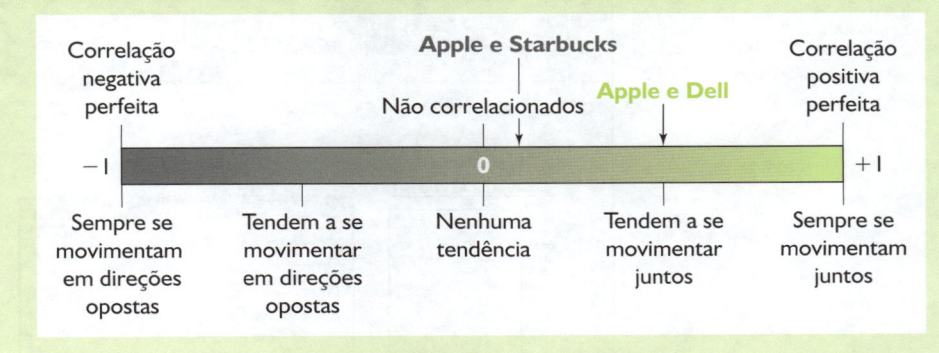

Correlação negativa perfeita		Não correlacionados	**Apple e Starbucks**	**Apple e Dell**	Correlação positiva perfeita
−1			0		+1
Sempre se movimentam em direções opostas	Tendem a se movimentar em direções opostas	Nenhuma tendência		Tendem a se movimentar juntos	Sempre se movimentam juntos

que você também pode encontrar lendo a linha da Dell, vendo a correlação entre a Dell e a Microsoft. A Dell e a Microsoft têm a maior correlação da tabela, 0,63, porque novos computadores geralmente são vendidos com o Microsoft Windows instalado, então ambas as empresas se beneficiam de maiores gastos com computadores. Todas as correlações são positivas, entretanto, mostrando a tendência geral de os grupos de ações e movimentarem juntos. A menor correlação é exibida realçada em cinza para a Best Buy com a Starbucks, que é 0,12, mostrando que há pouca relação entre os setores de restaurantes e de varejo de produtos eletrônicos. A Figura 11.3 mostra gráficos de dispersão dos retornos da Dell e da HP, e da Starbucks e da Best Buy. Enquanto há uma clara relação entre os retornos da Dell e da HP, o gráfico da Starbucks e da Best Buy parece uma nuvem de retornos não relacionados.

TABELA 11.3 Volatilidades anuais estimadas e correlações de ações selecionadas (com base em retornos mensais, 1996–2006)

DESVIO-PADRÃO	Apple 54%	Microsoft 38%	Best Buy 63%	Target 30%	Starbucks 41%	Dell 50%	HP 41%
Apple	1,00	0,32	0,31	0,17	0,14	0,48	0,40
Microsoft	0,32	1,00	0,36	0,36	0,25	0,63	0,39
Best Buy	0,31	0,36	1,00	0,41	0,12	0,40	0,27
Target	0,17	0,36	0,41	1,00	0,33	0,37	0,22
Starbucks	0,14	0,25	0,12	0,33	1,00	0,19	0,21
Dell	0,48	0,63	0,40	0,37	0,19	1,00	0,52
HP	0,40	0,39	0,27	0,22	0,21	0,52	1,00

Fonte: Cálculos do autor com base em dados do *website* moneycentral.msn.com.

UTILIZANDO O EXCEL	As correlações apresentadas na Tabela 11.3 foram todas calculadas comparando os retornos de dois grupos de ações. Aqui, descrevemos como você pode utilizar o Excel para calcular essas correlações.
Calculando a correlação entre dois conjuntos de retornos	

1. Digite ou importe para o Excel os retornos históricos dos dois grupos de ações.
2. Depois, nos menus do alto da página, escolha Dados > Análise de Dados > Correlação.
3. Na caixa "Intervalo de entrada", realce as duas colunas de retornos, como exibido na tela do Excel a seguir.
4. Clique em OK.
5. A resposta aparecerá em uma nova planilha como a correlação entre a "coluna 1" e a "coluna 2."

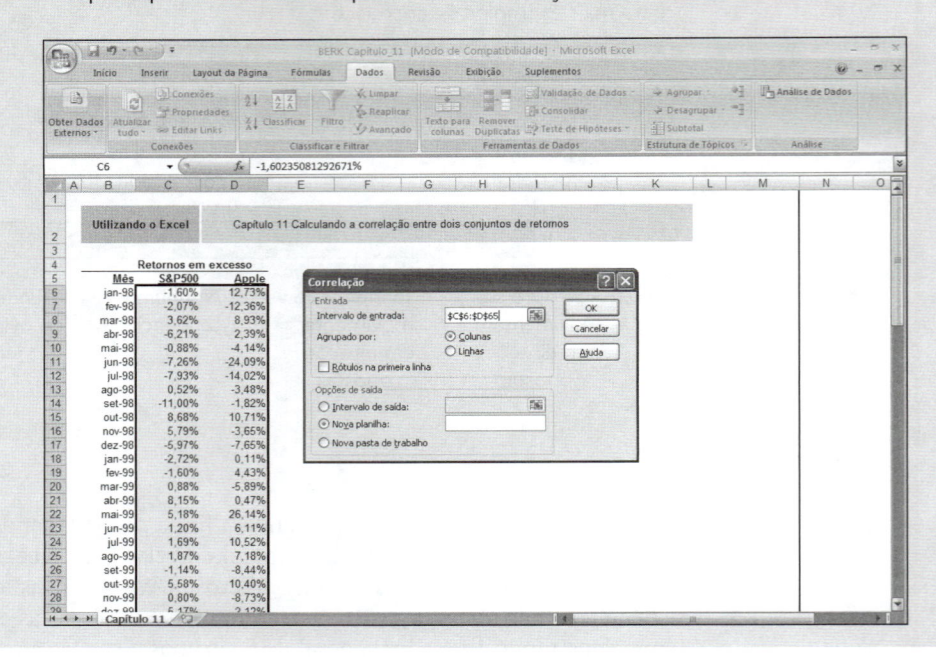

Calculando a variância e o desvio-padrão de uma carteira

Agora temos as ferramentas para calcular a variância de uma carteira formalmente. A fórmula da variância de uma carteira de dois grupos de ações é:

$$Var(R_P) = \underbrace{w_1^2 SD(R_1)^2}_{\substack{\text{Relativo ao} \\ \text{risco do} \\ \text{grupo de} \\ \text{ações 1}}} + \underbrace{w_2^2 SD(R_2)^2}_{\substack{\text{Relativo ao} \\ \text{risco do} \\ \text{grupo de} \\ \text{ações 2}}} + \underbrace{2w_1 w_2 Corr(R_1, R_2) SD(R_1) SD(R_2)}_{\substack{\text{Ajuste que representa o quanto} \\ \text{as ações se movimentam juntas}}} \quad (11.4)$$

Cada uma das três partes da Equação 11.4 representa um importante determinante da variância geral da carteira: o risco do grupo de ações 1, o risco do grupo de ações 2, e um ajuste que representa o quanto os dois grupos de ações se movimentam juntos (sua correlação, dada por $Corr(R_1, R_2)$).[2] A equação demonstra que, com um valor positivo investido em cada grupo de ações, quanto mais as ações caminharem juntas e quanto maior for sua correlação, mais volátil será a carteira. A carteira terá variância máxima se as ações tiverem uma correlação positiva perfeita de +1. Na verdade, ao combinar ações em uma carteira, a menos que as ações tenham uma correlação positiva perfeita de +1 uma com a outra, o risco da carteira será me-

---

[2] Para os três grupos de ações, a fórmula é

$$Var(R_P) = w_1^2 SD(R_1)^2 + w_2^2 SD(R_2)^2 + w_3^2 SD(R_3)^2 + 2w_1 w_2 Corr(R_1, R_2) SD(R_1) SD(R_2)$$
$$+ 2w_2 w_3 Corr(R_2, R_3) SD(R_2) SD(R_3) + 2w_1 w_3 Corr(R_1, R_3) SD(R_1) SD(R_3)$$

e para n grupos de ações, é:

$$\sum_{i=1}^{n} \sum_{j=1}^{n} w_i w_j \, Corr(R_i, R_j) SD(R_i) SD(R_j)$$

FIGURA 11.3

Diagrama de dispersão dos retornos

Gráficos de pares de retornos mensais da Starbucks e da Best Buy, e da Dell e da HP. Observe a clara relação positiva entre a Dell e a HP, que se movimentam juntas para cima e para baixo, em comparação à falta de relação entre a Starbucks e a Best Buy.

Fonte: Cálculos do autor com base em dados do *website* **moneycentral.msn.com**.

Painel (a): Retornos mensais da Starbucks e da Best Buy

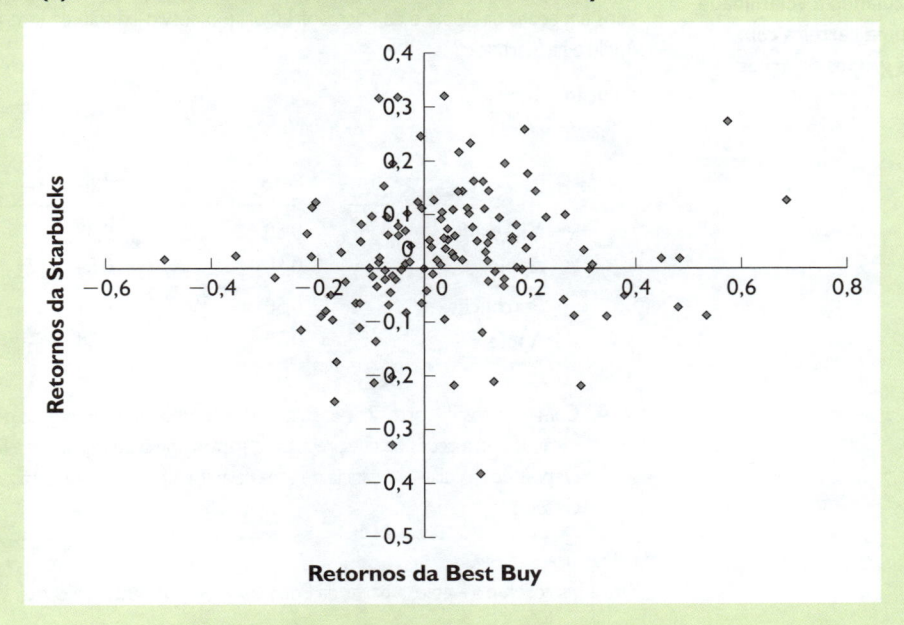

Painel (b): Retornos mensais da HP e da Dell

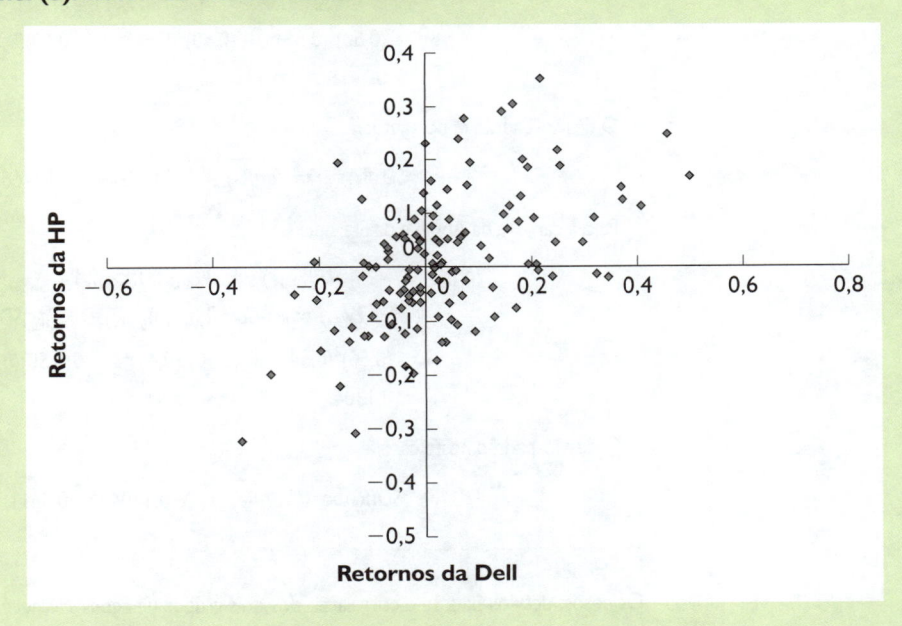

nor do que a volatilidade média ponderada das ações individuais (como mostra a Figura 11.1). Compare este fato com o retorno esperado de uma carteira. *O retorno esperado de uma carteira é igual ao retorno esperado médio ponderado das ações que a compõem, mas a volatilidade de uma carteira é menor do que a volatilidade média ponderada. Consequentemente, é óbvio que podemos eliminar parte da volatilidade por meio da diversificação.* A Equação 11.4 formalizou o conceito de diversificação introduzido no último capítulo. No exemplo a seguir, o utilizaremos para calcular a volatilidade de uma carteira.

EXEMPLO 11.3

Calculando a volatilidade de uma carteira com dois grupos de ações

Problema

Utilizando os dados da Tabela 11.3, qual é a volatilidade (desvio-padrão) de uma carteira com valores iguais investidos em ações da Apple e da Microsoft? Qual é o desvio-padrão de uma carteira com valores iguais investidos na Apple e na Starbucks?

Solução

▌ Planejamento

	Peso	Volatilidade	Correlação com a Apple
Microsoft	0,50	0,38	0,32
Apple	0,50	0,54	1
Starbucks	0,50	0,41	0,14
Apple	0,50	0,54	1

A. Com os pesos de carteira, a volatilidade e as correlações dos grupos de ações contidos nas duas carteiras, temos todas as informações de que precisamos para utilizar a Equação 11.4 a fim de calcular a variância de cada carteira.

B. Depois de calcular a variância de uma carteira, podemos tirar a raiz quadrada para obter o desvio-padrão da carteira.

▌ Execução

Para a Microsoft e a Apple, a partir da Equação 11.4, a variância da carteira é:

$$Var(R_P) = w_{MSFT}^2 SD(R_{MSFT})^2 + w_{AAPL}^2 SD(R_{AAPL})^2$$
$$+ 2w_{MSFT} w_{AAPL} Corr(R_{MSFT}, R_{AAPL}) SD(R_{MSFT}) SD(R_{AAPL})$$
$$= (0,50)^2 (0,38)^2 + (0,50)^2 (0,54)^2 + 2(0,50)(0,50)(0,32)(0,38)(0,54)$$
$$= 0,1418$$

O desvio-padrão é, portanto:

$$SD(R_P) = \sqrt{Var(R_P)} = \sqrt{0,1418} = 0,3766, \text{ou } 37,66\%$$

Para a carteira da Apple e da Starbucks:

$$Var(R_P) = w_{AAPL}^2 SD(R_{AAPL})^2 + w_{SBUX}^2 SD(R_{SBUX})^2$$
$$+ 2w_{AAPL} w_{SBUX} Corr(R_{AAPL}, R_{SBUX}) SD(R_{AAPL}) SD(R_{SBUX})$$
$$= (0,50)^2 (0,54)^2 + (0,50)^2 (0,41)^2 + 2(0,50)(0,50)(0,14)(0,54)(0,41)$$
$$= 0,1304$$

O desvio-padrão neste caso é:

$$SD(R_P) = \sqrt{Var(R_P)} = \sqrt{0,1304} = 0,3611, \text{ou } 36,11\%$$

▌ Avaliação

Os pesos, desvios-padrão e correlação dos dois grupos de ações são necessários para calcular a variância e então o desvio-padrão da carteira. Aqui, calculamos o desvio-padrão da carteira da Microsoft e da Apple como 37,66% e da Apple e da Starbucks como 36,11%. Observe que a carteira da Apple e da Starbucks é menos volátil do que qualquer das ações individuais. Ela também é menos volátil do que a carteira da Apple e da Microsoft. Apesar de a Starbucks ser mais volátil do que a Microsoft, sua correlação muito menor com a Apple leva a maiores benefícios de diversificação na carteira.

A volatilidade de uma carteira grande

Podemos obter benefícios extras de diversificação mantendo mais de dois grupos de ações em nossa carteira. À medida que adicionamos mais ações à nossa carteira, o risco específico a

> **Prêmio Nobel** — Harry Markowitz
>
> As técnicas que permitem que um investidor encontre a carteira com o maior retorno esperado para qualquer nível de desvio-padrão (ou volatilidade), foram desenvolvidas em um artigo, "Portfólio Selection" [Seleção de Carteira], publicado no *Journal of Finance* em 1952 por Harry Markowitz. A abordagem de Markowitz se tornou um dos principais métodos de otimização de carteira utilizados na Wall Street. Em reconhecimento por sua contribuição, Markowitz recebeu o Prêmio Nobel de Economia em 1990.

empresas diversificável de cada grupo de ações passa a importar cada vez menos. Apenas riscos comuns a todos os grupos de ações na carteira continuam a importar.

Na Figura 11.4, traçamos o gráfico da volatilidade de uma *carteira igualmente ponderada* com diferentes números de ações. Em uma **carteira igualmente ponderada**, o mesmo valor em dinheiro é investido em cada grupo de ações. Observe que a volatilidade diminui à medida que o número de grupos de ações na carteira aumenta. Na verdade, quase metade da volatilidade das ações individuais é eliminada em uma carteira grande por meio da diversificação. O benefício da diversificação é mais significativo inicialmente – a diminuição na volatilidade ao passar de um para dois grupos de ações é muito maior do que a diminuição ao passar de 100 para 101 grupos de ações. Mesmo para uma carteira muito grande, porém, não podemos eliminar todo o risco – o risco sistemático permanece.

carteira igualmente ponderada Carteira em que o mesmo montante em dólares é investido em cada grupo de ações.

FIGURA 11.4 — Volatilidade de uma carteira igualmente ponderada *versus* o número de ações

O gráfico no painel (b) é baseado nos dados do painel (a). Observe que a volatilidade diminui à medida que aumentamos o número de ações na carteira. Contudo, mesmo em uma carteira muito grande, o risco sistemático (de mercado) permanece. Observe também que a volatilidade diminui a uma taxa cada vez menor (o efeito de passar de um para dois grupos de ações, uma diminuição de 8 pontos percentuais na volatilidade, é maior do que o efeito de passar de 4 para 5 grupos de ações, uma diminuição de 1,1 ponto percentual). O gráfico é formado com base na suposição de que cada grupo de ações possui uma volatilidade de 40% e uma correlação com outras ações de 0,28. Ambas são típicas para ações de alta capitalização nos EUA.

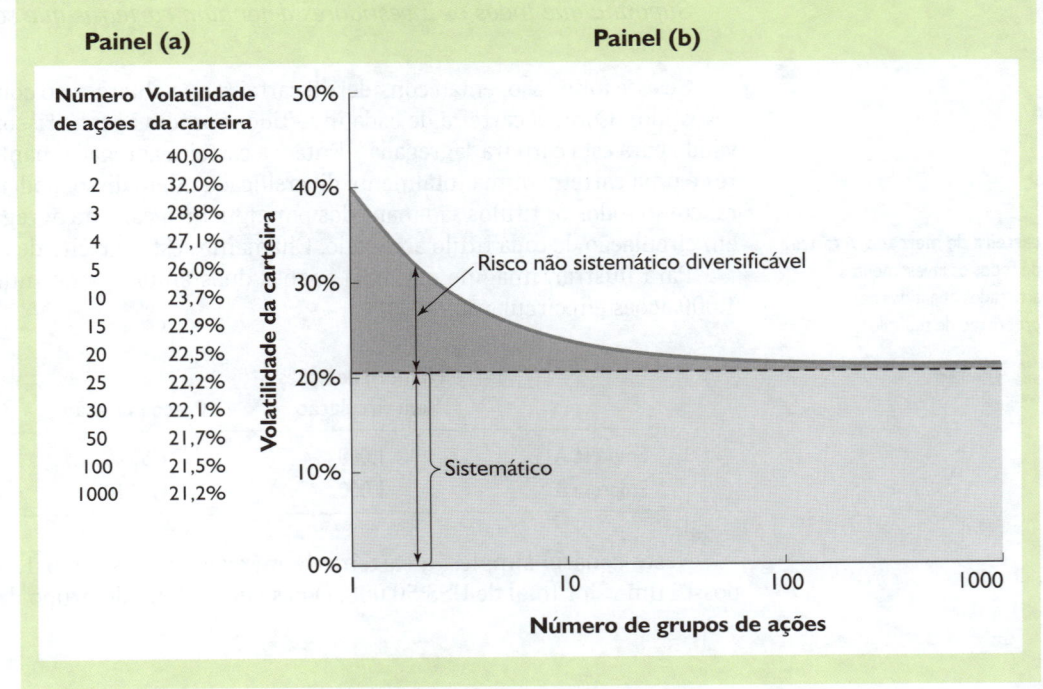

Painel (a)

Número de ações	Volatilidade da carteira
1	40,0%
2	32,0%
3	28,8%
4	27,1%
5	26,0%
10	23,7%
15	22,9%
20	22,5%
25	22,2%
30	22,1%
50	21,7%
100	21,5%
1000	21,2%

Fixação de conceitos

3. O que determina quanto risco será eliminado combinando ações em uma carteira?
4. Quando as ações têm mais ou menos correlação?

11.3 Medindo o risco sistemático

Nossa meta é entender o impacto do risco sobre os investidores da empresa. Ao compreender como eles veem o risco, podemos quantificar a relação entre risco e retorno exigido para produzir uma taxa de desconto para os cálculos de nosso valor presente. No Capítulo 10, definimos que o único risco relacionado ao retorno é o risco sistemático, mas o desvio-padrão mede o risco *total*, inclusive a parte não sistemática. Precisamos de uma maneira para medir somente o risco sistemático de uma oportunidade de investimento. A seção anterior apresentou duas ideias importantes nas quais nos aprofundaremos agora para determinar a sensibilidade de grupos de ações individuais ao risco. Recapitulando:

1. *A fração de risco de um grupo de ações que é removida pela diversificação depende de sua correlação com outros grupos de ações na carteira.* Por exemplo, mostramos no Exemplo 11.3 que uma fração muito menor do risco da Apple é eliminada por meio da diversificação em uma carteira com a Microsoft do que em uma carteira com a Starbucks.

2. *Se você construir uma carteira suficientemente grande, você poderá remover todo o risco não sistemático por meio da diversificação, mas você ainda ficará com o risco sistemático.* A Figura 11.4 mostra que, à medida que o número de grupos de ações em sua carteira aumenta, os eventos não sistemáticos positivos e negativos que afetam apenas alguns grupos de ações compensarão um ao outro, deixando os eventos sistemáticos como a única fonte de risco para a carteira.

O papel da carteira de mercado

Como explicamos no último capítulo, os investidores devem diversificar suas carteiras a fim de reduzir seu risco. Se os investidores escolherem suas carteiras de maneira ótima, eles o farão até que nenhum risco diversificável esteja presente, e só permaneçam riscos sistemáticos. Suponhamos que todos os investidores se comportem dessa maneira; isto é

Suponha que todos os investidores detenham carteiras que só contêm riscos sistemáticos.

Se este for o caso, então considere a carteira que obtemos ao combinar as carteiras de cada investidor. Como a carteira de cada investidor contém apenas riscos sistemáticos, o mesmo é válido para esta carteira "agregada". Então, a carteira agregada mantida por todos os investidores é uma carteira ótima totalmente diversificada. Além disso, podemos identificar esta carteira: como todos os títulos são mantidos por alguém, a carteira agregada contém todas as ações em circulação de cada título arriscado. Chamamos esta carteira de **carteira de mercado**.

carteira de mercado A carteira de todos os investimentos arriscados, mantidos na proporção de seu valor.

Para ilustrar, imagine que haja apenas duas empresas no mundo, cada uma delas com 1.000 ações em circulação:

	Número de ações em circulação	Preço por ação	Capitalização de mercado
Empresa A	1.000	US$ 40	US$ 40.000
Empresa B	1.000	US$ 10	US$ 10.000

Neste cenário simples, a carteira de mercado consiste em 1.000 ações de cada grupo e possui um valor total de US$ 50.000. O peso de carteira do grupo de ações A é, portanto, 80%

(US$ 40.000/ US$ 50.000) e do B é 20% (US$ 10.000/US$ 50.000). Como todas as ações de A e todas as ações de B têm que ser mantidas por alguém, a soma das carteiras de todos os investidores tem que ser igual a esta carteira de mercado. Observe, a partir deste exemplo, que o peso de carteira de cada grupo de ações é proporcional ao valor de mercado total de suas ações em circulação, que é chamado de **capitalização de mercado**:

$$\text{Capitalização de mercado} = (\text{Número de ações em circulação}) \times (\text{Preço por ação}) \quad (11.5)$$

capitalização de mercado Valor de mercado total das ações de uma empresa; igual ao preço de mercado por ação vezes o número de ações.

De maneira mais geral, a carteira de mercado consiste em todos os títulos arriscados do mercado, com pesos de carteira proporcionais à sua capitalização de mercado. Assim, por exemplo, se a capitalização de mercado da Microsoft fosse igual a 3% do valor de mercado total de todos os títulos, então ela teria um peso de 3% na carteira de mercado. Como os grupos de ações são mantidos em proporção à sua capitalização de mercado (valor), dizemos que a carteira de mercado é **ponderada por valor**.

ponderada por valor Carteira em que cada título é mantido em proporção à sua capitalização de mercado.

Como a carteira de mercado só contém risco sistemático, podemos utilizá-la para medir o grau de risco sistemático de outros títulos no mercado. Especificamente, qualquer risco que esteja correlacionado com a carteira de mercado tem que ser risco sistemático. Portanto, ao olhar para a sensibilidade do retorno de um grupo de ações em relação ao mercado como um todo, podemos calcular o grau de risco sistemático que o grupo de ações possui.

Índices da bolsa de valores como carteira de mercado

Apesar de a carteira de mercado ser fácil de identificar, construí-la de fato é outro assunto. Como ela deve conter todos os títulos arriscados, precisamos incluir todos os grupos de ações, títulos de dívida, imóveis, *commodities*, etc., tanto nos Estados Unidos quanto ao redor do mundo. Claramente, seria impraticável, senão impossível, reunir e atualizar os retornos sobre todos os ativos arriscados em todos os lugares. Na prática, utilizamos um ***proxy* de mercado** — uma carteira cujo retorno deve acompanhar a inobservável carteira de mercado subjacente. As carteiras *proxy* mais comuns são os *índices de mercado,* que são amplamente utilizados para representar o desempenho das ações da bolsa de valores. Um **índice de mercado** divulga o valor de determinada carteira de títulos.

***proxy* de mercado** Carteira cujo retorno acredita-se acompanhar de perto a verdadeira carteira de mercado.

índice de mercado Valor de mercado de uma carteira de títulos de base ampla.

Dow Jones Industrial Average. O índice da bolsa de valores mais familiar nos Estados Unidos é o Dow Jones Industrial Average, ou DJIA. Este índice consiste em uma carteira de 30 grupos de ações industriais de alta capitalização. Apesar de essas ações serem escolhidas como representativas de diferentes setores da economia, elas claramente não representam o mercado inteiro. Embora não represente o mercado inteiro, o DJIA ainda é amplamente citado por ser um dos índices da bolsa de valores mais antigos (foi publicado pela primeira vez em 1884).

S&P 500. Uma representação melhor de toda a bolsa de valores norte-americana é o S&P 500, uma carteira ponderada por valor de 500 dos grupos de ação de mais alta capitalização dos EUA.[3] O S&P 500 foi o primeiro índice ponderado por valor amplamente divulgado (S&P começou a publicar seu índice em 1923), e é um *benchmark* padrão para investidores profissionais. Este índice é o mais citado ao avaliar o desempenho geral da bolsa de valores norte-americana. Ele também é a carteira padrão utilizada para representar "o mercado" na prática. Como mostramos na Figura 11.5, apesar de o S&P 500 incluir apenas 500 dos mais de 7.000 grupos de ações individuais, como o S&P 500 inclui as ações de mais alta capitalização, ele representa mais de 70% da bolsa de valores dos EUA em termos de capitalização de mercado.

---

[3] Não existe uma fórmula precisa para determinar que grupos de ações serão incluídos no S&P 500. O Standard & Poor's substitui periodicamente os grupos de ações que compõem o índice (em média aproximadamente sete ou oito grupos de ações por ano). Apesar de o tamanho ser um critério, o Standard & Poor's também tenta manter uma representação adequada de diferentes segmentos da economia e escolhe empresas que sejam líderes em seus setores.

Fundos de índice

Uma maneira fácil de os investidores comprarem (uma aproximação da) carteira de mercado é investir em um fundo de índice, que, por sua vez, investe em ações e outros títulos com a meta de alcançar o mesmo desempenho de determinado índice de mercado. O Vanguard Group era a segunda maior empresa de fundos mútuos em 2006 e se especializa em fundos de índice. O Vanguard foi fundado em 1975 por John Bogle, que defende os benefícios dos fundos de índice para investidores individuais. Comparando fundos de índice à estratégia de tentar escolher ações "quentes", Bogle teria dito: "De que adianta procurar agulha no palheiro? Por que não ser dono do palheiro?".

Em agosto de 1976, o Vanguard criou seu famoso Fundo de Índice S&P 500, que tenta acompanhar o desempenho do índice S&P 500 o mais de perto possível. A partir de abril de 2008, este fundo tinha mais de US$ 100 bilhões em ativos. O Total Stock Market Index Fund do Vanguard é projetado para acompanhar o desempenho do MSCI US Broad Market Index, um índice que mede o desempenho de todos os grupos de ações dos EUA cujos dados de preços estão disponíveis.

Risco de mercado e beta

Agora que definimos que a carteira de mercado é uma boa base para medir o risco sistemático, podemos utilizar a relação entre os retornos de um grupo de ações individual e os retornos da carteira de mercado para medir o grau de risco sistemático presente naquele grupo de ações. A ideia é que, se os retornos de um grupo de ações forem altamente sensíveis aos retornos da carteira de mercado, então aquele grupo de ações será altamente sensível a riscos sistemáticos. Isto é, os eventos que são sistemáticos e afetam todo o mercado também se refletem fortemente em seus retornos. Se os retornos de um grupo de ações não dependem dos retornos de mercado, então eles têm pouco risco sistemático – quando ocorrem eventos sistemáticos, eles não se refletem fortemente em seus retornos. Então, grupos de ações cujos retornos são voláteis *e* altamente correlacionados com os retornos de mercado são os mais arriscados no sentido de terem o maior grau de risco sistemático.

Especificamente, podemos medir o risco sistemático de um grupo de ações estimando a sensibilidade do grupo de ações à carteira de mercado, ao que chamamos de seu **beta** (β):

beta (β) A variação percentual esperada no retorno em excesso de um título para uma variação de 1% no retorno em excesso da carteira de mercado (ou outro *benchmark*).

FIGURA 11.5 — O S&P 500

O gráfico de setores do painel (a) mostra as 500 empresas que compõem o S&P 500 como uma fração das aproximadamente 7.000 empresas de capital aberto dos EUA. O painel (b) mostra a importância das empresas do S&P 500 em termos de capitalização de mercado – essas 500 empresas representam aproximadamente 70% da capitalização total das 7.000 empresas de capital aberto.

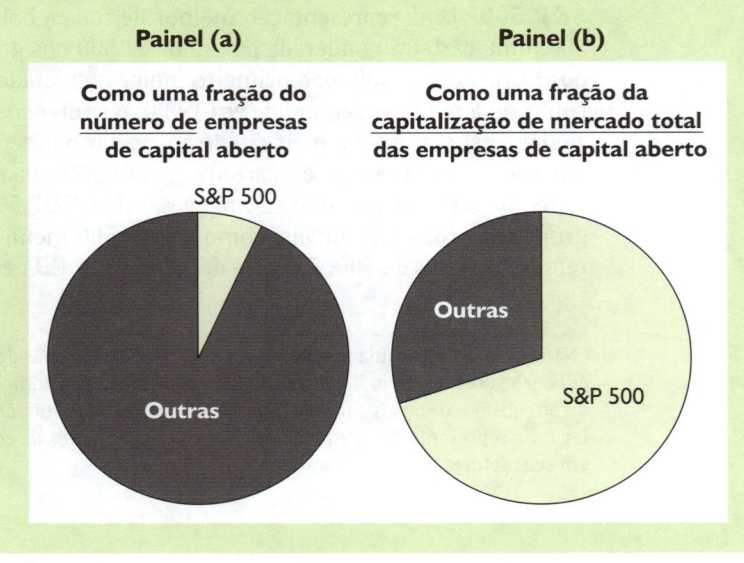

Painel (a) Como uma fração do número de empresas de capital aberto

Painel (b) Como uma fração da capitalização de mercado total das empresas de capital aberto

O beta (β) de um grupo de ações é a variação percentual que esperamos em seu retorno para cada variação de 1% no retorno de mercado.

Há muitas fontes de dados que fornecem estimativas do beta com base em dados históricos. Em geral, essas fontes de dados estimam os betas utilizando de dois a cinco anos de retornos semanais ou mensais e o S&P 500 como a carteira de mercado. A Tabela 11.4 mostra estimativas de betas para diversos grupos de ações de alta capitalização e seus setores. Você pode encontrar os betas de outras empresas indo ao *website* finance.google.com ou finance.yahoo.com (no Yahoo!, clique em "Key Statistics" [Principais Estatísticas]).

Como explicaremos a seguir, o beta da carteira de mercado geral é 1, então você pode pensar em um beta igual a 1 como representativo da exposição média a riscos sistemáticos. Entretanto, como a tabela demonstra, muitos setores e empresas têm betas muito mais altos ou mais baixos do que 1. As diferenças nos betas por setor estão relacionadas à sensibilidade dos lucros de cada setor à saude geral da economia. Por exemplo, a Intel e outras ações de tecnologia têm betas altos (próximos ou acima de 1,5) porque a demanda por seus produtos normalmente varia com o ciclo de negócios (ações cíclicas): as empresas tendem a expandir e atualizar sua estrutura de tecnologia da informação quando a economia vai bem, mas fazem cortes nesses gastos quando a economia desacelera. Assim, eventos sistemáticos têm um impacto maior do que o normal sobre essas empresas e sua exposição ao risco sistemático é maior do que a média. Por outro lado, a demanda por produtos pessoais e do lar, como xampu, tem muito pouca relação com o estado da economia (as ações de empresas que fornecem esses tipos de produtos são geralmente chamadas de ações defensivas). As empresas que produzem esses tipos de bens, como a Procter & Gamble, tendem a ter betas baixos (próximos de 0,5). Observe

TABELA 11.4 Betas médios de grupos de ações por setor (com base em dados mensais de 2003–2007)

Setor	Beta médio	Símbolo *ticker*	Empresa	Beta
Produtos pessoais e para o lar	0,4	PG	The Procter & Gamble Company	0,5
Processamento de alimentos	0,6	HNZ	H.J. Heinz Company	0,6
Serviços de eletricidade	0,6	EIX	Edison International	0,7
Bebidas (alcoólicas)	0,6	BUD	Anheuser-Busch Companies Inc.	0,5
Principais medicamentos	0,6	PFE	Pfizer Inc.	0,7
Bebidas (Não alcóolicas)	0,6	KO	The Coca-Cola Company	0,8
Conglomerados	0,9	GE	General Electric Company	0,8
Varejo (Gêneros alimentícios)	1,0	SWY	Safeway Inc.	0,5
Produtos florestais e de madeira	1,1	WY	Weyerhaeuser Company	1,1
Produtos recreacionais	1,2	HDI	Harley-Davidson Inc.	1,1
Serviços de computador	1,2	GOOG	Google	1,2
Varejo (Materiais de construção e decoração)	1,2	HD	Home Depot Inc.	1,4
Restaurantes	1,3	SBUX	Starbucks Corporation	0,6
Software e programação	1,3	MSFT	Microsoft Corporation	1,0
Vestuário/Acessórios	1,3	LIZ	Liz Claiborne	0,8
Hardware de computadores	1,6	AAPL	Apple Computer Inc.	1,4
Equipamentos de comunicação	1,6	MOT	Motorola	1,2
Fabricantes de automóveis e de caminhões	1,8	GM	General Motors Corporation	1,6
Semicondutores	2,2	INTC	Intel Corporation	1,6

Fonte: Reuters.

Erros comuns: Confundir desvio-padrão e beta

A volatilidade (desvio-padrão) e o beta são medidos em unidades diferentes (o desvio-padrão é medido em % e o beta não possui unidade). Então, apesar de o risco total (volatilidade) ser igual à soma do risco sistemático (medido pelo beta) e de riscos específicos à empresa, nossa medida da volatilidade não tem que ser um valor maior do que nossa medida do beta. Para ilustrar, considere a Microsoft. Ela possui um risco total (volatilidade), medido como o desvio-padrão, de 38% ou 0,38 (ver Tabela 11.3), mas a Tabela 11.4 mostra que ela possui risco sistemático, medido como um beta de 1,0, que é maior do que 0,38. A volatilidade (desvio-padrão) é medida em termos percentuais, mas o beta não, então 0,38 não tem necessariamente que ser maior do que 1,0. Pelo mesmo motivo, é possível para a Starbucks ter um desvio-padrão maior do que o da Microsoft (41%), mas um beta menor (0,6). A Figura 11.6 ilustra uma possível decomposição do risco total da Microsoft e da Starbucks que seria consistente com esses dados.

EXEMPLO 11.4 — Risco total *versus* risco sistemático

Problema

Suponha que no próximo ano, você espere que as ações da Target tenham um desvio-padrão de 30% e um beta de 1,2, e que as ações da Starbucks tenham um desvio-padrão de 41% e um beta de 0,6. Que grupo de ações têm mais risco total? Qual possui mais risco sistemático?

Solução

▶ Planejamento

	Desvio-padrão (Risco total)	Beta (β) (Risco sistemático)
Target	30%	1,2
Starbucks	41%	0,6

▶ Execução

O risco total é medido pelo desvio-padrão; portanto, as ações da Starbucks têm mais risco total. O risco sistemático é medido pelo beta. A Target possui um beta mais alto, e então possui mais risco sistemático.

▶ Avaliação

Como discutimos no quadro de Erros comuns, na p. 400, um grupo de ações pode ter um risco total alto, mas se grande parte dele for diversificável, ele ainda assim poderá ter um risco sistemático baixo ou médio.

---

também que mesmo dentro de um setor, a estratégia e foco específicos de cada empresa podem levar a diferentes exposições a eventos sistemáticos, de modo que há variação no beta mesmo dentro de um setor (veja, por exemplo, a Starbucks no setor de restaurantes e a Liz Claiborne no setor de vestuário).

Estimando o beta a partir de retornos históricos

O beta de um título é a variação percentual esperada no retorno do título para cada variação de 1% no retorno da carteira de mercado. Isto é, o beta representa o valor pelo qual os riscos que afetam o mercado geral são amplificados ou atenuados em determinado grupo de ações ou investimento. Como demonstrado na Tabela 11.4, os títulos cujos retornos tendem a se movimentar de um para um com o mercado em média têm um beta igual a um. Os títulos que tendem a se movimentar mais do que o mercado têm betas mais altos, enquanto aqueles que se movimentam menos que o mercado têm betas mais baixos.

Vejamos as ações da Apple como um exemplo. A Figura 11.7 mostra os retornos mensais da Apple e os retornos mensais do S&P 500 do início de 2002 a 2006. Observe a tendência geral da Apple a ter um retorno alto quando o mercado está em alta e um retorno baixo quando o mercado está em baixa. De fato, a Apple tende a se movimentar na mesma direção que

FIGURA 11.6 — Risco sistemático *versus* risco específico das empresas Microsoft e Starbucks

O beta, que mede o risco sistemático, e o desvio-padrão, que mede o risco total, estão em diferentes unidades. Apesar de o risco total (desvio-padrão) da Microsoft ser 0,38 (38%), seu beta, que mede apenas o risco sistemático, é 1,0. Neste caso, o beta de 1,0 corresponde a uma decomposição no risco total como ilustra a figura. Formalmente, a porção do risco total da Microsoft que é comum ao mercado é calculada multiplicando-se a correlação entre a Microsoft e o mercado pelo desvio-padrão (risco total) da Microsoft. Podemos fazer uma decomposição similar do risco da Starbucks. Observe que a Starbucks possui mais risco total, mas menos risco sistemático, do que a Microsoft.

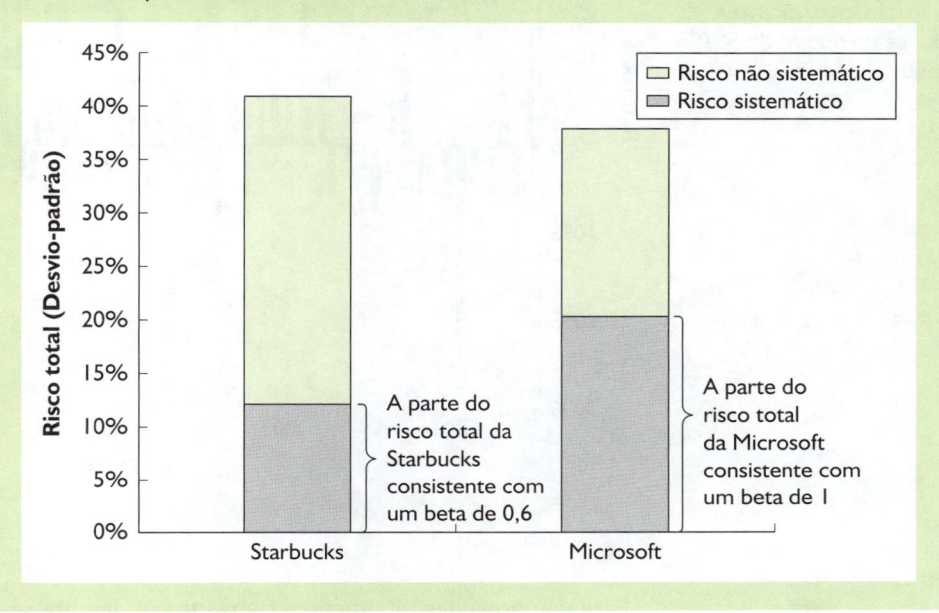

o mercado, mas seus movimentos são mais amplos. O padrão sugere que o beta da Apple é maior do que um.

Podemos ver a sensibilidade da Apple ao mercado ainda mais claramente traçando o gráfico do retorno da Apple em função do retorno do S&P 500, como mostra a Figura 11.8. Cada ponto nesta figura representa os retornos da Apple e do S&P 500 para um dos meses na Figura 11.7. Por exemplo, em outubro de 2003, o retorno da Apple foi de 10,4%, e o do S&P 500, de 5,7%.

Como o gráfico de dispersão deixa claro, os retornos da Apple têm uma correlação positiva com o mercado: a Apple tende a estar em alta quando o mercado está em alta, e vice-versa. Na prática, utilizamos a regressão linear para estimar a relação entre os retornos da Apple e o retorno do mercado. O resultado da análise de regressão linear é a linha de melhor ajuste que representa a relação histórica entre o grupo de ações e o mercado. A inclinação desta linha é nossa estimativa de seu beta. Esta inclinação nos diz o quanto, em média, o retorno das ações muda para uma variação de 1% no retorno do mercado.[4]

Por exemplo, na Figura 11.8, a linha de melhor ajuste mostra que uma variação de 5% no retorno do mercado corresponde a uma variação de aproximadamente 7% no retorno da Apple. Isto é, o retorno da Apple se movimenta aproximadamente 1,4 vezes (7/5) o movimento do mercado geral, e então o beta da Apple é de aproximadamente 1,4.

---

[4] Formalmente, o beta de um investimento é definido como:

$$\beta_i = \frac{\overbrace{SD(R_i) \times Corr(R_i, R_{Mkt})}^{\text{Volatilidade de } i \text{ que é comum com o mercado}}}{SD(R_{Mkt})} = \frac{Cov(R_i, R_{Mkt})}{Var(R_{Mkt})}$$

FIGURA 11.7

Retornos em excesso mensais das ações da Apple e do S&P 500, 2002-2006

Observe que os retornos da Apple tendem a se movimentar na mesma direção, mas vão mais longe do que os do S&P 500.

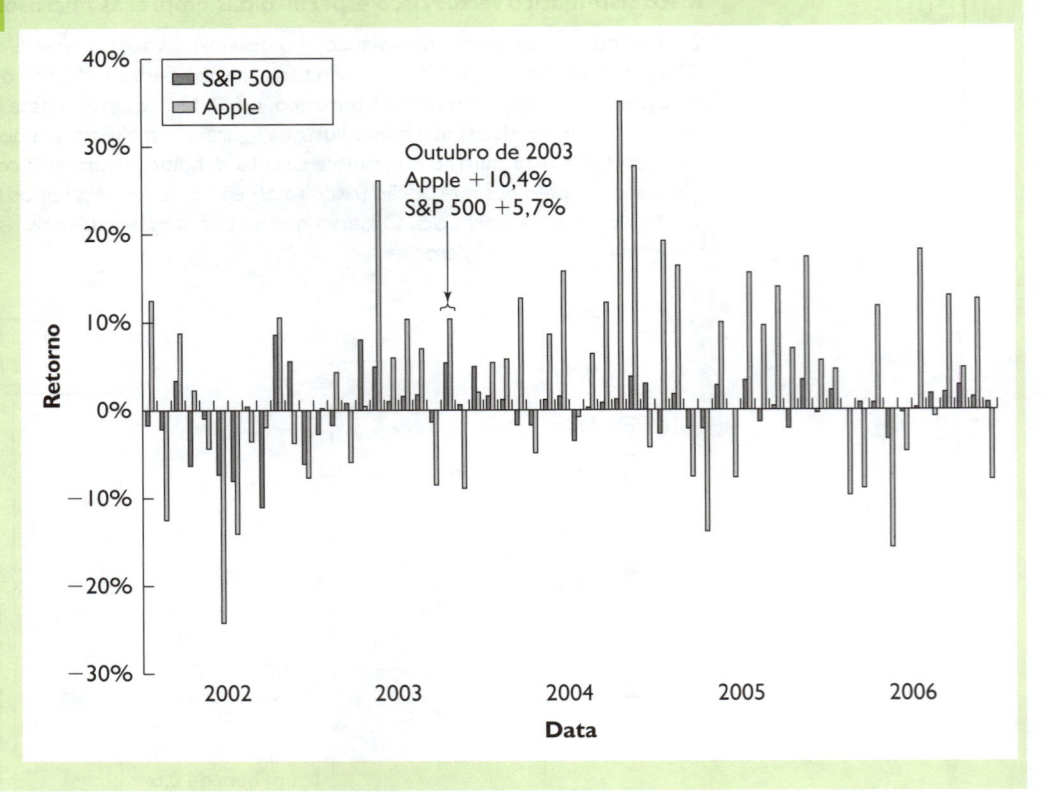

Gráfico de barras mostrando retornos mensais do S&P 500 e Apple entre 2002 e 2006, variando aproximadamente de -30% a 40%. Destaque para Outubro de 2003: Apple +10,4%, S&P 500 +5,7%.

Para compreender totalmente este resultado, lembre-se de que o beta mede o risco sistemático de mercado de um título. A linha de melhor ajuste na Figura 11.8 capta os componentes dos retornos de um título que podem ser explicados por fatores de risco de mercado. Em qualquer mês os retornos de um título serão mais altos ou mais baixos do que a linha de melhor ajuste. Tais desvios da linha de melhor ajuste são decorrentes de riscos que não estão relacionados ao mercado como um todo. Este risco é um risco diversificável que se neutraliza em uma carteira grande.

Mas qual é o beta da carteira de mercado? Imagine traçar o gráfico dos retornos do S&P 500 em relação a eles próprios. Você teria uma linha com uma inclinação igual a um e nenhum desvio desta linha. Assim, o beta da carteira de mercado é 1. E quanto a um investimento livre de risco? Como o retorno livre de risco é o retorno obtido sobre um título do Tesouro e, portanto, é conhecido com antecedência, ele não possui volatilidade e, logo, nenhuma correlação com o mercado. Portanto, o beta do investimento livre de risco é igual a 0.

Fixação de conceitos

5. O que é a carteira de mercado?
6. O que o beta (β) nos diz?

11.4 Resumo retrospectivo: o modelo de precificação de ativos financeiros

Uma de nossas metas neste capítulo é calcular o custo de capital próprio da Apple, que é o melhor retorno esperado disponível oferecido no mercado sobre um investimento de risco e prazo comparáveis. Assim, a fim de calcular o custo de capital, precisamos conhecer a relação entre o risco da Apple e seu retorno esperado. Nas três últimas seções, estabelecemos os fundamentos para uma maneira prática de medir essa relação. Nesta seção, juntaremos todas as peças para criar um modelo a fim de determinar o retorno esperado de qualquer investimento.

FIGURA 11.8

Diagrama de dispersão dos retornos mensais da Apple *versus* S&P 500, 2002-2006

O beta corresponde à inclinação da linha de melhor ajuste. O beta mede a variação esperada no retorno da Apple a cada variação de 1% no retorno de mercado. Desvios da linha de melhor ajuste, como em julho de 2002, correspondem a riscos não sistemáticos diversificáveis.

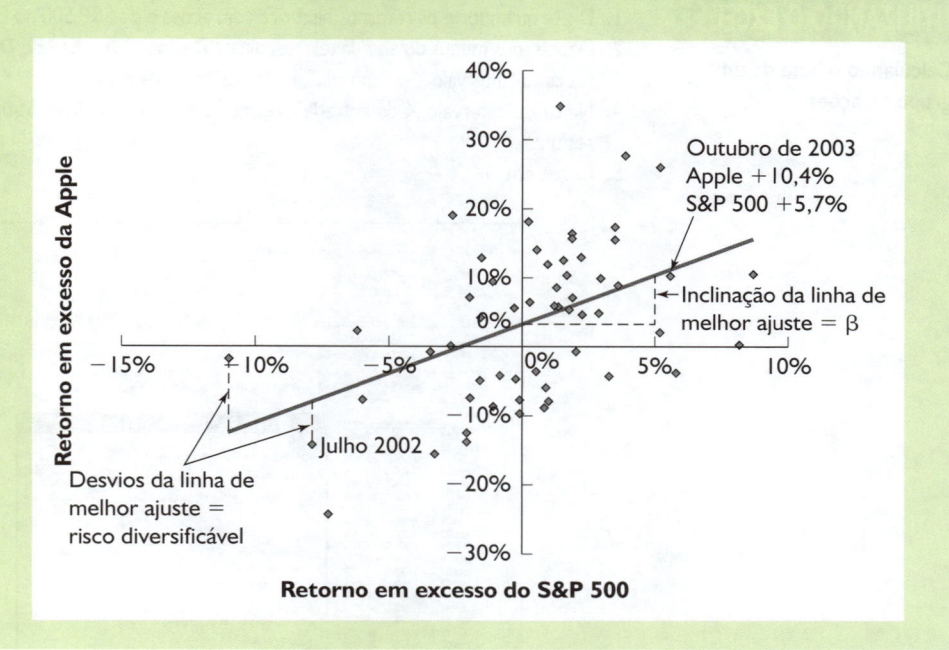

A equação do CAPM que relaciona risco a retornos esperados

Como aprendemos, somente o risco comum e sistemático determina os retornos esperados – os riscos específicos a cada empresa são diversificáveis e não garantem retorno extra. Na introdução deste capítulo, afirmamos que, intuitivamente, o retorno esperado de qualquer investimento deveria vir de dois componentes:

1. Uma taxa de retorno de base livre de risco que exigiríamos para compensar a inflação e o valor do dinheiro no tempo, mesmo se não houvesse risco de perdermos nosso dinheiro.
2. Um prêmio de risco que varia de acordo com o grau de risco sistemático no investimento.

Retorno esperado = taxa livre de risco + prêmio de risco pelo risco sistemático

Dedicamos a última seção a medir o risco sistemático. O beta é nossa medida do grau de risco sistemático em um investimento:

Retorno esperado do investimento i =
Taxa livre de risco + βi × Prêmio de risco por unidade de risco sistemático
(por unidade de β).

Mas qual é o prêmio de risco por unidade de risco sistemático? Sabemos que a carteira de mercado, por definição, tem exatamente uma unidade de risco sistemático (possui um beta de 1). Então, uma estimativa natural do prêmio de risco por unidade de risco sistemático é o retorno em excesso médio histórico da carteira de mercado, também conhecido como **prêmio de risco de mercado** ou **prêmio de risco de ações**. Historicamente, o retorno em excesso médio do S&P 500 sobre o retorno de *Treasury bonds* norte-americanos (a taxa livre de risco) varia entre 5% e 7%, dependendo do período de medição (discutiremos mais isso no próximo capítulo). Com esta última peça do quebra-cabeças, podemos escrever a equação do retorno esperado de um investimento:

prêmio de risco de mercado (prêmio de risco de ações)
Retorno em excesso médio histórico da carteira de mercado.

Modelo de precificação de ativos financeiros

$$E[R_i] = r_f + \underbrace{\beta_i(E[R_{Mkt}] - r_f)}_{\text{Prêmio de risco do título } i} \tag{11.6}$$

UTILIZANDO O EXCEL	1. Digite ou importe os retornos históricos das ações e do S&P 500 no Excel.*
Calculando o beta de um grupo de ações	2. Depois, dos menus do alto da tela, escolha: **"Dados > Análise de Dados > Regressão"**.
	3. Na caixa "Intervalo Y de entrada", realce os retornos das ações.
	4. Na caixa "Intervalo X de entrada", realce os retornos do **S&P 500**, como aparece na tela do Excel a seguir.
	5. Clique em OK.

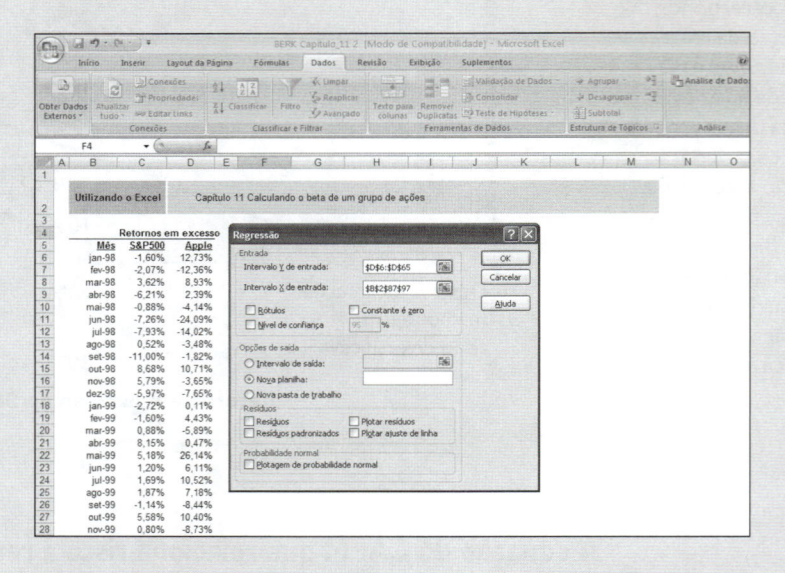

6. O resultado aparecerá em uma planilha separada. O beta das ações é o coeficiente de "Variável × 1". Neste caso, o beta é 1,424, circulado na tela do Excel a seguir.

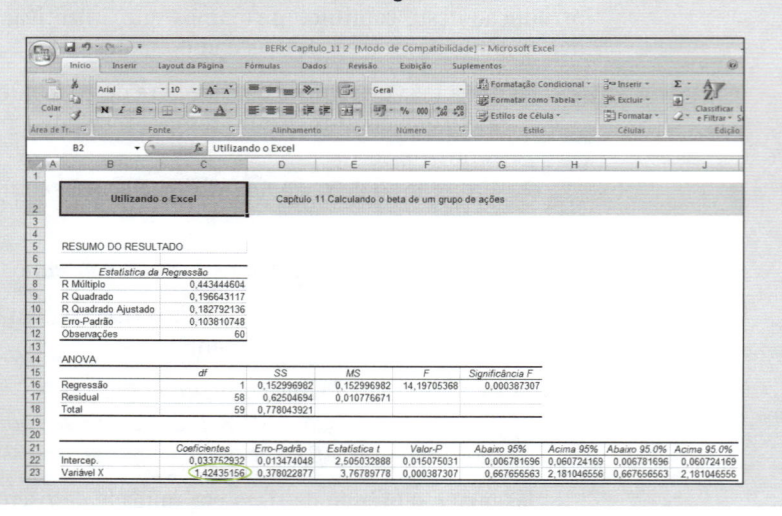

Modelo de Precificação de Ativos Financeiros (CAPM) Um modelo de equilíbrio da relação entre risco e retorno que caracteriza o retorno esperado de um título baseado em seu beta com a carteira de mercado.

Esta equação do retorno esperado de qualquer investimento é o **Modelo de precificação de ativos financeiros (CAPM)**. Traduzindo em palavras, o CAPM simplesmente diz que o retorno que devemos esperar sobre qualquer investimento é igual à taxa de retorno livre de risco mais um prêmio de risco proporcional ao grau de risco sistemático no investimento. Especificamente, o prêmio de risco de um investimento é igual ao prêmio de risco de mercado ($E[R_{Mkt}]$ –

---

*N. de R. T.: É preciso habilitar o suplemento de análise de dados no Excel.

Capítulo 11 Risco Sistemático e Prêmio de Risco de Ações

> **Por que não estimar os retornos esperados diretamente?**
>
> Se tivermos que utilizar dados históricos para estimar o beta e determinar o retorno esperado de um título (ou o custo de capital de um investimento), por que não simplesmente utilizar o retorno médio histórico do título como uma estimativa de seu retorno esperado? Este método certamente seria mais simples e mais direto.
>
> A resposta é que é extremamente difícil inferir o retorno médio de grupos de ações individuais a partir de dados históricos. Como os retornos de ações são tão voláteis, mesmo com 100 anos de dados teríamos pouca confiança em nossa estimativa da média verdadeira. (Imagine retirar 100 números de uma piscina cheia de números extremamente variados e ter que adivinhar a média de todos os números contidos na piscina). O que é pior é que poucas ações existem há mais de 100 anos e aquelas que existem provavelmente se parecem muito pouco hoje com o que eram há 100 anos. Se utilizássemos menos de 10 anos de dados, teríamos muito pouca confiança em nossa estimativa. Na verdade, se a volatilidade do retorno das ações for de 20%, precisaríamos de 1.600 anos de dados para ter 95% de confiança de que nossa estimativa de seu verdadeiro retorno médio estivesse dentro de +/−1% de estar correta!
>
> Por outro lado, a técnica da regressão linear nos permite inferir o beta a partir de dados históricos com razoável precisão com apenas alguns anos de dados. Assim, em teoria, pelo menos, utilizar o beta e o CAPM pode fornecer estimativas muito mais precisas dos retornos esperados de ações do que poderíamos obter a partir de seu retorno médio histórico.

retorno exigido Retorno esperado de um investimento que é necessário para compensar pelo risco de empreendê-lo.

r_f) multiplicado pelo grau de risco sistemático (de mercado) presente no investimento, medido por seu beta com o mercado (βi). Como os investidores não investirão neste título a não ser que eles possam esperar pelo menos o retorno dado na Equação 11.6, também chamamos este retorno de **retorno exigido** do investimento.

O CAPM é o principal método utilizado pela maioria das grandes empresas para determinar o custo de capital próprio. Em uma pesquisa com CFOs, Graham e Harvey descobriram que mais de 70% utilizam o CAPM; Bruner, Eades, Harris e Higgins relatam que 85% de uma amostra de grandes empresas adotam o método.[5] Ele se tornou o modelo mais importante da relação entre risco e retorno, e por suas contribuições com a teoria, William Sharpe recebeu o Prêmio Nobel em Economia em 1990.

EXEMPLO 11.5

Calculando o retorno esperado de um grupo de ações

Problema

Suponha que o retorno livre de risco seja de 4% e que você meça o prêmio de risco de mercado como 6%. A Apple possui um beta de 1,4. Segundo o CAPM, qual é o retorno esperado?

Solução

▶ Planejamento

Podemos utilizar a Equação 11.6 para calcular o retorno esperado de acordo com o CAPM. Para esta equação, precisaremos do prêmio de risco de mercado, do retorno livre de risco e do beta das ações. Temos todos estes *inputs*, então estamos prontos para começar.

▶ Execução

Utilizando a Equação 11.6:

$$E[R_{AAPL}] = r_f + \beta_{AAPL}(E[R_{Mkt}] - r_f) = 4\% + 1,4(6\%)$$
$$= 12,4\%$$

▶ Avaliação

Devido ao beta da Apple de 1,4, os investidores exigirão um prêmio de risco de 8,4% além da taxa livre de risco para investimentos em seu grupo de ações para compensá-los pelo risco sistemático das ações da Apple. Isso leva a um retorno esperado total de 12,4%.

---

[5] J. Graham e C. Harvey, "The Theory and Practice of Corporate Finance: Evidence from the Field." *Journal of Financial Economics* 60 (2001): 187–243; e F. Bruner, K. Eades, R. Harris e R. Higgins, "Best Practices in Estimating the Cost of Capital: Survey and Synthesis." *Financial Practice and Education* 8 (1998): 13–28.

A linha do mercado de títulos

A Figura 11.9 traça o gráfico das relações entre o retorno esperado e os riscos sistemático e total (beta) das ações na Tabela 11.4. Lembre-se, do Capítulo 10, que não existe relação clara entre o desvio-padrão de um grupo de ações (risco total) e seu retorno esperado, como mostra o painel (a). Entretanto, a equação do CAPM (Equação 11.6) implica que há uma relação linear entre o beta de um grupo de ações e seu retorno esperado. Esta linha é traçada no painel (b) como a linha que cruza o investimento livre de risco (com um beta igual a zero) e o mercado (com um beta igual a um); ela é chamada de **linha do mercado de títulos (SML)**. Vemos que a relação entre risco e retorno para títulos individuais só se torna evidente quando medimos o risco de mercado, como no painel (b), em vez de o risco total, como no painel (a).

linha do mercado de títulos (SML) A implicação do CAPM sobre o preço, a SML especifica uma relação linear entre o prêmio de risco de um título e seu beta com a carteira de mercado.

FIGURA 11.9

Retorno esperado, volatilidade e beta

Painel (a) Retorno esperado e risco total (desvio-padrão)
O gráfico compara o desvio-padrão e retornos esperados das ações na Tabela 11.4. Não existe relação entre o risco total e o retorno esperado. Parte das ações é identificada. Fica claro que não poderíamos prever o retorno esperado da Apple utilizando seu risco total (volatilidade).

Painel (b) Retorno esperado e beta
A linha do mercado de títulos mostra o retorno esperado para cada título na Tabela 11.4 em função de seu beta com o mercado. De acordo com o CAPM, todos os grupos de ações e carteiras (inclusive a carteira de mercado) deveriam se encontrar sobre a linha do mercado de títulos. Assim, o retorno esperado da Apple pode ser determinado por seu beta, que mede seu risco sistemático.

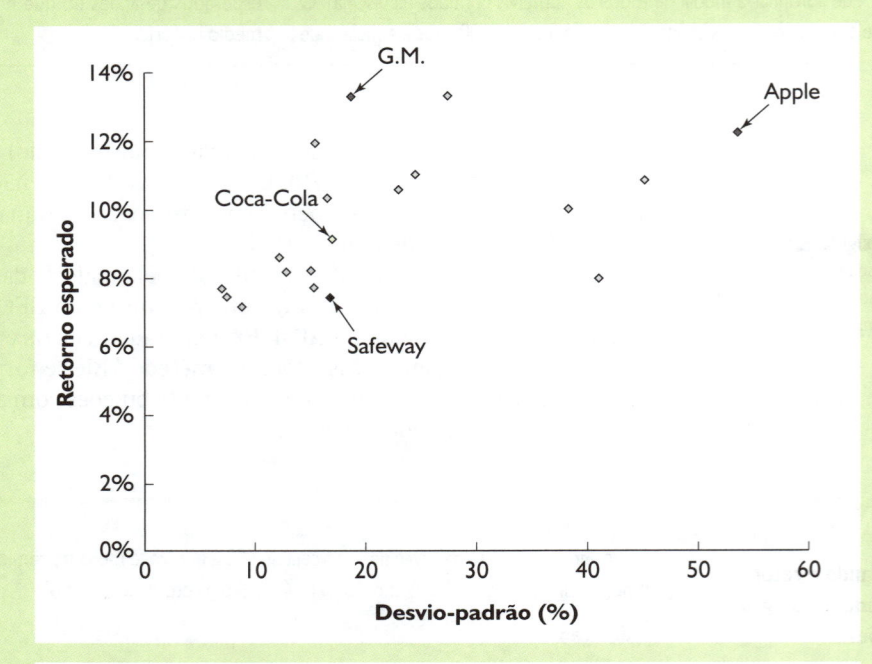

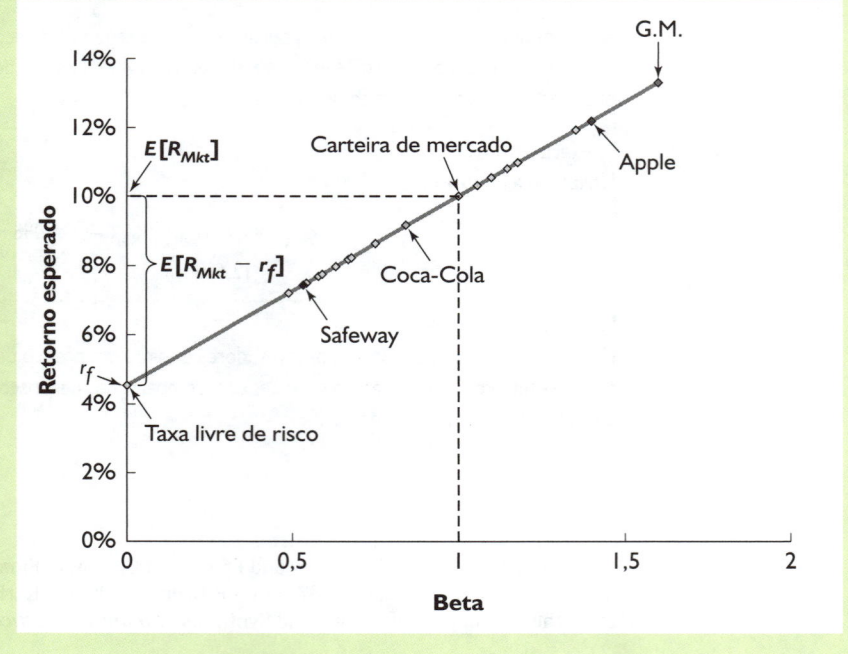

A linha do mercado de títulos na Figura 11.9 levanta a questão de ações com um beta negativo. Apesar de a grande maioria das ações terem um beta positivo, é possível ter retornos que covariam negativamente com o mercado. As empresas que produzem bens ou serviços que sofrem maior demanda em retrações econômicas do que em *booms* se encaixam nesta descrição.

EXEMPLO 11.6
Ações com beta negativo

Problema

Suponha que as ações da Bankruptcy Auction Services, Inc. (BAS) tenham um beta negativo de $-0,30$. Como seu retorno exigido se compara à taxa livre de risco, de acordo com o CAPM? Seu resultado faz sentido?

Solução

▶ Planejamento

Podemos utilizar a equação do CAPM, Equação 11.6, para calcular o retorno esperado dessas ações com beta negativo exatamente como faríamos com ações com beta positivo. Não temos a taxa livre de risco ou o prêmio de risco de mercado, mas o problema não nos pede o retorno esperado exato, apenas se ele será maior ou menor do que a taxa livre de risco. Utilizando a Equação 11.6, podemos responder esta pergunta.

▶ Execução

Como o retorno esperado do mercado é maior do que a taxa livre de risco, a Equação 11.6 implica que o retorno esperado da Bankruptcy Auction Services (BAS) estará *abaixo* da taxa livre de risco. Desde que o prêmio de risco de mercado seja positivo (contanto que as pessoas exijam um retorno mais alto para investir no mercado do que em um investimento livre de risco), então o segundo termo na Equação 11.6 terá que ser negativo se o beta for negativo. Por exemplo, se a taxa livre de risco for de 4% e o prêmio de risco de mercado for de 6%:

$$E[R_{BAS}] = 4\% - 0,30(6\%) = 2,2\%.$$

(Ver Figura 11.9: a SML cai abaixo de r_f para $\beta < 0$.)

▶ Avaliação

Este resultado parece estranho – por que os investidores estariam dispostos a aceitar um retorno esperado de 2,2% sobre essas ações quando podem fazer um investimento seguro e obter 4%? A resposta é que um investidor experiente não deteria somente ações da BAS; em vez disso, o investidor as deterá em combinação com outros títulos como parte de uma carteira bem diversificada. Esses outros títulos tenderão a subir e cair junto com o mercado. Mas como a BAS possui um beta negativo, sua correlação com o mercado é negativa, o que significa que a BAS tende a ter um bom desempenho quando o resto do mercado está com um mau desempenho. Portanto, ao deter ações da BAS, um investidor pode reduzir o risco de mercado geral da carteira. Em certo sentido, a BAS é um "seguro contra recessão" para uma carteira, e os investidores pagam por este seguro ao aceitar um retorno esperado mais baixo.

O CAPM e carteiras

Como a linha do mercado de títulos se aplica a todos os títulos, também podemos empregá-la com carteiras. Por exemplo, a carteira de mercado se encontra sobre a SML e, de acordo com o CAPM, outras carteiras (como fundos mútuos) também se encontram sobre a SML. Portanto, o retorno esperado de uma carteira deve corresponder ao beta da carteira. Calculamos o beta de uma carteira formada por títulos, onde cada um deles tem peso w_i, como:

$$\beta_P = w_1\beta_1 + w_2\beta_2 + ... + w_n\beta_n \tag{11.7}$$

Isto é, *o beta de uma carteira é o beta médio ponderado dos títulos contidos na carteira*.

EXEMPLO 11.7
O retorno esperado de uma carteira

Problema

Suponha que a empresa farmacêutica Pfizer (PFE) tenha um beta de 0,7, enquanto o beta da Home Depot (HD) é 1,4. Se a taxa de juros livre de risco é de 4%, e o prêmio de risco de mercado é de 7%, qual é o retorno esperado de uma carteira igualmente ponderada da Pfizer e da Home Depot, de acordo com o CAPM?

Solução

▶ **Planejamento**

Temos as seguintes informações:

$$r_f = 4\%, \quad E[R_{Mkt}] - r_f = 7\%$$
$$\text{PFE:} \quad \beta_{PFE} = 0{,}7, \quad w_{PFE} = 0{,}50$$
$$\text{HD:} \quad \beta_{HD} = 1{,}4, \quad w_{HD} = 0{,}50$$

É possível calcular o retorno esperado da carteira de duas maneiras. Primeiramente, podemos utilizar o CAPM (Equação 11.6) para calcular o retorno esperado de cada grupo de ações e então calcular o retorno esperado da carteira utilizando a Equação 11.3.

Ou, poderíamos calcular o beta da carteira utilizando a Equação 11.7 e então utilizar o CAPM (Equação 11.6) para encontrar o retorno esperado da carteira.

▶ **Execução**

Utilizando a primeira abordagem, calculamos o retorno esperado da PFE e da HD:

$$E[R_{PFE}] = r_f + \beta_{PFE}(E[R_{Mkt}] - r_f) \qquad E[R_{HD}] = r_f + \beta_{HD}(E[R_{Mkt}] - r_f)$$
$$E[R_{PFE}] = 4\% + 0{,}7(7\%) = 8{,}9\% \qquad E[R_{HD}] = 4\% + 1{,}4(7\%) = 13{,}8\%$$

Então, o retorno esperado da carteira igualmente ponderada P é:

$$E[R_P] = 0{,}5(8{,}9\%) + 0{,}5(13{,}8\%) = 11{,}4\%$$

Como alternativa, podemos calcular o beta da carteira utilizando a Equação 10.7:

$$\beta_P = w_{PFE}\beta_{PFE} + w_{HD}\beta_{HD}$$
$$\beta_P = (0{,}5)(0{,}7) + (0{,}5)(1{,}4) = 1{,}05$$

Podemos, então, encontrar o retorno esperado da carteira a partir do CAPM:

$$E[R_P] = r_f + \beta_P(E[R_{Mkt}] - r_f)$$
$$E[R_P] = 4\% + 1{,}05(7\%) = 11{,}4\%$$

▶ **Avaliação**

O CAPM é uma ferramenta eficaz para analisar títulos e as carteiras desses títulos. Você pode calcular o retorno esperado de cada título utilizando seu beta e então calcular a média ponderada desses retornos esperados para determinar o retorno esperado da carteira. Ou calcular a média ponderada dos betas dos títulos para obter o beta da carteira e então calcular o retorno esperado da carteira utilizando o CAPM. De qualquer maneira, você obterá a mesma resposta.

Resumo do modelo de precificação de ativos financeiros

O CAPM é uma ferramenta poderosa e muito utilizada para estimar o retorno esperado sobre as ações e investimentos dentro das empresas. Resumindo o modelo e seu uso:

▶ Os investidores exigem um prêmio de risco proporcional ao grau de *risco sistemático* que estão assumindo.

▶ Podemos medir o risco sistemático de um investimento por seu β, que é a sensibilidade do retorno do investimento ao retorno do mercado. Para cada variação de 1% no retorno da carteira de mercado, espera-se que o retorno do investimento varie em β por cento devido a riscos que ele possui em comum com o mercado.

▶ A maneira mais comum de estimar o beta de um grupo de ações é fazer a regressão a seus retornos históricos sobre os retornos históricos do mercado. O beta das ações é a inclinação da linha que melhor representa a relação entre o retorno do mercado e o retorno das ações.

▶ O CAPM diz que podemos calcular o retorno esperado, ou exigido, de qualquer investimento utilizando a seguinte equação:

$$E[R_i] = r_f + \beta_i(E[R_{Mkt}] - r_f)$$

cujo gráfico se chama *linha do mercado de títulos*.

Quadro geral

O CAPM é o auge de nossa análise de como os investidores em mercados de capital fazem o *tradeoff* entre risco e retorno. Ele é uma ferramenta poderosa e amplamente utilizada para quantificar o retorno que deve acompanhar determinado grau de risco sistemático. Já chegamos à nossa meta (no Exemplo 11.5) de estimar o custo de capital próprio da Apple. Apesar de nossa descoberta de que os investidores em ações da Apple devem esperar razoavelmente (e, portanto, exigir) um retorno de 12,4% sobre seus investimentos é uma importante informação para os gerentes da Apple, este não é o todo o quadro. Apesar de algumas empresas, como a Apple e a Microsoft, só terem investidores em ações, a maioria também tem investidores em títulos de dívida. No próximo capítulo, aplicaremos o que aprendemos aqui e nos Capítulos 6 e 9 sobre títulos de dívida e ações para chegar ao custo de capital geral de uma empresa. O Princípio da Avaliação nos diz para utilizar este custo de capital para descontar os fluxos de caixa esperados futuros da empresa a fim de chegar ao seu valor. Assim, o custo de capital é um *input* essencial para o trabalho do gerente financeiro de analisar oportunidades de investimento e, então, conhecer este custo de capital geral é essencial para o sucesso da empresa em criar valor para seus investidores.

Fixação de conceitos

7. O que o CAPM diz sobre o retorno exigido de um título?
8. O que é a linha do mercado de títulos?

Prêmio Nobel — William Sharpe

O CAPM foi proposto como um modelo de risco e retorno por William Sharpe em um artigo de 1964, e em artigos relacionados por Jack Treynor (1961), John Lintner (1965) e Jan Mossin (1966).*

A seguir temos um trecho de uma entrevista de 1998 com William Sharpe:

> *A Teoria de Portfólios se focaliza nas ações de um único investidor com uma carteira ótima. Eu disse – e se todos estiverem otimizando suas carteiras? Todos eles têm seus exemplares do Markowitz e estão fazendo o que ele diz. Então algumas pessoas decidem que querem deter mais ações da IBM, mas não há ações suficientes para atender a demanda. Então eles fazem pressão sobre os preços da IBM e as ações sobem, ponto no qual eles têm que mudar suas estimativas de risco e retorno, porque agora eles estão pagando mais pelas ações. Este processo de pressão para cima e para baixo sobre os preços continua até que os preços alcancem um equilíbrio e todos coletivamente queiram deter as ações que estiverem disponíveis. Neste ponto, o que se pode dizer sobre a relação entre risco e retorno? A resposta é que o retorno esperado é proporcional ao beta relativo à carteira de mercado.*
>
> *O CAPM foi e é uma teoria do equilíbrio. Por que alguém deve esperar obter mais investindo em um título e não em outro? Você precisa ser compensado por ter um mau desempenho quando a situação não está boa. O título que tem um mau desempenho justamente quando você precisa de dinheiro e a situação está ruim é um título que você deve odiar, e é bom que haja alguma virtude redentora, senão, quem iria detê-lo? Esta virtude redentora é que, em tempos normais, você espera ter um desempenho melhor. A ideia chave do Modelo de Precificação de Ativos Financeiros é que retornos esperados mais altos vêm junto com o risco maior de ter um mau desempenho em situações ruins. O beta é uma medida disto. Títulos ou classes de ativos com betas altos tendem a ter um desempenho pior em situações ruins do que aqueles com betas baixos.*

Fonte: Jonathan Burton, "Revisiting the Capital Asset Pricing Model." Dow Jones Asset Manager (May/June 1998): 20–28.

---

*W. F. Sharpe: "Capital Asset Prices: A Theory of Market Equilibrium Under Conditions of Risk." Journal of Finance 19 (September 1964): 425–442.
Jack Treynor, "Toward a Theory of the Market Value of Risky Assets." Manuscrito não publicado (1961).
J. Lintner: "The Valuation of Risk Assets and the Selection of Risky Investments in Stock Portfólios and Capital Budgets." Review of Economics and Statistics 47 (February 1965): 13–37.
J. Mossin "Equilibrium in a Capital Asset Market". Econometrica 34 (4) (1966): 768–783.

RESUMO DO CAPÍTULO

Pontos principais e equações	Termos	Oportunidades de prática online
11.1 O retorno esperado de uma carteira • O peso de carteira é a fração inicial w_i do dinheiro de um investidor investido em cada ativo. Os pesos de carteira somam 1: $$w_i = \frac{\text{Valor do investimento } i}{\text{Valor total da carteira}} \quad (11.1)$$ • O retorno esperado de uma carteira é a média ponderada dos retornos esperados dos investimentos nela contidos, utilizando os pesos de carteira: $$E[R_P] = w_1 E[R_1] + w_2 E[R_2] + \ldots + w_n E[R_n] \quad (11.3)$$	pesos de carteira, p. 381 retorno esperado de uma carteira, p. 383 retorno de uma carteira, p. 382	MyFinanceLab Study Plan 11.1
11.2 A volatilidade de uma carteira • Para encontrar o risco de uma carteira, precisamos saber o quanto os retornos de ações se movem juntos. A correlação mede o comovimento dos retornos. A correlação está sempre entre -1 e $+1$. Ela representa a fração da volatilidade decorrente do risco que é comum aos títulos. • A variância de uma carteira depende da correlação das ações. Para uma carteira com dois grupos de ações, a variância da carteira é: $$Var(R_P) = w_1^2 SD(R_1)^2 + w_2^2 SD(R_2)^2 + 2 w_1 w_2 Corr(R_1, R_2) SD(R_1) SD(R_2) \quad (11.4)$$ • À medida que diminuímos a correlação entre os dois grupos de ações em uma carteira, reduzimos a variância da carteira. • A diversificação elimina os riscos independentes, específicos às empresas, e a volatilidade de uma grande carteira resulta do risco sistemático comum entre os grupos de ações na carteira.	carteira igualmente ponderada, p. 391 correlação, p. 385 volatilidade de uma carteira, p. 384	MyFinanceLab Study Plan 11.2 Utilizando o Excel: Correlação entre dois conjuntos de retornos
11.3 Medindo o risco sistemático • A carteira de mercado na teoria é um índice ponderado por valor de todos os investimentos arriscados. Na prática, geralmente utilizamos um índice da bolsa de valores como o S&P 500 para representar o mercado. • O beta de um grupo de ações é a variação percentual em seu retorno que esperamos para cada variação de 1% no retorno do mercado. • Para estimar o beta, geralmente utilizamos retornos históricos. A maioria das fontes de dados utiliza cinco anos de retornos mensais para estimar o beta. • O beta também corresponde à inclinação da linha de melhor ajuste no gráfico dos retornos em excesso de um título *versus* os retornos em excesso do mercado. Utilizamos a regressão linear para encontrar a linha de melhor ajuste. • O beta de uma carteira é o beta médio ponderado dos títulos contidos na carteira.	beta (β), p. 394 capitalização de mercado, p. 393 carteira de mercado, p. 392 índice de mercado, p. 393 ponderada por valor, p. 393 *proxy* de mercado, p. 393	MyFinanceLab Study Plan 11.3 Cálculo Interativo do Beta, Utilizando o Excel: Calculando o beta de ações

11.4 Resumo retrospectivo: o Modelo de Precificação de Ativos Financeiros

- De acordo com o CAPM, o prêmio de risco de qualquer título é igual ao prêmio de risco de mercado multiplicado pelo beta do título. Esta relação é chamada de linha do mercado de títulos (SML), e determina o retorno esperado ou o retorno exigido de um investimento:

$$E[R_i] = r_f + \underbrace{\beta_i(E[R_{Mkt}] - r_f)}_{\text{Prêmio de risco do título } i} \qquad (11.6)$$

Modelo de Precificação de Ativos Financeiros (CAPM), p. 400
prêmio de risco de mercado (prêmio de risco de ações), p. 399
retorno exigido, p. 401
linha do mercado de títulos (SML), p. 402

MyFinanceLab Study Plan 11.5

Questões de revisão

1. Que informações são necessárias para calcular o retorno esperado de uma carteira?
2. O que a correlação nos diz?
3. Por que o risco total de uma carteira não é simplesmente igual à média ponderada dos riscos dos títulos na carteira?
4. O que o beta mede? Como utilizamos o beta?
5. O que, intuitivamente, o CAPM diz que direciona o retorno esperado?
6. Que relação é descrita pela linha do mercado de títulos?

Problemas

Todos os problemas neste capítulo estão disponíveis no MyFinanceLab. Um asterisco (*) indica problemas com um nível de dificuldade mais alto.

O retorno esperado de uma carteira

1. A Fremont Enterprises tem um retorno esperado de 15%, e a Laurelhurst News de 20%. Se você colocar 70% de sua carteira na Laurelhurst e 30% na Fremont, qual será o retorno esperado de sua carteira?

2. Você está considerando como investir parte de sua poupança. Você decidiu colocar US$ 200.000 em três grupos de ações: 50% do dinheiro na GoldFinger (atualmente US$ 25/ação), 25% do dinheiro na Moosehead (atualmente US$ 80/ação), e o restante na Venture Associates (atualmente US$ 2/ação). Se as ações da GoldFinger subirem para US$ 30/ação, as ações da Moosehead caírem para US$ 60/ação, e as ações da Venture Associates aumentarem para US$ 3 por ação:
   a. Qual é o novo valor da carteira?
   b. Qual é o retorno obtido pela carteira?
   c. Se você não comprar ou vender ações após a variação no preço, quais serão seus novos pesos de carteira?

3. Há duas maneiras de calcular o retorno esperado de uma carteira: ou calcular o retorno esperado utilizando o valor e o fluxo de dividendos da carteira como um todo, ou calcular a média ponderada dos retornos esperados das ações individuais que formam a carteira. Qual retorno é o mais alto?

A volatilidade de uma carteira

4. Se os retornos de dois grupos de ações tiverem uma correlação de 1, o que isso implica sobre os movimentos relativos nos preços das ações?

5. Faça o *download* dos dados da Tabela 11.3 a partir do MyFinanceLab.
   a. Calcule a correlação dos retornos mensais entre a Dell e a Starbucks.
   b. Calcule o desvio-padrão mensal da Dell e da Starbucks.
   c. Calcule a variância mensal e o desvio-padrão de uma carteira de 30% de ações da Dell e de 70% de ações da Starbucks.

6. Utilizando os dados na tabela a seguir, estime o retorno médio e a volatilidade de cada grupo de ações.

Retornos realizados

Ano	Ações A	Ações B
1998	−10%	21%
1999	20%	30%
2000	5%	7%
2001	−5%	−3%
2002	2%	−8%
2003	9%	25%

7. Utilizando suas estimativas do Problema 6 e o fato de que a correlação de A e B é 0,48, calcule a volatilidade (desvio-padrão) de uma carteira que é 70% investida em ações A e 30% investida em ações B.

8. A planilha a seguir contém os retornos mensais da Coca-Cola (Símbolo *ticker*: KO) e da Exxon Mobil (Símbolo *ticker*: XOM) em 1990. Utilizando esses dados, estime o retorno médio mensal e a volatilidade de cada grupo de ações.

Data	KO	XOM
31/01/1990	−10,84%	−6,00%
28/02/1990	2,36%	1,28%
30/03/1990	6,60%	−1,86%
30/04/1990	2,01%	−1,90%
31/05/1990	18,36%	7,40%
29/06/1990	−1,22%	−0,26%
31/07/1990	2,25%	8,36%
31/08/1990	−6,89%	−2,46%
28/09/1990	−6,04%	−2,00%
31/10/1990	13,61%	0,00%
30/11/1990	3,51%	4,68%
31/12/1990	0,54%	2,22%

9. Utilizando a planilha do Problema 8 e o fato de que a KO e a XOM têm uma correlação de 0,6083, calcule a volatilidade (desvio-padrão) de uma carteira que é 55% investida em ações da Coca-Cola e 45% investida em ações da Exxon Mobil. Calcule a volatilidade
   a. Utilizando a Equação 11.4, e
   b. Calculando os retornos mensais da carteira e calculando sua volatilidade diretamente.
   c. Compare seus resultados.

10. Suponha que a Johnson & Johnson e a Walgreen Company tenham os retornos esperados e volatilidades exibidos a seguir, com uma correlação de 22%.

	E[R]	SD[R]
Johnson & Johnson	7%	16%
Walgreen Company	10%	20%

Para uma carteira igualmente investida em ações da Johnson & Johnson e da Walgreen, calcule:
   a. O retorno esperado.
   b. A volatilidade (desvio-padrão).

11. Você tem uma carteira com um desvio-padrão de 30% e um retorno esperado de 18%. Você está considerando adicionar um dos dois grupos de ações na tabela a seguir. Se depois de adicionar as ações você terá 20% de seu dinheiro nas novas ações e 80% de seu dinheiro na sua carteira existente, qual você deve adicionar?

	Retorno esperado	Desvio-padrão	Correlação com os retornos de sua carteira
Ações A	15%	25%	0,2
Ações B	15%	20%	0,6

Medindo o risco sistemático

12. Suponha que todas as possíveis oportunidades de investimento do mundo estejam limitadas aos cinco grupos de ações listados na tabela a seguir. Quais são os pesos de carteira de mercado?

Ações	Preço/Ação (US$)	Número de ações em circulação (milhões)
A	10	10
B	20	12
C	8	3
D	50	1
E	45	20

13. Dados US$ 100.000 para investir, construa uma carteira ponderada por valor dos quatro grupos de ações listados a seguir.

Ações	Preço/Ação (US$)	Número de ações em circulação (milhões)
Golden Seas	13	1,00
Jacobs and Jacobs	22	1,25
MAG	43	30
PDJB	5	10

14. Se um grupo de ações em uma carteira ponderada por valor subir no preço e todos os outros preços de ações permanecerem os mesmos, que negociações serão necessárias para manter a carteira ponderada por valor?

15. Você ouve no noticiário que o S&P 500 teve uma queda de 2% hoje em relação à taxa livre de risco (o retorno em excesso do mercado foi −2%). Você está pensando em sua carteira e em seus investimentos na Apple e na Procter & Gamble.
  a. Se o beta da Apple for de 1,4, qual seria sua melhor aproximação para o retorno em excesso da Apple hoje?
  b. Se o beta da Procter & Gamble é 0,5, qual é sua melhor aproximação para o retorno em excesso da P&G hoje?

16. Vá ao "Chapter Resources" [Recursos do Capítulo] no MyFinanceLab e utilize os dados da planilha para estimar o beta das ações da Nike utilizando regressão linear.

17. A seção "Chapter Resources" [Recursos do Capítulo] no MyFinanceLab possui dados sobre a Microsoft e o S&P 500 de 1986 a 2005.
  a. Estime o beta da Microsoft utilizando regressão linear ao longo dos períodos de 1987–1991, 1992–1996, 1997–2001 e 2002–2006.
  b. Compare os quatro betas estimados. O que você pode concluir sobre o fato de a exposição da Microsoft ao risco sistemático ter mudado ao longo do tempo? O que você acha que explica a variação?

Resumo retrospectivo: o modelo de precificação de ativos financeiros

18. Suponha que o retorno livre de risco seja de 4% e a carteira de mercado tenha um retorno esperado de 10% e um desvio-padrão de 16%. As ações da Johnson and Johnson Corporation têm um beta de 0,32. Qual é o seu retorno esperado?

19. Qual é o sinal do prêmio de risco de ações cujo beta é negativo? Explique. (Suponha que o prêmio de risco da carteira de mercado seja positivo).

20. Suponha que as ações da Intel tenham um beta de 1,6, enquanto as ações da Boeing têm um beta igual a 1. Se a taxa de juros livre de risco é de 4% e o retorno esperado da carteira de mercado é de 10%, de acordo com o CAPM:
    a. Qual é o retorno esperado das ações da Intel?
    b. Qual é o retorno esperado das ações da Boeing?
    c. Qual é o beta de uma carteira que consiste em 60% de ações da Intel e 40% de ações da Boeing?
    d. Qual é o retorno esperado de uma carteira que consiste em 60% de ações da Intel e 40% de ações da Boeing (mostre as duas soluções possíveis)?

* 21. Você está pensando em comprar ações precificadas a US$ 100 por ação. Suponha que a taxa livre de risco seja de aproximadamente 4,5% e o prêmio de risco de mercado seja 6%. Se você acha que as ações subirão para US$ 117 por ação no final do ano, momento este em que elas pagarão um dividendo de US$ 1, de que beta elas precisariam para que esta expectativa fosse consistente com o CAPM?

* 22. Você está analisando um grupo de ações que tem um beta de 1,2. A taxa livre de risco é 5% e você estima que o prêmio de risco de mercado seja 6%. Se você espera que as ações tenham um retorno de 11% ao longo do próximo ano, você deve comprá-las? Por que ou por que não?

23. Você foi subindo de carreira na Starbucks, do mero avental verde de barista ao cobiçado avental preto, chegando finalmente a CFO. Uma rápida pesquisa na Internet mostra que o beta da Starbucks é 0,6. A taxa livre de risco é de 5% e você acredita que o prêmio de risco de mercado seja 5,5%. Qual é sua melhor estimativa do retorno esperado dos investidores sobre as ações da Starbucks (seu custo de capital próprio)?

24. No início de 2007, o beta da Apple foi de 1,4 e a taxa livre de risco foi de aproximadamente 4,5%. O preço da Apple foi de US$ 84,84. O preço da Apple no final de 2007 foi de 198,08. Se você estimou o prêmio de risco de mercado como 6%, os gerentes da Apple excederam o retorno exigido por seus investidores dado pelo CAPM?

Capítulo 11 APÊNDICE Modelos alternativos do risco sistemático

Apesar de o CAPM ser o modelo mais utilizado para estimar o custo de capital na prática, recentemente, alguns profissionais tentaram aperfeiçoá-lo.

Problemas com o CAPM na prática

Os pesquisadores descobriram que utilizar apenas o S&P 500, ou algum outro *proxy* simples para a verdadeira carteira de mercado, leva a erros de precificação consistentes decorrentes do CAPM. Isto é, alguns grupos de ações e carteiras de ações obtêm retornos consistentemente mais altos ou mais baixos do que o CAPM iria prever. Por exemplo, os pesquisadores descobriram que ações de baixa capitalização, ações com altos índices de valor contábil/valor de mercado e ações que recentemente tiveram um desempenho muito bom obtinham consistentemente retornos mais altos do que o CAPM iria prever utilizando um *proxy* de mercado simples para a carteira de mercado.

Modelos multifatoriais

Essas descobertas levaram os pesquisadores a adicionar novas carteiras à equação de precificação do CAPM na tentativa de construir um *proxy* melhor para a carteira de mercado que captasse os componentes do risco sistemático que o uso somente do S&P 500 deixa de lado. Apesar de talvez não conseguirmos identificar um *proxy* perfeito para a verdadeira carteira de mercado, é possível construir a carteira de mercado a partir de outras carteiras. Esta observação implica que contanto que a carteira de mercado possa ser construída a partir de uma coleção de carteiras, a coleção propriamente dita pode ser utilizada para medir o risco. *Assim, não é necessário, na verdade, identificar a carteira de mercado propriamente dita*; o que é necessário é identificar uma coleção de carteiras a partir das quais ela pode ser construída.

Dessa maneira, podemos utilizar uma coleção de carteiras para captar os componentes do risco sistemático, chamado de **fatores de risco**. Um modelo com mais de uma carteira para captar o risco é conhecido como **modelo multifatorial**. Cada carteira pode ser pensada ou como o fator de risco propriamente dito, ou como uma carteira de ações correlacionadas com um fator de risco não observável. Esta forma particular do modelo multifatorial foi desenvolvida originalmente pelo professor Stephen Ross, mas o professor Robert Merton desenvolveu um modelo multifatorial alternativo antes.[6] O modelo também é chamado de **Teoria da Precificação por Arbitragem** (**APT**, ou *Arbitrage Pricing Theory*, no original).

fatores de risco Diferentes componentes do risco sistemático (utilizados em um modelo multi-fatorial).

modelo multifatorial Modelo que utiliza mais do que uma carteira para captar riscos sistemáticos. Cada carteira pode ser pensada ou como o fator de risco propriamente dito, ou uma carteira de ações correlacionada com um fator de risco não observável.

Teoria da Precificação por Arbitragem (APT) Um dos primeiros modelos multifatoriais, que depende da ausência de arbitragem para precificar títulos.

Especificação de fator de Fama-French-Carhart

Os profissionais adicionaram carteiras especificamente para tentar solucionar os erros de precificação do CAPM. Assim, a primeira carteira é construída pela compra de ações de pequenas empresas e pela venda de ações de grandes empresas. Esta carteira é amplamente conhecida como a carteira *small-minus-big* (SMB). A segunda carteira compra ações de empresas com um alto índice de valor contábil/valor de mercado e vende ações de empresas com um baixo índice de valor contábil/valor de mercado, e a chamamos de carteira *high-minus-low* (HML). Finalmente, a terceira carteira compra ações que recentemente tiveram um desempenho extremamente positivo e vende aquelas que tiveram um desempenho extremamente negativo. Como esta carteira tenta solucionar o problema de que este desempenho extremamente bom ou ruim continue no curto prazo, ela é chamada de carteira *prior 1-year momentum* (PR1YR).

A coleção dessas quatro carteiras – a bolsa de valores (Mkt), SMB, HML e PR1YR – é a mais utilizada como um modelo alternativo ao CAPM e é um exemplo de um modelo multifatorial. Utilizando esta coleção, o retorno esperado do título *i* é dado por:

---

[6] See Stephen A. Ross, "The Arbitrage Theory of Capital Asset Pricing." *Journal of Economic Theory* 3 (December 1976): 343–62 and Robert C. Merton "An Intertemporal Capital Asset Pricing Model." *Econometrica* 41(1973): 867–887.

TABELA 11.5 Retornos mensais médios da carteira FFC (1926–2005)

	Retorno mensal médio (%)
Mkt−r_f	0,64
SMB	0,17
HML	0,53
PR1YR	0,76

Fonte: *Website* pessoal do professor Kenneth French.

$$E[R_i] = r_f + \beta_i^{Mkt}(E[R_{Mkt}] - r_f) + \beta_i^{SMB}E[R_{SMB}] + \beta_i^{HML}E[R_{HML}] + \beta_i^{PR1YR}E[R_{PR1YR}] \tag{11.8}$$

especificação de fator de Fama-French-Carhart (FFC)
Modelo multifatorial de risco e retorno em que as carteiras fatoriais são as carteiras de mercado, a carteira *small-minus-big*, a carteira *high-minus-low* e a carteira PR1YR identificadas por Fama, French e Carhart.

onde β_i^{Mkt}, β_i^{SMB}, β_i^{HML} e β_i^{PR1YR} são os betas fatoriais das ações *i* e medem a sensibilidade das ações de cada carteira. Como a coleção de carteiras na Equação 11.8 (Mkt, SMB, HML e PR1YR) foram identificadas pelos Professores Eugene Fama, Kenneth French e Mark Carhart, chamamos esta coleção de carteiras de **especificação de fator de Fama-French-Carhart (FFC)**.

Os retornos mensais médios de cada uma das quatro carteiras no FFC são dados na Tabela 11.5.

EXEMPLO 11.8

Utilizar a especificação de fator de FFC para calcular o custo de capital

Problema

Você está atualmente considerando fazer um investimento em um projeto no setor de Alimentos e Bebidas. Você determina que o projeto possui o mesmo risco que investir na Coca-Cola. Você utiliza dados ao longo dos últimos cinco anos para estimar os betas fatoriais da Coca-Cola (Símbolo *ticker*: KO). Especificamente, você faz a regressão do retorno em excesso mensal (o retorno realizado em cada mês menos a taxa livre de risco) das ações da Coca-Cola sobre o retorno de cada uma das carteiras de quatro fatores. Você determina que os betas fatoriais da KO são:

$$\beta_{KO}^{Mkt} = 0,158$$
$$\beta_{KO}^{SMB} = 0,302$$
$$\beta_{KO}^{HML} = 0,497$$
$$\beta_{KO}^{PR1YR} = -0,276$$

A taxa mensal livre de risco corrente é 5%/12 = 0,42%. Determine o custo de capital utilizando a especificação de fator de FFC.

Solução

▶ Planejamento

Primeiramente, reúna as informações de que você dispõe. Combinando as informações do problema com os dados da Tabela 11.5, você tem:

	Retorno mensal médio (%)	β da KO com fator
Mkt−r_f	0,64	0,158
SMB	0,17	0,302
HML	0,53	0,497
PR1YR	0,76	−0,276

Utilizando as informações que você coletou junto com a taxa livre de risco mensal de 0,42%, use a Equação 11.8 para calcular o retorno esperado mensal por investir na Coca-Cola. A partir daí, você pode multiplicar por 12 para obter o retorno esperado anual, representado como uma APR.

> **Execução**
> Utilizando a Equação 11.8, o retorno esperado mensal de investir na Coca-Cola é:
>
> $$\begin{aligned} E[R_{KO}] &= r_f + \beta_{KO}^{Mkt}(E[R_{Mkt}] - r_f) + \beta_{KO}^{SMB} E[R_{SMB}] + \beta_{KO}^{HML} E[R_{HML}] + \beta_{KO}^{PR1YR} E[R_{PR1YR}] \\ &= 0{,}42 + 0{,}158 \times 0{,}64 + 0{,}302 \times 0{,}17 + 0{,}497 \times 0{,}53 - 0{,}276 \times 0{,}76 \\ &= 0{,}626\% \end{aligned}$$
>
> O retorno esperado anual é $0{,}626 \times 12 = 7{,}5\%$
>
> **Avaliação**
> Ao juntar todos os *inputs* e aplicar a especificação FFC da mesma maneira que aplicaríamos o CAPM, podemos calcular esta estimativa alternativa do custo de capital para a Coca-Cola. Segundo esta abordagem, concluiríamos que o custo de capital anual da oportunidade de investimento é de aproximadamente 7,5%.

12 Determinando o Custo de Capital

OBJETIVOS DE APRENDIZAGEM

- Compreender os determinantes do custo de capital geral da empresa.
- Medir os custos da dívida, ações preferenciais e ações ordinárias.
- Calcular o custo de capital geral ou o custo médio ponderado de capital.
- Aplicar os custo médio ponderado de capital à avaliação de projetos.
- Ajustar o custo de capital pelo risco associado ao projeto.
- Considerar os custos diretos do levantamento de capital externo.

notação

$D\%$	fração da empresa financiada com dívida	P_{pfd}	preço das ações preferenciais
Div_1	dividendo devido em um ano	r_D	retorno exigido (custo de capital) da dívida
Div_{pfd}	dividendo de ações preferenciais		
$E\%$	fração da empresa financiada com ações	r_E	retorno exigido (custo de capital) de ações alavancadas
FCF_t	fluxo de caixa livre incremental no ano t	r_{pfd}	retorno exigido (custo de capital) de ações preferenciais
g	taxa esperada de crescimento de dividendos	r_U	retorno exigido (custo de capital) de ações não alavancadas
		r_{wacc}	custo médio ponderado de capital
$P\%$	fração da empresa financiada com ações preferenciais	T_c	alíquota corporativa marginal de impostos
P_E	preço das ações ordinárias	V_0^L	valor alavancado inicial

ENTREVISTA COM

Priscilla Srbu, Grupo de Finanças Estratégicas da Qualcomm

Como analista financeira contratada do grupo de Finanças Estratégicas da Qualcomm, Priscilla Srbu é responsável pela análise de avaliação para fusões e aquisições, unidades internas de negócios e iniciativas estratégicas internas. Ela obteve seu MBA pela Cornell University em 2007 e seu bacharelado pela New York University em 2000.

A Qualcomm, líder mundial em produtos e serviços de tecnologia de comunicação *wireless* digital, utiliza o custo médio ponderado de capital (WACC) como uma de várias ferramentas para avaliar um investimento. Quando Priscilla analisa uma nova linha de negócios ou uma candidata à aquisição, utiliza o WACC como a taxa de descapitalização de fluxos de caixa futuros ao calcular o valor presente líquido de um investimento potencial. "O WACC representa a taxa de retorno mínima com a qual um investimento ou projeto produz valor para os investidores", explica Priscilla. "Ele também serve como uma taxa mínima de atratividade em comparação à qual a Qualcomm avalia o retorno sobre capital investido e desempenha um papel chave na determinação do valor econômico agregado. Por exemplo, suponha que um projeto produza um retorno de 25% e o WACC da empresa seja de 15%. Cada US$ 1 que a empresa investe neste projeto cria 10 centavos de valor. Se o retorno da empresa for menor do que o WACC, porém, ele estará destruindo o valor econômico, indicando que a empresa deve investir em outros projetos".

O WACC parece mais fácil de calcular do que realmente é, Priscilla adverte. "Dois indivíduos podem interpretar as peças utilizadas para calcular o WACC de maneira muito diferente e deduzir valores muito diferentes para o WACC. Além disso, as metodologias por trás dos cálculos podem diferir. Portanto, as empresas como a Qualcomm estabelecem diretrizes e metodologias para calcular o WACC".

O WACC também tem relevância para pessoas que ocupam cargos não financeiros. "Sempre que você avalia um projeto, seja ele uma campanha de marketing, uma iniciativa do setor de operações, ou um novo segmento de mercado, você deve avaliar os benefícios e custos da realização do projeto. O WACC permite que você atribua certo nível de risco aos fluxos de caixa futuros associados a esses projetos. Se o NPV é positivo, os benefícios do projeto, no mínimo, cobrem seu custo e criam valor para os acionistas – a preocupação número um da gerência".

Cornell University, 2007

"Sempre que você avalia um projeto, seja ele uma campanha de maketing, uma iniciativa no setor de operações, ou um novo segmento de mercado, você deve avaliar os custos e benefícios da realização do projeto".

No Capítulo 11, aprendemos como determinar o custo de capital próprio de uma empresa. Na realidade, a maioria das empresas é financiada com uma combinação de ações, dívida e outros títulos (como ações preferenciais). Consequentemente, os gerentes financeiros têm que determinar o custo de capital geral de sua empresa com base em todas as fontes de financiamento. Este custo de capital geral é um *input* crítico no processo de orçamento de capital. O Princípio da Avaliação nos diz que o valor de um projeto é o valor presente de seus benefícios menos o valor presente de seus custos. No orçamento de capital, implementamos este importante conceito com o valor presente líquido (NPV). Para calcular o NPV de um projeto, precisamos de um custo de capital para utilizar como taxa de descapitalização.

Neste capítulo, aprenderemos como calcular e utilizar o custo de capital geral da empresa, que geralmente é chamado de seu custo médio ponderado de capital (WACC). Veremos que o WACC é uma média ponderada dos custos de capital de cada uma das diferentes fontes de financiamento da empresa. Depois de termos aprendido como estimar o WACC, o aplicaremos ao orçamento de capital. Como parte dessa discussão, aprenderemos as condições sob as quais podemos utilizar o custo de capital geral de uma empresa como taxa de descapitalização e identificar as situações em que precisaremos determinar um custo de capital específico a um projeto ou divisão da empresa.

12.1 Introdução ao custo médio ponderado de capital

A maioria das empresas utiliza alguma combinação de ações, dívida e outros títulos para levantar os fundos de que precisam para seus investimentos. Nesta seção, examinaremos o papel das fontes de financiamento na determinação do custo de capital geral da empresa. Começaremos dando um passo atrás para avaliar essas fontes de financiamento no contexto do balanço patrimonial da empresa.

A estrutura de capital da empresa

capital Fontes de financiamento de uma empresa – dívida, ações e outros títulos que ela tenha em circulação.

As fontes de financiamento de uma empresa, que normalmente consistem em capital de terceiros e capital próprio, representam seu **capital**. A empresa típica levanta fundos para investir ao vender ações a acionistas (seu capital próprio) e ao tomar empréstimos junto a credores (seu capital de terceiros ou dívida). Lembre-se da forma mais básica do balanço patrimonial, representada na Figura 12.1. O lado esquerdo do balanço patrimonial lista os ativos da empresa, e o lado direito descreve o capital da empresa.

estrutura de capital Proporções relativas de dívida, ações e outros títulos que uma empresa possui em circulação.

As proporções relativas de dívida, ações e outros títulos que uma empresa tenha em circulação constituem sua **estrutura de capital**. Quando as corporações levantam fundos de investidores externos, elas têm que escolher que tipo de título emitir. As escolhas mais comuns são financiamento somente por meio de ações e financiamento por meio de uma combinação de dívida e ações. A Figura 12.2 mostra as estruturas de capital da Apple e da Anheuser Busch. As

FIGURA 12.1

Um balanço patrimonial básico

Esta figura fornece um balanço patrimonial básico para consulta. Como discutido no Capítulo 2, os dois lados do balanço patrimonial têm que ser iguais um ao outro: Ativos = Passivos + Ações. O lado direito representa a maneira como os ativos são financiados. Neste capítulo, focalizaremos nos retornos exigidos das diferentes formas de financiamento encontradas no lado direito do balanço patrimonial.

Ativos	Passivos e Ações
Ativo circulante	Dívidas
Ativos de longo prazo	Ações preferenciais
	Ações

FIGURA 12.2

Duas estruturas de capital

Esta figura mostra as estruturas de capital de duas empresas reais. A Apple é financiada 100% com ações ordinárias, exibidas em verde, enquanto a Anheuser Busch é financiada 82% com ações ordinárias e 18% com dívida, sombreada em cinza.

Fonte: cálculos do autor baseados em dados disponíveis ao público em 2007.

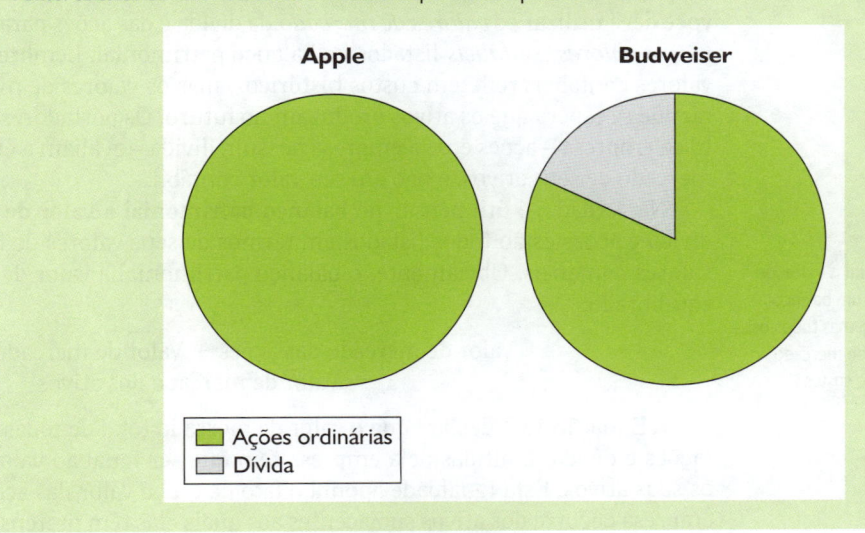

estruturas de capital variam amplamente de uma empresa para outra. No Capítulo 15, discutiremos como uma empresa determina sua estrutura de capital.

Custo de oportunidade e custo de capital geral

Os gerentes financeiros levam em consideração cada componente da estrutura de capital da empresa ao determinar o custo de capital geral da empresa. Ao longo de nossa discussão, tenha em mente a ideia por trás do termo "custo de capital". Quando os investidores compram ações ou títulos de dívida de uma empresa, elas abdicam da oportunidade de investir esse dinheiro em outro lugar. O retorno esperado desses investimentos alternativos constitui um custo de oportunidade para eles. Assim, para atrair seus investimentos como capital para a empresa, a empresa tem que oferecer aos investidores potenciais um retorno esperado igual ao que eles esperariam obter em outro lugar por assumir o mesmo grau de risco. Oferecer este retorno é o custo que a empresa assume em troca de obter capital dos investidores.

Médias ponderadas e o custo de capital geral

Intuitivamente, o custo de capital geral da empresa deve ser um misto dos custos de diferentes fontes de capital. Na verdade, calculamos o custo de capital geral da empresa como uma média ponderada de seus custos de capital próprio e de terceiros, conhecida como o **custo médio ponderado de capital (WACC)** da empresa.

Mas quais devem ser os pesos? Imagine que você detivesse todas as ações e toda a dívida da empresa. Se isso fosse tudo o que você possui em sua carteira, o retorno de sua carteira seria o retorno total da empresa. Como mostramos no Capítulo 11, o retorno de uma carteira é a média ponderada dos retornos dos títulos contidos na carteira. Neste caso, o retorno de sua carteira – o retorno total da empresa – é uma média ponderada do retorno que você obtém por deter todas as ações da empresa e o retorno que você obtém por deter toda a dívida. Como você detém todas as ações e toda a dívida, os pesos de sua carteira são exatamente o valor relativo da dívida e das ações emitidas pela empresa. Assim, os pesos que utilizamos no

custo médio ponderado de capital (WACC) Média do custo de capital próprio e de terceiros de uma empresa, ponderada pelas frações do valor da empresa que correspondem a ações e dívida, respectivamente.

WACC são as proporções de dívida e de ações utilizadas na estrutura de capital da empresa. Por exemplo, se a empresa é 30% financiada por dívida e 70% por ações, então os pesos utilizados em seu WACC seriam 30% sobre o custo de capital de terceiros e 70% sobre o custo de capital próprio.

Este exemplo sugere que você pode determinar os pesos observando o lado direito do balanço patrimonial da empresa. Esta suposição está correta, com uma importante modificação: você deve utilizar os *valores de mercado* da dívida e das ações para determinar as proporções, e não os *valores contábeis* listados no balanço patrimonial. Lembre-se, do Capítulo 2, de que os valores contábeis refletem custos históricos, mas os valores de mercado são diretos, baseados no que se espera que os ativos produzam no futuro. Os portadores das obrigações de pagamento da empresa – ações e, se a empresa possuir, dívida – avaliam a empresa com base no valor de mercado de seus ativos, e não em seu valor contábil.

Na verdade, é útil pensar no **balanço patrimonial a valor de mercado**, no qual os ativos, dívida e ações estão todos listados em termos de seus valores de mercado, em vez de em seus valores contábeis. Obviamente, o balanço patrimonial a valor de mercado ainda tem que ser equilibrado:

> **balanço patrimonial a valor de mercado** Similar a um balanço patrimonial contábil, mas todos os valores são valores de mercado correntes em vez de custos históricos.

$$\text{Valor de mercado das ações} + \text{Valor de mercado da dívida} = \text{Valor de mercado dos ativos} \qquad (12.1)$$

A Equação 12.1 declara que o valor de mercado total de todas as obrigações de pagamento (ações e dívida) emitidas pela empresa tem que ser igual ao valor de mercado total de todos os seus ativos. Esta igualdade aponta o fato de que o valor das ações e da dívida emitidas pela empresa decorre dos ativos subjacentes aos quais elas têm pretensão. O risco e, logo, o retorno exigido, das ações e da dívida da empresa são determinados pelo risco dos ativos da empresa. Este fato será útil quando deduzirmos o WACC da empresa.

Cálculos do custo médio ponderado de capital

Nesta seção, desenvolveremos a ideia por trás do uso dos pesos de valor de mercado, bem como a ligação entre o risco dos ativos e o risco das pretensões à dívida e ações desses ativos.

Começaremos com o caso fácil da empresa que não emite dívida – a empresa **não alavancada** que realiza pagamentos aos seus acionistas com todo o fluxo de caixa livre gerado por seus ativos. Quando parte do financiamento de uma empresa é proveniente de dívida, dizemos que a empresa é **alavancada**. Assim como uma alavanca ajuda a levantar um objeto pesado exercendo relativamente pouca força, tomar dinheiro emprestado por meio de endividamento permite que os acionistas controlem ativos de alto valor com relativamente pouco investimento de seu próprio dinheiro. Chamamos a quantidade relativa de dívida no balanço patrimonial de **alavancagem** da empresa.

> **não alavancada** Empresa que não tem dívida em circulação.
>
> **alavancada** Empresa que tem dívida em circulação.
>
> **alavancagem** Quantidade relativa de dívida no balanço patrimonial de uma empresa.

O custo médio ponderado de capital: empresa não alavancada. Se uma empresa é não alavancada, de modo que ela não possui dívida, todo o fluxo de caixa livre gerado por seus ativos é, em última análise, pago a seus acionistas. Como o fluxo de caixa livre que vai para os acionistas é o mesmo que o fluxo de caixa livre proveniente dos ativos, o Princípio da Avaliação nos diz que o valor de mercado, risco e custo de capital das ações da empresa são iguais aos valores correspondentes de seus ativos. Dada esta relação, podemos estimar o custo de capital próprio da empresa utilizando o Modelo de Precificação de Ativos Financeiros (CAPM). A estimativa resultante é o custo de capital da empresa como um todo. Por exemplo, tanto a Cisco quanto a Apple não emitem dívida, então o custo de capital dos ativos da Cisco ou da Apple é igual aos custos de capital próprio das empresas.

O custo médio ponderado de capital: empresa alavancada. Mas e se a empresa tiver dívida? Como devemos incorporar o custo desta dívida para determinar o custo de capital dos ativos da empresa como um todo? O balanço patrimonial a valor de mercado fornece a resposta. Podemos interpretar a igualdade na Equação 12.1 em termos de uma carteira: ao deter uma carteira das ações e da dívida da empresa, podemos obter os mesmos fluxos de caixa que obteríamos se detivéssemos os ativos diretamente. Como o retorno de uma carteira é igual à média ponderada dos retornos dos títulos nela contidos, esta igualdade implica na seguinte relação entre os retornos exigidos (custos) de ações, dívida e ativos:

Custo médio ponderado de capital (Antes dos impostos)

$$r_{wacc} \equiv \begin{pmatrix} \text{Fração do valor da empresa} \\ \text{financiada por ações} \end{pmatrix} \begin{pmatrix} \text{Custo de capital} \\ \text{próprio} \end{pmatrix}$$
$$+ \begin{pmatrix} \text{Fração do valor da empresa} \\ \text{financiada por dívida} \end{pmatrix} \begin{pmatrix} \text{Custo de capital} \\ \text{de terceiros} \end{pmatrix}$$
$$= \begin{pmatrix} \text{Custo de capital} \\ \text{dos ativos} \end{pmatrix} \quad (12.2)$$

Agora temos a justificativa de nossa intuição de que o custo de capital geral de uma empresa deve ser uma média ponderada de seus custos de capital próprio e de capital de terceiros. A Equação 12.2 mostra que podemos calcular o custo de capital dos ativos da empresa calculando a média ponderada do custo de capital próprio e do custo de capital de terceiros da empresa. Na próxima seção, exploraremos como estimar os custos de capital próprio e de terceiros de uma empresa.

EXEMPLO 12.1

Calculando os pesos no WACC

Problema

Suponha que a Sony Corporation tenha uma dívida com um valor de mercado de US$ 12 bilhões em circulação, e ações ordinárias com um valor de mercado de US$ 49 bilhões e um valor contábil de US$ 30 bilhões. Que pesos a Sony deve utilizar ao calcular seu WACC?

Solução

▶ Planejamento

A Equação 12.2 nos diz que os pesos são as frações da Sony financiadas com dívida e financiadas com ações. Além disso, esses pesos devem ser baseados nos valores de mercado porque o custo de capital é baseado na avaliação corrente do valor da empresa pelos investidores, e não em sua avaliação de valores contábeis. Consequentemente, podemos ignorar o valor contábil das ações.

▶ Execução

Dado seus US$ 12 bilhões em dívida e seus US$ 49 bilhões em ações, o valor total da empresa é US$ 61 bilhões. Os pesos são

$$\frac{\text{US\$ 12 bilhões}}{\text{US\$ 61 bilhões}} = 19{,}7\% \text{ para dívida} \quad \text{e} \quad \frac{\text{US\$ 49 bilhões}}{\text{US\$ 61 bilhões}} = 80{,}3\% \text{ para ações}$$

▶ Avaliação

Ao calcular seu custo de capital geral, a Sony utilizará uma média ponderada de seu custo de capital de terceiros e seu custo de capital próprio, chegando a um peso de 19,7% para seu custo de capital de terceiros e um peso de 80,3% para seu custo de capital próprio.

Fixação de conceitos

1. Por que o capital de uma empresa tem um custo?
2. Por que utilizamos pesos de valor de mercado no custo médio ponderado de capital?

12.2 Os custos de capital de terceiros e de capital próprio da empresa

A Seção 12.1 deixou claro que, para medir o custo de capital geral da empresa, precisamos começar determinando o custo de cada tipo de capital que a empresa pode vir a utilizar. Agora veremos como uma empresa mede os custos de sua dívida, ações preferenciais e ações ordinárias. Utilizaremos como exemplo a Alcoa, Inc., uma produtora global de alumínio.

Custo do capital de terceiros

Começaremos na parte superior do lado direito do balanço patrimonial, com o custo da dívida da empresa. O custo da dívida de uma empresa é a taxa de juros que ela teria que pagar para refinanciar sua dívida existente, como por meio de novas emissões de títulos de dívida. Esta taxa difere da taxa de cupom sobre a dívida existente da empresa, que reflete a taxa de juros que a empresa teve que oferecer no momento em que a dívida foi emitida.

Rentabilidade até o vencimento e o custo da dívida. A dívida existente é negociada no mercado, então seu preço flutua para refletir tanto mudanças no ambiente de crédito geral quanto mudanças no risco especificamente associado à empresa. Como vimos no Capítulo 6, o preço de mercado da dívida existente da empresa implica em uma rentabilidade até o vencimento, que é o retorno que os compradores atuais da dívida obteriam se a mantivessem até o vencimento e recebessem todos os pagamentos conforme prometido. Dessa forma, podemos utilizar a rentabilidade até o vencimento para estimar o custo da dívida atual da empresa: é a rentabilidade que os investidores irão exigir para deter os títulos de dívida (novos ou existentes) da empresa.[1]

Suponha que a Alcoa tenha uma dívida com vencimento em 2017 cuja taxa de cupom é de 5,55% precificada a US$ 961,85 por valor de face de US$ 1.000. Como o preço de mercado da dívida é inferior a seu valor de face, os investidores obtêm uma rentabilidade que excede a taxa de cupom de 5,55%. Na verdade, utilizando a Equação 6.3 no Capítulo 6, podemos calcular que este preço implica em uma rentabilidade até o vencimento de 6,09%, que é o custo da dívida atual da Alcoa. Na realidade, você não precisaria realmente calcular a rentabilidade até o vencimento, porque os preços e suas rentabilidades até o vencimento implícitas são sempre cotadas conjuntamente no mercado de títulos de dívida.[2]

Impostos e o custo da dívida. No caso de haver dívida, o retorno pago aos titulares de dívida não é o mesmo que o custo para a empresa. Como pode ser? A diferença surge porque os juros pagos sobre a dívida são uma despesa dedutível dos impostos. Quando uma empresa utiliza financiamento por endividamento, o custo dos juros que ela tem que pagar é compensado, até certo ponto, pelas economias tributárias das deduções de impostos.

Por exemplo, suponha que uma empresa com uma alíquota de impostos de 35% tome US$ 100.000 emprestados a juros de 10% ao ano. Então seu custo líquido no final do ano é calculado da seguinte maneira:

		Fim do ano
Despesas com juros	$r_D \times$ US$ 100.000 =	10.000
Economias tributárias	$-$ Alíquota de impostos $\times r_D \times$ US$ 100.000	-3.500
Despesas efetivas com juros após os impostos	$r_D \times (1 -$ Alíquota de impostos$) \times$ US$ 100.000 =	US$ 6.500

custo efetivo da dívida Custo líquido dos juros sobre a dívida de uma empresa após considerar a dedução tributária dos juros.

O **custo efetivo da dívida** – o custo líquido dos juros sobre a dívida após os impostos para a empresa – é de apenas US$ 6.500/US$ 100.000 = 6,50% do valor do empréstimo, em vez de todos os 10% dos juros. Assim, a possibilidade de dedução tributária dos juros diminui o custo efetivo do financiamento por endividamento para a empresa. De maneira mais geral, com juros dedutíveis dos impostos e representando a alíquota corporativa de impostos como T_C, a taxa efetiva do empréstimo após os impostos é:

$$r_D(1 - T_C) \tag{12.3}$$

---

[1] Na verdade, a rentabilidade até o vencimento é o *máximo* que a empresa pagará, porque há algum risco de que a empresa possa não pagar sua dívida.

[2] O Capítulo 6 demonstrou como encontrar online os preços correntes e as rentabilidades até o vencimento de títulos corporativos utilizando o *website* http://cxa.marketwatch.com/finra/BondCenter/Default.aspx.

Erros comuns — Utilizando a taxa de cupom como o custo da dívida

Um erro comum ao estimar o custo de capital geral de uma empresa é utilizar a taxa de cupom de sua dívida existente como seu custo de capital de terceiros ou da dívida. O custo de capital da empresa é direto e baseia-se nas condições atuais. Ao contrário, a taxa de cupom da dívida existente é histórica e é determinada sob condições potencialmente muito diferentes. Uma estimativa melhor do custo de capital da dívida é a rentabilidade até o vencimento de sua dívida existente, que é o retorno prometido que seus credores exigem atualmente.

Considere a Ford Motor Company como exemplo. A Ford possui títulos de dívida que foram emitidos originalmente em 1998 e cujo vencimento é em 2018; esses títulos de dívida têm uma taxa de cupom de 6,5%. Nos últimos anos, porém, o desempenho da Ford tem sofrido e o risco de que a empresa possa vir a não cumprir todas as suas obrigações de dívidas aumentou. No final de 2007, esses títulos de dívida de cupom a 6,5% estavam sendo negociados a uma rentabilidade até o vencimento de 10,2%. Assim, o mercado estava dizendo que, para assumir a posição de credor da Ford, uma rentabilidade até o vencimento de 10,2% tinha que ser oferecida aos investidores.

Então, qual é uma estimativa melhor do custo de capital de terceiros da Ford em 2007: o cupom de 6,5% ou a rentabilidade até o vencimento de 10,2%? A Ford deveria utilizar 10,2% como seu custo de capital de terceiros. A taxa de 6,5%, determinada sob circunstâncias diferentes, não é uma medida relevante do retorno exigido pelos titulares de dívida da Ford em 2007, então, ela não deve entrar no cálculo do WACC.

EXEMPLO 12.2
Custo efetivo da dívida

Problema

Ao utilizar a rentabilidade até o vencimento da dívida da Alcoa, descobrimos que o custo de sua dívida antes dos impostos é de 6,09%. Se a alíquota de impostos da Alcoa é de 35%, qual é seu custo efetivo da dívida?

Solução

▶ Planejamento

Podemos utilizar a Equação 12.3 para calcular o custo efetivo da dívida da Alcoa: $r_D(1 - T_C)$

$$r_D = 6{,}09\% \text{ (custo da dívida antes dos impostos)}$$
$$T_C = 35\% \text{ (alíquota corporativa de impostos)}$$

▶ Execução

O custo efetivo da dívida da Alcoa é de $0{,}0609(1 - 0{,}35) = 0{,}039585 = 3{,}9585\%$.

▶ Avaliação

Para cada US$ 1.000 que toma emprestados, a Alcoa paga a seus titulares de dívida $0{,}0609(\text{US\$ }1.000) = \text{US\$ }60{,}90$ em juros todo ano. Como ela pode deduzir esses US$ 60,90 em juros de sua renda, cada dólar em juros faz a Alcoa poupar 35 centavos em impostos, então a dedução tributária dos impostos reduz o pagamento de impostos ao governo em $0{,}35(\text{US\$ }60{,}90) = \text{US\$ }21{,}315$. Assim, o custo líquido da dívida da Alcoa é os US$ 60,90 que ela paga menos os US$ 21,315 em redução nos pagamentos de impostos, o que significa US$ 39,9585 por US$ 1.000 ou 3,9585%.

Custo de capital de ações preferenciais

As empresas também levantam capital emitindo ações preferenciais. Em geral, aos titulares de ações preferenciais promete-se um dividendo fixo, que tem que ser pago "em preferência a" (isto é, antes) de quaisquer dividendos poderem ser pagos aos titulares de ações ordinárias.

Se o dividendo preferencial é conhecido e fixo, podemos estimar o custo de capital das ações preferenciais utilizando a Equação 9.7 do Capítulo 9:

$$r_E = \frac{Div_1}{P_0} + g$$

onde a taxa de crescimento g = 0. Assim,

$$\text{Custo de capital das ações preferenciais} = \frac{\text{Dividendo preferencial}}{\text{Preço das ações preferenciais}} = \frac{Div_{pfd}}{P_{pfd}} \quad (12.4)$$

Por exemplo, as ações preferenciais da Alcoa têm um preço de US$ 54,50 e um dividendo anual de US$ 3,75. Seu custo de ações preferenciais, portanto, é de 3,75/54,50 = 6,88%.

Custo de capital de ações ordinárias

Como aprendemos no Capítulo 11, uma empresa não pode observar diretamente seu custo de ações ordinárias (capital próprio). Em vez disso, ela precisa estimá-lo. Agora apresentaremos e compararemos os dois principais métodos para fazê-lo.

Modelo de precificação de ativos financeiros. A abordagem mais comum é utilizar o CAPM conforme apresentado no Capítulo 11. Em resumo, nessa abordagem:

1. Estima-se o beta das ações da empresa, geralmente fazendo a regressão de 60 meses dos retornos da empresa contra 60 meses de retornos de um *proxy* de mercado como o S&P 500.
2. Determina-se a taxa livre de risco, em geral utilizando a rentabilidade de *Treasury bills* ou títulos de dívida.
3. Estima-se o prêmio de risco de mercado, geralmente comparando retornos históricos em um *proxy* de mercado a taxas livres de risco contemporâneas.
4. Aplica-se o CAPM:

Custo das ações = Taxa livre de risco + Beta das ações x Prêmio de risco de mercado

Por exemplo, suponha que o beta das ações da Alcoa seja de 2,05, a rentabilidade sobre as *Treasury notes* de 10 anos seja de 4,5%, e você estime o prêmio de risco de mercado como 5%. O custo de capital próprio da Alcoa é 4,5% + 2,05 x 5% = 14,75%.

Modelo de desconto de dividendos com crescimento constante. Outra maneira de estimar o custo das ações de uma empresa vem do Modelo de Desconto de Dividendos com Crescimento Constante (CDGM) introduzido no Capítulo 9. A Equação 9.7 do Capítulo 9 mostra que:

$$\text{Custo das ações} = \frac{\text{Dividendo (em um ano)}}{\text{Preço corrente}} + \text{Taxa de crescimento do dividendo} = \frac{Div_1}{P_E} + g \quad (12.5)$$

Assim, para estimar o custo das ações, precisamos do preço corrente das ações, do dividendo esperado em um ano e de uma estimativa da taxa de crescimento do dividendo. O preço corrente das ações é fácil de obter online. Podemos até mesmo ter uma estimativa razoável do dividendo do próximo ano. Entretanto, como discutimos no Capítulo 9, pode ser muito difícil estimar a taxa de crescimento de dividendos futura. Por exemplo, o dividendo da Alcoa foi de 60 centavos por ação por ano de 2001 a 2006 e, então, aumentou para 68 centavos em 2007. Talvez seja razoável supor que o dividendo de 2008 seria 68 centavos por ano, mas e quanto à taxa de crescimento de longo prazo do dividendo? Devemos supor que ele aumentará aproximadamente 8/60 (13,3%) a cada seis anos?

Em vez de olhar retrospectivamente para o crescimento histórico, uma abordagem comum é utilizar estimativas produzidas por analistas de ações, já que essas estimativas se voltam para o futuro. Como discutimos no Capítulo 9, se a Alcoa mantiver sua taxa de pagamento de dividendo constante, então o crescimento de longo prazo nos dividendos será igual ao crescimento de longo prazo nos lucros. No final de 2007, a previsão média para a taxa de crescimento dos lucros de longo prazo da Alcoa era de 11%. Assim, com um dividendo esperado em um ano de US$ 0,68, um preço de US$ 39,35 e uma taxa de crescimento de dividendo de longo prazo de 11%, o CDGM estima o custo de capital próprio da Alcoa (utilizando a Equação 12.5) como:

$$\text{Custo de capital próprio} = \frac{Div_1}{P_E} + g = \frac{\text{US\$0,68}}{\text{US\$39,35}} + 0,11 = 0,127, \text{ ou } 12,7\%$$

TABELA 12.1 Estimando o custo de capital próprio

	Modelo de precificação de ativos financeiros	Modelo de desconto de dividendos com crescimento constante
Inputs	Beta das ações Taxa livre de risco Prêmio de risco de mercado	Preço corrente das ações Dividendo esperado no próximo ano Taxa de crescimento de dividendo futura
Suposições importantes	Estimativa do beta está correta Prêmio de risco de mercado é preciso CAPM é o modelo correto	Estimativa do dividendo está correta Taxa de crescimento corresponde às expectativas do mercado O crescimento futuro do dividendo é constante

Não devemos nos surpreender com o fato de as duas estimativas do custo de capital próprio da Alcoa não corresponderem (14,75% e 12,7%), pois cada uma delas foi baseada em diferentes suposições. Além disso, mesmo dada uma estimativa do crescimento futuro dos dividendos, a Equação 12.5 faz a suposição de que o crescimento futuro dos dividendos continuará a uma taxa constante. É improvável que esta suposição seja válida para a maioria das empresas. Voltando novamente à Alcoa, antes dos seis anos seguidos com dividendos a 60 centavos por ação por ano, a empresa pagou 50 centavos por ação por um ano. Finalmente, muitas empresas jovens em crescimento não pagam dividendos e não têm planos de fazê-lo em um futuro próximo.

Poderíamos utilizar qualquer modelo relacionando o preço das ações de uma empresa a seus fluxos de caixa futuros para estimar seu custo de capital próprio – o CDGM é apenas um dos modelos possíveis. Por exemplo, poderíamos utilizar o modelo do fluxo de caixa livre descontado do Capítulo 9 para encontrar o custo de capital próprio da empresa.

Comparação entre o CAPM e o CDGM. Devido às dificuldades com o CDGM, o CAPM é a abordagem mais popular para estimar o custo de capital próprio. A Tabela 12.1 compara as duas abordagens.

EXEMPLO 12.3

Estimando o custo de capital próprio

Problema

O beta das ações da Weyerhaeuser (símbolo *ticker*: WY) é 1,2. A rentabilidade de títulos do Tesouro de 10 anos é 4,5%, e você estima que o prêmio de risco de mercado seja 5%. Além disso, a Weyerhaeuser emite um dividendo anual de US$ 2. O preço corrente de suas ações é US$ 71, e você espera que os dividendos aumentem a uma taxa constante de 4% por ano. Estime o custo de capital próprio da Weyerhaeuser de duas maneiras.

Solução

▶ Planejamento

As duas maneiras de estimar o custo de capital próprio da Weyerhaeuser são utilizar o CAPM e o CDGM.

1. O CAPM exige a taxa livre de risco, uma estimativa do beta das ações e uma estimativa do prêmio de risco de mercado. Podemos utilizar a rentabilidade de *Treasury bills* de 10 anos como a taxa livre de risco.
2. O CDGM exige o preço corrente das ações, o dividendo esperado no próximo ano e uma estimativa da taxa de crescimento futura constante do dividendo:

Taxa livre de risco: 4,5% Preço corrente: US$ 71
Beta das ações: 1,2 Dividendo esperado: US$ 2
Prêmio de risco de mercado: 5% Estimativa da taxa de crescimento futura dos dividendos: 4%

Usamos o CAPM do Capítulo 11 para estimar o custo de capital próprio empregando a abordagem do CAPM e a Equação 12.5 para estimá-lo utilizando a abordagem do CDGM.

▶ Execução

1. O CAPM diz que:

Custo de capital próprio = Taxa livre de risco + Beta das ações × Prêmio de risco de mercado

Para a Weyerhaeuser, isso implica que seu custo de capital próprio é 4,5% + 1,2 x 5% = 10,5%.
2. O CDGM diz que:

$$\text{Custo de capital próprio} = \frac{\text{Dividendo (em um ano)}}{\text{Preço corrente}} + \text{Taxa de crescimento do dividendo} = \frac{\text{US\$ 2}}{\text{US\$ 71}} + 4\% = 6{,}8\%$$

▶ **Avaliação**

De acordo com o CAPM, o custo de capital próprio é 10,5%; o CDGM produz um resultado de 6.8%. Devido às diferentes suposições que fazemos ao utilizar cada método, os dois métodos não têm necessariamente que produzir a mesma resposta – na verdade, seria muito improvável que isso acontecesse. Quando as duas abordagens produzem respostas diferentes, temos que examinar as suposições que fizemos para cada abordagem e decidir que conjunto de suposições é mais realista.

Também podemos ver qual suposição sobre o crescimento futuro de dividendos seria necessária para fazer as respostas convergirem. Ao reordenar o CDGM e utilizar o custo de capital próprio que estimamos a partir do CAPM, temos:

$$\text{Taxa de crescimento do dividendo} = \text{Custo de capital próprio} - \frac{\text{Dividendo (em um ano)}}{\text{Preço corrente}} = 10{,}5\% - 2{,}8\% = 7{,}7\%$$

Assim, se acreditarmos que os dividendos da Weyerhaeuser crescerão a uma taxa de 7,7% ao ano, as duas abordagens produziriam a mesma estimativa do custo de capital próprio.

Fixação de conceitos

3. Como se mede o custo de capital de terceiros ou o custo da dívida de uma empresa?
4. Quais são os principais *tradeoffs* que enfrentamos ao utilizar o CAPM *versus* o CDGM para estimar o custo de capital próprio?

12.3 Aprofundamento do custo médio ponderado de capital

Agora que estimamos os custos das diferentes fontes de capital da Alcoa, estamos prontos para calcular o WACC geral da empresa. Os pesos são a porcentagem do valor da empresa financiada por ações, ações preferenciais e dívida. Podemos representá-los como $E\%$, $P\%$ e $D\%$, respectivamente, e observe que eles têm que somar 100% (i.e., temos que incluir todas as fontes de financiamento).

Equação do WACC

Formalmente, ao representar o custo de capital próprio, de ações preferenciais e de capital de terceiros como r_E, r_{pfd} e r_D, e a alíquota corporativa de impostos como T_C, o WACC é

Custo médio ponderado de capital
$$r_{wacc} = r_E E\% + r_{pfd} P\% + r_D(1 - T_C)D\% \qquad (12.6)$$

Para uma empresa que não tem ações preferenciais, o WACC se condensa em

$$r_{wacc} = r_E E\% + r_D(1 - T_C)D\% \qquad (12.7)$$

Por exemplo, no final de 2007, os valores de mercado das ações ordinárias, ações preferenciais e dívida da Alcoa eram US$ 31.420 milhões, US$ 40 milhões e US$ 7.397 milhões, respectivamente. Seu valor total era, portanto, US$ 31.420 milhões + US$ 40 milhões + US$ 7.397 milhões = US$ 38.857 milhões. Dados os custos de ações ordinárias, ações preferenciais e dívida que já calculamos, o WACC da Alcoa no final de 2007 era:

$$WACC = r_E E\% + r_{pfd} P\% + (1 - T_C) r_D D\%$$

$$WACC = 14{,}75\%\left(\frac{31.420}{38.857}\right) + 6{,}88\%\left(\frac{40}{38.857}\right) + (1 - 0{,}35)6{,}09\%\left(\frac{7397}{38.857}\right)$$

$$WACC = 12{,}69\%$$

EXEMPLO 12.4
Calculando o WACC

Problema

O retorno esperado sobre as ações da Target é de 11,5%, e a empresa tem uma rentabilidade até o vencimento sobre sua dívida de 6%. A dívida representa 18%, e as ações, 82% do valor de mercado total da Target. Se a alíquota de impostos é de 35%, qual é o WACC dessa empresa?

Solução

▸ Planejamento

Podemos calcular o WACC utilizando a Equação 12.7. Para fazê-lo, precisamos conhecer os custos de capital próprio e de terceiros, suas proporções na estrutura de capital da Target e a alíquota de impostos da empresa. Temos todas essas informações, então estamos prontos para prosseguir.

▸ Execução

$$r_{wacc} = r_E E\% + r_D (1 - T_C) D\% = (0{,}115)(0{,}82) + (0{,}06)(1 - 0{,}35)(0{,}18) = 0{,}101, \text{ ou } 10{,}1\%$$

▸ Avaliação

Apesar de não podermos observar o retorno esperado dos investimentos da Target diretamente, utilizamos o retorno esperado de suas ações e sua dívida e a fórmula do WACC para estimá-lo, ajustando a vantagem tributária da dívida. A Target precisa obter um retorno de pelo menos 10,1% sobre seu investimento em lojas existentes e em lojas novas para satisfazer tanto seus titulares de dívida quanto seus titulares de ações.

O custo médio ponderado de capital na prática

O WACC é direcionado pelo risco da linha de negócios de uma empresa e, devido ao efeito tributário dos juros, pela alavancagem. Consequentemente, os WACCs variam amplamente entre setores e empresas. A Figura 12.3 apresenta o WACC de várias empresas reais para fornecer uma ideia do quanto o custo de capital pode variar. Algumas linhas de negócios são claramente mais arriscadas do que outras. Por exemplo, vender cerveja é uma proposição de risco bem baixo, mas vender produtos eletrônicos de alta tecnologia (como a Apple e a TiVo fazem) é muito mais arriscado.

Os métodos na prática

Agora passaremos a algumas questões que surgem para os gerentes financeiros ao estimar o WACC na prática.

Dívida líquida. Ao calcular os pesos do WACC, é uma prática cada vez mais comum fazer um ajuste à dívida. Muitos profissionais agora utilizam a **dívida líquida**, que é a dívida total em circulação menos qualquer saldo de caixa:

$$\text{Dívida líquida} = \text{Dívida} - \text{Caixa e Títulos livres de risco} \qquad (12.8)$$

dívida líquida Total da dívida em circulação menos quaisquer saldos de caixa.

Por que subtrair o dinheiro em caixa de uma empresa de sua dívida? Os ativos no balanço patrimonial de uma empresa incluem qualquer posse de dinheiro em caixa ou títulos livres de risco. Se uma empresa detiver US$ 1 em dinheiro e tiver US$ 1 em dívida livre de risco, então os juros obtidos sobre o caixa serão iguais aos juros pagos sobre a dívida. Os fluxos de caixa de cada fonte se neutralizam, como se a empresa não detivesse caixa e dívida. Na verdade, po-

FIGURA 12.3

WACCs de empresas reais

O custo de capital próprio é calculado utilizando o beta das ações da empresa, uma taxa livre de risco de 4,5% e um prêmio de risco de mercado de 5%. O custo da dívida é subtraído da dívida da empresa. A porcentagem de ações e a porcentagem de dívida são determinadas a partir da capitalização de mercado e do balanço patrimonial da empresa. O WACC é calculado utilizando a Equação 12.7 com uma alíquota de impostos de 35% e é exibido no gráfico de barras a seguir. "N/A" significa que o custo da dívida é não aplicável e se refere a empresas que não têm dívida.

Fonte: Cálculos dos autores baseados em informações disponíveis ao público em 2007.

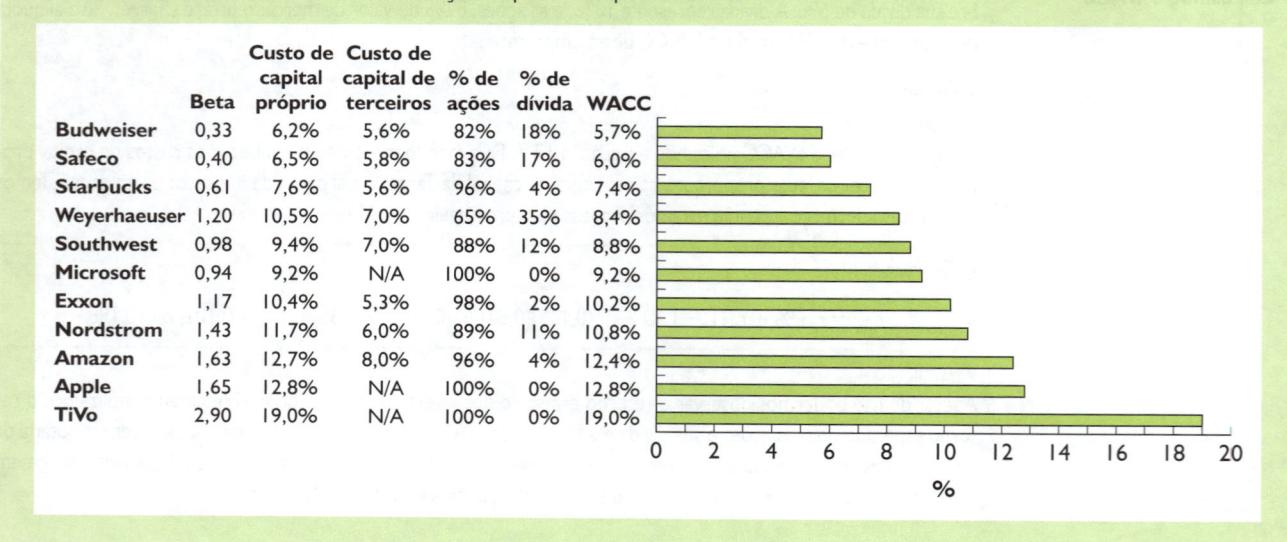

	Beta	Custo de capital próprio	Custo de capital de terceiros	% de ações	% de dívida	WACC
Budweiser	0,33	6,2%	5,6%	82%	18%	5,7%
Safeco	0,40	6,5%	5,8%	83%	17%	6,0%
Starbucks	0,61	7,6%	5,6%	96%	4%	7,4%
Weyerhaeuser	1,20	10,5%	7,0%	65%	35%	8,4%
Southwest	0,98	9,4%	7,0%	88%	12%	8,8%
Microsoft	0,94	9,2%	N/A	100%	0%	9,2%
Exxon	1,17	10,4%	5,3%	98%	2%	10,2%
Nordstrom	1,43	11,7%	6,0%	89%	11%	10,8%
Amazon	1,63	12,7%	8,0%	96%	4%	12,4%
Apple	1,65	12,8%	N/A	100%	0%	12,8%
TiVo	2,90	19,0%	N/A	100%	0%	19,0%

demos ver o caixa como equivalente a uma dívida negativa. Um caixa em excesso significativo no balanço patrimonial de uma empresa pode complicar a avaliação do risco (e, logo, do custo de capital) dos ativos que a empresa realmente utiliza no curso de seus negócios. Assim, ao tentar avaliar os ativos dos negócios de uma empresa separadamente de qualquer posse de caixa, os profissionais geralmente medem a alavancagem da empresa em termos de sua dívida líquida e medem o valor de mercado dos ativos dos negócios de uma empresa utilizando o valor da empresa. Lembre-se da definição do Capítulo 2 do valor da empresa como o valor de mercado de suas ações mais sua dívida líquida. Utilizando esta abordagem, os pesos no WACC seriam, então:

$$\left(\frac{\text{Valor de mercado das ações}}{\text{Valor da empresa}}\right) \quad e \quad \left(\frac{\text{Dívida líquida}}{\text{Valor da empresa}}\right)$$

Para empresas com reservas substanciais de caixa em excesso, este ajuste poderia ser importante. Para empresas com níveis de caixa relativamente baixos, ele não terá um grande efeito sobre a estimativa do WACC geral.

A taxa de juros livre de risco. Estimar o custo de capital próprio utilizando o CAPM exige a taxa de juros livre de risco. A taxa de juros livre de risco é geralmente determinada utilizando as rentabilidades dos títulos do Tesouro norte-americano, que são livres de risco de inadimplência. Mas que horizonte devemos escolher? O CAPM declara que devemos utilizar a taxa de juros livre de risco correspondente ao horizonte de investimento dos investidores da empresa. Quando pesquisados, a vasta maioria das grandes empresas e dos analistas financeiros relata utilizar as rentabilidades de títulos de dívida de longo prazo (de 10 a 30 anos) para determinar a taxa livre de risco.[3]

---
[3] Ver Robert Bruner, et al., "Best Practices in Estimating the Cost of capital: Survey and Synthesis", *Financial Practice and Education* 8 (1998): 13–28.

TABELA 12.2 Retornos em excesso históricos do S&P 500 em comparação a *Treasury Bills* de um ano e a *Treasury Notes* de dez anos

Título livre de risco	Período	Retorno em excesso do S&P 500
Título do Tesouro de um ano	1926–2005	8,0%
	1955–2005	5,7%
Título do Tesouro de dez anos*	1955–2005	4,5%

*Baseado em uma comparação de retornos compostos ao longo de um período de dez anos.

O prêmio de risco de mercado. Utilizar o CAPM também exige uma estimativa do prêmio de risco de mercado. Como mencionado no Capítulo 10, uma maneira de estimar o prêmio de risco de mercado é observar dados históricos. Como estamos interessados no prêmio de risco de mercado *futuro*, enfrentamos um *tradeoff* em termos da quantidade de dados que utilizamos. Como observamos no Capítulo 10, são necessários muitos anos de dados para produzir estimativas moderadamente precisas dos retornos esperados – contudo, dados muito antigos podem ter pouca relevância para as expectativas dos investidores do prêmio de risco de mercado hoje.

A Tabela 12.2 relata retornos em excesso do S&P 500 *versus* taxas de títulos do Tesouro de um ano e de dez anos. Desde 1926, o S&P 500 produz um retorno médio de 8,0% acima da taxa dos títulos do Tesouro de um ano. Entretanto, evidências indicam que o prêmio de risco de mercado diminuiu com o tempo. Desde 1955, o S&P 500 mostra um retorno em excesso de apenas 5,7% acima da taxa de títulos do Tesouro de um ano. Em comparação aos títulos do Tesouro de dez anos, o S&P 500 teve um retorno em excesso de apenas 4,5% (devido primordialmente ao fato de que as taxas de títulos de dívida do Tesouro de dez anos tendem a ser mais altas do que as taxas de um ano).

Como podemos explicar esta queda? Um motivo pode ser que, pelo fato de mais investidores terem começado a participar da bolsa de valores e de os custos de construir uma carteira diversificada terem diminuído, os investidores tendem a deter carteiras menos arriscadas. Consequentemente, o retorno que eles exigem como compensação por assumir esse risco diminuiu. Além disso, a volatilidade geral do mercado diminuiu com o tempo. Alguns pesquisadores acreditam que os retornos esperados futuros do mercado provavelmente serão ainda mais baixos do que esses valores históricos, em uma faixa de 3% a 5% acima dos *Treasury bills*.[4] Assim, muitos gerentes financeiros atualmente utilizam o prêmio de risco de mercado mais próximo de 5%, em vez de 8%.

Fixação de conceitos
5. Por que diferentes empresas têm diferentes WACCs?
6. Quais são os *tradeoffs* na estimativa do prêmio de risco de mercado?

12.4 Utilizando o WACC para avaliar um projeto

O custo de capital de um projeto depende de seu risco. Quando o risco de mercado do projeto é similar ao risco de mercado médio dos investimentos da empresa, então seu custo de capital é equivalente ao custo de capital de uma carteira de todos os títulos da empresa. Em outras palavras, o custo de capital do projeto é igual ao WACC da empresa. Como mostra a Equação 12.6, o WACC incorpora o benefício da dedução tributária dos juros ao utilizar o custo de capital de terceiros da empresa *após os impostos*.

---

[4] Ver Ivo Welch, "The Equity Premium Consensus Forecast Revisited," Cowles Foundation Discussion Paper 1325 (2001), e John Graham e Campbell Harvey, "The Long-Run Equity Risk Premium," SSRN working paper (2005).

valor alavancado Valor de um investimento, incluindo o benefício da dedução tributária de juros, dada a política de alavancagem da empresa.

Como o WACC incorpora as economias tributárias da dívida, podemos calcular o valor de um investimento incluindo o benefício da dedução tributária dos juros dada a política de alavancagem da empresa, às vezes chamada de **valor alavancado** do investimento. Para fazê-lo, descontamos os fluxos de caixa livres incrementais futuros da empresa utilizando o WACC, um processo que chamamos de **método do WACC**. Especificamente, se FCF_t é o fluxo de caixa livre incremental esperado de um investimento no final do ano t, então o Princípio de Avaliação nos diz que o valor alavancado do investimento, V_0^L, é:

$$V_0^L = \frac{FCF_1}{1 + r_{wacc}} + \frac{FCF_2}{(1 + r_{wacc})^2} + \frac{FCF_3}{(1 + r_{wacc})^3} + \cdots \quad (12.9)$$

método do WACC Descontar fluxos de caixa livres incrementais futuros utilizando o WACC da empresa. Este método produz o valor alavancado de um projeto.

A ideia do método do WACC é que o WACC da empresa representa o retorno médio que a empresa tem que pagar a seus investidores (tanto os titulares de dívida quanto os titulares de ações) tendo por base os valores depois dos impostos. Assim, para ter um NPV positivo, um projeto com o mesmo risco que o risco médio dos projetos da empresa deve gerar um retorno esperado pelo menos igual ao WACC da empresa.

EXEMPLO 12.5
O método do WACC

Problema

Suponha que a Anheuser Busch esteja considerando introduzir uma nova cerveja ultra-light com zero calorias a ser chamada de BudZero. A empresa acredita que o sabor e o apelo a clientes preocupados com o consumo de calorias farão da cerveja um sucesso. O custo de colocar a cerveja no mercado é de US$ 200 milhões, mas a Anheuser Busch espera que os fluxos de caixa livre incrementais do primeiro ano da BudZero sejam de US$ 100 milhões e que eles cresçam a uma taxa de 3% ao ano daí em diante. A Anheuser Busch deve prosseguir com o projeto?

Solução

▶ Planejamento

Podemos utilizar o método do WACC exibido na Equação 12.9 para avaliar a BudZero e então subtrair o custo à vista de US$ 200 milhões. Precisaremos do WACC da Anheuser Busch, que foi estimado na Figura 12,3 como 5,7%.

▶ Execução

Os fluxos de caixa da BudZero são uma perpetuidade crescente. Aplicando a fórmula da perpetuidade crescente com o método WACC, temos:

$$V_0^L = FCF_0 + \frac{FCF_1}{r_{wacc} - g} = -200 + \frac{US\$ \ 100 \ \text{milhões}}{0{,}057 - 0{,}03} = US\$ \ 3.503{,}7 \ \text{milhões (US\$ 3,5 bilhões)}$$

▶ Avaliação

O projeto da BudZero possui um NPV positivo porque espera-se que ele gere um retorno sobre os US$ 200 milhões muito acima do WACC da Anheuser Busch de 5,7%. Como discutido no Capítulo 3, empreender projetos com NPV positivo agrega valor à empresa. Aqui, podemos ver que o valor é criado excedendo o retorno exigido pelos investidores da empresa.

Pressupostos fundamentais

Apesar de ser uma prática comum utilizar o WACC como a taxa de descapitalização no orçamento de capital, é importante estar ciente das suposições subjacentes. Examinaremos as suposições críticas aqui e então analisamos essas suposições mais a fundo no contexto de uma aplicação.

Suposição 1: Risco médio. Supomos inicialmente que o risco de mercado do projeto é equivalente ao risco de mercado médio dos investimentos da empresa. Neste caso, avaliamos o custo de capital do projeto com base no risco da empresa.

Suposição 2: Índice de capital de terceiros/capital próprio constante. Supomos que a empresa ajuste sua alavancagem continuamente para manter um índice constante entre o valor de mercado da dívida e o valor de mercado das ações – uma relação chamada de **índice de capital de terceiros/capital próprio**. Esta política determina a quantidade de dívida que a empresa as-

índice de capital de terceiros/capital próprio Quociente entre o valor de mercado da dívida e o valor de mercado das ações.

sumirá quando aceitar um novo projeto. Implica também que o risco das ações e da dívida da empresa, e, portanto, seu WACC, não flutuarão devido a variações na alavancagem.

Suposição 3: Efeitos limitados da alavancagem. Supusemos inicialmente que o principal efeito da alavancagem sobre a avaliação vem da dedução tributária dos juros. Supusemos que quaisquer outros fatores (como possíveis dificuldades financeiras) não são significativos no nível de dívida escolhido. Discutiremos esses outros fatores detalhadamente no Capítulo 15.

Suposições na prática. Essas suposições são razoáveis para muitos projetos e empresas. A primeira suposição provavelmente se encaixa em projetos típicos de empresas cujos investimentos se concentram em um único setor. Neste caso, o risco de mercado tanto do projeto quanto da empresa dependerá primordialmente da sensibilidade do setor à economia de maneira geral. A segunda suposição, embora dificilmente válida, reflete o fato de que as empresas tendem a aumentar seus níveis de dívida à medida que vão crescendo; algumas podem até ter um alvo explícito para seu índice de capital de terceiros/capital próprio.[5] Finalmente, para empresas sem níveis muito altos de dívida, é provável que a dedução tributária dos juros seja o fator mais importante que afeta as decisões do orçamento de capital. Logo, a terceira suposição é um ponto de partida razoável para iniciarmos nossa análise.

Apesar de essas três suposições serem uma aproximação razoável em muitas situações, certamente há projetos e empresas às quais elas não se aplicam. Na próxima seção, aplicaremos o método do WACC sob as três suposições. Depois, adaptaremos a primeira suposição, que declara que o projeto possui risco médio. (As outras duas suposições serão adaptadas em capítulos posteriores.)

Aplicação do método do WACC: estendendo a vida de uma mina da Alcoa

Apliquemos o método do WACC para avaliar um projeto. Suponha que a Alcoa esteja considerando um investimento que estenderia a vida de uma de suas minas de alumínio por quatro anos. O projeto exigiria custos de US$ 6,67 milhões à vista mais um investimento de US$ 24 milhões em equipamentos. Os equipamentos se tornarão obsoletos em quatro anos e serão depreciados pelo método de depreciação em linha reta ao longo daquele período. Durante os quatro anos seguintes, no entanto, a Alcoa espera ter vendas anuais de US$ 60 milhões por ano com esta mina. Espera-se que os custos de mineração e as despesas operacionais totalizem US$ 25 milhões e US$ 9 milhões por ano, respectivamente. Finalmente, a Alcoa espera que não haja exigência de capital de giro líquido pelo projeto, e paga uma alíquota corporativa de impostos de 35%.

De posse dessas informações, a planilha na Tabela 12.3 prevê o fluxo de caixa livre esperado do projeto. O risco de mercado do projeto de estender a vida da mina é o mesmo que o do negócio de mineração de alumínio da Alcoa. Assim, podemos utilizar o WACC da Alcoa para calcular o NPV do projeto.

Podemos determinar o valor do projeto, inclusive o valor presente da dedução tributária dos juros da dívida, ao calcular o valor presente de seus fluxos de caixa livres futuros, V_0^L, utilizando o método do WACC e o WACC de 12,69% da Alcoa, que calculamos na Seção 12.3:

$$V_0^L = \frac{19}{1,1269} + \frac{19}{1,1269^2} + \frac{19}{1,1269^3} + \frac{19}{1,1269^4} = \text{US\$ 56,88 milhões}$$

Como o custo à vista de lançar a linha de produtos é de apenas US$ 28 milhões, este projeto é uma boa ideia. Empreender o projeto resulta em um NPV de US$ 56,88 milhões − US$ 28,34 milhões = US$ 28,54 milhões para a empresa.

Resumo do método do WACC

Em resumo, os passos fundamentais do método de avaliação do WACC são os seguintes:

---

[5] Discutiremos o *tradeoff* entre dívida e ações e o conceito de um índice alvo de capital de terceiros/capital próprio no Capítulo 15.

TABELA 12.3 Fluxo de caixa livre esperado do projeto de mineração da Alcoa

	Ano	0	1	2	3	4
1						
2	**Previsão de lucros incrementais (US$ milhões)**					
3	Vendas	—	60,00	60,00	60,00	60,00
4	Custo de mercadorias vendidas	—	−25,00	−25,00	−25,00	−25,00
5	**Lucro bruto**	—	35,00	35,00	35,00	35,00
6	Despesas operacionais	−6,67	−9,00	−9,00	−9,00	−9,00
7	Depreciação	—	−6,00	−6,00	−6,00	−6,00
8	**EBIT**	−6,67	20,00	20,00	20,00	20,00
9	Alíquota de impostos a 35%	2,33	−7,00	−7,00	−7,00	−7,00
10	**Lucro líquido não alavancado**	−4,43	13,00	13,00	13,00	13,00
11	**Fluxo de caixa livre incremental (US$ milhões)**					
12	Mais: Depreciação	—	6,00	6,00	6,00	6,00
13	Menos: Desembolsos de capital	−24,00	—	—	—	—
14	Menos: Aumentos no NWC	—	—	—	—	—
15	**Fluxo de caixa livre incremental**	−28,34	19,00	19,00	19,00	19,00

1. Determinar o fluxo de caixa livre incremental do investimento.
2. Calcular o custo médio ponderado de capital utilizando a Equação 12.6.
3. Calcular o valor do investimento, incluindo o benefício tributário da alavancagem, ao descontar o fluxo de caixa livre incremental do investimento utilizando o WACC.

Em muitas empresas, o tesoureiro realiza o segundo passo, calculando o WACC da empresa. Esta taxa pode, então, ser utilizada em toda a empresa como o custo de capital para novos investimentos *que forem de risco comparável ao risco do resto da empresa e que não alterem o índice de capital de terceiros/capital próprio da empresa*. Empregar o método do WACC desta maneira é muito simples e direto. Consequentemente, este método é o mais utilizado na prática para fins de orçamento de capital.

7. Quais são as principais suposições feitas ao utilizarmos o método do WACC?
8. De que *inputs* precisamos para aplicarmos o método do WACC?

12.5 Custos de capital baseados em projetos

Até aqui, supusemos que tanto o risco quanto a alavancagem do projeto em consideração correspondiam a essas mesmas características da empresa como um todo. Esta suposição nos permitiu, por sua vez, supor que o custo de capital de um projeto correspondesse ao custo de capital da empresa.

Na realidade, projetos específicos frequentemente diferem dos investimentos típicos realizados pela empresa. Considere a General Electric Company, uma grande empresa com muitas divisões que operam em linhas de negócios completamente diferentes. Projetos na divisão de cuidados com a saúde da GE provavelmente têm um risco de mercado diferente do risco de projetos de sua divisão de equipamentos de transporte aéreo ou da NBC Universal. Os projetos também podem variar em termos do grau de alavancagem que eles suportam – por exemplo, aquisições de imóveis ou bens de capital geralmente são muito alavancados, enquanto investimentos em propriedade intelectual não o são. Estudaremos o efeito da alavancagem sobre o custo de capital quando abordarmos a decisão de alavancagem no Capítulo 15. Nesta seção, mostraremos como calcular o custo de capital dos fluxos de caixa do projeto quando o risco de um projeto difere do risco geral da empresa.

Custo de capital de uma nova aquisição

Começaremos explicando como calcular o custo de capital de um projeto com um risco de mercado diferente do risco do resto da empresa. Suponha que a Alcoa queira entrar no negócio de produtos florestais. Para fazê-lo, ela está considerando adquirir a Weyerhaeuser, uma empresa cujo foco é madeira, papel e outros produtos florestais. A Weyerhaeuser enfrenta riscos de mercado diferentes dos da Alcoa em seu negócio de mineração. Que custo de capital a Alcoa deve utilizar para avaliar uma possível aquisição da Weyerhaeuser?

Como os riscos são diferentes, o WACC da Alcoa seria inadequado para avaliar a Weyerhaeuser. Em vez disso, a Alcoa deve calcular e utilizar o WACC da Weyerhaeuser ao avaliar a aquisição. Na Figura 12.3, encontramos as seguintes informações relativas à Weyerhaeuser:

	Beta	Custo de capital próprio	Custo da dívida*	% ações	% dívida	WACC
Weyerhaeuser	1,20	10,5%	7,0%	65%	35%	8,4%

Se a Alcoa achar adequado continuar a financiar a Weyerhaeuser com o mesmo *mix* de dívida e ações depois da aquisição da Weyerhaeuser,[6] poderemos utilizar o WACC da Weyerhaeuser como o custo de capital para sua aquisição. Assim, a Alcoa utilizaria um custo de capital de 8,4% para avaliar a Weyerhaeuser para compra.

Custos de capital divisionais

Agora suponha que a Alcoa decida criar uma divisão de produtos florestais internamente, em vez de comprar a Weyerhaeuser. Qual deve ser o custo de capital da nova divisão? Se a Alcoa planeja financiar a divisão com a mesma proporção de dívida que é utilizada pela Weyerhaeuser, então a Alcoa utilizaria o WACC da Weyerhaeuser como o WACC de sua nova divisão. Como o WACC da Weyerhaeuser é o custo de capital correto dados os riscos dos produtos florestais e 35% de financiamento por endividamento, tem que ser o custo de capital correto para uma divisão de produtos florestais criada internamente e que é 35% financiada com dívida.

Na realidade, as empresas com mais de uma divisão raramente utilizam um único WACC válido para toda a empresa na avaliação de projetos. Em geral, elas realizam análises similares àquela feita pela Alcoa (com relação à Weyerhaeuser). Empresas multidivisionais determinam um *benchmark* para suas próprias divisões a partir de empresas que competem com sua divisão e que se focalizam na mesma linha de negócios. Ao fazer a mesma análise que realizamos na Figura 12.3, a empresa multidivisional pode prever os WACCs dos concorrentes de suas divisões – ajustando para diferentes financiamentos, se necessário – a fim de estimar o custo de capital de cada divisão.

EXEMPLO 12.6
Um projeto em uma nova linha de negócios

Problema

Você está trabalhando para a Cisco avaliando a possibilidade de vender gravadores de vídeo digitais (DVRs). O WACC da Cisco é 13,3%. No entanto, DVRs seriam uma nova linha de negócios para a Cisco, então, o risco sistemático deste negócio provavelmente seria diferente do risco sistemático dos negócios correntes da Cisco. Consequentemente, os ativos deste novo negócio devem ter um custo de capital diferente. Você precisa encontrar o custo de capital do negócio do DVR. Supondo que a taxa livre de risco seja de 4,5% e o prêmio de risco de mercado seja de 5%, como você estimaria o custo de capital para este tipo de investimento?

---

[6] Consideraremos o que fazer se a Alcoa quiser mudar o *mix* de financiamento da Weyerhaeuser no Capítulo 15.

> **Solução**
>
> ▸ **Planejamento**
>
> O primeiro passo é identificar um empresa que opere na linha de negócios visada pela Cisco. A TiVo, Inc., é uma conhecida produtora de DVRs. Na verdade, isso é tudo o que a TiVo faz. Assim, o custo de capital da TiVo seria uma boa estimativa para o custo de capital da linha de negócios proposta pela Cisco. Há muitos *websites* disponíveis que fornecem betas de ações negociadas, inclusive o http://finance.yahoo.com. Suponha que você visite este site e descubra que o beta das ações da TiVo é 2,9. Com este beta, a taxa livre de risco e o prêmio de risco de mercado, você pode utilizar o CAPM para estimar o custo de capital próprio da TiVo. Felizmente para nós, a TiVo não possui dívida, então seu custo de capital próprio é o mesmo que o custo de capital de seus ativos.
>
> ▸ **Execução**
>
> Utilizando o CAPM, temos:
>
> Custo de capital próprio da TiVo = Taxa livre de risco + Beta das ações da TiVo × Prêmio de risco de mercado
>
> $$= 4,5\% + 2,9 \times 5\% = 19\%$$
>
> Como a TiVo não possui dívida, seu WACC é equivalente a seu custo de capital próprio.
>
> ▸ **Avaliação**
>
> O custo de capital correto para avaliar uma oportunidade de investimento em DVR é 19%. Se tivéssemos adotado o custo de capital de 13,3% associado aos negócios *existentes* da Cisco, teríamos utilizado erroneamente um custo de capital baixo demais. Isso poderia nos fazer prosseguir com o investimento, embora ele tivesse um NPV negativo.

9. Ao avaliar um projeto em uma nova linha de negócios, que suposição sobre o método do WACC é mais provável que seja violada?
10. Como podemos estimar o WACC a ser utilizado em uma nova linha de negócios?

12.6 Quando levantar capital externo custa caro

Até agora, supusemos que não existem fatores importantes a serem considerados ao buscarmos capital, a não ser os impostos. Entre outras coisas, isso implica que podemos levantar capital externo sem custos extras associados à transação de levantamento de capital. Consequentemente, não temos motivo para tratar um projeto financiado com novos fundos externos de maneira diferente de um projeto financiado com fundos internos (lucros retidos).

Na realidade, emitir novas ações ou títulos de dívida traz consigo inúmeros custos, incluindo os custos de arquivar e registrar os títulos junto ao Securities and Exchange Commission e as taxas cobradas pelos bancos de investimento para fazer a colocação desses títulos. Discutiremos o processo de emitir ações e títulos de dívida detalhadamente nos dois próximos capítulos. Aqui, mencionaremos este processo brevemente no contexto do custo de capital.

Devido a esses custos de emissão, um projeto que pode ser financiado com fundos internos será menos dispendioso de modo geral do que se o mesmo projeto fosse financiado com fundos externos. Uma abordagem seria ajustar os custos de capital próprio e de terceiros no WACC para incorporar os custos de emissão. Um caminho melhor e muito mais direto é simplesmente tratar os custos de emissão como o que eles são – saídas de caixa que são necessárias para o projeto. Podemos, então, incorporar este custo adicional como um fluxo de caixa negativo na análise do NPV.

EXEMPLO 12.7

Avaliando uma aquisição com um financiamento externo caro

Problema

Você está analisando a possível aquisição da Weyerhaeuser pela Alcoa. A Alcoa planeja oferecer US$ 23 bilhões como preço de compra para a Weyerhaeuser, e precisará emitir títulos de dívida e ações adicionais para financiar uma aquisição tão grande. Você estima que os custos de emissão serão US$ 800 milhões e serão pagos logo que a transação for fechada. Você estima que os fluxos de caixa livres incrementais da aquisição sejam US$ 1,4 bilhão no primeiro ano e cresçam a uma taxa de 3% por ano daí em diante. Qual é o NPV da aquisição proposta?

Solução

▌ Planejamento

Sabemos, da Seção 12.5, que o custo de capital correto para esta aquisição é o WACC da Weyerhaeuser. Podemos avaliar os fluxos de caixa livres incrementais como uma perpetuidade crescente:

$$PV = FCF_1/(r - g)$$

onde

FCF_1 = US$ 1,4 bilhão
r = WACC da Weyerhaeuser = 8,4%
g = 3%

O NPV da transação, incluindo o financiamento externo caro, é o valor presente desta perpetuidade crescente menos o custo de compra e os custos de transação de utilizar financiamento externo.

▌ Execução

Observando que US$ 800 milhões é US$ 0,8 bilhão,

$$NPV = -US\$ 23 - 0,8 + \frac{1,4}{0,084 - 0,03} = US\$ 2,126 \text{ bilhões}$$

▌ Avaliação

Não é necessário tentar ajustar o WACC da Weyerhaeuser para os custos de emissão de dívida e ações. Em vez disso, podemos subtrair os custos de emissão do NPV da aquisição para confirmar que a aquisição continua sendo um projeto com NPV positivo mesmo se tiver que ser financiada com capital externo.

Neste capítulo, aprendemos qual é o custo de capital de uma empresa, de onde ele vem, e como ele é utilizado no orçamento de capital. O papel do orçamento de capital é identificar projetos de NPV positivo que permitam que a empresa cubra os custos de seus vários tipos de capital. Agora passaremos a outro aspecto do financiamento de capital – onde a empresa obtém este capital. Nos três próximos capítulos, estudaremos como uma empresa levanta capital próprio e de terceiros e como ela decide que proporção de cada um deles ela deve ter em sua estrutura de capital.

Fixação de conceitos

11. Que tipos de custos adicionais são incorridos por uma empresa ao acessar capital externo?
12. Qual é a melhor maneira de incorporar esses custos adicionais ao orçamento de capital?

RESUMO DO CAPÍTULO

Pontos principais e equações	Termos	Oportunidades de prática online
12.1 Introdução ao custo médio ponderado de capital • A dívida e as ações de uma empresa representam seu capital. As proporções relativas de dívida, ações e outros títulos que uma empresa tem em circulação constituem sua estrutura de capital. • Investidores de cada tipo de capital têm um retorno exigido. Fornecer este retorno é o custo com que uma empresa arca para obter capital de investidores. • Calculamos o custo de capital geral da empresa como uma média ponderada de seus custos de capital próprio e de terceiros, chamado de custo médio ponderado de capital da empresa. • Os pesos no WACC têm que ser baseados nos valores de mercado da dívida e das ações da empresa, e não em seus valores contábeis.	alavancada, p. 418 alavancagem, p. 418 balanço patrimonial a valor de mercado, p. 418 capital, p. 416 custo médio ponderado de capital (WACC), p. 417 estrutura de capital, p. 416 não alavancada, p. 418	MyFinanceLab Study Plan 12.1
12.2 Os custos de capital de terceiros e de capital próprio da empresa • Para estimar o custo de capital de uma empresa como um todo, normalmente começamos estimando o custo de cada uma das fontes de capital da empresa. • O custo da dívida é os juros que a empresa precisaria pagar sobre *novas* dívidas. Ele geralmente é diferente da taxa de cupom sobre dívidas existentes, mas pode ser estimado a partir da rentabilidade até o vencimento de dívidas existentes. • O custo das ações preferenciais é fácil de estimar devido ao seu dividendo constante e conhecido: $$\text{Custo de capital das ações preferenciais} = \frac{Div_{pfd}}{P_{pfd}} \quad (12.4)$$ • O Modelo de Precificação de Ativos Financeiros (CAPM) é a abordagem mais comum para estimar o custo de capital próprio. Para aplicar o CAPM, precisamos de uma estimativa do beta das ações da empresa, do prêmio de risco de mercado e da taxa livre de risco: $$\text{Custo de capital próprio} = \text{Taxa livre de risco} + \text{Beta das ações} \times \text{Prêmio de risco de mercado}$$ • Outra abordagem para estimar o custo de capital próprio é utilizar o Modelo de Dividendos com Crescimento Constante (CDGM). Para aplicar este modelo, precisamos do preço corrente das ações, o dividendo futuro esperado e uma estimativa da taxa de crescimento constante do dividendo: $$\text{Custo de capital próprio} = \frac{Div_1}{P_E} + g \quad (12.5)$$	custo efetivo da dívida, p. 420	MyFinanceLab Study Plan 12.2

12.3 Aprofundamento do custo médio ponderado de capital

- A Equação do WACC é

$$r_{wacc} = r_E E\% + r_{pfd} P\% + r_D(1 - T_C)D\% \quad (12.6)$$

- Para uma empresa que não tem ações preferenciais, a Equação do WACC se condensa em

$$r_{wacc} = r_E E\% + r_D(1 - T_C)D\% \quad (12.7)$$

- O WACC é direcionado pelo risco da linha de negócios de uma empresa e, devido ao efeito tributário dos juros, por sua alavancagem. Consequentemente, os WACCs variam muito de um setor para outro e de uma empresa para outra.

dívida líquida, p. 425

MyFinanceLab Study Plan 12.3

12.4 Utilizando o WACC para avaliar um projeto

- Supondo que um projeto tenha um risco típico para a empresa, que a empresa mantenha seu grau de alavancagem corrente e que a alavancagem da empresa afete seu valor apenas por meio de impostos, o WACC pode ser utilizado para avaliar os fluxos de caixa de um novo projeto.

índice de capital de terceiros/capital próprio, p. 428
método do WACC, p. 428
valor alavancado, p. 428

MyFinanceLab Study Plan 12.4
Tabela da planilha 12.3

12.5 Custos de capital baseados em projetos

- Se o risco do projeto diferir do risco médio da empresa, o WACC não será a taxa de descapitalização adequada para o projeto. Em vez disso, você tem que estimar o WACC a partir do WACC de outras empresas que operam na mesma linha de negócios que o novo projeto.

MyFinanceLab Study Plan 12.5

12.6 Quando levantar capital externo custa caro

- O WACC é calculado sem levar em conta os custos diretos de levantar financiamento externo. Em vez de ajustar o WACC, a maneira correta de considerar esses custos é subtrair seu valor presente do NPV do projeto.

MyFinanceLab Study Plan 12.6

Questões de revisão

1. O que o WACC mede?
2. Por que os pesos baseados em valores de mercado são importantes?
3. Por que a taxa de cupom da dívida existente é irrelevante para encontrar o custo de capital de terceiros?
4. Por que é mais fácil determinar os custos das ações preferenciais e da dívida do que o custo de ações ordinárias?
5. Descreva os passos envolvidos na abordagem do CAPM para estimar o custo de capital próprio.
6. Sob que suposições o WACC pode ser utilizado para avaliar um projeto?
7. Quais são alguns problemas que podem estar associados a suposições utilizadas na aplicação do método do WACC?
8. Como você deve avaliar um projeto em uma linha de negócios com risco diferente do risco médio dos projetos de sua empresa?
9. Qual é a maneira correta de fazer um ajuste para incluir os custos de levantar financiamento externo?

Problemas

Todos os problemas neste capítulo estão disponíveis no MyFinanceLab.

Introdução ao custo médio ponderado de capital

1. A MV Corporation possui uma dívida com valor de mercado de US$ 100 milhões, ações ordinárias com um valor contábil de US$ 100 milhões, e ações preferenciais no valor de US$ 20 milhões em circulação. Suas ações ordinárias são negociadas a US$ 50 por ação, e a empresa possui 6 milhões de ações em circulação. Que pesos a MV Corporation deve utilizar em seu WACC?

2. A Andyco, Inc., possui o balanço patrimonial a seguir e um índice de valor de mercado/valor contábil de 1,5. Supondo que o valor de mercado da dívida seja igual a seu valor contábil, que pesos ela deve utilizar para o cálculo de seu WACC?

Ativos	Passivos e ações	
1.000	Dívida	400
	Ações	600

3. Considere uma empresa simples que possui o seguinte balanço patrimonial a valor de mercado:

Ativos	Passivos e ações	
1.000	Dívida	400
	Ações	600

   No próximo ano, há dois possíveis valores para seus ativos, cada um igualmente provável: US$ 1.200 e US$ 960. Sua dívida vencerá com 5% de juros. Como todos os fluxos de caixa dos ativos têm que ir ou para a dívida ou para as ações, se você detiver uma carteira de dívida e ações nas mesmas proporções que a estrutura de capital da empresa, sua carteira deverá obter exatamente o mesmo retorno esperado sobre os ativos da empresa. Mostre que uma carteira investida 40% na dívida da empresa e 60% em suas ações terá o mesmo retorno esperado que os ativos da empresa. Isto é, mostre que o WACC antes dos impostos da empresa é o mesmo que o retorno esperado sobre seus ativos.

Os custos de capital de terceiros e de capital próprio da empresa

4. A Avicorp possui uma dívida de US$ 10 milhões em circulação, com uma taxa de cupom de 6%. A dívida possui cupons semestrais, o próximo cupom vende daqui a seis meses e a dívida vence em cinco anos. Está precificada atualmente a 95% do valor ao par.
   a. Qual é o custo de capital de terceiros antes dos impostos da Avicorp?
   b. Se a Avicorp paga uma alíquota de impostos de 40%, qual é o seu custo de capital de terceiros?

5. A Laurel, Inc., possui uma dívida em circulação com uma taxa de cupom de 6% e uma rentabilidade até o vencimento de 7%. Sua alíquota de impostos é de 35%. Qual é o custo de capital de terceiros efetivo (após os impostos) da Laurel?

6. A Dewyco possui ações preferenciais negociadas a US$ 50 por ação. O próximo dividendo preferencial de US$ 4 será pago em um ano. Qual é o custo de capital das ações preferenciais da Dewyco?

7. As ações da Steady Company têm um beta de 0,20. Se a taxa livre de risco é 6% e o prêmio de risco de mercado é 7%, qual é uma estimativa do custo de capital próprio da Steady Company?

8. As ações da Wild Swings, Inc. têm um beta de 2,5. Dadas as informações do Problema 7, qual é uma estimativa do custo de capital próprio da Wild Swings?

9. O preço das ações da HighGrowth Company é US$ 20. A empresa pagará um dividendo no próximo ano de US$ 1, e espera-se que seu dividendo cresça a uma taxa de 4% ao ano daí em diante. Qual é a sua estimativa do custo de capital próprio da HighGrowth Company?

10. O preço das ações da Slow 'n Steady, Inc. é US$ 30, a empresa pagará um dividendo no próximo ano de US$ 3, e possui uma taxa esperada de crescimento dos dividendos de 1% ao ano. Qual é a sua estimativa do custo de capital próprio da Slow 'n Steady?

11. O preço das ações da Mackenzie Company é US$ 36 e ela pagará um dividendo de US$ 2 no próximo ano. A empresa possui um beta de 1,2, a taxa livre de risco é 5,5% e ela estima que seu prêmio de risco de mercado seja 5%.
    a. Estime o custo de capital próprio da Mackenzie.
    b. Sob o CGDM, a que taxa você precisa esperar que os dividendos da Mackenzie cresçam para obter o mesmo custo de capital próprio que na parte (a)?

Aprofundamento do custo médio ponderado de capital

12. A CoffeeCarts tem um custo de capital próprio de 15%, um custo efetivo da dívida de 4%, e é financiada 70% com ações e 30% com dívida. Qual é o WACC desta empresa?

13. A Pfd Company tem dívida com uma rentabilidade até o vencimento de 7%, um custo de capital próprio de 13% e um custo de ações preferenciais de 9%. Os valores de mercado de sua dívida, ações preferenciais e capital próprio são US$ 10 milhões, US$ 3 milhões e US$ 15 milhões, respectivamente, e sua alíquota de impostos é 40%. Qual é o WACC desta empresa?

14. O preço atual das ações da Growth Company é US$ 20 e espera-se que ela pague um dividendo de US$ 1 por ação no próximo ano. Depois disso, espera-se que os dividendos da empresa cresçam a uma taxa de 4% ao ano.
    a. Qual é uma estimativa do custo de capital próprio da Growth Company?
    b. A Growth Company tem ações preferenciais em circulação que pagam um dividendo fixo de US$ 2. Se essas ações têm um preço atual de US$ 28, qual é o custo das ações preferenciais da Growth Company?
    c. A Growth Company possui uma dívida existente emitida há 3 anos com uma taxa de cupom de 6%. A empresa acaba de emitir uma nova dívida ao par com uma taxa de cupom de 6,5%. Qual é o custo de capital de terceiros antes dos impostos da Growth Company?
    d. A Growth Company possui 5 milhões de ações ordinárias em circulação e 1 milhão de ações preferenciais em circulação, e seu capital próprio tem um valor contábil total de US$ 50 milhões. Seus passivos têm um valor de mercado de US$ 20 milhões. Se as ações ordinárias e preferenciais da Growth Company são precificadas conforme as partes (a) e (b), qual é o valor de mercado dos ativos da Growth Company?
    e. A Growth Company paga uma alíquota de impostos de 35%. Dadas as informações nas partes (a)–(d), e suas respostas para esses problemas, qual é o WACC da Growth Company?

Utilizando o WACC para avaliar um projeto

15. A RiverRocks, Inc., está considerando um projeto com os seguintes fluxos de caixa livres projetados:

0	1	2	3	4
−50	10	20	20	15

A empresa acredita que, dado o risco deste projeto, o método do WACC é a abordagem adequada para avaliá-lo. O WACC da RiverRocks é 12%. Ela deve empreender este projeto? Por que ou por que não?

Custos de capital baseados em projetos

16. A RiverRocks (cujo WACC é 12%) está considerando a aquisição da Raft Adventures (cujo WACC é 15%). Qual é a taxa de desconto adequada para a RiverRocks utilizar na avaliação da aquisição? Por quê?

17. A aquisição da Raft Adventures pela RiverRocks (do Problema 16) custará US$ 100 milhões, mas gerará fluxos de caixa que começam em US$ 15 milhões em um ano e então crescem a 4% por ano para sempre. Qual é o NPV da aquisição?

18. A Starbucks vende primordialmente café. Recentemente, passou a oferecer um licor *premium* sabor café. Suponha que a empresa pague uma alíquota de impostos de 35% e levante as seguintes informações. Se ela planeja financiar 11% da nova divisão focalizada no licor com

dívida e o resto com ações, que WACC ela deve utilizar para sua divisão de licor? Suponha uma taxa livre de risco de 55% e um prêmio de risco de 5%.

	Beta	% patrimônio	% dívida
Starbucks	0,61	96%	4%
Bebidas Brown-Forman	0,26	89%	11%

19. Sua empresa possui duas divisões: uma divisão vende *software* e a outra vende computadores por meio de um canal de vendas diretas, primordialmente recebendo pedidos pela Internet. Você decidiu que a Dell Computer é muito similar à sua divisão de computadores, tanto em termos de risco quanto em termos de financiamento. Você encontra as seguintes informações online: O beta da Dell é 1,21, a taxa livre de risco é 4,5%, o valor de mercado das ações é US$ 67 bilhões, e ela possui US$ 700 milhões em dívida com uma rentabilidade até o vencimento de 6%. Sua alíquota de impostos é 35% e você utiliza um prêmio de risco de mercado de 5% em suas estimativas do WACC.
    a. Qual é uma estimativa do WACC para sua divisão de vendas de computadores?
    b. Se o WACC geral de sua empresa é de 12% e a divisão de vendas de computadores representa 40% do valor de sua empresa, qual é uma estimativa do WACC de sua divisão de *software*?

Quando levantar capital externo custa caro

20. A RiverRocks percebe que terá que levantar o financiamento para a aquisição da Raft Adventures (descrita no Problema 17) emitindo novas dívidas e ações. A empresa estima que os custos diretos de emissão cheguem a US$ 7 milhões. Como ela deve incluir esses custos ao avaliar o projeto? A RiverRocks deve dar continuidade ao projeto?

Caso simulado

Você trabalha no departamento de tesouraria e finanças empresariais da Walt Disney Company e tem a tarefa de estimar o WACC da Disney. Você tem que estimar este WACC em preparação para uma reunião de equipe ainda hoje. Você rapidamente percebe que as informações necessárias estão prontamente disponíveis online.

1. Vá ao *website* http://finance.yahoo.com. Em "Market Summary" [Resumo do mercado] você encontrará a rentabilidade até o vencimento de títulos de dívida do Tesouro de dez anos listados como "10 Yr Bond(%)". Guarde este valor como sua taxa livre de risco.

2. Na caixa ao lado do botão "Get Quotes" [Obter cotações], digite o símbolo *ticker* da Walt Disney (DIS) e pressione enter. Uma vez tendo encontrado as informações básicas relativas à Disney, encontre e clique em "Key Statistics" [Estatísticas básicas] do lado esquerdo da tela. A partir das estatísticas básicas, guarde a capitalização de mercado da Disney (o valor de mercado de suas ações), e também o valor da empresa (valor de mercado das ações + dívida líquida), o caixa e o beta.

3. Para obter o custo do capital de terceiros da empresa e o valor de mercado de sua dívida de longo prazo, você precisará do preço e da rentabilidade até o vencimento dos títulos de dívida de longo prazo existentes da empresa. Vá ao *website* http://cxa.marketwatch.com/finra/BondCenter/Default.aspx. Em "Quick Bond Search" [Busca rápida por títulos de dívida] clique em "Corporate" [Corporativos] e digite o símbolo *ticker* da Disney. Uma lista dos títulos de dívida em circulação da Disney aparecerá. Suponha que a política da Disney seja utilizar a rentabilidade até o vencimento de obrigações de dez anos não resgatáveis como seu custo de capital de terceiros. Encontre a emissão de títulos de dívida não resgatáveis mais próximos possível de dez anos até o vencimento. (*Dica:* Você verá uma coluna chamada de "Callable" [Resgatáveis]; certifique-se de escolher uma emissão que tenha "No" [Não] em sua coluna). Encontre a rentabilidade até o vencimento dos títulos de dívida que você escolheu (ela se encontra na coluna chamada "Yield" [Rentabilidade]"). Segure o mouse sobre a tabela dos títulos de dívida da Disney e clique com o botão direito. Selecione "Export to Microsoft Excel" [Exportar para o Microsoft Excel] e aparecerá uma planilha do Excel com todos os dados da tabela.

4. Agora você tem o preço de cada emissão de títulos de dívida, mas você precisa conhecer o tamanho da emissão. Retornando à página web, clique em "Walt Disney Company" na primeira linha. Isso abrirá uma página web com todas as informações relativas à emissão dos títulos. Role para baixo até encontrar "Amount outstanding" [Quantidade em circulação] do lado direito. Observando que este valor é cotado em milhares de dólares (ex., US$ 60.000 significa US$ 60 milhões = US$ 60.000.000), registre a quantidade emitida na linha adequada de sua planilha. Repita este passo para todas as emissões de títulos de dívida.

5. O preço de cada emissão de títulos de dívida em sua planilha é relatado como uma porcentagem do valor ao par do título. Por exemplo, 104,50 significa que esses títulos estão sendo negociados a 104,5% de seu valor ao par. Você pode calcular o valor de mercado de cada emissão de título de dívida multiplicando a quantidade de títulos em circulação por (Preço ÷ 100). Faça isso para cada emissão e então calcule o total de todas as emissões de títulos de dívida. Este é o valor de mercado da dívida da Disney.

6. Calcule os pesos do capital próprio e do capital de terceiros da Disney com base no valor de mercado das ações e no valor de mercado da dívida, calculado no passo 5.

7. Calcule o custo de capital próprio da Disney utilizando o CAPM, a taxa livre de risco que você guardou no passo 1 e um prêmio de risco de mercado de 5%.

8. Supondo que a Disney tenha uma alíquota de impostos de 35%, calcule seu custo efetivo do capital de terceiros.

9. Calcule o WACC da Disney.

10. Calcule a dívida líquida da Disney subtraindo seu caixa (guardado no passo 2) de sua dívida. Recalcule os pesos do WACC utilizando o valor de mercado do capital próprio, a dívida líquida e o valor da empresa. Recalcule o WACC da Disney utilizando os pesos com base na dívida líquida. Qual é a sua variação?

11. Qual é o grau de confiança de sua estimativa? Que suposições implícitas você fez durante seus esforços para o levantamento de dados?

PARTE 4 — Caso de Integração

Este caso se baseia no material dos Capítulos 10-12.

Você trabalha para a HydroTech, uma grande fabricante de bombas d'água industriais de alta pressão. A empresa é especialista em serviços pós-desastres naturais, variando de bombas que levam água de lagoas, lagos e riachos a áreas afetadas pela seca a bombas que removem grandes volumes de água em áreas inundadas. Você se reporta diretamente ao CFO. Seu chefe pediu que você calculasse o WACC da HydroTech em preparação a uma viagem dos executivos. Que pena que você não foi convidado, já que bombas d'água e esqui estarão em pauta em Sun Valley, Idaho, EUA. Pelo menos você tem um analista à disposição para levantar as informações necessárias:

1. A taxa de juros livre de risco, neste caso, a rentabilidade dos títulos de dívida de dez anos do governo, que é 6%.
2. Sobre a HydroTech:
   a. Capitalização de mercado (o valor de mercado de seu capital próprio), US$ 100 milhões.
   b. O beta do CAPM, 1,2.
   c. O valor contábil total da dívida pendente, US$ 50 milhões.
   d. Caixa, US$ 10 milhões.
3. O custo de capital de terceiros (utilizando as rentabilidades cotadas sobre os títulos de dívida em circulação da HydroTech), que é 7%.

Com essas informações em mãos, agora você está preparado para fazer a análise.

Questões sobre o caso

1. Calcule a dívida líquida da HydroTech.
2. Calcule os pesos das ações e da dívida (líquida) da HydroTech com base no valor de mercado das ações e no valor contábil da dívida líquida.
3. Calcule o custo de capital próprio utilizando o CAPM, supondo um prêmio de risco de mercado de 5%.
4. Utilizando uma alíquota de impostos de 35%, calcule o custo de capital efetivo da dívida da HydroTech.
5. Calcule o WACC da HydroTech.
6. Quando é adequado utilizar este WACC para avaliar um novo projeto?

Financiamento de Longo Prazo

PARTE 5

Ligação com o Princípio da Avaliação. Como uma empresa deve levantar os fundos de que precisa para empreender seus investimentos? Nesta parte do livro, explicaremos os mecanismos do levantamento de capital social e da emissão de dívida. O Capítulo 13 descreve o processo pelo qual uma empresa passa ao levantar capital social; no Capítulo 14, analisaremos o uso dos mercados de títulos de dívida para levantar capital. Mais adiante, na seção sobre estrutura de capital, discutiremos a escolha do gerente financeiro entre essas duas principais categorias de financiamento. A capacidade que uma empresa tem de levantar capital depende do valor que o mercado aplica a seus títulos. O Princípio da Avaliação nos diz que o preço de quaisquer títulos emitidos pela empresa será o valor presente dos fluxos de caixa que eles aprovisionarão. Assim, apesar de discutirmos o processo de levantamento de capital nos dois próximos capítulos, é importante lembrar que o preço que os investidores estão dispostos a pagar pelos títulos de uma empresa depende de o gerente financeiro tomar decisões de investimento que maximizem o valor da empresa.

Capítulo 13
Levantando Capital Social

Capítulo 14
Financiamento por Dívidas

13 Levantando Capital Social

OBJETIVOS DE APRENDIZAGEM

▸ Comparar as diferentes maneiras de uma empresa de capital aberto levantar capital social

▸ Compreender o processo de abertura de capital de uma empresa

▸ Desmistificar mistérios associados às ofertas públicas iniciais

▸ Explicar como levantar capital social adicional depois que a empresa é de capital aberto

ENTREVISTA COM Sandra Pfeiler, Goldman Sachs

Trabalhando na carteira de mercados da divisão do mercado de ações do grupo Goldman Sachs, Sandra Pfeiler e seus colegas orquestram a força de venda de ações da empresa e as empresas que estão emitindo ações. "É nossa tarefa fornecer à equipe de vendas detalhes convincentes sobre a empresa que está emitindo ações. A equipe de vendas irá, então, transmitir essas informações a seus clientes investidores e atrair a demanda por novas ofertas", explica. "Quando um novo negócio é lançado, lidamos com diversas tarefas, que vão desde determinar que investidores a empresa deve encontrar até ter feedback dos investidores para ajudar a auferir o que o mercado está sentindo enquanto fazemos nossas avaliações de precificação".

Sandy, que obteve seu bacharelado em administração de empresas com ênfase em Finanças e Marketing pela University of Iowa em 2004, comenta que seus cursos de finanças empresariais lhe deram a base em estrutura de capital e avaliação que seu trabalho exige. "Ao compreender como os clientes aplicam os modelos de avaliação, posso ajudá-los a determinar se a melhor opção para eles é ações ou dívida, qual é menos dispendiosa em termos de custo de capital, qual é a mais fácil de exercer se eles precisam de financiamento rápido, e quais são os prós e contras de levar uma empresa a virar uma empresa de capital aberto".

Antes de abrir seu capital, uma empresa tem que determinar se está pronta para dar este passo. "Ajudamos nossos clientes a se fazerem perguntas difíceis", diz Sandy. "A empresa tem uma história que envolverá os investidores? A equipe de gerência tem condições de lidar com o fato de ser uma empresa de capital aberto, do ponto de vista dos relatórios financeiros e da governança? Ela atende às exigências de listagem da bolsa de valores na qual ela pretende ser listada?".

Sandy oferece consultoria sobre preços de ações para ofertas públicas iniciais. Precificar a primeira oferta pública de ações de uma empresa exige o gerenciamento dos interesses concorrentes de emissores e investidores. "Obviamente o investidor quer o preço mais baixo possível, o emissor quer o preço mais alto possível, e ambas as partes querem que as ações vendam bem no *aftermarket*", diz Sandy. "No fim das contas, ambas as partes têm que ceder um pouco. Um acordo que é precificado baixo demais sofrerá uma supersubscrição; muitos investidores não conseguirão a quantidade de ações que eles requisitaram. Se o acordo for precificado alto demais, não haverá demanda suficiente para sustentar a oferta".

University of Iowa, 2004

"Ao compreender como os clientes aplicam os modelos de avaliação, posso ajudá-los a determinar se a melhor opção para eles é ações ou dívida".

Como ressaltamos no Capítulo 1, a maioria das empresas norte-americanas são pequenas empresas individuais e sociedades por quotas. Tendo dito isto, essas empresas como um todo geram menos do que 15% das vendas totais dos EUA. As empresas individuais não têm permissão para acessar capital social externo, então elas têm relativamente pouca capacidade de crescimento. Os empresários de empresas individuais também são forçados a deter uma grande fração de sua riqueza em um único ativo – a empresa – e, portanto, provavelmente não são muito diversificados. Ao se corporatizarem, as empresas ganham acesso a capital e seus fundadores reduzem o risco de suas carteiras vendendo parte de suas ações e diversificando. Consequentemente, apesar de as corporações formarem apenas 20% das empresas norte-americanas, elas representam 85% das vendas na economia dos EUA.

Neste capítulo, discutiremos como as empresas levantam capital social. Para ilustrar este conceito, acompanharemos o caso de uma empresa real, a RealNetworks, Inc. (símbolo *ticker*: RNWK). A RealNetworks é uma criadora líder de serviços de mídia digital e *software*. Os clientes utilizam seus produtos para encontrar, reproduzir, comprar e gerenciar música digital, vídeos e jogos. A RealNetworks foi fundada em 1993 e "corporatizada" em 1994. Utilizando esta empresa como exemplo, primeiro discutiremos as maneiras alternativas que as novas empresas podem utilizar para levantar capital social e então examinaremos o impacto destas alternativas de captação de fundos sobre os investidores atuais e sobre novos investidores.

13.1 Financiamento por emissão de ações para empresas de capital fechado

O capital inicial necessário para abrir um negócio normalmente é fornecido pelo próprio empreendedor e sua família mais próxima. Porém, poucas famílias têm os recursos para financiar um negócio em crescimento, então este geralmente precisa de capital externo. Nesta seção, examinaremos as fontes que podem fornecer este capital a uma empresa de capital aberto e o efeito da infusão de capital externo sobre o controle da empresa.

Fontes de captação de fundos

Quando uma empresa de capital fechado decide levantar capital social de fora, ela pode buscar captar fundos de diversas fontes possíveis: *investidores anjo*, *empresas de capital de risco*, *investidores institucionais* e *investidores corporativos*.

Investidores anjo. Investidores individuais que compram ações de pequenas empresas de capital fechado são chamados de **investidores anjo**. Para muitas *start-ups*, a primeira rodada externa de financiamento por emissão de ações de empresas de capital fechado (*private equity*) geralmente é obtida junto a investidores anjo. O termo se originou há 100 anos em Nova York, quando ricos investidores vieram ao resgate de novas produções da Broadway fornecendo financiamentos essenciais. Esses investidores geralmente são amigos ou conhecidos do empreendedor. Como seu investimento de capital geralmente é grande em relação ao montante de capital já investido na empresa, eles recebem uma grande fração das ações da empresa em troca de seus fundos. Consequentemente, estes investidores têm uma influência substancial nas decisões da empresa. Os investidores anjo também podem contribuir com a experiência que o empreendedor muitas vezes não possui.

Na maioria dos casos, as empresas precisam de mais capital do que alguns anjos podem fornecer. Encontrar investidores anjo é difícil – geralmente depende do grau de ligação do empreendedor com a comunidade local. A maioria dos empreendedores, especialmente aqueles que estão lançando sua primeira empresa *start-up*, tem poucos contatos de pessoas com capital substancial para investir. Em algum momento, muitas empresas que precisam de capital social para crescer têm que se voltar para a indústria de *capital de risco*.

Empresas de capital de risco. Uma **empresa de capital de risco** é uma parceria limitada especializada em levantar capital para investir em *private equity* de empresas jovens. A Figura 13.1 lista as dez empresas mais ativas de capital de risco nos EUA em 2006, com base no número de acordos concluídos.

---

investidores anjo Investidores individuais que compram ações de pequenas empresas de capital fechado.

empresa de capital de risco Parceria limitada especializada em levantar dinheiro para investir no *private equity* de empresas jovens.

FIGURA 13.1

Empresas de capital de risco mais ativas nos EUA em 2006 (por número de acordos concluídos)

Fonte: MoneyTree Report, PriceWaterhouseCoopers, 2007.

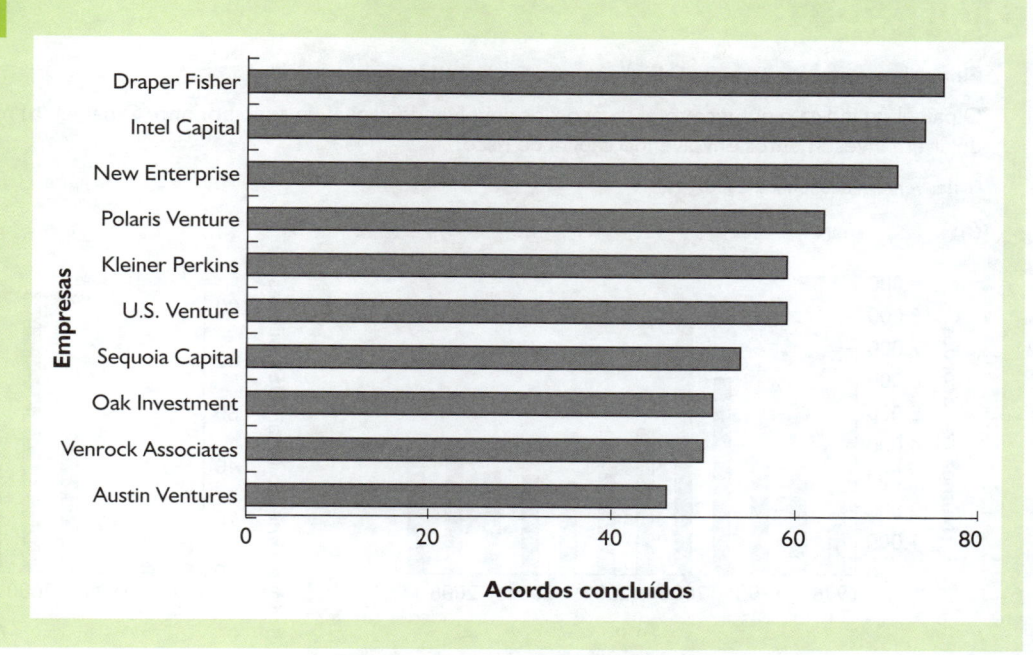

Empresas (de cima para baixo): Draper Fisher, Intel Capital, New Enterprise, Polaris Venture, Kleiner Perkins, U.S. Venture, Sequoia Capital, Oak Investment, Venrock Associates, Austin Ventures. Eixo x: Acordos concluídos (0 a 80).

Capitalistas de risco ou venture capitalists Um dos sócios solidários que trabalham e administram uma empresa de capital de risco.

Geralmente, investidores institucionais, como os fundos de pensão, são os sócios limitados. Os sócios gerais ou ilimitados são chamados de **capitalistas de risco** (ou *venture capitalists*, no original) e trabalham e administram a empresa de capital de risco. As empresas de capital de risco oferecem aos parceiros limitados diversas vantagens sobre investir diretamente em *start-ups* como investidores anjo. Como estas empresas investem em muitas *start-ups*, os parceiros limitados são mais diversificados do que se investissem por si próprios. Eles também se beneficiam com a experiência dos sócios ilimitados. Entretanto, essas vantagens têm um custo. Os sócios ilimitados geralmente cobram taxas substanciais, determinadas principalmente como uma porcentagem dos retornos positivos que geram. A maioria das empresas cobra 20% de qualquer retorno positivo que elas gerem, mas as empresas bem-sucedidas podem cobrar mais de 30%. Elas também geralmente cobram uma taxa anual de administração de aproximadamente 2% do capital comprometido no fundo.

As empresas de capital de risco podem fornecer capital substancial para empresas jovens. Por exemplo, durante 2007, as empresas de capital de risco investiram US$ 29,4 bilhões em aproximadamente 3.811 acordos especulativos, gerando uma média de US$ 7,7 milhões por acordo.[1] Em retorno, os especuladores geralmente exigem uma grande fração do controle da empresa. Paul Gompers e Josh Lerner[2] relatam que os capitalistas de risco controlam aproximadamente um terço das cadeiras do conselho de diretoria de uma *start-up* e geralmente representam o maior bloco de votação no conselho. Apesar de os empreendedores geralmente verem este controle como um custo necessário para a obtenção de capital de risco, ele pode, na verdade, ser um importante benefício de se aceitar o financiamento de risco. Os especuladores utilizam seu controle para proteger seus investimentos, então, podem desempenhar um papel fundamental em fomentar e monitorar a empresa.

A importância do setor de capital de risco cresceu muito nos últimos 50 anos. Como a Figura 13.2 mostra, o crescimento no setor aumentou na década de 1990 e teve seu pico durante o *boom* da Internet. Apesar de o tamanho da indústria ter diminuído substancialmente desde então, ela permanece maior do que era em 1998.

---

[1] "MoneyTree Report", PriceWaterhouseCoopers. Dados fornecidos pela Thomson Financial.
[2] Paul A. Gompers e Josh Lerner, *The Venture Capital Cycle* (Cambridge, MA: MIT Press, 1999).

FIGURA 13.2

Financiamento com capital de risco nos Estados Unidos

O painel (a) indica o número total de acordos envolvendo capital de risco por ano. O painel (b) mostra o valor total em dólar em investimentos envolvendo capital de risco.

Fonte: Venture Economics, 2008.

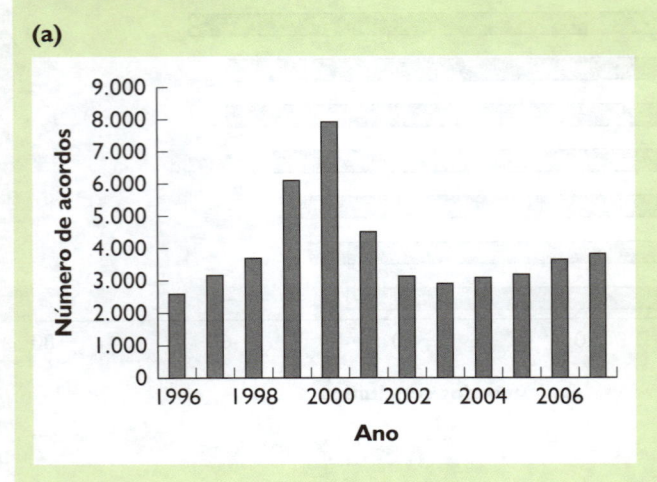

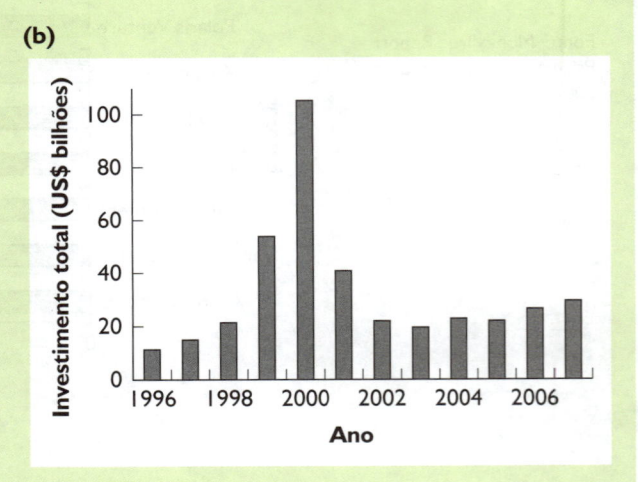

Investidores institucionais. Os investidores institucionais, como fundos de pensão, empresas de seguros, fundos de dedicação e fundações administram grandes quantias de dinheiro. São grandes investidores em muitos tipos diferentes de ativos, então, não é surpresa que eles também sejam investidores em empresas de capital fechado. Os investidores institucionais podem investir diretamente em empresas de capital fechado, ou investir indiretamente tornando-se parceiros limitados em empresas de capital de risco. O interesse institucional em *private equity* cresceu drasticamente nos últimos anos. Por exemplo, o *The Wall Street Journal* relatou que universidades, fundos de dedicação e fundos de pensão investiram US$ 17,6 bilhões em capital de risco durante 2004, 67% a mais do que em 2003.

Fonte: Mick Stevens, The New Yorker, June 29, 2001, I.D. No. 45038.

investidor corporativo, parceiro corporativo, parceiro estratégico, investidor estratégico Corporação que investe em empresas de capital fechado.

Investidores corporativos. Muitas corporações já estabelecidas compram ações de jovens empresas de capital fechado. Uma corporação que investe em empresas de capital fechado é chamada de vários nomes, como **investidor corporativo, parceiro corporativo, parceiro estratégico** e **investidor estratégico**. A maior parte dos outros tipos de investidores em empresas de capital fechado que consideramos até este momento está primordialmente interessada no retorno financeiro que obterão sobre seus investimentos. Os investidores corporativos, ao contrário, podem investir por objetivos corporativos estratégicos além do desejo por retornos sobre os investimentos. Por exemplo, em 2007, a Microsoft Corporation, como parte de uma parceria estratégica, investiu US$ 240 milhões no Facebook. O acordo deu à Microsoft uma participação de 1,6% no Facebook e o controle sobre seu *banner* de propaganda fora dos Estados Unidos.

Capítulo 13 Levantando Capital Social

ações preferenciais Ações preferenciais emitidas por empresas maduras como bancos normalmente têm um dividendo preferencial e prioridade (*seniority*) em qualquer liquidação e às vezes direitos especiais a voto. Ações preferenciais emitidas por jovens empresas em geral não pagam dividendos regulares em dinheiro e contêm um direito de conversão em ações ordinárias.

ações preferenciais conversíveis Ações preferenciais que oferecem ao proprietário uma opção de convertê-las em ações ordinárias em alguma data futura.

Títulos e avaliação

Quando o fundador de uma empresa decide vender ações para investidores externos pela primeira vez, é uma prática comum as empresas de capital fechado emitirem ações preferenciais em vez de ações ordinárias para levantar capital. **Ações preferenciais** emitidas por empresas maduras como bancos normalmente possuem um dividendo preferencial e prioridade (*seniority*) em qualquer liquidação e às vezes direitos especiais a voto. Ao contrário, as ações preferenciais emitidas por jovens empresas em geral não pagam dividendos regulares em dinheiro. Entretanto, estas ações preferenciais geralmente dão ao portador a opção de convertê-las em ações ordinárias em alguma data futura e, então, são chamadas de **ações preferenciais conversíveis**. Em resumo, elas terão todos os direitos e benefícios futuros das ações ordinárias se tudo correr bem. Por outro lado, se a empresa enfrentar dificuldades financeiras, os acionistas preferenciais terão uma prioridade de reivindicação sobre os ativos da empresa em relação a qualquer acionista comum (que geralmente são os funcionários da empresa).

Para ilustrar, consideremos a RealNetworks, que foi fundada por Robert Glaser em 1993, e foi inicialmente financiada com um investimento de aproximadamente US$ 1 milhão feito por Glaser. A partir de abril de 1995, o investimento inicial de US$ 1 milhão na RealNetworks representava 13.713.439 ações preferenciais da Série A, o que implica em um preço de compra inicial de US$ 0,07 por ação. A RealNetworks precisava de mais capital, e a gerência decidiu levantar este dinheiro vendendo ações na forma de ações preferenciais conversíveis.

A primeira rodada de financiamento externo por meio da venda de ações foi de ações preferenciais da Série B. A RealNetworks vendeu 2.686.567 ações preferenciais da Série B a US$ 0,67 por ação em abril de 1995.[3] É importante compreender que a RealNetworks permaneceu como uma empresa de capital fechado depois dessa transação. Simplesmente vender ações para investidores externos não faz de uma empresa uma empresa de capital aberto. As empresas podem continuar sendo de capital fechado, o que significa que suas ações não são listadas em uma bolsa de valores e elas não têm que arquivar suas demonstrações contábeis junto à SEC, contanto que o número de acionistas permaneça pequeno. Mais adiante, neste capítulo, discutiremos o processo de oferecer ações ao público geral e, dessa forma, fazer a transição para o *status* de empresa de capital aberto. Após esta rodada de financiamento, a distribuição da propriedade era:

	Número de ações	Preço por ação (US$)	Valor total (US$ milhões)	Porcentagem de propriedade
Série A	13.713.439	0,67	9,2	83,6%
Série B	2.686.567	0,67	1,8	16,4%
	16.400.006		11,0	100,0%

As ações preferenciais da Série B eram novas ações sendo vendidas pela RealNetworks. Pelo preço que as ações foram vendidas, as ações de Glaser valiam US$ 9,2 milhões e representavam 83,6% das ações em circulação. É importante observar que o aumento no valor das ações de Glaser era muito incerto quando ele fundou a empresa. O valor das ações em circulação anteriores pelo preço da rodada de financiamento (US$ 9,2 milhões neste exemplo) é chamado de ***pre-money valuation***. O valor de toda a empresa (ações antigas mais as novas) pelo preço da rodada de financiamento (US$ 11,0 milhões) é conhecido como ***post-money valuation***.

pre-money valuation Valor das ações em circulação anteriores de uma empresa pelo preço da rodada de financiamento.

post-money valuation Valor de toda a empresa (ações antigas mais novas) pelo preço pelo qual as novas ações são vendidas.

---

[3] O número de ações preferenciais da RealNetworks fornecido aqui para este e financiamentos subsequentes é proveniente do prospecto da IPO (disponível no EDGAR em http://www.sec.gov/edgar/searchedgar/webusers.htm). Para simplificar, ignoramos garantias de compra de ações adicionais que também foram emitidas e uma pequena quantidade de ações ordinárias de funcionários que existia.

EXEMPLO 13.1

Captação de fundos e propriedade

Problema
Você fundou sua própria empresa há dois anos. Você contribui inicialmente com US$ 100.000 de seu dinheiro e, em troca, recebeu 1,5 milhão de ações. Desde então, você vendeu outras 500.000 ações para investidores anjo. Agora você está considerando levantar ainda mais capital junto a um capitalista de risco (VC). Este VC investiria US$ 6 milhões e receberia 3 milhões de ações de uma nova emissão. Qual é a *post-money valuation*? Supondo que este seja o primeiro investimento do VC em sua empresa, que porcentagem da empresa ele acabará detendo? Que porcentagem você deterá? Qual é o valor de suas ações?

Solução

Planejamento
Após esta rodada de financiamento, haverá um total de 5.000.000 de ações em circulação:

Suas ações	1.500.000
Ações dos investidores anjo	500.000
Ações recém-emitidas	3.000.000
Total	5.000.000

O VC estaria pagando US$ 6.000.000/3.000.000 = US$ 2 por ação. A *post-money valuation* será o número total de ações multiplicado pelo preço pago pelo VC. A porcentagem da empresa agora de propriedade do VC será o número das ações por ele detidas dividido pelo número total de ações e o valor de suas ações será o número de ações que você detém multiplicado pelo preço pago pelo VC.

Execução
Há 5 milhões de ações e o VC pagou US$ 2 por ação. Portanto, a *post-money valuation* seria 5.000.000 × US$ 2 = US$ 10 milhões. Como ele está comprando 3.000.000 ações e haverá um total de 5.000.000 de ações em circulação após a rodada de financiamento, o VC acabará com a propriedade de 3.000.000/5.000.000 = 60% da empresa. Você será proprietário de 1.500.000/5.000.000 = 30% da empresa e a *post-money valuation* de suas ações será de 1.500.000 × US$ 2 = US$ 3.000.000.

Avaliação
Financiar sua empresa com capital social novo, seja ele de um investidor anjo ou de um capitalista de risco, envolve um *tradeoff* – você tem que abdicar de parte da propriedade da empresa em troca do dinheiro de que você precisa para crescer. Se você puder negociar um preço mais alto por ação, a porcentagem de sua empresa da qual você terá que abdicar por uma quantia especificada de capital será menor.

Nos anos seguintes, a RealNetworks levantou três outras rodadas de capital externo vendendo ações além da rodada inicial da Série B:

Série	Data	Número de ações	Preço das ações (US$)	Capital levantado (US$ milhões)
B	abril de 1995	2.686.567	0,67	1,8
C	outubro de 1995	2.904.305	1,96	5,7
D	novembro de 1996	2.381.010	7,53	17,9
E	julho de 1997	3.338.374	8,99	30,0

Em cada caso, os investidores compraram ações preferenciais da empresa de capital fechado. Estes investidores eram muito parecidos com o perfil dos típicos investidores em empresas de capital fechado que descrevemos anteriormente. Os investidores anjo compraram ações da Série B. Os investidores das ações das Séries C e D eram primordialmente fundos de capital de risco. A Microsoft comprou ações da Série E como investidor corporativo.

Saída de um investimento em uma empresa de capital fechado

estratégia de saída Importante consideração para os investidores em empresas de capital fechado, a estratégia de saída detalha como eles finalmente irão realizar o retorno sobre seu investimento.

A relação entre a empresa e seus investidores também está sujeita a mudanças à medida que necessidades e recursos vão se desenvolvendo. Uma importante consideração para os investidores em empresas de capital fechado é sua **estratégia de saída** – como eles eventualmente realizarão o retorno de seu investimento. Os investidores saem de um investimento de duas maneiras: por meio de uma aquisição ou por meio de uma oferta pública. Geralmente, grandes empresas adquirem empresas *start-up* de sucesso. Em tal caso, a empresa aquisitora compra as ações em circulação da empresa de capital fechado, permitindo que todos os investidores façam um *cash-out*. Aproximadamente 85% das saídas de capital de risco de 2001 a 2005 ocorreram por meio de fusões ou de aquisições.[4] A maneira alternativa de a empresa permitir que seus investidores liquidem seu investimento é se tornar uma empresa de capital aberto.

Com o passar do tempo, o valor das ações da RealNetworks e o tamanho das rodadas de financiamento aumentaram. Como os investidores da Série E estavam dispostos a pagar US$ 8,99 por uma ação preferencial com direitos equivalentes em julho de 1997, a *post-money valuation* das ações preferenciais existentes foi de US$ 8,99 por ação. Como a RealNetworks ainda era uma empresa de capital fechado, porém, os investidores não podiam liquidar seu investimento vendendo suas ações nas bolsas de valores. Na próxima seção, discutiremos o processo pelo qual uma empresa passa para vender ações ao público e ter suas ações negociadas em um mercado aberto.

Fixação de conceitos

1. Quais são as principais fontes de captação de fundos para as empresas de capital fechado levantarem capital social externo?
2. O que é uma empresa de capital de risco?

13.2 Abertura de capital de uma empresa: a oferta pública inicial

oferta pública inicial (IPO) Processo de vender ações para o público pela primeira vez.

O processo de vender ações ao público pela primeira vez é chamado de **oferta pública inicial** (IPO ou *initial public offering*, no original). Nesta seção, veremos o mecanismo das IPOs em dois casos – o arranjo tradicional e inovações recentes.

Vantagens e desvantagens de se tornar uma empresa de capital aberto

A abertura de capital dá às empresas maior liquidez e melhor acesso a capital. Ao se tornarem empresas de capital aberto, as empresas oferecem a seus investidores em *private equity* a possibilidade de diversificar. Além disso, as empresas de capital aberto têm acesso a montantes de capital muito maiores por meio dos mercados públicos, tanto na oferta pública inicial quanto em ofertas subsequentes. Por exemplo, durante 2007, as dez maiores emissões de ações do mundo levantaram, cada uma, US$ 6 bilhões ou mais, como mostra a Tabela 13.1. No caso da RealNetworks, sua última rodada de captação de fundos por meio de *private equity* levantou aproximadamente US$ 30 milhões em julho de 1997. A empresa levantou US$ 43 milhões quando abriu seu capital em novembro do mesmo ano; menos de dois anos depois, ela levantou outros US$ 267 milhões vendendo mais ações ao público. Como uma empresa de capital aberto, a RealNetworks conseguiu levantar muito mais dinheiro.

A principal vantagem de empreender uma IPO é também uma de suas principais desvantagens: quando os investidores diversificam seus títulos em carteira, os acionistas da corporação tornam-se mais dispersos. Isso solapa a capacidade do investidor de monitorar a gerência da

---

[4] The National Venture Capital Association.

TABELA 13.1 Maiores emissões de ações globais, 2007

Emissor	Data	Montante (US$ bilhões)
Fortis Group NV	11 out	19,3
PetroChina Co., Ltd.	29 out	8,9
China Shenhua Energy Co., Ltd.	26 set	8,9
Sberbank	21 fev	8,8
OAO VTB Bank	10 mai	8,0
China Construction Bank Corp	11 set	7,7
Pol-Aqua SA	29 nov	7,7
Marfin Investment Group	6 jul	7,1
Imperial Tobacco Group PLC	14 ago	6,0
Iberdrola Renovables SA	11 dez	6,0

Fonte: Thomson Financial.

empresa e, assim, representa uma perda de controle. Além disso, quando as ações de uma empresa passam a ser listadas na bolsa de valores, a empresa passa a ter que satisfazer todas as exigências de empresas de capital aberto. Vários escândalos corporativos famosos durante o início do século XXI estimularam regulamentações mais rígidas criadas para tratar os abusos corporativos. Organizações como a Comissão de Valores Mobiliários dos EUA (Securities and Exchange Commission ou SEC), as bolsas de valores (inclusive a Bolsa de Valores de Nova York e a Nasdaq) e o Congresso (por meio do Ato Sarbanes-Oxley de 2002) adotaram novos padrões que primam por uma transparência financeira mais completa, maior responsabilidade pela prestação de contas e exigências mais rígidas ao conselho de diretoria. Estes padrões, de maneira geral, foram criados para fornecer maior proteção aos investidores. Entretanto, o cumprimento dos novos padrões é dispendioso e consome muito tempo das empresas de capital aberto.

Ofertas primárias e secundárias em uma IPO

subscritora Empresa de investimentos bancários que gerencia uma emissão de títulos e projeta sua estrutura.

oferta primária Novas ações disponíveis em uma oferta pública que levanta novo capital.

oferta secundária Oferta de ações vendidas por acionistas existentes (como parte de sua estratégia de saída).

subscritora líder Principal instituição bancária responsável por administrar a emissão de títulos.

sindicato Grupo de subscritoras que conjuntamente subscrevem e distribuem uma emissão de títulos.

Após decidir abrir seu capital, os gerentes da empresa trabalham com uma **subscritora**, um banco de investimento que gerencia a oferta e projeta sua estrutura. Neste caso, a subscritora está gerenciando a oferta de títulos da empresa ao público. Escolhas da estrutura da oferta incluem os tipos de ações a serem vendidas e o mecanismo que o consultor financeiro utilizará para vendê-las.

Em uma IPO, uma empresa oferece um grande bloco de ações à venda ao público pela primeira vez. As ações vendidas na IPO podem ser novas ações que levantem novo capital, o que é conhecido como **oferta primária**, ou ações existentes que são vendidas por acionistas atuais (como parte de sua estratégia de saída), o que é chamado de **oferta secundária**. O processo tradicional de um IPO segue uma forma padronizada. Exploraremos os passos dados pelas subscritoras durante uma IPO.

Subscritoras e o sindicato. Muitas IPOs, especialmente as ofertas maiores, são gerenciadas por um grupo de subscritoras. A **subscritora líder** é a principal instituição financeira responsável por gerenciar o acordo. A subscritora líder fornece a maior parte do aconselhamento e faz todos os acertos para que um grupo de outras subscritoras, chamado de **sindicato**, ajude a colocar a emissão no mercado e a vendê-la. A Tabela 13.2 mostra as subscritoras líderes que foram responsáveis pelo maior número de IPOs nos Estados Unidos no ano de 2007. Como podemos ver, os maiores bancos de investimento e comerciais dos EUA dominam o negócio de subscrição.

As subscritoras colocam a IPO no mercado e ajudam a empresa em todos os arquivamentos necessários. O que é mais importante, como discutiremos a seguir, é que elas participam

Capítulo 13 Levantando Capital Social

TABELA 13.2 Relatório do ranking das subscritoras internacionais de IPOs de 2007

Colocação	Subscritora líder	Número de emissões	Total de resultados líquidos (US$ milhões)
1	Morgan Stanley	33	10.323
2	Citigroup	20	8.225
3	Goldman Sachs	29	7.273
4	CS First Boston	27	6.379
5	Merrill Lynch	18	4.075
6	Lehman Brothers	13	3.880
7	J.P. Morgan	19	3.154
8	Deutsch Bank	9	1.872
9	WR Hambrecht	2	1.320
10	Bear Sterns	3	1.268

Fonte: IPO Home by Renaissance Capital (as colocações baseiam-se em dados coletados pela Renaissance Capital de 8 de janeiro de 2007 a 8 de janeiro de 2008, somente para subscritoras líderes), http://www.ipohome.com/marketwatch/urankings.asp?list=proceeds&nav=f.

ativamente na determinação do preço de oferta. Em muitos casos, a subscritora também se comprometerá a criar um mercado na bolsa "casando" compradores e vendedores após a emissão, garantindo, dessa maneira, que as ações sejam líquidas.

declaração de registro Documento legal que fornece informações financeiras e outras informações sobre uma empresa aos investidores antes de uma emissão de títulos.

prospecto preliminar (red herring) Parte da declaração de registro preparada por uma empresa antes de uma IPO, que é circulada entre investidores antes de as ações serem oferecidas.

Documentação da SEC. A SEC exige que as empresas preparem uma **declaração de registro**, um documento legal que fornece informações financeiras entre outras sobre a empresa para os investidores antes de uma IPO. Os gerentes das empresas trabalham junto com as subscritoras para preparar esta declaração de registro e enviá-la à SEC. Parte desta declaração, chamada de **prospecto preliminar** ou *red herring*, circula entre os investidores antes de as ações serem oferecidas. O termo "red herring" vem do aviso em tinta vermelha na parte da frente do prospecto afirmando que ele é preliminar e não uma oferta para vender ações. (O que é interessante é que o termo "red herring" se origina do esporte de caça à raposa, onde tradicionalmente um arenque vermelho (defumado) era utilizado para distrair os cães e fazê-los se confundir, perdendo o cheiro de sua presa.)

A SEC analisa a declaração de registro a fim de assegurar que a empresa tenha fornecido todas as informações necessárias para os investidores decidirem se devem ou não comprar as ações. Uma vez que a empresa tenha satisfeito as exigências de transparência da SEC, esta aprova as ações para venda ao público em geral. Antes da IPO, a empresa prepara a declaração de registro final e o **prospecto final** contendo todos os detalhes da IPO, inclusive o número de ações oferecidas e o preço de oferta.[5]

prospecto final Parte da declaração de registro final preparada por uma empresa antes de uma IPO que contém todos os detalhes da oferta, incluindo o número de ações oferecidas e o preço de oferta.

Para ilustrar o processo, retornemos à RealNetworks. A Figura 13.3 mostra a capa do prospecto final de sua IPO. Esta capa inclui o nome da empresa, a lista de subscritoras líderes e um resumo das informações sobre a precificação do acordo; esse foi uma oferta primária de 3 milhões de ações.

Avaliação. Antes de o preço de oferta ser determinado, as subscritoras trabalham junto com a empresa para chegar a uma faixa de preço que forneça uma avaliação razoável para a empresa utilizando as técnicas descritas no Capítulo 9. Como ressaltamos naquele capítulo, há duas maneiras de avaliar uma empresa: estimar os fluxos de caixa futuros e calcular o valor presente, ou estimar o valor examinando empresas comparáveis. A maioria das subscritoras utiliza ambas as técnicas. Entretanto, quando estas técnicas fornecem respostas muito diferentes, elas geralmente usam comparáveis com base em suas IPOs recentes.

road show Durante uma IPO, quando a gerência sênior de uma empresa e suas subscritoras viajam para promover a empresa e explicar a lógica por trás do preço de oferta para investidores institucionais, como fundos mútuos e fundos de pensão.

Depois que a faixa de preço inicial é estabelecida, as subscritoras tentam determinar o que o mercado pensa desta avaliação. Elas começam organizando um ***road show***, em que a ge-

---

[5] Declarações de registro fornecendo informações aos investidores podem ser encontradas no EDGAR, no *website* da SEC: http://www.sec.gov/edgar/searchedgar/webusers.htm.

FIGURA 13.3

A capa do prospecto da IPO da RealNetworks

A capa inclui o nome da empresa, uma lista das subscritoras líderes e um resumo das informações sobre a precificação da oferta.

Fonte: Cortesia da RealNetworks, Inc.

3,000,000 Shares

RealNetworks, Inc.
(formerly "Progressive Networks, Inc.")

Common Stock
(par value $.001 per share)

All of the 3,000,000 shares of Common Stock offered hereby are being sold by RealNetworks, Inc. Prior to the offering, there has been no public market for the Common Stock. For factors considered in determining the initial public offering price, see "Underwriting".

The Common Stock offered hereby involves a high degree of risk. See "Risk Factors" beginning on page 6.

The Common Stock has been approved for quotation on the Nasdaq National Market under the symbol "RNWK," subject to notice of issuance.

THESE SECURITIES HAVE NOT BEEN APPROVED OR DISAPPROVED BY THE SECURITIES AND EXCHANGE COMMISSION OR ANY STATE SECURITIES COMMISSION NOR HAS THE SECURITIES AND EXCHANGE COMMISSION OR ANY STATE SECURITIES COMMISSION PASSED UPON THE ACCURACY OR ADEQUACY OF THIS PROSPECTUS. ANY REPRESENTATION TO THE CONTRARY IS A CRIMINAL OFFENSE.

	Initial Public Offering Price(1)	Underwriting Discount(2)	Proceeds to Company(3)
Per Share	$12.50	$0.875	$11.625
Total(4)	$37,500,000	$2,625,000	$34,875,000

(1) In connection with the offering, the Underwriters have reserved up to 300,000 shares of Common Stock for sale at the initial public offering price to employees and friends of the Company.

(2) The Company has agreed to indemnify the Underwriters against certain liabilities, including liabilities under the Securities Act of 1933, as amended. See "Underwriting".

(3) Before deducting estimated expenses of $950,000 payable by the Company.

(4) The Company has granted the Underwriters an option for 30 days to purchase up to an additional 450,000 shares at the initial public offering price per share, less the underwriting discount, solely to cover over-allotments. If such option is exercised in full, the total initial public offering price, underwriting discount and proceeds to Company will be $43,125,000, $3,018,750 and $40,106,250, respectively. See "Underwriting".

The shares offered hereby are offered severally by the Underwriters, as specified herein, subject to receipt and acceptance by them and subject to their right to reject any order in whole or in part. It is expected that certificates for the shares will be ready for delivery in New York, New York on or about November 26, 1997, against payment therefor in immediately available funds.

Goldman, Sachs & Co.
    BancAmerica Robertson Stephens
        NationsBanc Montgomery Securities, Inc.

The date of this Prospectus is November 21, 1997.

rência sênior e as subscritoras líderes viajam pelo país (e às vezes pelo mundo) promovendo a empresa e explicando a lógica por trás do preço de oferta para os maiores clientes das subscritoras – em sua maioria investidores institucionais, como fundos mútuos e fundos de pensão.

EXEMPLO 13.2
Avaliando uma IPO utilizando comparáveis

Problema

A Wagner, Inc. é uma empresa de capital fechado que projeta, produz e distribui bens de consumo de marca. Durante o ano fiscal mais recente, a Wagner teve receitas de US$ 325 milhões e lucros de US$ 15 milhões. A Wagner arquivou uma declaração de registro junto à SEC para sua IPO. Antes de as ações serem oferecidas, os banqueiros de investimento da Wagner gostariam de estimar o valor da empresa utilizando empresas comparáveis. Os banqueiros de investimentos reuniram as seguintes informações com base em dados de outras empresas na mesma indústria cujo capital foi aberto recentemente. Em cada caso, os índices são baseados no preço da IPO.

Empresa	Preço/Lucros	Preço/Receitas
Ray Products Corp.	18,8×	1,2×
Byce-Frasier, Inc.	19,5×	0,9×
Fashion Industries Group	24,1×	0,8×
Recreation International	22,4×	0,7×
Média	21,2×	0,9×

Após a IPO, a Wagner terá 20 milhões de ações em circulação. Estime o preço da IPO da Wagner utilizando o índice de preço/lucro e o índice preço/receitas.

Solução

▸ **Planejamento**

Se o preço da IPO da Wagner baseia-se em um índice preço/lucro similar àqueles das IPOs recentes, então este índice será igual à média dos acordos recentes. Assim, para calcularmos o preço da IPO baseado no índice preço/lucro, primeiro tiraremos o índice preço/lucro médio do grupo de comparação e multiplicaremos este valor pelo lucro total da Wagner. Isso nos dará o valor total das ações da Wagner. Para obter o preço da IPO por ação, precisamos dividir o valor total das ações pelo número de ações em circulação após a IPO (20 milhões). A abordagem será a mesma para o índice preço/receitas.

▸ **Execução**

O índice preço/lucro médio dos acordos recentes é 21,2. Dados os lucros de US$ 15 milhões, o valor de mercado total das ações da Wagner será de (US$ 15 milhões)(21,2) = US$ 318 milhões. Com 20 milhões de ações em circulação, o preço por ação será de US$ 318 milhões/20 milhões = US$ 15,90.

Da mesma maneira, se o preço da IPO da Wagner implica em um índice preço/receitas similar à média recente de 0,9, então utilizando suas receitas de US$ 325 milhões, o valor de mercado total da empresa será de (US$ 325 milhões)(0,9) = US$ 292,5 milhões ou US$ 14,63 por ação (US$ 292,5 / 20).

▸ **Avaliação**

Como vimos no Capítulo 9, utilizar múltiplos de avaliação sempre produz uma faixa de estimativas – você não deve esperar obter o mesmo valor a partir de diferentes índices. Com base nestas estimativas, as subscritoras provavelmente estabelecerão uma faixa de preço inicial para as ações da Wagner de US$ 13 a US$ 17 por ação para levar para o *road show*.

Ao final do *road show*, os clientes informam as subscritoras sobre seu interesse dizendo a elas quantas ações desejam comprar. Apesar de estes compromissos não serem vinculantes, os clientes das subscritoras avaliam suas relações de longo prazo com elas, então raramente voltam atrás em suas decisões. As subscritoras, então, somam a demanda total e ajustam o preço até ser improvável que a emissão fracasse. Esse processo de criar um preço de oferta baseado nas expressões de interesse dos clientes chama-se **book building**.

book building Processo utilizado pelas subscritoras para determinar um preço de oferta baseado nas expressões de interesse dos clientes.

garantia firme ou *firm commitment* Acordo entre uma subscritora e uma empresa emissora em que a subscritora garante que venderá todas as ações pelo preço de oferta.

spread Taxa paga por uma empresa às suas subscritoras que é um percentual do preço de emissão de uma ação.

superalocação (provisão *greenshoe*) Em uma IPO, uma opção que permite à subscritora emitir mais ações, normalmente chegando a 15% do tamanho da oferta original, pelo preço de oferta da IPO.

lockup Restrição que evita que os acionistas existentes vendam suas ações por determinado período (normalmente 180 dias) após uma IPO.

Precificando o acordo e gerenciando o risco. No acordo mais comum, uma subscritora e uma empresa emissora acordam uma IPO de **garantia firme ou *firm commitment***, na qual a subscritora garante que venderá todas as ações pelo preço de oferta. A subscritora compra toda a emissão (a um preço um pouco mais baixo do que o preço de oferta) e então revende-a pelo preço de oferta. Se a emissão não for totalmente vendida, a subscritora está comprometida: as ações restantes terão que ser vendidas a um preço menor e a subscritora terá que assumir a perda. A perda mais notória da indústria aconteceu quando o governo britânico privatizou a British Petroleum. Em um acordo extremamente incomum, a empresa abriu seu capital gradualmente. O governo britânico vendeu sua participação final na British Petroleum na época da quebra da bolsa em outubro de 1987. O preço de oferta foi determinado logo antes da quebra, mas a oferta ocorreu depois dela.[6] No final do primeiro dia de negociações, as subscritoras estavam enfrentando uma perda de US$ 1,29 bilhão. O preço, então, caiu ainda mais, até o Kuwaiti Investment Office entrar em cena e começar a comprar uma grande participação na empresa.

Na IPO da RealNetworks, o preço de oferta final foi de US$ 12,50 por ação.[7] A empresa concordou em pagar uma taxa às subscritoras, chamada de **spread**, que é uma porcentagem do preço de uma ação, neste caso de US$ 0,875 por ação – exatamente 7% do preço de emissão. Como este foi um acordo de garantia firme, as subscritoras compraram as ações da RealNetworks por US$ 12,50 – US$ 0,875 = US$ 11,625 por ação e então as revenderam a seus clientes por US$ 12,50 por ação.

Lembremos que, quando uma subscritora faz uma garantia firme, ela está potencialmente se expondo ao risco que a instituição financeira talvez enfrentasse para vender as ações por menos do que o preço de oferta e assumir a perda. Entretanto, segundo Tim Loughran e Jay Ritter, entre 1990 e 1998, apenas 9% das IPOs norte-americanas vivenciaram uma queda no preço no primeiro dia.[8] Para outros 16% das empresas, o preço no final do primeiro dia era o mesmo que o preço de oferta. Portanto, a grande maioria das IPO vivenciou um aumento no preço no primeiro dia de negociação, indicando que o preço de oferta inicial geralmente estava mais baixo do que o preço que os investidores no mercado de ações estavam dispostos a pagar.

As subscritoras parecem utilizar as informações que obtêm durante a etapa do *book building* para intencionalmente subprecificar a IPO, reduzindo, dessa maneira, sua exposição a perdas. Além disso, uma vez que o preço de emissão (ou preço de oferta) é determinado, as subscritoras podem invocar outro mecanismo para se protegerem contra perdas – a **superalocação** ou **provisão *greenshoe***.[9] Esta opção permite à subscritora emitir mais ações, somando até 15% do tamanho da oferta inicial, pelo preço de oferta da IPO. Veja a nota de rodapé 4 na capa do prospecto da RealNetworks na Figura 13.1, que se refere à provisão *greenshoe*.

Uma vez que o processo da IPO esteja concluído, as ações da empresa são negociadas publicamente em uma bolsa de valores. A subscritora líder normalmente cria um mercado das ações e nomeia um analista para cobri-lo. Ao fazê-lo, ela aumenta a liquidez das ações no mercado secundário. Este serviço é de valor tanto para a empresa emissora quanto para os clientes da subscritora. Um mercado líquido garante que os investidores que compraram as ações via IPO possam facilmente negociá-las no mercado. Se as ações estiverem sendo ativamente negociadas, o emissor terá acesso contínuo aos mercados de ações no caso de a empresa decidir emitir mais ações em uma nova oferta. Na maioria dos casos, os acionistas pré-existentes são sujeitos a um ***lockup***, uma restrição que impede que eles vendam suas ações por determinado período (normalmente 180 dias) após a IPO. Uma vez que o período de *lockup* tenha expirado, eles estarão livres para vender suas ações.

---

[6] Este acordo foi excepcional no sentido de que o preço de oferta foi determinado mais de uma semana antes da data de emissão. Nos Estados Unidos, a subscritora geralmente determina o preço de oferta final um dia antes da data da IPO.

[7] Os preços das ações da RealNetworks em todo este capítulo não foram ajustados em relação a dois desdobramentos de ações subsequentes.

[8] "Why Don't Issuers Get Upset About Leaving Money on the Table in IPOs?", *Review of Financial Studies* 15(2) (2002): pp. 413-443.

[9] O nome vem da Green Shoe Company, a primeira emissora a ter uma opção de superalocação em sua IPO.

Outros tipos de IPO

Agora que estabelecemos o método tradicional de realizar IPOs, discutiremos três outras maneiras pelas quais ações podem ser vendidas durante uma IPO.

Base dos melhores esforços. Para IPOs menores, a subscritora normalmente aceita o acordo na base dos **melhores esforços**. Neste caso, a subscritora não garante que as ações serão vendidas, mas, em vez disso, tenta vendê-las pelo melhor preço possível. Geralmente estes acordos têm uma cláusula de "tudo ou nada": ou todas as ações são vendidas na IPO, ou o acordo é cancelado.

IPO por leilão. Nos últimos anos, a empresa de *investment banking* de W.R. Hambrecht and Company tentou mudar o processo da IPO ao vender novas emissões diretamente ao público utilizando um mecanismo de **IPO por leilão** *online* chamado OpenIPO. Em vez de determinar o preço da maneira tradicional, Hambrecht deixa o mercado determinar o preço das ações leiloando a empresa.[10] Os investidores fazem ofertas ou lances durante um período de tempo estabelecido. Uma IPO por leilão determina, então, o preço mais alto de modo que o número de ofertas maior ou igual àquele preço seja igual ao número de ações oferecidas. Todos os ofertantes vencedores pagam este preço, mesmo se suas ofertas tivessem sido mais altas. A primeira OpenIPO foi a IPO de US$ 11,55 milhões da Ravenswood Winery, concluída em 1999.

É mais fácil compreender como funciona uma IPO por leilão considerando um exemplo. Sua empresa está planejando uma IPO por leilão de 3 milhões de ações. Os compradores potenciais enviam ofertas a vários preços e, então, suas ofertas são agregadas. A Tabela 13.3 resume essas ofertas. A coluna "Ações procuradas por este preço" mostra o número total de ações a partir das ofertas dos investidores para cada preço. A última coluna contém o número total de ações procuradas a cada preço *ou mais*. Como os investidores estão dispostos a comprar por preços menores do que o valor que eles oferecem, este total representa o número de ações que podem ser vendidas a cada preço. Por exemplo, apesar de os investidores só estarem dispostos a comprar um total de 75.000 ações pelo preço de US$ 19,50, pelo preço de US$ 19,00 um total de 225.000 (150.000 + 75.000) pode ser vendido.

Você está interessado em vender um total de 3 milhões de ações pelo preço mais alto possível. Isso sugere que você olhe a coluna esquerda da Tabela 13.3 para encontrar o preço mais alto pelo qual a demanda total seria de pelo menos 3 milhões de ações. Neste caso, o preço mais alto pelo qual podemos vender 3 milhões de ações é US$ 18. A Figura 13.4 mostra isto em um gráfico.

melhores esforços Para ofertas públicas iniciais (IPOs) menores, uma situação em que a subscritora não garante que as ações serão vendidas, mas em vez disso, tenta vendê-las pelo melhor preço possível.

IPO por leilão Método para vender novas emissões diretamente ao público que deixa o mercado determinar o preço por meio de ofertas de investidores potenciais.

TABELA 13.3 Ofertas recebidas para a compra de ações em uma IPO por leilão hipotética (em milhares)

Preço	Ações procuradas por este preço	Total de ações procuradas por este preço ou mais
US$ 16,50	3.200	11.800
US$ 17,00	2.900	8.600
US$ 17,50	2.700	5.700
US$ 18,00	1.925	3.000
US$ 18,50	850	1.075
US$ 19,00	150	225
US$ 19,50	75	75

[10] Detalhes sobre o processo da IPO por leilão de Hambrecht podem ser encontrados em http://www.openipo.com/ind/index.html.

FIGURA 13.4 Agregando as ações procuradas no IPO por leilão hipotético

A figura traça o gráfico da última coluna da Tabela 13.3, que indica o número total de ações que podem ser vendidas a cada preço. Neste caso, os investidores estão dispostos a comprar um total de 3 milhões de ações por US$ 18 ou mais. Então, você determinaria o preço de sua IPO a US$ 18 para ter o maior preço possível pelo qual você conseguiria colocar 3 milhões de ações.

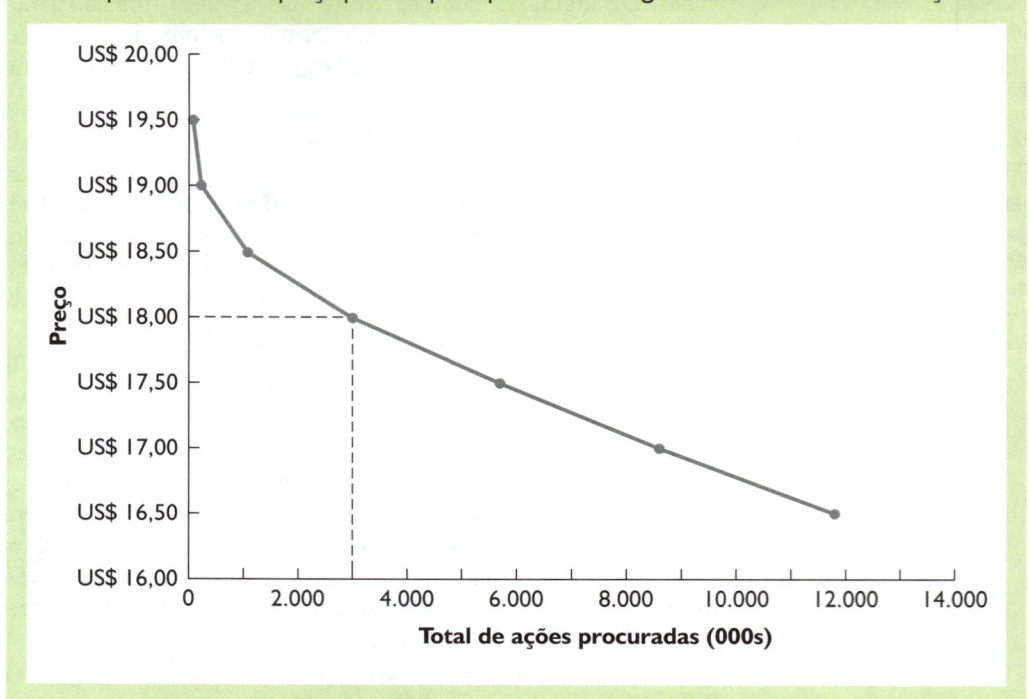

EXEMPLO 13.3
Precificação em uma IPO por leilão

Problema
A Fleming Educational Software, Inc., está vendendo 500.000 ações em uma IPO por leilão. Ao final do período de oferta, o banco de investimento da Fleming recebeu as seguintes ofertas:

Preço ($)	Número de ações ofertadas
8,00	25.000
7,75	100.000
7,50	75.000
7,25	150.000
7,00	150.000
6,75	275.000
6,50	125.000

Qual será o preço de oferta das ações?

Solução

▶ **Planejamento**

Primeiro, calculamos o número total de ações demandadas que sejam maiores ou iguais a um determinado preço. Então, escolhemos o preço mais alto que nos permitirá vender toda a emissão (500.000 ações):

▶ **Execução**

Convertendo a tabela de ofertas em uma tabela de demanda acumulada, temos:

Preço ($)	Demanda acumulada
8,00	25.000
7,75	125.000
7,50	200.000
7,25	350.000
7,00	500.000
6,75	775.000
6,50	900.000

Por exemplo, a empresa recebeu ofertas para um total de 125.000 ações a US$ 7,75 ou mais por ação (25.000 + 100.000 = 125.000).

A Fleming está oferecendo um total de 500.000 ações. O preço vencedor do leilão seria US$ 7,00 por ação, pois os investidores fizeram ordens de compra para um total de 500.000 ações pelo preço de US$ 7,00 ou mais. Todos os investidores que fizeram ofertas de pelo menos este preço poderão comprar as ações a US$ 7,00 cada, mesmo se sua oferta inicial tiver sido mais alta.

Neste exemplo, a demanda acumulada pelo preço vencedor é exatamente igual à oferta. Se a demanda total por este preço fosse maior do que a oferta, todos os participantes do leilão que ofertaram preços maiores do que o preço vencedor receberiam sua oferta integral (pelo preço vencedor). As ações seriam concedidas de maneira pró-rata aos ofertantes que tivessem ofertado exatamente o preço vencedor.

Avaliação

Apesar de a IPO por leilão não oferecer a certeza da garantia firme, ela tem a vantagem de utilizar o mercado para determinar o preço de oferta. Ela também reduz o papel da subscritora e, consequentemente, as taxas.

Apesar de o mecanismo de IPO por leilão representar uma alternativa aos procedimentos tradicionais da IPO, ele não foi muito adotado nem nos Estados Unidos nem em outros países. Entre 1999 e 2004, Hambrecht concluiu menos de uma dezena de IPOs por leilão. Entretanto, em 2004 a Google abriu seu capital utilizando o mecanismo, o que gerou um interesse renovado nesta alternativa. Em maio de 2007, o Interactive Brokers Group levantou US$ 1,2 bilhão em sua IPO utilizando um leilão OpenIPO de Hambrecht.

Como nenhum preço de oferta é determinado em uma IPO por leilão, o *book building* não é tão importante aqui quanto em IPOs tradicionais. Em um artigo recente, os professores Ravi Jagannathan e Ann Sherman examinam por que os leilões não se tornaram um método popular de IPO e por que eles foram dominados por precificações imprecisas e mau desempenho após a emissão. Eles sugerem que pelo fato de esses leilões não utilizarem o processo de *book-building*, que auxilia no levantamento das avaliações das ações por grandes investidores, os investidores sentem-se desencorajados a participar dos leilões.[11] A Tabela 13.4 resume os métodos que uma empresa pode utilizar para uma oferta pública inicial de suas ações.

TABELA 13.4 Resumo dos métodos de IPO

Garantia firme	Melhores esforços	IPO por leilão
A subscritora compra toda a emissão por um preço acordado e a vende aos investidores por um preço mais alto.	A subscritora faz seu "melhor esforço" para vender a emissão aos investidores por um preço acordado.	A empresa ou subscritora solicita ofertas (preço e quantidade) dos investidores, e escolhe o preço mais alto pelo qual há demanda suficiente para vender toda a emissão.

[11] "Why Do IPO Auctions Fail?" NBER working paper 12151, March 2006.

A IPO da Google

Em 29 de abril de 2004, a Google, Inc. anunciou planos de abrir seu capital. Quebrando com a tradição, a Google chocou Wall Street ao declarar sua intenção de depender fortemente do mecanismo de IPO por leilão para distribuir suas ações. A Google era lucrativa desde 2001, então, segundo seus executivos, o acesso a capital não era o único motivo da abertura. A empresa também queria fornecer liquidez aos funcionários e investidores em *private equity*.

Um dos principais atrativos do mecanismo de leilão era a possibilidade de alocar ações a mais investidores individuais. A Google também esperava estabelecer um preço de oferta preciso ao deixar os ofertantes do mercado determinarem o preço da IPO. Depois do *boom* do mercado de ações da Internet, foram abertos muitos processos legais relacionados à maneira como as subscritoras alocavam ações. A Google espera evitar os escândalos de alocação deixando o leilão alocar suas ações.

Os investidores que queriam fazer ofertas abriam uma conta de corretagem com uma das subscritoras do acordo e então faziam suas ofertas junto à corretora. A Google e suas subscritoras então identificavam a maior oferta que permitia que a empresa vendesse todas as ações sendo oferecidas. Eles também tinham a flexibilidade de escolher oferecer ações por um preço mais baixo.

Em 18 de agosto de 2004, a Google vendeu 19,6 milhões de ações a US$ 85 cada. O US$ 1,67 bilhão levantado foi de longe a maior IPO por leilão já realizada. As ações da Google (símbolo *ticker*: GOOG) abriram as negociações na NASDAQ no dia seguinte a US$ 100 por ação. Apesar de a IPO da Google ter tropeçado em alguns momentos, ela representa o exemplo mais significativo do uso do mecanismo de leilão como uma alternativa ao mecanismo tradicional da IPO.

Fontes: Kevin Delaney e Robin Sidel, "Google IPO aims to Change the Rules", *The Wall Street Journal*, 30 de abril de 2004, p. C1; Ruth Simon e Elizabeth Weinstein, "Investors Eagerly Anticipate Google's IPO," *The Wall Street Journal*, 30 de abril de 2004, p. C1; Gregory Zuckerman, "Google Shares Prove Big Winners – for a Day", *The Wall Street Journal*, 20 de agosto de 2004, p. C1.

Fixação de conceitos

3. Que serviços a subscritora oferece em uma IPO tradicional?
4. Explique os mecanismos de uma IPO por leilão.

13.3 Os mistérios das IPOs

Quatro características das IPOs são um mistério para os economistas, e todas elas são relevantes para o gerente financeiro:

1. Em média, as IPOs parecem ser subprecificadas: o preço no final das negociações no primeiro dia é, com frequência, bem mais alto do que o preço da IPO.
2. O número de IPOs é altamente cíclico. Quando a situação está boa, o mercado é inundado com IPOs; quando a situação está ruim, o número de IPOs diminui.
3. Os custos de transação da IPO são muito altos, e não está claro por que as empresas arcam com tais custos voluntariamente.
4. O desempenho de longo prazo de uma empresa que fez a abertura de seu capital recentemente (de três a cinco anos da data de emissão) é fraco. Isto é, em média, uma estratégia de compra e manutenção de três a cinco anos parece ser um mau investimento.

Agora examinaremos cada um desses "mistérios" que os economistas financeiros tentam compreender.

Subprecificação ou desconto inicial nas IPOs

Em geral, as subscritoras determinam o preço de emissão de modo que o retorno médio do primeiro dia seja positivo. Para a RealNetworks, as subscritoras ofereceram as ações a um preço de IPO de US$ 12,50 por ação em 21 de novembro de 1997. As ações da RealNetworks abriram sendo negociadas no mercado da NASDAQ por US$ 19,375 e fecharam no fim das negociações a US$ 17,875. Assim, no fim do primeiro dia de negociações, suas ações tinham um preço de US$ 5,375 mais alto do que o preço da IPO. Tal desempenho não é atípico. Em média, entre 1960 e 2003, o preço no *aftermarket* norte-americano era 18,3% mais alto no final do primeiro dia de negociações.[12] Como fica evidente na Figura 13.5, o retorno médio do primeiro para

---

[12] Ver Tim Loughran, Jay R. Ritter e Kristian Rydqvist, "Initial Public Offerings: International Insights," *Pacific-Basin Finance Journal* 2 (2004): 165–199.

FIGURA 13.5 — Comparação internacional de retornos do primeiro dia de IPOs

As barras mostram os retornos iniciais médios dos preços de oferta ao fechamento do primeiro preço de mercado. Para a China, a barra mostra o retorno inicial médio sobre a fração A de IPOs, disponível somente para residentes do país. A data entre parênteses indica o período amostrado em cada país.

Fonte: Adaptado, como cortesia de Jay Ritter (http://bear.cba.ufl.edu/ritter).

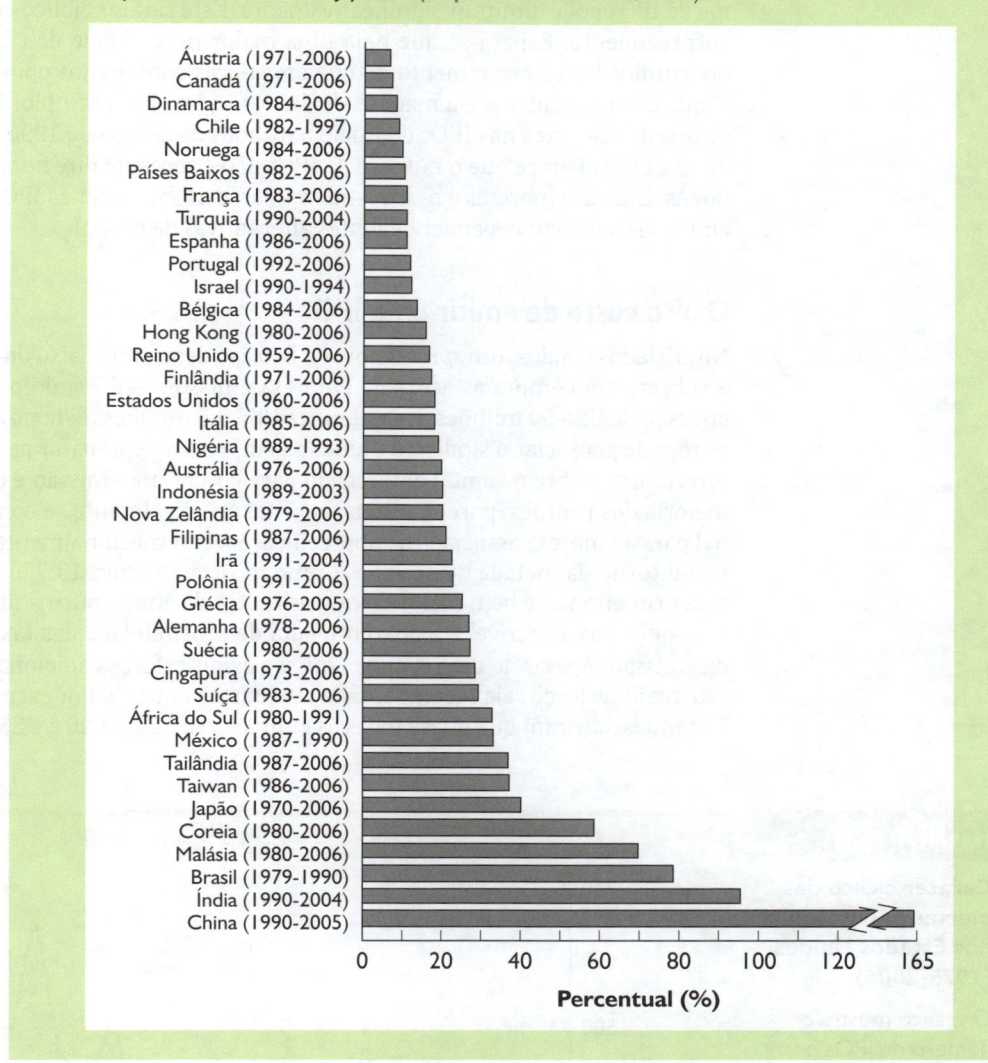

Países (período amostrado), com retorno em Percentual (%):

- Áustria (1971-2006)
- Canadá (1971-2006)
- Dinamarca (1984-2006)
- Chile (1982-1997)
- Noruega (1984-2006)
- Países Baixos (1982-2006)
- França (1983-2006)
- Turquia (1990-2004)
- Espanha (1986-2006)
- Portugal (1992-2006)
- Israel (1990-1994)
- Bélgica (1984-2006)
- Hong Kong (1980-2006)
- Reino Unido (1959-2006)
- Finlândia (1971-2006)
- Estados Unidos (1960-2006)
- Itália (1985-2006)
- Nigéria (1989-1993)
- Austrália (1976-2006)
- Indonésia (1989-2003)
- Nova Zelândia (1979-2006)
- Filipinas (1987-2006)
- Irã (1991-2004)
- Polônia (1991-2006)
- Grécia (1976-2005)
- Alemanha (1978-2006)
- Suécia (1980-2006)
- Cingapura (1973-2006)
- Suíça (1983-2006)
- África do Sul (1980-1991)
- México (1987-1990)
- Tailândia (1987-2006)
- Taiwan (1986-2006)
- Japão (1970-2006)
- Coreia (1980-2006)
- Malásia (1980-2006)
- Brasil (1979-1990)
- Índia (1990-2004)
- China (1990-2005) — 165

IPOs tem historicamente sido muito alto em todo o mundo. Observe que, apesar de a subprecificação ser um fenômeno persistente e global, ele é geralmente menor em mercados de capitais mais desenvolvidos.

Quem se beneficia com o fato de o preço ser determinado abaixo do preço de mercado no final do primeiro dia de negociações (subprecificação)? Já explicamos como as subscritoras se beneficiam controlando seu risco – é muito mais fácil vender as ações da empresa se o preço determinado for baixo. É claro que os investidores que conseguem comprar ações das subscritoras pelo preço da IPO também saem ganhando com a subprecificação do primeiro dia. Quem arca com os custos? Os acionistas pré-IPO das empresas emissoras. Com efeito, estes proprietários estão vendendo ações de sua empresa por menos do que eles poderiam conseguir no *aftermarket*.

Mercados "quentes" e "frios" de IPOs

A Figura 13.6 mostra o número e o volume em dólar das IPOs por ano, de 1975 a 2006. Como a figura deixa claro, o volume em dólar das IPOs cresceu significativamente, alcançando um pico em 1996. Um elemento ainda mais importante dos dados é que as tendências relativas ao volume e ao número de emissões são cíclicas. Às vezes, como em 1996, o volume das IPOs é sem precedentes em termos de padrões históricos; contudo, dentro de um ou dois anos, o volume de IPOs pode diminuir significativamente. Este caráter cíclico em si não é particularmente surpreendente. Espera-se que haja uma maior necessidade de capital em épocas com mais oportunidades de crescimento do que em épocas com menos oportunidades de crescimento. O que é surpreendente é a magnitude das variações. Por exemplo, é difícil explicar o aumento de quase sete vezes nas IPOs do início a meados da década de 1990 e a queda de quase 75% de 2000 a 2001. Parece que o número de IPOs não é somente direcionado pela demanda por capital. Às vezes as empresas e os investidores parecem favorecer as IPOs; em outros momentos, as empresas parecem depender de fontes alternativas de capital.

O alto custo de emitir uma IPO

Nos Estados Unidos, um *spread* típico – isto é, o desconto abaixo do preço de emissão pelo qual a subscritora compra as ações da empresa emissora – é 7% do preço de emissão. Para uma emissão de US$ 50 milhões, isso significa US$ 3,5 milhões. Esta taxa cobre o custo para a subscritora de gerenciar o sindicato e ajudar a empresa a se preparar para a IPO, além de fornecê-la um retorno sobre o capital empregado para comprar a emissão e colocá-la no mercado. Pela maioria dos padrões, porém, esta taxa é alta, principalmente se considerarmos o custo adicional para a empresa associado à subprecificação. Internacionalmente, os *spreads* são geralmente em torno da metade desse valor. Como mostra a Figura 13.7, o custo total de emitir ações pela primeira vez é bem maior do que os custos de emitir outros títulos.

Ainda mais incrível é a aparente falta de sensibilidade das taxas em relação ao tamanho da emissão. Apesar de uma grande emissão exigir esforços adicionais, não se deve esperar que este maior esforço seja recompensado tão lucrativamente. Por exemplo, Hsuan-Chi Chen e Jay Ritter descobriram que quase todas as emissões entre US$ 20 e US$ 80 milhões pagavam taxas

FIGURA 13.6

Caráter cíclico das ofertas públicas iniciais nos Estados Unidos, (1975-2006)

O gráfico mostra o número de IPOs por ano. O número de IPOs alcançou um pico em 1996, demonstrando que as tendências relacionadas ao número de emissões são extremamente cíclicas.

Fonte: Adaptado, como cortesia de Jay R. Ritter, (http://bear.cba.ufl.edu/ritter).

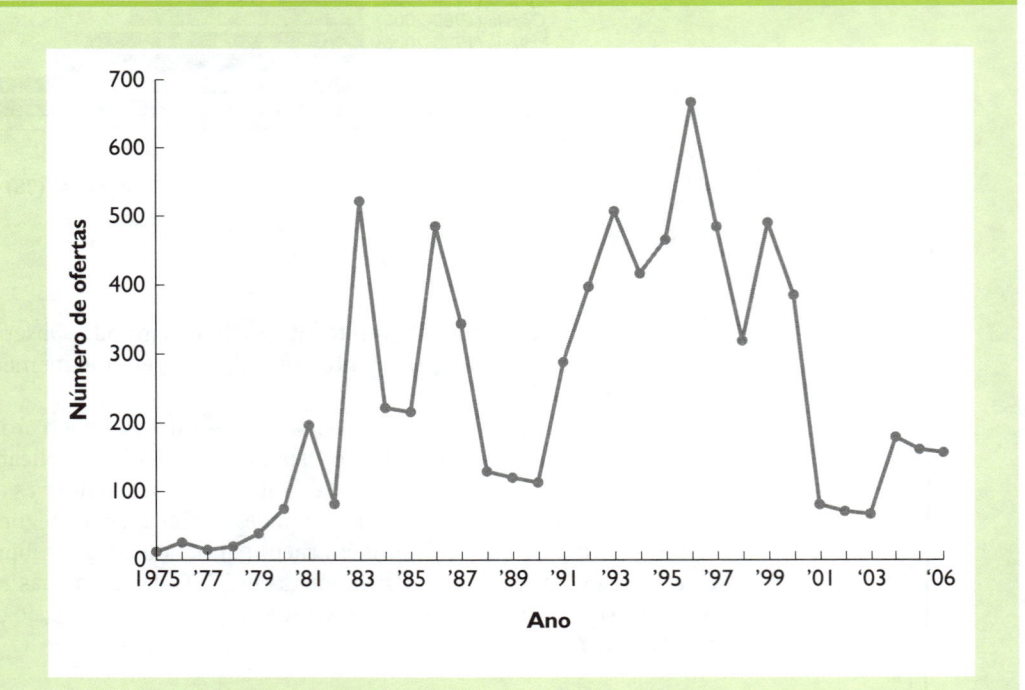

FIGURA 13.7

Custos relativos da emissão de títulos

Esta figura mostra os custos diretos totais (todos os custos de subscrição, legais e de auditoria) da emissão de títulos como porcentagem do volume de dinheiro levantado. A figura mostra os resultados das IPOs, de ofertas públicas subsequentes (SEOs), de títulos conversíveis e de títulos diretos, para emissões de diferentes tamanhos de 1990 a 1994.

Fonte: Adaptado de I. Lee, S. Lochhead, J. Ritter e Q. Zhao, "The Costs of Raising Capital", *Journal of Financial Research*, 19(1) (1996): pp. 59-74.

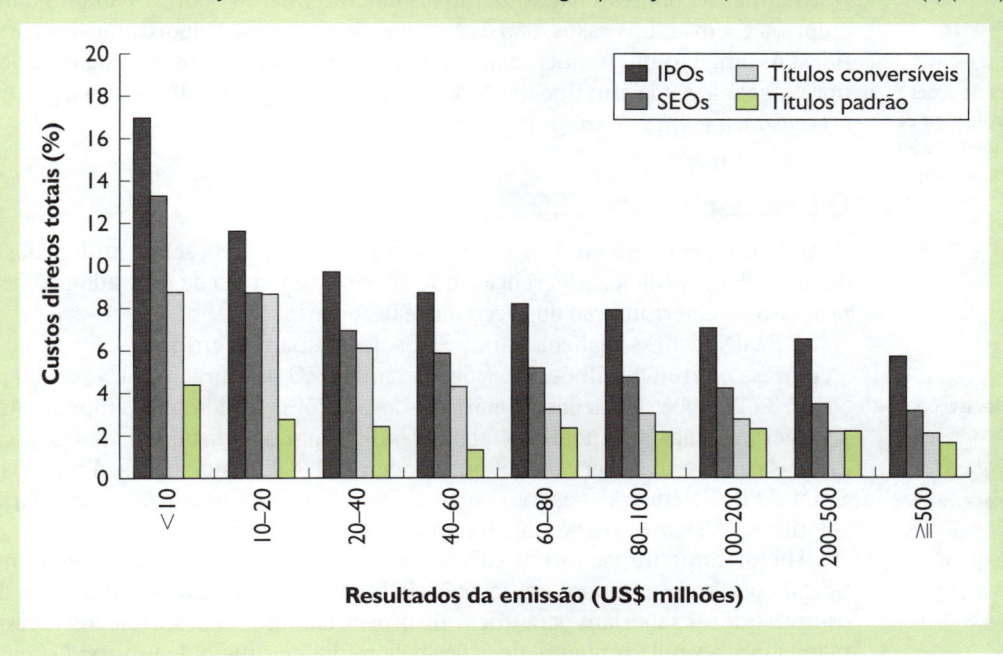

de subscrição de aproximadamente 7% (além de outros custos diretos).[13] É difícil compreender como uma emissão de US$ 20 milhões pode ser feita lucrativamente por "apenas" US$ 1,4 milhão, enquanto uma emissão de US$ 80 milhões exige o pagamento de uma taxa de US$ 5,6 milhões. Discute-se que essas taxas são mantidas artificialmente altas pelo pequeno número de "grandes" subscritoras nos Estados Unidos que sempre trabalham juntas, apesar de outros verem os 7% como um "prêmio de seguro" que pode refletir o risco maior que as subscritoras enfrentam em grandes acordos.

Subdesempenho de longo prazo de ações após uma IPO

Sabemos que as ações das IPOs geralmente têm um desempenho muito bom logo depois da oferta pública. Talvez seja surpreendente, então, que Jay Ritter tenha descoberto que empresas recém-listadas parecem ter um desempenho relativamente ruim ao longo de três a cinco anos após suas IPOs.[14] Isso cria um "mistério" relacionado a por que os investidores se dispõem a pagar tanto pelas ações quando elas começam a ser negociadas depois da IPO. Como veremos na próxima seção, o subdesempenho não é exclusivo de uma emissão pública inicial de ações: ele também é associado a emissões subsequentes. Recentemente, os pesquisadores começaram a explorar a possibilidade de que o subdesempenho talvez não resulte da emissão das ações propriamente dita, mas das condições que a motivaram. Explicaremos esta ideia mais detalhadamente na próxima seção após mostrarmos como uma empresa de capital aberto emite ações adicionais.

---

[13] Hsuan-Chi Chen and Jay R. Ritter, "The Seven Percent Solution," *Journal of Finance* 55 (3) (2000): 1105–1131.
[14] Jay R. Ritter, "The Long-Run Performance of Initial Public Offerings", *Journal of Finance* 46(1) (1991): 3-27.

Fixação de conceitos

5. Liste e discuta quatro características sobre as IPOs que consituem um "mistério".
6. Para cada uma das características, identifique sua relevância para os gerentes financeiros.

13.4 Levantando capital adicional: a oferta pública subsequente de ações

A necessidade de capital externo por parte de uma empresa raramente acaba em uma IPO. Normalmente, oportunidades lucrativas de crescimento ocorrem ao longo de toda a vida da empresa e, em alguns casos, não é exequível financiar estas oportunidades com seus lucros retidos. Assim, é muito frequente que as empresas retornem aos mercados de ações e coloquem novas ações à venda, um tipo de oferta chamado de **oferta pública subsequente de ações** (SEO, ou *seasoned equity offering*, no original).

oferta subsequente de ações (SEO) Quando uma empresa de capital aberto volta aos mercados de ações e oferece novas ações à venda.

O processo de uma SEO

Quando uma empresa emite ações utilizando uma SEO, ela segue muitos dos mesmos passos de uma IPO. A principal diferença é que já existe um preço de mercado para as ações, então, o processo de determinação do preço não é necessário.

A RealNetworks realizou várias SEOs desde sua IPO em 1997. Em 17 de junho de 1999, a empresa ofertou 4 milhões de ações em uma SEO pelo preço de US$ 58,00 por ação. Destas ações, 3.525.000 eram **ações primárias** – novas ações emitidas pela empresa. As outras 475.000 ações eram **ações secundárias** – ações vendidas por acionistas existentes, inclusive pelo fundador da empresa, Robert Glaser, que vendeu 310.000 de suas ações. A maioria do restante das SEOs da RealNetworks ocorreu entre 1999 e 2004 e incluía ações secundárias vendidas por acionistas existentes em vez de diretamente pela empresa.

ações primárias Novas ações emitidas pela empresa.

ações secundárias Ações vendidas por acionistas existentes.

Historicamente, os intermediários anunciariam a venda das ações (tanto IPOs quanto SEOs) colocando anúncios em jornais chamados de ***tombstones****. Por meio destes anúncios, os investidores saberiam para quem ligar para comprar ações. Hoje, os investidores se informam sobre a venda iminente de ações pela mídia, por meio de um *road show* ou do processo de *book building*, então esses *tombstones* são puramente cerimoniais. A Figura 13.8 mostra o anúncio *tombstone* de uma das SEOs da RealNetworks.

tombstone Anúncio no jornal em que uma subscritora anuncia uma emissão de títulos.

Existem dois tipos de ofertas subsequentes: uma oferta de subscrição em dinheiro (*cash offer*) e uma oferta de direito de preferência (*rights offer*). Em uma **oferta de subscrição em dinheiro (*cash offer*)**, a empresa oferece as novas ações a um investidor em geral. Em uma **oferta de direito de propriedade (*rights offer*)**, a empresa oferece as novas ações apenas para os acionistas existentes. Nos Estados Unidos, a maioria das ofertas é de subscrição em dinheiro, mas o mesmo não é válido internacionalmente. Por exemplo, no Reino Unido, a maior parte das ofertas subsequentes de novas ações são ofertas de direito de preferência.

oferta de subscrição em dinheiro Tipo de oferta subsequente de ações (SEO) em que uma empresa oferece as novas ações a investidores em geral.

oferta de direitos de propriedade Tipo de oferta subsequente de ações (SEO) em que uma empresa oferece as novas ações somente aos acionistas existentes.

As ofertas de direito de propriedade protegem os acionistas existentes da subprecificação. Para vermos como isso ocorre, suponhamos que uma empresa detenha US$ 100 em dinheiro e tenha 50 ações em circulação. Cada ação vale US$ 2. A empresa anuncia uma oferta de subscrição em dinheiro de 50 ações a US$ 1 por ação. Uma vez que esta oferta tenha sido concluída, a empresa terá US$ 150 em dinheiro e 100 ações em circulação. O preço por ação será agora de US$ 1,50, para refletir o fato de que as novas ações foram vendidas com desconto. Os novos acionistas, portanto, recebem inesperadamente US$ 0,50 às custas dos antigos acionistas.

Os antigos acionistas estariam protegidos se, em vez de uma oferta de subscrição em dinheiro, a empresa fizesse uma oferta de direito de propriedade. Neste caso, em vez de oferecer novas ações à venda geral, cada acionista teria o direito de comprar uma ação adicional por US$ 1 por ação. Se todos os acionistas escolhessem exercer seus direitos, então, após a venda, o valor da empresa seria o mesmo do que com a oferta de subscrição em dinheiro: valeria US$ 150 com 100 ações em circulação a um preço de US$ 1,50 por ação. Neste caso, porém, os US$ 0,50 inesperados se somam ao valor já detido pelos acionistas existentes, e contrabalançam exatamente a que-

---

*N. de T.: "*Tombstone*", em inglês, significa lápide. É o anúncio da celebração de determinado empréstimo feito por meio da imprensa. É assim chamado por se parecer com a lápide de túmulos ingleses e norte-americanos.

FIGURA 13.8

Anúncio *tombstone* de uma SEO da RealNetworks

Este *tombstone* apareceu no *The Wall Street Journal* e anunciava a participação das subscritoras nesta SEO da RealNetworks.

Fonte: Courtesy RealNetworks, Inc.

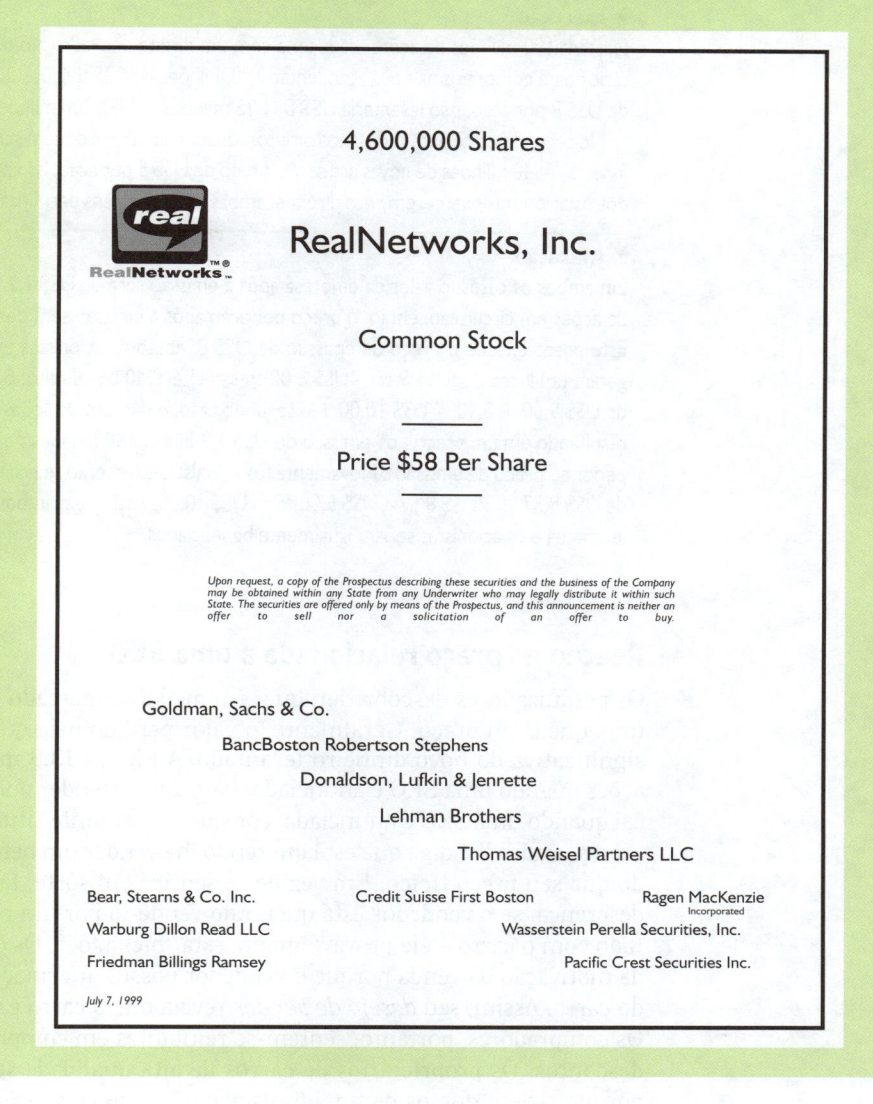

4,600,000 Shares

RealNetworks, Inc.

Common Stock

———

Price $58 Per Share

———

Upon request, a copy of the Prospectus describing these securities and the business of the Company may be obtained within any State from any Underwriter who may legally distribute it within such State. The securities are offered only by means of the Prospectus, and this announcement is neither an offer to sell nor a solicitation of an offer to buy.

Goldman, Sachs & Co.

BancBoston Robertson Stephens

Donaldson, Lufkin & Jenrette

Lehman Brothers

Thomas Weisel Partners LLC

Bear, Stearns & Co. Inc.   Credit Suisse First Boston   Ragen MacKenzie
                                                           Incorporated
Warburg Dillon Read LLC   Wasserstein Perella Securities, Inc.
Friedman Billings Ramsey   Pacific Crest Securities Inc.

July 7, 1999

---

da no preço das ações. Assim, se a gerência de uma empresa está preocupada com o fato de talvez suas ações estarem subprecificadas no mercado, ao utilizar uma oferta de direito de propriedade, a empresa pode continuar a emitir ações sem impor uma perda a seus acionistas existentes.

EXEMPLO 13.4

Levantando dinheiro com ofertas de direito de propriedade

Problema

Você é o CFO de uma empresa que atualmente vale US$ 1 bilhão. A empresa possui 100 milhões de ações em circulação, então as ações valem US$ 10 cada. Você precisa levantar US$ 200 milhões e anunciou uma emissão de direitos de propriedade. Cada acionista existente recebe um direito para cada ação que detém. Você não decidiu quantos direitos você exigirá para a compra de uma nova ação. Você exigirá ou quatro direitos para a compra de uma ação pelo preço de US$ 8 cada, ou cinco direitos para a compra de duas novas ações pelo preço de US$ 5 cada. Que abordagem levantará mais dinheiro?

Solução

▶ **Planejamento**

Para sabermos quanto dinheiro será levantado, precisamos calcular quantas ações no total seriam compradas se todos exercessem seus direitos. Então podemos multiplicar este número pelo preço por ação para calcular o valor total de capital levantado.

> **Execução**
>
> Existem 100 milhões de ações, cada uma com um direito anexado. No primeiro caso quatro direitos serão necessários para comprar uma nova ação, então 100 milhões/4 = 25 milhões de novas ações serão compradas. Ao preço de US$ 8 por ação, isso levantaria US$ 8 × 25 milhões = US$ 200 milhões.
>
> No segundo caso, para cada cinco direitos, duas novas ações podem ser compradas, assim existirão 2 × (100 milhões/5) = 40 milhões de novas ações. Ao preço de US$ 5 por ação, isso permitiria levantar US$ 200 milhões. Se todos os acionistas exercerem seus direitos, ambas as abordagens permitirão levantar a mesma quantia de dinheiro.
>
> **Avaliação**
>
> Em ambos os casos, o valor da empresa após a emissão será de US$ 1,2 bilhão. No primeiro caso, há 125 milhões de ações em circulação, então, o preço por ação após a emissão será de US$ 1,2 bilhão /125 milhões = US$ 9,60. Este preço excede o preço de emissão de US$ 8, então os acionistas exercerão seus direitos. Como exercê-los gerará um lucro de (US$ 9,60 – US$ 8,00) / 4 = US$ 0,40 por direito, o valor total por ação para cada acionista é de US$ 9,60 + 0,40 = US$ 10,00. No segundo caso, o número de ações em circulação crescerá para 140 milhões, resultando em um preço pós-emissão de US$ 1,2 bilhão/140 milhões de ações = US$ 8,57 por ação (também superior ao preço de emissão). Novamente, os acionistas exercerão seus direitos e receberão um valor total por ação de US$ 8,57 + 2(US$ 8,57 – US$ 5,00)/5 = US$ 10,00. Assim, em ambos os casos, a mesma quantia em dinheiro é levantada e os acionistas seriam igualmente beneficiados.

Reação ao preço relacionada a uma SEO

Os pesquisadores descobriram que, em média, o mercado recebe a notícia de uma SEO com uma queda no preço. Geralmente, o valor perdido pela queda no preço pode ser uma fração significativa do novo dinheiro levantado. A Figura 13.9 mostra a típica reação do preço das ações quando uma SEO é anunciada. Para compreender por que o preço de mercado das ações cai quando uma SEO é anunciada, considere a seguinte situação: suponha que um vendedor de carros usados lhe diga que está querendo lhe vender um belo carro esporte por $5.000 a menos do que seu preço típico. Em vez de se sentir com sorte, talvez sua primeira reação seja a de descrença: se o vendedor está querendo vendê-lo por um preço tão baixo, deve haver algo errado com o carro – ele provavelmente está "bichado"*. Os compradores sentem-se descrentes da motivação da venda porque o vendedor possui informações privilegiadas sobre a qualidade do carro. Assim, seu *desejo de vender* revela que o carro é provavelmente de baixa qualidade. Os compradores, portanto, sentem-se relutantes em comprar, exceto por preços com grandes descontos. Os proprietários de carros de alta qualidade sentem-se relutantes em vendê-los porque sabem que os compradores acharão que eles estão vendendo um carro "bichado" e só oferecerão preços baixos. Consequentemente, a qualidade e os preços de carros vendidos no mercado de carros usados são ambos baixos. Este princípio dos limões – de que quando a qualidade é difícil de ser avaliada, a qualidade média dos bens oferecidos à venda é baixa – é chamado de **seleção adversa**.

seleção adversa Reflete o princípio dos limões ou a ideia de que, quando a qualidade é difícil de ser avaliada, a qualidade média dos bens oferecidos à venda é baixa.

O problema dos limões é muito real para os gerentes financeiros que estão pensando em vender novas ações. Como os gerentes preocupados em proteger seus acionistas existentes tendem a vender somente a um preço que valoriza corretamente ou supervaloriza a empresa, os investidores inferem, a partir da decisão de vender, que provavelmente a empresa está supervalorizada. Consequentemente, o preço cai com o anúncio da SEO.

Assim como com as IPOs, há vários "mistérios" em torno das SEOs. Em primeiro lugar, ao oferecer uma oferta de direito de preferência, uma empresa pode mitigar o problema levando o preço a cair (como ela está oferecendo as ações diretamente a seus acionistas existentes, a empresa não beneficiará seus acionistas emitindo ações supervalorizadas). Não é claro, pelo menos nos Estados Unidos, por que as empresas não iniciam mais ofertas de direito de preferência. Em segundo lugar, assim como com as IPOs, evidências sugerem que as empresas têm

---

*N. de T.: No original, o termo utilizado é "*lemon*", ou limão, que é gíria para carro "bichado", ou com problemas visualmente imperceptíveis.

FIGURA 13.9

Reação do preço ao anúncio de uma SEO

A figura mostra a típica reação do preço das ações ao anúncio de uma SEO. Os dias estão relacionados ao dia do anúncio, então, o dia 0 é o dia do anúncio. Observe que o preço das ações está aumentando antes do anúncio – os gerentes não gostam de emitir ações quando seu preço está caindo. Observe também que as ações caem em aproximadamente 1,5% quando a SEO é anunciada e permanece relativamente plana depois disso. Os dados incluem todas as SEOs de 2004 a 2007.

Fonte: CRSP e cálculos dos autores.

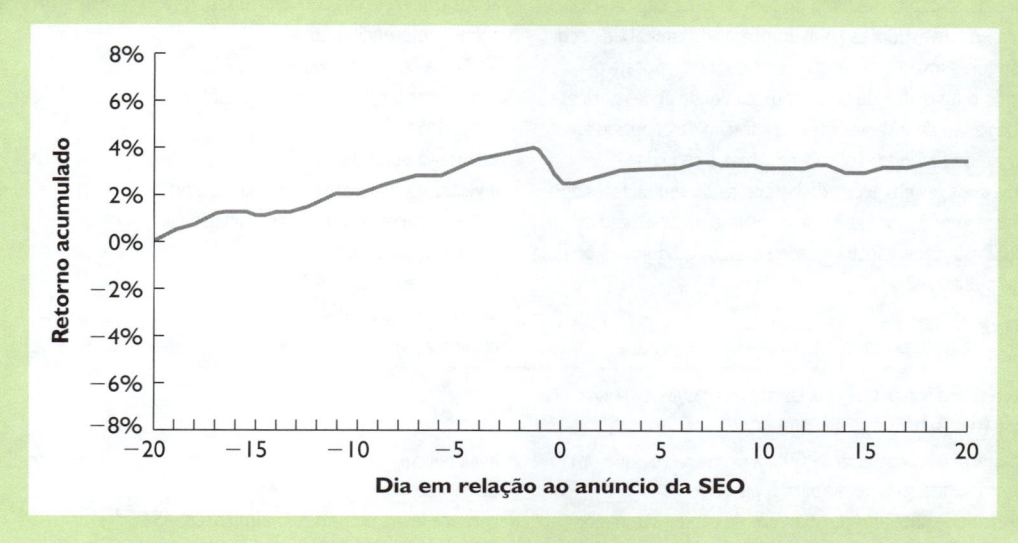

um desempenho pior após uma oferta subsequente. Este desempenho mais baixo parece sugerir que a diminuição no preço das ações não é grande o suficiente, pois um subdesempenho implica que o preço após a emissão estava alto demais.

Custos de uma SEO

Apesar de não serem tão dispendiosas quanto as IPOs, as ofertas subsequentes ainda são caras, como mostra a Figura 13.7. Além da queda no preço quando a SEO é anunciada, a empresa também tem que pagar custos diretos. As taxas de subscrição podem chegar a 5% do resultado financeiro da emissão e, assim como com as IPOs, a variação entre emissões de diferentes tamanhos é relativamente pequena. Além disso, as ofertas de direito de preferência têm custos mais baixos do que ofertas de subscrição em dinheiro.[15] Dadas as outras vantagens de uma oferta de direito de preferência, é um "mistério" por que a maioria das ofertas nos Estados Unidos é de subscrição em dinheiro. A única vantagem de uma oferta de subscrição em dinheiro é que a subscritora desempenha um papel maior e, portanto, pode atestar com credibilidade a qualidade da emissão.

Fixação de conceitos

7. Qual é a diferença entre uma oferta de subscrição em dinheiro e uma oferta de direito de preferência para uma oferta subsequente de ações?
8. Qual é a típica reação do preço das ações a uma SEO?

---

[15] No Reino Unido, Myron Slovin, Marie Sushka e Kam Wah Lai [*Journal of Financial Economics* 57 (2) (2000)] encontraram uma tarifa média de 6,1% para ofertas em dinheiro *versus* 4,6% para ofertas em direitos.

RESUMO DO CAPÍTULO

Pontos principais e equações	Termos	Oportunidades de prática online
13.1 Financiamento por emissão de ações para empresas de capital fechado ▸ Empresas de capital fechado podem levantar capital social externo de investidores anjo, empresas de capital de risco, investidores institucionais ou investidores corporativos. ▸ Quando o fundador de uma empresa vende ações para estranhos a fim de levantar capital, a fração de propriedade e controle do fundador sobre a empresa é reduzida. ▸ Os investidores em ações de empresas de capital fechado planejam vender suas ações eventualmente por meio de uma ou duas principais estratégias de saída: uma aquisição ou uma oferta pública.	ações preferenciais conversíveis, p. 447 ações preferenciais, p. 447 empresa de capital de risco, p. 444 capitalistas de risco ou *venture capitalists*, p. 445 estratégia de saída, p. 449 investidor corporativo, parceiro corporativo, parceiro estratégico, investidor estratégico, p. 446 investidores anjo, p. 444 *post-money valuation*, p. 447 *pre-money valuation*, p. 447	MyFinanceLab Study Plan 13.1
13.2 Abertura de capital de uma empresa: a oferta pública inicial ▸ Uma oferta pública inicial (IPO) é a primeira vez que uma empresa vende suas ações para o público. ▸ As principais vantagens da abertura de capital são maior liquidez e melhor acesso a capital. Desvantagens incluem exigências regulatórias e de declaração financeira e a diminuição da capacidade dos investidores de monitorar a gerência da empresa. ▸ Durante uma IPO, as ações vendidas podem representar ou uma oferta primária (se as ações estiverem sendo vendidas para levantar novo capital) ou uma oferta secundária (se as ações estiverem sendo vendidas por investidores anteriores). ▸ Uma subscritora é um banco de investimento que gerencia o processo da IPO e ajuda a empresa a vender suas ações. ▸ A subscritora líder é responsável por gerenciar a IPO. ▸ A subscritora líder forma um grupo de subscritoras, chamado de sindicato, para ajudar a vender as ações. ▸ A SEC exige que uma empresa emita uma declaração de registro antes de uma IPO. O prospecto preliminar faz parte da declaração de registro que circula entre os investidores antes de as ações serem oferecidas. Após o acordo ser concluído, a empresa emite um prospecto final. ▸ As subscritoras avaliam uma empresa antes de uma IPO utilizando técnicas de avaliação e fazendo *book building*. ▸ Ações podem ser vendidas durante uma IPO na base dos melhores esforços, como uma IPO de garantia firme ou utilizando uma IPO por leilão. O processo de garantia firme é a prática mais comum nos Estados Unidos.	*book building*, p. 453 declaração de registro, p. 451 garantia firme ou *firm commitment*, p. 454 IPO por leilão, p. 455 *lockup*, p. 454 melhores esforços, p. 455 oferta primária, p. 450 oferta pública inicial (IPO), p. 449 oferta secundária, p. 450 prospecto final, p. 451 prospecto preliminar (*red herring*), p. 451 *road show*, p. 451 sindicato, p. 450 *spread*, p. 454 subscritora, p. 450 subscritora líder, p. 450 superalocação (provisão *greenshoe*), p. 454	MyFinanceLab Study Plan 13.2

Capítulo 13 Levantando Capital Social 467

13.3 Os mistérios das IPOs

▸ Vários "mistérios" estão associados às IPOs.
1. As IPOs são subprecificadas em média.
2. Novas emissões são extremamente cíclicas.
3. Os custos de transação de uma IPO são muito altos.
4. O desempenho de longo prazo após uma IPO em média é fraco.

MyFinanceLab Study Plan 13.3

13.4 Levantando capital adicional: a oferta pública subsequente de ações

▸ Uma oferta subsequente de ações (SEO) é a venda de ações por uma empresa que já é de capital aberto.
▸ Há dois tipos de SEOs: uma oferta de subscrição em dinheiro ou *cash offer* (quando as novas ações são vendidas para investidores de maneira geral) e uma oferta de direitos de propriedade ou *rights offer* (quando as novas ações são vendidas somente para os acionistas existentes).
▸ A reação do preço das ações a uma SEO é negativa, em média.

ações primárias, p. 462
ações secundárias, p. 462
oferta de direitos de propriedade, p. 462
oferta de subscrição em dinheiro, p. 462
oferta subsequente de ações (SEO), p. 462
seleção adversa, p. 464
tombstone, p. 462

MyFinanceLab Study Plan 13.4

Questões de revisão

1. Quais são algumas das fontes alternativas das quais as empresas de capital fechado podem levantar capital social?
2. Quais são as vantagens e desvantagens para uma empresa de capital fechado de levantar dinheiro junto a um investidor corporativo?
3. Quais são as principais vantagens e desvantagens de se tornar uma empresa de capital aberto?
4. Quais são as principais diferenças entre uma IPO de garantia firme e uma IPO por leilão?
5. As subscritoras enfrentam a maior parte do risco em uma IPO de melhores esforços, em uma IPO de garantia firme ou em uma IPO por leilão?
6. Como o preço é determinado em uma IPO por leilão?
7. Por que um gerente financeiro deveria se preocupar com a subprecificação?
8. IPOs são muito cíclicas. Em alguns anos, há muitas IPOs; em outros anos, há poucas. Por que este caráter cíclico é um "mistério"?
9. Quais são as vantagens de uma oferta de direitos de preferência?
10. Quais são as vantagens para uma empresa de vender ações em uma SEO utilizando uma oferta de subscrição em dinheiro?

Problemas

Um realce em verde (■) indica problemas disponíveis no MyFinanceLab. Um asterisco (*) indica problemas com um nível de dificuldade mais alto.

Financiamento por emissão de ações para empresas de capital fechado

1. A Starware Software foi fundada no ano passado para desenvolver *software* para aplicativos de jogos. O fundador investiu inicialmente US$ 800.000 e recebeu 8 milhões de ações. A Starware

agora precisa levantar uma segunda rodada de capital e identificou um especulador que está interessado em investir. Este especulador investirá US$ 1 milhão e deseja deter 20% da empresa após o investimento estar concluído.

a. Quantas ações o especulador deve receber para acabar com 20% da empresa? Qual é o preço por ação implícito desta rodada de financiamento?
b. Qual será o valor de toda a empresa após este investimento (a *post-money valuation*)?

2. Há três anos, você fundou sua própria empresa. Você investiu US$ 100.000 de seu dinheiro e recebeu 5 milhões de ações preferenciais da Série A. Sua empresa desde então passou por três outras rodadas de financiamento.

Rodada	Preço (US$)	Número de ações
Série B	0,50	1.000.000
Série C	2,00	500.000
Série D	4,00	500.000

a. Qual é a *pre-money valuation* da rodada de financiamento da Série D?
b. Qual é a *post-money valuation* da rodada de financiamento da Série D?

3. Com base nas informações do Problema 2 (e supondo que cada ação de todas as séries de ações preferenciais seja conversível em uma ação comum), que frações da empresa cada um dos investidores das séries B, C e D possui?

4. Supondo que você detenha somente as ações preferenciais da Série A do Problema 2 (e que cada ação de todas as séries de ações preferenciais seja conversível em uma ação comum), que porcentagem da empresa você possui após a última rodada de financiamento?

Abertura de capital de uma empresa: a oferta pública inicial

5. A Roundtree Software está abrindo seu capital utilizando uma IPO por leilão. A empresa recebeu as seguintes ofertas:

Preço (US$)	Número de ações
14,00	100.000
13,80	200.000
13,60	500.000
13,40	1.000.000
13,20	1.200.000
13,00	800.000
12,80	400.000

Supondo que a Roundtree gostaria de vender 1,8 milhão de ações em sua IPO, qual será o preço de oferta vencedor?

6. Se a Roundtree do Problema 5 decidir emitir 500.000 ações a mais (somando um total de 2,3 milhões de ações), que valor total de dinheiro ela levantará?

7. Há três anos, você fundou a Outdoor Recreation, Inc., uma varejista especializada na venda de equipamentos e de vestuário para atividades recreacionais como camping, esqui e caminhada. Até o presente momento, sua empresa passou por três rodadas de financiamento:

Rodada	Data	Investidor	Ações	Preço das ações ($)
Série A	fev 2005	você	500.000	1,00
Série B	ago 2006	investidores anjo	1.000.000	2,00
Série C	set 2007	capitalistas de risco	2.000.000	3,50

Estamos em 2008 e você precisa levantar capital extra para expandir seus negócios. Você decidiu abrir o capital de sua empresa por meio de uma IPO. Você gostaria de emitir outras 6,5 milhões de ações por meio desta IPO. Supondo que sua empresa concluirá esta IPO com êxito, você prevê que o lucro líquido de 2008 será de US$ 7,5 milhões.

a. Seu banqueiro de investimento o aconselha que os preços de outras IPOs recentes foram determinados de modo que os índices preço/lucro baseados nas receitas previstas para 2008 tenham uma média de 20,0. Supondo que sua IPO seja determinada a um preço que implique em um múltiplo similar, qual será o preço por ação de sua IPO?
b. Que porcentagem da empresa você possuirá após a IPO?

8. A Margoles Publishing concluiu recentemente sua IPO. As ações foram oferecidas pelo preço de US$ 14,00 por ação. No primeiro dia de negociações, as ações fecharam a US$ 19,00 por ação.
    a. Qual foi o retorno inicial da Margoles?
    b. Quem se beneficiou com esta subprecificação? Quem perdeu, e por quê?

9. Se a Margoles Publishing do Problema 8 pagou um *spread* de subscrição de 7% por sua IPO e vendeu 10 milhões de ações, qual foi o custo total (excluindo a subprecificação) de sua abertura de capital?

10. A Chen Brothers, Inc. vendeu 4 milhões de ações em sua IPO pelo preço de US$ 18,50 por ação. A gerência negociou uma taxa (o *spread* da subscrição) de 7% sobre esta transação. Qual foi o custo em dólar desta transação?

11. Sua empresa está vendendo 3 milhões de ações em uma IPO. Você determinou um preço de oferta de US$ 17,25 por ação. Suas subscritoras propuseram um *spread* de 7%, mas você gostaria de baixá-lo para 5%. Entretanto, você está preocupado com a possibilidade de que se você o fizer, eles discutam por um preço de oferta mais baixo. Dadas as economias potenciais de um *spread* mais baixo, quanto mais o preço de oferta pode baixar antes que você ache que teria valido mais a pena ter pago 7% para receber US$ 17,25 por ação?

Utilize as informações a seguir para os Problemas 12 a 14: a empresa que você fundou atualmente tem 12 milhões de ações, das quais você possui 7 milhões. Você está considerando uma IPO na qual você venderia 2 milhões de ações a US$ 20 cada.

12. Se todas as ações vendidas são primárias, quanto a empresa levantará? Qual será sua porcentagem de participação na propriedade da empresa após a IPO?

13. Se todas as ações vendidas são de suas posses, quanto a empresa levantará? Qual será sua porcentagem de participação na propriedade da empresa após a IPO?

14. Qual é o número máximo de ações secundárias que você poderia vender e ainda reter mais de 50% da propriedade da empresa? Quanto a empresa levantaria neste caso?

Levantando capital adicional: a oferta pública subsequente de ações

15. Em 20 de janeiro, a Metropolitan, Inc. vendeu 8 milhões de ações em uma SEO. O preço de mercado corrente da Metropolitan na época era de US$ 42,50 por ação. Das 8 milhões de ações vendidas, 5 milhões eram ações primárias sendo vendidas pela empresa e as 3 milhões restantes estavam sendo vendidas pelos investidores em capital de risco. Suponha que a subscritora cobre 5% dos resultados brutos como taxa de subscrição.
    a. Quanto a Metropolitan levantou em dinheiro?
    b. Quanto os capitalistas de risco receberam?
    c. Se o preço das ações caísse 3% depois do anúncio da SEO e as novas ações fossem vendidas a esse preço, quanto em dinheiro a Metropolitan receberia?

*16. As ações da Foster Enterprises estão sendo negociadas a US$ 50 por ação e atualmente há 10 milhões de ações em circulação. A empresa gostaria de levantar US$ 100 milhões. Se sua subscritora cobrar 5% dos resultados financeiros brutos:
    a. Quantas ações ela terá que vender?
    b. Se a empresa espera que o preço das ações caia em 2% após o anúncio da SEO, quantas ações ela deve planejar vender?
    c. Se todas as ações são primárias e são vendidas a novos investidores, que porcentagem de redução na propriedade todos os acionistas existentes sofrerão?

17. A MacKenzie Corporation possui atualmente 10 milhões de ações em circulação a um preço de US$ 40 por ação. A empresa gostaria de levantar dinheiro e anunciou uma emissão de direitos de propriedade. Cada acionista existente receberá um direito por ação que possuir. A empresa planeja exigir dez direitos para a compra de uma ação pelo preço de US$ 40 por ação. Quanto em dinheiro ela levantará?

14 Financiamento por Dívida

OBJETIVOS DE APRENDIZAGEM

- Identificar diferentes tipos de financiamento por dívida disponíveis para uma empresa
- Compreender limites dentro dos contratos de título de dívida que protegem os interesses dos portadores de títulos de dívida
- Descrever as várias opções disponíveis para as empresas para o pagamento antecipado de dívidas

notação

YTC	rentabilidade até o resgate de um título de dívida resgatável
YTM	rentabilidade até o vencimento de um título de dívida
PV	valor presente

ENTREVISTA COM Bryan Milner, Wells Fargo Foothill

"As empresas têm muitas fontes de empréstimos", diz Bryan Milner, vice-presidente assistente da Wells Fargo Foothill, em Dallas. Sua principal responsabilidade é encontrar novas oportunidades de empréstimos para a Wells Fargo Foothill, que fornece financiamentos com garantia de curto e longo prazo que variam de US$ 10 milhões a US$ 1 bilhão para empresas em diversos setores.

Bryan concluiu seu bacharelado em finanças pela University of North Texas em 2000 e seu MBA pela Southern Methodist University em 2004. "Meus estudos de finanças me ajudaram a desenvolver uma abordagem disciplinada à análise financeira e à solução de problemas, e me deram os fundamentos teóricos para tomar boas decisões" diz ele. "As habilidades técnicas que aprendi me ajudam a avaliar as demonstrações contábeis de uma empresa e seus fluxos de caixa *pro forma* para avaliar o risco de inadimplência da empresa emissora".

Escolher o empréstimo mais adequado depende da situação atual da empresa, o que ela fará com o resultado financeiro do empréstimo e como ela planeja repagá-lo. "Ao estruturar transações de dívida, os credores tipicamente tentam "casar" o prazo de financiamento com a necessidade do empréstimo", diz Bryan. "Uma empresa que está comprando uma nova fábrica que planeja utilizar por 20 anos buscaria financiamentos de longo prazo. Se a mesma empresa precisasse financiar estoques que espera vender durante o verão, ela buscaria financiamentos de curto prazo".

Muitos dos empréstimos da Wells Fargo Foothill são empréstimos de curto prazo para ajudar uma empresa a gerenciar déficits de capital de giro quando os passivos que vencem no curto prazo excedem o dinheiro em caixa e os pagamentos esperados de contas a receber da empresa. "Este tipo de facilidade de crédito é garantido por uma penhora de ativos da empresa como contas a receber e estoque", explica Bryan. "É particularmente atraente para as empresas operarem em um negócio sazonal, como fabricantes de brinquedos, que exigem dinheiro em caixa para comprar estoque durante todo o ano, mas não vendem a maior parte dele até dezembro".

Diversos fatores entram em jogo ao determinarmos taxas de juros sobre esses e outros empréstimos. "Na teoria, a taxa de juros sobre um empréstimo é determinada por seu risco: quanto maior o risco de a empresa não pagar o empréstimo, maior a taxa de juros", diz Bryan. "Na prática, a concorrência, oportunidades de vender outros serviços bancários e relações pessoais também influenciam na precificação".

Southern Methodist University, 2004

"Meus estudos de finanças me ajudaram a desenvolver uma abordagem disciplinada à análise financeira e à solução de problemas".

No Capítulo 13, discutimos o processo utilizado por uma empresa para levantar capital, a começar pelos investidores anjo para uma jovem empresa de capital fechado e chegando nas ofertas de ações subsequentes para uma empresa estabelecida de capital aberto. Observamos que cada rodada de novos financiamentos por emissão de ações dilui a propriedade da empresa nas mãos de seu fundador. Uma fonte alternativa de financiamento é tomar o dinheiro emprestado – financiamento por dívida. Na verdade, o endividamento é a mais importante fonte de financiamento; as empresas norte-americanas tinham mais de US$ 10,1 *trilhões* em dívidas pendentes no final de 2007, tendo tomado emprestado mais de US$ 1 trilhão apenas em 2007. Apesar de o financiamento por dívida não diluir a propriedade da empresa, a desvantagem é que os empréstimos têm que ser pagos. Isto é, a empresa é legalmente obrigada a fazer pagamentos de juros e do principal sobre sua dívida. Se deixar de fazê-lo, ela estará sendo inadimplente e pode ser forçada à falência. Discutiremos as vantagens e desvantagens do financiamento por endividamento *versus* por emissão de ações no próximo capítulo, "Estrutura de Capital". Aqui, focalizamos no processo de financiamento de parte da empresa com dívida e nos elementos da dívida corporativa.

Em meados de 2005, a Ford Motor Company decidiu levar uma de suas subsidiárias, a Hertz Corporation, a leilão competitivo. No dia 13 de setembro de 2005, o Wall Street Journal publicou que um grupo de investidores privados liderados pela Clayton, Dubilier & Rice (CDR), uma empresa de *private equity*, tinha fechado um acordo com a Ford para comprar as ações em circulação da Hertz por US$ 5,6 bilhões. Além disso, a Hertz tinha US$ 9,1 bilhões em dívidas existentes que precisavam ser refinanciadas como parte do acordo. A CDR planejava financiar a transação em parte levantando mais de US$ 11 bilhões em novas dívidas. Examinaremos os detalhes desta transação ao longo deste capítulo para ilustrar o financiamento por dívida.

Quando as empresas levantam capital emitindo dívida, elas têm várias fontes potenciais de onde buscar fundos. Para concluir a aquisição da Hertz, o grupo liderado pela CDR dependia de pelo menos quatro tipos de dívida: títulos de dívida de alta rentabilidade denominados em moedas doméstica e estrangeiras, empréstimos bancários e títulos garantidos por ativos. Além disso, a emissão de cada dívida possui seus termos específicos determinados na época da emissão. Aprofundando a discussão sobre avaliação de títulos de dívida do Capítulo 6, começaremos nossa exploração de financiamento por dívida explicando o processo de emitir dívida e os tipos de dívida disponíveis para as empresas. Continuaremos discutindo as restrições sobre ações de empresas no acordo da dívida. Finalmente, abordaremos alguns dos elementos mais avançados dos títulos de dívida, como a provisão de resgate.

14.1 Dívida das empresas

A dívida das empresas pode ser dívida privada, que é negociada diretamente com um banco ou pequeno grupo de investidores, ou dívida pública, que é negociada em um mercado público. Como veremos, o exemplo da Hertz descrito na introdução incluía ambos os tipos.

Dívida privada

O primeiro financiamento por dívida que muitas empresas jovens fazem é um empréstimo bancário. Entretanto, mesmo empresas muito grandes e estabelecidas utilizam empréstimos bancários como parte de seu financiamento por dívida. Empréstimos bancários são um exemplo de **dívida privada**, dívida que não é negociada publicamente. O mercado de dívida privada é maior do que o mercado de dívida pública. A dívida privada tem a vantagem de evitar o custo e a demora do registro junto à U.S. Securities and Exchange Commission (SEC). A desvantagem é que como ela não é negociada publicamente, ela é ilíquida, o que significa que é mais difícil para um portador de títulos de dívida privada de uma empresa vendê-los no momento em que lhe for conveniente.

dívida privada Dívida que não é negociada na bolsa de valores.

Há vários segmentos no mercado de dívida privada: *Empréstimos bancários* (*empréstimos a prazo e linhas de crédito*) e *colocações privadas*.

empréstimo a prazo Empréstimo bancário que dura por determinado prazo.

Empréstimos bancários. Um **empréstimo a prazo** é um empréstimo bancário que dura por um prazo específico. Quando um único empréstimo é financiado por um grupo de bancos em

Financiamento por dívida na Hertz: empréstimos bancários

Como parte da transação com a CDR, a Hertz tomou mais de US$ 2 bilhões em empréstimos bancários. A Hertz negociou um empréstimo bancário sindicalizado de US$ 1,7 bilhão com um prazo de sete anos. O Deutsche Bank AG negociou o empréstimo e então vendeu porções dele a outros bancos – em sua maioria bancos regionais menores que tinham dinheiro em excesso, mas que não tinham os recursos para negociar um empréstimo desta magnitude sozinhos. Além do empréstimo a prazo, a Hertz negociou uma linha de crédito rotativa garantida por ativos (por cinco anos e US$ 1,6 bilhão), que ela poderia utilizar conforme necessário. O saque inicial da Hertz na linha de crédito foi de US$ 400 milhões.

---

empréstimo bancário sindicalizado Um único empréstimo que é financiado por um grupo de bancos em vez de por um único banco.

linha de crédito rotativa Compromisso de crédito por determinado período de tempo, normalmente de dois a três anos, que uma empresa pode utilizar quando for necessário.

linha de crédito garantida por ativos Tipo de compromisso de crédito onde o mutuário garante uma linha de crédito penhorando um ativo como colateral.

colocação privada Emissão de títulos de dívida que não é negociada em um mercado público, mas sim vendida a um pequeno grupo de investidores.

vez de por um único banco, ele é chamado de **empréstimo bancário sindicalizado**. Normalmente, um membro do sindicato (o banco líder) negocia os prazos do empréstimo bancário. Muitas empresas estabelecem uma **linha de crédito rotativa**, um compromisso de crédito por um período específico até determinado limite, tipicamente de dois a três anos, que uma empresa pode utilizar como necessário. Uma empresa pode conseguir uma linha de crédito maior ou uma taxa de juros mais baixa se garantir a linha de crédito penhorando um ativo como colateral. Tal linha de crédito é chamada de **linha de crédito garantida por ativos**.

Colocações privadas. Lembre-se, do Capítulo 6, que os títulos de dívida corporativos são títulos emitidos por empresas. Eles representam uma quantidade significativa de capital investido. No final de 2006, o valor dos títulos de dívida corporativos norte-americanos em circulação era de aproximadamente US$ 5,5 trilhões. Os títulos de dívida podem ser emitidos publicamente ou podem-se fazer colocações privadas. Uma **colocação privada** é uma emissão de títulos de dívida que não é negociável em um mercado público, mas, em vez disso, é vendida a um pequeno grupo de investidores. Como uma colocação privada não precisa ser registrada, é menos dispendiosa de emitir e geralmente uma simples nota promissória é suficiente. Dívidas de colocação privada também não precisam estar em conformidade com os mesmos padrões que a dívida pública; consequentemente, podem ser adaptadas a cada situação específica.

Em 1990, a SEC emitiu a Regra 144A, que aumentou significativamente a liquidez de certas dívidas de colocação privada. Dívidas privadas emitidas sob esta regra podem ser negociadas por grandes instituições financeiras entre si. A regra foi motivada por um desejo de aumentar o acesso a corporações estrangeiras aos mercados de dívida norte-americanos. Os títulos de dívida emitidos sob esta regra são nominalmente dívida privada, mas como eles são negociáveis entre instituições financeiras, eles são apenas levemente menos líquidos do que as dívidas públicas. Muitas empresas emitem títulos de dívida sob a Regra 144A com a promessa explícita de registrar a dívida publicamente dentro de certo período de tempo. A vantagem desta abordagem ao financiamento por dívida é que as empresas podem levantar capital rapidamente e então levar o tempo necessário para cumprir todas as exigências de arquivamento.

Dívida pública

O prospecto. Uma emissão de títulos de dívidas públicas é similar a uma emissão de ações. Um prospecto ou memorando de oferta tem que ser produzido descrevendo os detalhes da oferta

---

Financiamento por dívida na Hertz: colocações privadas

A Hertz fez uma colocação privada de outros US$ 4,2 bilhões de títulos garantidos por ativos norte-americanos e US$ 2,1 bilhões em títulos garantidos por ativos internacionais. Neste caso, os ativos que servem de garantia para a dívida eram a frota de carros de aluguel que a Hertz possuía; logo, esta dívida foi chamada de "dívida da frota".

A Hertz tinha outros US$ 2,7 bilhões em uma emissão de títulos de dívida que ela emitira sob a Regra 144A. Como parte da oferta, a empresa concordou em registrar os títulos de dívida publicamente dentro de 390 dias.* Como a dívida foi colocada no mercado e vendida com o compromisso de que se tornaria uma dívida pública, classificamos essa emissão como dívida pública.

*Se a Hertz não cumprisse este compromisso, a taxa de juros sobre todos os títulos de dívida em circulação aumentaria em 0,5%.

escritura Incluída em um prospecto, é um contrato formal entre a emissora de um título de dívida e uma companhia fiduciária, que representa os interesses dos portadores de títulos de dívida.

título de dívida com desconto de emissão original (OID) Descreve um título de cupom que é emitido com um desconto.

dívida sem garantias Tipo de dívida corporativa que, no caso de falência, fornece aos portadores de títulos de dívida o direito a somente os ativos da empresa que já não foram penhorados como colateral em outra dívida.

notas Tipo de dívida corporativa sem garantias. As notas tipicamente são títulos de cupom com vencimentos de menos de 10 anos.

debêntures Tipo de dívida corporativa sem garantia com vencimentos de dez anos ou mais.

dívida com garantia Tipo de empréstimo corporativo ou título de dívida em que ativos específicos são penhorados como colateral de uma empresa aos quais os portadores de títulos de dívida têm direito no caso de uma falência.

títulos hipotecários Tipo de dívida corporativa com garantias no qual imóveis são penhorados como colateral.

títulos de dívida garantidos por ativos Tipo de dívida corporativa garantida, na qual ativos específicos são penhorados como colateral.

tranches Diferentes classes de títulos que compreendem uma única emissão de títulos de dívida.

prioridade (seniority) A prioridade do portador de um título de dívida ao exigir direitos a ativos que já não estejam servindo de garantia para outra dívida.

debênture subordinada Emissão de debêntures que tem uma prioridade mais baixa aos ativos de uma empresa do que outras dívidas pendentes.

(Figura 14.1). Além disso, para ofertas públicas, o prospecto tem que incluir uma **escritura**, um contrato formal que especifica as obrigações da empresa aos portadores de títulos de dívida. Este contrato é, na verdade, firmado entre o emissor dos títulos de dívida e uma empresa fiduciária que representa os portadores do título de dívida e garante que os termos da escritura sejam cumpridos. No caso de inadimplência, a companhia fiduciária representa os interesses dos portadores de títulos de dívida.

Apesar de os títulos corporativos quase sempre pagarem cupons semestralmente, algumas corporações (por exemplo, a Coca-Cola) emitiram títulos de dívida de cupom zero. Os títulos de dívida corporativos historicamente têm sido emitidos com uma grande variedade de vencimentos. A maioria deles tem vencimentos de 30 anos ou menos, apesar de que, no passado, havia vencimentos originais de até 999 anos. Em julho de 1993, por exemplo, a Walt Disney Company emitiu US$ 150 milhões em títulos de dívida com um vencimento de 100 anos; estes títulos se tornaram conhecidos como títulos de dívida "Bela Adormecida".

O valor de face da quantia principal do título de dívida é denominado em incrementos padrão, geralmente de US$ 1.000. O valor de face nem sempre corresponde ao valor levantado em dinheiro devido a taxas de subscrição e à possibilidade de que o título possa realmente não ser vendido por seu valor de face quando for inicialmente oferecido à venda. Se um título de dívida de cupom é emitido com um desconto, ele é chamado de **título de dívida com desconto de emissão original** (**OID** ou *original issue discount*, no original).

Dívida corporativa com ou sem garantia. Quatro tipos de dívida corporativa são geralmente emitidos: *notas*, *debêntures*, *títulos hipotecários* e *títulos garantidos por ativos* (Tabela 14.1). Esses tipos de dívida são classificados em duas categorias: *dívidas sem garantia* e *dívidas com garantia*. Com **dívida sem garantia**, no caso de uma falência, os portadores dos títulos têm direito somente aos ativos da empresa que já não tiverem sido prometidos como colateral em outra dívida. As **notas** são um tipo de dívida sem garantia, tipicamente com vencimentos de menos de dez anos, e as **debêntures** são um tipo de dívida sem garantia com vencimentos de dez anos ou mais. Com **dívida com garantia**, ativos específicos são penhorados como colateral aos quais os portadores dos títulos de dívida têm direito no caso de uma falência. Os **títulos hipotecários** são garantidos por imóveis, enquanto que os **títulos garantidos por ativos** podem ser garantidos por qualquer tipo de ativo. Apesar de o termo "título de dívida" ser normalmente utilizado para qualquer tipo de título de dívidas, com ou sem garantia, tecnicamente, um título de dívida corporativo tem que ter garantia.

Prioridade (*seniority*). Lembremos que as debêntures e as notas não têm garantias. Como mais de uma debênture pode estar em circulação, a prioridade dos direitos do titular de dívida no caso de inadimplência, chamada de **prioridade (*seniority*)**, é importante. Consequentemente, a maioria das emissões de debêntures contém cláusulas que restringem a empresa de emitir novas dívidas com prioridade maior ou igual à da dívida existente.

Quando uma empresa realiza uma emissão de debênture posterior que tem prioridade menor do que sua dívida em circulação, a nova dívida é conhecida como **debênture subordinada**. No caso de inadimplência, os ativos não prometidos como colateral para títulos em circulação

TABELA 14.1 Tipos de dívida corporativa

Com garantia	Sem garantia
Títulos hipotecários (garantidos por imóveis)	Notas (vencimento original de menos de dez anos)
Títulos de dívida garantidos por ativos (garantidos por qualquer ativo)	Debêntures

FIGURA 14.1

Capa do memorando de oferta da emissão dos títulos de especulação da Hertz

Fonte: Cortesia da Hertz Corporation.

OFFERING MEMORANDUM   CONFIDENTIAL

Hertz

CCMG Acquisition Corporation
to be merged with and into The Hertz Corporation
$1,800,000,000 8.875% Senior Notes due 2014
$600,000,000 10.5% Senior Subordinated Notes due 2016
€225,000,000 7.875% Senior Notes due 2014

The Company is offering $1,800,000,000 aggregate principal amount of its 8.875% Senior Notes due 2014 (the "Senior Dollar Notes"), $600,000,000 aggregate principal amount of its 10.5% Senior Subordinated Notes due 2016 (the "Senior Subordinated Notes") and, together with the Senior Dollar Notes, the "Dollar Notes"), and €225,000,000 aggregate principal amount of its 7.875% Senior Notes due 2014 (the "Senior Euro Notes"). The Senior Dollar Notes and the Senior Euro Notes are collectively referred to as the "Senior Notes," and the Dollar Notes and the Senior Euro Notes are collectively referred to as the "Notes."

The Senior Notes will mature on January 1, 2014 and the Senior Subordinated Notes will mature on January 1, 2016. Interest on the Notes will accrue from December 21, 2005. We will pay interest on the Notes on January 1 and July 1 of each year, commencing July 1, 2006.

We have the option to redeem all or a portion of the Senior Notes and the Senior Subordinated Notes at any time (1) before January 1, 2010 and January 1, 2011, respectively, at a redemption price equal to 100% of their principal amount plus the applicable make-whole premium set forth in this offering memorandum and (2) on or after January 1, 2010 and January 1, 2011, respectively, at the redemption prices set forth in this offering memorandum. In addition, on or before January 1, 2009, we may, on one or more occasions, apply funds equal to the proceeds from one or more equity offerings to redeem up to 35% of each series of Notes at the redemption prices set forth in this offering memorandum. If we undergo a change of control or sell certain of our assets, we may be required to offer to purchase Notes from holders.

The Senior Notes will be senior unsecured obligations and will rank equally with all of our senior unsecured indebtedness. The Senior Subordinated Notes will be unsecured obligations and subordinated in right of payment to all of our existing and future senior indebtedness. Each of our domestic subsidiaries that guarantees specified bank indebtedness will guarantee the Senior Notes with guarantees that will rank equally with all of the senior unsecured indebtedness of such subsidiaries and the Senior Subordinated Notes with guarantees that will be unsecured and subordinated in right of payment to all existing and future senior indebtedness of such subsidiaries.

We have agreed to make an offer to exchange the Notes for registered, publicly tradable notes that have substantially identical terms as the Notes. The Dollar Notes are expected to be eligible for trading in the Private Offering, Resale and Trading Automated Linkages (PORTAL℠) market. This offering memorandum includes additional information on the terms of the Notes, including redemption and repurchase prices, covenants and transfer restrictions.

Investing in the Notes involves a high degree of risk. See "Risk Factors" beginning on page 23.

We have not registered the Notes under the federal securities laws of the United States or the securities laws of any other jurisdiction. The Initial Purchasers named below are offering the Notes only to qualified institutional buyers under Rule 144A and to persons outside the United States under Regulation S. See "Notice to Investors" for additional information about eligible offerees and transfer restrictions.

Price for each series of Notes: 100%

We expect that (i) delivery of the Dollar Notes will be made to investors in book-entry form through the facilities of The Depository Trust Company on or about December 21, 2005 and (ii) delivery of the Senior Euro Notes will be made to investors in book-entry form through the facilities of the Euroclear System and Clearstream Banking, S.A. on or about December 21, 2005.

Joint Book-Running Managers

Deutsche Bank Securities		**Lehman Brothers**
Merrill Lynch & Co.	**Goldman, Sachs & Co.**	**JPMorgan**

Co-Lead Managers

| **BNP PARIBAS** | **RBS Greenwich Capital** | **Calyon** |

The date of this offering memorandum is December 15, 2005.

Financiamento por dívida na Hertz: dívida pública

Como parte do financiamento da transação, a Hertz planejou emitir US$ 2,7 bilhões em dívida sem garantia – neste caso, notas de alta rentabilidade conhecidas como títulos de especulação. Lembre-se, do Capítulo 6, que títulos classificados abaixo do grau de investimento são chamados de títulos de especulação. Além disso, lembre-se de que empresas como a Standard & Poor's e a Moody's classificam a solvência dos títulos de dívida e disponibilizam essas informações para os investidores (ver Tabela 6.6 para classificações específicas). A emissão de alta rentabilidade da transação da Hertz foi dividida em três tipos de dívida ou *tranches*, diferentes classes de títulos compreendendo uma única emissão de títulos de dívida e pagas a partir da mesma fonte de fluxo de caixa (ver Tabela 14.2), todos os quais com pagamentos de cupons semestrais e emitidos ao par. O maior *tranche* foi uma nota com valor de face de US$ 1,8 bilhão com vencimento em oito anos. Este *tranche* pagava um cupom de 8,875%, que na época representava um *spread* de 4,45% em relação aos títulos do Tesouro.

não podem ser utilizados para quitar a dívida das debêntures subordinadas junto aos titulares de dívida até que toda a dívida de maior prioridade tenha sido quitada. No caso da Hertz, uma *tranche* da emissão de títulos de especulação é uma nota que é subordinada às outras duas *tranches*. No caso de falência, esta nota terá uma prioridade mais baixa sobre os ativos da empresa. Como os titulares deste *tranche* provavelmente receberão menos se a Hertz for inadimplente, a rentabilidade sobre esta dívida é maior do que a das outras *tranches* – 10,5%, comparados aos 8,875% da primeira *tranche*.

Mercados de títulos de dívida internacionais A segunda *tranche* da emissão dos títulos de especulação da Hertz é uma nota denominada em euros em vez de em dólares norte-americanos – é um título de dívida internacional. Os títulos de dívidas internacionais são classificados em quatro categorias amplas.

títulos de dívida domésticos
Títulos de dívida emitidos por uma entidade local e negociados em um mercado local, mas comprados por estrangeiros.

títulos de dívida estrangeiros
Títulos emitidos por uma empresa estrangeira em um mercado local e destinados a investidores locais. Também são denominados na moeda local.

Eurobonds Títulos de dívida internacionais que não são denominados na moeda local do país em que são emitidos.

1. **Títulos de dívida domésticos** são títulos emitidos por uma entidade local e negociados em um mercado local, mas comprados por estrangeiros. São denominados na moeda local do país em que são emitidos.
2. **Títulos de dívida estrangeiros** são títulos emitidos por uma empresa estrangeira em um mercado local e são destinados a investidores locais. Também são denominados na moeda local. Os títulos de dívida estrangeiros nos Estados Unidos também são chamados de títulos de dívida Yankee. Em outros países, os títulos de dívida estrangeiros também têm nomes especiais. Por exemplo, no Japão são chamados de títulos de dívida Samurai; no Reino Unido são chamados de *Bulldogs*.
3. **Eurobonds** são títulos internacionais que não são denominados na moeda local do país em que são emitidos. Consequentemente, não há conexão entre o local físico do mercado em que eles são negociados e o local da entidade emissora. É possível denominá-los em qualquer número de moedas que podem ou não estar conectadas ao

TABELA 14.2 Emissões de títulos especulativos da Hertz em dezembro de 2005

	Tranche 1: nota sênior denominada em dólar	*Tranche* 2: nota sênior denominada em euro	*Tranche* 3: nota subordinada denominada em dólar
Valor de face	US$ 1,8 bilhão	€225 milhões	US$ 600 milhões
Vencimento	1° de dezembro de 2014	1° de dezembro de 2014	1° de dezembro de 2016
Cupom	8,875%	7,875%	10,5%
Preço de emissão	Ao par	Ao par	Ao par
Rentabilidade	8,875%	7,875%	10,5%
Classificação Standard and Poor's	B	B	B
Moody's	B1	B1	B3
Fitch	BB-	BB-	B+

títulos de dívida globais Títulos que são oferecidos à venda em vários mercados simultaneamente.

local da emissora. A negociação destes títulos não está sujeita às regulamentações de algum país.

4. Os **títulos de dívida globais** combinam os elementos dos títulos domésticos, estrangeiros e dos *Eurobonds*, e são oferecidos à venda em vários mercados simultaneamente. Ao contrário dos Eurobonds, os títulos de dívida globais podem ser oferecidos à venda na mesma moeda do país da emissão. A emissão dos títulos especulativos da Hertz são um exemplo de uma emissão de títulos de dívida globais: foram oferecidos simultaneamente para a venda nos Estados Unidos e na Europa.

Um título que faz seus pagamentos em uma moeda estrangeira contém o risco de deter tal moeda e, portanto, é precificado a partir das rentabilidades de títulos similares naquela moeda. Logo, a nota denominada em euro da emissão de títulos de especulação da Hertz possui uma rentabilidade diferente da nota denominada em dólar, apesar de ambos os títulos de dívida terem a mesma prioridade e o mesmo vencimento. Embora tenham o mesmo risco de inadimplência, diferem no risco de sua taxa cambial – o risco de que a moeda estrangeira sofra depreciação em valor em relação à moeda local. (Para uma discussão mais aprofundada sobre taxas cambiais, ver Capítulo 22).

A Tabela 14.3 resume a dívida da Hertz após a transação LBO. Aproximadamente US$ 2,7 bilhões do total de US$ 11,1 bilhões era de dívida pública e o resto era dívida privada que consistia em um empréstimo a prazo, uma linha de crédito rotativa, e a dívida de frota. Tanto a dívida de frota quanto a linha de crédito eram garantidas por ativos específicos da empresa.

Fixação de conceitos

1. Liste os quatro tipos de dívida pública corporativa que são geralmente emitidas.
2. Quais são as quatro categorias dos títulos de dívida internacionais?

14.2 Cláusulas de títulos

cláusulas restritivas Cláusulas restritivas em um contrato de título de dívida que limita a posibilidade dos emissores de reduzir sua capacidade de repagar os títulos de dívida.

Agora que estabelecemos os principais tipos de dívida, estamos preparados para nos aprofundarmos nas provisões do contrato dos títulos de dívida. As **cláusulas de títulos** são cláusulas restritivas de um contrato de título de dívida que limitam o emissor de agir de forma que possa reduzir sua capacidade de pagar os títulos. Por que as cláusulas restritivas são necessárias? Afinal, por que os gerentes voluntariamente agiriam de modo a aumentar o risco de inadimplência da empresa? Lembre-se: os gerentes trabalham para os acionistas e às vezes há ações que eles podem realizar que beneficiam os acionistas às custas dos portadores de títulos de dívidas. As cláusulas restritivas existem para proteger os portadores de títulos de dívidas nesses casos.

TABELA 14.3 Resumo da nova dívida emitida como parte da LBO da Hertz

Tipo de dívida	Montante (US$ milhões)
Dívida pública	
nota sênior denominada em dólar	1.800,0
nota sênior denominada em euro (€225 milhões)	268,9
nota subordinada denominada em dólar	600,0
Dívida privada	
Empréstimo a prazo	1.707,0
Linha de crédito rotativo com ativos como garantia	400,0
Dívida "de frota" com ativos como garantia	6.348,0
Total	**US$ 11.123,9**

Tipos de cláusulas

Uma vez tendo sido emitidos, os títulos de dívida têm um incentivo para aumentar os dividendos às custas dos portadores de títulos de dívida. Pense em um caso extremo em que uma empresa emite um título de dívida e então imediatamente liquida seus ativos, paga os resultados financeiros (incluindo aqueles da emissão do título de dívida) na forma de um dividendo para os acionistas, e declara falência. Neste caso, os acionistas recebem o valor dos ativos da empresa mais os resultados financeiros do título, enquanto os portadores de títulos de dívida ficam com nada. Consequentemente, os acordos de título de dívida geralmente contêm cláusulas restritivas que limitam a capacidade da gerência de pagar dividendos. Outras cláusulas podem restringir quanto a mais de dívida a empresa pode emitir ou especificar que a empresa tenha que manter uma quantidade mínima de capital de giro. Se a empresa deixar de cumprir qualquer cláusula restritiva, o título de dívida entra em inadimplência técnica e o portador do título de dívida pode exigir um pagamento imediato ou forçar a empresa a renegociar os termos do título. A Tabela 14.4 resume as cláusulas de títulos de dívida mais comuns. Todas as cláusulas restritivas são criadas para limitar a capacidade da empresa (do mutuário) de aumentar o risco do título de dívida. Por exemplo, sem restrições sobre a emissão de novas dívidas, a empresa poderia emitir novas dívidas de igual ou maior prioridade do que os títulos de dívida existentes, aumentando, assim, o risco de que ela não repagará os títulos de dívida existentes.

Vantagens das cláusulas

Você poderia esperar que os acionistas tentassem incluir o mínimo de cláusulas restritivas possível em um acordo de títulos de dívida. Na verdade, esse não é necessariamente o caso. Quanto mais fortes as cláusulas no contrato de título de dívida, menos provável será de a empresa ser inadimplente no título, e, assim, menor será a taxa de juros que os investidores exigirão para comprar o título de dívida. Isto é, ao incluir mais cláusulas restritivas, as empresas podem reduzir seus custos de empréstimo. A redução nos custos de empréstimo da empresa podem mais do que compensar o custo da perda de flexibilidade associada às cláusulas restritivas.

TABELA 14.4 Cláusulas de título mais comuns

Restrições sobre:	Restrições comuns
Emitir novas dívidas	Novas dívidas têm que ser subordinadas a dívidas existentes. Nenhuma dívida nova a menos que a empresa mantenha uma alavancagem ou índices de cobertura de juros específicos.
Dividendos e recompras de ações	Só podem ser feitos pagamentos a partir de lucros gerados após a emissão do título de dívida. Só podem ser feitos pagamentos se os lucros excederem determinado limite
Fusões e aquisições	Fusões são permitidas somente se a empresa conjunta tiver um índice mínimo de ativos tangíveis líquidos sobre a dívida.
Liquidação de ativos	Quantidade máxima de ativos que podem ser vendidos, e/ou quantidade mínima de ativos que têm que ser mantidos. Restrições sobre empréstimos ou qualquer outra provisão de crédito.
Exigência da manutenção de:	
Medidas contábeis	Valor mínimo de lucros retidos, capital de giro e/ou ativos líquidos. Índices máximos de alavancagem.

Fonte: Adaptado dos *Commentaries on Debentures* da American Bar Association.

Aplicação: cláusulas da Hertz

As cláusulas restritivas na emissão dos títulos de especulação da Hertz limitavam a capacidade da Hertz de incorrer em mais dívidas, fazer pagamentos de dividendos, resgatar ações, fazer investimentos, transferir ou vender ativos e realizar fusões ou consolidações. Elas também incluíam uma exigência de que a Hertz oferecesse recomprar os títulos de dívida a um valor de face de 101% se a empresa passar por uma mudança no controle acionário.

Fixação de conceitos

3. O que acontece se um emissor deixar de cumprir uma cláusula de título?
4. Por que as cláusulas de título reduzem os custos de empréstimo de uma empresa?

14.3 Provisões para quitação

Uma empresa quita seus títulos realizando pagamentos de cupom e do principal conforme especificado no contrato do título. Entretanto, esta não é a única maneira de uma emissora quitar seus títulos de dívida. Por exemplo, a emissora pode recomprar uma fração dos títulos em circulação no mercado, ou fazer uma oferta de compra pública para toda a emissão, como a Hertz fez com seus títulos existentes. Nesta seção, explicaremos os três principais elementos de um título de dívida que afetam o seu pagamento: *provisões de resgate, fundos de amortização de empréstimos (sinking funds)* e *provisões de conversão*.

Provisões para resgate

títulos de dívida resgatáveis Títulos de dívida que contêm uma provisão de resgate que permite ao emissor recomprá-los a um preço pré-determinado.

data de resgate A data na provisão de resgate na qual ou depois da qual o emissor do título de dívida tem o direito de extingui-lo.

preço de resgate Preço especificado na emissão de um título de dívida pelo qual o emissor pode resgatá-lo.

As empresas podem pagar títulos de dívida exercendo uma provisão de *resgate*. **Títulos de dívida resgatáveis** permitem que o emissor do título de dívida recompre seus títulos a um preço pré-determinado. Um elemento de resgate também concede ao emissor o direito (mas não a obrigação) de extinguir todos os títulos de dívida em uma data específica (ou posterior) chamada de **data de resgate**, pelo **preço de resgate** que é especificado na emissão do título de dívida. O preço de resgate é expresso como uma porcentagem do valor de face do título de dívida e geralmente é determinado como sendo igual ou maior do que o valor de face.

Títulos de dívida resgatáveis da Hertz. Os títulos de especulação da Hertz são exemplos de títulos resgatáveis. A Tabela 14.5 lista os elementos de resgate em cada *tranche*. No caso da Hertz, as datas de resgate dos dois *tranches* sênior são no final do quarto ano. Durante 2010, o primeiro *tranche* terá um preço de resgate de 104,438% do valor de face do título de dívida. Nos anos seguintes, o preço de resgate será gradualmente reduzido até, em 2012, o título de dívida passar a ser resgatável ao par (100% do valor de face). O título denominado em euro possui prazos similares a preços de resgate levemente diferentes. A data de resgate do *tranche* subordinado é um ano depois e ele possui uma estrutura de preço de resgate diferente.

Os títulos de dívida da Hertz também são parcialmente resgatáveis nos três primeiros anos. A Hertz tem a opção de extinguir até 35% do principal a pagar pelos preços listados na Tabela 14.5, contanto que os fundos necessários para recomprar os títulos de dívida sejam derivados dos resultados de uma emissão de ações.

Provisões de resgate e preços de títulos de dívida. Quando um gerente financeiro escolheria exercer o direito da empresa de resgatar o título de dívida? Uma empresa pode sempre extinguir um de seus títulos de dívida mais cedo recomprando-o no mercado aberto. Se a provisão de resgate oferecer uma maneira mais barata de extinguir o título de dívida, entretanto, a empresa abdicará da opção de comprar o título de dívida no mercado aberto e resgatar o título em vez disso. Assim, quando o preço de mercado do título de dívida excede o preço de resgate, a empresa resgata o título.

Sabemos, do Capítulo 6, que os preços de títulos de dívida sobem quando as taxas de juros de mercado caem. Se as taxas de juros de mercado diminuíram desde que o título de dívida foi

TABELA 14.5 Elementos de resgate dos títulos de dívida da Hertz

	Tranche 1: nota sênior denominada em dólar	Tranche 2: nota sênior denominada em euro	Tranche 3: nota subordinada denominada em dólar
Elementos de resgate	Até 35% do principal pendente a 108,875% nos três primeiros anos. Depois de quatro anos, totalmente resgatável a: • 104,438% em 2010. • 102,219% em 2011. • Ao par daí em diante.	Até 35% do principal pendente a 107,875% nos três primeiros anos. Depois de quatro anos, totalmente resgatável a: • 103,938% em 2010. • 101,969% em 2011. • Ao par daí em diante.	Até 35% do principal pendente a 110,5% nos três primeiros anos. Depois de cinco anos, totalmente resgatável a: • 105,25% em 2011. • 103,50% em 2012. • 101,75% em 2013.

emitido e agora são menores do que a taxa de cupom do título, ele será negociado a um prêmio. Se a empresa tem a opção de resgatar o título de dívida por menos do que o prêmio, ela poderia fazê-lo e refinanciar sua dívida pelas taxas de juros de mercado novas e mais baixas.

Dada a flexibilidade que uma provisão de resgate fornece a um gerente financeiro, você poderia esperar que todos os títulos de dívida fossem resgatáveis. Entretanto, este não é o caso, e para compreender por que, temos que considerar como o investidor vê a provisão de resgate. O gerente financeiro decide resgatar os títulos de dívida somente quando a taxa de cupom que o investidor está recebendo excede a taxa de juros de mercado. Ao resgatar o título de dívida, a empresa está forçando o investidor a ceder o título de dívida a um preço abaixo do valor que ele teria se fosse continuar pendente. Naturalmente, os investidores veem esta possibilidade negativamente e pagam menos por títulos de dívida resgatáveis do que por outros títulos de dívida idênticos não resgatáveis. Isso significa que uma empresa que levanta capital emitindo títulos de dívida resgatáveis em vez de títulos de dívida não resgatáveis ou terá que pagar uma taxa de cupom mais alta ou aceitar resultados financeiros mais baixos. Uma empresa decidirá emitir títulos de dívida resgatáveis apesar de sua rentabilidade mais alta se acharem que a opção de refinanciar a dívida no futuro é particularmente valiosa.

rentabilidade até o resgate (YTC) A rentabilidade de um título de dívida resgatável calculado sob a suposição de que o título será resgatado na data de resgate mais próxima.

Rentabilidade até o resgate. Um gerente financeiro precisa compreender como os investidores estão avaliando os títulos de dívida resgatáveis da empresa. Para títulos de dívida resgatáveis, a **rentabilidade até o resgate (YTC)**, a rentabilidade anual de um título de dívida resgatável calculada sob a suposição de que o título de dívida será resgatado na data de resgate o mais cedo possível, é frequentemente cotada. No Capítulo 6, aprendemos como os investidores avaliam os títulos de dívida de uma empresa calculando sua rentabilidade até o vencimento. A rentabilidade até o vencimento é sempre calculada supondo-se que o título de dívida permanecerá pendente até o vencimento e fará todos os seus pagamentos prometidos. No caso de um título de dívida resgatável, esta suposição não é realista. Assim, a rentabilidade até o vencimento de um título de dívida resgatável é a taxa de juros que o portador do título de dívida recebe se o título de dívida não for resgatado e pago integralmente. Quando a taxa de cupom do título de dívida está acima da rentabilidade de títulos similares, a rentabilidade até o resgate é menor do que a rentabilidade até o vencimento. Entretanto, quando a taxa de cupom do título de dívida é menor do que a rentabilidade de títulos similares, é improvável que o título de dívida seja resgatado (a empresa não resgataria um título de dívida quando ele está pagando uma taxa de juros abaixo da taxa de mercado). Neste caso, resgatá-lo na verdade seria bom para o portador do título de dívidas e a rentabilidade até o resgate seria maior do que a rentabilidade até o vencimento. Para dar conta deste problema, a maioria dos negociantes de títulos de dívida cotam a **yield to worst**, que é o menor valor dentre a rentabilidade até o resgate e a rentabilidade até o vencimento. A Tabela 14.6 resume a rentabilidade até o resgate e a *yield to worst*.

yield to worst Cotada pelos negociantes de títulos de dívida como o mais baixo dentre a rentabilidade até o resgate e a rentabilidade até o vencimento.

Capítulo 14 Financiamento por Dívida

TABELA 14.6 Resgates e rentabilidades de títulos de dívida

Cupons de títulos de dívida em relação a rentabilidades de mercado	O preço do título de dívida é...	A probabilidade de resgate é...	A *yield to worst* é...
Cupons são mais altos	A um prêmio	Alta	Rentabilidade até o resgate
Cupons são mais baixos	A um desconto	Baixa	Rentabilidade até o vencimento

EXEMPLO 14.1
Calculando a rentabilidade até o resgate

Problema

A IBM acaba de emitir um título de dívida de cupom de 8% de cinco anos resgatável (ao par) com pagamentos de cupom anuais. O título pode ser resgatado ao par em um ano ou a qualquer momento daí em diante na data de pagamento de um cupom. Ele possui um preço de US$ 103 por valor de face de US$ 100, implicando uma rentabilidade até o vencimento de 7,26%. Qual é sua rentabilidade até o resgate?

Solução

▶ **Planejamento**

O diagrama de fluxo de caixa dos pagamentos prometidos deste título de dívida (se ele não for resgatado) é:

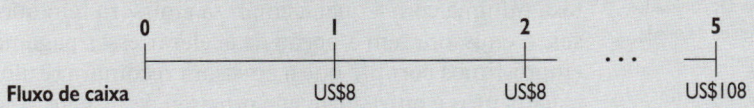

```
                0         1         2    ...    5
Fluxo de caixa           US$8      US$8        US$108
```

Se a IBM resgatar o título de dívida na primeira oportunidade disponível, ela resgatará o título no ano 1. Nesse momento, ela terá que fazer o pagamento de cupom do ano 1 (US$ 8 a cada valor de face de US$ 100) e o valor de face (US$ 100). O diagrama de fluxo de caixa dos pagamentos, se o título de dívida for resgatado na primeira oportunidade disponível (no ano 1), é:

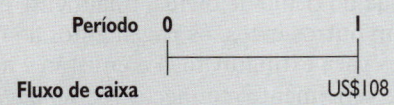

```
Período         0         1
Fluxo de caixa           US$108
```

Para encontrar a rentabilidade até o resgate, utilizamos esses fluxos de caixa e procedemos como exibido no Capítulo 6, determinando o preço como igual aos fluxos de caixa descontados e encontrando a taxa de desconto.

▶ **Execução**

Para a rentabilidade até o resgate, determinando o valor presente desses pagamentos como igual ao preço corrente, temos:

$$103 = \frac{108}{(1 + YTC)}$$

Para encontrar a rentabilidade até o resgate, temos:

$$YTC = \frac{108}{103} - 1 = 4,85\%$$

Podemos utilizar uma calculadora financeira para chegar ao mesmo resultado:

	N	I/Y	PV	PMT	FV
Dado	1		−103	8	100
Encontrar		4,85			

Fórmula do Excel: = RATE(NPER,PMT,PV,FV)=RATE(1,8,−103,100)

> **Avaliação**
> A rentabilidade até o vencimento é maior do que a rentabilidade até o resgate, porque supõe que você vá continuar a receber seus pagamentos de cupom por cinco anos, apesar de as taxas de juros terem caído para menos de 8%. Sob as suposições da rentabilidade até o resgate, como você pagou o valor de face mais cedo, você será privado dos quatro anos extras de pagamentos de cupom, o que resultará em um retorno total menor.

Fundos de amortização de empréstimos (*sinking funds*)

fundo de amortização de empréstimos ou *sinking fund* Método para repagar um título de dívida em que uma empresa faz pagamentos regulares a um fundo administrado por um agente fiduciário ao longo da vida de um título de dívida. Estes pagamentos são, então, utilizados para recomprar títulos de dívida, normalmente ao par.

Alguns títulos de dívida são pagos por meio de um **fundo de amortização de empréstimos (*sinking fund*)**, uma provisão que permite que a empresa faça pagamentos regulares a um fundo de amortização de empréstimos administrado por um agente fiduciário ao longo da vida de um título de dívida em vez de pagar todo o saldo do principal na data de vencimento. Estes pagamentos são, então, utilizados para recomprar títulos de dívida, normalmente ao par. Dessa maneira, a empresa pode reduzir o montante de dívida pendente sem afetar os fluxos de caixa dos títulos de dívida restantes.

As provisões para fundos de amortização de empréstimos normalmente especificam uma taxa mínima com a qual a empresa emissora tem que contribuir para o fundo. Em alguns casos, a emissora tem a opção de acelerar esses pagamentos. Como o fundo de amortização de empréstimos permite que a emissora recompre títulos de dívida ao par, a opção de acelerar os pagamentos é outra forma de provisão de resgate. Assim como com todas as provisões de resgate, esta opção não é gratuita – incluí-la diminui o preço que a empresa obteria pelos títulos de dívida inicialmente.

pagamento balão Grande pagamento que tem que ser feito na data de vencimento de um título de dívida quando os pagamentos do fundo de amortização não são suficientes para extinguir toda a emissão.

O modo como um saldo pendente é quitado utilizando um fundo de amortização de empréstimos depende da emissão. Algumas emissões especificam pagamentos iguais ao longo da vida do título de dívida, finalmente extinguindo a emissão na data de vencimento do título. Em outros casos, os pagamentos ao fundo de amortização de empréstimos não são suficientes para extinguir toda a emissão e a empresa tem que fazer um grande pagamento na data de vencimento, conhecido como **pagamento balão**. Geralmente, os pagamentos ao fundo de amortização de empréstimos só começam alguns anos após a emissão do título de dívida. Estes podem ser emitidos tanto com um fundo de amortização de empréstimos quanto com uma provisão para resgate.

Provisões de conversão

títulos de dívida conversíveis Títulos de dívida corporativos com uma provisão que oferece ao portador uma opção de converter cada título em sua posse em um número fixo de ações ordinárias.

taxa de conversão Número de ações recebidas mediante a conversão de um título de dívida conversível, normalmente determinado por valor de face de US$ 1.000.

Outra maneira de extinguir títulos de dívida é convertê-los em ações. **Títulos de dívida conversíveis** são títulos de dívida com uma provisão que dá ao portador do título uma opção de converter cada título detido em determinado número de ações ordinárias segundo uma taxa chamada **taxa de conversão**. A provisão geralmente dá aos portadores o direito de converter o título em ações a qualquer momento até a data de vencimento do título.[1] A taxa de conversão é normalmente declarado por valor de face de US$ 1.000.

preço de conversão Valor de face de um título de dívida conversível dividido pelo número de ações recebidas se o título for convertido.

Precificação de títulos de dívida conversíveis. Considere um título de dívida conversível com um valor de face de US$ 1.000 e um índice de conversão de 20. Se você convertesse o título de dívida em ações em sua data de vencimento, você receberia 20 ações. Se você não convertesse, você receberia US$ 1.000. Logo, ao converter o título de dívida, você essencialmente "pagou" US$ 1.000 por 20 ações, o que implica em um preço por ação de 1.000/20 = US$ 50. Este preço por ação implícito igual ao valor de face do título de dívida dividido pelo número de ações recebidas na conversão é chamado de **preço de conversão**. Se o preço das ações exceder US$ 50, você decidiria converter; caso contrário, você receberia o dinheiro. Assim, como mostra a

---

[1] Alguns títulos de dívida conversíveis não permitem conversão durante algum tempo especificado após a data de emissão.

Capítulo 14 Financiamento por Dívida | **483**

FIGURA 14.2

Valor do título de dívida conversível

No vencimento, o valor de um título de dívida conversível é o máximo do valor de um título direto (um título de dívida não resgatável e não conversível) de US$ 1.000 e 20 ações e será convertido se o preço das ações estiver acima do preço de conversão. Antes do vencimento, o valor do título conversível dependerá da probabilidade de conversão, e será maior do que o de um título direto ou 20 ações.

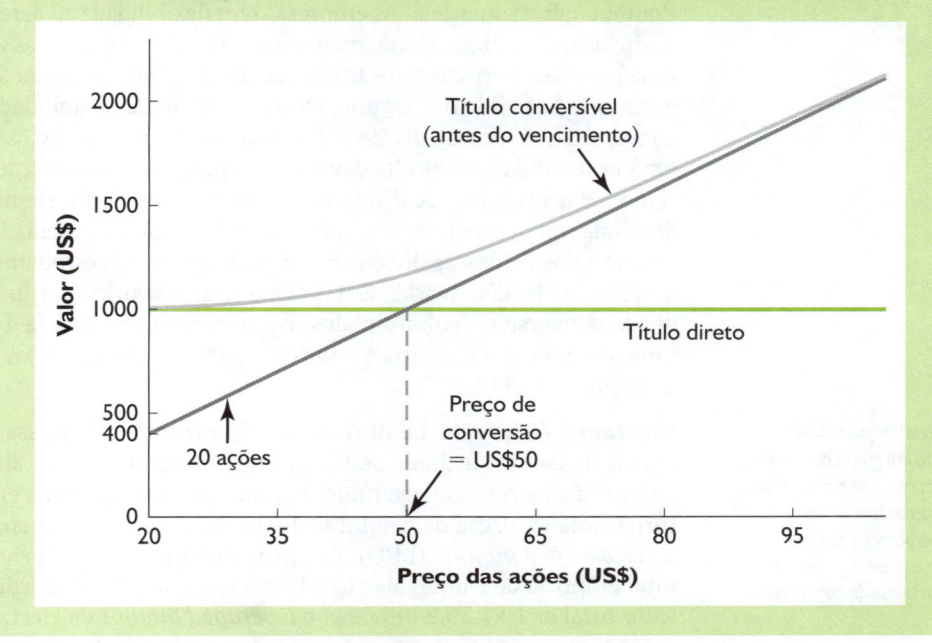

Figura 14.2, o valor do título de dívida em sua data de vencimento é o máximo de seu valor de face (US$ 1.000) e o valor de 20 ações.

Geralmente as empresas emitem títulos de dívida conversíveis que são resgatáveis. Com estes títulos, se a emissora os resgatar, o portador pode escolher converter em vez de deixar os títulos serem resgatados. Quando os títulos são resgatados, o portador enfrenta exatamente a mesma decisão que ele teria na data de vencimento destes títulos: ele escolherá converter se o preço das ações exceder o preço de conversão e deixar os títulos serem resgatados caso contrário. Assim, ao resgatar os títulos, a empresa força os portadores a tomar sua decisão de exercer a opção de conversão antes do que estes gostariam.

A opção (que não é uma obrigação) de converter os títulos de dívida em ações tem algum valor para um portador de títulos de dívida. Assim, antes da data de vencimento do título de dívida, um título de dívida conversível vale mais do que um título de dívida idêntico, porém **direto**, não resgatável e não conversível (também chamado de título de dívida de renda fixa com cupom fixo ou *plain-vanilla*). Consequentemente, se ambos os títulos de dívida forem emitidos ao par, o título de dívida direto tem que oferecer uma taxa de juros mais alta. Da mesma maneira, a opção de receber o valor de face do título de dívida significa que o título de dívida conversível também vale mais do que 20 ações. Esta relação é ilustrada na Figura 14.2, onde o valor do título de dívida conversível antes do vencimento (a curva cinza-clara) excede o valor tanto do título de dívida direto quanto das ações (linhas verde e cinza). A empresa (o que significa seus acionistas existentes) tem que pesar o benefício da taxa de juros mais baixa sobre o título de dívida conversível em relação ao custo de dar aos portadores desses títulos de dívidas a opção de comprar novas ações a um preço fixo.

Títulos de dívida conversíveis e preços de ações. Observe que a probabilidade de finalmente converter um título de dívida conversível depende do preço corrente das ações. Quando o preço das ações é baixo, é improvável que haja conversão, e o valor do título de dívida conversível é próximo ao do título de dívida direto. Quando o preço das ações é muito mais alto do que o pre-

títulos de dívida diretos Títulos de dívida não resgatáveis e não conversíveis (também chamados de títulos de dívida de renda fixa com cupom fixo ou *plain-vanilla bond*, no original).

ço de conversão, é muito provável que haja conversão e o preço do título de dívida conversível é próximo ao preço das ações convertidas. Finalmente, quando o preço das ações está na faixa intermediária, próximo do preço de conversão, a incerteza sobre se será ótimo converter ou não é máxima. Neste caso, a opção do portador do título de dívida de decidir mais tarde se deve ou não converter é a mais valiosa, e o valor do título de dívida conversível excede ao máximo o valor da dívida direta ou das ações.

Combinando elementos. As empresas têm flexibilidade ao determinar os elementos dos títulos de dívida que emitem. Como mencionamos anteriormente, as empresas geralmente adicionam uma provisão de resgate aos títulos de dívida conversíveis ou aos títulos de dívida com fundos de amortização de empréstimo. Outro exemplo de flexibilidade é adicionar a possibilidade de conversão a títulos de dívida subordinados. Títulos de dívida subordinados tipicamente têm uma rentabilidade mais alta devido à sua posição mais arriscada em relação a títulos de dívida sênior. Mas se o título de dívida subordinado contiver um elemento de conversão que os títulos de dívida sênior não têm, a rentabilidade dos títulos de dívida subordinados poderia ser menor do que a dos títulos de dívida sênior. No Capítulo 13, estudamos o financiamento por emissão de ações da RealNetworks. Em 2003, a RealNetworks emitiu US$ 100 milhões em títulos de dívida conversíveis subordinados, como descrito na Tabela 14.7. A dívida também continha uma provisão que permitia à empresa resgatar a dívida ao par a qualquer momento depois de 1º de julho de 2008.

leveraged buyout (LBO)
Quando um grupo de investidores em empresas de capital fechado compra todas as ações de uma corporação de capital aberto e financia a compra primordialmente com dívida.

Leveraged Buyouts. Lembre-se, do Capítulo 13, de nossa discussão sobre como as empresas de capital fechado se tornam empresas de capital aberto. O acordo em que a CDR comprou a Hertz é um exemplo da transição oposta – uma empresa de capital aberto que se torna uma empresa de capital fechado, neste caso, por meio de um *leveraged buyout*. Em um *leveraged buyout* (LBO), um grupo de investidores privados compra todas as ações de uma empresa de capital aberto e financia a compra primordialmente com dívida.[2] Com um valor total de US$ 15,2 bilhões,[3] o *leveraged buyout* da Hertz foi a segunda maior transação deste tipo na época de seu anúncio. Isso deixou a Hertz com uma quantia substancial de dívida em seu balanço patrimonial. Assim como com a maioria das LBOs, o plano de longo prazo da Hertz era reduzir sua alavancagem por meio de uma lucratividade continuada. Em novembro de 2006, a Hertz se tornou uma empresa de capital aberto novamente vendendo novas ações mediante uma IPO. De 2007 em diante, a Hertz ainda conseguia cumprir suas

TABELA 14.7 Emissão de títulos de dívida conversíveis da RealNetworks em 2003

Notas subordinadas conversíveis	
Emitidas sob a regra 144A	
Valor agregado do principal:	US$ 100 milhões
Resultados financeiros menos custos de oferta:	US$ 97,0 milhões
Cupom:	0%
Índice de conversão:	107,5650 ações por US$ 1.000 do principal
Data de resgate:	1º julho de 2008
Preço de resgate	100%
Vencimento	1º julho de 2010

[2] Na época do acordo, a Hertz era uma subsidiária integral da Ford Motor Company, que era uma empresa de capital aberto. Antes da aquisição das ações em circulação da Hertz pela Ford em 2001, a Hertz era negociada publicamente.

[3] O valor total inclui US$ 14,7 bilhões da Hertz, e US$ 0,5 bilhão em taxas e despesas. Além de US$ 11,1 bilhões em novas dívidas, a transação foi financiada utilizando US$ 1,8 bilhão do dinheiro e títulos da própria Hertz (inclusive uma obrigação de US$ 1,2 bilhão da Ford, que foi perdoada como parte do pagamento à Ford). Os outros US$ 2,3 bilhões em *private equity* foram fornecidos pela Clayton, Dubilier & Rice, pelo Carlyle Group, e pela Merrill Lynch Global Private Equity.

obrigações de dívida, mas não tinha reduzido significativamente o ônus da dívida proveniente da transação. No Capítulo 15, examinaremos os *tradeoffs* que um gerente financeiro enfrenta ao decidir o quanto de uma empresa deve ser financiado com dívida e o quanto deve ser financiado com ações.

Fixação de conceitos

5. Os títulos de dívida resgatáveis têm uma rentabilidade mais alta ou mais baixa do que títulos de dívida idênticos, mas sem um elemento de resgate? Por quê?
6. O que é um fundo de amortização de empréstimos (*sinking fund*)?
7. Por que um título de dívida conversível tem uma rentabilidade mais baixa do que um título de dívida idêntico, mas sem a opção de conversão?

RESUMO DO CAPÍTULO

Pontos principais e equações	Termos	Oportunidades de prática online
14.1 Dívida das empresas • As empresas podem contrair dívidas de diversas fontes. Tipos comuns de dívida são a dívida pública, que é negociada em um mercado público, e a dívida privada, que é negociada diretamente com um banco ou um pequeno grupo de investidores. Os títulos que as empresas emitem quando contraem dívida são chamados de títulos de dívida corporativos. • A dívida privada pode ser na forma de empréstimos a prazo ou colocações privadas. Um empréstimo a prazo é um empréstimo bancário que dura por um prazo específico. Uma colocação privada é uma emissão de títulos de dívida que é vendida a um pequeno grupo de investidores. • Para ofertas públicas, o acordo do título de dívida assume a forma de uma escritura, um contrato formal entre a empresa emissora do título de dívida e uma companhia fiduciária. A escritura estabelece os termos da emissão do título de dívida. • Quatro tipos de títulos de dívida corporativa são comumente emitidos: notas, debêntures, títulos hipotecários e títulos garantidos por ativos. As notas e as debêntures não têm garantias. Os títulos hipotecários e os títulos de dívida garantidos por ativos têm garantias. • Os títulos de dívida corporativos diferem em seu nível de prioridade (*seniority*). No caso de falência, dívidas prioritárias são pagas integralmente antes de dívidas subordinadas serem pagas. • Os títulos de dívida internacionais são classificados em quatro categorias amplas: títulos domésticos, que são negociados em mercados estrangeiros; títulos estrangeiros, que são emitidos em um mercado local por uma entidade estrangeira; *Eurobonds*, que não são denominados na moeda local do país em que são emitidos, e títulos globais, que são negociados em vários mercados simultaneamente.	colocação privada, p. 473 debênture subordinada, p. 474 debêntures, p. 474 dívida com garantia, p. 474 dívida privada, p. 472 dívida sem garantia, p. 474 empréstimo a prazo, p. 472 empréstimo bancário sindicalizado, p. 473 escritura, p. 474 *Eurobonds*, p. 476 linha de crédito garantida por ativos, p. 477 linha de crédito rotativo, p. 473 notas, p. 474 prioridade (*seniority*), p. 474 título de dívida com desconto de emissão original (OID), p. 474 títulos de dívida domésticos, p. 474 títulos de dívida estrangeiros, p. 476 títulos de dívida garantidos por ativos, p. 474 títulos de dívida globais, p. 477 títulos hipotecários, p. 474 *tranches*, p. 474	MyFinanceLab Study Plan 14.1

14.2 Cláusulas de títulos

- Cláusulas de título são cláusulas restritivas no contrato do título de dívida que ajudam os investidores limitando a capacidade da empresa emissora de realizar ações que aumentem o risco de inadimplência e reduzam o valor dos títulos.

cláusulas restritivas, p. 477

MyFinanceLab Study Plan 14.2

14.3 Provisões para quitação

- Uma provisão de resgate dá à emissora o direito (mas não a obrigação) de extinguir o título de dívida após determinada data (mas antes do vencimento).
- Um título de dívida resgatável geralmente é negociado por um preço menor do que um título equivalente, mas não resgatável.
- A rentabilidade até o resgate é a rentabilidade de um título resgatável supondo que o título seja resgatado na primeira oportunidade.
- Outra maneira de quitar um título de dívida antes do vencimento é recomprar periodicamente parte da dívida por meio de um fundo de amortização de empréstimos ou *sinking fund*.
- Alguns títulos de dívida corporativos, conhecidos como títulos conversíveis, têm uma provisão que permite que o portador os converta em ações.
- A dívida conversível carrega taxas de juros menores do que outras dívidas comparáveis, mas não conversíveis.

data de resgate, p. 479
fundo de amortização de empréstimos (*sinking fund*), p. 482
taxa de conversão, p. 482
leveraged buyout (LBO), p. 484
pagamento balão, p. 482
preço de conversão, p. 482
preço de resgate, p. 479
rentabilidade até o resgate (YTC), p. 480
títulos de dívida diretos, p. 483
títulos de dívida conversíveis, p. 482
títulos de dívida resgatáveis, p. 479
yield to worst, p. 480

MyFinanceLab Study Plan 14.3

Questões de revisão

1. Quais são os diferentes tipos de dívida corporativa e como eles diferem?
2. Explique algumas das diferenças entre uma oferta de dívida pública e uma oferta de dívida privada.
3. Explique a diferença entre um título de dívida corporativo com garantias e um título de dívida corporativo sem garantias.
4. Por que os títulos de dívida com prioridade mais baixa têm rentabilidades mais altas do que títulos de dívida equivalentes com prioridade mais alta?
5. Qual é a diferença entre um título de dívida estrangeiro e um Eurobond?
6. Por que as empresas voluntariamente escolheriam colocar cláusulas restritivas em uma emissão de novos títulos de dívida?
7. Por que um elemento de resgate seria valioso para uma empresa que emite títulos de dívida?
8. Qual é o efeito de incluir um elemento de resgate sobre o preço que uma empresa pode receber por seus títulos de dívida?
9. Quando a rentabilidade até o vencimento será mais alta do que a rentabilidade até o resgate de um título de dívida resgatável?
10. Como uma provisão de fundo de amortização de empréstimos afeta os fluxos de caixa associados à emissão de um título de dívida sob a perspectiva da empresa? E sob a perspectiva do portador de um único título de dívida?
11. Por que a rentabilidade de um título de dívida conversível é mais baixa do que a rentabilidade de outro título de dívida idêntico, mas sem um elemento de conversão?

Problemas

Todos os problemas neste capítulo estão disponíveis no MyFinanceLab.

Dívida das empresas

1. Você está finalizando um empréstimo bancário de US$ 200.000 para sua pequena empresa e as taxas de encerramento a pagar ao banco são de 2% do empréstimo. Após ter pago as taxas, qual será o valor líquido dos fundos do empréstimo disponíveis para sua empresa?

2. Sua empresa está emitindo US$ 100 milhões em títulos de dívida diretos ao par com uma taxa de cupom de 6% e que paga taxas totais de 3%. Qual é o valor líquido dos fundos que a emissão do título de dívida fornecerá à sua empresa?

Provisões para quitação

3. A General Electric acaba de emitir um título de dívida de dez anos resgatável (ao par) com um cupom de 6% com pagamentos anuais. O título pode ser resgatado ao par em um ano ou a qualquer momento daí em diante na data de pagamento de cupom. Ele possui um preço de US$ 102.
   a) Qual é a rentabilidade até o vencimento do título?
   b) Qual é sua rentabilidade até o resgate?
   c) Qual é seu *yield to worst*?

4. A Boeing Corporation acaba de emitir um título de dívida de três anos resgatável (ao par) com um cupom de 5% com pagamentos semestrais. O título pode ser resgatado ao par em dois anos ou a qualquer momento daí em diante na data de pagamento de cupom. Ele possui um preço de US$ 99.
   a) Qual é a rentabilidade até o vencimento do título?
   b) Qual é sua rentabilidade até o resgate?
   c) Qual é seu *yield to worst*?

5. Você possui um título de dívida com um valor de face de US$ 10.000 e uma taxa de conversão de 450. Qual é o preço de conversão?

6. Você é o CFO da RealNetworks em 1º de julho de 2008. O preço das ações da empresa é de US$ 9,70 e sua dívida conversível (como mostra a Tabela 14.7) agora é resgatável.
   a. Qual é o valor das ações que os portadores dos títulos de dívida receberiam a cada US$ 1.000 em títulos de dívida se eles os converterem?
   b. Qual é o valor a cada US$ 1.000 em títulos de dívida que eles receberiam mediante resgate?
   c. Se você resgatar os títulos de dívida, o portador dos títulos de dívidas os converteria em ações ou aceitaria o preço de resgate?

Capítulo 14 APÊNDICE — Utilizando uma calculadora financeira para calcular a rentabilidade até o resgate

Calcule a rentabilidade até o resgate do título de dívida do Exemplo 14.1. No exemplo, o título de dívida é resgatado no ano 1; entretanto, isso pode ser generalizado e solucionado para períodos mais longos do que um ano.

HP-10BII

Teclas	Descrição
[Tecla Verde] [C]	Pressione [Tecla Verde] e em seguida a [C] tecla para limpar todas as entradas anteriores.
1 N	Digite o número de períodos.
8 PMT	Digite o valor do Pagamento por período.
1 0 0 FV	Digite o preço que você receberia quando o título fosse resgatado.
1 0 3 +/− PV	Digite o valor presente ou o preço do título de dívida.
i	Encontre a rentabilidade até o resgate.

TI-BAII Plus Professional

Teclas	Descrição
2ND CE|C	Pressione [2nd] e então a tecla [FV] para limpar todas as entradas anteriores.
5 N	Digite o número de períodos.
8 PMT	Digite o valor do Pagamento por período.
1 0 0 FV	Digite o preço que você receberia quando o título fosse resgatado.
1 0 3 +/− PV	Digite o valor presente ou o preço do título de dívida.
CPT I/Y	Encontre a rentabilidade até o resgate.

Se o título de dívida fosse resgatado após dois anos, você simplesmente utilizaria 2 em vez de 1 como número de períodos.

PARTE 5

Caso de Integração

Este caso se baseia no material dos Capítulos 13-14.

Em 8 de maio de 1984, Hannah Eisenstat se formou pela Louisiana State University. Ela queria começar a trabalhar abrindo uma cafeteria em Baton Rouge chamada HannaH e encontrou um local perfeito em um novo imóvel. Utilizando uma herança de US$ 50.000 para financiar o empreendimento junto com seu próprio capital, ela abriu o negócio em 1º de agosto de 1984 como uma empresa individual.

A loja foi lucrativa no primeiro ano. Hannah descobriu, porém, que a qualidade de seu café não era tão alta quanto ela tinha planejado inicialmente. Ela discutiu esse assunto com uma de suas clientes regulares, Natasha Smith. Na mesma hora, Natasha ofereceu ajuda para financiar a compra de uma máquina de torragem de grãos. Torrando ela mesma os grãos, Hannah poderia produzir um café de melhor qualidade e, além disso, expandir o negócio vendendo grãos torrados.

Expansão. Depois de analisar cuidadosamente suas finanças, Hannah determinou que precisaria de um investimento de US$ 75.000 de Natasha para empreender esta expansão. Em troca deste investimento, Hannah ofereceu a ela uma participação societária de 40% no negócio. Natasha aceitou a oferta e o negócio foi corporatizado com duas proprietárias. O capital próprio consistia em um total de 1.000.000 de ações, sendo que Natasha possuía 400.000 ações e Hannah, 600.000.

No final do segundo ano, o negócio estava indo extremamente bem. A receita proveniente da venda dos grãos torrados logo começou a concorrer com a venda de bebidas. Em resposta a este sucesso, Hannah e Natasha decidiram expandir para cinco lojas ao longo dos dois anos seguintes. Em vez de utilizar financiamento por ações, elas decidiram procurar um financiamento bancário. Cada nova loja exigia um investimento de US$ 100.000. Abrir as lojas levou mais do que o planejado, mas no final de 1999, já havia cinco HannaHs em Baton Rouge empregando 30 pessoas. Como planejado, esta expansão foi financiada somente com dívida que foi consolidada em um empréstimo a prazo de US$ 500.000 com vencimento em 2004.

Capital de risco. No início de 2000, as duas proprietárias decidiram fazer uma viagem de negócios e reavaliar seu plano de negócios inicial. Talvez a maior surpresa tenha sido a popularidade dos grãos de café; quase 80% da receita era atribuível somente à venda deste produto. Além disso, um comprador de uma cadeia de supermercados local tinha feito uma proposta à HannaH para vender os grãos de café nas lojas de sua cadeia. Entretanto, a HannaH estava atualmente operando em seu limite de capacidade – ela mal conseguia torrar café suficiente para suas cinco lojas. O que era mais importante é que para aumentar a qualidade do café ainda mais, Hannah propôs comprar grãos de café diretamente de fazendeiros da Costa Rica, onde ela seria capaz de monitorar a qualidade mais de perto. Entretanto, a proposta dos supermercados exigiria um aumento significativo na produção de grãos torrados. No final de sua viagem de negócios, Hannah e Natasha tinham decidido mudar o foco do negócio de venda a varejo de bebidas e grãos de café para venda de grãos de café torrados no atacado. Em vez de abrir novas lojas, elas decidiram investir em uma fábrica de torragem de grãos de café de última geração.

Nas semanas seguintes, Hannah visitou a Dixie Partners, uma empresa local de capital de risco. Baseada na força do compromisso por parte da cadeia de supermercados em vender o café, a Dixie concordou em investir US$ 3 milhões para financiar a construção de uma fábrica de torragem de grãos de café de alta capacidade em troca de 50% das ações da empresa. Para tal, foram emitidas 1.000.000 de novas ações da HannaH para a Dixie.

Nova expansão. A intuição de Hannah estava correta – a qualidade do café aumentou significativamente. Dentro de oito anos, a empresa tinha crescido para quase 200 funcionários e sua forte reputação permitia que ela vendesse seu café por um prêmio de 50% acima do preço das outras marcas. Para financiar a expansão, a Dixie fez mais dois investimentos: pagou US$ 4 milhões por 1.200.000 ações em 2003 e US$ 8 milhões por 1.500.000 ações em 2006. Além disso, o empréstimo a prazo foi renovado por outros cinco anos quando se extinguiria em 2004, e em 2007, foram emitidas outras 400.000 ações para funcionários como parte de sua remuneração.

IPO. No início de 2008, o conselho de administração decidiu expandir a distribuição de café em todos os Estados Unidos e financiar esta expansão com os resultados financeiros de uma IPO. O plano era inicialmente levantar US$ 20 milhões em novo capital na IPO e então, dentro de um ou dois anos, levantar outros US$ 20 milhões em uma SEO. A Dixie planejava vender 10% de sua participação na HannaH na IPO e, subsequentemente, liquidar o resto de seu investimento até o final de 2009. A IPO foi empreendida com sucesso em agosto de 2008. Tendo dito tudo isso, a empresa vendeu 2.000.000 de ações a US$ 12 por ação na IPO, incluindo 10% da participação da Dixie (nenhum outro acionista existente vendeu ações na IPO).

SEO. Um ano depois, em agosto de 2009, a empresa fez uma SEO com oferta de subscrição em dinheiro, vendendo outras 4.000.000 de ações a US$ 20 por ação, que incluíam 400.000 ações de cada proprietária original, Hannah e Natasha, e 2.000.000 das ações da Dixie. Assim, das ações vendidas, 2.800.000 ações eram ações existentes e o restante era de ações novas. Parte dos resultados financeiros foi utilizada para pagar o empréstimo a prazo que vencia no mesmo momento em que a SEO e o restante foi utilizado para financiar a expansão nacional continuada. A Dixie estava vendendo ações adicionais no mercado secundário ao longo do ano anterior, então, essa emissão representava a liquidação da porção final da participação da Dixie – após a venda, a Dixie não deteria mais ações da HannaH. Durante esta época, foram emitidas outras 50.000 ações para funcionários, como parte de sua remuneração.

LBO. Em 2010, a sorte da empresa já havia mudado. Apesar de o café da HannaH ainda ter um forte nome de marca e as vendas continuarem a crescer, ela estava passando por graves "dores do crescimento". A própria Hannah não estava mais diretamente envolvida nas operações. Logo depois da SEO, um novo CEO, Luke Ignion, foi contratado para assumir a administração cotidiana da empresa, mas ele mostrou não ser adequado para tal. No final de 2010, o preço das ações da empresa já tinham caído para US$ 5 por ação. Hannah estava se sentindo arrasada ao ver o valor do restante de sua participação cair a este nível, então decidiu tirar proveito do que ela via como uma boa oportunidade de compra. Junto com outros seis funcionários, ela empreendeu uma LBO da HannaH. Na época da LBO, a empresa tinha 8.000.000 de ações em circulação devido ao fato de 20.000 ações adicionais terem sido concedidas a funcionários. Hannah e os outros seis funcionários já tinham começado a comprar ações, então, no momento em que a LBO foi anunciada, Hannah já possuía 500.000 ações e os outros funcionários, juntos, outras 100.000 ações. O grupo emitiu uma oferta pública de compra (*tender offer*) para recomprar as 7.400.000 ações restantes a US$ 7,50 por ação. Para financiar a recompra, o grupo combinou um investimento de capital adicional a US$ 7.000.000, dívidas bancárias e uma colocação privada (pela Regra 144A) de um título de dívida de US$ 30 milhões de cupom semestral de dez anos. O plano era registrar essa dívida de colocação privada publicamente depois de um ano. A dívida era conversível e resgatável (ao par) em cinco anos; tinha um índice de conversão de 50, um valor de face de US$ 1.000 e uma taxa de cupom de 5%.

Questões sobre o caso

1. Natasha é um exemplo de que tipo de investidor?
2. Em cada etapa de financiamento anterior à IPO (isto é, 1985, 2000, 2003 e 2006) calcule a *pre-money* e a *post-money valuation* das *ações* da empresa.
3. Que fração da IPO foi uma oferta primária e que fração foi uma oferta secundária?

4. Imediatamente após a IPO, as ações eram negociadas a US$ 14,50.
   a. A este preço, qual era o valor da empresa como um todo? Expresso em percentual, em quanto o acordo foi subprecificado?
   b. Quanto esta subprecificação custou em dólares para os acionistas existentes?
   c. Supondo que nenhum dos proprietários comprasse ações adicionais na IPO, que fração das ações Hannah possuía e quanto ela valia imediatamente após a IPO?
   d. Qual era o índice capital de terceiros/capital próprio da empresa – o coeficiente entre o valor contábil da dívida pendente e o valor de mercado das ações – imediatamente após a IPO?
5. Aborde as seguintes questões relacionadas à SEO:
   a. Que fração da SEO foi uma oferta primária e que fração foi uma oferta secundária?
   b. Supondo que as subscritoras tivessem cobrado uma taxa de 5%, quais teriam sido os resultados financeiros da venda das ações de Hannah? Quanto do dinheiro que a empresa levantou estaria disponível para financiar futuros investimentos e pagar o empréstimo a prazo?
6. Imediatamente após a SEO, o preço das ações permaneceu a US$ 20 por ação.
   a. Uma vez tendo pago o empréstimo a prazo, qual seria o valor da empresa como um todo?
   b. Que fração das ações a Hannah detinha?
7. Suponha que a LBO tenha sido bem-sucedida.
   a. Quanto foi necessário em dívida bancária?
   b. Qual era o índice capital de terceiros/capital próprio imediatamente após a LBO?
8. Um ano após a LBO, logo depois de o segundo pagamento ter sido feito, a dívida conversível estava sendo negociada pelo preço de US$ 950.
   a. Qual era sua rentabilidade até o vencimento?
   b. Qual era sua rentabilidade até o resgate?
9. Suponha que nos cinco anos seguintes à LBO, Hannah conseguisse fazer a empresa virar o jogo e voltar a ser lucrativa. No decorrer deste período, toda a dívida bancária foi paga e a empresa abriu seu capital novamente. O preço por ação era agora de US$ 60/ação. Preveja o que os detentores da dívida conversível fariam. Quanto valeria seu investimento?

Estrutura de Capital e Política de Payout

PARTE 6

Ligação com o Princípio da Avaliação. Uma das questões fundamentais de finanças empresariais é como uma empresa deve escolher sua estrutura de capital, que é o montante total de títulos de dívida, ações e outros títulos que a empresa tenha em circulação. A escolha da estrutura de capital afeta o valor da empresa? Aplicando o Princípio da Avaliação em mercados de capitais perfeitos, mostraremos que, contanto que os fluxos de caixa gerados pelos ativos da empresa permaneçam inalterados, o valor da empresa – que é o valor total de seus títulos em circulação – não depende de sua estrutura de capital. Portanto, se a estrutura de capital possui algum papel na determinação do valor de uma empresa, ele será proveniente de importantes imperfeições de mercado. O restante do Capítulo 15 explora essas imperfeições. Na conclusão do capítulo, você terá uma forte base para considerar os *tradeoffs* que surgem nas decisões financeiras.

Passaremos, então, à política de *payout* – as decisões da empresa em relação a quanto, quando e por meio de que método o capital retornará a seus acionistas – no Capítulo 16. Novamente, começaremos a partir de um cenário de mercados perfeitos e aplicaremos o Princípio da Avaliação. Mostraremos que, apesar de essas decisões alterarem os fluxos de caixa futuros gerados pela empresa, elas não afetam o valor total recebido pelos acionistas. Passaremos o restante do capítulo examinando imperfeições de mercado, como impostos, e como elas afetam a política de *payout*.

Capítulo 15
Estrutura de Capital

Capítulo 16
Política de *Payout*

15 Estrutura de Capital

OBJETIVOS DE APRENDIZAGEM

- Examinar como as estruturas de capital variam de um setor para outro e de uma empresa para outra.

- Compreender por que são as decisões de investimento, e não as decisões de financiamento, que fundamentalmente determinam o valor da empresa e seu custo de capital.

- Descrever como a alavancagem aumenta o risco do patrimônio líquido da empresa.

- Demonstrar como a dívida pode afetar o valor da empresa por meio de impostos e custos de falência.

- Mostrar como o *mix* ótimo de financiamento por dívida e por ações faz um *tradeoff* entre os custos (inclusive custos de dificuldades financeiras) e benefícios (inclusive a vantagem tributária) da dívida.

- Analisar como a dívida pode alterar os incentivos para que os gerentes escolham diferentes projetos e como ela pode ser utilizada como um sinal para os investidores.

- Ponderar os muitos custos e benefícios da dívida que um gerente precisa considerar ao decidir como financiar os investimentos da empresa.

notação

D	valor de mercado da dívida	r_f	taxa de juros livre de risco
E	valor de mercado das ações alavancadas	r_U	retorno esperado (custo de capital) das ações não alavancadas
EPS	lucros por ação	r_{wacc}	custo médio ponderado de capital
NPV	valor presente líquido	T_c	alíquota marginal corporativa de impostos
PV	valor presente		
r_D	retorno esperado (custo de capital) da dívida	U	valor de mercado das ações não alavancadas
r_E	retorno esperado (custo de capital) das ações alavancadas	V^L	valor da empresa com alavancagem
		V^U	valor da empresa sem alavancagem

ENTREVISTA COM Christopher Cvijic, Morgan Stanley*

Depois de obter seu bacharelado em finanças pela Penn State University em maio de 2007, Christopher Cvijic entrou para a Morgan Stanley Alternative Investment Partners como analista. Esta unidade da Morgan Stanley se focaliza em investimentos em fundos de *private equity* que geralmente fazem investimentos de colocação privada em empresas geralmente não listadas em uma bolsa de valores. É sua responsabilidade analisar o histórico do gestor de um fundo, analisar a oportunidade de mercado para um fundo, e compreender e manipular modelos de investimento. "Minha formação me ajudou a compreender os conceitos fundamentais de finanças que utilizo diariamente, como o valor presente líquido e a análise de fluxo de caixa descontado, além de técnicas de uso do Microsoft Excel", ele diz. "Por exemplo, realizo análises de fluxo de caixa descontado para compreender o NPV atual de empresas na carteira e seus ativos".

Chris enfatiza a importância de compreender os papéis das ações e da dívida na estrutura de capital de uma empresa. "A estrutura de capital determina o custo de capital que a empresa utiliza ao analisar oportunidades de investimento", explica. "Geralmente, as ações têm um custo mais alto devido às vantagens tributárias do financiamento por dívida. Quanto menor for o WACC, mais oportunidades de investimento com NPV positivo a empresa terá".

A estrutura de capital da empresa influencia as decisões de investimento, tanto para instituições quanto para investidores individuais. "Quanto mais uma empresa é alavancada, maior será seu risco de não cumprir o pagamento de suas obrigações. As empresas em setores arriscados e aquelas cujos lucros são voláteis, como a de biotecnologia, têm principalmente ações em sua estrutura de capital. Elas não querem ter pagamentos com juros fixos em ambientes de negócios ruins. As empresas cujos lucros são estáveis e que têm mais ativos físicos – as empresas de utilidade pública, por exemplo – têm mais dívida em seus balanços patrimoniais".

As condições de mercado em 2007-2008 levaram mais empresas a buscar financiamento privado devido ao "*credit crunch*" nos mercados públicos. "Antes de fazer um investimento, queremos estar razoavelmente certos de que a empresa poderá gerar dinheiro suficiente para fazer seus pagamentos de juros" diz Chris. "Recentemente, consideramos um acordo no qual o patrocinador estava adicionando um grau considerável de alavancagem ao negócio. Após uma cuidadosa análise, determinamos que a empresa não tinha fluxo de caixa suficiente para pagar seus juros. Se a situação econômica piorasse, seria provável que ela tivesse problemas para pagar suas despesas fixas com juros. Consequentemente, decidimos não investir".

Penn State University, 2007

"Minha formação me ajudou a compreender os conceitos fundamentais de finanças que utilizo diariamente, como o valor presente líquido e a análise de fluxo de caixa descontado, além de técnicas de uso do Microsoft Excel".

---

*As informações anteriores refletem as perspectivas do entrevistado na época em que este livro estava sendo escrito, e não necessariamente representam as opiniões e as visões do gestor de carteira da Morgan Stanley ou da empresa como um todo. Essas visões podem mudar em resposta a mudanças circunstanciais e a condições do mercado, mas as informações aqui contidas não serão atualizadas ou revisadas.

Quando uma empresa precisa levantar novos fundos para empreender seus investimentos, tem que decidir que tipo de título de financiamento emitirá aos investidores. Que considerações devem guiar essas decisões e como esta decisão afeta o valor da empresa?

Considere o caso da RealNetworks, do Capítulo 13, emitindo novas ações em uma oferta subsequente de ações para financiar sua expansão, ou a Hertz, do Capítulo 14, aumentando substancialmente sua alavancagem por meio de uma *leveraged buyout*. Mais recentemente, no verão de 2007, a Home Depot mudou drasticamente sua estrutura de capital reduzindo seu patrimônio líquido em US$ 22 bilhões e aumentando sua dívida em US$ 12 bilhões. O que levou os gerentes da RealNetworks a utilizar ações para sua expansão e a Hertz e a Home Depot, por outro lado, a decidir aumentar sua dívida? Como tais decisões em relação à estrutura de capital podem afetar o valor dessas empresas?

Neste capítulo, primeiramente exploraremos essas questões em um cenário de mercados de capitais perfeitos, em que todos os títulos são justamente precificados, não há impostos ou custos de transação e os fluxos de caixa totais dos projetos de uma empresa não são afetados por como a empresa os financia. Apesar de, na realidade, os mercados de capitais não serem perfeitos, este cenário fornece um importante *benchmark*.

Dedicaremos o restante do capítulo a explorar como as violações de nossas suposições sobre os mercados de capitais perfeitos afetam nossas conclusões. Exploraremos ainda como a vantagem tributária da dívida que discutimos brevemente no Capítulo 12 torna a dívida uma fonte de financiamento potencialmente atraente. Abordaremos, então, os custos das dificuldades financeiras e de falência enfrentados pelas empresas que possuem dívida. Essa discussão nos leva à ideia de que os gerentes escolhem o grau de endividamento equilibrando a vantagem tributária, de um lado, e os custos de dificuldades financeiras da dívida, de outro. Após discutir outras influências sobre a estrutura de capital, inclusive problemas de agenciamento e diferenças nas informações entre gerentes e investidores, concluiremos com algumas recomendações para a tomada de decisões sobre a estrutura de capital por um gerente financeiro.

15.1 Escolhas da estrutura de capital

Lembre-se de que as proporções relativas de dívida, ações e outros títulos que uma empresa tem em circulação constituem sua *estrutura de capital*. Quando as empresas levantam fundos junto a investidores externos, elas têm que escolher que tipo de título emitir e que tipo de estrutura de capital devem ter. As escolhas mais comuns são o financiamento por meio somente de ações e o financiamento por meio de uma combinação entre dívida e ações. Como as empresas chegam às suas estruturas de capital e que fatores um gerente financeiro deve considerar ao decidir dentre as alternativas de financiamento?

Antes de tudo, várias opções de financiamento prometem diferentes quantias aos detentores de títulos em troca do dinheiro levantado hoje. Mas, mais do que isso, a empresa também precisa considerar se os títulos que ela emite receberão um preço justo no mercado, terão consequências tributárias, acarretarão custos de transação, ou mesmo mudarão suas futuras oportunidades de investimento. A estrutura de capital de uma empresa também é afetada pelas decisões sobre se a empresa deve ou não acumular dinheiro em caixa, pagar dívidas ou dividendos, ou realizar recompras de ações. Antes de explorar a teoria que sustenta esta análise, colocaremos essas decisões de financiamento no contexto de práticas empresariais reais.

Escolhas de estrutura de capital entre diferentes setores

A Figura 15.1 mostra os índices de capital de terceiros/capital próprio médios em diferentes setores de ações de empresas norte-americanas. O **índice de capital de terceiros/capital próprio** de uma empresa, $D/(E + D)$, é a fração do valor total da empresa que corresponde à dívida. Observe que os níveis de dívida que os gerentes financeiros escolhem varia de setor para setor. Por exemplo, as empresas de *software*, como a Microsoft, são muito menos alavancadas (têm menos dívida em relação ao seu patrimônio líquido) do que fabricantes de automóveis, como a Ford Motor Company.

índice de capital de terceiros/ capital próprio Fração do valor total de uma empresa que corresponde à dívida.

FIGURA 15.1

Índice de capital de terceiros/capital próprio [D/(E + D)] para setores selecionados

As barras representam índices de capital de terceiros/capital próprio em diversos setores. Os níveis de endividamento são determinados por valores contábeis, e as ações, por valores de mercado. O financiamento por dívida médio de todas as ações de empresas norte-americanas foi de aproximadamente 42%, mas observe as grandes diferenças por setor.

Fonte: Reuters, 2007.

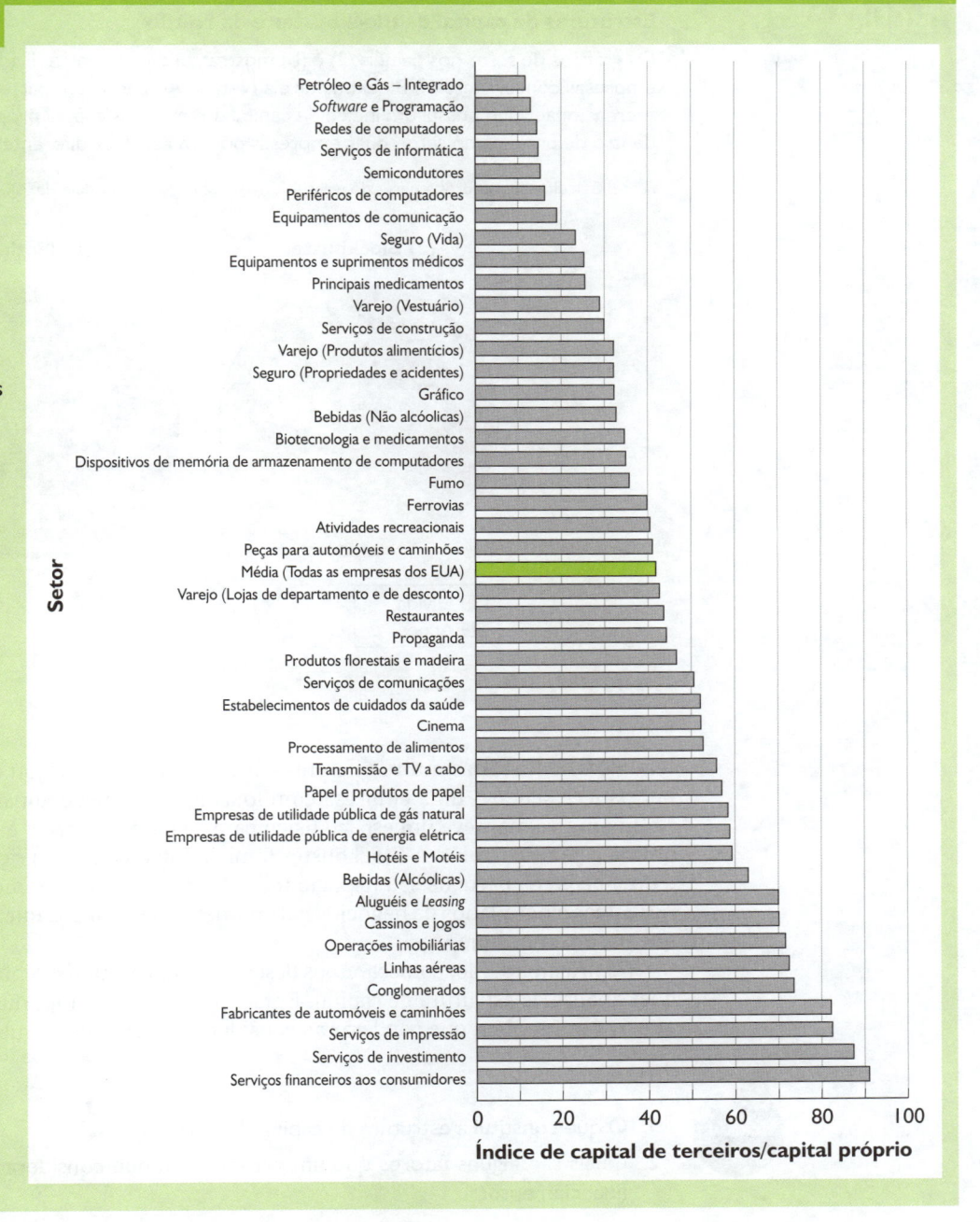

Setor	Índice de capital de terceiros/capital próprio
Petróleo e Gás – Integrado	
Software e Programação	
Redes de computadores	
Serviços de informática	
Semicondutores	
Periféricos de computadores	
Equipamentos de comunicação	
Seguro (Vida)	
Equipamentos e suprimentos médicos	
Principais medicamentos	
Varejo (Vestuário)	
Serviços de construção	
Varejo (Produtos alimentícios)	
Seguro (Propriedades e acidentes)	
Gráfico	
Bebidas (Não alcóolicas)	
Biotecnologia e medicamentos	
Dispositivos de memória de armazenamento de computadores	
Fumo	
Ferrovias	
Atividades recreacionais	
Peças para automóveis e caminhões	
Média (Todas as empresas dos EUA)	
Varejo (Lojas de departamento e de desconto)	
Restaurantes	
Propaganda	
Produtos florestais e madeira	
Serviços de comunicações	
Estabelecimentos de cuidados da saúde	
Cinema	
Processamento de alimentos	
Transmissão e TV a cabo	
Papel e produtos de papel	
Empresas de utilidade pública de gás natural	
Empresas de utilidade pública de energia elétrica	
Hotéis e Motéis	
Bebidas (Alcóolicas)	
Aluguéis e *Leasing*	
Cassinos e jogos	
Operações imobiliárias	
Linhas aéreas	
Conglomerados	
Fabricantes de automóveis e caminhões	
Serviços de impressão	
Serviços de investimento	
Serviços financeiros aos consumidores	

Escolhas da estrutura de capital dentro de um mesmo setor

As diferenças nas estruturas de capital de um setor para outro são surpreendentes. Entretanto, mesmo dentro de um mesmo setor, duas empresas concorrentes podem fazer diferentes escolhas sobre seus índices de capital de terceiros/capital próprio. Por exemplo, a Blockbuster e a Netflix, ambas membros do setor de atividades recreacionais, têm estruturas de capital muito diferentes, como mostram os painéis (a) e (b) da Figura 15.2. A Blockbuster possui mais dívida do que ações, como mostra o painel (a), e a Netflix não possui dívida, como mostra o painel (b)! Apesar de a Blockbuster e a Netflix serem concorrentes diretas, elas

FIGURA 15.2

Estruturas de capital da Blockbuster e da Netflix

Os gráficos de setor nos painéis (a) e (b) mostram a divisão entre dívida e ações em duas empresas concorrentes, a Blockbuster e a Netflix. Ambas fazem parte do setor de atividades recreacionais, que possui um índice de capital de terceiros/capital próprio médio de 40%. Mesmo dentro de um mesmo setor, duas empresas podem escolher diferentes *mix* de dívida e ações.

Fonte: Cálculos dos autores a partir do *website* finance.google.com (Maio de 2008).

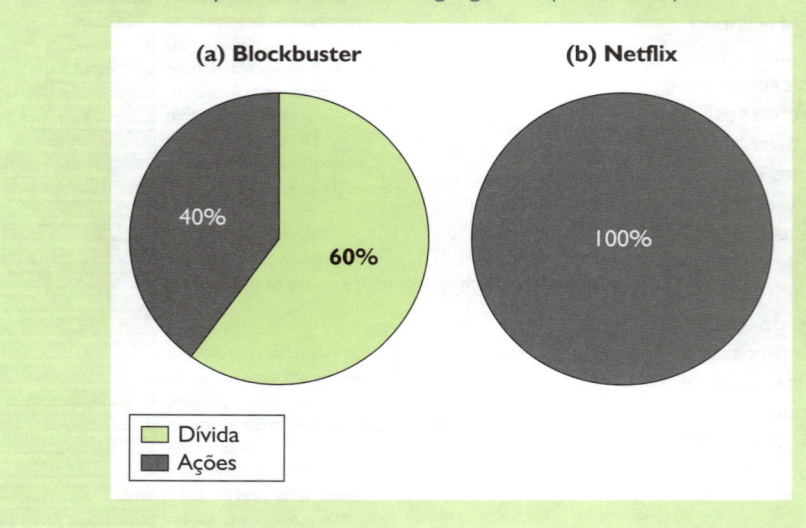

(a) Blockbuster: 40% / 60%
(b) Netflix: 100%

☐ Dívida
■ Ações

---

têm ativos e histórias muito diferentes. A Blockbuster começou como – e primordialmente permanece sendo – uma empresa com lojas físicas convencionais para aluguel de vídeo. A Netflix nunca manteve um espaço físico para a venda no varejo e conduz todo o seu negócio online e pelos correios. A Blockbuster também oferece um serviço online/por correios, mas é uma pequena parte de seu negócio todo. Neste capítulo, veremos por que essas diferenças nos ativos e nos planos de negócios naturalmente levariam às diferentes estruturas de capital que observamos hoje.

Na próxima seção, começaremos desenvolvendo os fundamentos teóricos críticos de qualquer análise de estrutura de capital. Então, passaremos a importantes fatores do mundo real que os gerentes têm que ponderar ao considerar decisões de estrutura de capital.

Fixação de conceitos

1. O que constitui a estrutura de capital de uma empresa?
2. Quais são alguns fatores que um gerente tem que considerar ao tomar uma decisão de financiamento?

15.2 Estrutura de capital em um mercado de capitais perfeito

mercado de capitais perfeito Série de condições em que os investidores e as empresas podem negociar o mesmo conjunto de títulos por preços de mercado competitivos; não há fricções e as decisões de financiamento da empresa não alteram os fluxos de caixa gerados por seus investimentos.

Quando uma empresa emite dívida, ações ou outros títulos para financiar um novo investimento, há muitas consequências possíveis relacionadas a esta decisão. A questão mais importante para um gerente financeiro é, de longe, se diferentes escolhas afetarão o valor da empresa e, assim, a quantidade de capital que ela pode levantar. Começaremos considerando esta questão em um ambiente simples – um mercado de capitais perfeito. Um **mercado de capitais perfeito** é um mercado no qual:

1. *Os títulos são justamente precificados*. Investidores e empresas podem negociar o mesmo conjunto de títulos a preços de mercado competitivos iguais ao valor presente de seus fluxos de caixa futuros.

2. *Não há consequências tributárias ou custos de transação.* Não há consequências tributárias, custos de transação ou outros custos de emissão associados às decisões de financiamento ou à negociação de títulos.
3. *Os fluxos de caixa de investimento são independentes das decisões de financiamento.* As decisões de financiamento da empresa não alteram os fluxos de caixa gerados por seus investimentos, nem revelam novas informações sobre esses fluxos de caixa.

A suposição de um mercado de capitais perfeito pode parecer estreita e irrealista. Veremos, no entanto, que ao começar com ela, compreenderemos melhor os verdadeiros benefícios e custos da alavancagem.

Aplicação: Financiando um novo negócio

Comecemos com um exemplo de uma possível decisão de financiamento em um mercado de capitais perfeito. Imagine que você ainda tenha um ano na faculdade e que você queira ganhar um dinheiro extra antes de se formar. Ofereceram-lhe a oportunidade de gerenciar a cafeteria no saguão de um edifício comercial próximo. O proprietário do edifício está disposto a lhe conceder este direito durante um ano antes de iniciar uma grande obra de renovação no edifício.

Sua pesquisa indica que você precisará fazer um investimento à vista de US$ 24.000 para dar início ao negócio. Depois de cobrir seus custos operacionais, inclusive pagar a si mesmo um bom salário, você espera gerar um fluxo de caixa de US$ 34.500 no final do ano. A taxa de juros livre de risco corrente é 5%. No entanto, você acredita que seus lucros serão um tanto arriscados e sensíveis ao mercado em geral (o que afetará o nível de atividade no edifício e a demanda por seu negócio), de modo que é adequado determinar um prêmio de risco de 10%, com uma taxa de descapitalização total de 15% (5% + 10%). Você, portanto, calcula o NPV deste investimento na cafeteria como:

$$NPV = -\$\,24.000 + \frac{\$\,34.500}{1,15} = -\$\,24.000 + \$\,30.000$$
$$= \$\,6.000$$

Assim, o investimento possui um NPV positivo.

Apesar de o investimento parecer atraente, você ainda precisa levantar o dinheiro para o investimento à vista. Como você deve levantar os fundos, e que quantia você conseguirá levantar?

Financiamento por emissão de ações. Primeiramente, você considera levantar dinheiro somente vendendo ações da empresa a seus amigos e à sua família. Dadas as estimativas de fluxo de caixa, quanto eles estariam dispostos a pagar por essas ações? Lembre-se de que o valor de um título é igual ao valor presente de seus fluxos de caixa futuros. Neste caso, os detentores de ações de sua empresa esperariam receber o *payoff* de US$ 34.500 no final do ano, com o mesmo risco que os fluxos de caixa gerados pela cafeteria. Portanto, o custo de capital próprio de sua empresa será de 15% e o valor de suas ações hoje será:

$$PV \text{ (fluxos de caixa das ações)} = \frac{\$\,34.500}{1,15} = \$\,30.000$$

ações não alavancadas Ações de uma empresa sem dívida.

Lembre-se de que a ausência de dívida significa a ausência de alavancagem financeira. As ações de uma empresa sem dívida são, portanto, **ações não alavancadas**. Como o valor presente dos fluxos de caixa das ações é US$ 30.000, você pode levantar US$ 30.000 vendendo todas as ações não alavancadas de sua empresa. Fazendo isso, você pode manter o NPV de US$ 6.000 como lucro depois de pagar o custo de investimento de US$ 24.000. Em outras palavras, o NPV do projeto representa o valor para o proprietário inicial da empresa (neste caso, você, o empreendedor) criado pelo projeto.

Financiamento alavancado. Como alternativa, você também considera tomar emprestado parte do dinheiro de que você precisará para investir. Suponha que o fluxo de caixa da empresa seja, com certeza, de pelo menos US$ 16.000. Então, você pode tomar US$ 15.000 emprestados pela taxa de juros livre de risco corrente, de 5%. Você poderá pagar a dívida de US$ 15.000 × 1,05 = US$ 15.750 no final do ano sem risco de inadimplência.

Quanto você consegue levantar vendendo ações de sua empresa agora? As ações de uma empresa que também tem dívida a pagar são chamadas de **ações alavancadas**. Depois de a dívida ser paga, os detentores de ações podem esperar receber US$ 34.500 − US$ 15.750 = US$ 18.750. Que taxa de descapitalização devemos utilizar para avaliar as ações alavancadas? Que retorno esperado os investidores exigirão?

É tentador utilizar o mesmo custo de capital próprio de 15% de antes. Naquele caso, ao vender ações alavancadas, você conseguiria levantar US$ 18.750/1,15 = US$ 16.304. Se este resultado estivesse correto, então o uso da alavancagem permitiria que você levantasse uma quantia total, incluindo a dívida, de US$ 15.000 + US$ 16.304 = US$ 31.304, ou US$ 1.304 a mais do que no caso sem alavancagem.

Assim, pareceria que simplesmente o fato de financiar um projeto com alavancagem poderia torná-lo mais valioso. *Mas se isso parece bom demais para ser verdade, é porque é.* Nossa análise supunha que o custo de capital próprio de sua empresa permaneceria fixo a 15% depois de adicionar alavancagem. Mas como veremos em breve, este não é o caso – a alavancagem aumenta o risco do capital líquido da empresa e eleva seu custo de capital próprio. Para compreender por que, e para compreender o que realmente acontecerá, passaremos ao trabalho inigualável dos pesquisadores Franco Modigliani e Merton Miller.

ações alavancadas Ações de uma empresa com dívida a pagar.

Alavancagem e o valor da empresa

Em um importante artigo, os pesquisadores Modigliani e Miller (ou simplesmente MM) consideraram se a alavancagem aumentaria ou não o valor total da empresa. A resposta para esta questão surpreendeu os pesquisadores e profissionais da época.[1] Eles argumentavam que, com mercados de capitais perfeitos, o valor total da empresa *não* deveria depender de sua estrutura de capital. O raciocínio de MM: os fluxos de caixa totais de sua empresa – aqueles pagos tanto para dívidas quanto para os acionistas – ainda são iguais aos fluxos de caixa da cafeteria, com o mesmo valor esperado de US$ 34.500 e o mesmo risco total de antes, como mostra a Figura 15.3. Como os fluxos de caixa totais da dívida e das ações são iguais aos fluxos de caixa da empresa não alavancada, o Princípio da Avaliação nos diz que seus valores de mercado têm que ser iguais. Especificamente, calculamos anteriormente que o valor da empresa não alavancada, V^U, é:

$$V^U = US\$\ 34.500/1,15 = US\$\ 30.000$$

Assim, o valor total da empresa alavancada, V^L, que é o valor combinado de sua dívida, D, e ações alavancadas, E, têm que ser iguais:

$$V^L = D + E = US\$\ 30.000$$

Portanto, se o valor de mercado inicial da dívida é D = US$ 15.000 (a quantia emprestada), o valor de mercado inicial das ações alavancadas tem que ser E = US$ 30.000 − US$ 15.000 = US$ 15.000.

Assim, Modigliani e Miller afirmaram que a alavancagem meramente mudava a alocação dos fluxos de caixa entre dívida e ações, sem alterar os fluxos de caixa totais da empresa em um mercado de capitais perfeito. Assim, eles concluíram que:

Primeira Proposição de MM: *Em um mercado de capitais perfeito, o valor total de uma empresa é igual ao valor de mercado dos fluxos de caixa totais gerados por seus ativos e não é afetado por sua escolha de estrutura de capital.*

Podemos escrever este resultado em uma equação como a seguir:

$$V^L = E + D = V^U \tag{15.1}$$

---

[1] F. Modigliani e M. Miller, "The Cost of Capital, Corporation Finance and the Theory of Investment," *American Economic Review* 48 (3) (1958): 261–297.

FIGURA 15.3

Fluxos de caixa não alavancados *versus* alavancados com mercados de capitais perfeitos

Quando a empresa não possui dívida, como mostra o painel (a), os fluxos de caixa pagos aos acionistas correspondem aos fluxos de caixa livres gerados pelos ativos da empresa. Quando a empresa possui a dívida exibida no painel (b), esses fluxos de caixa são divididos entre detentores de títulos de dívida e de ações. Entretanto, com mercados de capitais perfeitos, a quantia total paga a todos os investidores ainda corresponde aos fluxos de caixa livres gerados pelos ativos da empresa. Portanto, o valor da empresa não alavancada, V^U, tem que ser igual ao valor total da empresa alavancada, V^L, que é o valor combinado de sua dívida, D, e suas ações alavancadas, E.

Painel (a), Fluxos de caixa não alavancados

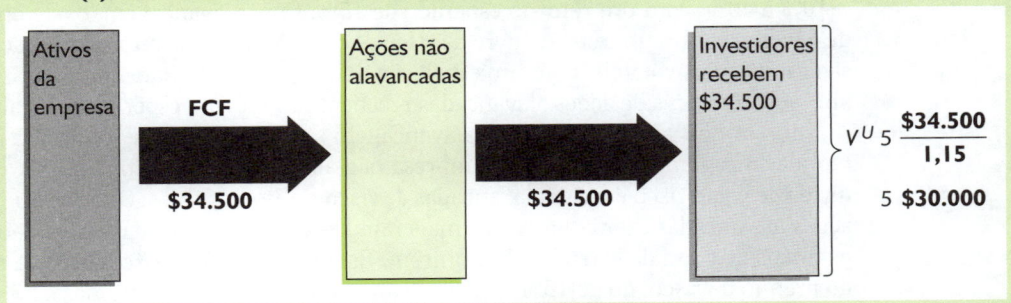

Ativos da empresa → FCF $34.500 → Ações não alavancadas $34.500 → Investidores recebem $34.500

$$V^U = \frac{\$34.500}{1,15} = \$30.000$$

Painel (b), Fluxos de caixa alavancados

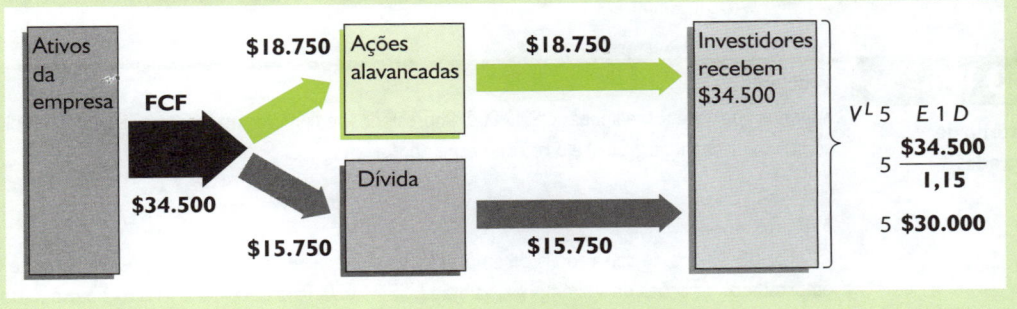

Ativos da empresa → FCF $34.500 → Ações alavancadas $18.750 / Dívida $15.750 → Investidores recebem $34.500

$$V^L = E + D = \frac{\$34.500}{1,15} = \$30.000$$

Esta equação declara que o valor total da empresa é o mesmo com ou sem alavancagem. Observe, em nosso exemplo, que pelo fato de os fluxos de caixa das ações alavancadas serem menores do que os das ações não alavancadas, as ações alavancadas são vendidas por um preço mais baixo do que as ações não alavancadas (US$ 15.000 *versus* US$ 30.000). Entretanto, o fato de que as ações são menos valiosas com alavancagem não significa que você está em pior situação. Você ainda levantará um total de US$ 30.000 emitindo dívida e ações alavancadas, exatamente como foi o caso com somente ações não alavancadas, e ainda fica com a diferença de US$ 6.000 entre os US$ 30.000 que você levantou e seu custo de US$ 24.000 como lucro. Consequentemente, você será indiferente entre essas duas possibilidades para a estrutura de capital da empresa.

O efeito da alavancagem sobre o risco e retorno

A conclusão de Modigliani e Miller foi contra a visão comum de que, mesmo com mercados de capitais perfeitos, a alavancagem afetaria o valor de uma empresa. Especificamente, pensava-se que o valor das ações alavancadas descapitalização exceder US$ 15.000, porque o valor presente de seu fluxo de caixa esperado a uma taxa de desconto de 15% é US$ 18.750/1,15 = US$ 16.304, como calculamos antes. O motivo pelo qual isto *não* está correto é que a alavancagem aumenta o risco do capital líquido de uma empresa. Portanto, é inadequado descontar os fluxos de caixa das ações alavancadas pela mesma taxa de descapitalização de 15% que utilizamos para as ações não alavancadas.

Analisemos mais detalhadamente o efeito da alavancagem sobre o custo de capital próprio da empresa. Se os acionistas estiverem dispostos a pagar somente US$ 15.000 pelas ações alavancadas, então, dado o *payoff* de US$ 18.750, seu retorno esperado será:

$$\text{Retorno esperado das ações alavancadas} = \text{US\$ } 18.750/\text{US\$ } 15.000 - 1 = 25\%$$

Apesar de este retorno talvez parecer um bom negócio para os investidores, lembre-se de que os fluxos de caixa da cafeteria são incertos. A Tabela 15.1 considera os diferentes níveis de demanda e os fluxos de caixa livres que a cafeteria pode gerar, e compara os *payoffs* e retornos seguros com ações não alavancadas ao caso em que você toma US$ 15.000 emprestados e levanta outros US$ 15.000 utilizando ações alavancadas. Observe que os retornos são muito diferentes com e sem alavancagem. Sem dívida, os retornos das ações não alavancadas variam de −10% a 40%, com um retorno esperado de 15%. Com alavancagem, os detentores de títulos de dívida recebem um retorno livre de risco de 5%, enquanto os retornos das ações alavancadas são muito mais voláteis, com uma variação de −25% a 75%. Para compensar este risco mais alto, os detentores de ações alavancadas recebem um retorno esperado mais alto de 25%.

Ilustramos, ainda, o efeito da alavancagem sobre os retornos, na Figura 15.4. Ao adicionar alavancagem, os retornos da empresa não alavancada são efetivamente "divididos" entre dívida de baixo risco e ações alavancadas de risco muito mais alto. Observe que os retornos das ações alavancadas caem duas vezes mais rapidamente do que os das ações não alavancadas se os fluxos de caixa da cafeteria diminuírem. Esta duplicação do risco justifica uma duplicação do prêmio de risco, que é 15% − 5% = 10% para ações não alavancadas e 25% − 5% = 20% para ações alavancadas. Como este exemplo mostra, *a alavancagem aumenta o risco das ações mesmo quando não há risco de que a empresa venha a ser inadimplente*.

EXEMPLO 15.1

O risco e retorno de ações alavancadas

Problema

Suponha que você tome apenas US$ 6.000 emprestados ao financiar sua cafeteria. Segundo Modigliani e Miller, qual seria o valor das ações? Qual é o retorno esperado?

Solução

▶ **Planejamento**

O valor dos fluxos de caixa totais da empresa não muda: ainda é US$ 30.000. Assim, se você tomar US$ 6.000 emprestados, as ações de sua empresa valerão US$ 24.000. Para determinar o retorno esperado das ações, calcularemos os fluxos de caixa do acionista em dois cenários. Os fluxos de caixa do acionista são os fluxos de caixa da empresa menos os fluxos de caixa dos detentores de títulos de dívida (repagamento do principal mais juros).

▶ **Execução**

A empresa deverá aos detentores de títulos de dívida US$ 6.000 × 1,05 = US$ 6.300 daqui a um ano. Assim, o *payoff* esperado dos acionistas é US$ 34.500 − US$ 6.300 = US$ 28.200, o que significa um retorno de US$ 28.200/US$ 24.000 − 1 = 17,5%.

▶ **Avaliação**

Apesar de o valor total da empresa permanecer inalterado, o patrimônio líquido da empresa neste caso é mais arriscado do que seria sem dívida, mas menos arriscado do que se a empresa tomasse US$ 15.000 emprestados. Para ilustrar, observe que, se a demanda for baixa, os acionistas receberão US$ 27.000 − US$ 6.300 = US$ 20.700, o que significa um retorno de US$ 20.700/US$ 24.000 − 1 = −13,75%. Compare este retorno com −10% sem alavancagem e se a empresa tomasse US$ 15.000 emprestados. Consequentemente, o retorno esperado das ações alavancadas é mais alto neste caso do que para as ações não alavancadas (17,5% *versus* 15%), mas não tão alto quanto no exemplo anterior (17,5% *versus* 25%).

Alavancagem feita em casa

MM mostraram que o valor da empresa não é afetado por sua escolha de estrutura de capital. Mas suponhamos que os investidores preferissem uma estrutura de capital alternativa àquela que a empresa escolheu. MM demonstraram que, neste caso, os investidores podem contrair

TABELA 15.1 Retornos de ações em diferentes situações com e sem alavancagem

	Cafeteria	Fluxos de caixa seguros			Retornos seguros		
Demanda	Fluxos de caixa livres	Ações não alavancadas	Dívida	Ações alavancadas	Ações não alavancadas	Dívida	Ações alavancadas
Baixa	US$ 27.000	US$ 27.000	US$ 15.750	US$ 11.250	−10%	5%	−25%
Esperada	**US$ 34.500**	**US$ 34.500**	**US$ 15.750**	**US$ 18.750**	**15%**	**5%**	**25%**
Alta	US$ 42.000	US$ 42.000	US$ 15.750	US$ 26.250	40%	5%	75%

FIGURA 15.4 — Retornos não alavancados *versus* alavancados com mercados de capitais perfeitos

A alavancagem divide o retorno da empresa entre dívida de baixo risco e ações alavancadas de alto risco em comparação às ações de uma empresa não alavancada. Neste exemplo, os retornos das ações alavancadas são duas vezes mais sensíveis aos fluxos de caixa da empresa do que os retornos de ações não alavancadas. Esta duplicação do risco implica em uma duplicação do prêmio de risco de 10% para 20%.

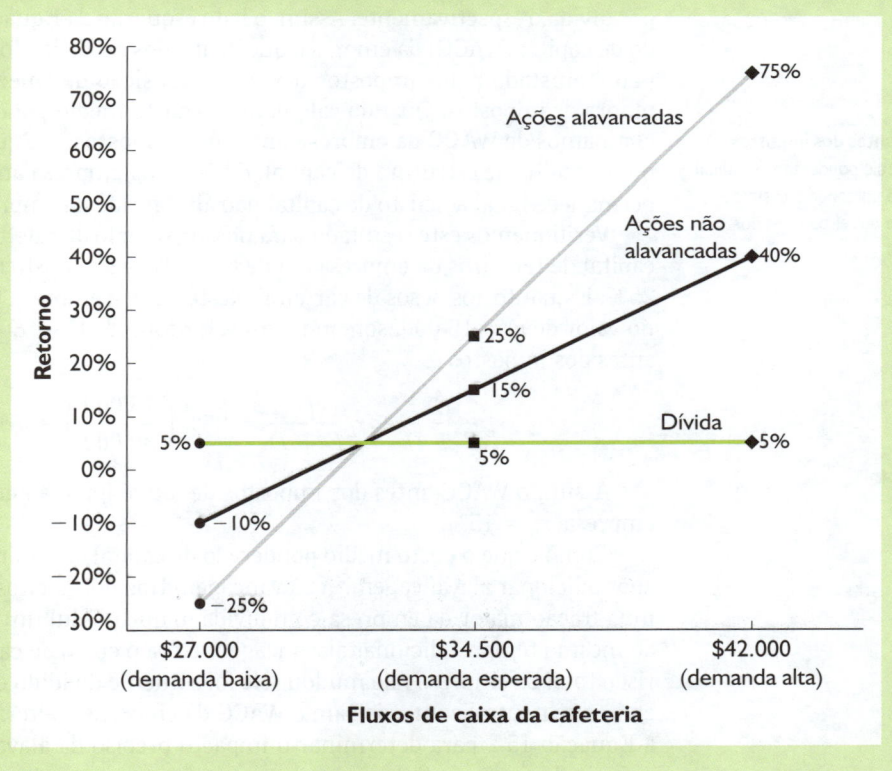

alavancagem feita em casa
Quando os investidores utilizam alavancagem em suas próprias carteiras para corrigir a escolha de alavancagem feita por uma empresa.

ou conceder empréstimos por conta própria e alcançar o mesmo resultado. Por exemplo, um investidor que gostaria de mais alavancagem do que a empresa escolheu pode contrair um empréstimo pessoal e adicionar alavancagem à sua própria carteira. Adicionar alavancagem dessa maneira diminuirá os custos desembolsáveis do título, mas aumentará o risco da carteira. Quando os investidores utilizam alavancagem em sua própria carteira para ajustar a escolha de alavancagem feita pela empresa, dizemos que estão utilizando **alavancagem feita em casa**. Contanto que os investidores possam contrair ou conceder empréstimos à mesma taxa de juros que a empresa, o que é possível em mercados de capitais perfeitos, a alavancagem feita em casa é um excelente substituto para o uso de alavancagem pela empresa. Assim, como diferentes escolhas de estrutura de capital não oferecem benefício aos investidores em mercados de capitais perfeitos, essas escolhas não afetam o valor da empresa.

Alavancagem e o custo de capital

Podemos utilizar as ideias de Modigliani e Miller para compreender o efeito da alavancagem sobre o custo de capital da empresa. Lembre-se, da Figura 15.3 e da Equação 15.1, que se observarmos uma carteira das ações e da dívida de uma empresa alavancada conjuntamente, essa carteira terá o mesmo valor e fluxos de caixa que a empresa não alavancada. Portanto, o retorno esperado da carteira deverá ser igual ao retorno esperado da empresa não alavancada. Lembre-se, do Capítulo 11, que o retorno esperado da carteira de ações e dívida é simplesmente a média ponderada dos retornos esperados de cada título. Assim, com r_E representando o retorno esperado das ações, r_D o retorno esperado da dívida, e r_U o retorno esperado das ações não alavancadas, temos:

Custo médio ponderado de capital (Antes dos impostos)

$$\underbrace{r_E \frac{E}{E+D} + r_D \frac{D}{E+D}}_{\text{WACC antes dos impostos}} = r_U \qquad (15.2)$$

Os valores $\frac{E}{E+D}$ e $\frac{D}{E+D}$ representam a fração do valor da empresa financiada por ações e por dívida, respectivamente. Assim, o lado esquerdo da Equação 15.2 é o custo médio ponderado de capital (WACC) da empresa, que definimos no Capítulo 12. Observe que o custo da dívida não é ajustado pelos impostos devido à suposição de "mercados de capitais perfeitos", que ignora os impostos. Quando calculamos o custo médio ponderado de capital sem impostos, o chamamos de **WACC da empresa antes dos impostos**. A Equação 15.2 declara que, para qualquer escolha de estrutura de capital, o WACC da empresa antes dos impostos não é alterado e permanece igual ao custo de capital não alavancado da empresa.

WACC antes dos impostos O custo médio ponderado de capital calculado utilizando o custo de capital de terceiros antes dos impostos.

Verifiquemos este resultado para nosso exemplo da cafeteria. Com alavancagem, o custo de capital de terceiros da empresa era de $r_D = 5\%$, e seu custo de capital próprio subiu para $r_E = 25\%$. E quanto aos pesos de carteira? Neste caso, a empresa tomou $D = 15.000$ e emitiu ações no valor de $E = 15.000$, somando um valor total de $V^L = E + D = 30.000$. Portanto, o WACC antes dos impostos é:

$$r_E \frac{E}{E+D} + r_D \frac{D}{E+D} = 25\% \left(\frac{15.000}{30.000}\right) + 5\% \left(\frac{15.000}{30.000}\right) = 15\%$$

Assim, o WACC antes dos impostos de fato é igual ao custo de capital não alavancado da empresa, $r_U = 15\%$.

Como é que o custo médio ponderado de capital da empresa permanece inalterado mesmo após adicionar alavancagem? A alavancagem traz dois efeitos que se neutralizam: financiamos uma fração maior da empresa com dívida, o que possui um custo de capital mais baixo, mas, ao mesmo tempo, adicionar alavancagem eleva o custo de capital próprio da empresa. Como o risco total da empresa não mudou (ele foi somente dividido entre esses dois títulos), esses dois efeitos se neutralizam e deixam o WACC da empresa inalterado. Na verdade, podemos utilizar a Equação 15.2 para determinar o impacto preciso da alavancagem sobre o custo de capital próprio da empresa. Solucionando a equação para encontrar r_E, temos:

Segunda Proposição de MM: o custo de capital de ações alavancadas

$$r_E = r_U + \frac{D}{E}(r_U - r_D) \qquad (15.3)$$

Ou, traduzindo em palavras:

Segunda Proposição de MM: *O custo de capital de ações alavancadas é igual ao custo de capital de ações não alavancadas mais um prêmio que é proporcional ao índice capital de terceiros/capital próprio (medido utilizando valores de mercado).*

Vejamos a Segunda Proposição de MM no contexto do exemplo da cafeteria. Neste caso:

$$r_E = r_U + \frac{D}{E}(r_U - r_D) = 15\% + \frac{15.000}{15.000}(15\% - 5\%) = 25\%$$

Este resultado corresponde ao retorno esperado das ações alavancadas que calculamos na Tabela 15.1.

A Figura 15.5 ilustra o efeito de aumentar o grau de alavancagem na estrutura de capital de uma empresa sobre seu custo de capital próprio, seu custo de capital de terceiros e seu WACC. Na figura, medimos a alavancagem da empresa em termos de seu índice de capital de terceiros/capital próprio, $D/(E+D)$. Sem dívida, o WACC é igual ao custo de capital das ações não alavancadas. Quando a empresa contrai empréstimos pelo baixo custo de capital de terceiros, seu custo de capital próprio aumenta, segundo a Equação 15.3. O efeito líquido é que o WACC da empresa permanece inalterado. É claro que, à medida que a quantidade de dívida aumenta, esta vai se tornando cada vez mais arriscada, porque há uma chance de que a empresa venha a ser inadimplente; consequentemente, o custo de capital de terceiros também aumenta. Com perto de 100% em dívida, a dívida seria quase tão arriscada quanto os próprios ativos (de maneira similar às ações não alavancadas). Apesar de os custos de capital de terceiros e próprio aumentarem quando a alavancagem é alta, como uma fração maior da empresa é financiada com dívida (que tem um custo mais baixo), o WACC permanece constante.

FIGURA 15.5

WACC e alavancagem com mercados de capitais perfeitos

O painel (a) representa os dados no painel (b) relativos ao exemplo da cafeteria. À medida que a fração da empresa financiada com dívida aumenta, tanto as ações quanto a dívida vão se tornando mais arriscadas e seu custo de capital vai aumentando. Contudo, como está se colocando mais peso no lado de menor custo da dívida, o custo médio ponderado de capital permanece constante.

Painel (a) Ações, dívida e WACC para diferentes graus de alavancagem

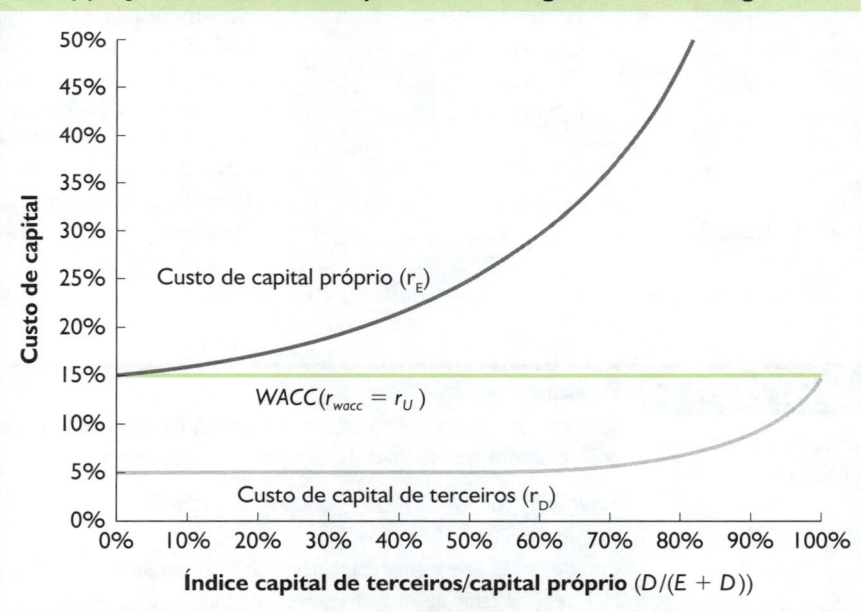

Painel (b) Dados do WACC para estruturas de capital alternativas

E	D	r_E	r_D	$r_E \frac{E}{E+D} + r_D \frac{D}{E+D}$	$= r_{wacc}$
30.000	0	15,0%	5,0%	15,0% × 1,0 + 5,0% × 0,0	= 15%
24.000	6.000	17,5%	5,0%	17,5% × 0,8 + 5,0% × 0,2	= 15%
15.000	15.000	25,0%	5,0%	25,0% × 0,5 + 5,0% × 0,5	= 15%
3.000	27.000	75,0%	8,3%	75,0% × 0,1 + 8,3% × 0,9	= 15%

Erros comus — Falácias da estrutura de capital

Agora, faremos uma análise crítica de dois argumentos incorretos que às vezes são citados a favor da alavancagem.

Alavancagem e lucros por ação

Falácia 1: A alavancagem pode aumentar os lucros esperados por ação de uma empresa; ao fazê-lo, a alavancagem também deve aumentar o preço das ações da empresa.

Considere o exemplo da cafeteria. No caso de financiamento somente com ações, se você emitisse 1.000 ações, elas valeriam US$ 30 cada e os lucros esperados por ação (EPS) seriam de US$ 34.500 / 1.000 = US$ 34,50. O EPS variaria de US$ 27 por ação a US$ 42 por ação no caso de demanda baixa ou alta. No caso em que há dívida, como mostra a Tabela 15.1, você só precisa levantar US$ 15.000 em ações e, então, poderia emitir apenas 500 ações, cada uma valendo US$ 30. Neste caso, seu EPS esperado será de US$ 18.750 / 500 = US$ 37,50, com uma variação entre US$ 22,50 e US$ 52,50. Assim, apesar de o EPS esperado ser maior com alavancagem, a variação no EPS também é muito maior, como mostram as barras verde e cinza. Com alavancagem, o EPS cai para US$ 22,50 quando os fluxos de caixa são baixos, o que é muito mais do que o EPS teria caído sem alavancagem (US$ 27). Apesar de o EPS aumentar, em média, este aumento é necessário para compensar os acionistas pelo risco adicional que eles estão assumindo. Consequentemente, o preço das ações do empreendedor não aumenta em decorrência da emissão de dívida.

Emissões de ações e diluição

Falácia 2: Emitir dívida *dilui* a propriedade dos acionistas existentes, então, em vez de emitir ações, deve-se utilizar o financiamento por dívida. **Diluição** significa que, se a empresa emitir novas ações, os fluxos de caixa gerados pela empresa têm que ser divididos dentre um grande número de ações, reduzindo, assim, o valor de cada ação individual.

Esta linha de raciocínio ignora o fato de que o dinheiro levantado com a emissão de novas ações aumentará os ativos da empresa. Considere a oferta subsequente de ações da Google em setembro de 2005 que ofereceu 14.159.265 ações Classe A a US$ 295 cada. A Google precificou as ações de modo que elas correspondessem ao preço de mercado de ações Classe A da NASDAQ na época da oferta. A quantia levantada foi, na época, US$ 4.176.983.175, então, o valor total da Google aumentou para US$ 60.560.157.355, que quando dividido pelo número total de ações (205.288.669), ainda resulta em um preço de US$ 295 por ação.

Em geral, contanto que a empresa venda as novas ações *a um preço justo*, não haverá perdas ou ganhos para os acionistas associados à emissão de ações propriamente dita. O dinheiro recebido pela empresa em decorrência da emissão de ações compensa exatamente a diluição das ações. Qualquer ganho ou perda associado à transação será proveniente do NPV dos investimentos que a empresa fizer com os fundos levantados.

EXEMPLO 15.2

Calculando o custo de capital próprio

Problema

Suponha que você tome emprestados apenas US$ 6.000 ao financiar sua cafeteria. De acordo com a Segunda Proposição de MM, qual será o custo de capital próprio de sua empresa?

Solução

▶ **Planejamento**

Como os ativos de sua empresa têm um valor de mercado de US$ 30.000, de acordo com a Primeira Proposição de MM, as ações terão que ter um valor de mercado de US$ 24.000 = US$ 30.000 − US$ 6.000. Podemos utilizar a Equação 15.3 para calcular o custo das ações. Sabemos que o custo das ações não alavancadas é r_U = 15%. Também sabemos que r_D = 5%.

▶ **Execução**

$$r_E = 15\% + \frac{6.000}{24.000}(15\% - 5\%) = 17,5\%$$

▶ **Avaliação**

Este resultado corresponde ao retorno esperado calculado no Exemplo 15.1, onde também supusemos uma dívida de US$ 6.000. O custo de capital próprio deve ser o retorno esperado aos acionistas.

MM e o mundo real

Nossas conclusões até este momento podem parecer surpreendentes à primeira vista. Em mercados de capitais perfeitos, a alavancagem não afeta nem o custo de capital nem o valor da empresa e, então, a escolha da empresa em relação à sua estrutura de capital seria irrelevante! Entretanto, os mercados de capitais não são perfeitos no mundo real. O que, então, podemos fazer com os resultados de Modigliani e Miller?

Como uma útil analogia, consideremos a Lei dos Corpos em Queda, de Galileu. Galileu subverteu o pensamento convencional mostrando que, sem fricção, corpos em queda livre caem com mesma aceleração, independentemente de sua massa. Se testarmos esta lei, provavelmente acharemos que ela não é exatamente válida. O motivo, claro, é que a menos que estejamos no vácuo, a fricção do ar tende a desacelerar alguns objetos mais que outros.

Os resultados de MM são similares. Na prática, veremos que a estrutura de capital pode ter certo efeito sobre o valor da empresa. A Lei dos Corpos em Queda de Galileu revela que, para explicar as diferenças nas velocidades dos objetos em queda, temos que observar a fricção do ar em vez de qualquer propriedade subjacente da gravidade. As proposições de MM revelam que quaisquer efeitos da estrutura de capital têm, similarmente, que ser resultantes de fricções existentes nos mercados de capitais. Exploraremos as importantes fontes dessas fricções e suas consequências no restante deste capítulo.

Fixação de conceitos

3. Como a alavancagem afeta o risco e o custo das ações da empresa?
4. Em um mercado de capitais perfeito, é possível alterar o valor ou o WACC da empresa utilizando mais capital de terceiros?

15.3 Endividamento e impostos

Até agora, utilizamos o cenário de mercados de capitais perfeitos para abordarmos a questão fundamental de que a escolha de projetos e investimentos por parte da empresa é o principal determinante de seu valor e risco, e, logo, de seu custo de capital geral. Mas, no mundo real, os mercados são imperfeitos e essas imperfeições podem criar um papel para a estrutura de

---

Prêmio Nobel — Franco Modigliani e Merton Miller

Franco Modigliani e Merton Miller, os autores das Proposições de Modigliani e Miller, receberam, cada um, o Prêmio Nobel em economia por seu trabalho em economia financeira, incluindo suas proposições sobre estrutura de capital. Modigliani recebeu o Prêmio Nobel em 1985 por seu trabalho sobre economias pessoais e por seus teoremas sobre estrutura de capital com Miller. Miller recebeu seu prêmio em 1990 por sua análise da teoria de carteiras e estrutura de capital.

Miller certa vez descreveu as proposições de MM em uma entrevista desta maneira:

As pessoas sempre perguntam: o Sr. poderia resumir sua teoria rapidamente? Bem, eu digo, você compreende o teorema de M&M se compreender por que isso é uma piada: o entregador de pizza chega para Yogi Berra depois do jogo e diz, "Yogi, como você quer que eu corte esta pizza, em quatro ou oito fatias"? E Yogi diz, "Corte em oito fatias, estou com fome esta noite".

Todos reconhecem que isto é uma piada porque obviamente o número e a forma das fatias não afetam o tamanho da pizza. E da mesma maneira, ações, títulos de dívida, warrants, etc., emitidos não afetam o valor agregado da empresa. Eles só fatiam os rendimentos de maneiras diferentes.[*]

Modigliani e Miller receberam o Prêmio Nobel em grande parte por sua observação de que o valor de uma empresa não deve ser afetado por sua estrutura de capital em mercados de capitais perfeitos. Apesar de a intuição por trás das proposições de MM ser tão simples quanto o ato de fatiar uma pizza, suas implicações para as finanças empresariais são extensas. As proposições implicam que o verdadeiro papel da política financeira de uma empresa é lidar com (e potencialmente explorar) as imperfeições do mercado financeiro, como impostos e custos de transações. O trabalho de Modigliani e Miller deu início a uma vasta linha de pesquisa sobre essas imperfeições de mercado, que veremos no restante do capítulo.

---
[*] Peter J. Tanous, *Investment Gurus* (New York: Institute of Finance, 1997).

capital da empresa. Nesta seção, nos focalizaremos em uma importante fricção de mercado – os impostos corporativos – e mostraremos como a escolha da estrutura de capital da empresa pode afetar os impostos que ela tem que pagar e, portanto, seu valor para os investidores.

A dedução da despesa com juros dos impostos e o valor da empresa

Como discutimos no Capítulo 12, as empresas podem deduzir as despesas com juros de seus impostos tributáveis. A dedução reduz os impostos que elas pagam e, dessa maneira, aumenta a quantia disponível a ser paga aos investidores. Ao fazê-lo, a dedução tributária das despesas com juros aumenta o valor da empresa.

Para ilustrar, consideremos o impacto das despesas com juros sobre os impostos pagos pela Safeway, Inc., uma cadeia de mercados. Em 2006, a Safeway teve lucros antes dos juros e dos impostos de US$ 1,65 bilhão, e despesas com juros de US$ 400 milhões. Dada uma alíquota corporativa de impostos de 35%, podemos comparar o lucro líquido real da Safeway com o lucro que ela teria tido se não houvesse dívida, como mostra a Tabela 15.2.

Como podemos ver a partir da Tabela 15.2, o lucro líquido da Safeway em 2006 foi menor com a alavancagem do que teria sido sem alavancagem. Assim, as obrigações da dívida da Safeway reduziram o valor de suas ações. Mas o que é mais importante é que o valor *total* disponível a *todos* os investidores era maior com alavancagem:

	Com alavancagem	Sem alavancagem
Juros pagos a titulares de dívida	400	0
Receita disponível aos acionistas	812	1.072
Total disponível a todos os investidores	**US$ 1.212**	**US$ 1.072**

Com alavancagem, a Safeway conseguiu pagar um total de US$ 1,212 bilhão a seus investidores, em comparação a apenas US$ 1,072 bilhão sem alavancagem, o que representa um aumento de US$ 140 milhões.

Pode parecer estranho que uma empresa possa estar em uma situação melhor com alavancagem apesar de seus lucros serem mais baixos. Mas, lembre-se, da Seção 15.1, de que o valor de uma empresa é o valor total que ela pode levantar de todos os investidores, não apenas dos acionistas que recebem os lucros. Assim, se a empresa pode pagar um total mais alto com alavancagem, ela conseguirá levantar mais capital total inicialmente.

De onde vêm os US$ 140 milhões adicionais? Observando a Tabela 15.2, podemos ver que este ganho é igual à redução nos impostos com a alavancagem: US$ 578 milhões − US$ 438 milhões = US$ 140 milhões. Como a Safeway não deve impostos sobre os US$ 400 milhões de lucros antes dos impostos que utilizou para fazer pagamentos de juros, esses US$ 400 milhões são *deduzidos* dos impostos corporativos, o que gera a economia tributária de 35% × US$ 400 milhões = US$ 140 milhões.

Em geral, o ganho para os investidores proveniente da dedutibilidade dos pagamentos de juros é chamado de **dedução tributária das despesas com juros**. A dedução tributária das despesas com juros é a quantia adicional que uma empresa pode pagar aos investidores econo-

dedução tributária das despesas com juros Redução nos impostos pagos devido à dedutibilidade dos pagamentos de juros.

TABELA 15.2 Receita da Safeway com e sem alavancagem, 2006 (US$ milhões)

	Com alavancagem (real)	Sem alavancagem
EBIT	US$ 1.650	US$ 1.650
Despesa com juros	−400	0
Receita antes dos impostos	1.250	1.650
Impostos (35%)	−438	−578
Lucro líquido	US$ 812	US$ 1.072

zando os impostos que ela teria pago se não tivesse alavancagem. Podemos calcular a quantia da dedução tributária das despesas com juros a cada ano como a seguir:

$$\text{Dedução tributária das despesas com juros} = \text{Alíquota corporativa de impostos} \times \text{Pagamentos de juros} \quad (15.4)$$

Valor da dedução tributária das despesas com juros

Quando uma empresa utiliza dívida, a dedução tributária das despesas com juros fornece um benefício tributário todo ano. Para determinar o benefício da alavancagem para o valor da empresa, temos que calcular o valor presente da sequência de deduções tributárias das despesas com juros que a empresa receberá no futuro.

Como vimos nos exemplos anteriores, todo ano a empresa faz pagamentos de juros, os fluxos de caixa que ela paga aos investidores serão mais altos do que seriam sem alavancagem no valor da dedução tributária das despesas com juros:

$$\text{(Fluxos de caixa aos investidores com alavancagem)} = \begin{pmatrix} \text{Fluxos de caixa aos investidores} \\ \text{sem alavancagem} \end{pmatrix} + \begin{pmatrix} \text{Dedução tributária das} \\ \text{despesas com juros} \end{pmatrix}$$

EXEMPLO 15.3

Calculando a dedução tributária das despesas com juros

Problema

A seguir, vemos as demonstrações de resultados da D.F. Builders (DFB). Dada sua alíquota marginal corporativa de impostos de 35%, qual é o valor da dedução tributária das despesas com juros da DFB nos anos 2005 a 2008?

1	Demonstração de resultados da DFB (US$ milhões)	2005	2006	2007	2008
2	Total de vendas	$3.369	$3.706	$4.077	$4.432
3	Custo das vendas	−2.359	−2.584	−2.867	−3.116
4	Despesas de vendas, gerais e administrativas	−226	−248	−276	−299
5	Depreciação	−22	−25	−27	−29
6	**Receita operacional**	762	849	907	988
7	Outras receitas	7	8	10	12
9	**EBIT**	769	857	917	1.000
10	Despesas com juros	−50	−80	−100	−100
11	**Receita antes dos impostos**	719	777	817	900
12	Impostos (35%)	−252	−272	−286	−315
13	**Lucro líquido**	$467	$505	$531	$585

Solução

▶ **Planejamento**

A partir da Equação 15.4, a dedução tributária das despesas com juros é a alíquota de impostos de 35% multiplicada pelos pagamentos de juros a cada ano.

▶ **Execução**

1	(US$ milhões)	2005	2006	2007	2008
2	Despesas com juros	50	80	100	100
3	**Dedução tributária das despesas com juros** (35% × despesas com juros)	17,5	28	35	35

▶ **Avaliação**

Ao utilizar dívida, a DFB consegue reduzir sua receita tributável e, portanto, diminuir o total de seus pagamentos de impostos em US$ 115,5 milhões ao longo do período de quatro anos. Assim, a quantia total dos fluxos de caixa disponíveis a todos os investidores (detentores de títulos de dívida e de ações) é US$ 115,5 milhões a mais ao longo do período de quatro anos.

A Figura 15.6 ilustra esta relação. Observe como cada dólar de fluxos de caixa antes dos impostos é dividido. A empresa utilize uma fração para pagar impostos e paga o restante aos investidores. Ao aumentar o valor pago aos titulares de dívida por meio de pagamentos de juros, o valor dos fluxos de caixa antes dos impostos que tem que ser pago como impostos diminui. O ganho em fluxos de caixa totais aos investidores é a dedução tributária das despesas com juros.[2]

Como os fluxos de caixa da empresa alavancada são iguais à soma dos fluxos de caixa da empresa não alavancada mais a dedução tributária das despesas com juros, segundo o Princípio da Avaliação, o mesmo tem que ser válido para os valores presentes desses fluxos de caixa. Assim, sejam V^L e V^U o valor da empresa com e sem alavancagem, respectivamente, temos a seguinte alteração da Pimeira Proposição de MM na presença de impostos:

O valor total da empresa alavancada excede o valor da empresa sem alavancagem devido ao valor presente das economias tributárias da dívida:

$$V^L = V^U + PV(\text{Dedução tributária das despesas com juros}) \quad (15.5)$$

Claramente, existe uma importante vantagem tributária ao uso do financiamento por dívida. Mas qual é a dimensão do benefício tributário? Para calcular o aumento no valor total da empresa associado à dedução tributária das despesas com juros, precisamos prever o quanto a dívida da empresa – e, portanto, seus pagamentos de juros – irão variar ao longo do tempo. Dada a previsão dos pagamentos de juros futuros, podemos determinar a dedução tributária das despesas com juros e calcular seu valor presente descontando-a a uma taxa que corresponde a seu risco.

FIGURA 15.6 **Os fluxos de caixa da empresa não alavancada e da empresa alavancada**

Ao aumentar os fluxos de caixa pagos aos detentores de títulos de dívida por meio do pagamento de juros, uma empresa reduz o valor pago em impostos. O aumento nos fluxos de caixa totais pagos aos investidores é a dedução tributária das despesas com juros. (A figura supõe uma alíquota marginal corporativa de impostos de 40%).

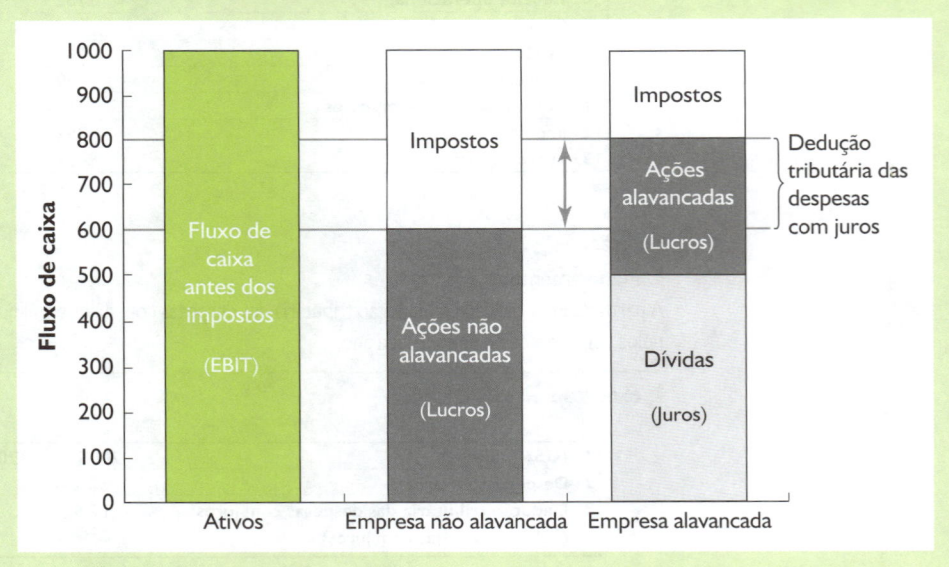

---

[2] Se os investidores forem tributados sobre receitas provenientes de juros a uma taxa mais alta do que sobre ganhos de capital, esta *desvantagem* tributária pessoal da dívida compensará parcialmente a vantagem tributária da dívida.

EXEMPLO 15.4

Avaliando a dedução tributária das despesas com juros

Problema

Suponha que a DFB do Exemplo 15.3 tome US$ 2 bilhões emprestados emitindo títulos de dívida de 10 anos. O custo de capital de terceiros da DFB é 6%, então, ela terá que pagar US$ 120 milhões em juros por ano pelos 10 próximos anos e pagar o principal de US$ 2 bilhões no ano 10. A alíquota de impostos marginal da DFB permanecerá sendo 35% ao longo de todo este período. Em quanto a dedução tributária das despesas com juros aumenta o valor da DFB?

Solução

▶ **Planejamento**

Neste caso, a dedução tributária das despesas com juros dura 10 anos, então podemos avaliá-la como uma anuidade de 10 anos. Como as economias tributárias são tão arriscadas quanto a dívida que as cria, podemos descontá-la pelo custo de capital de terceiros da DFB: 6%.

▶ **Execução**

A dedução tributária das despesas com juros a cada ano é 35% × US$ 120 milhões = US$ 42 milhões. Avaliada como uma anuidade de 10 anos a 6%, temos:

$$PV(\text{Dedução tributária das despesas com juros}) = US\$ 42 \text{ milhões} \times \frac{1}{6\%}\left(1 - \frac{1}{1,06^{10}}\right)$$
$$= US\$ 309 \text{ milhões}$$

Como somente os juros são dedutíveis dos impostos, o pagamento final do principal no ano 10 não é dedutível, então não contribui para a dedução tributária.

▶ **Avaliação**

Sabemos que em mercados de capitais perfeitos, as transações de financiamento têm um NPV igual a zero – o pagamento dos juros e do principal têm um valor presente de exatamente o valor dos títulos de dívida: US$ 2 bilhões. Entretanto, a dedutibilidade tributária dos juros faz desta uma transação com NPV positivo para a empresa. Como o governo efetivamente subsidia o pagamento de juros, emitir esses títulos de dívida tem um NPV de US$ 309 milhões.

A dedução tributária das despesas com juros com dívida permanente

Muitos fatores podem afetar as economias tributárias futuras dos juros. Tipicamente, o nível de pagamentos futuros de juros varia devido a:

- Mudanças que a empresa faz no nível de dívida pendente;
- Mudanças na taxa de juros sobre essa dívida;
- Mudanças na alíquota marginal de impostos da empresa; e
- O risco de que a empresa possa vir a ser inadimplente, deixando de fazer algum pagamento de juros.

Em vez de tentar levar em conta todas as possibilidades aqui, consideraremos o caso especial em que a empresa emite dívida e planeja manter o valor da dívida em dólar constante para sempre.

Por exemplo, a empresa pode emitir um título causal perpétuo, fazendo somente pagamentos de juros, mas nunca pagando o principal. De maneira mais realista, suponha que a empresa emita títulos de dívida de curto prazo como títulos de cupom de cinco anos. Na ocasião do vencimento do principal, a empresa levanta o dinheiro necessário para pagá-lo emitindo uma nova dívida. Dessa maneira, a empresa nunca quita o principal, simplesmente refinanciando-o sempre que chegar seu vencimento. Nesta situação, a dívida é efetivamente permanente.

Muitas grandes empresas têm uma política de manter determinado grau de endividamento em seus balanços patrimoniais. À medida que os títulos de dívida antigos vão vencendo, elas iniciam novos empréstimos e emitem novos títulos de dívida. Observe que estamos considerando o valor da dedução tributária das despesas com juros com o valor da dívida pendente *fixo* em dólar, em vez de um valor que muda de acordo com o tamanho da empresa.

Como vimos no Capítulo 6, se a dívida tiver um preço justo, o Princípio da Avaliação implica que o valor de mercado da dívida hoje tem que ser igual ao valor presente dos pagamentos de juros futuros:[3]

$$\text{Valor de mercado da dívida} = D = PV \text{ (Pagamentos de juros futuros)} \quad (15.6)$$

Se a alíquota marginal de impostos (T_c) da empresa for constante, então teremos a seguinte fórmula geral:

Valor da dedução tributária das despesas com juros de dívida permanente

$$PV \text{ (Pagamentos de juros futuros)} = PV (T_c \times \text{Pagamentos de juros futuros})$$
$$= T_c \times PV \text{ (Pagamentos de juros futuros)} \quad (15.7)$$
$$= T_c \times D$$

Esta fórmula mostra a magnitude da dedução tributária das despesas com juros. Dada uma alíquota corporativa de impostos de 35% a cada US$ 1 em uma nova dívida permanente emitida pela empresa, o valor da empresa aumenta em US$ 0,35.

Alavancagem e o WACC com impostos

Há uma outra maneira de incorporarmos o benefício da dedução tributária das despesas com juros futura da empresa. Lembremos, do Capítulo 12, que definimos o WACC com impostos como:

Custo médio ponderado de capital com impostos

$$r_{wacc} = r_E \frac{E}{E + D} + r_D (1 - T_C) \frac{D}{E + D} \quad (15.8)$$

Na Equação 15.8, incorporamos o benefício da dedução tributária das despesas com juros ajustando o custo de capital de terceiros da empresa. Se a empresa paga uma taxa de juros r_D sobre sua dívida, então, como ela recebe uma dedução tributária de $T_c \times r_D$, o custo de capital de terceiros efetivo após os impostos é reduzido para $r_D (1 - T_c)$. Comparando a Equação 15.8 com a Equação 15.2 para o WACC antes dos impostos, podemos ver que os impostos corporativos diminuem o custo efetivo do financiamento por endividamento, o que se traduz em uma redução no custo médio ponderado de capital. Na verdade, a Equação 15.8 implica em:

$$r_{wacc} = \underbrace{r_E \frac{E}{E + D} + r_D \frac{D}{E + D}}_{\text{WACC antes dos impostos}} - \underbrace{r_D T_C \frac{D}{E + D}}_{\substack{\text{Redução devido à} \\ \text{dedução tributária das} \\ \text{despesas com juros}}} \quad (15.9)$$

Assim, a redução no WACC aumenta com o grau de financiamento por endividamento. Quanto maior for o grau de alavancagem da empresa, mais a empresa explorará a vantagem tributária da dívida e menor será seu WACC. A Figura 15.7 ilustra esta diminuição no WACC com a alavancagem. A figura também mostra o WACC antes dos impostos como na Figura 15.5.

Endividamento e impostos: a palavra final

Nesta seção, vimos que a dedutibilidade das despesas com juros de impostos corporativos cria uma vantagem para o financiamento por endividamento. Podemos calcular o valor deste benefício para a empresa de duas maneiras. Em primeiro lugar, podemos calcular as deduções tributárias das despesas com juros futuras da empresa e determinar seu valor presente. Esta abordagem é especialmente simples quando o grau de endividamento é fixado permanentemente, caso no qual o valor da dedução tributária é igual a $T_c \times D$.

---

[3] A Equação 15.6 é válida mesmo se as taxas de juros flutuarem e a dívida for arriscada, contanto que qualquer dívida nova também seja justamente precificada. Ela só exige que a empresa nunca pague o principal da dívida (ou ela refinancia ou é inadimplente sobre o principal).

FIGURA 15.7

O WACC com e sem impostos corporativos

Calculamos o WACC como uma função da alavancagem utilizando a Equação 15.9. Enquanto o WACC antes dos impostos permanece constante, com impostos o WACC diminui à medida que a empresa aumenta sua dependência do financiamento por endividamento e que aumenta o benefício da dedução tributária das despesas com juros. A figura supõe uma alíquota marginal corporativa de impostos de 35%.

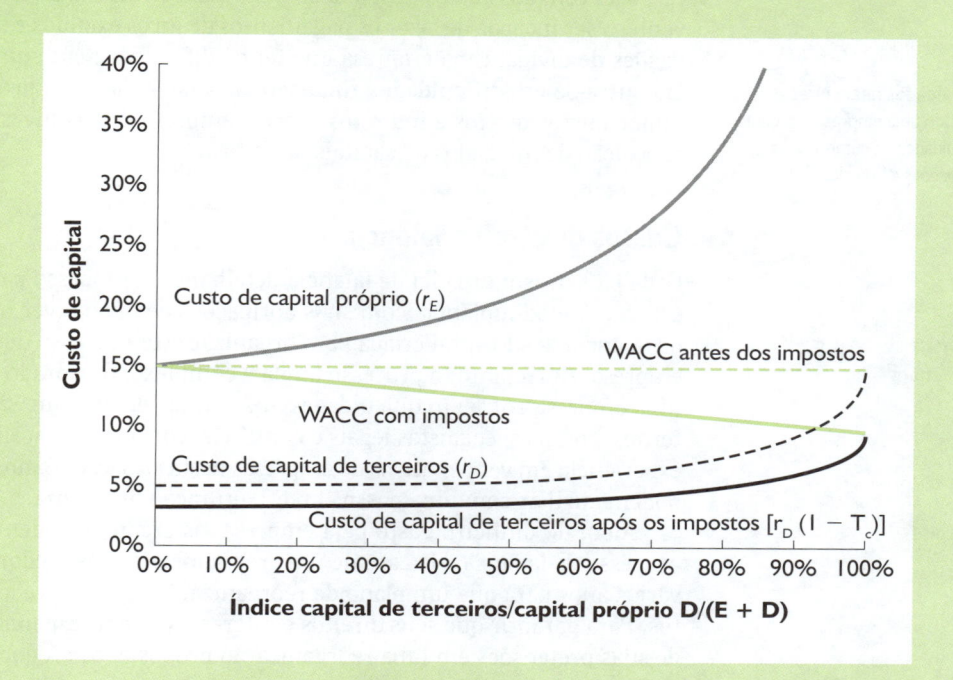

[Gráfico: Custo de capital (eixo Y, 0% a 40%) versus Índice capital de terceiros/capital próprio D/(E + D) (eixo X, 0% a 100%). Curvas mostradas: Custo de capital próprio (r_E), WACC antes dos impostos, WACC com impostos, Custo de capital de terceiros (r_D), Custo de capital de terceiros após os impostos [$r_D(1 - T_c)$].]

Uma segunda maneira de calcular o benefício da dedução tributária das despesas com juros é incorporá-lo ao custo de capital da empresa utilizando o WACC. Ao contrário do WACC antes dos impostos, o WACC com impostos diminui com a alavancagem devido à dedução tributária das despesas com juros. Se utilizarmos esta taxa de desconto mais baixa para calcular o valor presente dos fluxos de caixa livres da empresa ou de um investimento, o valor presente será mais alto em um valor que reflete o benefício das futuras deduções tributárias das despesas com juros. Esta abordagem é a mais fácil de aplicar quando a empresa ajusta sua dívida para manter a fração de financiamento por endividamento (seu índice de capital de terceiros/capital próprio) constante ao longo do tempo.

Em resumo, podemos incluir a dedução tributária das despesas com juros ao avaliar o valor de uma empresa ou de um investimento por *qualquer* dos métodos a seguir:

1. Descontar seu fluxo de caixa livre utilizando o WACC antes dos impostos, e somando o valor presente das deduções tributárias das despesas com juros esperadas futuras, ou
2. Descontar seu fluxo de caixa livre utilizando o WACC (com impostos).

Utilizando qualquer desses métodos, veremos que o valor da empresa aumentará com a alavancagem. Assim, ao contrário da situação válida com mercados de capitais perfeitos, a estrutura de capital faz diferença. Mas agora nos deparamos com um mistério: dado o benefício tributário, por que as empresas não utilizam o financiamento por endividamento quase que exclusivamente?

Fixação de conceitos

5. Como a dedução tributária das despesas com juros afeta o valor da empresa?
6. Como o WACC da empresa muda com a alavancagem?

15.4 Os custos da falência e das dificuldades financeiras

A última seção apresenta uma questão interessante: se aumentar a dívida aumenta o valor da empresa, então por que não passar o financiamento para quase 100% por dívida? Uma parte da resposta vem dos custos de falência. Com mais dívida, há uma chance maior de que a empresa venha a ser incapaz de fazer os pagamentos de juros exigidos e seja inadimplente em suas obrigações de dívida. Uma empresa que tenha dificuldade em cumprir suas obrigações de dívida encontra-se em **dificuldades financeiras**. A falência é um processo longo e complicado que impõe custos diretos e indiretos sobre a empresa e seus investidores que são ignorados pela suposição de mercados de capitais perfeitos.

dificuldades financeiras
Quando uma empresa enfrenta dificuldades de cumprir suas obrigações de dívida.

Custos diretos da falência

Cada país possui uma lei de falência detalhando o processo para lidar com uma empresa que esteja em inadimplência com suas obrigações de dívida (ver o apêndice deste capítulo). A lei de falência dos EUA foi criada para organizar este processo de pagamento das dívidas de uma empresa. Entretanto, o processo ainda é complexo, demorado e envolve custos altos. Quando uma empresa entra em dificuldades financeiras, geralmente são contratados profissionais externos, como especialistas legais e contábeis, consultores, avaliadores, leiloeiros e outros com experiência em vender ativos de empresas nesta situação. Banqueiros de investimento também podem auxiliar com uma possível reestruturação financeira.

Além do dinheiro gasto pela empresa, os credores podem incorrer em custos durante o processo de falência. No caso de uma reorganização, os credores têm geralmente que esperar vários anos para que um plano de reorganização seja aprovado e eles recebam seus pagamentos. Para garantir que seus direitos e interesses sejam respeitados, e para auxiliar na avaliação de suas pretensões em uma reorganização proposta, os credores podem buscar representação legal e aconselhamento profissional independente.

Os estudos em geral relatam que os custos diretos médios da falência são de aproximadamente 3% a 4% do valor de mercado pré-falência de todos os ativos. Os custos provavelmente serão mais altos para empresas com operações mais complicadas e para empresas com números maiores de credores, pois pode ser mais difícil chegar a um acordo entre muitos credores em relação à disposição final dos ativos da empresa. Como muitos aspectos do processo de falência são independentes do tamanho da empresa, para empresas menores os custos são geralmente mais altos em termos percentuais.

Custos indiretos das dificuldades financeiras

Além dos custos diretos legais e administrativos da falência, muitos outros custos *indiretos* são associados às dificuldades financeiras (tenha a empresa pedido falência formalmente ou não). Apesar de estes custos serem difíceis de medir com precisão, eles geralmente são muito maiores do que os custos diretos da falência.

Os custos indiretos da falência geralmente ocorrem porque a empresa pode renegar compromissos e contratos implícitos e explícitos quando em dificuldades financeiras. Por exemplo, uma fabricante de *software* em falência não precisa cumprir a obrigação de oferecer suporte a um de seus produtos. Sabendo disso, os clientes que dependem de tal serviço de suporte podem decidir comprar *software* de outras empresas que tenham menor chance de falência;

Falências significam um dinheirão para os especialistas

Os especialistas externos que auxiliam empresas em dificuldades financeiras custam caro. Na época em que a Enron entrou em falência, ao que consta a empresa gastou um valor recorde de US$ 30 milhões por mês em honorários legais e contábeis, e o custo total chegou a exceder os US$ 750 milhões. A WorldCom pagou a seus consultores US$ 657 milhões como parte de sua reorganização para se transformar na MCI. Entre 2003 e 2005, a United Airlines pagou a uma equipe de mais de 30 empresas de consultoria uma média de US$ 8,6 milhões por mês por serviços legais e profissionais relacionados à sua reorganização por falência. Sejam eles pagos pela empresa ou pelos credores, estes custos diretos da falência reduzem o valor dos ativos que os investidores da empresa receberão no final. No caso da Enron, os custos de reorganização podem se aproximar de 10% do valor dos ativos.

Fonte: Julie Johnsson, "UAL a Ch. 11 Fee Machine," *Crain's Chicago Business*, 27 de junho de 2005.

isto é, as empresas com menos alavancagem. Principalmente, muitos desses custos indiretos podem ser incorridos mesmo se a empresa ainda não estiver em dificuldades financeiras, mas apenas enfrentando uma possibilidade significativa de falência no futuro. Considere os seguintes exemplos:

Perda de clientes. Como a falência permite que a empresa se desobrigue de futuros compromissos com seus clientes, estes podem não estar dispostos a comprar produtos cujo valor dependa de suporte ou serviços futuros da empresa.

Perda de fornecedores. Os fornecedores podem não estar dispostos a fornecer estoque a uma empresa se temerem não ser pagos. Por exemplo, a Swiss Air foi forçada a fechar as portas em 2001 porque preocupações financeiras fizeram seus fornecedores se recusarem a abastecer seus aviões.

Custo para os funcionários. Um importante custo que geralmente recebe muito espaço na mídia é o custo das dificuldades financeiras para os funcionários. A maioria das empresas oferece a seus funcionários contratos de emprego de longo prazo explícitos, ou uma promessa implícita em relação à segurança no emprego. Entretanto, durante a falência, esses contratos e compromissos geralmente são ignorados e números significativos de funcionários podem ser demitidos. Prevendo isso, os funcionários podem estar menos dispostos a trabalhar para empresas com riscos significativos de falência e, então, exigirão uma remuneração mais alta para fazê-lo. Assim, contratar e reter funcionários pode ser caro para uma empresa com alavancagem: a Pacific Gas and Electric Corporation implementou um programa de retenção que custou mais de US$ 80 milhões para reter 17 funcionários fundamentais durante a falência em 2003.

Queima dos ativos. As empresas em dificuldades financeiras podem ser forçadas a vender ativos rapidamente para levantar dinheiro, possivelmente aceitando um preço mais baixo do que os ativos realmente valem para a empresa. Este custo provavelmente será grande quando os credores estão mais pessimistas a respeito do valor dos ativos e, então, os credores tentarão forçar uma liquidação, mesmo a preços baixos.

Ao todo, os custos indiretos das dificuldades financeiras podem ser substanciais. Um estudo de empresas com alta alavancagem realizado por Gregor Andrade e Steven Kaplan estimou uma perda potencial devido a dificuldades financeiras de 10% a 20% do valor da empresa. É importante observar que muitos desses custos indiretos podem ser incorridos mesmo se a empresa ainda não estiver em dificuldades financeiras, mas apenas enfrentando uma possibilidade significativa de falência no futuro.

Fixação de conceitos

7. Quais são os custos diretos da falência?
8. Por que é provável que os custos indiretos das dificuldades financeiras sejam mais importantes do que os custos diretos da falência?

15.5 Estrutura de capital ótima: a teoria do *tradeoff*

Agora podemos combinar nosso conhecimento dos benefícios da alavancagem da dedução tributária das despesas com juros com os custos das dificuldades financeiras a fim de determinar o grau de dívida que a empresa deve emitir para maximizar seu valor. A análise apresentada nesta seção se chama *teoria do tradeoff* porque pesa os benefícios da dívida que resultam da dedução de fluxos de caixa dos impostos em relação aos custos das dificuldades financeiras associados à alavancagem. Esta teoria às vezes é chamada de *teoria estática do tradeoff*.

Segundo a **teoria do *tradeoff***, o valor total de uma empresa alavancada é igual ao valor da empresa sem alavancagem, mais o valor presente das economias tributárias da dívida, menos o valor presente dos custos das dificuldades financeiras:

$$V^L = V^U + PV(\text{Dedução tributária das despesas com juros}) - PV(\text{Custos das dificuldades financeiras}) \quad (15.10)$$

teoria do *tradeoff* O valor total de uma empresa alavancada é igual ao valor da empresa sem alavancagem mais o valor presente das economias tributárias da dívida menos o valor presente dos custos das dificuldades financeiras.

A Equação 15.10 mostra que a alavancagem tem custos bem como benefícios. As empresas têm um incentivo para aumentar a alavancagem a fim de explorar os benefícios tributários da dívida. Mas com dívida demais, elas têm mais chances de ser inadimplentes e incorrer em custos de dificuldades financeiras.

Diferenças entre as empresas

Apesar de termos visto na Seção 15.3 como calcular os benefícios da dedução tributária das despesas com juros, calcular o valor presente preciso dos custos das dificuldades financeiras é muito difícil, senão impossível. Dois fatores qualitativos principais determinam o valor presente dos custos das dificuldades financeiras: (1) a probabilidade de dificuldades financeiras e (2) a magnitude dos custos diretos e indiretos relacionados às dificuldades financeiras em que a empresa incorrerá.

O que determina cada um desses fatores? A magnitude dos custos das dificuldades financeiras dependerá da importância relativa das fontes desses custos e provavelmente irá variar de um setor para o outro. Por exemplo, as empresas de tecnologia provavelmente incorrerão em custos altos associados a dificuldades financeiras, devido ao potencial de perda de clientes e funcionários importantes, além da falta de ativos tangíveis que podem ser facilmente liquidados. Ao contrário, as empresas imobiliárias provavelmente têm custos de dificuldades financeiras mais baixos, já que grande parte de seu valor é decorrente de ativos tangíveis (terras e edifícios) que podem ser vendidos caso necessário. Não é de surpreender que, ao analisar a Figura 15.1, possamos ver que esses dois setores têm políticas de alavancagem muito diferentes: as empresas de tecnologia têm uma dívida muito baixa, enquanto as empresas imobiliárias tendem a ser altamente alavancadas. Da mesma maneira, na Figura 15.2, vimos que a Blockbuster tem muita dívida, enquanto a Netflix não tem. A Blockbuster tem lojas e terras que podem ser vendidas para atender às pretensões dos credores. A Netflix possui instalações de distribuição, mas pouco além de seu estoque de vídeos que poderia ser vendido para atender à demanda dos credores.

A probabilidade de dificuldades financeiras depende da probabilidade de que uma empresa venha a ser incapaz de cumprir seus compromissos de dívida sendo, portanto, inadimplente. Esta probabilidade aumenta com a quantidade de passivos de uma empresa (em relação a seus ativos). Ela também aumenta com a volatilidade dos fluxos de caixa de uma empresa e os valores de seus ativos. Assim, empresas com fluxos de caixa estáveis e confiáveis, como as empresas de serviços de utilidade pública, conseguem utilizar altos níveis de dívida e ainda assim ter uma probabilidade muito baixa de inadimplência. As empresas cujo valor e fluxos de caixa são muito voláteis (por exemplo, as empresas de semicondutores) têm que ter níveis de dívida muito mais baixos para evitar um risco de inadimplência significativo.

Alavancagem ótima

A Figura 15.8 mostra como o valor de uma empresa alavancada, V^L, varia com o nível de dívida permanente, D, de acordo com a Equação 15.10. Sem dívida, o valor da empresa é V^U. Para níveis de dívida baixos, o risco de inadimplência permanece baixo e o principal efeito de um aumento na alavancagem é um aumento na dedução tributária das despesas com juros, que tem um valor presente $T_c D$, como mostra a Equação 15.7. Se não houvesse custos de dificuldades financeiras, o valor continuaria a aumentar a esta taxa até os juros sobre a dívida excederem os lucros antes dos juros e dos impostos da empresa, e a dedução tributária ser exaurida.

Os custos de dificuldades financeiras reduzem o valor da empresa alavancada, V^L. A quantidade da redução aumenta com a probabilidade de inadimplência, que, por sua vez, aumenta com o nível de dívida D. A teoria do *tradeoff* declara que as empresas devem aumentar sua alavancagem até chegarem ao grau D^* no qual V^L é maximizado. Neste ponto, as economias tributárias que resultam do aumento da alavancagem são exatamente compensados pela maior probabilidade de incorrerem em custos de dificuldades financeiras.

A Figura 15.8 também ilustra as escolhas ótimas de dívida para dois tipos de empresas. A escolha ótima de dívida para a empresa com baixos custos de dificuldades financeiras é indicada por D^*_{baixo} e a escolha ótima de dívida para a empresa com altos custos de dificuldades fi-

FIGURA 15.8 — Alavancagem ótima com impostos e custos de dificuldades financeiras

À medida que o nível de dívida se eleva, os benefícios tributários da dívida aumentam até as despesas com juros excederem o EBIT da empresa. Entretanto, a probabilidade de inadimplência e, assim, o valor presente dos custos das dificuldades financeiras, também aumenta. O nível ótimo de dívida, D^*, ocorre quando esses efeitos se contrabalançam e o valor da empresa alavancada é maximizado. D^* será mais baixo para empresas com custos mais altos de dificuldades financeiras.

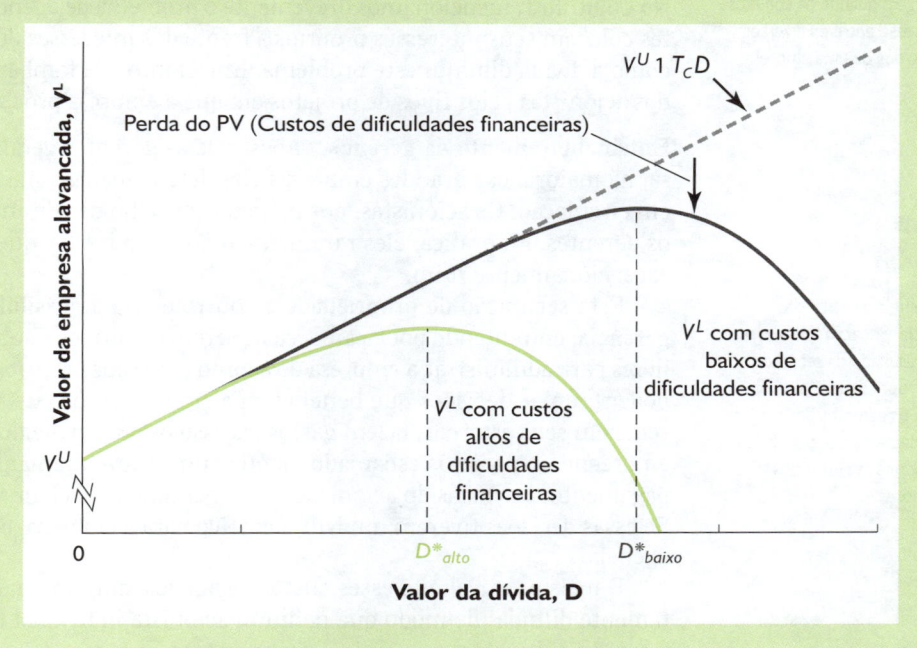

[Gráfico: Valor da empresa alavancada, V^L, no eixo vertical; Valor da dívida, D, no eixo horizontal. Linha tracejada $V^U + T_c D$; curvas de V^L com custos baixos e altos de dificuldades financeiras, com ótimos em D^*_{alto} e D^*_{baixo}.]

nanceiras é indicada por D^*_{alto}. Não é surpresa que, com custos de dificuldades financeiras mais altos, seja ótimo para a empresa escolher uma alavancagem mais baixa.

A teoria do *tradeoff* ajuda a resolver dois importantes fatos sobre a alavancagem:

1. A presença de custos de dificuldades financeiras pode explicar por que as empresas escolhem graus de endividamento que são baixos demais para que elas explorem a dedução tributária das despesas com juros totalmente.
2. As diferenças na magnitude dos custos de dificuldades financeiras e na volatilidade dos fluxos de caixa podem explicar as diferenças no uso da alavancagem de um setor para outro.

Fixação de conceitos

9. Segundo a teoria do *tradeoff*, como um gerente financeiro deve determinar a estrutura de capital adequada para uma empresa?
10. Por que os gerentes de um setor escolhem uma estrutura de capital diferente da escolhida por gerentes de outro setor?

15.6 Consequências adicionais da alavancagem: custos de agência e informação

Os impostos e os custos de dificuldades financeiras não são as únicas imperfeições dos mercados de capitais que surgem na prática. Nesta seção, continuaremos a afrouxar a suposição de mercados de capitais perfeitos para ver de que outras maneiras a estrutura de capital pode afetar o valor da empresa. Começaremos discutindo como a alavancagem altera os incentivos dos gerentes e muda suas decisões de investimento. Abordaremos, então, as complexidades de os interessados na empresa terem diferentes informações.

Custos de agência

custos de agência Custos que surgem quando há conflitos de interesse entre os diversos interessados de uma empresa.

Custos de agência são custos que surgem quando há conflitos de interesse entre os envolvidos. No Capítulo 1, mencionamos brevemente o problema de agência que aparece quando os gerentes colocam seus interesses próprios à frente dos interesses dos acionistas. Aqui, discutiremos como a dívida diminui este problema. Entretanto, ela também pode distorcer as preferências dos acionistas pelos tipos de projetos em que a empresa procura investir.

Entrincheiramento da gerência. Apesar de os gerentes geralmente deterem ações da empresa, na maioria das grandes empresas eles detêm apenas uma fração muito pequena das ações em circulação. Os acionistas, por meio do conselho de administração, têm o poder de demitir os gerentes. Na prática, eles raramente o fazem, a menos que o desempenho da empresa seja excepcionalmente ruim.

entrincheiramento da gerência Situação que surge como resultado da separação entre propriedade e controle em que os gerentes podem tomar decisões que beneficiam a si próprios às custas dos investidores.

Esta separação de propriedade e controle cria a possibilidade do **entrincheiramento da gerência**; enfrentando pouca ameaça de serem demitidos e substituídos, os gerentes sentem-se livres para administrar a empresa de acordo com seus próprios interesses. Consequentemente, podem tomar decisões que beneficiem a si próprios às custas dos investidores. Os gerentes reduzem seus esforços, fazem gastos excessivos em privilégios como jatinhos da empresa, ou empreendem projetos esbanjadores que aumentam o tamanho da empresa (e suas folhas de pagamento) às custas do acionista, o que geralmente é chamado de "construção de impérios". Se essas decisões tiverem um NPV negativo para a empresa, elas serão uma forma de custo de agência.

É mais provável que esses custos de agência surjam quando a propriedade de ações é altamente diluída (de modo que nenhum acionista individual tenha um incentivo a monitorar a gerência de perto) e quando a empresa tem uma grande quantidade de dinheiro disponível para os gerentes gastarem em projetos esbanjadores. A dívida pode, portanto, ajudar de duas maneiras. Primeiramente, ao contrair empréstimos em vez de emitir ações, a propriedade da empresa permanece mais concentrada, melhorando o monitoramento da gerência. Em segundo lugar, ao forçar a empresa a fazer pagamentos em dinheiro para cumprir pagamentos de juros e do principal, a dívida reduz os fundos disponíveis à gerência. Para os gerentes se envolverem em investimentos esbanjadores, eles têm que ter dinheiro para investir. Somente quando o dinheiro está contado é que os gerentes se sentem motivados a administrar a empresa da forma mais eficiente possível. Assim, a alavancagem fornece incentivos para os gerentes administrarem a empresa com eficiência e eficácia. Esses benefícios dão um incentivo adicional à utilização de financiamento por endividamento em vez de por emissão de ações.

Conflitos entre acionistas e titulares de dívidas. Quando uma empresa tem alavancagem, há um conflito de interesses se as decisões de investimento têm consequências diferentes para o valor das ações e o valor da dívida. É mais provável que tal conflito ocorra quando o risco de dificuldades financeiras é alto. Em algumas circunstâncias, os gerentes podem tomar ações que beneficiem os acionistas, mas que prejudiquem os credores da empresa e diminuam o valor total da empresa.

Para ilustrar, coloque-se no lugar dos acionistas de uma empresa em dificuldades que provavelmente será inadimplente em sua dívida. Você poderia continuar como normalmente, caso no qual seria muito

Fonte: Kyle Miller e John Zakour, January 8, 2004.

Empresas aéreas tiram proveito das dificuldades financeiras

A necessidade de gerar fluxos de caixa suficientes para fazer pagamentos de juros também pode deixar os gerentes de mãos atadas e obrigá-los a buscar estratégias de negócio mais sólidas do que o fariam sem a ameaça de dificuldades financeiras. Por exemplo, quando a American Airlines estava em negociações trabalhistas com seus sindicatos em abril de 2003, a empresa obteve concessões salariais explicando que custos mais altos a levariam à falência. (Uma situação similar permitiu que a Delta Airlines convencesse seus pilotos a aceitar um corte salarial de 33% em novembro de 2004.) Sem a ameaça de dificuldades financeiras, os gerentes da American talvez não teriam chegado a um acordo com o sindicato tão rapidamente ou conseguido as mesmas concessões.

Uma empresa com maior alavancagem também pode se tornar uma concorrente mais feroz e agir mais agressivamente ao proteger seus mercados por não poder arriscar a possibilidade de falência. Este compromisso com um comportamento agressivo assusta possíveis rivais. (Entretanto, este argumento também funciona ao contrário, já que uma empresa enfraquecida por alavancagem demais pode se tornar tão frágil financeiramente que sucumba face à concorrência, permitindo que outras empresas destruam seus mercados).

---

provável que você perdesse o valor de suas ações e o controle da empresa para os detentores de títulos de dívida. Como alternativa, você poderia:

1. Apostar na sorte e empreender um projeto arriscado que poderia salvar a empresa, apesar de seu resultado esperado ser tão ruim que você normalmente não o empreenderia.
2. Conservar fundos em vez de investir em projetos novos e promissores.
3. Fazer um *cash out* distribuindo o máximo possível do capital da empresa aos acionistas antes de os detentores de títulos de dívida assumirem o controle.

Por que você apostaria na sorte? Mesmo se o projeto fracassar, você não ficaria em uma situação pior, porque você estava caminhando para a inadimplência de qualquer maneira. Se ele for bem-sucedido, você terá evitado a inadimplência e retido a propriedade da empresa. Este incentivo leva a empresa a **assumir riscos excessivos**, uma situação que ocorre quando uma empresa está perto de entrar em dificuldades financeiras e os acionistas têm um incentivo a investir em projetos arriscados com NPV negativo que destruirão o valor para os detentores de títulos de dívida e para a empresa como um todo. Prevendo este comportamento, os detentores de títulos pagarão menos pela empresa inicialmente. Este custo provavelmente é mais alto para empresas que podem facilmente aumentar o risco de seus investimentos.

Por outro lado, quando a inadimplência é muito provável, uma empresa pode deixar de investir em um bom projeto antes de entrar em inadimplência porque parte ou grande parte do benefício irá para os detentores de títulos de dívida (reduzindo o risco ou a extensão da inadimplência). Por exemplo, se uma empresa pode investir US$ 100 em um projeto que aumentará o valor de sua dívida em US$ 30 e o valor de suas ações em US$ 90, então o projeto possui um NPV positivo de US$ 30 + US$ 90 − US$ 100 = US$ 20. Os acionistas não irão querer financiá-lo, já que seu ganho (US$ 90) é menor do que o custo do projeto, de US$ 100. Neste caso, há um **problema de subinvestimento**: os acionistas escolhem não investir em um projeto com NPV positivo porque a empresa está com dificuldades financeiras e o valor de empreender a oportunidade de investimento irá se acumular para os detentores de títulos de dívida em vez de para eles mesmos. Deixar de investir custa caro para os detentores de títulos de dívida e para o valor geral da empresa, porque ela está abrindo mão do NPV das oportunidades perdidas. O custo é máximo para empresas com grandes chances de ter oportunidades de crescimento futuro lucrativas que exijam grandes investimentos.

A principal forma de subinvestimento é o *cashing out*. Sabendo que provavelmente perderão a empresa para os detentores de títulos de dívida, os acionistas têm um incentivo a retirar o máximo possível de capital da empresa antes de ela entrar em falência e ser transferida aos detentores de títulos de dívidas. Um exemplo extremo disso seria vender todos os ativos da empresa e distribuir os resultados aos acionistas como um dividendo especial. A empresa, então, entraria em falência como algo sem valor. Como discutimos no Capítulo 14, os detentores de títulos de dívida podem prever este problema e geralmente exigem restrições sobre o tamanho dos dividendos e sobre a fonte dos fundos desses dividendos.

---

assumir riscos excessivos
Situação que ocorre quando uma empresa está perto de entrar em dificuldades financeiras e os acionistas têm um incentivo a investir em projetos arriscados com NPV negativo que destruirão o valor para os detentores de títulos de dívida e para a empresa como um todo.

problema de subinvestimento
Situação em que os acionistas decidem não investir em um projeto com NPV positivo porque a empresa está enfrentando dificuldades financeiras, e o valor de empreender a oportunidade de investimento irá se acumular para os detentores de títulos de dívida em vez de para eles mesmos.

> **Dificuldades financeiras e apostar na sorte jogando dados, *literalmente***
>
> Pouco depois de fundar a FedEx, Frederick Smith estava desesperado por dinheiro e a ponto de encerrar as operações da empresa. O problema era custos fixos consideráveis (aeronaves, instalações de triagem de cargas, pessoal de entrega, etc.) e baixo volume inicial (um total de apenas 186 pacotes em sua primeira noite em operação). Então, Smith foi a Las Vegas e jogou *blackjack*. Ele usou seus ganhos (aproximadamente US$ 27.000) para honrar sua folha de pagamento, e o resto da história você já conhece.
>
> Fonte: "Frederick W. Smith: No Overnight Success," *Business Week*, September 20, 2004.

Nossa discussão sugere que podemos criar um modelo mais completo dos *tradeoffs* da estrutura de capital incorporando os possíveis custos de agência e benefícios da dívida além dos benefícios tributários e dos custos das dificuldades financeiras. Este modelo de *tradeoff* que representa a alavancagem ótima é ilustrado na Figura 15.9. Quando o nível de dívida é excessivamente baixo, adicionar alavancagem aumenta o valor da empresa ao fornecer benefícios tributários e motivar os gerentes a administrar a empresa de forma mais eficiente (e evitar investimentos esbanjadores). Mas se o nível de dívida for excessivamente alto, a empresa incorrerá em custos de dificuldades financeiras e sofrerá por assumir riscos excessivos e por subinvestimento. O nível ótimo de dívida D^* é o ponto que maximiza o valor da empresa equilibrando essas consequências positivas e negativas da alavancagem.

Endividamento e informação

Nossa última imperfeição de mercado está relacionada ao papel da informação. Em todo este capítulo, supusemos que os gerentes, acionistas e credores possuem as mesmas informações. Também supusemos que os títulos são justamente precificados: as ações e a dívida da empresa são precificadas de acordo com seu verdadeiro valor subjacente. Essas suposições nem sempre são precisas na prática. Devido a **informações assimétricas**, as informações que os gerentes detêm sobre a empresa e sobre seus fluxos de caixa futuros provavelmente são superiores às dos investidores externos. Essas informações assimétricas podem motivar os gerentes a alterar a estrutura de capital da empresa.

informações assimétricas Situação em que as partes envolvidas têm diferentes informações. Pode surgir quando, por exemplo, os gerentes tiverem informações superiores às dos investidores no que diz respeito aos fluxos de caixa futuros da empresa.

Alavancagem como um sinal de credibilidade. Para convencer a bolsa de valores de que possui excelentes projetos, uma empresa pode se comprometer com grandes pagamentos de dívida futuros. Se os projetos forem excelentes, a empresa não terá dificuldade para realizar os pagamentos de dívida. Mas se a empresa estiver fazendo afirmações falsas e não crescer, ela terá problemas para pagar seus credores e passará por dificuldades financeiras. Essas dificuldades custarão caro para a empresa e também para seus gerentes, que provavelmente perderão seus empregos. Assim, os gerentes utilizam a alavancagem como uma maneira de convencer os investidores de que eles têm informações de que a empresa crescerá, mesmo se eles não puderem fornecer detalhes verificáveis sobre as fontes de crescimento. Os investidores interpretarão a alavancagem adicional como um sinal de credibilidade da confiança dos gerentes. O uso de alavancagem como uma maneira de sinalizar boas informações para os investidores é conhecido como **teoria da sinalização da dívida**.

teoria da sinalização da dívida O uso de alavancagem como uma maneira de sinalizar boas informações aos investidores.

Market Timing. Quando os gerentes têm informações melhores do que os investidores externos em relação ao valor da empresa, eles podem se envolver em **market timing** vendendo novas ações quando acreditam que elas estejam supervalorizadas, e utilizando dívida e lucros retidos (e possivelmente recomprando ações) se eles acreditarem que as ações estão subvalorizadas. Os gerentes que fazem *market timing* dessa maneira com êxito beneficiam os acionistas de longo prazo negociando as ações da empresa sempre que elas estiverem mal precificadas. A estrutura de capital da empresa mudaria com a emissão de novas ações (diminuindo a alavancagem) ou novas dívidas (aumentando a alavancagem) ao tentar fazer *market timing*. Consequentemente, a estrutura de capital da empresa poderia se desviar para cima ou para baixo do nível ótimo descrito pela teoria do *tradeoff*, dependendo da visão da gerência do preço das ações em relação a seu verdadeiro valor.

market timing Quando os gerentes vendem novas ações se acreditarem que as ações estão supervalorizadas e utilizam dívida e lucros retidos (e possivelmente recompras de ações) se acreditarem que as ações estão subvalorizadas.

FIGURA 15.9 Alavancagem ótima com impostos, dificuldades financeiras e custos de agência

À medida que o nível de dívida se eleva, o valor da empresa aumenta devido à dedução tributária das despesas com juros (T_cD), bem como a melhorias nos incentivos à gerência. Se a alavancagem for alta demais, no entanto, o valor presente dos custos de dificuldades financeiras, além dos custos de agência decorrentes de conflitos entre detentores de títulos de dívida e acionistas, domina e reduz o valor da empresa. O nível ótimo de dívida, D^*, faz esses benefícios compensarem os custos da alavancagem.

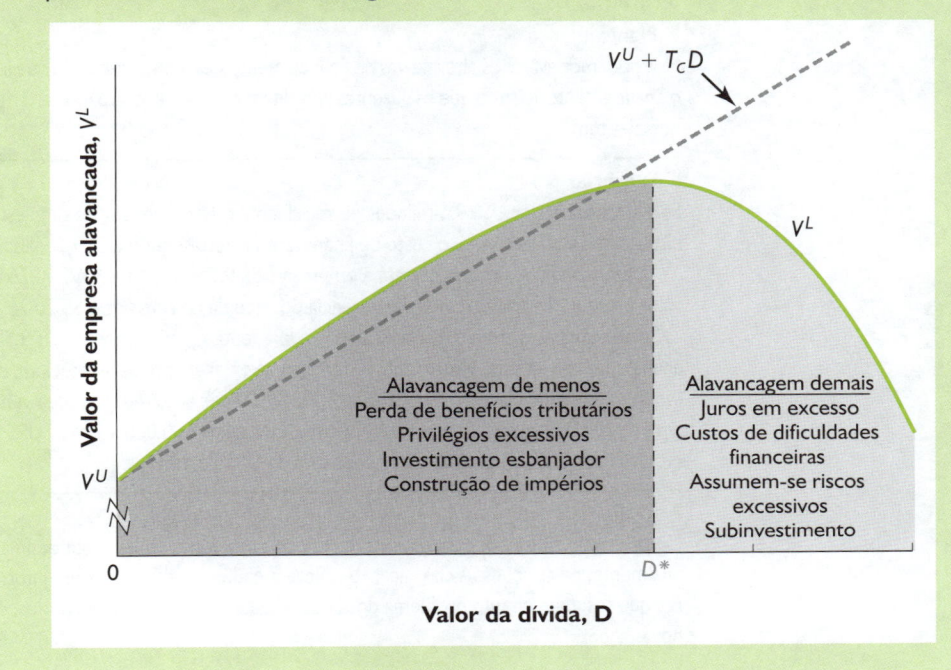

(Gráfico: Valor da empresa alavancada, V^L, em função do Valor da dívida, D. Linha tracejada $V^U + T_cD$; curva V^L com máximo em D^*. Região à esquerda: "Alavancagem de menos — Perda de benefícios tributários, Privilégios excessivos, Investimento esbanjador, Construção de impérios". Região à direita: "Alavancagem demais — Juros em excesso, Custos de dificuldades financeiras, Assumem-se riscos excessivos, Subinvestimento".)

Seleção adversa e hipótese do *pecking order*. Suponha que os gerentes tentem emitir ações quando elas estão supervalorizadas em relação a seu valor real. Sabendo disso, como os investidores reagiriam? Lembre-se, do Capítulo 13, da seleção adversa ou o efeito dos limões em ofertas subsequentes de ações. Com medo de estarem comprando um carro "bichado" (ou "lemon", no original*), os investidores descontarão o preço que estão dispostos a pagar pelas ações.

O problema da seleção adversa tem implicações na estrutura de capital. Os gerentes não querem vender ações se tiverem que conceder descontos para encontrar compradores. Portanto, é possível que eles procurem formas alternativas de financiamento. Emissões de dívida também podem sofrer de seleção adversa. Como o valor de dívidas de baixo risco não é muito sensível às informações privilegiadas dos gerentes em relação à empresa (ao contrário, é determinado principalmente pelas taxas de juros), o desconto necessário para atrair compradores será menor para a dívida do que para as ações. É claro que a empresa pode evitar a subprecificação ao financiar seus investimentos utilizando seu dinheiro em caixa (lucros retidos) quando possível. A **hipótese do *pecking order***, portanto, declara que, para evitar esse "custo dos limões":

Os gerentes preferirão financiar investimentos utilizando lucros retidos, seguidos por dívida, e só escolherão emitir ações como um último recurso.

Esta hipótese tem implicações para a estrutura de capital da empresa. Quando as empresas são lucrativas e geram dinheiro suficiente para financiar seus investimentos, elas não emitem

hipótese do *pecking order* Ideia de que os gerentes irão preferir financiar investimento primeiro utilizando lucros retidos, depois dívida e somente escolherão emitir ações como último recurso.

---

* N. de T.: Aqui, novamente, limões referem-se ao carro "bichado", ou "abacaxi", do modelo do mercado de carros usados em que se baseou o modelo de limões de Akerlof.

EXEMPLO 15.5

O *pecking order* de alternativas de financiamento

Problema

A Axon Industries precisa levantar US$ 9,5 milhões para um novo projeto de investimento. Se a empresa emitir títulos de dívida de um ano, ela pode ter que pagar uma taxa de juros de 8%, apesar de os gerentes da Axon acreditarem que 6% seria uma taxa justa, dado o nível de risco. Entretanto, se a empresa emitir ações, os gerentes acharão que as ações podem estar subprecificadas em 5%. Qual é o custo para os acionistas atuais de financiar o projeto com lucros retidos? E com dívida? E com ações?

Solução

▶ Planejamento

Nós podemos avaliar as alternativas de financiamento pela comparação do que a empresa teria que pagar para obter o financiamento *versus* o que os gerentes acreditam que ela deveria pagar se o mercado tivesse a mesma informação que eles têm.

▶ Execução

Se a empresa gastar US$ 9,5 milhões de seus lucros retidos, em vez de simplesmente pagar esse dinheiro aos acionistas como um dividendo, o custo de financiar o projeto será de US$ 9,5 milhões.

Utilizar dívida de um ano custará à empresa US$ $9,5 \times (1,08)$ = US$ 10,26 milhões em um ano, o que tem um valor presente baseado na visão da gerência do risco da empresa de US$ $10,26 \div (1,06)$ = US$ 9,68 milhões.

Se as ações estiverem subprecificadas em 5%, então, para levantar US$ 9,5 milhões a empresa terá que emitir ações que, na verdade, valem US$ 10 milhões. (Por exemplo, se as ações da empresa valem US$ 50 cada, mas a empresa as vende por $0,95 \times$ US$ 50 = US$ 47,50 por ação, ela precisará vender US$ 9,5 milhões ÷ US$ 47,50/ação = 200.000 ações. Essas ações têm um valor real de 200.000 ações × US$ 50/ação = US$ 10 milhões). Assim, o custo de financiar o projeto com ações será de US$ 10 milhões.

▶ Avaliação

Comparando as três opções, os lucros retidos são a fonte mais barata de financiamento, seguidos pela dívida e, finalmente, pelas ações. A classificação reflete o efeito das diferenças em informações entre gerentes e investidores que resultam em um problema de "limões" quando emitem novos títulos, e, particularmente, quando emitem novas ações.

dívida ou ações, mas simplesmente utilizam seus lucros retidos. Assim, as empresas altamente lucrativas terão pouca dívida em sua estrutura de capital. Apenas empresas que precisam levantar capital externo terão um financiamento por endividamento significativo. Segundo a hipótese do *pecking order*, as empresas quase nunca deveriam emitir ações. Na realidade, é provável que múltiplas forças formem a estrutura de capital de uma empresa, e as empresas emitem ações quando os custos de agência ou os custos de dificuldades financeiras são grandes demais.

Fixação de conceitos

11. Como dívida demais pode levar a empresa a assumir riscos excessivos?
12. O que é a hipótese do "*pecking order*"?

15.7 Estrutura de capital: um resumo

Neste capítulo, examinamos diversos fatores que poderiam influenciar a escolha da estrutura de capital de uma empresa. Qual é a palavra final para um gerente financeiro ao criar a estrutura de capital ótima para uma empresa? A estrutura de capital ótima depende de imperfeições de mercado, como impostos, custos de dificuldades financeiras, custos de agência e informações assimétricas, como a seguir:

1. *Faça uso da dedução tributária das despesas com juros se sua empresa tiver uma renda tributável consistente.* A dedução tributária das despesas com juros permite que as empresas paguem os investidores e evitem os impostos corporativos.

2. *Compense os benefícios tributários da dívida com os custos de dificuldades financeiras ao determinar quanto da renda da empresa deve ser protegida dos impostos com alavancagem.* Enquanto o risco de inadimplência não é um problema em si mesmo, as dificuldades financeiras podem levar a outras consequências que reduzem o valor da empresa.
3. *Considere a dívida de curto prazo para financiamento externo quando os custos de agência forem significativos.* Dívida demais pode motivar os gerentes e acionistas a assumir riscos excessivos ou subinvestir em uma empresa. Quando os fluxos de caixa livres são altos, alavancagem de menos pode encorajar gastos esbanjadores.
4. *Aumente a alavancagem para sinalizar a confiança dos gerentes na capacidade de a empresa cumprir suas obrigações de dívida.* Os investidores compreendem que a falência custa caro para os gerentes.
5. *Tome cuidado para que os investidores estejam conscientes de que você tem um incentivo para emitir títulos que você sabe que estão superprecificados.* Assim, quando uma emissão é anunciada, os investidores diminuirão sua avaliação deste título. Este efeito é mais visível para emissões de ações porque o valor das ações é o mais sensível às informações privilegiadas dos gerentes.
6. *Utilize primeiramente lucros retidos, depois dívida e, finalmente, ações.* Este *pecking order* das alternativas de financiamento será mais importante quando for provável que os gerentes tenham uma grande quantidade de informações em relação ao valor da empresa.
7. *Não altere a estrutura de capital da empresa a menos que ela se distancie significativamente do nível ótimo.* Mudar ativamente a estrutura de capital de uma empresa (por exemplo, vendendo ou recomprando ações ou títulos de dívida) acarreta custos de transação. A maioria das mudanças feitas no índice de capital de terceiros/capital próprio de uma empresa provavelmente ocorre de maneira passiva, já que o valor de mercado das ações da empresa flutua com mudanças no preço das ações da empresa.

RESUMO DO CAPÍTULO

Pontos principais e equações	Termos	Oportunidades de prática online
15.1 Escolhas da estrutura de capital • O conjunto de títulos que uma empresa emite para levantar capital junto a investidores chama-se estrutura de capital da empresa. Ações e títulos de dívida são os títulos mais utilizados pelas empresas. • Escolhas de financiamento diversas prometem diferentes quantias futuras a cada detentor de título em troca do dinheiro que é levantado hoje. • Os gerentes também precisam considerar se os títulos que a empresa emite receberão um preço justo no mercado, terão consequências tributárias, acarretarão custos de transação, ou mesmo mudarão suas oportunidades de investimento futuras.	índice de capital de terceiros/capital próprio, p. 496	MyFinanceLab Study Plan 15.1

15.2 Estrutura de capital em um mercado de capitais perfeito

- Quando as ações são utilizadas sem dívida, diz-se que a empresa é não alavancada. Caso contrário, a quantidade de dívida determina a alavancagem da empresa.
- O proprietário de uma empresa deve escolher a estrutura de capital que maximiza o valor total dos títulos emitidos.
- De acordo com a Segunda Proposição de MM, o custo de capital das ações alavancadas é:

$$r_E = r_U + \frac{D}{E}(r_U - r_D) \qquad (15.3)$$

- A dívida é menos arriscada do que as ações, então, possui um custo de capital mais baixo. A alavancagem aumenta o risco das ações, porém, elevando o custo de capital próprio. O benefício do custo de capital mais baixo da dívida é compensado pelo custo de capital próprio mais alto, deixando o custo médio ponderado de capital da empresa (WACC) inalterado com mercados de capitais perfeitos.
- De acordo com a Primeira Proposição de MM, com mercados de capitais perfeitos, o valor de uma empresa é independente de sua estrutura de capital. Com mercados de capitais perfeitos, a alavancagem feita em casa é um perfeito substituto para a alavancagem da empresa.

ações alavancadas, p. 500
ações não alavancadas, p. 499
alavancagem feita em casa, p. 503
mercados de capitais perfeito, p. 498
WACC antes dos impostos, p. 504

MyFinanceLab Study Plan 15.2
Análise Interativa do Efeito da Alavancagem

15.3 Endividamento e impostos

- Como as despesas com juros são dedutíveis dos impostos, a alavancagem aumenta o valor total de renda disponível a todos os investidores. O ganho para os investidores da dedutibilidade tributária dos pagamentos de juros é chamado de dedução tributária das despesas com juros.

$$\begin{aligned}\text{Dedução tributária das despesas com juros} = \\ \text{Alíquota corporativa de impostos} \times \\ \text{Pagamentos de juros} \end{aligned} \qquad (15.4)$$

- Quando consideramos impostos corporativos, o valor total de uma empresa alavancada é igual ao valor de uma empresa não alavancada mais o valor presente da dedução tributária das despesas com juros.

$$V^L = V^U + PV(\text{Dedução tributária das despesas com juros}) \qquad (15.5)$$

- Quando os títulos têm uma precificação justa, os acionistas originais de uma empresa captam o benefício integral da dedução tributária das despesas com juros decorrente de um aumento na alavancagem.
- Quando introduzimos impostos corporativos, o custo médio ponderado de capital é:

$$r_{wacc} = r_E \frac{E}{E+D} + r_D(1-T_C)\frac{D}{E+D} \qquad (15.8)$$

- Na ausência de outras imperfeições de mercado, o WACC diminui com a alavancagem de uma empresa porque as despesas com juros são dedutíveis dos impostos.

dedução tributária das despesas com juros, p. 508

MyFinanceLab Study Plan 15.3

- Para captar o efeito da dedução tributária das despesas com juros sobre o valor da empresa, você pode ou calcular o PV das deduções tributárias futuras ou utilizar o WACC com impostos para descontar os fluxos de caixa livres da empresa, mas não ambos!

15.4 Os custos da falência e das dificuldades financeiras

- A falência é um processo dispendioso que impõe custos diretos e indiretos sobre uma empresa e seus investidores.
- Alguns custos diretos são taxas pagas a advogados e especialistas em falência.
- Alguns custos indiretos são a perda de clientes, fornecedores e funcionários ou ser forçado a vender ativos a um enorme desconto para levantar dinheiro.

dificuldades financeiras, p. 514

MyFinanceLab Study Plan 15.4

15.5 Estrutura de capital ótima: a teoria do *tradeoff*

- Segundo a teoria do *tradeoff*, o valor total de uma empresa alavancada é igual ao valor da empresa sem alavancagem mais o valor presente das economias tributárias da dívida menos o valor presente dos custos de dificuldades financeiras:

$$V^L = V^U + PV \text{ (Dedução tributária das despesas com juros)} - PV \text{ (Custos das dificuldades financeiras)} \quad (15.10)$$

- Alavancagem ótima é o nível de dívida que maximiza V^L.

teoria do *tradeoff*, p. 515

MyFinanceLab Study Plan 15.5

15.6 Consequências adicionais da alavancagem: custos de agência e informação

- A alavancagem possui benefícios de agência e melhora os incentivos para os gerentes administrarem uma empresa de forma mais eficiente e eficaz. Entretanto, quando uma empresa entra em dificuldades financeiras, a alavancagem pode criar incentivos para deixar passar bons projetos ou para assumir riscos excessivos.
- Quando os gerentes têm informações melhores do que os investidores, o resultado é informações assimétricas. Dadas as informações assimétricas, os gerentes podem utilizar a alavancagem como um sinal de credibilidade para os investidores da capacidade de a empresa gerar fluxos de caixa livres futuros.
- Os gerentes que percebem que as ações da empresa estão subprecificadas preferirão por financiar investimentos utilizando lucros retidos, ou dívida, em vez de emitir ações. Isso resulta na chamada hipótese do *pecking order*.

assumir riscos excessivos, p. 519
custos de agência, p. 518
informações assimétricas, p. 520
entrincheiramento da gerência, p. 518
hipótese do *pecking order*, p. 521
market timing, p. 520
problema de subinvestimento, p. 519
teoria da sinalização da dívida, p. 520

MyFinanceLab Study Plan 15.6

Questões de revisão

1. Na ausência de efeitos tributários, por que não podemos alterar o custo de capital da empresa utilizando mais financiamento por endividamento e menos financiamento por emissão de ações?
2. Explique o que está errado com a seguinte afirmação: "Se uma empresa emitir dívida que é livre de risco porque não há possibilidade de inadimplência, o risco das ações da empresa não muda. Portanto, dívidas livres de risco permitem que a empresa tenha o benefício de um baixo custo de capital de terceiros sem elevar seu custo de capital próprio".

3. Quais são os canais por meio dos quais as escolhas de financiamento podem afetar o valor da empresa?
4. Como os impostos afetam a escolha de dívida *versus* ações?
5. O que quer dizer "custos indiretos de dificuldades financeiras"?
6. Que tipo de empresa tem mais chances de passar por uma perda de clientes no caso de dificuldades financeiras:
    a. A Campbell Soup Company ou a Intuit, Inc. (fabricante de *software* de contabilidade)?
    b. A Allstate Corporation (uma companhia de seguros) ou a Reebok International (uma empresa fabricante de calçados e de vestuário)?
7. Segundo a teoria do *tradeoff*, como a estrutura de capital é determinada?
8. Para cada par a seguir, que tipo de ativo tem mais chances de ser liquidado por um valor próximo de seu valor de mercado integral no caso de dificuldades financeiras:
    a. Um edifício comercial ou um nome de marca?
    b. Estoques de um produto ou matérias-primas?
    c. Direitos de patente ou "*know-how*" de engenharia?
9. Quais dos setores a seguir têm um nível de dívida ótimo segundo a teoria do *tradeoff*? Quais têm altos níveis ótimos de dívida?
    a. Empresas de fumo
    b. Empresas de contabilidade
    c. Cadeias de restaurante estabelecidas
    d. Empresas madeireiras
    e. Fabricantes de telefones celulares
10. Como a alavancagem pode alterar os incentivos dos gerentes?

Problemas

Todos os problemas neste capítulo estão disponíveis no MyFinanceLab.

Estrutura de capital em um mercado de capitais perfeito

Para os problemas nesta seção, suponha que não há impostos ou custos de dificuldades financeiras.

1. Considere um projeto com fluxos de caixa livres em um ano de US$ 130.000 ou US$ 180.000, com cada resultado sendo igualmente provável. O investimento inicial necessário para o projeto é de US$ 100.000, e o custo de capital do projeto é 20%. A taxa de juros livre de risco é 10%.
    a. Qual é o NPV deste projeto?
    b. Suponha que para levantar os fundos do investimento inicial, o projeto seja vendido para os investidores como uma empresa 100% financiada por ações. Os acionistas receberão os fluxos de caixa do projeto em um ano. Quanto em dinheiro pode ser levantado dessa maneira – isto é, qual é o valor de mercado inicial das ações não alavancadas?
    c. Suponha que os US$ 100.000 iniciais sejam, agora, levantados por meio de um empréstimo pela taxa de juros livre de risco. Quais são os fluxos de caixa das ações alavancadas, e qual é o seu valor inicial segundo MM?

2. Você é um empreendedor que está abrindo uma empresa de biotecnologia. Se sua pesquisa for bem-sucedida, a tecnologia poderá ser vendida por US$ 30 milhões. Se sua pesquisa não for bem-sucedida, ela nada valerá. Para financiar sua pesquisa, você precisa levantar US$ 2 milhões. Os investidores estão dispostos a lhe fornecer US$ 2 milhões em capital inicial em troca de 50% das ações não alavancadas da empresa.
    a. Qual é o valor de mercado total da empresa sem alavancagem?
    b. Suponha que você tome US$ 1 milhão emprestado. De acordo com MM, que fração das ações da empresa você precisará vender para levantar o US$ 1 milhão restante de que você precisa?
    c. Qual é o valor de suas ações da empresa nos casos (a) e (b)?

3. A Acort Industries possui ativos que têm uma probabilidade de 80% de ter um valor de mercado de US$ 50 milhões em um ano. Há uma chance de 20% de que os ativos venham a valer apenas US$ 20 milhões. A taxa de juros livre de risco atual é 5%, e os ativos da Acort têm um custo de capital de 10%.
   a. Se a Acort é não alavancada, qual é o valor de mercado atual de suas ações?
   b. Suponha, em vez disso, que a Acort tenha uma dívida com um valor de face de US$ 20 milhões que vence em um ano. De acordo com MM, qual é o valor das ações da Acort neste caso?
   c. Qual é o retorno esperado das ações da Acort sem alavancagem? Qual é o retorno esperado das ações da Acort com alavancagem?
   d. Qual é o retorno realizado mais baixo possível das ações da Acort com e sem alavancagem?

4. Suponha que não existam impostos. A empresa ABC não possui dívida, e a empresa XYZ possui uma dívida de US$ 5.000 sobre a qual paga juros de 10% todo ano. Ambas as empresas têm projetos idênticos que geram fluxos de caixa livres de US$ 800 ou US$ 1.000 por ano. Depois de pagar quaisquer juros sobre a dívida, ambas as empresas utilizam todos os fluxos de caixa livres restantes para pagar dividendos todo ano.

	ABC		XYZ	
FCF	Pagamentos de dívida	Dividendos de ações	Pagamentos de dívida	Dividendos de ações
US$ 800				
US$ 1.000				

   a. Preencha a tabela mostrando os pagamentos que os detentores de títulos de dívida e ações de cada empresa receberão dado cada um dos dois níveis possíveis de fluxos de caixa livres.
   b. Suponha que você detém 10% das ações da ABC. Qual é outra carteira que você poderia deter que forneceria os mesmos fluxos de caixa?
   c. Suponha que você detém 10% das ações da XYZ. Se você pode contrair empréstimos a 10%, qual é uma estratégia alternativa que lhe forneceria os mesmos fluxos de caixa?

5. A Hardmon Enterprises é atualmente uma empresa 100% financiada com ações cujo retorno esperado é de 12%. Ela está considerando tomar dinheiro emprestado para recomprar algumas de suas ações existentes, aumentando, assim, sua alavancagem.
   a. Suponha que a Hardmon contraia empréstimos até o ponto em que seu índice de capital de terceiros/capital próprio seja 0,50. Com este nível de dívida, o custo de capital de terceiros é 6%. Qual será o retorno esperado das ações após esta transação?
   b. Suponha, em vez disso, que a Hardmon contraia empréstimos até o ponto em que seu índice de capital de terceiros/capital próprio seja 1,50. Com este nível de dívida, a dívida da Hardmon será muito mais arriscada. Consequentemente, o custo de capital de terceiros será 8%. Qual será o retorno esperado das ações neste caso?
   c. Um gerente sênior discute que é do interesse dos acionistas escolher a estrutura de capital que leve ao retorno esperado mais alto para as ações. Como você responderia a esta afirmação?

6. A Microsoft não possui dívida e tem um WACC de 9,2%. A média do índice de capital de terceiros/capital próprio médio do setor de *software* é 13%. Qual seria seu custo de capital próprio se ela contraísse o nível médio de dívida de seu setor a um custo de capital de terceiros de 6%?

Endividamento e impostos

7. A Pelamed Pharmaceuticals teve um EBIT de US$ 325 milhões em 2006. Além disso, a Pelamed possui despesas com juros de US$ 125 milhões e uma alíquota corporativa de impostos de 40%.
   a. Qual foi o lucro líquido da Pelamed em 2006?
   b. Qual foi o total de lucro líquido e pagamentos de juros da Pelamed em 2006?
   c. Se a Pelamed não tivesse tido despesas com juros, qual teria sido seu lucro líquido? Compare este resultado com sua resposta na parte (b).
   d. Qual foi o valor da dedução tributária das despesas com juros da Pelamed em 2006?

8. A Grommit Engineering espera ter um lucro líquido no próximo ano de US$ 20,75 milhões e um fluxo de caixa livre de US$ 22,15 milhões. A alíquota marginal corporativa de impostos da empresa é de 35%.
   a. Se a Grommit elevar a alavancagem de modo que suas despesas com juros aumentem em US$ 1 milhão, como isso afetará seu lucro líquido?
   b. Para o mesmo aumento em despesas com juros, qual será a mudança no fluxo de caixa livre?

9. Suponha que a Microsoft tenha um valor de mercado total de US$ 300 bilhões e uma alíquota corporativa marginal de 35%. Se ela alterar permanentemente sua alavancagem de nenhuma dívida ao contratar uma nova dívida no valor de 13% de seu valor de mercado atual, qual será o valor presente da dedução tributária das despesas com juros que ela criará?

10. Suponha que a alíquota corporativa de impostos seja de 40%. Considere uma empresa que obtém US$ 1.000 antes dos juros e impostos todo ano sem risco. Os desembolsos de capital da empresa são iguais às suas despesas com depreciação todo ano, e não haverá mudanças em seu capital de giro líquido. A taxa de juros livre de risco é de 5%.
    a. Suponha que a empresa não possua dívida e pague seu lucro líquido como dividendo todo ano. Qual é o valor das ações da empresa?
    b. Suponha, agora, que a empresa faça pagamentos de juros de US$ 500 ao ano. Qual é o valor das ações? Qual é o valor da dívida?
    c. Qual é a diferença entre o valor total da empresa com alavancagem e sem alavancagem?
    d. A diferença na parte (c) é igual a que porcentagem do valor da dívida?

11. Sua empresa atualmente possui US$ 100 milhões em dívida a pagar com uma taxa de juros de 10%. Os termos do empréstimo exigem que a empresa pague US$ 25 milhões do saldo pendente todo ano. Suponha que a alíquota marginal corporativa de impostos seja de 40%, e que as deduções tributárias das despesas com juros tenham o mesmo risco que o empréstimo. Qual é o valor presente das deduções tributárias das despesas com juros desta dívida?

12. A Arnell Industries possui US$ 10 milhões em dívida a pagar. A empresa pagará juros somente sobre esta dívida. Espera-se que a alíquota marginal de impostos da Arnell seja de 35% por um futuro próximo.
    a. Suponha que a Arnell pague juros de 6% ao ano sobre sua dívida. Qual é a dedução tributária anual das despesas com juros?
    b. Qual é o valor presente da dedução tributária das despesas com juros, supondo que seu risco seja o mesmo do que seu empréstimo?
    c. Suponha, agora, que a taxa de juros sobre a dívida seja de 5%. Qual é o valor presente da dedução tributária das despesas com juros, neste caso?

13. A Rumolt Motors possui 30 milhões de ações em circulação com um preço de US$ 15 por ação. Além disso, a Rumolt emitiu títulos de dívida com um valor de mercado corrente de US$ 150 milhões. Suponha que o custo de capital próprio da empresa seja de 10% e seu custo de capital de terceiros seja de 5%.
    a. Qual é o WACC antes dos impostos da Rumolt?
    b. Se a alíquota corporativa de impostos da empresa é de 35%, qual é seu WACC após os impostos?

14. A Summit Builders possui um índice de capital de terceiros/capital próprio a valor de mercado de 0,65, uma alíquota corporativa de impostos de 40% e paga 7% de juros sobre sua dívida. Em quanto a dedução tributária das despesas com juros de sua dívida diminui o WACC da Summit?

15. A Milton Industries espera um fluxo de caixa livre de US$ 5 milhões todo ano. A alíquota corporativa de impostos da empresa é de 35%, e seu custo de capital não alavancado é de 15%. A empresa também possui uma dívida a pagar de US$ 19,05 milhões, e espera manter este nível de dívida permanentemente.
    a. Qual é o valor da Milton Industries sem alavancagem?
    b. Qual é o valor da Milton Industries com alavancagem?

16. A Kurz Manufacturing é atualmente uma empresa não alavancada com 20 milhões de ações em circulação e um preço de US$ 7,50 por ação. Apesar de os investidores atualmente espe-

rarem que a Kurz permaneça não alavancada, a empresa planeja divulgar que contrairá um empréstimo de US$ 50 milhões e utilizará os fundos para recomprar ações. A Kurz pagará juros somente sobre esta dívida e não possui outros planos para aumentar ou diminuir o nível de endividamento. A Kurz está sujeita a uma alíquota corporativa de impostos de 40%.
   a. Qual é o valor de mercado dos ativos existentes da Kurz antes da divulgação de seus planos?
   b. Qual é o valor de mercado dos ativos da Kurz (incluindo qualquer dedução tributária) logo após a dívida ser emitida, mas antes de ações serem recompradas?
   c. Qual é o preço das ações da Kurz logo antes da recompra de ações? Quantas ações a Kurz irá recomprar?
   d. Qual é o balanço patrimonial a valor de mercado e o preço das ações da Kurz após a recompra das ações?

17. A Kohwe Corporation planeja emitir ações para levantar US$ 50 milhões a fim de financiar um novo investimento. Depois de realizar o investimento, a Kohwe espera obter fluxos de caixa livres de US$ 10 milhões por ano. A Kohwe atualmente possui 5 milhões de ações em circulação, e não tem outros ativos ou oportunidades. Suponha que a taxa de desconto adequada para os fluxos de caixa livres futuros da Kohwe seja 8%, e as únicas imperfeições de mercado sejam impostos corporativos e custos de dificuldades financeiras.
   a. Qual é o NPV do investimento da Kohwe?
   b. Qual é o preço das ações da Kohwe hoje?

18. Suponha agora que a Kohwe contraia um empréstimo de US$ 50 milhões. A empresa pagará somente os juros sobre este empréstimo todo ano, mantendo um saldo pendente de US$ 50 milhões sobre o empréstimo. Suponha que a alíquota corporativa de impostos da Kohwe seja de 40%, e que os fluxos de caixa livres ainda sejam de US$ 10 milhões a cada ano. Qual é o preço das ações da Kohwe hoje se o investimento é financiado com dívida?

19. Agora suponha que, com alavancagem, os fluxos de caixa livre esperados da Kohwe cairão para US$ 9 milhões por ano devido à queda nas vendas e outros custos de dificuldades financeiras. Suponha que a taxa de descapitalização adequada para os fluxos de caixa livre futuros da empresa ainda seja 8%. Qual é o preço das ações da Kohwe hoje dados os custos de dificuldades financeiras da alavancagem?

Estrutura de capital ótima: a teoria do *tradeoff*

20. A Hawar International é uma empresa de transporte de cargas por navio cujo preço atual das ações é US$ 5,50, com 10 milhões de ações em circulação. Suponha que a Hawar anuncie planos para diminuir seus impostos corporativos tomando emprestados US$ 20 milhões e recomprando ações, que a Hawar pague uma alíquota corporativa de impostos de 30%, e que os acionistas esperem que a alteração na dívida seja permanente.
   a. Se a única imperfeição for os impostos corporativos, qual será o preço das ações após este anúncio?
   b. Suponha que as únicas imperfeições sejam impostos corporativos e custos de dificuldades financeiras. Se o preço das ações subir para US$ 5,75 depois deste anúncio, qual é o PV dos custos de dificuldades financeiras em que incorrerá a Hawar em decorrência desta nova dívida?

21. A Marpor Industries não possui dívida e espera gerar fluxos de caixa livres de US$ 16 milhões por ano. A Marpor acredita que se ela aumentar permanentemente seu nível de dívida para US$ 40 milhões, o risco de dificuldades financeiras pode fazê-la perder alguns clientes e ter prazos menos favoráveis junto aos seus fornecedores. Consequentemente, os fluxos de caixa livres da Marpor com dívida serão de apenas US$ 15 milhões por ano. Suponha que a alíquota de impostos da Marpor seja de 35%, a taxa de juros livre de risco seja de 5%, o retorno esperado do mercado seja de 15%, e seu beta dos fluxos de caixa livres seja de 1,10 (com ou sem alavancagem).
   a. Estime o valor da Marpor sem alavancagem.
   b. Estime o valor da Marpor com a nova alavancagem.

Consequências adicionais da alavancagem: custos de agência e informação

22. A principal atividade de negócios da Dynron Corporation é o transporte de gás natural utilizando sua vasta rede de gasodutos. Os ativos da Dynron atualmente possuem um valor de mercado de US$ 150 milhões. A empresa está explorando a possibilidade de levantar US$ 50 milhões vendendo parte de sua rede de gasodutos e investindo US$ 50 milhões em uma rede de fibras óticas para gerar receitas vendendo redes de banda larga de alta velocidade. Apesar de se esperar que este novo investimento aumente os lucros, ele também elevará substancialmente o risco da Dynron. Se a Dynron for alavancada, este investimento seria mais ou menos atraente para os acionistas do que se a Dynron não tivesse dívidas?

23. Considere uma empresa cujo único ativo é um lote de terra vazio e cujo único passivo seja uma dívida de US$ 15 milhões com vencimento daqui a um ano. Se deixado vazio, o terreno valerá US$ 10 milhões em um ano. Como alternativa, a empresa pode trabalhar a terra por um custo à vista de US$ 20 milhões. A terra trabalhada valerá US$ 35 milhões em um ano. Suponha que a taxa de juros sem risco seja de 10%, que todos os fluxos de caixa sejam livres de risco e que não haja impostos.
    a. Se a empresa decidir não trabalhar a terra, qual é o valor do patrimônio líquido da empresa hoje? Qual é o valor da dívida hoje?
    b. Qual é o NPV de trabalhar a terra?
    c. Suponha que a empresa levante US$ 20 milhões dos acionistas para trabalhar a terra. Se a empresa o fizer, qual será o valor de seu patrimônio líquido hoje? Qual será o valor da dívida da empresa hoje?
    d. Dada a sua resposta na parte (c), os acionistas estariam dispostos a fornecer os US$ 20 milhões necessários para trabalhar a terra?

24. A Zymase é uma empresa *start-up* de biotecnologia. Os pesquisadores da empresa precisam escolher uma dentre três estratégias. Os *payoffs* (após os impostos) e sua probabilidade para cada estratégia são exibidos a seguir. O risco de cada projeto é diversificável.

Estratégia	Probabilidade	Payoff (US$ milhões)
A	100%	75
B	50%	140
	50%	0
C	10%	300
	90%	40

    a. Que projeto possui o maior *payoff* esperado?
    b. Suponha que a Zymase tenha uma dívida de US$ 40 milhões com vencimento na mesma época do *payoff* do projeto. Que estratégia possui o maior *payoff* esperado para os acionistas?
    c. Suponha que a Zymase tenha uma dívida de US$ 110 milhões com vencimento na mesma época do *payoff* do projeto. Que estratégia possui o maior *payoff* esperado para os acionistas?
    d. Se a gerência escolher a estratégia que maximiza o *payoff* aos acionistas, qual é o custo de agência esperado para a empresa por ter US$ 40 milhões em dívida a pagar? Qual é o custo de agência esperado para a empresa por ter US$ 110 milhões em dívida a pagar?

25. Você é dono de sua própria empresa e quer levantar US$ 30 milhões para financiar uma expansão. Atualmente, você possui 100% das ações da empresa e nenhuma dívida. Para levantar os US$ 30 milhões somente por meio de ações, você precisará vender dois terços da empresa. Entretanto, você preferiria manter uma participação de pelo menos 50% na empresa para reter o controle.
    a. Se você contrair um empréstimo de US$ 20 milhões, que fração das ações você precisará vender para levantar os US$ 10 milhões restantes? (Suponha mercados de capitais perfeitos.)
    b. Qual é a menor quantia que você pode tomar emprestada para levantar US$ 30 milhões sem abrir mão do controle? (Suponha mercados de capitais perfeitos.)

26. A Empire Industries prevê um rendimento líquido no próximo ano como mostra a tabela a seguir (em milhares de dólares):

	US$
EBIT	1.000
Despesas com juros	0
Lucros antes dos impostos	1.000
Impostos	−350
Lucro líquido	US$ 650

Serão necessários aproximadamente US$ 200.000 dos rendimentos da Empire para fazer novos investimentos com NPV positivo. Infelizmente, espera-se que os gerentes da Empire gastem 10% de seu lucro líquido em privilégios desnecessários, projetos pessoais ou *pet projects*, e outros dispêndios que não contribuem com a empresa. Todos os rendimentos restantes serão retornados aos acionistas por meio de dividendos e recompras de ações.

a. Quais são os dois benefícios do financiamento por endividamento da Empire?
b. Em quanto cada US$ 1 em despesas com juros reduziria o dividendo e as recompras de ações da empresa?
c. Qual é o aumento nos fundos *totais* que a Empire pagará aos investidores para cada US$ 1 em despesas com juros?

27. A Info Systems Technology (IST) fabrica chips microprocessadores para o uso em utensílios e outras aplicações. A IST possui 100 milhões de ações em circulação e nenhuma dívida. O preço correto destas ações é de US$ 14,50 ou US$ 12,50 por ação. Os investidores veem ambas as possibilidades como igualmente prováveis, então, as ações estão sendo negociadas atualmente por US$ 13,50.

A IST tem que levantar US$ 500 milhões para construir uma nova instalação de produção. Como a empresa sofreria uma grande perda tanto de clientes quanto de talentos da engenharia no caso de dificuldades financeiras, os gerentes acreditam que, se a IST contrair uma dívida de US$ 500 milhões, o valor presente dos custos das dificuldades financeiras excederia quaisquer benefícios fiscais em US$ 20 milhões. Ao mesmo tempo, como os investidores acreditam que os gerentes sabem o preço correto das ações, a IST enfrentará um "problema dos limões" se tentar levantar os US$ 500 milhões emitindo ações.

a. Suponha que se a IST emitir ações, o preço das ações permanecerá a US$ 13,50. Para maximizar o preço de longo prazo das ações da empresa uma vez que seu verdadeiro valor seja conhecido, os gerentes escolheriam emitir ações ou tomar os US$ 500 milhões emprestados se:
   i. eles soubessem que o valor correto das ações é US$ 12,50?
   ii. eles soubessem que o valor correto das ações é US$ 14,50?
b. Dada a sua resposta na parte (a), o que os investidores concluiriam se a IST emitisse ações? O que aconteceria com o preço das ações?
c. Dada a sua resposta na parte (a), o que os investidores concluiriam se a IST emitisse títulos de dívida? O que aconteceria com o preço das ações neste caso?
d. Como suas respostas seriam diferentes se não houvesse custos de dificuldades financeiras, mas somente os benefícios fiscais da alavancagem?

Capítulo 15 APÊNDICE: A lei de falências

Quando uma empresa deixa de fazer um pagamento obrigatório aos detentores de títulos de dívida, ela está em inadimplência. Os detentores de títulos de dívida podem, então, mover uma ação legal contra a empresa para receber o pagamento ao se apropriar dos ativos da empresa. Como a maioria das empresas tem muitos credores, é necessária uma coordenação a fim de garantir que cada um deles seja tratado de maneira justa. Além disso, como os ativos da empresa podem ser mais valiosos se mantidos juntos, a desapropriação fragmentada destes pode destruir grande parte do valor restante da empresa.

A lei de falências dos EUA foi criada para organizar este processo de modo que os credores sejam tratados de maneira justa e o valor dos ativos não seja destruído sem motivos. Segundo as provisões da Lei de Reforma da Falência de 1978, as empresas norte-americanas podem pedir duas formas de proteção contra falência: Capítulo 7 ou Capítulo 11.

Na liquidação pelo Capítulo 7 da lei de falências norte-americana, um fideicomissário é nomeado para supervisionar a liquidação dos ativos da empresa por meio de um leilão. Os recursos da liquidação são utilizados para pagar os credores da empresa, e a empresa deixa de existir.

Na forma mais comum de falência de grandes corporações, a reorganização pelo Capítulo 11 da lei de falência norte-americana (ou concordata), todas as tentativas de recebimento pendentes são automaticamente suspensas e a gerência da empresa tem a oportunidade de propor um plano de reorganização. Enquanto está desenvolvendo o plano, a gerência continua a operar os negócios. O plano de reorganização especifica o tratamento de cada credor da empresa. Além de pagamentos em dinheiro, os credores podem receber novos títulos de dívida ou ações da empresa. O valor em dinheiro e dos títulos é geralmente menor do que a quantia devida a cada credor, mas maior do que aquilo que eles receberiam se a empresa fosse fechada imediatamente e liquidada. Os credores têm que votar para aceitar o plano, e ele tem que ser aprovado pelo tribunal de falências.[1] Caso não seja apresentado um plano aceitável, o tribunal pode, em último caso, forçar uma liquidação da empresa pelo Capítulo 7.

---

[1] Especificamente, a gerência tem o direito exclusivo de propor um plano de reorganização nos 120 primeiros dias, e este período pode ser estendido indefinidamente pelo tribunal de falências. Daí em diante, qualquer parte interessada pode propor um plano. Os credores que receberão pagamento integral ou que terão suas reivindicações integralmente restabelecidas sob o plano são considerados não prejudicados, e não votam no plano de reorganização. Todos os credores prejudicados são agrupados de acordo com a natureza de suas reivindicações. Se o plano for aprovado pelos credores que detêm dois terços da quantia reivindicada em cada grupo e uma maioria no número de reivindicações em cada grupo, o tribunal confirmará o plano. Mesmo se nenhum grupo aprovar o plano, o tribunal pode ainda impô-lo (em um processo normalmente conhecido como aprovação forçada ou "*cram down*") se considerá-lo justo no que diz respeito a cada grupo que objetou.

16 Política de Payout

OBJETIVOS DE APRENDIZAGEM

- Identificar as diferentes maneiras por meio das quais as empresas podem fazer distribuições aos acionistas.
- Compreender por que a maneira como elas distribuem fluxos de caixa não afeta o valor na ausência de imperfeições de mercado
- Indicar como os impostos podem criar uma vantagem para a recompra de ações *versus* dividendos
- Explicar como *payouts* maiores podem reduzir os problemas de agência, mas potencialmente reduzir a flexibilidade financeira
- Descrever métodos alternativos de *payouts* que não sejam em dinheiro

notação

P_{cum}	preço das ações cum-dividendo	P_{rep}	preço das ações com recompra
P_{ex}	preço das ações ex-dividendo	PV	valor presente

ENTREVISTA COM Bill Bascom, Intuit Inc.

San Jose State University, 1992

"Minha experiência na área bancária me deu um bom preparo para a função de tesoureiro em uma empresa".

"Quando uma empresa possui excesso de caixa após financiar suas operações e necessidades de capital internas, ela pode ou investir o dinheiro para ganhar com os juros ou retorná-lo a seus acionistas por meio de suas políticas de *payout*, que incluem programas de dividendos e de recompras de ações", diz Bill Bascom, tesoureiro assistente da Intuit, uma empresa líder em *software* financeiro e de negócios que inclui o TurboTax, o Quicken e o QuickBooks. Bill, cujas resposabilidades incluem supervisionar a gestão de caixa, os investimentos e o programa de recompra de ações da empresa, concluiu seu bacharelado em finanças e seu MBA em 1992 pela San Jose State University. Sua carreira começou em atividades bancárias comerciais, onde ele era responsável pela contabilidade da carteira de investimentos e pela gestão diária do caixa. "Minha experiência na área bancária me deu um bom preparo para a função de tesoureiro em uma empresa", diz ele.

Vários fatores influenciam a política de *payout* de uma empresa. "Quando uma empresa inicia um plano de dividendos, ela tem que ter certeza absoluta de que conseguirá mantê-lo indefinidamente", diz Bill. "Suspender um programa de dividendos enviaria uma mensagem muito negativa aos mercados financeiros. Os programas de recompra de ações oferecem maior flexibilidade na escolha do momento de recomprar as ações. Muitas empresas de tecnologia, dentre elas a Intuit, utilizam programas de recompra de ações para preservar a opção de utilizar excesso de caixa futuro quando surgem oportunidades de pesquisa e desenvolvimento".

Para avaliar um programa de recompra de ações, a Intuit analisa o *tradeoff* entre os benefícios de investir o excesso de caixa *versus* recomprar um determinado número de ações. "Se recompramos ações, perdemos a renda que o caixa geraria. Em vez disso, reduzimos o número de ações em circulação e, dessa maneira, aumentamos a pretensão de cada ação aos fluxos de caixa atuais gerados pela Intuit. Então, pesamos os benefícios quantitativos e qualitativos para a empresa em ambos os cenários levando em consideração nossos fluxos de caixa futuros esperados".

Um programa de recompra de ações exige autorização do Conselho de Administração. "O anúncio de uma recompra de ações normalmente coincide com divulgações dos lucros e envia um forte sinal positivo de que as ações são um bom investimento porque estamos investindo nos próprios fundos da empresa".

A Intuit distribui sua recompra de ações ao longo de todo o ano fiscal. "Enviamos um plano pré-estabelecido a nosso corretor cobrindo todo o ano e dando instruções detalhadas para a recompra de ações diária. Este plano inclui uma matriz que associa o número de ações compradas ao preço das ações. Quando ocorre uma liquidação no mercado, o plano instrui o corretor a comprar mais ações. Quando o mercado se comporta como um "*rally*"*, o plano instrui o corretor a reduzir as compras diárias".

---

*N. de R. T.: Situação marcada por aumentos sucessivos das cotações.

Capítulo 16 Política de *Payout* | 535

Quando os investimentos de uma empresa geram fluxo de caixa livre, uma empresa tem que decidir como utilizar este caixa. Se a empresa tiver novas oportunidades de investimento com NPV positivo, ela poderá reinvestir seu caixa e aumentar o valor da empresa. Muitas jovens empresas em rápido crescimento reinvestem 100% de seus fluxos de caixa dessa maneira. Mas empresas maduras e lucrativas geralmente acham que geram mais caixa do que precisam para financiar todas as suas oportunidades de investimento atraentes. Quando uma empresa possui excesso de caixa, ela pode reter esses fundos como parte de suas reservas monetárias ou realizar pagamentos aos acionistas. Se a empresa decidir seguir esta última abordagem, ela terá duas opções: pagar um dividendo ou recomprar ações dos detentores atuais. Essas decisões representam a política de *payout* da empresa.

Durante muitos anos, a Microsoft Corporation escolheu distribuir dinheiro aos investidores principalmente por meio da recompra de suas próprias ações. Durante os cinco anos fiscais que terminaram em junho de 2004, por exemplo, a Microsoft gastou uma média de US$ 5,4 bilhões por ano em recompras de ações. A Microsoft começou pagando dividendos a seus investidores em 2003, com o que o CFO John Connors chamou de "um dividendo inicial" de US$ 0,08 por ação. Então, em 20 de julho de 2004, a empresa impressionou os mercados financeiros divulgando planos de realizar o maior pagamento individual de dividendo da história, um dividendo único de US$ 32 bilhões, ou US$ 3 por ação, para todos os acionistas que estavam registrados em 17 de novembro de 2004. Além deste dividendo, a Microsoft divulgou planos de recomprar até US$ 30 bilhões de suas próprias ações ao longo dos quatro anos seguintes e pagar dividendos regulares trimestrais a uma taxa anual de US$ 0,32 por ação. Que considerações levaram os gerentes financeiros da Microsoft a fazer este *payout*? Quais são as implicações de tais ações para os acionistas e para o valor da empresa?

Neste capítulo, mostraremos que, assim como com a estrutura de capital, a política de *payout* de uma empresa é moldada por imperfeições de mercado, como impostos, custos de agência, custos de transação e informações assimétricas entre gerentes e investidores. Veremos por que algumas empresas preferem pagar dividendos enquanto outras não pagam dividendos e dependem exclusivamente da recompra de ações. Além disso, exploraremos por que algumas empresas retêm caixa e acumulam grandes reservas enquanto outras tendem a utilizar seu excesso de caixa para realizar pagamentos.

16.1 Distribuições aos acionistas

A Figura 16.1 ilustra os usos alternativos do fluxo de caixa livre.[1] Uma empresa que decide reter fluxo de caixa livre investe em novos projetos ou aumenta as reservas monetárias. A empresa faz pagamentos com o fluxo de caixa livre por meio de distribuições aos acionistas recomprando ações ou pagando dividendos. A maneira como uma empresa escolhe dentre essas alternativas é chamada de **política de *payout***. Começaremos nossa discussão sobre a política de *payout* de uma empresa considerando a escolha entre pagar dividendos e recomprar ações. Nesta seção, examinaremos os detalhes destes métodos de realização de pagamentos em dinheiro aos acionistas.

política de *payout* A maneira de uma empresa escolher dentre as várias alternativas de realizar pagamentos em dinheiro aos acionistas.

Dividendos

O conselho de administração de uma empresa de capital aberto determina o valor do dividendo da empresa. O conselho estabelece um valor que será pago por ação e decide quando o pagamento irá ocorrer. A data em que o conselho autoriza o dividendo é chamada de **data de declaração**. Depois de o conselho declarar o dividendo, a empresa é legalmente obrigada a realizar o pagamento.

data de declaração A data em que o conselho de administração de uma empresa de capital aberto autoriza o pagamento de um dividendo.

A empresa pagará o dividendo a todos os acionistas registrados em determinada data, especificada pelo conselho de diretoria, chamada **data de registro**. Como leva três dias úteis para as ações serem registradas, somente aqueles acionistas que compraram as ações pelo menos três dias antes da data de registro recebem o dividendo. Consequentemente, a data de dois dias

data de registro A data específica determinada pelo conselho de administração de uma empresa de capital aberto de modo que a empresa pague um dividendo a todos os acionistas já registrados nesta data.

---
[1] Estritamente falando, a Figura 16.1 representa uma empresa não alavancada. Para uma empresa alavancada, começaríamos com o fluxo de caixa livre do acionista, que é o fluxo de caixa livre menos os pagamentos após os impostos realizados aos detentores de títulos de dívida.

FIGURA 16.1

Usos do fluxo de caixa livre

Uma empresa pode reter seu fluxo de caixa livre, investindo-o ou acumulando-o, ou desembolsá-lo para realizar pagamento de dividendos ou recompras de ações. A escolha entre estas opções é determinada pela política de *payout* da empresa.

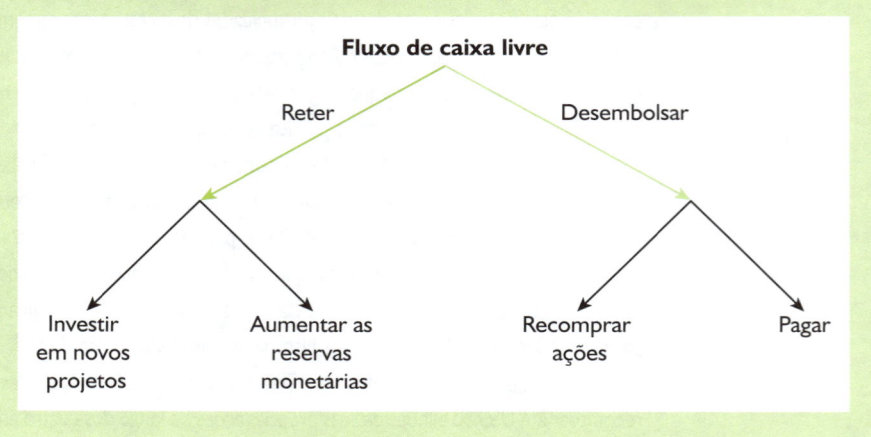

```
                    Fluxo de caixa livre
                    /                  \
                 Reter               Desembolsar
                /    \                /        \
          Investir  Aumentar as   Recomprar   Pagar
          em novos   reservas       ações
          projetos  monetárias
```

data ex-dividendo Uma data, dois dias antes da data de registro de um dividendo, na qual ou após a qual qualquer um que compre as ações não terá direito ao dividendo.

data de pagamento (data de distribuição) Uma data, geralmente dentro de um mês após a data de registro, em que uma empresa envia cheques de dividendos a seus acionistas registrados.

dividendo especial Um pagamento de dividendo único realizado por uma empresa, que é normalmente muito maior do que um dividendo regular.

úteis antes da data de registro é conhecida como **data ex-dividendo**. Aquele que comprar ações neste dia ou depois dele não receberá o dividendo. Finalmente, na **data de pagamento** (ou **data de distribuição**), que é geralmente em torno de um mês após a data de registro, a empresa envia cheques de pagamento de dividendo aos acionistas registrados. A Figura 16.2 mostra essas datas para o dividendo de US$ 3,00 da Microsoft.

A Microsoft declarou os dividendos em 20 de julho de 2004, a serem pagos no dia 2 de dezembro a todos os acionistas já registrados em 17 de novembro. Como a data de registro foi 17 de novembro, a data ex-dividendo foi dois dias antes, ou 15 de novembro de 2004.

Dividendo especial. A maioria das empresas que paga dividendos os paga a intervalos trimestrais regulares. As empresas geralmente não ajustam o valor de seus dividendos, com pouca variação no valor do dividendo de um trimestre para o outro. Ocasionalmente, uma empresa pode pagar um único **dividendo especial** que normalmente é muito maior do que um dividendo regular, como o de US$ 3,00 da Microsoft, em 2004. A Figura 16.3 mostra os dividendos pagos pela GM de 1983 a 2007. Além dos dividendos regulares, a GM pagou dividendos especiais em dezembro de 1997 e novamente em maio de 1999 (associados a cisões de subsidiárias, que serão discutidas mais adiante, na Seção 16.6).

Apesar de a GM ter elevado seus dividendos durante toda a década de 1980, ela os cortou durante a recessão no início da década de 1990. A GM elevou seus dividendos no final da década de 1990, mas foi forçada a cortá-los novamente no início de 2006, quando passou por dificuldades financeiras.

FIGURA 16.2

Importantes datas do dividendo especial da Microsoft

Data de declaração	Data ex-dividendo	Data de registro	Data de pagamento
Conselho de administração declara o dividendo especial de US$3,00/ação.	Compradores de ações nesta data ou depois dela não recebem o dividendo.	Acionistas registrados até esta data recebem o dividendo.	Os acionistas que têm direito recebem pagamentos de US$3,00/ação.
20 de julho de 2004	15 de novembro de 2004	17 de novembro de 2004	2 de dezembro de 2004

FIGURA 16.3

História de dividendos das ações da GM, 1983-2007

Desde 1983 a GM tem pago um dividendo regular a cada trimestre. A GM pagou dividendos especiais adicionais em dezembro de 1997 e em maio de 1999.

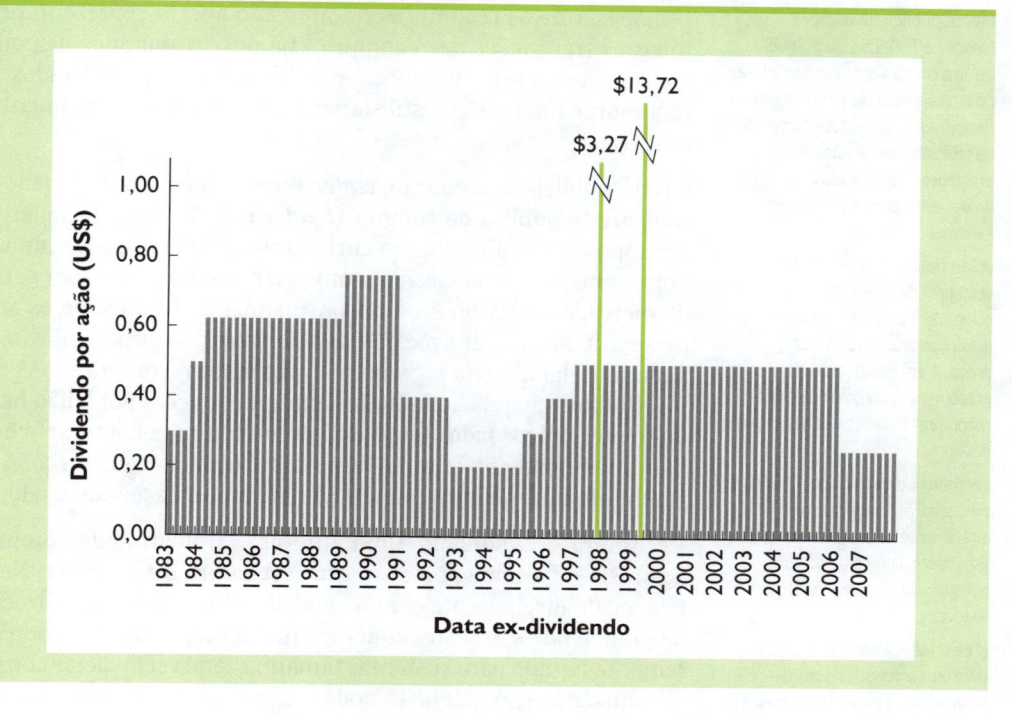

Implicações contábeis. Os dividendos são uma saída de caixa para a empresa. Do ponto de vista contábil, os dividendos geralmente reduzem os lucros retidos (ou acumulados) correntes da empresa. Em alguns casos, os dividendos são atribuídos a outras fontes contábeis, como capital realizado ou a liquidação de ativos. Neste caso, o dividendo é conhecido como um **retorno de capital** ou um **dividendo de liquidação**. Apesar de a fonte dos fundos fazer pouca diferença para uma empresa ou para os investidores diretamente, há uma diferença no tratamento tributário: um retorno de capital é tributado como ganho de capital em vez de como um dividendo para o investidor.

retorno de capital Quando uma empresa, em vez de pagar dividendos a partir dos lucros correntes (ou lucros retidos acumulados), paga dividendos a partir de outras fontes, como de capital pago à empresa ou da liquidação de ativos.

dividendos de liquidação Um retorno de capital para os acionistas de uma operação empresarial que está sendo extinta.

Recompras de ações

Uma maneira alternativa de fazer pagamentos em dinheiro aos investidores é por meio de uma recompra de ações ou *buyback*. Neste tipo de transação, a empresa utiliza dinheiro para recomprar suas próprias ações em circulação. Essas ações geralmente são mantidas na tesouraria da empresa e podem ser revendidas se a empresa precisar levantar dinheiro no futuro. Agora examinaremos três possíveis tipos de transação para uma recompra de ações.

recompra no mercado aberto Quando uma empresa recompra ações comprando suas próprias ações no mercado aberto ao longo do tempo.

Recompra no mercado aberto. Com uma **recompra no mercado aberto**, a maneira de recomprar ações mais utilizada, uma empresa divulga sua intenção de comprar suas próprias ações no mercado aberto e então começa a fazê-lo ao longo do tempo como qualquer outro investidor. A empresa pode levar um ano ou mais para comprar as ações, e ela não é obrigada a recomprar a quantidade integral que declarou inicialmente. Além disso, a empresa não deve comprar suas ações de uma forma que ela pareça estar manipulando o preço. Por exemplo, as diretrizes da SEC recomendam que a empresa não compre mais de 25% do volume diário médio de negociações de suas ações em um único dia, nem faça compras no momento de abertura do mercado nem dentro dos 30 minutos anteriores ao encerramento das negociações.[2]

---

[2] O regulamento 10b-18 da SEC, introduzido em 1983, define diretrizes para a recompra de ações no mercado aberto.

oferta pública de compra (tender offer) Divulgação pública de uma oferta a todos os portadores de títulos existentes para comprar de volta uma quantidade específica de títulos em circulação por um preço pré-determinado ao longo de um curto período de tempo, geralmente 20 dias.

leilão holandês Método de recompra de ações em que os acionistas indicam quantas ações estão dispostos a vender cada preço. A empresa, então, paga o preço mais baixo pelo qual pode recomprar o número de ações que deseja.

recompra direcionada Quando uma empresa compra ações diretamente de um acionista específico; o preço de compra é negociado diretamente com o vendedor.

greenmail Quando uma empresa evita uma ameaça de aquisição de controle hostil e a remoção de sua gerência por um grande acionista comprando todas as ações deste, geralmente por um grande prêmio sobre o preço de mercado corrente.

Apesar de as recompras no mercado aberto representarem aproximadamente 95% de todas as transações de recompra,[3] há outros métodos disponíveis para uma empresa que queira recomprar suas ações. Estes métodos são utilizados quando uma empresa deseja recomprar uma porção substancial de suas ações, geralmente como parte de uma recapitalização.

Oferta pública de compra (*tender offer*). Uma empresa pode recomprar ações por meio de uma **oferta pública de compra (*tender offer*)** em que ela oferece comprar ações a um preço pré-especificado durante um curto período de tempo – geralmente dentro de 20 dias. O preço normalmente é estabelecido a um prêmio substancial (em geral 10% – 20%) acima do preço de mercado corrente. A oferta normalmente depende de os acionistas disponibilizarem um número suficiente de ações. Se os acionistas não disponibilizarem ações suficientes, a empresa pode cancelar a oferta e, assim, não ocorreria recompra.

Um método relacionado é a recompra de ações por **leilão holandês**, em que a empresa lista diferentes preços pelos quais está preparada para comprar ações e os acionistas, por sua vez, indicam quantas ações estão dispostos a vender a cada preço. A empresa, então, paga o menor preço pelo qual pode recomprar seu número de ações desejado.

Recompra direcionada. Uma empresa também pode comprar ações diretamente de um acionista de grande porte em uma **recompra direcionada**. Neste caso, o preço de compra é negociado diretamente com o vendedor. Uma recompra direcionada ocorre se um acionista de grande porte desejar vender muitas ações, mas o mercado das ações não estiver suficientemente líquido para sustentar tamanha venda sem afetar consideravelmente o preço. Nestas circunstâncias, o acionista pode estar disposto a vender as ações de volta à empresa a um desconto sobre o preço de mercado corrente. Como alternativa, as recompras direcionadas são úteis se um acionista de grande porte estiver ameaçando fazer uma compra hostil e remover a gerência de uma empresa. Com *greenmail*, a empresa pode eliminar a ameaça recomprando todas as ações do acionista – geralmente a um grande prêmio sobre o preço de mercado corrente.

Fixação de conceitos

1. Como é determinada a data ex-dividendo de um grupo de ações, e qual é a sua importância?
2. O que é uma recompra de ações por leilão holandês?

16.2 Comparação entre dividendos e recompra de ações em um mercado de capitais perfeito

Se uma empresa decide realizar pagamentos em dinheiro aos acionistas, ela pode fazê-lo por meio de pagamentos de dividendos ou de recompras de ações. Como as empresas escolhem entre estas alternativas? Nesta seção, mostraremos que no cenário de mercados de capitais perfeitos de Modigliani e Miller, o método de pagamento não importa.

Consideremos o caso da Genron Corporation, uma empresa hipotética. A Genron possui US$ 20 milhões em excesso de caixa e nenhuma dívida. A empresa espera gerar fluxos de caixa livres adicionais de US$ 48 milhões por ano nos anos subsequentes. Se o custo de capital não alavancado da Genron é de 12%, então o valor da empresa de suas operações existentes é:

$$\text{Valor da empresa} = PV(\text{FCF futuros}) = \frac{\text{US\$ 48 milhões}}{12\%} = \text{US\$ 400 milhões}$$

Incluindo o dinheiro em caixa, o valor de mercado total da Genron é de US$ 420 milhões.

---

[3] G. Grullon e D. Ikenberry, "What Do We Know About Stock Repurchases?" *Journal of Applied Corporate Finance* 13(1) (2000): pp. 31-51.

O conselho de administração da Genron irá se reunir para decidir como realizar o pagamento dos US$ 20 milhões em excesso de caixa aos acionistas. O conselho está considerando três opções:

1. Utilizar os US$ 20 milhões para pagar um dividendo em dinheiro de US$ 2 para cada uma das 10 milhões de ações em circulação da empresa.
2. Recomprar ações em vez de pagar um dividendo.
3. Levantar mais dinheiro para pagar um dividendo ainda maior hoje, prevendo os altos fluxos de caixa livres futuros que ela espera receber.

O valor do dividendo corrente afetará o preço das ações da Genron? Que política os acionistas prefeririam?

O valor do dividendo corrente afetará o valor o preço das ações da Genron? Que política os acionistas prefeririam?

Para fornecer uma linha de base para a nossa discussão sobre política de *payout*, analisaremos as consequências de cada uma dessas políticas alternativas na próxima seção e compararemos umas às outras em um contexto de mercados de capitais perfeitos. Também exploraremos como as imperfeições de mercado, como impostos e custos de transação, afetam a política de *payout*.

Política alternativa 1: pagar dividendo com excesso monetário

Suponhamos que a diretoria opte pela primeira alternativa e utilize todo o excesso de caixa para pagar um dividendo. Com 10 milhões de ações em circulação, a Genron poderá pagar um dividendo de US$ 2 imediatamente. Como a empresa espera gerar fluxos de caixa livres futuros de US$ 48 milhões por ano, ela prevê pagar um dividendo de US$ 4,80 por ação a cada ano dali em diante. A diretoria declara o dividendo e estabelece a data de registro como 14 de dezembro, de modo que a data ex-dividendo é 12 de dezembro. Calculemos o preço das ações da Genron logo antes e logo depois de elas virarem ex-dividendo.

Lembre, do Capítulo 9 e do Princípio da Avaliação, que o preço justo para as ações é o valor presente dos dividendos esperados dado o custo de capital próprio da Genron. Como a Genron não possui dívida, seu custo de capital próprio é igual ao seu custo de capital não alavancado de 12%. Logo antes da data ex-dividendo, diz-se que as ações são negociadas **cum-dividendo** ("com o dividendo"), porque aquele que as comprar terá direito ao dividendo. Neste caso:

cum-dividendo Quando ações são negociadas antes da data ex-dividendo, dando a qualquer pessoa que compre as ações o direito ao dividendo.

$$P_{cum} = \text{Dividendo corrente} + PV(\text{Dividendos futuros}) = 2 + \frac{4{,}80}{0{,}12} = 2 + 40 = US\$\ 42$$

Depois de as ações virarem ex-dividendo, os novos compradores não receberão o dividendo corrente. Neste momento o preço das ações refletirá os dividendos em anos subsequentes:

$$P_{ex} = PV(\text{Dividendos futuros}) = \frac{4{,}80}{0{,}12} = US\$\ 40$$

O preço das ações cairá na data ex-dividendo, 12 de dezembro, de US$ 42 para US$ 40. O valor da queda no preço é igual ao valor do dividendo corrente, US$ 2. Também podemos determinar esta mudança no preço das ações utilizando o balanço patrimonial a valor de mercado (valores em milhões de dólares):

	11 dezembro (cum-dividendo)	12 de dezembro (ex-dividendo)
Dinheiro	20	0
Outros ativos	400	400
Valor de mercado total	420	400
Ações (milhões)	10	10
Preço das ações	**US$ 42**	**US$ 40**

Como mostra o balanço patrimonial a valor de mercado, o preço das ações cai quando um dividendo é pago porque a redução em dinheiro diminui o valor de mercado dos ativos da empresa. Apesar de o preço das ações cair, os detentores das ações da Genron não incorrem em uma perda de modo geral. Antes do dividendo, suas ações valiam US$ 42. Após o dividendo, suas ações valem US$ 40 e eles detêm US$ 2 em dinheiro provenientes do dividendo, somando um valor de US$ 42. Nossa análise do preço das ações e do balanço patrimonial a valor de mercado mostra que:

> *Em um mercado de capitais perfeito, quando um dividendo é pago, o preço das ações cai no valor do dividendo quando as ações começam a ser negociadas ex-dividendo.*

Política alternativa 2: recompra de ações (sem dividendos)

Suponhamos que a Genron não pague um dividendo este ano, mas em vez disso, utilize os US$ 20 milhões para recomprar suas ações no mercado aberto. Como a recompra irá afetar o preço das ações?

Com um preço inicial de US$ 42, a Genron irá recomprar US$ 20 milhões ÷ US$ 42 por ação = 0,476 milhões de ações, deixando apenas 10 − 0,476 = 9,524 milhões de ações em circulação. Novamente, podemos utilizar o balanço patrimonial a valor de mercado da Genron para analisar esta transação:

	11 dezembro (antes da recompra)	12 de dezembro (depois da recompra)
Dinheiro	20	0
Outros ativos	400	400
Valor de mercado total dos ativos	420	400
Ações (milhões)	10	9,524
Preço das ações	**US$ 42**	**US$ 42**

Neste caso, o valor de mercado dos ativos da Genron cai quando a empresa realiza um pagamento em dinheiro, mas o número de ações em circulação também cai de 10 milhões para 9,524 milhões. As duas mudanças compensam uma à outra, então, o preço das ações permanece o mesmo.

Dividendos futuros da Genron. Também podemos ver por que o preço das ações não cai após a recompra de ações considerando o efeito dos dividendos futuros da Genron. Em anos futuros, a Genron espera ter US$ 48 milhões em fluxo de caixa livre, que podem ser utilizados para pagar um dividendo de US$ 48 milhões ÷ 9,524 milhões de ações = US$ 5,04 por ação todo ano. Assim, com uma recompra de ações, o preço das ações da Genron hoje é

$$P_{rep} = \frac{5,04}{0,12} = US\$\ 42$$

Em outras palavras, não pagando o dividendo hoje e recomprando ações em vez disso, a Genron pode elevar seus dividendos *por ação* no futuro. O aumento nos dividendos futuros compensa os acionistas pelo dividendo do qual abrem mão hoje. Este exemplo ilustra a seguinte conclusão geral sobre recompras de ações:

> *Em mercados de capitais perfeitos, uma recompra de ações no mercado aberto não tem efeito sobre o preço das ações, e o preço das ações é o mesmo que o preço cum-dividendo se um dividendo fosse pago.*

Preferências do investidor. Um investidor preferiria que a Genron realizasse um pagamento de dividendo ou que ela recomprasse suas ações? Ambas as políticas levam ao mesmo preço *inicial* de US$ 42. Mas há uma diferença no valor ao acionista *após* a transação? Consideremos um investidor que atualmente detenha 2.000 ações da Genron. Supondo que ele não vá

Erros comuns — Recompras e a oferta de ações

Existe um conceito errôneo de que quando uma empresa recompra suas próprias ações, o preço se eleva devido à diminuição na oferta de ações em circulação. Esta intuição é decorrente naturalmente da análise padrão da oferta e da demanda ensinada em microeconomia. Por que esta análise não se aplica aqui?

Quando uma empresa recompra suas próprias ações, duas coisas acontecem. Em primeiro lugar, a oferta de ações é reduzida. Ao mesmo tempo, porém, o valor dos ativos da empresa diminui quando ela gasta seu dinheiro para comprar as ações. Se a empresa recomprar suas ações pelo preço de mercado, estes dois efeitos se neutralizam, deixando o preço das ações inalterado.

Este resultado é similar à falácia da diluição discutida no Capítulo 15: quando uma empresa emite ações pelo seu preço de mercado, o preço não cai devido ao aumento da oferta. O aumento da oferta é neutralizado pelo aumento nos ativos da empresa que resultam do dinheiro que ela recebe da emissão.

---

negociá-las, suas ações em carteira após o pagamento de um dividendo ou uma recompra de ações são:

Dividendo	Recompra
US$ 40 × 2.000 = US$ 80.000 em ações	US$ 42 × 2.000 = US$ 84.000 em ações
US$ 2 × 2.000 = US$ 4.000 em dinheiro	

Em qualquer um dos casos, o valor da carteira do investidor é de US$ 84.000 imediatamente após a transação. A única diferença é a distribuição entre dinheiro e ações em carteira. Assim, parece que o investidor preferiria uma abordagem à outra dependendo de sua necessidade ou não de dinheiro.

Mas se a Genron recomprar ações e o investidor quiser dinheiro, ele pode levantá-lo vendendo ações. Por exemplo, ele pode vender 95 ações para levantar 95 × US$ 42 por ação = US$ 3.990 em dinheiro. Ele deterá, então, 1905 ações, ou 1905 × US$ 42 = US$ 80.010 em ações. Assim, no caso de uma recompra de ações, ao vender ações um investidor pode criar um *dividendo feito em casa*.

Da mesma maneira, se a Genron pagar um dividendo e o investidor não quiser o dinheiro, ele pode utilizar os US$ 4.000 do dividendo para comprar 100 ações adicionais pelo preço ex-dividendo de US$ 40 por ação. Consequentemente, ele deterá 2.100 ações, que valerão 2.100 × US$ 40 = US$ 84.000. Na verdade, muitas empresas permitem que os investidores se inscrevam em um programa de reinvestimento de dividendos, ou *DRIP*, que automaticamente reinveste qualquer dividendo em novas ações.

Resumimos estes dois casos a seguir:

Dividendo + comprar 100 ações	Recompra + vender 95 ações
US$ 40 × 2.100 = US$ 84.000	US$ 42 × 1.905 = US$ 80.010 em ações
	US$ 42 × 95 = US$ 3.990 em dinheiro

Vendendo ações ou reinvestindo dividendos, o investidor consegue criar qualquer combinação de dinheiro e ações desejada. Consequentemente, o investidor é indiferente em relação aos vários métodos de *payout* que a empresa pode empregar:

> Em mercados de capitais perfeitos, é indiferente para os investidores se a empresa distribuirá fundos por meio de dividendos ou de recompras de ações. Ao reinvestir os dividendos ou vender ações, eles podem replicar qualquer método de payout de forma independente.

Política alternativa 3: dividendo alto (emissão de ações)

Vejamos uma terceira possibilidade para a Genron. Suponhamos que a diretoria deseje realizar um pagamento de um dividendo ainda maior do que US$ 2 por ação neste momento. Isto é possível e, caso seja, o dividendo mais alto deixará os acionistas em uma situação melhor?

A Genron planeja pagar US$ 48 milhões em dividendos a começar no próximo ano. Suponhamos que a empresa queira começar a pagar esta quantia hoje. Como ela só possui US$ 20 milhões em dinheiro hoje, a Genron precisa de outros US$ 28 milhões para realizar o pagamento do dividendo mais alto neste momento. Ela poderia levantar o dinheiro diminuindo seus investimentos. Mas se os investimentos têm NPV positivo, reduzi-los diminuiria o valor da empresa. Uma maneira alternativa de levantar mais dinheiro é contrair um empréstimo ou vender novas ações. Consideremos uma emissão de ações. Dado o preço corrente das ações de US$ 42, a Genron poderia levantar US$ 28 milhões vendendo US$ 28 milhões ÷ US$ 42 por ação = 0,67 milhões de ações. Como esta emissão de ações irá aumentar o número total de ações em circulação para 10,67 milhões, o valor do dividendo por ação a cada ano será de:

$$\frac{US\$ \ 48 \ \text{milhões}}{10{,}67 \ \text{milhões de ações}} = US\$ \ 4{,}50 \ \text{por ação}$$

Sob esta nova política, o preço das ações cum-dividendo da Genron é

$$P_{cum} = 4{,}50 + \frac{4{,}50}{0{,}12} = 4{,}50 + 37{,}50 = US\$ \ 42$$

Como nos exemplos anteriores, o valor inicial das ações não é alterado por esta política, e aumentar o dividendo não traz benefício aos acionistas.

EXEMPLO 16.1
Dividendo feito em casa

Problema
Suponha que a Genron não adote a terceira política alternativa e, em vez disso, pague um dividendo de US$ 2 por ação hoje. Mostre como um investidor que detém 2.000 ações poderia criar um dividendo feito em casa de US$ 4,50 por ação × 2.000 ações = US$ 9.000 por ano, de forma independente.

Solução
▶ **Planejamento**
Se a Genron pagar um dividendo de US$ 2, o investidor receberá US$ 4.000 em dinheiro e deterá o resto em ações. Ela pode levantar outros US$ 5.000 vendendo 125 ações a US$ 40 por ação logo após o dividendo ser pago.

▶ **Execução**
O investidor criou seus US$ 9.000 este ano recebendo o dividendo de US$ 4.000 e então vendendo 125 ações a US$ 40 por ação. Em anos futuros, a Genron pagará um dividendo de US$ 4,80 por ação. Como deterá 2.000 − 125 = 1.875 ações, o investidor receberá dividendos de 1.875 × US$ 4,80 = US$ 9.000 por ano a partir de então.

▶ **Avaliação**
Novamente, a política que a empresa escolhe é irrelevante – o investidor pode transacionar no mercado para criar uma política de dividendo feito em casa que seja adequada às suas preferências.

Modigliani-Miller e a irrelevância da política de dividendos

Em nossa análise, consideramos três possíveis políticas de dividendos para a empresa: (1) realizar um pagamento de todo o dinheiro como dividendo, (2) não pagar dividendo e utilizar o dinheiro para, em vez disso, recomprar ações, ou (3) emitir ações para financiar um dividendo mais alto. Estas políticas são ilustradas na Tabela 16.1.

A Tabela 16.1 mostra um importante *tradeoff*: se a Genron pagar um dividendo *corrente* mais alto por ação, ela pagará dividendos *futuros* mais baixos por ação. Por exemplo, se a empresa elevar o dividendo corrente emitindo ações, ela terá mais ações e, portanto, fluxos de caixa livre menores por ação para pagar dividendos no futuro. Se a empresa diminuir o dividendo corrente e recomprar suas ações, ela terá menos ações no futuro, e então poderá pagar um dividendo mais alto por ação. O efeito líquido deste *tradeoff* é deixar o valor presente total de todos os dividendos futuros e, logo, o preço corrente das ações, inalterado, em US$ 42.

A lógica desta seção corresponde à de nossa discussão sobre estrutura de capital no Capítulo 15. Lá, explicamos que, em mercados de capitais perfeitos, comprar e vender ações e títulos

TABELA 16.1 Dividendos da Genron por ação por ano sob as três políticas alternativas

		Dividendo pago (US$ por ação)			
	Preço inicial das ações	Ano 0	Ano 1	Ano 2	...
Política 1:	US$ 42,00	2,00	4,80	4,80	...
Política 2:	US$ 42,00	0	5,04	5,04	...
Política 3:	US$ 42,00	4,50	4,50	4,50	...

de dívida são transações com NPV igual a zero que não afetam o valor da empresa. Além disso, qualquer escolha de alavancagem por uma empresa poderia ser replicada por investidores utilizando alavancagem feita em casa. Consequentemente, a escolha da estrutura de capital da empresa é irrelevante. Aqui, estabelecemos o mesmo princípio para a escolha de um dividendo de uma empresa. Independentemente da quantia em dinheiro que a empresa possui disponível, ela pode pagar um dividendo mais baixo (e utilizar o dinheiro restante para recomprar ações) ou um dividendo mais alto (vendendo ações para levantar dinheiro). Como comprar ou vender ações é uma transação com NPV igual a zero, tais transações não têm efeito sobre o preço inicial das ações. Além disso, os acionistas podem criar um dividendo feito em casa de qualquer magnitude comprando ou vendendo ações de forma independente.

Modigliani e Miller desenvolveram esta ideia em outro artigo influente publicado em 1961.[4] Assim como com seu resultado sobre estrutura de capital, este artigo ia contra o pensamento convencional de que a política de dividendos poderia mudar o valor de uma empresa e deixar seus acionistas em uma situação melhor mesmo na ausência de imperfeições de mercado. Declaramos aqui sua importante proposição:

irrelevância do dividendo de MM Em mercados de capitais perfeitos, mantendo fixa a política de investimento de uma empresa, a escolha da política de dividendo pela empresa é irrelevante e não afeta o preço inicial das ações.

Irrelevância do dividendo de MM: Em mercados de capitais perfeitos, mantendo-se fixa a política de investimentos de uma empresa, a escolha da política de dividendos pela empresa é irrelevante e não afeta o preço inicial das ações.

Política de dividendos com mercados de capitais perfeitos

Os exemplos nesta seção ilustram a ideia de que, ao utilizar recompras ou emissões de ações, uma empresa pode facilmente alterar seus pagamentos de dividendos. Como essas transações não alteram o valor da empresa, a política de dividendos também não o faz.

Este resultado pode à primeira vista parecer contradizer a ideia de que o preço de uma ação deveria ser igual ao valor presente de seus dividendos futuros. Como nossos exemplos mostraram, porém, a escolha de dividendo de uma empresa hoje afeta os dividendos que ela poderá pagar no futuro de maneira que um neutralize o outro. Assim, apesar de os dividen-

Erros comuns — A falácia do pássaro na mão

"Mais vale um pássaro na mão do que dois voando".

A hipótese do pássaro na mão afirma que as empresas que escolhem pagar dividendos correntes mais altos desfrutarão de preços de ações mais altos porque os acionistas preferem dividendos correntes a futuros (com o mesmo valor presente). Segundo esta visão, a política alternativa 3 levaria ao preço mais alto para as ações da Genron.

Essa visão é equivocada. A resposta de Modigliani e Miller mostrou que, com mercados de capitais perfeitos, os acionistas podem gerar um dividendo feito em casa equivalente, a qualquer momento, vendendo ações. Assim, a escolha do dividendo da empresa não deveria importar.

---

[4] Ver M. Modigliani e M. Miller, "Dividend Policy, Growth, and the Valuation of Shares", *Journal of Business* 34(4) (1961): pp.441-433. Ver também J. B. Williams, *The Theory of Investment Value* (Cambridge, MA: Harvard University Press, 1938).

dos *determinarem* os preços das ações, a escolha da política de dividendos de uma empresa não o faz.

Como Modigliani e Miller deixam claro, o valor de uma empresa deriva, em última análise, de seu fluxo de caixa livre subjacente. O fluxo de caixa livre de uma empresa determina o nível de *payouts* que ela pode realizar aos investidores. Em um mercado de capitais perfeito, não importa se esses *payouts* são feitos por meio de dividendos ou de recompras de ações. É claro que, na realidade, os mercados de capitais não são perfeitos. Assim como com a estrutura de capital, são as imperfeições nos mercados de capitais que devem determinar a política de *payout* da empresa.

Fixação de conceitos

3. Explique o conceito errôneo de que quando uma empresa recompra suas próprias ações, o preço sobe devido à diminuição da oferta de ações em circulação.
4. Em um mercado de capitais perfeito, qual é a importância da decisão da empresa de pagar dividendos *versus* recomprar ações?

16.3 A desvantagem tributária dos dividendos

Assim como com a estrutura de capital, os impostos são uma importante imperfeição de mercado que influencia a decisão de uma empresa de pagar dividendos ou recomprar ações.

Impostos sobre dividendos e ganhos de capital

Os acionistas tipicamente têm que pagar impostos sobre os dividendos que recebem, bem como sobre ganhos de capital quando vendem suas ações. A Tabela 16.2 mostra a história das alíquotas de impostos nos EUA de 1971-2008 aplicadas a dividendos e ganhos de capital de longo prazo para investidores na faixa de tributação mais alta.

Os impostos afetam as preferências dos investidores por dividendos *versus* recompras de ações? Quando uma empresa paga um dividendo, os acionistas são tributados de acordo com a alíquota de impostos sobre dividendos. Se a empresa recomprar ações, em vez disso, e os acionistas venderem ações para criar um dividendo feito em casa, este será tributado de acordo

TABELA 16.2 Ganhos de capital de longo prazo *versus* alíquotas de impostos sobre dividendos nos Estados Unidos, 1971-2008

Ano	Ganhos de capital	Dividendos
1971-1978	35%	70%
1979-1981	28%	70%
1982-1986	20%	50%
1987	28%	39%
1988-1990	28%	28%
1991-1992	28%	31%
1993-1996	28%	40%
1997-2000	20%	40%
2001-2002	20%	39%
2003-*	15%	15%

* As alíquotas de impostos correntes estão estabelecidas para expirar em 2008 a menos que sejam estendidas pelo Congresso. As alíquotas de impostos exibidas são de ativos financeiros mantidos por um ano. Para ativos mantidos por menos de um ano, os ganhos de capital são tributados à alíquota de impostos do imposto de renda comum (atualmente 35% para a faixa de tributação mais alta); o mesmo é válido para dividendos se os ativos forem mantidos por menos de 61 dias. Como o imposto sobre ganhos de capital não é pago até o ativo ser vendido, para ativos mantidos por mais de um ano a alíquota de impostos *efetiva* sobre ganhos de capital é igual ao valor presente da alíquota exibida, quando é descontada pela taxa de juros livre de risco após os impostos para o número de anos adicionais pelos quais o ativo é mantido.

com a alíquota de impostos sobre ganhos de capital. Se os dividendos forem tributados a uma alíquota mais alta do que a dos ganhos de capital, o que era fato até a mais recente mudança no legislação fiscal, os acionistas preferirão recompras de ações a dividendos. Mudanças recentes no legislação fiscal igualaram as alíquotas de impostos sobre dividendos e sobre ganhos de capital. Provavelmente não é coincidência que a Microsoft tenha começado a pagar dividendos pouco depois dessas mudanças. No entanto, como os investidores de longo prazo podem deferir o imposto sobre os ganhos de capital até eles venderem, *ainda há uma vantagem fiscal para as recompras de ações sobre os dividendos*.

Nem todos os países tributam os dividendos a uma alíquota mais alta do que a de ganhos de capital. A Figura 16.4 mostra as alíquotas de impostos sobre dividendos e sobre ganhos de capital para diferentes países. No Chile, por exemplo, os ganhos de capital são tributados a uma taxa de 45%, os dividendos, a 35%. Existe uma preferência tributária a dividendos similar na Austrália, na Dinamarca, na Finlândia e no Brasil.

FIGURA 16.4 — Alíquotas de impostos sobre dividendos e sobre ganhos de capital ao redor do mundo

A figura exibe a alíquota de impostos sobre ganhos de capital (barra cinza) e a alíquota de impostos sobre dividendos (barra verde) para diferentes países. A ausência de barra indica que a distribuição é isenta de tributação naquele país. Enquanto a maioria dos países tributa dividendos a taxas maiores ou iguais à alíquota sobre ganhos de capital, gerando uma preferência tributária para a recompra de ações, alguns países, como o Chile, tributam os ganhos de capital a uma taxa mais alta. Vários países, inclusive Cingapura, México, Índia e Hong Kong, também não cobram impostos.

Fonte: OECD 2007, www.oecd.org; alíquotas marginais sobre ganhos de capital para um investidor com US$ 100.000 em renda excedendo qualquer isenção inicial.

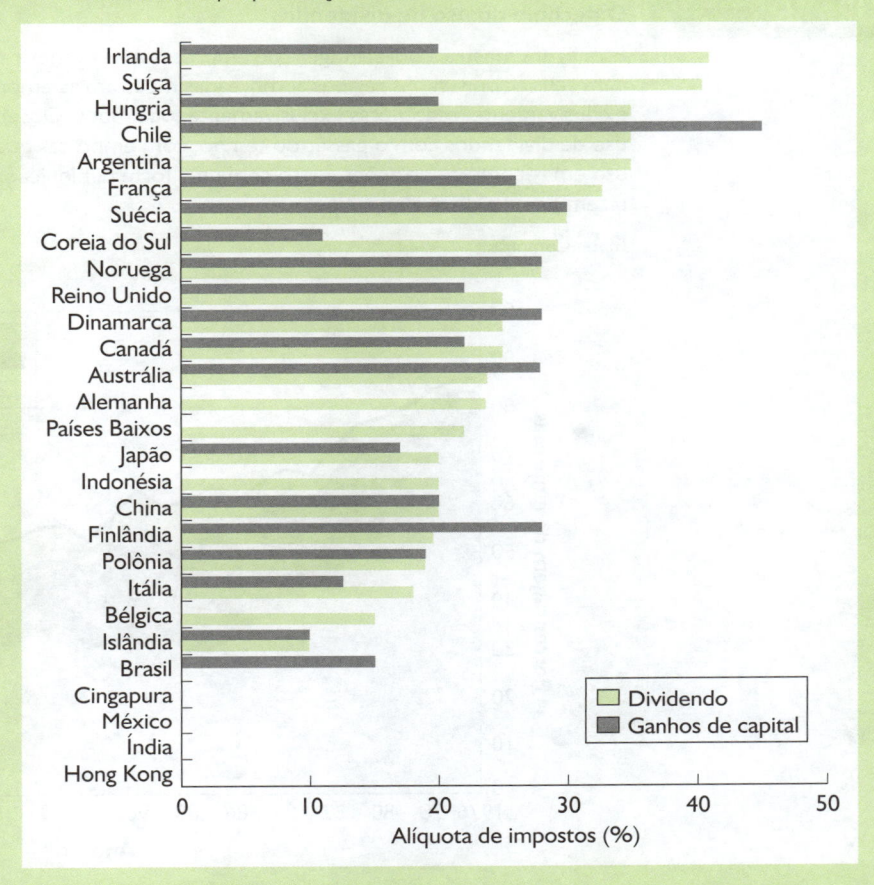

Política de dividendos ótima com impostos

Quando a alíquota de impostos sobre dividendos excede a alíquota de impostos sobre ganhos de capital, os acionistas pagarão impostos menores se uma empresa utilizar recompra de ações para todos os *payouts* em vez de dividendos. Estas economias tributárias aumentarão o valor de uma empresa que utiliza recompras de ações em vez de dividendos. Também podemos expressar as economias tributárias em termos do custo de capital próprio de uma empresa. As empresas que utilizam dividendos terão que pagar um retorno antes dos impostos (e, logo, um custo de capital próprio) mais alto para dar aos seus investidores o mesmo retorno após os impostos oferecido pelas empresas que utilizam recompras de ações. Consequentemente, a política de dividendos ótima quando a alíquota de impostos sobre dividendos excede a alíquota de impostos sobre ganhos de capital é *não pagar dividendos*.

Dividendos na prática. Apesar de as empresas ainda pagarem dividendos, evidências mostram que muitas delas têm reconhecido sua desvantagem fiscal. Por exemplo, antes de 1980, a maioria das empresas utilizava dividendos exclusivamente para distribuir dinheiro aos acionistas (ver Figura 16.5). Mas, em 2006, apenas 25% das empresas o fazia. Ao mesmo tempo, 30% de todas as empresas (e mais da metade das empresas que realizam *payouts* aos seus acionistas) utilizavam recompras de ações exclusivamente ou em associação com dividendos.

Vemos uma tendência mais drástica se considerarmos as magnitudes relativas de ambas as formas de *payouts* corporativos. A Figura 16.6 mostra a importância relativa das recompras de ações como uma proporção dos *payouts* totais aos acionistas. Apesar de os dividendos representarem mais de 80% dos *payouts* corporativos até o início da década de 1980, a importância da recompra de ações cresceu drasticamente em meados dessa mesma década. A atividade de

FIGURA 16.5

O declínio do uso de dividendos

Esta figura mostra a porcentagem de empresas norte-americanas que todo ano fazem *payouts* para seus acionistas. As regiões sombreadas mostram as empresas que utilizaram dividendos exclusivamente, recompras exclusivamente, ou ambos. Observe a tendência que se distancia do uso de dividendos com o passar do tempo, com empresas que faziam *payouts* mostrando maior uso em recompras de ações, junto com uma forte diminuição na porcentagem de empresas que fazem *payouts* de qualquer tipo.

Fonte: Compustat.

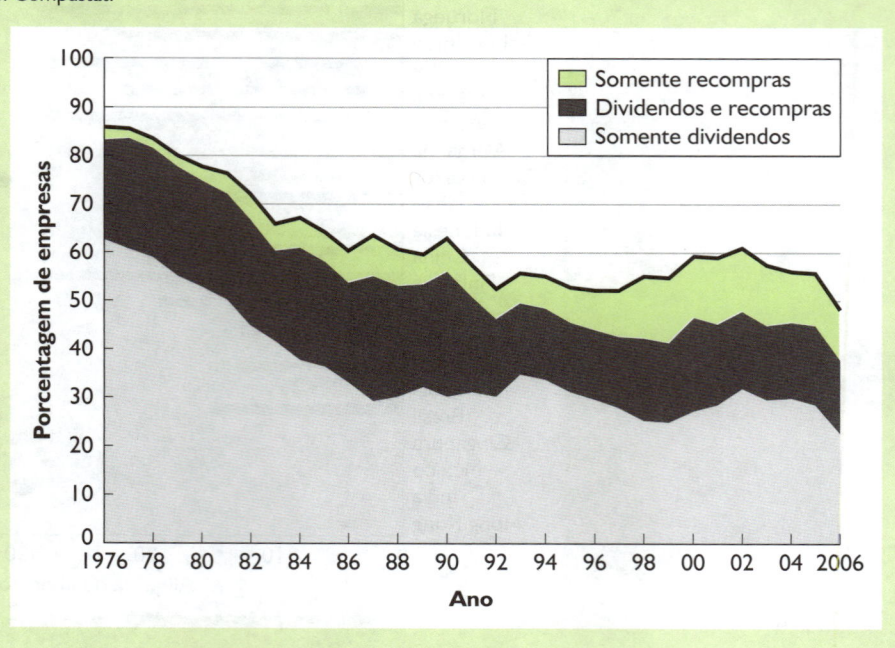

FIGURA 16.6

A mudança da composição dos *payouts* aos acionistas

Esta figura mostra o valor das recompras de ações como a porcentagem dos *payouts* totais aos acionistas (dividendos e recompras). Apesar de inicialmente baixas, as quantias em dólar das recompras de ações cresceram mais rapidamente do que as dos dividendos, de modo que, no final da década de 1990, as recompras de ações ultrapassaram os dividendos e se tornaram a maior forma de *payouts* corporativos das empresas industriais norte-americanas.

Fonte: Dados da Compustat/CRSP de empresas norte-americanas, excluindo empresas financeiras e empresas de utilidades públicas.

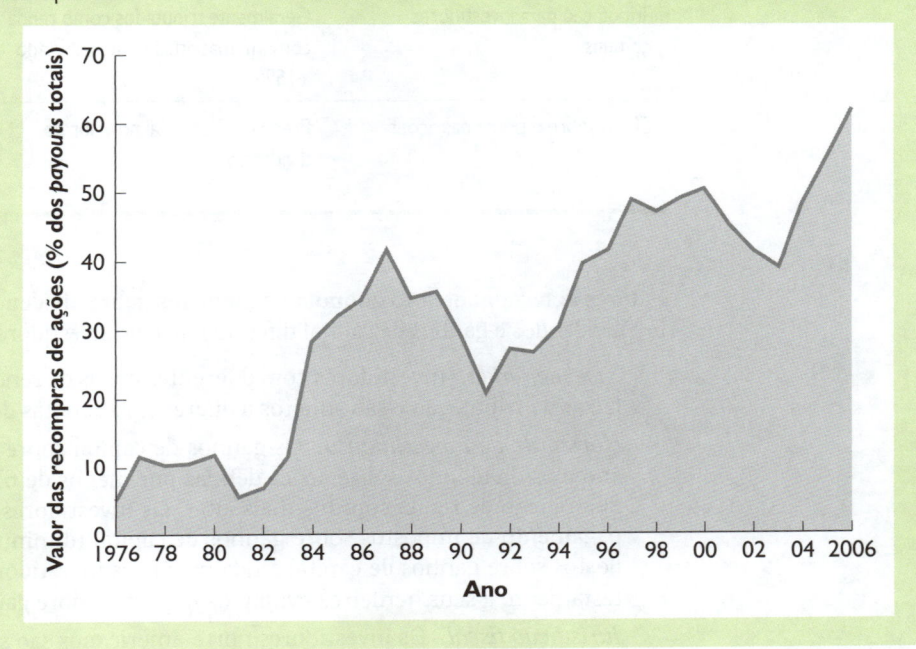

recompra diminuiu durante a recessão de 1990-1991, mas no final da década de 1990, as recompras excediam o valor dos pagamentos de dividendos para as empresas norte-americanas.

Enquanto estas evidências são indicativas da crescente importância da recompra de ações como uma parte das políticas de *payout* das empresas, elas também mostram que os dividendos permanecem sendo uma forma fundamental de *payout* aos acionistas. O fato de que as empresas continuam a emitir dividendos apesar de sua desvantagem fiscal geralmente é chamado de **"quebra-cabeças dos dividendos"** (ou *the dividend puzzle*, no original)[5]. A Tabela 16.3 resume dividendos *versus* recompras, realçando as diferenças entre as duas maneiras de distribuir dinheiro aos acionistas. Na próxima seção, consideraremos alguns fatores que podem mitigar esta desvantagem tributária. Na Seção 16.5, examinaremos motivações alternativas para utilizar dividendos com base em diferenças nas informações entre gerentes e investidores.

quebra-cabeças dos dividendos
Quando as empresas continuam a emitir dividendos apesar de sua desvantagem tributária.

Diferenças tributárias entre investidores

Apesar de muitos investidores terem uma preferência tributária pela recompra de ações em vez de por dividendos, a força desta preferência depende da diferença entre a alíquota de imposto sobre dividendos e a alíquota de impostos sobre ganhos de capital que eles enfrentam. As alíquotas de impostos variam com renda, jurisdição e se as ações são detidas em uma conta de aposentadoria. Devido a essas diferenças, as empresas podem atrair diferentes grupos de investidores dependendo de sua política de dividendos. Nesta seção, realçamos as diferenças no tratamento tributário dos dividendos entre diferentes investidores e discutimos como isso leva diferentes grupos de investidores a preferirem diferentes políticas de *payout*.

[5] Ver F. Black, "The Dividend Puzzle", *Journal of Portfolio Management* 2 (1976): pp. 5-8.

TABELA 16.3 Resumo de dividendos *versus* recompras

	Dividendos	Recompras de ações
Como o dinheiro é distribuído aos acionistas	Pagamento em dinheiro por ação a todos os acionistas	Ações são recompradas de alguns acionistas
Participação	Involuntária (todos que possuem uma ação recebem um dividendo)	Voluntária (acionistas escolhem se devem vender suas ações)
Tributação para investidores comuns	Geralmente tributados como renda comum, mas atualmente tributado a 15%	Tributado como ganhos de capital, atualmente a 15%
Efeito sobre o preço das ações	Preço das ações cai no valor do dividendo	Preço das ações não é afetado contanto que as ações sejam recompradas a um preço (de mercado) justo

Fatores determinantes da alíquota de impostos sobre dividendos. As alíquotas de impostos sobre dividendos e ganhos de capital diferem entre os investidores por uma variedade de motivos:

Nível de renda. Investidores com diferentes níveis de renda são classificados em diferentes faixas de tributação e são sujeitos a diferentes alíquotas de impostos.

Horizonte de investimento. Os ganhos de capital sobre ações detidas por menos de um ano e os dividendos sobre ações detidas por menos de 61 dias são tributados a alíquotas de imposto de renda comuns mais altas. Os investidores de longo prazo podem deferir o pagamento de impostos sobre ganhos de capital (diminuindo sua alíquota efetiva de impostos sobre ganhos de capital ainda mais). Os investidores que planejam legar ações em testamento a seus herdeiros evitam os impostos sobre ganhos de capital.

Jurisdição fiscal. Os investidores norte-americanos são sujeitos a impostos estaduais que diferem de um estado para outro. Por exemplo, New Hampshire cobra um imposto de 5% sobre rendas provenientes de juros e dividendos, mas não cobra imposto algum sobre ganhos de capital. Investidores estrangeiros em ações norte-americanas são sujeitos a uma retenção de 30% sobre dividendos que eles recebem (a menos que essa alíquota seja reduzida por algum tratado fiscal com seu país de residência). Não há retenção similar para ganhos de capital.

Tipo de investidor ou conta de investimento. Ações mantidas por investidores individuais em uma conta de aposentadoria não estão sujeitas a impostos sobre dividendos ou ganhos de capital. Da mesma maneira, ações mantidas por meio de fundos de pensão ou fundos de doações não lucrativos não estão sujeitas a impostos sobre dividendos ou ganhos de capital. As empresas que mantêm ações podem excluir 70% dos dividendos que recebem dos impostos corporativos, mas não podem excluir ganhos de capital.[6]

Em decorrência de suas diferentes alíquotas de impostos, esses investidores têm diferentes preferências no que diz respeito aos dividendos:

1. Os investidores de longo prazo sofrem maior tributação sobre os dividendos, de modo que eles prefeririam a recompra de ações a pagamentos de dividendos
2. Os investidores de um ano, fundos de pensão e outros investidores isentos de impostos não têm preferência por recompras de ações ou dividendos; eles preferem a política de *payout* que corresponda melhor às suas necessidades monetárias. Por exemplo, um investidor isento de impostos que desejasse uma renda corrente preferiria altos dividendos de modo a evitar as taxas de corretagem e outros custos de transação decorrentes da venda das ações.

---

[6] As empresas podem excluir 80% se elas possuírem mais de 20% das ações da empresa que está pagando o dividendo.

3. As empresas desfrutam de uma *vantagem* tributária associada aos dividendos devido à regra de exclusão dos 70%. Por este motivo, uma empresa que decide investir seu dinheiro preferirá deter ações cujos dividendos tenham rendimentos altos.

Efeito clientela. A Tabela 16.4 resume as diferentes preferências entre os diferentes grupos de investidores. Essas diferenças nas preferências tributárias criam o **efeito clientela**, em que a política de dividendos de uma empresa é otimizada de acordo com a preferência tributária de sua clientela de investidores. Os indivíduos nas faixas de tributação mais altas têm preferência por ações que não pagam dividendos ou que pagam dividendos baixos, enquanto os investidores isentos de impostos e corporações têm preferência por ações com altos dividendos. Neste caso, a política de dividendos de uma empresa é otimizada de acordo com a preferência tributária de sua clientela de investidores.

Evidências sustentam a existência de clientelas tributárias. Por exemplo, Franklin Allen e Roni Michaely[7] relatam que, em 1996, os investidores individuais detinham 54% de todas as ações por valor de mercado, contudo, recebiam apenas 35% de todos os dividendos pagos, o que indica que os indivíduos tendem a deter ações com baixos rendimentos de dividendos. É claro que o fato de investidores que pagam impostos altos não receberem dividendo implica que as clientelas não são perfeitas – os impostos sobre dividendos não são os únicos determinantes das carteiras dos investidores.

efeito clientela Quando a política de dividendos de uma empresa reflete a preferência tributária de sua clientela de investidores.

Fixação de conceitos

5. Sob que condições os investidores terão uma preferência tributária pela recompra de ações em vez de por dividendos?
6. O que é o quebra-cabeças dos dividendos?

16.4 *Payout* versus retenção de caixa

Observando novamente a Figura 16.1, consideramos até agora somente um aspecto da política de *payout* de uma empresa: a escolha entre pagar dividendos ou recomprar ações. Mas como uma empresa deve decidir o valor que ela deve pagar aos acionistas e o valor que ela deve reter?

Para responder esta pergunta, temos primeiramente que considerar o que a empresa fará com o dinheiro que retém. Ela pode investi-lo em novos projetos ou em instrumentos financeiros. Na próxima seção, examinaremos essas opções no contexto de mercados de capitais perfeitos.

TABELA 16.4 Preferências diferenciais de política de dividendos entre diferentes grupos de investidores

Grupo de investidores	Preferência de política de dividendos	Proporção de investidores
Investidores individuais	Desvantagem tributária para dividendos Preferem recompras de ações	~53%
Instituições, fundos de pensão, contas de aposentadoria	Não há preferência tributária Preferem política de dividendos que corresponda às suas necessidades de renda	~46%
Corporações	Vantagem tributária para dividendos	~1%

Fonte: Proporções baseadas no Federal Reserve Flow of Funds Accounts, 2007.

---

[7] F. Allen e R. Michaely, "Payout Policy", in *Handbook of the Economics of Finance: Corporate Finance*, G. M. Constantinides, M. Harris, R. M. Stulz (orgs.), vol. 1A, (Amsterdam, The Netherlands: Elsevier, 2003), cap. 7.

Retenção de caixa com mercados de capitais perfeitos

Quando uma empresa já empreendeu todos os projetos com NPV positivo, ela fica com a questão de se deve reter qualquer dinheiro restante ou distribuí-lo aos acionistas. Se uma empresa retém dinheiro, ela pode guardar o dinheiro no banco ou utilizar estes fundos para comprar ativos financeiros. A empresa pode, então, pagar o dinheiro aos acionistas em um momento no futuro ou investi-lo quando houver oportunidades de investimento com NPV positivo.

Quais são as vantagens e as desvantagens de se reter dinheiro ou investir em títulos financeiros? Em mercados de capitais perfeitos, comprar e vender títulos é uma transação com NPV igual a zero, que não deve, portanto, afetar o valor da empresa. De forma independente, os acionistas podem fazer qualquer investimento que uma empresa faz se a empresa fizer o *payout*. Assim, não deve ser surpresa que, com mercados de capitais perfeitos, a decisão de retenção *versus payout* – assim como a decisão de dividendo *versus* recompra de ações – seja irrelevante.

EXEMPLO 16.2

Decisões de *payout* com mercados perfeitos

Problema

A Barston Mining possui US$ 100.000 em excesso de caixa. A Barston está considerando investir o dinheiro em *Treasury bills* de um ano que pagam 6% de juros e, então, utilizar o dinheiro para pagar um dividendo no próximo ano. Como alternativa, a empresa pode pagar um dividendo imediatamente e os acionistas podem investir o dinheiro de forma independente. Em um mercado de capitais perfeito, que opção os acionistas irão preferir?

Solução

▶ **Planejamento**

Precisamos comparar o que os acionistas receberiam de um dividendo imediato (US$ 100.000) ao valor presente do que eles receberiam daqui a um ano se a Barston investisse o dinheiro.

▶ **Execução**

Se a Barston retivesse o dinheiro, ao final de um ano a empresa seria capaz de pagar um dividendo de US$ 100.000 × (1,6) = US$ 106.000. Observe que este *payoff* é o mesmo que se os acionistas tivessem investido os US$ 100.000 em *Treasury bills*. Em outras palavras, o valor presente deste dividendo futuro é exatamente US$ 106.000 ÷ (1,06) = US$ 100.000, que é o mesmo que os US$ 100.000 que os acionistas receberiam de um dividendo imediato. Assim, os acionistas são indiferentes em relação a se a empresa paga o dividendo imediatamente ou retém o dinheiro.

▶ **Avaliação**

Como a Barston nada está fazendo que os investidores não pudessem ter feito sozinhos, ela não cria valor retendo o dinheiro e investindo-o para os acionistas *versus* simplesmente pagando-o aos acionistas. Como mostramos com a Genron no Exemplo 16.1, se a Barston retiver o dinheiro, mas os investidores preferirem ter a renda hoje, eles poderiam vender US$ 100.000 em ações.

Como o exemplo ilustra, não há diferença para os acionistas entre a empresa pagar o dinheiro imediatamente ou retê-lo e pagá-lo em uma data futura. Este exemplo fornece outra ilustração da ideia fundamental de Modigliani e Miller no que diz respeito à irrelevância da política de *payout* em mercados de capitais perfeitos:

irrelevância do *payout* do MM
Em mercados de capitais perfeitos, se uma empresa investe fluxos de caixa em excesso em títulos financeiros, a escolha que a empresa faz entre *payout* e retenção é irrelevante e não afeta o valor inicial da empresa.

> ***Irrelevância do payout de MM:*** *Em mercados de capitais perfeitos, se uma empresa investe fluxos de caixa em excesso em títulos financeiros, a escolha da empresa entre payout versus retenção é irrelevante e não afeta o preço inicial das ações.*

Retenção de caixa com mercados de capitais perfeitos

Com base na irrelevância do *payout* de MM, fica claro que a decisão de reter ou não dinheiro depende de imperfeições de mercado, as quais abordaremos a seguir.

Impostos e retenção de caixa. O exemplo da Barston supõe mercados de capitais perfeitos e, dessa maneira, ignora o efeito dos impostos. Como nosso resultado mudaria com impostos?

Capítulo 16 Política de *Payout* | **551**

EXEMPLO 16.3

Retendo dinheiro com impostos corporativos

Problema

Lembremos da Barston Mining, do Exemplo 16.2. Suponha que a Barston tenha que pagar impostos corporativos a uma alíquota de 35% sobre os juros que receberá do *Treasury bill* de um ano, que paga 6% de juros. Os investidores de fundos de pensão (que não pagam impostos sobre a renda de seus investimentos) preferiram que a Barston utilizasse seu excesso de caixa para pagar o dividendo de US$ 100.000 imediatamente ou que ela retivesse o dinheiro por um ano?

Solução

▶ **Planejamento**

Como no exemplo original, a comparação é entre o que os acionistas poderiam gerar de forma independente e o que os acionistas receberão se a Barston retiver e reinvestir os fundos para eles. A questão essencial, então, é: qual é a diferença entre o retorno após os impostos que a Barston pode obter e distribuir aos acionistas *versus* o retorno livre de impostos do fundo de pensão obtido investindo-se os US$ 100.000?

▶ **Execução**

Como os investidores do fundo de pensão não pagam impostos sobre a renda do investimento, os resultados do exemplo anterior ainda são válidos: eles obteriam US$ 100.000, os investiriam e obteriam 6% sobre eles, recebendo um total de US$ 106.000 em um ano.

Se a Barston retiver o dinheiro por um ano, ela receberá um retorno após os impostos sobre os *Treasury bills* de:

$$6\% \times (1 - 0{,}35) = 3{,}90\%$$

Assim, ao final de um ano, a Barston pagará um dividendo de US$ 100.000 $\times$ (1,039) = US$ 103.900.

▶ **Avaliação**

Este valor é menos do que os US$ 106.000 que os investidores teriam obtido se tivessem investido os US$ 100.000 em *Treasury bills* de forma independente. Como a Barston tem que pagar impostos corporativos sobre os juros que recebe, a retenção de caixa apresenta uma desvantagem tributária. Os investidores de fundos de pensão prefeririam, portanto, que a Barston pagasse o dividendo agora.

Como mostra o Exemplo 16.3, os impostos corporativos tornam a retenção de caixa dispendiosa para uma empresa. Este efeito é igual ao que identificamos no Capítulo 15 com relação à alavancagem: quando uma empresa paga juros, ela recebe uma dedução tributária por eles, ao passo que, quando uma empresa recebe juros, passa a dever impostos sobre eles. Como discutimos no Capítulo 14, dinheiro é equivalente a uma alavancagem *negativa*, então, a vantagem tributária da alavancagem implica em uma desvantagem tributária para a retenção monetária.

Ajustes para incluir os impostos do investidor. A decisão de realizar um *payout versus* reter dinheiro também pode afetar os impostos pagos pelos acionistas. Apesar de os fundos de pensão e de aposentadoria serem isentos de impostos, a maioria dos investidores individuais tem que pagar impostos sobre juros, dividendos e ganhos de capital. Como os impostos do investidor afetam a desvantagem tributária da retenção de caixa?

Como o imposto sobre dividendos será pago se a empresa pagar o dinheiro imediatamente ou retiver o dinheiro e pagar os juros ao longo do tempo, a alíquota de impostos sobre dividendos não afeta o custo de reter dinheiro. Entretanto, quando uma empresa retém dinheiro, ela tem que pagar impostos corporativos sobre os juros que obtém. Além disso, o investidor deverá impostos sobre ganhos de capital sobre o valor da empresa que aumentou. Em essência, os juros sobre dinheiro retido são tributados duas vezes. Ao contrário, se a empresa paga o dinheiro a seus acionistas, eles podem investi-lo e ser tributados somente uma vez sobre os juros que obtêm. O custo de reter dinheiro depende, portanto, do efeito combinado dos impostos corporativos e impostos sobre ganhos de capital, em comparação ao imposto único de renda proveniente de juros. Sob a maioria dos regimes tributários, após ajustar os cálculos para incluir os impostos do investidor, ainda há uma *desvantagem* substancial para a empresa reter excesso de caixa.

Custos de emissão e de dificuldades financeiras. Se há uma desvantagem tributária para a retenção de caixa, por que algumas empresas acumulam grandes saldos de caixa? De maneira geral, elas os retêm para cobrir possíveis déficits financeiros futuros. Por exemplo, se há uma probabilidade razoável de que os rendimentos futuros sejam insuficientes para financiar futuras oportunidades de investimento com NPV positivo, uma empresa pode começar a acumular dinheiro para cobrir a diferença. Esta motivação é especialmente relevante para as empresas que possam precisar financiar projetos de pesquisa e desenvolvimento em grande escala ou grandes aquisições.

A vantagem de reter dinheiro para cobrir possíveis necessidades futuras é que esta estratégia permite que uma empresa evite os custos de transação de levantar mais capital (por meio de novas dívidas ou emissões de ações). Os custos diretos de emissões variam de 1% a 3% para títulos de dívida e de 3,5% a 7% para ações. Levantar capital também pode gerar custos indiretos substanciais devido aos custos de agência e de seleção adversa ("custo de limões") discutidos no Capítulo 15. Uma empresa precisa, portanto, equilibrar os custos tributários da retenção de caixa com os possíveis benefícios de não ter que levantar fundos externos no futuro. As empresas com rendimentos muito voláteis também podem criar reservas de dinheiro para permiti-las superar períodos temporários de perdas operacionais. Retendo dinheiro suficiente, essas empresas podem evitar as dificuldades financeiras e seus custos associados.

Custos de agência da retenção de caixa. Não há benefício aos acionistas quando uma empresa retém dinheiro além de suas necessidades futuras de investimento ou liquidez. Na verdade, além do custo tributário, é provável que haja custos de agência associados a ter dinheiro demais na empresa. Como discutido no Capítulo 15, quando as empresas têm excesso de caixa, os gerentes podem utilizar os fundos de maneira ineficiente, dando continuidade a projetos pessoais que estão perdendo dinheiro, pagando privilégios executivos excessivos ou pagando demais por aquisições. A alavancagem é uma maneira de reduzir o excesso de caixa de uma empresa; os dividendos e as recompras de ações desempenham um papel similar, levando dinheiro para fora da empresa.

Assim, realizar *payouts* por meio de dividendos ou recompras de ações pode impulsionar o preço destas reduzindo a capacidade e a tentação dos gerentes de desperdiçar recursos. Por exemplo, em 23 de abril de 2004, a Value Line anunciou que iria utilizar seu acúmulo de caixa para pagar um dividendo especial de US$ 17,50 por ação. O preço das ações da Value Line aumentou em aproximadamente US$ 10 na ocasião da divulgação de seu dividendo especial, muito provavelmente devido aos benefícios tributários percebidos e aos custos de agência reduzidos que resultariam da transação.

EXEMPLO 16.4

Fazendo cortes no crescimento com NPV negativo

Problema

A Rexton Oil é uma empresa não alavancada com 100 milhões de ações em circulação. A Rexton possui US$ 150 milhões em dinheiro e espera fluxos de caixa livres futuros de US$ 65 milhões por ano. A gerência planeja utilizar o dinheiro para expandir as operações da empresa, o que, por sua vez, aumentará os fluxos de caixa livres futuros para US$ 72,8 milhões por ano. Se o custo de capital dos investimentos da Rexton é de 10%, como a decisão de utilizar o dinheiro para uma recompra de ações em vez de para a expansão mudaria o preço das ações?

Solução

▶ **Planejamento**

Podemos utilizar a fórmula de perpetuidade para avaliar a Rexton nas duas situações. A recompra ocorrerá a preços de mercado, então a recompra propriamente dita não terá efeito sobre o preço das ações da Rexton. A principal questão é se gastar US$ 150 milhões agora (em vez de recomprar) para aumentar os fluxos de caixa em US$ 7,8 milhões por ano é um projeto com NPV positivo.

▶ **Execução**

Investir:

Utilizando a fórmula de perpetuidade, se a Rexton investir os US$ 150 milhões para expandir, seu valor de mercado será de US$ 72,8 milhões ÷ 10% = US$ 728 milhões, ou US$ 7,28 por ação com 100 milhões de ações em circulação.

> *Recomprar:*
> Se a Rexton não expandir, o valor de seus fluxos de caixa livres futuros será de US$ 65 milhões ÷ 10% = US$ 650 milhões. Somando os US$ 150 milhões em dinheiro que a empresa possui atualmente, o valor de mercado da Rexton será de US$ 800 milhões, ou US$ 8,00 por ação.
>
> Se a empresa recomprar ações, não haverá mudança no preço das ações: ela irá recomprar US$ 150 milhões ÷ US$ 8,00/ação = 18,75 milhões de ações, então ela terá ativos no valor de US$ 650 milhões com 81,25 milhões de ações em circulação, com um preço de $650 milhões / 81,25 milhões de ações = US$ 8,00/ação.
>
> Neste caso, fazer cortes nos investimentos e no crescimento para financiar uma recompra de ações aumenta o preço destas em US$ 0,72 por ação (US$ 8,00 − US$ 7,28).
>
> ▶ **Avaliação**
> O preço das ações é mais alto com a recompra porque a alternativa de expansão possui um NPV negativo: custa US$ 150 milhões, mas aumenta os fluxos de caixa livres futuros em apenas US$ 7,8 milhões por ano para sempre, gerando um NPV de:
>
> −US$ 150 milhões + US$ 7,8 milhões / 10% = −US$ 72 milhões, ou −US$ 0,72 por ação
>
> Assim, evitando a expansão, a recompra evita que as ações sofram uma perda de US$ 0,72.

Em última análise, as empresas devem escolher reter dinheiro pelos mesmos motivos pelos quais elas utilizariam baixa alavancagem – preservar uma reserva financeira para futuras oportunidades de crescimento e evitar custos de dificuldades financeiras. Essas necessidades precisam ser comparadas à desvantagem da retenção de caixa e do custo de agência de investimentos esbanjadores. Não é surpresa, então, que as empresas de alta tecnologia e de biotecnologia, que tipicamente escolhem utilizar um baixo endividamento, também tendam a reter e acumular grandes saldos de caixa. Veja a Tabela 16.5 para uma lista de algumas empresas norte-americanas com grandes saldos em dinheiro.

Assim como com as decisões relativas à estrutura de capital, apesar de o conselho de administração da empresa determinar sua política de *payout*, esta política geralmente é fortemente influenciada por gerentes cujos incentivos podem diferir daqueles dos acionistas. Os gerentes podem preferir reter e manter o controle sobre o dinheiro da empresa em vez de realizar *payouts*. O dinheiro retido pode ser utilizado para financiar investimentos que são dispendiosos para os acionistas, mas que beneficiam os gerentes (por exemplo, projetos pessoais e salários excessivos), ou ele pode simplesmente ser retido como um meio de reduzir a alavancagem e o risco de dificuldades financeiras que poderia ameaçar a segurança do emprego dos gerentes. Segundo a teoria do entrincheiramento da gerência da política de *payout*, os gerentes somente realizam *payouts* quando pressionados a fazê-lo pelos investidores da empresa.

TABELA 16.5   Empresas selecionadas com grandes saldos de dinheiro

Empresa	Dinheiro (US$ bilhões)	Porcentagem de capitalização de mercado
ExxonMobil	31,6	6,9%
Daimler, A.G.	30,1	38,3%
China Mobile	25,6	8,5%
Toyota Motors	22,6	15,4%
Pfizer	22,3	14,6%
Microsoft	18,9	6,2%
Apple	18,4	16,1%
Google	13,1	7,4%

Fonte: Yahoo! Finance, janeiro de 2008.

554 Parte VI Estrutura de Capital e Política de *Payout*

Fixação de conceitos

7. Existe uma vantagem para uma empresa reter seu dinheiro em vez de utilizá-lo para realizar pagamentos aos acionistas em mercados de capitais perfeitos?
8. Como os impostos corporativos afetam a decisão de uma empresa de reter excesso de caixa?

16.5 Sinalização com a política de *payout*

Uma imperfeição de mercado que ainda não consideramos foram as informações assimétricas. Quando os gerentes têm informações melhores do que os investidores no que diz respeito ao potencial futuro da empresa, suas decisões relativas ao *payout* podem sinalizar estas informações. Nesta seção, veremos as motivações dos gerentes ao estabelecer a política de *payout* de uma empresa, e avaliaremos o que essas decisões podem comunicar aos investidores.

Uniformização de dividendos

As empresas podem mudar os dividendos a qualquer momento, mas, na prática, elas variam o valor de seus dividendos com uma frequência relativamente baixa. Por exemplo, a General Motors (GM) mudou o valor de seu dividendo regular apenas sete vezes ao longo de um período de 20 anos. Contudo, durante este mesmo período, os rendimentos da GM variaram amplamente, como mostra a Figura 16.7.

O padrão visto com a GM é típico da maioria das empresas que paga dividendos. Elas ajustam os dividendos com uma frequência relativamente baixa, e os dividendos são muito menos voláteis do que os rendimentos. Esta prática de manter dividendos relativamente constantes é chamada de **uniformização de dividendos**.

As empresas também aumentam os dividendos com muito mais frequência do que elas os cortam. Por exemplo, de 1971 a 2001, apenas 5,4% das mudanças em dividendos foram

uniformização de dividendos
A prática de manter dividendos relativamente constantes.

FIGURA 16.7

Lucros e dividendos por ação da GM, 1985–2006

Comparados aos rendimentos da GM, seus pagamentos de dividendos permaneceram relativamente estáveis. (Dados ajustados para incluir desdobramentos; rendimentos excluem itens extraordinários).

Fonte: Compustat e Capital Q.

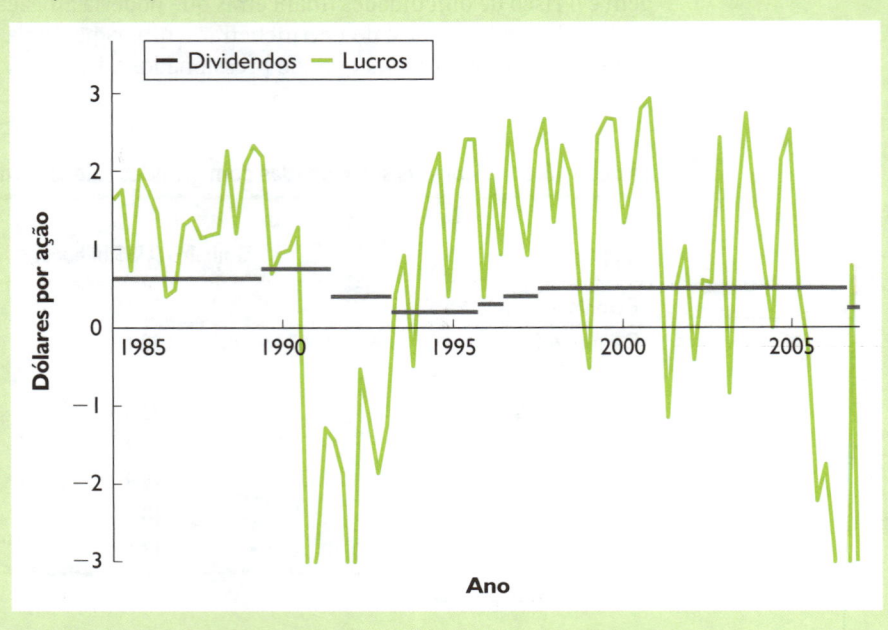

diminuições.[8] Em uma clássica pesquisa sobre executivos corporativos, John Lintner sugeriu que essas observações resultavam (1) da crença da gerência de que os investidores preferem dividendos estáveis com crescimento constante, e (2) no desejo da gerência de manter um nível-alvo de longo prazo dos dividendos como uma fração dos lucros.[9] Assim, as empresas elevam seus dividendos somente quando percebem um aumento sustentável no longo prazo no nível esperado de rendimentos futuros, e somente os corta como último recurso. Apesar de isso talvez ser uma boa descrição de como as empresas *determinam* seus dividendos, como mostramos neste capítulo, não há um motivo claro pelo qual as empresas *deveriam* uniformizar seus dividendos. Uma explicação é que isso contribui para a sinalização com dividendos, como discutido na próxima seção.

Como as empresas conseguem manter os dividendos uniformes quando os rendimentos variam? Como já discutimos, as empresas conseguem manter quase qualquer nível de dividendos no curto prazo ajustando o número de ações que elas recompram ou emitem e o nível de dinheiro que elas retêm. Entretanto, devido aos custos tributários e de transação do financiamento de um dividendo com a emissão de novas ações, os gerentes não desejam se comprometer com um dividendo que a empresa não possa pagar a partir dos rendimentos regulares. Por este motivo, as empresas geralmente estabelecem os dividendos em um nível que elas esperam manter com base nos rendimentos potenciais da empresa.

Sinalização dos dividendos

Se as empresas uniformizam os dividendos, a escolha de dividendos da empresa conterá informações relativas às expectativas da gerência de seus rendimentos futuros.

1. Quando uma empresa aumenta seu dividendo, ela envia um sinal positivo aos investidores de que a gerência espera ser capaz de arcar com um dividendo mais alto em um futuro próximo.
2. Quando os gerentes fazem um corte no dividendo, este corte pode sinalizar que eles perderam as esperanças de que os rendimentos voltarão a subir no curto prazo e, então, precisam reduzir o dividendo para economizar dinheiro.

A ideia de que o dividendo reflete as visões dos gerentes sobre os rendimentos potenciais futuros de uma empresa chama-se **hipótese da sinalização dos dividendos**.

hipótese da sinalização dos dividendos Ideia de que mudanças nos dividendos refletem as visões dos gerentes sobre a perspectiva de futuros lucros da empresa.

Apesar de um aumento no dividendo de uma empresa poder sinalizar o otimismo da gerência em relação aos fluxos de caixa futuros, ele também pode sinalizar uma falta de oportunidades de investimento. Por exemplo, a decisão da Microsoft de iniciar dividendos em 2003 foi vista como um resultado de suas decrescentes perspectivas de crescimento em oposição a um sinal sobre sua maior lucratividade futura.[10] Ao contrário, uma empresa pode fazer cortes em seu dividendo para explorar novas oportunidades de investimento com NPV positivo. Neste caso, a diminuição do dividendo pode levar a uma reação positiva – em vez de negativa – no preço das ações (veja o quadro sobre o corte no dividendo da Royal & SunAlliance). Em geral, temos que interpretar os dividendos como um sinal no contexto do tipo de novas informações que os gerentes provavelmente têm.

Sinalização de recompra de ações

As recompras de ações, assim como os dividendos, também podem sinalizar informações dos gerentes ao mercado. Entretanto, várias diferenças importantes distinguem as recompras de ações e os dividendos:

1. Em primeiro lugar, os gerentes sentem-se muito menos comprometidos com recompras de ações do que com pagamentos de dividendos. Como observamos anterior-

---

[8] F. Allen e R. Michaely, "Payout Policy", in G. Constantinides, M. Harris e R. Stulz, orgs., *Handbook of the Economics of Finance* (2003).

[9] J. Lintner, "Distribution of Incomes of Corporations Among Dividends, Retained Earnings and Taxes," *American Economic Review* 46 (1956): 97–113.

[10] Ver "An End to Growth?" *The Economist* (July 22, 2004): 61.

> **Corte no dividendo da Royal & SunAlliance**
>
> Em alguns trimestres, Julian Hance pode ter parecido um herege. No dia 8 de novembro de 2001, o diretor financeiro da Royal & SunAlliance, uma seguradora sediada no Reino Unido com £12,6 bilhões (€20,2 bilhões) em receitas anuais, fez o impensável – anunciou que faria um corte no dividendo da empresa.
>
> Muitos comentaristas perderam o fôlego diante da decisão. Certamente, eles afirmaram, fazer um corte no dividendo era um sinal de fraqueza. As empresas não faziam cortes em seus dividendos apenas quando os lucros estavam caindo?
>
> Ao contrário, retrucou Hance. Com os prêmios de seguro em elevação em todo o mundo, particularmente após a tragédia do World Trade Center, a Royal & SunAlliance acreditava que sua indústria oferecia excelentes oportunidades de crescimento.
>
> "A previsão de negócios para além de 2002 torna imprescindível que se reinvista capital na empresa em vez de retorná-lo aos acionistas", explica Hance.
>
> A bolsa de valores concordou com ele, fazendo as ações da Royal & SunAlliance subirem em 5% após a divulgação das notícias sobre seu dividendo. "Fazer um corte no dividendo é uma ação positiva", observa Matthew Wright, analista de seguros da Credit Lyonnais. "Mostra que a empresa espera uma boa lucratividade futura".
>
> *Fonte:* Justin Wood, CFO Europe.com, dezembro de 2001.

mente, quando as empresas divulgam a autorização para uma recompra de ações no mercado aberto, elas geralmente divulgam o valor máximo que planejam gastar nas recompras. A quantia real gasta, porém, pode ser muito menor. Além disso, podem-se passar vários anos até que a recompra de ações seja concluída.

2. As empresas não uniformizam sua atividade de recompra de um ano para outro. Consequentemente, divulgar uma recompra de ações hoje não necessariamente representa um compromisso de longo prazo de recomprá-las. Neste sentido, as recompras de ações podem ser um sinal menos representativo do que os dividendos sobre os rendimentos futuros de uma empresa.

3. O custo de uma recompra de ações depende do preço de mercado das ações. Se os gerentes acreditam que em determinado momento as ações estão supervalorizadas, uma recompra será dispendiosa para a empresa. Isto é, comprar as ações a seu preço corrente (supervalorizado) é um investimento com NPV negativo. Ao contrário, recomprar ações quando os gerentes acham que as ações estão subvalorizadas é um investimento com NPV positivo. Claramente, é mais provável que os gerentes recomprem ações se eles acreditarem que elas estejam subvalorizadas.

Assim, as recompras de ações podem sinalizar que os gerentes acreditam que a empresa esteja subvalorizada (ou pelo menos não tão supervalorizada). As recompras de ações são um sinal confiável de que as ações estão abaixo do preço de mercado, porque se estivessem acima, a recompra seria dispendiosa para os acionistas atuais. Se os investidores acreditarem que os gerentes têm melhores informações em relação ao potencial futuro da empresa e que estão agindo em nome dos acionistas atuais, eles reagirão a favor das divulgações da recompra de ações.

Em uma pesquisa de 2004, 87% dos CFOs concordaram que as empresas deveriam recomprar ações quando seu preço estiver com um bom valor em relação a seu valor real.[11] Os investidores também parecem interpretar as recompras de ações como um sinal positivo. A reação do preço de mercado médio à divulgação de um programa de recompra de ações no mercado aberto é de aproximadamente 3% (com a magnitude da reação aumentando em proporção às ações em circulação almejadas).[12]

Fixação de conceitos

9. Que possíveis sinais uma empresa emite quando faz cortes em seu dividendo?
10. É mais provável que os gerentes recomprem ações se acreditarem que as ações estão sub ou supervalorizadas?

---

[11] A. Brav, J. Graham, C. Harvey e R. Michaely, "Payout Policy in the 21st Century", *Journal of Financial Economics* 77(3) (2005): pp. 483-527.

[12] Ver D. Ikenberry, J. Lakonishok e T. Vermaelen, "Market Underreaction to Open Market Share Repurchases", *Journal of Financial Economics* 39(2) (1995): pp. 181-208.

Capítulo 16 Política de *Payout*

ENTREVISTA COM
John Connors

John Connors foi Vice-Presidente Sênior e Principal Executivo Financeiro da Microsoft. Aposentou-se em 2005 e hoje é um dos sócios da Ignition Partners, uma sociedade de capital de risco de Seattle.

PERGUNTA: A Microsoft declarou um dividendo pela primeira vez em 2003. O que leva uma empresa a decidir iniciar um dividendo?

RESPOSTA: A Microsoft estava em uma posição singular. A empresa nunca tinha pago um dividendo e estava enfrentando a pressão dos acionistas no sentido de fazer algo com seu acúmulo de US$ 60 bilhões em dinheiro. A empresa considerou cinco questões fundamentais ao desenvolver sua estratégia de distribuição:

1. A empresa pode sustentar o pagamento de um dividendo em dinheiro em perpetuidade e aumentá-lo com o tempo? A Microsoft estava confiante de que poderia manter este compromisso e elevar o dividendo no futuro.
2. Um dividendo em dinheiro é um retorno melhor para os acionistas do que um programa de recompra de ações? Estas são decisões sobre a estrutura de capital: queremos reduzir o número de nossas ações em circulação? Nossas ações têm um preço atraente para uma recompra, ou queremos distribuir o dinheiro como um dividendo? A Microsoft tinha toda a capacidade de emitir um dividendo e continuar um programa de recompra.
3. Qual é o efeito tributário de um dividendo em dinheiro em comparação a uma recompra para a corporação e para os acionistas? Do ponto de vista tributário para os acionistas, era uma decisão bastante neutra no caso da Microsoft.
4. Qual é o impacto psicológico de um dividendo em dinheiro sobre os investidores e como ele se encaixaria na história das ações da empresa para os investidores? Este é um fator mais qualitativo. Um dividendo regular colocaria a Microsoft no caminho de se tornar um investimento atraente para investidores em renda.
5. Quais são as implicações de um programa de dividendo para as relações públicas da empresa? Os investidores não veem a Microsoft como uma empresa que retém dinheiro, mas como uma líder em desenvolvimento de *software* cujas ações estão crescendo. Então, tiveram uma visão favorável do programa de dividendos.

PERGUNTA: Como uma empresa decide se ela deve aumentar seu dividendo, fazer um dividendo especial ou recomprar suas ações para retornar capital aos investidores?

RESPOSTA: A decisão de aumentar o dividendo ocorre em função das projeções de fluxo de caixa. Você tem certeza de que terá um fluxo de caixa adequado para sustentar este e futuros aumentos? Uma vez aumentando um dividendo, os investidores esperam aumentos futuros também. Algumas empresas estabelecem critérios explícitos para aumentos de dividendos. Na minha experiência como CFO, a estrutura analítica envolve um conjunto de comparáveis relativas. Quais são os *payouts* de dividendo e rendimentos de dividendo do mercado em geral e de seu grupo de empresas similares, e qual é a nossa posição em relação a eles? Falamos com investidores significativos e consideramos o que é melhor para aumentar o valor ao acionista no longo prazo.

Um dividendo especial é uma forma muito eficiente de distribuição de dinheiro que geralmente envolve uma situação não recorrente, como a venda de uma divisão empresarial ou um caixa recebido de um processo judicial. Além disso, as empresas sem uma estratégia de distribuição abrangente utilizam dividendos especiais para reduzir grandes acúmulos de dinheiro. Para a Microsoft, o dividendo especial de 2004 e a divulgação do programa de dividendo e de recompra de ações resolveu a questão de o que se fazer com todo o dinheiro e deixou claro que estávamos caminhando para a frente.

PERGUNTA: Que outros fatores entram nas decisões relativas a dividendos?

RESPOSTA: Ferramentas poderosas de finanças e contabilidade nos ajudam a tomar decisões melhores e mais amplas. Mas estas decisões envolvem tanto psicologia e pensamento sobre mercados quanto matemática. É necessário considerar fatores não quantificáveis, como a psicologia dos investidores. Há pouco tempo todos queriam ações de crescimento; ninguém queria ações que pagassem dividendos. Agora elas estão na moda. Também é preciso considerar sua indústria e o que a concorrência está fazendo. Em muitas empresas de tecnologia, a participação acionária dos funcionários na forma de programas de opções representa uma porcentagem bastante significativa de ações totalmente diluídas. As distribuições de dividendos reduzem a volatilidade das ações e, logo, o valor das opções.*

No final das contas, queremos ter certeza de que nossa estratégia de distribuição ajuda nossa história geral com os investidores.

Perguntas para discussão

1. Como o comentário de Connors sobre as preferências dos investidores por ações de crescimento *versus* ações que pagam dividendos se encaixa no contexto da discussão sobre sinalização de dividendos?
2. Este argumento da preferência se encaixa na hipótese de mercados eficientes discutida no Capítulo 9?

---

*Discutiremos opções no Capítulo 20. A questão chave aqui é que as opções de ações para os funcionários aumenta em valor quando o preço das ações aumenta, mas como vimos neste capítulo, um dividendo reduz o preço das ações na data ex-dividendo.

16.6 Bonificações em ações, desdobramentos de ações e cisões

Neste capítulo, nos focalizamos na decisão de uma empresa de realizar pagamentos em dinheiro a seus acionistas. Mas uma empresa pode pagar outro tipo de dividendo que não envolve dinheiro: uma bonificação em ações. Neste caso, cada acionista que possui as ações antes de elas virarem ex-dividendo recebe novas ações da própria empresa (um desdobramento de ações) ou de uma subsidiária (uma cisão). Veremos brevemente estes dois tipos de transação.

Bonificações em ações e desdobramento de ações

desdobramento de ações (bonificação em ações) Quando uma empresa emite um dividendo em ações em vez de em dinheiro para seus acionistas.

Em uma **bonificação em ações** ou um **desdobramento de ações**, a empresa emite ações adicionais em vez de dinheiro a seus acionistas. Se uma empresa declarar uma bonificação em ações de 10%, cada acionista receberá uma nova ação para cada 10 ações que possuía. Bonificações em ações de 50% ou mais geralmente são chamadas de desdobramentos de ações. Por exemplo, com uma bonificação em ações de 50%, cada acionista receberá uma nova ação para cada duas ações que ele possua. Como o portador de duas ações acabará com três ações, esta transação também é chamada de desdobramento de ações de 3:2 ("3 por 2"). Da mesma maneira, uma bonificação em ações de 100% é equivalente a um desdobramento de ações de 2:1.

Com uma bonificação em ações, uma empresa não paga um valor em dinheiro aos acionistas. Consequentemente, o valor de mercado total dos ativos e passivos da empresa e, portanto, de seu patrimônio líquido, permanece inalterado. A única coisa que é diferente é o número de ações em circulação. Portanto, o preço das ações irá cair porque o mesmo valor total do patrimônio líquido será dividido por um número maior de ações.

Ao contrário dos dividendos em dinheiro, as bonificações em ações não são tributadas. Assim, do ponto de vista tanto da empresa quanto dos acionistas, uma bonificação em ações não traz consequências reais. O número de ações aumenta proporcionalmente e o preço por ação diminui proporcionalmente, de modo que não haja mudanças no valor total.

Desdobramentos de ações e o preço das ações. Por que, então, as empresas pagam bonificações em ações ou desdobram suas ações? A motivação típica por trás de um desdobramento é manter o preço das ações em uma faixa considerada atraente para investidores de pequeno porte. Grupos de ações geralmente são negociados em lotes de 100 ações e, de qualquer ma-

Ações A e B da Berkshire Hathaway

Muitos gerentes desdobram suas ações para manter o preço acessível para investidores de pequeno porte, facilitando sua compra e venda. Warren Buffett, diretor-presidente e principal executivo da Berkshire Hathaway, discorda. Como ele comentou no relatório anual de 1983 da Berkshire: "sempre nos perguntam por que a Berkshire não desdobra suas ações... queremos [acionistas] que se vejam como proprietários de um negócio com a intenção de permanecer por muito tempo. E queremos aqueles que se mantêm focalizados nos resultados da empresa, e não nos preços de mercado". Em seus 40 anos de história, a Berkshire Hathaway nunca desdobrou suas ações.

Como resultado do forte desempenho da empresa e da ausência de desdobramentos de ações, o preço das ações subia. Em 1996, excedia US$ 30.000 por ação. Como este preço era caro demais para alguns investidores de pequeno porte, vários intermediários financeiros criaram *unit investment trusts* cujo único investimento era as ações da Berkshire. (*Unit investment trusts* são similares a fundos mútuos, mas sua carteira de investimentos é fixa). Os investidores podiam adquirir participações menores nesses fundos, tornando-se proprietários efetivos das ações da Berkshire com um investimento inicial muito menor.

Em resposta, em fevereiro de 1996 Buffett anunciou a criação de uma segunda classe de ações da empresa, as ações Classe B. A cada proprietário das ações originais (agora chamadas de ações Classe A) era oferecida a oportunidade de converter cada ação A em 30 ações B. "Daremos aos acionistas um 'desdobramento faça você mesmo (*do-it-yourself*)', se eles quiserem fazê-lo", disse Buffett. Por meio das ações B, os investidores poderiam ter ações da Berkshire com um investimento menor, e eles não teriam que pagar os custos de transação extra necessários para comprar ações via *unit trusts*.

Em janeiro de 2008, o preço de uma ação Classe A da Berkshire Hathaway era mais de US$ 138.000 por ação.*

---

*Devemos observar que a lógica de Buffett para não desdobrar as ações é um pouco enigmática. Não é claro por que permitir que o preço das ações suba a um nível tão alto deveria atrair o tipo de investidores que Buffet queria. Se, de fato, esta fosse a motivação para as políticas de Buffet, ele poderia ter obtido os resultados desejados muito antes simplesmente fazendo um desdobramento inverso das ações.

neira, não são negociadas em unidades menores do que uma ação. Consequentemente, se o preço das ações subir significativamente, pode ser difícil para os investidores de pequeno porte arcar com uma ação, que dirá com 100. Tornar as ações mais atraentes para os investidores de pequeno porte aumenta a demanda e a liquidez das ações, o que pode, por sua vez, elevar seu preço. Em média, as divulgações de desdobramentos de ações são associadas a um aumento de 2% no preço das ações.[13]

A maioria das empresas utiliza desdobramentos para evitar que o preço de suas ações exceda US$ 100. De 1990 a 2000, a Cisco Systems desdobrou suas ações nove vezes, de modo que uma ação comprada na oferta pública inicial (IPO) se desdobrou em 288 ações. Se a Cisco não tivesse realizado tais desdobramentos, o preço de suas ações na ocasião do último deles, em março de 2000, seria 288 × US$ 72,19 ou US$ 20.790,72.

Cisões (spin-offs)

cisão (spin-off) Quando uma empresa vende uma subsidiária vendendo ações como um dividendo especial somente da subsidiária.

Em vez de pagar um dividendo utilizando dinheiro ou suas próprias ações, uma empresa também pode distribuir ações de uma subsidiária em uma transação chamada de **cisão (spin-off)**, onde dividendos especiais que não sejam pagos em dinheiro são utilizados para realizar a cisão de ativos ou de uma subsidiária, que passam a funcionar como uma empresa separada. Por exemplo, após vender 15% da Monsanto Corporation em uma oferta pública inicial em outubro de 2000, a Pharmacia Corporation anunciou em julho de 2002 que faria a cisão de seus 85% restantes da Monsanto Corporation. A cisão foi realizada por meio de um dividendo especial em que cada acionista da Pharmacia Corporation recebeu 0,170593 ação da Monsanto a cada ação da Pharmacia que ele detivesse. Após receber as ações da Monsanto, os acionistas da Pharmacia podiam negociá-las separadamente das ações da empresa controladora.

Como alternativa, a Pharmacia poderia ter vendido as ações da Monsanto e distribuído o dinheiro aos acionistas como um dividendo. A transação que a Pharmacia escolheu oferece duas vantagens sobre a estratégia do dividendo em dinheiro: (1) Ela evita os custos de transação associados a tal venda, e (2) o dividendo especial não é tributado como uma distribuição de dinheiro. Em vez disso, os acionistas da Pharmacia que receberam as ações da Monsanto terão que pagar impostos sobre ganhos de capital somente na hora em que eles venderem as ações da Monsanto.

Fixação de conceitos

11. Qual é a diferença entre uma bonificação em dividendos e um desdobramento de dividendos?
12. Quais são algumas vantagens de uma cisão (spin-off) em oposição a vender a divisão e distribuir o dinheiro?

16.7 Conselhos para o gerente financeiro

As decisões de política de *payout* são relacionadas às decisões de estrutura de capital que discutimos no Capítulo 15. O nível de dívida que a empresa possui determina quanto do fluxo de caixa é pré-comprometido para os detentores de títulos de dívida como pagamentos de juros e quanto será deixado para possíveis distribuições aos acionistas ou reinvestimento na empresa. Além disso, distribuir capital aos acionistas reduz as ações deixadas na empresa, aumentando a alavancagem. Ao determinar o valor do pagamento aos acionistas, o gerente financeiro precisa ponderar cuidadosamente os planos de investimento futuros da empresa. Se o gerente espera fazer grandes desembolsos de investimento em um futuro próximo, então não faz sentido realizar uma grande distribuição aos acionistas apenas para rapidamente retornar aos mercados em busca de novos financiamentos de capital (seja por meio de dívida ou de ações adicionais, como discutido nos Capítulos 13 e 14). De modo geral, como gerente financeiro você deve primeiramente considerar o seguinte ao tomar decisões de política de *payout*:

---

[13] S. Nayak e N. Prabhala, "Disentangling the Dividend Information in Splits: A Decomposition Using Conditional Event-Study Methods," *Review of Financial Studies* 14 (4) (2001): 1083–1116.

1. Para determinado valor de *payout*, tente maximizar o *payout* após os impostos para os acionistas. Recompras e dividendos geralmente são tributados de maneira diferente e um pode oferecer uma vantagem sobre o outro.
2. Recompras e dividendos especiais são úteis para fazer grandes e infrequentes distribuições aos acionistas. Nenhum deles implica em qualquer expectativa de *payouts* repetidos.
3. Iniciar e aumentar um dividendo regular é visto pelos acionistas como um compromisso implícito para manter este nível de *payout* regular indefinidamente. Somente determine níveis de dividendos regulares que você esteja confiante de que a empresa poderá manter.
4. Como dividendos regulares são vistos como um compromisso implícito, eles enviam um sinal mais forte de força financeira aos acionistas do que distribuições infrequentes, como recompras de ações. Entretanto, este sinal tem um custo, porque *payouts* regulares reduzem a flexibilidade financeira da empresa.
5. Seja cuidadoso com futuros planos de investimento. Há custos de transação associados tanto a fazer distribuições quanto a levantar novo capital, então, custa caro fazer uma grande distribuição e, em seguida, levantar capital para financiar um projeto. Seria melhor fazer uma distribuição menor e financiar o projeto internamente.

RESUMO DO CAPÍTULO

Pontos principais e equações	Termos	Oportunidades de prática online
16.1 Distribuições aos acionistas ▸ Quando uma empresa deseja distribuir dinheiro aos seus acionistas, ela pode pagar um dividendo em dinheiro ou recomprar ações. ▸ A maioria das empresas paga dividendos trimestrais regulares. Às vezes as empresas anunciam um único dividendo especial. ▸ As empresas recompram ações utilizando uma recompra no mercado aberto, uma oferta pública de compra (*tender offer*), recompra por leilão holandês ou uma recompra direcionada. ▸ Na data de declaração, as empresas anunciam que pagarão dividendos a todos os acionistas registrados na data de registro. A data ex-dividendo é o primeiro dia em que as ações são negociadas sem dar direito a um dividendo iminente; normalmente ela é dois dias úteis antes da data de registro. Na data do pagamento os acionistas recebem seus cheques de pagamento de dividendos.	data de declaração, p. 535 data de pagamento (data de distribuição), p. 536 data de registro, p. 535 data ex-dividendo, p. 536 dividendos de liquidação, p. 537 dividendo especial, p. 536 *greenmail*, p. 538 leilão holandês, p. 538 oferta pública de compra (*tender offer*), p. 538 política de *payout*, p. 535 recompra direcionada, p. 538 recompra no mercado aberto, p. 537 retorno de capital, p. 537	MyFinanceLab Study Plan 16.1
16.2 Comparação entre dividendos e recompras de ações em um mercado de capitais perfeito ▸ Em mercados de capitais perfeitos, o preço das ações cai no valor do dividendo quando um dividendo é pago. Uma recompra de ações no mercado aberto não tem efeito sobre o preço das ações e este é o mesmo que o preço cum-dividendo caso fosse pago um dividendo. ▸ A proposição da irrelevância da política de dividendos de Modigliani-Miller afirma que, em mercados de capitais perfeitos, mantendo fixa a política de investimentos de uma empresa, a escolha da política de dividendos desta empresa é irrelevante e não afeta o preço inicial das ações.	cum-dividendo, p. 539 irrelevância do dividendo de MM, p. 543	MyFinanceLab Study Plan 16.2

▶ Na realidade, os mercados de capitais não são perfeitos, e imperfeições de mercado afetam a política de dividendos da empresa.

16.3 A desvantagem tributária dos dividendos

▶ Os impostos são uma importante fricção de mercado que afeta a política de dividendos.

▶ Considerando os impostos como a única imperfeição de mercado, quando a alíquota de impostos sobre dividendos excede a alíquota de impostos sobre os ganhos de capital, a política de dividendos ótima é as empresas não pagarem dividendos. As empresas devem, então, utilizar recompras para todos os seus *payouts*.

▶ O impacto tributário de um dividendo varia entre os investidores por diferentes motivos, incluindo nível de renda, o horizonte de investimento, a jurisdição fiscal e o tipo de conta de investimento.

▶ Diferentes impostos para o investidor criam um efeito clientela, em que a política de dividendos de uma empresa é adequada à preferência tributária de sua clientela de investidores.

efeito clientela, p. 549
quebra-cabeças dos dividendos, p. 547

MyFinanceLab Study Plan 16.3

16.4 *Payout versus* retenção monetária

▶ A proposição da irrelevância da política de dividendos de Modigliani-Miller afirma que, em mercados de capitais perfeitos, se uma empresa investir fluxos de caixa em excesso em títulos financeiros, a escolha da empresa de realizar um *payout versus* reter dinheiro é irrelevante e não afeta o preço inicial das ações.

▶ Os impostos corporativos tornam dispendioso para uma empresa reter excesso de caixa. Mesmo após realizar ajustes que levam em consideração os impostos dos investidores, reter excesso de caixa traz uma desvantagem tributária substancial para a empresa.

▶ Apesar de haver uma desvantagem tributária para a retenção de dinheiro, algumas empresas acumulam saldos de caixa. Saldos de caixa ajudam as empresas a minimizar os custos de transação de levantar mais capital quando elas têm possíveis necessidades financeiras futuras. Entretanto, isso não traz benefício para os acionistas.

▶ Além da desvantagem tributária de se reter dinheiro, podem surgir custos de agência, pois é possível que os gerentes se sintam tentados a gastar excessivamente em investimentos ineficientes e em privilégios. Sem pressão por parte dos acionistas, os gerentes escolhem acumular dinheiro para gastar dessa maneira ou como um meio de reduzir a alavancagem da empresa e aumentar a segurança de seu emprego.

▶ Dividendos e recompras de ações ajudam a minimizar o problema de agência de gastos esbanjadores quando uma empresa possui excesso de caixa.

irrelevância do *payout* de MM, p. 550

MyFinanceLab Study Plan 16.4

16.5 Sinalização com a política de *payout*

▶ As empresas tipicamente mantêm dividendos relativamente constantes. Esta prática é chamada de uniformização de dividendos.

hipótese da sinalização dos dividendos, p. 555
uniformização de dividendos, p. 554

MyFinanceLab Study Plan 16.5

- A ideia de que mudanças nos dividendos refletem a visão dos gerentes sobre os possíveis rendimentos futuros de uma empresa é chamada de hipótese da sinalização dos dividendos.
- Os gerentes normalmente só aumentam os dividendos quando eles se sentem confiantes de que a empresa será capaz de arcar com dividendos mais altos em um futuro próximo. Quando os gerentes fazem cortes nos dividendos, eles podem estar sinalizando que perderam as esperanças de que os rendimentos vão melhorar.
- As recompras de ações podem ser utilizadas para sinalizar informações positivas, já que as recompras são mais atraentes se a gerência acreditar que as ações estejam subvalorizadas a seu preço corrente.

16.6 Bonificações em ações, desdobramentos de ações e cisões

- Em uma bonificação em ações ou desdobramento de ações, uma empresa distribui aos acionistas ações adicionais em vez de dinheiro.
- Com uma bonificação em ações, os acionistas recebem ou ações adicionais da própria empresa (um desdobramento de ações, ou *stock split*) ou ações de uma subsidiária (uma cisão, ou *spin-off*). O preço das ações geralmente cai proporcionalmente ao tamanho do desdobramento.
- Um grupamento de ações (*reverse split*) diminui o número de ações em circulação e, portanto, resulta em um preço mais alto das ações restantes.

desdobramento de ações (bonificação em ações), p. 558
cisão (*spin-off*), p. 559

MyFinanceLab Study Plan 16.6

Questões de revisão

1. De que maneiras uma empresa pode distribuir dinheiro a seus acionistas?
2. Descreva os diferentes mecanismos disponíveis a uma empresa para a recompra de ações.
3. Sem impostos ou quaisquer outras imperfeições, por que não importa como a empresa distribui dinheiro?
4. Que tipo de preferência de *payout* as leis tributárias geralmente criam?
5. Quais são as vantagens e desvantagens de se reter excesso de caixa?
6. Como os dividendos e as recompras de ações podem ser utilizados para sinalizar informações que os gerentes têm sobre as perspectivas de suas empresas?
7. Explique sob que condições um aumento no pagamento de dividendos pode ser interpretado como um sinal de boas ou más notícias.
8. Por que o anúncio de uma recompra de ações é considerado um sinal positivo?
9. Por que os gerentes desdobram as ações de suas empresas?

Problemas

Todos os problemas neste capítulo estão disponíveis no MyFinanceLab. Um asterisco (*) indica problemas com um nível mais alto de dificuldade.

Distribuições aos acionistas

1. A ABC Corporation anunciou que pagará um dividendo a todos os acionistas registrados a partir de segunda-feira, dia 3 de abril de 2006. São necessários três dias úteis após a compra para que os novos proprietários de ações sejam registrados.
   a. Qual é a data do dia ex-dividendo?
   b. Qual é o último dia que um investidor pode comprar ações da ABC e ainda obter o pagamento de dividendo?

2. A RFC Corp. anunciou um dividendo de US$ 1. Se o último preço da RFC cum-dividendo é US$ 50, qual deve ser seu primeiro preço ex-dividendo (supondo mercados de capitais perfeito)?

3. A KMS Corporation possui ativos de US$ 500 milhões, dos quais US$ 50 milhões são em dinheiro. A empresa possui uma dívida de US$ 200 milhões. Se a KMS recomprar US$ 20 milhões de suas ações:
   a. Que mudanças ocorrerão em seu balanço patrimonial?
   b. Qual será seu novo índice de alavancagem?

4. Suponha que a KMS no Problema 3 decida iniciar um dividendo, mas que ela queira que o valor presente do *payout* seja os mesmos US$ 20 milhões. Se seu custo de capital próprio é de 10%, com que valor por ano em perpetuidade ela deve se comprometer?

Comparação entre dividendos e recompras de ações em um mercado de capitais perfeito

5. A EJH Company possui uma capitalização de mercado de US$ 1 bilhão e 20 milhões de ações em circulação. Ela planeja distribuir US$ 100 milhões por meio de uma recompra em mercados abertos. Supondo mercados de capitais perfeitos:
   a. Qual será o preço por ação da EJH logo antes da recompra?
   b. Quantas ações serão recompradas?
   c. Qual será o preço por ação da EJH logo após a recompra?

6. A Natsam Corporation possui US$ 250 milhões em excesso de caixa. A empresa não possui dívida e tem 500 milhões de ações em circulação com um preço de mercado corrente de US$ 15 por ação. O conselho de administração da Natsam decidiu utilizar este dinheiro para distribuir um dividendo único.
   a. Qual é o preço ex-dividendo de uma ação em um mercado de capitais perfeito?
   b. Se o conselho de administração decidir, ao contrário, utilizar o dinheiro para uma única recompra de ações, em um mercado de capitais perfeito qual será o preço das ações uma vez que a recompra esteja concluída?
   c. Em um mercado de capitais perfeito, que política (na parte a ou b) deixa os investidores em melhor situação?

7. Suponha que o conselho de administração da Natsam Corporation tenha decidido fazer a recompra de ações do Problema 3(b), mas você, como investidor, teria preferido receber um pagamento de dividendo. Como você poderia se colocar na mesma situação que estaria se o conselho tivesse decidido fazer o pagamento de dividendo?

A desvantagem tributária dos dividendos

8. A HNH Corporation pagará um dividendo constante de US$ 2 por ação, todo ano, em perpetuidade. Suponha que todos os investidores paguem um imposto de 20% sobre dividendos e que não haja imposto sobre ganhos de capital. O custo de capital de se investir nas ações da HNH é de 12%.
   a. Qual é o preço de uma ação da HNH?
   b. Suponha que a gerência faça uma divulgação surpresa de que a HNH não pagará mais dividendos, mas, em vez disso, utilizará o dinheiro para recomprar ações. Qual será o preço de uma ação da HNH agora?

9. Você comprou ações da CSH por US$ 40 e elas agora estão sendo vendidas por US$ 50. A empresa anunciou que planeja pagar um dividendo especial de US$ 10.
   a. Supondo alíquotas de impostos de 2008, se você vender as ações ou esperar até receber o dividendo, haverá diferença na renda após os impostos?
   b. Se a alíquota de impostos sobre ganhos de capital é de 20% e a alíquota de impostos sobre dividendos é de 40%, qual é a diferença entre as duas opções da parte (a)?

Payout versus retenção monetária

10. Suponha mercados de capitais perfeitos. A Kay Industries atualmente possui US$ 100 milhões investidos em títulos do Tesouro de curto prazo que pagam 7%, e faz os pagamentos de juros sobre esses títulos como um dividendo. O conselho de administração está considerando vender os títulos do Tesouro e utilizar os resultados financeiros para fazer um único pagamento de dividendo.
    a. Se o conselho fosse adiante com este plano, o que aconteceria com o valor das ações da Kay na ocasião da divulgação de uma mudança na política?
    b. O que aconteceria com o valor das ações da Kay na data ex-dividendo do dividendo único?
    c. Dadas essas reações de preços, esta decisão beneficiará os investidores?

11. Refaça o Problema 10, mas suponha que a Kay tenha que pagar um imposto corporativo de 35%, e que os investidores não paguem impostos.

12. Refaça o Problema 10, mas suponha que os investidores paguem 15% sobre os dividendos, que não haja impostos sobre ganhos de capital e que a Kay não pague impostos corporativos.

Sinalização com a política de payout

Utilize as informações a seguir para responder os Problemas 13 a 17:

A AMC Corporation atualmente possui um valor de empresa de US$ 400 milhões e US$ 100 milhões em excesso de caixa. A empresa possui 10 milhões de ações em circulação e nenhuma dívida. Suponha que a AMC utilize seu excesso de caixa para recomprar ações. Após a recompra de ações, serão publicadas notícias que mudarão o valor da empresa da AMC ou para US$ 600 milhões ou para US$ 200 milhões.

13. Qual é o preço das ações da AMC antes da recompra de ações?

14. Qual seria o preço das ações da AMC após a recompra se o valor da empresa subisse? E se o valor da empresa diminuísse?

*15. Suponha que a AMC espere até que a notícia seja divulgada para realizar a recompra de ações. Qual seria o preço das ações da AMC após a recompra se seu valor de empresa subisse? E se ele diminuísse?

16. Suponha que a gerência da AMC espere que uma boa notícia seja divulgada. Com base em suas respostas nos Problemas 14 e 15, se a gerência deseja maximizar o preço das ações da AMC, ela empreenderá a recompra antes ou depois da notícia ser divulgada? Quando a gerência empreenderia a recompra se ela esperasse que uma má notícia fosse divulgada?

*17. Dada a sua resposta no Problema 16, que efeito você espera que a divulgação de uma recompra de ações tenha sobre o preço das ações? Por quê?

Bonificações em ações, desdobramentos de ações e cisões

18. Suponha que as ações da Host Hotels & Resorts estejam sendo negociadas a S$ 20 por ação.
    a. Se a Host emitisse uma bonificação em ações de 20%, qual seria o novo preço de suas ações?
    b. Se a Host fizesse um desdobramento de ações de 3:2, qual seria o novo preço de suas ações?

19. Se as ações classe A da Berkshire Hathaway são negociadas a US$ 120.000, que taxa de *split* seria necessária para baixar o preço das ações a US$ 50?

20. Após o fechamento do mercado no dia 11 de maio de 2001, a Adaptec, Inc., distribuiu uma bonificação em ações de sua divisão de *software*, a Roxio, Inc. Cada acionista da Adaptec recebeu 0,1646 ação da Roxio por ação detida da Adaptec. Ao mesmo tempo, as ações da Adaptec estavam sendo negociadas ao preço de US$ 10,55 por ação (cum-dividendo), e o preço das ações da Roxio era de US$ 14,23 cada. Em um mercado de capitais perfeito, qual seria o preço ex-dividendo das ações da Adaptec após esta transação?

Caso simulado

Em seu papel como consultor em uma empresa de *wealth management*, lhe foi atribuído um cliente muito poderoso que possui um milhão de ações da Amazon.com adquiridas no dia 28 de fevereiro de 2003. Ao pesquisar a Amazon.com, você descobriu que a empresa retém uma grande soma em dinheiro, o que foi uma surpresa, já que a empresa só recentemente começou a operar no lucro.

Além disso, seu cliente está insatisfeito com o fato de o preço das ações da Amazon ter estado um tanto estagnado ultimamente. O cliente está considerando apresentar ao conselho de administração um plano para a metade do dinheiro que a empresa tem acumulado, mas não consegue decidir se a melhor solução seria uma recompra de ações ou um dividendo especial. Pediram-lhe que determinasse qual iniciativa geraria a maior soma em dinheiro após os impostos, supondo que com uma recompra de ações seu cliente manteria a mesma participação proprietária. Como tanto os dividendos quanto os ganhos de capital são tributados à mesma alíquota (15%), seu cliente supôs que não há diferença entre a recompra e o dividendo. Para confirmar, você precisa "checar os números" para cada situação.

1. Vá à *homepage* da Nasdaq (www.nasdaq.com), entre com o símbolo da Amazon (AMZN), e clique sobre "Summary Quote" [Resumo das cotações].
    a. Registre o preço corrente ("Last sale") e o número de ações em circulação ("Shares outstanding").
    b. Clique em "Company Financials" [Dados financeiros da empresa] e então selecione "Balance Sheets" [Balanço patrimonial]. Clique com o botão direito do mouse enquanto o cursor estiver no meio da planilha e selecione "Export to Microsoft Excel" [exporte para o Microsoft Excel].[14]

2. Utilizando metade do dinheiro e equivalentes relatados no balanço patrimonial (em milhares de dólares), calcule o seguinte:
    a. O número de ações que seriam recompradas dado o preço de mercado corrente.
    b. O dividendo por ação que poderia ser pago dado o número total de ações em circulação.

3. Vá ao Yahoo!Finance (http://finance.yahoo.com) para obter o preço pelo qual seu cliente adquiriu as ações em 28 de fevereiro de 2003.
    a. Entre com o símbolo da Amazon e clique em "Get Quotes" [Buscar cotações].
    b. Clique em "Historical Prices" [Preços históricos], digite a data em que seu cliente adquiriu as ações como a data de início ("start date") e data de fim ("end date"), e clique em "Get Prices" [Obter preços]. Registre o preço ajustado de fechamento (na coluna "Adj* Close").

4. Calcule o total em dinheiro que seria recebido por seu cliente no caso da recompra e do dividendo tanto antes quanto depois dos impostos (ver alíquotas de impostos na Tabela 16.2).

5. O cálculo do passo anterior reflete o fluxo de caixa imediato e as obrigações tributárias de seu cliente, mas não considera o resultado final para o cliente após quaisquer ações não vendidas em uma recompra serem liquidadas. Para incorporar este elemento, você primeiro decide ver o que acontece se o cliente vender todas as ações restantes imediatamente após o dividendo ou a recompra. Suponha que o preço das ações caia no valor do dividendo caso um seja pago. Quais são os fluxos de caixa totais do cliente após os impostos (considerando tanto o *payout* quanto o ganho de capital) para uma recompra ou um dividendo neste caso?

6. Sob que programa seu cliente ganharia mais antes dos impostos? Que programa é melhor após os impostos, supondo que as ações remanescentes sejam vendidas imediatamente após o dividendo ser pago?

---

[14] Você pode precisar do Internet Explorer para que esta função de exportar dados funcione.

PARTE 6 — Caso de Integração

Este caso se baseia no material dos Capítulos 15-16.

Berenice Suarez voltou ao seu escritório depois de passar a tarde em uma reunião com os banqueiros de investimento de sua empresa. Suarez era CFO da Midco Industries, uma empresa manufatureira de médio porte, e estava analisando detalhadamente sua estrutura de capital e sua política de *payout*. Suarez sentia que a Midco estava subalavancada e possivelmente não estava tirando proveito integral dos benefícios tributários da dívida. Para complicar ainda mais a situação, os investidores institucionais da Midco estavam pedindo ou uma recompra de ações ou um dividendo especial.

Uma possibilidade contemplada por seus banqueiros de investimento era uma "recapitalização alavancada", na qual a Midco emitiria dívidas e utilizaria os resultados financeiros para recomprar ações. A Midco Industries possui 20 milhões de ações em circulação com um preço de mercado de US$ 15 por ação e nenhuma dívida. A empresa tem lucros consistentemente estáveis e paga impostos de 35%. Os banqueiros de investimento da Midco propuseram que a empresa tomasse emprestados US$ 100 milhões permanentemente por meio de uma recapitalização alavancada na qual ela utilizaria os fundos tomados emprestados para recomprar as ações em circulação.

Sentada em sua cadeira, Suarez olhava fixamente para seu bloco de anotações. Ela anotara várias perguntas que ela teria que responder antes de tomar sua decisão.

Questões sobre o caso

1. Quais são as consequências tributárias da recapitalização?
2. Com base somente nos efeitos tributários e no Princípio da Avaliação, qual será o valor total da empresa após a recapitalização?
   a. Quanto do novo valor será ações?
   b. Quanto será dívida?
3. A que preço a Midco deve conseguir recomprar suas ações?
4. Quem se beneficia com a recapitalização? Quem sai perdendo?
5. Que outros custos ou benefícios da alavancagem adicional os gerentes da Midco devem considerar?
6. Se os gerentes da Midco decidirem emitir a dívida e distribuir a dedução tributária como um dividendo especial em vez de recomprar ações, quanto seria o valor do dividendo por ação?

Planejamento Financeiro e Previsões

PARTE 7

Ligação com o Princípio da Avaliação. Na Parte VII, passaremos aos detalhes da administração do lado financeiro de uma empresa e focalizaremos na previsão e no gerenciamento financeiro de curto prazo. Começaremos, no Capítulo 17, a desenvolver as ferramentas para prever os fluxos de caixa e as necessidades de financiamento de longo prazo de uma empresa. Voltaremos nossa atenção para as importantes decisões que um gerente financeiro toma em relação a financiamentos e investimentos de curto prazo da empresa. No Capítulo 18, discutiremos como as empresas gerenciam suas exigências de capital de giro, incluindo contas a receber, contas a pagar e estoque. No Capítulo 19, explicaremos como as empresas financiam suas necessidades monetárias de curto prazo.

Em um mercado de capitais perfeito, o Princípio da Avaliação – particularmente, a Lei do Preço Único – e as proposições de Modigliani-Miller implicam que o modo como uma empresa escolhe administrar suas necessidades financeiras de curto prazo não afeta o valor da empresa. Na realidade, a política financeira de curto prazo é importante devido à existência de fricções de mercado. Nesta parte do livro, identificaremos essas fricções e explicaremos como as empresas determinam suas políticas financeiras de curto prazo.

Capítulo 17
Modelagem Financeira e Análise *Pro forma*

Capítulo 18
Gerenciamento de Capital de Giro

Capítulo 19
Planejamento Financeiro de Curto Prazo

17 Modelagem Financeira e Análise *Pro forma*

OBJETIVOS DE APRENDIZAGEM

▸ Compreender as metas do planejamento financeiro de longo prazo

▸ Criar demonstrações de resultados e balanços patrimoniais *pro forma* utilizando o *método do percentual de vendas*

▸ Desenvolver modelos financeiros da empresa fazendo uma previsão direta dos desembolsos de capital, necessidades de capital de giro e eventos de financiamento

▸ Distinguir os conceitos de crescimento sustentável e crescimento que aumenta o valor da empresa

ENTREVISTA COM David Hollon, Goldman Sachs

Texas A&M University, 2005

"O que diferencia um analista típico de um analista excepcional é dar atenção a detalhes e compreender o que entra nas suposições essenciais".

Os modelos financeiros são uma peça central para o trabalho de David Hollon como analista no grupo de investimento em energia da Goldman Sachs, sediado em Houston. "Investimos em empresas de petróleo e gás, fornecendo financiamento com empréstimos ou com capital próprio", diz David, formado em 2005 pela Texas A&M University. "Seleciono investimentos potenciais, realizando um planejamento detalhado das atividades da empresa e pesquisa de mercado para desenvolver e refinar meu modelo financeiro. Então, traço um memorando de investimento e trabalho com unidades internacionais para apresentar o investimento à aprovação. Este cargo exige um alto nível de proficiência em análise em Excel, junto com análise de demonstrações contábeis, conhecimento de contabilidade, e a capacidade de aplicar muitas regras de decisão de investimento, incluindo o NPV".

Depois de se reunir com a gerência sênior da proposta empresa de investimento, David cria um modelo financeiro baseado nas projeções da empresa e incorpora a estrutura de investimento proposta. "Então aplico vários cenários que mudam as suposições das variáveis principais, que no setor de petróleo e gás incluem preços de *commodities*, sucesso na perfuração, custos de capital e custos operacionais, e volumes de produção. Fazemos uma sensibilização dessas principais variáveis de investimento para determinar como maximizar tanto o valor da empresa quanto o retorno potencial da Goldman Sachs sobre o investimento ao longo do tempo".

Elaborar suposições realistas é o maior desafio para criar modelos precisos. "Os mecanismos e fundamentos da modelagem financeira são bastante diretos. O que diferencia um analista típico de um analista excepcional é dar atenção a detalhes e compreender o que entra nas suposições essenciais. Fazer boas suposições exige a devida diligência e muita pesquisa. Você precisa dar um passo atrás e se perguntar o que é realista para esta empresa em relação a desembolsos de capital, margens operacionais, custo de financiamento, entre outras coisas. A meta é construir planilhas claras, precisas e simples que sejam fáceis para o usuário compreender".

A modelagem financeira e a análise de NPV fornecem ao investidor uma maneira de comparar projetos concorrentes com retornos variáveis e perfis de risco. "Suponha que tenhamos que escolher entre dois projetos de investimento em energia: um investimento de alto risco com um retorno de 30% ou um investimento de risco relativamente baixo com um retorno de 20%. Calculamos o NPV do primeiro a uma taxa de descapitalização mais alta para compensar o risco incremental. Se seu NPV for maior do que o segundo, provavelmente decidiríamos empreendê-lo".

A maioria das decisões que um gerente financeiro toma tem consequências de longo prazo. Por exemplo, no final da década de 1990, os gerentes da Airbus decidiram apostar o futuro da empresa no mercado de megajatos, dando sinal verde ao desenvolvimento do A380, com 555 assentos. Logo depois, os gerentes da Boeing acreditavam que as linhas aéreas favoreceriam melhorias na eficiência de combustíveis e deram largada ao 787, uma aeronave tecnologicamente avançada fabricada com material composto. Os resultados dessas decisões se fazem sentir ainda hoje. Neste capítulo, aprenderemos como construir um modelo financeiro para analisar as consequências de nossas decisões financeiras no futuro. Particularmente, utilizaremos esses modelos para prever quando a empresa precisará garantir financiamentos externos adicionais e determinar como a decisão afetará o valor da empresa.

Começaremos explicando as metas da previsão por meio da modelagem financeira e da análise *pro forma*, e como esta análise está relacionada à meta mais ampla de maximizar o valor da empresa. Então, passaremos a uma técnica de previsão básica baseada em projeções sobre as vendas futuras da empresa. Depois, desenvolveremos uma abordagem aperfeiçoada de previsão que produz um modelo financeiro mais realista da empresa. Finalmente, utilizaremos nosso modelo financeiro para avaliar a empresa sob o novo plano de negócios e discutir crescimento que aumenta o valor da empresa *versus* crescimento que diminui o valor da empresa. Ao fazê-lo, veremos a ligação entre o papel da previsão, da análise do NPV e do Princípio da Avaliação, que sustenta toda a teoria de finanças.

17.1 Metas do planejamento financeiro de longo prazo

A meta do gerente financeiro é maximizar o valor da participação dos acionistas na empresa. Uma ferramenta para auxiliar a alcançar esta meta é o planejamento e a modelagem financeira de longo prazo. Nas próximas seções, desenvolveremos métodos específicos para prever as demonstrações contábeis e os fluxos de caixa da empresa como um todo. Para contextualizar, nesta seção discutiremos os objetivos do planejamento de longo prazo.

Identificar ligações importantes

Como veremos nas Seções 17.2 e 17.3, quando construímos um modelo do curso futuro de uma empresa, por necessidade descobrimos importantes ligações entre – por exemplo, vendas, custos, investimento de capital e financiamento. Um modelo de planilha bem projetado permite que você examine como uma mudança em sua estrutura de custo irá afetar seus fluxos de caixa livres futuros, necessidades de financiamento, etc. Algumas ligações podem ser óbvias, mas outras são muito mais difíceis de determinar sem construir uma previsão das demonstrações contábeis de toda a empresa incluindo vários anos à frente. Por exemplo, melhorias tecnológicas que levam a custos reduzidos permitiriam que a empresa reduzisse os preços e vendesse mais produtos. Entretanto, uma produção mais alta exige mais equipamentos e instalações, e os desembolsos de capital associados exigirão financiamento e criarão novos benefícios fiscais decorrentes da depreciação. Nenhuma dessas ligações seria facilmente visível sem um modelo de previsão cuidadoso. Este é um importante resultado de planejamento de longo prazo porque permite que o gerente financeiro compreenda o negócio e, por meio dessa compreensão, aumente seu valor.

Analisar o impacto de planos de negócios potenciais

Talvez sua empresa esteja planejando uma grande expansão ou considerando mudanças em como ela gerencia seu estoque. Ao construir um modelo de longo prazo para as finanças de sua empresa, você pode examinar exatamente como tais planos de negócios afetarão os fluxos de caixa livres da empresa e, logo, seu valor. No Capítulo 8, desenvolvemos as ferramentas de orçamento de capital com a meta de decidir se devemos ou não investir em um novo projeto. Para considerar uma mudança fundamental no plano de negócios da empresa, o gerente financeiro modela a empresa como um todo, em vez de apenas um único projeto. Na Seção 17.3, analisaremos o impacto de um plano de expansão que envolva toda a empresa, incluindo o investimento de capital necessário, financiamento de dívida, mudanças nos fluxos de caixa livres e mudanças no valor.

Planejar as necessidades futuras de fundos

Construir um modelo de previsão de longo prazo revela pontos no futuro em que a empresa precisará de financiamento externo adicional – por exemplo, onde seus lucros retidos não serão suficientes para financiar capital de investimento planejado. Identificar as necessidades de financiamento da empresa com antecedência dá aos gerentes financeiros tempo suficiente para fazer os devidos planos e alinhá-las à fonte de financiamento mais vantajosa para a empresa. Em um mercado de capitais perfeito, isso seria desnecessário – você seria capaz de garantir financiamento instantaneamente para qualquer projeto com NPV positivo e a fonte de financiamento não teria efeito sobre o valor da empresa. Entretanto, na realidade, a presença de fricções de mercado significa que é preciso tempo para emitir dívida ou novas ações e, como aprendemos no Capítulo 15, essas decisões de financiamento afetam o valor da empresa. Assim, identificar e planejar essas decisões de financiamento com muita antecedência é um exercício valioso.

Fixação de conceitos

1. Como o planejamento financeiro de longo prazo se encaixa na meta do gerente financeiro?
2. Quais são as três principais coisas que o gerente financeiro pode realizar ao construir um modelo financeiro de longo prazo da empresa?

17.2 Previsão das demonstrações contábeis: o método do percentual de vendas

Ilustraremos nossa discussão sobre previsão de demonstrações contábeis por meio de uma aplicação: a empresa KMS Designs. A KMS Designs é uma boutique feminina especializada em peças avulsas de última moda, com sua própria fábrica. A KMS Designs é uma empresa em ascensão e seus gerentes financeiros preveem que ela precisará de financiamento externo para impulsionar seu crescimento. A fim de prever quando a KMS precisará deste financiamento e o montante que os gerentes deverão assegurar, é necessário preparar um modelo financeiro no Excel para a KMS que nos permitirá produzir demonstrações de resultados e balanços patrimoniais *pro forma*. Depois de desenvolver uma técnica de previsão, passaremos aos passos envolvidos na preparação da demonstração de resultados *pro forma* e do balanço patrimonial *pro forma*.

Método do percentual de vendas

método do percentual de vendas Método de previsão que supõe que à medida que as vendas crescem, muitos itens da demonstração de resultados e do balanço patrimonial também crescerão, mantendo o mesmo percentual de vendas.

Um ponto de partida comum para a previsão é o *método do percentual de vendas*. O **método do percentual de vendas** supõe que, à medida que as vendas crescem, muitos itens da demonstração de resultados e do balanço patrimonial também crescerão, mantendo o mesmo percentual de vendas. Por exemplo, a Tabela 17.1 mostra que os custos da KMS excluindo a depreciação foram de 78% das vendas em 2007. As vendas somaram US$ 74.889. Se a KMS prever que as vendas crescerão em 18% em 2008, então:

- As vendas crescerão para US$ 74.889 × 1,18 = US$ 88.369.
- Os custos excluindo a depreciação permanecerão em 78% das vendas, de modo que os custos serão de US$ 88.369 × 0,78 = US$ 68.928 em 2008.[1]

---

[1] Para facilitar a exposição, basearemos nossa previsão em um único ano, 2007. As empresas geralmente levam em consideração médias e tendências ao longo de diversos anos ao fazer previsões futuras.

TABELA 17.1 Demonstração de resultados e balanço patrimonial da KMS Designs 2007

	Ano	2007	% das vendas
1			
2	**Demonstração de resultados (US$000s)**		
3	**Vendas**	74.889	100%
4	Custos exceto depreciação	−58.413	78%
5	**EBITDA**	16.476	22%
6	Depreciação	−5.492	7,333%
7	**EBIT**	10.984	15%
8	Despesas com juros (líquidas)	−306	NS*
9	**Renda antes dos impostos**	10.678	14%
10	Alíquota de impostos (35%)	−3.737	NS
11	**Lucro líquido**	6.941	9%

*NS indica que representar o item como uma porcentagem das vendas não é significativo

	Ano	2007	% das vendas
1			
2	**Balanço patrimonial (US$000s)**		
3	**Ativos**		
4	Dinheiro e equivalentes	11.982	16%
5	Contas a receber	14.229	19%
6	Estoques	14.978	20%
7	**Ativo circulante total**	41.189	55%
8	Propriedades, instalações e equipamentos	49.427	66%
9	**Total de ativos**	90.616	121%
10	**Passivos e patrimônio líquido**		
11	Contas a pagar	11.982	16%
12	Dívida	4.500	NS
13	**Total de passivos**	16.482	NS
14	**Patrimônio líquido**	74.134	NS
15	**Total de passivos e patrimônio líquido**	90.616	121%

Estamos essencialmente supondo que a KMS vá manter suas margens de lucro à medida que suas receitas de vendas crescerem. Prosseguiremos fazendo suposições similares sobre os itens do capital de giro no balanço patrimonial, como dinheiro, contas a receber, estoque, e contas a pagar. A coluna mais à direita da Tabela 17.1 mostra qual era o percentual de vendas desses itens em 2007. Podemos utilizar essas porcentagens para prever parte do balanço patrimonial em 2008. Por exemplo, se as vendas crescerem para US$ 88.369 como previmos, então nosso estoque precisará crescer para US$ 88.369 × 0,20 = US$ 17.674 a fim de sustentar essas vendas.

Alguns dos itens estão marcados "NS", ou "Não Significativo", na coluna do percentual de vendas. Por exemplo, talvez seja razoável esperar que nossos ativos e contas a pagar cresçam proporcionalmente às vendas, nossa dívida de longo prazo e nosso capital próprio naturalmente não crescerão proporcionalmente às vendas. Em vez disso, as mudanças no capital próprio e de terceiros refletirá as escolhas que fazemos sobre dividendos e novo financiamento líquido.

Demonstração de resultados *pro forma*

A Tabela 17.2 mostra a demonstração de resultados *pro forma* da KMS em 2008 junto com como cada linha foi determinada. A KMS está prevendo um crescimento de 18% nas vendas de 2007 a 2008. Além da previsão de vendas, exigimos três outros detalhes para preparar a demonstração de resultados *pro forma*: os custos excluindo a depreciação em 2007 como uma porcentagem das vendas, a depreciação como uma porcentagem das vendas e a alíquota de impostos. As informações da KMS da Tabela 17.1 são as seguintes:

- Custos excluindo a depreciação representaram 78% das vendas.
- Depreciação representou 7% das vendas em 2007.
- A KMS paga uma alíquota de impostos de 35%.

TABELA 17.2 Demonstração de resultados *pro forma* da KMS Designs em 2008

	Ano	2007	2008	Cálculo
1				
2	Demonstração de resultados (US$000s)			
3	**Vendas**	74.889	88.369	74.889 × 1,18
4	Custos exceto depreciação	−58.413	−68.928	78% das vendas
5	**EBITDA**	16.476	19.441	Linhas 3 + 4
6	Depreciação	−5.492	−6.480	7,333% das vendas
7	**EBIT**	10.984	12.961	Linhas 5 + 6
8	Despesas com juros (líquidas)	−306	−306	Permanece igual
9	**Renda antes dos impostos**	10.678	12.655	Linhas 7 + 8
10	Alíquota de impostos (35%)	−3.737	−4.429	35% da linha 9
11	**Lucro líquido**	**6.941**	**8.226**	Linhas 9 + 10

A única suposição final que temos que fazer é quanto a nossas despesas com juros.[2] Suporemos, por enquanto, que elas permanecerão as mesmas que em 2007 porque determinaremos se nossas necessidades de dívida mudarão como parte do processo de previsão.

Com base em nosso balanço patrimonial *pro forma*, estamos prevendo um aumento no lucro líquido de US$ 8.226 – US$ 6.941 = US$ 1.285, o que representa um aumento de 18,5% sobre o lucro líquido de 2007.[3] Agora passaremos para a previsão do balanço patrimonial para determinar se precisaremos de algum financiamento em 2008 para pagar por nosso crescimento. O lucro líquido que previmos na Tabela 17.2 será um dos *inputs* do balanço patrimonial *pro forma*. A parte deste lucro líquido não distribuída como dividendos será somada ao patrimônio dos acionistas no balanço patrimonial.

EXEMPLO 17.1
Porcentagem de vendas

Problema
A KMS acaba de revisar sua previsão de vendas, diminuindo seu valor. Se a KMS espera que as vendas cresçam em apenas 10% no próximo ano, qual é a previsão de seus custos, exceto a depreciação?

Solução

▶ Planejamento
A previsão de vendas para 2008 agora será de: US$ 74.889 × (1,10) = US$ 82.378. Com este número nas mãos e as informações da Tabela 17.1, podemos utilizar o método do percentual de vendas para calcular os custos previstos da KMS.

▶ Execução
A partir da Tabela 17.1, vemos que os custos são de 78% das vendas. Com uma previsão de vendas de US$ 82.378, isso leva a custos previstos exceto depreciação de US$ 82.378 × (0,78) = US$ 64.255.

Balanço patrimonial *pro forma*

Prever o balanço patrimonial utilizando o método do percentual de vendas exige alguns passos iterativos. Em qualquer análise de balanço patrimonial, sabemos que os ativos e passivos/patrimônio líquido têm que ser iguais. Os lados dos ativos e passivos/patrimônio líquido do balanço patrimonial *pro forma* não se equilibram, porém, até fazermos suposições sobre

---

[2] As despesas com juros devem ser despesas pagas sobre dívida, menos os juros obtidos sobre qualquer dinheiro investido – assim como os juros pagos são dedutíveis dos impostos, os juros obtidos são tributáveis – então, a dedução tributária da KMS vem de suas despesas com juros líquidas. A fim de focalizar na previsão, suporemos que todo o caixa retido pela KMS é uma parte de seu capital de giro necessária para transações. Assim, supomos que a KMS retenha todo o seu caixa em uma conta que não pague juros. No Capítulo 18, discutiremos maneiras alternativas de investir o dinheiro em caixa.

[3] Isso é mais alto do que o crescimento das vendas de 18% porque estamos supondo que as despesas com juros não aumentariam.

TABELA 17.3 Balanço patrimonial *pro forma* da primeira avaliação de 2008

1	Ano	2007	2008	Cálculo
2	Balanço patrimonial (US$000s)			
3	Ativos			
4	Caixa e equivalentes	11.982	14.139	16% das vendas
5	Contas a receber	14.229	16.790	19% das vendas
6	Estoques	14.978	17.674	20% das vendas
7	Total do ativo circulante	41.189	48.603	Linhas 4 + 5 + 6
8	Propriedades, instalações e equipamentos	49.427	58.324	66% das vendas
9	Total de ativos	90.616	106.927	Linhas 7 + 8
10	Passivos			
11	Contas a pagar	11.982	14.139	16% das vendas
12	Dívida	4.500	4.500	Permanece igual
13	Total de passivos	16.482	18.639	Linhas 11 + 12
14	Patrimônio líquido	74.134	79.892	74.134 + 70% de 8.226
15	Total de passivos e patrimônio líquido	90.616	98.531	Linhas 13 + 14
16	Novo financiamento líquido		8.396	Linha 9 − Linha 15

novo financiamento líquido Volume de financiamento externo adicional de que uma empresa precisa para garantir que poderá pagar o aumento planejado em ativos.

como nossos patrimônio líquido e nossa dívida crescerão em relação às vendas. Veremos este ponto na Tabela 17.3, onde fazemos uma primeira incursão no balanço patrimonial *pro forma* (explicaremos os detalhes do cálculo a seguir). Nossos ativos são projetados para serem US$ 8.396 a mais do que nossos passivos e patrimônio líquido. O desequilíbrio indica que precisaremos de US$ 8.396 em *novo financiamento líquido* para financiar nosso crescimento. O **novo financiamento líquido** é o valor de financiamento externo adicional de que precisaremos para garantir o pagamento do aumento planejado em ativos. Ele pode ser calculado como:

Novo financiamento líquido = Ativos projetados − Passivos e patrimônio líquido projetados

Vejamos mais de perto como chegamos ao valor de US$ 8.396. Como estamos utilizando o método do percentual de vendas, supomos que os ativos aumentam proporcionalmente às vendas. Assim, o total de ativos aumentou em 18%, o mesmo que as vendas. O lado dos passivos do balanço patrimonial é mais complicado. A quantidade de dividendos que uma empresa paga afetará os lucros retidos que ela precisa para financiar o crescimento. Além disso, quaisquer aumentos na dívida ou no patrimônio líquido refletirão decisões de estrutura de capital e exigirão que os gerentes levantem capital ativamente, como foi discutido nos Capítulos 13 e 14. A palavra final é que não podemos simplesmente supor que a dívida e o patrimônio líquido crescem proporcionalmente às vendas.

No caso da KMS, ela tem uma política de pagar 30% de seu lucro líquido como dividendos. Assim, US$ 2.468 de seu lucro líquido previsto de US$ 8.226 serão distribuídos aos acionistas como dividendos:

Lucro líquido de 2008:	US$ 8.226
− Dividendos (30% do LL) de 2008:	−US$ 2.468
= Lucros retidos de 2008:	=US$ 5.758

Os US$ 5.758 em lucros retidos (os 70% restantes do lucro líquido depois dos dividendos serem pagos) se somam ao patrimônio líquido no balanço patrimonial. Consequentemente, prevê-se que o patrimônio líquido cresça de US$ 74.134 para US$ 79.892 na Tabela 17.3.

Patrimônio líquido de 2007:	US$ 74.134
+ Lucros retidos de 2008:	+US$ 5.758
= Patrimônio líquido de 2008:	=US$ 79.892

Também supomos que as contas a pagar crescerão junto com as vendas, permanecendo a 16% das vendas como foram em 2007, então prevê-se que elas aumentem para US$ 14.139.

> **Erros comus** — Confundir os lucros dos acionistas com os lucros retidos
>
> É fácil confundir novos lucros retidos, total de lucros retidos e patrimônio dos acionistas. Como no exemplo acima, novos lucros retidos são a quantidade de lucro líquido que sobra depois de pagar dividendos. Esses novos lucros retidos são, então, adicionados aos lucros retidos acumulados da vida da empresa. O total de lucros retidos forma uma parte do patrimônio dos acionistas, o que também inclui o valor ao par das ações e de qualquer capital pago à empresa.

Entretanto, nossa suposição inicial é que a dívida permaneça a mesma, assim, nosso crescimento previsto em passivos e patrimônio líquido é menor do que nosso crescimento previsto em ativos em US$ 8.396.

The Plug: novos financiamentos líquidos

Como tratamos essa diferença de US$ 8.396 entre ativos e passivos? A diferença projetada entre os ativos e os passivos da KMS no balanço patrimonial *pro forma* indica que a KMS precisará obter um novo financiamento junto a seus investidores. O novo financiamento líquido de US$ 8.396 neste caso às vezes é chamado de **the plug** – a quantidade que temos que adicionar (ou *plug into*, em inglês) ao lado dos passivos e patrimônio líquido do balanço patrimonial *pro forma* para equilibrá-lo.

Apesar de a KMS definitivamente ter que garantir US$ 8.396 em novos financiamentos, esse valor poderia vir de novas dívidas ou novas ações. Discutimos as questões envolvidas na decisão de emitir dívida *versus* ações no Capítulo 15. É uma decisão complexa que leva em consideração muitos fatores. Em vez de complicar nossa análise aqui, supomos que os gerentes financeiros da KMS avaliaram esses fatores e decidiram que a melhor maneira de financiar o crescimento é por meio de dívidas adicionais. A Tabela 17.4 mostra nosso balanço patrimonial *pro forma* de segunda avaliação incluindo os US$ 8.396 em financiamento adicional com dívida que equilibra o balanço.

Devemos observar que a decisão de contrair nova dívida em 2008 torna potencialmente incorreta nossa suposição inicial de que nossas despesas com juros permaneceriam constantes em 2008. Se a KMS contrair a dívida antes do final do ano, haverá uma despesa com juros proveniente da dívida que será proporcional ao número de meses restantes. Precisaríamos ajustar a demonstração de resultados *pro forma* e iterá-la com o balanço patrimonial *pro forma* para obter a quantidade exata necessária de nova dívida. Entretanto, chegamos ao nosso primeiro objetivo: identificar um financiamento futuro necessário e determinar aproximadamente de quanto precisaremos e como financiaremos essa quantia. Isso dará aos gerentes da KMS tempo suficiente para dar início ao processo de emissão de dívida junto a seus banqueiros. Também

the plug Volume de novo financiamento líquido que precisa ser adicionado ao lado dos passivos e do patrimônio líquido do balanço patrimonial *pro forma* para equilibrá-lo.

TABELA 17.4 Balanço patrimonial *pro forma* de segunda avaliação da KMS

	Ano	2007	2008	Cálculo
1				
2	Balanço patrimonial (US$000s)			
3	**Ativos**			
4	Caixa e equivalentes	11.982	14.139	16% das vendas
5	Contas a receber	14.229	16.790	19% das vendas
6	Estoques	14.978	17.674	20% das vendas
7	**Total do ativo circulante**	41.189	48.603	Linhas 4 + 5 + 6
8	Propriedades, instalações e equipamentos	49.427	58.324	66% das vendas
9	**Total de ativos**	90.616	106.927	Linhas 7 + 8
10	**Passivos**			
11	Contas a pagar	11.982	14.139	16% das vendas
12	Dívida	4.500	**12.896**	4.500 + 8.396
13	**Total de passivos**	16.482	27.035	Linhas 11 + 12
14	**Patrimônio líquido**	74.134	79.892	74.134 + 70% de 8.226
15	**Total de passivos e patrimônio líquido**	90.616	106.927	Linhas 13 + 14

observamos que a dívida mais do que dobrou, o que justifica nossa decisão original de não supor que ela aumentará proporcionalmente às vendas.

EXEMPLO 17.2
Novo financiamento líquido

Problema
Se em vez de pagar 30% dos lucros como dividendos, a KMS decidir não pagar dividendos e, em vez disso, reter todos os seus lucros de 2007, que diferença isso causaria em seu novo financiamento líquido?

Solução

▶ Planejamento
A KMS atualmente paga 30% de seu lucro líquido como dividendos, então, em vez de reter apenas US$ 5.758, ela reterá todos os US$ 8.226. Isso aumentará o patrimônio líquido, reduzindo o novo financiamento líquido.

▶ Execução
Os lucros retidos adicionais são US$ 8.226 – US$ 5.758 = US$ 2.468. Em comparação à Tabela 17.3, o patrimônio líquido será US$ 79.892 + US$ 2.468 = US$ 82.360 e o total de passivos e patrimônio líquido também será US$ 2.468 mais alto, subindo para US$ 100.999. O novo financiamento líquido, o desequilíbrio entre os ativos e os passivos e patrimônio líquido da KMS, diminuirá para US$ 8.396 – US$ 2.468 = US$ 5.928.

1	Ano	2007	2008
2	Balanço patrimonial (US$000s)		
3	Passivos		
4	Contas a pagar	11.982	14.139
5	Dívida	4.500	4.500
6	Total de passivos	16.482	18.639
7	Patrimônio líquido	74.134	82.360
8	Total de passivos e patrimônio líquido	90.616	100.999
9	Novo financiamento líquido		5.928

▶ Avaliação
Quando uma empresa está crescendo mais rápido do que consegue financiar internamente, qualquer distribuição aos acionistas fará com que ela tenha que buscar financiamento adicional. É importante não confundir a necessidade de financiamento externo com mau desempenho. A maioria das empresas crescentes precisa de financiamento adicional para impulsionar esse crescimento, já que suas despesas com o crescimento naturalmente precedem a renda proveniente desse crescimento. Voltaremos à questão de crescimento e valor da empresa na Seção 17.5.

Fixação de conceitos

3. Qual é a ideia fundamental por trás do método do percentual de vendas para a previsão?
4. Como o balanço patrimonial *pro forma* ajuda o gerente financeiro a prever o novo financiamento líquido?

17.3 Prevendo uma expansão planejada

O método do percentual de vendas é um ponto de partida útil e pode até ser suficiente para empresas maduras com crescimento relativamente estável, mas lento. O método deixa a desejar em como lidar com a realidade de um rápido crescimento exigir volumosos investimentos individuais em aumento de capacidade. A empresa típica não consegue adicionar capacidade de maneira regular, proporcionalmente às vendas esperadas. Em vez disso, ela tem que fazer um grande investimento ocasional em aumento de capacidade que ela espere que seja suficiente por vários anos. Este tipo de expansão de capacidade também implica que novos financiamentos ocorrerão em rodadas grandes e infrequentes, em vez de em pequenos incrementos a cada ano acompanhando o crescimento das vendas. Entretanto, podemos tratar essas realidades em nossa previsão de longo prazo modelando nossas necessidades de aumento de capacidade e desembolsos de capital diretamente. Nesta seção, consideraremos uma expansão planejada pela

KMS e geraremos demonstrações *pro forma* que nos permitirão decidir se a expansão aumentará ou não o valor da KMS. Em primeiro lugar, identificamos as necessidades de aumento de capacidade. Então, construímos demonstrações de resultados *pro forma* e prevemos os fluxos de caixa livres futuros. Finalmente, utilizamos os fluxos de caixa livres previstos para avaliar o impacto da expansão sobre o valor da empresa.

Os gerentes da KMS construíram uma previsão de vendas detalhada primeiramente prevendo o tamanho do mercado e que fração de mercado a KMS espera captar. Apesar de o tamanho do mercado ser geralmente baseado em dados demográficos e na economia em geral, a fração de mercado da KMS dependerá da atração exercida por seu produto e seu preço, o que a KMS também previu. A KMS atualmente tem a capacidade de produzir um máximo de 1,1 milhão de unidades (isto é, 1.100 milhares de unidades). Entretanto, como detalhado na Tabela 17.5, a KMS espera que tanto o tamanho total do mercado quanto sua fração de mercado cresçam até o ponto em que a empresa rapidamente excederá esta capacidade. Assim, a KMS está considerando uma expansão que aumentará sua capacidade para 2 milhões de unidades – o suficiente para lidar com suas exigências projetadas até 2012.

Expansão da KMS Design: necessidades de financiamento

O primeiro passo em nossa análise é estimar as necessidades de financiamento da KMS com base nos desembolsos de capital necessários para a expansão.

Desembolsos de capital para a expansão. Os novos equipamentos necessários para aumentar a capacidade da KMS custarão US$ 20 milhões e precisarão ser comprados em 2008 para atender às necessidades de produção da empresa. A Tabela 17.6 detalha os desembolsos de capital e a depreciação previstas da KMS ao longo dos próximos cinco anos. Com base nas estimativas de desembolsos de capital e depreciação, esta planilha acompanha o valor contábil das instalações, propriedades e equipamentos da KMS, a começar pelo nível de valor contábil no início de 2007.[4] As entradas de depreciação na Tabela 17.6 são baseadas no plano de depreciação adequado para cada tipo de propriedade. Esses cálculos são bastante específicos à natureza da propriedade e não serão detalhados aqui. A depreciação exibida será utilizada para fins tributários.[5] A KMS possui exigências de capital contínuas para cobrir a substituição de equipamentos existentes – espera-se que eles representem US$ 5 milhões por ano sem os novos equipamentos. Os outros US$ 20 milhões são refletidos em 2008, somando um total de US$ 25 milhões para 2008 e aumentando o investimento recorrente esperado para US$ 8 milhões por ano nos anos 2009–2012.

Financiando a expansão. Apesar de a KMS acreditar que consegue financiar investimentos recorrentes com seus fluxos de caixa operacionais, como mostra a Tabela 17.7, ela terá que

TABELA 17.5 Exigências previstas de aumento de capacidade de produção da KMS

1	Ano	2007	2008	2009	2010	2011	2012
2	**Volume de produção (000s unidades)**						
3	Tamanho do mercado	10.000	10.500	11.025	11.576	12.155	12.763
4	Fração de mercado	10,0%	11,0%	12,0%	13,0%	14,0%	15,0%
5	Volume de produção (1 × 2)	1.000	1.155	1.323	1.505	1.702	1.914
6	**Informações de mercado adicionais**						
7	Preço médio de venda	$ 74,89	$ 76,51	$ 78,04	$ 79,60	$ 81,19	$ 82,82

---

[4] Nesta tabela, e em todo o restante do capítulo, exibimos valores arredondados. Cálculos como o Valor contábil final são baseados nos valores reais da planilha com todos os dígitos significativos. Assim, ocasionalmente haverá uma pequena discrepância entre o valor calculado pelo Excel e o valor calculado à mão utilizando os valores arredondados exibidos.

[5] As empresas geralmente mantêm registros separados para fins contábeis e tributários, e podem utilizar diferentes suposições de depreciação em cada um deles. Como a depreciação afeta os fluxos de caixa pelas suas consequências tributárias, a depreciação com fins tributários é mais relevante para a avaliação.

TABELA 17.6   Desembolsos de capital previstos da KMS

1	Ano	2007	2008	2009	2010	2011	2012
2	Ativos fixos e investimento de capital (000s)						
3	Valor contábil inicial	49.919	49.427	66.984	67.486	67.937	68.344
4	Investimento de capital	5.000	25.000	8.000	8.000	8.000	8.000
5	Depreciação	−5.492	−7.443	−7.498	−7.549	−7.594	−7.634
6	Valor contábil final	49.427	66.984	67.486	67.937	68.344	68.709

buscar financiamento externo para os US$ 20 milhões em novos equipamentos. A KMS planeja financiar os novos equipamentos emitindo títulos de dívida de cupom de dez anos, com uma taxa de cupom de 6,8%. Assim, a KMS pagará juros sobre os títulos de dívida apenas até o pagamento do principal em dez anos. O principal sobre sua dívida pendente de US$ 4.500 também não vence antes de 2012.

Dada a dívida pendente da KMS, suas despesas com juros a cada ano são calculadas como:[6]

$$\text{Juros no ano } t = \text{Taxa de juros} \times \text{Saldo final no ano } (t-1) \qquad (17.1)$$

Como vimos no Capítulo 15, os juros sobre a dívida fornecerão uma dedução tributária valiosa para compensar a renda tributável da KMS.

Expansão da KMS Design: Demonstração de resultados *pro forma*

O valor de qualquer oportunidade de investimento surge dos fluxos de caixa futuros que ela irá gerar. Para estimar os fluxos de caixa resultantes da expansão, começaremos projetando os lucros futuros da KMS. Então, consideramos o capital de giro e as necessidades de investimento da KMS e estimamos seus fluxos de caixa livres. Com seus fluxos de caixa livres e deduções tributárias sobre os juros projetadas, podemos calcular o valor da KMS com e sem a expansão para decidir se o benefício dos novos equipamentos valerá seu custo.

Prevendo lucros. Para construir a demonstração de resultados *pro forma*, começamos com as vendas da KMS. Calculamos as vendas para cada ano a partir das estimativas da Tabela 17.5, como a seguir:

$$\text{Vendas} = \text{Tamanho do mercado} \times \text{Fração de mercado} \times \text{Preço de venda médio} \qquad (17.2)$$

Por exemplo, em 2008, a KMS tem vendas projetadas de 10,5 milhões de unidades x fração de mercado de 11% × preço de venda médio de US$ 76,51 = US$ 88,369 milhões. Suporemos que os custos menos a depreciação continuem a representar 78% das vendas, de modo que nossos custos projetados, menos a depreciação em 2008, sejam 78% x US$ 88.369 = US$ 68.928. Para chegar aos lucros previstos, damos os seguintes passos:

▸ Deduzindo essas despesas operacionais das vendas da KMS, podemos projetar o EBITDA ao longo dos próximos cinco anos, como mostra a Tabela 17.8.

TABELA 17.7   Pagamentos planejados de dívida e juros da KMS

1	Ano		2007	2008	2009	2010	2011	2012
2	Tabela de dívida e juros (000s)							
3	Dívida pendente		4.500	24.500	24.500	24.500	24.500	24.500
4	Novos empréstimos líquidos		—	20.000	—	—	—	—
5	Juros sobre dívida	6,80%	306	306	1.666	1.666	1.666	1.666

---

[6]A Equação 17.1 supõe que mudanças na dívida ocorram no final do ano. Se a dívida mudar durante o ano, é mais preciso calcular despesas com juros com base no nível médio de dívida durante o ano.

- Subtraindo as despesas com a depreciação que estimamos na Tabela 17.6, chegamos aos lucros da KMS antes dos juros e dos impostos.
- Depois, deduzimos as despesas com juros de acordo com o plano dado na Tabela 17.7.
- A despesa final é o imposto de renda corporativo. A KMS paga uma alíquota de 35%, e o imposto de renda é calculado como:

$$\text{Imposto de renda} = \text{Lucro antes dos impostos} \times \text{Alíquota de impostos} \quad (17.3)$$

Depois de subtrair o imposto de renda do lucro antes dos impostos, chegamos ao lucro líquido previsto como o resultado final da Tabela 17.8.

Exigências de capital de giro. Ainda temos um passo antes de podermos prever os fluxos de caixa livres da KMS. Lembre-se de que aumentos no capital de giro reduzem os fluxos de caixa livres. Assim, ainda precisamos prever as necessidades de capital de giro da KMS. A planilha na Tabela 17.9 lista as exigências de capital de giro atuais da KMS e prevê as necessidades futuras de capital de giro da empresa. (Ver Capítulo 18 para uma discussão mais detalhada sobre as exigências de capital de giro e seus determinantes). Prevemos que o caixa mínimo exigido será de 16% das vendas, as contas a receber serão de 19% das vendas, o estoque será 20% das vendas, e as contas a pagar serão 16% das vendas, todos de acordo com 2007.

O caixa mínimo exigido representa o nível mínimo de caixa necessário para manter o negócio funcionando sem problemas, dando espaço às variações diárias na cronologia da renda e das despesas. As empresas geralmente ganham pouco ou nenhum juro sobre esses saldos, que são mantidos em caixa ou em uma conta corrente ou uma conta poupança de curto prazo. Consequentemente, este custo de oportunidade incluindo o saldo de caixa como parte do capital de giro da empresa. Faremos a suposição de que a KMS distribui todo o excesso de caixa do caixa mínimo exigido como dividendos. Se nossa previsão mostrar que os fluxos de caixa da KMS serão insuficientes para financiar o caixa mínimo exigido, então saberemos que precisamos planejar financiar essas necessidades monetárias. Novamente, identificar essas necessidades futuras de financiamento é uma das vantagens da previsão.

Se a KMS, ao contrário, retiver algum caixa acima da quantidade necessária para transações, a empresa provavelmente investiria em alguns títulos de curto prazo que obtêm juros. A maioria das empresas decide fazer isso para fornecer fundos para futuros investimentos de modo que elas não precisem levantar capital externamente. Neste caso, o excesso de caixa não seria incluído no capital de giro. Discutiremos gerenciamento de caixa no Capítulo 18.

Previsão do balanço patrimonial

Temos dados suficientes agora para prever o balanço patrimonial de nossa expansão planejada. Lembre-se da Seção 17.2, com o método do percentual de vendas, que prever o balanço patrimonial nos ajuda a identificar quaisquer necessidades futuras de financiamento porque o balanço patrimonial tem que se equilibrar. Aqui, planejamos explicitamente o financiamento para a expansão em 2008. No entanto, podemos verificar para garantir que nossa emissão de

TABELA 17.8 Demonstração de resultado *pro forma* da expansão da KMS

	Ano	2007	2008	2009	2010	2011	2012
2	Demonstração de resultados (US$000s)						
3	Vendas	74.889	88.369	103.247	119.793	138.167	158.546
4	Custos exceto depreciação	−58.413	−68.928	−80.533	−93.438	−107.770	−123.666
5	EBITDA	16.476	19.441	22.714	26.354	30.397	34.880
6	Depreciação	−5.492	−7.443	−7.498	−7.549	−7.594	−7.634
7	EBIT	10.984	11.998	15.216	18.806	22.803	27.246
8	Despesa com juros (líquida)	−306	−306	−1.666	−1.666	−1.666	−1.666
9	Lucro antes dos impostos	10.678	11.692	13.550	17.140	21.137	25.580
10	Imposto de renda	−3.737	−4.092	−4.742	−5.999	−7.398	−8.953
11	Lucro líquido	6.941	7.600	8.807	11.141	13.739	16.627

Capítulo 17 Modelagem Financeira e Análise Pro forma

TABELA 17.9 Necessidades projetadas de capital de giro da KMS

1	Ano	2007	2008	2009	2010	2011	2012
2	Capital de giro (US$000s)						
3	Ativos						
4	Caixa	11.982	14.139	16.520	19.167	22.107	25.367
5	Contas a receber	14.229	16.790	19.617	22.761	26.252	30.124
6	Estoque	14.978	17.674	20.649	23.959	27.633	31.709
7	Total de ativo circulante	41.189	48.603	56.786	65.886	75.992	87.201
8	Passivos						
9	Contas a pagar	11.982	14.139	16.520	19.167	22.107	25.367
10	Total de passivo circulante	11.982	14.139	16.520	19.167	22.107	25.367
11	Capital de giro líquido						
12	Capital de giro líquido (7 − 10)	29.207	34.464	40.266	46.719	53.885	61.833
13	Aumento no capital de giro líquido		5.257	5.802	6.453	7.166	7.948

dívida será suficiente e então fazemos uma previsão de depois da expansão para vermos se precisaremos de qualquer financiamento futuro. A Tabela 17.10 mostra o balanço patrimonial de 2007 e 2008 preenchido com as informações que temos até agora. A única informação que está faltando é o valor do dividendo, então, suporemos por enquanto que não pagaremos dividendos em 2008.

Como podemos ver a partir da coluna de 2008 no balanço patrimonial *pro forma*, o balanço patrimonial da KMS não se encontra em equilíbrio inicialmente: os passivos e o patrimônio dos acionistas são maiores do que os ativos. Na Seção 17.2, a KMS enfrentou a situação inversa – seus ativos eram maiores do que seus passivos e patrimônio líquido – e isso dizia aos gerentes da KMS que eles precisavam de financiamento externo. Quando os passivos e patrimônio líquido são maiores do que os ativos, é porque geramos mais caixa do que tínhamos planejado consumir e precisamos decidir o que fazer com ele. As opções da KMS são:

▶ Construir reservas de caixa extras (o que aumentaria a conta corrente para alinhar os ativos com os passivos e patrimônio líquidos).
▶ Quitar (extinguir) parte de sua dívida.
▶ Distribuir o excesso como dividendos.
▶ Recomprar ações.

TABELA 17.10 Balanço patrimonial *pro forma* da KMS, 2008

1	Ano	2007	2008	Fonte dos dados de 2008	2008 (revisado)
2	Balanço patrimonial (US$000s)				
3	Ativos				
4	Caixa e equivalentes	11.982	14.139	Tabela 17.9	14.139
5	Contas a receber	14.229	16.790	Tabela 17.9	16.790
6	Estoques	14.978	17.674	Tabela 17.9	17.674
7	Total de ativo circulante	41.189	48.603	Linhas 4 + 5 + 6	48.603
8	Propriedades, instalações e equipamentos	49.427	66.984	Tabela 17.6	66.984
9	Total de ativos	90.616	115.587	Linhas 7 + 8	115.587
10	Passivos				
11	Contas a pagar	11.982	14.139	Tabela 17.9	14.139
12	Dívida	4.500	24.500	Tabela 17.7	24.500
13	Total de passivos	16.482	38.639	Linhas 11 + 12	38.639
14	Patrimônio líquido				
15	Patrimônio líquido inicial	69.275	74.134	Linha 18 de 2007	74.134
16	Lucro líquido	6.941	7.600	Tabela 17.8	7.600
17	Dividendos	−2.082	0	Suposto	−4.786
18	Patrimônio líquido	74.134	81.734	Linhas 15 + 16 + 17	76.948
19	Total de passivos e patrimônio líquido	90.616	120.373	Linhas 13 + 18	115.587

Suponhamos que os gerentes da KMS decidam distribuir o excesso como dividendos. O excesso é a quantidade em que os passivos e patrimônio líquido excedem os ativos: US$ 120.373 – US$ 115.587 = US$ 4.786. A coluna final da Tabela 17.10, chamada de "2008 (Revisado)", mostra o novo balanço patrimonial *pro forma*, incluindo o dividendo planejado da KMS. O balanço patrimonial agora está em equilíbrio! Podemos fazer isso para todo o horizonte de previsão (2008–2012). O balanço patrimonial *pro forma* completo é exibido no apêndice do capítulo.

A lição geral que tiramos do exemplo na Seção 17.2, além de nesta seção, é resumida na Tabela 17.11.

Fixação de conceitos

5. Qual é a vantagem de se prever os desembolsos de capital, capital de giro e eventos de financiamento diretamente?
6. Que papel o caixa mínimo exigido desempenha no capital de giro?

17.4 Avaliando a expansão planejada

Agora que temos as implicações da expansão planejada da dívida, lucro líquido e capital de giro da KMS, estamos prontos para determinar se a expansão é uma boa ideia. O Princípio da Avaliação nos guia aqui – precisamos prever os fluxos de caixa e calcular seu valor presente.

Previsão de fluxos de caixa livres

Agora temos os dados necessários para prever os fluxos de caixa livres da KMS ao longo dos próximos cinco anos. Podemos ver os lucros da KMS na demonstração de resultados na Tabela 17.8, assim como suas despesas com depreciação e juros; os desembolsos de capital na Tabela 17.6; e as mudanças no capital de giro líquido na Tabela 17.9. Combinamos esses itens para estimar os fluxos de caixa livres na planilha exibida na Tabela 17.12.

Para calcular os fluxos de caixa livres da KMS, que excluem os fluxos de caixa associados à alavancagem, primeiramente ajustamos o lucro líquido somando de volta os pagamentos de juros após os impostos associados à dívida líquida em sua estrutura de capital:[7]

$$\text{Despesas com juros após os impostos} = (1 - \text{Alíquota de imposto}) \times (\text{Juros obtidos sobre a dívida} - \text{Juros pagos sobre excesso de caixa}) \quad (17.4)$$

Como a KMS não possui excesso de caixa, suas despesas com juros após os impostos em 2008 são de $(1 - 35\%) \times$ US$ 306 = US$ 199 (mil), contanto que o lucro líquido não alavancado de US$ 7.600 + 199 = US$ 7.799. Também poderíamos calcular o lucro líquido não

TABELA 17.11 Balanços patrimoniais *pro forma* e financiamento

Passivos e patrimônio líquido são...	menores do que os ativos	maiores do que os ativos
	Novo financiamento necessário – a empresa tem que contrair empréstimo ou emitir novas ações para financiar o déficit.	Disponibilidade de excesso de caixa – a empresa pode retê-lo como reservas monetárias extras (aumentando, assim, os ativos), pagar dividendos, ou reduzir o financiamento externo extinguindo a dívida ou recomprando ações.

---

[7] Se a KMS tivesse alguma renda proveniente de juros ou despesas provenientes do capital de giro, nós *não* incluiríamos esses juros aqui. Ajustaremos apenas os juros relacionados ao *financiamento* da empresa – isto é, juros associados a dívida e a excesso de caixa (caixa não incluído como parte do capital de giro).

TABELA 17.12 Fluxos de caixa livres previstos da KMS

1	Ano	2008	2009	2010	2011	2012
2	**Fluxos de caixa livres (US$000s)**					
3	**Lucro líquido**	7.600	8.807	11.141	13.739	16.627
4	Mais: despesa com juros após os impostos	199	1.083	1.083	1.083	1.083
5	**Lucro líquido não alavancado**	7.799	9.890	12.224	14.822	17.710
6	Mais: depreciação	7.443	7.498	7.549	7.594	7.634
7	Menos: aumentos no NWC*	−5.257	−5.802	−6.453	−7.166	−7.948
8	Menos: desembolsos de capital	−25.000	−8.000	−8.000	−8.000	−8.000
9	**Fluxo de caixa livre da empresa**	−15.015	3.586	5.320	7.250	9.396

alavancado na Tabela 17.12 começando com o EBIT e deduzindo impostos. Por exemplo, em 2008, o EBIT é previsto como US$ 11,998 milhões (Tabela 17.8), o que significa:

$$US\$\ 11{,}998 \times (1 - 35\%) = US\$\ 7{,}799 \text{ milhões após os impostos}$$

Para calcular os fluxos de caixa livres da KMS a partir de seu lucro líquido não alavancado, somamos de volta a depreciação (que não é uma despesa de caixa), e deduzimos os aumentos da KMS em capital de giro líquido e desembolsos de capital. Os fluxos de caixa livres na linha 9 da Tabela 17.12 mostram o caixa que a empresa irá gerar para esses investidores, detentores tanto de dívida quanto de ações.[8] Apesar de a KMS gerar fluxos de caixa livres substanciais ao longo dos próximos cinco anos, o nível de fluxos de caixa livres varia de ano para ano. Prevê-se até mesmo que eles serão negativos em 2008 (quando a expansão acontecer).

Como observamos, os fluxos de caixa livres calculam o caixa total disponível a todos os investidores (detentores de dívida e de ações). Para determinar o valor que pode ser pago aos acionistas, podemos ajustar os fluxos de caixa livres para que eles considerem todos os pagamentos (após os impostos) feitos para ou por detentores de títulos de dívida. Por exemplo, em 2008 a KMS pagará juros após os impostos de US$ 199.000 e receberá US$ 20 milhões emitindo novas dívidas, como a seguir:

	2008
Fluxos de caixa livres	−15.015
Menos: Despesas com juros após os impostos	−199
Mais: Aumento na dívida	20.000
Fluxos de caixa livres aos acionistas	4.786

Observe que os fluxos de caixa livres que estão disponíveis para os acionistas em 2008, US$ 4,786 milhões, são exatamente a quantia de dividendos que previmos no final da Seção 17.3. Isso não é uma mera coincidência – naquela seção, decidimos pagar todos os fluxos de caixa

---

Erros comuns — Confundir o capital de giro líquido total com o incremental

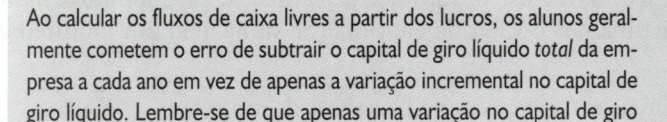

Ao calcular os fluxos de caixa livres a partir dos lucros, os alunos geralmente cometem o erro de subtrair o capital de giro líquido *total* da empresa a cada ano em vez de apenas a variação incremental no capital de giro líquido. Lembre-se de que apenas uma variação no capital de giro líquido resulta em uma nova entrada ou saída de caixa para a empresa. Subtrair todo o *volume* de capital de giro líquido reduz os fluxos de caixa livres, geralmente tornando-os negativos e levando o aluno a subestimar o NPV da decisão.

---

[8] Apesar de estarmos mantendo a suposição de que após pagar os juros sobre sua dívida, a KMS irá distribuir qualquer fundo em excesso aos acionistas como dividendos, esta decisão de pagamento não causa impacto sobre a quantia dos fluxos de caixa livres que a empresa gera, em primeiro lugar, e, logo, não causa impacto sobre o valor que calcularemos para a KMS.

*N. de T.: NWC significa capital de giro líquido, ou *net working capital*, no original.

disponíveis em excesso como dividendo. Isso é exatamente o que os fluxos de caixa livres aos acionistas nos dizem – a quantia total de fluxos de caixa em excesso que pertence aos acionistas a ser utilizada para pagar dividendos, recomprar ações, reter como caixa pela empresa ou extinguir dívidas. (Veja o apêndice deste capítulo para uma previsão dos fluxos de caixa livres aos acionistas até 2012).

Expansão da KMS Design: efeito sobre o valor da empresa

Tivemos bons resultados prevendo cuidadosamente o impacto da expansão planejada sobre o lucro líquido, desembolsos de capital e necessidades de capital de giro da KMS. Primeiramente, identificamos futuras necessidades de financiamento, permitindo-nos bastante tempo para planejar como assegurar o financiamento necessário. Então, a fim de construir nossas demonstrações *pro forma*, construímos um modelo em Excel das interações entre o crescimento das vendas, custos, investimento de capital, capital de giro e escolhas de financiamento. Este modelo nos permite estudar como mudanças em quaisquer desses fatores afetará os outros e nossos planos de expansão.[9] Finalmente, agora podemos utilizar essas previsões para determinar se a expansão é ou não uma boa ideia – ela aumenta o valor da KMS?

Como aprendemos no Capítulo 15, na ausência de custos de dificuldades financeiras, o valor de uma empresa com dívida é igual ao valor da empresa sem dívida mais o valor presente de suas deduções tributárias das despesas com juros. Nossa previsão cuidadosa do financiamento da expansão da KMS nos permite aplicar a mesma abordagem para avaliar a expansão: calculamos o valor presente dos fluxos de caixa livres *não alavancados* da KMS e o o somamos ao valor presente das deduções tributárias criadas por nossos pagamentos de juros planejados.[10] Entretanto, só previmos fluxos de caixa até 2012, então, precisaremos responder pelo valor restante da KMS nesse ponto. Fazemos isso utilizando as ferramentas desenvolvidas no Capítulo 9 para avaliar ações ordinárias.

Abordagem dos múltiplos para calcular o valor de continuação. Os profissionais geralmente estimam o valor de continuação da empresa (também chamado de valor terminal) no final do horizonte de projeção utilizando um múltiplo de avaliação. Prever os fluxos de caixa explicitamente é útil para captar esses aspectos específicos de uma empresa que a distinguem de suas concorrentes no curto prazo. Entretanto, devido à concorrência entre as empresas, as taxas de crescimento esperadas de longo prazo, a lucratividade e o risco das empresas em um mesmo setor devem se mover uma em direção à outra. Consequentemente, é provável que as expectativas de longo prazo dos múltiplos sejam relativamente homogêneas de uma empresa para outra. Assim, uma suposição realista é que o múltiplo de uma empresa acabará se movimentando em direção à média do setor. Como fluxos de caixa distantes são difíceis de prever com precisão, estimar o valor de continuação ou valor terminal da empresa com base em uma estimativa de longo prazo do múltiplo de avaliação do setor é uma abordagem comum e razoavelmente confiável.

Dos diferentes múltiplos de avaliação disponíveis, o múltiplo do EBITDA (lucros antes dos juros, impostos, depreciação e amortização) é o mais utilizado na prática. Na maioria das situações, o múltiplo do EBITDA é mais confiável do que os múltiplos de vendas ou de lucros porque representa a eficiência operacional da empresa e não é afetado por diferenças na alavancagem entre as empresas. Discutimos o uso de múltiplos na avaliação no Capítulo 9. Assim como naquele contexto, aqui estimamos o valor de continuação utilizando um múltiplo do EBITDA como a seguir:

$$\text{Valor de continuação da empresa no horizonte de projeção} = \text{EBITDA no horizonte} \times \text{Múltiplo do EBITDA no horizonte} \quad (17.5)$$

---

[9] Você pode fazer o *download* de uma cópia do modelo de previsão em Excel do *website* deste livro e testar as variações nesses fatores.

[10] Esta abordagem se chama valor presente ajustado porque ajusta o valor presente dos fluxos de caixa livres não alavancados pelo efeito das deduções tributárias das despesas com juros.

A partir da demonstração de resultados na Tabela 17.8, prevê-se que o EBITDA da KMS em 2012 será de US$ 34,880 milhões. As empresas no setor da KMS são avaliadas a um múltiplo de EBITDA médio de 9. Se supusermos que o múltiplo do EBITDA adequado em 2012 não terá variado do valor corrente, de 9, então, o valor de continuação da KMS em 2012 será de US$ 34,880 × 9 = US$ 313,920 milhões. Esta suposição é importante – o múltiplo do EBITDA no horizonte terá um grande impacto sobre o cálculo de nosso valor. Uma análise cuidadosa das perspectivas de crescimento do setor (que tende a estar relacionada a múltiplos mais altos) no horizonte é importante. Aqui, suporemos que o setor de design e vestuário é maduro e que permanecerá relativamente estável, mas esta suposição pode ser investigada, especialmente em análise de sensibilidade.

Valor da KMS Design com a expansão. Suponha que os gerentes financeiros da KMS tenham estimado o custo não alavancado da empresa a 10% (especificamente, 10% é seu WACC antes dos impostos; veja detalhes relativos à estimativa do custo de capital no Capítulo 12). Agora temos todos os *inputs* de que precisamos para avaliar a KMS com a expansão. A Tabela 17.13 apresenta o cálculo. Primeiro, calculamos o valor presente dos fluxos de caixa livres previstos da empresa ao longo dos próximos cinco anos. Eles são os fluxos de caixa disponíveis tanto para os detentores de títulos de dívida, quanto para os acionistas, então, eles são livres de quaisquer efeitos da alavancagem. Como eles representam fluxos de caixa tanto para os detentores de dívida quanto para os acionistas, e como consideraremos os benefícios das deduções tributárias das despesas com juros separadamente, descontamos os fluxos de caixa livres da KMS ao WACC antes dos impostos da empresa, de 10%. Utilizando os fluxos de caixa livres que previmos para 2008–2012 na Tabela 17.12, temos um valor presente de US$ 4.096:

$$PV(FCF) = \frac{-15.015}{(1,10)^1} + \frac{3586}{(1,10)^2} + \frac{5320}{(1,10)^3} + \frac{7250}{(1,10)^4} + \frac{9396}{(1.10)^5} = 4096 \quad (17.6)$$

Apesar de o PV dos fluxos de caixa ao longo dos próximos cinco anos ser pequeno, a expansão vale a pena no longo prazo fornecendo fluxos de caixa livres mais altos de 2012 em diante. Este crescimento resulta em um EBITDA mais alto em 2012 do que seria possível em outra situação e, assim, um valor de continuação mais alto, uma vez que esse EBIDTA é multiplicado pelo múltiplo de continuação de 9. O valor de continuação de US$ 313.920 que calculamos para 2012 está incluído na Tabela 17.13. Entretanto, como ele é um valor de 2012, precisamos descontá-lo para o presente:

$$PV \text{ do valor de continuação} = \frac{313.920}{(1,10)^5} = 194.920 \quad (17.7)$$

Finalmente, como estamos financiando a expansão com dívida, teremos mais deduções tributárias das despesas com juros. A despesa com juros líquida total está incluída na tabela e a dedução das despesas com juros na tabela é calculada como fizemos no Capítulo 15, multiplicando as despesas com juros pela alíquota de impostos (35% para a KMS):

$$\text{Dedução tributária das despesas com juros} = \text{Despesa com juros líquida} \times \text{Alíquota de impostos} \quad (17.8)$$

TABELA 17.13 Cálculo do valor da empresa da KMS com a expansão

1	Ano	2007	2008	2009	2010	2011	2012
2	Fluxo de caixa livre da empresa		−15.015	3.586	5.320	7.250	9.396
3	**PV do fluxo de caixa livre** (a 10%)	4.096					
4	Valor de continuação						313.920
5	**VP do valor de continuação** (a 10%)	194.920					
6	Despesa com juros líquida		−306	−1.666	−1.666	−1.666	−1.666
7	Dedução tributária das despesas com juros		107	583	583	583	583
8	**PV da dedução tributária das despesas com juros** (a 6,8%)	1.958					
9	**Valor da empresa (3+5+8)**	200.974					

Assim como fizemos no Capítulo 15, calculamos o valor presente da dedução tributária das despesas com juros utilizando a alíquota de impostos sobre a dívida como a taxa de desconto, e *não* o WACC. Lembre-se de que o motivo para fazê-lo é que a dedução tributária é tão arriscada quanto a dívida que a cria, de modo que a taxa de desconto adequada é a taxa de juros da dívida, aqui a 6,8%:[11]

$$\text{PV das deduções tributárias das despesas com juros} = \frac{107}{(1{,}068)^1} + \frac{583}{(1{,}068)^2} + \frac{583}{(1{,}068)^3} + \frac{583}{(1{,}068)^4} + \frac{583}{(1{,}068)^5} = 1.958 \qquad (17.9)$$

O valor total da KMS com a expansão é a soma dos valores presentes dos fluxos de caixa livres não alavancados previstos, o valor de continuação da empresa, e as deduções tributárias das despesas com juros. Como mostra a Tabela 17.13, o valor da empresa total é US$ 200,974 milhões.

Valor da KMS Design sem a expansão. Mas como sabemos se a expansão é uma boa ideia? Podemos comparar o valor da KMS com a expansão ao valor da KMS sem a expansão. Se a KMS não investir nos novos equipamentos, ela ficará presa com uma capacidade máxima de 1.100 unidades. Apesar de sua receita de vendas crescer devido a aumentos no preço, sua principal fonte de crescimento será cortada. A Tabela 17.14 mostra a receita de vendas sem a expansão. Em 2008, a KMS chega à capacidade de produção máxima e não pode mais expandir. Comparando a receita de vendas na tabela à receita de vendas com a expansão dada na Tabela 17.8, vemos o quão mais altas as vendas serão previstas com a expansão.

Podemos completar o mesmo processo para prever os fluxos de caixa livres da empresa sem a expansão como fizemos para a empresa com a expansão. Neste caso, acharíamos que o EBITDA de 2012 seria de apenas US$ 20.042, de modo que o valor de continuação cairia para US$ 20.042 × 9 = US$ 180.378. Além disso, a KMS não contrairá dívidas adicionais, então as despesas com juros permanecerão constantes a US$ 306 por ano. O resultado final da avaliação é apresentado na Tabela 17.15.

Apesar de o PV dos fluxos de caixa livres ao longo dos próximos cinco anos ser mais alto porque não temos que gastar US$ 20 milhões com os novos equipamentos, o crescimento mais lento diminui substancialmente nosso valor de continuação, e a dívida reduzida (porque não precisamos contrair empréstimos para financiar os equipamentos) também produz um valor presente muito mais baixo de deduções tributárias das despesas com juros. O valor da empresa resultante é quase US$ 60 milhões mais baixo sem a expansão do que com ela. Assim, a expansão é certamente uma boa ideia para a KMS.

Momento ótimo e a opção de adiar

Acabamos de mostrar que se a alternativa for não expandir, a KMS deveria definitivamente expandir em 2008. Entretanto, e se a empresa também tiver a opção de simplesmente adiar a expansão para 2009 ou mais tarde, em vez de não fazer expansão alguma? Se repetirmos a

TABELA 17.14 Previsão de vendas sem a expansão

	Ano	2007	2008	2009	2010	2011	2012
1	Ano	2007	2008	2009	2010	2011	2012
2	Volume de produção	1.000	1.100	1.100	1.100	1.100	1.100
3	Preço de vendas	$ 74,89	$ 76,51	$ 78,04	$ 79,60	$ 81,19	$ 82,82
4	Receita de vendas	$ 74.889	$ 84.161	$ 85.844	$ 87.561	$ 89.312	$ 91.099

---

[11] Não ignoramos o resto das deduções tributárias das despesas com juros da nova dívida. O valor dessas deduções é incluído no valor de continuação da empresa. Quando dizemos que a empresa valerá 9 vezes o EBITDA, estamos dizendo que o valor total neste ponto, incluindo toda a dedução tributária das despesas com juros não utilizada, será de 9 vezes o EBITDA.

TABELA 17.15 Valor da KMS sem a expansão

	Ano	2007	2008	2009	2010	2011	2012
2	Fluxo de caixa livre da empresa		5.324	8.509	8.727	8.952	9.182
3	PV do fluxo de caixa livre (a 10%)	30.244					
4	Valor de continuação						180.378
5	PV do valor de continuação (a 10%)	112.001					
6	Despesa com juros líquida		−306	−306	−306	−306	−306
7	Dedução tributária das despesas com juros		107	107	107	107	107
8	PV das deduções tributárias das despesas com juros (a 6,8%)	441					
9	Valor da empresa (3+5+8)	142.686					

análise da avaliação anterior para a expansão em cada ano de 2008 a 2012, chegaremos aos seguintes valores da empresa em 2007:[12]

Expandir em...	2008	2009	2010	2011	2012
Valor da empresa da KMS em 2007:	200.974	203.553	**204.728**	204.604	203.277

O valor da empresa da KMS é maximizado adiando a expansão para 2010. O motivo é que apesar de o adiamento da expansão significar que a KMS não conseguirá produzir unidades suficientes para atender à demanda, o déficit não será tão grande até 2010. O valor ganho por adiar tamanho desembolso financeiro é maior do que o valor perdido com as vendas abdicadas.

A análise do momento ótimo traz à tona uma importante questão do Capítulo 8: os gerentes geralmente têm opções reais embutidas nas decisões de orçamento de capital. Neste caso, é importante para os gerentes da KMS perceber que as alternativas não são expandir ou nada fazer. Em vez disso, é expandir ou adiar a expansão por mais um ano (ou mais). Como vemos aqui, esta opção é valiosa, permitindo que os gerentes da KMS agreguem quase US$ 4 milhões em valor adicional à empresa.

Fixação de conceitos

7. O que é a abordagem dos múltiplos do valor de continuação?
8. Como a previsão ajuda o gerente financeiro a decidir se deve ou não implementar um novo plano de negócios?

17.5 Crescimento e valor da empresa

Embora a expansão que acabamos de analisar para a KMS represente um crescimento muito valioso, nem todo crescimento vale seu preço. É possível ter que pagar tanto para possibilitar o crescimento que a empresa, em seu valor líquido, passe a valer menos. Mesmo se o custo do crescimento não for um problema, outros aspectos do crescimento podem tornar a empresa menos valiosa. Por exemplo, a expansão pode sobrecarregar a capacidade do gerente de monitorar e lidar com as operações da empresa, bem como superar as capacidades de distribuição da empresa ou o controle de qualidade ou mesmo mudar as percepções dos clientes em relação à empresa e sua marca.

Por exemplo, no relatório anual de 2005 da Starbucks, o presidente do conselho, Howard Schultz, e o CEO, Jim Donald, escreveram aos acionistas que a Starbucks pretendia continuar a abrir novas lojas – 1800 somente em 2006 – e planejava um crescimento na receita de aproximadamente 20% pelos próximos cinco anos. Quando os acionistas da Starbucks estavam

---

[12] Os alunos interessados podem realizar esta análise, utilizando a planilha que acompanha este capítulo no *website* deste livro.

lendo isso (início de 2006), o preço das ações da empresa era de US$ 36. No final de 2007, o preço das ações da Starbucks tinha caído para US$ 21, Jim Donald tinha sido destituído do cargo de CEO, e o presidente do conselho e fundador Howard Schultz tinha escrito um memorando aos funcionários dizendo que a recente expansão da Starbucks tinha feito a empresa "perder sua alma", o que queria dizer que a experiência promovida pela Starbucks, que era a chave de seu sucesso e da fidelidade de seus clientes, tinha se diluído. Para distinguir o crescimento que soma do que subtrai o valor da empresa, discutiremos duas taxas de crescimento que incluem necessidades de financiamento e revisam nossa regra de decisão máxima: a análise do NPV.

Taxa de crescimento sustentável e financiamento externo

O exemplo da Starbucks mostra que nem todo crescimento é valioso. A distinção entre crescimento que agrega valor e crescimento que destrói valor só pode ser feita por meio de uma análise de NPV cuidadosa, como a que realizamos anteriormente neste capítulo. Entretanto, esta distinção geralmente é confundida com o conceito da **taxa interna de crescimento** de uma empresa – a taxa de crescimento máximo que uma empresa consegue alcançar sem recorrer a financiamento externo. Intuitivamente, este é o crescimento que a empresa pode suportar reinvestindo seus lucros. Uma medida relacionada e mais utilizada é a **taxa de crescimento sustentável** da empresa – a taxa de crescimento máxima que a empresa pode sustentar sem emitir novas ações ou aumentar seu índice de capital de terceiros/capital próprio. Discutiremos cada um desses separadamente.

taxa interna de crescimento Taxa de crescimento máxima que uma empresa pode alcançar sem recorrer a financiamento externo.

taxa de crescimento sustentável Taxa de crescimento máxima que uma empresa pode alcançar sem emitir novas ações ou aumentar seu índice de capital de terceiros/capital próprio.

Fórmula da taxa interna de crescimento. Ambas essas taxas de crescimento *benchmark* têm o objetivo de identificar quanto crescimento uma empresa pode suportar com base em seu lucro líquido existente. Para uma empresa que não paga dividendos, sua taxa interna de crescimento é seu retorno sobre os ativos porque ele nos diz a rapidez com que a empresa poderia fazer crescer seus ativos utilizando apenas seu lucro líquido. Se a empresa pagar parte de seu lucro líquido como dividendo, então sua taxa interna de crescimento é reduzida a somente o crescimento suportado por seus lucros retidos. Este raciocínio sugere uma fórmula mais geral para a taxa interna de crescimento:

$$\text{Taxa interna de crescimento} = \left(\frac{\text{Lucro líquido}}{\text{Ativos iniciais}}\right) \times (1 - \text{taxa de } payout)$$

$$= \text{ROA} \times \text{taxa de retenção} \qquad (17.10)$$

Lembremos, do Capítulo 9, que a fração de lucro líquido retida para reinvestimento na empresa é chamada de taxa de retenção. No contexto de taxas de crescimento internas e sustentáveis, a taxa de retenção geralmente é chamada de **taxa de retenção dos lucros (*plowback ratio*,** no original). A taxa interna de crescimento é simplesmente o ROA multiplicado pela taxa de retenção (*plowback ratio*).

taxa de retenção de lucros Um menos a taxa de *payout* da empresa, também chamada de taxa de retenção.

Fórmula da taxa de crescimento sustentável. A taxa de crescimento sustentável permite algum financiamento externo. Ela supõe que nenhuma ação será emitida e que os gerentes da empresa querem manter o mesmo índice de capital de terceiros/capital próprio. Assim, ela nos diz com que rapidez a empresa pode crescer reinvestindo seus lucros retidos e emitindo a quantidade exata de dívida que será suportada por esses lucros retidos. A fórmula da taxa de crescimento sustentável é:

$$\text{Taxa de crescimento sustentável} = \left(\frac{\text{Lucro líquido}}{\text{Ações iniciais}}\right) \times (1 - \text{taxa de } payout)$$

$$= \text{ROE} \times \text{taxa de retenção} \qquad (17.11)$$

Taxa de crescimento sustentável *versus* taxa interna de crescimento. Como seu ROE será maior do que seu ROA toda vez que houver dívida, a taxa de crescimento sustentável será maior do que a taxa interna de crescimento. Enquanto a taxa interna de crescimento não supõe financiamento externo, a taxa de crescimento sustentável supõe que você fará uso de algum financiamento externo igual à quantidade da nova dívida que manterá seu índice de capital de terceiros/capital próprio constante à medida que seu patrimônio líquido cresce por meio de lucro líquido reinvestido.

EXEMPLO 17.3

Taxa interna de crescimento e taxa de crescimento sustentável e política de *payout*

Problema

Sua empresa possui US$ 70 milhões em patrimônio líquido e US$ 30 milhões em dívidas e previsões de US$ 14 milhões em lucro líquido no ano. Ela atualmente paga dividendos iguais a 20% do lucro líquido. Você está analisando uma mudança potencial na política de *payout* – um aumento nos dividendos para 30% do lucro líquido. Como essa mudança afetaria sua taxa interna de crescimento e sua taxa de crescimento sustentável?

Solução

▶ Planejamento

Podemos utilizar as Equações 17.10 e 17.11 para calcular a taxa interna de crescimento e a taxa de crescimento sustentável de sua empresa sob a antiga e a nova política. Para tal, precisaremos calcular seu ROA, ROE e sua taxa de retenção (*plowback ratio*). A empresa possui US$ 100 milhões (= US$ 70 milhões em ações + US$ 30 milhões em dívida) em total de ativos.

$$ROA = \frac{\text{Lucro líquido}}{\text{Ativos iniciais}} = \frac{14}{100} = 14\% \quad ROE = \frac{\text{Lucro líquido}}{\text{Ações iniciais}} = \frac{14}{70} = 20\%$$

Antiga taxa de retenção = (1 − taxa de *payout*) = (1 − 0,20) = 0,80

Nova taxa de retenção = (1 − 0,30) = 0,70

▶ Execução

Utilizando a Equação 17.10 para calcular a taxa interna de crescimento antes e depois da mudança, temos:

Antiga taxa interna de crescimento = ROA × taxa de retenção = 14% × 0,80 = 11,2%

Nova taxa interna de crescimento = 14% × 0,70 = 9,8%

Da mesma maneira, podemos utilizar a Equação 17.11 para calcular a taxa de crescimento sustentável antes e depois:

Antiga taxa interna de crescimento = ROE × taxa de retenção = 20% × 0,80 = 16%

Nova taxa interna de crescimento = 20% × 0,70 = 14%

▶ Avaliação

Ao reduzir a quantidade de lucros retidos disponíveis para financiar o crescimento, um aumento na taxa de *payout* necessariamente reduz a taxa interna de crescimento e a taxa de crescimento sustentável de sua empresa.

Sempre que você prever um crescimento maior do que a taxa interna de crescimento, você ou terá que reduzir sua taxa de *payout* (aumentar sua taxa de retenção de lucros), ou planejar levantar financiamento externo adicional, ou ambos. Se você prever um crescimento maior do que sua taxa de crescimento sustentável, você terá que aumentar sua taxa de retenção de lucros, levantar financiamento por emissão de ações adicional ou aumentar sua alavancagem (aumentar sua dívida mais rapidamente do que manter seu índice de capital de terceiros/capital próprio permitiria). A Tabela 17.16 compara a taxa interna de crescimento e a taxa de crescimento sustentável.

Embora a taxa interna de crescimento e a taxa de crescimento sustentável sejam úteis para alertá-lo da necessidade de planejar o financiamento externo, elas não podem lhe dizer se o crescimento planejado aumenta ou diminui o valor da empresa. As taxas de crescimento não avaliam os custos e benefícios futuros do crescimento e o Princípio da Avaliação nos diz que as implicações do valor do crescimento só podem ser avaliadas fazendo isso. Nada há de ruim ou insustentável sobre um crescimento maior do que sua taxa de crescimento sustentável, contanto que esse crescimento aumente o valor da empresa. Sua empresa simplesmente precisará levantar capital adicional para financiar o crescimento.

TABELA 17.16 Resumo da taxa interna de crescimento *versus* taxa de crescimento sustentável

	Taxa interna de crescimento	Taxa de crescimento sustentável
Fórmula:	ROA × taxa de retenção	ROE × taxa de retenção
Crescimento máximo financiado apenas por:	Lucros retidos	Lucros retidos e nova dívida que mantém o índice de capital de terceiros/capital próprio constante
Para crescer mais rapidamente, uma empresa tem que:	Reduzir o *payout* ou levantar capital externo	Reduzir o *payout*, ou levantar mais patrimônio líquido, ou aumentar a alavancagem

Por exemplo, na década de 1990 o crescimento da receita média da Starbucks estava acima de 50% apesar de seu ROE médio ser de 12%. A Starbucks nunca pagou dividendos, então sua taxa de retenção é 1, tornando a taxa de crescimento sustentável da época igual a 12% também.

$$SGR = ROE \times \text{taxa de retenção} = 12\% \times 1 = 12\%$$

Apesar de expandir quatro vezes sua taxa de crescimento sustentável, o valor da Starbucks aumentou quase dez vezes (1000%), como mostra a Figura 17.1.

Ao contrário, a experiência recente da Starbucks ilustra que o crescimento sustentável não precisa ser um crescimento que aumenta o valor da empresa. Observamos, no início desta seção, que no começo de 2006, a Starbucks tinha uma meta de crescimento anual de 20%. Comparemos esta com a taxa de crescimento sustentável naquele momento. Quando Schultz e Donald escreveram suas cartas aos acionistas, o ROE da Starbucks era de 20% (com base em seu relatório anual de 2005). Mais uma vez, a Starbucks nunca pagou dividendos, então, sua taxa de retenção é 1, o que faz sua taxa de crescimento sustentável também ser 20%. Assim, um crescimento de 20% era sustentável – só não aumentava o valor da empresa.[13]

Como discutimos nos Capítulos 13 e 14, há custos envolvidos na busca de financiamento externo – os custos de flutuação e de emissão associados à emissão de novas ações ou de novos títulos de dívida. Assim, a taxa interna de crescimento indica o maior crescimento possível sem incorrer nesses custos. A taxa de crescimento sustentável ainda supõe que se buscará alguma nova dívida, então, ao crescer à taxa de crescimento sustentável, a empresa reduz, mas não elimina completamente, seus custos de financiamento externo. Assim, os gerentes, especialmente os de empresas pequenas, preocupados com esses custos podem acompanhar essas taxas de crescimento. Entretanto, esses custos são geralmente menores em relação ao NPV de, por exemplo, um plano de expansão.

Apesar de esses custos serem geralmente pequenos em relação ao NPV do negócio em expansão, seria errado ignorá-los. A maneira adequada de incorporá-los é calcular a saída de caixa associada a esses custos e subtraí-la do NPV da expansão. Permanece a questão de que o crescimento acima da taxa interna de crescimento ou da taxa de crescimento sustentável de uma empresa não é necessariamente ruim, mas exigirá financiamento externo e os custos associados a este financiamento.

Fixação de conceitos

9. Qual é a diferença entre a taxa interna de crescimento e a taxa de crescimento sustentável?

10. Se uma empresa cresce mais rapidamente do que sua taxa de crescimento sustentável, este crescimento diminui o valor da empresa?

---

[13] O *website* deste livro contém uma planilha com outra expansão proposta da KMS Designs que permite que você explore ainda mais as diferenças entre o crescimento sustentável, a taxa interna de crescimento e o crescimento que aumenta o valor da empresa.

FIGURA 17.1

Preço das ações da Starbucks durante períodos de crescimento em seu SGR e acima dele

A figura traça o gráfico do preço das ações da Starbucks desde sua oferta pública inicial. Durante a maior parte de seus anos iniciais, a Starbucks cresceu a uma taxa bem acima de sua taxa de crescimento sustentável (SGR) e seu valor aumentou substancialmente. Em 2006, ela planejou um crescimento à sua SGR, mas sofreu uma diminuição de valor nas ações. A figura demonstra que não há relação necessária entre o crescimento de uma empresa em relação à sua SGR e se este crescimento é valioso.

Fonte: http://finance.google.com e cálculos dos autores.

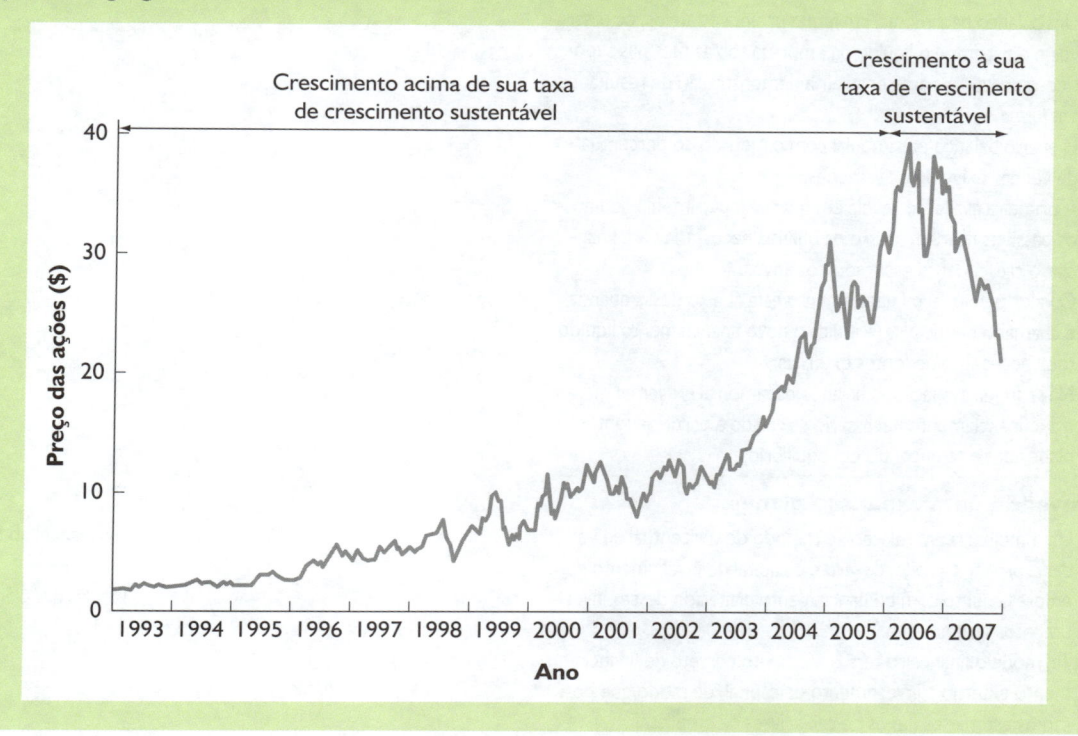

RESUMO DO CAPÍTULO

Pontos principais e equações	Termos	Oportunidades de prática online
17.1 Metas do planejamento financeiro de longo prazo Construir um modelo financeiro para prever as demonstrações contábeis e os fluxos de caixa livres de uma empresa permite que um gerente financeiro: • Identifique importantes conexões. • Analise o impacto dos planos de negócios potenciais. • Planeje futuras necessidades de financiamento.		MyFinanceLab Study Plan 17.1

17.2 Previsão das demonstrações contábeis: o método do percentual de vendas

- Uma abordagem comum à previsão é a abordagem do percentual de vendas, onde supõem-se que os custos, o capital de giro e o total de ativos continuarão sendo uma porcentagem fixa das vendas à medida que as vendas vão crescendo.
- Uma demonstração de resultados *pro forma* projeta os lucros da empresa sob determinado conjunto de suposições hipotéticas.
- Um balanço patrimonial *pro forma* projeta os ativos, os passivos e o patrimônio líquido da empresa sob as mesmas suposições utilizadas para construir a demonstração de resultados *pro forma*.
- Prever o balanço patrimonial com o método do percentual de vendas exige duas avaliações.
- A primeira avaliação revela em quanto o patrimônio líquido e os passivos ficariam abaixo da quantia necessária para financiar o crescimento esperado nos ativos.
- O valor pelo qual o financiamento está abaixo dessa quantia é chamado de *the plug*, e indica o novo financiamento líquido total necessário de fontes externas.
- Na segunda avaliação, o balanço patrimonial *pro forma* mostra o financiamento necessário calculado a partir de fontes planejadas e se encontra em equilíbrio.

método do percentual de vendas, p. 572
novo financiamento líquido, p. 575
the plug, p. 576

MyFinanceLab Study Plan 17.2
Tabelas das planilhas 17.1–17.4

17.3 Prevendo uma expansão planejada

- Uma melhoria em relação ao método do percentual de vendas é prever o capital de giro e o capital de investimento da empresa, junto com o financiamento planejado desses investimentos diretamente.
- Tal modelo financeiro terá o momento correto de financiamento externo e investimento de capital, de modo que possamos estimar os fluxos de caixa livres da empresa.

MyFinanceLab Study Plan 17.3
Tabelas das planilhas 17.5–17.10

17.4 Avaliando a expansão planejada

- Além de prever os fluxos de caixa por alguns anos, precisamos estimar o valor de continuação da empresa no final do horizonte de projeção.
- Discutimos valores de continuação de maneira aprofundada no Capítulo 9. Um método é utilizar um múltiplo de avaliação com base em empresas comparáveis.
- Dados os fluxos de caixa previstos e uma estimativa do custo de capital, o passo final é combinar esses *inputs* para estimar o valor da empresa com base no plano de negócios. Podemos comparar isso ao valor da empresa sem o novo plano para determinar se devemos ou não implementá-lo.

MyFinanceLab Study Plan 17.4
Modelo Interativo de Demonstrações Contábeis
Tabelas das planilhas 17.12–17.15

17.5 Crescimento e valor da empresa

- Dois conceitos comuns são a taxa interna de crescimento e a taxa de crescimento sustentável.
- A taxa interna de crescimento identifica a taxa máxima à qual a empresa pode crescer sem financiamento externo:

taxa de retenção de lucros, p. 588
taxa de crescimento sustentável, p. 588
taxa interna de crescimento, p. 588

MyFinanceLab Study Plan 17.5

Taxa interna de crescimento =
(Lucro líquido / Ativos iniciais)
× (1 − taxa de *payout*)
= ROA × taxa de retenção   (17.10)

▸ A taxa de crescimento sustentável identifica a taxa máxima à qual a empresa pode crescer se quiser manter seu índice de capital de terceiros/capital próprio constante sem financiamento por emissão de ações:

Taxa de crescimento sustentável =
(Lucro líquido / Ações iniciais)
× (1 − taxa de *payout*)
= ROE × taxa de retenção   (17.11)

▸ Nem a taxa interna de crescimento nem a taxa de crescimento sustentável indica se o crescimento planejado é bom ou ruim. Somente uma análise do NPV pode nos dizer se o crescimento contemplado aumentará ou diminuirá o valor da empresa.

Questões de revisão

1. Qual é o propósito da previsão de longo prazo?
2. Quais são as vantagens e desvantagens do método do percentual de vendas?
3. O que se ganha com a previsão dos desembolsos de capital e do financiamento externo especificamente?
4. Como o gerente financeiro pode utilizar a previsão de longo prazo para decidir em relação à adoção de um novo plano de negócios?
5. O que a taxa de crescimento sustentável diz a um gerente financeiro e o que ela não pode dizer?

Problemas

Um realce verde (■) indica problemas disponíveis no MyFinanceLab.

Previsão das demonstrações contábeis: o método do percentual de vendas

1. Sua empresa possui vendas de US$ 100.000 este ano e um custo de mercadorias vendidas de US$ 72.000. Você prevê que as vendas crescerão US$ 110.000 no próximo ano. Utilizando o método do percentual de vendas, preveja o custo de mercadorias vendidas do próximo ano.

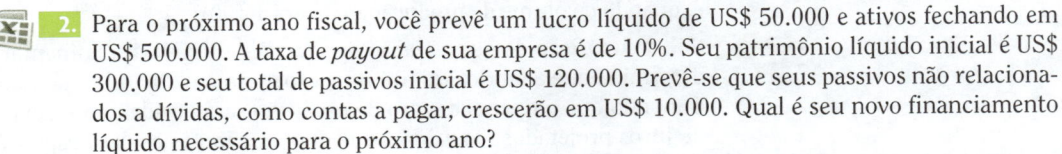

2. Para o próximo ano fiscal, você prevê um lucro líquido de US$ 50.000 e ativos fechando em US$ 500.000. A taxa de *payout* de sua empresa é de 10%. Seu patrimônio líquido inicial é US$ 300.000 e seu total de passivos inicial é US$ 120.000. Prevê-se que seus passivos não relacionados a dívidas, como contas a pagar, crescerão em US$ 10.000. Qual é seu novo financiamento líquido necessário para o próximo ano?

3. Suponha que sua dívida inicial no Problema 2 seja US$ 100.000. De que valor de patrimônio líquido e que valor de dívida você precisaria para cobrir o novo financiamento líquido a fim de manter seu índice de capital de terceiros/capital próprio constante?

Para os Problemas 4–6, utilize a demonstração de resultados e o balanço patrimonial a seguir, da Jim's Espresso:

Demonstração de resultados		Balanço patrimonial	
Vendas	200.000	**Ativos**	
Custos exceto depreciação	(100.000)	Caixa e equivalentes	15.000
EBITDA	**100.000**	Contas a receber	2.000
Depreciação	(6.000)	Estoques	4.000
EBIT	**94.000**	Total de ativo circulante	21.000
Despesa com juros (líquida)	(400)	Propriedades, instalações e equipamentos	10.000
Lucro antes dos impostos	93.600	Total de ativos	31.000
Imposto de renda	(32.760)	**Passivos e patrimônio líquido**	
Lucro líquido	(60.840)	Contas a pagar	1.500
		Dívida	4.000
		Total de passivos	5.500
		Patrimônio dos acionistas	25.500
		Total de passivos e patrimônio líquido	31.000

4. A Jim's espera que as vendas cresçam em 10% no próximo ano. Utilizando o método do percentual de vendas, preveja:
    a. Custos
    b. Depreciação
    c. Lucro líquido
    d. Caixa
    e. Contas a receber
    f. Estoque
    g. Propriedades, instalações e equipamentos

5. Suponha que a Jim's pague 90% de seu lucro líquido. Utilize o método do percentual de vendas para prever:
    a. O patrimônio líquido
    b. As contas a pagar

6. Qual é a quantia de novo financiamento líquido necessária para a Jim's?

7. Faça o *download* dos dados da Dell Computers do *website* deste livro. Com as demonstrações contábeis de 2006, utilize o método de percentual de vendas e o crescimento real das vendas de 2006 a 2007 para prever as demonstrações da Dell em 2007. Qual foi o grau de precisão de suas previsões e o que fez com que elas variassem mais do resultado real?

Prevendo uma expansão planejada

Para os problemas nesta seção, você tem que fazer o download das planilhas da KMS que estão disponíveis no website deste livro.

8. Suponha que a fração de mercado da KMS aumentará em 0,25% por ano em vez do 1% utilizado no capítulo (ver Tabela 17.5) e que seus preços permanecem como no capítulo. Que capacidade de produção a KMS exigirá a cada ano? Quando uma expansão se tornará necessária (isto é, quando o volume de produção excederá 1.100)?

9. Sob a suposição de que a fração de mercado da KMS irá aumentar em 0,25% por ano, você determina que a fábrica exigirá uma expansão em 2009. A expansão custará US$ 20 milhões. Supondo que o financiamento da expansão será devidamente adiado, calcule os pagamentos de juros projetados e o valor das deduções tributárias das despesas com juros (supondo que a KMS ainda utilize um título de dívida de dez anos e que as taxas de juros permaneçam as mesmas que no capítulo) até 2012.

10. Sob a suposição de que a fração de mercado da KMS vá aumentar em 0,25% por ano (e o investimento e o financiamento serão ajustados como descrito no Problema 9), você projeta a seguinte depreciação:

Ano	2007	2008	2009	2010	2011	2012
Depreciação	5.492	5.443	7.398	7.459	7.513	7.561

Utilizando essas informações, projete o lucro líquido até 2012 (isto é, reproduza a Tabela 17.8 sob as novas suposições).

11. Supondo que a fração de mercado da KMS aumentará em 0,25% por ano (o que implica que o investimento, financiamento e a depreciação serão ajustados como descrito nos Problemas 9 e 10), e que as suposições relativas ao capital de giro utilizadas no capítulo ainda são válidas, calcule as exigências de capital de giro da KMS até 2012 (isto é, reproduza a Tabela 17.9 sob as novas suposições).

12. Preveja os fluxos de caixa livres da KMS (reproduza a Tabela 17.12), supondo que a fração de mercado da KMS aumentará em 0,25% por ano; o investimento, financiamento e a depreciação serão devidamente ajustados; e o capital de giro será como o que você projetou no Problema 11).

13. Calcule o valor de continuação da KMS utilizando sua reprodução da Tabela 17.8 do Problema 10, e supondo um múltiplo do EBITDA de 8,5.

14. Supondo um custo de capital de 10%, calcule o valor da KMS sob o cenário de crescimento de 0,25%.

Crescimento e valor da empresa

15. Utilizando as informações da tabela a seguir, calcule os seguintes valores para a empresa:

Lucro líquido	50.000
Total de ativos inicial	400.000
Patrimônio líquido inicial	250.000
Taxa de *Payout*	0%

a. Taxa interna de crescimento.
b. Taxa de crescimento sustentável.
c. Taxa de crescimento sustentável se a empresa pagar 40% de seu lucro líquido como dividendo.

16. O plano de expansão da KMS exige que ela cresça mais lentamente ou mais rapidamente do que sua taxa de crescimento sustentável?

17. Sua empresa possui um ROE de 12%, uma taxa de *payout* de 25%, US$ 600.000 de patrimônio líquido, e US$ 400.000 de dívida. Se você crescer à sua taxa de crescimento sustentável este ano, quanto mais de dívida você precisará emitir?

18. A IZAX, Co. possui os seguintes itens em seu balanço patrimonial:

Ativos		Passivos e patrimônio líquido	
Caixa	50.000	Dívida	100.000
PPE	350.000	Patrimônio líquido	300.000

Seu lucro líquido este ano é US$ 20.000 e ela paga dividendos de US$ 5.000. Se ela crescer à sua taxa interna de crescimento, qual será seu índice de capital de terceiros/capital próprio no próximo ano?

19. Utilizando dados disponíveis no *website* deste livro, calcule as taxas de crescimento sustentável e interna para a Boeing, Coca-Cola e Google no início de 2007. Depois, calcule suas taxas de crescimento reais em 2007 e a mudança nos preços de suas ações ao longo do mesmo período. Existe uma relação entre seu crescimento em relação à taxa de crescimento sustentável ou à taxa interna de crescimento e a variação em seu valor?

Capítulo 17 APÊNDICE — O balanço patrimonial e demonstração dos fluxos de caixa

As informações que calculamos até agora podem ser utilizadas para projetar o balanço patrimonial da KMS e a demonstração dos fluxos de caixa até 2012. Apesar de essas demonstrações não serem críticas para nossa avaliação da expansão, ela pode ser útil para fornecer um quadro mais completo de como uma empresa irá crescer durante o período previsto. Essas demonstrações da KMS são exibidas nas planilhas na Tabela 17.17 e na Tabela 17.18.

O balanço patrimonial (Tabela 17.17) continua o trabalho que iniciamos na Tabela 17.10. Os ativos e passivos circulantes vêm da planilha do capital de giro líquido (Tabela 17.9). A entrada do estoque no balanço patrimonial inclui tanto matérias-primas quanto produtos acabados. As informações relativas a propriedades, instalações e equipamentos vêm da planilha de desembolsos de capital previstos (Tabela 17.6), e a dívida, da Tabela 17.7.

TABELA 17.17 Balanço patrimonial *pro forma* da KMS, 2007–2012

1	Ano	2007	2008	2009	2010	2011	2012
2	Balanços patrimoniais (US$000s)						
3	**Ativos**						
4	Caixa e equivalentes de caixa	11.982	14.139	16.520	19.167	22.107	25.367
5	Contas a receber	14.229	16.790	19.617	22.761	26.252	30.124
6	Estoques	14.978	17.674	20.649	23.959	27.633	31.709
7	**Total de ativos circulantes**	41.189	48.603	56.786	65.886	75.992	87.201
8	Propriedades, instalações e equipamentos	49.427	66.984	67.486	67.937	68.344	68.709
9	**Total de ativos**	90.616	115.587	124.272	133.823	144.335	155.910
10							
11	**Passivos**						
12	Contas a pagar	11.982	14.139	16.520	19.167	22.107	25.367
13	Dívida	4.500	24.500	24.500	24.500	24.500	24.500
14	**Total de passivos**	16.482	38.639	41.020	43.667	46.607	49.867
15							
16	**Patrimônio líquido**						
17	Patrimônio líquido inicial	69.275	74.134	76.948	83.252	90.156	97.729
18	Lucro líquido	6.940	7.600	8.807	11.141	13.739	16.627
19	Dividendos	−2.082	−4.786	−2.503	−4.237	−6.167	−8.313
20	**Patrimônio líquido**	74.134	76.948	83.252	90.156	97.729	106.042
21	**Total de passivos e patrimônio líquido**	90.616	115.587	124.272	133.823	144.335	155.910

TABELA 17.18 Demonstração dos fluxos de caixa *pro forma* da KMS, 2008–2012

1	Ano	2007	2008	2009	2010	2011	2012
2	Demonstração dos fluxos de caixa (US$000s)						
3	Lucro líquido		7.600	8.807	11.141	13.739	16.627
4	Depreciação		7.443	7.498	7.549	7.594	7.634
5	**Alterações no capital de giro**						
6	Contas a receber		−2.561	−2.827	−3.144	−3.491	−3.872
7	Estoque		−2.696	−2.976	−3.309	−3.675	−4.076
8	Contas a pagar		2.157	2.381	2.647	2.940	3.261
9	**Caixa das atividades operacionais**		11.942	12.884	14.884	17.107	19.574
10	Desembolsos de capital		−25.000	−8.000	−8.000	−8.000	−8.000
11	Outros investimentos		—	—	—	—	—
12	**Caixa de atividades de investimento**		−25.000	−8.000	−8.000	−8.000	−8.000
13	Empréstimos líquidos		20.000	—	—	—	—
14	Dividendos		−4.786	−2.503	−4.237	−6.167	−8.313
15	**Caixa de atividades de financiamento**		15.214	−2.503	−4.237	−6.167	−8.313
16							
17	**Variações no caixa (9+12+15)**		2.157	2.381	2.647	2.940	3.261

O valor contábil do patrimônio líquido da KMS crescerá uniformemente à medida que a empresa se expande e continua sendo lucrativa, somente pagando uma porção de seu lucro líquido a cada ano. Sua dívida passará de US$ 4.500 para US$ 24.500 em 2008, quando ela financiar sua expansão. Os outros passivos da KMS – contas a pagar – crescerão uniformemente junto com as vendas. O índice de capital de terceiros/capital próprio contábil da KMS passará de 4.500/74.134 = 6% em 2007 para 24.500/76.948 = 32% em 2008 e, então, diminuirão uniformemente para 23% em 2012.

A demonstração de fluxos de caixa na Tabela 17.18 começa com o lucro líquido. O caixa das atividades operacionais inclui depreciação bem como *variações* em itens do capital de giro (diferentes de caixa) da Tabela 17.9. O caixa de atividades de investimento inclui os desembolsos de capital na Tabela 17.6. O caixa de atividades de financiamento inclui os empréstimos líquidos da Tabela 17.7, e os dividendos são iguais aos fluxos de caixa livres aos acionistas porque supusemos que a KMS realize pagamentos com todo o seu excesso de caixa. Podemos calcular o fluxo de caixa livre (FCF) aos acionistas a partir da Tabela 17.12 utilizando a seguinte equação:

$$\text{FCF aos acionistas} = \text{FCF da empresa} + \text{Empréstimos líquidos} - \text{Despesas com juros após os impostos} \qquad (17.12)$$

A KMS não está planejando levantar um financiamento com ações adicional, então, não há contribuições de capital na demonstração de fluxo de caixa. Como uma última verificação nos cálculos, observe a variação no saldo de caixa mínimo exibido no balanço patrimonial (Tabela 17.17). Por exemplo, em 2008, a variação no caixa e equivalentes de caixa é 2.157, que é o valor pelo qual o caixa de 2008 excede o caixa de 2007 no balanço patrimonial.

18 Gerenciamento do Capital de Giro

OBJETIVOS DE APRENDIZAGEM

- Compreender o ciclo de caixa da empresa e por que é importante gerenciar o capital de giro
- Utilizar o crédito comercial para vantagem da empresa
- Tomar decisões relacionadas a estender crédito e a ajustar os termos de crédito
- Gerenciar as contas a pagar
- Contrastar os diferentes instrumentos disponíveis para um gerente financeiro investir em saldos de caixa

notação

CCC	ciclo de conversão de caixa	NPV	valor presente líquido
EAR	taxa efetiva anual	r	taxa de descapitalização
g	taxa de crescimento da perpetuidade		

ENTREVISTA COM Waleed Husain, Comcast

Como contador contratado na região da grande Chicago da Comcast Corporation, líder na indústria de TV a cabo, Waleed Husain monitora saldos de conta de ativos e passivos e a atividade da demonstração de resultados. Formado em 2005 pela University of Illinois, em Chicago, Husain analisa níveis de capital de giro para garantir que a Comcast atinja retornos ótimos sobre ativos de curto prazo. Mensalmente, ele também identifica lacunas entre os orçamentos de despesas e os resultados reais. "A teoria e as habilidades que adquiri em contabilidade e finanças me deram a capacidade de pegar grandes quantidades de dados e deles extrair os dados pertinentes" diz ele. "Também realizo análises de tendências e acompanho medidas operacionais essenciais no setor para determinar o *benchmark* dos resultados atuais. Um forte conhecimento do Microsoft Excel me ajuda a fornecer à gerência sênior informações precisas e oportunas para a tomada de boas decisões financeiras".

Entender como uma empresa gerencia seus ativos e passivos de curto prazo nos ajuda a compreender suas estratégias de capital de giro. "Uma empresa que não tira proveito de descontos de pagamentos antecipados pode não ter fluxos de caixa correntes suficientes para suportar saldos a pagar", diz Waleed. No entanto, pode haver outro motivo para deixar de aproveitar o desconto. "Os gerentes financeiros analisam se é melhor aproveitar o desconto de pagamento antecipado ou investir os fundos para obter um retorno durante o período de descapitalização. Tomar a decisão errada pode afetar adversamente o valor da empresa ao longo do tempo. Aproveitar repetidas vezes o desconto de pagamento antecipado de 1%, em vez de obter um retorno de 5% ao longo do mesmo período sobre os mesmos fundos, diminui a taxa de crescimento da empresa e afeta adversamente seu valor".

Gerenciar estoques está se tornando cada vez mais importante na Comcast. "Alugamos uma crescente variedade de equipamentos a nossos clientes: televisores digitais, inclusive gravadores HDTV e gravadores digitais, modems a cabo, roteadores *wireless*, e outros aparelhos que possibilitam o uso de nossos serviços de Internet e telefone fixo de alta velocidade. Queremos diminuir o tempo de distribuição e minimizar os custos de manutenção de estoques. Fatores que tornam o gerenciamento de estoques um desafio incluem flutuações no crescimento do número de clientes (impulsionadas pela sazonalidade, estratégia de negócios e/ou concorrência), questões com o fabricante e nosso sucesso em pegar de volta equipamentos de clientes que se mudam ou que se desconectam do serviço".

Waleed oferece este conselho para ter sucesso na carreira: desenvolva habilidades de comunicação eficazes e a capacidade de tomar decisões quantitativas – além de qualitativas.

University of Illinois, Chicago, 2005

"Um grande conhecimento do Microsoft Excel me ajuda a fornecer à gerência sênior informações precisas e oportunas para a tomada de boas decisões financeiras".

No Capítulo 2, definimos o capital de giro líquido de uma empresa como seus ativos circulantes menos seus passivos circulantes. O capital de giro líquido é o capital exigido no curto prazo para administrar o negócio. Assim, o gerenciamento de capital de giro envolve contas de ativos de curto prazo, como caixa, estoque e contas a receber, assim como contas de passivos de curto prazo, como contas a pagar. O nível de investimento em cada uma dessas contas difere de uma empresa para outra e de um setor para outro. Também depende de fatores como o tipo de negócio e padrões do setor. Algumas empresas, por exemplo, exigem fortes investimentos em estoque devido à natureza de seu negócio.

Considere a Kroger Company, uma cadeia de supermercados de varejo, e a Southwest Airlines, uma companhia aérea regional. Os estoques somavam 22% do total de ativos da Kroger no início de 2007, enquanto o investimento da Southwest em estoque era menos de 2%. Um supermercado exige um grande investimento em estoque, mas a lucratividade de uma companhia aérea é gerada principalmente pelo seu investimento em instalações, propriedades e equipamentos – isto é, seus aviões.

Há custos de oportunidade associados ao investimento em estoques e contas a receber, e à retenção de caixa. Fundos em excesso investidos nessas contas poderiam ser utilizados para pagamentos de dívidas ou retornados aos acionistas na forma de um dividendo ou recompra de ações. Este capítulo focaliza as ferramentas que as empresas utilizam para gerenciar seu capital de giro de forma eficiente e, dessa maneira, minimizar esses custos de oportunidade. Começaremos discutindo por que as empresas têm capital de giro e como ele afeta o valor da empresa. Em um mercado de capitais perfeito, grande parte das contas de capital de giro seria irrelevante. Não é de surpreender que a existência dessas contas para empresas reais possa ser explicada por fricções de mercado. Discutiremos os custos e benefícios do crédito comercial e avaliamos os *tradeoffs* que as empresas fazem ao gerenciar várias contas de capital de giro. Finalmente, discutiremos o saldo de caixa de uma empresa e forneceremos um panorama dos investimentos de curto prazo nos quais uma empresa pode escolher investir seu dinheiro.

18.1 Panorama do capital de giro

A maioria dos projetos exige que a empresa invista em capital de giro líquido. Os principais componentes do capital de giro líquido são caixa, estoque, contas a receber e contas a pagar. O capital de giro inclui o caixa que é necessário para gerenciar a empresa no dia a dia. Ele não inclui excesso de caixa, que é o dinheiro que não é necessário para administrar o negócio e pode ser investido a taxas de mercado. Como discutimos no Capítulo 12, o excesso de caixa pode ser visto como parte da estrutura de capital da empresa, compensando a dívida da empresa. No Capítulo 8, discutimos como qualquer aumento no capital de giro líquido representa um investimento que reduz o caixa que está disponível para a empresa. O Princípio de Avaliação nos diz que o valor da empresa é o valor presente de seus fluxos de caixa livres. Portanto, o capital de giro altera o valor de uma empresa afetando seus fluxos de caixa. Nesta seção, examinaremos os componentes do capital de giro líquido e seus efeitos sobre o valor da empresa.

O ciclo de caixa

O nível de capital de giro reflete o período de tempo entre o momento em que o caixa sai de uma empresa no início do processo de produção e quando ele volta. Vejamos a Intel, por exemplo. Tracemos o caminho dos US$ 1.000 em estoque e matérias-primas ao longo do processo de produção da Intel.

- Primeiro, a Intel adquire US$ 1.000 em matérias-primas e estoque de seus fornecedores, comprando-os a crédito, o que significa que a empresa não tem que pagar em dinheiro imediatamente no momento da compra.
- Aproximadamente 53 dias depois, a Intel paga pelas matérias-primas e estoque, então quase dois meses se passaram entre o momento em que a Intel comprou as matérias-primas e quando ocorreu a saída de caixa.
- Depois de outros 20 dias, a Intel vende as matérias-primas (agora na forma de microprocessadores acabados) a um fabricante de computadores, mas a venda é a crédito, o

que significa que o fabricante de computadores não paga em dinheiro imediatamente. Passaram-se 73 dias entre o momento em que a Intel comprou as matérias-primas e o momento em que ela as vendeu como parte do produto acabado.

- Aproximadamente 37 dias depois, o fabricante de computadores paga pelos microprocessadores, produzindo uma entrada de caixa para a Intel.

Um total de 53 + 20 + 37 = 110 dias se passaram do momento em que a Intel originalmente comprou as matérias-primas até o momento que receberam o dinheiro de sua venda do produto acabado. Assim, o *ciclo operacional* da Intel é de 110 dias: o **ciclo operacional** de uma empresa é o período médio de tempo entre o momento em que a empresa originalmente compra seu estoque e quando ela recebe o dinheiro de volta pela venda de seu produto. O **ciclo de caixa** de uma empresa é o período de tempo entre o momento em que a empresa realiza o pagamento em dinheiro para comprar seu estoque inicial e o momento em que ela recebe o dinheiro da venda da saída produzida com esse estoque. Para a Intel, o ciclo de caixa é de 57 dias: os 20 dias que ela retém as matérias-primas após pagar por elas mais os 37 dias que ela espera para receber o dinheiro após vender o produto acabado. A Figura 18.1 ilustra o ciclo operacional e o ciclo de caixa.

Alguns profissionais medem os ciclos monetários calculando o *ciclo de conversão de caixa*. O **ciclo de conversão de caixa (CCC)** é definido como:

$$CCC = \text{Estoque em dias} + \text{Prazo de recebimento em dias} - \text{Prazo de pagamento pendente em dias} \quad (18.1)$$

onde

$$\text{Estoque em dias} = \frac{\text{Estoque}}{\text{Custo médio diário de mercadorias vendidas}}$$

$$\text{Prazo de recebimento em dias} = \frac{\text{Contas a receber}}{\text{Vendas médias diárias}}$$

$$\text{Prazo de pagamento pendente em dias} = \frac{\text{Contas a pagar}}{\text{Custo médio diário de mercadorias vendidas}}$$

ciclo operacional Tempo médio entre quando uma empresa recebe originalmente seu estoque e quando ela recebe o dinheiro de volta proveniente da venda de seus produtos.

ciclo de caixa Período de tempo entre quando uma empresa realiza um pagamento em dinheiro para comprar seu estoque inicial e quando ela recebe dinheiro da venda do que foi produzido a partir desse estoque.

ciclo de conversão de caixa Medida do ciclo de caixa calculada como a soma do estoque em dias e do prazo de recebimento em dias menos o prazo de pagamento pendente em dias.

FIGURA 18.1 O ciclo de caixa e o ciclo operacional de uma empresa

O ciclo caixa é o período médio entre o momento em que uma empresa paga por seu estoque e quando ela recebe dinheiro pela venda de seu produto. Se a empresa faz um pagamento em dinheiro por seu estoque, este período é idêntico ao ciclo de caixa da empresa. Entretanto, a maioria das empresas compra seu estoque a crédito, o que reduz o período de tempo entre o investimento em dinheiro e o recebimento do dinheiro proveniente deste investimento.

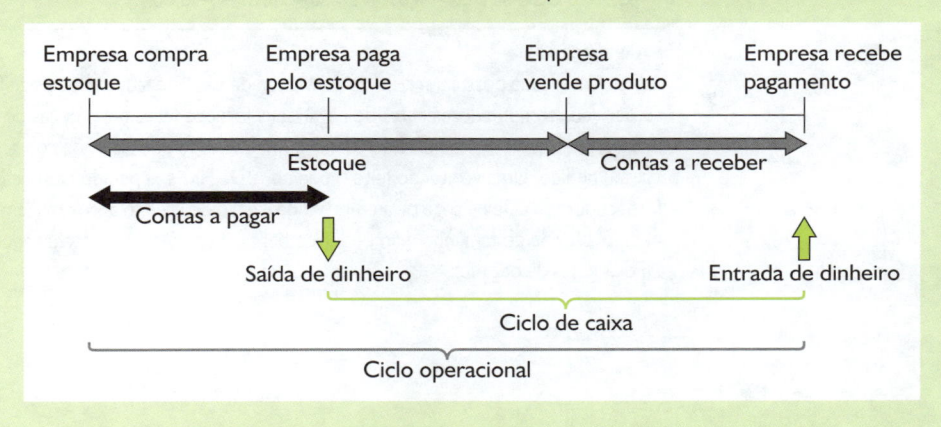

Todos esses índices podem ser calculados a partir das demonstrações contábeis da empresa. Discutimos como calculá-las e utilizá-las no Capítulo 2. Apesar de o ciclo de conversão de caixa ser uma medida importante por si só, um gerente financeiro precisa ficar de olho em cada um de seus componentes, já que eles contêm informações valiosas sobre o grau de eficiência com que a empresa está gerenciando seu capital de giro. Um prazo de recebimento em dias mais alto pode sinalizar que a empresa está com problemas em cobrar o pagamento de seus clientes, e um prazo de pagamento pendente em dias baixo pode sugerir que a empresa não está tirando proveito total das oportunidades de adiar o pagamento aos fornecedores. Finalmente, um estoque em dias alto faria um gerente focalizar em por que a empresa precisa ter seu estoque à mão tão antes de vender seu produto.

EXEMPLO 18.1

Calculando o ciclo de conversão de caixa

Problema

As informações a seguir são da demonstração de resultados e do balanço patrimonial da Dell de 2006 (os valores são em US$ milhões). Utilize-as para calcular o ciclo de conversão de caixa da Dell.

Vendas	55.908
Custo de mercadorias vendidas	45.958
Contas a receber	4.089
Estoque	576
Contas a pagar	9.840

Solução

▶ **Planejamento**

O CCC é definido como Estoque em dias + Prazo de recebimento em dias − Prazo de pagamento pendente em dias. Assim, precisamos calcular cada um dos três índices no CCC. A fim de fazer isso, precisamos converter as Vendas e o COGS (custo de mercadorias vendidas) em seus valores médios diários simplesmente dividindo o total dado para o ano pelos 365 dias de um ano.

▶ **Execução**

Vendas médias diárias = Vendas / 365 dias = 55.908 / 365 = 153,17
COGS médio diário = COGS / 365 dias = 45.958 / 365 = 125,91

$$\text{Estoque em dias} = \frac{\text{Estoque}}{\text{Custo médio diário de mercadorias vendidas}} = \frac{576}{125,91} = 4,57$$

$$\text{Prazo de recebimento em dias} = \frac{\text{Contas a receber}}{\text{Vendas médias diárias}} = \frac{4.089}{153,17} = 26,70$$

$$\text{Prazo de recebimento em dias} = \frac{\text{Contas a pagar}}{\text{Custo médio diário de mercadorias vendidas}} = \frac{9.840}{125,91} = 78,15$$

Assim, o CCC da Dell = 4,57 + 26,70 − 78,15 = −46,88!

▶ **Avaliação**

A Dell na verdade possui um ciclo de conversão de caixa negativo, o que significa que ela geralmente recebe dinheiro por seus computadores *antes* de pagar seus fornecedores pelas peças do computador. A Dell é capaz de fazer isso porque vende diretamente ao consumidor, de modo que ela pode cobrar seu cartão de crédito assim que você faz seu pedido. Uma vez tendo feito o pedido, a Dell faz seu pedido das peças para seu computador junto aos seus fornecedores. A Dell é paga pela empresa de cartão de crédito aproximadamente 27 dias depois de você fazer seu pedido. Devido ao tamanho e ao poder de barganha da Dell, seus fornecedores permitem que ela espere mais de 78 dias antes de pagá-los.

Necessidades de capital de giro por setor

Quanto mais longo for o ciclo de caixa de uma empresa, mais capital de giro ela terá, e mais caixa ela precisará para conduzir suas operações diárias. A Tabela 18.1 fornece dados sobre as necessidades de capital de giro para empresas selecionadas em uma variedade de setores.

Devido às características dos diferentes setores, os níveis de capital de giro variam significativamente. Por exemplo, um supermercado de varejo tipicamente vende somente em dinheiro, então, seria de se esperar que as contas a receber representassem uma porcentagem muito pequena de suas vendas.[1] Para a Whole Foods, as contas a receber representam apenas cinco dias em vendas. Resultados similares são válidos para a Southwest Airlines, porque muitos de seus clientes pagam antecipadamente por passagens de avião com dinheiro ou cartões de crédito. Estoques representam uma grande porcentagem das vendas para as empresas como a Boeing e a Pulte Homes, que têm um longo ciclo de desenvolvimento e de vendas. Observe também a grande variação nos ciclos de conversão de caixa das empresas. Por exemplo, o ciclo de conversão de caixa da Southwest é negativo, refletindo o fato de que ela recebe o dinheiro de seus clientes antes de ter que pagar seus fornecedores.

Valor da empresa e capital de giro

Qualquer redução nas exigências de capital de giro gera um fluxo de caixa livre positivo que a empresa pode distribuir imediatamente aos acionistas. Por exemplo, se uma empresa é capaz de reduzir seu capital de giro líquido exigido em US$ 50.000, ela será capaz de distribuir esses US$ 50.000 como um dividendo a seus acionistas imediatamente.

TABELA 18.1 Capital de giro em vários setores (Ano Fiscal 2007)

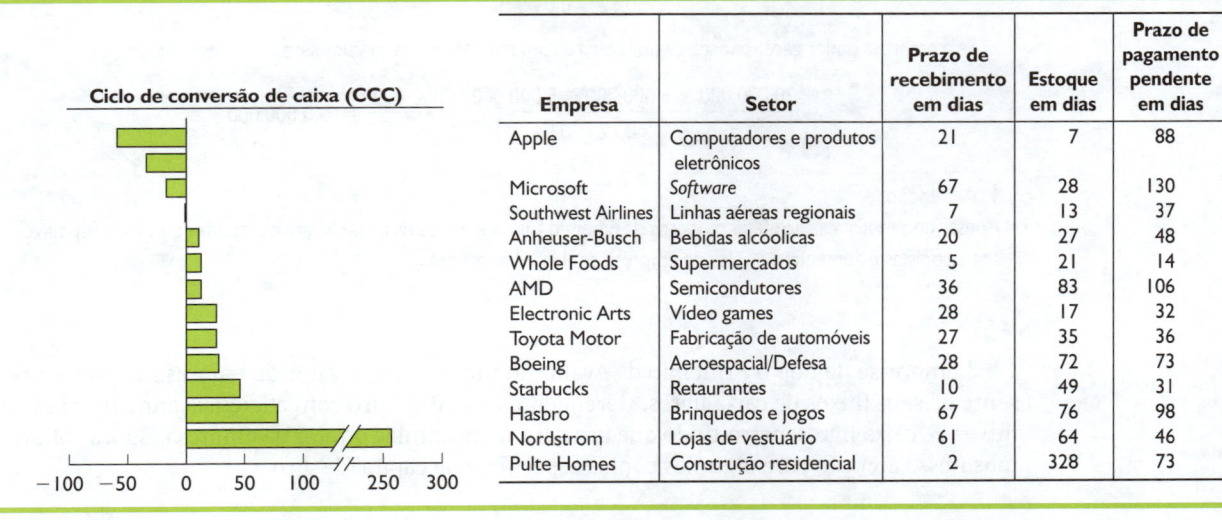

Empresa	Setor	Prazo de recebimento em dias	Estoque em dias	Prazo de pagamento pendente em dias	CCC
Apple	Computadores e produtos eletrônicos	21	7	88	−60
Microsoft	*Software*	67	28	130	−35
Southwest Airlines	Linhas aéreas regionais	7	13	37	−17
Anheuser-Busch	Bebidas alcóolicas	20	27	48	−1
Whole Foods	Supermercados	5	21	14	12
AMD	Semicondutores	36	83	106	13
Electronic Arts	Vídeo games	28	17	32	13
Toyota Motor	Fabricação de automóveis	27	35	36	26
Boeing	Aeroespacial/Defesa	28	72	73	27
Starbucks	Retaurantes	10	49	31	28
Hasbro	Brinquedos e jogos	67	76	98	45
Nordstrom	Lojas de vestuário	61	64	46	78
Pulte Homes	Construção residencial	2	328	73	257

Fonte: www.capitaliq.com.

[1] Quando você utiliza seu Visa ou MasterCard para pagar suas compras, a loja recebe a venda em dinheiro. A empresa de cartão de crédito paga à loja em dinheiro mediante o recebimento do comprovante da venda com o cartão, mesmo se você não pagar sua fatura do cartão de crédito em dia.

EXEMPLO 18.2

O valor do gerenciamento do capital de giro

Problema

O lucro líquido e os fluxos de caixa livres projetados no próximo ano para a Emerald City Paints são exibidos na tabela a seguir em US$ milhares:

Lucro líquido	20.000
+ Depreciação	+5.000
− Desembolsos de capital	−5.000
− Aumento no capital de giro	−1.000
= Fluxo de caixa livre	19.000

A Emerald City espera que os desembolsos de capital e a depreciação continuem se compensando, e que tanto o lucro líquido quanto o aumento no capital de giro cresçam a 4% por ano. O custo de capital da Emerald City é 12%. Se a Emerald City conseguisse reduzir seu aumento anual no capital de giro em 20% gerenciando seu capital de giro com mais eficiência sem afetar adversamente alguma outra parte do negócio, qual seria o efeito sobre o valor da Emerald City?

Solução

▶ **Planejamento**

Uma diminuição de 20% nos aumentos do capital de giro exigidos reduziria o ponto de partida de US$ 1.000.000 por ano para US$ 800.000 por ano. Os aumento no capital de giro ainda cresceriam a 4% por ano, mas cada aumento seria, então, 20% menor devido ao ponto de partida 20% menor. Podemos avaliar a Emerald City utilizando a fórmula de uma perpetuidade crescente como vimos nos Capítulo 4 (Equação 4.7):

$$PV = \frac{\text{Fluxo de caixa}}{r - g}$$

Como mostra a tabela, podemos chegar no fluxo de caixa livre da Emerald City como: Lucro líquido + Depreciação − Desembolsos de capital − Aumentos no capital de giro.

▶ **Execução**

Atualmente, o valor da Emerald City é:

$$\frac{20.000.000 + 5.000.000 - 5.000.000 - 1.000.000}{0,12 - 0,04} = 237.500.000$$

Se a empresa puder gerenciar seu capital de giro com mais eficiência, o valor será:

$$\frac{20.000.000 + 5.000.000 - 5.000.000 - 800.000}{0,12 - 0,04} = 240.000.000$$

▶ **Avaliação**

Apesar de a mudança não afetar os lucros da Emerald City (lucro líquido), ela elevará o fluxo de caixa livre disponível aos acionistas e aumentará o valor da empresa em US$ 2,5 milhões.

Lembre-se de que o Princípio da Avaliação implica que o valor da empresa é o valor presente de seus fluxos de caixa livres. Gerenciar o capital de giro com eficiência aumentará esses fluxos de caixa livres, permitindo que um gerente maximize o valor da empresa. Agora voltaremos nossa atenção para algumas contas específicas de capital de giro.

Fixação de conceitos

1. Qual é a diferença entre o ciclo de caixa e o ciclo operacional de uma empresa?
2. Como o capital de giro afeta o valor de uma empresa?

18.2 Crédito comercial

Quando uma empresa permite que um cliente pague por bens em uma data posterior à data da compra, ela cria uma conta a receber para a empresa e uma conta a pagar para o cliente.

Contas a receber representam a venda a crédito pela qual a empresa ainda receberá pagamento. O saldo das contas a pagar representa a quantia que uma empresa deve a seus fornecedores pelos bens que já recebeu, mas pelos quais ainda não pagou. O crédito que a empresa está estendendo a seus clientes é conhecido como **crédito comercial**, a diferença entre contas a receber e contas a pagar é o valor líquido do capital de uma empresa consumido em decorrência dessas transações de crédito. Uma empresa, é claro, preferiria ser paga em dinheiro na hora da compra. Uma política de "somente dinheiro", porém, pode fazê-la perder seus clientes para a concorrência. Mesmo depois de um cliente decidir pagar uma conta, há uma demora antes de o dinheiro ser creditado para a empresa devido ao processamento e envio do pagamento. Nesta seção, demonstraremos como os gerentes podem comparar os custos e benefícios do crédito comercial para determinar políticas de crédito ótimas.

crédito comercial A diferença entre contas a receber e contas a pagar que é o montante líquido do capital consumido de uma empresa resultante dessas transações de crédito; o crédito que uma empresa estende a seus clientes.

Termos do crédito comercial

Para vermos como os termos do crédito comercial são cotados, consideremos alguns exemplos. Se um fornecedor oferece aos seus clientes termos de "30 líquido", o pagamento não vencerá até 30 dias depois da data da fatura. Essencialmente, o fornecedor está deixando o cliente utilizar seu dinheiro por 30 dias a mais. (Observemos que "30" não é um número mágico; a fatura poderia especificar "40 líquido", "15 líquido", ou qualquer outro número de dias como a data de vencimento do pagamento.)

Às vezes, a empresa vendedora oferece um desconto à empresa compradora se o pagamento for feito antecipadamente. Os termos "2/10, 30 líquido" significam que a empresa compradora receberá um desconto de 2% se pagar pelas mercadorias dentro de 10 dias; caso contrário, o valor integral vencerá em 30 dias. O **desconto em dinheiro** é o desconto percentual oferecido se o comprador pagar com antecedência, neste caso 2%. O **período de descapitalização** é o número de dias que o comprador tem para tirar proveito do desconto em dinheiro; aqui, 10 dias. Finalmente, o **período de crédito** é o período de tempo total em que o crédito é estendido ao comprador – a quantidade total de tempo que o comprador tem para pagar (30 dias em nosso exemplo). As empresas oferecem descontos para encorajar os clientes a pagar antecipadamente de modo que a empresa vendedora receba o dinheiro da venda mais cedo. Entretanto, o valor do desconto também representa um custo para a empresa vendedora porque ela não recebe o preço de venda integral do produto.

desconto em dinheiro Desconto percentual oferecido se o comprador pagar com antecedência.

período de descapitalização Número de dias que um comprador tem para tirar proveito do desconto em dinheiro.

período de crédito Período de tempo total pelo qual o crédito é estendido ao comprador.

Crédito comercial e fricções de mercado

Em um mercado perfeitamente competitivo, o crédito comercial é simplesmente outra forma de financiamento. Como vimos no Capítulo 15, as decisões de financiamento são irrelevantes sob as suposições de mercados de capitais perfeitos. Na realidade, os mercados de produtos são raramente perfeitamente competitivos, então, as empresas podem maximizar seu valor utilizando suas opções de crédito comercial de maneira eficaz.

Custo do crédito comercial. O crédito comercial é, em essência, um empréstimo da empresa vendedora a seu cliente. O desconto no preço representa uma taxa de juros. Muitas vezes as empresas oferecem taxas de juros favoráveis no crédito comercial como um desconto no preço para seus clientes. Portanto, os gerentes financeiros devem avaliar os termos do crédito comercial para decidirem se o utilizarão ou não.

Erros comus | Utilizando a APR em vez da EAR para calcular o custo do crédito comercial

Alguns gerentes deixam de reconhecer integralmente o custo do crédito comercial utilizando a APR (juros simples) em vez da EAR a fim de calcular o custo anual para comparação com outras opções de financiamento. Lembre-se, do Capítulo 5, que enquanto a EAR considera adequadamente o efeito da composição de "juros sobre juros" ao longo do ano, a APR ignora a composição. Assim, em nosso exemplo com 2,04% de juros ao longo de 20 dias, a APR correspondente seria (365/20) × 2,04% = 37,23%, que é menor do que o custo anual efetivo real deste crédito: 44,6%.

Como calculamos a taxa de juros no crédito comercial? Suponhamos que uma empresa venda um produto por US$ 100, mas ofereça a seu cliente termos de 2/10, 30 líquido. O cliente nada tem de pagar pelos 10 primeiros dias, então, ele efetivamente tem um empréstimo com juros zero por este período. Se o cliente tirar proveito deste desconto e pagar dentro do período de descapitalização de 10 dias, ele pagará apenas US$ 98 pelo produto. O custo do desconto para a empresa vendedora é igual à porcentagem do desconto vezes o preço de venda. Neste caso, é 0,02 × US$ 100, ou US$ 2,00.

Em vez de pagar dentro de 10 dias, o cliente tem a opção de utilizar os US$ 98 por outros 20 dias (30 − 10 = 20). A taxa de juros do empréstimo nos termos de 20 dias é de US$ 2 / US$ 98 = 2,04%. Para comparar esta taxa de juros de 20 dias com as taxas de juros disponíveis de outras fontes de financiamento, a convertemos em uma taxa efetiva anual utilizando a Equação 5.1 do Capítulo 5, onde n é o número de períodos de 20 dias contidos em um ano:

$$EAR = (1 + r)^n - 1$$

Com um ano de 365 dias, há 365/20 (18,25) períodos de 20 dias em um ano. Assim, esta taxa de 2,04% sobre 20 dias corresponde a uma taxa efetiva anual de:

$$EAR = (1,0204)^{365/20} - 1 = 44,6\%$$

Portanto, ao não tirar proveito do desconto, a empresa está efetivamente pagando 2,04% para tomar o dinheiro emprestado por 20 dias, o que significa uma taxa efetiva anual de 44,6%! Se a empresa puder obter um empréstimo bancário com uma taxa de juros baixa, ela ganharia mais contraindo o empréstimo pela taxa mais baixa e utilizando o dinheiro resultante do empréstimo para tirar vantagem do desconto oferecido pelo fornecedor.

EXEMPLO 18.3
Estimando o custo efetivo do crédito comercial

Problema
Sua empresa compra mercadorias de sua fornecedora com os termos 1/15, 40 líquido. Qual será o custo efetivo anual para a sua empresa se ela escolher não tirar proveito do desconto comercial oferecido?

Solução

▶ **Planejamento**
Utilizando uma compra de US$ 100 como exemplo, 1/15, 40 líquido significa que você obtém um desconto de 1% se pagar dentro de 15 dias, ou você pode pagar o valor integral dentro de 40 dias. 1% de US$ 100 é um desconto de US$ 1, então, você pode pagar US$ 99 em 15 dias, ou US$ 100 em 40 dias. A diferença é de 25 dias, então, você precisa calcular a taxa de juros sobre os 25 dias e calcular a EAR associada a essa taxa de juros de 25 dias.

▶ **Execução**
US$ 1/US$ 99 = 0,0101, ou 1,01% de juros por 25 dias. Há 365/25 = 14,6 períodos de 25 dias em um ano. Assim, sua taxa efetiva anual é de $(1,0101)^{14,6} - 1 = 0,158$, ou 15,8%.

▶ **Avaliação**
Se você realmente precisar levar todos os 40 dias para produzir o dinheiro a fim de realizar o pagamento, você estará em melhor situação tomando os US$ 99 emprestados do banco a uma taxa mais baixa e tirando proveito do desconto.

Benefícios do crédito comercial. Por inúmeras razões, o crédito comercial pode ser uma atraente fonte de fundos. Em primeiro lugar, o crédito comercial é simples e conveniente de ser utilizado, e, portanto, possui custos de transação mais baixos do que fontes de fundos alternativas. Por exemplo, não é necessário preencher papeladas, como teríamos que fazer no caso de um empréstimo bancário. Em segundo lugar, ele é uma fonte de fundos flexível, e pode ser utilizada quando necessário. Finalmente, ele às vezes é a única fonte de financiamento disponível a uma empresa.

Crédito comercial *versus* empréstimos padrão. Podemos estar nos perguntando por que motivo as empresas forneceriam crédito comercial. Afinal, a maioria das empresas não é um banco, então, por que elas estariam concedendo empréstimos? Vários motivos explicam sua disposição a oferecer crédito comercial. Em primeiro lugar, fornecer financiamento a taxas abaixo do mercado é uma maneira indireta de diminuir os preços para apenas certos clientes. Consideremos, por exemplo, um fabricante de automóveis. Em vez de diminuir os preços sobre todos os carros, a divisão de financiamentos pode oferecer termos de crédito específicos que são atraentes para clientes com crédito ruim, mas que não o são para clientes com bom crédito. Dessa maneira, a fabricante de carros oferece um desconto sobre o preço de venda somente para aqueles clientes com crédito ruim e que não poderiam arcar com o carro de outra maneira.

Em segundo lugar, como um fornecedor pode ter uma relação de continuidade com seu cliente, ele pode ter mais informações sobre a qualidade do crédito do cliente do que um credor externo tradicional, como um banco. O fornecedor também pode aumentar a probabilidade de pagamento ameaçando cortar fornecimentos futuros caso o pagamento não seja realizado. Finalmente, se o comprador for inadimplente, o fornecedor pode desapropriá-lo do estoque como colateral. Este estoque provavelmente vale mais para uma empresa dentro da mesma indústria do fornecedor (que presumivelmente possui outros clientes), do que para alguém de fora dela.

Gerenciando o *float*

Um fator que contribui para o período de tempo das contas a receber e a pagar de uma empresa é a defasagem entre o momento em que uma conta é paga e o momento em que o dinheiro é efetivamente recebido. Esta defasagem, ou *float* de processamento, afeta as exigências de capital de giro de uma empresa.

Float **de cobrança.** O tempo que uma empresa leva para conseguir utilizar os fundos após um cliente ter pago por suas mercadorias é chamado de ***float* de cobrança**. As empresas podem reduzir suas necessidades de capital de giro reduzindo seu *float* de cobrança. O *float* de cobrança é determinado por três fatores, como mostra a Figura 18.2:

- *Float* **de postagem:** quanto tempo leva para a empresa receber o cheque após o cliente tê-lo postado,
- *Float* **de processamento:** quanto tempo leva para a empresa processar o cheque e depositá-lo no banco,
- *Float* **de disponibilidade:** quanto tempo leva até o banco creditar os fundos à empresa.

Float **de pagamento.** ***Float* de pagamento** é o tempo que leva até os pagamentos aos fornecedores realmente resultarem em uma saída de caixa para a empresa. Assim como o *float* de cobrança, este *float* é uma função do tempo de postagem, do tempo de processamento e do tempo de desbloqueio de cheques. Apesar de uma empresa poder tentar aumentar o *float* de pagamento a fim de estender o prazo de suas contas a pagar e reduzir suas necessidades de capital de giro, ela corre o risco de fazer pagamentos em atraso aos fornecedores. Em tal caso, a empresa pode ser cobrada uma taxa extra por pagamento atrasado ou ser solicitada a pagar antes da entrega (CBD, ou *cash before delivery*, no original) ou na entrega (COD, ou *cash on delivery*, no original) em compras futuras. Em alguns casos, o fornecedor pode recusar a fazer negócios no futuro com a empresa má pagadora.

Processamento eletrônico de cheques. As empresas podem empregar vários métodos para reduzir seus *floats* de cobrança e de pagamento. O **Check Clearing for the 21st Century Act**

---

float de cobrança O tempo que leva para uma empresa poder utilizar fundos após um cliente ter pago por suas mercadorias.

float de postagem Quanto tempo leva para uma empresa receber o cheque de pagamento de um cliente após o cliente tê-lo postado pelo correio.

float de processamento Quanto tempo uma empresa leva para processar o cheque de pagamento de um cliente e depositá-lo no banco.

float de disponibilidade Quanto tempo leva para um banco creditar para uma empresa os pagamentos de clientes que a empresa depositou no banco.

float de pagamento O tempo que leva antes de os pagamentos de uma empresa a seus fornecedores realmente resultarem em uma saída de caixa para a empresa.

FIGURA 18.2

Float de cobrança

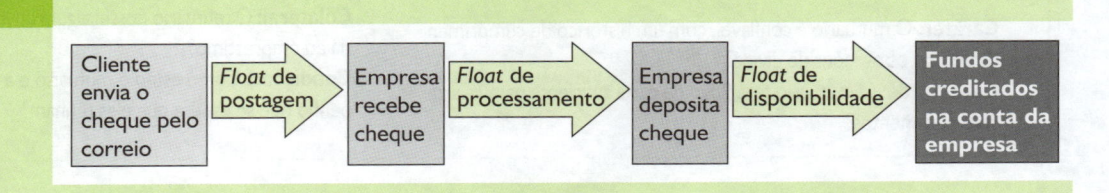

Cliente envia o cheque pelo correio → *Float* de postagem → Empresa recebe cheque → *Float* de processamento → Empresa deposita cheque → *Float* de disponibilidade → Fundos creditados na conta da empresa

Check Clearing for the 21st Century Act (Check 21)
Elimina o *float* de pagamento devido ao processo de compensação de cheques. Segundo a lei, os bancos podem processar as informações contidas nos cheques eletronicamente e, na maioria dos casos, os fundos são deduzidos da conta corrente da empresa no mesmo dia em que o fornecedor da empresa deposita o cheque em seu banco.

(Check 21), que entrou em funcionamento em 28 de outubro de 2004, eliminou o *float* de pagamento devido ao processo de desbloqueio de cheques. Segundo a lei, os bancos podem processar as informações de cheques eletronicamente, e os fundos são deduzidos da conta bancária de uma empresa no mesmo dia em que o fornecedor depositar o cheque em seu banco, na maioria dos casos. Infelizmente, apesar de os fundos serem retirados da conta de quem passou o cheque quase que imediatamente sob a Check 21, a conta do recebedor do cheque não recebe o crédito tão rapidamente. Consequentemente, o ato não serve para reduzir o *float* de cobrança.

Há varias maneiras, porém, por meio das quais uma empresa *pode* reduzir seu *float* de cobrança. Por exemplo, a empresa pode otimizar seus procedimentos internos de processamento de cheques. Além disso, com a cobrança eletrônica, os fundos são automaticamente transferidos da conta bancária do cliente para a conta bancária da empresa na data do pagamento, reduzindo o *float* de cobrança a zero. Os métodos que uma empresa emprega para reduzir seu *float* de cobrança não têm custo zero, é claro. Novos sistemas de processamento de cheques poderiam ser caros e complicados, e contratar uma agência de cobrança para acelerar as cobranças gera custos, como taxas para a agência, além de má vontade por parte dos clientes da empresa. Portanto, para decidir qual deles empregar, se é que algum será utilizado, a empresa tem que comparar os custos e os benefícios dos sistemas que a permitem utilizar seu dinheiro por um período mais longo.

3. O que significa o termo "2/10, 30 líquido"?
4. Liste três fatores que determinam o *float* de cobrança.

18.3 Gerenciamento de contas a receber

Até agora, discutimos os custos e benefícios do crédito comercial em geral. Depois, vimos algumas questões que surgem especificamente do gerenciamento das contas a receber de uma empresa. Particularmente focamos em como uma empresa adota uma política para oferecer crédito a seus clientes e como ela monitora continuamente suas contas a receber.

Determinando a política de crédito

Estabelecer uma política de crédito envolve três passos que discutiremos separadamente:

1. Estabelecer padrões de crédito
2. Estabelecer termos de crédito
3. Estabelecer uma política de cobrança

Estabelecendo padrões de crédito. A gerência primeiramente tem que decidir sobre seus padrões de crédito. Ela o concederá a qualquer um que o solicitar? Ou será seletiva e concederá

Os 5 C's do crédito

Os credores cunharam a expressão, "Os 5 Cs do crédito" para resumir as qualidades que eles procuram antes de conceder crédito:

Caráter: O mutuário é confiável, com um histórico de cumprimento de suas obrigações de dívida?

Capacidade: O mutuário terá fluxo de caixa suficiente para realizar seus pagamentos?

Capital: O mutuário tem capital (líquido) suficiente para justificar o empréstimo?

Colateral: O mutuário possui algum ativo que pode servir de garantia ao empréstimo?

Condições: Como estão o mutuário e a economia e qual o desempenho que se espera que eles tenham?

crédito somente àqueles clientes que têm risco de crédito muito baixo? A menos que a empresa adote a primeira política, ela precisará avaliar o risco de crédito de cada cliente antes de decidir se deve conceder-lhe crédito. As grandes empresas realizam esta análise internamente, com seus próprios departamentos de crédito. As pequenas empresas compram relatórios de crédito de agências de classificação de crédito, como a Dun & Bradstreet.

Muitas empresas considerarão fatores adicionais ao decidir se devem ou não conceder crédito a determinado cliente. Por exemplo, a fim de ganhar vendas, uma empresa pode ter muito mais chances de conceder crédito se ela esperar que um cliente vá ser um cliente de repetição. Se o custo do crédito é pequeno em relação ao preço de compra, a empresa pode adotar uma política menos restritiva. Assim, apesar de o risco de crédito ser um ponto de partida, os gerentes da empresa podem escolher estender o crédito estrategicamente ao lidar com clientes potencialmente importantes ou vendas com margens altas.

A decisão de que nível de risco de crédito assumir desempenha um importante papel na determinação de que quantia de dinheiro uma empresa compromete em suas contas a receber. Apesar de uma política restritiva poder resultar em um volume de vendas menor, a empresa terá um menor investimento em contas a receber. Ao contrário, uma política menos seletiva produzirá um maior volume de vendas, mas o nível de contas a receber também aumentará.

Estabelecendo os termos de crédito. Após uma empresa decidir sobre seus padrões de crédito, ela terá, então, que estabelecer seus termos de crédito. A empresa decide sobre a extensão do período de tempo antes de o pagamento ter que ser feito (o período "líquido") e escolhe se deve ou não oferecer um desconto para encorajar pagamentos antecipados. Se oferecer um desconto, ela também terá que determinar a porcentagem de desconto e o período de descapitalização. Se a empresa for relativamente pequena, ela provavelmente seguirá o caminho de outras empresas da indústria ao estabelecer estes termos.

EXEMPLO 18.4

Avaliando uma mudança na política de crédito

Problema

Sua empresa atualmente vende seu produto com um desconto de 1% a clientes que pagam em dinheiro imediatamente. Caso contrário, o preço cheio é devido em 30 dias. Metade de seus clientes tira proveito do desconto. Você está considerando diminuir o desconto de modo que seus termos seriam apenas 30 líquido. Se fizer isso, você espera perder alguns clientes que só estavam dispostos a pagar o preço com desconto, mas o resto simplesmente passará a levar os 30 dias para pagar. Em conjunto, você estima que vá vender 20 unidades a menos por mês (em comparação a 500 unidades atualmente). Seu custo variável por unidade é de US$ 60 e seu preço por unidade é de US$ 100. Se seu retorno exigido for de 1% por mês, você deve mudar sua política?

Solução

▶ Planejamento

Para decidir se deve ou não mudar sua política, calcule o NPV da mudança. Custa-lhe US$ 30.000 produzir as 500 unidades. Você recebe o pagamento pela metade das unidades imediatamente ao preço de US$ 99 por unidade (desconto de 1%). A outra metade é recebida 30 dias depois ao preço de US$ 100 por unidade. Neste ponto, você está recomeçando com o lote seguinte de produtos. Assim, você pode pensar em seus fluxos de caixa em qualquer período de 30 dias como:

	Agora	30 dias	
Produzir o primeiro lote de 500 unidades a US$ 60 cada	−30.000		
Clientes pagam por 250 unidades a US$ 99 cada	+24.750		
Clientes pagam por 250 unidades a US$ 100 cada		+25.000	...
Produzir próximo lote de 500 unidades a US$ 60 cada		−30.000	...
Clientes pagam por 250 unidades a US$ 99 cada		+24.750	...
Total	**−5.250**	**+25.000 − 5.250**	...

> Sob a nova política, seus fluxos de caixa passarão para:
>
> | | Agora | 30 dias |
> |---|---|---|
> | Produzir o primeiro lote de 480 unidades a US$ 60 cada | −28.800 | |
> | Clientes pagam por 480 unidades a US$ 100 cada | | +48.000 ... |
> | Produzir próximo lote de 480 unidades a US$ 60 cada | | −28.800 ... |
> | **Total** | **−28.800** | **+48.000 − 28.800** |
>
> Com esses fluxos de caixa, estamos prontos para calcular o NPV da mudança de política.
>
> ▶ **Execução**
> $NPV_{atual} = -5.250 + 25.000 - 5.250 / 0,01 = 1.969.750$
> $NPV_{novo} = -28.800 + 48.000 - 28.800 / 0,01 = 1.891.200$
> Então, o NPV da mudança será US$ 1.969.750 − US$ 1.891.200 = −US$ 78.550.
>
> ▶ **Avaliação**
> Você não deve fazer a mudança porque perderá muitos clientes, apesar de seus clientes remanescentes pagarem o preço cheio. O NPV nos ajuda a ponderar este *tradeoff* – o valor presente dos custos supera o valor presente dos benefícios, então, a decisão não é boa.

Estabelecendo uma política de cobrança. O último passo no desenvolvimento de uma política de crédito é decidir sobre uma política de cobrança. O conteúdo desta política pode variar de nada fazer se um cliente pagar atrasado (o que geralmente não é uma boa ideia) a enviar uma educada carta de cobrança, a cobrar juros sobre os pagamentos que se estenderem além de um período especificado, ou até mesmo a ameaçar tomar providências legais no primeiro pagamento atrasado.

Monitorando as contas a receber

Após estabelecer uma política de crédito, uma empresa tem que monitorar suas contas a receber para analisar se sua política de crédito está ou não funcionando com eficácia. Duas ferramentas que as empresas utilizam para monitorar as contas a receber são o prazo de recebimento em dias (ou período médio de recebimento) e o cronograma de vencimentos.

Prazo de recebimento em dias. O prazo de recebimento em dias é o número médio de dias que uma empresa leva para receber o dinheiro resultante de suas vendas. Uma empresa pode comparar este número à política de pagamento especificada em seus termos de crédito para julgar a eficácia de sua política de crédito. Se os termos de crédito especificam "30 líquido" e o prazo de recebimento em dias das contas pendentes é de 50 dias, a empresa pode concluir que seus clientes estão pagando com 20 dias de atraso, em média.

A empresa também tem que observar a tendência no prazo de recebimento em dias ao longo do tempo. Se o índice do prazo de recebimento em dias tem sido de aproximadamente 35 dias nos últimos anos e passa a ser de 43 dias este ano, a empresa pode reexaminar sua política de crédito. É claro que se a economia estiver lenta, toda a indústria é afetada. Sob estas circunstâncias, o aumento tem pouca ligação com a empresa propriamente dita.

O prazo de recebimento em dias pode ser calculado a partir do demonstrativo financeiro de uma empresa. Os investidores externos geralmente utilizam esta medida para avaliar a política de gerenciamento de crédito da empresa. Um grande ponto fraco do prazo de recebimento em dias é que ele é meramente um número e esconde muitas informações úteis. Padrões de vendas sazonais podem fazer o número calculado para o prazo de recebimento em dias mudar dependendo de quando o cálculo ocorre. O número também pode parecer razoável mesmo quando uma porcentagem substancial dos clientes da empresa estiver pagando com atraso.

cronograma de vencimentos
Classifica as contas de uma empresa segundo o número de dias em que elas estão nos livros da empresa. Pode ser preparado utilizando ou o número de contas ou o montante em dólar das contas a receber pendentes.

Cronograma de vencimentos. Um **cronograma de vencimentos** classifica as contas pelo número de dias que elas estão nos registros contábeis da empresa. Pode ser preparado utilizando ou o número de contas ou o valor em dólar das contas a receber pendentes. Por exemplo, suponhamos que uma empresa que vende sob os termos 2/15, 30 líquido tenha US$ 530.000 em contas a receber que estejam nos registros contábeis há 15 dias ou menos em 220 contas. Outros US$ 450.000 estão nos registros contábeis há 16 a 30 dias e representam 190 contas, e US$ 350.000 estão nos registros contábeis há 31 a 45 dias e representam 80 contas. A empresa possui US$ 200.000 que estão nos registros contábeis há 46 a 60 dias em 60 contas. Ainda outros US$ 70.000 estão nos registros contábeis há mais de 60 dias e representam 20 contas. A Tabela 18.2 inclui cronogramas de vencimentos baseados no número de contas e no valor pendente em dólar.

Neste caso, se as vendas diárias médias da empresa são de US$ 65.000, seu prazo de recebimento em dias é US$ 1.600.000 / US$ 65.000 = 25 dias. Mas, em um exame mais detalhado, utilizando os cronogramas de vencimentos da Tabela 18.2, podemos ver que 28% dos clientes que utilizam o crédito da empresa (e 39% em valor em dólar) estão pagando com atraso.

EXEMPLO 18.5
Cronogramas de vencimento

Problema
A Financial Training Systems (FTS) cobra suas contas com termos de 3/10, 30 líquido. As contas a receber da empresa incluem US$ 100.000 que estão pendentes há 10 dias ou menos, US$ 300.000 pendentes de 11 a 30 dias, US$ 100.000 que estão pendentes de 31 a 40 dias, US$ 20.000 pendentes de 41 a 50 dias, US$ 10.000 pendentes de 51 a 60 dias, e US$ 2.000 pendentes há mais de 60 dias. Prepare um cronograma de vencimento para a FTS.

Solução

▸ Planejamento

Um cronograma de vencimento mostra o valor e a porcentagem do total de contas a receber pendentes há diferentes períodos. Com as informações disponíveis, podemos calcular o cronograma de vencimentos com base nos valores pendentes em dólar.

▸ Execução

Dias pendentes	Valor pendente (US$)	Porcentagem pendente (%)
1–10	100.000	18,8
11–30	300.000	56,4
31–40	100.000	18,8
41–50	20.000	3,8
51–60	10.000	1,9
60+	2.000	0,3
	532.000	100,0

▸ Avaliação

A FTS não tem uma porcentagem excessiva pendente ao longo da tabela (apenas 6% de suas contas a receber estão pendentes há mais de 40 dias).

padrão de pagamentos
Fornece informações sobre a porcentagem de vendas mensais que a empresa recebe em cada mês após a venda.

Se o cronograma de vencimentos ficar "pesado na parte inferior" – isto é, se as porcentagens na metade inferior do cronograma que representa as empresas que pagam com atraso começar a aumentar – a empresa provavelmente precisará revisar sua política de crédito. O cronograma de vencimentos também às vezes é aumentado pela análise do **padrão de pagamentos**, que fornece informações sobre a porcentagem de vendas mensais que a empresa recebe a cada mês após a venda. Ao examinar dados passados, uma empresa observa que 10% de suas vendas são normalmente recebidas no mês da venda, 40% no mês seguinte à venda, 25% dois meses após a venda, 20% três meses após a venda e 5% quatro meses após a venda. A gerência pode comparar esse padrão de pagamentos normal ao padrão de pagamentos atual. O conhecimento do padrão de pagamentos também é útil para prever as exigências de capital de giro da empresa.

TABELA 18.2 Cronogramas de vencimento

(a) Número de contas

Dias pendentes	Número de contas	Porcentagem de contas (%)
1-15	220	38,6
16-30	190	33,3
31-45	80	14,0
45-60	60	10,5
60+	20	3,5
	570	100,0

(b) Valores pendentes em dólar

Dias pendentes	Valor pendente (US$)	Porcentagem pendente (%)
1-15	530.000	33,1
16-30	450.000	28,1
31-45	350.000	21,9
45-60	200.000	12,5
60+	70.000	4,4
	1.600.000	100,0

Fixação de conceitos

5. Descreva os três passos ao estabelecer uma política de crédito.
6. Qual é a diferença entre o prazo de recebimento em dias e um cronograma de vencimentos?

18.4 Gerenciamento de contas a pagar

Uma empresa deve escolher contrair empréstimos utilizando contas a pagar somente se o crédito comercial for a fonte de financiamento mais barata. O custo do crédito comercial depende dos termos do crédito. Quanto maior a porcentagem de desconto oferecida, maior o custo de se abrir mão do desconto. O custo de se abrir mão do desconto também é mais alto com um período de empréstimo mais baixo. Quando uma empresa tem uma escolha entre o crédito comercial de dois fornecedores, ela deve levar em consideração a alternativa menos dispendisiosa.

Além disso, uma empresa deve sempre pagar no último dia permitido. Por exemplo, se o período de descapitalização é de 10 dias e a empresa está aproveitando o desconto, o pagamento deve ser feito no dia 10, e não no dia 2. Se o desconto não for aproveitado e os termos forem 2/10, 30 líquido, o pagamento integral deve ser feito no dia 30, e não no dia 16. Uma empresa deve se esforçar para manter seu dinheiro funcionando pelo período de tempo mais longo possível sem desenvolver um mau relacionamento com seus fornecedores ou se envolver em práticas antiéticas. Nesta seção, examinaremos duas técnicas que as empresas utilizam para monitorar suas contas a pagar.

Determinando o prazo de pagamento pendente em dias

De maneira similar à situação com as contas a receber, uma empresa deve monitorar suas contas a pagar para garantir que ela esteja fazendo seus pagamentos no momento ótimo. Um método é calcular o prazo de pagamento pendente em dias e compará-lo aos termos de crédito. O prazo de pagamento pendente em dias é o saldo de contas a pagar expresso em termos do número de dias de custo de mercadorias vendidas. Se as contas a pagar pendentes são de 40 dias e os termos são 2/10, 30 líquido, a empresa pode concluir que ela geralmente paga com atraso e está se arriscando a ter dificuldades com os fornecedores. Ao contrário, se o prazo de pagamento pendente em dias é de 25 dias e a empresa não tem aproveitado o desconto, a empresa está pagando cedo demais. Ela poderia estar obtendo outros cinco dias de juros sobre seu dinheiro.

EXEMPLO 18.6
Gestão de contas a pagar

Problema
A Rowd Company tem um saldo médio de contas a pagar de US$ 250.000. Seu custo médio de mercadorias vendidas é US$ 14.000, e ela recebe termos de 2/15, 40 líquido de seus fornecedores. A Rowd decide abrir mão do desconto. A empresa está gerenciando bem suas contas a pagar?

Solução

▶ Planejamento

Dado o saldo de contas a pagar da Rowd e seu COGS diário, podemos calcular o número médio de dias que ela leva para pagar a seus fornecedores dividindo o saldo médio pelos custos diários. Dados os termos de seus fornecedores, a Rowd deve ou pagar no 15º dia (o último dia possível para obter o desconto), ou no 40º dia (o último dia possível para realizar o pagamento). Não há benefício em pagar em qualquer outro momento.

▶ Execução

O prazo de pagamento pendente em dias da Rowd é US$ 250.000/US$ 14.000 = 17,9 dias. Se a Rowd fizesse o pagamento três dias antes, ela poderia tirar proveito do desconto de 2%. Se, por algum motivo, ela decidisse abrir mão do desconto, ela não deveria pagar o valor integral até o 40º dia.

▶ Avaliação

A empresa não está gerenciando bem suas contas a pagar. Quanto antes ela pagá-las, mais cedo o dinheiro deixará a Rowd. Assim, o único motivo de pagar antes do 40º dia é receber o desconto pagando antes do 15º dia. Pagar no 18º dia não somente faz perder o desconto, mas custa à empresa 22 dias (40 − 18) de uso de seu dinheiro.

Extensão do prazo das contas a pagar

extensão do prazo das contas a pagar Quando uma empresa ignora o prazo de vencimento de um pagamento e paga mais tarde.

Algumas empresas ignoram o período de vencimento de pagamento e pagam a quantia devida mais tarde, em uma prática chamada de **extensão do prazo das contas a pagar**. Dados os termos 2/10, 30 líquido, por exemplo, uma empresa pode decidir não pagar a quantia devida até 45 dias após o vencimento. Fazê-lo reduz o custo direto do crédito comercial porque estende o tempo que uma empresa tem de uso de seus fundos. Apesar de a taxa de juros por período permanecer a mesma – US$ 2/US$ 98 = 2,04% – a empresa está utilizando os US$ 98 por 35 dias além do período de descapitalização, em vez de pelos 20 dias fornecidos pelos termos do crédito comercial.

EXEMPLO 18.7
Custo do crédito comercial com extensão do prazo das contas a pagar

Problema
Qual é o custo efetivo anual dos termos de crédito de 1/15, 40 líquido se a empresa estender o prazo das contas a pagar para 60 dias?

Solução

▶ Planejamento

Primeiramente, precisamos calcular a taxa de juros por período. O desconto de 1% significa que, em uma compra de US$ 100, ou você paga US$ 99 no período de descapitalização, ou fica com os US$ 99 e paga US$ 100 depois. Assim, você paga US$ 1 de juros sobre os US$ 99. Se você pagar no prazo, então este US$ 1 em juros será em cima do período de 25 dias entre o 15º dia e o 40º dia. Se você estender o prazo, então este US$ 1 em juros será em cima do período de 45 dias entre o 15º dia e o 60º dia.

▶ Execução

A taxa de juros por período é US$ 1/US$ 99 = 1,01%. Se a empresa atrasar o pagamento até o 60º dia, ela terá uso dos fundos por 45 dias além do período de descapitalização. Há 365/45 = 8,11 períodos de 45 dias em um ano. Assim, o custo efetivo anual é $(1,0101)^{8,11} - 1 = 0,0849$ ou 8,49%.

> **Avaliação**
> Pagar dentro do prazo corresponde a um período de crédito de 25 dias e há 365/25 = 14,6 períodos de 25 dias em um ano. Assim, se a empresa pagar no 40º dia, o custo efetivo anual é $(1,0101)^{14,6} - 1 = 0,1580$, ou 15,8%. Estendendo o prazo de suas contas a pagar, a empresa reduz substancialmente seu custo efetivo de crédito.

As empresas também podem realizar um pagamento no 30º dia, mas pagar somente o preço com desconto. Algumas podem pagar somente o preço com desconto e pagar ainda mais tarde do que o 30º dia. Apesar de todas essas ações reduzirem a taxa efetiva anual associada ao crédito comercial, a empresa incorre em custos em decorrência dessas ações. Os fornecedores reagem a uma empresa cujos pagamentos estão sempre atrasados impondo termos de pagamento na entrega (COD ou *cash on delivery*, no original) ou antes da entrega (CBD ou *cash before delivery*, no original). A empresa má pagadora, então, arca com os custos adicionais associados a esses termos e pode ter que negociar um empréstimo bancário para ter o dinheiro disponível a fim de realizar pagamentos. O fornecedor também pode descontinuar os negócios com a cliente má pagadora, deixando-a encontrar outra fonte, que pode ser mais cara ou de mais baixa qualidade. Outra consequência é uma classificação de crédito ruim, dificultando que a empresa obtenha bons termos com qualquer outro fornecedor. Além disso, quando uma empresa concorda explicitamente com os termos da venda, violar esses termos constitui um comportamento antiético nos negócios.

Fixação de conceitos

7. Qual é o momento ótimo para uma empresa pagar suas contas?
8. O que significam os termos COD e CBD?

18.5 Gerenciamento de estoque

Como discutimos anteriormente, em um cenário de mercados de capitais perfeitos, as empresas não precisariam ter contas a pagar ou a receber. As taxas de juros sobre o crédito comercial seriam competitivas, e as empresas poderiam utilizar fontes alternativas de financiamento. Entretanto, ao contrário do crédito comercial, o estoque representa um dos fatores de produção exigidos. Portanto, mesmo em um cenário de mercados de capitais perfeitos, as empresas ainda precisam manter estoque.

O gerenciamento de estoque recebe extensa cobertura em cursos de gerenciamento operacional. No entanto, é o gerente financeiro da empresa que tem que conseguir o financiamento necessário para sustentar a política de estoque da empresa e que é responsável por garantir sua lucratividade geral. Portanto, o papel do gerente de estoque é equilibrar os custos e benefícios associados ao estoque. Como o estoque em excesso utiliza dinheiro, o gerenciamento eficiente de estoque aumenta o valor da empresa.

Benefícios da manutenção de estoque

falta de estoque A situação que ocorre quando uma empresa fica sem estoque.

Uma empresa precisa de seu estoque para operar por diversos motivos. Primeiramente, o estoque ajuda a minimizar o risco de que a empresa não vá ser capaz de obter algum *input* de que precisa para a produção. Se uma empresa mantém pouco estoque, **faltas de estoque**, a situação em que uma empresa fica sem estoque, podem ocorrer e levar a perda de vendas. Clientes desapontados podem passar para um dos concorrentes da empresa.

Em segundo lugar, as empresas podem manter estoque porque fatores como a sazonalidade na demanda significam que as compras do cliente não correspondem perfeitamente ao ciclo de produção mais eficiente. Considere o caso da Sandpoint Toy Company. Como é típico para muitos fabricantes de brinquedos, 80% das vendas anuais da Sandpoint ocorrem entre setembro e dezembro, em antecipação às festas de fim de ano. É mais eficiente para a Sandpoint fabricar brinquedos a uma taxa relativamente constante durante todo o ano. Se a

Sandpoint produzir seus brinquedos a uma taxa constante, seus níveis de estoque aumentarão a níveis muito altos em agosto, em antecipação ao aumento das vendas em setembro. Em contrapartida, a Sandpoint pode considerar uma estratégia de produção sazonal, produzindo mais brinquedos entre setembro e dezembro, quando as vendas estão altas. Sob esta estratégia, o estoque não se acumularia, liberando fluxo de caixa do capital de giro e reduzindo os custos de estoque. Entretanto, a produção sazonal incorre em custos adicionais, como maior desgaste dos equipamentos de produção durante o pico da demanda e a necessidade de contratar e treinar trabalhadores sazonais. A Sandpoint tem que ponderar os custos do acúmulo de estoque sob a estratégia de produção constante em comparação aos benefícios de uma produção mais eficiente. A escolha ótima provavelmente vai envolver um meio-termo entre os dois extremos, de modo que a Sandpoint mantenha algum estoque.

Custos da manutenção de estoque

Como sugerido pelo exemplo da Sandpoint Toy, comprometer capital em estoque é dispendioso para uma empresa. Podemos classificar os custos diretos associados ao estoque em três categorias:

- *Custos de aquisição* são os custos do próprio estoque ao longo do período em análise (normalmente um ano).
- *Custos de pedido* são os custos totais de fazer um pedido ao longo do período em análise.
- *Custos de carregamento* incluem custos de armazenamento, seguro, impostos, estragos, obsolescência, e o custo de oportunidade dos fundos comprometidos com o estoque.

Minimizar esses custos totais envolve alguns *tradeoffs*. Por exemplo, se supusermos que não há desconto disponível para grandes quantidades, quanto menor for o nível de estoque que uma empresa mantém, menor será seu custo de carregamento, mas mais altos serão seus custos anuais de pedidos porque ela precisa fazer mais pedidos durante o ano.

Algumas empresas procuram reduzir seus custos de carregamento o máximo possível. Com o **gerenciamento de estoques *"just-in-time"* (JIT)**, uma empresa adquire o estoque quando necessário de modo que seu saldo de estoque seja sempre zero, ou muito próximo de zero. Esta técnica exige uma coordenação excepcional com os fornecedores além de uma demanda previsível pelos produtos da empresa. Em 2007, a Boeing estabeleceu um sistema de produção global para seu novo 787 "Dreamliner". Muito pouco do novo avião é realmente produzido na sua fábrica, em Everett, Washington. Ao contrário, todos os seus maiores sistemas, incluindo fuselagem e asas, são produzidos em qualquer lugar e transportados por via aérea para a linha de montagem final usando um avião de carga 747 especialmente modificado. As peças chegam poucos instantes antes do momento em que são necessárias para a linha de montagem final da aeronave. Assim, a Boeing não precisa arcar com os custos de manutenção de grandes estoques. Entretanto, este plano tem riscos, como o fato de a Boeing ter tido sérios problemas iniciais com seus produtores contratados finalizando suas partes a tempo. Consequentemente, ela atrasou a entrega das primeiras aeronaves e sofreu penalizações financeiras com isso. Mesmo que a sua empresa não pratique uma gestão de entrega JIT, ela pode ser for-

gerenciamento de estoque "just-in-time" (JIT) Quando uma empresa adquire estoque quando necessário de modo que seu saldo de estoque seja sempre zero, ou muito próximo de zero.

O gerenciamento de estoque aumenta o resultado final na Gap

Em 2003, a cadeia de vestuário GAP diminuiu seu investimento em estoque significativamente reduzindo seu estoque em dias pendentes em 24%. Essa mudança liberou US$ 344 milhões para outros fins. A GAP investiu parte deste dinheiro em títulos de curto prazo – principalmente em títulos do governo norte-americano e títulos de agência e em certificados de depósitos bancários com vencimentos entre três meses e um ano. A empresa relatou um aumento de *US$ 1,2 milhão* em renda proveniente de juros no ano fiscal de 2003 em comparação ao ano fiscal de 2002. Ela atribuiu a elevação na renda proveniente de juros a aumentos nos saldos de caixa médios disponíveis para investimento.

Fonte: GAP 2003 annual report.

çada a adotá-la caso seu principal cliente o faça. Por exemplo, em 1999, a empresa Toys 'R Us institucionalizou o modelo JIT, o que forçou um dos seus fornecedores, o fabricante de brinquedos Hasbro, a fazer mudanças no seu esquema de produção.[2]

Fixação de conceitos

9. Quais são os custos diretos de manter estoque?
10. Descreva o gerenciamento de estoque "just-in-time".

18.6 Gerenciamento de caixa

Em cenários de mercados perfeitos, o nível de caixa é irrelevante. Com mercados de capitais perfeitos, uma empresa é capaz de levantar dinheiro instantaneamente a uma taxa justa, então, nunca vivencia falta de dinheiro. Da mesma maneira, a empresa pode investir o excesso de caixa a uma taxa justa para obter um NPV de zero.

No mundo real, é claro, os mercados não são perfeitos. A liquidez tem um custo; por exemplo, manter ativos líquidos pode gerar um retorno abaixo do mercado, e uma empresa pode enfrentar custos de transação se precisar levantar dinheiro rapidamente. Da mesma maneira, lembre-se do Capítulo 15 que manter excesso de caixa apresenta uma desvantagem tributária. Nesses casos, a estratégia ótima de uma empresa é manter algum dinheiro em caixa em antecipação às sazonalidades na demanda por seus produtos e choques aleatórios que afetam seu negócio. Empresas arriscadas e empresas com oportunidades de alto crescimento tendem a manter uma porcentagem relativamente alta de ativos como caixa. As empresas com acesso fácil aos mercados de capitais (para os quais os custos de transação de acesso a dinheiro são, portanto, mais baixos) tendem a manter menos caixa.[3] Nesta seção, examinaremos a motivação da empresa para manter caixa, ferramentas para gerenciar o caixa, e os títulos de curto prazo nos quais as empresas investem.

Motivações para a retenção de dinheiro

Há três motivos pelos quais uma empresa retém dinheiro:

- Para atender às suas necessidades do dia a dia
- Para compensar a incerteza associada a seus fluxos de caixa
- Para satisfazer exigências bancárias

Agora examinaremos detalhadamente cada uma dessas motivações para reter dinheiro.

Saldo de transações. Assim como você, uma empresa tem que reter dinheiro suficiente para pagar suas contas. A quantidade de dinheiro de que uma empresa precisa para conseguir pagar suas contas às vezes é chamada de **saldo de transações**. A quantia de dinheiro de que uma empresa precisa para satisfazer a exigência do saldo de transações depende tanto do tamanho médio das transações feitas pela empresa e do ciclo de caixa, discutido anteriormente no capítulo.

saldo de transações Quantia em dinheiro de que uma empresa precisa para conseguir pagar suas contas.

Saldo caucionário. A quantia de dinheiro que uma empresa retém para equilibrar a incerteza que ronda suas futuras necessidades de caixa é conhecida como **saldo caucionário**. O tamanho deste saldo depende do grau de incerteza que ronda os fluxos de caixa de uma empresa. Quanto mais incertos são os fluxos de caixa, mais difícil será para a empresa prever suas necessidades de transações, então, maior terá que ser o saldo caucionário.

saldo caucionário Quantia em dinheiro que uma empresa retém para compensar a incerteza em torno de suas necessidades futuras de caixa.

---

[2] Relatório anual da Hasbro 1999.
[3] Ver T. Opler, L. Pinkowitz, R. Stulz e R. Williamson, "The Determinants and Implications of Corporate Cash Holdings," *Journal of Financial Economics* 52 (1) (1999): 3–46.

Saldos de caixa

A liquidez corporativa é medida como investimentos corporativos em títulos de curto prazo negociáveis no mercado. Nos Estados Unidos, a liquidez corporativa subiu de US$ 3,6 trilhões em 1999 para mais de US$ 6 trilhões em 2008, o que representa um aumento de mais de 60%. Segundo uma pesquisa de 2004 com mais de 360 empresas conduzida pela Treasury Strategies, Inc., uma empresa de consultoria de Chicago, mais de metade dessas empresas se considera investidores líquidos, com mais investimentos de curto prazo do que de dívida pendente de curto prazo.

Por que as empresas têm acumulado mais dinheiro? Fatores incluem um afastamento de indústrias como a manufatureira, que têm gastos pesados em instalações e equipamentos, a força em setores como serviços financeiros que têm baixos desembolsos de capital e altos fluxos de caixa e a relutância das empresas a investir pesado após os gastos desenfreados em tecnologia no final da década de 1990. Consequentemente, as economias corporativas alcançaram a maior alta de todos os tempos.

Como as empresas estão investindo seu dinheiro? Uma pesquisa de 2004 feita pela Treasury Strategies indicou que 36% são investidos em fundos e contas do mercado aberto, 21% em títulos de dívida e notas e o restante é investido diretamente em papéis comerciais, CDs, acordos de recompra e outros investimentos.

Fonte: "Outside Audit: Liquidity of U.S. Companies Increased 30% Since 1999," Christine Richard, Dec. 1, 2004, *The Wall Street Journal*, p. C3, e cálculos dos autores a partir de dados do Federal Reserve.

---

saldo de compensação Quantia que o banco de uma empresa pode exigir que ela mantenha em uma conta no banco como compensação por serviços que o banco possa vir a realizar.

Saldo de compensação. O banco de uma empresa pode exigir que ela retenha um **saldo de compensação** em uma conta no banco para compensar os serviços que o banco realiza. Os saldos de compensação são tipicamente depositados em contas que ou não geram juros ou pagam uma taxa de juros muito baixa. Este acordo é similar a um banco oferecer um número ilimitado de cheques a indivíduos, contanto que seus saldos não fiquem abaixo de determinado nível – digamos, US$ 1.000. Essencialmente, o cliente tem US$ 1.000 em dinheiro que ele não pode utilizar, a não ser que esteja disposto a pagar uma taxa pelo serviço. Da mesma maneira, o caixa que uma empresa comprometeu para atender uma exigência de saldo de compensação não é disponibilizado para outros usos.

Investimentos alternativos

Em nossa discussão sobre *floats* de cobrança e de pagamento, supusemos que uma empresa invista qualquer dinheiro em títulos de curto prazo. Na verdade, a empresa pode escolher dentre uma variedade de títulos de curto prazo que diferem bastante em relação a seu risco de inadimplência e risco de liquidez. Quanto maior o risco, maior o retorno esperado sobre o investimento. O gerente financeiro tem que decidir que nível de risco ele está disposto a aceitar em troca de uma rentabilidade mais alta. Se sua empresa espera precisar dos fundos dentro dos 30 próximos dias, o gerente provavelmente evitará as opções menos líquidas. A Tabela 18.3 descreve brevemente os investimentos de curto prazo mais utilizados; estes títulos de dívida de curto prazo são coletivamente chamados de títulos do mercado monetário.

Assim, um gerente financeiro que quer investir os fundos da empresa em um título menos arriscado escolherá as Treasury bills. Entretanto, se o gerente financeiro quer ganhar um retorno mais alto sobre os investimentos de curto prazo, ele pode investir uma parte ou todo o excesso de caixa da empresa em uma alternativa mais arriscada, como notas comerciais.

Fixação de conceitos

11. Liste três motivos pelos quais uma empresa retém dinheiro.
12. Que *tradeoff* uma empresa enfrenta ao escolher como investir seu dinheiro?

TABELA 18.3 Opções de investimento do mercado aberto

Investimento	Descrição	Vencimento	Risco	Liquidez
Treasury Bills	Títulos de dívida de curto prazo do governo norte-americano.	Quatro semanas, três meses (91 dias) ou seis meses (182 dias) quando recém-emitidos.	Livre de risco de inadimplência.	Muito líquido e negociável no mercado.
Certificados de Depósito (CDs)	Títulos de dívida de curto prazo emitidos por bancos. Denominação mínima de US$ 100.000.	Vencimentos que variam até um ano.	Se o banco emissor for segurado pela FDIC, qualquer quantia até US100.000 é livre de risco de inadimplência porque é coberta pelo seguro. Qualquer valor acima de US$ 100.000 não é segurado e é sujeito a risco de inadimplência.	Ao contrário dos CDs comprados por indivíduos, estes CDs são vendidos no mercado secundário, mas são menos líquidos que os *Treasury Bills*.
Acordos de recompra	Essencialmente um contrato de empréstimo onde um negociante de títulos é o "mutuário" e o investidor é o "credor". O investidor compra títulos, como os *Treasury Bills* norte-americanos, do negociante de títulos, com um acordo de vender os títulos de volta ao negociante em uma data posterior por um preço mais alto especificado.	Muito curto prazo, variando de *overnight* para aproximadamente três meses de duração.	O título serve como um colateral para o empréstimo e, portanto, o investidor é exposto a muito pouco risco. Entretanto, o investidor precisa considerar a solvência do negociante de títulos ao avaliar o risco.	Não há mercado secundário para acordos de recompra.
Aceite bancário (*banker's acceptance*)	Letras de câmbio emitidas pelo mutuário e garantidas pelo banco em que são emitidas. Geralmente utilizadas em transações de comércio internacional. O mutuário é um importador que emite a letra de câmbio como pagamento por mercadorias.	Normalmente de um a seis meses.	Como tanto o mutuário quanto o banco garantem a letra de câmbio, há muito pouco risco.	Quando o exportador recebe a letra de câmbio, ele pode detê-la até o vencimento e receber seu valor integral ou pode vendê-la com um desconto antes do vencimento.
Notas comerciais	Títulos de dívida de curto prazo e sem garantias emitidos por grandes corporações. A denominação mínima é de US$ 25.000, mas a maioria dos papéis comerciais possui um valor de face de US$ 100.000 ou mais.	Normalmente de um a seis meses.	O risco de inadimplência depende da solvência da corporação emissora.	Não há mercado secundário ativo, mas o emissor pode recomprar papéis comerciais.
Títulos de curto prazo com isenção tributária	Títulos de dívida de curto prazo de governos estaduais e municipais. Estes instrumentos pagam juros isentos de impostos federais, então, sua rentabilidade antes dos impostos é menor do que a de um investimento de risco similar, mas totalmente tributável.	Normalmente de um a seis meses.	O risco de inadimplência depende da solvência do governo emissor.	Mercado secundário moderado.

RESUMO DO CAPÍTULO

Pontos principais e equações	Termos	Oportunidades de prática online
18.1 Panorama do capital de giro ▸ O gerenciamento do capital de giro envolve gerenciar os ativos de curto prazo e os passivos de curto prazo de uma empresa. ▸ O ciclo de caixa de uma empresa é o período de tempo entre o momento em que ela realiza um pagamento em dinheiro para comprar seu estoque inicial e o momento em que ela recebe o dinheiro da venda da saída produzida a partir daquele estoque. O ciclo operacional é o período médio de tempo entre o momento em que a empresa originalmente compra seu estoque e o momento em que ela recebe o dinheiro de volta em troca da venda de seu produto.	ciclo de conversão de caixa, p. 601 ciclo de caixa, p. 601 ciclo operacional, p. 601	MyFinanceLab Study Plan 18.1
18.2 Crédito comercial ▸ O crédito comercial é, efetivamente, um empréstimo da empresa vendedora a seu cliente. O custo do crédito comercial depende dos termos de crédito. O custo de não aproveitar um desconto que é oferecido por um fornecedor implica em uma taxa de juros para o empréstimo. ▸ As empresas fornecem crédito comercial aos seus clientes por dois motivos: (a) como uma maneira indireta de diminuir os preços, e (b) porque elas podem ter vantagens em fazer empréstimos a seus clientes em relação a outras possíveis fontes de crédito. ▸ A empresa deve comparar o custo do crédito comercial com o custo de fontes alternativas de financiamento ao decidir se deve ou não utilizar o crédito comercial oferecido. ▸ O *float* de cobrança é a quantidade de tempo que leva para uma empresa conseguir utilizar os fundos após um cliente ter pago por seus produtos. As empresas podem diminuir suas necessidades de capital de giro reduzindo seu *float* de cobrança.	Check clearing for the 21st Century Act (Check 21), p. 608 crédito comercial, p. 605 desconto em dinheiro, p. 605 *float* de cobrança, p. 607 *float* de disponibilidade, p. 607 *float* de pagamento, p. 607 *float* de postagem, p. 607 *float* de processamento, p. 607 período de crédito, p. 605 período de descapitalização, p. 605	MyFinanceLab Study Plan 18.2
18.3 Gerenciamento de contas a receber ▸ Estabelecer uma política de crédito envolve três passos: estabelecer padrões de crédito, estabelecer termos de crédito e estabelecer uma política de cobrança. ▸ As contas a receber em dias e o cronograma de vencimentos são dois métodos utilizados para monitorar a eficácia da política de crédito de uma empresa.	cronograma de vencimentos, p. 611 padrão de pagamentos, p. 611	MyFinanceLab Study Plan 18.3
18.4 Gerenciamento de contas a pagar ▸ As empresas devem monitorar as contas a pagar para garantir que estão fazendo pagamentos no momento ótimo. ▸ As empresas retêm estoque para evitar perder vendas devido à falta de estoque e a outros fatores, como demanda sazonal.	extensão do prazo das contas a pagar, p. 613	MyFinanceLab Study Plan 18.4

18.5 Gerenciamento de estoque ▸ Como o excesso de estoque utiliza dinheiro, a gestão de estoque eficiente aumenta o fluxo de caixa livre da empresa e, assim, eleva o valor da empresa. ▸ Os custos de estoque incluem custos de aquisição, custos de pedido e custos de carregamento.	falta de estoque, p. 614 gerenciamento de estoque "just-in-time" (JIT), p. 615	MyFinanceLab Study Plan 18.5
18.6 Gerenciamento de caixa ▸ Se a necessidade de uma empresa de reter dinheiro for reduzida, os fundos podem ser investidos em diversos títulos de curto prazo diferentes, como *Treasury bills*, certificados de depósito, papéis comerciais, acordos de recompra, aceites bancários e títulos de curto prazo com isenção tributária.	saldo caucionário, p. 616 saldo de compensação, p. 617 saldo de transações, p. 616	MyFinanceLab Study Plan 18.6

Questões de revisão

1. O que o ciclo de caixa de uma empresa nos diz?
2. Responda o seguinte:
   a. Qual é a diferença entre o ciclo de caixa de uma empresa e seu ciclo operacional?
   b. Como o ciclo de caixa de uma empresa pode ser afetado se ela aumentar seu estoque e todos os outros fatores se mantiverem inalterados?
   c. Como o ciclo de caixa de uma empresa pode ser afetado se a empresa começar a aproveitar os descontos oferecidos por seus fornecedores e todos os outros fatores se mantiverem inalterados?
3. Um aumento no ciclo de caixa necessariamente significa que a empresa está fazendo uma má gestão do seu caixa?
4. Por que o crédito comercial é importante?
5. De quais formas a gestão de contas a receber pode afetar o valor de uma empresa?
6. Quais são os passos envolvidos no estabelecimento de uma política de crédito?
7. Quais fatores determinam como uma empresa deve gerenciar seu contas a pagar?
8. Qual é o significado de "dilatar" ou estender o contas a pagar?
9. Quais são os *tradeoffs* associados à redução de estoques?
10. De que formas você pode inverter o caixa da empresa?
11. Quais dos seguintes títulos de curto prazo você espera que ofereçam os mais altos retornos antes de impostos: Treasury bills, certificados de depósitos, títulos de curto prazo livre de impostos ou notas comerciais? Por quê?

Problemas

Um realce verde (■) indica problemas disponíveis no MyFinanceLab. Um asterisco (*) indica problemas com um nível de dificuldade mais alto.

Panorama do capital de giro

1. A Homer Boats tem um prazo de pagamento pendente em dias de 20, estoque em dias de 50, e contas a receber em dias de 30. Qual é seu ciclo operacional?
2. A FastChips Semiconductors tem um estoque em dias de 75, um prazo de recebimento em dias de 30 e um prazo de pagamento pendente em dias de 90. Qual é seu ciclo de conversão de caixa?

3. A Westerly Industries possui as seguintes informações financeiras. Qual é o seu ciclo de conversão de caixa?

Vendas	100.000
Custo de mercadorias vendidas	80.000
Contas a receber	30.000
Estoque	15.000
Contas a pagar	40.000

4. A Aberdeen Outboard Motors está pensando em construir mais uma fábrica. A empresa prevê que a fábrica exigirá um investimento inicial de US$ 2 milhões em capital de giro líquido hoje. A fábrica durará dez anos, ponto no qual o investimento integral em capital de giro líquido será recuperado. Dada a taxa de descapitalização anual de 6%, qual é o valor presente líquido deste investimento em capital de giro?

5. Sua empresa atualmente possui um capital de giro líquido de US$ 100.000 que ela espera que cresça a uma taxa de 4% ao ano para sempre. Você está considerando algumas sugestões que poderiam desacelerar este crescimento para 3% ao ano. Se sua taxa de descapitalização for de 12%, como essas mudanças afetariam o valor de sua empresa?

6. A Greek Connection teve vendas de US$ 32 milhões em 2004, e um custo de mercadorias vendidas de US$ 20 milhões. Vemos a seguir um balanço patrimonial simplificado:
  a. Calcule o capital de giro líquido da Greek Connection em 2004.
  b. Calcule o ciclo de conversão de caixa da Greek Connection em 2004.
  c. O prazo de recebimento médio em dias do setor é de 30 dias. Qual teria sido o ciclo de conversão de caixa da Greek Connection em 2004 se ela tivesse correspondido à média do setor do prazo de recebimento em dias?

GREEK CONNECTION
Balanço patrimonial a partir de 31 de dezembro de 2004
(milhares de dólares)

Ativos		Passivos e ações	
Dinheiro	US$ 2.000	Contas a pagar	$1.500
Contas a receber	3.950	Títulos a pagar	1.000
Estoque	1.300	Provisões	1.220
Total de ativos circulantes	US$ 7.250	Total de passivos circulantes	US$ 3.720
Valor líquido de instalações,		Dívida de longo prazo	US$ 3.000
propriedades e equipamentos	$8.500	Total de passivos	US$ 6.720
Total de ativos	US$ 15.750	Ações comuns	US$ 9.030
		Total de passivos e patrimônio líquido	US$ 15.750

Crédito comercial

7. Suponha que os termos de crédito oferecidos à sua empresa por seus fornecedores sejam de 3/5, 30 líquido. Calcule o custo do crédito comercial se sua empresa não aceitar o desconto e pagar no 30º dia.

8. Seu fornecedor oferece termos de 1/10, 45 líquido. Qual será o custo anual efetivo do crédito comercial se escolhermos abrir mão do desconto e pagar no 45º dia?

*__9.__ A Fast Reader Company fornece serviços de quadro de avisos a inúmeras cadeias de hotéis em todo o país. O proprietário da empresa está investigando o quanto seria desejável empregar outra empresa para fazer seus faturamentos e cobranças. Como esta outra empresa se especializa nesses serviços, o *float* de cobrança será reduzido em 20 dias. As cobranças médias diárias somam US$ 1.200, e o proprietário pode ganhar 8% anualmente (expressos como um APR com composição mensal) sobre seus investimentos. A empresa de faturamento cobra US$ 250 por mês por este serviço. O proprietário deve empregar a outra empresa?

* **10.** A Saban Corporation está tentando decidir se deve trocar de banco, para um que possa acomodar transferências eletrônicas de fundos feitas pelos clientes da Saban. O gerente financeiro da Saban acredita que o novo sistema diminuiria seu *float* de cobrança em cinco dias. O novo banco exigiria um saldo de compensação de US$ 30.000, enquanto seu banco atual não possui exigências de compensação. As cobranças diárias médias da Saban somam US$ 10.000, e ela pode obter 8% sobre seus investimentos de curto prazo. A Saban deve realizar a troca? (Suponha que o saldo de compensação no novo banco será depositado em uma conta que não rende juros).

Gestão de contas a receber

11. A Manana Corporation teve vendas de US$ 60 milhões este ano. Seu saldo médio de contas a receber foi de US$ 2 milhões. Quanto tempo, em média, a empresa leva para receber o valor relativo às suas vendas?

12. A Mighty Power Tool Corporation possui as seguintes contas em seus livros:

Cliente	Quantia devida (US$)	Vencimento (dias)
ABC	50.000	35
DEF	35.000	5
GHI	15.000	10
KLM	75.000	22
NOP	42.000	40
QRS	18.000	12
TUV	82.000	53
WXY	36.000	90

A empresa estende crédito com termos de 1/15, 30 líquido. Desenvolva um cronograma de vencimento utilizando incrementos de 15 dias durante 60 dias e, então, indique quaisquer contas que tenham ficado pendentes por mais de 60 dias.

Gestão de contas a pagar

13. A padaria Simple Simon's compra suprimentos com termos de 1/10, 25 líquido. Se a Simple Simon's escolher aceitar o desconto oferecido, ela terá que obter um empréstimo bancário para atender às suas necessidades de financiamento de curto prazo. Um banco local ofereceu ao proprietário da Simple Simon's uma cotação de 12% de juros sobre fundos emprestados. A Simple Simon's deve fazer o acordo de empréstimo com o banco e começar a aceitar o desconto?

14. Sua empresa compra bens de seu fornecedor com termos de 3/15, 40 líquido.
   a. Qual será o custo anual efetivo para sua empresa se ela decidir não aceitar o desconto e fazer seu pagamento no 40º dia?
   b. Qual será o custo anual efetivo para sua empresa se ela decidir não aceitar o desconto e fazer seu pagamento no 50º dia?

* **15.** Utilize os demonstrativos financeiros fornecidos a seguir pela International Motor Corporation (IMC) para responder às seguintes perguntas:
   a. Calcule o ciclo de conversão de caixa da IMC para 2006 e 2007. Caso alguma mudança tenha ocorrido, qual foi ela? Se todos os fatores permanecerem iguais, como esta mudança afetará a necessidade de caixa da IMC?
   b. Os fornecedores da IMC oferecem termos de 30 líquido. A IMC está fazendo um bom trabalho de gestão de suas contas a pagar?

INTERNATIONAL MOTOR CORPORATION
Demonstração de resultados (em milhões)
com encerramento dos anos em 31 de dezembro

	2006	2007
Vendas	US$	US$ 75.000
Custo das mercadorias vendidas	60.000	61.000
Lucro bruto	52.000	US$ 14.000
Despesas com vendas, despesas gerais e administrativas	US$ 8.000	8.000
Lucro operacional	6.000	US$ 6.000
Despesas com juros	US$ 2.000	1.300
Lucros antes dos impostos	1.400	US$ 4.700
Impostos	US$ 600	2.350
Lucros após os impostos	300	US$ 2.350
	US$ 300	

INTERNATIONAL MOTOR CORPORATION
Balanço patrimonial (em milhões)
em 31 de dezembro

Ativos	2006	2007	Passivos	2006	2007
Caixa	$3.080	$6.100	Contas a pagar	$3.600	$4.600
Contas a receber	2.800		Títulos a pagar	1.180	1.250
Estoques	6.200	6.900	Provisões	5.600	6.211
Total de ativos circulantes	$12.080	6.600 $19.600	Total de passivos circulantes		
Fábrica, propriedade e equipamentos	$23.087	$20.098	Dívidas C. P.	$10.380	$12.061
			Lucros obtidos	$6.500	$7.000
Ativos totais	$35.167	$39.698	Total das dívidas	$16.880	$19.061
			Patrimônio líquido	$2.735	$2.735
			Ações ordinárias	$15.552	$17.902
			Total do P. C.	$18.287	$20.637
			Total bancário e P. C.	$35.167	$39.698

Gestão de estoque

16. Sua empresa recebeu US$ 10 milhões em vendas no ano passado. Seu custo de mercadorias vendidas foi US$ 7 milhões e seu saldo de estoque médio foi de US$ 1.200.000. Qual foi seu estoque médio em dias?

17. A Ohio Valley Homecare Suppliers, Inc. (OVHS), teve US$ 20 milhões em vendas em 2007. Seu custo de mercadorias vendidas foi de US$ 8 milhões, e seu saldo médio de estoque foi de US$ 2.000.000.
   a. Calcule os índices de prazo de pagamentos pendentes em dias da OVHS.
   b. A taxa de giro de estoque da indústria foi de 73 dias. Em quanto a OVHS reduziria seu investimento em estoque se ela pudesse melhorar sua taxa de giro de estoque, equiparando-a à média da indústria?

Caso simulado

Você é o Diretor Financeiro Executivo (CFO) da BP. Esta tarde você jogou golfe com um membro do conselho de diretoria da empresa. Em algum momento do *back nine**, ele descreveu com entusiasmo um recente artigo que lera em um importante periódico de administração. Este artigo apontava

---

* N. de T.: *Back nine*, no jogo de golfe, refere-se aos 9 últimos buracos de um jogo com 18.

várias empresas que tinham melhorado o desempenho do preço de suas ações por meio de uma gestão eficaz de capital de giro, e o membro da diretoria ficou intrigado. Ele ficou pensando se a BP estava ou não gerenciando seu capital de giro de forma eficiente e, caso não estivesse, se a empresa poderia conseguir algo parecido. Como a BP estava gerenciando seu capital de giro e como ele se comparava ao de seus concorrentes?

Ao voltar para casa, você decide fazer uma rápida investigação preliminar utilizando informações disponíveis na Internet.

1. Obtenha os demonstrativos financeiros dos quatro últimos anos do *website* da Nasdaq (www.nasdaq.com).
   a. Digite o símbolo da empresa (BP) na caixa e clique em "Summary Quotes" [Resumo das cotações].
   b. Depois, clique em "Company Financials" [Dados financeiros da empresa] do lado esquerdo da tela.
   c. As demonstrações de resultados aparecerão primeiro. Coloque o cursor sobre a declaração e clique com o botão direito do *mouse*. Selecione "Export to Microsoft Excel" [Exportar para o Microsoft Excel] no menu. Se você não tem essa opção, copie e cole os dados no Excel.
   d. Volte para a *web page* e clique sobre "Balance Sheets" [Balanços patrimoniais] no alto da página; repita o procedimento de *download* para os balanços patrimoniais.
   e. Copie e cole o balanço patrimonial de modo que ele esteja na mesma página que a demonstração de resultados.

2. Obtenha os índices da indústria para comparação a partir da *web page* da Reuters (www.reuters.com).
   a. Clique em "Stocks" (Ações) à esquerda da página. Digite o símbolo da empresa (BP) na caixa no alto e clique em "Go" [Ir].
   b. Selecione "Ratios" [Índice] do menu do lado esquerdo da página. Você terá que se registrar (gratuitamente) ou utilizar o nome de usuário e a senha fornecidos por seu instrutor.
   c. Copie e cole os índices de eficiência em sua planilha onde estão localizados os demonstrativos financeiros da BP.

3. Calcule o ciclo de conversão de caixa da BP para cada um dos quatro últimos anos.
   a. Calcule o Estoque em Dias utilizando o "Custo da Receita" como o custo de mercadorias vendidas e um ano de 365 dias.
   b. Calcule o prazo de recebimento em dias utilizando um ano de 365 dias.
   c. Calcule o prazo de pagamento em dias.
   d. Calcule o ciclo de conversão de caixa para cada ano.

4. Como o CCC (ciclo de conversão de caixa) da BP mudou nos últimos anos?

5. Compare os índices de giro de estoque e do prazo de recebimento em dias do ano mais recente à média da indústria.
   a. Calcule o índice de giro de estoque como Custo de Receita / Estoque.
   b. Calcule o índice do prazo de recebimento em dias como Receita Total / Contas a Receber Líquido
   c. Como os números da BP se comparam às médias da indústria? Eles confirmam ou refutam sua resposta para a Questão 4?

6. Determine como o fluxo de caixa livre da BP mudaria se o estoque e os saldos de contas a receber da empresa fossem ajustados de modo a se equiparar às médias da indústria.

7. Determine o valor do fluxo de caixa adicional que estaria disponível se a BP ajustasse suas Contas a Pagar em Dias para 75 dias.

8. Determine o valor líquido do fluxo de caixa livre e o ciclo de conversão de caixa adicionais da BP se seus índices de giro de estoque e de prazo de recebimento fossem iguais às médias da indústria e se seu prazo de pagamento em dias fosse de 75 dias.

9. Quais são suas impressões em relação à gestão de capital de giro da BP com base nessa análise preliminar? Discuta as vantagens ou desvantagens de fazer um maior alinhamento do ciclo de conversão de caixa às médias da indústria.

19 Planejamento Financeiro de Curto Prazo

OBJETIVOS DE APRENDIZAGEM

- Prever fluxos de caixa e necessidades de financiamento de curto prazo
- Compreender o princípio de correspondência entre necessidades de curto prazo e fontes de financiamento de curto prazo
- Conhecer os tipos de empréstimos bancários e seus *tradeoffs*
- Compreender o uso de notas comerciais como uma alternativa ao financiamento bancário
- Utilizar financiamento garantido por contas a receber ou estoque
- Saber como criar um plano financeiro de curto prazo

notação

EAR	taxa efetiva anual
APR	taxa percentual anual

ENTREVISTA COM Teresa Wendt, Lockheed Martin

University of Maryland, 2007

"Tenho que ser proativa, reduzindo os problemas, identificando rapidamente questões centrais e estratégias potenciais, e fornecendo recomendações e soluções".

Depois de se formar pelo College Park da University of Maryland, em 2007, com bacharelado em finanças, Teresa Wendt entrou para a Lockheed Martin como associada no Finance Leadership Development Program (FLDP – Programa de Desenvolvimento de Liderança em Finanças), um programa de rotatividade de três anos de duração que desenvolve habilidades técnicas e de liderança. A empresa, uma grande fornecedora militar, opera em quatro principais áreas de negócios: Aeronáutica, Sistemas Eletrônicos, Sistemas de Informação e Serviços Globais e Sistemas Espaciais.

Suas atribuições como Analista de Finanças de Programas incluem o planejamento financeiro de curto prazo, a compilação e a revisão de orçamentos, e a análise de custos de projetos, taxas trabalhistas, novas aquisições para os negócios e outras despesas. "Tenho que ser proativa, reduzindo os problemas, identificando rapidamente questões centrais e estratégias potenciais, e fornecendo recomendações e soluções", diz ela. "Além de habilidades em finanças, meus estudos me ensinaram como gerenciar meu tempo, estabelecer metas, trabalhar em grupo, desenvolver habilidades para apresentações e chegar a soluções criativas".

Desenvolver previsões de fluxos de caixa detalhadas é desafiador. "Custos e necessidades de caixa podem aumentar por muitos motivos, como precisar de 10 pessoas para concluir uma tarefa em vez de 5, os fornecedores cobrarem 25% adicionais como taxa de entrega, ou perder um contrato", explica Teresa. "Podem ocorrer faltas de caixa se um cliente atrasar o pagamento de uma fatura, se as despesas forem mais altas do que o planejado, ou se a empresa demorar a entregar o produto para o cliente".

Flutuações sazonais em custos e despesas afetam o orçamento geral e as necessidades de caixa. "A época de pico de férias no final do ano e no verão, apesar de planejada segundo um plano de negócios geral, aumenta significativamente no final de cada mês e trimestre. Ao compreender essas flutuações, podemos prever nossas necessidades de curto prazo com mais precisão e escolher as melhores fontes de dinheiro para atender às faltas". Quando surgem faltas de caixa, Teresa as cobre com reservas de caixas. Outras opções, ela explica, incluem "acelerar a cobrança de contas a receber ou adiar desembolsos de caixa. Faltas de caixa significativas podem exigir uma linha de crédito bancária e um plano de pagamento".

Teresa observa que a importância de projetar fluxos de caixa vai além de posições financeiras. "Esta ideia também está relacionada às suas finanças pessoais. Ao projetar com precisão e rotineiramente suas próprias necessidades de fluxo de caixa, você pode estabelecer metas razoáveis e desenvolver estratégias para alcançá-las".

A Hasbro é uma empresa que se encontra no índice Standard & Poor's 500, com ativos de mais de US$ 3,2 bilhões no final de 2007. A Hasbro projeta e fabrica brinquedos em todo o mundo; suas principais linhas de produtos incluem as marcas Playskool, Tonka e Transformers. Tipicamente, a demanda por brinquedos é altamente sazonal, com um pico de demanda durante o outono em antecipação à época de vendas de fim de ano, em dezembro. Assim, as receitas da Hasbro variam drasticamente ao longo do ano. Por exemplo, as receitas durante o quarto trimestre do ano são em geral mais do que o dobro das receitas no primeiro trimestre.

As receitas variáveis dos negócios da Hasbro fazem seus fluxos de caixa serem extremamente cíclicos. A empresa gera excedente de caixa durante alguns meses; ela possui uma grande demanda por capital durante outros meses. Essas exigências de financiamento sazonais são bastante diferentes de sua demanda contínua de longo prazo por capital permanente. Como uma empresa como a Hasbro consegue lidar com suas necessidades de caixa de curto prazo a cada ano?

Neste capítulo, analisaremos o planejamento financeiro de curto prazo. Começaremos mostrando como as empresas preveem seus fluxos de caixa para determinar suas necessidades de financiamento de curto prazo, e exploraremos os motivos pelos quais as empresas utilizam financiamento de curto prazo. Depois, discutiremos as políticas de financiamento que guiam essas decisões de financiamento. Finalmente, compararemos maneiras alternativas por meio das quais uma empresa pode financiar uma falta de caixa durante períodos em que ela não está gerando caixa suficiente, incluindo financiamentos de curto prazo com empréstimos bancários, notas comerciais e financiamento garantido.

19.1 Previsão da necessidade de financiamentos de curto prazo

O primeiro passo no planejamento financeiro de curto prazo é prever os fluxos de caixa futuros da companhia. Esta atividade possui dois objetivos. Primeiramente, uma empresa prevê seus fluxos de caixa para determinar se ela terá excedente ou déficit de caixa em cada período. Em segundo lugar, a gerência precisa decidir se esse excedente ou déficit é temporário ou permanente. Se for permanente, ele pode afetar as decisões financeiras de longo prazo da empresa. Por exemplo, se uma empresa previr um excedente de caixa contínuo, ela pode decidir aumentar seu pagamento de dividendo. Déficits resultantes de investimentos em projetos de longo prazo são geralmente financiados utilizando fontes de capital de longo prazo, como patrimônio líquido ou títulos de dívida de longo prazo.

Neste capítulo, focalizaremos no planejamento financeiro de curto prazo. Com essa perspectiva, estamos interessados em analisar os tipos de excedente ou déficits de caixa que são temporários e, portanto, de curto prazo por natureza. Quando uma empresa analisa suas necessidades de financiamento de curto prazo, ela em geral examina seus fluxos de caixa a intervalos trimestrais.

Aplicação: Springfield Snowboards, Inc.

Para ilustrar, suponhamos que hoje seja dezembro de 2009 e consideremos o caso da Springfield Snowboards, Inc. A Springfield fabrica equipamentos de *snowboarding*, que são vendidos principalmente para varejistas de artigos esportivos. A Springfield prevê que, em 2010, suas vendas crescerão em 10% para US$ 20 milhões e sua receita líquida total será de US$ 1.950.000. Supondo que tanto as vendas quanto a produção ocorram uniformemente ao longo do ano, a previsão da gerência de sua receita líquida trimestral e a demonstração de seus fluxos de caixa para 2010

TABELA 19.1 Demonstrações contábeis projetadas da Springfield Snowboards, 2010, supondo os níveis de venda

1	Trimestre	2009Q4	2010Q1	2010Q2	2010Q3	2010Q4
2	**Demonstrações de resultados (US$000)**					
3	Vendas	4.545	5.000	5.000	5.000	5.000
4	Custo de mercadorias vendidas	−2.955	−3.250	−3.250	−3.250	−3.250
5	Despesas de venda, gerais e administrativas	−455	−500	−500	−500	−500
6	**EBITDA**	1.136	1.250	1.250	1.250	1.250
7	Depreciação	−455	−500	−500	−500	−500
8	**EBIT**	682	750	750	750	750
9	Impostos	−239	−263	−263	−263	−263
10	**Lucro líquido**	443	488	488	488	488
11	**Demonstração dos fluxos de caixa**					
12	Lucro líquido		488	488	488	488
13	Depreciação		500	500	500	500
14	Mudanças no capital de giro					
15	Contas a receber		−136	—	—	—
16	Estoque		—	—	—	—
17	Contas a pagar		48	—	—	—
18	**Caixa das atividades operacionais**		899	988	988	988
19	Desembolsos de capital		−500	−500	−500	−500
20	Outros investimentos		—	—	—	—
21	**Caixa de atividades de investimento**		−500	−500	−500	−500
22	Empréstimos líquidos		—	—	—	—
23	Dividendos		—	—	—	—
24	Contribuições de capital		—	—	—	—
25	**Caixa de atividades de financiamento**		—	—	—	—
26	**Mudanças no caixa e equivalentes de caixa** (18 + 21 + 25)		399	488	488	488

são apresentados na planilha da Tabela 19.1.[1] (Também exibida, em cinza, é a demonstração de resultados do quarto trimestre de 2009.)[2]

A partir desta previsão, vemos que a Springfield é uma empresa lucrativa. Seu lucro líquido trimestral é de quase US$ 500.000. Os desembolsos de capital da Springfield são iguais à depreciação. Apesar das exigências de capital de giro da Springfield aumentarem no primeiro trimestre devido ao aumento nas vendas, elas permanecem constantes daí em diante e, assim, não têm consequências sobre o fluxo de caixa. Com base nessas projeções, a Springfield será capaz de financiar o crescimento das vendas projetado a partir de seu lucro operacional e, na verdade, acumulará excesso de caixa continuamente. Dadas previsões de crescimento similares para o ano seguinte e posteriormente, este excedente provavelmente será de longo prazo. A Springfield poderia reduzir o excedente pagando parte dele como dividendo ou recomprando ações.

Agora voltemos às possíveis necessidades de financiamento de curto prazo da Springfield. As empresas precisam de financiamentos de curto prazo por três motivos: sazonalidades, choques de fluxos de caixa negativos e choques de fluxos de caixa positivos.

Sazonalidades

Para muitas empresas, as vendas são sazonais. Quando as vendas são concentradas durante alguns meses, é provável que as fontes e os usos do dinheiro também sejam sazonais. As empre-

---

[1] Nesta tabela, e em todo o restante do capítulo, exibimos números arredondados. Cálculos como o Lucro Líquido são baseados em números reais na planilha com todos os dígitos significativos. Assim, ocasionalmente haverá uma pequena discrepância entre o valor calculado no Excel exibido e o valor calculado à mão utilizando os números arredondados dados.

[2] Dada a extensa cobertura dada nos Capítulos 2 e 17 a como construir demonstrações contábeis *pro forma*, não voltaremos a esses detalhes aqui. Por simplicidade, suspusemos que a Springfield não possui dívida e não recebe juros sobre dinheiro retido.

TABELA 19.2 Demonstrações contábeis projetadas para a Springfield Snowboards, 2010, supondo vendas sazonais

	Trimestre	2009Q4	2010Q1	2010Q2	2010Q3	2010Q4
1						
2	**Demonstração de resultados (US$000)**					
3	Vendas	10.909	4.000	2.000	2.000	12.000
4	Custo de mercadorias vendidas	−7.091	−2.600	−1.300	−1.300	−7.800
5	Despesas de venda, gerais e administrativas	−773	−450	−350	−350	−850
6	**EBITDA**	3.045	950	350	350	3.350
7	Depreciação	−455	−500	−500	−500	−500
8	**EBIT**	2.591	450	−150	−150	2.850
9	Impostos	−907	−158	53	53	−998
10	**Lucro líquido**	1.684	293	−98	−98	1.853
11	**Demonstração de fluxos de caixa**					
12	Lucro líquido		293	−98	−98	1.853
13	Depreciação		500	500	500	500
14	Mudanças no capital de giro					
15	Contas a receber		2.073	600	—	−3.000
16	Estoque		−650	−1.950	−1.950	4.550
17	Contas a pagar		48	—	—	—
18	**Caixa de atividades operacionais**		2.263	−948	−1.548	3.903
19	Desembolsos de capital		−500	−500	−500	−500
20	Outros investimentos		—	—	—	—
21	**Caixa de atividades de investimento**		−500	−500	−500	−500
22	Empréstimos líquidos		—	—	—	—
23	Dividendos		—	—	—	—
24	Contribuições de capital		—	—	—	—
25	**Caixa de atividades de financiamento**		—	—	—	—
26	**Mudanças no caixa e equivalentes de caixa** (18 + 21 + 25)		1.763	−1.488	−2.048	3.403

sas nessa posição podem ter um excedente de capital durante alguns meses que seja suficiente para compensar um déficit durante outros meses. Entretanto, devido a diferenças de *timing*, tais empresas geralmente têm necessidades de financiamentos de curto prazo.

Para ilustrar, voltemos ao exemplo da Springfield Snowboards. Na Tabela 19.1, a gerência supôs que as vendas da empresa ocorrem uniformemente durante o ano. Na realidade, para um fabricante de *snowboard*, provavelmente as vendas são altamente sazonais. Suponhamos que 20% das vendas ocorram durante o primeiro trimestre, 10% durante cada um do segundo e do terceiro trimestres (em grande parte vendas no Hemisfério Sul), e 60% das vendas durante o quarto trimestre, em antecipação à estação de *snowboarding* no inverno (no Hemisfério Norte). A planilha na Tabela 19.2 apresenta o demonstrativo dos fluxos de caixa resultante. Essas previsões continuam a supor que a produção ocorra uniformemente durante o ano.

Da Tabela 19.2, vemos que a Springfield ainda é uma empresa lucrativa, e seu lucro líquido anual ainda soma um total de US$ 1.950.000. Entretanto, a introdução de vendas sazonais cria alterações drásticas nos fluxos de caixa de curto prazo da Springfield. A sazonalidade causa dois efeitos sobre os fluxos de caixa. Em primeiro lugar, apesar de os custos de mercadorias vendidas flutuarem proporcionalmente às vendas, outros custos (como despesas administrativas gerais e depreciação) não o fazem, levando a grandes mudanças no lucro líquido da empresa por trimestre. Em segundo lugar, as mudanças no capital de giro líquido são mais visíveis. No primeiro trimestre, a Springfield recebe dinheiro cobrando as contas a receber das altas vendas do quarto trimestre do ano anterior. Durante o segundo e terceiro trimestres, o saldo do estoque da empresa aumenta. Dadas as restrições de capacidade em seus equipamentos de produção, a Springfield produz *snowboards* durante todo o ano, apesar de as vendas durante o verão serem baixas. Como a produção ocorre uniformemente, as contas a pagar não variam ao longo do ano. O estoque, porém, aumenta em antecipação às vendas do quarto trimestre – e aumentos no estoque consomem dinheiro. Consequentemente, a Springfield possui fluxos de caixa líquido negativos durante o segundo e terceiro trimestres, principalmente para financiar seu estoque. No quarto trimestre, as altas vendas recuperam dinheiro para a empresa.

As vendas sazonais criam déficits e excedentes nos fluxos de caixa de curto prazo. Durante o segundo e terceiro trimestres, a empresa precisará encontrar novas fontes de capital de curto prazo para financiar o estoque. Durante o quarto trimestre, a Springfield terá um grande excedente de curto prazo. Dado que suas necessidades sazonais de fluxos de caixa provavelmente ocorrerão no próximo ano, a Springfield pode investir este dinheiro em uma de suas opções de investimento de curto prazo discutidas no Capítulo 18. A gerência, então, utiliza este capital para financiar parte de suas necessidades de capital de giro de curto prazo durante o próximo ano.

Choques de fluxos de caixa negativos

Ocasionalmente, uma empresa encontrará circunstâncias em que os fluxos de caixa serão temporariamente negativos por um motivo inesperado. Chamamos tal situação de choque de fluxos de caixa negativos. Assim como as sazonalidades, os choques de fluxos de caixa negativos criam necessidades de financiamentos de curto prazo.

Voltando ao exemplo da Springfield Snowboards, suponhamos que durante abril de 2010 a gerência descubra que equipamentos de produção tenham quebrado inesperadamente. Substituir os equipamentos custará outros US$ 1.000.000.[3] Para ilustrar o efeito desse choque de fluxos de caixa negativos, voltaremos ao caso base em que as vendas da Springfield são niveladas em vez de sazonais. (O impacto marginal desse choque negativo, dadas as vendas sazonais, seria similar.) A planilha da Tabela 19.3 apresenta fluxos de caixa com vendas niveladas e os equipamentos quebrados.

Nesse caso, o desembolso único de $1 milhão para substituir os equipamentos resulta em um fluxo de caixa negativo de $513.000 durante o segundo trimestre de 2010. Se as reservas de caixa forem insuficientes, a Springfield terá que tomar um empréstimo (ou conseguir outra fonte de financiamento) para cobrir o déficit de $513.000. Entretanto, a empresa continua a gerar fluxos de caixa positivos nos trimestres subsequentes, e no quarto trimestre ela terá gerado o suficiente em fluxo de caixa acumulado para quitar qualquer empréstimo. Portanto, esses choques de fluxos de caixa negativos criaram a necessidade de financiamento de curto prazo.

Choques de fluxos de caixa positivos

Agora analisamos um caso em que um choque de fluxos de caixa positivos afeta as necessidades de financiamento de curto prazo. Apesar de essa surpresa ser boa, ela ainda gera demanda por financiamento de curto prazo.

Durante o primeiro trimestre de 2010, o diretor de marketing da Springfield Snowboards anuncia um acordo com uma cadeia de lojas de equipamentos de esportes ao ar livre localizada no meio-oeste dos EUA. A Springfield será a fornecedora exclusiva desse cliente, levando a um aumento geral de 20% nas vendas da empresa. As vendas maiores começarão no segundo trimestre. Como parte do acordo, a Springfield concordou com uma despesa única de US$ 500.000 para marketing nas áreas onde as lojas estão localizadas. Outro US$ 1 milhão em desembolsos de capital também é necessário durante o primeiro trimestre para aumentar a capacidade de produção. Da mesma maneira, o crescimento das vendas afetará o capital de giro necessário.

Os gerentes da Springfield prepararam as previsões dos fluxos de caixa na planilha da Tabela 19.4 a fim de refletir este novo negócio. Observe que o lucro líquido é menor durante o primeiro trimestre, refletindo o aumento de US$ 500.000 em despesas de marketing. Em contrapartida, o lucro líquido em trimestres subsequentes é mais alto, refletindo as vendas

---

[3] Por simplicidade, suponhamos que o valor contábil dos equipamentos substituídos seja zero, de modo que a mudança dos equipamentos não tenha implicação sobre impostos. Além disso, suponhamos que a Springfield obtenha os equipamentos substitutos rapidamente, de modo que qualquer interrupção na produção seja insignificante. Os resultados gerais contidos na discussão ainda devem valer se adaptarmos estas suposições, apesar de os cálculos serem mais complexos.

TABELA 19.3 Demonstrações contábeis projetadas para a Springfield Snowboards, 2010, supondo vendas niveladas e um choque de fluxos de caixa negativos

1	Trimestre	2009Q4	2010Q1	2010Q2	2010Q3	2010Q4
2	**Demonstração de resultados (US$000)**					
3	Vendas	4.545	5.000	5.000	5.000	5.000
4	Custo de mercadorias vendidas	−2.955	−3.250	−3.250	−3.250	−3.250
5	Custos de vendas, gerais e administrativos	−455	−500	−500	−500	−500
6	**EBITDA**	1.136	1.250	1.250	1.250	1.250
7	Depreciação	−455	−500	−500	−525	−525
8	**EBIT**	682	750	750	725	725
9	Impostos	−239	−263	−263	−254	−254
10	**Lucro líquido**	443	488	488	471	471
11	**Demonstração de fluxos de caixa**					
12	Lucro líquido		488	488	471	471
13	Depreciação		500	500	525	525
14	Mudanças no capital de giro					
15	Contas a receber		−136	—	—	—
16	Estoque		—	—	—	—
17	Contas a pagar		48	—	—	—
18	**Capital de atividades operacionais**		899	988	996	996
19	Desembolsos de capital		−500	−1.500	−525	−525
20	Outros investimentos		—	—	—	—
21	**Capital de atividades de investimento**		−500	−1.500	−525	−525
22	Empréstimos líquidos		—	—	—	—
23	Dividendos		—	—	—	—
24	Contribuições de capital		—	—	—	—
25	**Capital de atividades financeiras**		—	—	—	—
26	**Mudanças em capital e equivalentes** (18 + 21 + 25)		399	−513	471	471

mais altas. O aumento nas vendas em cada um dos dois primeiros trimestres resulta em um aumento nas contas a receber e nas contas a pagar.

Apesar de o evento inesperado neste caso – a oportunidade de crescer mais rapidamente – ser positivo, ele resulta em um fluxo de caixa negativo durante o primeiro trimestre, devido principalmente às novas despesas de marketing e desembolsos de capital. Entretanto, como a empresa será ainda mais lucrativa nos trimestres seguintes, esta necessidade de financiamento é temporária.

Agora que explicamos como uma empresa determina suas necessidades de curto prazo, vamos explorar como essas necessidades são financiadas.

Fixação de conceitos

1. Como prevemos as exigências de caixa futuras da empresa?
2. Qual é o efeito das sazonalidades sobre os fluxos de caixa de curto prazo?

19.2 O princípio da correspondência

Em um mercado de capitais perfeito, a escolha do financiamento é irrelevante; assim, como a empresa escolhe financiar suas necessidades de caixa de curto prazo não pode afetar o valor da empresa. Na realidade, existem importantes fricções de mercado, incluindo custos de transação. Por exemplo, um custo de transação é o custo de oportunidade de reter dinheiro em contas que pagam pouco ou nenhum juro. As empresas também enfrentam altos custos de transação se precisam negociar um empréstimo com pouca antecedência para cobrir uma falta de caixa. As empresas podem aumentar seu valor ao adotar uma política que minimize esses tipos de custos. Uma dessas políticas é conhecida como o princípio da correspondência.

TABELA 19.4 Demonstrações contábeis projetadas para a Springfield Snowboards, 2010, supondo vendas niveladas e uma oportunidade de crescimento

	Trimestre	2009Q4	2010Q1	2010Q2	2010Q3	2010Q4
1						
2	**Demonstração de resultados (US$000)**					
3	Vendas	4.545	5.000	6.000	6.000	6.000
4	Custo de mercadorias vendidas	−2.955	−3.250	−3.900	−3.900	−3.900
5	Custos de vendas, gerais e administrativos	−455	−1.000	−600	−600	−600
6	**EBITDA**	1.136	750	1.500	1.500	1.500
7	Depreciação	−455	−500	−525	−525	−525
8	**EBIT**	682	250	975	975	975
9	Impostos	−239	−88	−341	−341	−341
10	**Lucro líquido**	443	163	634	634	634
11	**Demonstração dos fluxos de caixa**					
12	Lucro líquido		163	634	634	634
13	Depreciação		500	525	525	525
14	Mudanças no capital de giro					
15	Contas a receber		−136	−300	—	—
16	Estoque		—	—	—	—
17	Contas a pagar		48	105	—	—
18	**Capital de atividades operacionais**		574	964	1.159	1.159
19	Desembolsos de capital		−1.500	−525	−525	−525
20	Outros investimentos					
21	**Capital de atividades de investimento**		−1.500	−525	−525	−525
22	Empréstimos líquidos		—	—	—	—
23	Dividendos		—	—	—	—
24	Contribuições de capital		—	—	—	—
25	**Capital de atividades financeiras**		—	—	—	—
26	**Mudanças em capital e equivalentes** (18 + 21 + 25)		−926	439	634	634

princípio da correspondência
Afirma que as necessidades de curto prazo de uma empresa devem ser financiadas com dívidas de curto prazo, e as necessidades de longo prazo, com fontes de fundos de longo prazo.

capital de giro permanente
Quantia que uma empresa tem que manter investida em seus ativos de curto prazo para sustentar suas operações contínuas.

capital de giro temporário
Diferença entre o nível real de necessidade de capital de giro de curto prazo e suas exigências permanentes de capital de giro.

O **princípio da correspondência** declara que as necessidades de caixa de curto prazo deveriam ser financiadas com dívida de curto prazo, e as necessidades de caixa de longo prazo, com fontes de fundos de longo prazo.

Capital de giro permanente

Capital de giro permanente é a quantia que uma empresa tem que manter investida em seus ativos de curto prazo para sustentar suas operações contínuas. Como este investimento em capital de giro é necessário enquanto a empresa estiver em operação, ele constitui um investimento de longo prazo. O princípio da correspondência indica que a empresa deveria financiar este investimento permanente em capital de giro com fontes de fundos de longo prazo. Tais fontes têm custos de transação mais baixos do que fontes de fundos de curto prazo que têm de ser substituídas com mais frequência.

Capital de giro temporário

Outra parte do investimento de uma empresa em suas contas a receber e em estoque é temporária e resulta das flutuações sazonais dos negócios da empresa ou de choques imprevistos. Este **capital de giro temporário** é a diferença entre o nível real de investimento de uma empresa em necessidades de capital de giro de curto prazo e seu investimento em capital de giro permanente. Como o capital de giro temporário representa uma necessidade de curto prazo, a empresa deve financiar esta porção de seu investimento com financiamento de curto prazo.

Capital de giro permanente *versus* temporário

Para ilustrar a distinção entre capital de giro permanente e temporário, retornaremos ao exemplo da Springfield Snowboards. A Tabela 19.2 apresentou as previsões de fluxos de caixa

TABELA 19.5 Níveis projetados de capital de giro para a Springfield Snowboards, 2010, supondo vendas sazonais

1	Trimestre	2009Q4	2010Q1	2010Q2	2010Q3	2010Q4
2	**Exigências de capital de giro líquido (US$000s)**					
3	Saldo de caixa mínimo	500	500	500	500	500
4	Contas a receber	3.273	1.200	600	600	3.600
5	Estoque	300	950	2.900	4.850	300
6	Contas a pagar	−477	−525	−525	−525	−525
7	**Capital de giro líquido**	3.595	2.125	3.475	5.425	3.875

supondo vendas sazonais. Na planilha da Tabela 19.5, relatamos os níveis subjacentes de capital de giro que correspondem a essas previsões.

Na Tabela 19.5, vemos que o capital de giro da Springfield varia de um mínimo de US$ 2.125.000 no primeiro trimestre de 2010 para US$ 5.425.000 no terceiro trimestre. O nível mínimo de capital de giro, ou US$ 2.125.000, pode ser considerado como o capital de giro permanente da empresa. A diferença entre este nível mínimo e os níveis mais altos em trimestres subsequentes (por exemplo, US$ 5.425.000 − US$ 2.125.000 = US$ 3.300.000 no terceiro trimestre) reflete as exigências de capital de giro temporário da Springfield.

Opções de políticas de financiamento

Seguir o princípio da correspondência deve, no longo prazo, ajudar a minimizar os custos de transação de uma empresa.[4] Mas e se, em vez de utilizar o princípio da correspondência, uma empresa financiasse suas necessidades de capital de giro permanente com dívidas de curto prazo? Quando a dívida de curto prazo vencer, a empresa terá que negociar um novo empréstimo. Este novo empréstimo envolverá novos custos de transação, e implicará em quaisquer taxas de juros de mercado existentes no momento. Consequentemente, a empresa também é exposta aos riscos das taxas de juros.

política de financiamento agressiva Financiar parte ou todo o capital de giro de uma empresa com dívida de curto prazo.

Política de financiamento agressiva. Financiar parte ou todo o capital de giro permanente com dívida de curto prazo é conhecido como **política de financiamento agressiva**. Uma política ultra-agressiva envolveria financiar até mesmo parte das instalações, propriedades e equipamentos com fontes de fundos de curto prazo.

Quando a curva de rentabilidade possui inclinação ascendente, a taxa de juros sobre dívidas de curto prazo é menor do que a taxa sobre dívidas de longo prazo. Neste caso, as dívidas de curto prazo podem parecer mais baratas do que as dívidas de longo prazo. Entretanto, sabemos que com mercados de capitais perfeitos, os resultados de Modigliani e Miller do Capítulo 15 se aplicam: o benefício da taxa de juros mais baixa das dívidas de curto prazo é compensado pelo risco de que a empresa tenha que refinanciar a dívida no futuro a uma taxa mais alta. São os acionistas que arcam com este risco e, assim, o custo de capital próprio da empresa subirá para compensar qualquer benefício da taxa de juros mais baixa do empréstimo.

Por que, então, uma empresa escolheria uma política de financiamento agressiva? Tal política pode ser benéfica se as imperfeições de mercado mencionadas no Capítulo 16, como custos de agência e informações assimétricas, forem importantes. O valor da dívida de curto prazo é menos sensível à qualidade de crédito da empresa do que a dívida de longo prazo; portanto, seu valor será menos afetado pelas ações ou informações da gerência. Consequentemente, a dívida de curto prazo pode ter custos de agência ou de "limões" mais baixos do que dívidas de longo prazo, e uma política de financiamento agressiva pode beneficiar os acionistas. Por outro lado,

risco de financiamento O risco de incorrer em custos de dificuldades financeiras caso a empresa não seja capaz de refinanciar sua dívida de maneira conveniente ou a uma taxa razoável.

ao depender de dívidas de curto prazo, a empresa se expõe a **riscos de financiamento**, que são

---

[4] Algumas evidências indicam que a maioria das empresas parece seguir o princípio da correspondência. Ver W. Beranek, C. Cornwell e S. Choi, "External Financing, Liquidity, and Capital Expenditures," *Journal of Financial Research* (Summer 1995): 207–222; e M. H. Stohs e D. C. Mauer, "The Determinants of Corporate Debt Maturity Structure," *Journal of Business* 69 (3) (1996): 279–312.

os riscos de incorrer em custos de dificuldades financeiras caso a empresa não consiga refinanciar sua dívida de maneira conveniente ou a uma taxa razoável.

Política de financiamento conservadora. Como alternativa, uma empresa poderia financiar suas necessidades de curto prazo com dívidas de longo prazo, uma prática conhecida como **política de financiamento conservadora**. Por exemplo, ao seguir tal política, uma empresa utilizaria fontes de fundos de longo prazo para financiar seus ativos fixos, capital de giro permanente, e algumas de suas necessidades sazonais. A empresa utilizaria dívidas de curto prazo esparsamente para atender aos picos de suas necessidades sazonais. Para implementar tal política de maneira eficaz, necessariamente haverá períodos em que há excesso de caixa disponível – aqueles períodos em que a empresa exige pouco ou nenhum investimento em capital de giro temporário. Em um mercado de capitais imperfeito, este dinheiro conseguirá uma taxa de juros abaixo da do mercado, reduzindo, assim, o valor da empresa. Ele também aumenta a possibilidade de os gerentes da empresa utilizarem este excesso de caixa de maneira improdutiva – por exemplo, em privilégios para si próprios.

Depois de determinar suas necessidades de financiamento de curto prazo, a empresa tem que escolher que instrumentos utilizará para este propósito. No resto do capítulo, pesquisaremos as opções de financiamento disponíveis: empréstimos bancários, notas comerciais e financiamento com garantia.

política de financiamento conservadora Quando uma empresa financia suas necessidades de curto prazo com dívida de longo prazo.

Fixação de conceitos

3. O que é o princípio da correspondência?
4. Qual é a diferença entre capital de giro temporário e permanente?

19.3 Financiamento de curto prazo com empréstimos bancários

Uma das principais fontes de financiamento de curto prazo, especialmente para pequenos negócios, é o banco comercial. Empréstimos bancários são geralmente iniciados com uma **nota promissória**, que é uma declaração por escrito que indica o valor do empréstimo, a data de vencimento do pagamento e a taxa de juros. Nesta seção, examinaremos três tipos de empréstimos bancários: um empréstimo com um único pagamento no final do período, uma linha de crédito e um empréstimo-ponte. Além disso, compararemos as taxas de juros desses empréstimos bancários e apresentaremos as estipulações e taxas comuns a eles associadas.

nota promissória Declaração por escrito que indica o montante de um empréstimo, a data em que devem ser realizados os pagamentos e a taxa de juros.

Empréstimos com um único pagamento no final do período

O tipo de empréstimo bancário mais direto é o empréstimo com um único pagamento no final do período. Tal empréstimo exige que a empresa pague juros sobre o valor emprestado e quite o principal em um único pagamento no final do empréstimo. A taxa de juros pode ser fixa ou variável. Com uma taxa de juros fixa, a taxa específica que o banco comercial cobrará será estipulada no momento em que o empréstimo for realizado. Com uma taxa de juros variável, os termos do empréstimo podem indicar que a taxa irá variar com um *spread* em relação a uma taxa *benchmark*, como a rentabilidade sobre títulos do Tesouro de um ano ou a *prime rate*. A *prime rate* é a taxa que o banco cobra de seus clientes com maior capacidade creditícia ou solvência. Entretanto, grandes corporações geralmente podem negociar empréstimos bancários a uma taxa de juros *abaixo* da *prime rate*. Por exemplo, em seu relatório anual de 2007, a Hasbro indicou que a média ponderada da taxa de juros que ela pagava sobre empréstimos de curto prazo de instituições domésticas foi de 5,5% em 2007. Em comparação, a *prime rate* média em 2007 foi de 8%.[5] Outra taxa *benchmark* é a **London Inter-Bank Offered Rate**, ou **LIBOR**, que é a taxa de juros pela qual os bancos tomam empréstimos uns dos outros no mercado interbancos de Londres. Ela é cotada para vencimentos de um dia a um ano para as dez principais moedas. Por ser uma taxa paga por bancos com a mais alta qualidade de crédito, a maioria das empresas toma empréstimos com taxas que excedem a LIBOR.

prime rate Taxa que os bancos cobram de seus clientes com maior solvência.

London Inter-Bank Offered Rate (LIBOR) Taxa de juros pela qual os bancos tomam fundos uns dos outros no mercado interbancário de Londres. É cotada para vencimentos de um dia a um ano para dez importantes moedas.

---

[5] Relatório anual de 2007 da Hasbro e *website* do *Federal Reserve Statistical Release*.

Capítulo 19 Planejamento Financeiro de Curto Prazo | **635**

FIGURA 19.1 **Opções de políticas de financiamento da Springfield Snowboards (US$ milhares)**

O painel (a), supondo US$ 25.000 em ativos fixos, mostra os níveis de ativos fixos, capital de giro permanente (US$ 2.125) e capital de giro temporário da Springfield Snowboards. A parte cinza-clara da barra na parte superior é o capital de giro temporário que tem que ser financiado. **Os painéis (b) e (c)** ilustram uma política financeira agressiva e uma conservadora. Na política agressiva, a Springfield não mantém reservas de caixa e, em vez disso, financia seu capital de giro temporário inteiramente por meio de empréstimos de curto prazo. O valor do empréstimo tem que corresponder ao valor do capital de giro temporário. Na política conservadora, a Springfield mantém reservas de caixa suficientes para cobrir suas necessidades temporárias de financiamento. A altura das barras representa suas reservas de excesso de caixa, então as reservas *diminuem* à medida que são utilizadas para cobrir *aumentos* no capital de giro temporário.

Painel (a): Níveis de ativos fixos, capital de giro temporário e permanente da Springfield Snowboards.

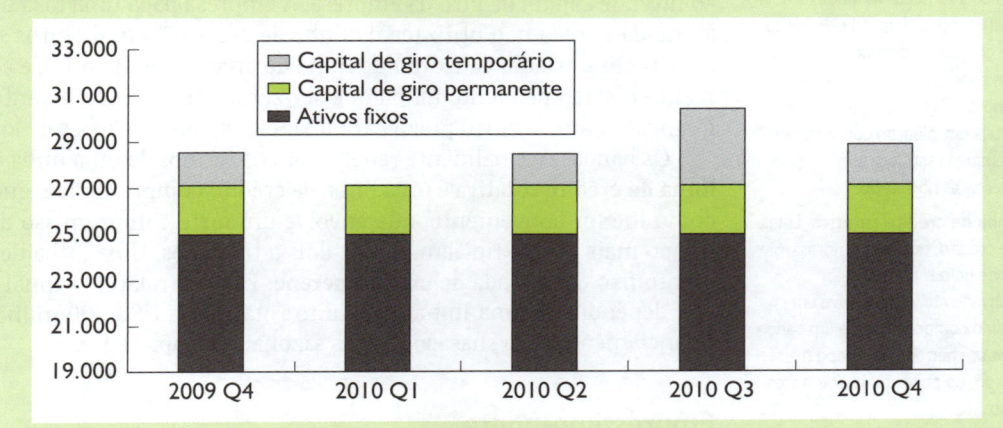

Painel (b) Política de financiamento agressiva: A altura das barras representa o valor de dívida de curto prazo. Dívidas de curto prazo chegam a um *máximo* quando o capital de giro temporário é máximo.

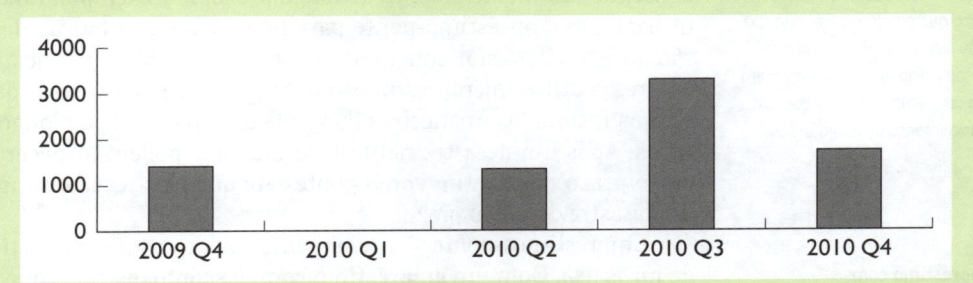

Painel (c) Política de financiamento conservadora: A altura das barras representa o valor das reservas de excesso de caixa disponíveis. O excesso de caixa alcança um *mínimo* quando o capital de giro temporário é máximo.

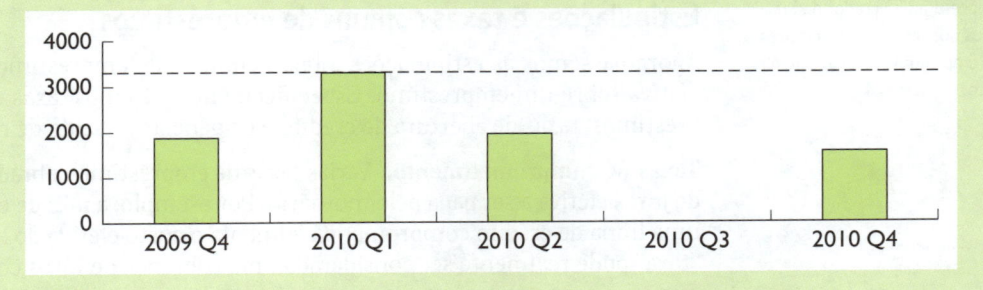

linha de crédito Acordo de empréstimo bancário em que um banco concorda em emprestar a uma empresa qualquer quantia até um máximo determinado. Este acordo flexível permite que a empresa utilize a linha de crédito quando ela precisar.

linha de crédito não comprometida Linha de crédito que não obriga legalmente um banco a fornecer os fundos que um mutuário solicita.

linha de crédito comprometida Acordo por escrito que obriga legalmente o banco a fornecer os fundos a uma empresa (até determinado limite de crédito), independentemente das condições financeiras da empresa (a menos que empresa esteja em falência) contanto que a empresa satisfaça as restrições presentes no acordo.

linha de crédito rotativa Linha de crédito, que uma empresa pode utilizar como lhe for conveniente, que envolve um sólido compromisso de um banco por um período de tempo mais longo, tipicamente de dois a três anos.

crédito perene Linha de crédito rotativa sem vencimento fixo.

empréstimo-ponte Tipo de empréstimo bancário de curto prazo que geralmente é utilizado para "servir de ponte" entre o momento atual e o momento em que uma empresa consegue um financiamento de longo prazo.

empréstimo com desconto Tipo de empréstimo-ponte em que se exige que o mutuário pague os juros no início do período do empréstimo. O credor deduz juros dos resultados financeiros do empréstimo quando este é feito.

Linha de crédito

Outro tipo comum de acordo de empréstimo bancário é a **linha de crédito**, na qual um banco concorda em emprestar a uma empresa qualquer valor até um máximo determinado. Este acordo flexível permite que a empresa faça saques da linha de crédito sempre que ela precisar.

As empresas frequentemente utilizam linhas de crédito para financiar necessidades sazonais. Uma **linha de crédito não comprometida** é um acordo informal que não obriga legalmente o banco a fornecer os fundos de que um mutuário necessita. Contanto que as condições financeiras do mutuário permaneçam boas, o banco estará disposto a emprestar fundos adicionais. Uma **linha de crédito comprometida** consiste em um acordo por escrito que obriga legalmente o banco a fornecer os fundos a uma empresa (até determinado limite de crédito), independentemente das condições financeiras da empresa (a menos que a empresa esteja em falência), contanto que a empresa satisfaça as restrições presentes no acordo. Esses acordos são tipicamente acompanhados pela exigência de um saldo de compensação (isto é, a exigência de que a empresa mantenha um nível mínimo de depósitos no banco) e de restrições relativas ao nível de capital de giro da empresa. A empresa paga uma taxa de comprometimento de ¼% a ½% da porção não utilizada da linha de crédito além de juros sobre o valor que a empresa tomou emprestado. O acordo de linha de crédito também pode estipular que em algum momento o saldo pendente tenha que ser zero. Esta política garante que a empresa não utilize financiamento de curto prazo para financiar suas obrigações de longo prazo.

Os bancos normalmente renegociam os termos de uma linha de crédito anualmente. Uma **linha de crédito rotativa** é uma linha de crédito comprometida, que uma empresa pode utilizar como lhe for conveniente, que envolve um forte compromisso do banco por um período de tempo mais longo, tipicamente de dois a três anos. Uma linha de crédito rotativa sem vencimento fixo é chamada de **crédito perene**. Em seu relatório anual de 2007, a Hasbro declarou que dependia de uma linha de crédito rotativa de US$ 500 milhões como principal fonte de financiamento para suas exigências sazonais de capital de giro.

Empréstimo-ponte

Um **empréstimo-ponte** é outro tipo de empréstimo bancário de curto prazo que geralmente é utilizado para "servir de ponte" entre o momento atual e o momento em que uma empresa consegue um financiamento de longo prazo. Por exemplo, uma construtora de imóveis pode utilizar um empréstimo-ponte para financiar a construção de um *shopping center*. Após o *shopping center* estar concluído, a construtora obterá financiamento de longo prazo. Outras empresas utilizam empréstimos-ponte para financiar instalações e equipamentos até receberem os resultados financeiros da venda de uma dívida de longo prazo ou de uma emissão de ações. Após um desastre natural, os credores podem fornecer às empresas empréstimos de curto prazo que sirvam como pontes até que elas recebam pagamentos de seguros ou auxílio-desastre de longo prazo.

Empréstimos-ponte são geralmente cotados como empréstimos com desconto a uma taxa de juros fixa. Com um **empréstimo com desconto**, exige-se que o mutuário pague os juros no *início* do período do empréstimo. O credor deduz os juros dos resultados financeiros do empréstimo quando este é feito.

Estipulações e taxas comuns de empréstimos

Agora passemos às estipulações e taxas comuns de empréstimos que afetam a taxa de juros efetiva sobre um empréstimo. Especificamente, veremos taxas de comprometimento de empréstimos, taxas de abertura de crédito e exigências de saldo de compensação.

Taxas de comprometimento. Várias taxas de empréstimo cobradas pelos bancos afetam a taxa de juros efetiva a ser paga pelo mutuário. Por exemplo, a taxa de comprometimento associada a uma linha de crédito comprometida aumenta o custo efetivo do empréstimo para a empresa. A "taxa" pode realmente ser considerada uma cobrança de juros com outro nome. Suponhamos que uma empresa tenha negociado com um banco uma linha de crédito comprometida com um máximo declarado de US$ 1 milhão e uma taxa de juros de 10% (EAR). A taxa de comprometimento é de 0,5% (EAR). No início do ano, a empresa toma US$ 800.000 emprestados. Ela então repaga este empréstimo no final do ano, deixando US$ 200.000 sem utilizar pelo resto do ano. O custo total do empréstimo é:

Juros sobre fundos emprestados = 0,10(US$ 800.000)	= US$ 80.000
Taxa de comprometimento paga sobre a porção não utilizada = 0,005(US$ 200.000)	= US$ 1.000
Custo total	US$ 81.000

taxa de abertura de crédito
Tipo comum de taxa que um banco cobra para cobrir verificações de crédito e taxas legais que um mutuário tem que pagar para iniciar um empréstimo.

Taxa de abertura de crédito. Outro tipo comum de taxa é a **taxa de abertura de crédito**, que um banco cobra para cobrir verificações de crédito e taxas legais. A empresa paga a taxa quando o empréstimo é iniciado; como em um empréstimo com desconto, ela reduz o montante de resultados financeiros utilizáveis que a empresa recebe. Semelhante a uma taxa de comprometimento, é efetivamente uma cobrança adicional de juros.

Para ilustrar, suponhamos que a Timmons Towel and Diaper Service receba uma oferta de um empréstimo de US$ 500.000 por três meses por uma APR de 12%. Este empréstimo possui uma taxa de abertura de crédito de 1%. A taxa de abertura de crédito é cobrada sobre o principal do empréstimo; nesse caso, a taxa soma 0,01 x US$ 500.000 = US$ 5.000, então, o montante real tomado emprestado é de US$ 495.000. O pagamento de juros por três meses é US$ 500.000(0,12/4) = US$ 15.000. Colocando esses fluxos de caixa em um diagrama de fluxo de caixa:

```
0               1               2               3
|───────────────|───────────────|───────────────|
US$ 495.000                                  −US$ 515.000
```

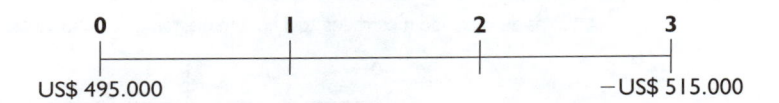

Assim, a taxa de juros real de três meses paga é:

$$\frac{515.000}{495.000} - 1 = 4,04\%$$

Expressando esta taxa como uma EAR, temos $1,0404^4 - 1 = 17,17\%$.

Exigências de saldo de compensação. Independentemente da estrutura do empréstimo, o banco pode incluir uma exigência de saldo de compensação no acordo de empréstimo que reduza os resultados financeiros utilizáveis do empréstimo. Lembre, do Capítulo 18, que uma exigência de saldo de compensação significa que a empresa deve manter certa porcentagem do principal do empréstimo em uma conta no banco. Suponhamos que, em vez de cobrar uma taxa de abertura de crédito, o banco da Timmons Towel and Diaper Service exija que a empresa mantenha um montante igual a 10% do principal do empréstimo em uma conta que não paga juros no banco enquanto o empréstimo permanecer em aberto. O empréstimo era de US$ 500.000, então essa exigência significa que a Timmons tem que manter 0,10 × 500.000 = US$ 50.000 em uma conta no banco. Assim, a empresa possui apenas US$ 450.000 do resultado financeiro do empréstimo realmente disponível para uso, apesar de ter que pagar juros sobre o montante integral do empréstimo. No final do período do empréstimo, a empresa deverá US$ 500.000 × (1 + 0,12/4) = US$ 515.000, e então terá que pagar US$ 515.000 − US$ 50.000 = US$ 465.000 após utilizar seu saldo de compensação. Colocando esses fluxos de caixa em um diagrama de fluxo de caixa:

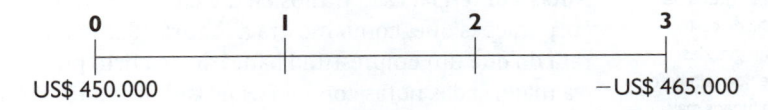

```
0               1               2               3
|───────────────|───────────────|───────────────|
US$ 450.000                                  −US$ 465.000
```

A taxa de juros real de três meses paga é:

$$\frac{465.000}{450.000} - 1 = 3,33\%$$

Expressando esse valor como uma EAR, temos $1,0333^4 - 1 = 14,01\%$.

Supusemos que o saldo de compensação da Timmons fosse mantido em uma conta que não paga juros. Às vezes um banco permite que o saldo de compensação seja mantido em uma conta que paga uma pequena fração de juros para compensar parte das despesas com juros do empréstimo.

EXEMPLO 19.1

Exigências de saldo de compensação e a taxa efetiva anual

Problema

Suponhamos que o banco da Timmons Towel and Diaper Service pague 1% (APR com composição trimestral) sobre suas contas de saldo de compensação. Qual é a EAR do empréstimo de três meses da Timmons?

Solução

▸ **Planejamento**

Os juros obtidos sobre os US$ 50.000 reduzirão o pagamento líquido que a Timmons tem que realizar para quitar o empréstimo. Uma vez que tivermos calculado o pagamento final, poderemos determinar a taxa de juros de três meses implícita e então convertê-la em uma EAR.

▸ **Execução**

O saldo mantido na conta do saldo de compensação crescerá para $50.000(1 + 0,01/4) = $ US$ 50.125. Assim, o pagamento final do empréstimo será $500.000 + 15.000 - 50.125 = $ US$ 464.875. Observe que os juros sobre as contas do saldo de compensação compensam parte dos juros que a Timmons paga sobre o empréstimo. Os novos fluxos de caixa são mostrados aqui em um diagrama de fluxo de caixa:

```
   0            1            2            3
   |————————————|————————————|————————————|
US$ 450.000                            -US$ 464.875
```

A taxa de juros real de três meses paga é:

$$\frac{464.875}{450.000} - 1 = 3,31\%$$

Expressando isso como uma EAR, temos $1,0331^4 - 1 = 13,89\%$.

▸ **Avaliação**

Como esperado, pelo fato de o banco ter permitido que a Timmons depositasse o saldo de compensação em uma conta que rendesse juros, os juros obtidos sobre o saldo de compensação reduziram o custo geral dos juros do empréstimo para a Timmons.

Fixação de conceitos

5. Qual é a diferença entre uma linha de crédito não comprometida e uma linha de crédito comprometida?

6. Descreva estipulações e taxas comuns de empréstimos.

19.4 Financiamento de curto prazo com notas comerciais

notas comerciais Títulos de dívida sem garantia de curto prazo emitidos por grandes corporações, que normalmente são uma fonte de fundos mais barata do que um empréstimo bancário de curto prazo.

Notas comerciais são títulos de dívidas de curto prazo e sem garantias utilizados por grandes corporações que, como mostra a Figura 19.2, são normalmente uma fonte de fundos mais barata do que um empréstimo bancário de curto prazo. O valor de face mínimo é de US$ 25.000, e a maioria das notas comerciais possui um valor de face de pelo menos US$ 100.000. Os juros sobre as notas comerciais são tipicamente pagos vendendo-as com um desconto inicial.

O vencimento médio das notas comerciais é de 30 dias e o vencimento máximo é de 270 dias. Estender o vencimento para além de 270 dias aciona uma exigência de registro junto à

FIGURA 19.2

A vantagem das notas comerciais

Grandes empresas com altas classificações de crédito podem ter acesso ao mercado de notas comerciais como uma alternativa a empréstimos bancários. Esta figura mostra o custo comparativamente baixo das notas comerciais em relação à *prime rate*. Durante a maior parte do período, as taxas de juros sobre notas comerciais eram apenas meio por cento mais altas do que as taxas pagas pelo governo norte-americano sobre *Treasury bills*.

Fonte: www.globalfinancialdata.com.

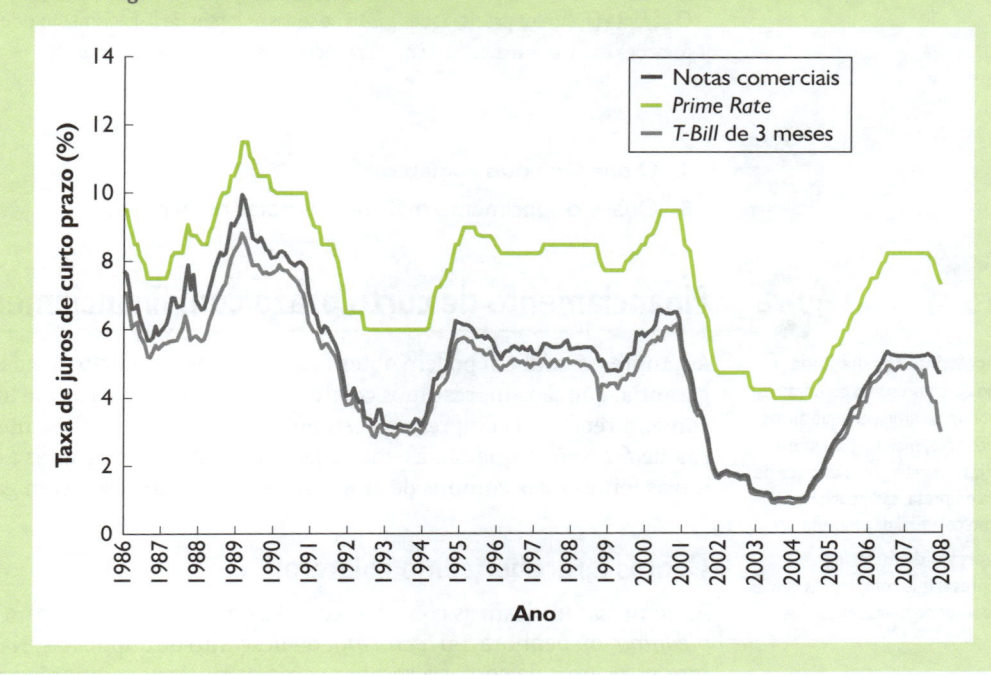

---

notas diretas Notas comerciais que uma empresa vende diretamente aos investidores.

notas de negociantes Notas comerciais que negociantes vendem a investidores em troca de um *spread* (ou taxa) por seus serviços.

Comissão de Valores Mobiliários dos EUA (SEC), o que aumenta os custos de emissão e cria um tempo de espera na venda da emissão. As notas comerciais são chamadas de notas diretas ou de notas de negociantes. Com **notas diretas**, a empresa vende o título diretamente a investidores. Com **notas de negociantes**, os negociantes vendem as notas comerciais a investidores em troca de um *spread* (ou taxa) por seus serviços. O *spread* diminui os resultados financeiros que a empresa emissora recebe, aumentando, assim, o custo efetivo das notas. Assim como títulos de dívida de longo prazo, as notas comerciais são classificadas por agências de classificação de crédito.

EXEMPLO 19.2

A taxa efetiva anual de notas comerciais

Problema

Uma empresa emite notas comerciais de três meses com um valor de face de US$ 100.000 e recebe US$ 98.000. Qual é a taxa efetiva anual que a empresa está pagando por seus fundos?

Solução

▸ Planejamento

Primeiramente, coloque os fluxos de caixa da empresa em um diagrama de fluxo de caixa:

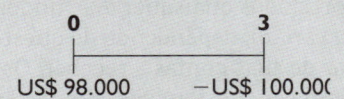

```
        0                3
        |                |
    US$ 98.000      -US$ 100.000
```

A taxa de três meses pode ser calculada comparando o valor presente (US$ 98.000) ao valor futuro (US$ 100.000). A partir daí, podemos convertê-la em uma EAR utilizando a Equação 5.1: EAR = equivalente de um ano = $(1 + r)^n - 1$, onde n é o número de períodos de três meses em um ano.

> **Execução**
> A taxa de juros real de três meses paga é
>
> $$\frac{100.000}{98.000} - 1 = 2,04\%$$
>
> Expressando esse valor como uma EAR, temos $1,0204^4 - 1 = 8,42\%$.
>
> **Avaliação**
> O gerente financeiro precisa saber a EAR de todas as fontes de financiamento da empresa para conseguir fazer comparações entre elas e escolher a maneira menos dispendiosa de financiar suas necessidades de curto prazo.

Fixação de conceitos

7. O que são notas comerciais?
8. Qual é o vencimento máximo das notas comerciais?

19.5 Financiamento de curto prazo com financiamento com garantias

empréstimo com garantia
Tipo de empréstimo corporativo ou título de dívida em que ativos específicos, mais tipicamente as contas a receber ou o estoque de uma empresa, são penhorados como colateral da empresa.

empresas de *factoring*
Empresas que compram as contas a receber de outras empresas.

As empresas também podem obter financiamento de curto prazo utilizando **empréstimos com garantia**, que são empréstimos colateralizados com ativos de curto prazo – mais tipicamente as contas a receber da empresa ou estoque. Bancos comerciais, empresas de finanças e as **empresas de *factoring***, que são as entidades que compram as contas a receber de outras empresas, são as fontes mais comuns de empréstimos de curto prazo com garantias.

Contas a receber como colateral

As empresas utilizam as contas a receber como uma garantia para um empréstimo por meio de *pledging*, ou penhora, ou *factoring*, ou desconto de duplicatas. Nas seções a seguir, examinaremos esses usos de contas a receber como garantia para empréstimos.

penhora das contas a receber
Acordo em que um credor analisa as vendas a crédito da empresa mutuária e decide que contas a crédito ela aceitará como colateral para o empréstimo, com base em seus próprios padrões de crédito.

Penhora das contas a receber. Em um acordo de **penhora das contas a receber**, o credor analisa as faturas que representam as vendas a crédito da empresa mutuária e decide que contas de crédito aceitará como colateral para o empréstimo, com base em seus próprios padrões de crédito. O credor, então, tipicamente empresta ao mutuário alguma porcentagem do valor das faturas aceitas – digamos, 75%. Se os clientes da empresa mutuária forem inadimplentes em suas contas, a empresa ainda será responsável por pagar o dinheiro ao credor.

***factoring* das contas a receber**
Acordo em que uma empresa vende as contas a receber ao credor (isto é, a empresa de *factoring*), e o credor concorda em pagar à empresa o montante devido por seus clientes ao final do período de pagamento da empresa.

***Factoring* das contas a receber.** Em um acordo de ***factoring* das contas a receber**, a empresa vende contas a receber ao credor (isto é, a empresa de *factoring*), e o credor concorda em pagar à empresa o valor devido por seus clientes no final do período de pagamento da empresa. Por exemplo, se uma empresa vender suas mercadorias com termos de 30 líquido, então a empresa de *factoring* pagará à empresa o valor de face de suas contas a receber, menos uma taxa de *factoring*, ao final de 30 dias. Os clientes da empresa são geralmente instruídos a fazer pagamentos diretamente ao credor. Em muitos casos, a empresa pode tomar emprestado até 80% do valor de face de suas contas a receber da empresa de *factoring*, dessa maneira, recebendo seus fundos adiantados. Em tal caso, o credor cobrará juros sobre o empréstimo além da taxa do *factoring*. O credor cobra a taxa do *factoring*, que pode variar de ¾% a 1 ½% do valor de face das contas a receber, tenha ou não a empresa tomado emprestados quaisquer dos fundos disponíveis. Tanto a taxa de juros quanto a taxa do *factoring* variam, dependendo de questões como o tamanho da empresa mutuária e o volume em dólar de suas contas a receber. Os montantes em dólar envolvidos em acordos de *factoring* podem ser substanciais. Em dezembro de 2007, por exemplo, a Hasbro tinha aproximadamente US$ 250 milhões de suas contas a receber sob acordos de *factoring*.

com recurso Acordo de financiamento em que o credor pode reivindicar direito aos ativos do mutuário no caso de uma inadimplência, e não somente a colaterais explicitamente penhorados.

Um acordo de *factoring* pode ser **com recurso**, o que significa que o credor pode procurar pagamento por parte do mutuário caso os clientes deste mutuário deixem de pagar suas con-

Uma solução de financiamento do século XVII

Nos últimos anos, ficou mais difícil para pequenas empresas obter financiamentos a fim de comprar estoque. Vários fatores contribuíram com esta tendência. Em primeiro lugar, bancos maiores compraram pequenos bancos regionais que eram tradicionalmente importantes fontes de empréstimos para pequenas empresas. Em segundo lugar, os bancos grandes aumentaram as exigências de empréstimo para pequenos mutuários. Em terceiro lugar, muitas pequenas empresas dependem cada vez mais de fornecedores estrangeiros que exigem pagamentos à vista, aumentando a demanda imediata por capital pelas pequenas empresas.

Algumas pequenas empresas começaram a contar com uma solução de 400 anos de idade: financiamento de comerciantes de risco, ou *venture merchants*. Este tipo de acordo de financiamento começou no século XVII, quando grupos de investidores forneciam capital para as viagens dos capitães dos mares holandeses. Os capitães viajavam pelos mares utilizando o capital para comprar mercadorias exóticas. Em seu retorno, os banqueiros comerciantes tomavam aproximadamente um terço dos lucros do capitão quando as mercadorias eram vendidas como pagamento do financiamento.

Agora consideremos a Kosher Depot, que vende alimentos exóticos kosher para restaurantes e supermercados em Westbury, Nova York. A empresa queria crescer, mas não tinha acesso a capital para adquirir mais estoque de alimentos gourmet. A Kosher Depot conseguiu um acordo de financiamento de *venture merchant* de US$ 3,3 milhões por dois anos junto à Capstone Business Credit. A Kosher Depot pré-organizava vendas e notificava a Capstone, que utilizaria seu capital para comprar as mercadorias para a Kosher Depot. A Capstone compraria e importaria as mercadorias, armazenando-as em seus próprios armazéns. Os armazéns, então, atendiam aos pedidos recebidos pela Kosher Depot. Por seus serviços, a Capstone recebia aproximadamente 30% dos lucros.

O custo deste acordo – a margem de 30% cobrada pelo *venture merchant* – pode ser caro em relação a alguns dos acordos de financiamento alternativos discutidos neste capítulo. Porém, o preço pode valer a pena para uma pequena empresa sem alternativa de financiamento de curto prazo.

Fonte: Marie Leone, "Capital Ideas: A Little Cash'll Do Ya", *CFO.com*, March 3, 2005.

---

sem recurso Acordo de financiamento em que o direito do credor aos ativos do mutuário no caso de inadimplência é limitado somente a colaterais explicitamente penhorados.

tas. Como alternativa, o acordo de financiamento pode ser **sem recurso**, caso em que o direito do credor aos ativos do mutuário no caso de inadimplência é limitado somente a colaterais explicitamente penhorados. Neste último caso, a empresa de *factoring* pagará o valor à empresa independentemente de ele receber ou não pagamento dos clientes da empresa. Se o acordo for com recurso, o credor pode não exigir a aprovação das contas dos clientes antes de as vendas serem feitas. Se o acordo de *factoring* for sem recurso, a empresa mutuária terá que receber aprovação de crédito de um cliente por parte da empresa de *factoring* antes de entregar as mercadorias. Se a empresa de *factoring* aprovar, a empresa entrega as mercadorias e o cliente é instruído a fazer o pagamento diretamente ao credor.

Estoque como colateral

O estoque também pode ser utilizado como colateral para um empréstimo de uma dentre três maneiras: como uma garantia flutuante, como um recibo de confiança ou em um contrato de armazenagem. Estas opções serão discutidas nas próximas seções.

garantia flutuante (garantia genérica ou **garantia de cobertura)** Acordo financeiro em que todo o estoque de uma empresa é utilizado como garantia a um empréstimo.

Garantia flutuante. Em um acordo de **garantia flutuante**, **garantia genérica** ou **garantia de cobertura**, todo o estoque é utilizado como garantia para o empréstimo. Este acordo é a configuração mais arriscada do ponto de vista do credor, pois o valor do colateral utilizado para garantir o empréstimo diminui à medida que o estoque é vendido. Quando uma empresa enfrenta dificuldades financeiras, a gerência fica tentada a vender o estoque sem fazer pagamentos relativos ao empréstimo. Em tal caso, é possível que a empresa não tenha fundos suficientes para repor seu estoque. Consequentemente, o empréstimo pode se tornar subcolateralizado. Para contrabalançar este risco, este tipo de empréstimo traz uma taxa de juros mais alta do que os dois próximos acordos que discutiremos. Além disso, os credores emprestarão uma porcentagem mais baixa do valor do estoque.

empréstimo com recibo de confiança Tipo de empréstimo em que itens de estoque distinguíveis são mantidos em um fundo fiduciário como uma segurança para o empréstimo. À medida que esses itens são vendidos, a empresa remete os resultados financeiros de sua venda ao credor como repagamento do empréstimo.

Recibos de confiança. Com um **empréstimo com recibo de confiança** ou *floor planning*, itens de estoque distinguíveis são mantidos em um fundo fiduciário como uma segurança para o empréstimo. À medida que esses itens são vendidos, a empresa remete os resultados financeiros de sua venda ao credor como pagamento do empréstimo. O credor periodicamente enviará alguém para garantir que o mutuário não tenha vendido parte do estoque especificado e tenha deixado de fazer um pagamento do empréstimo. Os revendedores de carros geralmente utilizam esse tipo de acordo de financiamento garantido para obter os fundos necessários para a compra de veículos do fabricante.

Acordo de armazenagem. Em um **acordo de armazenagem**, o estoque que serve como um colateral para o empréstimo fica em um armazém. Um acordo de armazenagem é o acordo colateral menos arriscado do ponto de vista do credor. Este tipo de acordo pode ser estabelecido de duas maneiras.

O primeiro método é utilizar um **armazém público**, que é um negócio que existe com o único propósito de armazenar e rastrear a entrada e a saída de estoque. O credor estende um empréstimo à empresa mutuária com base no valor do estoque utilizado. Quando a empresa mutuária precisa de estoque para vender, ela volta ao armazém e o recupera mediante autorização do credor. Este acordo fornece ao credor um rígido controle sobre o estoque. Os armazéns públicos funcionam bem para alguns tipos de estoque, como vinho e produtos de tabaco, que têm que envelhecer antes de estarem prontos para serem vendidos; não é viável para itens que estão sujeitos a deterioração ou são volumosos e, portanto, difíceis de transportar.

A segunda opção, um **armazém provisório**, é operado por terceiros, mas é estabelecido nas instalações físicas do mutuário, em uma área separada, de modo que o estoque que colateraliza o empréstimo seja mantido à parte das instalações principais do mutuário. Este tipo de acordo é conveniente para o mutuário, mas fornece ao credor a segurança a mais de ter o estoque que serve como colateral controlado por terceiros.

Os acordos de armazém são dispendiosos. A empresa que opera o armazém cobra uma taxa além dos juros que o mutuário tem que pagar ao credor pelo empréstimo. Entretanto, o mutuário também pode economizar nos custos de ele mesmo armazenar o estoque. Como a empresa especializada em armazenagem é profissional no controle de estoques, é possível que haja poucas perdas devido a mercadorias danificadas ou roubo, o que, por sua vez, diminui os custos de seguro. Como o controle do estoque permanece nas mãos de terceiros, os credores podem estar dispostos a emprestar uma porcentagem maior do valor de mercado do estoque do que fariam sob outros acordos de estoque.

acordo de armazenagem Quando o estoque que serve de colateral para um empréstimo fica em um armazém.

armazém público Negócio que existe com o único propósito de armazenar e acompanhar a entrada e saída de estoque fornecendo ao credor o máximo controle sobre o estoque.

armazém provisório Acordo de armazém que é operado por terceiros, mas que é estabelecido nas instalações do mutuário em uma área separada, de modo que o estoque que colateraliza o empréstimo possa ser separado das instalações principais do mutuário.

EXEMPLO 19.3

Calculando o custo efetivo anual do financiamento de armazém

Problema

A Row Cannery quer tomar US$ 2 milhões emprestados por um mês. Utilizando seu estoque como colateral, ela pode obter um empréstimo a 12% (APR). O credor exige que seja utilizado um acordo de armazenagem. A taxa do armazém é de US$ 10.000 pagáveis no final do mês. Calcule a taxa efetiva anual deste empréstimo para a Row Cannery.

Solução

▶ Planejamento

A taxa de juros mensal é de 12%/12 = 1%. Precisamos calcular os fluxos de caixa totais que a Row irá dever no final do mês (incluindo juros e a taxa de armazenagem). Dimensionando esses fluxos de caixa segundo o valor do empréstimo, teremos um custo total mensal para o empréstimo que podemos, então, converter em uma EAR.

▶ Execução

No final do mês, a Row estará devendo US$ 2.000.000 x 1,01 = US$ 2.020.000 mais a taxa de armazém de US$ 10.000. Os fluxos de caixa são exibidos aqui em um diagrama de fluxo de caixa:

```
        0                    1
        |_____|
   US$ 2.000.000        −US$ 2.030.000
```

A taxa de juros real de um mês paga é:

$$\frac{2.030.000}{2.000.000} - 1 = 1,5\%$$

Expressando isso em uma EAR, temos $1,015^{12} - 1 = 0,196$ ou 19,6%.

> **Avaliação**
> O acordo de armazenagem tem um custo muito alto: a EAR sobre o empréstimo propriamente dito é $(1,01)^{12} - 1 = 0,1268$, ou 12,68%, mas o acordo de armazenagem faz este valor subir para 19,6%!

O método que uma empresa adota ao utilizar seu estoque para colateralizar um empréstimo afetará o custo final do empréstimo. O acordo de garantia de cobertura expõe o credor ao máximo risco e, portanto, trará a maior taxa de juros dos três tipos de acordo discutidos. Apesar de um acordo de armazenagem fornecer ao credor o maior controle sobre o estoque, resultando em uma taxa de juros mais baixa sobre o empréstimo, a empresa mutuária tem que pagar as taxas adicionais cobradas pela empresa especializada em armazenagem e aceitar a inconveniência associada à perda do controle. Embora um acordo de recibo de confiança ofereça uma taxa de juros mais baixa do que uma garantia de cobertura e permita à empresa evitar as altas taxas associadas ao acordo de armazenagem, ele somente pode ser utilizado com certos tipos de estoque.

Fixação de conceitos

9. O que é *factoring* das contas a receber?
10. Qual é a diferença entre uma garantia flutuante e um recibo de confiança?

19.6 Resumo: criando um plano financeiro de curto prazo

Voltemos ao exemplo da Springfield Snowboards. Na Tabela 19.2, descobrimos que devido à natureza sazonal de suas vendas, haveria fortes variações em seus fluxos de caixa previstos – com grandes fluxos de caixa positivos no primeiro e no quarto trimestres e grandes fluxos de caixa negativos no segundo e terceiro trimestres do ano. Um gerente financeiro da Springfield precisaria planejar como lidar com essas fortes variações nos fluxos de caixa e, particularmente, como financiar faltas de caixa. Para fazê-lo, ele prepararia uma planilha para acompanhar o saldo de caixa e os financiamentos de curto prazo da Springfield como aquela exibida na Tabela 19.6. A Springfield terminará o quarto trimestre de 2009 com US$ 1 milhão em dinheiro, e precisará manter um saldo de caixa mínimo de US$ 500.000 para atender às suas necessidades básicas de transação. Dados os fluxos de caixa projetados na Tabela 19.2, a empresa terá um déficit de caixa no terceiro trimestre de 2010.

A análise identifica duas decisões enfrentadas por um gerente financeiro: o que fazer com o excesso de caixa gerado no primeiro trimestre, e como financiar o déficit do terceiro trimestre. A análise supõe atualmente que o excesso de caixa seja mantido exatamente como ele é – em dinheiro. Entretanto, como discutimos no último capítulo, há muitas opções para investir o excesso de caixa, mesmo ao longo de horizontes curtos, o que geraria uma renda proveniente

TABELA 19.6 Saldo de caixa projetado e financiamento de curto prazo da Springfield Snowboards

	Trimestre	2009Q4	2010Q1	2010Q2	2010Q3	2010Q4
1						
2	**Saldo de caixa e financiamento de curto prazo (US$000s)**					
3	Saldo de caixa inicial		1.000	2.763	1.315	500
4	Variações no caixa e equivalentes		1.763	−1.448	−2.048	3.403
5	Saldo de caixa mínimo		500	500	500	500
6	**Excedente (Déficit) no financiamento de curto prazo** (3 + 4 − 5)		2.263	815	−1.232	3.403
7	Aumento (Diminuição) no financiamento de curto prazo		0	0	1.232	−1.269
8	Financiamento de curto prazo existente		0	0	0	1.269
9	Financiamento de curto prazo total (7 + 8)		0	0	1.232	0
10	**Saldo de caixa final** (3 + 4 + 7)	1.000	2.763	1.315	500	2.633

de juros (tributável). Com tais investimentos, o caixa inicial em um trimestre seria igual ao caixa final no trimestre anterior mais a porção dos juros recebidos após os impostos.

Passando para o déficit do terceiro trimestre, vemos que os fluxos de caixa no quarto trimestre serão grandes o suficiente para quitar qualquer financiamento do déficit do terceiro trimestre. Depois de analisar suas opções, os gerentes da Springfield decidem obter um empréstimo bancário de um trimestre com um único pagamento. O banco cobra 3% de juros por trimestre, então ela precisará pagar 1.232(1,03) = 1.269 no quarto trimestre, o que será fácil de fazer considerando seu fluxo de caixa em excesso nesse momento. Ao criar um plano financeiro de curto prazo, os gerentes podem prever faltas de caixa futuras, o que lhes dá tempo suficiente para investigar a maneira menos dispendiosa de financiar essas faltas de caixa.

RESUMO DO CAPÍTULO

Pontos principais e equações	Termos	Oportunidades de prática online
19.1 Previsão da necessidade de financiamentos de curto prazo ▸ O primeiro passo no planejamento financeiro de curto prazo é prever os fluxos de caixa futuros. As previsões de fluxos de caixa permitem à empresa determinar se ela possui um excedente ou um déficit de fluxos de caixa, e se o excedente ou déficit é de curto ou de longo prazo. ▸ As empresas precisam de financiamentos de curto prazo para lidar com exigências sazonais de capital de giro, choques de fluxos de caixa negativos ou choques de fluxos de caixa positivos.		MyFinanceLab Study Plan 19.1 Tabelas de planilhas 19.1–19.4
19.2 O princípio da correspondência ▸ O princípio da correspondência especifica que necessidades de fundos de curto prazo devem ser financiadas com fontes de fundos de curto prazo e necessidades de longo prazo, com fontes de fundos de longo prazo.	capital de giro permanente, p. 632 capital de giro temporário, p. 632 política de financiamento agressiva, p. 633 política de financiamento conservadora, p. 634 princípio da correspondência, p. 632 risco de financiamento, p. 633	MyFinanceLab Study Plan 19.2 Tabela de planilha 19.5
19.3 Financiamento de curto prazo com empréstimos bancários ▸ Os empréstimos bancários são a principal fonte de financiamento de curto prazo, especialmente para pequenas empresas. ▸ O tipo mais direto de empréstimo bancário é um empréstimo com um único pagamento no final do período. ▸ As linhas de crédito bancário permitem que uma empresa tome emprestado qualquer montante até um máximo declarado. A linha de crédito pode ser não comprometida (um acordo informal) ou comprometida.	crédito perene, p. 636 empréstimo de desconto, p. 636 empréstimo-ponte, p. 636 linha de crédito comprometida, p. 636 linha de crédito não comprometida, p. 636 linha de crédito rotativa, p. 636 linha de crédito, p. 636 London Inter-Bank Offered Rate (LIBOR), p. 634	MyFinanceLab Study Plan 19.3

▸ Um empréstimo-ponte é um empréstimo bancário de curto prazo utilizado para "servir de ponte" até que a empresa obtenha um financiamento de longo prazo. ▸ O número de períodos de composição e outras estipulações do empréstimo, como taxas de comprometimento, taxas de abertura de crédito e exigências de saldo de compensação, afetam a taxa efetiva anual de um empréstimo bancário.	nota promissória, p. 634 *prime rate*, p. 634 taxa de abertura de crédito, p. 637	
19.4 Financiamento de curto prazo com notas comerciais ▸ Notas comerciais são um método de financiamento de curto prazo que normalmente está disponível somente para empresas grandes e conhecidas. É uma alternativa de baixo custo a um empréstimo bancário de curto prazo para as empresas com acesso ao mercado de notas comerciais.	notas comerciais, p. 638 notas de negociantes, p. 639 notas diretas, p. 639	MyFinanceLab Study Plan 19.4
19.5 Financiamento de curto prazo com financiamento com garantias ▸ Empréstimos de curto prazo também podem ser estruturados como empréstimos com garantias. As contas a receber e o estoque de uma empresa tipicamente servem de colateral em acordos de financiamento de curto prazo com garantia. ▸ Pode-se realizar a penhora ou o *factoring* das contas a receber. Em um acordo de *factoring*, as contas a receber são vendidas ao credor (ou empresas de *factoring*), e os clientes da empresa normalmente são instruídos a realizar pagamentos diretamente à empresas de *factoring*. ▸ O estoque pode ser utilizado como colateral para um empréstimo de várias maneiras: uma garantia flutuante (também chamado de garantia genérica ou garantia de cobertura), empréstimo com recibo de confiança (*floor planning*) ou um acordo de armazenagem. Esses acordos variam em relação a que itens específicos do estoque são identificados como colateral; consequentemente, variam no grau de risco enfrentado pelo credor.	acordo de armazenagem, p. 642 armazém provisório, p. 642 armazém público, p. 642 com recurso, p. 640 empréstimo com garantia, p. 640 empréstimo com recibo de confiança, p. 641 *factoring* das contas a receber, p. 640 empresas de *factoring*, p. 640 garantia flutuante (garantia genérica ou garantia de cobertura), p. 641 penhora de contas a receber, p. 640 sem recurso, p. 641	MyFinanceLab Study Plan 19.5
19.6 Resumo retrospectivo: criando um plano financeiro de curto prazo ▸ Um plano financeiro de curto prazo acompanha o saldo de caixa de uma empresa e financiamentos de curto prazo novos e existentes. O plano permite que os gerentes prevejam faltas de caixa e as financiem da maneira menos dispendiosa possível.		MyFinanceLab Study Plan 19.6 Tabela de planilha 19.6

Questões de revisão

1. Quais são os objetivos do planejamento financeiro de curto prazo?
2. O que são sazonalidades e que papel elas desempenham no planejamento financeiro de curto prazo?
3. Quais das empresas a seguir têm mais chances de ter necessidades altas de financiamento de curto prazo? Por quê?
   a. Um varejista de peças de vestuário
   b. Um time esportivo profissional

c. Uma empresa de fornecimento de energia elétrica
d. Uma empresa que opera estradas onde é cobrado pedágio
e. Uma cadeia de restaurantes

4. Por que é importante distinguir entre faltas de caixa permanentes e temporárias?
5. Qual é a diferença entre capital de giro permanente e capital de giro temporário?
6. Descreva as diferentes abordagens que uma empresa poderia adotar ao se preparar para faltas de caixa.
7. Quais são as diferentes opções de financiamento bancário e quais são suas vantagens relativas?
8. Qual é a diferença entre crédito perene e uma linha de crédito rotativo?
9. Qual é a diferença entre notas diretas e notas de negociante?
10. Qual é a diferença entre a penhora de contas a receber e o *factoring* de contas a receber como garantia de um empréstimo? Que tipos de financiamento de curto prazo com garantia uma empresa pode utilizar para cobrir faltas de caixa?
11. O que um plano financeiro de curto prazo permite que um gerente faça?

Problemas

Um realce em verde (■) indica problemas disponíveis no MyFinanceLab.

Previsão da necessidade de financiamentos de curto prazo

1. A Sailboats Etc. é uma empresa varejista especializada em barcos a vela e outros equipamentos relacionados ao velejo. A tabela a seguir contém previsões financeiras além dos níveis atuais (mês 0) de capital de giro.

(US$ 000)	Mês						
	0	1	2	3	4	5	6
Lucro líquido		US$ 10	US$ 12	US$ 15	US$ 25	US$ 30	US$ 18
Depreciação		2	3	3	4	5	4
Desembolsos de capital		1	0	0	1	0	0
Níveis de capital de giro							
Contas a receber	US$ 2	3	4	5	7	10	6
Estoque	3	2	4	5	5	4	2
Contas a pagar	2	2	2	2	2	2	2

a. Durante que mês as necessidades sazonais de capital de giro são maiores?
b. Quando ela possui excedente de caixa?

2. A Emerald City Umbrellas vende guarda-chuvas e equipamentos para chuva em Seattle, então, suas vendas são razoavelmente estáveis ao longo do ano. Entretanto, ela está se expandindo para mercados nos quais ela espera que a demanda seja muito mais variável ao longo do ano. A empresa espera vendas em seu novo mercado de:

Q1	Q2	Q3	Q4
US$ 20.000	US$ 50.000	US$ 10.000	US$ 50.000

Ela possui estoques que representam 20% das vendas do próximo trimestre, tem contas a pagar que representam 10% das vendas do próximo trimestre e contas a receber que representam 20% das vendas deste trimestre.

a. Suponha que ela comece com US$ 4.000 em estoque, US$ 2.000 em contas a pagar e nenhuma conta a receber no novo mercado. Preveja seus níveis de capital de giro e as mudanças ao longo dos quatro próximos trimestres.
b. Se a Emerald City Umbrellas possui um lucro líquido igual a 20% das vendas, quais serão suas necessidades de financiamento ao longo do trimestre?

O princípio da correspondência

A tabela a seguir inclui os níveis de capital de giro trimestrais de sua empresa para o próximo ano. Utilize-a para responder os Problemas 3–7.

(US$ 000)	Trimestre			
	1	2	3	4
Dinheiro	US$ 100	US$ 100	US$ 100	US$ 100
Contas a receber	200	100	100	600
Estoque	200	500	900	50
Contas a pagar	100	100	100	100

3. Quais são as necessidades de capital de giro permanente de sua empresa? Quais são as necessidades temporárias?

4. Se você decidisse utilizar apenas financiamento de longo prazo, que valor total de empréstimos você precisaria ter permanentemente? Preveja seus níveis de excesso de caixa neste cenário.

5. Se você detivesse apenas US$ 100 em caixa a qualquer momento, qual e quando será seu valor máximo de empréstimos de curto prazo?

6. Se você decidir entrar o ano com um total de US$ 400 em caixa, qual será o valor máximo de seus empréstimos de curto prazo?

7. Se você quiser limitar seus empréstimos máximos de curto prazo a US$ 500, quanto em excesso de caixa você deverá reter?

Financiamento de curto prazo com empréstimos bancários

8. A empresa Hand-To-Mouth precisa de um empréstimo de US$ 10.000 pelos próximos 30 dias. Ela está tentando decidir qual das três alternativas abaixo utilizar:

    Alternativa A: Abrir mão do desconto em seu acordo de crédito comercial que oferece termos de 2/10, 30 líquido.

    Alternativa B: Tomar o dinheiro emprestado do banco A, que ofereceu emprestar US$ 10.000 à empresa por 30 dias a uma APR de 12%. O banco exigirá um saldo de compensação (que não rende juros) de 5% do valor de face do empréstimo e cobrará uma taxa de abertura de crédito de US$ 100, o que significa que a Hand-To-Mouth tem que tomar emprestado ainda mais do que US$ 10.000.

    Alternativa C: Tomar o dinheiro emprestado do banco B, que ofereceu emprestar US$ 10.000 à empresa por 30 dias a uma APR de 15%. O empréstimo possui uma taxa de abertura de crédito de 1%.

    Que alternativa é a fonte mais barata de financiamento para a Hand-To-Mouth?

9. Consideremos dois empréstimos com mesmo vencimento e valores de face idênticos: um empréstimo com taxa de 8% e taxa de abertura de crédito de 1% e um empréstimo com taxa de 8% e uma exigência de saldo de compensação (sem juros) de 5%. Que empréstimo teria a taxa efetiva anual mais alta? Por quê?

10. Qual dos seguintes empréstimos de US$ 1.000 por um ano oferece a menor taxa efetiva anual?
    a. Um empréstimo com uma APR de 6%, com composição mensal.
    b. Um empréstimo com uma APR de 6%, com composição anual, que também possui uma exigência de saldo de compensação de 10% (sobre a qual não se paga juros).
    c. Um empréstimo com uma APR de 6%, com composição anual, que possui uma taxa de abertura de crédito de 1%.

11. A Needy Corporation tomou US$ 10.000 emprestados do Bank Ease. Segundo os termos do empréstimo, a Needy tem que pagar US$ 400 em juros a cada três meses durante os três anos de vida do empréstimo, com o principal a ser quitado no vencimento do empréstimo. Que taxa efetiva anual a Needy está pagando?

Financiamento de curto prazo com notas comerciais

12. O Banco Treadwater quer levantar US$ 1 milhão utilizando notas comerciais de três meses. Os resultados financeiros líquidos para o banco serão de US$ 985.000. Qual é a taxa efetiva anual desse financiamento para o Treadwater?

13. A Magna Corporation possui uma emissão de notas comerciais com um valor de face de US$ 1.000.000 e um vencimento de seis meses. A Magna recebeu resultados financeiros líquidos de US$ 973.710 quando vendeu as notas. Qual é a taxa efetiva anual das notas para a Magna?

14. Suponha que a *prime rate* seja uma APR de 8%, com composição trimestral. Quanto em dólar a Treadwater (Problema 12) e a Magna (Problema 13) economizaram ao acessar o mercado de notas comerciais?

15. A Signet Corporation emitiu notas comerciais de quatro meses com um valor de face de US$ 6 milhões. A empresa lucrou US$ 5.870.850 com a venda. Que taxa efetiva anual a Signet está pagando por esses fundos?

Financiamento de curto prazo com financiamento com garantias

16. A Ohio Valley Steel Corporation tomou emprestados US$ 5 milhões por um mês por uma taxa anual declarada de 9%, utilizando um estoque que fica em um armazém provisório como colateral. A empresa de armazenagem cobra uma taxa de US$ 5.000 pagável no final do mês. Qual é a taxa efetiva anual desse empréstimo?

17. A Cervejaria Rasputin está considerando utilizar um empréstimo de armazém público como parte de seu financiamento de curto prazo. A empresa exigirá um empréstimo de US$ 500.000. Os juros sobre o empréstimo serão de 10% (APR de composição anual) a serem pagos no final do ano. O armazém cobra 1% do valor de face do empréstimo, pagável no início do ano. Qual é a taxa efetiva anual desse acordo de armazenagem?

Criando um plano financeiro de curto prazo

18. Construa um plano financeiro de curto prazo para a Springfield Snowboards com base em sua oportunidade de expansão descrita na Tabela 19.4. Suponha que a Springfield acabe 2009 com US$ 1 milhão em dinheiro e que seu banco ofereça um empréstimo de curto prazo pela taxa de 2,5% por trimestre.

PARTE 7 Caso de Integração

Este caso utiliza material dos Capítulos 17-19.

A Idexo Corporation é uma fabricante de vestuário licenciada por uma universidade em Cincinnati, Ohio. No final de 2008, após vários anos de um desempenho medíocre, a dona e fundadora da empresa, Rebecca Ferris, retornou de sua aposentadoria para substituir o atual CEO, revigorar a empresa e planejar sua eventual venda ou possível IPO. Ela contratou você para auxiliar no desenvolvimento do plano financeiro da empresa pelos próximos cinco anos.

Em 2008, a Idexo tinha um total de ativos de aproximadamente US$ 103 milhões e vendas anuais de US$ 100 milhões (ver Tabela 1). A empresa era lucrativa, com lucros esperados em 2008 de mais de US$ 9 milhões, gerando uma margem de lucro líquido de 9,1%.[1] Entretanto, o crescimento da receita diminuiu drasticamente nos últimos anos e a margem de lucro líquido da empresa tem, na verdade, diminuído. Ferris está convencida de que a empresa pode ter um desempenho melhor. Após apenas algumas semanas na direção, ela já tinha identificado diversas melhorias potenciais para direcionar a empresa a um crescimento futuro.

Melhorias operacionais. Do lado operacional, Ferris está bastante otimista em relação às perspectivas da empresa. Espera-se que o mercado cresça em 6% ao ano, e a Idexo produz um produto superior. A fração de mercado da Idexo não cresceu nos últimos anos porque a gerência anterior dedicara recursos insuficientes para produção, desenvolvimento, vendas e marketing. Ao mesmo tempo, a Idexo gastou demais com custos administrativos. De fato, a partir da Tabela 1, as despesas

TABELA 1 Demonstração de resultados e balanço patrimonial da Idexo em 2008

1	Ano	2008
2	**Demonstração de resultados (US$000s)**	
3	Vendas	100.000
4	Custo de mercadorias vendidas	
5	Matérias-primas	−21.333
6	Custos diretos de mão de obra	−24.000
7	**Lucro bruto**	54.667
8	Vendas e marketing	−15.000
9	Administração	−18.000
10	**EBITDA**	21.667
11	Depreciação	−6.667
12	**EBIT**	15.000
13	Despesas com juros (líquidas)	−1.021
14	**Lucro antes dos impostos**	13.979
15	Imposto de renda	−4.893
16	**Lucro líquido**	9.086

1	Ano	2008
2	**Balanço patrimonial (US$000s)**	
3	**Ativos**	
4	Caixa e equivalentes de caixa	15.000
5	Contas a receber	20.000
6	Estoques	8.219
7	**Total de ativos circulantes**	43.219
8	Propriedades, instalações e equipamentos	60.000
9	Fundo de comércio	—
10	**Total de ativos**	103.219
11	**Passivos e patrimônio líquido**	
12	Contas a pagar	6.205
13	Dívida	20.000
14	**Total de passivos**	26.205
15	Patrimônio líquido	77.014
16	**Total de passivos e patrimônio líquido**	103.219

---

[1] Veja a Tabela 1 para mais informações sobre o lucro projetado e sobre o balanço patrimonial em 2008.

administrativas atuais da Idexo são de US$ 18 milhões / US$ 100 milhões = 18% das vendas, o que excede suas despesas com vendas e marketing (15% das vendas). As concorrentes gastam menos com despesas administrativas gerais do que com vendas e marketing.

Ferris planeja cortar os custos administrativos imediatamente para 15% das vendas e redirecionar recursos para o desenvolvimento, venda e marketing de novos produtos. Ao fazê-lo, ela acredita que a Idexo possa aumentar sua fração de mercado de 10% para 14% ao longo dos próximos quatro anos. Utilizando as linhas de produção existentes, a maior demanda por vendas pode ser atendida no curto prazo aumentando as horas extras dos trabalhadores e adotando alguns turnos nos fins de semana. O aumento resultante em custos de mão de obra, porém, provavelmente levará a um declínio para 53% na margem bruta da empresa. A Tabela 2 mostra a projeção de vendas e de custos operacionais pelos próximos cinco anos com base neste plano, incluindo a realocação de recursos da administração para vendas e marketing ao longo do período de cinco anos, e um aumento no preço de venda médio da Idexo a uma taxa de inflação de 2% ao ano.

Planos de expansão. A Tabela 3 mostra a previsão dos desembolsos de capital da Idexo ao longo dos próximos cinco anos. Com base nas estimativas dos desembolsos de capital e depreciação, esta planilha acompanha o valor contábil das instalações, propriedades e equipamentos da Idexo a partir de seu nível no final de 2008. Observe que a expectativa é que os investimentos permaneçam relativamente baixos ao longo dos próximos dois anos – um pouco abaixo da depreciação. A Idexo expandirá a produção durante este período utilizando suas instalações existentes com mais eficiência.

Entretanto, uma vez que o volume da Idexo tenha crescido em mais de 50% acima de seu nível atual, a empresa precisará empreender uma grande expansão para aumentar sua capacidade de produção. Com base nas projeções da Tabela 2, o crescimento das vendas excederá 50% das vendas atuais em 2011. Portanto, a Tabela 3 faz o orçamento de uma grande expansão nas instalações da empresa nessa época, levando a um grande aumento nos desembolsos de capital em 2011 e 2012.

Gestão do capital de giro. Para compensar seus fracos esforços na área de vendas e marketing, a Idexo procurou manter a fidelidade de seus varejistas, em parte por meio de uma política de crédito muito flexível. Esta política afeta as exigências de capital de giro da Idexo: para cada dia extra que os clientes demorarem para pagar, a receita proveniente das vendas de mais um dia é adicionada às contas a receber (em vez de ser recebida em dinheiro). A partir da demonstração de resultados e do balanço patrimonial atuais da Idexo (Tabela 1), podemos estimar o prazo de recebimento em dias como:

$$\text{Prazo de recebimento em dias} = \frac{\text{Contas a receber (US\$)}}{\text{Receita de vendas (US\$/ano)}} \times 365 \text{ dias/ano}$$

$$= 20 \text{ milhões}/100 \text{ milhões} \times 365 = 73 \text{ dias}$$

O padrão do setor é de 45 dias. Ferris acredita que a Idexo possa apertar sua política de crédito para alcançar esta meta sem sacrificar as vendas.

Ferris não prevê outras melhorias significativas na gestão do capital de giro da Idexo, e espera que o estoque e as contas a pagar aumentem proporcionalmente ao crescimento das vendas. A

TABELA 2 Projeções das vendas e dos custos operacionais da Idexo

1	Ano		2008	2009	2010	2011	2012	2013
2	**Dados das vendas**	**Crescimento/Ano**						
3	Tamanho do mercado (000s unidades)	6,0%	20.000	21.200	22.472	23.820	25.250	26.765
4	Fração de mercado	*1,0%	10,0%	11,0%	12,0%	13,0%	14,0%	14,0%
5	Preço de venda médio (US$/unidade)	2,00%	50,00	51,00	52,02	53,06	54,12	55,20
6								
7	**Despesas operacionais e dados dos impostos**							
8	Margem bruta		54,7%	53,0%	53,0%	53,0%	53,0%	53,0%
9	Vendas e marketing (% das vendas)		15,0%	16,5%	18,0%	19,5%	20,0%	20,0%
10	Administração (% das vendas)		18,0%	15,0%	15,0%	14,0%	13,0%	13,0%
11	Alíquota de impostos		35,0%	35,0%	35,0%	35,0%	35,0%	35,0%

*Espera-se que o crescimento da fração de mercado ocorra até apenas 2012.

Parte VII Caso de Integração

TABELA 3 Previsão de desembolsos de capital da Idexo

1	Ano	2008	2009	2010	2011	2012	2013
2	**Ativos fixos e investimento de capital (US$000s)**						
3	Valor contábil inicial	60.167	60.000	58.500	57.150	73.935	77.341
4	Investimento de capital	6.500	5.000	5.000	25.000	12.000	8.000
5	Depreciação	−6.667	−6.500	−6.350	−8.215	−8.594	−8.534
6	Valor contábil final	60.000	58.500	57.150	73.935	77.341	76.807

empresa também precisará manter um saldo de caixa mínimo igual a 30 dias da receita proveniente das vendas para atender às suas necessidades de liquidez. Ela não obtém juros sobre este saldo mínimo, e Ferris planeja pagar todo o excesso de caixa a cada ano aos acionistas da empresa como dividendos.

Mudanças na estrutura de capital: aumentando a alavancagem. Atualmente a Idexo possui US$ 20 milhões em dívidas pendentes com uma taxa de juros de 6,8%, e só pagará juros sobre esta dívida durante os próximos cinco anos. A empresa também obterá financiamento adicional no final dos anos 2011 e 2012 associado à expansão de suas instalações, como mostra a Tabela 4. Apesar de ser provável que a qualidade de crédito da Idexo já tenha melhorado nessa hora, as taxas de juros também podem aumentar um pouco. Você espera que as taxas sobre esses empréstimos futuros também sejam de aproximadamente 6,8%.

TABELA 4 Previsão de dívida e juros da Idexo

1	Ano		2008	2009	2010	2011	2012	2013
2	**Tabela de dívida e juros (US$000s)**							
3	Dívida pendente		20.000	20.000	20.000	35.000	40.000	40.000
4	Juros sobre empréstimo a prazo	6.80%		−1.360	−1.360	−1.360	−2.380	−2.720

Dada a dívida pendente da Idexo, suas despesas com juros por ano são calculadas como:

$$\text{Juros no ano } t = \text{Taxa de juros} \times \text{Saldo final no ano } t-1$$

Os juros sobre a dívida fornecerão uma valiosa dedução tributária para compensar a receita tributável da Idexo.

Questões sobre o caso

1. Com base nas previsões anteriores, utilize a planilha a seguir para construir uma demonstração de resultados *pro forma* para a Idexo ao longo dos próximos cinco anos. Qual é a taxa de crescimento anual do lucro líquido da empresa ao longo deste período?

1	Ano	2008	2009	2010	2011	2012	2013
2	**Demonstração de resultados**						
3	Vendas	100.000					
4	Custo de mercadorias vendidas	−45.333					
5	**Lucro bruto**	54.667					
6	Vendas e marketing	−15.000					
7	Administração	−18.000					
8	**EBITDA**	21.667					
9	Depreciação	−6.667					
10	**EBIT**	15.000					
11	Despesas com juros (líquidas)	−1.021					
12	**Lucro antes dos impostos**	13.979					
13	Imposto de renda	−4.893					
14	**Lucro líquido**	9.086					

2. Utilize a planilha a seguir para projetar as necessidades de capital de giro da Idexo ao longo dos próximos cinco anos. Por que o aumento no capital de giro líquido é negativo em 2009? Por que o aumento no capital de giro líquido diminui de 2012 para 2013?

	Ano	2008	2009	2010	2011	2012	2013
2	**Capital de giro (US$000s)**						
3	**Ativos**						
4	Contas a receber	20.000					
5	Estoques	8.219					
6	Saldo de caixa mínimo	8.219					
7	Total de ativos circulantes	36.438					
8	**Passivos**						
9	Contas a pagar	6.205					
10	**Capital de giro líquido**	30.233					
11	Aumento no capital de giro líquido						

3. Com base nas previsões que você já desenvolveu, utilize a planilha a seguir a fim de projetar o fluxo de caixa livre da Idexo para 2009–2013. O fluxo de caixa livre da empresa irá crescer uniformemente ao longo deste período? Por que ou por que não?

	Ano	2009	2010	2011	2012	2013
2	**Fluxos de caixa livres (US$000s)**					
3	**Lucro líquido**					
4	Mais: Despesas com juros após os impostos					
5	**Lucro líquido não alavancado**					
6	Mais: Depreciação					
7	Menos: Aumentos no NWC					
8	Menos: Desembolsos de capital					
9	**Fluxo de caixa livre da empresa**					
10	Mais: Empréstimos líquidos					
11	Menos: Despesas com juros após os impostos					
12	**Fluxo de caixa livre ao acionista**					

4. (Opcional) Lembre-se de que a Idexo planeja manter apenas o caixa mínimo necessário e pagar todo o excesso de caixa como dividendos.
   a. Suponha que, no final de 2008, Ferris planeje utilizar todo o excesso de caixa para pagar um dividendo imediato. Quanto em dinheiro a empresa pode pagar nesse momento? Calcule um novo balanço patrimonial para 2008 que reflita este dividendo utilizando a planilha a seguir.
   b. Preveja o caixa disponível para pagar dividendos em anos futuros – o *fluxo de caixa livre do acionista* da empresa – adicionando qualquer *novo* empréstimo e subtraindo despesas com juros *após os impostos* do fluxo de caixa livre a cada ano. A Idexo terá caixa suficiente para pagar os dividendos em todos os anos? Explique.
   c. Utilizando sua previsão dos dividendos da empresa, construa um balanço patrimonial *pro forma* para a Idexo ao longo dos próximos cinco anos.

1	Ano	2008	2009	2010	2011	2012	2013
2	**Balanço patrimonial (US$ 000s)**						
3	**Ativos**						
4	Caixa e equivalentes						
5	Contas a receber						
6	Estoques						
7	**Total de ativos circulantes**						
8	Propriedades, instalações e equipamentos						
9	Fundo de comércio						
10	**Total de ativos**						
11	**Passivos e patrimônio líquido**						
12	Contas a pagar						
13	Dívida						
14	**Total de passivos**						
15	**Patrimônio líquido**						
16	Patrimônio líquido inicial						
17	Lucro líquido						
18	Dividendos						
19	Contribuições de capital						
20	**Patrimônio líquido**						
21	**Total de passivos e patrimônio líquido**						

5. No final de 2008, logo depois do retorno de Ferris como CEO, a empresa recebeu uma oferta voluntária de US$ 210 milhões por suas ações em circulação. Se Ferris aceitasse a oferta, o acordo seria fechado no final de 2008. Supoha que Ferris acredite que a Idexo possa ser vendida no final de 2013 por um valor da empresa igual a nove vezes seu EBITDA final. O custo de capital não alavancado da Idexo é de 10% (especificamente, 10% é o WACC antes dos impostos). Com base em sua previsão do fluxo de caixa livre da Idexo no período 2009-2013 na Pergunta 3, e seu valor de empresa final em 2013, estime:
   a. O valor não alavancado da Idexo no final de 2008.
   b. O valor presente das deduções tributárias das despesas com juros da Idexo em 2009–2013. (Lembre-se de que essas deduções tributárias são fixas e, então, têm o mesmo nível de risco do que a dívida.)
   c. O valor da empresa da Idexo no final de 2008. (Some o valor das deduções tributárias das despesas com juros em (5b) ao valor não alavancado da empresa em (5a).)
   d. O valor do patrimônio líquido da Idexo hoje. (Ajuste o valor da empresa em (5c) de modo que ele reflita a dívida e o excesso de caixa da empresa no final de 2008.)
   e. Com base em sua análise, Ferris deve vender a empresa agora?

PARTE 8

Tópicos Especiais

Conexão com o Princípio da Avaliação. Na Parte VIII, a seção final deste livro, abordaremos tópicos especiais em gerenciamento financeiro. O Princípio da Avaliação continua a ser a estrutura unificadora ao considerarmos esses tópicos. O Capítulo 20 discute opções; a chave para compreender como avaliá-las vem da aplicação da Lei do Preço Único do Princípio da Avaliação. No Capítulo 21, focalizaremos o uso das opções pelas empresas e outros métodos para gerenciar riscos. Utilizaremos o Princípio da Avaliação para avaliar os custos e benefícios do gerenciamento de riscos. O Capítulo 22 introduz as questões enfrentadas por uma empresa ao fazer um investimento estrangeiro e aborda a avaliação de projetos estrangeiros. Veremos que a Lei do Preço Único gera várias relações importantes que direcionarão nossa avaliação de fluxos de caixa estrangeiros.

Capítulo 20
Aplicações de Opções e Finanças Empresariais

Capítulo 21
Gerenciamento de Risco

Capítulo 22
Finanças Empresariais Internacionais

20 Aplicações de Opções e Finanças Empresariais

OBJETIVOS DE APRENDIZAGEM

- Compreender a terminologia básica das opções
- Explicar a diferença entre opções de *compra* e de *venda*, como elas realizam *payoff*, e o lucro obtido por deter cada uma delas até o vencimento
- Analisar os fatores que afetam os preços das opções
- Familiarizar-se com a Fórmula de Precificação de Opções de Black-Scholes
- Descrever a relação que tem que ser válida entre os preços de opções de *compra* e de *venda* das mesmas ações
- Demonstrar como as opções são aplicáveis em finanças empresariais

notação

PV	valor presente	NPV	valor presente líquido
Div	dividendo		

ENTREVISTA COM Dan Ross, Simon-Kucher & Partners

Como diretor do escritório de consultores globais Simon-Kucher & Partners em Cambridge, Massachusetts, Dan Ross ajuda seus clientes do ramo farmacêutico e de biotecnologia a avaliar o valor de medicamentos potenciais durante sua etapa inicial de desenvolvimento, na qual há altos riscos envolvidos. "Como o ativo – neste caso um medicamento que pode não chegar ao mercado antes de uma década, se chegar – acarreta muito mais risco de desenvolvimento do que ativos de etapas posteriores, as técnicas tradicionais de avaliação não são suficientes". Dan, que obteve seu bacharelado pela San Diego State University em 1999 e seu MBA pela Stanford University em 2005, utiliza "a técnica de avaliação mais comum, que reúne a modelagem do fluxo de caixa descontado, análises de transações anteriores e valores comparáveis de ativos (se houver tais valores disponíveis)."

A teoria das opções e a aplicação de opções reais oferece alternativas para o desenvolvimento de um valor de avaliação que quantifica melhor os riscos e a volatilidade de um investimento – de uma maneira que a análise de NPV tradicional não consegue fazer. "As empresas farmacêuticas que desejam fazer um lance para adquirir drogas em desenvolvimento em empresas menores de biotecnologia passaram a utilizar opções reais para ajudá-las a estruturar acordos de aquisição que associam risco e recompensa", explica Dan. "Em vez de ter que decidir conclusivamente se a empresa deve ou não prosseguir com um projeto quando o resultado acarreta risco, uma empresa pode comprar uma opção que conceda a ela a capacidade de descobrir mais com o passar do tempo antes de investir um grande esforço ou soma em dinheiro. Ou a empresa poderia comprar uma opção que a permitisse evitar perdas catastróficas pagando um custo muito menor à vista, essas perdas viessem a se materializar ou não".

A volatilidade de desenvolver um novo medicamento é um grande determinante do valor de uma opção. Os fatores que afetam a volatilidade incluem a validade e a capacidade de a(s) patente(s) ser(em) cumprida(s), possíveis preocupações sobre a segurança e a tolerabilidade do produto, a chance de que o produto não venha a ser eficaz e que falhe em experimentos clínicos, *time to market*, o processo regulatório de aprovação e o ambiente competitivo quando o produto chegar ao mercado. "Sem o uso de opções, esses riscos pareceriam devastadores, e ocorreriam muito poucas ou nenhuma transação", diz Dan. "Como podemos aplicar opções, cada um desses riscos pode ser integrado ao processo de tomada de decisões. Meus clientes estruturam o acordo de modo que a magnitude dos pagamentos cresça substancialmente à medida que o projeto for adiante e alcançar certos marcos".

San Diego State University, 1999

"Sem o uso de opções, esses riscos pareceriam devastadores, e ocorreriam muito poucas ou nenhuma transação".

Desde a introdução de opções negociáveis na Chicago Board Options Exchange (CBOE), em 1973, as opções financeiras se tornaram um dos ativos financeiros mais importantes e mais ativamente negociados. Hoje, as opções estão em toda parte. Mais de 2000 empresas somente nos Estados Unidos têm opções em suas ações – incluindo Google, Amazon.com e Apple. Muitas empresas de capital aberto como a Nike pagam seus executivos parcialmente em opções de ações. O Prêmio Nobel em Economia de 1997 foi concedido por uma fórmula de precificação de opções. Enormes quantidades de *commodities* como milho, farinha, petróleo, grãos de soja e ouro são negociados por meio de opções. Empresas como a Dell gastam milhões de dólares todos os anos comprando opções em moedas estrangeiras. Até mesmo o enredo do filme de James Bond, *Casino Royale*, mostrava o vilão perdendo uma fortuna quando suas opções expiravam sem valor algum. Com o crescimento do uso de opções, aumenta também o valor da compreensão de seu uso.

Neste capítulo, introduziremos a opção financeira, um contrato financeiro entre duas partes. No Capítulo 8, discutimos brevemente a ideia de *opções reais*, ou o valor da flexibilidade ao gerenciar projetos. Aqui, nos aprofundaremos na compreensão de o que são opções e que fatores afetam seu valor. Para começarmos, forneceremos um panorama dos tipos básicos de opções financeiras, introduziremos a terminologia e descreveremos os *payoffs* de várias estratégias baseadas em opções. Depois, discutiremos os fatores que afetam os preços das opções. Finalmente, modelaremos o capital próprio e o capital de terceiros da empresa como opções, para compreender melhor os conflitos de interesse entre os detentores de ações e de títulos de dívida, bem como a precificação de dívidas arriscadas.

20.1 Introdução a opções

opção financeira Contrato que dá a seu proprietário o direito (mas não a obrigação) de comprar ou vender um ativo por um preço fixo em alguma data futura.

opção de compra Opção financeira que dá a seu proprietário o direito de comprar um ativo.

opção de venda Opção financeira que dá a seu proprietário o direito de vender um ativo.

lançadora de opções A vendedora de um contrato de opções.

derivativos Títulos cujos fluxos de caixa dependem somente dos preços de outros ativos colocados no mercado.

warrant Opção de compra subscrita pela própria empresa sobre novas ações.

exercendo (uma opção) Quando o titular de uma opção faz valer o acordo e compra ou vende ações pelo preço acordado.

preço de exercício Preço pelo qual o detentor de uma opção compra ou vende uma ação quando a opção é exercida.

Um contrato de **opção financeira** dá ao portador o direito (mas não a obrigação) de comprar ou vender um ativo a um preço fixo em alguma data no futuro. Há dois tipos de contratos de opções: *opções de compra* e *opções de venda*. Uma **opção de compra** dá ao portador o direito de *comprar* o ativo; uma **opção de venda** dá ao portador o direito de *vender* o ativo. Uma opção é um contrato entre duas partes. Para cada portador de uma opção financeira, há também uma **lançadora de opções**, a vendedora de um contrato de opções, que é a pessoa que assume o outro lado do contrato. As opções fazem parte de uma classe mais ampla de títulos chamada de **derivativos** porque eles derivam seu valor somente do preço de outro ativo.

Os contratos de opções mais comuns são opções de ações. Uma opção de ações dá ao portador a opção de comprar ou vender uma ação em determinada data ou antes dela a determinado preço. Por exemplo, uma opção de compra de ações da 3M Corporation pode dar ao portador o direito de comprar uma ação da 3M a US$ 75 por ação a qualquer momento até, por exemplo, o dia 15 de janeiro de 2010. Da mesma maneira, uma opção de venda de ações da 3M pode dar ao portador o direito de vender uma ação da 3M a US$ 70 por ação a qualquer momento até, digamos, 19 de fevereiro de 2010.

Quando uma empresa subscreve uma opção de ações de *novas* ações da empresa, ela é chamada de **warrant**. Uma opção de compra regular é subscrita por terceiros sobre ações existentes. Quanto o portador de uma *warrant* a exerce e, dessa maneira, compra ações, a empresa entrega essas ações emitindo novas ações. Em todos os outros aspectos, uma *warrant* é idêntica a uma opção de compra.

Contratos de opções

Os profissionais utilizam palavras específicas para descrever os detalhes de contratos de opções. Quando o detentor de uma opção faz cumprir o acordo e compra ou vende uma ação pelo preço acordado, ele está **exercendo** a opção. O preço pelo qual o detentor da opção compra ou vende a ação quando a opção é exercida chama-se **preço de exercício**.

Há dois tipos de opções. As **opções americanas**, o tipo mais comum, permitem que seus portadores exerçam a opção em qualquer data até e incluindo uma data final chamada **data de vencimento**. As **opções europeias** permitem que seus portadores exerçam a opção *somente* na

opções americanas Tipo mais comum de opção, permite que seus portadores exerçam a opção em qualquer data até, e incluindo, a data de vencimento.

data de vencimento A última data em que o titular de uma opção tem o direito de exercê-la.

opções europeias Opções que permitem a seus portadores exercê-las apenas na data de vencimento.

data de vencimento – eles não podem exercê-la antes desta data. Os nomes *americana* e *europeia* não têm ligação com o local onde as opções são negociadas: ambos os tipos são negociados em todo o mundo.

Assim como com outros ativos financeiros, as opções podem ser compradas e vendidas. As opções de ações padrão são negociadas em bolsas organizadas, enquanto opções mais especializadas são vendidas por intermediários. A maior e mais antiga bolsa de opções é a Chicago Board Options Exchange (CBOE). Por convenção, todas as opções negociadas expiram no sábado seguinte à terceira sexta-feira do mês. O preço de mercado da opção também é chamado de prêmio da opção.

O comprador da opção, também chamado de portador, detém o direito de exercer a opção e possui uma posição *comprada* no contrato. O vendedor da opção, também chamado de lançador de opção, vende (ou lança) a opção e possui uma posição *vendida* no contrato. Como o lado comprado possui a opção para exercer, o lado vendido possui uma *obrigação* de cumprir o contrato. Por exemplo, suponha que você possua uma opção de compra de ações da Hewlett-Packard com um preço de exercício de US$ 25. As ações da Hewlett-Packard estão sendo negociadas atualmente a US$ 40, então você decide exercer a opção. A pessoa que possui a posição vendida no contrato é obrigada a lhe vender uma ação da Hewlett-Packard por US$ 25. Seu ganho de US$ 15 – a diferença entre o preço que você paga pela ação e o preço pelo qual você pode vendê-la no mercado – é a perda da posição vendida.

Os investidores exercem opções somente quando eles vão sair ganhando. Consequentemente, sempre que uma opção é exercida, a pessoa que possui a posição vendida financia o ganho. Isto é, a obrigação será dispendiosa. Por que, então, as pessoas lançam opções? A resposta é que quando você vende uma opção, você é pago por ela – as opções sempre têm preços positivos. Este pagamento à vista compensa o vendedor pelo risco de perda no caso de o portador da opção decidir exercê-la. Se toda esta terminologia for confusa, tenha certeza de que você se familiarizará com ela à medida que for avançando no capítulo. Forneceremos um resumo dos novos termos na Tabela 20.1

TABELA 20.1 A linguagem das opções

Opção de compra	Opção de comprar ações por um preço pré-determinado
Opção de venda	Opção de vender ações por um preço pré-determinado
Preço de exercício	O preço pré-determinado no contrato de opção
Lançar uma opção	Vender uma opção
Exercer	Fazer valer seu direito de comprar ou vender as ações segundo especificado no contrato de opção
Opção americana	Você pode exercer a opção a qualquer momento na data de vencimento ou antes dela
Opção europeia	Você pode exercer a opção somente na data de vencimento
Warrant	Uma opção de compra lançada pela empresa da qual serão emitidas novas ações se a *warrant* for exercida

Cotações de opções de ações

A Tabela 20.2 mostra opções de curto prazo de ações da Amazon retiradas do *website* da CBOE (www.cboe.com) em 21 de maio de 2008. As opções de compra estão listadas à esquerda, e as opções de venda, à direita. Cada linha corresponde a determinada opção. Os dois primeiros dígitos do nome da opção referem-se ao ano de vencimento. O nome da opção também inclui o mês de vencimento, o preço de exercício e o símbolo *ticker* da opção individual (entre parênteses). Se observarmos a Tabela 20.2, veremos que a primeira linha da coluna da esquerda é uma opção de compra com um preço de exercício de US$ 70 que vence no sábado seguinte à terceira sexta-feira de junho de 2008 (21 de junho de 2008). As colunas à direita do nome exibem dados de mercado referentes à opção. A primeira destas colunas mostra o preço da última venda, seguida pela variação líquida em relação ao preço da venda anterior, preços atuais de compra e venda e o volume diário. A coluna final é o **contratos em aberto**, o número total de contratos daquela opção que foram lançados mas que ainda não foram fechados.

contratos em aberto Número de contratos de determinada opção que foram lançados e ainda não foram fechados.

A primeira linha da cotação das opções exibe informações sobre as próprias ações. Neste caso, a última negociação das ações da Amazon foi pelo preço de US$ 79,76 por ação. Também vemos os preços atuais de compra e venda das ações, além do volume de negociações.

Quando o preço de exercício de uma opção é igual ao preço atual das ações, diz-se que a opção está *at-the-money*. Observe que grande parte das negociações ocorre nas opções que estão mais próximas de estarem *at-the-money* – isto é, opções de compra e venda com preços de exercício de US$ 80. Observe como as opções de compra de junho 80 têm um grande volume. Sua última negociação foi pelo preço de US$ 3,35, no ponto médio entre o preço de compra atual (US$ 3,30) e o preço de venda atual (US$ 3,40). Isso indica que a negociação provavelmente ocorreu recentemente, porque o preço da última negociação é um preço de mercado corrente.

at-the-money Descreve opções cujos preços de exercício são iguais ao preço corrente das ações.

Os contratos de opções de ações sempre são lançados em grupos de 100 ações. Se, por exemplo, você decidisse comprar um contrato de opção de compra junho 70, você estaria comprando a opção de comprar 100 ações a US$ 70 por ação. Os preços de opções são cotados por ação, então, o preço de venda de US$ 10,55 implica que você pagaria 100 × 10,55 = US$ 1.055 pelo contrato. Da mesma maneira, se você decidisse comprar um contrato de opção de venda junho 70, você pagaria 100 × 0,58 = US$ 58 pela opção de vender 100 ações da Amazon por US$ 70 por ação.

TABELA 20.2 Cotações de opções das ações da Amazon.com

A descrição de cada opção negociada pode ser lida como: Ano e Mês de Vencimento, seguidos pelo preço de exercício e por um identificador para a série de opções entre parênteses. Por exemplo, a primeira opção de compra listada vence em junho de 2008 e possui um preço de exercício de US$ 70,00.

AMZN (AMAZON.COM INC) 79,76   −0,96
21 maio, 2008 @ 13:27 ET
Compra 79,76   **Venda** 79,77   Tamanho 3 × 1   **Vol** 3391512

Opções de compra	Última venda	Variação líquida	Compra	Venda	Volume	Contratos em aberto	Opções de venda	Última venda	Variação líquida	Compra	Venda	Volume	Contratos em aberto
08 Jun 70,00 (ZQN FN-E)	13,40	0	10,40	10,55	0	1268	08 Jun 70,00 (ZQN RN-E)	0,55	+0,06	0,55	0,58	106	4747
08 Jun 72,50 (ZQN FD-E)	9,00	0	8,25	8,40	0	823	08 Jun 72,50 (ZQN RD-E)	0,94	+0,09	0,92	0,96	14	2571
08 Jun 75,00 (ZQN FO-E)	6,40	−0,79	6,35	6,45	77	3797	08 Jun 75,00 (ZQN RO-E)	1,5	+0,15	1,49	1,54	108	6867
08 Jun 80,00 (ZQN FP-E)	3,35	−0,55	3,30	3,40	444	8060	08 Jun 80,00 (ZQN RP-E)	3,55	+0,40	3,40	3,50	307	7023
08 Jun 85,00 (ZQN FQ-E)	1,50	−0,40	1,49	1,53	183	9513	08 Jun 85,00 (ZQN RQ-E)	6,95	+1,05	6,55	6,65	18	2530
08 Jun 90,00 (ZQN FR-E)	0,57	−0,23	0,59	0,63	207	6206	08 Jun 90,00 (ZQN RR-E)	10,1	+0,45	10,65	10,80	5	937
08 Jun 95,00 (ZQN FT-E)	0,22	−0,13	0,22	0,26	91	3079	08 Jun 95,00 (ZQN RT-E)	11,9	0	15,30	15,45	0	168
08 Jun 105,00 (QZN FA-E)	0,08	0	0,05	0,08	0	1593	08 Jun 105,00 (QZN RA-E)	24,25	0	25,15	25,30	0	3
08 Jun 110,00 (QZN FB-E)	0,04	0	0,01	0,04	0	302	08 Jun 110,00 (QZN RB-E)	28,4	0	30,10	30,30	0	35

Fonte: Chicago Board Options Exchange no *website* www.cboe.com.

Observemos, da Tabela 20.2, que para cada data de vencimento, as opções de compra com baixos preços de exercício têm preços de mercado mais altos – o direito de comprar as ações a um preço mais baixo vale mais do que o direito de comprá-las por um preço mais alto. Ao contrário, como a opção de venda dá ao portador o direito de vender as ações pelo preço de exercício, para a mesma data de vencimento, opções de venda com preços de exercício mais altos valem mais. Por outro lado, mantendo fixo o preço de exercício, as opções tanto de compra quanto de venda são mais caras para prazos maiores até a data de vencimento. Como estas opções são do estilo americano que podem ser exercidas a qualquer momento, ter o direito de comprar ou vender por um período de tempo maior vale mais.

Se o *payoff* de exercer uma opção imediatamente é positivo, diz-se que a opção está **in-the-money**. Opções de compra com preços de exercício abaixo do preço corrente das ações estão *in-the-money*, assim como opções de venda com preços de exercício acima do preço corrente das ações. Na época em que foram feitas as cotações da Tabela 20.2, o preço das ações da Amazon era US$ 79,76, então, qualquer opção de compra com um preço de realização abaixo de US$ 79,76 estaria *in-the-money*, como as opções de compra junho 75, 72,50 e 70, e as opções de venda de junho 80 a 110. Ao contrário, se o *payoff* de exercer a opção imediatamente é negativo, diz-se que a opção está **out-of-the-money**. Opções de compra com preços de realização acima do preço corrente das ações estão *out-of-the-money*, assim como opções de venda com preços de realização abaixo do preço corrente das ações. Na Tabela 20.2, as opções de compra junho 80 a junho 110 estão *out-of-the-money*, assim como as opções de venda junho 75, 72,50 e 70. É claro que um portador não exerceria uma opção *out-of-the-money*. Opções para as quais o preço de realização e o preço das ações estão muito distantes são chamadas de **muito in-the-money** ou **muito out-of-the-money**.

in-the-money Descreve uma opção cujo valor seria positivo caso fosse exercida imediatamente.

out-of-the-money Descreve uma opção que, se exercida imediatamente, resulta em uma perda de dinheiro.

muito *in-the-money* Descreve opções que estão *in-the-money* e para as quais o preço de exercício e o preço das ações estão muito distantes.

muito *out-of-the-money* Descreve opções que estão *out-of-the-money* e para as quais o preço de exercício e o preço das ações estão muito distantes.

EXEMPLO 20.1
Compra de opções

Problema
É meio-dia do dia 21 de maio de 2008 e você decidiu comprar 10 contratos de opções de compra de junho de ações da Amazon com um preço de exercício de US$ 80. Como você está comprando, você tem que pagar o preço de venda. Quanto esta compra irá lhe custar? Esta opção está *in-the-money* ou *out-of-the-money*?

Solução

▸ **Planejamento**
A partir da Tabela 20.2, o preço de venda desta opção é US$ 3,40. Lembre-se de que o preço quotado é por ação e que cada contrato é de 100 ações.

▸ **Execução**
Você está comprando 10 contratos e cada contrato é de 100 ações, então, a transação lhe custará 3,40 × 10 × 100 = US$ 3.400 (ignorando comissões). Como esta é uma opção de compra e o preço de exercício está acima do preço corrente das ações (US$ 79,76), a opção atualmente está *out-of-the-money*.

▸ **Avaliação**
Apesar de a opção estar atualmente *out-of-the-money*, ela ainda tem valor. Durante o tempo que ainda falta até o vencimento, as ações poderiam subir até um valor acima do preço de exercício de US$ 80.

Opções sobre outros tipos de títulos financeiros

Apesar de as opções mais negociadas serem lançadas sobre ações, existem opções sobre outros ativos. Talvez as mais conhecidas sejam as opções sobre índices de ações como o índice S&P 100, o índice S&P 500, a média industrial Dow Jones e o índice da NYSE. Estas opções tornaram-se muito populares porque permitem que os investidores protejam o valor de seus investimentos de variações de mercado adversas. Como veremos em breve, uma opção de venda de índice de ações pode ser utilizada para compensar as perdas na carteira de um investidor em uma retração do mercado. Utilizar uma opção para reduzir o risco mantendo contratos ou títulos cujos *payoffs* têm uma correlação negativa com alguma exposição a riscos é chamado de **hedging** (proteção). As opções também permitem que os investidores **especulem**, ou apostem

hedging Reduzir risco mantendo contratos ou títulos cujos *payoffs* têm uma correlação negativa com alguma exposição a riscos.

especular Quando os investidores utilizam títulos para apostar na direção em que eles acreditam que o mercado provavelmente se movimentará.

Opções são mais do que meras ações

Apesar de os exemplos neste capítulo serem principalmente sobre opções de ações, há opções de uma variedade de outros ativos. Por exemplo, também é possível negociar ações de títulos do Tesouro. Essas opções permitem que os investidores apostem ou façam *hedging* com o risco das taxas de juros. Também há opções de moedas (discutiremos isso mais detalhadamente no Capítulo 22), ouro, platina e outras *commodities*, como cobre ou petróleo. Também há muitas opções de produtos agrícolas, como trigo, grãos de soja, gado, algodão, suco de laranja e açúcar. Essas opções permitem que tanto os fazendeiros quanto grandes empresas agrícolas façam *hedging* com seus riscos, protegendo-os de flutuações na produção e nos preços.

na direção que eles acreditam que o mercado provavelmente seguirá. Ao comprar uma opção de compra, por exemplo, os investidores podem apostar em um crescimento do mercado com um investimento muito menor do que investindo no índice de mercado propriamente dito.

Fixação de conceitos

1. O detentor de uma opção tem que exercê-la?
2. Qual é a diferença entre uma opção americana e uma opção europeia?

20.2 *Payoffs* de opções na data de vencimento

Com nossa compreensão dos fundamentos das opções de venda e de compra, agora estamos preparados para examinar seus valores. Segundo o Princípio de Avaliação, o valor de qualquer título é determinado pelos fluxos de caixa futuros que um investidor recebe por detê-los. Portanto, antes de podermos avaliar quanto vale uma opção, temos que determinar seu *payoff* no momento do vencimento.

Posição comprada em um contrato de opção

Suponhamos que tenhamos uma opção com preço de exercício de US$ 20. Se, na data de vencimento, o preço das ações for maior do que o preço de exercício, digamos US$ 30, podemos ganhar dinheiro exercendo a opção de compra (pagando US$ 20, o preço de exercício, pelas ações) e vendendo as ações imediatamente no mercado aberto por US$ 30. A diferença de US$ 10 é o que vale a opção. Consequentemente, quando o preço das ações na data de vencimento excede o preço de exercício, o valor da opção de compra é a diferença entre o preço das ações e o preço de exercício. Quando o preço das ações é menor do que o preço de exercício na data de vencimento, o portador não exercerá a opção, então, a opção nada valerá. Estes *payoffs* são representados na Figura 20.1.

Assim, o valor da opção de compra na data de vencimento é:

Valor da opção de compra na data de vencimento

$$\text{Valor da opção de compra} = \text{Preço das ações} - \text{Preço de exercício,}$$
$$\text{se Preço das ações} > \text{Preço de exercício}$$
$$= 0, \quad \text{se Preço das ações} \leq \text{Preço de exercício} \quad (20.1)$$

O detentor de uma opção de venda exercerá a opção se o preço das ações for menor do que o preço de exercício. Como o detentor recebe o preço de exercício quando as ações valem menos, o ganho do detentor é igual ao *Preço de exercício – Preço das ações*. Assim, o valor de uma opção de venda na data de vencimento é:

Preço da opção de venda na data de vencimento

$$\text{Valor da opção de venda} = \text{Preço de exercício} - \text{Preço das ações,}$$
$$\text{se Preço das ações} < \text{Preço de exercício}$$
$$= 0, \quad \text{se Preço das ações} \geq \text{Preço de exercício} \quad (20.2)$$

FIGURA 20.1

Payoff de uma opção de compra com um preço de exercício de US$ 20 na data de vencimento

Se o preço das ações for maior do que o preço de exercício (US$ 20), a opção de compra será exercida, e o payoff do portador será a diferença entre o preço das ações e o preço de exercício. Se o preço das ações for menor do que o preço de exercício, a opção não será exercida e, então, não terá valor.

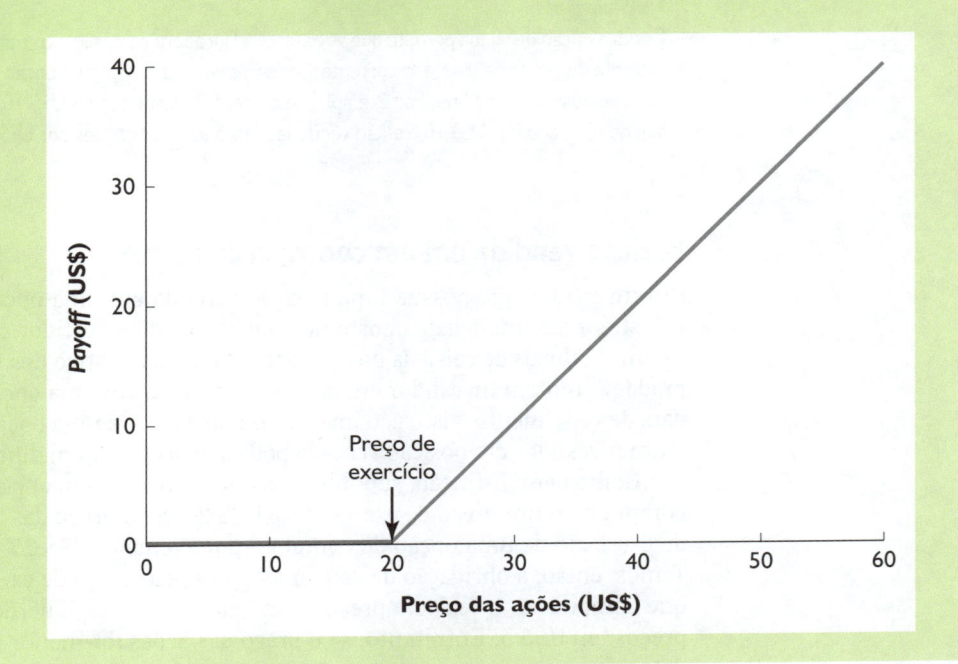

EXEMPLO 20.2

Payoff de uma opção de venda no vencimento

Problema
Você possui uma opção de venda de ações da Sun Microsystems com um preço de exercício de US$ 20 que vence hoje. Trace um gráfico representando o valor desta opção em função do preço das ações.

Solução

▶ **Planejamento**
A partir da Equação 20.2, e do fato de que o preço de exercício é US$ 20, vemos que o valor da opção de venda é:

Valor da opção de venda = 20 − Preço das ações, se Preço das ações < 20; = 0, se Preço das ações ⩾ 20

▶ **Execução**
Traçando o gráfico desta função, temos:

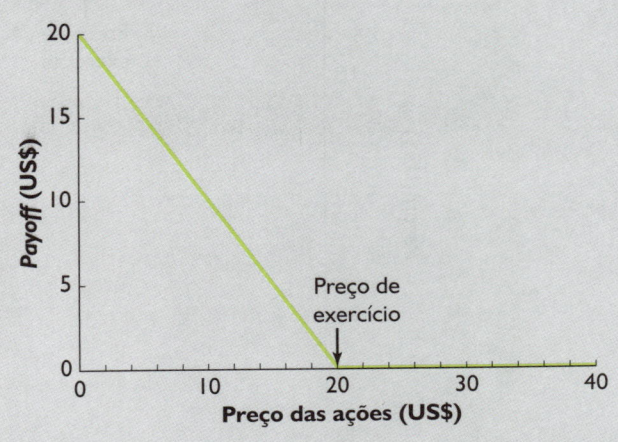

> **Avaliação**
> Como a opção de venda permite que você force a lançadora da opção a comprar as ações por US$ 20, independentemente do preço de mercado corrente, podemos ver que o *payoff* da opção de venda aumenta com a diminuição do preço das ações da Sun. Por exemplo, se o preço da Sun fosse de US$ 10, você poderia comprar uma ação da Sun no mercado por US$ 10 e então vendê-la à lançadora das opções por US$ 20, obtendo um lucro de US$ 10.

Posição vendida em um contrato de opção

Um investidor que possua uma posição vendida em uma opção possui uma obrigação: este investidor assume o lado oposto no contrato ao do investidor que possui a posição comprada. Assim, os fluxos de caixa da posição vendida são o negativo dos fluxos de caixa da posição comprada. Como um investidor em posição comprada em uma opção somente recebe dinheiro na data de vencimento – isto é, o investidor não exercerá uma opção que esteja *out-of-the-money* – um investidor em posição vendida pode apenas pagar em dinheiro.

Como demonstração, suponhamos que tenhamos uma posição vendida em uma opção de compra com um preço de exercício de US$ 20. Se o preço das ações for maior do que o preço de exercício de uma opção de compra – por exemplo, US$ 25 – o portador exercerá a opção. Temos, então, a obrigação de vender as ações pelo preço de exercício de US$ 20. Como temos que comprar as ações pelo preço de mercado de US$ 25, perdemos a diferença entre os dois preços, ou US$ 5. Entretanto, se o preço das ações for menor do que o preço de exercício na data de vencimento, o portador não irá exercer a opção, então, neste caso, nada perdemos; não temos obrigação. Esses *payoffs* são representados graficamente na Figura 20.2.

FIGURA 20.2 Posição vendida em uma opção de compra na data de vencimento

Se o preço das ações for maior do que o preço de exercício, a opção de compra será exercida. Uma pessoa em posição vendida perderá a diferença entre o preço das ações e o preço de exercício. Se o preço das ações for menor do que o preço de exercício, a opção de compra não será exercida, e o vendedor não terá obrigação.

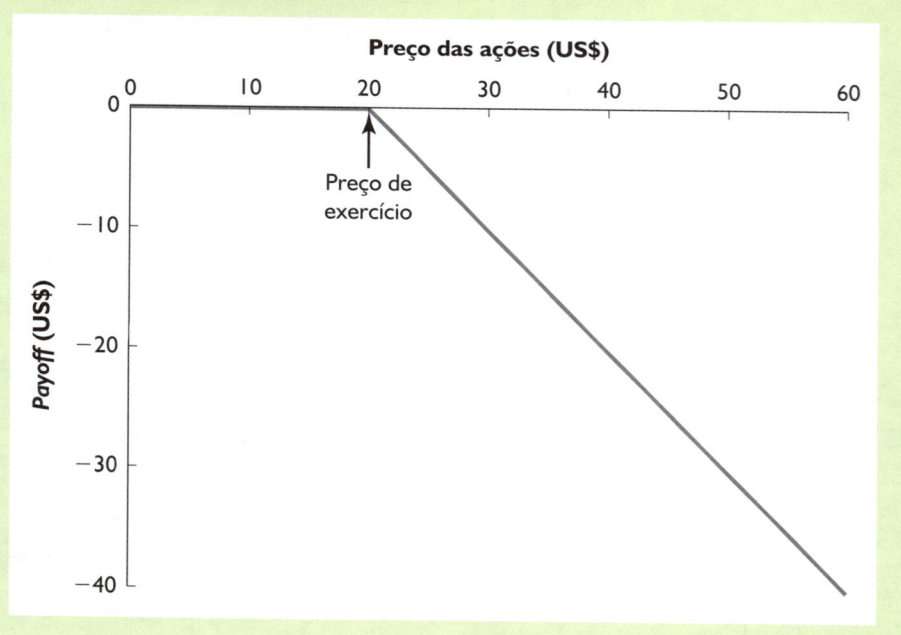

EXEMPLO 20.3

Payoff de uma posição vendida em uma opção de venda

Problema
Você está em posição vendida em uma opção de venda de ações da Sun Microsystems com um preço de exercício de US$ 20 que vence hoje. Qual é o seu *payoff* na data de vencimento em função do preço das ações?

Solução

▸ Planejamento

Novamente, o preço de exercício é US$ 20 e, neste caso, seus fluxos de caixa serão opostos àqueles da Equação 20.2, como exibido no exemplo anterior. Assim, seus fluxos de caixa serão:

$$-(20 - \text{preço das ações}) = -20 + \text{preço das ações se o preço das ações} < 20$$
$$= 0, \text{ se preço das ações} \geq 20$$

▸ Execução

O gráfico mostra seus fluxos de caixa:

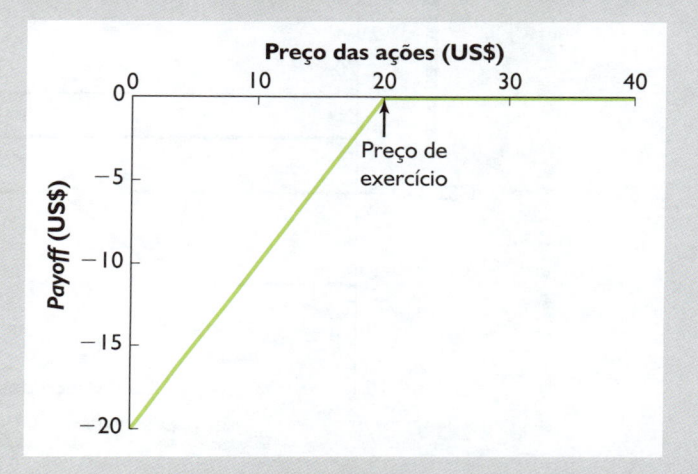

▸ Avaliação

Se o preço atual das ações for de US$ 30, então a opção de venda não será exercida e você nada deverá. Se o preço atual das ações for de US$ 15, a opção de venda será exercida e você perderá US$ 5. Comparando o gráfico aqui e no Exemplo 20.2, vemos que os *payoffs* são imagens espelhadas uma da outra.

Observe que, como o preço das ações não pode cair abaixo de zero, o lado negativo (ou a perda financeira) de uma posição vendida em uma opção de venda é limitado ao preço de exercício da opção. Uma posição vendida em uma opção de compra, porém, não possui limite no lado negativo (ver Figura 20.2).

Lucros por deter uma opção até a data da vencimento

Apesar de os pagamentos em uma posição comprada em um contrato de opções nunca serem negativos, os *lucros* que se obtém ao comprar uma opção e detê-la até a data de vencimento poderiam ser negativos porque o *payoff* na data de *vencimento* pode ser menor do que o custo inicial da opção.

Para ver como isso funciona, consideremos os lucros potenciais provenientes da compra de uma opção de compra de 08 junho 80 de ações da Amazon conforme cotadas na Tabela 20.2. A opção custa US$ 3,40 e vence em 31 dias. Suponhamos que escolhamos financiar a compra tomando US$ 3,40 emprestados a uma taxa de juros de 3% ao ano. Ao final de 31 dias, você precisará de US$ 3,41 para realizar o *payoff* do empréstimo ($3,40 \times 1,03^{31/365} = 3,41$). O lucro

FIGURA 20.3

Lucros obtidos por deter uma opção de compra até a data de vencimento

As curvas mostram o lucro por ação proveniente da aquisição de opções de compra da Tabela 20.2 em 21 de maio de 2008, financiando esta aquisição com um empréstimo a 3% e detendo a posição até a data de vencimento. Observe que todos os diagramas de *payoff* estão deslocados para baixo no valor do prêmio da opção. Assim, mesmo se o *payoff* for positivo, se ele não for suficiente para compensar o prêmio que você pagou a fim de adquirir a opção, seu lucro será negativo.

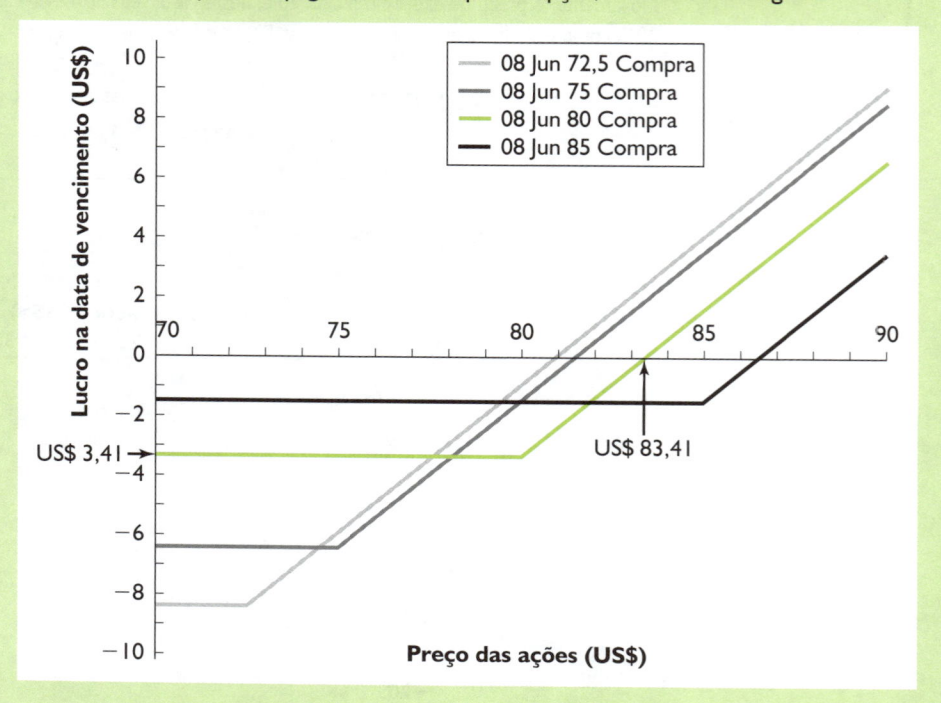

[Gráfico: Lucro na data de vencimento (US$) vs. Preço das ações (US$), mostrando quatro curvas: 08 Jun 72,5 Compra; 08 Jun 75 Compra; 08 Jun 80 Compra; 08 Jun 85 Compra. Destaques: US$ 3,41 e US$ 83,41.]

é o *payoff* da opção de compra menos os US$ 3,41 devidos sobre o empréstimo, exibido como a curva verde na Figura 20.3. Uma vez que o custo da posição tenha sido considerado, obteremos um lucro positivo somente se o preço das ações exceder US$ 83,41. Como podemos ver a partir da Tabela 20.2, quanto mais *in-the-money* for a opção, maior será seu preço inicial e maior será nossa perda potencial. Uma opção *out-of-the-money* possui um custo inicial menor e, logo, uma perda potencial menor, mas a probabilidade de um ganho também é menor porque o ponto onde os lucros tornam-se positivos é mais alto.

Como uma posição vendida em uma opção é o outro extremo de uma posição comprada, os lucros de uma posição vendida em uma opção são exatamente o negativo dos lucros de uma posição comprada. Por exemplo, uma posição vendida em uma opção de compra *out-of-the-money*, como a opção de compra 08 junho 85 da Amazon na Figura 20.3, produz um pequeno lucro positivo se as ações da Amazon estiverem abaixo de US$ 86,53, mas leva a perdas se o preço das ações estiver acima de US$ 86,53.

EXEMPLO 20.4

Lucros obtidos por deter uma posição em uma opção de venda até a data de vencimento

Problema

Suponha que você tenha decidido comprar cada uma das opções de venda de junho 72,5 até 85 cotadas na Tabela 20.2 em 21 de maio de 2008 e que você tenha financiado cada posição tomando um empréstimo a 3%. Faça o gráfico de cada posição em função do preço das ações na data de vencimento.

Solução

▶ **Planejamento**

Suponha que P seja o preço de cada opção de venda em 21 de maio. Então, seus fluxos de caixa na data de vencimento serão:

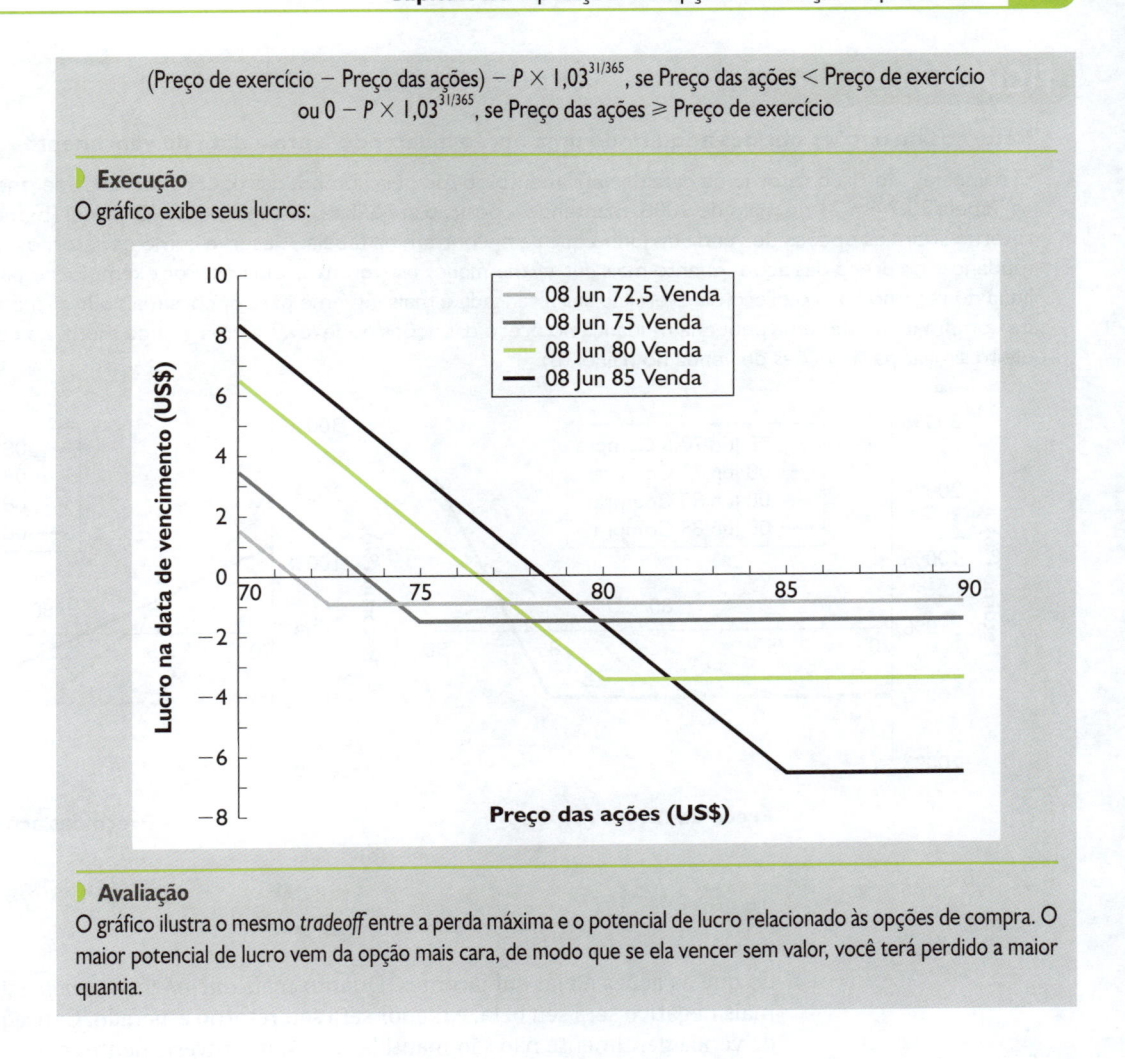

(Preço de exercício − Preço das ações) − $P \times 1{,}03^{31/365}$, se Preço das ações < Preço de exercício
ou $0 - P \times 1{,}03^{31/365}$, se Preço das ações ⩾ Preço de exercício

Execução
O gráfico exibe seus lucros:

Legenda:
- 08 Jun 72,5 Venda
- 08 Jun 75 Venda
- 08 Jun 80 Venda
- 08 Jun 85 Venda

Eixo Y: Lucro na data de vencimento (US$)
Eixo X: Preço das ações (US$)

Avaliação
O gráfico ilustra o mesmo *tradeoff* entre a perda máxima e o potencial de lucro relacionado às opções de compra. O maior potencial de lucro vem da opção mais cara, de modo que se ela vencer sem valor, você terá perdido a maior quantia.

Retornos obtidos por deter uma opção até a data de vencimento

Também podemos comparar opções com base em seus retornos potenciais. A Figura 20.4 mostra o retorno obtido por adquirir uma das opções de junho de 2008 da Tabela 20.2 em 21 de maio de 2008 e detê-la até a data de vencimento. Comecemos focalizando as opções de compra, exibidas no painel (a). Em todos os casos, a perda máxima é de 100% – a opção pode expirar sem valor. Observe como as curvas mudam em função do preço de exercício – a distribuição dos retornos das opções de compra *out-of-the-money* é mais extrema do que a de opções de compra *in-the-money*. Isto é, é mais provável que uma opção de compra *out-of-the-money* tenha um retorno de −100%, mas se as ações subirem suficientemente, elas também terão um retorno muito mais alto do que uma opção de compra *in-the-money*. Da mesma maneira, todas as opções de compra têm retornos mais extremos do que as ações propriamente ditas (dado o preço inicial da Amazon de US$ 79,76, a variação dos preços de ações exibida no gráfico representa retornos de −12,5% a + 12,5%). Consequentemente, o risco de uma opção de compra é ampliado em relação ao risco das ações, e a ampliação é maior para opções de compra muito *out-of-the-money*. Assim, se um grupo de ações tivesse um beta positivo, as opções de compra lançadas sobre as ações terão betas e retornos esperados ainda mais altos do que as ações propriamente ditas.

Agora consideremos os retornos de opções de venda. Observe cuidadosamente o painel (b) da Figura 20.4. A posição de venda possui um retorno mais alto em estados com preço das ações *baixos*; isto é, se as ações tiverem um beta positivo, a opção de venda terá um beta negativo. Logo, as opções de venda de ações com beta positivo têm retornos esperados mais baixos

FIGURA 20.4

Retornos de opções obtidos adquirindo uma opção e detendo-a até a data de vencimento

O painel (a) mostra o retorno na data de vencimento obtido pela compra das opções de venda de janeiro que se encontram na Tabela 20.2 em 21 de maio de 2008, mantendo a posição até a data de vencimento. O painel (b) mostra o mesmo retorno sobre as opções de venda de junho que se encontram na tabela. Observe como os retornos são mais sensíveis a mudanças no preço das ações quanto mais *out-of-the-money* estiverem as opções. Por exemplo, no painel (a), a inclinação da linha do retorno após o preço de exercício ser alcançada é mais íngreme para opções mais *out-of-the-money*. Para a opção de compra junho 85, uma pequena mudança no preço das ações pode levar a uma grande mudança no retorno. Vê-se um efeito similar para opções de venda no painel (b).

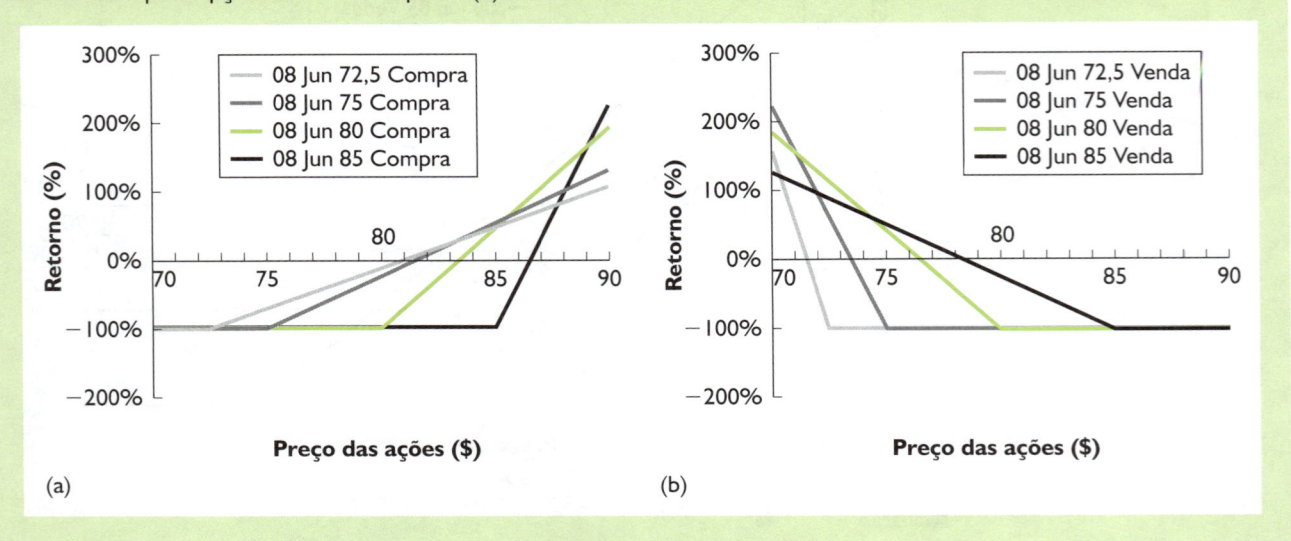

do que as ações a elas subjacentes. Quanto mais *out-of-the-money* estiver a opção de venda, mais negativo será seu beta, e menor será seu retorno esperado. Consequentemente, as opções de venda geralmente não são mantidas como um investimento, mas, em vez disso, como um seguro para fazer uma operação de *hedge* com outros riscos em uma carteira. Exploraremos a ideia de utilizar opções como seguros mais adiante, na Seção 20.5.

Agora já discutimos o custo (prêmio) de comprar uma opção, os *payoffs* na data de vencimento e os lucros. É muito para acompanhar, mas lembre que há apenas três coisas sendo trocadas: 1) o prêmio de opção, 2) o preço de exercício, e 3) as ações. Além disso, como uma opção é um contrato entre duas partes, as perdas de uma parte são os ganhos da outra. Resumimos essas relações na Tabela 20.3 para as opções de compra e de venda 08 junho 80 das ações da Amazon.com a partir da Tabela 20.2. Ao ler a tabela, tenha em mente que se você possuir a opção e exercê-la, criaria um *payoff* negativo. Se você optar por não exercê-la, então, o *payoff* será igual a zero (ver Equações 20.1 e 20.2).

Fixação de conceitos

3. Qual é a diferença entre os lucros provenientes da compra de uma opção e o *payoff* da opção na data de vencimento?
4. Qual é a relação entre os *payoffs* da compra de uma opção de compra e os *payoffs* do lançamento de uma opção de compra?

20.3 Fatores que afetam os preços de opções

Quando discutimos a Tabela 20.2, observamos algumas relações entre os preços de opções e diferentes características das opções. Nesta seção, identificaremos e explicaremos todos os fatores que afetam o preço de uma opção.

TABELA 20.3 *Payoffs*, lucros e retornos provenientes da compra ou do lançamento de opções na Tabela 20.2

	Na compra	Pelo preço das ações = 75 na data de vencimento		Pelo preço das ações = 85 na data de vencimento	
		Payoff	Lucro	*Payoff*	Lucro
Comprar uma opção de compra 08 junho 80	Pagar 3,40	0	−3,40 −100% retorno	85 − 80 = 5	5 − 3,40 = 1,60 1,60/3,40 = 47% retorno
Lançar uma opção de compra 08 junho 80	Receber 3,40	0	3,40	80 − 85 = −5	3,40 − 5 = −1,60
Comprar uma opção de venda 08 junho 80	Pagar 3,50	80 − 75 = 5	5 − 3,50 = 1,50 1,50/3,50 = 43% retorno	0	−3,50 −100% retorno
Lançar uma opção de venda 08 junho 80	Receber 3,50	75 − 80 = −5	3,50 − 5 = −1,50	0	3,50

Preço de exercício e preço das ações

Como observamos anteriormente para as cotações das opções da Amazon.com cotadas na Tabela 20.2, o valor de uma opção de compra de resto idêntica é mais alto se o preço de exercício que o detentor tem que pagar para comprar as ações for mais baixo. Como uma opção de venda é o direito de vender as ações, opções de venda com preços de exercício mais baixos valem menos.

Para determinado preço de exercício, o valor de uma opção de compra é mais alto se o preço corrente das ações for mais alto, já que há uma probabilidade maior de que a opção acabará *in-the-money*. Ao contrário, opções de venda aumentam em valor à medida que o preço das ações cai.

Preços de opções e data de exercício

Para opções americanas, quanto mais distante da data de exercício, mais vale a opção. Para ver o porquê, consideremos duas opções: uma opção com um ano até a data de exercício e uma opção com seis meses até a data de exercício. O detentor da opção de um ano pode transformá-la em uma opção de seis meses simplesmente exercendo-a antes da hora. Isto é, a opção de um ano possui os mesmos direitos e privilégios que a opção de seis meses, então, pelo Princípio da Avaliação, ela não pode valer menos do que a opção de seis meses. Isto é, *uma opção americana com uma data de exercício posterior não pode valer menos do que uma opção americana de resto idêntica, mas com uma data de exercício anterior*. Normalmente o direito de postergar o exercício da opção vale alguma coisa, então, a opção com data de exercício posterior valerá mais.

E quanto às opções europeias? O mesmo argumento não funciona para opções europeias, pois uma opção europeia de um ano não pode ser exercida seis meses antes. Consequentemente, uma opção europeia com uma data de exercício posterior pode potencialmente ser negociada por menos do que uma opção de resto idêntica, mas com data de exercício anterior. Por exemplo, consideremos uma opção de compra europeia de ações que pagam um dividendo de liquidação daqui a seis meses (um dividendo de liquidação é pago quando uma corporação decide fechar as portas, vender todos os seus ativos e utilizar os resultados para realizar um pagamento de dividendo). Uma opção de compra europeia de um ano dessas ações não teria valor algum, mas uma opção de compra de seis meses valeria alguma coisa.

Preços de opções e a taxa livre de risco

O valor de uma opção de compra é crescente na taxa livre de risco e o valor de uma opção de venda é decrescente na taxa livre de risco. A intuição é que uma taxa de descapitalização mais alta reduz o valor presente do preço de exercício. Como você tem que pagar o preço de exercício para exercer uma opção de compra, reduzir o valor presente de seu pagamento aumenta o valor da opção. Entretanto, como você *recebe* o preço de exercício quando você exerce uma opção de venda, reduzir o valor presente diminui o valor da opção de venda. Observamos, porém, que dadas as flutuações normais na taxa livre de risco, seria improvável que ela mudasse o suficiente ao longo da vida de uma opção para ter um impacto substancial sobre o preço da opção – isto é, valores de opções não são particularmente sensíveis a mudanças na taxa livre de risco.

Preços de opções e volatilidade

Um importante critério que determina o preço de uma opção é a volatilidade das ações subjacentes. Na verdade, *o valor de uma opção geralmente aumenta com a volatilidade das ações*. A intuição por trás deste resultado é que um aumento na volatilidade aumenta a probabilidade de retornos muito altos e muito baixos sobre as ações. O detentor de uma opção de compra se beneficia com um *payoff* mais alto quando as ações sobem e a opção está *in-the-money*, mas obtém o mesmo *payoff* (zero) independentemente da amplitude da queda das ações uma vez que elas estejam *out-of-the-money*. *Devido a esta assimetria do* payoff *da opção, o detentor de uma opção ganha com um aumento na volatilidade*. Consideremos o seguinte exemplo.

EXEMPLO 20.5

Valor de opções e volatilidade

Problema

Duas opções de compra europeias com um preço de exercício de US$ 50 são lançadas em dois grupos de ações diferentes. Suponha que amanhã, as ações de *baixa volatilidade* terão um preço de US$ 50 com certeza. As ações de *alta volatilidade* valerão ou US$ 60 ou US$ 40, com cada preço com igual probabilidade de ocorrência. Se a data de exercício de ambas as opções é amanhã, que opção valerá mais hoje?

Solução

▸ **Planejamento**

O valor das opções dependerá do valor das ações na data de vencimento. O valor das opções na data de vencimento será o preço das ações amanhã menos 50 se o preço das ações for maior do que US$ 50, e US$ 0, caso contrário.

▸ **Execução**

As ações de baixa volatilidade valerão US$ 50 com certeza, então, sua opção valerá US$ 0 com certeza. As ações de alta volatilidade têm um valor esperado de US$ 40 ou US$ 60, então sua opção terá um *payoff* de US$ 0 ou US$ 60 – 50 = US$ 10. Como as opções não têm chance de ter um *payoff* negativo, aquela com uma chance de 50% de *payoff* positivo têm que valer mais do que a opção das ações de baixa volatilidade (sem chance de *payoff* positivo).

▸ **Avaliação**

Como a volatilidade aumenta as chances de que uma opção venha a realizar *payoff*, as opções têm valores muito diferentes apesar de o valor esperado de *ambas* as ações amanhã ser US$ 50 – as ações de baixa volatilidade terão este valor com certeza, e as ações de alta volatilidade também têm um valor esperado de US$ 40(1/2) + US$ 60(1/2) = US$ 50.

O Exemplo 20.5 confirma nossa intuição de que o valor de uma opção de compra é crescente na volatilidade das ações subjacentes. O mesmo vale para opções de venda. Lembre-se de que adicionar uma opção de venda a uma carteira é similar a comprar um seguro contra uma queda no valor. Os seguros são mais valiosos quando há uma volatilidade mais alta – logo, as opções de venda de ações mais voláteis também valem mais. A Tabela 20.4 resume os fatores que afetam os valores de opções e como um aumento em cada fator afeta esses valores.

Fixação de conceitos

5. Uma opção europeia com uma data de exercício posterior pode valer menos do que uma opção europeia idêntica com uma data de exercício anterior?
6. Por que as opções valem mais quando há mais incerteza sobre o valor das ações?

Capítulo 20 Aplicações de Opções e Finanças Empresariais

TABELA 20.4 Como uma elevação em cada fator afeta os valores das opções

	Americana		Europeia	
	Compra	Venda	Compra	Venda
Preço das ações	Aumenta o valor	Diminui o valor	Aumenta o valor	Diminui o valor
Preço de exercício	Diminui o valor	Aumenta o valor	Diminui o valor	Aumenta o valor
Tempo até o vencimento	Aumenta o valor	Aumenta o valor	Incerto	Incerto
Taxa livre de risco	Aumenta o valor	Diminui o valor	Aumenta o valor	Diminui o valor
Volatilidade do preço das ações	Aumenta o valor	Aumenta o valor	Aumenta o valor	Aumenta o valor

20.4 A fórmula de Black-Scholes de precificação de opções

Em uma pesquisa que lhes valeu o Prêmio Nobel, os professores Fischer Black e Myron Scholes deduziram uma fórmula para o preço de uma opção de compra no estilo europeu de ações que não pagam dividendos. A fórmula agora serve como base da precificação de contratos de opções negociados em todo o mundo. Sua fórmula é:

Preço de Black-Scholes de uma opção de compra de ações que não pagam dividendos

$$\text{Preço da opção de compra} = \text{Preço das ações} \times N(d_1) - \text{PV(Preço de exercício)} \times N(d_2) \quad (20.3)$$

O valor presente é calculado utilizando a taxa livre de risco e $N(d_1)$ e $N(d_2)$ são probabilidades. As expressões de d_1 e d_2 são complicadas e é melhor deixar sua explicação para cursos de finanças mais avançados.[1] Entretanto, observamos aqui que elas contêm apenas o preço das ações, preço de exercício, taxa livre de risco, tempo até a data de vencimento da opção e volatilidade das ações. Assim, Black e Scholes confirmaram nossa discussão da última seção de que esses cinco fatores são os únicos relevantes para o valor de uma opção. O que é igualmente notável é o que *não* é relevante: não precisamos conhecer o retorno esperado das ações. Você pode estar se perguntando como é possível calcular o valor de um título como uma opção, que parece depender criticamente do preço futuro das ações sem conhecer o retorno esperado das ações. Na verdade, o retorno esperado das ações já está incorporado no preço atual das ações, e o valor da opção hoje depende do preço das ações hoje.

Felizmente, você não precisa conhecer a fórmula de Black-Scholes para utilizá-la. Há muitas calculadoras de precificação de opções online e até mesmo *add-ins* para o Excel baseados na fórmula. Na Figura 20.5, mostramos uma dessas calculadoras do Options Industry Council.

Até agora, discutimos os fatores que afetam os preços individuais de opções de compra e venda. Você deve ter notado na Figura 20.5 que ambos os preços de opções de compra e venda para as ações são apresentados. De fato, estes preços não podem se mover de forma independente uns dos outros. Na próxima seção, vamos demonstrar sua poderosa relação que associa o preço de uma opção de venda ao preço de uma opção de compra de uma mesma ação.

Fixação de conceitos

7. Quais fatores são usados na fórmula de Black-Scholes para formar o preço de uma opção de compra?
8. Como pode a fórmula de Black-Scholes não incluir o retorno esperado da ação?

---

[1] Para o aluno curioso, elas são: $d_1 = \frac{\ln[\text{Preço das ações/PV(Preço de exercício)}]}{\sigma\sqrt{T}} + \frac{\sigma\sqrt{T}}{2}$ e $d_2 = d_1 - \sigma\sqrt{T}$, onde σ é o desvio-padrão anual do retorno das ações e T é o tempo até a data de vencimento da opção (em anos). Também observamos que $N(\cdot)$ na Equação 20.3 refere-se à função da distribuição normal acumulada.

FIGURA 20.5

Calculadora Online de Precificação de Opções

Esta calculadora de precificação de opções é baseada na fórmula de Black-Scholes de precificação de opções. Aqui, selecionamos "Black-Scholes (European)" na caixa "Model/Exercise" [Modelo/Exercício] e então digitamos um preço das ações de US$ 46, um preço de exercício de US$ 45, uma data de vencimento em junho de 2009, uma taxa de juros livre de risco de 4,5%, uma volatilidade anual (desvio-padrão) do retorno das ações de 25%, e nenhum dividendo. O lado direito da tela mostra que o valor da opção de compra é US$ 6,33 (e o valor da opção de venda é US$ 3,20). As outras saídas no lado direito da tela são chamadas de "gregas" porque são, em sua maioria, letras gregas (vega não é uma letra grega). Os alunos interessados podem ir ao *website* e clicar sobre o ponto de interrogação ao lado de cada letra grega para ver seu significado.

Fonte: http://www.optioneducation.net/calculator/main_advanced.asp.

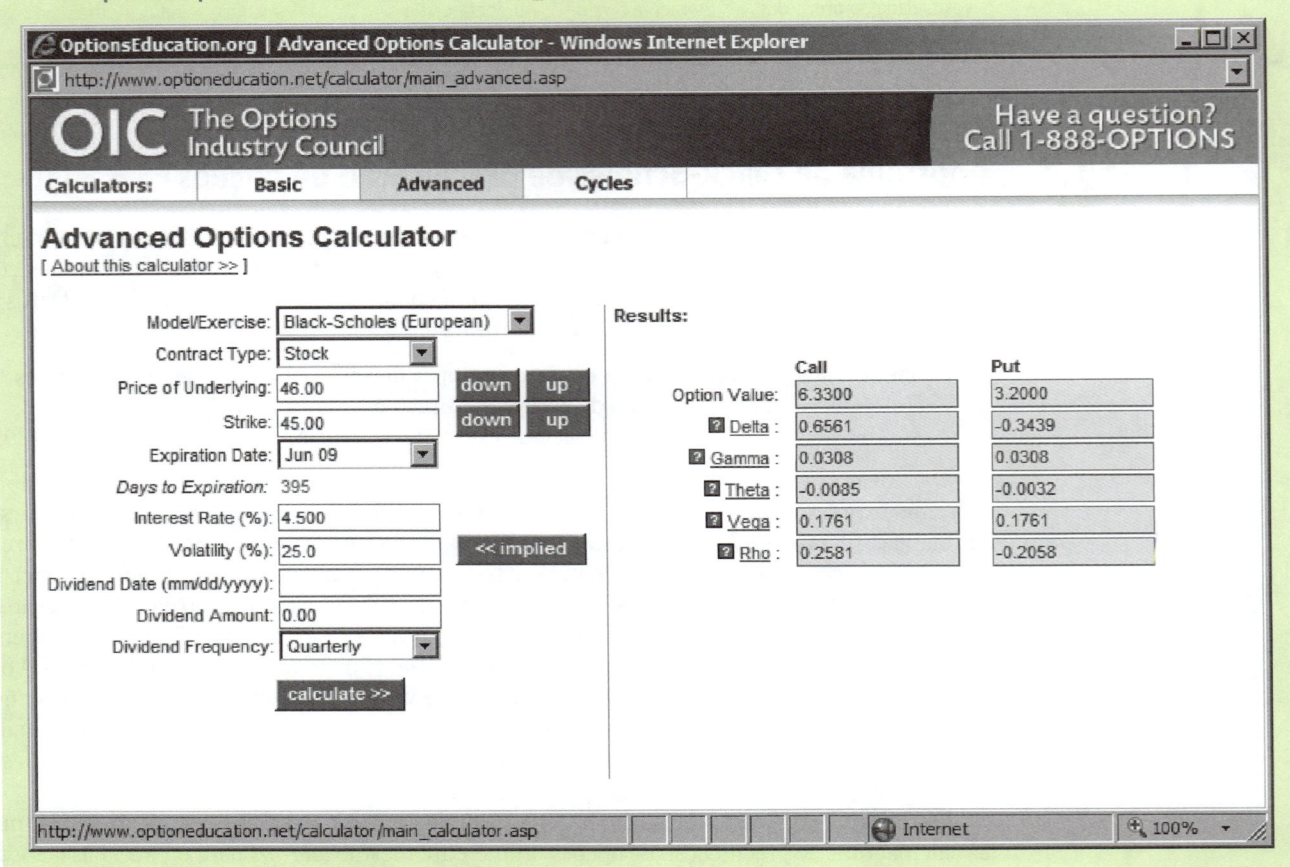

Advanced Options Calculator

	Call	Put
Option Value	6.3300	3.2000
Delta	0.6561	-0.3439
Gamma	0.0308	0.0308
Theta	-0.0085	-0.0032
Vega	0.1761	0.1761
Rho	0.2581	-0.2058

Inputs: Model/Exercise: Black-Scholes (European); Contract Type: Stock; Price of Underlying: 46.00; Strike: 45.00; Expiration Date: Jun 09; Days to Expiration: 395; Interest Rate (%): 4.500; Volatility (%): 25.0; Dividend Amount: 0.00; Dividend Frequency: Quarterly.

20.5 Paridade de opções de compra e venda (paridade *put-call*)

Como vimos, os *payoffs* tanto de opções de venda quanto de opções de compra dependem do preço das ações subjacentes. Os *payoffs* esperados determinam os preços das opções, então, os preços das opções de compra e venda dependem parcialmente do preço das ações subjacentes. Como os preços tanto das opções de compra quanto das de venda de determinadas ações são influenciados pelo preço dessas mesmas ações, seus preços são relacionados um ao outro. Nesta seção, desenvolveremos esta relação mostrando que pode-se fazer diferentes "pacotes" tanto de opções de venda quanto de compra a fim de alcançar o mesmo objetivo – fornecer um seguro contra uma queda no preço de determinadas ações. Então, utilizaremos a Lei do Preço Único, do Princípio da Avaliação, para mostrar que se dois pacotes fornecem exatamente os mesmos *payoffs*, eles têm que ter o mesmo preço.

Seguro de carteira

Vejamos como podemos utilizar combinações de opções para segurar ações contra uma perda. Suponhamos que atualmente detenhamos ações da Amazon.com e que gostaríamos de protegê-las contra a possibilidade de uma queda no preço. Para fazê-lo, poderíamos simplesmente vender as ações, mas também abriríamos mão da possibilidade de lucrar se o preço das ações subisse. Como podemos nos proteger contra uma perda sem abdicar do lucro? Podemos comprar uma opção de venda às vezes conhecida como **protective put**.

protective put Comprar uma opção de venda de ações que já possuímos.

Por exemplo, suponhamos que queiramos nos proteger contra a possibilidade de que o preço das ações da Amazon caia abaixo de US$ 75. Decidimos adquirir uma opção de venda europeia junho 75. A linha cinza na Figura 20.6, painel (a), mostra o valor da posição combinada na data de vencimento da opção. Se as ações da Amazon estiverem acima de US$ 75 em junho, vamos mantê-las, mas se elas estiverem abaixo de US$ 75, exerceremos nossa opção de venda e as venderemos por US$ 75. Assim, ficamos com o lado positivo (ou o lucro), mas estaremos segurados contra uma queda no preço das ações da Amazon.

Podemos utilizar a mesma estratégia para nos segurarmos contra uma perda em toda uma carteira de ações utilizando opções de venda sobre a carteira de ações como um todo em vez de sobre cada ação. Consequentemente, deter ações e opções de venda nesta combinação é conhecido como **seguro de carteira** ou **carteira protegida**.

seguro de carteira ou carteira protegida *Protective put* subscrito em uma carteira em vez de um único grupo de ações.

Ações que não pagam dividendos. Podemos alcançar exatamente o mesmo efeito adquirindo um título de dívida e uma opção de compra. Retornemos ao seguro que adquirimos sobre as ações da Amazon. As ações da Amazon não pagam dividendos, então, não há fluxos de caixa antes da data de vencimento da opção. Assim, em vez de determos ações da Amazon e uma opção de venda, podemos obter o mesmo *payoff* adquirindo um título de dívida livre de risco de cupom zero com um valor de face de US$ 75 e uma opção de compra europeia com um preço de exercício de US$ 75. Neste caso, se as ações da Amazon estiverem abaixo de US$ 75, receberemos o *payoff* do título de dívida. Se elas estiverem acima de US$ 75, podemos exercer a opção de compra e utilizar o *payoff* do título de dívida para comprar as ações pelo preço de exercício de US$ 75. A linha cinza na Figura 20.6, painel (b), mostra o valor da posição combinada na data de vencimento da opção; ela fornece exatamente os mesmos *payoffs* que obteríamos detendo as ações propriamente ditas e uma opção de venda.

Considere as duas maneiras de construir um seguro de carteira ilustradas na Figura 20.6: (1) comprar as ações e uma opção de venda ou (2) comprar um título de dívida e uma opção de compra. Como ambas as posições fornecem exatamente o mesmo *payoff*, o Princípio de Avaliação e, particularmente, a Lei do Preço Único, exige que elas tenham o mesmo preço:

$$\text{Preço das ações} + \text{Preço da opção de venda} = PV(\text{Preço de exercício}) + \text{Preço da opção de compra}$$

O lado esquerdo desta equação é o custo de comprar as ações e uma opção de venda; o lado direito é o custo de comprar um título de dívida de cupom zero com valor de face igual ao preço de exercício da opção de venda e uma opção de compra (com o mesmo preço de exercício que a opção de venda). Lembre-se de que o preço de um título de dívida de cupom zero é o valor presente de seu valor de face, que representamos por $PV(\text{Preço de exercício})$. Reordenando os termos, temos uma expressão para o preço de uma opção de compra europeia para ações que não pagam dividendos:

$$\text{Preço da opção de compra} = \text{Preço da opção de venda} + \text{Preço das ações} - PV(\text{Preço de exercício}) \tag{20.4}$$

paridade de opções compra e venda (paridade *put-call* para ações que não pagam dividendos) A relação que fornece o preço da opção de compra em termos do preço da opção de venda mais o preço das ações subjacentes menos o valor presente do preço de exercício.

Esta relação entre o valor das ações, o título de dívida e as opções de compra e venda é conhecida como **paridade de opções de compra e venda** (ou simetria de opções de compra e venda, ou ainda, paridade *put-call*). Ela diz que o preço de uma opção de compra europeia é igual ao preço das ações mais uma opção de venda de resto idêntica menos o preço de um título de dívida com um valor de face igual ao preço de exercício que vence na data de exercício da opção. Em outras palavras, podemos pensar em uma opção de venda como uma combinação

FIGURA 20.6

Seguro de carteira

O gráfico mostra duas maneiras com *payoffs* idênticos para segurar contra a possibilidade de o preço das ações da Amazon caírem abaixo de US$ 75. A linha cinza no painel (a) indica o valor na data de vencimento de uma posição que consiste em comprar uma ação da Amazon e uma opção de venda europeia com um preço de exercício de US$ 75 (a linha verde pontilhada é o *payoff* das próprias ações). A linha cinza no painel (b) mostra o valor na data de vencimento de uma posição que consiste em comprar um título de dívida de cupom zero livre de risco com um valor de face de US$ 75 e uma opção de compra europeia da Amazon com um preço de exercício de US$ 75 (a linha verde-clara pontilhada é o *payoff* do título de dívida).

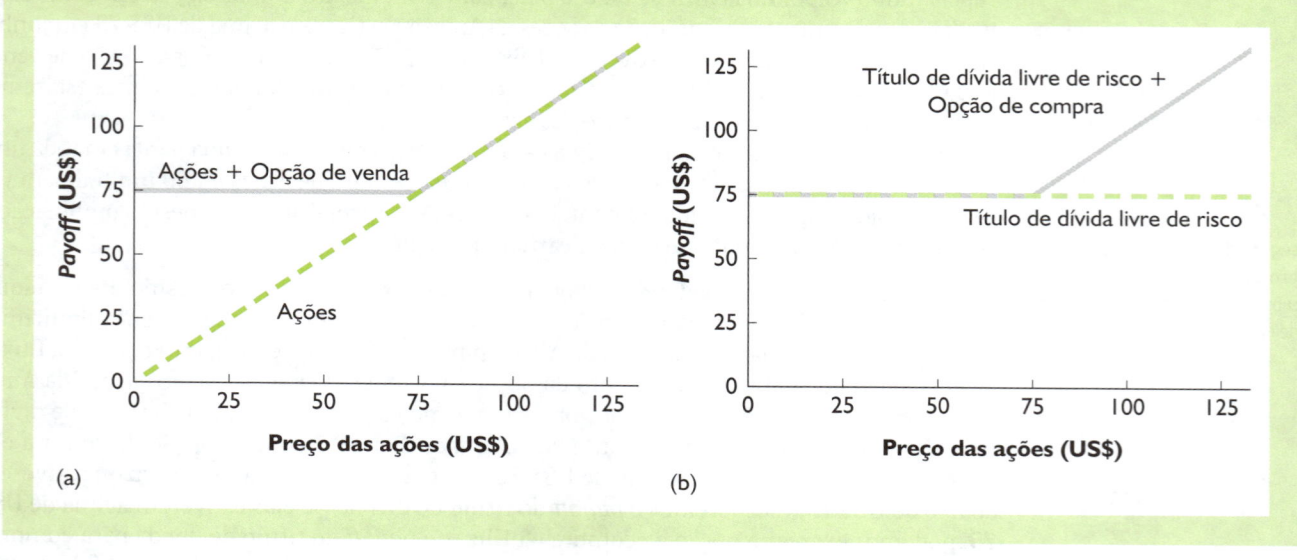

de uma posição alavancada nas ações, *preço das ações* – *PV*(Preço de exercício), mais o seguro contra uma queda no preço das ações, a opção de venda.

EXEMPLO 20.6

Utilizando a paridade de opções de compra e venda

Problema

Você é um intermediário de opções que trabalha com opções que não são negociadas na bolsa. Um de seus clientes deseja adquirir uma opção de compra europeia de um ano de ações da HAL Computer Systems com um preço de exercício de US$ 20. Outro intermediário deseja lançar uma opção de venda europeia de um ano de ações da HAL com um preço de exercício de US$ 20, e lhe vende a opção de venda por um preço de US$ 2,50 por ação. Se a HAL não paga dividendos e está sendo negociada por US$ 18 por ação, e a taxa de juros livre de risco é de 6%, qual é o preço mais baixo que você pode cobrar pela opção de compra e garantir um lucro para si próprio?

Solução

▶ **Planejamento**

Podemos utilizar a paridade de opções de compra e venda para determinar o preço da opção:

Preço da opção de compra = Preço da opção de venda + Preço das ações – *PV* (Preço de exercício).

A fim de precificar uma opção de compra europeia de um ano com um preço de exercício de US$ 20, precisamos saber o preço de uma opção de venda europeia de um ano com o mesmo preço de exercício, o preço corrente das ações e a taxa de juros livre de risco. Temos todas essas informações, então, estamos prontos.

▶ **Execução**

Preço da opção de compra = Preço da opção de venda + Preço das ações – *PV* (Preço de exercício)
= US$ 2,50 + US$ 18 – US$ 20/1,06 = US$ 1,632.

Avaliação

Paridade de opções de compra e venda significa que podemos replicar o *payoff* da opção de compra de um ano com um preço de exercício de US$ 20 ao deter a seguinte carteira: comprar a opção de venda de um ano com um preço de exercício de US$ 20 do negociante, comprar as ações e vender um título de dívida de cupom zero livre de risco de um ano com um valor de face de US$ 20. Com esta combinação, temos o seguinte *payoff* final, dependendo do preço final das ações da HAL em um ano, S_1:

		Payoff	
		Preço final das ações da HAL	
		$S_1 \leq US\$ 20$	$S_1 \geq US\$ 20$
	Comprar opção de venda	$20 - S_1$	0
+	Comprar ações	S_1	S_1
+	Vender título de dívida	-20	-20
=	Carteira	0	$S_1 - 20$
+	Vender opção de compra	0	$-(S_1 - 20)$
=	Payoff total	0	0

Observe que o *payoff* final da carteira dos três títulos corresponde ao *payoff* de uma opção de compra. Portanto, podemos vender a opção de compra a nosso cliente e ter um *payoff* futuro igual a zero, independentemente do que vier a acontecer. Fazê-lo vale a pena contanto que possamos vender a opção de compra por mais do que o custo da carteira, que descobrimos ser US$ 1,632.

Ações que pagam dividendos. O que acontece se as ações pagarem dividendos? Neste caso, as duas maneiras de construir seguros de carteira não têm o mesmo *payoff* porque as ações pagarão dividendos, enquanto o título de dívida de cupom zero não o fará. Assim, as duas estratégias custarão o mesmo para serem implementadas somente se somarmos o valor presente dos dividendos futuros à combinação do título de dívida e da opção de compra:

Preço das ações + Preço da opção de venda = PV (Preço de exercício) + PV (Dividendos) + Preço da opção de compra

O lado esquerdo desta equação é o valor das ações e de uma opção de venda; o lado direito é o valor de um título de dívida de cupom zero, de uma opção de compra e dos dividendos futuros pagos pelas ações durante a vida das opções. Reordenando os termos, temos a fórmula geral da paridade de opções de compra e venda:

Paridade de opções de compra e venda

Preço da opção de compra = Preço da opção de Venda + Preço das ações − PV (Preço de exercício) − PV (Dividendos) (20.5)

Neste caso, a opção de compra é equivalente a ter uma posição alavancada nas ações sem dividendos mais um seguro contra uma queda no preço das ações.

Fixação de conceitos

9. Explique a paridade de ações de compra e venda.
10. Se uma opção de venda é negociada por um preço mais alto do que o valor indiciado pela equação da paridade de opções de compra e venda, o que você deve fazer?

20.6 Opções e finanças empresariais

Exploramos brevemente opções reais no orçamento de capital no Capítulo 8. Também observamos no Capítulo 14 que a capacidade de extinguir (ou resgatar) um título de dívida precocemente era uma opção valiosa para a empresa, e que a capacidade de converter o título de dívida em ações era uma opção para os acionistas. Agora podemos dizer mais formalmente que quando uma empresa emite um título de dívida conversível, ela está essencialmente emitindo um pacote de títulos de dívida diretos e *warrants* sobre suas ações.

Uma aplicação muito importante das opções em finanças empresariais é interpretar a estrutura de capital da empresa como opções sobre os ativos da empresa. Especificamente, uma ação pode ser pensada como uma opção de compra sobre os ativos da empresa com um preço de exercício igual ao valor da dívida pendente.[2] Para ilustrar, consideremos uma situação em que há um único período e no final do período a empresa é liquidada. Se o valor da empresa não exceder o valor da dívida pendente no final do período, a empresa tem que declarar falência e os acionistas nada recebem. Ao contrário, se o valor exceder o valor da dívida pendente, os acionistas recebem o que sobrar uma vez que a dívida tenha sido quitada. A Figura 20.7 ilustra este *payoff*. Observe como o *payoff* aos acionistas é igual ao *payoff* de uma opção de compra.

Vista desta maneira, uma ação do patrimônio líquido é uma opção de compra sobre os ativos da empresa. Na verdade, os detentores de títulos de dívida podem considerados proprietários da empresa, mas que *subscreveram* aos acionistas uma opção de compra sobre os ativos da empresa com um preço de exercício igual ao pagamento de dívida exigido. Lembremos que o preço de uma opção aumenta com o nível de volatilidade dos títulos subjacentes. Isto significa que os acionistas se beneficiam com investimentos de alta volatilidade. Como o preço do patrimônio líquido cresce com a volatilidade dos ativos da empresa, os acionistas se beneficiam com um projeto com NPV zero que aumenta a volatilidade dos ativos da empresa. Entretanto, os detentores de títulos de dívida, como credores da empresa, não se beneficiam de um aumento no risco dos ativos da empresa. Assim, o projeto aumenta o valor do patrimônio líquido, mas diminui o valor das obrigações de dívida. Na verdade, como o projeto tem NPV igual a zero, empreendê-lo não muda o valor da empresa como um todo. O valor das obrigações de dívida diminui exatamente no mesmo valor do aumento do patrimônio líquido. Este efeito cria um conflito de interesse entre os acionistas e os titulares de dívida. A teoria da precificação de opções nos ajuda a compreender por que surge este conflito de interesses.

O preço das opções é mais sensível a mudanças na volatilidade para opções *at-the-money* do que para as opções *in-the-money*. No contexto das finanças empresariais, o patrimônio líquido está *at-the-money* quando uma empresa está próxima da falência. Neste caso, a perda no valor do patrimônio líquido que resulta de empreender um investimento com NPV negativo pode ser sobrepujada pelo ganho no valor do patrimônio líquido que resulta do aumento na volatilidade. Logo, os acionistas têm um incentivo para empreender investimentos de alta volatilidade com NPV negativo. Como vimos no Capítulo 15, este problema de correr riscos excessivos é uma preocupação dos detentores de títulos de dívida, que arcam com seus custos.

Fixação de conceitos

11. Explique como o patrimônio líquido pode ser visto como uma opção de compra na empresa.

12. Sob que circunstâncias os acionistas teriam um incentivo possível para empreender investimentos com NPV negativo?

---

[2] Esta ideia é conhecida pelo menos desde que Black e Scholes escreveram seu artigo pioneiro sobre avaliação de opções. Ver F. Black e M. Scholes, "The Pricing of Options and Corporate Liabilities", *Journal of Political Economy* 81(3) (1973): pp. 637-654.

FIGURA 20.7 — Patrimônio líquido como uma opção de compra

Se o valor dos ativos da empresa excede o pagamento de dívida exigido, os acionistas recebem o valor que sobra após a dívida ser quitada. Caso contrário, a empresa entra em falência e seu patrimônio líquido nada vale. Assim, o *payoff* aos acionistas é equivalente a uma opção de compra sobre os ativos da empresa com um preço de exercício igual ao pagamento de dívida exigido.

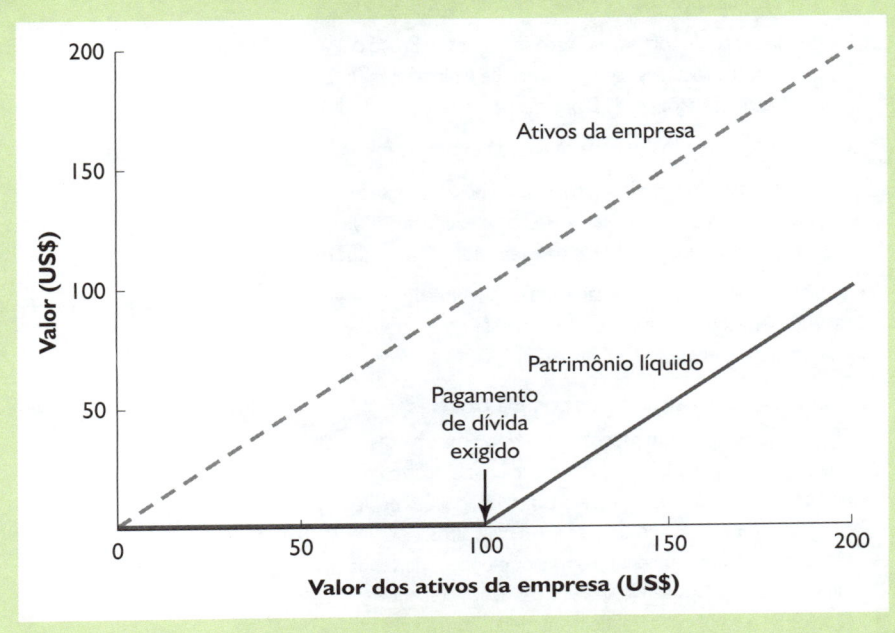

RESUMO DO CAPÍTULO

Pontos principais e equações	Termos	Oportunidades de prática online
20.1 Introdução a Opções ▸ Uma opção de compra dá ao detentor o direito (mas não a obrigação) de adquirir um ativo em alguma data futura. ▸ Uma opção de venda dá ao detentor o direito de vender um ativo em alguma data futura. ▸ Quando o detentor de uma opção faz cumprir o acordo e compra ou vende as ações pelo preço combinado, ele está exercendo a opção. ▸ O preço pelo qual o detentor concorda em comprar ou vender as ações quando a opção é exercida é chamado de preço de exercício. ▸ A última data em que o detentor tem o direito de exercer a opção é conhecida como data de vencimento. ▸ Uma opção americana pode ser exercida em qualquer data até, e incluindo, a data de exercício. Uma opção europeia somente pode ser exercida na data de vencimento.	*at-the-money*, p. 660 contratos em aberto, p. 660 data de vencimento, p. 659 derivativos, p. 658 especular, p. 661 exercendo (uma opção), p. 658 *hedging*, p. 661 *in-the-money*, p. 661 lançadora de opções, p. 658 muito *in-the-money*, p. 661 muito *out-of-the-money*, p. 661 opção de compra, p. 658 opção de venda, p. 658 opção financeira, p. 658 opções americanas, p. 659	MyFinanceLab Study Plan 20.1

> Se você ganhasse dinheiro exercendo uma opção imediatamente, a opção estaria *in-the-money*. Ao contrário, se você perdesse dinheiro exercendo uma opção imediatamente, a opção estaria *out-of-the-money*.

opções europeias, p. 654
out-of-the-money, p. 661
preço de exercício, p. 658
warrant, p. 658

20.2 *Payoffs* de opções na data de vencimento

> O valor de uma opção de compra na data de vencimento é:
>
> Valor da opção de compra = Preço das ações − Preço de exercício, se Preço das ações > Preço de exercício; = 0, se Preço das ações ≤ Preço de exercício;   (20.1)

> O valor de uma opção de venda na data de expiração é:
>
> Valor da opção de venda = Preço das ações − Preço de exercício, se Preço das ações < Preço de exercício; = 0, se Preço das ações ≥ Preço de exercício;   (20.2)

> Um investidor com uma posição vendida em uma opção possui uma obrigação; ele assume o lado oposto do contrato ao do investidor com posição comprada.

MyFinanceLab Study Plan 20.2

20.3 Fatores que afetam os preços de opções

> Opções de compra com preços de exercício mais baixos valem mais do que opções de compra idênticas, mas com preços de exercício mais altos. Ao contrário, opções de venda valem mais com preços de exercício mais altos.

> Opções de compra aumentam em valor e opções de venda diminuem em valor quando o preço das ações aumenta.

> O valor de uma opção geralmente aumenta com a volatilidade das ações.

MyFinanceLab Study Plan 20.3

20.4 A fórmula de Black & Scholes de precificação de opções

> A fórmula de Black & Scholes de precificação de opções mostra que o preço de uma opção de compra de ações que não pagam dividendos é uma função apenas do preço corrente das ações, do preço de exercício, do tempo até a data de vencimento, da volatilidade das ações e da taxa de juros livre de risco.

MyFinanceLab Study Plan 20.4

20.5 Paridade de opções de compra e venda (paridade *put-call*)

> A paridade de opções de compra e venda relaciona o valor da opção de compra europeia ao valor da opção de venda europeia e às ações:
>
> Preço da opção de compra = Preço da opção de Venda + Preço das ações − PV (Preço de exercício) − PV (Dividendos)   (20.5)

paridade de opções de compra e venda (paridade *put-call*), p. 673
protective put, p. 673
seguro de carteira ou carteira protegida, p. 673

MyFinanceLab Study Plan 20.5

20.6 Opções e finanças empresariais

> O patrimônio líquido pode ser visto com uma opção de compra sobre a empresa.

> Os detentores de títulos de dívida podem ser vistos como proprietários da empresa e tendo vendido uma opção de compra com um preço de exercício igual ao pagamento de dívida exigido.

MyFinanceLab Study Plan 20.6

Questões de revisão

1. Explique o que significam os termos financeiros a seguir:
   a. Opção
   b. Data de vencimento
   c. Preço de exercício
   d. Opção de compra
   e. Opção de venda
2. Qual é a diferença entre uma opção europeia e uma opção americana?
3. Explique a diferença entre uma posição comprada em uma opção de venda e uma posição vendida em uma opção de compra.
4. Que posição tem mais exposição a perdas: uma posição vendida em uma opção de compra ou uma posição vendida em uma opção de venda? Isto é, no pior caso, em qual dessas duas posições suas perdas seriam maiores?
5. Se você possui uma opção de compra na data de vencimento e o preço das ações é igual ao preço de exercício, seu *lucro* é zero?
6. Um aumento na volatilidade das ações é bom para o detentor de uma opção de compra? É bom para o detentor de uma opção de venda?
7. Por que os preços de opções de venda e de compra sobre as mesmas ações estão relacionados?
8. Explique por que uma opção pode ser considerada um contrato de seguro.
9. Explique por que o patrimônio líquido pode ser visto como uma opção de compra em uma empresa.

Problemas

Um realce em verde (■) indica problemas disponíveis no MyFinanceLab. Um asterisco (*) indica problemas com um nível de dificuldade mais alto.

Payoffs de opções na data de vencimento

1. Você possui uma opção de compra de ações da Intuit com um preço de exercício de US$ 40. A opção vence exatamente daqui a três meses.
   a. Se as ações estiverem sendo negociadas a US$ 55 daqui a três meses, qual será o *payoff* da opção de compra?
   b. Se as ações estiverem sendo negociadas a US$ 35 daqui a três meses, qual será o *payoff* da opção de compra?
   c. Trace um diagrama de *payoff* mostrando o valor da opção de compra na data de vencimento em função do preço das ações nesta data.

2. Suponha que você tenha assumido uma posição vendida na opção de compra do Problema 1.
   a. Se as ações estiverem sendo negociadas a US$ 55 daqui a três meses, quanto você deverá?
   b. Se as ações estiverem sendo negociadas a US$ 35 daqui a três meses, quanto você deverá?
   c. Trace um diagrama de *payoff* mostrando quanto você estará devendo na data de vencimento em função do preço das ações nesta data.

3. Você possui uma opção de venda de ações da Ford com um preço de exercício de US$ 10. A opção vence exatamente daqui a seis meses.
   a. Se as ações estiverem sendo negociadas a US$ 8 daqui a seis meses, qual será o *payoff* da opção de venda?
   b. Se as ações estiverem sendo negociadas a US$ 23 daqui a seis meses, qual será o *payoff* da opção de venda?
   c. Trace um diagrama de *payoff* mostrando o valor da opção de venda na data de vencimento em função do preço das ações nesta data.

4. Suponha que você tenha assumido uma posição vendida na opção de venda do Problema 3.
   a. Se as ações estiverem sendo negociadas a US$ 8 daqui a três meses, quanto você deverá?
   b. Se as ações estiverem sendo negociadas a US$ 23 daqui a três meses, quanto você deverá?

c. Trace um diagrama de *payoff* mostrando quanto você estará devendo na data de vencimento em função do preço das ações nesta data.

5. Você está em uma posição comprada em uma opção de compra e em uma opção de venda das mesmas ações com a mesma data de exercício. O preço de exercício da opção de compra é US$ 40 e o preço de exercício da opção de venda é US$ 45. Faça o gráfico do valor desta combinação em função do preço das ações na data de exercício.

6. Você está em uma posição comprada em duas opções de compra de ações com a mesma data de exercício. O preço de exercício da primeira opção de compra é US$ 40 e o preço de exercício da segunda opção de compra é US$ 60. Além disso, você está em uma posição vendida em duas opções de compra idênticas, com um preço de exercício de US$ 50. Faça o gráfico do valor desta combinação em função do preço das ações na data de exercício.

* **7.** Um contrato a termo é um contrato para adquirir um ativo por um preço fixo em determinada data no futuro. Ambas as partes são obrigadas a cumprir o contrato. Explique como construir um contrato a termo sobre ações a partir de uma posição em opções.

8. Você possui uma ação da Costco. Você está preocupado com uma possível queda no seu preço e gostaria de se segurar contra esta possibilidade. Como você pode adquirir um seguro contra esta possibilidade?

Fatores que afetam os preços das opções

9. Qual é o valor máximo que uma opção de compra e uma opção de venda podem ter?

10. Por que uma opção americana com mais tempo até o vencimento geralmente vale mais do que uma opção idêntica, porém com menos tempo até a data de vencimento?

Paridade de opções de compra e venda (paridade *put-call*)

11. As ações da Dynamic Energy Systems estão sendo negociadas a US$ 33 por ação. As ações não pagam dividendos. Uma opção de venda europeia de um ano de ações da Dynamic com um preço de exercício de US$ 35 está sendo negociada por US$ 2,10. Se a taxa de juros livre de risco é de 10% ao ano, qual é o preço de uma opção de compra europeia de um ano de ações da Dynamic com um preço de exercício de US$ 35?

12. Você por acaso está lendo o jornal e percebe uma oportunidade de arbitragem. O preço das ações atual da Intrawest é US$ 20 por ação e a taxa de juros livre de risco de um ano é de 8%. Uma opção de venda de um ano da Intrawest com preço de exercício de US$ 18 é vendida por US$ 3,33, enquanto a opção de compra idêntica é vendida por US$ 7. Explique o que você tem que fazer para explorar esta oportunidade de arbitragem.

Opções e finanças empresariais

* **13.** Expresse a posição de um acionista em termos de opções de venda.

14. Expresse a posição de um detentor de títulos de dívida em termos de opções de venda.

Caso simulado

Seu tio possui 10.000 ações da Wal-Mart. Ele está preocupado com a previsão de curto prazo das ações da empresa devido a um iminente "importante pronunciamento". Este pronunciamento recebeu muita atenção da imprensa, então, ele espera que o preço das ações vá mudar significativamente no próximo mês, mas não está certo se a mudança trará perdas ou lucros. Ele espera que o preço das ações aumente, mas também não quer sofrer se o preço cair no curto prazo.

Seu corretor recomendou que ele comprasse uma "*protective put*" das ações, mas seu tio nunca negociou opções antes e não gosta muito de correr riscos. Ele quer que você desenvolva um plano para ele capitalizar caso o pronunciamento seja positivo, mas que ainda o proteja caso a notícia faça o preço cair. Você percebe que uma *protective put* o protegerá do risco de perdas, mas acha que uma estratégia de comprar uma opção de compra e uma opção de venda com o mesmo preço de exercício (conhecido como *straddle*) oferece uma proteção similar contra perdas, aumentando o potencial dos ganhos. Você decide mostrá-lo ambas as estratégias e os lucros resultantes que ele teria com cada uma delas.

Capítulo 20 Aplicações de Opções e Finanças Empresariais

1. Faça um *download* de cotações de opções para opções de ações da Wal-Mart que vençam daqui a aproximadamente um mês a partir do *website* do Chicago Board Exchange (www.cboe.com), colocando-as em uma planilha do Excel. Se você escolher fazer o *download* de opções "*near-term at-the-money*" [opções que estarão *at-the-money* dentro de um curto prazo], você obterá uma variedade de opções que vencem em aproximadamente um mês. Você só poderá obter cotações ativas enquanto a bolsa estiver aberta; os preços de compra e venda não estão disponíveis quando a bolsa está fechada.

2. Determine o lucro e o retorno de seu tio utilizando a *protective put*.
   a. Identifique a opção de venda que está vencendo com preço de exercício mais próximo ao preço corrente das ações, mas não abaixo dele. Determine o investimento necessário para proteger as 10.000 ações.
   b. Determine o preço da opção de venda na data de vencimento para cada preço das ações em incrementos de US$ 5, de US$ 25 a US$ 65, utilizando a Equação 20.2.
   c. Calcule o lucro (ou a perda) da opção de venda para cada preço das ações utilizado na parte (b).
   d. Calcule o lucro sobre as ações a partir do preço corrente para cada preço das ações utilizado na parte (b).
   e. Calcule o lucro (ou a perda) total de sua *protective put*, isto é, combinando o *put* e suas ações para cada preço utilizado nas partes (c) e (d).
   f. Calcule o retorno total da *protective put*.

3. Determine o lucro e o retorno de seu tio utilizando o *straddle*.
   a. Calcule o investimento que seu tio teria que fazer para adquirir a opção de compra e de venda com o mesmo preço de exercício e data de vencimento que a opção de venda da Questão 2, para cobrir as suas 10.000 ações.
   b. Determine o valor na data de vencimento das opções de compra e de venda para preços de ações em incrementos de US$ 5, de US$ 25 a US$ 65, utilizando as Equações 20.1 e 20.2.
   c. Determine o lucro (ou a perda) sobre as opções para cada preço das ações utilizado na parte (b).
   d. Determine o lucro (ou a perda) sobre as ações a partir do preço corrente para cada preço das ações utilizado na parte (b).
   e. Calcule o lucro (ou perda) total das ações mais *straddle*, isto é, combinando a posição em ambas as opções e suas ações para cada preço utilizado nas partes (c) e (d).
   f. Calcule o retorno total desta posição.

4. O corretor estava certo em dizer que a *protective put* evitaria perdas para seu tio se o pronunciamento causasse uma grande diminuição no valor das ações? Qual é a perda máxima possível de seu tio utilizando a *protective put*?

5. Qual é a perda máxima possível que seu tio sofreria utilizando o *straddle*?

6. Que estratégia, a *protective put* ou o *straddle*, fornece o máximo potencial de ganhos para seu tio? Por que isso ocorre?

21 Gerenciamento de Risco

OBJETIVOS DE APRENDIZAGEM

- Compreender o uso de seguros para gerenciar riscos financeiros
- Demonstrar como a variação no preço de *commodities* cria riscos e como gerenciar este risco
- Mostrar como uma empresa não financeira pode ainda assim estar em risco devido a flutuações nas taxas de juros

notação

r_f	taxa de juros livre de risco	$Pr(.)$	probabilidade de
r_L	custo de capital para uma perda segurada	$\tilde{r}_t$	taxa de juros flutuante na data t
β_L	beta de uma perda segurada	NPV	valor presente líquido

ENTREVISTA COM Randy Newsom, Real Sports Interactive

Beisebol e empreendedorismo jogam no mesmo time para Randy Newsom, arremessador da Cleveland Indians Organization. Sua experiência como atleta profissional resultou, em 2007, na formação da Real Sports Interactive (RSI), uma empresa que vende opções nos lucros futuros de atletas, para ajudar a facilitar os ônus financeiros enfrentados por muitos jogadores da liga secundária.

"Os atletas profissionais enfrentam fatores de risco interessantes", diz Randy, que obteve seu bacharelado em economia em 2004 pela Tufts University. "Somos pagos para ter um bom desempenho, e toda nossa alma se baseia em nossa capacidade de jogar bem. Os jogadores da liga secundária, especialmente, lidam com a instabilidade financeira, pois o beisebol tem uma economia em que "o vencedor leva tudo", na qual somente os jogadores da liga principal ganham muito dinheiro. Tentar chegar aos times da liga principal traz um ônus significativo aos jogadores da liga secundária. Se nos machucarmos ou se não tivermos um desempenho suficientemente bom, teremos sacrificado muito por nada". Os contratos da RSI com os atletas, que prometem pagar uma pequena porcentagem acordada de seus lucros futuros na liga principal em troca de dinheiro à vista – são similares a seguros. A RSI vende, então, esses lucros futuros a investidores interessados, diluindo o risco entre muitos fãs. "Vemos essas opções como um modelo de gerenciamento desse risco para os jogadores, além de uma oportunidade de reunir fãs e jogadores de maneira mais pessoal".

Por exemplo, a RSI pode vender 2.500 ações em um jogador a US$ 20 cada, em troca de uma fração de 4% dos lucros futuros desse jogador na liga principal de beisebol. A venda das ações levanta US$ 50.000, o que dá ao atleta alguma estabilidade e segurança financeira enquanto corre atrás de seu sonho profissional. Se o jogador não chegar aos times da liga principal, o investidor não obterá lucro de volta. "A resposta que recebemos dos jogadores foi incrível e nos mostrou que essa era uma ideia que valia a pena colocar em prática. Os fãs também gostaram. Eles viram essa ideia como uma fantasia sobre os esportes da vida real".

Desenvolver um modelo econômico sólido para a RSI envolveu uma quantidade significativa de tempo e ajustes. Randy e seus sócios analisaram outros modelos e procuraram a opinião de especialistas. "David Bowie vendeu direitos sobre os lucros futuros de suas músicas no famoso 'Bowie Bond'. As pessoas podem comprar ações de cavalos de corrida e investir em jogadores de golfe, tênis e pôquer. Por que não fazer o mesmo pelos jogadores de beisebol da liga secundária?".

Tufts University, 2004

"Vemos essas opções como um modelo de gerenciamento desse risco para os jogadores, além de uma oportunidade de reunir fãs e jogadores de maneira mais pessoal".

Todas as empresas estão sujeitas a riscos de diversas fontes: mudanças nos gostos do consumidor e na demanda por seus produtos, flutuações no custo das matérias-primas, a rotatividade dos funcionários, a entrada de novas concorrentes e inúmeras outras incertezas. Os empresários e os gerentes corporativos assumem esses riscos voluntariamente em busca de altos retornos e os aceitam como parte do custo de fazer negócios. Mas, assim como com qualquer outro custo, as empresas devem gerenciar riscos para minimizar o efeito sobre o valor da empresa.

O principal método de gerenciamento de riscos é a prevenção. Por exemplo, as empresas podem evitar ou pelo menos reduzir muitos possíveis riscos aumentando os padrões de segurança no local de trabalho, tomando decisões de investimento prudentes e tendo a devida dedicação ao entrar em novos relacionamentos. Mas alguns riscos são caros demais para serem prevenidos e são consequências inevitáveis de se administrar uma empresa. Como discutido na Parte VI deste livro, a empresa divide esses riscos com seus investidores por meio de sua estrutura de capital. Parte do risco é repassada aos detentores de títulos de dívida, que assumem o risco de que a empresa seja inadimplente. A maior parte do risco é detida pelos acionistas, que são expostos à volatilidade do retorno realizado das ações. Ambos os tipos de investidores podem reduzir seu risco mantendo os títulos da empresa em uma carteira bem diversificada.

Nem todos os riscos precisam ser repassados aos detentores de títulos de dívida e aos acionistas da empresa. O mercado de seguros e o mercado financeiro permitem que as empresas negociem riscos e protejam seus detentores de títulos de dívida e seus acionistas de alguns tipos de risco. Por exemplo, após um incêndio ter fechado sua fábrica de processamento em janeiro de 2005, a Suncor Energy recebeu mais de US$ 200 milhões em indenizações de contratos de seguros que cobriam danos à fábrica e a perda de negócios enquanto a fábrica estava em obras. Grande parte da perda causada pelo incêndio foi, então, assumida pelos seguradores da Suncor em vez de por seus investidores. No início de 2005, a Dell tinha contratos para proteger mais de US$ 5 bilhões em receitas estrangeiras projetadas contra flutuações nas taxas de juros e a General Electric tinha contratos para evitar que um aumento nas taxas de juros elevassem seus custos de empréstimos sobre mais de US$ 24 bilhões em dívidas de curto prazo. Em 2007, a Southwest Airlines recebeu US$ 686 milhões provenientes de contratos financeiros que a recompensaram pelo aumento no combustível de jatos.

Neste capítulo, consideraremos as estratégias que as empresas utilizam para gerenciar e reduzir o risco assumido por seus investidores. Começaremos com a forma mais comum de gerenciamento de risco: os seguros. Após considerarmos cuidadosamente os custos e benefícios dos seguros, veremos as maneiras como as empresas podem utilizar os mercados financeiros para se livrar dos riscos associados a mudanças nos preços de *commodities* ou produtos primários, flutuações na taxa de câmbio e movimentos nas taxas de juros. (Abordaremos flutuações nas taxas de câmbio no próximo capítulo.)

seguro de imóveis Tipo de seguro que as empresas contratam para remunerá-las por perdas causadas a seus ativos por incêndio, danos causados por tempestades, vandalismo, terremotos e outros riscos naturais e ambientais.

21.1 Seguros

seguro de responsabilidade civil Tipo de seguro que cobre os custos resultantes caso algum aspecto de um negócio cause danos a terceiros ou à propriedade de outrem.

seguro contra interrupção de negócios Tipo de seguro que protege uma empresa contra a perda de lucros se o negócio for interrompido devido a incêndio, acidente, ou algum outro risco segurado.

seguro contra perda de funcionários-chave Um tipo de seguro que remunera uma empresa pela perda ou ausência inevitável de funcionários cruciais para a empresa.

Os seguros são o método mais comum que as empresas utilizam para reduzir riscos. Muitas empresas compram **seguros de imóveis** para segurar seus ativos contra sinistros como incêndios, danos causados por tempestades, vandalismo, terremotos e outros riscos naturais e ambientais. Outros tipos comuns de seguros incluem:

- **Seguro de responsabilidade civil**, que cobre os custos que resultam se algum aspecto dos negócios da empresa causar danos a terceiros ou à propriedade de alguém.
- **Seguro contra interrupção de negócios**, que protege a empresa contra a perda de lucros caso os negócios sejam interrompidos devido a incêndios, acidentes, ou algum outro perigo segurado.
- **Seguro contra perda de funcionários-chave**, que cobre a perda ou a ausência inevitável de funcionários cruciais à empresa.

Nesta seção, ilustraremos o papel dos seguros na redução de riscos e examinaremos sua precificação e seus possíveis benefícios e custos para uma empresa.

O papel dos seguros: um exemplo

Para compreender o papel dos seguros na redução de riscos, consideremos uma refinaria de petróleo com uma chance de 1 em cada 5.000, ou 0,02%, de ser destruída por um incêndio no próximo ano. Se for destruída, a empresa estima que perderá US$ 150 milhões em custos de reconstrução e perdas de negócios. Podemos resumir o risco de incêndio com uma distribuição de probabilidade:

Evento	Probabilidade	Perda (US$ milhões)
Sem incêndio	99,98%	0
Com incêndio	0,02%	150

Dada esta distribuição de probabilidade, a perda esperada da empresa devido a incêndio a cada ano é:

$$99,98\% \times (US\$ 0) + 0,02\% \times (US\$ 150 \text{ milhões}) = US\$ 30.000$$

Apesar de a perda esperada ser relativamente pequena, a empresa enfrenta um grande risco *downside* se houver um incêndio. Se a empresa pudesse eliminar completamente a chance de incêndio por menos do que o valor presente de US$ 30.000 por ano, ela o faria; tal investimento teria um NPV positivo. Mas evitar *qualquer* chance de incêndio provavelmente não é viável com a tecnologia atual (ou pelo menos custaria muito mais do que US$ 30.000 por ano). Consequentemente, em vez disso a empresa pode gerenciar o risco comprando seguros para compensar sua perda de US$ 150 milhões. Em troca, a empresa pagará uma taxa anual, chamada de **prêmio de seguro**, à empresa de seguros. Dessa maneira, o seguro permite que a empresa troque uma perda aleatória futura por uma certa despesa à vista.

prêmio de seguro Taxa que uma empresa paga a uma empresa de seguros pela compra de uma apólice de seguros.

Precificação dos seguros em um mercado perfeito

Quando uma empresa compra seguros, ela transfere o risco da perda para a empresa de seguros. Esta cobra um prêmio à vista para assumir este risco. Por que preço a empresa de seguros estaria disposta a assumir o risco em um mercado perfeito?

Em um mercado perfeito sem outras fricções, as empresas de seguros devem competir até estarem obtendo um retorno justo e o NPV da venda de seguros seja zero. O NPV é zero se o preço do seguro for igual ao valor presente do pagamento esperado; neste caso, dizemos que o preço é **atuarialmente justo**. Os atuários são profissionais que tentam prever a chance de ocorrência e a gravidade de sinistros. Estes são a probabilidade e o pagamento esperado no caso de uma perda, então, quando dizemos que um preço é atuarialmente justo, queremos dizer que o preço é justo dado o valor presente do sinistro esperado. Se r_L é o custo de capital adequado dado o risco de perda, podemos calcular o prêmio atuarialmente justo como a seguir:[1]

atuarialmente justo Quando o NPV da venda de seguros é zero porque o preço do seguro é igual ao valor presente do pagamento esperado.

Prêmio de seguro atuarialmente justo

$$\text{Prêmio de seguro} = \frac{\Pr(\text{Perda}) \times E[\text{Pagamento no caso de perda}]}{1 + r_L} \quad (21.1)$$

O custo de capital r_L utilizado na Equação 21.1 depende do risco segurado. Consideremos novamente a refinaria de petróleo. O risco de incêndio é certamente não relacionado ao desempenho da bolsa de valores ou à economia. Em vez disso, este risco é específico a essa empresa e, portanto, diversificável em uma grande carteira. Como discutimos no Capítulo 10, fazendo um *pool* dos riscos de muitas apólices, as empresas de seguros podem criar carteiras de muito baixo risco cujos sinistros anuais sejam relativamente previsíveis. Em outras palavras, o risco

---

[1] A Equação 21.1 supõe que os prêmios de seguros sejam pagos no início do ano, e os pagamentos no caso de perdas sejam feitos no final do ano. É fácil estendê-la a suposições em que os pagamentos ocorrem em momentos diferentes desses.

de incêndio possui um beta igual a zero, então, não exigirá um prêmio de risco. Neste caso, $r_L = r_f$, a taxa de juros livre de risco.

Nem todos os riscos seguráveis têm um beta igual a zero. Alguns riscos, como furacões e terremotos, criam perdas de dezenas de bilhões de dólares e podem ser difíceis de serem completamente diversificados.[2] Outros tipos de perdas podem estar correlacionados entre diferentes empresas. Aumentos no custo de seguro de saúde ou regulamentações ambientais mais rígidas aumentam os possíveis sinistros de empresas de planos de saúde e seguros de responsabilidade contra terceiros para todas as empresas. Finalmente, alguns riscos podem ter um efeito causal sobre o mercado de ações: os ataques terroristas do dia 11 de setembro de 2001 custaram às seguradoras US$ 34 bilhões[3] e também levaram a um declínio de 12% na S&P 500 na primeira semana de negociações após os ataques.

Para riscos que não podem ser totalmente diversificados, o custo de capital r_L inclui um prêmio de risco. Por sua própria natureza, seguros contra acidentes não diversificáveis geralmente é um ativo com beta negativo (é rentável em maus momentos); o pagamento do seguro para a empresa tende a ser *maior* quando as perdas totais são altas e a carteira de mercado está em baixa. Assim, a taxa de risco ajustada r_L para perdas é *menor do que* a taxa de juros livre de risco r_f, levando a um maior prêmio de seguro na Equação 21.1. Apesar de as empresas que compram seguros obterem um retorno $r_L \leq r_f$ sobre seu investimento, devido ao beta negativo do *payoff* do seguro, esta ainda é uma transação com NPV igual a zero.[4]

EXEMPLO 21.1

Precificação de seguros e o CAPM

Problema

Como proprietário de um arranha-céu que é cartão-postal da cidade de Chicago, você decide comprar seguros que paguem US$ 1 bilhão no caso do edifício ser destruído por terroristas. Suponha que a probabilidade de tal perda seja de 0,1%, que a taxa de juros livre de risco seja de 4% e que o retorno esperado do mercado seja de 10%. Se o risco possui um beta igual a zero, qual é o prêmio de seguro atuarialmente justo? Qual é o prêmio se o beta de um seguro contra terrorismo for de −2,5?

Solução

▶ **Planejamento**

A perda esperada é de 0,1% x US$ 1 bilhão = US$ 1 milhão.

Dada a taxa de juros livre de risco de 4% e um retorno de mercado esperado de 10%, podemos utilizar o CAPM para calcular a taxa de retorno que utilizaríamos para calcular o prêmio de seguro justo sob os dois cenários de um beta igual a zero e um beta igual a −2,5. Uma vez que tenhamos a taxa de retorno, dividiremos a perda esperada (o fluxo de caixa) por 1 + taxa de retorno, como mostra a Equação 21.1.

▶ **Execução**

Se o risco possui um beta de zero, calculamos o prêmio de seguro utilizando a taxa de juros livre de risco: (US$ 1 milhão)/1,04 = US$ 961.538.

Dado um beta para a perda, β_L, de −2,5, o retorno esperado é:

$$r_L = r_f + \beta_L (r_{mkt} - r_f) = 4\% - 2{,}5\% (10\% - 4\%) = -11\%$$

Neste caso, o prêmio atuarialmente justo é (US$ 1 milhão)/(1 − 0,11) = US$ 1,124 milhão.

---

[2] Por exemplo, as perdas seguradas causadas pelos furacões Katrina, Rita e Wilma, que atingiram o sudeste dos Estados Unidos em 2005, excederam US$ 40 bilhões, com perdas econômicas totais acima de US$ 100 bilhões. Ao segurar grandes riscos como estes, muitas empresas de seguros compram seguros em suas próprias carteiras de empresas de resseguro. As empresas de resseguro fazem um *pool* de riscos globalmente de diferentes empresas de seguros em todo o mundo. Para desastres naturais, tipicamente de um quarto a um terço das perdas seguradas são repassadas às resseguradoras.

[3] Incluindo seguros de imóveis, vida e civil, de acordo com os valores estimados pelo Insurance Information Institute, http://www.iii.org.

[4] Nem todo seguro possui um beta zero ou negativo; um beta positivo é possível se o montante da perda segurada for maior quando os retornos de mercado também forem altos.

> **Avaliação**
> Apesar de este prêmio exceder a perda esperada, é um preço justo dado o beta negativo do risco. O seguro faz um pagamento exatamente quando os fluxos de caixa das operações de seus negócios provavelmente estarão muito baixos.

O valor dos seguros

Em um mercado de capitais perfeito, os seguros são precificados de modo que possuam um NPV igual a zero tanto para a seguradora quanto para o segurado. Mas se comprar seguros tem um NPV igual a zero, que benefício ele traz para a empresa?

Modigliani e Miller já nos forneceram a resposta para esta pergunta: em um mercado de capitais perfeito, transações financeiras, *inclusive seguros*, não trazem qualquer benefício para a empresa. Seguros são uma transação com NPV igual a zero que não têm efeito sobre o valor. Apesar de os seguros permitirem que a empresa divida seu risco de uma maneira nova (por exemplo, o risco de incêndio é assumido pelas seguradoras em vez de pelos detentores de títulos de dívidas ou pelos acionistas), o risco total da empresa – e, portanto, seu valor – permanece inalterado.

Assim como a estrutura de capital de uma empresa, o valor do seguro tem que vir da redução do custo de imperfeições de mercado sobre a empresa. Consideremos os possíveis benefícios do seguro no que diz respeito às imperfeições de mercado que abordamos na Parte VI deste livro.

Custos de falência e de dificuldades financeiras. Quando uma empresa contrai empréstimos, ela aumenta suas chances de passar por dificuldades financeiras. No Capítulo 15, vimos que as dificuldades financeiras podem impor custos diretos e indiretos significativos sobre a empresa, incluindo custos de agência, como assumir riscos excessivos e subinvestimentos. Ao segurar riscos que poderiam levar a dificuldades financeiras, a empresa reduz a probabilidade de que ela vá incorrer nestes custos.

Por exemplo, para uma companhia aérea com um grande grau de alavancagem, as perdas associadas a um acidente envolvendo uma de suas aeronaves podem levar a dificuldades financeiras. Apesar de as perdas reais causadas pelo incidente serem de US$ 150 milhões, os custos das dificuldades somam outros US$ 40 milhões. A companhia aérea evita esses custos de dificuldades financeiras comprando seguros que cubram as perdas de US$ 150 milhões. Neste caso, os US$ 150 milhões pagos pela seguradora valem US$ 190 milhões para a empresa.

Custos de emissão. Quando uma empresa enfrenta perdas, ela pode precisar levantar dinheiro de investidores externos emitindo títulos. Emitir títulos é um empreendimento caro. Além das taxas de subscrição e dos custos de transação, há custos de subprecificação devido à seleção adversa e também possíveis custos de agência devido à redução na concentração de propriedade da empresa. Como o seguro fornece dinheiro à empresa para compensar perdas, ele diminui a necessidade de capital externo para a empresa e, assim, reduz os custos de emissão.

EXEMPLO 21.2
Evitando custos de dificuldades financeiras e de emissão

Problema

Suponha que o risco de acidente aéreo para uma grande companhia aérea seja de 1% ao ano, com um beta de zero. Se a taxa de juros livre de risco é de 4%, qual é o prêmio atuarialmente justo para uma apólice que paga US$ 150 milhões no caso de uma perda? Qual é o NPV de comprar seguros para uma companhia aérea que enfrentaria uma dificuldade financeira de US$ 15 milhões e custos de emissão de US$ 10 milhões no caso de uma perda se ela não fosse segurada?

> **Solução**
>
> **▶ Planejamento**
>
> A perda esperada é de 1% x US$ 150 milhões = US$ 1,50 milhão, mas o valor total para a companhia aérea é US$ 150 milhões mais outros US$ 25 milhões em custos de dificuldades financeiras e de emissão, que ela pode evitar se tiver seguro. O prêmio é baseado somente na perda esperada, como o PV da perda esperada exibido na Equação 21.1. Como o beta é igual a zero, a taxa de descapitalização adequada é de 4%.
>
> **▶ Execução**
>
> O prêmio atuarialmente justo é de US$ 1,50 milhão / 1,04 = US$ 1,44 milhão.
>
> O NPV de comprar o seguro é o benefício esperado, incluindo evitar os custos de dificuldades financeiras e de emissão, menos o prêmio:
>
> $$NPV = -1,44 + 1\% \times (150 + 25)/1,04 = US\$ 0,24 \text{ milhão}$$
>
> **▶ Avaliação**
>
> A empresa de seguros cobra um prêmio para cobrir o fluxo de caixa esperado que ela tem que pagar, mas receber o pagamento do seguro pode valer mais do que o valor do pagamento. O pagamento do seguro permite que a empresa evite outros custos, então, é possível que o prêmio seja atuarialmente justo e que o seguro ainda seja um investimento de NPV positivo.

Flutuações da alíquota de impostos. Quando uma empresa está sujeita a alíquotas diferenciadas de impostos, o seguro pode produzir uma economia tributária se a empresa estiver em uma faixa de tributação mais alta quando paga o prêmio do que na faixa em que estaria se recebesse um pagamento de seguro no caso de uma perda.

Consideremos um produtor de amêndoas com 10% de chance de perdas de colheita devido ao mau tempo. Se o risco de perdas de colheita possui um beta de zero e a taxa de juros livre de risco é de 4%, o prêmio atuarialmente justo a cada US$ 100.000 de seguro é:

$$\frac{1}{1,04} \times 10\% \times US\$ 100.000 = US\$ 9615$$

Suponha que a atual alíquota de impostos do produtor seja de 35%. No caso de perdas de colheita, porém, ele espera obter uma receita muito menor e ter uma alíquota de impostos menor de 15%. Então, o NPV do produtor pela compra de seguro é positivo:

$$NPV = -US\$ 9615 \times (1 - 0,35) + \underbrace{\frac{1}{1,04} \times 10\% \times US\$ 100.000}_{=US\$9615} \times (1 - 0,15)$$

$$= US\$ 1923$$

Surge um benefício porque o produtor consegue passar a receita de um período em que ele possui uma alíquota de impostos alta para um período em que ele possui uma alíquota baixa. Este benefício fiscal do seguro será grande se as possíveis perdas forem suficientemente significativas para causar um impacto substancial sobre a alíquota fiscal marginal da empresa.

Capacidade de endividamento. As empresas limitam sua alavancagem para evitar custos de dificuldades financeiras. Como o seguro reduz o risco de dificuldades financeiras, ele pode relaxar este *tradeoff* e permitir que a empresa aumente seu uso de financiamento por contração de dívidas. Na verdade, é comum que os credores exijam que a empresa tenha seguro como parte de uma cláusula. No Capítulo 15, vimos que o financiamento por dívidas fornece várias vantagens importantes para a empresa, incluindo menos pagamentos de impostos corporativos devido à dedução tributária dos juros e custos de emissão e de agência mais baixos (por meio de um aumento na concentração de participação proprietária e de uma redução no fluxo de caixa em excesso).

Incentivos gerenciais. Ao eliminar a volatilidade que resulta dos perigos fora do controle da gerência, o seguro transforma os lucros e o preço das ações da empresa em indicadores informativos do desempenho da gerência. A empresa pode, portanto, aumentar sua dependência dessas medidas como parte de esquemas de remuneração baseados no desempenho da empresa, sem expor os gerentes a riscos desnecessários. Além disso, ao diminuir a volatilidade das ações, o seguro pode encorajar a concentração de propriedade por um diretor ou investidor externo que monitore a empresa e sua gerência.

Avaliação de risco. As empresas de seguros se especializam em avaliar riscos. Em muitos casos, elas podem estar mais bem informadas sobre a extensão de certos riscos enfrentados pela empresa do que seus próprios gerentes. Este conhecimento pode beneficiar a empresa melhorando suas decisões de investimento. Exigir que a empresa contrate seguros contra incêndio, por exemplo, implica que a empresa considerará diferenças na segurança contra incêndio, por meio de seus efeitos sobre o prêmio de seguro, ao escolher um armazém. Caso contrário, os gerentes podem negligenciar tais diferenças. As empresas de seguros também monitoram rotineiramente as empresas que seguram e podem fazer recomendações de segurança que aumentem seu valor.

Os custos dos seguros

Quando os prêmios de seguro são atuarialmente justos, utilizar seguros para gerenciar os riscos da empresa reduz os custos e melhora as decisões de investimento. Mas, na realidade, existem imperfeições de mercado que podem elevar o custo dos seguros acima do preço atuarialmente justo e compensar alguns desses benefícios.

Imperfeições do mercado de seguros. Podem surgir três fricções principais entre a empresa e sua seguradora. Primeiro, transferir os riscos para uma empresa de seguros acarreta custos administrativos e despesas gerais. A empresa de seguros tem que empregar um pessoal de vendas que procure clientes, subscritoras que avaliem os riscos de determinada propriedade, avaliadores e ajustadores que avaliem os prejuízos no caso de uma perda, e advogados que possam resolver possíveis disputas que surjam sobre os pedidos de indenização. As seguradoras incluem essas despesas ao determinar seus prêmios. Em 2007, as despesas da indústria de seguros de imóveis e contra acidentes somavam aproximadamente 25% dos prêmios cobrados.[5]

Um segundo fator que eleva o custo do seguro é a seleção adversa. Lembre-se de que o desejo de um gerente de vender ações pode sinalizar que o gerente sabe que a empresa provavelmente virá a ter um mau desempenho. Da mesma maneira, o desejo de uma empresa de comprar seguros pode sinalizar que ela possui um risco acima da média. Se as empresas têm informações privilegiadas sobre seu grau de risco, as empresas de seguro têm que ser compensadas por esta seleção adversa com prêmios mais altos.

Os custos de agência são um terceiro fator que contribuem com o preço do seguro. O seguro reduz o incentivo da empresa em evitar riscos. Esta mudança de comportamento que resulta da presença de seguro é chamada de **risco moral**. Por exemplo, após comprar seguro contra incêndio, uma empresa pode decidir cortar custos reduzindo as despesas com prevenção contra incêndio. O caso extremo de risco moral é fraude de seguros, em que as partes seguradas falsificam ou deliberadamente causam perdas para receber o dinheiro do seguro. As empresas de seguro de propriedades e contra acidentes estimam que os custos de risco moral somem mais de 11% dos prêmios.[6]

Abordando as imperfeições de mercado. As empresas de seguros tentam mitigar os custos de seleção adversa e de risco moral de diversas maneiras. Para evitar a seleção adversa, elas selecionam os candidatos para avaliar seu risco com a maior precisão possível. Assim como são exigidos exames médicos para indivíduos que estejam querendo contratar um seguro de

---

risco moral Quando contratar um seguro reduz o incentivo à empresa de evitar riscos.

---

[5] Robert Hartwig, "2007 Year End Results", Insurance Information Institute.
[6] Estimativa do Insurance Research Council (2002).

vida, inspeções das instalações e revisões dos procedimentos de segurança são necessárias para obter grandes apólices de seguro comercial. Para evitar o risco moral, as empresas de seguro rotineiramente investigam as perdas para procurar evidências de fraude ou intenção deliberada.

As empresas de seguros também estruturam suas apólices a fim de reduzir esses custos. Por exemplo, a maioria das apólices inclui tanto uma **franquia**, que é um montante inicial da perda que não é coberto pelo seguro, quanto **limites da apólice**, que limitam o montante da perda que é coberto independentemente da extensão do prejuízo. Essas provisões significam que a empresa continua a assumir parte do risco da perda mesmo depois de ser segurada. Dessa maneira, a empresa retém um incentivo para evitar a perda, reduzindo o risco moral. Além disso, como as empresas arriscadas preferem franquias mais baixas e limites mais altos (porque elas têm mais chances de enfrentar uma perda), as seguradoras podem utilizar a escolha da apólice pela empresa para ajudar a identificar seu risco e reduzir a seleção adversa.

franquia Provisão de uma apólice de seguros em que um montante inicial de perda não é coberto pela apólice e tem que ser pago pelo segurado.

limites da apólice Provisões de uma apólice de seguros que limitam o montante da perda que a apólice cobre independentemente da extensão do prejuízo.

EXEMPLO 21.3

Seleção adversa e limites da apólice

Problema

Sua empresa enfrenta uma perda potencial de US$ 100 milhões que ela gostaria de segurar. Devido aos benefícios fiscais e ao fato de essa forma evitar dificuldades financeiras, cada US$ 1 recebido no caso de uma perda vale US$ 1,50 para a empresa. Há duas apólices disponíveis: uma paga US$ 55 milhões, e a outra, US$ 100 milhões caso ocorra uma perda. A empresa de seguros cobra 20% a mais do que o prêmio atuarialmente justo para cobrir despesas administrativas. Para incluir a seleção adversa, a empresa de seguros estima uma probabilidade de perda de 5% para a apólice de US$ 55 milhões e uma probabilidade de perda de 6% para a apólice de US$ 100 milhões.

Suponha que o beta do risco seja zero e a taxa de juros livre de risco seja de 5%. Que apólice a empresa deve escolher se seu risco de perda for de 5%? Qual ela deve escolher se seu risco de perda for de 6%?

Solução

▌ **Planejamento**

O prêmio de cada política será baseado na perda esperada utilizando a estimativa da probabilidade de perda da empresa:

apólice de US$ 55 milhões: 5% de chance de perda   apólice de US$ 100 milhões: 6% de chance de perda.

Por estar cobrando 20% a mais do que o prêmio atuarialmente justo, a empresa de seguros estabelecerá o prêmio a 1,20 vezes o valor presente das perdas esperadas.

Entretanto, o valor da apólice para você depende de suas estimativas da verdadeira probabilidade de perdas, que se baseia em sua própria avaliação e não depende do tamanho da apólice. Como cada US$ 1 das perdas seguradas beneficia sua empresa em US$ 1,50, você está disposto a pagar 1,50 vezes o valor presente da perda esperada.

Como o beta do risco é igual a 0, a taxa de juros livre de risco de 5% é a taxa de descapitalização adequada para todos os cálculos.

▌ **Execução**

O prêmio cobrado pelas apólices é:

$$\text{Prêmio (apólice de US\$ 55 milhões)} = \frac{5\% \times \text{US\$ 55 milhões}}{1,05} \times 1,20 = \text{US\$ 3,14 milhões}$$

$$\text{Prêmio (apólice de US\$ 100 milhões)} = \frac{6\% \times \text{US\$ 100 milhões}}{1,05} \times 1,20 = \text{US\$ 6,86 milhões}$$

Se o risco real de uma perda for de 5%, o NPV de cada apólice será:
NPV(apólice de US$ 55 milhões):

$$= -\text{US\$ 3,14 milhões} + \frac{5\% \times \text{US\$ 55 milhões}}{1,05} \times 1,50 = \text{US\$ 0,79 milhão}$$

NPV (apólice de US$ 100 milhões):

$$= -US\$\ 6{,}86\ \text{milhões} + \frac{5\% \times US\$\ 100\ \text{milhões}}{1{,}05} \times 1{,}50 = US\$\ 0{,}28\ \text{milhão}$$

Assim, com um risco de 5%, a empresa deve escolher a apólice com a cobertura mais baixa. Se o risco de uma perda for de 6%, a apólice com maior cobertura será superior:
NPV(apólice de US$ 55 milhões):

$$= -US\$\ 3{,}14\ \text{milhões} + \frac{6\% \times US\$\ 55\ \text{milhões}}{1{,}05} \times 1{,}50 = US\$\ 1{,}57\ \text{milhão}$$

NPV (apólice de US$ 100 milhões):

$$= -US\$\ 6{,}86\ \text{milhões} + \frac{6\% \times US\$\ 100\ \text{milhões}}{1{,}05} = US\$\ 1{,}71\ \text{milhão}$$

Avaliação
Observe que as preocupações da empresa de seguros em relação à seleção adversa são justificáveis: as empresas mais ariscadas escolherão a apólice de maior cobertura.

A decisão do seguro

Em um mercado de capitais perfeito, comprar seguro não agrega valor para a empresa. Pode agregar valor na presença de imperfeições de mercado, mas as imperfeições de mercado provavelmente elevarão os prêmios cobrados pelas seguradoras. Para que o seguro seja atraente, os benefícios para a empresa devem exceder o prêmio adicional cobrado pela seguradora.

Por essas razões, é mais provável que o seguro seja atraente para as empresas que atualmente estejam financeiramente saudáveis, que não precisem de capital externo e que estejam pagando alíquotas de impostos altas. Elas se beneficiarão mais segurando riscos que possam levar a faltas de caixa ou a dificuldades financeiras, e que as seguradoras possam avaliar e monitorar com precisão, para evitar riscos morais.

É improvável que o seguro de cobertura total seja atraente para riscos sobre os quais as empresas tenham muitas informações privilegiadas ou que estejam sujeitos a riscos morais severos. Além disso, as empresas que já estão em dificuldades financeiras têm um forte incentivo para não comprar seguros – elas precisam de dinheiro hoje e têm incentivos para assumir riscos porque as perdas futuras provavelmente serão assumidas por seus detentores de títulos de dívida.

Fixação de conceitos
1. Como o seguro pode agregar valor para uma empresa?
2. Identifique os custos dos seguros que surgem devido a imperfeições de mercado.

21.2 Risco de preços de *commodities*

As empresas utilizam seguros para se protegerem contra o improvável evento de que seus ativos reais sejam danificados ou destruídos por riscos como incêndio, furacões, acidentes ou outras catástrofes que estejam fora de seu curso normal de negócios. Ao mesmo tempo, muitos riscos que a empresa enfrenta surgem naturalmente como parte de suas operações normais. Para muitas empresas, mudanças nos preços de mercado das matérias-primas que utilizam e dos bens que produzem podem ser a fonte de risco mais importante para sua lucratividade. Na indústria de linhas aéreas, por exemplo, a segunda maior despesa depois das trabalhistas é com combustível. Quando o preço do petróleo dobrou em 2007, a maioria das transportadoras teve que lutar para se manter lucrativa. Analistas do setor estimam que cada US$ 1 de aumento no preço do barril de petróleo representa um aumento de US$ 470 milhões nas despesas anuais do setor com combustível somente nos Estados Unidos. Os determinantes das receitas das companhias aéreas são complexos, mas está claro que elas têm uma capacidade limitada de repassar estes custos na forma de bilhetes mais caros. Para uma companhia aérea, o risco de aumentos no preço do petróleo é claramente um dos mais importantes.

Nesta seção, discutiremos maneiras por meio das quais as empresas podem reduzir, ou fazer um *hedging*, de sua exposição aos movimentos de preços de *commodities*. Assim como com os seguros, o *hedging* envolve contratos ou transações que fornecem à empresa fluxos de caixa que compensem suas perdas devido a mudanças de preços.

Hedging com integração vertical e armazenagem

As empresas podem fazer *hedging* dos riscos fazendo investimentos reais em ativos com risco que os compensem. As estratégias mais comuns são a *integração vertical* e a armazenagem.

Integração vertical. A fusão de uma empresa e seu fornecedor (ou de uma empresa e sua cliente) chama-se **integração vertical**. Como um aumento no preço do *commodity* eleva os custos da empresa e as receitas do fornecedor, essas empresas podem compensar seus riscos fundindo-se. Por exemplo, um fabricante de pneus que está preocupado sobre o aumento do preço da borracha poderia investir em uma plantação de borracha. À medida que o preço da borracha aumenta, aumentam também os lucros da plantação de borracha, compensando os altos custos da produção de pneus. Da mesma forma, as companhias aéreas poderiam compensar seu risco de aumento do preço do petróleo fundindo-se com uma empresa de extração de petróleo.

> **integração vertical** A fusão de duas empresas na mesma indústria que produzem os produtos necessários em diferentes etapas do ciclo de produção.

Apesar de a integração vertical reduzir riscos, ela nem sempre aumenta o valor. Lembre-se da lição fundamental de Modigliani e Miller: as empresas não agregam valor fazendo algo que os investidores poderiam fazer sozinhos. Os investidores preocupados com o preço de *commodities* poderiam diversificar fazendo uma "integração vertical" em suas carteiras e comprando ações da empresa e de seu fornecedor. Como a empresa aquisitora sempre paga um prêmio substancial além do preço atual das ações da empresa sendo adquirida, os acionistas da empresa aquisitora geralmente achariam mais barato diversificar por si próprios. A integração vertical agrega valor se combinar as empresas resultar em importantes sinergias. Em muitos casos, porém, o resultado mais provável seria deseconomias, já que a empresa combinada não teria um foco estratégico (por exemplo, companhias aéreas e extratoras de petróleo). Finalmente, a integração vertical não é um *hedging* perfeito: o fornecedor de uma empresa é exposto a muitos outros riscos além de preços de *commodities*. Ao realizar uma integração vertical, a empresa estaria eliminando um risco, mas adquirindo outros.

Armazenagem. Uma sinergia relacionada é a armazenagem de estoque no longo prazo. Uma companhia aérea preocupada com o aumento do custo do combustível poderia comprar uma grande quantidade de combustível hoje e estocá-lo até quando ele fosse necessário. Ao fazê-lo, a empresa fixa seu custo de combustível no preço de hoje mais custos de armazenagem. Mas, para muitas *commodities*, os custos de armazenagem são altos demais para esta estratégia ser atraente. Tal estratégia também exige um substancial desembolso de dinheiro à vista. Se a empresa não tiver o dinheiro necessário, ela precisaria levantar capital externo – e, consequentemente, sofreria custos de emissão e de seleção adversa. Finalmente, manter grandes quantidades de estoque aumentaria drasticamente as exigências de capital de giro, um custo para a empresa.

Hedging de contratos de longo prazo

Uma alternativa à integração vertical ou à armazenagem é um contrato de fornecimento de longo prazo. As empresas rotineiramente entram em contratos de longo prazo para a compra de imóveis, fixando o preço pelo qual elas obterão espaço para escritórios com muitos anos de antecedência. Da mesma maneira, empresas de utilidade pública assinam contratos de

Estratégia de *hedging* leva à promoção na carreira

A Southwest Airlines é um bom exemplo de *hedging*. No início de 2000, quando o preço do petróleo estava perto de US$ 20 por barril, o CFO Gary Kelly desenvolveu uma estratégia para proteger a companhia aérea de um aumento repentino no preço do petróleo. Os preços logo subiram para mais de US$ 30 o barril mais tarde naquele ano, levando o setor de linhas aéreas a uma crise financeira. A Southwest tinha assinado contratos garantindo um preço por seu combustível equivalente a US$ 23 por barril. A economia obtida com o *hedging* de seu combustível chegou a quase 50% dos lucros da Southwest naquele ano, como mostra a Figura 21.1. Kelly chegou ao cargo de CEO da Southwest e a empresa continuou esta estratégia de *hedging* de seus custos com combustível. Em 2007, os lucros de US$ 645 milhões da Southwest teriam sido eliminados se não tivesse sido sua economia de US$ 686 milhões devido a contratos de suprimento de combustível.

O que teria acontecido se os preços tivessem baixado?

fornecimento de longo prazo com empresas de geração de energia elétrica, e produtoras de aço assinam contratos de longo prazo com empresas de mineração de minério de ferro. Com esses contratos, ambas as partes podem alcançar a estabilidade dos preços de seus produtos ou insumos.

É claro que, assim como com seguros, o *hedging* de *commodities* nem sempre impulsiona os lucros de uma empresa. Se o preço do petróleo tivesse caído para menos de US$ 23 por barril no outono de 2000, a política de *hedging* da Southwest teria *reduzido* os lucros da empresa obrigando-a a pagar US$ 23 por barril de seu petróleo (e talvez Kelly não tivesse chegado ao cargo de CEO). Presumivelmente, a Southwest sentiu que podia arcar com o preço de US$ 23 por barril de petróleo mesmo se o preço caísse. Os contratos de longo prazo teriam sido dispendiosos, mas não teriam levado a dificuldades financeiras. Em outras palavras, os contratos de longo prazo estabilizaram os lucros da Southwest em um nível aceitável, independentemente do que viesse a acontecer com os preços do petróleo. A Figura 21.1 ilustra como o *hedging* estabiliza os lucros.

EXEMPLO 21.4

Hedging em contratos de longo prazo

Problema

Considere um produtor de chocolate que precisará de 10.000 toneladas de grãos de cacau no próximo ano. O preço de mercado corrente dos grãos de cacau é de US$ 2.900 por tonelada. A este preço, a empresa espera lucros antes dos juros e impostos de US$ 44 milhões no próximo ano. Qual será o EBIT se o preço dos grãos de cacau subir para US$ 3.500 por tonelada? Qual será o EBIT se o preço dos grãos de cacau cair para US$ 2.600 por tonelada? Qual será o EBIT em cada cenário se a empresa fechar um contrato de fornecimento de grãos de cacau por um preço fixo de US$ 2.950 por tonelada?

Solução

▶ **Planejamento**

A US$ 2.900 por tonelada, o EBIT da empresa é de US$ 4 milhões. Para cada dólar acima de US$ 2.900 por tonelada, seu EBIT diminuirá em US$ 10.000 (para 10.000 toneladas) e, da mesma maneira, aumentará em US$ 10.000 para cada dólar abaixo de US$ 2.900 por tonelada.

▶ **Execução**

A US$ 3.500 por tonelada, os custos da empresa aumentarão em $(3.500 - 2.900) \times 10.000 =$ US$ 6 milhões. Se todos os outros fatores permanecerem inalterados, o EBIT cairá para US$ 44 milhões − US$ 6 milhões = US$ 38 milhões.

Ao contrário, se o preço dos grãos de cacau cair para US$ 2.600 por tonelada, o EBIT subirá para US$ 44 milhões $- (2.600 - 2.900) \times 10.000 =$ US$ 47 milhões.

Como alternativa, a empresa pode evitar este risco entrando em um contrato de fornecimento que fixa o preço em qualquer que seja o cenário em US$ 2.950 por tonelada, gerando um EBIT de US$ 44 milhões $- (2.950 - 2.900) \times 10.000 =$ US$ 43,5 milhões.

▶ **Avaliação**

A empresa pode reduzir completamente seu risco entrando no contrato de fornecimento. O custo é aceitar os lucros mais baixos (em US$ 500.000) com certeza.

FIGURA 21.1

Hedging de commodities suaviza lucros

Ao fixar os custos de combustível por meio de contratos de fornecimento de longo prazo, a Southwest Airlines manteve seus lucros estáveis face à flutuação nos preços do combustível. Com um contrato de longo prazo pelo preço de US$ 23 por barril, a Southwest sairia ganhando comprando por este preço se os preços subissem para mais de US$ 23 por barril. Se o preço do petróleo caísse para menos do que US$ 23 por barril, a Southwest sofreria uma perda com seu compromisso de comprar por um preço mais alto. Observe que a figura não supõe mudanças nas receitas ou nos outros custos da empresa.

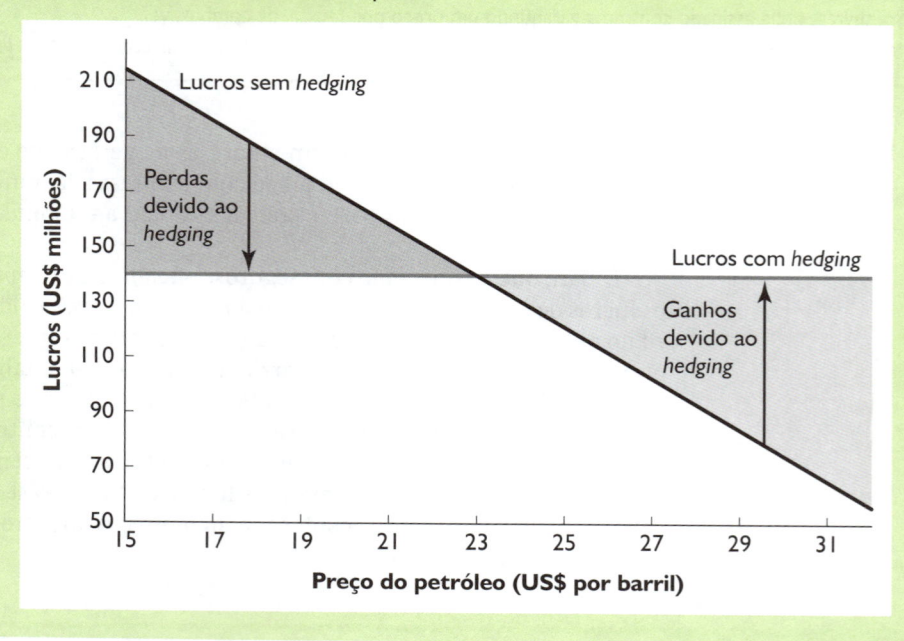

Geralmente, os contratos de fornecimento de longo prazo são contratos bilaterais negociados por um comprador e um vendedor. Tais contratos têm diversas desvantagens:

1. Eles expõem cada parte ao risco de que a outra parte possa ser inadimplente e não honre os termos do contrato. Assim, apesar de eles protegerem as empresas do risco da mudança de preços de *commodities*, eles as expõem ao risco de crédito.
2. Contratos de longo prazo não podem ser fechados anonimamente; o comprador e o vendedor conhecem a identidade um do outro. Esta falta de anonimato pode apresentar desvantagens estratégicas, já que o fato de você estar disposto a entrar no contrato revela informações a seus rivais sobre sua exposição a riscos.
3. O valor de mercado de um contrato de longo prazo em qualquer ponto no tempo pode não ser fácil de determinar, dificultando o registro de ganhos e perdas, e pode ser difícil ou mesmo impossível cancelar o contrato, se necessário.

Uma estratégia alternativa a fim de evitar essas desvantagens é fazer um *hedging* em contratos futuros, que abordaremos na próxima seção.

Hedging de contratos futuros

contrato futuro Acordo para negociar um ativo em alguma data futura, a um preço fixado hoje.

Um *contrato futuro* de *commodities* é um tipo de contrato de longo prazo criado para evitar as desvantagens citadas anteriormente. Um **contrato futuro** é um acordo para negociar um ativo em alguma data futura, a um preço fechado hoje. Os contratos futuros são negociados anonimamente em uma bolsa de valores, a um preço de mercado observado publicamente e geralmente são muito líquidos. Tanto o comprador quanto o vendedor podem sair do contrato a qualquer momento vendendo-o a terceiros pelo preço de mercado corrente. Finalmente, por meio de um mecanismo que descreveremos em breve, os contratos futuros são criados para eliminar o risco de crédito.

A Figura 21.2 mostra os preços em maio de 2008 de contratos futuros de petróleo *light sweet crude* negociado na New York Mercantile Exchange (NYMEX). Cada contrato representa um compromisso para vender 1.000 barris de petróleo pelo preço previsto pelo contrato futuro em sua data de entrega. Por exemplo, ao negociar o contrato de dezembro de 2010, compradores e vendedores concordaram, em maio de 2008, em vender 1.000 barris de petróleo em dezembro de 2010 ao preço de US$ 130 por barril. Ao fazê-lo, eles são capazes de fechar o preço que pagarão ou receberão pelo petróleo com quase três anos de antecedência.

Os preços futuros exibidos na Figura 21.2 não são preços pagos hoje. Em vez disso, eles são preços *acordados* hoje, a serem pagos no futuro. Os preços futuros são determinados no mercado com base na oferta e na demanda de cada data de entrega. Eles dependem das expectativas dos futuros preços do petróleo, ajustados por um prêmio de risco adequado.

Eliminando o risco de crédito em contratos futuros. Se um comprador se comprometer a comprar petróleo cru em dezembro de 2010 por US$ 130 o barril, o que garante ao vendedor que o comprador irá honrar este compromisso? Se o preço real do petróleo em dezembro de 2010 for de apenas US$ 100 o barril, o comprador terá um forte incentivo a voltar atrás e não cumprir o contrato. Da mesma maneira, o vendedor terá um incentivo para não cumprir o contrato se o preço real do petróleo for maior do que US$ 130 em dezembro de 2010.

margem Colateral que os investidores têm que designar ao comprar ou vender títulos que poderiam gerar perdas além do investimento inicial.

marcação ao mercado Calcular ganhos e perdas a cada dia baseados na mudança no preço de mercado de um contrato futuro.

Prevenção contra risco de inadimplência. As bolsas de futuros utilizam dois mecanismos para evitar que os compradores ou vendedores deixem de cumprir o contrato. Em primeiro lugar, exige-se que os negociantes designem um colateral, chamado de **margem**, ao comprar ou vender *commodities* utilizando contratos futuros que gerariam perdas além do investimento inicial. Este colateral serve como uma garantia de que os negociantes cumprirão suas obrigações. Além disso, os fluxos de caixa são transferidos diariamente, em vez de esperar até o final do contrato, por meio de um procedimento chamado de **marcação ao mercado** (*marking to market*, no original). Isto é, ganhos e perdas são calculados a cada dia com base nas mudanças no preço do mercado do contrato futuro.

FIGURA 21.2

Preços futuros de petróleo cru *light sweet*, maio de 2008

Cada ponto representa o preço futuro por barril em maio de 2008 para a entrega de petróleo no mês indicado.

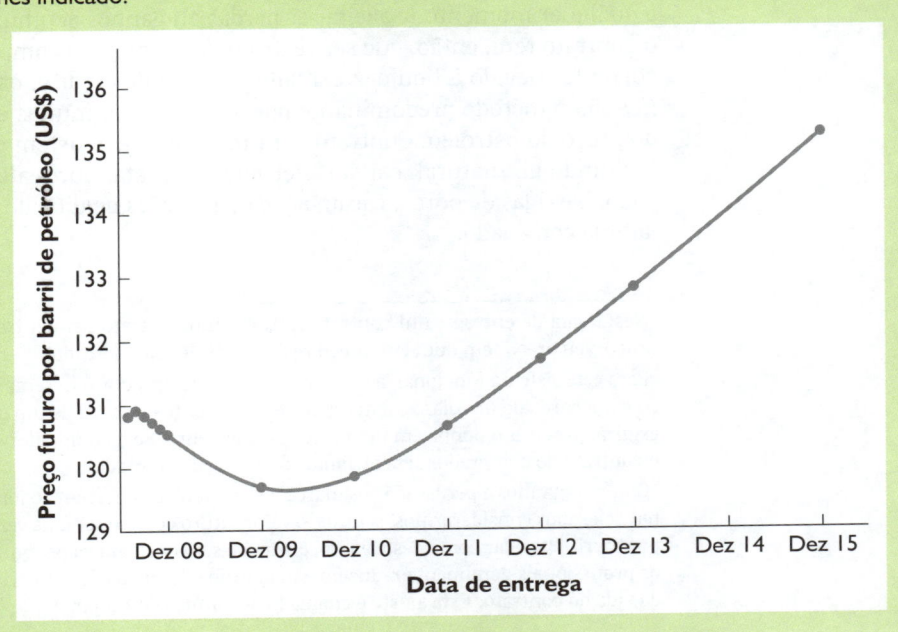

TABELA 21.1 Exemplo de marcação ao mercado e acerto diário para o contrato futuro de dezembro de 2010 de petróleo cru *light sweet* (US$ /bbl)

	maio de 2008						dezembro de 2010		
Dia do contrato	0	1	2	3	4	...	698	699	700
Preço futuro	130	128	129	127	126	...	105	107	108
Lucro/perda diária marcado ao mercado		−2	1	−2	−1	...	...	2	1
Lucro/perda acumulada		−2	−1	−3	−4	...	−25	−23	−22

Suponha que o preço do contrato futuro em dezembro de 2010 varie segundo a Tabela 21.1 ao longo dos 700 dias restantes entre maio de 2008 e a data de entrega em dezembro de 2010. Um comprador que fecha um contrato na data 0 se compromete a pagar o preço futuro de US$ 130 por barril de petróleo. Se no dia seguinte o preço futuro for de apenas US$ 128 por barril, o comprador terá tido uma perda de US$ 2 por barril em sua posição. Esta perda é acertada imediatamente deduzindo US$ 2 da conta margem do comprador. Se o preço aumentar para US$ 129 por barril no dia 2, o ganho de US$ 1 é adicionado à conta margem do comprador. Este processo continua até a data de entrega prevista pelo contrato, sendo exibidos os ganhos e perdas diários. A perda acumulada do comprador é a soma desses montantes diários e é sempre igual à diferença entre o preço original no contrato de US$ 130 por barril e o preço corrente.

Em dezembro de 2010, ocorre a entrega pelo preço final dos futuros, que é igual ao preço real do petróleo daquela época.[7] No exemplo na Tabela 21.1, o comprador paga, no final, US$ 108 por barril de petróleo e perdeu US$ 22 por barril em sua conta margem. Assim, seu custo total é de US$ 108 + US$ 22 = US$ 130 por barril, o preço com o qual se comprometeu originalmente. Com esta marcação ao mercado diária, compradores e vendedores pagam por eventuais perdas no momento em que elas ocorrem, em vez de esperar até a data de entrega final. Dessa maneira, a empresa evita o risco de incumprimento.[8]

Em essência, o contrato futuro de dezembro de 2010 é o mesmo que um contrato de fornecimento de longo prazo com um preço estabelecido a US$ 130 por barril de petróleo.[9] Mas, ao contrário de um contrato bilateral, o comprador e o vendedor podem fechar suas posições a qualquer momento (e aceitar as perdas ou ganhos acumulados em suas contas margem), e o contrato terá, então, que ser reatribuído a um novo comprador ou vendedor por seu preço corrente. Devido à liquidez e à falta de risco de crédito, os contratos futuros de *commodities* são o método predominante por meio do qual muitas empresas fazem *hedging* do risco do preço do petróleo. Contratos futuros similares existem para muitas outras *commodities*, incluindo gás natural, carvão, eletricidade, prata, ouro, alumínio, soja, milho, trigo, arroz, gado, barrigas de porco, cacau, açúcar, emissões de dióxido de carbono e até mesmo suco de laranja congelado.

---

[7] Nesta data de entrega, um contrato futuro é um contrato para entrega imediata. Assim, pela Lei do Preço Único, seu preço tem que ser o preço real do petróleo no mercado.

[8] Para este sistema funcionar, a conta margem do comprador tem sempre que ter um equilíbrio suficiente para cobrir a perda de um dia. Se a margem remanescente na conta de um comprador estiver baixa demais, a bolsa exigirá que ele a reponha em um pedido de cobertura. Se o comprador deixar de fazê-lo, a conta será fechada e o contrato do comprador será atribuído a um novo comprador.

[9] Como os ganhos e perdas diários marcados ao mercado ocorrem ao longo da vida do contrato em vez de no final dele, após considerarmos os juros, o valor futuro correto será, na verdade, algo um pouco acima de US$ 130 por barril. Para dar conta deste efeito, que pode ser considerável para um contrato de diversos anos de duração, os profissionais geralmente reduzem a magnitude de sua posição inicial para refletir os juros obtidos ao longo da vida do contrato. Este ajuste é chamado de *tailing the hedge*.

> ### Erros comuns — Erros ao fazer *hedging* de riscos
>
> Há vários erros comuns a serem evitados ao se fazer *hedging* de riscos:
>
> **Não considerar *hedges* naturais**
> Apesar de as compras de *commodities* serem a maior despesa de uma empresa, elas podem não ser uma fonte de risco se a empresa conseguir repassar esses custos para seus clientes. Por exemplo, os postos de gasolina não precisam fazer *hedging* do custo do petróleo, porque o preço da gasolina – e, assim, suas receitas – flutua de acordo com ele. Quando uma empresa pode repassar aumentos de custo para seus clientes ou diminuições da receita para seus fornecedores, ela possui um **hedge natural** desses riscos. Uma empresa somente deve fazer *hedging* dos riscos de seus lucros depois de tais *hedges* naturais serem considerados, para que não faça um *hedging* excessivo e aumente o risco.
>
> **Expor a empresa a riscos de liquidez**
> Ao fazer *hedging* de contratos futuros, a empresa estabiliza seus lucros compensando perdas comerciais com ganhos dos contratos futuros e compensando ganhos comerciais com perdas dos contratos futuros. Nesta última situação, a empresa corre o risco de receber pedidos de cobertura sobre suas posições futuras antes de ela realizar os fluxos de caixa provenientes de seus ganhos comerciais. Para fazer um *hedging* de maneira eficaz, a empresa tem que ter, ou ser capaz de levantar, o dinheiro necessário para cobrir esses pedidos de cobertura ou ela será forçada ao incumprimento de suas posições. Logo, ao fazermos *hedging* de contratos futuros, a empresa é exposta a **riscos de liquidez**. Foi o que aconteceu com a Metallgesellschaft Refining and Marketing (MGRM), que fechou suas portas em 1993 com mais de US$ 1 bilhão em perdas no mercado de futuros de petróleo. A MGRM tinha fechado contratos de longo prazo para fornecer petróleo a seus clientes e fez *hedging* de seus riscos de que o preço do petróleo pudesse subir comprando futuros de petróleo. Quando os preços do petróleo caíram subsequentemente, a MGRM enfrentou uma crise de fluxo de caixa e não conseguiu cobrir os pedidos de cobertura de suas posições futuras.
>
> **Fazer uma correlação errada entre contratos futuros e exposição a riscos**
> Os contratos futuros estão disponíveis apenas para um conjunto padronizado de *commodities* com datas e locais de entrega específicos. Assim, apesar de um contrato futuro que promete entregar petróleo cru em Oklahoma em junho de 2012 ser um *hedge* razoável do custo do combustível em Dallas em julho de 2012, esta não será uma combinação perfeita. **Risco de base** é o risco que surge porque o valor do contrato futuro não terá uma correlação perfeita com a exposição da empresa.

hedge natural Quando uma empresa pode repassar aumentos nos custos para seus clientes ou diminuições nas receitas para seus fornecedores.

risco de liquidez Risco de ser forçado a liquidar um investimento (com uma perda) porque o dinheiro é necessário para cumprir outra obrigação (frequentemente uma exigência de margem).

risco de base Risco que surge porque o valor de um contrato futuro não tem uma correlação perfeita com a exposição da empresa.

especular Quando os investidores utilizam títulos para apostar na direção em que eles acreditam que o mercado provavelmente se movimentará.

Decidindo fazer *hedging* do risco do preço de *commodities*

Em um mercado perfeito, os contratos de fornecimento de *commodities* e os contratos futuros são investimentos com NPV igual a zero que não mudam o valor da empresa. Mas fazer *hedging* do risco do preço de *commodities* pode beneficiar a empresa reduzindo os custos de outras fricções. Assim como com seguros, os possíveis benefícios incluem menores custos de dificuldades financeiras e de emissão, economias tributárias, maior capacidade de endividamento e melhores incentivos gerenciais e avaliação de risco. Os mercados de futuros de *commodities*, particularmente, fornecem informações valiosas para os produtores e usuários das *commodities*. Por exemplo, uma empresa de petróleo pode fixar o preço futuro do petróleo antes de serem gastos milhões de dólares na perfuração de um novo poço de prospecção. Um fazendeiro incerto dos preços de colheitas futuras pode fechar o preço futuro do trigo ao decidir que quantidade plantar.

Apesar de fazer *hedging* do risco do preço de *commodities* ter benefícios similares à compra de seguros, ele não tem os mesmos custos. Em comparação com o mercado de seguro contra acidentes, os mercados de *commodities* são menos vulneráveis aos problemas da seleção adversa e de risco moral. As empresas geralmente não possuem melhores informações do que os investidores externos em relação ao risco de mudanças nos preços futuros de *commodities*, nem podem influenciar este risco por meio de suas ações. Além disso, os contratos futuros são muito líquidos e não acarretam altos custos administrativos.

Porém, negociar com estes contratos traz outros custos. Primeiramente, como ilustra a Figura 21.1, quando uma empresa faz *hedging*, ela às vezes perde dinheiro. Essas perdas serão compensadas por outros ganhos ou economias, mas a empresa pode estar certa de arcar com as perdas até realizar os ganhos que as neutralizem. Em segundo lugar, a empresa pode **especular** fechando contratos que não compensem seus riscos reais. A especulação aumenta o risco da empresa em vez de reduzi-lo. Quando uma empresa autoriza os gerentes a negociarem contratos de *hedging*, ela abre a porta para a possibilidade de especulação. A empresa tem que se salvaguardar contra a possibilidade de especular e somar risco à empresa por meio de procedimentos adequados de governança.

> **Diferentes estratégias de *hedging***
>
> Em meados de 2005, os preços do petróleo subiram para mais de US$ 60 por barril. Como resultado de sua agressiva política de *hedging*, a Southwest Airlines estava pagando um pouco mais do que US$ 26 por barril por 85% de seu petróleo na época. Muitas das principais companhias aéreas norte-americanas, porém, não tinham o dinheiro ou a credibilidade necessária para fechar contratos de longo prazo. Em 2004, a Delta foi forçada a vender seus contratos de fornecimento para levantar dinheiro a fim de evitar inadimplência em sua dívida. A United Airlines, que entrara com pedido de proteção contra falência em dezembro de 2002, tinha apenas 30% de seu combustível com *hedging* em 2005, a um preço de US$ 45 por barril. Em 2008, quando os preços do petróleo estavam acima de US$ 130 por barril, os preços de 2005 pareciam comparativamente uma pechincha. Ao manter sua estratégia, a Southwest tinha entrado em *hedges* de longo prazo, de modo que a maior parte de seus custos referentes a combustível em 2008 estava fixadas a US$ 60 por barril.
>
> Essas diferenças em estratégia são um tanto compreensíveis dadas as diferentes posições financeiras das empresas. A Southwest atualmente é lucrativa e gostaria de reduzir seu risco de entrar em dificuldades financeiras fazendo *hedging* de seus custos de combustível. A Delta e a United já estão em dificuldades financeiras, então, o *hedging* não evitaria esses custos. E para os acionistas, assumir um risco não fazendo *hedging* pode ser a melhor estratégia – uma queda repentina nos preços do petróleo geraria ganhos excepcionais para os acionistas, apesar do fato de que as perdas de novos aumentos provavelmente iriam ser assumidas pelos titulares de dívida devido à inadimplência.
>
> Fonte: Eric Roston, "Hedging Their Costs," *Time*, June 20, 2005.

Fixação de conceitos

3. Discuta estratégias de gerenciamento de risco que as empresas utilizam para fazer *hedging* do risco do preço de *commodities*.
4. Quais são os possíveis riscos associados ao *hedging* utilizando contratos futuros?

21.3 Risco da taxa de juros

As empresas que contraem empréstimos têm que pagar juros sobre sua dívida. Um aumento nas taxas de juros eleva os custos de empréstimo das empresas e pode reduzir sua lucratividade. Além disso, muitas empresas têm passivos futuros de longo prazo fixos, como *leasings* financeiros ou passivos de fundos de pensão. Uma diminuição nas taxas de juros eleva o valor presente desses passivos e pode diminuir o valor da empresa. Assim, quando as taxas de juros são voláteis, o risco da taxa de juros é uma preocupação para muitas empresas.

Medição do risco da taxa de juros: duração

duração Sensibilidade de um ativo ou passivo a variações nas taxas de juros.

Os gerentes financeiros precisam saber a **duração** – a sensibilidade às variações nas taxas de juros – de seus ativos e passivos. No Exemplo 6.8 do Capítulo 6 sobre Títulos de dívida, vimos que a sensibilidade de títulos de dívida de cupom zero às taxas de juros aumenta quanto mais se aproxima seu vencimento. Por exemplo, para um título de dívida de cupom zero de dez anos, um aumento de um ponto percentual na rentabilidade até o vencimento de 5% para 6% faz o preço do título de dívida por US$ 100 de valor de face cair de

$$\frac{100}{1,05^{10}} = US\$\ 61,39 \text{ para } \frac{100}{1,06^{10}} = US\$\ 55,84$$

Isso representa uma mudança de preço de $(55,84 - 61,39)/61,39 = -9,0\%$. O preço de um título de dívida de cinco anos cai apenas 4,6% para a mesma mudança na rentabilidade até o vencimento. A sensibilidade da taxa de juros de um *único* fluxo de caixa é aproximadamente proporcional ao seu vencimento. Quanto mais distante está o fluxo de caixa, maior é o efeito das mudanças na taxa de juros sobre seu valor presente. A ideia pode ser expandida para um título ou ativo que produza múltiplos fluxos de caixa. Apesar de a fórmula específica da duração estar além do escopo deste livro, a ideia é que os títulos cujo valor vem principalmente de fluxos de caixa posteriores têm uma duração mais longa (maior sensibilidade a variações nas taxas de juros) do que títulos cujo valor vem principalmente de fluxos de caixa iniciais.

Hedging com base na duração

A capitalização de mercado de uma empresa é determinada pela diferença no valor de mercado entre seus ativos e seus passivos. Se as variações nas taxas de juros afetarem esses valores, elas afetarão o valor patrimonial da empresa. Podemos medir a sensibilidade de uma empresa às taxas de juros calculando a duração de seu balanço patrimonial. Além disso, ao reestruturar o balanço patrimonial para reduzir sua duração, podemos fazer *hedging* do risco da taxa de juros da empresa.

Savings & Loans: um exemplo. Consideremos uma típica *savings & loan* (S&L). Essas instituições detêm depósitos de curto prazo na forma de contas correntes ou contas poupança, além de certificados de depósito. Elas também fazem empréstimos de longo prazo como financiamentos de automóveis e de casa própria. A maioria das S&L enfrenta um problema porque a duração dos empréstimos que concedem é geralmente mais longa do que a duração de seus depósitos. Quando as durações dos ativos e passivos de uma empresa são significativamente diferentes, a empresa sofre uma **incompatibilidade de durações**. Esta incompatibilidade coloca a S&L em risco se as taxas de juros variarem significativamente.

incompatibilidade de durações Quando as durações dos ativos e dos passivos de uma empresa são significativamente diferentes.

Como uma S&L pode reduzir sua sensibilidade às taxas de juros? Ela tem que reduzir a duração de seus ativos ou aumentar a duração de seus passivos. Como não é fácil para ela aumentar a duração de seus passivos (ela não pode forçar as pessoas a deixar seu dinheiro no banco por mais tempo do que elas desejam), ela tem que focalizar em seus ativos (empréstimos hipotecários). Ao vender hipotecas a outra fornecedora de serviços de hipoteca em troca de dinheiro, a S&L pode reduzir a sensibilidade de seus ativos às taxas de juros a zero. Na verdade, apenas os bancos maiores tendem a deter as hipotecas que originam – a maioria dos bancos vende seus empréstimos hipotecários para reduzir sua sensibilidade aos riscos das taxas de juro.

Hedging com base em *swaps*

Uma Savings and Loans pode reduzir sua sensibilidade à taxa de juros vendendo ativos. Para a maioria das empresas, vender ativos não é uma possibilidade atraente, pois esses ativos são necessários para que a empresa conduza suas operações normais. *Swaps* de taxas de juros são uma maneira alternativa de modificar a exposição ao risco de taxas de juros da empresa sem comprar ou vender ativos. Um **swap de taxa de juros** é um contrato fechado com um banco em que a empresa e o banco concordam em trocar os cupons de dois tipos diferentes de empréstimos. Nesta seção, descreveremos *swaps* de taxas de juros e exploraremos como eles são utilizados para gerenciar o risco da taxa de juros.

***swap* da taxa de juros** Contrato em que duas partes concordam em trocar os cupons de dois tipos diferentes de empréstimo.

A crise das savings and loans

No final da década de 1970, as taxas oferecidas sobre depósitos pelas S&Ls eram fortemente reguladas pelo governo, o que encorajava essas instituições a utilizar seus depósitos para conceder financiamentos da casa própria de longo prazo a taxas fixas para os mutuários. Essas S&Ls eram especialmente vulneráveis a um aumento nas taxas de juros.

Este aumento nas taxas ocorreu no início da década de 1980, com uma elevação de menos de 9% para mais de 15% em menos de um ano. Consequentemente, muitas S&Ls rapidamente se tornaram insolventes, com o valor de seus passivos estando próximo ou excedendo o valor de seus ativos.

As empresas nesta situação seriam incapazes de levantar novos fundos e rapidamente virariam inadimplentes. Entretanto, como seus depósitos eram protegidos pelo seguro federal de depósitos, essas S&Ls insolventes conseguiram atrair novos depositantes para pagar os antigos e manter suas portas abertas. Muitas delas embarcaram em uma estratégia de fazer investimentos muito arriscados em títulos podres e outros títulos na esperança de obter um alto retorno que restabeleceria sua solvência. (Lembre-se da discussão no Capítulo 15 relativa aos incentivos dos acionistas a assumirem riscos excessivos quando a empresa está perto de se tornar inadimplente). A maioria desses investimentos de risco também fracassou, aumentando os problemas das S&Ls. No final da década de 1980, o governo norte-americano teve que fechar mais de 50% das S&Ls do país e cumprir suas obrigações de seguro de depósito afiançando os depositantes nas S&Ls a um custo de mais de US$ 100 bilhões para os contribuintes.

Em um *swap* de taxa de juros padrão, uma parte concorda em pagar cupons com base em uma taxa de juros fixa em troca de receber cupons com base na taxa de juros de mercado prevalecente durante o período de cada cupom. Uma taxa de juros que se ajusta às condições correntes do mercado é chamada de *taxa flutuante*. Assim, as partes trocam um cupom de taxa fixa por um cupom de taxa flutuante, o que explica por que este *swap* também é chamado de "*swap* de taxa de juros fixa por flutuante".

Para demonstrar como funciona um *swap* de juros, consideremos um swap de US$ 100 milhões com uma taxa fixa de 7,8%. Os *swaps* padrão possuem cupons semianuais, então, os montantes nos cupons fixos seriam ½(7,8% x US$ 100 milhões) = US$ 3,9 milhões a cada seis meses. Os cupons de taxa flutuante tipicamente baseiam-se em uma taxa de juros de mercado de seis meses, como o *Treasury bill* de seis meses ou o London Interbank Offered Rate (LIBOR) de seis meses.[10] Esta taxa varia ao longo da vida do contrato. Cada cupom é calculado com base na taxa de juros de seis meses que prevalecia no mercado seis meses antes da data de pagamento do cupom. A Tabela 21.2 calcula os fluxos de caixa do *swap* em uma situação hipotética para taxas LIBOR ao longo de sua vida. Por exemplo, na primeira data de cupom em seis meses, o cupom de taxa fixo é de US$ 3,9 milhões, e o cupom de taxa flutuante é de ½(6,8% x $10 milhões) = US$ 3,4 milhões, gerando um pagamento de US$ 0,5 milhão do pagador da taxa fixa para o pagador da taxa flutuante.

Cada pagamento do *swap* é igual à diferença entre os cupons de taxa fixa e de taxa flutuante. Diferentemente de um empréstimo comum, não há pagamento de principal. Como um *swap* de US$ 100 milhões é utilizado apenas para calcular os cupons, mas nunca é pago de fato, ele é chamado de **principal nocional** do *swap*. Finalmente, não há fluxo de caixa inicial associado ao *swap*. Isto é, o contrato de *swap* – assim como os contratos a termo e de futuros – é tipicamente estruturado como um título de "custo zero". A taxa fixa do contrato de *swap* é determinada com base nas condições de mercado correntes de modo que o *swap* seja justo (isto é, tenha um NPV igual a zero) para ambos os lados.

Combinando *swaps* e empréstimos padrão. As corporações utilizam *swaps* de taxas de juros rotineiramente para alterar sua exposição a flutuações na taxa de juros. A taxa de juros que uma empresa paga sobre seus empréstimos flutua por dois motivos. Em primeiro lugar, a taxa de juros livre de risco no mercado pode mudar. Em segundo lugar, a qualidade de crédito da empresa, que determina o *spread* que a empresa tem que pagar sobre a taxa de juros livre de

principal nocional Utilizado para calcular os pagamentos de cupom em um *swap* de taxa de juros.

TABELA 21.2 Fluxos de caixa (US$ milhões) de um *swap* de taxa de juros de fixa para flutuante de US$ 100 milhões

Ano	LIBOR de seis meses	Cupom fixo	Cupom de taxa flutuante	Novo fluxo de caixa do *swap*: de fixa para flutuante
0,0	6,8%			0,0
0,5	7,2%	3,9	3,4	0,5
1,0	8,0%	3,9	3,6	0,3
1,5	7,4%	3,9	4,0	−0,1
2,0	7,8%	3,9	3,7	0,2
2,5	8,6%	3,9	3,9	0,0
3,0	9,0%	3,9	4,3	−0,4
3,5	9,2%	3,9	4,5	−0,6
4,0	8,4%	3,9	4,6	−0,7
4,5	7,6%	3,9	4,2	−0,3
5,0		3,9	3,8	0,1

[10] A London Interbank Offered Rate é a taxa pela qual os principais bancos internacionais com escritórios em Londres estão dispostos a aceitar depósitos uns dos outros. É uma taxa de juros *benchmark* comum para *swaps* e outros acordos financeiros.

risco, pode variar com o tempo. Ao combinar *swaps* com empréstimos, as empresas podem escolher qual dessas fontes de risco de taxa de juros elas irão tolerar e quais elas irão eliminar.

EXEMPLO 21.5

Utilizando *swaps* de taxas de juros

Problema

A Bolt Industries está enfrentando um nível maior de concorrência e deseja contrair um empréstimo de US$ 10 milhões em caixa para se proteger contra futuras faltas de receita. Atualmente, as taxas de longo prazo para AA são de 10%. A Bolt pode tomar emprestado pela taxa de 10,5% dada sua classificação de crédito. A empresa está esperando que as taxas de juros caiam durante os próximos anos, então, ela preferiria contrair um empréstimo pelas taxas de curto prazo e refinanciar após a queda das taxas. Entretanto, a gerência da Bolt teme que sua classificação de crédito possa deteriorar à medida que a concorrência se intensifica, o que aumentaria muito o *spread* que a empresa teria que pagar sobre um novo empréstimo. Como a Bolt pode se beneficiar da queda das taxas de juros sem se preocupar com as mudanças em sua classificação de crédito?

Solução

▶ **Planejamento**

A Bolt quer converter sua taxa fixa de longo prazo em uma taxa flutuante (uma que diminua se as taxas de juros de mercado caírem). Ela pode fazer isso entrando em um *swap* no qual receberá uma taxa fixa (que então pode ser utilizada para pagar sua obrigação fixa de longo prazo) e pagar uma taxa flutuante. Sua exposição líquida será a taxa flutuante.

▶ **Execução**

A Bolt pode contrair um empréstimo pela taxa de longo prazo de 10,5% e então entrar em um *swap* em que ela *recebe* uma taxa fixa de longo prazo para AA de 10% e *paga* a taxa de curto prazo, $\tilde{r}_t$. Seu custo líquido de empréstimo será, então:

Taxa de empréstimo de longo prazo	+ Taxa flutuante devida no *swap*	− Taxa fixa recebida no *swap*	= Custo líquido de empréstimo
10,5%	+ $\tilde{r}_t$	− 10%	= $\tilde{r}_t$ + 0,5%

▶ **Avaliação**

Dessa maneira, a Bolt fecha o *spread* de crédito atual de 0,5%, mas obtém o benefício de menores taxas à medida que estas caírem. O *tradeoff* é que, ao contrário, se as taxas caírem, a empresa estará em pior situação.

Como gerente financeiro, fazer *hedging* dos riscos das taxas de juros pode ajudar sua empresa a evitar custos de dificuldades financeiras dos tipos que descrevemos no Capítulo 15. Se a empresa estiver com um desempenho bom, você não vai querer que uma mudança brusca nos custos de empréstimo cause um problema de fluxo de caixa que pode levar a dificuldades. Como vimos nesta seção, há ferramentas como a compatibilidade de durações e *swaps* disponíveis para ajudá-lo a evitar tais custos.

Fixação de conceitos

5. Qual é a ideia por trás do cálculo da duração?
6. Como as empresas gerenciam o risco da taxa de juros?

RESUMO DO CAPÍTULO

Pontos principais e equações	Termos	Oportunidades de prática online
21.1 Seguros • Seguros são um método que as empresas utilizam para reduzir riscos. Em um mercado perfeito, o preço de seguros é atuarialmente justo. Um prêmio de seguro atuarialmente justo é igual ao valor presente da perda esperada: $$\frac{\Pr(\text{Perda}) \times E[\text{Pagamento no caso de perda}]}{1 + r_L} \quad (21.1)$$ • Seguros para grandes riscos que não podem ser bem diversificados possuem um beta negativo, o que eleva seu custo. • O valor do seguro vem de sua capacidade de reduzir o custo de imperfeições de mercado para a empresa. Os seguros podem ser benéficos para uma empresa devido a seus efeitos sobre os custos de falência e de dificuldades financeiras, custos de emissão, impostos, capacidade de endividamento e avaliação de risco. • Os custos dos seguros incluem custos administrativos e custos gerais, seleção adversa e risco moral.	atuarialmente justo, p. 685 franquia, p. 690 limites da apólice, p. 690 prêmio de seguro, p. 685 risco moral, p. 689 seguro contra perda de funcionários-chave, 684 seguro de imóveis, p. 684 seguro de interrupção de negócios, 684 seguro de responsabilidade civil, 684	MyFinanceLab Study Plan 21.1
21.2 Riscos de preços de *commodities* • As empresas utilizam várias estratégias de gerenciamento de risco para fazer *hedging* de sua exposição aos movimentos nos preços de *commodities*. • As empresas podem fazer investimentos reais em ativos com riscos que compensem os outros utilizando técnicas como a integração vertical e o armazenamento. • As empresas podem entrar em contratos de longo prazo com fornecedores ou clientes para alcançar estabilidade de preços. • As empresas podem fazer *hedging* de riscos negociando contratos futuros de *commodities* em mercados financeiros.	contrato futuro, p. 694 especular, p. 697 *hedge* natural, p. 697 integração vertical, p. 696 marcação ao mercado, p. 699 margem, p. 699 risco de base, p. 697 risco de liquidez, p. 697	MyFinanceLab Study Plan 21.2
21.3 Risco da taxa de juros • As empresas enfrentam riscos de taxas de juros quando as taxas de câmbio são voláteis. A sensibilidade à taxa de juros de uma sequência de fluxos de caixa é maior se grande parte do valor da sequência vem dos fluxos de caixa posteriores. • As empresas podem gerenciar riscos de taxas de juros comprando ou vendendo ativos para fazer a sensibilidade da taxa de juros de seus ativos corresponder à sensibilidade da taxa de juros de seus passivos. • Os *swaps* de taxas de juros permitem que as empresas separem os riscos de mudanças nas taxas de juros dos riscos de flutuações na qualidade de crédito da empresa. • Ao contrair um empréstimo de longo prazo e entrar em um *swap* de taxa de juros em que a empresa recebe um cupom fixo e paga um cupom de taxa flutuante, a empresa pagará uma taxa de juros flutuante mais um *spread* que é fixo baseado em sua qualidade de crédito inicial.	duração, p. 698 incompatibilidade de durações, p. 699 principal nocional, p. 700 *swap* da taxa de juros, p. 699	MyFinanceLab Study Plan 21.3

- Ao contrair um empréstimo de curto prazo e entrar em um *swap* de taxa de juros em que a empresa recebe um cupom de taxa flutuante e paga um cupom fixo, a empresa pagará uma taxa de juros fixa mais um *spread* que flutuará com sua qualidade de crédito.
- As empresas utilizam *swaps* de taxas de juros para modificar sua exposição ao risco de taxas de juros sem comprar ou vender ativos.

Questões de revisão

1. Por que é possível para uma empresa pagar um preço atuarialmente justo pelo seguro e ainda assim fazer a compra do seguro ser um investimento com NPV positivo?
2. Como uma empresa de seguros pode mitigar a seleção adversa e o risco moral?
3. Quais são algumas abordagens comuns para fazer *hedging* do preço de *commodities*?
4. O *hedging* pode levar a perdas?
5. Como uma empresa pode se tornar exposta ao risco da taxa de juros?
6. Como uma empresa pode utilizar um *swap* para gerenciar seu risco da taxa de juros?

Problemas

Um realce verde (■) indica problemas disponíveis no MyFinanceLab. Um asterisco (*) indica problemas com um nível de dificuldade mais alto.

Seguros

1. A William Companies (WMB) possui e opera gasodutos de gás natural que fornecem 12% do gás natural consumido nos Estados Unidos. A WMB está preocupada com um grande furacão que pode afetar seu gasoduto do estreito do México, que cruza 691 milhas do Golfo do México. No caso de haver danos, a empresa prevê uma perda de lucros de US$ 65 milhões. Suponha que a probabilidade de danos seja de 3% ao ano, e o beta associado a tal perda seja de $-0{,}25$. Se a taxa de juros livre de risco é de 5% e o retorno esperado do mercado é de 10%, qual é o prêmio de seguro atuarialmente justo?

2. A principal fábrica da Genentech está localizada no sul de São Francisco. Suponha que a Genentech pudesse sofrer uma perda direta de $450 milhões no caso de um grande terremoto interromper suas operações. A chance de tal terremoto é de 2% ao ano, com um beta de $-0{,}5$.
   a. Se a taxa de juros livre de risco é de 5% e o retorno esperado do mercado é de 10%, qual é o prêmio de seguro atuarialmente justo necessário para cobrir a perda da Genentech?
   b. Suponha que a empresa de seguros aumente o prêmio em 15% além do valor calculado na parte (a) para cobrir seus custos administrativos e de despesas gerais. Que custos de dificuldades financeiras ou de emissão a Genentech teria que sofrer se não fosse segurada para que se justifique a compra de seguros?

3. Sua empresa importa bens manufaturados da China. Você está preocupado que as negociações comerciais entre EUA e China possam ser quebradas no próximo ano, levando a uma moratória sobre os produtos importados. No caso de uma moratória, sua empresa espera que seus lucros operacionais diminuam substancialmente e que sua alíquota de impostos marginal caia de seu nível atual de 40% para 10%.

    Uma empresa de seguros concordou em subscrever uma apólice de seguro comercial que pagará US$ 500.000 no caso de uma moratória sobre os produtos importados. Estima-se que a chance de uma moratória seja de 10%, com um beta de $-1{,}5$. Suponha que a taxa de juros livre de riscos seja de 5% e que o retorno esperado do mercado seja de 10%.

a. Qual é o prêmio atuarialmente justo para este seguro?
b. Qual é o NPV da compra deste seguro para sua empresa? Qual é a fonte deste ganho?

4. Sua empresa enfrenta uma chance de 9% de uma possível perda de US$ 10 milhões no próximo ano. Se sua empresa implementar novas apólices, ela pode reduzir a chance desta perda para 4%, mas essas novas apólices têm um custo à vista de US$ 100.000. Suponha que o beta da perda seja 0, e que a taxa de juros livre de risco seja de 5%.
   a. Se a empresa não é segurada, qual é o NPV de implementar as novas apólices?
   b. Se a empresa é totalmente segurada, qual é o NPV de implementar as novas apólices?
   c. Dada a sua resposta na parte (b), qual é o custo atuarialmente justo de um seguro total?
   d. Qual é a franquia mínima que daria à sua empresa um incentivo para implementar as novas apólices?
   e. Qual é o preço atuarialmente justo de uma apólice de seguros com a franquia da parte (d)?

Riscos de preços de *commodities*

5. A BHP Billiton é a maior empresa de mineração do mundo. A BHP espera produzir 2 bilhões de libras de cobre no próximo ano, com um custo de produção de US$ 0,90 por libra.
   a. Qual será o lucro operacional da BHP proveniente do cobre no próximo ano se o preço do cobre é US$ 1,25, US$ 1,50 ou US$ 1,75 por libra, e a empresa planeja vender todo seu cobre no próximo ano pelo preço corrente?
   b. Qual será o lucro operacional da BHP proveniente do cobre no próximo ano se a empresa entra em contratos de fornecimento para usuários finais por um preço médio de US$ 1,45 por libra?
   c. Qual será o lucro operacional da BHP proveniente do cobre no próximo ano se os preços são descritos como na parte (a) e a empresa entra em contratos de fornecimento para usuários finais como na parte (b) de apenas 50% de sua produção total?
   d. Descreva situações para as quais cada uma das estratégias em (a), (b) e (c) possa ser ótima.

6. Sua empresa de utilidade pública precisará comprar 100.000 barris de petróleo daqui a dez dias, e você está preocupado com os custos do combustível. Suponha que você esteja em posição vendida em 100 contratos futuros de petróleo, cada um de 1.000 barris, pelo preço futuro corrente de US$ 60 por barril. Suponha que os preços futuros variem diariamente como a seguir:

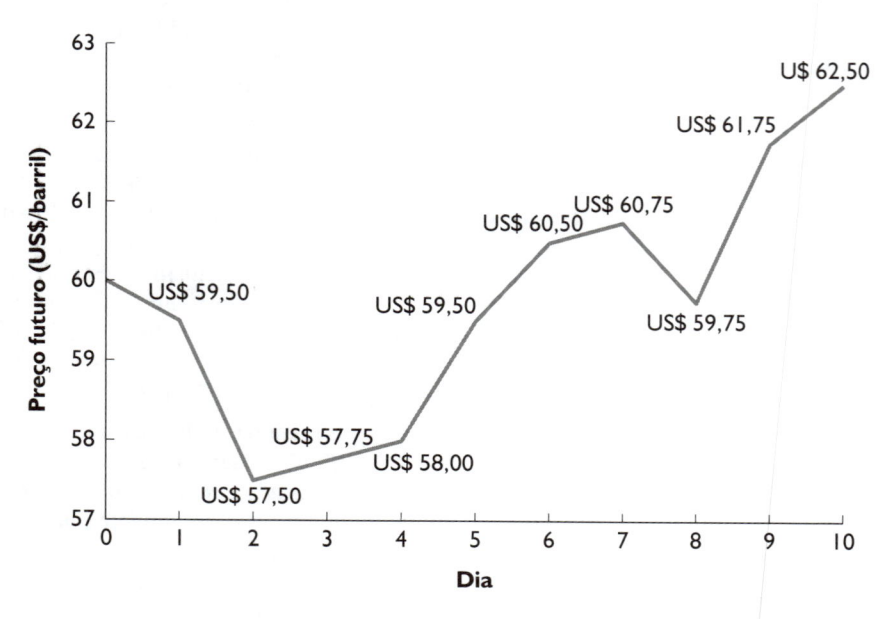

a. Qual é o lucro ou perda marcada ao mercado (em dólares) que você terá em cada data?
b. Qual é seu lucro ou perda total após dez dias? Você se protegeu contra um aumento nos preços do petróleo?

c. Qual é a maior perda acumulada que você terá ao longo do período de dez dias? Em que caso isso pode ser um problema?

7. Suponha que a Starbucks consuma 100 milhões de libras de grãos de café por ano. À medida que o preço do café sobe, a Starbucks espera repassar 60% do custo a seus clientes por meio de preços mais altos por xícara de café. Para fazer *hedging* de seus lucros contra as flutuações nos preços do café, a Starbucks deve fechar o preço de quantas libras de grãos de café utilizando contratos de fornecimento?

Risco de taxa de juros

* **8.** Suponha que cada um dos títulos a seguir tenha a mesma rentabilidade até o vencimento: um título de dívida de cupom zero de cinco anos; um título de dívida de cupom zero de nove anos; uma anuidade de cinco anos; e uma anuidade de nove anos. Classifique esses títulos do menor ao de maior duração.

* **9.** Sua empresa precisa levantar US$ 100 milhões em fundos. Você pode contrair um empréstimo com um *spread* de 1,00% acima do LIBOR. Como alternativa, você pode emitir títulos de dívida de taxa fixa de dez anos com um *spread* de 2,50% acima dos *Treasuries* de dez anos, que atualmente possuem uma rentabilidade de 7,60%. Os *swaps* de taxas de juros de dez anos são cotados atualmente no LIBOR em relação à taxa fixa de 8,00%.

    A gerência acredita que atualmente a empresa esteja "subclassificada" e que esta classificação de crédito provavelmente vá melhorar no próximo ano ou nos dois próximos anos. Entretanto, os gerentes não estão confortáveis com o risco da taxa de juros associado ao uso de dívida de curto prazo.

    a. Sugira uma estratégia para contrair um empréstimo de US$ 100 milhões. Qual é sua taxa de empréstimo efetiva?

    b. Suponha que a classificação de crédito da empresa melhore três anos depois. Agora ela pode contrair empréstimos com um *spread* de 0,50% acima dos *Treasuries*, que agora têm uma rentabilidade de 9,10% para um vencimento de sete anos. Além disso, *swaps* de taxas de juros de sete anos são cotados no LIBOR em relação a 9,50%. Como você fecharia sua nova classificação de crédito para os próximos sete anos? Qual é sua taxa de empréstimo efetiva agora?

22 Finanças Empresariais Internacionais

OBJETIVOS DE APRENDIZAGEM

- Compreender os mercados de capitais e suas implicações sobre os preços
- Determinar como lidar com fluxos de caixa em outras moedas no orçamento de capital
- Analisar o impacto das alíquotas de impostos de diferentes países sobre as decisões de investimento e o valor da empresa
- Mostrar como explorar oportunidades de mercados internacionais segmentados
- Demonstrar como tratar o risco da taxa de câmbio em sua abordagem do orçamento de capital

notação

$r_\$, r_€$	taxa de juros em dólar e euro	r^*_{FC}	custo de capital em moeda estrangeira
S	taxa de câmbio *spot*	r_{FC}	taxa de juros livre de risco em moeda estrangeira
F	taxa de câmbio a termo de um ano e de T anos	r_{WACC}	custo médio ponderado de capital
C_{FC}	fluxo de caixa em moeda estrangeira	D	valor de mercado da dívida
F	taxa de câmbio a termo	E	valor de mercado do patrimônio líquido
$r^*_\$$	custo de capital em dólar	r_E	retorno exigido sobre as ações
$r_\$$	taxa de juros livre de risco em dólares	r_D	retorno exigido sobre a dívida

ENTREVISTA COM Sean West, Eurasia Group

Sean West aplica seu conhecimento em finanças internacionais no Eurasia Group, uma empresa líder em pesquisa e consultoria sobre riscos políticos globais. Formado pela School of Foreign Service da Georgetown University, ele concluiu seu mestrado em Políticas Públicas pela University of California, Berkeley, em 2006.

As empresas que almejam novos mercados no estrangeiro têm que considerar uma multiplicidade de riscos e fatores especiais, como diferenças entre os legislações fiscais doméstico e estrangeiro e fluxos de caixa em moeda estrangeira. Em seu papel como consultor de empresas multinacionais, Sean focaliza em riscos ligados a políticas. "Nosso foco principal é ajudar os clientes a compreender como os riscos políticos afetam os mercados de capitais globais e suas operações", ele diz. "Os riscos políticos são os riscos de que mudanças políticas ou o cumprimento de políticas em um país altere o valor esperado de um investimento ou transação. Este risco pode ser uma função de como um setor é regulado, ou de como os impostos são determinados, ou de questões mais amplas como estabilidade macroeconômica, pressão inflacionária e metas das diferentes moedas".

As empresas que operam em mercados internacionais têm que considerar flutuações nas taxas de câmbio de moedas estrangeiras. Elas podem comprar e vender seus produtos, pagar salários e comprar insumos de produção nas moedas locais de cada país, que então têm que ser convertidas na moeda local de seu país de origem. Elas também têm que avaliar os fluxos de caixa em moeda estrangeira de propostos investimentos de capital no estrangeiro. "Compreender o efeito de mudanças políticas em todos os países com os quais uma empresa faz negócios é um componente chave para a tomada de decisões da empresa em operações internacionais", observa Sean. "Por exemplo, o fato de uma empresa tomar empréstimos em seu próprio país ou de países estrangeiros é algo importante".

Diversos riscos políticos podem ser transferidos por meio de mercados de capitais internacionais. Geralmente, a escolha de desvalorizar uma moeda em relação a outra moeda importante, como o dólar ou o euro, é mais uma decisão política do que uma decisão econômica. "A desvalorização da moeda de um país influencia a capacidade de os residentes locais comprarem bens de outros países e afeta positivamente todos aqueles que têm dinheiro ou juros a receber em outras moedas. Um resultado pode ser que o país se torne um destino turístico mais atraente para estrangeiros cuja moeda valha mais lá. Para uma empresa que planeja construir uma fábrica neste país, este cenário poderia representar um ambiente de investimento melhor. Como a empresa poderia, então, comprar a moeda local mais barata, ela teria um custo mais baixo de mão de obra e de insumos de produção".

University of California, Berkeley, 2006

"Compreender o efeito de mudanças políticas em todos os países com os quais uma empresa faz negócios é um componente chave para a tomada de decisões da empresa em operações internacionais".

Na década de 1990, a Starbucks Coffee Company identificou o Japão como um novo e potencialmente lucrativo mercado para seus produtos de café e decidiu investir US$ 10 milhões no ano fiscal de 1996 para iniciar suas operações. Como a Starbucks percebeu que precisava de conhecimentos especializados sobre o mercado japonês, ela estabeleceu uma *joint venture* com a Sazaby, Inc., uma empresa japonesa varejista no ramo de restaurantes. Este empreendimento, chamado Starbucks Coffee Japan Ltd., pretendia abrir outras 12 lojas naquela fase inicial. Apesar de as lojas terem sido abertas mais lentamente do que o esperado, o empreendimento já tinha mais de 200 lojas e vendas de ¥29 bilhões (US$ 252 milhões) em 2001, e abriu sua 500ª loja em novembro de 2003. Para financiar este crescimento, a Starbucks Coffee Japan Ltd. utilizou os mercados de capital japoneses. Fez uma oferta pública inicial de ações na bolsa de valores de Osaka em outubro de 2001 com uma capitalização de mercado de ¥90,88 bilhões (US$ 756 milhões), levantando ¥18,8 bilhões (US$ 156 milhões) em capital adicional para a expansão. Como os gerentes da Starbucks decidiram empreender esta oportunidade de investimento? Por que eles decidiram utilizar o mercado doméstico japonês para financiá-la em vez de utilizar os mercados norte-americanos?

Este capítulo aborda alguns dos fatores que uma empresa deve considerar ao fazer um investimento estrangeiro. Há três questões essenciais que surgem quando consideramos um investimento em um projeto estrangeiro como o da Starbucks Coffee Japan Ltd.:

- É muito provável que o projeto gere fluxos de caixa em moeda estrangeira, apesar de a empresa se importar com o valor do projeto em moeda nacional.
- As taxas de juros e os custos de capital provavelmente serão diferentes no país estrangeiro devido a seu ambiente macroeconômico.
- A empresa provavelmente enfrentará uma diferente alíquota de impostos no país estrangeiro e estará sujeita às legislações fiscais tanto estrangeira quanto doméstica.

Começaremos esta introdução a finanças internacionais com um panorama dos mercados de câmbio estrangeiros e o risco proveniente das flutuações da taxa de câmbio. A partir daí, estenderemos a discussão sobre risco do Capítulo 21 para examinar como uma empresa pode gerenciar o risco da taxa de câmbio. Depois, discutiremos como um gerente financeiro deve avaliar projetos estrangeiros. Começaremos examinando *mercados de capitais internacionalmente integrados*, o que fornece um *benchmark* útil para comparar diferentes métodos de avaliação de projetos estrangeiros. Então, explicaremos como avaliar um projeto estrangeiro e tratar as três questões essenciais mencionadas anteriormente. Em seguida, avaliaremos fluxos de caixa em moeda estrangeira utilizando duas metodologias de avaliação e consideraremos as implicações dos legislações fiscais estrangeiro e doméstico. Finalmente, exploraremos as implicações de mercados de capital internacionalmente segmentados.

22.1 Câmbio internacional

No Capítulo 3, mostramos a seguinte lista de preços de iPod shuffle, reproduzida na Figura 22.1.

No Capítulo 3, mostramos que, com transporte gratuito, você compraria quantos shuffles pudesse em Tóquio e os venderia na Europa. Mas como você faria isso? Supondo que você estivesse partindo dos Estados Unidos, você precisaria trocar dólares por ienes para comprar shuffles em Tóquio. Então você os venderia na Europa, recebendo euros. Finalmente, para obter seu lucro, você trocaria esses euros por dólares novamente. A Figura 22.2 resume suas transações.

Como a figura indica, você começa "comprando" ienes com dólares. Em primeiro lugar, comprar dinheiro geralmente parece estranho para os alunos, mas é exatamente o que acontece todos os dias nos mercados de câmbio estrangeiros – toda moeda tem um preço em termos de outras moedas. Especificamente, uma **taxa de câmbio** estrangeira é um preço por uma moeda denominada em outra moeda. Por exemplo, pode lhe custar US$ 1 para comprar 100 ienes e US$ 1,60 para comprar 1 euro. Apesar de ser possível comprar pequenas quantidades de ienes ou euros em qualquer casa de câmbio como as que se encontram em aeroportos in-

taxa de câmbio Preço de uma moeda denominada em outra moeda.

FIGURA 22.1

Preços do iPod shuffle em diferentes moedas

Esta figura, reproduzida do Capítulo 3, mostra o preço de varejo do iPod shuffle, em janeiro de 2007, em diferentes cidades e em diferentes moedas. Observe que quando os preços são convertidos em dólares norte-americanos, a ampla variedade nos custos fica evidente.

Fonte: *Wall Street Journal*, Jan. 31, 2007.

ARBITRAGEM

Preços de varejo ao redor do mundo

CIDADE	MOEDA	US$
Tóquio	9.800 ienes	US$80
Hong Kong	HK 4.695	83
NY		85
Frankfurt	€79	102
Roma	€79	102
Londres	£55	108
Bruxelas	€89	115
Paris	€89	115

iPod shuffle 1GB

Os preços, incluindo os impostos, são fornecidos pelos varejistas de cada cidade, dos quais se tira a média e esta é convertida em dólares americanos.

ternacionais, montantes muito maiores de moedas são comprados e vendidos todos os dias no *mercado de câmbio estrangeiro*.

O mercado de câmbio e capitais internacionais (mercado de divisas)

mercado de divisas (FX ou forex) Mercado que não possui um local físico central, no qual as moedas são negociadas.

Imagine um mercado que está aberto 24 horas por dia durante a semana, não possui um local físico central, e experimenta um giro *diário* de mais de US$ 3 trilhões. O **mercado de divisas (FX ou forex)**, onde as moedas são negociadas, é um desses mercados. Há muitos motivos para negociar moedas, mas focalizaremos a situação de um gerente financeiro de uma empresa que faz negócios em mais de um país (uma empresa multinacional). Considere a Starbucks ou a Apple. Cada uma delas possui estabelecimentos de venda a varejo em muitos países e, assim, recebe em muitas moedas diferentes. Entretanto, ambas são empresas norte-

FIGURA 22.2

Transações do iPod shuffle ao redor do mundo

Esta figura resume as transações necessárias para tirar proveito da oportunidade de ganhar dinheiro comprando e vendendo iPod shuffles a diferentes preços ao redor do mundo.

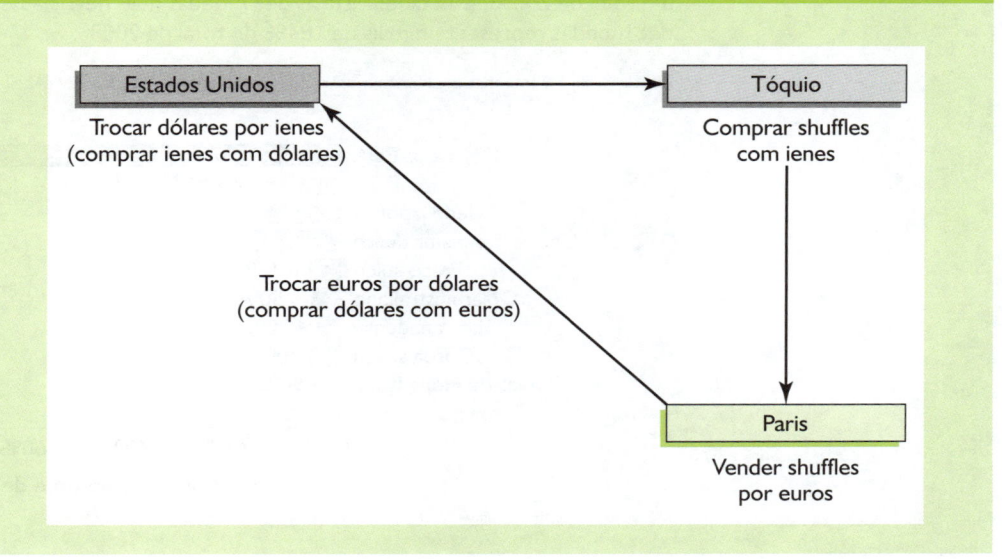

Estados Unidos → Tóquio
Trocar dólares por ienes (comprar ienes com dólares)
Comprar shuffles com ienes

Trocar euros por dólares (comprar dólares com euros)

Paris
Vender shuffles por euros

-americanas, então, em algum momento, elas terão que converter seus lucros de euros, ienes, libras e outras moedas para dólares. Além das receitas, cada empresa possui custos incorridos em outros países. Por exemplo, a Starbucks compra café em todo o mundo e tem fontes locais para a maioria dos itens de seu estoque (leite, massas finas, etc.). Da mesma forma a Apple produz iPods e MacBooks fora dos Estados Unidos e então tem que pagar peças e mão de obra em outras moedas.

Os principais participantes do mercado de câmbio e capitais internacionais são os enormes bancos de investimento globais como o Deutsche Bank, o UBS e o Citibank. Esses bancos negociam em sua própria conta bem como para empresas multinacionais. Algumas grandes empresas multinacionais também negociam por conta própria. Outros participantes do mercado são bancos centrais, fundos de *hedging* e outros gerentes de investimento e corretores de varejo. Apesar de haver mais de 150 moedas no mundo, apenas duas delas, o dólar americano e o euro, representam mais da metade de todo o volume de negociações no mercado de câmbio e capitais internacionais. A Figura 22.3 mostra as dez moedas mais negociadas. Observe que o volume total chega a 200%, e não a 100%, porque há uma moeda no lado da compra e no lado da venda de cada transação.

Taxas de câmbio

A Figura 22.4 mostra as taxas de câmbio cotadas no *Wall Street Journal* no dia 6 de maio de 2008. Essas taxas são todas entre determinada moeda estrangeira e o dólar americano. Por exemplo, a primeira linha indica que um peso argentino pode ser comprado por US$ 0,3149, ou de forma equivalente, 3,1756 pesos compra um dólar americano:

$$1 \text{ peso} = \text{US\$ } 0{,}3149, \text{ então } \frac{\text{US\$ } 1}{\text{US\$ } 0{,}3149/\text{peso}} = 3{,}1756 \text{ pesos}$$

Assim, se quisermos converter 100 pesos para dólares, multiplicaremos o número de pesos pela taxa de câmbio US$ /peso: 100 pesos × US$ 0,3149/peso = US$ 31,49. Ao contrário, se quisermos converter US$ 31,49 para pesos, multiplicaremos o número de dólares pela taxa de câmbio pesos/US$: US$ 31,49 × 3,1756 pesos/dólar = 100 pesos. (Observe que isso é o mesmo que dividir o número de dólares pela taxa de câmbio US$ /peso: US$ 31,49 ÷ US$ 0,3149/peso = 100 pesos.)

FIGURA 22.3

As moedas mais negociadas

Contando 100% de moedas sendo compradas e 100% de moedas sendo vendidas, somando um total de 200%, esta tabela lista as dez moedas mais negociadas em 2007. Observe que essas dez moedas representam mais de 184% do total de 200%.

Fonte: Bank for International Settlements: Triennial Central Bank Survey (Abril 2007).

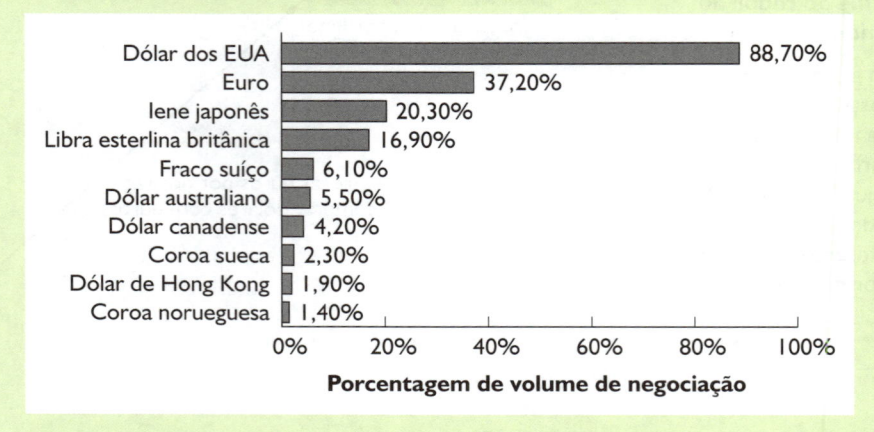

Moeda	Porcentagem de volume de negociação
Dólar dos EUA	88,70%
Euro	37,20%
Iene japonês	20,30%
Libra esterlina britânica	16,90%
Franco suíço	6,10%
Dólar australiano	5,50%
Dólar canadense	4,20%
Coroa sueca	2,30%
Dólar de Hong Kong	1,90%
Coroa norueguesa	1,40%

FIGURA 22.4

Taxas de câmbio em relação a dólares americanos

Fonte: *Wall Street Journal*, mai 6, 2008.

Moedas
6 de maio de 2008

Taxas de câmbio em relação a dólares americanos em negociações recentes da Bolsa de Valores de Nova York

País/Moeda	Terça-feira em US$	Terça-feira por US$	US$ vs YTD chg %
Américas			
Peso*argentino	0,3149	3,1756	0,8
Real brasileiro	0,6022	1,6606	−6,7
Dólar canadense	0,9974	1,0026	0,9
1-mês a termo	0,9969	1,0031	1,0
3-mês a termo	0,9965	1,0035	1,1
6-mês a termo	0,9960	1,0040	1,1
Peso chileno	0,002143	466,64	−6,3
Peso colombiano	0,0005660	1766,78	−12,5
Dólar EUA Equador	1	1	unch
Peso* mexicano	0,0952	10,5042	−3,7
Sol novo peruano	0,3595	2,782	−7,2
Peso† uruguaio	0,05000	20,00	−7,2
Bolivar fuerte venezuelano	0,466287	2,1446	unch
Ásia-Pacífico			
Dólar australiano	0,9500	1,0526	−7,7
Iuan chinês	0,1431	6,9876	−4,3
Dólar de Hong Kong	0,1283	7,7929	−0,1
Rúpia indiana	0,02441	40,967	4,0
Rúpia indonésia	0,0001086	9208	−1,9
Iene japonês	0,009550	104,71	−6,0
1-mês a termo	0,009568	104,52	−5,9
3-mês a termo	0,009598	104,19	−5,6
6-mês a termo	0,009641	103,72	−5,2
Ringgit§ malásio	0,3173	3,1516	−4,7
Dólar Neozelandês	0,7923	1,2621	−3,3
Rupee paquistanês	0,01515	66,007	−7,1
Peso filipino	0,0237	42,283	2,5
Dólar de Cingapura	0,7359	1,3589	−5,7
Won sul-coreano	0,0009860	1014,20	8,3
Dólar de Taiwan	0,03284	30,451	−6,1
Baht tailandês	0,03157	31,676	5,4
Dong vietnamita	0,00006194	16145	0,7

País/Moeda	Terça-feira em US$	Terça-feira por US$	US$ vs YTD chg %
Europa			
Coroa** Rep. Tcheca	0,06160	16,234	−10,7
Coroa dinamarquesa	0,2080	4,8077	−5,9
Euro área do euro	1,5524	0,6442	−6,0
Forint húngaro	0,006163	162,26	−6,4
Coroa norueguesa	0,1973	5,0684	−6,7
Zloty‡ polonês	0,4518	2,2134	−10,3
Rublo russo	0,04216	23,719	−3,5
Coroa Rep. Eslováquia	0,04836	20,678	−10,2
Coroa sueca	0,1663	6,0132	−7,0
Franco suíço	0,9506	1,0520	−7,2
1-mês a termo	0,9509	1,0516	−7,0
3-mês a termo	0,9513	1,0512	−6,8
6-mês a termo	0,9513	1,0512	−6,4
Lira** turca	0,7974	1,2540	7,4
Libra britânica	1,9734	0,5067	0,7
1-mês a termo	1,9689	0,5079	0,8
3-mês a termo	1,9603	0,5101	1,1
6-mês a termo	1,9474	0,5135	1,5
Oriente Médio/África			
Dinar de Bahrain	2,6529	0,3769	0,2
Libra* egípcia	0,1866	5,3599	−3,1
Shekel israelense	0,2919	3,4258	−11,1
Dinar jordão	1,4112	0,7086	unch
Dinar kwaitiano	3,7449	0,2670	−2,3
Libra libanesa	0,0006614	1511,94	unch
Riyal arábia saudita	0,2666	3,7509	unch
Rand sul-africano	0,1333	7,5019	9,6
Dirham UAE	0,2723	3,6724	unch
SDR††	1,6215	0,6167	−2,7

* Taxa flutuante †Financeiro §Taxa do governo ‡Taxa do Banco Central Russo
**Rebaseado a partir de 1° de janeiro de 2005
††Special Drawing Rights (SDR); do Fundo Monetário Internacional; baseado nas taxas de câmbio de moedas norte-americana, britânica e japonesa.

Nota: Baseado nas negociações de US$1 milhão ou mais entre bancos, segundo a cotação de 4 p.m. ET pela Reuters.

Como a maioria das taxas de juros são preços de mercado, elas mudam de um dia para outro e inclusive em um mesmo dia. Isso significa que assim como seria difícil para você planejar seu orçamento para passar um semestre no exterior, as empresas que fazem negócios no estrangeiro enfrentam um risco considerável de mudanças nas taxas de câmbio. Discutiremos esses riscos e como mitigá-los na próxima seção.

> **Fixação de conceitos**
> 1. O que é uma taxa de câmbio?
> 2. Por que as empresas multinacionais precisam trocar moedas?

22.2 Risco de câmbio

As empresas multinacionais enfrentam o risco de flutuações nas taxas de câmbio. Nesta seção, consideraremos duas estratégias que as empresas utilizam para fazer *hedging* deste risco: contratos a termo de moeda e opções de moeda.

Flutuações das taxas de câmbio

Considere a relação entre o dólar americano e o euro. Em abril de 2008, o valor do euro (€) em relação ao dólar chegou a seu valor máximo já visto a uma taxa de câmbio de 0,625 euros por dólar ou, de forma equivalente:

$$\frac{1}{€\,0{,}625/US\$} = US\$\,1{,}600 \text{ por euro}$$

taxa flutuante Taxa de juros ou taxa de câmbio que muda dependendo da oferta e da demanda no mercado.

Assim como a maioria das taxas de câmbio, a taxa dólar/euro é uma **taxa flutuante**, o que significa que ela muda constantemente dependendo da quantidade ofertada e demandada de cada moeda no mercado. A oferta e a demanda de cada moeda é determinada por três fatores:

- *A negociação de bens por empresas:* Uma revendedora norte-americana troca dólares por euros para comprar carros de uma fabricante alemã.
- *A negociação de títulos por investidores:* Um investidor japonês troca ienes por dólares para comprar títulos de dívida norte-americanos.
- *As ações de bancos centrais em cada país:* O Banco Central britânico pode trocar libras por euros em uma tentativa de evitar que o valor da libra suba.

Como a oferta e a demanda de moedas variam com as condições econômicas globais, as taxas de câmbio são voláteis. A Figura 22.5 mostra o preço em dólares dos euros de 2000 a maio de 2008. Observe que o preço do euro geralmente varia em 10% ao longo de períodos de apenas alguns meses. De 2002 a 2004, o valor do euro subiu mais do que 50% em relação ao dólar.

Taxas de câmbio flutuantes causam um problema conhecido como o *dilema do importador-exportador* para as empresas que fazem negócios em mercados internacionais. Para ilustrar, considere o problema enfrentado pela Manzini Cyclery, uma pequena empresa norte-americana produtora de bicicletas personalizadas. A Manzini precisa importar peças de uma fornecedora italiana, a Campagnolo. Se a Campagnolo determinar o preço de suas peças em euros, a Manzini enfrentará o risco de que o dólar possa cair, tornando os euros e, portanto, as peças de que precisa, mais caras. Se a Campagnolo determinar seu preço em dólares, então a Campagnolo enfrentará o risco de que o dólar possa cair e receber menos euros pelas peças vendidas ao fabricante norte-americano.

O problema do risco de câmbio é geral em qualquer relação importador-exportador. Se nenhuma das empresas aceitar o risco de câmbio, a transação pode ser difícil ou impossível de ser feita. O Exemplo 22.1 demonstra a magnitude potencial do problema.

EXEMPLO 22.1

O efeito do risco de câmbio

Problema

Em maio de 2007, quando a taxa de câmbio era de US$ 1,35 por euro, a Manzini encomendou peças à Campagnolo para a produção do ano seguinte. Eles chegaram a um acordo de um preço de 500.000 euros a serem pagos quando as peças fossem entregues dentro de um ano. Depois de um ano, a taxa de câmbio era de US$ 1,55 por euro. Qual foi o custo real em dólares para a Manzini na data de vencimento do pagamento? Se o preço, ao contrário, tivesse sido determinado a US$ 675.000 (que, na época do acordo, tinha um valor equivalente a: 500.000 euros × US$ 1,35/euro), quantos euros a Campagnolo teria recebido?

FIGURA 22.5

Dólares por Euro (US$/€), jan 2000 – mai 2008

Observe as mudanças drásticas na taxa de câmbio ao longo de períodos curtos.

Fonte: Global Financial Data.

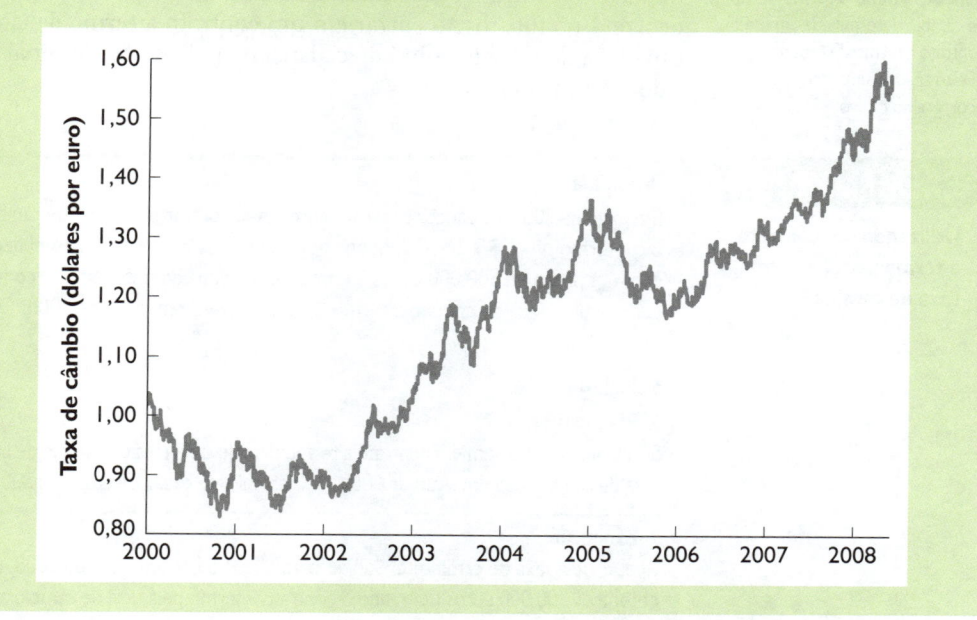

Solução

▶ **Planejamento**

O preço é determinado em euros, 500.000, mas a taxa de câmbio US$/€ flutuará com o tempo e o problema nos pede para considerar o que aconteceria se ele fosse para US$ 1,55/euro, o que significa que dólares valem menos (são necessários mais dólares para comprar um euro).

É sempre possível convertermos entre dólares e euros pela taxa de câmbio corrente multiplicando a taxa de câmbio US$/€ pelo número de euros ou dividindo o número de dólares pela taxa de câmbio US$/€.

▶ **Execução**

Com o preço determinado a 500.000 euros, a Manzini teve que pagar (US$ 1,55 euro) × (500.000 euros) = US$ 775.000. Este custo é US$ 100.000, ou 20% mais alto do que seria se o preço tivesse sido determinado em dólares.

Se o preço tivesse sido determinado em dólares, a Manzini teria pago US$ 675.000, o que teria valido apenas US$ 675.000 ÷ (US$ 1,55/euro) = 435.484 euros para a Campagnolo, ou aproximadamente 13% a menos.

▶ **Avaliação**

Tenha o preço sido determinado em euros ou dólares, uma das partes teria sofrido uma perda substancial. Como nenhuma das duas partes sabe quem irá sofrer a perda com antecedência, cada parte tem um incentivo para fazer *hedging*.

Hedging com contratos a termo

O risco de câmbio surge naturalmente sempre que as partes envolvidas na transação utilizam moedas diferentes: uma das partes estará em risco se as taxas de câmbio flutuarem. O método mais comum que as empresas utilizam para reduzir o risco que resulta de mudanças nas taxas de câmbio é fazer *hedging* da transação utilizando *contratos a termo de câmbio*.

contrato a termo de câmbio Contrato que estabelece antecipadamente uma taxa de câmbio para a moeda e um montante a ser trocado.

Um **contrato a termo de câmbio** é um contrato que determina a taxa de câmbio e um valor a ser trocado com antecedência. Normalmente é acordado entre uma empresa e um banco, e fixa uma taxa de câmbio de moeda para uma transação que ocorrerá em uma data futura. Um contrato a termo de câmbio especifica (1) uma taxa de câmbio, (2) um montante em moeda a ser trocado e (3) uma data de entrega, na qual o câmbio ocorrerá. A taxa de câmbio deter-

taxa de câmbio a termo Taxa de câmbio determinada em um contrato a termo de moeda que se aplica a uma troca que ocorrerá no futuro.

minada no contrato é chamada de **taxa de câmbio a termo** porque se aplica a um câmbio que ocorrerá no futuro. Ao entrar em um contrato a termo de câmbio, uma empresa pode fixar uma taxa de câmbio com antecedência e reduzir ou eliminar sua exposição a flutuações no valor de uma moeda.

EXEMPLO 22.2
Utilizando um contrato a termo para fixar uma taxa de câmbio

Problema

Em maio de 2007, os bancos estavam oferecendo contratos a termo de câmbio de um ano com uma taxa de câmbio a termo de US$ 1,36/€. Suponha que, naquele momento, a Manzini fizesse uma encomenda à Campagnolo com um preço de 500.000 euros e entrasse, simultaneamente, em um contrato a termo para comprar 500.000 euros a uma taxa de câmbio a termo de US$ 1,36/€ em maio de 2008. Quanto a Manzini teria que pagar em maio de 2008?

Solução

▸ **Planejamento**

Se a Manzini entrar em um contrato a termo fixando uma taxa de câmbio de US$ 1,36/euro, não importa qual será a taxa de câmbio real em maio de 2008 – a Manzini será capaz de comprar 500.000 euros por US$ 1,36/euro.

▸ **Execução**

Apesar de a taxa de câmbio ter subido para US$ 1,55/€ em maio de 2008, tornando o euro mais caro, a Manzini obteria os 500.000 euros utilizando o contrato a termo pela taxa de câmbio a termo de US$ 1,36/€. Assim, a Manzini tem que pagar:

$$500.000 \text{ euros} \times \text{US\$ } 1{,}36/\text{euro} = \text{US\$ } 680.000 \text{ em maio de 2008}$$

A Manzini pagaria este valor ao banco em troca dos 500.000 euros que, então, seriam pagos à Campagnolo.

▸ **Avaliação**

Este contrato a termo teria sido um bom negócio para a Manzini. Sem o *hedging*, ela teria que ter trocado dólares por euros à taxa prevalecente de US$ 1,55/€, elevando seu custo para US$ 775.000. Entretanto, a taxa de câmbio poderia ter se movimentado na direção contrária. Se a taxa de câmbio tivesse caído para US$ 1,15/€, o contrato a termo ainda obrigaria a Manzini a pagar US$ 1,36/€. Ou seja, o contrato a termo fixa a taxa de câmbio e elimina o risco – seja o movimento da taxa de câmbio favorável ou desfavorável.

Se o contrato a termo permite que o importador elimine o risco de um euro mais forte, para onde vai o risco? Pelo menos inicialmente, o risco passa para o banco que emitiu o contrato a termo. Como o banco concorda em trocar dólares por euros a uma taxa fixa, ele experimentará uma perda se o euro subir de valor. No Exemplo 22.2, o banco recebe apenas US$ 680.000 no contrato a termo, mas abdica de euros que valem US$ 775.000.

Por que o banco está disposto a assumir o risco? Em primeiro lugar, o banco é muito maior e tem muito mais capital do que um pequeno importador, então, pode assumir o risco sem estar se arriscando a entrar em dificuldades financeiras. O que é ainda mais importante é que, na maioria das situações, o banco nem mesmo detém o risco. Em vez disso, o banco encontrará uma outra parte disposta a trocar euros por dólares. Ao entrar em um segundo contrato a termo com risco que compensa o anterior, o banco pode eliminar seu risco completamente.

Esta situação é ilustrada na Figura 22.6. Um importador norte-americano, que tem que pagar pelos bens em euros, compra euros de um banco por meio de um contrato a termo com uma taxa de câmbio a termo de US$ 1,360 por euro. Esta transação fixa os custos do importador em US$ 680.000. Da mesma maneira, um exportador norte-americano que recebe pagamentos em euros utiliza um contrato a termo para vender os euros ao banco, fixando a receita do exportador em US$ 680.000. O banco detém ambos os contratos a termo – o primeiro para trocar dólares por euros e o segundo para trocar euros por dólares. O banco não assume riscos de câmbio e cobra taxas tanto do exportador quanto do importador.

FIGURA 22.6 O uso de contratos a termo de câmbio para eliminar o risco de câmbio

Neste exemplo, tanto o importador norte-americano quanto o exportador norte-americano fazem *hedging* de seu risco de câmbio utilizando contratos a termo de câmbio (exibidos em verde). Ao emitir contratos que se compensam, o banco não assume riscos de câmbio e cobra uma taxa de cada transação.

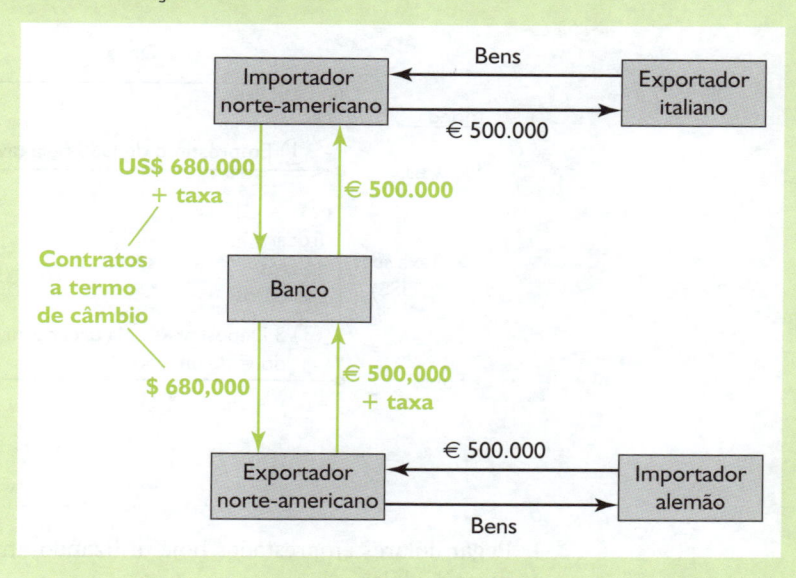

```
                              Bens
         Importador ←─────────────────── Exportador
         norte-americano ──────────────→ italiano
                              € 500.000

  US$ 680.000          € 500.000
    + taxa
              ↓↑         ↓↑
  Contratos
   a termo           Banco
  de câmbio
              ↓↑         ↓↑
   $ 680,000          € 500,000
                       + taxa

                              € 500.000
         Exportador ←─────────────────── Importador
         norte-americano ──────────────→ alemão
                              Bens
```

Estratégia *cash-and-carry* e a precificação a termo de moeda

Um método alternativo, a estratégia *cash-and-carry*, também permite que uma empresa elimine o risco de câmbio. Como esta estratégia fornece os mesmos fluxos de caixa que o contrato a termo, podemos utilizá-la para determinar a taxa de câmbio a termo utilizando a Lei do Preço Único. Comecemos considerando as diferentes maneiras por meio das quais os investidores podem trocar moeda estrangeira no futuro por dólares no futuro.

Linha do tempo de moeda. Os contratos a termo de moeda permitem que os investidores troquem uma moeda estrangeira no futuro por dólares no futuro pela taxa de câmbio a termo. Ilustramos tal exemplo na **linha do tempo de moeda** exibida na Figura 22.7, que indica o tempo horizontalmente por datas (assim como em uma linha do tempo padrão) e as moedas (dólares e euros) verticalmente. Assim, "dólares em um ano" corresponde ao ponto direito na parte superior na linha do tempo e "euros em um ano" corresponde ao ponto direito na parte inferior na linha do tempo. Para converter fluxos de caixa entre pontos, temos que convertê-los segundo uma taxa adequada. A taxa de câmbio a termo, indicada por FUS\$/€, nos diz a taxa pela qual podemos trocar euros por dólares em um ano utilizando contratos a termo.

A Figura 22.7 também ilustra outras transações que podemos utilizar para nos movimentarmos entre datas ou moedas sobre a linha do tempo. Podemos converter euros em dólares hoje pela taxa de câmbio corrente, também chamada de **taxa de câmbio *spot***, SUS\$/€. Ao contrairmos ou cedermos empréstimos pela taxa de juros do dólar $r_\$$, podemos trocar dólares hoje por dólares em um ano. Finalmente, podemos converter euros hoje em euros em um ano pela taxa de juros do euro $r_€$, que é a taxa pela qual os bancos contraem ou concedem empréstimos em contas denominadas em euros.

Estratégia *cash-and-carry*. Como mostra a Figura 22.7, combinar essas outras transações fornece uma maneira alternativa de converter euros em dólares em um ano. A **estratégia *cash-and-carry***, utilizada para fixar o custo futuro de uma moeda comprando-a hoje e depositando-a em uma conta livre de risco (ou armazenando-a ou "carregando-a", *carrying*, no original) até uma data futura, consiste nas três trocas simultâneas a seguir:

---

linha do tempo de moeda Indica o tempo horizontalmente por datas (como em uma linha do tempo padrão) e as moedas verticalmente (como em dólares e euros).

taxa de câmbio *spot* Taxa corrente de câmbio estrangeiro.

estratégia *cash-and-carry* Estratégia utilizada para fixar o custo futuro de um ativo comprando o ativo em troca de dinheiro hoje, e armazenando-o (ou "carregando-o") até uma data futura.

FIGURA 22.7 — Linha do tempo de moeda mostrando um contrato a termo e a estratégia *cash-and-carry*

A estratégia *cash-and-carry* (as três transações em preto) representa o contrato a termo (em verde) fazendo um empréstimo em uma moeda, convertendo-a na outra moeda pela taxa de câmbio *spot* e investindo na nova moeda.

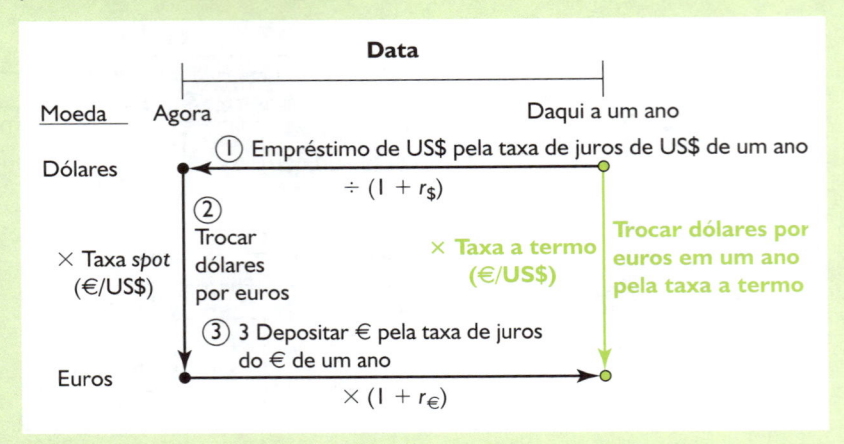

[Diagrama: linha do tempo mostrando, em Dólares: ① Empréstimo de US$ pela taxa de juros de US$ de um ano, com fator ÷ (1 + $r_\$$); ② Trocar dólares por euros à × Taxa *spot* (€/US$); ③ Depositar € pela taxa de juros do € de um ano, com fator × (1 + $r_€$); e em verde, × Taxa a termo (€/US$), "Trocar dólares por euros em um ano pela taxa a termo".]

1. Pegar dólares emprestados hoje utilizando um empréstimo de um ano pela taxa de juros do dólar.
2. Trocar os dólares por euros hoje pela taxa de câmbio *spot*.
3. Depositar os euros hoje por um ano pela taxa de juros do euro.

Daqui a um ano, deveremos dólares (do empréstimo da transação 1) e receberemos euros (do depósito da transação 3). Isto é, convertemos dólares em um ano em euros em um ano, exatamente como no contrato a termo. Este método é chamado de estratégia *cash-and-carry* porque tomamos dinheiro emprestado que depois carregamos (investimos) no futuro.

Paridade coberta da taxa de juros. Como o contrato a termo e a estratégia *cash-and-carry* realizam a mesma conversão, pela Lei do Preço Único elas têm que fazê-lo segundo a mesma taxa. Retornemos ao Problema da Manzini no Exemplo 22.2. Em maio de 2007, a taxa de câmbio *spot* foi de US$ 1,35/€ (ou, de forma equivalente, 0,741€/US$), apesar de as taxas de juros de um ano serem de 4,9% para o dólar e 4,3% para o euro. Em vez de entrar no contrato a termo desse exemplo, a Manzini poderia ter seguido a estratégia *cash-and-carry* descrita na Figura 22.7. Para fazê-lo, a Manzini:

1. Tomaria dólares emprestados pela taxa de juros de 4,9%, recebendo US$ 1/1,049 = US$ 0,953 em maio de 2007 a cada US$ 1 em maio de 2008.
2. Trocaria os dólares por euros a 0,741 euros por dólar.
3. Depositaria os euros a uma taxa de juros de 4,3%.

Para cada US$ 1 devido em maio de 2008, a Manzini começaria com US$ 0,953 em maio de 2007. Trocar esses dólares por euros a 0,741 euros por dólar dá à Manzini 0,706 euros (US$ 0,953 × 0,741 €/US$). Finalmente, em um ano, o depósito em euros da Manzini teria crescido para 0,737 euros (0,706€ × 1,043). O resultado final é que, em um ano, a Manzini deveria US$ 1 e receberia 0,737 euros, então, ela teria trocado dólares por euros a 0,737€/US$ ou, de forma equivalente, US$ 1,36/€, que é exatamente a taxa a termo oferecida pelo banco. Podemos escrever as três transações como a seguir:

$$\frac{US\$\,1,00}{1,049} \times (€\,0,741/US\$) \times 1,043 = €\,0,737$$

Reordenando os termos, temos uma declaração mais geral sobre a relação entre taxas de juros, taxas de câmbio *spot* e taxas a termo:

$$(€\,0{,}741/US\$) \times \frac{1{,}043}{1{,}049} = €\,0{,}737$$

Se usarmos $r_\$$ para representar a taxa de juros do dólar, e $r_€$, a taxa de juros do euro, teremos a seguinte fórmula na ausência de arbitragem para a taxa de câmbio a termo:

Paridade coberta da taxa de juros

$$\underbrace{\text{Taxa a termo}}_{\substack{€\text{ em um ano}\\ US\$ \text{ em um ano}}} = \underbrace{\text{Taxa spot}}_{\substack{€\text{ hoje}\\ US\$ \text{ hoje}}} \times \underbrace{\frac{1 + r_€}{1 + r_\$}}_{\substack{€\text{ em um ano}/€\text{ hoje}\\ US\$ \text{ em um ano}/US\$ \text{ hoje}}} \quad (22.1)$$

A Equação 22.1 expressa a taxa de câmbio a termo em termos da taxa de câmbio *spot* e as taxas de juros em cada moeda. Observe que em ambos os lados da equação, as unidades últimas são em um ano.

equação da paridade coberta da taxa de juros Declara que a diferença entre as taxas de câmbio a termo e *spot* está relacionada à taxa de juros diferencial entre as duas moedas.

A Equação 22.1 é chamada de **equação da paridade coberta da taxa de juros**; ela declara que a diferença entre as taxas de câmbio a termo e *spot* está relacionada à taxa de juros diferencial entre as duas moedas. Quando a taxa de juros difere entre os países, os investidores têm um incentivo a tomar empréstimos na moeda de taxa de juros mais baixa e a investir na moeda de taxa de juros mais alta. É claro que sempre há o risco de que a moeda de taxa de juros alta possa sofrer depreciação enquanto o investimento está sendo feito. Suponha que você tente evitar este risco fixando a taxa de câmbio futura utilizando um contrato a termo. A Equação 22.1 implica que a taxa de câmbio a termo compensará exatamente qualquer benefício da taxa de juros mais alta, eliminando qualquer oportunidade de arbitragem.

A Equação 22.1 é facilmente generalizada em um contrato a termo mais longo do que um ano. Utilizando a mesma lógica, mas investindo ou tomando empréstimos por T anos em vez de por um ano, a taxa a termo na ausência de arbitragem para um câmbio que ocorrerá T anos no futuro é:

$$\text{Taxa a termo}_T = \text{Taxa spot} \times \frac{(1 + r_€)^T}{(1 + r_\$)^T} \quad (22.2)$$

Nesta equação, as taxas *spot* e a termo estão em unidades de €/US\$, e as taxas de juros são as taxas correntes livres de risco para T anos da curva de rentabilidade de cada moeda.

EXEMPLO 22.3

Calculando a taxa de câmbio a termo na ausência de arbitragem

Problema

Em junho de 2008, a taxa de câmbio *spot* do iene japonês era de ¥103/US\$. Ao mesmo tempo, a taxa de juros de um ano nos Estados Unidos era de 2,68% e a taxa de juros de um ano no Japão era de 0,10%. Com base nessas taxas, que taxa de câmbio a termo é consistente com a ausência de arbitragem?

Solução

▶ **Planejamento**

Podemos calcular a taxa de câmbio a termo utilizando a Equação 22.1. Como a taxa de câmbio está em termos de ¥/US\$, precisamos nos certificar de que estamos dividindo 1 mais a taxa do iene por 1 mais a taxa do dólar:

$$\text{Taxa a termo}_{¥/US\$} = \text{Taxa spot}_{¥/US\$} \times \left(\frac{1 + r_¥}{1 + r_\$}\right)$$

(Uma regra que deve ser lembrada é que o coeficiente das taxas de juros precisa corresponder às unidades da taxa de câmbio. Como a taxa de câmbio é ¥/US\$, multiplicamos pela taxa de juros do iene e dividimos pela taxa de juros do dólar. Também poderíamos resolver o problema convertendo todas as taxas em US\$/¥).

> **Execução**
>
> $$\text{Taxa a termo}_{\yen/US\$} = \text{Taxa spot}_{\yen/US\$} \frac{1+r_{\yen}}{1+r_{\$}} = \yen 103/US\$ \times \frac{1,0010}{1,0268} = \yen 100,412/US\$ \text{ em um ano}$$
>
> **Avaliação**
>
> A taxa de câmbio a termo é mais baixa do que a taxa de câmbio *spot*, compensando a taxa de juros mais alta sobre os investimentos em dólar. Se a taxa de câmbio a termo fosse qualquer outra além de 100,412/US$, como ¥ 101/US$, haveria lucros de arbitragem disponíveis. Poderíamos ter tomado ¥ 1 bilhão emprestados a juros de 0,1%, trocado por US$ 9.708.738 (¥ 1 bilhão ÷ ¥ 103/US$) e depositado os dólares, obtendo juros de 2,68%. Em um ano, teríamos US$ 9.968.932 e deveríamos ¥ 1,001 bilhão. Se tivéssemos fixado a taxa de câmbio a termo de ¥ 101/US$, precisaríamos de US$ 9.910.891 (¥ 1,001 bilhão ÷ ¥ 101/US$) para quitar nosso empréstimo, nos deixando com um lucro livre de risco de US$ 58.041! Nós (e todos os outros) faríamos isso até a taxa a termo se alinhar à taxa na ausência de arbitragem de ¥ 100,412.

Vantagens dos contratos a termo. Por que as empresas utilizam contratos a termo em vez de a estratégia *cash-and-carry*? Em primeiro lugar, o contrato a termo é mais simples, exigindo apenas uma transação em vez de três, então, ele pode ter taxas de transação mais baixas. Em segundo lugar, muitas empresas não são capazes de tomar empréstimos com facilidade em diferentes moedas e podem pagar uma taxa de juros mais alta se sua solvência for baixa. De maneira geral, as estratégias *cash-and-carry* são utilizadas principalmente por grandes bancos, que têm facilidade para tomar empréstimos e enfrentam baixos custos de transação. Os bancos utilizam tal estratégia para fazer *hedging* de suas exposições de moedas que resultam de compromissos com contratos a termo.

Fazendo *hedging* do risco de câmbio com opções

Opções de moedas são outro método que as empresas normalmente utilizam para gerenciar o risco de câmbio. As opções de moeda, assim como as opções de ações introduzidas no Capítulo 20, dão ao detentor o direito – mas não a obrigação – de trocar moedas a determinada taxa de câmbio. Os contratos a termo de moeda permitem que as empresas fixem uma taxa de câmbio futura; opções de moeda permitem que as empresas se segurem contra movimentos da taxa de câmbio além de determinado nível.

Contratos a termo *versus* opções. Para demonstrar a diferença entre *hedging* com contratos a termo e *hedging* com opções, examinemos uma situação específica. Em maio de 2008, a taxa de câmbio a termo de um ano era de US$ 1,55 por euro. Em vez de fixar esta taxa de câmbio utilizando um contrato a termo, uma empresa que vá precisar de euros em um ano pode comprar uma opção de compra no euro, dando a ela o direito de comprar euros por um preço máximo.[1] Suponha que uma opção de compra europeia de um ano no euro com um preço de exercício de US$ 1,55 por euro seja trocada a US$ 0,05 por euro. Isto é, por um custo de US$ 0,05 por euro, a empresa pode adquirir o direito – mas não a obrigação – de comprar euros a US$ 1,55 por euro daqui a um ano. Ao fazê-lo, a empresa se protege contra um grande aumento no valor do euro, mas ainda se beneficia se o valor do euro cair.

A Tabela 22.1 mostra o resultado do *hedging* com uma opção de compra se a taxa de câmbio real em um ano é um dos valores listados na primeira coluna. Se a taxa de câmbio *spot* for menos do que o preço de exercício em euros de US$ 1,55 da opção, então a empresa não exercerá a opção e converterá dólares em euros pela taxa de câmbio *spot*. Se a taxa de câmbio *spot* for mais do que US$ 1,55 por euro, a empresa exercerá a opção e converterá dólares em euros pela taxa de US$ 1,55 por euro (veja a segunda e a terceira colunas). Adicionamos, então,

---

[1] Opções de moeda podem ser compradas de um banco ou de uma bolsa de valores. Por exemplo, a bolsa de valores da Filadélfia oferece opções de moeda.

TABELA 22.1 Custo dos euros (US$/€) ao fazer *hedging* com uma opção de moeda com preço de exercício de US$ 1,55/€ e prêmio inicial de US$ 0,05/€

Taxa de câmbio *spot* maio de 2009	Exercer a opção?	Taxa de câmbio acordada	+	Custo da opção	=	Custo total
1,35	Não	1,35		0,05		1,40
1,50	Não	1,50		0,05		1,55
1,65	Sim	1,55		0,05		1,60
1,80	Sim	1,55		0,05		1,60

o custo inicial da opção (quarta coluna) para determinar o custo total em dólar por euro pago pela empresa (quinta coluna).[2]

Traçamos o gráfico dos dados da Tabela 22.1 na Figura 22.8, onde comparamos o *hedging* com opções à alternativa de fazer *hedging* com um contrato a termo ou não fazer *hedging*. Se a empresa não fizer *hedging*, seu custo por euros será simplesmente a taxa de câmbio *spot*. Se a empresa fizer *hedging* com um contrato a termo, ela fixará o custo dos euros pela taxa de câmbio a termo e o custo da empresa será fixo. Como a Figura 22.8 mostra, fazer *hedging* com opções representa um meio-termo: a empresa coloca um *cap* em seu custo potencial, mas se beneficiará se o euro sofrer uma depreciação em valor.

FIGURA 22.8 Comparação do *hedging* da taxa de câmbio utilizando um contrato a termo, uma opção, ou nenhum *hedging*

O *hedging* com contrato a termo fixa uma taxa de câmbio e, assim, elimina todo o risco. Não fazer *hedging* deixa a empresa totalmente exposta. *Hedging* com uma opção permite que a empresa se beneficie se a taxa de câmbio cair e protege a empresa de um aumento muito grande.

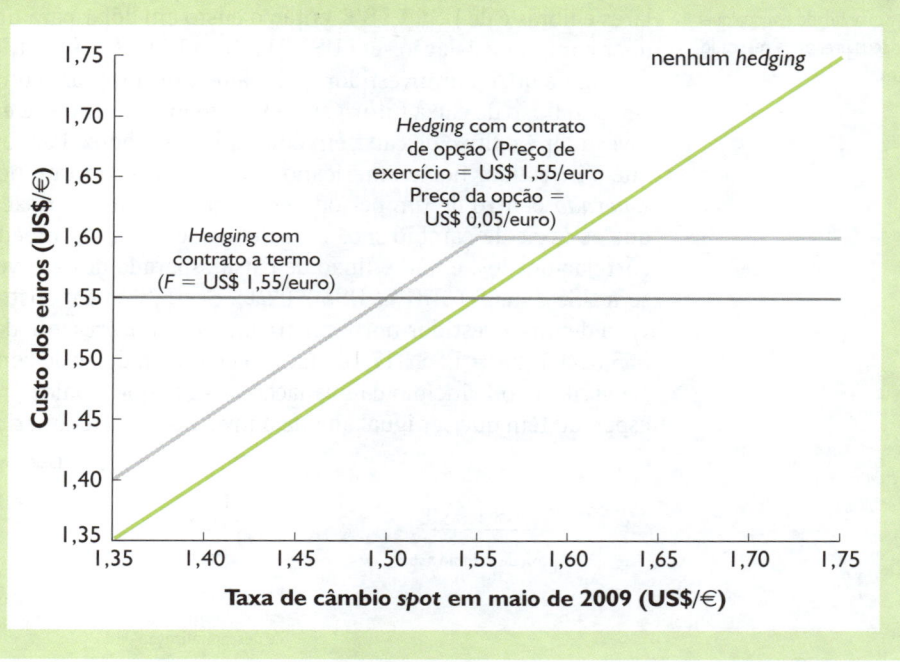

[2] Ao calcularmos o custo total, ignoramos o pequeno valor de juros que poderia ter sido obtido sobre o prêmio de opção.

Vantagens das opções. Por que uma empresa escolhe fazer *hedging* com opções em vez de com contratos a termo? Muitos gerentes querem que a empresa se beneficie se a taxa de câmbio se movimentar a seu favor em vez de estar presa pagando uma taxa acima do valor de mercado. As empresas também preferem opções a contratos a termo se a transação da qual estão fazendo *hedging* talvez não ocorra. Neste caso, um contrato a termo poderia comprometê-las a fazer uma troca com uma taxa desfavorável por uma moeda da qual não precisam, enquanto uma opção as permite desistir da troca. Em qualquer caso, vale a pena observar que o detentor de uma opção pode sempre vender a posição com um ganho em vez de exigir a entrega da moeda, então, se a transação não ocorre e a opção está *in-the-money*, a empresa não precisa exigir a entrega da moeda estrangeira.

Fixação de conceitos

3. Como as empresas podem fazer *hedging* do risco de câmbio?
4. Por que uma empresa pode preferir fazer *hedging* do risco de câmbio com opções em vez de com contratos a termo?

22.3 Mercados de capitais internacionalmente integrados

O valor de um investimento estrangeiro depende da moeda que utilizamos na análise? Para abordar esta importante questão, desenvolveremos um *benchmark* conceitual baseado nas suposições de que um investidor pode trocar qualquer moeda em qualquer quantidade pelas taxas *spot* ou a termo, e está livre para comprar ou vender qualquer título em qualquer quantidade em qualquer país por seus preços de mercado correntes. Sob essas condições, que chamamos de **mercados de capitais internacionalmente integrados**, o valor de um investimento *não* depende da moeda que utilizamos na análise.

mercados de capitais internacionalmente integrados Quando qualquer investidor pode trocar moedas em qualquer quantidade pelas taxas *spot* ou de descapitalização e está livre para comprar ou vender qualquer título em qualquer quantidade em qualquer país por seus preços de mercado correntes.

Considere uma ação da Vodafone Group, PLC, sendo negociada na Bolsa de Valores de Londres. A Vodafone não paga dividendos e você espera que a ação tenha um valor de £181 em um ano. O preço desta ação na Bolsa de Valores de Londres é o valor presente desse fluxo de caixa utilizando o custo de capital de um investidor local. Supondo que o custo de capital adequado da Vodafone seja 13%, então temos: £181/1,13 = £160,18. Se a taxa de câmbio *spot* entre dólares e libras é de US$ 1,98/£, então o custo em dólar para um investidor norte-americano que quer comprar esta ação será US$ 317,16 (£160,18 × US$ 1,98/£).

Agora qualquer investidor que realmente comprasse uma ação da Vodafone teria que converter o fluxo de caixa futuro em libras quando a vendesse em dólares, então, o *payoff* para tal investidor é o fluxo de caixa em dólar que ela produz. Para avaliar este fluxo de caixa, suponha que o investidor norte-americano entre em um contrato hoje para converter o fluxo de caixa *esperado* dentro de um período pela taxa a termo, por exemplo US$ 2,02/£. Se supusermos que as taxas de câmbio *spot* e os fluxos de caixa em moeda estrangeira do título não estão correlacionados, então o fluxo de caixa esperado desse investidor norte-americano em dólar será US$ 365,62 (£181 × US$ 2,02/£). Se 15,28% é o custo de capital adequado do ponto de vista de um investidor norte-americano, o valor presente deste fluxo de caixa esperado é US$ 365,62/1,1528 = US$ 317,16, que é o custo em dólar de comprar uma ação da Vodafone hoje. Na verdade, o Princípio da Avaliação nos diz que o valor presente em dólar do fluxo de caixa esperado tem que ser igual ao que o investidor norte-americano pagou pelo título:

$$\underbrace{US\$\,1{,}98/£}_{\text{Taxa de câmbio }spot} \times \underbrace{\frac{£\,181}{(1{,}13)}}_{\substack{\text{Fluxo de caixa}\\ \text{esperado em £ à taxa}\\ \text{de descapitalização da £}}} = \underbrace{\frac{\overbrace{US\$\,2{,}02/£ \times £\,181}^{\text{Taxa a termo} \times \text{fluxo de caixa esperado em £}}}{\underbrace{1{,}1528}_{\text{taxa de descapitalização do US\$}}}}_{\substack{\text{Fluxo de caixa em US\$ descontado}\\ \text{pela taxa de descapitalização do US\$}}}$$

Utilizando $r_\$^*$ para a taxa de descapitalização do dólar e r_{FC}^* para a taxa de descapitalização em moeda estrangeira, podemos escrever isso de maneira mais geral como:

Capítulo 22 Finanças Empresariais Internacionais

$$\text{Taxa } spot \times \frac{\text{Fluxo de caixa em moeda estrangeira}}{(1 + r^*_{FC})} = \frac{\text{Taxa a termo} \times \text{Fluxo de caixa em moeda estrangeira}}{(1 + r^*_\$)}$$

Reordenando os termos, temos:

$$\text{Taxa a termo} = \frac{(1 + r^*_\$)}{(1 + r^*_{FC})} \text{Taxa } spot \tag{22.3}$$

Esta condição deve ser familiar, porque a Equação 22.3 é simplesmente a paridade coberta da taxa de juros (Equação 22.1), aqui deduzida para fluxos de caixa arriscados em vez de para fluxos de caixa livres de risco.

EXEMPLO 22.4

Valores presentes e mercados de capitais internacionalmente integrados

Problema

Você é um norte-americano que está tentando calcular o valor presente de um fluxo de caixa de ¥ 10 milhões que ocorrerá daqui a um ano. A taxa de câmbio *spot* é $S = ¥110/US\$$ e a taxa a termo de um ano é $F = ¥105{,}8095/US\$$. O custo de capital adequado em dólares para este fluxo de caixa é $r^*_\$ = 5\%$ e que o custo de capital adequado de capital em ienes para este fluxo de caixa é $r^*_¥ = 1\%$. Qual é o valor presente em dólar do fluxo de caixa de ¥ 10 milhões do ponto de vista de um investidor japonês? Qual é o valor presente do fluxo de caixa de ¥ 10 milhões do ponto de vista de um investidor norte-americano que primeiro converte os ¥ 10 milhões em dólares e então aplica a taxa de descapitalização do dólar?

Solução

▶ **Planejamento**

Para o investidor japonês, podemos calcular o valor presente do fluxo de caixa futuro em ienes com a taxa de descapitalização do iene e utilizar a taxa de câmbio *spot* para converter esse valor em dólares.

Para o investidor norte-americano, podemos converter o fluxo de caixa futuro em ienes em dólares com a taxa a termo e calcular o valor presente utilizando a taxa de descapitalização em dólar.

Sabemos:

FC futuro = ¥ 10 milhões,   taxa a termo de um ano = ¥ 105,8095/US$

$r^*_\$ = 5\%$ taxa *spot* = ¥ 110/US$

$r^*_¥ = 1\%$

▶ **Execução**

Para o investidor japonês, o valor presente em dólar do fluxo de caixa em ienes é:

$$\frac{\text{Fluxos de caixa em ienes}}{(1 + \text{taxa de desconto do iene})} \times \text{taxa } spot = \frac{¥10.000.000}{1{,}01} \times (US\$1/¥110) = US\$\,90.009$$

Para um investidor norte-americano que primeiro converte os ¥10 milhões em dólares utilizando a taxa a termo e então aplica o custo de capital em dólar:

$$\frac{\text{Fluxos de caixa em ienes} \times \text{Taxa a termo}}{(1 + \text{Taxa de desconto do dólar})} = \frac{¥10.000.000 \times (US\$1/¥105{,}8095)}{1{,}05} = US\$\,90.009$$

▶ **Avaliação**

Como os mercados de capitais norte-americano e japonês são internacionalmente integrados, ambos os métodos produzem o mesmo resultado.

Fixação de conceitos

5. Que suposições são necessárias para que se tenha mercados de capitais internacionalmente integrados?

6. Que implicação os mercados de capitais internacionalmente integrados tem para o valor do mesmo ativo em diferentes países?

> **Erros comuns — Esquecer de converter a taxa de câmbio**
>
> Observe que no Exemplo 22.4, tínhamos taxas de câmbio em termos de ienes por dólares, por exemplo, ¥110/US$. Entretanto, precisamos converter ienes em dólares, então multiplicamos o valor presente em ienes pelo *recíproco* da taxa de câmbio: US$ 1/¥110. Observe que isso é o mesmo que dividir o valor presente em ienes por ¥110/US$ para encontrar o número de dólares. É comum, ao trabalhar com taxas de câmbio, esquecer-se de qual moeda deve estar no numerador e qual deve estar no denominador. É sempre melhor anotar os fluxos de caixa junto com seus sinais de moeda de modo que você não os esqueça depois. Então, riscando os sinais de moeda à medida que você for progredindo, você pode ter certeza de que ficará com uma resposta na moeda correta:
>
> $$\frac{\text{Fluxos de caixa em ienes}}{(1 + \text{Taxa de desconto do iene})} \times \text{Taxa } spot$$
>
> $$= \frac{\text{¥}10.000.000}{1{,}01} \times (\text{US\$}1/\text{¥}110) = \text{US\$ } 90.009$$

22.4 Avaliação de fluxos de caixa em moeda estrangeira

A diferença mais óbvia entre um projeto doméstico e um projeto internacional é que o projeto internacional provavelmente gerará fluxos de caixa em uma moeda estrangeira. Se o projeto estrangeiro é de propriedade de uma empresa doméstica, os gerentes e acionistas precisam determinar o valor na moeda nacional dos fluxos de caixa em moeda estrangeira.

Em um mercado de capital internacionalmente integrado, há dois métodos equivalentes disponíveis para calcularmos o NPV de um projeto estrangeiro:

1. Calcular o NPV no país estrangeiro e convertê-lo para a moeda local pela taxa *spot*.
2. Converter os fluxos de caixa do projeto estrangeiro na moeda local e então calcular o NPV desses fluxos de caixa.

O primeiro método é essencialmente o que fizemos em todo este livro (calcular o NPV de um projeto em uma única moeda) com o passo adicional no final de converter o NPV na moeda local utilizando taxas *spot*. Como este método já deve ser familiar a esta altura, nos concentraremos no segundo método. O segundo método de avaliação exige converter o valor esperado em dólares dos fluxos de caixa em moeda estrangeira e então passar para a avaliação do projeto como se ele fosse um projeto doméstico.

Aplicação: Ityesi, Inc.

A Ityesi, Inc., uma fabricante de produtos de embalagem personalizados, sediada nos Estados Unidos, deseja aplicar a técnica de custo médio ponderado de capital (WACC) para avaliar um projeto no Reino Unido. A Ityesi está considerando a introdução de uma nova linha de embalagens no Reino Unido que será seu primeiro projeto estrangeiro. O projeto será completamente reservado ao Reino Unido, de modo que todas as receitas serão geradas e todos os custos incorrerão lá.

Os engenheiros esperam que a tecnologia utilizada nos novos produtos esteja obsoleta após quatro anos. O grupo de marketing espera vendas anuais de £37,5 milhões por ano para essa linha de produtos. Espera-se que os custos de fabricação e as despesas operacionais totalizem £15,625 milhões e £5,625 milhões por ano, respectivamente. O desenvolvimento do produto exigirá um investimento à vista de £15 milhões em equipamentos básicos que estarão obsoletos em quatro anos e uma despesa inicial com marketing de £4,167 milhões. A Ityesi paga uma alíquota corporativa de impostos de 40% independentemente de em que país fabrica seus produtos. Os fluxos de caixa livres esperados em libras do projeto proposto foram projetados na planilha da Tabela 22.2.

Os gerentes da Ityesi determinaram que não há correlação entre a incerteza nesses fluxos de caixa e a incerteza na taxa de câmbio *spot* dólar-libra. Como explicamos na última seção, sob esta condição, o valor esperado dos fluxos de caixa futuros em dólares é o valor esperado em libras multiplicado pela taxa de câmbio a termo. Obter as cotações da taxa a termo durante

TABELA 22.2 Fluxos de caixa livres em moeda estrangeira esperados para o projeto da Ityesi no Reino Unido

	Ano	0	1	2	3	4
1						
2	**Previsão de lucros incrementais (£ milhões)**					
3	Vendas	—	37,500	37,500	37,500	37,500
4	Custo de mercadorias vendidas	—	−15,625	−15,625	−15,625	−15,625
5	**Lucro bruto**	—	21,875	21,875	21,875	21,875
6	Despesas operacionais	−4,167	−5,625	−5,625	−5,625	−5,625
7	Depreciação	—	−3,750	−3,750	−3,750	−3,750
8	**EBIT**	−4,167	12,500	12,500	12,500	12,500
9	Alíquota de impostos a 40%	1,667	−5,000	−5,000	−5,000	−5,000
10	**Lucro líquido não alavancado**	−2,500	7,500	7,500	7,500	7,500
11	**Fluxo de caixa livre**					
12	Mais: depreciação	—	3,750	3,750	3,750	3,750
13	Menos: desembolsos de capital	−15,000	—	—	—	—
14	Menos: aumentos no NWC	—	—	—	—	—
15	**Fluxo de caixa livre em libras**	−17,500	11,250	11,250	11,250	11,250

quatro anos no futuro é difícil, então, os gerentes da Ityesi decidiram utilizar a fórmula da paridade coberta da taxa de juros (Equação 22.2) para calcular as taxas a termo.

Taxas de câmbio a termo. A taxa de câmbio *spot* corrente, S, é US$ 1,60/£. Suponhamos que a curva de rentabilidade em ambos os países seja plana: a taxa de juros livre de risco em dólares, $r_\$$, é de 4%, e a taxa de juros livre de risco em libras, $r_£$, é de 7%. Utilizando a condição da paridade coberta da taxa de juros para uma taxa de câmbio a termo de vários anos (Equação 22.2), temos:

$$F_1 = S \times \frac{(1 + r_\$)}{(1 + r_£)} = (US\$ 1,60/£) \frac{(1,04)}{(1,07)} = US\$ 1,5551/£$$

$$F_2 = S \times \frac{(1 + r_\$)^2}{(1 + r_£)^2} = (US\$ 1,60/£) \frac{(1,04)^2}{(1,07)^2} = US\$ 1,5115/£$$

$$F_3 = S \times \frac{(1 + r_\$)^3}{(1 + r_£)^3} = (US\$ 1,60/£) \frac{(1,04)^3}{(1,07)^3} = US\$ 1,4692/£$$

$$F_4 = S \times \frac{(1 + r_\$)^4}{(1 + r_£)^4} = (US\$ 1,60/£) \frac{(1,04)^4}{(1,07)^4} = US\$ 1,4280/£$$

Conversão do fluxo de caixa livre. Utilizando essas taxas de câmbio a termo, agora podemos calcular os fluxos de caixa livres esperados em dólares multiplicando os fluxos de caixa esperados em libras pela taxa de câmbio a termo, como mostra a planilha da Tabela 22.3.

O valor do projeto estrangeiro da Ityesi com WACC. Com os fluxos de caixa do projeto do Reino Unido agora expressos em dólares, podemos avaliar o projeto estrangeiro como se ele fosse um projeto doméstico norte-americano. Continuamos, como fizemos no Capítulo 12, com a

TABELA 22.3 Fluxos de caixa livres em dólares esperados para o projeto da Ityesi no Reino Unido

	Ano	0	1	2	3	4
1						
2	**Fluxo de caixa livre em dólares (US$ milhões)**					
3	FCF em libras (£ milhões)	−17,500	11,250	11,250	11,250	11,250
4	Taxa de câmbio a termo (US$/£)	1,6000	1,5551	1,5115	1,4692	1,4280
5	**Valor em dólares do FCF em libras** (1 × 2)	−28,000	17,495	17,004	16,528	16,065

suposição de que o risco de mercado do projeto do Reino Unido é similar ao da empresa como um todo; consequentemente, podemos utilizar os custos de capital próprio e de terceiros da Ityesi nos Estados Unidos para calcular o WACC.[3]

A Ityesi acumulou US$ 20 milhões em caixa para necessidades de investimento e possui uma dívida de US$ 320 milhões, então, sua dívida líquida é de $D = 320 - 20 = $ US$ 300 milhões. Este montante é igual ao valor de mercado de seu capital próprio, o que implica em um índice de capital de terceiros/capital próprio (líquido) igual a 1. A Ityesi pretende manter um índice de capital de terceiros/capital próprio (líquido) similar no futuro próximo. O WACC atribui, assim, pesos iguais ao capital próprio e ao capital de terceiros, como mostra a Tabela 22.4.

Com o custo de capital próprio da Ityesi a 10% e seu custo de capital de terceiros a 6%, calculamos o WACC da empresa como a seguir:

$$r_{wacc} = r_E \frac{E}{E+D} r_D + (1 - T_C)\frac{D}{E+D}$$
$$= (0{,}5)(10{,}0\%) + (0{,}5)(6{,}0\%)(1 - 40\%) = 6{,}8\%$$

Agora podemos determinar o valor do projeto estrangeiro, incluindo a dedução tributária da dívida, calculando o valor presente dos fluxos de caixa livres futuros utilizando o WACC:

$$\frac{17{,}495}{1{,}068} + \frac{17{,}004}{1{,}068^2} + \frac{16{,}528}{1{,}068^3} + \frac{16{,}065}{1{,}068^4} = \text{US\$ 57,20 milhões}$$

Como o custo à vista de lançar a linha de produtos em dólares é de apenas US$ 28 milhões, o valor presente líquido é $57{,}20 - 28 = $ US$ 29,20 milhões. Assim, a Ityesi deve empreender o projeto do Reino Unido.

A Lei do Preço Único como uma verificação de robustez

Para chegar ao NPV do projeto da Ityesi foram necessárias algumas suposições – por exemplo, de que os mercados internacionais são integrados e de que a taxa de câmbio e os fluxos de caixa do projeto não são correlacionados. Os gerentes da Ityesi naturalmente se preocuparão se essas suposições são justificadas. Por sorte, há uma maneira de verificar a análise.

Lembremos que há duas maneiras de calcular o NPV do projeto estrangeiro. A Ityesi podia facilmente ter calculado o NPV estrangeiro descontando os fluxos de caixa estrangeiros pelo custo de capital estrangeiro e convertendo este resultado em um NPV doméstico utilizando a taxa *spot*. Exceto pelo último passo, este método exige que se faça o mesmo cálculo que realizamos em todo este livro – isto é, calcular o NPV de um projeto (doméstico). Para determinarmos o NPV, temos que conhecer o custo de capital – neste caso, o custo de capital de um investimento no Reino Unido. Lembre que, para estimar este custo de capital, utilizamos os dados de retornos de empresas de capital aberto de um só produto – neste caso, empresas

TABELA 22.4 Balanço patrimonial a valor de mercado corrente da Ityesi (US$ milhões) e custo de capital sem o projeto no Reino Unido

Ativos		Passivos		Custo de capital	
Caixa	20	Capital de terceiros	320	Capital de terceiros	6%
Ativos existentes	600	Capital próprio	300	Capital próprio	10%
	620		620		

---

[3] É improvável que o risco do projeto estrangeiro seja *exatamente* o mesmo que o dos projetos domésticos (ou o da empresa como um todo) porque o projeto estrangeiro contém um risco residual da taxa de câmbio que os projetos domésticos geralmente não possuem. No caso da Ityesi, os gerentes determinaram que o prêmio de risco adicional para este risco é pequeno, então, para propósitos práticos, eles decidiram ignorá-lo e utilizar apenas o custo de capital doméstico.

do Reino Unido. Para que este método forneça a mesma resposta que o método alternativo, a estimativa do custo de capital, $r_£^*$, tem que satisfazer a Lei do Preço Único que, da Equação 22.3, implica em:

$$(1 + r_£^*) = \frac{\text{Taxa } spot}{\text{Taxa a termo}}(1 + r_\$^*) \qquad (22.4)$$

Caso contrário, os gerentes da Ityesi devem estar preocupados com a possibilidade de as suposições simplificadoras em sua análise não serem válidas: existem fricções de mercado tais que a suposição da integração dos mercados não é uma boa aproximação da realidade, ou talvez haja uma correlação significativa entre as taxas de câmbio *spot* e os fluxos de caixa.

Podemos reescrever a Equação 22.4 como a seguir. Utilizando a relação da paridade coberta da taxa de juros (Equação 22.1), temos:

$$\frac{\text{Taxa } spot}{\text{Taxa a termo}} = \frac{1 + r_£}{1 + r_\$} \qquad (22.5)$$

Aqui, $r_£$ e $r_\$$ são as taxas de juros livres de risco estrangeira e doméstica, respectivamente. Combinando as Equações 22.4 e 22.5 e reordenando os termos, temos o custo de capital estrangeiro em termos do custo de capital doméstico e das taxas de juros:

O custo de capital denominado em moeda estrangeira

$$r_£^* = \frac{1 + r_£}{1 + r_\$}(1 + r_\$^*) - 1 \qquad (22.6)$$

Se as suposições simplificadoras que a Ityesi fez ao calcular o NPV de seu projeto do Reino Unido forem válidas, então a estimativa do custo de capital calculada utilizando a Equação 22.6 estará próxima da estimativa do custo de capital calculada diretamente utilizando empresas comparáveis de um único produto no Reino Unido.

EXEMPLO 22.5

Internacionalizando o custo de capital

Problema
Utilize a Lei do Preço Único para inferir o WACC em libras a partir do WACC em dólares da Ityesi. Verifique se o NPV do projeto da empresa é o mesmo quando seus fluxos de caixa livres em libras são descontados por este WACC e convertidos pela taxa *spot*.

Solução

▶ **Planejamento**
Podemos utilizar a Equação 22.6 para calcular o WACC em libras. Os dados do mercado de que precisamos são:

$$r_£ = 7\%, r_\$ = 4\%, r_\$^* = 6{,}8\%$$

Finalmente, precisaremos da taxa de câmbio *spot* (US$ 1,60/£) para converter o NPV em libras para dólares.

▶ **Execução**
Aplicando a Equação 22.6, temos:

$$r_£^* = \frac{1 + r_£}{1 + r_\$}(1 + r_\$^*) - 1 = \left(\frac{1{,}07}{1{,}04}\right)(1{,}068) - 1 = 0{,}0988$$

O WACC em libras é 9,88%.

Agora podemos utilizar o WACC em libras da Ityesi para calcular o valor presente dos fluxos de caixa livres em libras na Tabela 22.4:

$$\frac{11{,}25}{1{,}0988} + \frac{11{,}25}{1{,}0988^2} + \frac{11{,}25}{1{,}0988^3} + \frac{11{,}25}{1{,}0988^4} = £35{,}75 \text{ milhões}$$

O NPV em libras da oportunidade de investimento é 35,75 − 17,5 = £18,25 milhões. Convertendo este valor para dólares com a taxa *spot*, temos £18,25 milhões × 1,6US$/£ = US$ 29,20 milhões, que é exatamente o NPV que calculamos antes.

> **Avaliação**
> Os mercados dos EUA e do Reino Unido são integrados e nossas suposições simplificadoras do método de avaliação do WACC são válidas.

Fixação de conceitos

7. Explique dois métodos que utilizamos para calcular o NPV de um projeto estrangeiro.
8. Quando esses dois métodos dão o mesmo NPV para o projeto estrangeiro?

22.5 Avaliação e tributação internacional

Neste capítulo, suporemos que a Ityesi paga uma alíquota corporativa de impostos de 40% independentemente de onde seus lucros são gerados. Na prática, determinar esta alíquota sobre receitas estrangeiras é complicado porque os impostos corporativos têm que ser pagos para dois governos nacionais: o governo anfitrião (o Reino Unido, neste caso) e o governo local (os Estados Unidos). Se o projeto estrangeiro é uma subsidiária corporatizada separadamente da empresa parente, o montante de impostos que a empresa paga geralmente depende do montante de lucros **repatriados** (trazidos de volta ao país original). A tributação internacional é um assunto complexo ao qual especialistas dedicam um tempo considerável. Neste contexto introdutório, pretendemos apenas fornecer um panorama das questões envolvidas.

repatriados Refere-se aos lucros de um projeto estrangeiro que uma empresa traz de volta a seu país de origem.

Projeto estrangeiro único com repatriação imediata dos lucros

Começaremos supondo que a empresa possui um único projeto estrangeiro e que todos os lucros estrangeiros são repatriados imediatamente. O acordo internacional geral prevalecente no que diz respeito à tributação de lucros corporativos é que o país anfitrião terá a primeira oportunidade de tributar rendas produzidas dentro de suas fronteiras. Então o governo local terá a oportunidade de tributar a renda de um projeto estrangeiro da empresa doméstica. Especificamente, o governo local tem que estabelecer uma política tributária determinando seu tratamento de rendas estrangeiras e impostos estrangeiros pagos sobre esta renda. Além disso, precisa estabelecer quando será realizada a tributação.

A política tributária norte-americana exige que as empresas norte-americanas paguem impostos sobre sua renda estrangeira aplicando a mesma taxa que os lucros obtidos nos Estados Unidos. Entretanto, é concedido um crédito fiscal integral para impostos estrangeiros pagos *até* o valor do passivo fiscal do país. Em outras palavras, se a alíquota de impostos estrangeira for menor do que a alíquota de impostos norte-americana, a empresa pagará um total de impostos sobre sua renda estrangeira igual ao valor dos impostos norte-americanos. Ela faz isso primeiro ao pagar a alíquota de impostos estrangeira e então ao pagar o montante *adicional* de impostos devidos até chegar à alíquota norte-americana. Neste caso, todos os lucros da empresa são tributados com base na mesma alíquota, independentemente de onde eles são obtidos – a suposição que utilizamos para a Ityesi.

Se a alíquota de impostos estrangeira exceder a alíquota de impostos norte-americana, as empresas têm que pagar esta alíquota mais alta sobre suas rendas estrangeiras. Como o crédito fiscal norte-americano excede o valor de impostos devidos, não se deverá imposto nos Estados Unidos. Observe que a política tributária norte-americana não permite que as empresas apliquem a parte do crédito fiscal que não é utilizada para compensar impostos domésticos devidos, então, este crédito fiscal extra é desperdiçado. Nesta situação, as empresas pagam uma alíquota de impostos mais alta sobre rendas estrangeiras e uma alíquota de impostos (norte-americana) mais baixa sobre rendas geradas nos Estados Unidos.

Múltiplos projetos estrangeiros e diferimento da repatriação dos lucros

Até agora, supusemos que a empresa possui somente um projeto estrangeiro e que ela repatria seus lucros imediatamente. Nenhuma destas suposições é realista. As empresas podem diminuir seus impostos fazendo um *pool* de múltiplos projetos estrangeiros e deferindo a repatriação dos lucros. Comecemos considerando os benefícios de fazer um *pool* da renda de todos os projetos estrangeiros.

Fazendo um *pool* de múltiplos projetos estrangeiros. Sob a lei fiscal norte-americana, as corporações multinacionais podem utilizar quaisquer créditos fiscais em excesso gerados em países estrangeiros com altos impostos para compensar seu passivo fiscal líquido norte-americano sobre os lucros em países estrangeiros com baixos impostos. Assim, se faz um *pool* de todos os impostos e o total é comparado ao total do passivo fiscal norte-americano sobre os lucros estrangeiros. Se a alíquota de impostos norte-americana excede a alíquota de impostos combinada de toda a renda estrangeira, é válido supor que a empresa paga a mesma alíquota de impostos sobre toda a renda, independentemente de onde ela é obtida. Caso contrário, a empresa teria que pagar uma alíquota de impostos mais alta sobre sua renda estrangeira.

Diferindo a repatriação dos lucros. Agora consideremos uma oportunidade de diferir a repatriação dos lucros estrangeiros. Esta consideração é importante porque o passivo fiscal norte-americano não é incorrido até que os lucros sejam trazidos de volta ao país se a operação estrangeira for criada como uma subsidiária corporatizada separadamente (em vez de como uma filial no estrangeiro). Se uma empresa decidir não repatriar £12,5 milhões em lucros antes dos impostos, por exemplo, ela estará efetivamente reinvestindo esses lucros no exterior e diferindo os impostos devidos nos Estados Unidos. Quando as alíquotas de impostos estrangeiras excedem as alíquotas norte-americanas, o diferimento não traz benefício porque, em tal caso, não há impostos adicionais devidos aos EUA.

Quando a alíquota de impostos estrangeira é menor do que a alíquota de impostos norte-americana, o diferimento pode trazer benefícios significativos. Diferir a repatriação dos lucros diminui a carga tributária geral da mesma forma que diferir os ganhos de capital diminui a carga tributária imposta pela alíquota sobre ganhos de capital. O diferimento traz outros benefícios porque a empresa efetivamente ganha uma opção real de repatriar renda em momentos em que a repatriação possa estar mais barata. Por exemplo, já observamos que ao fazer um *pool* da renda estrangeira, a empresa efetivamente paga a alíquota de impostos combinada sobre toda a renda estrangeira. Como a renda gerada em diferentes países muda, esta alíquota de impostos combinada varia de ano para ano. Em anos em que ela excede a alíquota de impostos norte-americana, a repatriação de renda adicional não gera impostos adicionais devidos aos EUA, então, os lucros podem ser repatriados livres de impostos.

Fixação de conceitos

9. Que alíquota de impostos devemos utilizar para avaliar um projeto estrangeiro?
10. Como uma empresa norte-americana pode baixar seus impostos sobre projetos estrangeiros?

22.6 Mercados de capitais internacionalmente segmentados

Até agora, trabalhamos com a suposição de que os mercados de capitais internacionais eram integrados. Entretanto, frequentemente esta suposição não é adequada. Em alguns países, principalmente nos países em desenvolvimento, os investidores não têm todos o mesmo acesso a títulos financeiros. Nesta seção, consideraremos por que os mercados de capitais dos países talvez não sejam integrados – um caso chamado de **mercados de capitais segmentados**.

Muitas das questões interessantes em finanças empresariais internacionais tratam dos problemas que ocorrem quando os mercados de capitais são internacionalmente segmentados. Nesta seção, consideraremos brevemente os principais motivos da segmentação dos mercados de capitais e suas implicações para as finanças empresariais internacionais.

mercados de capitais segmentados Mercados de capitais que não são internacionalmente integrados.

Acesso diferenciado a mercados

Em alguns casos, os títulos livres de risco de um país são internacionalmente integrados, mas os mercados para os títulos de determinadas empresas não o são. As empresas enfrentam um acesso diferencial a mercados se houver qualquer tipo de assimetria no que diz respeito a informações sobre elas. Por exemplo, a Ityesi pode ser conhecida nos Estados Unidos e desfrutar de um fácil acesso aos mercados de ações e dívidas em dólares por fornecer informações regularmente a uma comunidade estabelecida de analistas que acompanham a empresa. Ela pode não ser tão conhecida no Reino Unido e, portanto, pode ter dificuldade em ter acesso aos mercados de capitais em libras porque não há registros sobre seu desempenho lá. Por este motivo, os investidores do Reino Unido podem exigir uma taxa de retorno mais alta para convencê-los a deter ações e títulos de dívida em libras emitidos pela empresa norte-americana.

Com um acesso diferencial aos mercados nacionais, a Ityesi teria um WACC em libras mais alto do que o WACC em libras obtido com a Equação 22.6. A Ityesi, então, veria o projeto estrangeiro como menos valioso se levantasse capital no Reino Unido do que nos Estados Unidos. Na verdade, para maximizar o valor para o acionista, a empresa deve levantar capital em seu próprio país; o método de avaliação do projeto estrangeiro como se ele fosse um projeto doméstico forneceria, então, o NPV correto. O acesso diferencial a mercados de capitais nacionais é suficientemente comum para fornecer a melhor explicação para a existência de **swaps de moeda**, que são como os contratos *swap* de taxas de juros que discutimos no Capítulo 21, mas com o detentor recebendo cupons em uma moeda e pagando cupons denominados em uma moeda diferente. Os *swaps* de moeda geralmente têm pagamentos finais do valor de face, também em moedas diferentes. Ao utilizar um *swap* de moeda, uma empresa pode contrair empréstimos no mercado em que possui melhor acesso ao capital, e então fazer o "*swap*" do cupom e dos pagamentos do principal para qualquer que seja a moeda na qual a empresa preferir fazer os pagamentos. Assim, os *swaps* permitem às empresas mitigarem sua exposição ao risco da taxa de câmbio entre ativos e passivos, e ainda fazerem investimentos e levantarem fundos nos locais mais atraentes.

swaps de moeda Contrato em que as partes concordam em trocar pagamentos de cupom e um pagamento final de valor de face que estão em diferentes moedas.

Distorções no nível macro

Os mercados de instrumentos livres de risco também podem ser segmentados. Importantes razões macroeconômicas para a existência de mercados de capitais segmentados incluem controles de capital e controles do câmbio internacional que criam barreiras aos fluxos internacionais de capital e, assim, segmentam os mercados nacionais. Muitos países regulam ou limitam as entradas e saídas de capital, e muitos não permitem que suas moedas sejam livremente convertidas em dólares, criando, dessa maneira, a segmentação dos mercados de capitais. Da mesma maneira, alguns países restringem quem pode deter títulos financeiros.

Características políticas, legais, sociais e culturais que diferem entre os países podem exigir compensação na forma de um prêmio de risco do país. Por exemplo, a taxa de juros paga sobre títulos de dívida do governo ou outros títulos em um país com uma tradição de mau cumprimento de direitos de propriedade provavelmente não será realmente uma taxa de juros livre de risco. Em vez disso, as taxas de juros no país refletirão um prêmio de risco pela possibilidade de inadimplência, então, é provável que relações como a paridade coberta da taxa de juros não sejam exatamente válidas.

EXEMPLO 22.6

Títulos arriscados do governo

Problema

Para 23 de maio de 2008, o *The Financial Times* registrou uma taxa de câmbio *spot* rublo-dólar de R23,5937/US$ e uma taxa de câmbio a termo de um ano de R24,2316/US$. Na época, a rentabilidade sobre títulos de dívida do governo russo de curto prazo era de aproximadamente 5,7%, enquanto a rentabilidade comparável de um ano sobre títulos do Tesouro norte-americano era de 2,1%. Utilizando a relação da paridade coberta da taxa de juros, calcule a taxa a termo implícita de um ano. Compare esta taxa à taxa a termo real e explique por que as duas taxas diferem.

Solução

▶ **Planejamento**

Utilizando a fórmula da paridade coberta da taxa de juros, a taxa a termo implícita é:

$$\text{Taxa a termo} = \text{taxa spot} \times \frac{(1 + r_R)}{(1 + r_\$)}$$

Assim, precisamos da taxa de câmbio *spot* (R23,5937/US$), a taxa de juros do dólar ($r_\$ = 2,1\%$) e a taxa de juros do rublo ($r_R = 5,7\%$).

▶ **Execução**

$$\text{Taxa a termo} = \text{taxa spot} \times \frac{(1 + r_R)}{(1 + r_\$)} = (\text{R23,5937/US\$}) \frac{1,057}{1,021} = \text{R24,4256/US\$}$$

A taxa a termo implícita é mais alta do que a taxa *spot* corrente porque os títulos de dívida do governo russo têm rentabilidades mais altas do que os títulos de dívida do governo norte-americano. A taxa a termo real, porém, é mais baixa do que a taxa a termo implícita. A diferença entre a taxa a termo implícita e a taxa a termo real provavelmente reflete o risco de inadimplência nos títulos de dívida do governo russo (o governo russo foi inadimplente em sua dívida recentemente, em 1998). Um detentor de 100.000 rublos procurando um investimento real livre de risco poderia converter os rublos em dólares, investir em *Treasuries* norte-americanos, e converter o resultado de volta em rublos a uma taxa fixada com um contrato a termo. Ao fazê-lo, o investidor obteria:

$$\frac{\text{R100.000}}{\text{R23,5937/US\$ hoje}} \times \frac{\text{US\$ 1,021 em 1 ano}}{\text{US\$ hoje}} \times (\text{R24,2316/US\$ em 1 ano}) = \text{R104.860 em 1 ano}$$

A taxa livre de risco em rublo seria 4,860%.

▶ **Avaliação**

A taxa mais alta de 5,7% sobre os títulos de dívida russos reflete um *spread* de crédito de 5,7% − 4,860% = 0,840% para compensar os detentores dos títulos de dívida pelo risco de inadimplência.

Implicações dos mercados de capitais internacionalmente segmentados

Um mercado financeiro segmentado possui uma importante implicação para as finanças empresariais internacionais: um país ou moeda possui uma taxa de retorno mais alta do que outro país ou moeda, quando duas taxas são comparadas na mesma moeda. Se a diferença do retorno resulta de uma fricção de mercado, como controles de capital, as corporações podem explorar esta fricção iniciando projetos no país/moeda de alto retorno e levantando capital no país/moeda de baixo retorno. É claro que o ponto até o qual as empresas podem tirar proveito desta estratégia é naturalmente limitado: se tal estratégia for fácil de ser implementada, a diferença do retorno rapidamente desaparecerá à medida que as corporações começarem a competir por sua utilização. No entanto, certas corporações podem obter uma vantagem competitiva ao implementar tal estratégia. Por exemplo, como um incentivo ao investimento, um governo estrangeiro pode fechar um acordo com determinada empresa que relaxe os controles de capital somente para aquela empresa.

EXEMPLO 22.7

Avaliando uma aquisição estrangeira em um mercado segmentado

Problema

A Camacho Enterprises é uma empresa norte-americana que está considerando expandir adquirindo a Xtapa, Inc., uma empresa do México. Espera-se que a aquisição aumente os fluxos de caixa livres da Camacho em 21 milhões de pesos no primeiro ano; espera-se, então, que este montante cresça a uma taxa de 8% ao ano. O preço do investimento é de 525 milhões de pesos, o que significa US$ 52,5 milhões pela taxa de câmbio corrente de 10 pesos/US$. Com base em uma análise do mercado mexicano, a Camacho determinou que o WACC adequado em pesos após os impostos é de 12%. Se a Camacho também determinou que seu WACC em dólares após os impostos para esta expansão é de 7,5%, qual é o valor da aquisição mexicana? Suponha que os mercados mexicano e norte-americano de títulos livres de risco estejam integrados e que a curva de rentabilidade em ambos os países seja plana. As taxas de juros livres de risco norte-americanas são de 6%, e as mexicanas, de 9%.

Solução

▶ **Planejamento**

Podemos calcular o NPV da expansão em pesos e converter o resultado em dólares com a taxa *spot*. Os fluxos de caixa livres são:

```
0           1           2              3
|-----------|-----------|--------------|----------- ...
-525 pesos  21 pesos   21 (1,08) pesos  21 (1,08)² pesos
```

Também podemos calcular o NPV em dólares convertendo os fluxos de caixa esperados em dólares utilizando taxas a termo. A taxa a termo de N anos (Equação 22.2) expressa em pesos/US$ é:

$$F_N = S \times \frac{(1+r_p)^N}{(1+r_\$)^N} = 10 \times \left(\frac{1,09}{1,06}\right)^N = 10 \times 1,0283^N = 10,283 \times 1,0283^{N-1}$$

▶ Execução

O valor presente líquido dos fluxos de caixa em peso com o WACC em peso é:

$$NPV = \frac{21}{0,12 - 0,08} - 525 = 0$$

Assim, a compra é uma transação com NPV igual a zero. Presumivelmente, a Camacho está competindo com outras empresas mexicanas pela compra.

Para calcular o NPV utilizando o WACC em dólar, precisamos converter os fluxos de caixa em pesos em fluxos de caixa em dólares. Os fluxos de caixa esperados em dólares são os fluxos de caixa em peso (do diagrama de fluxo de caixa anterior) convertidos segundo a taxa a termo adequada (dividimos pela taxa a termo porque ela está em pesos/US$):

$$C_p^N / F_N = \frac{21(1,08)^{N-1}}{10,283 \times 1,0283^{N-1}} = 2,0422 \times 1,0503^{N-1}$$

Os fluxos de caixa esperados em dólares são, portanto:

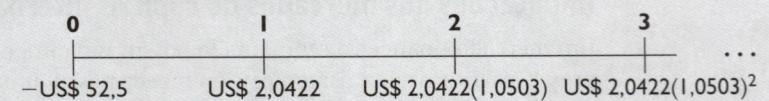

```
0            1             2                  3
|------------|-------------|------------------|--------- ...
-US$ 52,5   US$ 2,0422   US$ 2,0422(1,0503)  US$ 2,0422(1,0503)²
```

Assim, os fluxos de caixa em dólar crescem a uma taxa de aproximadamente 5% ao ano. O NPV desses fluxos de caixa é:

$$NPV = \frac{2,0422}{0,075 - 0,0503} - 52,5 = US\$\ 30,18 \text{ milhões}$$

▶ Avaliação

Calculamos dois NPVs diferentes, mas qual NPV representa mais precisamente os benefícios da expansão? A resposta depende da fonte da diferença. Para calcular os fluxos de caixa esperados em dólares convertendo os fluxos de caixa esperados em pesos pela taxa a termo, temos que aceitar a suposição de que as taxas *spot* e os fluxos de caixa do projeto não são correlacionados. A diferença pode simplesmente refletir o fato de esta suposição não ser válida. Outra possibilidade é que a diferença reflita um erro de estimação nas respectivas estimativas de WACC.

Se a Camacho estiver relativamente confiante em suas suposições sobre as taxas *spot* e em suas estimativas do WACC, uma terceira possibilidade é a de que os mercados de capitais mexicano e norte-americano não sejam integrados. Neste caso, a Camacho, devido a seu acesso aos mercados de capitais norte-americanos, poderia ter uma vantagem competitiva. Talvez outras empresas com as quais ela está competindo pela compra da Xtapa sejam todas empresas mexicanas que não têm acesso a mercados de capitais fora do México. Logo, a Camacho pode levantar capital por uma taxa mais baixa. Obviamente, este argumento também exige que outras empresas norte-americanas não estejam competindo pela compra da Xtapa. A Camacho, porém, pode ter um conhecimento especial sobre os mercados da Xtapa que outras concorrentes norte-americanas talvez não tenham. Este conhecimento daria à Camacho uma vantagem competitiva no mercado de produtos sobre as outras empresas norte-americanas e a colocaria de igual para igual no mercado de produtos com outras empresas mexicanas. Como ela teria uma vantagem competitiva nos mercados de capitais sobre outras empresas mexicanas, o NPV da aquisição seria positivo para a Camacho, mas zero para as outras ofertantes da Xtapa.

Como o Exemplo 22.7 demonstra, a existência de mercados de capitais internacionalmente segmentados torna muitas das decisões em finanças empresariais internacionais mais complicadas, mas potencialmente mais lucrativas para uma empresa que esteja bem posicionada para explorar a segmentação do mercado.

Fixação de conceitos

11. Quais são os motivos para a segmentação dos mercados de capitais?
12. Qual é a principal implicação de um mercado financeiro segmentado para as finanças empresariais internacionais?

22.7 Orçamento de capital com risco de câmbio

A questão final que surge quando uma empresa está considerando um projeto estrangeiro é que os fluxos de caixa do projeto podem ser afetados pelo risco da taxa de câmbio. O risco é que os fluxos de caixa gerados pelo projeto irão depender do nível futuro da taxa de câmbio. Uma grande parte das finanças corporativas internacionais trata deste risco da taxa de câmbio estrangeira. Esta seção oferece um panorama relativo à avaliação dos fluxos de caixa em moeda estrangeira.

A suposição feita até agora neste capítulo foi a de que os fluxos de caixa livres do projeto não são correlacionados às taxas de câmbio *spot*. Tal suposição geralmente faz sentido se a empresa opera como uma empresa local no mercado estrangeiro – ela compra seus insumos e vende seus produtos neste mercado, e as mudanças de preço dos insumos e produtos não estão correlacionadas às taxas de câmbio. Entretanto, muitas empresas utilizam insumos importados em seus processos de produção ou exportam parte de sua produção para países estrangeiros. Essas situações alteram a natureza do risco da taxa de câmbio estrangeira de um projeto, o que, por sua vez, altera a avaliação dos fluxos de caixa em moeda estrangeira.

Aplicação: Ityesi, Inc.

Como exemplo, consideremos o que aconteceria se o projeto da Ityesi no Reino Unido importasse alguns materiais dos Estados Unidos. Neste caso, os fluxos de caixa livres do projeto em libras estariam correlacionados às taxas de câmbio. Supondo que o custo do material nos Estados Unidos permanecesse estável, se o valor de um dólar aumentar em relação à libra, o custo em libras deste material aumentará, reduzindo, dessa forma, os fluxos de caixa livres em libras. O contrário também é verdadeiro: se o dólar cair, os fluxos de caixa livres em libras aumentarão. Logo, nossa suposição de que mudanças nos fluxos de caixa livres não estão correlacionadas às mudanças na taxa de câmbio é violada, e não é mais adequado calcular os fluxos de caixa livres em dólares convertendo os fluxos de caixa livres esperados em libras pela taxa a termo.

Sempre que um projeto tiver fluxos de caixa que dependem dos valores de múltiplas moedas, a abordagem mais conveniente é separar os fluxos de caixa de acordo com a moeda da qual eles dependem. Por exemplo, uma fração dos custos de produção da Ityesi pode ser para comprar insumos cujo custo flutua com o valor do dólar. Especificamente, suponhamos que £5.625 milhões dos custos sejam denominados em libras, e outros US$ 16 milhões (ou £10 milhões pela taxa de câmbio corrente de US$ 1,60/£) sejam para insumos cujo preço flutua com o valor do dólar. Neste caso, calcularíamos os fluxos de caixa livres denominados em libras da Ityesi excluindo esses custos baseados em dólares, como mostra a Tabela 22.5.

Se as receitas e os custos na planilha da Tabela 22.5 não forem afetados por mudanças nas taxas de câmbio *spot*, faz sentido supor que as mudanças nos fluxos de caixa livres não são correlacionadas às mudanças nas taxas de câmbio *spot*. Logo, podemos converter os fluxos de caixa livres denominados em libras a montantes equivalentes em dólares utilizando a taxa de câmbio a termo, como fizemos na Seção 22.4. A planilha da Tabela 22.6 realiza este cálculo, com o valor em dólares do fluxo de caixa livre denominado em libras exibido na linha 5.

TABELA 22.5 Fluxos de caixa livres denominados em libras da Ityesi

1	Ano	0	1	2	3	4
2	**Previsão dos lucros incrementais (£ milhões)**					
3	Vendas	—	37,500	37,500	37,500	37,500
4	Custos de mercadorias vendidas	—	−5,625	−5,625	−5,625	−5,625
5	**Lucro Bruto**		31,875	31,875	31,875	31,875
6	Despesas operacionais	−4,167	−5,625	−5,625	−5,625	−5,625
7	Depreciação	—	−3,750	−3,750	−3,750	−3,750
8	**EBIT**	−4,167	22,500	22,500	22,500	22,500
9	Alíquota de impostos a 40%	1,667	−9,000	−9,000	−9,000	−9,000
10	**Receita líquida não alavancada**	−2,500	13,500	13,500	13,500	13,500
11	**Fluxo de caixa livre**					
12	Mais: Depreciação	—	3,750	3,750	3,750	3,750
13	Menos: Desembolsos de capital	−15,000	—	—	—	—
14	Menos: Aumentos no capital de giro líquido	—	—	—	—	—
15	**Fluxo de caixa livre em libras**	−17,500	17,250	17,250	17,250	17,250

Em seguida, somamos os fluxos de caixa em dólares para determinar o fluxo de caixa livre agregado do projeto em dólares. Este cálculo é feito nas linhas 6 a 8 da Tabela 22.6. Observe que deduzimos os custos denominados em dólares da Ityesi e, então, somamos a dedução tributária associada a esses custos. Mesmo se os impostos forem pagos em libras no Reino Unido, eles flutuarão com o custo em dólares dos insumos, assim, vistos, eles podem ser como um fluxo de caixa denominado em dólares.

Dado o fluxo de caixa livre denominado em dólares na linha 8 da Tabela 22.6, podemos agora calcular o NPV do investimento utilizando o WACC em dólares da Ityesi:[4]

$$\frac{17{,}225}{1{,}068} + \frac{16{,}473}{1{,}068^2} + \frac{15{,}744}{1{,}068^3} + \frac{15{,}033}{1{,}068^4} - 28{,}000 = \text{US\$ } 27{,}05 \text{ milhões.}$$

Conclusão

O exemplo da Ityesi foi simplificado porque poderíamos facilmente separar os fluxos de caixa que variariam perfeitamente com a taxa de câmbio dólar-libra daqueles que não seriam correlacionados com a taxa de câmbio. Na prática, determinar essas sensibilidades pode ser difícil. Se houver dados históricos disponíveis, as ferramentas de regressão podem ser utilizadas para identificar o risco da taxa de câmbio dos fluxos de caixa do projeto da mesma maneira que utilizamos a regressão para identificar o risco de mercado dos retornos de títulos na Parte IV deste livro.

TABELA 22.6 Fluxos de caixa livres em dólares esperados para o projeto da Ityesi no Reino Unido

1	Ano	0	1	2	3	4
2	**Fluxo de caixa livre em dólares (US$ milhões)**					
3	FCF em libras (£ milhões)	−17,500	17,250	17,250	17,250	17,250
4	Taxa de câmbio a termo (US$/£)	1,6000	1,5551	1,5115	1,4692	1,4280
5	**Valor em dólares do FCF em libras** (1 × 2)	−28,000	26,825	26,073	25,344	24,633
6	Custos em dólares	—	−16,000	−16,000	−16,000	−16,000
7	Imposto de renda a 40%	—	6,400	6,400	6,400	6,400
8	**Fluxo de caixa livre**	−28,000	17,225	16,473	15,744	15,033

---

[4] Novamente utilizamos o WACC doméstico para descontar os fluxos de caixa porque continuamos a supor que qualquer prêmio de risco adicional devido ao risco da taxa de câmbio seja pequeno. Se esta suposição não for válida, então os custos em dólares e o valor em dólares dos fluxos de caixa livres esperados em libras terão que ser descontados por diferentes taxas para refletir o risco adicional da taxa de câmbio nos fluxos de caixa livres em libras.

Neste capítulo, tentamos fornecer uma introdução ao orçamento de capital internacional. Este tópico é tão complicado que livros inteiros são dedicados a ele. Logo, é difícil fazer justiça a este tópico em um único capítulo. No entanto, fornecemos uma base para abordar o problema.

Fixação de conceitos

13. Que condições fazem os fluxos de caixa de um projeto estrangeiro serem afetados pelo risco da taxa de câmbio?
14. Como fazemos ajustes quando um projeto tem insumos e produtos em diferentes moedas?

RESUMO DO CAPÍTULO

Pontos principais e equações	Termos	Oportunidades de prática online
22.1 Câmbio internacional ▸ O mercado de divisas é onde moedas são negociadas. ▸ Ele possui um volume muito grande de negociações, é dominado por grandes bancos internacionais e opera 24 horas por dia nos dias úteis. ▸ Uma taxa de câmbio é um preço por uma moeda denominado em outra moeda.	mercado de divisas (FX ou forex), p. 709 taxa de câmbio, p. 708	MyFinanceLab Study Plan 22.1
22.2 Risco de câmbio ▸ As empresas podem gerenciar o risco de câmbio nos mercados financeiros utilizando contratos a termo de moeda para fixar uma taxa de câmbio com antecedência, e utilizando contratos de opções de moeda para se proteger contra movimentações na taxa de câmbio além de determinado nível. ▸ A estratégia *cash-and-carry* é uma alternativa que fornece os mesmos fluxos de caixa que o contrato a termo de moeda. Pela Lei do Preço Único, determinamos a taxa de câmbio a termo pela fórmula do custo de carregamento, chamada de equação da paridade coberta da taxa de juros. Utilizando "FC" para representar qualquer moeda estrangeira, para uma troca que ocorrerá em 1 ano, a taxa de câmbio a termo é: $$\text{Taxa a termo} = \text{Taxa spot} \times \frac{(1 + r_\$)}{(1 + r_{FC})} \quad (22.1)$$ ▸ Opções de moeda permitem que as empresas se segurem contra a movimentação da taxa de câmbio além de determinado nível. Uma empresa pode utilizar opções em vez de contratos a termo se: ▸ Ela gostaria de se beneficiar de movimentos favoráveis na taxa de câmbio, mas não ser obrigada a fazer trocas com taxas desfavoráveis. ▸ Houver alguma chance de que a transação da qual ela está fazendo *hedging* não vá acontecer.	contrato a termo de câmbio, p. 713 equação da paridade coberta da taxa de juros, p. 717 estratégia *cash-and-carry*, p. 715 linha do tempo de moeda, p. 715 taxa de câmbio a termo, p. 714 taxa de câmbio *spot*, p. 715 taxa flutuante, p. 712	MyFinanceLab Study Plan 22.2

22.3 Mercados de capitais internacionalmente integrados

- A condição necessária para garantir que os mercados de capitais sejam internacionalmente integrados é que o valor de um investimento estrangeiro não dependa da moeda (nacional ou estrangeira) utilizada na análise.
- São utilizados dois métodos para avaliar fluxos de caixa em moeda estrangeira quando os mercados são internacionalmente integrados e a incerteza nas taxas de câmbio *spot* não é correlacionada aos fluxos de caixa em moeda estrangeira:
  - Calcular o valor esperado dos fluxos de caixa em moeda estrangeira na moeda local multiplicando o valor esperado em moeda estrangeira pelas taxas de câmbio a termo, e então calcular o NPV desses fluxos de caixa em moeda local utilizando o custo de capital doméstico.
  - Calcular o valor em moeda estrangeira de um projeto estrangeiro como o NPV dos fluxos de caixa futuros esperados em moeda estrangeira descontados pelo custo de capital estrangeiro, e então converter o NPV em moeda estrangeira na moeda local utilizando a taxa de câmbio *spot* corrente.

mercados de capitais internacionalmente integrados, p. 720

MyFinanceLab Study Plan 22.3

22.4 Avaliação de fluxos de caixa em moeda estrangeira

- Quando os mercados são internacionalmente integrados e a incerteza nas taxas de câmbio *spot* não é correlacionada aos fluxos de caixa em moeda estrangeira, os WACCs estrangeiro e doméstico são relacionados como a seguir (utilizando "FC" para moedas estrangeiras):

$$r^*_{FC} = \frac{1 + r_{FC}}{1 + r_\$}(1 + r^*_\$) - 1 \quad (22.4)$$

MyFinanceLab Study Plan 22.4
Tabela de planilha 22.2

22.5 Avaliação e tributação internacional

- Uma empresa norte-americana paga a alíquota que for mais alta dentre a estrangeira ou doméstica sobre seu projeto estrangeiro, então, a avaliação do projeto também utiliza a maior dessas alíquotas. A empresa norte-americana pode reduzir seu passivo fiscal ao empreender projetos estrangeiros em outros países onde pode fazer um *pool* dos lucros juntamente àqueles do novo projeto, ou ao deferir a repatriação dos lucros.

repatriados, p. 726

MyFinanceLab Study Plan 22.5

22.6 Mercados de capitais internacionalmente segmentados

- Os mercados de capitais podem ser internacionalmente segmentados. A implicação é que um país ou moeda possui um custo de capital maior do que o de outro país ou moeda, quando os dois são comparados na mesma moeda.

mercados de capitais segmentados, p. 727
swaps de moeda, p. 728

MyFinanceLab Study Plan 22.6

22.7 Orçamento de capital com risco de câmbio

- Quando um projeto possui insumos e produtos em diferentes moedas, os fluxos de caixa denominados na moeda estrangeira provavelmente serão correlacionados a mudanças nas taxas *spot*. Para avaliar corretamente tais projetos, os fluxos de caixa estrangeiro e doméstico devem ser avaliados separadamente.

MyFinanceLab Study Plan 22.7
Tabela de planilha 22.5
Tabela de planilha 22.6

Questões de revisão

1. Como é utilizada uma taxa de câmbio?
2. Quais são alguns motivos pelos quais um gerente financeiro precisaria acessar o mercado de divisas?
3. Quais são as diferenças entre fazer *hedging* do risco de câmbio com opções *versus* com contratos a termo?
4. O que significa dizer que os mercados de capitais internacionais são integrados?
5. Que suposições são necessárias para avaliar fluxos de caixa estrangeiros utilizando o método do WACC doméstico?
6. Como as empresas norte-americanas são tributadas sobre seus lucros estrangeiros?
7. Se os mercados internacionais são segmentados, como isso afeta a maneira como o gerente financeiro aborda problemas de avaliação?
8. Como o risco de câmbio afeta nossa abordagem à avaliação?

Problemas

Um realce verde (■) indica problemas disponíveis no MyFinanceLab. Um asterisco (*) indica problemas com um nível de dificuldade mais alto.

Câmbio internacional

1. Você acaba de aterrissar em Londres com US$ 500 em sua carteira. Ao parar no balcão de câmbio, você vê que as libras estão cotadas a US$ 1,95/£. Por quantas libras você pode trocar seus US$ 500?

2. Sua empresa precisa pagar €500.000 a seu fornecedor francês. Se a taxa de câmbio é €0,65/US$, de quantos dólares você precisará para fazer a troca?

Risco de câmbio

3. Sua empresa *start-up* negociou um contrato para fornecer uma instalação de banco de dados em uma empresa manufatureira na Polônia. Essa empresa concordou em lhe pagar US$ 100.000 daqui a três meses quando a instalação ocorrerá. Entretanto, ela insiste em pagar em zlotys poloneses (PLN). Você não quer perder o negócio (a empresa é sua primeira cliente!), mas está preocupado com o risco de câmbio. Particularmente, você está preocupado que o zloty possa sofrer uma depreciação em relação ao dólar. Você contrata o Fortis Bank na Polônia para tentar fixar uma taxa de câmbio para o zloty com antecedência.
    a. A taxa de câmbio *spot* corrente é 2,3117 PLN por dólar dos EUA. A taxa de câmbio a termo de três meses é de 2,2595 PLN por dólar dos EUA. Quantos zlotys você deve exigir no contrato para receber US$ 100.000 em três meses se você fizer *hedging* do risco de câmbio com um contrato a termo?
    b. Dadas as taxas a termo do banco na parte (a), as taxas de juros de curto prazo estavam mais altas ou mais baixas na Polônia do que nos Estados Unidos em março de 2008? Explique.

4. Você é o representante de frutos do mar congelados da empresa Choyce Products. Você acaba de assinar um acordo com um distribuidor belga. Sob os termos do contrato, em um ano você fará uma entrega de 4.000 kg de caranguejo congelado por 100.000 euros. Seu custo de obtenção do caranguejo é de US$ 110.000. Todos os fluxos de caixa ocorrem exatamente em um ano.
    a. Trace o gráfico de seus lucros com o contrato daqui a um ano em função da taxa de câmbio daqui a um ano, para taxas de câmbio variando de US$ 0,75/€ a US$ 1,50/€. Chame esta linha de "Lucros sem *hedging*".
    b. Suponha que a taxa de câmbio a termo de um ano seja US$ 1,25/€. Suponha que você entre em um contrato a termo para vender os euros que você receberá por esta taxa. Na figura da parte (a), trace o gráfico de seus lucros combinados do contrato do caranguejo e do contrato a termo em função da taxa de câmbio daqui a um ano. Chame esta linha de "*Hedging* com contrato a termo".

c. Suponha que, em vez de utilizar um contrato a termo, você considere utilizar opções. Uma opção de compra de um ano para comprar euros a um preço de exercício de US$ 1,25/€ está sendo negociada por US$ 0,10/€. Da mesma maneira, uma opção de venda de um ano para vender euros a um preço de exercício de US$ 1,25/€ está sendo negociada por US$ 0,10/€. Para fazer *hedging* do risco de seus lucros, você deve comprar ou vender a opção de compra ou a opção de venda?

d. Na figura das partes (a) e (b), trace seus lucros "totais" utilizando o *hedging* com opções (lucros combinados do contrato do caranguejo, contrato de opção e o preço da opção) em função da taxa de câmbio daqui a um ano. Chame esta linha de "*Hedging* com opções". (*Observação:* Você pode ignorar o efeito dos juros sobre o preço da opção).

e. Suponha que, no final do ano, irrompa uma "guerra comercial", levando a um embargo europeu sobre produtos alimentícios provenientes dos EUA. Consequentemente, seu acordo é cancelado e você não recebe os euros ou incorre nos custos de encontrar um fornecedor de caranguejo. Entretanto, você ainda tem os lucros (ou perdas) associados aos seus contratos a termo ou de opções. Em uma nova figura, trace o gráfico dos lucros associados ao *hedging* com contratos a termo e ao *hedging* com opções (dando um nome a cada linha). Quando há risco de cancelamento, que tipo de *hedging* tem menos risco do lado negativo? Explique resumidamente.

Mercados de capitais internacionalmente integrados

5. Você é um investidor norte-americano que está tentando calcular o valor presente de um influxo de caixa de €5 milhões que ocorrerá daqui a um ano. A taxa de câmbio *spot* é S = US$ 1,25/€ e a taxa a termo é F_1 = US$ 1,215/€. Você estima que a taxa de descapitalização adequada para este fluxo de caixa seja de 4% e que o desconto adequado em euros seja de 7%.
   a. Qual é o valor presente do influxo de caixa de €5 milhões calculado primeiro descontando o euro e então convertendo-o em dólares?
   b. Qual é o valor presente do influxo de caixa de €5 milhões calculado primeiro convertendo o fluxo de caixa em dólares e então descontando-o?
   c. O que você pode concluir sobre se esses mercados são ou não internacionalmente integrados, com base em suas respostas nas partes (a) e (b)?

6. A Mia Caruso Enterprises, uma fabricante norte-americana de brinquedos infantis, fez uma venda no Chipre e está esperando um influxo de caixa de C£4 milhões daqui a um ano. (A moeda do Chipre é a libra cipriota, C£. O Chipre é membro da União Europeia, mas ainda não adotou o euro). A taxa *spot* corrente é de S = $1,80/C£ e a taxa a termo de um ano é F_1 = US$ 1,8857/C£.
   a. Qual é o valor presente do influxo de caixa da empresa calculado primeiro descontando o fluxo de caixa pela taxa de descapitalização adequada da libra cipriota de 5% e então convertendo o resultado em dólares?
   b. Qual é o valor presente do influxo de caixa de C£4 milhões calculado primeiro convertendo o fluxo de caixa em dólares e então descontando-o pela taxa de descapitalização do dólar, de 10%?
   c. O que você pode concluir sobre se esses mercados são ou não internacionalmente integrados, com base em suas respostas nas partes (a) e (b)?

Avaliação de fluxos de caixa em moeda estrangeira

7. A Etemadi Amalgamated, uma empresa manufatureira norte-americana, está considerando um novo projeto em Portugal. Você está no departamento de finanças corporativas da Etemadi e é responsável por decidir se deve ou não empreender o projeto. Os fluxos de caixa livres esperados, em euros, são exibidos aqui:

Ano	0	1	2	3	4
Fluxo de caixa livre (€ milhões)	−15	9	10	11	12

Você sabe que a taxa de câmbio *spot* é de S = US$ 1,15/€. Além disso, a taxa de juros livre de risco sobre dólares é de 4% e a taxa de juros livre de risco sobre euros é de 6%.

Suponha que esses mercados sejam internacionalmente integrados e que a incerteza nos fluxos de caixa livres não esteja correlacionada à incerteza na taxa de câmbio. Você determina que o WACC em dólares desses fluxos de caixa é de 8,5%. Qual é o valor presente em dólares do projeto? A Etemadi Amalgamated deve empreender o projeto?

8. A Etemadi Amagalmated, a empresa manufatureira norte-americana do Problema 7, ainda está considerando um novo projeto em Portugal. Todas as informações apresentadas no Problema 7 ainda estão precisas, exceto a taxa *spot*, que agora é de $S = \text{US\$ } 0{,}85/€$, aproximadamente 26% mais baixa. Qual é o novo valor presente do projeto? A Etemadi Amalgamated deve empreendê-lo?

9. Você trabalha para uma empresa norte-americana e seu chefe lhe pediu para estimar o custo de capital para países que utilizam o euro. Você sabe que $S = \text{US\$ } 1{,}20/€$ e $F_1 = \text{US\$ } 1{,}157/€$. Suponha que o WACC em dólares de sua empresa seja conhecido como 8%. Se esses mercados forem internacionalmente integrados, estime o custo de capital em euros de um projeto com fluxos de caixa livres que não são correlacionados às taxas de câmbio *spot*. Suponha que a empresa pague a mesma alíquota de impostos independentemente de onde os fluxos de caixa são obtidos.

10. A Maryland Light, uma fabricante norte-americana de luminárias, está considerando um investimento no Japão. O custo de capital próprio em dólares da Maryland Light é de 11%. Você trabalha no departamento de tesouraria da empresa e precisa saber o custo de capital próprio comparável em ienes japoneses para um projeto com fluxos de caixa livres que não são correlacionados às taxas de câmbio *spot*. As taxas de juros livres de risco em dólares e ienes são $r_\$ = 5\%$ e $r_¥ = 1\%$, respectivamente. A Maryland Light está disposta a supor que os mercados de capitais são internacionalmente integrados. Qual é o custo de capital próprio em ienes?

11. O custo de capital de terceiros em dólar da Healy Consulting, uma empresa norte-americana de pesquisas, é de 7,5%. A empresa enfrenta uma alíquota de impostos de 30% sobre toda sua renda, independentemente de onde ela seja obtida. Os gerentes da empresa precisam saber seu custo de capital de terceiros em ienes porque estão considerando lançar uma nova emissão de títulos de dívida em Tóquio para levantar capital para um novo investimento lá. As taxas de juros livres de risco em dólares e ienes são $r_\$ = 5\%$ e $r_¥ = 1\%$, respectivamente. A Healy Consulting está disposta a supor que os mercados de capitais sejam internacionalmente integrados e que seus fluxos de caixa livres não estejam correlacionados à taxa *spot* iene-dólar. Qual é o custo de capital de terceiros após os impostos da Healy Consulting em ienes? (*Dica*: Comece encontrando o custo de capital de terceiros após os impostos em dólares e então encontre o equivalente em ienes).

12. A Manzetti Foods, uma empresa norte-americana de processamento e distribuição de alimentos, está considerando um investimento na Alemanha. Você trabalha no departamento de finanças corporativas da Manzetti e é responsável por decidir se deve ou não empreender o projeto. Os fluxos de caixa livres esperados, em euros, não são correlacionados à taxa de câmbio *spot* e são exibidos aqui:

Ano	0	1	2	3	4
Fluxo de caixa livre (€ milhões)	−25	12	14	15	15

O novo projeto possui um risco-dólar similar ao dos outros projetos da Manzetti. A empresa sabe que seu WACC em dólares geral é de 9,5%, então, sente-se confortável utilizando este WACC para o projeto. A taxa de juros livre de risco sobre dólares é de 4,5% e a taxa de juros livre de risco sobre euros é de 7%.
   a. A Manzetti está disposta a supor que os mercados de capitais nos Estados Unidos e na área do euro são internacionalmente integrados. Qual é o WACC em euros da empresa?
   b. Qual é o valor presente do projeto em euros?

Avaliação e tributação internacional

13. A Tailor Johnson, uma produtora norte-americana de roupas íntimas masculinas, possui uma subsidiária na Etiópia. Este ano, a subsidiária informou e repatriou lucros antes dos juros e impostos (EBIT) de 100 milhões de birrs etíopes. A taxa de câmbio corrente é de 8 birr/US\$ ou $S_1 = \text{US\$ } 0{,}125/\text{birr}$. A alíquota de impostos etíope sobre esta atividade é de 25%. A lei fiscal norte-americana exige que a Tailor Johnson pague impostos sobre os lucros na Etiópia pela mesma alíquota que os lucros obtidos nos EUA, que atualmente é de 45%. En-

tretanto, os EUA concedem um crédito fiscal integral para impostos estrangeiros pagos até o montante do passivo fiscal norte-americano. Qual é o passivo fiscal norte-americano sobre a subsidiária etíope?

*14. A Tailor Johnson, a empresa norte-americana de roupas íntimas masculinas com subsidiária na Etiópia descrita no Problema 13, está considerando os benefícios fiscais resultantes do deferimento da repatriação dos lucros da subsidiária. Sob a lei norte-americana, o passivo fiscal norte-americano não é incorrido até que os lucros sejam trazidos de volta ao país. A Tailor Johnson razoavelmente espera diferir a repatriação por dez anos, ponto em que os lucros em birr serão convertidos em dólares pela taxa *spot* prevalecente, S_{10}, e o crédito fiscal para impostos etíopes pagos ainda serão convertidos pela taxa de câmbio S_1 = US$ 0,125/birr. O custo de capital de terceiros da Tailor Johnson após os impostos é de 5%.
   a. Suponha que a taxa de câmbio daqui a dez anos seja idêntica à taxa de câmbio deste ano, então S_{10} = US$ 0,125/birr. Qual é o valor presente de deferir o passivo fiscal norte-americano dos lucros etíopes da Tailor Johnson por dez anos?
   b. Como a taxa de câmbio daqui a dez anos afetará o montante real de passivo fiscal norte-americano? Escreva uma equação para o passivo fiscal norte-americano em função da taxa de câmbio S_{10}.

15. A Peripatetic Enterprises, uma empresa de comércio de importação-exportação, está considerando sua situação fiscal internacional. A lei fiscal norte-americana exige que as corporações norte-americanas paguem impostos sobre seus lucros estrangeiros pela mesma alíquota que os lucros obtidos nos Estados Unidos; esta taxa atualmente é de 45%. Entretanto, é concedido um crédito fiscal integral a impostos estrangeiros pagos até o montante do passivo fiscal devido aos EUA. A Peripatetic possui operações importantes na Polônia, onde a alíquota de impostos é de 20%, e na Suécia, onde a alíquota de impostos é de 60%. Os lucros, que são total e imediatamente repatriados, e os impostos estrangeiros pagos no ano corrente são exibidos aqui:

	Polônia	Suécia
Lucros antes dos juros e impostos (EBIT)	US$ 80 milhões	US$ 100 milhões
Impostos pagos ao país anfitrião	US$ 16 milhões	US$ 60 milhões
Lucros antes dos juros e após os impostos	US$ 64 milhões	US$ 40 milhões

   a. Qual seria o passivo fiscal norte-americano sobre os lucros da subsidiária polonesa supondo que a subsidiária sueca não existisse?
   b. Qual seria o passivo fiscal norte-americano sobre os lucros da subsidiária sueca supondo que a subsidiária polonesa não existisse?
   c. Sob a lei fiscal norte-americana, a Peripatetic é capaz de fazer um *pool* nos lucros de suas operações na Polônia e na Suécia ao calcular seu passivo fiscal sobre os lucros estrangeiros. O EBIT total é, assim, de US$ 180 milhões e o total de impostos pagos ao país anfitrião é de US$ 76 milhões. Qual é o passivo fiscal total norte-americano sobre os lucros estrangeiros? Mostre como ele está relacionado às respostas das partes (a) e (b).

Mercados de capitais internacionalmente segmentados

*16. Suponha que os juros sobre os títulos de dívida russos sejam de 7,5% e que a taxa de câmbio corrente seja de 28 rublos por dólar. Se a taxa de câmbio a termo é de 28,5 rublos por dólar e a taxa de juros livre de risco corrente nos EUA é de 4,5%, qual é o *spread* de crédito implícito dos títulos de dívida do governo russo?

Orçamento de capital com risco de câmbio

*17. Suponha que na Tabela 22.2 do exemplo original da Ityesi, todas as vendas ocorram nos Estados Unidos e que sua projeção seja de US$ 60 milhões por ano por quatro anos. Mantendo os outros custos iguais, calcule o NPV da oportunidade de investimento.

Caso simulado

Você é analista financeiro sênior da IBM em sua divisão de orçamento de capital. A IBM está considerando expandir na Austrália devido à sua positiva atmosfera de negócios e similaridades culturais em relação aos EUA.

As novas instalações exigiriam um investimento inicial em ativos fixos de AU$ 5 bilhões e um investimento de capital adicional de 3% seria necessário a cada ano nos anos 1 a 4. Todos os investimentos de capital sofreriam depreciação em linha reta ao longo dos 5 anos em que as instalações operariam. Espera-se que as receitas do primeiro ano da nova filial sejam de AU$ 6 bilhões e cresçam a 10% ao ano. O custo das mercadorias vendidas seria de 40% da receita; as outras despesas operacionais somariam 12% da receita. As exigências de capital de giro representariam 11% das vendas e seriam necessárias no ano anterior às receitas propriamente ditas. Todo o capital de giro seria recuperado no final do quinto ano. Suponha que as alíquotas de impostos sejam as mesmas nos dois países, que os dois mercados sejam internacionalmente integrados, e que a incerteza do fluxo de caixa do projeto não esteja correlacionada a mudanças na taxa de câmbio. O gerente de sua equipe deseja que você determine o NPV do projeto em dólares norte-americanos utilizando um custo de capital de 12%.

1. Vá ao *website* da Nasdaq (www.nasdaq.com).
   a. Digite o símbolo da IBM (IBM) em uma das caixas e clique em "Summary Quotes" [Resumo das cotações].
   b. Clique em "Company Financials" [Dados financeiros da empresa] no menu à esquerda. Quando o demonstrativo de resultados aparecer, coloque o cursor sobre o demonstrativo e clique com o botão direito. Selecione "Export to Microsoft Excel" [Exporte para o Microsoft Excel] no menu.

2. Obtenha as taxas de câmbio e taxas de juros comparáveis da Austrália do *website* da Bloomberg (www.bloomberg.com).
   a. Coloque o cursor sobre "Market Data" [Dados de mercado] e clique sobre "Currencies" [Moedas] no menu *drop-down*. Exporte a tabela de moedas para o Excel e cole-a na mesma planilha em que se encontra o demonstrativo de resultados da IBM.
   b. Volte à página principal e clique em "Rates & Bonds" [Taxas e Títulos de dívida] do menu à esquerda. Então, clique em "Australia" para obter as taxas de juros da Austrália. Clique com o botão direito e exporte a tabela para o Excel; cole-a na planilha.
   c. Volte à página principal e clique em "U.S." [EUA]. Faça o *download* dos dados do Tesouro norte-americano e cole-os na planilha.

3. Você pode ter notado que as taxas de um ano e de quatro anos não estão disponíveis no Bloomberg.com para o Tesouro norte-americano. Vá ao *website* do Tesouro norte-americano (www.treas.gov).
   a. Para encontrar a taxa de um ano, digite "yield curve" [curva de rentabilidade] na caixa de busca no alto da página e selecione o segundo *link* que aparece. Certifique-se de que ele não seja o *link* das taxas "reais". Exporte as rentabilidades para o Excel na mesma planilha em que estão os outros dados. Some a rentabilidade de um ano às outras taxas do Tesouro.
   b. Para encontrar uma estimativa da rentabilidade de quatro anos, calcule a média das rentabilidades de três e cinco anos a partir da curva de rentabilidade do Tesouro.

4. Em sua planilha do Excel, crie uma nova *worksheet* com um diagrama de fluxo de caixa para os fluxos de caixa esperados projetados.
   a. Calcule a alíquota de impostos como a média de quatro anos do imposto de renda anual da IBM dividido pelos lucros antes dos impostos anuais.
   b. Determine os fluxos de caixa livres esperados do projeto.

5. Observe que os fluxos de caixa livres que você calculou na Questão 4 estão em dólares australianos. Utilize a Equação 22.2 para determinar as taxas de câmbio a termo para cada um dos cinco anos do projeto. Então utilize as taxas a termo para converter os fluxos de caixa em dólares norte-americanos.

6. Calcule o NPV do projeto em dólares norte-americanos utilizando o retorno exigido de 12% fornecido pelo gerente de sua equipe.

Créditos

Contracapa	p. v: Foto dos autores em Waikoloa, HI: Kirk Lee Aeder Photography (© 2008 Pearson Education)
Capítulo 1	p. 44: AP Photo/Mary Altaffer; p. 48: AP Photo/Damian Dovarganes; p. 49: Getty Editorial; p. 52: © www.cartoonbank.com, *The New Yorker*, July 22, 2002
Capítulo 2	p. 71: © 1995 United Features Syndicate
Capítulo 4	p. 119: AP Photo/Eugene Hoshiko
Capítulo 5	p. 169: © 2003 United Features Syndicate
Capítulo 6	p. 205: Getty Editorial; p. 206: CartoonStock.com
Capítulo 8	p. 267: © 1994 United Features Syndicate; p. 279: AP Photo/Paul Sakuma
Capítulo 9	p. 333: © 2003 NEA, Inc.
Capítulo 10	p. 371: AP Photo/David Zalubowski
Capítulo 13	p. 446: © www.cartoonbank.com, *The New Yorker*, June 29, 2001
Capítulo 15	p. 518: © 2004 United Features Syndicate; p. 520: Shutterstock
Capítulo 19	p. 627: Shutterstock
Capítulo 20	p. 659: Getty Images News; p. 662: Shutterstock

Índice

10-K, 58
10-Q, 58
3M Corp., 657
3M, 52, 351
95%, intervalo de confiança, 362, 364–365–365–366

A

Abbott Laboratórios, 205
Aceites bancários (*banker's acceptances*), 618
Acionista, 40–41
    metas do gerente financeiro e, 45–46
Acionistas, 40–41
    CEO, desempenho e, 47–48
    distribuições para o, 535–538
    problema de agência e, 47
    titulares de dívida *versus*, 675–677
Ações, 40–41
    correlação de, 385, 387, 389
    de crescimento, 62–63
    defensivas, 396–397
    ordinárias, 305–306
    preferenciais, 446–447
    preferenciais conversíveis, 446–447
    primárias, 462–463
    retorno médio de, de alta capitalização, 359–361
    retornos anuais de, de baixa capitalização, 359–361
    retornos de, de alta capitalização, 352–355, 359–361
    retornos de, de baixa capitalização, 352–354, 356, 359–361
    retornos de, individuais, 366–368
    riscos e retornos históricos de, 354, 356–366
    secundárias, 462–463
    valor das, 62–63
    volatilidade de, de alta capitalização, 361, 364
    volatilidade de, de baixa capitalização, 361, 364
Ações A, 558
Ações alavancadas, 499–500. *Ver também* Alavancagem
Ações B, 558
Ações de baixa capitalização
    retornos anuais, 359–361
    retornos de, 352–354, 356, 359–361
    volatilidade de, 361, 364
Ações não alavancadas, 498–500, 504–505
Ações ordinárias, 305–306
    custo de capital de, 422–424

Ações preferenciais, 446–447
    conversíveis, 446–447
    custo de capital de, 421–422
    que não pagam dividendos, seguro de carteira e, 671–674
    que pagam dividendos, seguro de carteira e, 674–676
Acordo de armazenagem, 642
Acordos de recompra, 618
Acrônimos, bolsa de valores/índice, 52
Ágio, 195–196
Airbus, 571
Alavancagem, 62–64, 417–418
    como sinal de credibilidade, 519–523
    custo de capital e, 502–507
    custo médio ponderado de capital e, 428–429, 511–513
    custos de agência, 517–520
    efeito sobre risco e retorno, 501–503
    feita em casa, 502–504
    informação e, 519–522
    lucros por ação e, 505–506
    ótima, 515–517
    teoria do tradeoff, 515–518
    valor da empresa e, 499–501
Alavancagem feita em casa, 502–504
Alcoa, 419–423, 428–433
Alemanha, LLCs na, 39–40
Alienação de ativos, 477–478
Alíquotas de impostos
    corporativas marginais, 269
    seguros e flutuações nas, 687–689
Allen, Franklin, 548–549
Alliance-Bernstein, 314–315
Altria, 51
Amazon.com, 62–63, 426, 657, 660, 661, 665–666, 671–673
AMD, 602–603
American Airlines, 68–69, 518–519
American Electronics Association, 82–83
American Stock Exchange (AMEX), 49
Ameriprise Financial Services, 116
AMEX. *Ver* American Stock Exchange
Amortização, 66–67*n*
Amortização de empréstimos, 165–167
Análise da demonstração de resultados, 67–75
    eficiência dos ativos, 68–70
Análise das demonstrações financeiras, 56–92
    análise do balanço patrimonial, 62–66
    balanço patrimonial, 58–63
    demonstrações de resultados, 65–68
    demonstrações financeiras, 58–59

    discussão e análise da gerência, 78–79
    Enron, 79–80
    notas, 78–79
Análise de cenário, 286–287
Análise de custo e benefício, 96–98
Análise de projeto, orçamento de capital, 284–287
Análise de regressão linear, 397–399, 401
Análise de sensibilidade, 284–285, 301–302, 322–323
Análise do balanço patrimonial, 62–66
    índice de capital de terceiros/capital próprio (*debt-equity ratio*), 62–66
    índice de liquidez corrente, 64–66
    índice de liquidez seca, 64–66
    índice *market-to-book*, 62–63, 65–66
    valor de empreendimento, 63–65
Análise do coeficiente, 57
Análise do ponto de equilíbrio, 284–287
Analista de investimentos, 380
Analista financeiro, 415
Analista financeiro de programas, 626
Analistas de patrimônio, 304
Andrade, Gregor, 514–515
Anheuser-Busch, títulos de dívida, 194–195
Anheuser-Busch Companies, Inc., 352, 395–396, 428, 602–603
Anuidade, 132–136
    anual equivalente, 247–249
    definição, 132
    plano de aposentadoria, 135–136
    prêmio de loteria, 134–135
    valor futuro de, 135–136, 155–157
    valor presente de, 132–135
Anuidade, fórmula, 134, 228–229
    quando as taxas de juros variam, 173
    utilizando EAR na, 162–163
Anuidade antecipada, 134*n*
Anuidade do plano de aposentadoria, 135–136
Anuidade equivalente anual, 247–248
    custo de substituição, 248–249
    vida exigida, 248
Apple, 44–46, 381–383, 387–391, 395–399, 405–406, 426, 553–554, 602–603, 657, 708–710
APR. *Ver* Taxa percentual anual
APT. *Ver* Teoria da Precificação por Arbitragem
APY. *Ver* Rentabilidade percentual anual
Aquisição
    avaliando uma, estrangeira, 729–731
    custo de capital de uma nova, 430–431
    custos de estoque, 614–615

Aquisição hostil, 48
Aquisições estrangeiras, avaliando, 729–731
Arbitragem, 108–109
   hipótese dos mercados eficientes *versus* ausência de, 332–335
Armazém provisório, 642
Armazém público, 642
Armazenagem, estoque, 691–692
Arthur Andersen, 81
Assumir riscos excessivos, 518–519
Atividades de financiamento, 74–79
Atividades de investimento, 74–77
Atividades operacionais, 74–77
Ativos, 58–61
   circulantes, 59–61
   custo de oportunidade de, ociosos, 279
   de longo prazo, 60–61
   fluxos de caixa após os impostos decorrentes da venda de 281–282
   queima de, 514–515
Ativos, eficiência, 68–70
Ativos circulantes, 59–61
Ativos de longo prazo, 60–61
Ato Sarbanes-Oxley (CFA), 185, 208
Ato Sarbanes-Oxley (SOX), 80, 82–83, 449–450
Ato Sarbanes-Oxley, 80, 82–83
   fluxos de caixa, 74–79
   patrimônio dos acionistas, 78–79
Ato Sarbanes-Oxley e, 80, 82
Ato Sarbanes-Oxley e, 80, 82
Ato Sarbanes-Oxley e, 80, 82–83
At-the-money, 660
Atuarialmente justo, 684–686
Auditores, 58–59, 80, 82
Austin Ventures, 444–445
Austrália
   alíquota de impostos sobre dividendos na, 544–546
   tributação corporativa na, 43–44
Avaliação de ações, 303–347
   baseada em empresas comparáveis, 323–327
   concorrência e mercados eficientes, 330–334
   hipótese de mercados eficientes *versus* ausência de arbitragem, 332–335
   informações contidas nos preços das ações, 328–331
   modelo de desconto de dividendos, 305–318
   modelo do fluxo de caixa livre descontado, 319–323, 326–327
   modelo do *payout* total, 318–320

B

Balanço patrimonial, 58–63, 416, 596–597
   a valor de mercado, 417–419
   ativos, 58–61
   passivos, 58–62
   patrimônio do acionista, 59–63
   previsão, 580–583

   pro forma, 574–576, 580–583, 596–597
Bancos centrais, taxas de câmbio e, 710–712
Bancos de investimento, 708–710
Bank of America, 51
Bear Sterns, 450–451
Beckham, David, 118–119
"Bela Adormecida," 473–474
   diretos, 482–483
   encontrando a rentabilidade até o vencimento de, utilizando uma calculadora financeira, 218
   especulativos, 206–207
   negociando abaixo do par, 197–198
   negociando acima do par, 197–198
   terminologia, 186–188
   volatilidade de grandes, 361, 364
Benefício fiscal da depreciação incentivada, 277
Berkshire Hathaway, 558
Best Buy, 387–389
Beta, 394–398
   calculando utilizando o Excel, 398, 400
   definição, 397–399n
   desvio-padrão e, 395–398
   estimando a partir de retornos históricos, 397–398, 400
   igual a zero, seguros e, 685–686
   retorno esperado, volatilidade, e, 402–403
Bid-ask spread ou *spread* de compra e venda, 49–50
Black, Fischer, 670–671
Black, Lisa, 208
Black-Scholes, fórmula de precificação de opções, 670–673
Blockbuster, 496–498, 515–516
Blum, Paul, 305
BME Spanish Exchanges, 49–50
Boeing, 45–46, 52, 571, 602–603, 614–616
Bogle, John, 393–394
Bolsa de Valores de Hong Kong, 49–50
Bolsa de Valores de Shanghai, 49–50
Bolsa de Valores de Tóquio (TSE), 49–50
Bolsas de valores, 49–52
   maiores, 49–50
Bolt Industries, 700–701
Bonificações em ações (*stock dividend*s), 592–559
Book building, 453–454, 457
Borsa Italiana, 49–50
Botões TVM (na calculadora financeira), 155
Bourse, 49
Bradford & Marzec, LLC, 159
Brasil, alíquota de impostos sobre dividendos, 544–546
Brigham, Christopher, 304
British Petroleum, 453–454
Brown, Patrick, 185
Budweiser, 426
Buffett, Warren, 558
Bulldogs, 476–477
Bulldogs, 476–477
   console, 129–130

   conversíveis, 67–68, 481–482
   corporativos, 205–211, 352–355, 359–361, 364
   cupom. *Ver* Cláusulas de títulos de dívida de cupom, 477–479
   custo de emissão, 431–432
   domésticos, 474, 476
   resgatáveis, 478–480
Bureau of Labor Statistics, 171
Buyback, 536–538

C

Calculadora financeira, 155–157
   botões gerais de TVM (na calculadora financeira), 155
   calculando a rentabilidade até o resgate utilizando, 481–482, 488
   calculando a taxa interna de retorno utilizando, 142, 144–145
   calculando fluxos de caixa mensais utilizando, 162–163
   calculando o valor futuro de uma anuidade utilizando, 136
   calculando o valor presente de uma anuidade utilizando, 135
   calculando pagamentos de empréstimos utilizando, 138–141, 165–166
   calculando preços de títulos de dívida utilizando rentabilidade até o vencimento utilizando, 195–196
   calculando saldo pendente do empréstimo utilizando, 166–169
   convertendo APR em taxa de descapitalização utilizando, 164–165
   encontrando a rentabilidade até o vencimento de títulos de dívida utilizando, 218
   encontrando a rentabilidade até o vencimento utilizando, 222
   encontrando a rentabilidade de um título de dívida de cupom utilizando, 221
   encontrando o número de períodos utilizando, 144–146
   encontrando o ponto de cruzamento utilizando, 245
   encontrando o valor presente de um único fluxo de caixa futuro utilizando, 155–156
   encontrando taxa interna de retorno utilizando, 156–157
   encontrando valor futuro da anuidade utilizando, 155–157
   encontrando valores presentes e futuros utilizando, 124
   especificando casas decimais na, 155
   estabelecendo o número de períodos por ano, 155
Cálculos dos resultados, 66–68
California Public Employees' Retirement System (Calpers), 48
Camacho Enterprises, 729–731
Câmbio, taxas de. *Ver* Taxas de câmbio
Campagnolo, 710–715
Canibalização, 279

Índice

Capacidade, crédito e, 608–609
Capacidade de endividamento, seguros e, 688–689
Capital
  ações, 421–424
  crédito e, 608–609
  custo de, denominado em moeda estrangeira, 725–726
  custo de. *Ver* Custo de capital
  custo de oportunidade de, 177–179
  custo do, próprio 307–308
  de giro. *Ver* Capital de giro
  definição, 416
  dívida, 419–421
  próprio, 419–424. *Ver* também Financiamento com capital próprio
  retorno de, 536–537
Capital de giro, 600–605
  ciclo monetário, 600–603
  definição, 44–45n
  líquido, 60–61, 76–77, 274–276
  necessidades por setor, 602–603
  permanente, 631–634
  prevendo necessidades, 580–581
  temporário, 631–634
  total *versus* líquido incremental, 583–584
  valor da empresa e, 603–605
  variações no, líquido, 76–77
Capital de giro líquido (NWC), 60–61, 274–276
  incremental, 583–584
Capital de terceiros, custo de, 419–421
Capital próprio
  alavancado, 499–500
  da corporação, 40–41
  dos acionistas, 576
  não alavancado, 498–500, 504–505
  opção de venda como, 675–677
  valor contábil do, 61–63
Capitalização de mercado, 61–63, 392–393
CAPM. *Ver* Modelo de precificação de ativos financeiros
Carteira
  CAPM e, 402–404
  bolsa de valores, 411–412
  calculando variância e desvio-padrão da, 388–391
  de mercado. *Ver* Carteira de mercado
  diversificação em ações, 369–375
  high-minus-low, 411–412
  igualmente ponderada, 390–392
  índice de mercado, 380
  ponderada por valor, 392–393
  prior 1-year momentum, 411–412
  retornos da, 381–384
  retornos da, mundial, 352–354
  retornos de grandes, 366–367
  retornos esperados sobre, 381–384
  small-minus-big, 411–412
  volatilidade da, 384–392
Capstone Business Credit, 640–641
Caráter, crédito e, 608–609
Carhart, Mark, 412

Carlyle Group, 483–484n
Carregando custos, 614–615
Carteira de ações da Bolsa de Valores, 411–412
Carteira de índice de mercado, 380
Carteira de mercado
  estimando o beta, 397–398, 400
  índices da bolsa de valores como, 393–395
  papel da, 392–394
  risco de mercado e beta, 394–398
Carteira de pior retorno, 480–481
Carteira *high-minus-low* (HML), 411–412
Carteira igualmente ponderada, 390–392
Carteira mundial, retornos da, 352–354
Carteira ponderada pelo valor, 392–393
Carteira *small-minus-big* (SMB), 411–412
Casas decimais, especificando, na calculadora financeira, 155
Casino Royale, 657
CBD. *Ver* Pagamento antes da entrega
CBIZ Valuation Group, 57
CBOE. *Ver* Chicago Board Options Exchange
CCC. *Ver* Ciclo de conversão de caixa
CDGM. *Ver* Modelo de desconto de dividendos com crescimento constante
CDR, 483–484
CDs. *Ver* Certificados de depósito
Cencus agreements, 131
CEO, desempenho e, 48
  política de *payout* e, 553–554
CEO. *Ver* Chief executive officer ou principal executivo
Certificado do título de dívida, 186
Certificados de depósito (CDs), 171n, 618
CFA. *Ver* Analista Financeiro Certificado
CFO. *Ver* Chief financial officer ou principal executivo financeiro
Check Clearing for the 21st Century Act (Check 21), 607–608
Chevron, 51
Chicago Board Options Exchange (CBOE), 657–659
Chief executive officer ou principal executivo(CEO), 45–46
  desempenho do, 47–48
  regras de decisão mais populares utilizadas por, 231
Chief financial officer ou principal executivo financeiro (CFO), 46
Chile, impostos sobre ganhos de capital no, 544–545
China Construction Bank Corp., 449–450
China Mobile, 553–554
China Shenhua Energy Co., Ltd., 449–450
Choques de fluxos de caixa
  negativos, 630–632
  positivos, 630–632
Ciclo de caixa, 600–603
Ciclo de conversão de caixa (CCC), 600–603
Ciclo operacional, 600–601
Cisco Systems, 430–432, 558–559
Cisões, 558–559
Citi Broad Investment Grade Index, 185

Citibank, 708–710
Citigroup, 450–451
Citigroup Global Market, 185
Classificação de títulos de dívida, 206–207
  crise do subprime de 2007-08 e, 210
Classificação de títulos de dívida da Standard & Poor's, 206–207, 210
Classificação de títulos de dívida do Moody's, 206–207, 210
Cláusulas, 477–479
  equação, 716–718
  paridade coberta da taxa de juros, 716–718
Cláusulas de títulos de dívida, 477–479
Clayton, Dubilier & Rice, 472, 483–484n
Clientes, falência e perda de, 514–515
Coca-Cola, 381–383, 395–396, 412–413, 473–474
COD. *Ver* Pagamento na entrega
Colateral
  contas a receber como, 640–641
  crédito e, 608–609
  estoque como, 640–643
  margem, 695–696
Colocações privadas, 472–474
Com recursos, 640–641
  combinando com empréstimos padrão, 700–701
Comcast, 599
Comissões, 49–50
Commodities, opções em, 662
Comparação internacional dos retornos de IPOs, 458–460
Comparáveis, avaliando IPO utilizando, 451, 453
Compensação retroativa, 281–283
Comportamento organizacional, 96–97
Composição, 119–123, 125
  retornos realizados, 356–359
  taxa efetiva anual para diferentes períodos, 163–164
Comprador (detentor) de opções, 658–659
Compromisso da opção de adiar, 287–288
Concorrência, mercados eficientes e, 330–334
Condições, crédito e, 608–609
Conflitos entre acionistas e titulares de dívida, 518–520
Connors, John, 535, 557
Conselho de administração, 45–46
Consol, 129–130
Consolidated Edison, Inc., 310–312
Construção de impérios, 517–518
Consultor Certificado de Planejamento de Aposentadoria (CRPC), 116
Consultor financeiro, 116
Conta de investimento, alíquota de impostos sobre dividendos e tipo de, 547–548
Contador da empresa, 599
Contas a pagar, 60–61, 600, 604–605
  atividade operacional e, 76–77
  determinando o prazo de pagamento pendente em dias, 612–613

extensão do prazo, 612–614
gerenciamento de, 611–614
Contas a receber, 600
Contas a receber, 60–61, 604–605
atividade operacional e, 76–77
como colateral, 640–641
cronograma de vencimentos, 610–612
custos de oportunidade e, 600
factoring de, 640–641
monitoramento, 609–612
penhora de, 640
Contas de aposentadoria, 548–549
Contratos
bilaterais, 693–694
futuros, 694–697
hedging com, de longo prazo, 692–694
valor de, de múltiplos anos, 118–119
Contratos a termo
hedging com, 713–715
moeda, 713–715
Contratos a termo de câmbio, 713–715
opções de moedas *versus*, 718–720
precificação de, 715–719
vantagens dos, 717–719
Contratos bilaterais, 693–694
Contratos em aberto, 660
Contratos futuros
confusão, 696–697
hedging de, 694–697
Conversão do fluxo de caixa livre, 722–724
Corporação de capital aberto, 49
Corporação de capital fechado, 49
Corporações, 39–44
alíquota de impostos sobre dividendos e, 548–549
C, 42–44
crescimento no número de, norte-americanas, 40–41
de capital aberto, 49
de capital fechado, 49
ética e incentivos nas, 47–48
formação das, 40–41
funções financeiras dentro das, 46
implicações tributárias das, 41–44
lugar do gerente financeiro nas, 45–48
propriedade de, 40–42
S, 42–44
corporativa, 209–211
Correlação, 385, 387, 389
definição, 385, 387n
Cotações de opções de ações, 660–661
Cotações de preço, título de dívida de cupom, 195–196
Credit crunch, 210
Credit Lyonnais, 555–556
Crédito
5 Cs do, 608–609
comercial, 274–275
linhas de, 472–473, 634, 636–637
Crédito comercial, 274–275, 604–608
benefícios do, 606–607
com extensão do prazo de contas a pagar, 613–614

custo do, 604–606, 613–614
empréstimos padrão *versus*, 606–607
float de gerenciamento, 606–608
fricções de mercado e, 604–607
termos, 604–605
Crédito perene, 636–637
Credores, 513–515
Crescimento
dividendos *versus* investimento e, 311–315
não rentável, 313–314
rentável, 312–315
valor da empresa e, 586–591
Crescimento rentável, 312–315
Crise das Savings and Loan, 698–699
Crise do *subprime*, classificação de títulos de dívida e, 210
Cronograma de vencimentos, 610–612
CRPC. *Ver* Consultor Certificado de Planejamento de Aposentadoria
CS First Boston, 450–451
Cum-dividendo, 539
Cupons, 186–188
sensibilidade da taxa de juros e, 201–203
Curva de rentabilidade
de um título de cupom zero, 190–191
do Tesouro, 222
economia e, 174–177
formato da, 174–176, 222
íngreme, 174–175
invertida, 174–175
Lei do Preço Único e, 219–222
normal, 174–175
Custo de capital, 177–178, 381, 399–401, 405–406
alavancagem e, 502–507
baseado em projetos, 429–432
calculando, próprio, 419–424, 502–507
custo de oportunidade e, 416–417
de uma nova aquisição, 430–431
determinando, 414–439
divisional, 430–431
médio ponderado. *Ver* Custo médio ponderado de capital
motivos do custo de levantar capital externo, 431–433
utilizando a Especificação de Fator de Fama-French Carhart para calcular, 412–413
Custo de capital de ações ordinárias, 422–424
Custo de capital de ações preferenciais, 421–422
Custo de capital denominado em moeda estrangeira, 725–726
Custo de capital próprio, 307–308, 419–424, 502–507
Custo de substituição, equivalente anual, 252
Custo efetivo anual de financiamento de armazenagem, 642–643
Custo médio ponderado de capital (WACC), 320–323, 415–419, 428
antes dos impostos, 502–506

aplicação, 428–430
cálculos, 417–419
com impostos, alavancagem, e, 511–513
empresa alavancada, 417–419
empresa não alavancada, 417–418
equação, 423–425
na prática, 425
resumo, 429–430
suposições do, 428–429
utilizando para avaliar projetos, 427–430, 722–725
Custo médio ponderado de capital antes dos impostos, 502–504, 512–513
Custo(s)
acordo de armazenagem, 642–643
agência. *Ver* Custos de agência
aquisição, 614–615
carregando, 614–615
da oferta subsequente de ações, 464–465
da recompra de ações, 555–556
de capital de ações ordinárias, 422–424
de capital de ações preferenciais, 421–422
de capital próprio, 419–424, 502–507
de dívida, 419–421
de emissão, 431–432, 551–552, 686–688
de emitir uma IPO, 459–462
de falência/de dificuldades financeiras, 513–515, 551–552, 686–688
de financiamento externo, 590–591
de *hedging*, 696–698
de implementar o Ato Sarbanes-Oxley, 82–83
de liquidez, 615–616
de manter estoque, 614–616
de oportunidade. *Ver* Custos de oportunidade
de pedidos, 614–615
de seguros, 688–691
de substituição, 248–249
de transação, 49–50, 97–98n, 110
e crédito comercial, 604–606, 613–614
histórico(s), 279–280
Custos de agência, 517–520, 522–523
alavancagem ótima com, 520–521
custo de seguros e, 688–690
de retenção de caixa, 551–554
Custos de capital baseados em projetos, 429–432
Custos de dificuldades financeiras, retenção de caixa e, 551–552
Custos de emissão
de títulos de dívida, 431–432
retenção de dinheiro e, 551–552
seguros e, 686–688
Custos de oportunidade, 278–279
de capital, 177–179, 416–417
de estoques e contas a receber, 600
Custos de pedidos, 614–615
Custos de transação, 49–50, 97–98*n*, 110
Custos históricos, 279
Cvijic, Christopher, 495

D

Dados de preços, cálculos da inflação e, 171
Daimler, A. G., 553–554
Dartmouth v. Woodward, 40–41
Data de declaração, 535–536
Data de distribuição, 535–536
Data de exercício, preços de opções e, 668–671
Data de expiração, de uma opção, 658–659
Data de pagamento, 535–536
Data de registro, 535–536
Data de resgate, 478–479
Data de vencimento, de títulos de dívida, 186–188
Data ex-dividendo, 535–536
   de taxa de juros, 699–701
   de taxa de juros fixa por flutuante, 699–700
Debêntures, 473–474
   subordinadas, 474, 476
Decisões de financiamento, gerentes financeiros e, 44–45
Decisões de investimento
   estrutura de capital e, 495
   gerentes financeiros e, 44–45
Decisões de substituição, 282–284
Decisões financeiras pessoais, 96–97
Declaração de registro, 450–451
Dedução das despesas com juros dos impostos, valor da empresa e, 507–509
Dedução tributária das despesas com juros, 508–509, 512–513, 516–517, 522–523, 585–587
   com dívida permanente, 510–512
   valor da, 509–511
Delaware, formação de corporações em, 40–41
Dell, Inc., 110, 324, 387–389, 601–603, 657, 684
Delta Airlines, 518–519, 697–698
Demonstração da equivalência patrimonial, 58–59, 78–79
Demonstração de fluxos de caixa, 58–59, 74–79, 596–597
   atividades de financiamento, 74–79
   atividades de investimento, 74–77
   atividades operacionais, 74–77
Demonstração de fluxos de caixa pro forma, 596–597
Demonstração de resultados, 58–59, 65–68
   pro forma, 573–574, 578–581
Demonstrações financeiras, 58
   notas das, 78–79
   preparação das, 58–59
   previsão, 571–577
   tipos de, 58–59
Demonstração P&L, 66–67
Demonstração pro forma, 271
   construindo no Excel, 298–301
Depreciação, 60–61
   acelerada, 279–281
   demonstração de fluxos de caixa e, 76–77
   em linha reta, 268
   fluxo de caixa livre e, 273–274
   MACRS, 279–283, 298–299
   prevendo desembolsos de capital e, 577–578
Depreciação por MACRS, 298–299
   análise de cenário, 286–287
   análise de projeto, 284–287
   análise de sensibilidade, 284–285, 301–302
   custos de oportunidade, 278–279
   decisões de substituição, 282–284
   externalidades de projeto, 279–280
   opção de abandonar, 287–289
   opção de adiar, 287–288
   opção de expandir, 287–288
   opções reais em, 287–289
   processo, 266–267
   utilizando o Excel para, 298–302
Derivativos, 657. *Ver também* Opções financeiras
Descontar, 121–123, 125
   perpetuidades e, 132
Deságio, 187–188
   determinando o, de títulos de dívida de cupom, 197–199
Desconto em dinheiro, 604–605
Desdobramento de ações (*stock splits*), 558–559
   preço das ações e, 558–559
Desembolsos, pesquisa e desenvolvimento, 279–280
Desembolsos de capital, 76–77, 268
   fluxo de caixa livre e, 273–274
   prevendo, 577–578
Desempenho das ações após uma IPO, 460–462
Despesas com juros
   demonstração de resultados e, 574
   previsão de lucros incrementais e, 272
Despesas com pesquisa e desenvolvimento, passado, 279–280
Despesas gerais, 279
Despesas líquidas com juros, 585–586
Despesas operacionais, 66–67, 268
Desvio. *Ver também* Desvio-padrão normal, 362, 364–366
Desvio normal, 362, 364–366
Desvio-padrão, 359–362, 365–366. *Ver também* Volatilidade
   beta e, 395–398
   calculando o, de uma carteira 388–391
   calculando utilizando Excel, 361–365
   erros comuns ao calcular, 363
Determinando título de dívida de cupom, 197–199
Deutsche Bank, 450–451, 708–710
Deutsche Borse, 49–50
Dificuldades financeiras, 513–514. *Ver também* Falência
   alavancagem ótima com, 520–521
   custos indiretos de, 514–515
   linhas aéreas e, 518–519
   seguros e custo de, 686–688
Dilema do importador-exportador, 710–714
Diluição, 67–68, 505–506
Dinamarca, alíquota de impostos sobre dividendos na, 544–546
Dinheiro, 600
   custos de agência de reter, 551–554
   emissão e custos de dificuldades financeiras e retenção de, 551–552
   gerenciamento de, 615–617, 619
   impostos e retenção de, 550–552
   investimentos alternativos para, 616–617, 619
   motivação para reter, 616–617
   payout *versus* retenção de, 549–554
   reter com mercados de capitais imperfeitos, 550–554
Dinheiro, valor do, no tempo, 93, 100–102
Discussão e análise da gerência (MD&A), 78–79
Distorções no nível macro, 728–730
Distribuições aos acionistas, 535–538
Diversificação, 368–370, 391–392
   em carteiras de ações, 369–375
   falácia da, no longo prazo 373–374
Dívida
   corporativa, 472–477
   custo efetivo da, 421
   custos de agência e, 517–519
   de curto prazo, 60–61
   de longo prazo, 61–62
   dedução tributária das despesas com juros com, permanente, 510–512
   impostos e, 507–514
   informação e, 519–522
   teoria da sinalização da, 520–521
Dívida com garantia, 473–474
Dívida corporativa, 472–477
   dívida privada, 472–474
   dívida pública, 473–477
   tipos de, 473–474
Dívida de curto prazo, 60–61
Dívida de longo prazo, 61–62
Dívida líquida, 425–426
Dívida privada, 472–474
Dívida pública, 473–477
Dívida sem garantia, 473–474
Dividendo de liquidação, 536–537
Dividendo especial, 535–537
Dividendos, 305–307, 535–537
   alíquotas de impostos internacionais sobre, 544–545
   cum-, 539
   declínio do uso de, 546
   estimando, no modelo de desconto de dividendos, 310–318
   feitos em casa, 541–545
   implicações contábeis, 536–537
   investimento e crescimento *versus*, 311–315
   liquidando, 536–537
   Modigliani-Miller, irrelevância dos, 541–543

Dividendos de crescimento constante, 326–328
DJIA. *Ver* Dow Jones Industrial Average
Doações, 445–446
Dólar, convertendo dólares correntes, em ouro, euros e dólares no futuro, 103–104
Dólar, impacto sobre o valor, retorno percentual *versus*, 242–245
Donald, Jim, 586–591
Dow Jones Industrial Average (DJIA), 51, 52, 393–394
Dow Jones Industrial Index, 661
Dow Jones International News, 131
Draper Fisher, 444–445
DRIP. *Ver* Programa de reinvestimento de dividendos
Dupla tributação, 41–44
Duração, 697–699

E

EAR. *Ver* Taxa efetiva anual
EAY. *Ver* Rentabilidade efetiva anual
EBIT, 284–287
EBIT. *Ver* Lucros antes dos juros e dos impostos
EBITDA, 69–70
    índices de alavancagem, 69–71, 74–75
    índices de avaliação, 72–75
    índices de capital de giro, 69–70
    índices de lucratividade, 67–69, 74–75
    retornos sobre investimentos, 70–71, 74–75
EBITDA. *Ver* Lucros antes dos juros, impostos, depreciação e amortização
Economia, 96–97
Economia, curva de rentabilidade e, 174–177
Edison International, 395–396
Efeito clientela, 548–549
Efeito Concorde, 279–280
Eisner, Michael, 47, 48
Electronic Arts, 602–603
Elmira and Williamsport Railroad Co., 186–188
Emissão de ações, 541–542
Emissões de ações, diluição e, 505–506
Empresa alavancada, 417–419
    fluxos de caixa de uma, 509–510
Empresa não alavancada, 417–418
    fluxos de caixa da, 509–510
Empresas
    alavancadas, 417–418, 509–510
    corporações, 39–44
    empresas individuais, 38–40
    implicações tributárias para entidades corporativas, 41–44
    não alavancada, 417–418, 509–510
    sociedades de responsabilidade limitada, 39–40, 43–44
    sociedades por quotas, 39–40, 43–44
    teoria do *tradeoff* e diferenças entre, 515–516
    tipos de, 38–44

Empresas de capital de risco, 444–446
Empresas de *factoring*, 640
Empresas de resseguro, 685–686n
Empresas de tecnologia, 515–516
Empresas do Tipo S
    retorno esperado com taxa de juros livre de risco de 5%, 373–374
    risco sistemático e, 370–372
Empresas do tipo U
    retorno esperado com taxa de juros livre de risco de 5, 373–374
    risco não sistemático e, 370–372
Empresas individuais, 38–40, 43–44
Empréstimos
    amortização de, 165–167
    bancários. *Ver* Empréstimos bancários
    calculando o saldo pendente, 166–169
    com garantias, 640
    combinado com *swaps*, 700–701
    crédito comercial *versus* padrão, 606–607
    de curto prazo *versus* de longo prazo, 176–177
    de recibo de confiança, 642, 643
    determinando pagamentos, 138–141, 165–168
    taxas de descapitalização e, 165–169
Empréstimo com garantia, 640
Empréstimo corporativo, 640
Empréstimo de recibo de confiança, 642, 643
Empréstimo ponte, 636–637
Empréstimos bancários, 472–473
    com um único pagamento no final do período, 634, 636
    empréstimo ponte, 636–637
    empréstimos com desconto, 636–637
    estipulações comuns e taxas de, 636–639
    financiamento de curto prazo com, 634, 636–639
    sindicalizado, 472–473
Empréstimos de curto prazo, 176–177
Empréstimos de longo prazo, 176–177
Encargos acumulados, 60–61
Enron, 79–80, 513–514
Entrada de dinheiro, saída de dinheiro *versus*, 117–118
Entrincheiramento da gerência, custos de agência e, 517–519
Environmental Protection Agency (EPA), 95
EPS. *Ver* Rendimentos por ação
Equipe de gerenciamento corporativo, 46
Ernst & Young, 81
Escala, escolhendo entre projetos e diferenças em, 240–245
Escolhas de política de financiamento, 633–634, 636
Escritura, 473–474
Especialistas, 49
Especificação de Fator de Fama-French-Carhart (FFC), 411–413
Especulador agressivo, 48
Especuladores, 444–445
Especular, 661–662, 697–698

Estabelecimento de uma corporação, acesso ao capital e, 444
Estados Unidos
    caráter cíclico das IPOs nos, 460–461
    composição dos *payouts* dos acionistas nos, 546–547
    declínio do uso de dividendos nos, 546
    estrutura a termo de taxas de juros livres de risco nos, 172
    financiamento de capital de risco nos, 445–446
    ganhos de capital *versus* alíquota de impostos sobre dividendos nos, 65–66
    impostos sobre lucros estrangeiros nos, 726–727
    inflação e taxas de juros nominais nos, 170–171
    liquidez corporativa nos, 616–617
    taxas de câmbio do nos, 710–711
Estimativas de custo, 286–269
Estoque, 60–61, 600
    armazenagem de, 691–692
    atividades operacionais e, 76–77
    benefícios de reter, 614–615
    como colateral, 640–643
    custo de reter, 614–616
    custos de oportunidade de, 600
    gestão, 613–616
    gestão de, 599
Estoque em dias, 69–70
Estratégia, 96–97
Estratégia *cash-and-carry*, 715–717
Estratégia de saída, 448–449
Estrutura a termo, de taxas de juros, 172–174
Estrutura de capital, 416–417, 494–532
    como opções sobre os ativos da empresa, 675–676
    custos de agência e informação, 517–522
    custos de falência, 513–515
    decisões de investimento e, 495
    dificuldades financeiras, 513–515
    dívida e impostos, 507–514
    em mercados de capitais perfeitos, 497–508
    escolhas de, 496–498
    falácias, 505–506
    resumo, 522–523
    teoria do tradeoff, 515–518
Ética corporativa, 47–48
Eurasia Group, 707
Eurobonds, 476–477
    colocação privada, 472–474
    com grau de investimento, 206–207
    de alta rentabilidade, 206–207
    de deságio puro, 187–188
    desconto de emissão original, 473–474
    do governo, 728–730
    estrangeiros, 476–477
    globais, 476–477
    hipoteca, 473–474
    mercados internacionais de títulos de dívida, 474, 476–477
    perpétuos, 131

Índice

podres, 206–207, 474–477
prospecto, 473–474
provisões de repagamento, 478–479–485
retornos de, corporativos, 352–355
Eurobonds de dívida, 476–477
Euronext, 49–50
Euros, convertendo dólares correntes em, futuros, 103–104
Excel, 495, 599
   calculando a correlação entre dois conjuntos de retornos utilizando, 387–388
   calculando a taxa interna de retorno utilizando, 142–144
   calculando o beta das ações utilizando, 398, 400
   calculando o desvio-padrão de retornos históricos utilizando, 361–365
   calculando o saldo pendente do empréstimo utilizando, 166–169
   calculando o valor futuro de uma anuidade utilizando, 136
   calculando o valor presente de uma anuidade utilizando, 135
   calculando o valor presente líquido utilizando, 143
   construindo o modelo de desconto de dividendos utilizando, 344–345
   construindo uma demonstração pro forma utilizando, 298–301
   convertendo APR em taxa de descapitalização utilizando, 164–165
   determinando pagamentos de empréstimos utilizando, 138–141
   encontrando o número de períodos utilizando, 144–146
   encontrando valores presentes e futuros utilizando, 124
   fazendo o perfil do NPV utilizando, 262–263
   orçamento de capital utilizando, 298–302
   preparando o perfil do NPV utilizando, 228–229
   realizando uma análise de sensibilidade utilizando, 301–302
Exercendo, 658–659
Exigências de saldo de compensação, 637–639
Expansão
   avaliando uma, planejada, 582–587
   momento ótimo e opção de adiar, 586–587
   prevendo uma, planejada, 577–583
Expectativas da taxa de juros, 159
Extensão do prazo de contas a pagar, 612–614
Externalidades de projeto, 279
Exxon, 426
ExxonMobil, 553–554

F

Facebook, 96, 446–447
Factoring, de contas a receber, 640–641
Facebook e, 96, 445–447
   capital de giro, 602–603
   custo médio ponderado de capital, 426

dividendo especial, 356–357, 535–537
política de *payout*, 544–545, 553–557
volatilidade das ações, 387–391, 395–397
Falácia do custo histórico, 279–280
Falácia do pássaro na mão, 542–543
Falência
   ações da empresa e, 676–677
   custos diretos de, 513–515
   custos indiretos de, 514–515
   seguros e custo de, 686–687
Falta de estoque, 614–615
Fama, Eugene, 412
FASB. *Ver* Financial Accounting Standards Board
Fastow, Andrew, 79–80
Fator da taxa de juros, 101–102
Fator de descapitalização, 103
Fatores de risco, 411
Fazendo um *cash out*, 519–520
Fedak, Marilyn, 314–315
Federal Reserve, 171, 174
FedEx, 519–520
FFC. *Ver* Especificação de Fator de Fama-French-Carhart
Finanças, motivos para estudar, 38–39
Finanças empresariais internacionais, 706–739
   avaliação de fluxos de caixa em moeda estrangeira, 722–726
   avaliação e tributação internacional, 726–728
   mercado cambial ou de divisas, 708–712
   mercados de capitais internacionalmente integrados, 708, 719–722
   mercados de capitais internacionalmente segmentados, 727–732
   opções e, 675–677
   orçamento de capital com risco da taxa de câmbio, 731–733
   risco da taxa de câmbio, 710–720
Finance Leadership Development Program (FLDP), 626
Financial Accounting Standards Board (FASB), 58–59
Financial Executives International, 82–83
Financial Industry Regulatory Authority (FINRA), 194–195
Financial Times, The, 728–729
Financiamento. *Ver também* Planejamento financeiro de curto prazo
   alavancado, 499–500
   com capital próprio. *Ver* Financiamento com capital próprio
   com garantia, 640–643
   de venture merchant, 640–641
   novos, líquidos, 575–577
   novos negócios, 498–500
   taxa de crescimento sustentável e, externo, 588–591
Financiamento alavancado, 499–500
Financiamento com capital próprio, 442–469, 498–500
   fontes de financiamento, 444–447

oferta pública inicial, 448–462
oferta subsequente de ações, 460–465
para empresas de capital fechado, 444–449
saída de investimento em empresa de capital fechado, 448–449
títulos e avaliação, 446–449
Financiamento com garantia, financiamento de curto prazo com, 640–643
Financiamento de dívida, 470–491
   cláusulas de títulos de dívida, 477–479
   dívida corporativa, 472–477
   provisões de repagamento, 478–485
Financiamento de *venture merchant* ou comerciante de risco, 640–641
Financiamento externo, taxa de crescimento sustentável e, 588–591
Finlândia
   alíquota de impostos sobre dividendos na, 544–546
   tributação corporativa na, 43–44
FINRA. *Ver* Financial Industry Regulatory Authority
Fiorina, Carly, 47
FLDP. *Ver* Finance Leadership Development Program
Floats
   de cobrança, 606–607
   de disponibilidade, 606–607
   de pagamento, 607–608
   de postagem, 606–607
   de processamento, 606–607
   gerenciando, 606–608
Floor planning, 642
Fluxo de caixa livre. *Ver também* Fluxos de caixa livres incrementais
   avaliação do empreendimento e, 319–321
   calculando diretamente, 277
   com risco da taxa de câmbio, 731–733
   prevendo, 582–584
   usos do, 535–536
Fluxos de caixa
   aplicando regras de avaliação, 122–126
   avaliação de, em moeda estrangeira, 722–726
   avaliando, mensais, 161–163
   avaliando em diferentes pontos no tempo, 118–126
   avaliando uma sequência de, 125–129
   comparando e combinando valores, 118–120, 123, 125
   composição e, 119–123, 125
   crescentes, 136–138
   cronologia dos, 279–280
   demonstração de, 596–597
   descontando, 121–123, 125
   encontrando, 138–141
   encontrando o valor presente de um único, futuro, 155–156
   livres. *Ver* Fluxo de caixa livre
   organizando e calculando o valor presente líquido, 228–229
   prevendo, 266–267

projetos mutuamente exclusivos e cronologia dos, 245–246
sequência de, 117
somando, de diferentes épocas, 118–119
título de dívida de cupom, 191–193
título de dívida de cupom zero, 187–188
valor futuro de, 119–121
valor presente de, 122–123
valor presente líquido de uma sequência de, 128–130

Fluxos de caixa em moeda estrangeira, avaliação de, 722–726

Fluxos de caixa livres incrementais
ajustando o fluxo de caixa livre, 279–283
custos de oportunidade e, 278–279
custos históricos e, 279–280
decisões de substituição e, 282–284
determinando, 272–278
externalidades de projeto e, 279

Ford Motor Co., 206–207, 383–384, 472, 483–484n

Forma forte da eficiência de mercado, 330–331n

Forma fraca da eficiência de mercado, 330–331n

Forma semiforte de eficiência de mercado, 330–331n

Formato de DVD player, 228, 266
Fórmulas em células, 299–301
Fornecedores, falência e perda dos, 514–515
Forrester, J. R., 231
Fortis Group NV, 449–450
Fortune, 79–80
Franquia, 689–690
French, Kenneth, 412
Fricções de mercado, crédito comercial e, 604–607
Frieden, Sue, 81
Funcionários, falência e, 514–515
Funções financeiras dentro de uma corporação, 46
Fundamentos, 445–446
Fundo de Índice 500 da Standard & Poor's (S&P), 393–394
Fundos de amortização de empréstimos (*sinking fund*), 481–482
Fundos de índice, 393–394
Fundos de pensão, 445–446, 548–549
Furto *versus* seguros contra terremotos, 367–369
Fusões e aquisições, 477–478

G

GAAP. *Ver* Princípios Contábeis Geralmente Aceitos
Ganhos de capital, 307–308
impostos sobre, 543–546
Gap, 615–616
Garantia de cobertura 640–643
Garantia firme ou *firm commitment*, 453–455
Garantia flutuante (genérica ou de cobertura), 640–643

Gateway, 324
General Electric Co., 395–396, 429–430, 684
General Motors Acceptance Corp., 205
General Motors Corp. (GM), 62–63, 206–207, 395–396, 536–537, 553–555
Gerenciamento de capital de giro, 44–46, 598–624
crédito comercial, 604–608
gerenciamento de caixa, 615–617, 619
gerenciamento de contas a pagar, 611–614
gerenciamento de contas a receber, 607–612
gerenciamento de estoques, 613–616
valor do, 603–604
Gerenciamento de contas a receber, 607–612
determinando a política de crédito, 607–610
monitorando as contas a receber, 609–612
Gerenciamento de risco, 682–705
em uma oferta pública inicial, 453–455
risco da taxa de juros, 697–701
risco do preço de *commodities*, 691–698
seguros, 684–691
Gerente financeiro, 44–46
lugar do, na corporação, 45–48
meta do, 45–46
tomada de decisões da política de *payout* e, 558–560
Gerentes. *Ver também* Problemas de agência
do gerente financeiro e, 47
avaliação de ações e, 332–334
política de *payout* e, 553–554
recompras de ações e, 555–556
Gesellschaft mit beschränkter Haftung (GmbH), 39–40
Giro de estoque, 74–75
Giro do ativo total, 74–75
Giro dos ativos fixos, 68–70, 74–75
Gitman, L. J., 231
Glaser, Robert, 446–447, 462–463
GM. *Ver* General Motors Corp.
GmbH. *Ver* Gesellschaft mit beschränkter Haftung
Goetzmann, William, 131
Goldman Sachs, 443, 450–451, 570
Goodyear Tire and Rubber Co., 205
Google, 62–63, 96, 395–396, 457–458, 505–506, 553–554, 657
Google Finance, 305, 305–306
Graham, John, 230, 232
Grannis, Dick, 243
Green Shoe Co., 453–454n
Greenmail, 537–538

H

H.J. Heinz Co., 64–65, 395–396
Hambrecht, 457
Hance, Julian, 555–556
Harley-Davidson Inc., 395–396
Harvey, Campbell, 230, 232
Hasbro, 602–603, 615–616, 627, 636–637
Havaí, LLCs no, 39–40
Hedge, natural, 696–697

Hedges naturais, 696–697
Hedging, 661
baseado em *swap*, 699–701
baseado na duração, 698–699
com contratos a termo, 713–715
com contratos futuros, 694–697
com integração vertical e armazenagem, 691–692
de contratos de longo prazo, 692–694
erros, 696–697
tailing the hedge, 695–696n
Hedging baseado na duração, 698–699
Herman Miller, Inc., 324–327
Herriot, Matt, 95
Hertz Corp., 472–480, 483–485, 496
Hewlett-Packard (HP), 387–389, 658–659
Hipotecas *subprime*, 210
Hipótese da sinalização dos dividendos, 555–556
Hipótese de mercados eficientes, 330–333
ausência de arbitragem *versus*, 332–335
Hipótese de ordem de captação, 520–522
Hollon, David, 570
Home Depot Inc., 395–396, 403–404, 496
Honeywell, 51
Hoogheemraadschap Lekdijk Bovendams, 131
Horizonte de investimento, 160
alíquota de impostos sobre dividendos e, 547–548
HP. *Ver* Hewlett-Packard
Husain, Waleed, 599

I

IASB. *Ver* International Accounting Standards Board
Ibderdrola Renovables SA, 449–450
IBM (International Business Machines Corp.), 58, 480–481
Identidade DuPont, 70–73
IFRS. *Ver* International Financial Reporting Standards
Ignition Partners, 557
Imobiliárias, 515–516
Imperfeições do mercado de seguros, 688–690
Imperial Tobacco Group PLC, 449–450
Impostos internacionais sobre ganhos de capital, 544–545
Impostos/tributação
alavancagem e custo médio ponderado de capital com, 511–513
alavancagem ótima com, 520–521
avaliação e tributação internacional, 726–728
custo da dívida e, 419–421
diferenças entre investidores, 547–549
dívida e, 507–514
dupla tributação, 41–44
ganhos de capital, 543–546
lucros antes dos, 67–68
lucros corporativos, 41–44
política ótima de dividendos com, 546–548

prevendo lucros incrementais e, 269, 271–272
retenção de dinheiro e, 550–552
sobre dividendos, 543–546
Incentivos, em corporações, 47–48
Incentivos gerenciais, seguros e, 688–689
Incompatibilidade de durações, 698–699
Índice 100 da Standard & Poor's (S&P), 661
Índice capital de terceiros/valor da empresa (*debt-to-value ratio*), 496–497
Índice de capital de terceiros/capital próprio (*debt-equity ratio*), 62–66
Índice de capital de terceiros/capital próprio contábil (*book debt-equity ratio*), 63–66
   confusão nos, 72–73
   conversão, 481–482
   de alavancagem, 69–71, 74–75
   de capital de terceiros/capital próprio (*debt-equity ratio*), 62–66, 428–429
   de capital de terceiros/capital próprio de mercado (*market debt-equity ratio*), 63–66
   de capital de terceiros/valor da empresa (*debt-to-value*), 496–497
   de cobertura de juros, 69–70
   de eficiência e capital de giro, 74–75
   de giro de estoque, 69–70
   de liquidez corrente, 64–66
   de *payout*, 77–78
   de retorno sobre o investimento, 70–71, 74–75
   market-to-book, 62–66
Índice de cobertura de juros (TIE), 69–70, 74–75
Índice de giro dos estoques, 69–70
Índice de liquidez corrente, 64–66
Índice de liquidez seca, 64–66
Índice de lucratividade, 250–251, 253
   deficiências do, 251–252
Índice de Preços ao Consumidor (IPC), 171, 352–353
Índice *market-to-book*, 62–66
Índice PEG (*P/E to growth*), 72–73
Índice preço-lucro (P/E), 72–75, 304, 305–307, 324–328
Índice preço-lucro passado, 324
Índice *price-to-book* (P/B), 62–63, 65–66, 304
Índice TIE. *Ver Times interest earned ratio*
Índices da bolsa de valores, 51. *Ver também Índices individuais* 51
   como carteira de mercado, 393–395
   opções financeiras nos, 661–662
Índices de alavancagem, 69–71, 74–75
Índices de avaliação, 72–75
Índices de capital de giro, 69–70
Índices de eficiência e capital de giro, 74–75
Índices de lucratividade, 67–69, 74–75
Índices de retorno sobre investimento, 74–75
Inflação, 159
   calculando, 171
   taxa de juros real vs. nominal e, 168–171

Informações
   assimétricas, 519–520
   de todo o mercado, 370–371
   dívida e, 519–522
   nos preços de ações, 328–331
   notícias específicas a uma empresa ou setor, 369–370
   privadas ou difíceis de interpretar, 331–333
   públicas ou facilmente interpretáveis, 330–332
ING Direct, 160
Iniciativas dos acionistas, 48
Instituições, preferência por política de dividendos, 548–549
Insurance Information Institute, 685–686n
Integração vertical, 691–692
Intel Capital, 444–445
Intel Corp., 395–396, 600–601
Interactive Brokers Group, 457
International Accounting Standards Board (IASB), 58–59
International Accounting Standards Committee, 58–59
International Financial Reporting Standards (IFRS), 58–59, 81
Intervalos de confiança, 95%, 362, 364–366
In-the-money, 661
Investidor estratégico, 445–446
Investidores
   alíquota de impostos sobre dividendos e tipo de, 547–548
   anjo, 444
   concorrência e avaliação de ações e, 332–334
   corporativos, 445–447
   diferenças tributárias entre, 547–549
   estratégicos, 445–446
   institucionais, 445–446
   preferência a política de dividendos de, individuais, 548–549
   referências por dividendos ou recompras, 540–541
   retenção de dinheiro e ajustes tributários e, 551–552
   taxas de câmbio e, 710–712
Investidores corporativos, 445–447
Investidores em ações, 405–406
Investidores em títulos de dívida, 405–406
Investidores institucionais, 445–446
Investimento
   dividendos *versus*, 311–315
   estratégia de saída, 448–449
   líquido, 49
   política da taxa de juros e, 170–171
   saída de um investimento, em uma empresa de capital fechado, 448–449
Investor Responsibility Research Center, 48
IPC. *Ver Índice de Preços ao Consumidor*
iPhone, 45–46
IPO. *Ver Oferta pública inicial*
iPod shuffle, 108–109, 708–709
IPO por leilão, 454–457

IPO por leilão, 454–458
   avaliação de, 450–454
   características surpreendentes de uma, 457–462
   custo de uma, 459–462
   da Google, 457–458
   de melhores esforços, 454–455, 457–458
   desempenho das ações no longo prazo após uma IPO, 460–462
   garantia firme (*firm commitment*), 453–455, 457–458
   mercados de IPO "quente" e "frio", 458–461
   primária, 449–455
   secundária, 449–455
   subvalorizada, 458–460
IPOs subvalorizadas, 458–459
Irlanda, dupla tributação na, 43–44
IRR. *Ver Taxa interna de retorno*
Isenções tributárias no curto prazo, 618
Ityesi, Inc., 722–725, 727–729, 731–733

J
J.P. Morgan, 450–451
Jagannathan, Ravi, 457
Jagolinzer, Jonathan, 116
JIT. *Ver Just-in-time*, gerenciamento de estoque
Jurisdição tributária, alíquota de impostos sobre dividendos e, 547–548
Juros
   compostos, 119–121
   lucros antes dos, 67–68
   simples, 162–163
Just-in-time (JIT), gerenciamento de estoque, 614–616

K
Kaplan, Steven, 514–515
Kellogg Co., 272
Kelly, Gary, 692–693
Kenneth Cole Productions, Inc., 305–307, 316–318, 321–323, 326–328
King, James, 265
Kirchoff, Jon, 351
Kleiner Perkins, 444–445
KMS Designs, 571–587, 596–597
Korea First Bank, 131
Kosher Depot, 640–641
Kraft Foods Inc., 205
Kroger Co., 600

L
LBO. *Ver Leveraged buyout*
Lehman Aggregate Bond Index, 185
Lehman Brothers, 450–451
Lei de Falência, 532
Lei de Reforma da Falência (Bankruptcy Reform Act), 532
Lei do Preço Único, 96, 107–111, 567, 655
   como verificação de robustez, 724–726
   curva de rentabilidade e, 219–222

paridade coberta da taxa de juros e, 716–717
paridade de compra e venda (*put-call parity*) e, 671–674
precificando títulos utilizando, 109–110
Lei do Preço Único e, 107–111
  levantamento de capital e, 441
  regra de decisão do NPV e, 103–108, 228
  valor do dinheiro no tempo e, 100–102
  valores de mercado e, 499–500
Leilão holandês, 537–538
Leveraged buyout (LBO), 483–485
LIBOR. *Ver* London Inter-Bank Offered Rate
Limites da apólice, 689–691
Linha de crédito, 634, 636–637
  comprometida, 636–637
  garantida por ativos, 472–473
  não comprometida, 634, 636–637
  rotativo, 472–473, 636–637
Linha do mercado de títulos (SML), 402–405
Linha do tempo de moeda, 715–716
Linhas aéreas
  dificuldades financeiras e, 518–519
  margem operacional de, 68–69
  risco do preço das *commodities* e, 691–694, 697–698
  volatilidade do retorno da carteira, 384–386
Linhas do tempo, 117–119
  construindo, 117–119
  distinguindo entradas de saídas de caixa, 117–118
  identificando datas em, 117–118
  representando períodos de tempo em, 117–119
Linksys, 270–271, 274–276, 278, 286–289
Lintner, John, 404–405, 554–555
Liquidação, 280–282
Liquidação pelo Capítulo 7, 532
Liquidez, 49
  corporativa, 616–617
  custo da, 615–616
Liz Claiborne, 395–397
LLC. *Ver* Sociedades de responsabilidade limitada
LLC ilimitada, 265
Lockheed Martin, 626
Lockup, 454–455
Logaritmos, encontrando o número de períodos, 144–145
London Inter-Bank Offered Rate (LIBOR), 634, 636, 699–700
London Stock Exchange (LSE), 49–50
Loomis Sayles & Co., 304
Loughran, Tim, 453–454
LSE. *Ver* Bolsa de Valores de Londres
Lucro
  bruto, 66–67
  por deter opções até o vencimento, 665–667
Lucro
  antes dos impostos, 67–68
  líquido, 66–68
  líquido não alavancado, 272
  operacional, 66–67
Lucro antes dos impostos, 67–68
Lucro por ação (EPS), 67–68, 305–307
  alavancagem e, 505–506
  diluídos, 67–68
  dividendos e, 311–312
Lucros, 66–67
  calculando o fluxo de caixa livre a partir dos, 273–276
  corporativos, 41–44
  diferimento da repatriação de, 726–728
  futuros, 324
  hedging de *commodities* e, 692–693
  passados, 324
  prevendo, 578–580
  repatriação imediata de, 726–727
  tributação de, corporativos, 41–44
Lucros antes dos juros, impostos, depreciação e amortização (EBITDA), 69–70, 73–74
  valor de continuação e, 584–586
  valor de empreendimento/EBITDA, 325–328
Lucros antes dos juros e dos impostos (EBIT)
  ponto de equilíbrio, 284–287
Lucros antes dos juros e dos impostos (EBIT), 67–68
  previsão de lucros incrementais e, negativos, 271–272
Lucros corporativos, tributação de, 41–44
Lucros diluídos por ação, 67–68
Lucros incrementais, 266–267
  prevendo, 268–272

M

MACRS (Sistema de Recuperação de Custo Acelerado Modificado), depreciação por, 279–283, 298–299
Manzini Cyclery, 710–717
Marcação ao mercado (*marking to market*), 695–697
Marfin Investment Group, 449–450
Margem, 695–696
Margem bruta, 67–69, 74–75
Margem de lucro líquido, 68–69, 74–75
Margem operacional, 68–69, 74–75
Market makers ou criadores de mercado, 49–50
Market timing, 520–521
Marketing, 96–97
Markowitz, Harry, 390–391
Marshall, John, 40–41
MCI, 513–514
MD&A. *Ver* Discussão e análise da gerência
Média geométrica, 362
Melhores esforços (*best-efforts*), 454–455
Mercado cambial, 708–712
Mercado de divisas (FX ou forex), 708–711
Mercado de títulos do Tesouro norte-americano, 192–193
Mercado Forex. *Ver* Mercado de divisas
Mercado FX. *Ver* Mercado de divisas
Mercado líquido, 332–333n
Mercado monetário, opções de investimento no, 618
Mercado primário, 49
Mercado secundário, 49
Mercado(s). *Ver também* Mercados de capital
  acesso diferencial a, 727–729
  competitivos, 98–99
  líquido, 332–333n
  mercado cambial, 708–711
Mercados competitivos, 98–99
Mercados de capitais
  internacionalmente integrados, 719–722
  internacionalmente segmentados, 727–732
  perfeitos. *Ver* Mercados de capitais perfeitos
  retendo caixa com, imperfeitos, 550–554
Mercados de capitais imperfeitos, retendo dinheiro com, 550–554
Mercados de capitais internacionais, 707
Mercados de capitais internacionalmente integrados, 708, 719–722
Mercados de capitais internacionalmente segmentados, 727–732
  acesso diferencial a mercados, 727–729
  distorções no nível macro, 728–730
  implicações dos, 729–731
Mercados de capitais perfeitos, 496
  definição, 498–499
  dividendos *versus* recompras de ações *versus*, 537–544
  estrutura de capital em, 497–508
  política de dividendos com, 543–544
  retenção de caixa com, 549–551
Mercados internacionais de títulos de dívida, 474, 476–477
Mercados perfeitos, precificação de seguros em, 684–687
Merrill Lynch, 450–451
Merrill Lynch Global Private Equity, 483–484n
Merton, Robert, 411
Metallgesellschaft Refining and Marketing (MGRM), 696–697
Método de comparáveis, 323–327
Método do percentual de vendas, 571–573, 575
México, tributação corporativa no, 43–44
MGRM. *Ver* Metallgesellschaft Refining and Marketing
Michaely, Roni, 548–549
Microsoft Corp., 41–42, 52, 103, 358, 405–406
  como investidor corporativo, 445–449
Midwest Stock Exchange (Bolsa de Valores de Chicago), 49
Miller, Merton, 499–505, 507, 686–687
  política de financiamento agressiva e, 633–634
Milner, Bryan, 471
MIRR. *Ver* Taxa interna de retorno modificada

Modelagem financeira, 569–597
　avaliando uma expansão planejada, 582–587
　crescimento e valor da empresa e, 586–591
　metas de planejamento financeiro de longo prazo, 571–572
　prevendo demonstrativos financeiros, 571–577
　prevendo uma expansão planejada, 577–583
Modelo de desconto de dividendos, 304–311, 314–315
　equação, 309–311
　estimando dividendos no, 310–318
　ganhos de capital, 307–308
　índice P/E relacionado a crescimento futuro no, 324–325
　investidor de múltiplos anos, 308–310
　investidor de um ano, 305–308
　limitações do, 316–318
　rentabilidade dos dividendos, 307–308
　retornos totais, 307–309
　utilizando o Excel para construir o, 344–345
Modelo de desconto de dividendos com crescimento constante (CDGM), 310–312, 422–424
Modelo de precificação de ativos financeiros (CAPM), 398, 401–406, 422–424
　carteiras e, 402–404
　linha do mercado de títulos, 402
　precificação de seguros e, 685–687
　problemas com, na prática, 411
　relacionando riscos ao retorno esperado, 398, 401–401
　resumo, 404–405
Modelo do fluxo de caixa livre descontado, 318–323, 326–328
　múltiplos de avaliação *versus*, 326–327
Modelo do *payout* total, 318–320
Modelos multifatoriais, 411–412
Modigliani, Franco, 499–505, 507, 633–634, 686–687
　ações, 558–559
　especiais, 535–537
　fatores que influenciam as alíquotas de impostos sobre, 547–549
　impostos sobre, 543–549
　política com mercados de capitais perfeitos, 543–544
　política ótima com impostos, 546–548
　recompras de ações *versus*, 537–544, 547–548
Modigliani-Miller, teorias de
　irrelevância de dividendos, 541–543
　irrelevância do *payout*, 550–551
　no mundo real, 507
　proposição I, 500–501, 510–511
　proposição II, 504–505
Modo fim-de-período (calculadora financeira), 155
　moeda, 728–729

Moedas
　câmbio internacional, 708–712
　mais negociadas, 708–710
　opções de, 662
Monsanto Corp., 558–559
Moody's, 474, 476
Moore, Jason, 159
Morgan, Alexander "Xan," 380
Morgan Stanley, 450–451
Morgan Stanley Alternative Investment Partners, 495
Mossin, Jan, 404–405
Motorola, 395–396
MSN Money, 305n
Muito *in-the-money*, 661
Muito *out-of-the-money*, 661
Multiplicador do capital próprio, 71–72
Múltiplos, valor de continuação e, 584–586
Múltiplos de avaliação, 324–327
　limitações dos, 325–327
　método do fluxo de caixa descontado *versus*, 326–327
　valor de empreendimento, 325–327
Múltiplos do valor de empreendimento, 325–327

N

Nardelli, Robert, 47
NASDAQ (National Association of Security Dealers Automated Quotation), 49–50
NASDAQ, 49–50
National Bureau of Economic Research, 176
Necessidades de caixa de curto prazo, gerenciando, 44–46
Necessidades de financiamento, planejando, 571–572
Necessidades de financiamento, prevendo, de curto prazo, 627–633
Necessidades monetárias, valor presente líquido e, 106–108
Negociação de títulos, 110
Netflix, 496–498, 515–516
New Century Bank, 160
New Enterprise, 444–445
New York Mercantile Exchange (NYMEX), 694–695
New York Stock Exchange (NYSE), 49–50, 305
New York Stock Exchange (NYSE), índice, 661
Newsom, Randy, 683
Nike, 370–372, 657
Nível de renda, alíquota de impostos sobre dividendos e, 547–548
Nordstrom, 68–69, 71–73, 426, 602–603
Noruega, tributação corporativa na, 43–44
Nota promissória, 634, 636
Notas, 473–474
　das demosntrações financeiras, 78–79
　promissórias, 634, 636
Notas a pagar, 60–61

Notas comerciais, 618
　financiamento de curto prazo com, 638–640
　notas de negociante, 639
　notas diretas, 639
Nova Zelândia, tributação corporativa na, 43–44
Novo financiamento líquido, 575–577
Novos negócios, financiamento, 498–500
NPV. *Ver* Valor presente líquido
Número de períodos, encontrando, 144–147
NWC. *Ver* Capital de giro líquido
NYMEX. *Ver* New York Mercantile Exchange
NYSE, 49–50
NYSE. *Ver* New York Stock Exchange

O

Oak Investment, 444–445
OAO VTB Bank, 449–450
OECD. *Ver* Organization for Economic Cooperation and Development
Oferta de direitos de preferência, 462–465
Oferta de subscrição em dinheiro ou *cash offer*, 462–465
Oferta primária, 449–450
Oferta pública de compra (*tender offer*), 537–538
Oferta pública inicial (IPO), 443, 448–458
　vantagens e desvantagens de se tornar uma empresa de capital aberto, 448–450
Oferta pública inicial aberta, 454–455
Oferta secundária, 449–450
Oferta subsequente de ações (SEO), 460–465
　custos, 464–465
　oferta de dinheiro, 462–465
　oferta de direitos de preferência, 462–465
　processo, 460–465
　reação dos preços a uma, 464–465
OID. *Ver* Título de dívida com desconto de emissão original
Opção de abandono, 287–289
Opção de compra, 657–659, 661
　ações como, 675–677
　fatores que afetam o preço de, 670–671
　fórmula de Black & Scholes de precificação de opções e, 670–671
　hedging com, de moeda, 718–719
　lucro por deter, até o vencimento, 666
　retornos por deter, até o vencimento, 667–669
　volatilidade e, 669–671
Opção de expandir, 287–288
Opção de venda, 657–659, 661
　fatores que afetam o preço de, 670–671
　lucros por deter até o vencimento, 666–667
　volatilidade e, 670–671
Opções
　de moeda, 718–720
　financeiras. *Ver* Opções financeiras
Opções americanas, 658–659, 661
　data de exercício e preço de, 668–671
　fatores que afetam o preço de, 670–671
Opções de ações, 67–68, 657–660

Opções de moeda
　contratos a termo de moeda *versus*, 718–720
　fazendo *hedging* do risco da taxa de câmbio com, 718–720
　vantagens das, 719–720
Opções europeias, 658–659
　data de exercício e preço de, 669–671
　fatores que afetam o preço, 670–671
　fórmula de Black & Scholes de precificação de opções e, 670–671
　paridade de compra e venda (*put-call parity*) e, 673–675
Opções financeiras, 656–681. *Ver também* Opção de compra; Opção de venda
　contratos de opções, 658–659
　cotações de opções de ações, 660–661
　de ações, 657–661
　em índices de ações, 661–662
　fatores que afetam os preços, 668–671
　finanças empresariais e, 675–677
　fórmula de Black & Scholes de precificação de opções, 670–673
　lucros por deter, até o vencimento, 665–667
　nos lucros futuros de atletas, 683
　panorama, 657–662
　paridade de compra e venda (*put-call parity*), 682–676
　payoffs de opções na data de vencimento, 662–669
　posição comprada, 662–664
　posição vendida, 664–665
　retornos por deter, até o vencimento, 667–669
Opções reais, 287–289, 656
　opção de abandonar, 287–289
　opção de adiar, 287–288
　opção de expandir, 287–288
Operações, 96–97
Oportunidade de arbitragem, 108–109, 370–373
Oportunidade de investimento, valor presente líquido de uma, 128–130
Options Industry Council, 671–672
Orçamento de capital, 264–302
　ajustando fluxos de caixa livres, 279–283
　análise do ponto de equilíbrio, 284–287
　com risco da taxa de câmbio, 731–733
　definição, 266
　determinando fluxos de caixa livres incrementais, 272–278
　modelo do fluxo de caixa livre descontado e, 322–323
　prevendo lucros incrementais, 268–272
Orçamento de investimento, 266
Organization for Economic Cooperation and Development (OECD), 43–44
Otimização de carteira, 390–391
Ouro, convertendo dólares correntes em, no futuro, 103–104
Out-of-the-money, 661
Oxford & Hill Home Products, 95

P
P/B, índice. *Ver* Índice *price-to-book*
P/E futuro, 324
P/E passado, 324
　capital de giro, 69–70
　de avaliação, 72–75
PA Consulting Group, Inc., 37
Pacific Gas and Electric Corp., 514–515
Padrão de pagamentos, 611–612
Padrões contábeis, 81
Padrões de crédito, estabelecendo, 608–609
Pagamento antes da entrega (CBD), 607–608, 613–614
Pagamento após o vencimento, 129–130
Pagamento balão, 481–482
Pagamento de cupom, 186–188
　preços dos títulos de dívida após, 197–198
Pagamento na entrega (COD), 607–608, 613–614
Pagamentos de dividendos, 40–41
Pagelsdorf, Katherine, 227
Pantheon Ventures, 380
Par, 195–196
Parceiro corporativo, 445–446
Parceiro estratégico, 445–446
Paridade coberta da taxa de juros, 724–726
Paridade de compra e venda (*put-call parity*), 671–676
Passivo(s), 58–62
　circulante(s), 60–61
　de longo prazo, 60–62
Passivos circulantes, 60–61
Passivos de longo prazo, 60–62
Patrimônio do acionista, 59–63
　lucros retidos e, 576
Pearson Education, 227
PEG, 72–73
　de liquidez seca, 64–66
　de lucratividade, 67–69, 74–75
　preço-lucro, 72–75, 304–307, 324–328
　price-to-book, 62–63, 65–66, 304
　times interest earned, 69–70
Penhora de contas a receber, 640
Perfil do NPV, 228–229
　organizando fluxos de caixa e calculando o NPV, 228–229
　popularidade do uso entre os CEOs, 231
　primazia do, 252
　regra do *payback versus*, 232
　uso do, 230–231
Período de crédito, 604–605
Período de descapitalização, 604–605
Período de *payback*, 231
Período médio de cobrança, 69–70
Período por ano, especificando na calculadora financeira, 155
Períodos de tempo, representando em uma linha do tempo, 117–119
Perpetuidades, 129–132
　crescentes, 136–138
　doando, 131
　exemplos históricos de, 131

Pesquisa de crédito corporativo, 159
PetroChina Co., Ltd., 449–450
Petróleo, *hedging* com contratos futuros, 694–697
Pfeiler, Sandra, 443
Pfizer Inc., 395–396, 403–404, 553–554
Pharmacia Corp., 558–559
Planejamento financeiro
　de curto prazo. *Ver* Planejamento financeiro de curto prazo
　metas do, de longo prazo, 571–572
Planejamento financeiro de curto prazo, 625–653
　criando um plano financeiro de curto prazo, 643–644
　financiamento de curto prazo com empréstimos bancários, 634, 636–639
　financiamento de curto prazo com financiamento com garantia, 640–643
　financiamento de curto prazo com notas comerciais, 638–640
　prevendo necessidades de financiamento de curto prazo, 627–633
　princípio da correspondência, 631–634, 636
Planilhas, 124
　calculando pagamentos de empréstimos utilizando, 165–166
　calculando taxa interna de retorno utilizando, 142, 144
　encontrando ponto de cruzamento utilizando, 245
　encontrando rentabilidade até o vencimento utilizando, 222
　planejamento financeiro e, 571
Plano de aplicações, encontrando o número de períodos em, 145–146
Planos de negócios, impacto sobre o planejamento financeiro de longo prazo, 571–572
Plug, 576–577
Pol-Aqua SA, 449–450
Polaris Venture, 444–445
Política de cobrança, estabelecendo, 609–610
Política de crédito, determinando, 607–610
Política de financiamento
　agressiva, 633–635
　conservadora, 633–634, 636
　escolhas de, 633–634, 636
Política de *payout*, 493, 533–565. *Ver também* Dividendos
　bonificações em ações (stock dividend), desdobramentos de ações e cisões, 558–559
　conselho de administração e gerentes e, 553–554
　conselhos para gerentes financeiros, 558–560
　distribuições aos acionistas, 535–538
　dividendos *versus* recompras de ações em um mercado de capital perfeito, 537–544
　Modigliani-Miller, irrelevância do *payout*, 550–551

payout versus retenção de dinheiro, 549–554
  sinalização com, 553–556
  sinalização e recompras de ações, 555–556
  taxas de crescimento interna e sustentável e, 589–590
  vantagens tributárias dos dividendos, 543–549
Ponto de equilíbrio, 284–287
Pesos de carteira, 381–384
Ponto de equilíbrio contábil, 284–287
Posição comprada em contrato de opções, 662–664
Posição vendida em contratos de opções, 664–665
Post-money valuation, 446–447
Prazo de pagamento em dias, 69–70, 612–613
Prazo de recebimento em dias, 69–70, 74–75, 609–612
Precificação
Precificação de opções on-line, calculadora de, 671–672
Preço
  conversão, 482–483
  de compra, 49–50, 110
  de IPOs, 448–454, 458–459
  de resgate, 478–479
  de seguros em mercados perfeitos, 684–687
  de venda, 49–50, 110
  fatores que afetam o, das opções, 668–671
  provisões de resgate e títulos de dívida, 479–480
Preço da opção de venda na data do vencimento, 662–663
Preço das ações, desdobramento de ações (*stock split*) e, 558–559
Preço das ações. *Ver também* Avaliação de ações
  concorrência e, 330–334
  informações no, 328–331
  preço de realização e, 668–671
  reações do, a informações públicas, 331–332
  títulos de dívida conversíveis e, 483–484
Preço de conversão, 482–483
Preço de exercício, 658–659
Preço de fatura, 203
  preço das ações e, 668–671
Preço de resgate, 478–479
Preço limpo, 203
Preço sujo (preço de fatura), 203
Preços de mercado, competitivo, 98–100
Preços de títulos de cupom zero, avaliando um título de dívida de cupom utilizando, 219–220
Preços de títulos de dívida
  após pagamento de cupom, 197–198
  calculando a rentabilidade de títulos de dívida até o vencimento, 194–196
  encontrando on-line, 194–195

  motivos para variações nos, 195–205
  na prática, 203–205
  preço limpo, 203
  preço sujo (preço de fatura), 203
  provisões de resgate e, 479–480
  rentabilidade até o vencimento e flutuações ao longo do tempo e, 204
  rentabilidade até o vencimento *versus*, 196–197
  risco da taxa de juros e, 200–203
  spread de crédito e, 209–210
  tempo e, 198–200, 204
  variações nas taxas de juros e, 196–199
Preços em mercados competitivos, 98–100
Prejuízo fiscal a compensar, 281–283
Prêmio de risco, 370–373, 398, 401
  de mercado (ações), 398, 401
Prêmio de risco de ações, 398, 401
Prêmio de risco de mercado, 398, 401, 427–428
Prêmio de seguro, 684–685
  atuarialmente justo, 685–686
Pre-money valuation, 446–447
Prevendo
  balanço patrimonial, 580–583
  demonstrativos financeiros, 571–577
  desembolsos de capital, 577–578
  expansão planejada, 577–583
  fluxos de caixa livres, 582–584
  lucros, 578–580
  necessidades de capital de giro, 580–581
  necessidades de financiamento de curto prazo, 627–633
Prime rate, 634, 636
Principal, de um título de dívida, 186–188
Principal nocional, 699–701
Princípio da Avaliação, 38–39, 93, 96, 98–101, 305
  taxas de juros e, 101–104
Princípio da correspondência, 631–634, 636
Princípios Contábeis Geralmente Aceitos (GAAP), 58–59
Prior 1-year momentum (PR1YR), carteira, 411–412
Prioridade (*seniority*), título de dívida, 474, 476
Problema de subinvestimento, 518–520
Problemas de agência, 47
Problemas de agência do gerente financeiro, 47
Processamento eletrônico de cheques, 607–608
Procter & Gamble Co., 395–397
Programa de reinvestimento de dividendos (DRIP), 541
Programação linear, 252n
Programação linear inteira, 252n
Projeto(s)
  avaliando com custo médio ponderado de capital, 427–430
  com diferentes vidas, avaliando, 246–249
  escolhendo entre, 292–246

  escolhendo entre, quando os recursos são limitados, 249–252
  múltiplos, estrangeiros, 726–728
  mutuamente excludentes, 239–240
  único, estrangeiro, 726–727
  valor presente líquido de, estrangeiros, 722–726
  valor presente líquido e aceitar ou rejeitar, 105–107
  valor presente líquido e escolher entre, 106–107
Projetos estrangeiros
  avaliando, 722–725
  múltiplos, com diferimento da repatriação dos lucros, 726–728
  único, com repatriação imediata dos lucros, 726–727
Projetos mutuamente excludentes, 239–240
Propriedade da corporação, 40–42
Prospecto, dívida pública, 473–477
Prospecto final, 450–451
Prospecto preliminar, 450–451
Protective put, 671–673
Provisão de repagamento, títulos de dívida, 478–485
Provisão *greenshoe*, 453–454
Provisões conversíveis, 481–485
Provisões de resgate, 478–482, 479–480
Proxy de mercado, 393–394
Pulte Homes, 602–603
PV. *Ver* Valor presente

Q

QUALCOMM Inc., 243, 415
Quebra-cabeças dos dividendos, 546–547
Queima de ativos, 514–515

R

RadioShack Corp., 205
Reação dos preços, à divulgação de uma SEO, 464–465
Real Sports Interactive, 683
RealNetworks, Inc., 444, 446–454, 458–459, 462–463, 483–484, 496
Recapitalização alavancada, 566
Receita incremental, 268–269
Recessões, taxas de juros de curto prazo *versus* de longo prazo e, 176
Recompra direcionada, 537–538
Recompras de ações, 318–320, 477–478, 535–538
  como porcentagem dos *payouts* totais, 546–547
  custos das, 555–556
  dividendos *versus* em mercados de capitais perfeitos, 537–544, 547–548
  oferta de ações e, 541
  oferta pública de compra (*tender offer*), 537–538
  recompra direcionada, 537–538
  recompra no mercado aberto, 536–538
  sinalização e, 555–556

Recompras no mercado aberto, 571–538
Recursos
  com, 640–641
  sem, 640–641
Red herring (prospecto preliminar), 450–451
Regra 169–170A, 472–474
Regra de investimento da taxa interna de retorno (IRR), 228, 232–237, 245, 253
  investimentos adiados e, 233–235
  múltiplas IRRs, 235–238
  popularidade do uso entre os CEOs, 231
  projetos mutuamente exclusivos e, 240–246
  regra do NPV *versus*, 233–237
  taxa interna de retorno *versus*, 236
Regra do *payback* de um investimento, 228, 231–232
  popularidade do uso entre os CEOs, 231
  regra do NPV *versus*, 232
Regra do período de *payback* de um investimento, 253
Regra dos 103, 121–122
Regras de decisão de investimento, 226–263
  avaliando projetos com diferentes vidas, 246–249
  escolhendo entre projetos, 239–246
  escolhendo entre projetos quando os recursos são limitados, 249–252
  índice de lucratividade, 250–251, 253
  mais populares, usadas pelos CEOs, 231
  persistência de alternativas ao NPV
  regra da taxa interna de retorno, 232–237, 253
  regra de, 236
  regra de *payback*, 231–232, 253
  regras de decisão alternativas, 230–239
  taxa interna de retorno modificada, 237–239
  utilizando a regra do NPV, 228–230, 253
Relatório anual, 58
Rentabilidade até o resgate (YTC), 479–482
  calculando utilizando calculadora financeira, 488
Rentabilidade até o vencimento (YTM)
  custo da dívida e, 419–420
  de um título de dívida de cupom, 192–196
  de um título de dívida de cupom zero, 188–190
  flutuações dos preços dos títulos de dívida ao longo do tempo e, 204
  preço dos títulos de dívida *versus*, do título de dívida, 196–197
  utilizando calculadora financeira para encontrar a, 218
Rentabilidade do dividendo, 307–308
Rentabilidade efetiva anual (EAY), 160–161*n*
Rentabilidade percentual anual (APY), 160–161. *Ver também* Taxa efetiva anual
Rentabilidade, títulos de dívida corporativos, 206–207

Rentabilidades de um título de cupom zero, avaliando títulos de dívida de cupom utilizando, 220–222
Rentes, 131
Reorganização pelo Capítulo 44–45, 532
Repatriação
  diferindo a, 726–728
  imediata, 726–727
Repatriados, 726–727
Responsabilidade limitada, 39–40
Responsabilidades de gerenciamento de risco de preços, 79–80*n*
Resultados futuros, 324
Resultados passados, 324
Retorno de capital, 536–537
Retorno esperado
  calculando, 398, 401
  de uma carteira, 382–384
  volatilidade, beta, e, 402–403
Retorno exigido, 399–401
Retorno percentual, impacto em dólar sobre o valor *versus*, 242–245
Retorno sobre ativo fixo (ROA), 70–71, 74–75
Retorno sobre patrimônio líquido (ROE), 70–75
Retorno total, 307–309
Retornos. *Ver também* Risco e retorno
  anual médio, 359–361, 365–366
  com composição anual, 362
  esperado. *Ver* Retorno esperado
  exigido, 399–401
  média aritmética, 362
  por deter opções até a expiração, 667–669
  realizado, 354, 356–359, 365–366
  sobre uma carteira, 381–384
  taxa de, livre de risco, 398, 401
  variância dos, 359–361, 364–366
  volatilidade dos, 359–361, 364–366
Retornos anuais
  compostos, 362
  médios, 359–361, 365–366
Retornos anuais médios, 359–361, 365–366
Retornos com composição anual, 362
Retornos com média aritmética, 362
Retornos realizados, 354, 356, 365–366
  composição, 356–359
  investimento individual, 354, 356–359
Retornos sobre investimento, 70–71
Risco
  assumir, excessivos, 518–519
  comum *versus* independente, 367–370
  da taxa de câmbio, 710–720
  da taxa de câmbio. *Ver* Risco da taxa de câmbio
  de base, 696–697
  de crédito, 205, 694–695
  de mercado, 394–398
  diversificação de, 384–385, 387
  diversificável, 370–373
  do preço de *commodities*, 691–698
  financiamento de, 633–634

  gerenciando uma IPO, 453–455
  liquidez, 696–697
  não sistemático *versus* sistemático, 369–374
  político, 707
  seguros e avaliação de, 688–689
  sistemático. *Ver* Risco sistemático
  tamanho e, 366–367
  tipos de, 368–370
Risco comum, 368–370
Risco da taxa de câmbio, 710–720
  estratégia cash-and-carry e precificação a termo de moeda, 715–719
  fazendo *hedging* com contratos a termo, 713–715
  fazendo *hedging* com opções de moeda, 718–719
  fazendo *hedging* do risco da taxa de câmbio com opções, 718–720
  flutuações da taxa de câmbio, 710–714
  a termos de moeda para eliminar, 714–715
  orçamento de capital com, 731–733
Risco da taxa de juros, 697–701
  duração, 697–699
  hedging baseado em *swap*, 699–701
  hedging baseado na duração, 698–699
  preços de títulos de dívida e, 200–203
Risco de base, 696–697
Risco de crédito, 205
  mitigando, com contratos futuros, 694–695
Risco de inadimplência, prevenção contra, 695–697
Risco de liquidez, 696–697
Risco de mercado, beta e, 394–398
Risco de preços de *commodities*, 691–698
  decidindo fazer *hedging*, 696–698
  hedging com contratos futuros, 694–697
  hedging de contratos de longo prazo, 692–694
Risco diversificável, 370–373
Risco e retorno, 350–378
  comum *versus*. independente, 367–370
  diversificação em carteiras de ações e, 369–375
  efeito da alavancagem sobre, 501–503
  histórico, 354, 356–366
  panorama, 352–354, 356
  tradeoff histórico entre risco e retorno, 365–368
Risco equivalente, hipótese de mercados eficientes e, 308–309, 334–335
Risco independente, 368–370
Risco médio, WACC e, 428
Risco moral, 688–690
Risco não sistemático, 369–374
Risco político, 707
Risco sistemático, 369–375
  importância do, 370–375
  medindo o, 391–398, 400
  modelos alternativos de, 411–413

risco específico à empresa *versus*, 396–397
risco total *versus*, 396–398
Riscos de financiamento, 633–634
Ritter, Jay, 453–454
ROA. *Ver* Retorno sobre ativo fixo
Road show, 451, 453–454
Rodriguez, Alex, 118–119
ROE. *Ver* Retorno sobre patrimônio líquido
Ross, Dan, 656
Rouwenhorst, Geert, 131
Royal & SunAlliance, 555–556

S

S&P. *Ver em* Standard & Poor's
Safeco, 426
Safeway, Inc., 395–396, 507–509
Saldo caucionário, 616–617
Saldo de compensação, 616–617
Saldo de transação, 616–617
Saldos de caixa, 616–617
Samurai, 476–477
   prioridade (*seniority*), 474, 476
SAR. *Ver* Société à responsabilité limitée
Savings and Loan, 698–699
Sazaby, Inc., 708
Sazonalidades, 628–631
Sberbank, 449–450
Scholes, Myron, 670–671
Schultz, Howard, 586–591
SEC. *Ver* Securities and Exchange Commission
Seção 418–419, do Ato Sarbanes-Oxley, 82–83
Securities and Exchange Commission (SEC)
   arquivando junto à, 431–432, 450–451
   dívida privada e, 472–473
   notas comerciais e, 638–639
   ofertas públicas iniciais e, 449–450
   publicação das informações financeiras e, 58
   recompras no mercado aberto e, 537–538
Seguradoras, 445–446
Seguro contra acidentes, 689–690
Seguro contra perda de funcionários chave, 684–685
Seguro de carteira, 671–676
Seguro de imóveis, 684, 689–690
Seguro de interrupção de negócios, 684–685
Seguro de responsabilidade contra terceiros, 684
Seguros, 684–691
   contra acidentes, 689–690
   contra perda de funcionários chave, 684–685
   custos dos, 688–691
   de imóveis, 684, 689–690
   de interrupção de negócios, 684–685
   de responsabilidade contra terceiros, 684
   decisão do seguro, 690–691
   papel do, 684–685

precificação de, em um mercado perfeito, 684–687
   terremoto *versus*, contra furto, 367–369
   valor do, 686–689
Seleção adversa, 464–465, 520–522
   custo de seguros e, 688–691
Sem recursos, 640–641
Sensibilidade da taxa de juros
   cupons e, 201–203
   de títulos de dívida, 200–202
SEO. *Ver* Oferta subsequente de ações
Sequência de fluxos de caixa
   avaliando, 125–129
   valor presente utilizando estrutura a termo de taxas de descapitalização, 173
Sequência de fluxos de caixa, 117
Sequoia Capital, 444–445
Setor(es)
   beta médio das ações por setor, 395–396
   índice capital de terceiros/valor da empresa (*debt-to-value ratio*) for, 496–497
   índice *market-to-book*, 63–64
   necessidades de capital de giro por, 602–603
Sharpe, William, 399–401, 404–405
Sherman, Ann, 457
Símbolo (na Bolsa de Valores), 305
Simon-Kucher & Partners, 656
Sinalização
   com política de *payout*, 553–556
   recompras de ações e, 555–556
Sindicato, 449–451
Sistema de Recuperação de Custo Acelerado Modificado, 277
Sistemas de contabilidade baseado em princípios, 81
Sistemas de contabilidade baseados em regras, 81
SL (LLC na Espanha), 39–40
SMB, carteira. *Ver* Carteira *small-minus-big*
Smith, Frederick, 519–520
SML. *Ver* Linha do mercado de títulos
Sociedades de responsabilidade limitada (LLC), 39–40
Sociedades por quotas, 39–40, 43–44
   limitadas, 39–40
Société à responsabilité limitée (SAR), 39–40
Sócios comanditários, 39–40
Sócios solidários, 39–40
Sony Corp., 103, 228, 266, 418–419
Southwest Airlines, 68–69, 426, 600, 602–603, 684, 692–694, 697–698
SOX. *Ver* Ato Sarbanes-Oxley
Spread, 453–454, 459–460
Spread de crédito, 209–210
Spread de inadimplência, 209–210
Springfield Snowboards, Inc., 627–635, 643–644
Srbu, Priscilla, 415
SRL (LLCs na Itália), 39–40
Standard & Poor's, 474, 476

Standard & Poor's 500 (S&P 500), 52, 393–395, 661
   retorno em excesso médio da, 398, 399–401
   retornos anuais, 359–361
   retornos da, 352–355, 397–399
   retornos em excesso da, 398–401, 427–428
   volatilidade na, 361, 364, 367–368, 370–371
Starbucks Coffee Co., 370–372, 387–391, 395–398, 426, 586–591, 602–603, 708
Starbucks Coffee Japan Ltd., 708
Subcritora, 449–450
   líder, 449–451
Subscritora de opções, 657–659
Subscritora líder, 449–451
Suíça, dupla tributação na, 43–44
Sun Microsystems, 663, 665
Suncor Energy, 684
Superalocação, 453–454
Suposições, em demonstrativos de resultados pro forma, 298–301
Swap, *hedging* baseado em, 699–701
Swap da taxa de juros, 699–701
Swap da taxa de juros de fixa para flutuante, 699–700
Swaps
Swaps de moeda, 728–729
Swiss Air, 514–515

T

Tailing the hedge, 695–696n
Target Corp., 73–74, 387–388, 396–398, 425
Taxa (de juros) flutuante, 699–700, 710–712
Taxa de abertura de crédito, 637–638
Taxa de câmbio *spot*, 715–716
Taxa de conversão, 481–482
Taxa de crescimento sustentável, 588–589
   fórmula, 588–589
   taxa interna de crescimento *versus*, 588–591
Taxa de crescimento variável, 314–317
Taxa de cupom, 186–188
   custo da dívida e, 421
Taxa de desconto, 103, 177–178
   ajustando para diferentes períodos de tempo, 160–163
   avaliando, 243
   convertendo APR em, 164–165
   curva de rentabilidade e, 171–174
   em valor de fluxos de caixa, 52
   empréstimos e, 165–169
   perfil do NPV e, 228–229
   risco e retorno e, 352
   taxa de juros real e, 169–170n
   utilizando fórmula de anuidade com, variável, 173
Taxa de fundos federais, 174
Taxa de ganho de capital, 307–308
Taxa de juros de mercado, 177–178

Taxa de pagamento de dividendos, 311–313
Taxa de *payout*, 77–78
Taxa de retenção, 312–313, 588–589
Taxa de retenção dos lucros (*plowback ratio*), 588–589
Taxa de retorno. *Ver também* Taxa interna de retorno
    encontrando a taxa interna de retorno, 156–157
Taxa de retorno livre de risco, 398, 401
    preços de opções e, 669–671
Taxa efetiva anual (EAR), 160–161
    convertendo APR em, 163–164
    custo do crédito comercial e, 605–606
    de notas comerciais, 639–640
    exigências de saldo de compensação e, 638–639
    para diferentes períodos de composição, 163–164
    taxa de cupom e, 186–188
    utilizando, na fórmula de anuidade, 162–163
Taxa interna de crescimento, 588–589
    fórmula, 588–589
    taxa de crescimento sustentável *versus*, 588–591
Taxa interna de retorno (IRR), 140–145
    calculando utilizando Excel, 142–144
    criando um perfil de NPV e, 262
    encontrando a, 156–157
    medindo a sensibilidade com, 228–230
    modificada, 237–239
    regra da IRR *versus*, 236
    taxa interna de retorno modificada *versus*, 239
Taxa interna de retorno modificada (MIRR), 237–239
    taxa interna de retorno *versus*, 239
Taxa percentual anual (APR), 162–165
    convertendo a, em EAR, 163–164
    convertendo a, em taxa de descapitalização, 164–165
    rentabilidade de cupons de títulos de dívida como, 193–194
Taxas
    de abertura de crédito, 637–638
    de comprometimento, 636–637
    sobre empréstimos, 636–639
Taxas de câmbio, 708–712
    flutuações nas, 710–714
    a termo, 713–714
    invertendo, 721–722
    spot, 715–716
Taxas de câmbio em moeda estrangeira, 707
Taxas de câmbio a termo, 713–714, 722–724
    ausência de arbitragem, 717–718
Taxas de comprometimento, 636–637
Taxas de juros, 101–104, 158–183
    cotações de taxas de juros e ajustes nas, 160–165
    custo de oportunidade de capital e, 177–179

    de curto prazo *versus* de longo prazo, 174–176
    de mercado, 177–178
    definição, 101–102
    determinantes de, 168–177
    estrutura a termo de, 172–174
    investimentos e política da taxa de juros, 170–171
    livre de risco, 172, 190–191, 426
    nominais, 168–171
    preços de títulos de dívida e variações nas, 196–199
    reais, 169–171
    sobre o crédito comercial, 605–606
    spot, 190
    taxa efetiva anual, 160–161
    taxas de descapitalização e empréstimos, 165–169
Taxas de juros de curto prazo, 174–176
Taxas de juros de longo prazo, 174–176
Taxas de juros livres de risco, 172, 190–191, 426
Taxas de juros reais, 169–171
Taxas de juros *spot*, 190
Teachers Insurance and Annuity Association, 208
Tempo
    composição de juros ao longo do, 119–121
    diversificação e, 373–374
    encontrando o número de períodos, 144–147
    preços de títulos de dívida e, 198–200
Teoria da Precificação por Arbitragem (APT), 411
Teoria da sinalização da dívida, 520–521
Teoria das carteiras, 404–405
Teoria de opções, 656
Teoria do *tradeoff*, 515–518
    alavancagem ótima, 515–518
    diferenças entre as empresas, 515–516
    estática, 515–516
Teoria do Valor de Investimento, A, 500–501
Teoria estática do *tradeoff*, 515–516
Termo, de um título de dívida, 186
Termos de crédito, estabelecendo, 608–609
Terremoto *versus* seguro contra furto, 367–369
TIE. *Ver* Índice de cobertura de juros
Tillquist, Leslie, 37
Time Warner, 205
Times interest earned ratio (TIE), 69–70
Titulares de dívida, acionistas *versus*, 675–677
Título de custo zero, 700–701
Título de dívida ao portador, 186–188
Título de dívida com desconto original (OID), 473–474
Título de dívida de cupom zero, 187–191, 220–222, 473–474
    calculando o preço de um, 190–191
    fluxos de caixa, 187–188

    rentabilidade até o vencimento de um, 188–190
    taxas de juros livres de risco, 190–191
Título(s), 446–449
    comercializáveis, 59–60
    precificação utilizando a Lei do Preço Único, 109–110
Título(s) de dívida, 184–222
    ao portador, 186–188
    garantidos por ativos, 473–474
    retornos anuais de, corporativos, 359–361
Títulos de cupom, 190–196
    avaliando, utilizando preços de títulos de cupom zero, 219–220
    avaliando, utilizando rentabilidades de títulos de cupom zero, 220
    cotação de preços, 195–196
    determinando deságios e ágios de, 197–199
    fluxos de caixa, 191–192
    preços limpos e sujos de, 203
    rentabilidade até o vencimento de, 192–196
    rentabilidades, 220–222
Títulos de dívida "Bela Adormecida", 473–474
Títulos de dívida com grau de investimento, 206–207
Títulos de dívida conversíveis
    a termo, de moeda, 715–719
Títulos de dívida conversíveis, 67–68, 481–485
    precificação, 481–483
    preços de ações e, 483–484
Títulos de dívida corporativos, 205–211
    classificação de títulos de dívida, 206–207
    curvas de rentabilidade, 209–211
    rentabilidade, 206–207
    retornos anuais, 359–361
    retornos provenientes de, 352–355, 359–361
    risco de crédito, 205
    volatilidade de, 361, 364
Títulos de dívida de alta rentabilidade, 206–207
Títulos de dívida de desconto puro, 187–188
Títulos de dívida de renda fixa com cupom fixo (*plain-vanilla bond*), 482–483
Títulos de dívida do governo, 728–730
Títulos de dívida do Tesouro, 191–192
    retorno em excesso médio de, 399–401
Títulos de dívida do Tesouro norte-americano, 208
Títulos de dívida domésticos, 474, 476
Títulos de dívida especulativos, 206–207
Títulos de dívida estrangeiros, 476–477
Títulos de dívida garantidos por ativos, 473–474
Títulos de dívida globais, 476–477
Títulos de dívida hipotecários, 473–474
Títulos de dívida podres, 206–207, 474–477
Títulos de dívida resgatáveis, 478–480
    rentabilidade até o resgate, 479–482

Títulos de dívida Samurai, 476–477
Títulos de dívida Yankee, 476–477
Títulos diretos (*plain-vanilla bonds*), 482–483
Títulos do Tesouro, 222
    de cupom zero, 190–191
Títulos do Tesouro, opções de, 662
Títulos do Tesouro norte-americano, 172, 190–192, 426–428
TiVo, 426
Tolia, Hiral, 57
Tomada de decisões. *Ver também* Regras de decisão de investimento
    de substituição –284
        gerencial, 96–97
        pessoal, 96–97
Tombstones, 462–463
Toshiba, 228, 266
Total Stock Market Index Fund, 393–394
Toyota Motors, 553–554, 602–603
Toys 'R Us, 615–616
Tranches, 474, 476
Transações fora do balanço patrimonial, 78–79
Treasury bills, 187–188, 191–192, 618, 617, 619
    retornos anuais, 359–361
    retornos de, 352–355, 359–361
    volatilidade de, 361, 364
Treasury notes, 191–192
Treasury Strategies, Inc., 616–617
Treynor, Jack, 404–405
Tríade da avaliação, 328–329
TSE. *Ver* Bolsa de Valores de Tóquio
Tyco International, 383–384

U

U.S. *Treasury bills*, 352
U.S. *Treasury notes*, 205
U.S. Venture, 444–445
UBS, 708–710
União Europeia, regulação contábil na, 58–59
Único pagamento no final do período, 634, 636
Uniformização de dividendos, 553–556
Unit investment trusts, 558
United Airlines, 513–514, 697–698

V

Valor alavancado, 428
Valor ao par, de um título de dívida, 186–188
Valor contábil, 60–61, 280–281, 326–328, 417–418
    do patrimônio, 61–63
Valor da empresa
    alavancagem e, 499–501
    capital de giro e, 603–605
    crescimento e, 586–591
    dedução das despesas com juros dos impostos e, 507–509
    prevendo o efeito de uma expansão sobre, 584–587
    recompra de ações e, 555–556
    seguros e, 690–691
Valor da opção de compra na data de expiração, 662–663
Valor de continuação, abordagem dos múltiplos para calcular o, 584–586
Valor de empreendimento, 63–65, 319–321
Valor de empreendimento/EBITDA, 325–328
Valor de empreendimento/vendas, 325–328
Valor de face de um título de dívida, 186–188
Valor de liquidação, 62–63
Valor do dinheiro no tempo, 93, 100–102. *Ver também* Anuidades; Perpetuidades; Linhas do tempo
Valor do patrimônio líquido, 323
Valor futuro, 103
    calculando, 125–126
    de um fluxo de caixa, 119–121
    de uma anuidade, 135–136
    encontrando, na calculadora financeira, 124
    encontrando fluxos de caixa utilizando, 139–141
Valor presente (PV), 103
    calculando, utilizando calculadora financeira, 124
    calculando, utilizando estrutura a termo, 174
    de anuidades, 132–135
    de fluxos de caixa, 122–123, 138–140
    de perpetuidades, 130–131
    de perpetuidades crescentes, 137–138
    de um único fluxo de caixa futuro, 155–156
    de uma sequência de fluxos de caixa, 126–128, 173
    líquido. *Ver* Valor presente líquido
    mercados de capitais internacionalmente integrados e, 720–722
Valor presente ajustado, 584–585n
Valor presente líquido (NPV), 96, 104–105
    análise de projetos e orçamento de capital e, 284–287
    aumento da taxa de juros e, 171
    avaliando projetos com diferentes exigências de recursos, 249–252
    calculando, utilizando Excel, 143
    custo de capital e, 416
    de um projeto estrangeiro, 722–726
    de uma sequência de fluxos de caixa, 128–130
    fluxo de caixa livre e, calculando, 277–278
    necessidades de caixa e, 106–108
    preço dos seguros e, 686–687
    tomada de decisões corporativas e, 227
Valor presente líquido (NPV), análise, 570
Valor presente líquido (NPV), perfil, 228–229
    utilizando Excel para fazer um, 262–263
Valor presente líquido (NPV), regra de decisão, 103–108
    aceitar ou rejeitar um projeto e, 105–107
    escolhendo entre alternativas, 106–107
Valor presente líquido (NPV), regra do, 228–230, 253
    medindo sensibilidade com a IRR, 228–230
    projetos mutuamente excludentes e, 239–246
    regra da IRR *versus*, 233–237
    regras alternativas *versus*, 230
Valor residual, 280–282
Valor terminal, 584–586
Valor/avaliação
    baseado em empresas comparáveis, 323–327
    da dedução tributária das despesas com juros, 509–512
    da empresa. *Ver* Valor da empresa
    de ações. *Ver* Avaliação de ações
    de continuação (terminal), 584–586
    de fluxos de caixa em moeda estrangeira, 722–726
    de uma expansão planejada, 582–587
    de uma oferta pública inicial, 450–454
    dos seguros, 686–689
    post-money valuation, 446–447
    pre-money valuation, 446–447
    títulos e, 446–449
    tributação internacional e, 726–728
Valores de mercado, 417–418
Value Line, 551–552
Vanguard Group, 393–394
Variância
    calculando a, de uma carteira, 388–391
    dos retornos, 359–362, 365–366
Vendas pendentes em dias, 69–70
Venrock Associates, 444–445
Vodafone Group, PLC, 720–721
Volatilidade. *Ver também* Desvio-padrão
    ações do tipo S *e* U, 370–372
    beta, retorno esperado e, 402–403
    de uma carteira, 384–392
    de uma carteira grande, 390–392
    dos retornos, 359–361, 364–366
    efeito da diversificação sobre, 370–372
    preços de opções e, 669–671, 676–677
    seguros e, 688–689
    títulos individuais e, 370–375

W

WACC. *Ver* Custo médio ponderado de capital
WACC e, constante, 428–429
Wagner, Inc., 451, 453
Wall Street Journal, 108–109, 171, 305n, 472, 710–711
Wal-Mart, 52, 68–69, 71–74
Walt Disney Co., 473–474
Warrant (opção de compra), 657–659
Wells Fargo Foothill, 471

Wendt, Teresa, 626
West, Sean, 707
Weyerhauser Co., 395–396, 422–424, 426, 430–433
Whole Foods, 602–603
Williams, John Burr, 500–501
Wilshire 5000 Index, 393–394
World Wide Web, preços de títulos de dívida na, 194–195

WorldCom, 79–80, 82
WorldCom, 79–80, 82, 513–514
WR Hambrecht, 450–451
Wright, Matthew, 555–556
Wyoming, LLCs em, 39–40

X

Xtapa Inc., 729–731

Y

Yahoo!, 96, 352
Yahoo! Finance, 305n
Yankee, 476–477
   de cupom zero, 473–474. *Ver* Título de dívida de cupom zero
YTC. *Ver* Rentabilidade até o resgate
YTM. *Ver* Rentabilidade até o vencimento